本丛书系国家社科基金"一带一路"建设研究专项"'一带一路'沿线国别研究报告"(批准号:17VDL002)的成果,并得到上海社会科学院"一带一路"建设专项经费资助

总主编　王振

副总主编　王健　李开盛

"一带一路"国别研究报告

巴基斯坦卷

刘锦前　等著

The Belt and Road Country Studies

（ Islamic Republic of Pakistan ）

中国社会科学出版社

图书在版编目（CIP）数据

"一带一路"国别研究报告. 巴基斯坦卷 / 刘锦前等著 . —北京：中国社会
科学出版社，2022.9
ISBN 978 – 7 – 5227 – 0138 – 7

Ⅰ.①—⋯　Ⅱ.①刘⋯　Ⅲ.①政治—研究报告—世界②政治—研究报告—
巴基斯坦　Ⅳ.①D52②D735.3

中国版本图书馆 CIP 数据核字（2022）第 067236 号

出　版　人	赵剑英
责任编辑	赵　丽
责任校对	王佳玉
责任印制	王　超

出　　版	中国社会科学出版社
社　　址	北京鼓楼西大街甲 158 号
邮　　编	100720
网　　址	http://www.csspw.cn
发 行 部	010 – 84083685
门 市 部	010 – 84029450
经　　销	新华书店及其他书店

印　　刷	北京明恒达印务有限公司
装　　订	廊坊市广阳区广增装订厂
版　　次	2022 年 9 月第 1 版
印　　次	2022 年 9 月第 1 次印刷

开　　本	710 × 1000　1/16
印　　张	51.75
插　　页	2
字　　数	848 千字
定　　价	269.00 元

凡购买中国社会科学出版社图书，如有质量问题请与本社营销中心联系调换
电话：010 – 84083683

总　序

　　自习近平主席于 2013 年分别在哈萨克斯坦和印度尼西亚提出建设"丝绸之路经济带"和"21 世纪海上丝绸之路"以来，"一带一路"倡议得到了"一带一路"沿线国家的积极呼应，以政策沟通、设施联通、贸易畅通、资金融通、民心相通为合作框架的"五通"成为连接中国与世界的新桥梁、新通道。习近平主席在第二届"一带一路"国际合作高峰论坛开幕式上的主旨演讲中特别提出，共建"一带一路"，顺应经济全球化的历史潮流，顺应全球治理体系变革的时代要求，顺应各国人民过上更好日子的强烈愿望。面向未来，我们要聚焦重点、深耕细作，共同绘制精谨细腻的"工笔画"，推动共建"一带一路"沿着高质量发展方向不断前进。

　　上海社会科学院自 2014 年以来积极推进"一带一路"倡议研究和国别数据库建设。2017 年 4 月第一届"一带一路"国际合作高峰论坛召开之际，我们与中国国际经济交流中心紧密合作，联合推出了智库型的"丝路信息网"。在创建"一带一路"数据库过程中，我们深感学术界、智库对"一带一路"沿线国家的国情研究，明显存在广度、深度不足问题。传统的区域国别研究或以历史、语言为背景，或主要局限于国际问题研究领域，往往缺乏国情研究的多学科特点和专业性调研范式，对于"一带一路"建设的实际需求，也考虑较少。"一带一路"沿线国家各有其不同的历史文化和国情特征。只有深入了解和认识这些国家之间的国情特征，才能为"一带一路"建设和相关决策提供较为扎实的智力保障和知识依托。

　　全国哲学与社会科学工作办公室为推进"一带一路"国情研究，于 2017 年专门设立了"一带一路"国别与数据库建设研究专项，并组织上海社会科学院、中国人民大学国家发展与战略研究院、兰州大学中亚研究所三家智库组成联合课题组，系统开展"一带一路"国别研究。2018 年正式启动第一期研究，三家智库根据各自专业优势各选择 6 个国家开展国别研究，并在合作交流中逐步形成了体现国情研究特征的国别研究框架体系。

上海社会科学院高度重视"一带一路"研究，在张道根院长、于信汇书记的支持下，由副院长王振研究员牵头，组成了跨所跨院的研究团队。既集中了本院国际问题研究所、世界经济研究所、应用经济研究所、城市与人口研究所、宗教研究所、社会学研究所、"一带一路"信息研究中心等相关研究所的科研骨干，还特邀上海外国语大学、同济大学、上海对外经贸大学等上海高校的国别研究权威学者加盟，并担任国别研究的首席专家。在各位首席专家的牵头下，不仅有我院各个领域的科研骨干加入各国别研究小组，还组织国内外的各路专家学者参与国别研究，真正形成了多学科、社会化的合作研究格局。

为深化"一带一路"国别研究，有力推动"一带一路"国情数据库建设，我们在充分评判和总结已有各类研究文献的基础上，特别强调，要突出国情研究的特定类型和方式，要考虑国情数据库内容需要的全面性、积累性、长期性特点。一是内容的相对全面性。即除了研究各个国家的资源禀赋、对外开放、经济成长、地域政治外，还要研究各个国家的中长期战略、产业结构、市场需求、投资政策、劳动政策、科教文化、政党生态、宗教影响等，以及研究重点城市、产业园区等。二是调研的一线性。要收集、整理来自各个国家政府部门、智库的最新报告，同时动员这些国家的专家参与其中的部分研究，增强客观性和实地性；要收集、整理国际组织、发达国家智库最新的各类国别研究报告，增强多角度判断。三是观察的纵向时序性。要有发展轨迹的纵向梳理和评价，同时还要对未来的发展有基本的展望和把握。四是数据库建设内容更新的可持续性。要研究国情信息来源渠道的权威性、多样性和长期性，确保国情研究和数据库建设的基础内容需要；研究如何把汇集起来的大量国情内容，经过专业人员的分析研究，形成更加符合政府需要、企业需要和学者需要的国情产品。

在国别研究过程中，课题组多次开会讨论、反复推敲，最终形成了包括基本国情、重大专题和双边关系三篇的基本研究框架，并致力于在以下三个方面形成研究特色。

一是通过跨学科协作，突出基本国情研究的综合性。在第一篇基本国情中，我们组织了来自经济学、地理学、人口学、政治学、国际关系学、宗教学等学科和领域的专家，分别从综合国力、人口结构、资源禀赋、基础设施、产业结构、政治生态、民族与宗教、教育状况、对外关系等方面对"一带一路"沿线国家的基本国情进行深度剖析。

二是结合"一带一路"建设需要，突出重大专题研究的专业性。本书第二篇重大专题，采取"3＋X"模式。"3"即为各"一带一路"沿线国家均须研究的内容，包括国家中长期战略、投资与营商环境、中心城市及其区域影响力。"X"即为基于各国特定国情以及"一带一路"建设在该国的特定需要而设置的主题。例如，关于以色列，我们就比较关注科技体制及其创新战略、巴以冲突和海外离散犹太人等问题。

三是着眼于务实合作，突出双边关系研究的纵深度。第三篇双边关系，同样采取"3＋X"模式。"3"即为各国别均须研究的内容，包括：历史与前瞻、中国观、"一带一路"与投资贸易关系。我们认为，这三部分对了解中国与"一带一路"沿线国家双边关系的历史与现实有着重要的意义。"X"则是着眼于具体双边关系的特色，突出每对双边关系中不同优先领域，如匈牙利卷我们关注金融合作、波兰卷关注物流合作、土耳其卷关注反恐合作、希腊卷关注人文交流、摩洛哥卷关注港口合作等。

根据上述研究框架，从2017年底开始，到2019年初，大约用了一年多一点的时间，我们完成首批六个"一带一路"沿线国家的国别研究报告，它们是：波兰、匈牙利、希腊、土耳其、以色列和摩洛哥。在全国哲学与社会科学工作办公室的支持下，我们正总结经验、推广布局，着手开始第二批"一带一路"沿线国家国别报告的研究工作。我们期待，在不长时间里，我们能够完成主要"一带一路"沿线国家的国别研究报告，为政府和企业决策提供相关的基础性信息，为促进我们对"一带一路"沿线国家的了解添砖加瓦，为推动"一带一路"建设尽绵薄之力。

在此首批成果推出之际，要特别感谢全国哲学与社会科学工作办公室智库处。"一带一路"建设研究专项是国家社科基金重大专项之一，有幸入选这一专项并得到持续支持，是我们研究不断推进的根本动力。还要特别感谢各个国别研究小组的首席专家，在他们的组织和专业背景支持下，形成了具有开创性价值的国别研究成果；感谢各个领域的专家们，有了他们深厚的专业造诣和齐心协力，才能确保研究的顺利完成。另外还要感谢跟我们一起入选这一专项的中国人民大学和兰州大学研究团队，我们在各自擅长的领域共同研究、分别推进，这种同侪间的交流拓展了我们的视野，让我们获益良多。最后，要感谢中国社会科学出版社给我们提供权威的出版平台，他们的努力是让这套丛书能够尽早与读者见面的直接保证。

王　振

上海社会科学院副院长

2019 年 5 月 30 日

序 一

一

作为国家社科基金"一带一路"建设专项项目"一带一路"沿线国别研究报告"的系列成果之一，本书是一部对巴基斯坦国情研究的独到精深之作，是众多专家学者智慧和心血的结晶。本书内容丰富，资料翔实，从多层次、多角度深入探讨了巴基斯坦的历史、社会变迁、资源禀赋、政治生态，经济发展、安全形势、宗教文化、教育状况、妇女问题、风土人情等各个侧面，对巴的基本国情、综合国力进行了客观中肯的评估，是一部系统、深入、全面论述巴基斯坦的百科全书，为读者展示了丰富多彩的全景式画卷。

本书点面结合，既有总揽全局的宏观把握，又有细致入微的微观剖析。在重大专题研究部分着重探讨了新时代背景下，巴基斯坦发展面临的重大政治、经济、安全和社会议题，剖析了巴深受恐怖主义之害的根源，对中巴在政治、经济、安全、反恐等领域合作面临的机遇和挑战进行了深入的分析和预判，有助于国人更深入地了解巴基斯坦国情，助力中巴经济走廊的建设。

二

巴基斯坦原是英属印度的一部分，1947 年 8 月印巴分治时，巴基斯坦脱离印度而独立。

巴基斯坦是古代印度文明的发源地之一。举世闻名的印度河流域文明的历史遗址哈拉帕和莫亨佐·达罗均在现在的巴基斯坦境内。这两处遗址都是城市文化的代表。以莫亨佐·达罗为例，其城市面积约 260 公顷，市区有四通八达的街道和先进完善的排水系统，城堡内有砖砌的大谷仓和宽大的室内浴池，表明当时已经有高度发达的城市文化。公元前两千年中期，莫亨佐·达罗因遭到入侵者袭劫而灭亡。入侵者是谁尚无定论，有专家认为是雅利安人。印度教经典《梨俱吠陀》中提及古代雅利安人攻打印度河地区城市，其中描述雅利安战神因陀罗破城势如破竹，可以佐证这一结论。

巴基斯坦还曾经是佛教兴盛之地。伊斯兰堡附近的塔克西拉是著名的佛教圣城。公元前 6 世纪，塔克西拉为犍陀罗王国的首都。据印度史诗《罗摩衍那》记载，该城由罗摩（毗湿奴的化身）的弟弟婆罗多建立。孔雀王朝的第三代国王阿育王皈依佛教后，大力弘扬佛法，在塔克西拉修建了一所佛教大学，吸引了众多的朝圣者和学者，此地成为香火鼎盛的佛教圣地和学者云集的哲学、宗教、艺术中心。

塔克西拉与中国佛教的发展有着深厚的渊源。据史料记载，早在 2000 多年前，两国之间就有交往。《二十四史》记载，汉代的张骞出使西域时就发现汉朝与"罽宾"（克什米尔）的贸易往来。秦汉时期，我国新疆和整个西北地区的石窟造像和绘画艺术都受到贵霜王朝犍陀罗艺术的影响。

公元 405 年晋代高僧法显到达塔克西拉，并在此研习佛教达 6 年之久，他在《佛国记》称其为"竺刹尸罗"，其时佛教十分兴盛。公元 650 年，著名的唐代高僧玄奘来到此地，在此讲经、说法两年。他在《大唐西域记》中将塔克西拉译作"呾叉始罗"，梵文意为"石雕之城"。但当时佛教的鼎盛时期已过，往昔的繁荣景象已无处寻觅。

三

中国和巴基斯坦山水相连，中巴友谊源远流长。自 1951 年建交以来，无论国际风云如何变幻，中巴两国始终携手并肩，相互支持，患难与共，共促发展。两国在重大国际和地区事务中密切合作，维护了双方及发展中国家的利益。中巴是全天候的战略合作伙伴，中巴关系堪称不同文化、不同社会制度国家间和平共处、互利共赢的典范。巴基斯坦人民将中巴友谊比喻为"比山高，比海深，比蜜甜"。中国人民则亲切地将巴基斯坦称为"巴铁"。

十多年前，我曾有幸在中国驻巴基斯坦使馆工作，在美丽的伊斯兰堡度过了数年紧张、充实、繁忙而愉快的时光。在那里，我和同事们亲眼见证了巴基斯坦政治风云的变幻，感受到巴举国上下对中国人民的深厚情谊，也亲历了巴安全形势的严峻。那段岁月，至今仍难以忘怀。最令人感动的是，2008 年 5 月 12 日，中国的四川汶川发生大地震后，巴基斯坦政府在第一时间将十多吨的救灾物资运往中国地震灾区。在获悉地震灾区帐篷紧缺后，巴基斯坦又先后捐赠了 2 万多顶帐篷，把战略储备仓库里的帐篷全部捐出。巴基斯坦还派出一支由 28 名医务人员组成的医疗队飞赴中国汶川地震灾区，体现了两国人民的深厚情谊。地震发生后两天，当时的巴基斯坦总统穆沙拉夫亲临中国驻巴基斯坦大使馆，向中国人民表示亲切慰问。扎尔达里总统上台后，继续将对华关系置于优先位置，经常访华，学习中国的发展经验。

2013 年 9 月，习近平主席在出访哈萨克斯坦和印度尼西亚期间，先后提出共建"丝绸之路经济带"和"21 世纪海上丝绸之路"的倡议，致力于打造政治互信、经济融合、文化包容的利益共同体和命运共同体。2015 年 4 月，习近平主席在巴基斯坦议会发表演讲时指出，南亚地处"一带一路"海陆交汇处，是推进"一带一路"建设的重要方向和合作伙伴。同年 5 月，国务院总理李克强在访问巴基斯坦时，提出了建设"中巴经济走廊"倡议。巴基斯坦积极响应中国的"一带一路"倡议，中巴围绕政策沟通、设施联通、贸易畅通、资金融通和民心相通五个方面展开全方位合作，取得了一系列成果。

巴基斯坦地处南亚、西亚和中亚和交通要冲，是"一带一路"通往印度洋、中东、欧洲的重要中转站，具有重要的战略地位，是"一带一路"战略的重要支点国家。近年来，中巴经济走廊成为一大亮点，王毅国务委员兼外交部长曾经把它描述为"一带一路"交响乐中的"第一乐章"。

2019 年 10 月，刘锦前先生约我为本书作序，我自感学识疏浅，本想婉拒，但看过目录和详细规划后感觉此书是一本既有学术深度、又有现实意义的鼎力之作，很有价值，加上对巴基斯坦的深厚感情，最后应承下来，为此书作序。如有不当之处，敬请谅解。

江亦丽

中国国际问题研究院特邀研究员

2021 年 2 月 4 日于北京

序　二

　　巴基斯坦有着悠久的历史文化，位于其信德省和旁遮普省所在的印度河流域，是人类文明最早的发祥地之一。早在约公元前 2500—前 1750 年，举世闻名的哈拉巴文化业已进入文明时期，既有较大规模的城市，也有大量青铜工具和武器，还有雕刻在石板和陶器上的文字，只是迄今尚未成功解读。

　　巴基斯坦北枕喀喇昆仑山、喜马拉雅山和兴都库什山，南濒阿拉伯海，其地理位置具有重要战略意义。它地处欧亚大陆的中南部，位居连接东西方以及贯通海陆的十字路口，因而在古代即成为"丝绸之路"的主要节点之一。随着中巴经济走廊建设的推进，巴基斯坦有望将中国西部、南亚、中亚、西亚和印度洋地区历史性地联结在一起。

　　巴基斯坦人口目前达 2.08 亿，位居伊斯兰国家第二，是世界第六人口大国。它是唯一拥有核武器的伊斯兰国家，在伊斯兰世界中享有重要地位。近年来，在阿富汗重建、南亚区域合作与地区安全、中西亚地区 10 国经济合作、亚洲和平与发展、国际反恐合作、联合国改革等领域，巴基斯坦均具有重要作用和影响。

　　中国和巴基斯坦山水相连，且均为人类文明的发源地，双方民间友好交往源远流长。中华人民共和国成立后，巴基斯坦于 1951 年 5 月与中国正式建交，从此中巴睦邻友好关系进入了一个新的发展阶段。在中巴双方政府和人民的共同努力下，两国不仅成为和睦共处的好邻居、鼎力相助的好朋友、互利合作的好伙伴和休戚与共的好兄弟，而且建立了全天候和全方位的战略合作伙伴关系。任凭国际风云变幻，中巴关系经受了历史和时间的考验，深深扎根于两国人民心中，已成为不同社会制度和文化传统国家间精诚合作、共同发展的典范。

进入 21 世纪以来，特别是随着"一带一路"建设的推进，中巴两国命运更为紧密相连，息息相关。其中，中巴经济走廊作为"一带一路"的旗舰项目，不仅具有重要象征性意义，而且发挥着无可替代的重大作用。

首先是引领作用。2013 年 5 月，中巴双方签署《关于开展中巴经济走廊远景规划合作的谅解备忘录》。这实际上是有关"一带一路"建设中第一个正式签署的合作文件，也反映了中巴双方当时已考虑到经济走廊建设将经历一个长期过程，需要立足当前，着眼长远，统筹早期和中长期建设。同年 8 月，双方设立中巴经济走廊联委会，正式启动联合工作机制，以规划、协调和推进经济走廊的建设。时隔 19 个月后，国家发展改革委、外交部和商务部联合发布了《推动共建丝绸之路经济带和 21 世纪海上丝绸之路的愿景与行动》。其相关部分的指导性要求基本按照了上述做法，如"推动签署合作备忘录或合作规划"，"建立完善双边联合工作机制，研究推进'一带一路'建设的实施方案、行动路线图"，充分发挥现有联委会等双边机制作用，"协调推动合作项目实施"等，无不显示中巴经济走廊先行一步的引领作用。

其次是示范作用。"一带一路"倡议原涉及 60 多个国家，而中巴经济走廊目前具有双边合作性质，与《巴基斯坦 2025 愿景》这一发展战略紧密对接。根据巴基斯坦的国情和发展需求的轻重缓急，中巴双方于 2015 年 4 月正式确定以经济走廊建设为中心，以瓜达尔港、能源、基础设施建设、产业合作为重点，形成"1+4"的合作格局。特别是针对巴基斯坦缺电严重状况，双方启动了一批水电、煤电、光电以及其他可再生能源项目。近年来，随着中巴经济走廊建设不断推进，诸多重要早期收获项目相继竣工。总体看，中巴经济走廊建设起步最早，进展最快，效率最高，合作最顺，而且早期和中长期发展紧密结合，已成为共商、共建、共享和共赢的标志性样板工程以及中国与"一带一路"沿线国家互利合作的典范。其合作与建设经验完全可供学习或借鉴。

第三是枢纽作用。由于巴基斯坦所处独特的地理位置，中巴经济走廊北接丝绸之路经济带，南连海上丝绸之路，并且还实现了海陆贯通，因而有望在"一带一路"的合作框架中成为南来北往、东连西接的战略枢纽。其中，瓜达尔港位于波斯湾出口北翼，濒临阿拉伯海和印度洋，靠近波斯湾通往东亚、非洲和红海—欧洲等数条重要海运航线，特别是还包括世界海上石油"生命线"。这一港口处于亚洲大陆和印度洋交汇点上，既是中巴经济走廊的起点或终点，也是海上丝绸之路的主要节点。2013 年 2 月，根据巴基斯坦政府批准的协议，中国海外港口控股有限公司取得瓜达尔港口及自由区运营权，成为其建设运营方。今后，瓜达尔港有望借助其地理位置和区位优势，扮演海陆之间的桥头堡角色，支撑起南亚—印度洋地区互联互通的网络，从而发挥"一路一带"战略支点的功能和作用。

最后是辐射作用。目前，中巴经济走廊建设的合作仍为双边性质。但由于其连接南北、贯通海陆的地理位置及其拥有的区位优势，并且基于开放包容、互利共赢的合作理念，中巴经济走廊有望向周边腹地延伸拓展，成为面向南亚、中亚、西亚和印度洋地区的经济辐射带，并进而提升为相关地区间的国际经济走廊。2017 年 3 月，由南亚、中亚和西亚 10 国组成的经济合作组织（ECO）第 13 届峰会明确表示欢迎中巴经济走廊建设，认为它将起到推动整个地区发展的作用。伊朗、沙特、阿富汗、哈萨克斯坦、土耳其等邻近国家也在不同程度上表示，希望加入中巴经济走廊合作框架。从长远看，这将促进相邻地区资本、人才、技术、市场等要素的流动和转移，提高经济资源配置的效率，弥补当地区域合作与发展的短板，从而带动中国中西部、巴基斯坦以及周边地区发展。因此，巴基斯坦领导人一再强调：中巴经济走廊不仅使中巴两国受益，而且为整个地区带来发展与繁荣，从而惠及 30 亿人民。

综上所述，巴基斯坦在南亚、亚洲和国际上是一个具有重要地位和影响的国家，是我国全天候和全方位战略合作伙伴，并随着中巴经济走廊和"一带一路"建设的推进，势将与我国率先建成更紧密的命运共同体。但长期以来，我国学术界在研究巴基斯坦方面投入的资源相对较少，研究人才不足，研究成果的质和量均有待提升。这一状况与巴基斯坦的重要性、中巴独一无二的战略合作关系、中巴经济走廊在"一带一路"建设中不可或缺的作用等，实在不成比例，根本无法满足现实需要。因此，在当今世界不稳定性和不确定性明显增强的背景下，加强对巴基斯坦的研究，是一个相当紧迫的重要课题。

近年来，我国相继出版了若干有关巴基斯坦的著作，但全面、系统和深入研究巴基斯坦的专著甚少。由上海社科院刘锦前助理研究员作为首席专家并主编的《"一带一路"国别研究报告：巴基斯坦卷》，正是这样一部较有分量的著述，具有相当的学术价值。与同类型著作相比，本书具有以下几个特点：一是创新性，将巴中长期发展战略、重要城市及其区域影响力、巴阿边境恐怖组织与犯罪集团活动、印巴克什米尔争端走向及其宗教文化因素等 10 个重要问题列为重大专题，进行深入研究，在研究视角、内容和方式上具有相当新意和深度，在部分领域填补了研究空白。二是及时性，根据巴基斯坦国内最新发展变化，并采用最新资料和统计数据，论述巴基斯坦的营商环境、农业发展、妇女地位、毒品等问题，分析巴主要政治力量与"中巴经济走廊"建设的关系、社会舆情与民众的中国观等，有助于当前中巴经济走廊建设以及构建中巴命运共同体。三是全面性，在巴基斯坦基本国情方面，对综合国力评估、人口结构、资源禀赋、基础设施、产业结构、政治生态、民族与宗教、教育状况、对外关系等，进行了较为全面而系统的梳理、分析、归纳和总结；在中巴双边关系方面，不仅涵盖了经贸、文化、金融、安全、旅游、智库等交流与合作，还探讨了当前中巴关系发展的背景与动力、继续推动中巴关系高水平发展的优势与障碍等问题。四是协作性。本书属国家社科基金"一带一路"建设研究专项项目，从国内众多高校和研究智库邀集近 30 位专家学者，专门组建课题组，以共襄盛举。他们在巴基斯坦研究领域各有所长，是颇有建树的业界翘楚或青年才俊。本书经统筹规划和多方协调，作者们积极发挥各自研究专长撰写而成。因此，本书可谓是"博采众长"，优势互补，通力合作的成果。

2021 年适逢中国和巴基斯坦建交 70 周年，两国全天候战略合作伙伴关系的发展处于继往开来的新起点上。本书是上海社会科学院副院长王振研究员担纲的国家社科基金"一带一路"建设研究专项项目"'一带一路'沿线国别研究报告"的第二批系列成果之一，犹如是庆祝和纪念中巴建交 70 周年的特别献礼，自当反映和体现不同一般的更高学术水准。另一方面，巴基斯坦国情相当复杂，目前又处于转型期，同时南亚地区和国际形势正在发生深刻变化。要全面、系统和深入研究巴基斯坦的政治、经济、外交、社会、教育、卫生等方方面面，从中揭示其内政、外交等发展变化的特点和规律，以准确认识和把握其未来走向，难度颇大。

总体看，本书对于深入开展巴基斯坦内政和外交、中巴双边关系等研

究，具有相当借鉴作用和学术价值，对于促进中巴关系发展和推动中巴经
济走廊建设，也具有重要现实意义。当前，我国正在加快全面落实"一带
一路"倡议，本书的出版有利于我们对巴基斯坦事务、南亚—印度洋地
区、国际关系和区域安全等增进了解，开阔视野，拓宽思路，从而有助于
"一带一路"的建设。我相信，本书对于我国政府有关部门工作人员、国
际问题研究学者、高校师生、南亚地区中资企业以及对国际事务感兴趣的
读者具有重要参考价值，而本书的出版也将进一步推动我国的南亚研究
事业。

杜幼康

复旦大学巴基斯坦研究中心主任、教授

2021 年 2 月 12 日于上海

本卷作者

前　言　刘锦前，上海社会科学院国际问题研究所助理研究员

第一篇

第一章　周　琢，上海社会科学院世界经济研究所副研究员
第二章　周海旺，上海社会科学院城市与人口发展研究所副所长、研究员
　　　　郭正忠，上海社会科学院城市与人口发展研究所研究生
第三章　辛晓睿，浙江工商大学经济学院讲师
　　　　海骏娇，上海社会科学院信息研究所助理研究员
第四章　马　双，上海社会科学院信息研究所副研究员
第五章　杨　凡，上海社会科学院信息研究所助理研究员
第六章　来庆立，上海社会科学院中国马克思主义研究所助理研究员
第七章　赵博阳，上海社会科学院宗教研究所助理研究员
第八章　刘锦前，上海社会科学院国际问题研究所助理研究员
第九章　周雨婷，云南昆明前沿信息研究中心助理研究员

第二篇

第一章　李文俊，复旦大学一带一路及全球治理研究院助理研究员
第二章　陈玉娇，复旦大学社会发展与公共政策学院博士生
　　　　邓智团，上海社会科学院城市与人口发展研究所研究员
第三章　陈一末，上海社会科学院信息研究所中级翻译
第四章　陈怀川，新疆师范大学历史与社会学院副教授
第五章　王　硕，上海中医药大学助理研究员
第六章　邓　笑，北京印刷学院马克思主义学院讲师

第三篇

前　言

提起巴基斯坦，中国人的第一印象是"铁哥们"。在中国人民心目中，巴基斯坦始终是可以信赖的"铁杆"朋友，网民称为"巴铁"，这是中巴友谊的真实写照。① 追溯历史也可看到，巴基斯坦是最早承认中华人民共和国的国家之一。1951 年 5 月 21 日，中巴两国正式建立外交关系。建交以来，两国在和平共处五项原则的基础上发展睦邻友好和互利合作关系，进展顺利。目前中国和巴基斯坦是全天候战略合作伙伴。中巴关系在近些年持续高水平发展，政治互信不断增强，中巴经济走廊建设和各领域务实合作成果丰硕。面对新冠肺炎疫情，中巴两国充分发扬了互帮互助的优良传统，同舟共济、守望相助，两国友谊在抗疫合作中得到进一步升华。而随着当前新冠肺炎疫情影响的加剧与世界形势的快速发展，中巴经济走廊建设能否有序推进以及如何更好促进当地经济社会发展，最终实现共赢也是广大中巴人民的共同期待。巴基斯坦作为"一带一路"建设的重要国家，随着港口、产业园区建设等项目的展开，越来越多中国投资者参与到了当地建设中，但很多中国人关于最新巴基斯坦国情、世情和民俗等情况并非了解，对巴基斯坦建国后发展的历史特别是与中国关系等的认知也只是停留于表象层面。作为旁观的"局外人"，笔者试图尝试以一本书的体量全面展示当前巴基斯坦现状和历史变迁是一个"不可能的任务"，但通过管窥这个国家在发展进程中形成的若干特点，还是可以对巴基斯坦的国别深入研究上起到些许抛砖引玉的作用。

首先，关于巴基斯坦的历史。巴基斯坦在历史上曾是一个被迫经历过殖民统治的国家，生活在该土地上的人民经过努力于 1947 年建立了独立

---

① 《李克强：中国人对巴基斯坦印象是"铁哥们"》，新华网，2013 年 5 月 23 日。

国家。成立初期的巴基斯坦有两种深深的烙印，一方面，由于一百多年的英国殖民统治，在国家政治与社会结构方面有着浓厚的英国殖民色彩。另一方面，伴随从 13 世纪到 19 世纪的伊斯兰文化浸润，也有着浓厚的伊斯兰文化因素体现。在今天，巴基斯坦已经成为一个由多民族、多元文化组成的群体。根据巴基斯坦人口统计数据，其国内穆斯林人口占比高达 95％以上，此外还有基督徒、印度教徒、佛教徒和锡克教徒等人口。

其次，巴基斯坦也是一个正在转型的南亚国家。当前巴基斯坦经济在中巴经济走廊相关项目等带动下发展快速，一改前些年发展疲软状态。但目前巴国内经济发展中面临产业升级挑战，经济受地区动荡局势影响，以及经济发展呈现地区发展不平衡，对来自外部的援助有着极强的依赖性，财政赤字率高，基础设施落后等问题。考虑到巴基斯坦与中国关系特殊，中国早已认定巴方为"一带一路"建设重要示范国家，并且中巴间长期来作为"全天候"战略伙伴，在涉及重大地区利益特别是包括经济安全在内的国家核心利益时保持了高度协调。目前，中巴两国政府已经确定了以重点建设"中巴经济走廊"为主要抓手，具体围绕解决巴基斯坦就业和产业升级等展开深度合作，中国从资金贷款、产品销售和技术指导等方面给予巴方全面支持。目前包括瓜达尔港建设和东北西南输电等能源项目已取得了阶段性成果。从巴基斯坦国家经济运行来看，巴基斯坦对外经贸依赖度这些年在快速提高，外贸出口为巴经济发展带来了强劲动能，从另一方面讲，这也是巴方劳动密集型产业优势的一种价值回归。从进出口总额相关数据分析来看，巴基斯坦长期处于贸易逆差状态，并且其逆差额也呈现逐年扩大态势。作为净进口国来讲，国际大宗商品价格下跌有利于巴基斯坦，但也要注意部分低廉外来工业品也在挤占其国内产品市场。从出口产品品种看，多以原材料类和劳动密集型商品为主。其中，巴基斯坦出口商品占比排名前三的都属纺织类，该类占到了总出口额的一半。此外，谷物、石料等也是主要出口商品。这些出口商品由于附加值低，对百姓就业等方面效用不明显。发展的带动作用不明显。从出口目的地来分析，巴基斯坦主要出口对象国是美国、中国、德国等。

自冷战结束以来，巴基斯坦一度处于非常糟糕的地区安全局势中。近几年得到明显改善，这得益于一系列打击驻扎在阿富汗边境附近的基地组织和叛乱团体军事行动。由于 2014 年以来巴政府采取了强烈反恐攻势，巴基斯坦的恐怖主义暴力活动大幅减少。但值得注意的是，虽然消灭了许多恐怖分子，但推动和滋生好战分子的仇恨意识形态仍然根深蒂固。巴阿边境地区一系列有影响力的信息源（从一些有着宗教极端思想的神职人员和电视新闻主持人到公立学校教科书）仍然在传播极端主义和宣扬暴力。

关于巴基斯坦内政经济方面，由于目前巴外汇储备和国际收支问题比较严峻，该国面临的金融压力不容小觑。而在巴基斯坦，求助于国际货币基金组织从来都不是受欢迎的政治举动。2018 年正义运动党领导人伊姆兰·汗赢得巴基斯坦大选后，在中国当年举办进口博览会之际访问了中国。中巴双方同意根据《中华人民共和国和巴基斯坦伊斯兰共和国睦邻友好合作条约》（2005 年签署）确立的原则，将中巴全天候战略合作伙伴关系进一步加强，通过推动务实性合作特别是中巴经济走廊建设，打造新时代更紧密的中巴命运共同体。① 中巴双方认为，今后双边合作应聚焦巴方产业升级需要和要素优势的发挥，在此基础上提升中巴双方经济合作的质量，进一步增强和提升巴基斯坦自身经济发展基础上的国家综合实力。中国方面为支持巴基斯坦发展，愿意通过加大农产品采购以及初级工业品通关便利化措施等具体方案，来解决双边贸易不平衡问题。此处值得强调的是，中巴双方已原则上同意尽快完成中巴自贸协定第二阶段谈判。

再次，巴基斯坦还是一个对伊斯兰世界颇有影响力的国家。作为一个伊斯兰国家，巴基斯坦与伊斯兰世界有着密切的联系。通过巴基斯坦，中国可以把同伊斯兰世界的关系引向纵深，比如直接与一些伊斯兰部落酋长接触、对话、沟通、协作等。须知许多伊斯兰国家多是部落组合，国家政权机器的实效甚至不如部落长老所发挥的作用。而关于具体合作示范领域，如中巴在合作打击恐怖主义方面可以加深协调。在面对跨国恐怖主义威胁方面，巴基斯坦与中国都面临着严峻挑战。其中对美国撤军阿富汗带来的权力真空前景和阿富汗国内局势动荡带来的共同压力，中巴两国也只有携手合作，才能有效维护各自国家主权安全与人民生命财产不受损害。此外，针对"东伊运"组织（ETIM）以及其他各类恐怖组织等潜在威胁

① 中巴双方同意打造新时代更紧密的中巴命运共同体。参见《中华人民共和国和巴基斯坦伊斯兰共和国关于加强中巴全天候战略合作伙伴关系、打造新时代更紧密中巴命运共同体的联合声明》，中华人民共和国外交部，2018 年 11 月 4 日，https：//www. mfa. gov. cn/ce/cgct/chn/zgyw/t1610023. htm。

共同应对方面，中巴也有合作的空间。值得肯定的是，如果问在广泛的国际舞台上谁是中国无条件的支持者，回答的首个国家可能非巴基斯坦不可。当年中国对越自卫反击战，联合国大会上只有巴基斯坦投了中国的赞成票；当年中美发生撞机事件，巴基斯坦的代表在瑞士召开的会议上为中国鸣不平；等等，今后的巴基斯坦大概率还将这样。

最后，巴基斯坦是一个与中国有着特殊情感的国家。中国在国际层面推出"一带一路"建设倡议，目前中巴经济走廊已经启动，相关中国段项目进展顺利。随着中巴陆路交通设施的改善，跨喜马拉雅区域中巴经贸往来关系将得到重大改观，改变过去那种高度依赖船舶贸易和初级品货物贸易的状况。而考察21世纪以来的彼此间经贸关系可以看出，中国与巴基斯坦之间的双边贸易虽然自进入21世纪以来呈现不断发展态势，但双边贸易总额并非呈现持续上涨态势。由于受到2008年国际金融危机的冲击及影响，中巴两国间贸易增长幅度在2009年开始曾一度出现负增长，这说明中巴贸易之间关系有一定脆弱性，受到国际经济大环境影响明显。① 在此需要特别指出，中巴除了商业层面的正常经贸往来外，中国对巴提供经济发展援助也是一个重要方面。这些援助不仅包括普通经济援助，还包括项目培训援助以及人道主义紧急援助等。如2013年巴基斯坦发生强地震后，中国及时派出搜救力量与医疗卫生人员参与当地救助活动，帮助巴基斯坦渡过困难。②

本书是上海社会科学院副院长王振研究员担纲的国家社科基金"一带一路"建设研究专项项目"'一带一路'沿线国别研究报告"的第二批系列成果之一。本书由来自中国国际问题研究院、复旦大学、华东师范大学、上海外国语大学、上海对外经贸大学、上海中医药大学、江苏师范大学、江苏警官学院、新疆师范大学、北京印刷学院、天津理工大学、广东韩山师范学院、杭州电子科技大学、昆明前沿信息研究中心以及上海社会科学院从事经济学、政治学、国际关系、宗教和城市研究的近30位专家学者组成的课题组分章撰写而成。全书分为基本国情研究、重大专题研究

---

① 王彤彤：《"一带一路"背景下中国对巴基斯坦贸易的机遇与挑战》，《现代商贸工业》2018年第31期。

② 《习近平李克强分别向巴基斯坦总统、总理致慰问电》，《中国青年报》2013年9月26日，http://zqb.cyol.com/html/2013-09/26/nw.D110000zgqnb_20130926_3-01.htm。

和双边关系研究三大部分，对位于"丝绸之路经济带"与"海上丝绸之路"重要交汇处的南亚国家巴基斯坦进行全面的介绍和系统的研究。

基本国情研究部分，依据由课题组自创的综合国力评估指标体系，从人口结构、资源禀赋、基础设施、产业结构、政治生态、民族与宗教、教育状况以及对外关系等方面展开梳理，收集、整理和分析来自巴基斯坦政府、国际货币基金组织以及世界银行等国际权威机构的第一手数据、官方政策文件和研究报告等，做出了巴基斯坦的综合国力在"一带一路"沿线国家中位居前列的总体判断，从而为进一步发展中国巴基斯坦关系，推进中巴经济走廊建设和增进两国人民福祉务实合作提供一个客观合理的参照标准。

重大专题研究部分，从宏观到微观，从历史到现状，自上而下地关注和分析了当前巴基斯坦发展面临的重大政治、经济和社会议题。第一，聚焦于伊姆兰·汗政府在国家层面推动经济社会发展的背景、主要内容，以及一系列宏观政策和当前的投资营商环境的变化。第二，介绍了巴基斯坦在卡拉奇、伊斯兰堡等主要城市、工业和技术园区、科技创新等中微观领域，采取的提升国家竞争力的各种具体措施及其实施效果。第三，探讨了巴基斯坦深受困扰的恐怖主义问题和巴阿边境新安全态势、毒品犯罪以及最新印巴克什米尔争端背后的深层次宗教文化因素，并对巴基斯坦重点城市发展、妇女问题、医疗卫生、社会生态等进行了述评，以期能较为客观展现当前巴基斯坦发展进程中所取得的成就以及面临的挑战因素。

双边关系研究部分，从系统回顾中巴两国建交后双边关系发展着手。在此基础上着重探讨了自中巴经济走廊建设以来，巴基斯坦的精英、公众和媒体对中国的认知变化，及其对中巴战略伙伴关系未来发展前景展望。通过对中巴双边贸易和投资关系的定量分析，解释了当前巴基斯坦在新冠肺炎疫情背景下的社会舆情以及中巴双边经贸合作中存在的依存问题。与此同时，也对中巴金融合作中取得的进展和面临的挑战因素等进行了分析。围绕地区安全合作，特别是在美国撤军阿富汗新历史背景下，中巴如何共同合作以促进地区和平，有哪些共同面临的挑战和可能的合作空间等也进行了探讨。同时，对中巴人文交流也进行了回顾，对未来加强中巴地方民心相通工作包括具体旅游合作、智库合作等路径、模式提出了一些建言。

　　本书各章的写作立足于服务"一带一路"建设的现实需要，力图做到客观、准确地呈现巴基斯坦方方面面的现状和发展态势，并尝试为推进国别研究建立一般的分析框架和研究方法。本书既可为广大普通读者加深对巴基斯坦的认知提供助益，也可为专业人士深化巴基斯坦的国别研究提供参考。本书的问世首先有赖于课题组各位专家学者的精诚合作，不少素昧平生的专家学者欣然应允课题组的约稿，充分表明了加强国别研究的重要性和迫切性。同时，也要感谢首席专家王振副院长对我本人负责本书编写工作的充分信任和大力支持，感谢中国国际问题研究院特邀研究员江亦丽老师和复旦大学巴基斯坦研究中心主任杜幼康老师对本书撰写给出的宝贵意见。也要感谢我所在的上海社会科学院国际问题研究所所长王健研究员、副所长余建华研究员、副所长李开盛研究员为课题的顺利推进所做的大量细致周到的协调工作。最后感谢中国社会科学出版社赵丽副编审在出版过程中的辛勤付出。但限于时间、资料和本人的学术积累，书中难免存在挂一漏万和疏忽纰漏之处，欢迎广大学界同行和读者的批评指正。

刘锦前

2021 年 1 月 28 日于上海

目　　录

第一篇　基本国情研究

第二篇　重大专题研究

第三篇 双边关系研究

第一篇
基本国情研究

第一章　综合国力评估

综合国力评估是对一个国家基本国情的总体判断，也是我们进行国与国之间比较的基础。综合国力是一个系统的概念，涉及基础国力、消费能力、贸易能力、创新能力和营商环境。如何对其度量，量化是本章的主要工作。本章节试图通过数量化的指标体系对巴基斯坦的综合国力进行评价，进而认识巴基斯坦在"一带一路"国家中的排名和在全世界国家中的排名。

第一节　指标体系构建原则

指标体系构建的原则是为了反映一个国家在一个时期内的综合国力。参考国际上的指标体系和竞争力指标的基础上，立足于"一带一路"国家的特点，制定了"一带一路"国家综合国力指数，旨在揭示"一带一路"国家的综合国力和基本国情，以便我们可以更好地判断"一带一路"的现实。

从国际贸易角度出发，国际竞争力被视为比较优势。根据绝对优势理论、相对优势理论和要素禀赋理论的主要研究结论，一国或一企业之所以比其他国家或企业有竞争优势，主要是因为其在生产率、生产要素方面有比较优势。从企业角度出发，竞争力则被定义为企业的一种能力，国际经济竞争实质上是企业之间的竞争。从国家角度出发，国际竞争力被视为提高居民收入和生活水平的能力。美国总统产业竞争力委员会在1985年的总统经济报告中将国家竞争力定义为："在自由和公平的市场环境下，保持和扩大其国民实际收入的能力。"

裴长虹、王镭指出所谓国际竞争力，有产品竞争力、企业竞争力、产业竞争力以及国家竞争力之分。[①] 从经济学视角看，关于各类竞争力的讨论有微观、中观和宏观三个层次。不同于以往的国家综合国力指数，"一带一路"国家综合国力评估立足于发展，发展是"一带一路"国家的本质特征。我们尝试从基础国力、消费能力、贸易能力、创新能力和营商环境五个方面来评价"一带一路"国家发展的综合实力和潜力。

要建立一个科学、合理的"一带一路"国家国情评估体系，需要一组明晰、明确的构建原则：

（1）系统性原则。指标体系的设置要能全面反映各"一带一路"沿线国家的发展水平，形成一个层次分明的整体。

（2）通用性原则。指标体系的建立需要实现标准统一，以免指标体系混乱而导致无法进行对比分析。指标的选取要符合实际情况和大众的认知，要有相应的依据。

（3）实用性原则。评价"一带一路"国家国情的目的在于反映"一带一路"沿线各国的发展状况，为宏观调控提供可靠的依据。因此设置的评价指标数据要便于搜集和处理，要合理控制数据量，以免指标反映的信息出现重叠的情况。

（4）可行性原则。在设置评价指标时，要考虑到指标数据的可获得性，需要舍弃难以获取的指标数据，并采用其他相关指标进行弥补。

合理地选取指标和构建"一带一路"国家综合国力指数评价体系，有利于真实、客观地反映"一带一路"国家质量与综合水平。本章在回顾既有研究成果的基础上，聚焦"国情"和"综合国力"，结合"一带一路"国家发展实践，提出"一带一路"国家综合国力指数的构建原则，并据此构建一套系统、科学、可操作的评价指标体系。

构建方法。第一步，本章将原始数据进行标准化处理；第二步，本章按照各级指标进行算术加权平均；第三步，得出相应数值，进行排名。

本指数的基础数据主要来源于世界贸易组织（WTO）、国际竞争力报告、联合国贸发会议（UNCTAD）、世界银行（WB）、国际货币基金组织（IMF）、世界知识产权组织（WIPO）、联合国开发计划署（UNDP）、联合国教科文组织（UNESCO）、世界能源理事会（WEC）、社会经济数据

---

① 裴长洪、王镭：《试论国际竞争力的理论概念与分析方法》，《中国工业经济》2002 年第 4 期。

应用中心（SEDAC）以及"一带一路"数据分析平台等。

关于数据可得性的解释。当指数涉及的统计指标存在缺失的情况，特别是在一些欠发达国家，为了体现指数的完整性和强调指数的横向比较性，对缺失数指标，我们参考过去年份的统计数据，采取插值法来使其完整。

第二节 指标体系构建内容

本章拟构建一个三级指标体系来对一个国家的综合国力进行评估。

一 一级指标

本章的综合国力主要是基于"一带一路"国家的发展特点提出的，所以在选择基本指标时，我们倾向于关注国家的发展潜力，这里到一级指标体系包括四个"力"和一个"环境"，分别为基础国力、消费能力、贸易能力、创新能力和营商环境。

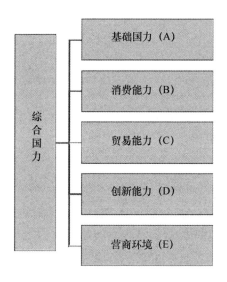

图 I -1 -1 "一带一路"国家综合国力的一级指标

二　二级指标

在基础国力（A）中，本章设置了四个二级指标，分别是资源禀赋（A1）、人口状况（A2）、教育水平（A3）和基础设施（A4）。

在消费能力（B）中，本章设置了两个二级指标，分别是消费总量（B1）和消费结构（B2）。

在贸易能力（C）中，本章设置了两个二级指标，分别是进口能力（B1）和出口能力（B2）。

在创新能力（D）中间，本章设置了三个二级指标，分别是创新人才（D1）、研发投入（D2）和创新成果（D3）。

在营商环境（E）中间，本章设置了四个二级指标，分别是制度环境（E1）、投资安全（E2）、外商政策（E3）和公共服务（E4）。

三　三级指标

本章的三级指标共有 139 个，具体见表 I - I -1：

表 I - I -1　　　　　"一带一路"国家综合国力指标列表

一级指标	二级指标	三级指标	三级指标代码
基础国力	资源禀赋	地表面积	A101
		可再生内陆淡水资源总量	A102
		耕地面积	A103
	人口状况	总人口数	A201
		城市人口数	A202
		农村人口数	A203
		少儿人口抚养比	A204
		老龄人口抚养比	A205

续表

一级指标	二级指标	三级指标	三级指标代码
	教育水平	中学教育入学率	A301
		教育体系的质量	A302
		数学和科学教育质量	A303
		管理类教育质量	A304
		学校互联网普及程度	A305
		基础教育质量	A306
		基础教育入学率	A307
	基础设施	总体基建水平	A401
		公路长度	A402
		铁路长度	A403
		港口效率	A404
		空中运输	A405
		航线客座千米（百万/每周）	A406
		电力供应	A407
		手机普及程度（每百人）	A408
		固定电话数（每百人）	A409
消费能力	消费总量	GDP（PPP）百万美元	B101
		国内市场规模指数	B102
	消费结构	人均消费（底层40%的人口）（美元/天）	B201
		人均消费（总人口）（美元/天）	B202
		人均实际消费年化增长率（底层40%的人口）（%）	B203
		人均实际消费年化增长率（总人口）（%）	B204

续表

一级指标	二级指标	三级指标	三级指标代码
贸易能力	进口能力	保险和金融服务（占商业服务进口的比例）（%）	C101
		商业服务进口［美元（现价）］	C102
		运输服务（占商业服务进口的比例）（%）	C103
		旅游服务（占商业服务进口的比例）（%）	C104
		货物进口［美元（现价）］	C105
		农业原料进口（占货物进口总额的比例）（%）	C106
		食品进口（占货物进口的比例）（%）	C107
		燃料进口（占货物出口的比例）（%）	C108
		制成品进口（占货物进口的比例）（%）	C109
		矿石和金属进口（占货物进口的比例）（%）	C110
		通信、计算机和其他服务（占商业服务进口的比例）（%）	C111
	出口能力	保险和金融服务（占商业服务出口的比例）（%）	C201
		商业服务出口［美元（现价）］	C202
		运输服务（占商业服务出口的比例）（%）	C203
		旅游服务（占商业服务出口的比例）（%）	C204
		货物出口［美元（现价）］	C205
		农业原料出口（占货物出口总额的比例）（%）	C206
		食品出口（占货物出口的比例）（%）	C207
		燃料出口（占货物出口的比例）（%）	C208
		制成品出口（占货物出口的比例）（%）	C209
		矿石和金属出口（占货物出口的比例）（%）	C210
		通信、计算机和其他服务（占商业服务出口的比例）（%）	C211

一级指标	二级指标	三级指标	三级指标代码
创新能力	创新人才	高等教育入学率	D101
		留住人才能力	D102
		吸引人才能力	D103
		科学家和工程师水平	D104
		每百万人中 R&D 研究人员（人）	D105
		每百万人中 R&D 技术人员（人）	D106
	研发投入	研发支出占 GDP 比例	D201
		最新技术有效利用程度	D202
		企业的科技运用能力	D203
		科学研究机构的质量	D204
		企业研发投入	D205
		产学研一体化程度	D206
		政府对高科技产品的采购	D207
		FDI 和技术转化	D208
		互联网使用者（占总人口的比例）（%）	D209
		固定宽带用户（每百人）	D210
		互联网带宽	D211
		移动互联网用户（每百人）	D212
	创新成果	非居民专利申请数（个）	D301
		居民专利申请数（个）	D302
		商标申请（直接申请，非居民）（个）	D303
		商标申请（直接申请，居民）（个）	D304
		商标申请合计（个）	D305
		高科技产品出口（现价美元）	D306
		在科学和技术学术期刊上发表的论文数（篇）	D307
		高科技产品出口占制成品出口的比例（%）	D308
		工业设计应用数量，非居民（个）	D309
		工业设计应用数量，居民（个）	D310
		非居民商标申请（个）	D311
		居民商标申请（个）	D312
		中高技术产品出口占制成品出口的比例（%）	D313

续表

一级指标	二级指标	三级指标	三级指标代码
营商环境	制度环境	有形产权保护	E101
		知识产权保护	E102
		公共基金的多样性	E103
		政府公信力	E104
		政府的廉政性	E105
		公正裁决	E106
		政府决策偏袒性	E107
		政府支出效率	E108
		政府管制负担	E109
		争端解决机制的法律效率	E110
		改变陈规的法律效率	E111
		政府政策制定透明程度	E112
		审计和披露标准力度	E113
		公司董事会效能	E114
		金融服务便利程度	E115
		金融服务价格合理程度	E116
		股票市场融资能力	E117
		贷款便利程度	E118
		风险资本便利程度	E119
	投资安全	公安机关的信任度	E201
		恐怖事件的商业成本	E202
		犯罪和暴力的商业成本	E203
		有组织的犯罪	E204
		中小股东利益保护	E205
		投资者保护（0—10分）	E206
		银行的安全性	E207

续表

一级指标	二级指标	三级指标	三级指标代码
	外商政策	当地竞争充分程度	E301
		市场的主导地位	E302
		反垄断政策力度	E303
		税率对投资刺激的有效性	E304
		总体税率占利润的比重	E305
		开办企业的步骤	E306
		开办企业的耗时天数	E307
		农业政策成本	E308
		非关税壁垒的广泛程度	E309
		关税	E310
		外资企业产权保护	E311
	公共服务	当地供应商数量	E401
		当地供应商质量	E402
		产业集群发展	E403
		自然竞争优势	E404
		价值链宽度	E405
		国际分销控制能力	E406
		生产流程成熟度	E407
		营销的能力	E408
		授权的意愿	E409
		劳动和社会保障计划的覆盖率（占总人口的百分比）	E410
		劳动和社会保障计划的充分性（占受益家庭总福利的百分比）	E411
		20%的最贫困人群的劳动和社会保障计划的受益归属（占总劳动和社会保障计划受益归属的百分比）	E412
		失业救济和积极劳动力市场计划的覆盖率（占总人口的百分比）	E413
		20%的最贫困人群的失业救济和积极劳动力市场计划的受益归属（占总失业救济和积极劳动力市场计划受益归属的百分比）	E414

续表

一级指标	二级指标	三级指标	三级指标代码
		社会安全网计划的覆盖率（占总人口的百分比）	E415
		社会安全网计划的充分性（占受益家庭总福利的百分比）	E416
		20% 的最贫困人群的社会安全网计划的受益归属（占总安全网受益归属的百分比）	E417
		社会保险计划的覆盖率（占总人口的百分比）	E418
		社会保险计划的充分性（占受益家庭总福利的百分比）	E419

　　从图 I‐1‐2 中，我们可以发现，巴基斯坦的综合国力在"一带一路"国家中排第 55 名，在世界 141 个国家和地区中排第 110 名。根据经济论坛的数据①表明，2019 年巴基斯坦的人口总数是 2.08 亿，人均 GDP 为 1555.4 美元，失业率为 3.0%，基尼系数为 33.5，可再生能源消费比重为 46.5%。2014 年至 2019 年，五年间，FDI 流入占 GDP 的比重为 0.8%，2009 年至 2019 年，过去十年间，GDP 增长率为 3.6%。

　　巴基斯坦位于南亚次大陆西北部，南濒阿拉伯海，海岸线长 840 千米，北枕喀喇昆仑山和喜马拉雅山。东、北、西三面分别与印度、中国、阿富汗和伊朗接壤。

　　图 I‐1‐3 为我们展现了五大分指标的排名顺序。从图 I‐1‐3 中，我们可以发现，巴基斯坦的基础国力在"一带一路"国家中排第 58 名，在世界 141 个国家和地区中排第 121 名。巴基斯坦的消费能力在"一带一路"国家中排第 39 名，在世界 141 个国家中排第 73 名。巴基斯坦的贸易能力在"一带一路"国家中排第 60 名，在世界 141 个国家中排第 107 名。巴基斯坦的创新能力在"一带一路"国家中排第 55 名，在世界 141 个国家排第 79 名。巴基斯坦的营商环境在"一带一路"国家中排第 45 名，在世界 141 个国家中排第 105 名。

---

① 资料来源世界经济论坛网站，https：//www.weforum.org/。

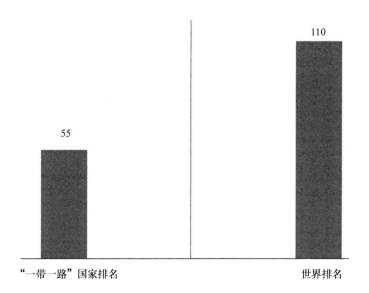

图 I-1-2 巴基斯坦的综合国力排名

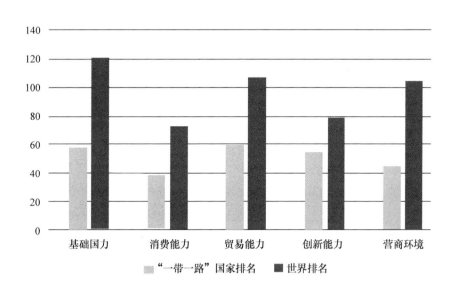

图 I-1-3 巴基斯坦综合国力一级指标排名

第三节　指标分类评价

为了更好地理解一国的综合国力，本章在第三节对各分类指标进行了更为细化的评价，分为基础国力、消费能力、贸易能力、创新能力和营商环境。由此，可以帮助读者对于该国的综合国力有一个较为直观的印象。

一　基础国力评价

基础国力是衡量一国在资源禀赋、人口状况、教育水平和基础设施方面的能力。巴基斯坦的资源禀赋在"一带一路"国家中排第 50 名，在世界 141 个国家中排第 99 名。巴基斯坦山地和山区面积占国土面积的 60%，历史上地壳变动明显，地质活动频繁，具备生成油气和矿产资源的地理条件。根据巴基斯坦地质调查局（GSP）资料，已探明的油气和矿产资源包括石油、天然气、煤炭、铝土矿、铬铁矿、铜矿、铅锌矿、磷酸盐矿、花岗岩、重晶石、石膏、宝石和菱镁矿等。根据巴基斯坦官方数据①，目前石油已探明储量 12.47 亿桶，天然气已探明储量 16264 亿立方米，煤炭储量约 1850 亿吨，铜矿储量约 13.5 亿吨。

巴基斯坦的人口状况在"一带一路"国家中排第 35 名，在世界 141 个国家中排第 65 名。根据巴基斯坦国家统计局 2017 年公布的第六次全国人口普查初步报告，巴基斯坦总人口已超 2 亿，与 1998 年第五次人口普查时相比增长了 57%，年均人口增长率为 2.4%。报告显示，巴基斯坦总人口约为 2.08 亿，其中农村人口约为 1.32 亿，城镇人口约为 0.76 亿，分别约占全国总人口的 63% 和 37%。在全国各省、地区中，旁遮普省人口达 1.1 亿，约占全国总人口的 53%，为人口第一大省。信德省、开伯尔－普什图省与俾路支省人口分别约为 0.48 亿、0.31 亿和 0.12 亿。此外，联邦直辖部落区人口约 500 万，首都伊斯兰堡人口约 200 万。在巴基斯坦华人华侨近 8000 人，主要集中在经济较为发达的旁遮普省和信德省。

---

① 资料来源巴基斯坦统计局，https://www.pbs.gov.pk/。

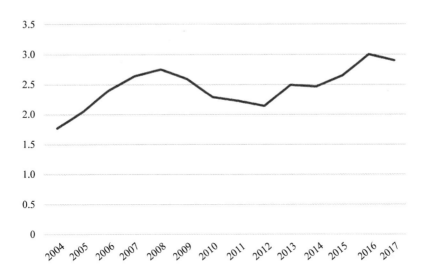

图Ⅰ-1-4　教育开支占 GDP 的比例

资料来源：联合国数据库。

　　图Ⅰ-1-4 显示了巴基斯坦教育开支总额占 GDP 的比例，该比例的世界平均水平为 4.5%，2017 年巴基斯坦的该比例不到 3%。巴基斯坦在教育方面支出落后。巴基斯坦的教育水平在"一带一路"国家中排第 55 名，在世界 141 个国家中排第 107 名。巴基斯坦虽然实行中小学免费教育，但受经济发展水平所限，教育比较落后，学校数量相对于其庞大的人口明显不足，小学入学率和初级教育普及率均较低，能接受高等教育者较少。由于教育资源的匮乏，越来越多的贫困家庭将孩子送进宗教学校。联合国教科文数据①显示，当前小学适龄人口入学率可以达到 76%，中学为45%，教育支出约占其 GDP 的 2.76%，15 岁以上人口识字率约 57%。另据不完全统计，巴基斯坦全国共有小学 15.8 万所，初中 2.9 万所，高中1.6 万所，大学 51 所。著名高等学府有旁遮普大学、卡拉奇大学、伊斯兰堡真纳大学和白沙瓦大学等。

　　巴基斯坦的基础设施在"一带一路"国家中排第 60 名，在世界 141个国家中排第 106 名。巴基斯坦基础设施建设总体相对滞后，是制约其经

---

　　①　联合国教科文组织，https：//zh. unesco. org/gem-report/node/13。

济发展的主要因素之一。巴基斯坦央行（SBP）报告指出，物流瓶颈导致巴工业品生产成本增加 30%，由基础设施效率不足造成的经济损失可达 GDP 的 4%—6%。巴基斯坦用于基础设施领域建设的公共领域发展项目（PSDP）资金严重不足，对外国援助和贷款的依赖度提高，一些规划中的基建项目开工和建设进度滞后。

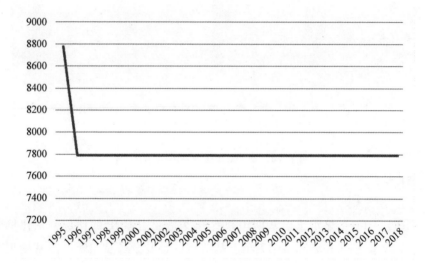

图 I -1 -5　巴基斯坦铁路总千米数

资料来源：联合国数据库。

从图 I -1 -5 中我们看到，巴基斯坦的铁路建设非常缓慢，在近 20 年的时间里面，几乎没有发展。公路建设被视为巴基斯坦经济社会发展的关键。根据巴基斯坦财政部①统计，截至 2018 年 4 月，巴基斯坦公路总里程为 26.89 万千米，其中高等级公路 19.75 万千米，低等级公路 7.15 万千米。国家高速公路总局（NHA）网络包括 39 条国道、高速公路和战略性公路，总长 12131 千米。巴基斯坦公路密度为 0.32 千米/平方千米，远低于南亚其他国家的水平。

---

① 资料来源：巴基斯坦财政部，http：//www. finance. gov. pk/。

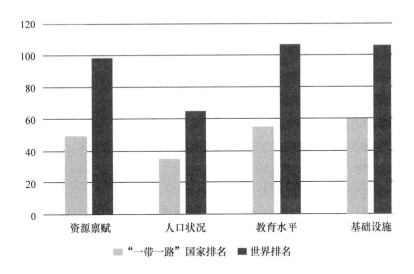

图 Ⅰ -1-6 巴基斯坦基础国力二级指标排名

二 消费能力评价

消费能力是衡量一国内需的能力，消费能力包括了市场规模、人均 GDP 和人均消费增长等能力。从图 Ⅰ -1-5 中我们可以发现，巴基斯坦的消费总量在"一带一路"国家中排第 25 名，在世界 141 个国家中排第 45 名。巴基斯坦的消费结构在"一带一路"国家中排第 40 名，在世界 141 个国家中排第 88 名。根据巴基斯坦联邦统计局①数据，2017/2018 财年，巴基斯坦农业和工业部门提供商品总额约 14.01 万亿卢比，其中农业商品约 7.76 万亿卢比，工业商品生产约 6.25 万亿卢比；服务部门提供商品总额约 18.39 万亿卢比。

巴基斯坦的人口基数大，所以巴基斯坦的最终消费支出随着年份的上升，都呈现出上升趋势。根据巴基斯坦联邦统计局数据②，2017/2018 财年，巴基斯坦农业和工业部门提供商品总额约 14.01 万亿卢比，其中农业商品约 7.76 万亿卢比，工业商品生产约 6.25 万亿卢比；服务部门提供商品总额约 18.39 万亿卢比。巴基斯坦国民储蓄占 GDP 的比例为 11.4% 左

① 资料来源：巴基斯坦统计局，https：//www.pbs.gov.pk/。
② 资料来源：巴基斯坦统计局，https：//www.pbs.gov.pk/。

右。在消费支出中，饮食占43.1%，住房占15.2%，衣着占5.7%，交通占5.6%，其他生活开支占12.8%。

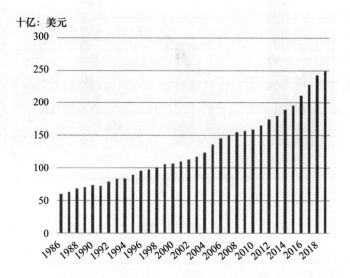

十亿：美元

图Ⅰ-1-7   巴基斯坦最终消费支出

资料来源：联合国数据库。

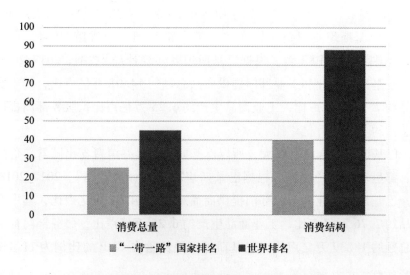

图Ⅰ-1-8   巴基斯坦消费能力二级指标排名

三 贸易能力评价

贸易能力是衡量一国对外开放的能力，是一国为世界提供产品和消费市场的能力。巴基斯坦的进口能力在"一带一路"国家中排第 55 名，在世界 141 个国家中排第 102 名。巴基斯坦的出口能力在"一带一路"国家中排第 63 名，在世界 141 个国家中排第 107 名。

巴基斯坦主要出口商品包括纺织品、棉花、谷物、皮革等；主要进口商品包括矿物燃料及矿物油、锅炉、机械器具、电机电气、音像设备、钢铁、有机化学品、车辆及零附件、塑料制品、动植物油脂等。

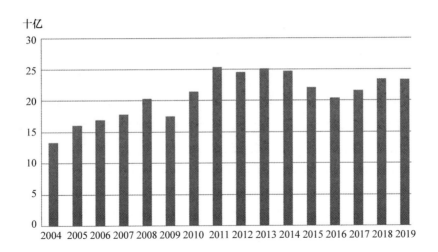

十亿

图Ⅰ-1-9 2004—2019 年巴基斯坦商品出口（现价美元）
资料来源：世界银行数据库。

巴基斯坦服务贸易出口种类较为集中。主要出口种类为政府服务、运输服务、电信计算机和信息服务以及其他商业服务。主要进口服务种类为运输、旅游和其他商业服务。

图Ⅰ-1-10 显示，第一，巴基斯坦近十年来，制造业产品进口占总进口的 50%，这说明巴基斯坦国际贸易的制造业的实力不强；第二，在服务贸易中，计算机等 ICT 服务出口比重不高；第三，高科技产品出口占制造业出口的百分比极低，2008—2019 年的平均比重仅为 1.88%。

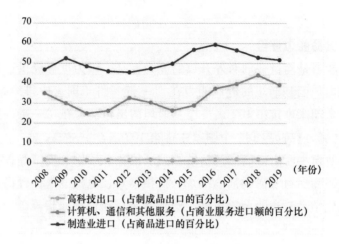

图 I −1−10 巴基斯坦的贸易结构

资料来源：世界银行数据库。

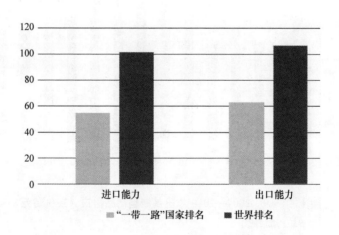

图 I −1−11 巴基斯坦贸易能力二级指标排名

四 创新能力评价

创新能力是一个国家高质量发展的基础动力。习近平同志在国际合作高峰论坛中提道①"创新就是生产力，企业赖之以强，国家赖之以盛。我

---

① 《各方关注习近平主旨演讲 期待"创新"成为共同驱动力》，中国新闻网，2019 年 4 月26 日，http://www.chinanews.com/gn/2019/04−26/8821704.shtml。

们要顺应第四次工业革命发展趋势，共同把握数字化、网络化、智能化发展机遇，共同探索新技术、新业态、新模式，探寻新的增长动能和发展路径，建设数字丝绸之路、创新丝绸之路"。

巴基斯坦的创新人才在"一带一路"国家中排第45名，在世界141个国家中排第109名。

巴基斯坦的研发投入在"一带一路"国家中排第53名，在世界141个国家中排第89名。为加强对国家知识产权的有效保护，2005年，巴基斯坦政府成立了知识产权组织（IPO－P），由总理领导的内阁亲自指导。巴基斯坦知识产权组织此后不断加大立法和执法力度，知识产权保护状况有较大改善。2015年，巴基斯坦商务部发布了《2015—2018年战略贸易政策框架》，参考中国、美国、印度、泰国等国做法，在商务部内增设知识产权部门，促进市场化和可交易的知识产品的创新和生产。同时，巴基斯坦知识产权组织也划归巴商务部管理。巴基斯坦知识产权组织的职能主要有：（1）政府管理和协调关于知识产权保护的系统；（2）管理国家设立的知识产权机构；（3）提高国家的知识产权保护意识；（4）向联邦政府建议相关知识产权保护政策；（5）通过指定的知识产权保护执法机构保障对知识产权的有效保护。

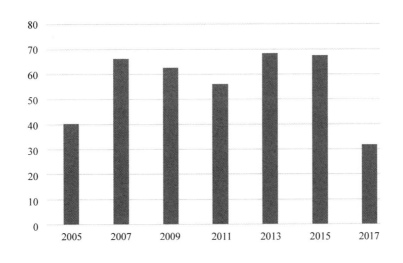

图Ⅰ－1－12 百万人中研发技术人员的数量

资料来源：联合国数据库。

从图 I –1 –12 中，我们可以看到巴基斯坦每 100 万人中研发技术人员的数量相对较少，该指标加拿大的数值是 1268 人。

巴基斯坦的创新成果在"一带一路"国家中排第 43 名，在世界 141 个国家中排第 101 名。

2011—2018 年，巴基斯坦的本地居民直接提交的商标申请有所增加，但是远落后于世界平均水平，以 2016 年为例，中国本国居民申请了 120 多万件中国专利，占当年中国专利申请量的 90%。美国本国居民申请量为 29.5 万余件。

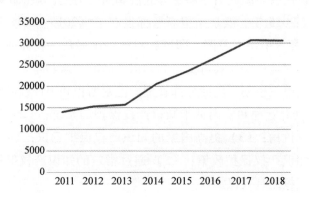

图 I –1 –13 巴基斯坦本地居民的商标申请量

资料来源：联合国数据库。

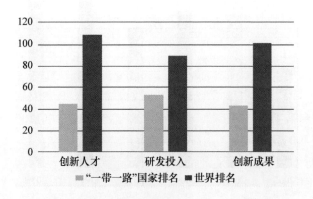

图 I –1 –14 巴基斯坦创新能力二级指标排名

五　营商环境评价

营商环境是指市场主体在准入、生产经营、退出等过程中所涉及的政务环境、市场环境、法治环境、人文环境等有关外部因素和条件的总和。《2013 年巴基斯坦投资政策》主要关注降低经商成本和减少步骤，从而加强本国竞争力。该政策提出提高投资者便利度、投资保护、去除监管障碍、公私合营和加强各方协调等在内的经济自由化措施。2016 年巴基斯坦政府制定《国家营商改革战略》，包括法规改革，改进执行部门技术，减少商业注册审批时间，简化审批手续。2018 年巴基斯坦总理伊姆兰·汗批准《国家金融包容战略》5 年实施计划，要求通过该计划改善金融体系，为经济发展营造良好的金融环境。

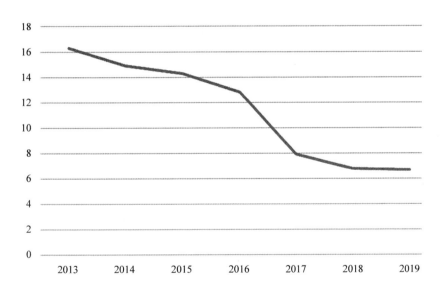

图 I-1-15　巴基斯坦开办企业流程的成本占 GNI 的比重

资料来源：联合国数据库。

我们从图 I-1-15 中看到，在 2013 年—2019 年，巴基斯坦开办企业流程的成本占 GNI 的比重在不断下降，但是还是相对较高，美国的该比重为 1%，英国的该比重为 0.1%。

从图Ⅰ-1-17中，我们可以发现，巴基斯坦的制度环境在"一带一路"国家中排第45名，在世界141个国家中排第107名。

巴基斯坦的投资安全在"一带一路"国家中排第87名，在世界141个国家中排第136名。巴基斯坦被列为世界上遭受恐怖主义袭击最严重的国家之一，巴恐怖组织与巴宗教势力、地方分裂势力、国际恐怖势力、犯罪团伙等矛盾交织，多重风险重叠。近年来，巴反恐行动取得较大进展，一定程度上遏制了恐怖势力在巴活动，但巴恐怖主义、极端主义土壤并未根除。

巴基斯坦的外商政策在"一带一路"国家中排第34名，在世界141个国家中排第82名。政府和民间大力欢迎投资。巴基斯坦政府推行经济改革和经济自由化、私有化，制定了较宽松、自由的投资政策，希望通过改善政策体系、提供优惠待遇和良好投资服务来增强吸引外资方面的竞争力。巴基斯坦几乎所有经济领域均向外资开放，外国和当地投资者享有同等待遇，允许外商拥有100%的股权，允许外商自由汇出资金。此外，外商在巴基斯坦投资享受设备进口关税、初期折旧提存、版权技术服务费等方面优惠政策。

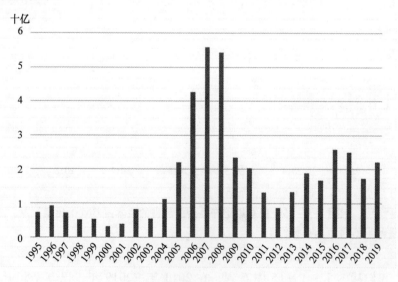

图Ⅰ-1-16 巴基斯坦外国直接投资净流入

资料来源：联合国数据库。

从图Ⅰ-1-16中，我们看到，巴基斯坦的 FDI 流入额一直处于一个相对较低的水平，在 2008 年国际金额危机后，流入巴基斯坦的 FDI 迅速下降。

巴基斯坦的公共服务在"一带一路"国家中排第 42 名，在世界 141 个国家中排第 98 名。巴基斯坦的公共服务远低于全球平均水平。巴基斯坦的互联网参与度水平较低，但移动宽带服务的市场份额已经超过固定宽带服务。智能手机渗透率持续提升，客户满意度也有所提升。巴基斯坦的宽带覆盖率较低，不过得益于移动宽带技术的飞速发展，宽带市场逐渐开始扩大。巴基斯坦政府通过实施积极的 IT 政策来实现经济现代化，并为民众提供电子政务服务。

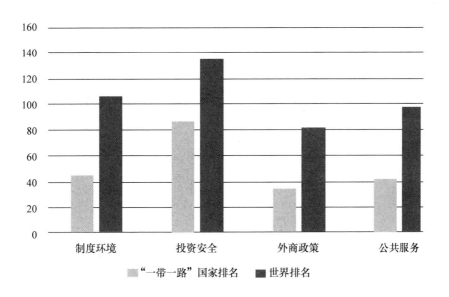

图Ⅰ-1-17　巴基斯坦营商环境二级指标排名

第二章 人口结构研究

巴基斯坦是世界第二多人口的伊斯兰教国家，95%以上的居民信奉伊斯兰教。伊斯兰教也是巴基斯坦的国教。此外，还有少数居民信奉基督教、印度教和锡克教等。从行政区划看，巴基斯坦全国共有四个省和三个联邦直辖区，首都是伊斯兰堡。各省下设专区、县、乡和村联会。巴基斯坦的国土面积为88.09万平方千米，另外，巴基斯坦还实际控制着克什米尔西北部的一部分，该地区人民持有巴基斯坦护照，并享有对该地区政府的选举权。根据2017年人口普查，巴基斯坦人口超过2.07亿，是世界上人口第五多的国家。

第一节 人口发展状况

人口是一个国家社会经济发展的重要基础，人口是国家的主体。一定数量的人口是一个国家存在和发展的前提，没有一定数量的人口，就不能构成国家。人口因素在一个国家经济、社会、政治、文化发展中发挥着至关重要的作用。

凡是与人口相关的国家问题、凡是与国家相关的人口问题都是研究一个国家基本国情所要关注的重点内容。本节首先介绍巴基斯坦人口总量的变化发展情况，其次全面分析巴基斯坦人口结构，主要包括人口的自然结构和人口的分布情况。

一 人口总量发展变化趋势

（一）人口总量及其发展变化趋势

根据世界银行统计数据，2018年巴基斯坦的总人口数为21221.50万人，其中男性人口数为 10899.36 万人，占总人口的比例为 51.36%，女性人口数为 10322.14 万人，占总人口的比例为 48.46%。从性别分布上看，巴基斯坦男女比例结构分布合理（见图 I – 2 – 1）。①

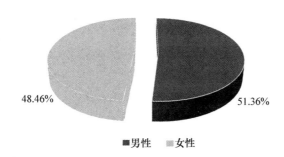

48.46%　　51.36%

■男性　■女性

图 I – 2 – 1　2018 年巴基斯坦人口性别结构

资料来源：世界银行，https：//data. worldbank. org. cn/，2019 年。

从人口数据变化趋势来看，巴基斯坦总人口在 1960—2018 年呈上升趋势，可分为两个阶段：1960—1990 年，巴基斯坦总人口数呈上升趋势，1990 年总人口数为 10764.79 万人；1991—2018 年，巴基斯坦总人口数增长速度加快，2018 年总人口达到 21221.50 万人，比 1990 年增加了 10456.71 万人。从巴基斯坦分性别人口看，1960—2018 年，巴基斯坦男性和女性人口均呈上升趋势。1960—1990 年持续增长，1990 年男性人口数为 5582.08 万人，女性人口数为 5182.71 万人。1991—2018 年男女性人口增长速度加快，2018 年比 1991 年男性人口数增加了 5338.93 万人，女性人口数增加了 5117.78 万人。对比巴基斯坦男女人数变化，1960 年以来男性人口数均多于女性人口数，从相对数上看，男女两性之间的差距在不断缩小，2010 年以来，男性人口数与女性人口数的差距保持在 3% 以内；从绝对数上看，男女两性人口数量有进一步拉大的趋势，1960 年巴基斯坦男性比女性多 322.84 万人，而这一数值在 2018 年已经达到 620.52 万人。但总体来说，巴基斯坦男女两性人口数量差距不大，性别分布也在合理的范围之内（见图 I –2 –2）。

---

① 资料来源于世界银行人口统计数据，https://data. worldbank. org. cn/indicator/ SP. POP. TOTL? locations = PK。

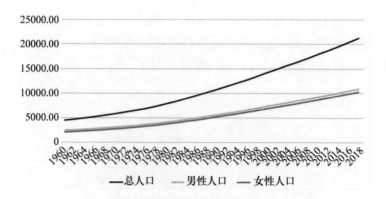

图Ⅰ-2-2　1960—2018年巴基斯坦人口数变化（单位：万人）

资料来源：世界银行，https：//data. worldbank. org. cn/，2019年。

从巴基斯坦总人口性别比的变化趋势看，巴基斯坦总人口性别比自 1960 年以来总体上呈下降趋势。可分为两个变化阶段：第一阶段为 1960—1990 年，巴基斯坦总人口性别比呈快速下降趋势，1990 年总人口性别比为 107.71；第二阶段为 1990—2018 年，巴基斯坦总人口性别比下降速度放缓，2018 年总人口性别比为 106.02（见图Ⅰ-2-3）。

（二）人口发展前景预测

根据联合国编撰的《2019 世界人口展望》，预测 2020 年巴基斯坦总人口数为 22089.2 万人，其中女性人口数为 10722.0 万人，男性人口数为 11367.2 万人；2025 年巴基斯坦总人口数为 24223.4 万人，其中女性人口数为 11967.1 万人，男性人口数为 12461.8 万人；2050 年巴基斯坦总人口数为 33801.3 万人，其中女性人口数为 16488.8 万人，男性人口数为 17146.3 万人。从联合国的人口预测结果可以得出，巴基斯坦人口总数将呈上升趋势（见表Ⅰ-2-1）。

表Ⅰ-2-1　　　　　　　巴基斯坦人口发展预测（万人）

年份	总人口数	男性人数	女性人数	总人口性别比
2020	22089.2	11367.2	10722.0	106
2025	24223.4	12461.8	11967.1	104
2050	33801.3	17146.3	16488.8	104

说明：总人口性别比，即人口中每 100 名女性所对应的男性人数。

资料来源：联合国《2019 世界人口展望》，https：//population. un. org/wpp/，2019 年。

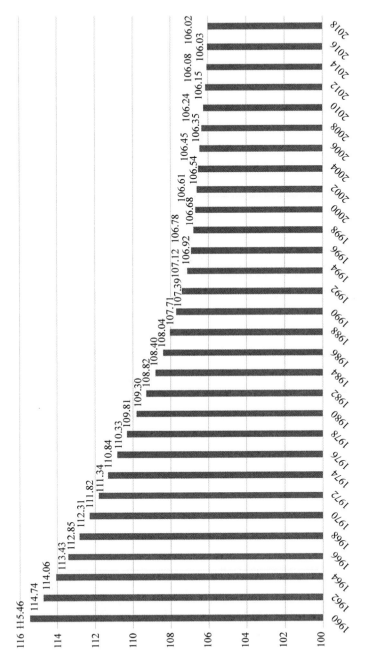

图1-2-3 1960—2018年巴基斯坦总人口性别比

说明：总人口性别比，即人口中每100名女性所对应的男性人数。

资料来源：世界银行，https://data.worldbank.org.cn/，2019年。

二 人口自然变动情况

(一) 人口自然变化趋势

根据世界银行的数据，2018 年巴基斯坦出生人口数量为 599.51 万人，死亡人口数量为 147.32 万人，自然增长人口数量为 452.19 万人。根据 1960—2018 年的人口数据，从出生人口数量看，总体上呈上升趋势，1960 年巴基斯坦出生人口数量为 198.45 万人，此后年均增加约 7 万人。从死亡人口数量看，总体上呈先减后增。可分为两个变化阶段：第一阶段为 1960—1970 年，巴基斯坦死亡人口数量逐年减少；第二阶段为 1971—2018 年，巴基斯坦死亡人口数量呈增加趋势，年均新增死亡人口数约 3 万人。从自然增长人口数看，趋势与出生人口数变化相似，自 1960 年以来呈增加趋势，年均人口自然增长约为 6 万人（见图 I −2 −4）。

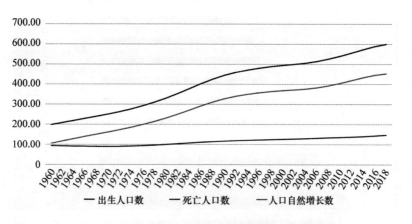

图 I −2 −4 1960—2018 年巴基斯坦出生、死亡和
自然增长人口数变化（单位：万人）

资料来源：世界银行，https://data.worldbank.org.cn/，2019 年。

根据联合国人口司提供的数据，截至 2018 年底，巴基斯坦的人口出生率为 28.3‰、人口死亡率为 6.9‰、人口自然增长率为 21.5‰。[①] 根据

[①] 资料来源于世界银行人口出生率、死亡率和自然增长率统计数据，https://data.worldbank.org.cn/indicator/SP.DYN.CBRT.IN? locations = PK。

1960—2018 年的人口数据，从人口出生率看，整体呈下降趋势，可分为三个变化阶段：第一阶段为 1960—1990 年，巴基斯坦人口出生率呈缓慢下降趋势，1960 年人口出生率为 44.11‰，1990 年人口出生率为 41.22‰，30 年里下降了不足 3‰；第二阶段为 1991—2010 年，巴基斯坦人口出生率呈快速下降趋势，2010 年人口出生率为 30.08‰；第三阶段为 2011—2018 年，人口出生率稳中有降。从人口死亡率看，整体变化趋势与出生率恰恰相反，1960—1990 年，人口死亡率呈迅速下降趋势，1991 年后下降速度放缓。从人口自然增长率看，1960—1990 年呈上升趋势，1990 年达到峰值，为 30.39‰，1991—2018 年呈下降趋势，下降速度先快后慢（见图Ⅰ-2-5）。

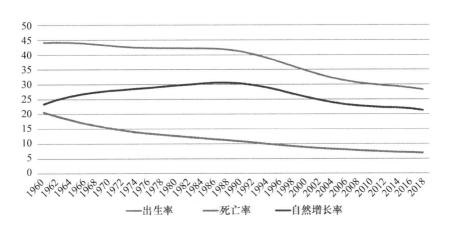

图Ⅰ-2-5　1960—2018 年巴基斯坦出生率、死亡率和
自然增长率变化（单位:‰）

资料来源：联合国人口司统计数据，https：//dataexplorer. unescap. org/，2019 年。

新生儿死亡人数能在一定程度上反映出一个国家的健康医疗水平和社会经济发展水平，1976—2018 年间，巴基斯坦新生儿死亡人数先升后降，可分为两个变化阶段：第一阶段为 1976—1995 年，巴基斯坦新生儿死亡人数呈快速上升趋势，1976 年新生儿死亡人数为 212265 人，1995 年新生儿死亡人数达到 312430 人，比 1976 年新生儿死亡人数上升了 47.19％；第二阶段为 1996—2018 年，得益于医疗卫生条件的不断改善，巴基斯坦新生儿死亡人数呈下降趋势，下降速度先快而后放缓，1996 年新生儿死亡人数为 311617 人，2018 年新生儿死亡人数为 251484 人，比 1996 年新生儿死亡人数下降了 19.30%（见图Ⅰ-2-6）。

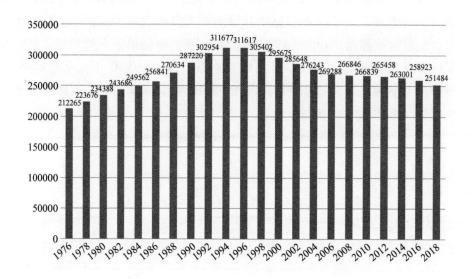

图Ⅰ-2-6 1976—2018 年巴基斯坦新生儿死亡人数（单位：人）

说明：新生儿指出生后 1 月内的婴儿。

资料来源：世界银行，https://data.worldbank.org.cn/，2019 年。

（二）生育水平变化趋势

从总和生育率看，2018 年巴基斯坦的总和生育率为 3.51，截取 1960—2018 年的巴基斯坦总和生育率数据，变化趋势可分为两个阶段：第一阶段为 1960—1990 年，巴基斯坦总和生育率先维持在 6.6 而后缓慢下降，1990 年总和生育率为 6.16，比 1960 年下降了 7%；第二阶段为 1991—2018 年，巴基斯坦总和生育率呈快速下降趋势，1991 年总和生育率为 6.09，2018 年比 1991 年下降了 74%（见图Ⅰ-2-7）。

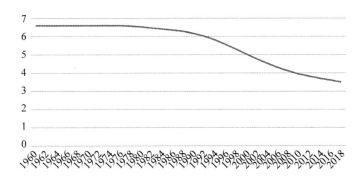

图Ⅰ-2-7 1960—2018 巴基斯坦总和生育率变化情况

资料来源：世界银行，https：//data. worldbank. org. cn/，2019 年。

（三）预期寿命变化

截至 2017 年，巴基斯坦总人口预期寿命为 66. 9 岁，女性预期寿命为 67. 9 岁，男性预期寿命为 66. 0 岁。1980—2017 年，巴基斯坦人口预期寿命整体呈上升趋势，1980 年总人口预期寿命为 56. 9 岁，其中女性预期寿命为 57. 3 岁，男性预期寿命为 56. 5 岁。男女两性比较而言，男性预期寿命均低于女性并且两者差距有逐步拉开的趋势（见图Ⅰ-2-8）。

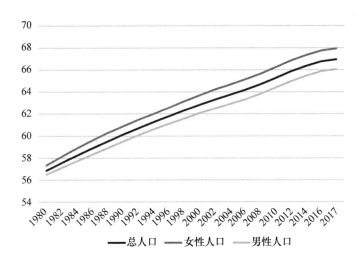

総人口 女性人口 男性人口

图Ⅰ-2-8 1980—2017 年巴基斯坦预期寿命变化

资料来源：世界银行，https：//data. worldbank. org. cn/，2018 年。

三　人口城乡分布情况

（一）城乡人口规模变化趋势

根据联合国人口司数据统计，截至 2018 年，巴基斯坦城市人口为
7363.04 万人，约占 36.7%；乡村人口为 12718.34 万人，约占 63.3%。根
据 1980—2018 年巴基斯坦城乡人口数据，从城市人口数量变动上看，自
1980 年以来，城市人口数量呈逐年增加趋势，从比重上看，城市人口占总
人口比重不断上升，1980 年城市人口占总人口比重约为 28%，2018 年城市
人口占总人口比重达到了 36.7%；从乡村人口数量变动上看，1980 年以来，
乡村人口数量不断增加，1980 年乡村人口数量为 5615.77 万人，截至 2018
年，这一数值增长了约 7100 万，从比重上看，1980—2018 年，乡村人口占
总人口比重呈下降趋势，1980 年乡村人口占总人口比重为 71.95%，2018
年乡村人口占总人口比重下降到 63.3%（见图 I – 2 – 9）。

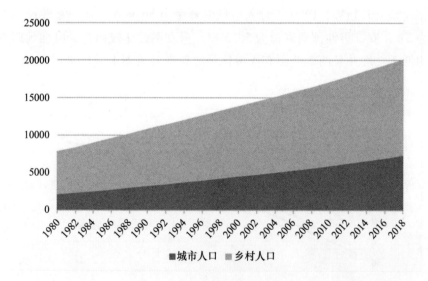

图 I – 2 – 9　1980—2018 年巴基斯坦城乡人口数量变动（单位：万人）
资料来源：联合国人口司，https://dataexplorer.unescap.org，2019 年。

（二）人口城市化水平变化趋势

根据联合国统计数据，巴基斯坦的城市化水平较低。从历史趋势看，

1980—2018 年巴基斯坦城市化呈平缓上升趋势，1980 年城市化水平仅28%，2018 年城市化水平上升到约 37%（见图Ⅰ-2-10）。

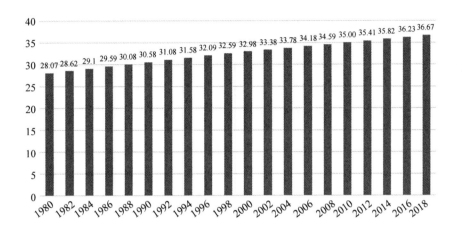

图Ⅰ-2-10 1980—2018 年巴基斯坦城市化水平变动（单位：百分比）

说明：人口城市化水平 = 城镇人口/全国总人口×100%。

资料来源：联合国人口司，https：//dataexplorer. unescap. org，2019 年。

四 人口地区分布情况

巴基斯坦共有七个行政区，分别是俾路支省、开伯尔－普什图省、旁遮普省、信德省、伊斯兰堡首都区、阿扎德克什米尔和吉尔吉特－巴尔蒂斯坦。

俾路支省的面积为 34.7 万平方千米，2017 年人口数为 1234.4 万人，其中普什图族人约占总人口的 44%，俾路支族人约占 43%，另有约 13% 是旁遮普族人及其他少数民族人口。首府奎达市面积为 13.7 万平方千米，居民大多数是普什图族人，约占奎达市居民的五分之四。

开伯尔－普什图省的面积为 12.8 万平方千米，2008 年人口数为 2021.5 万人，不包括约 300 万阿富汗难民和他们的后代，除了阿富汗难民外，几乎所有的居民信仰伊斯兰教。白沙瓦是它的首府，面积为 1257 平方千米，2010 年人口数为 362.5 万人。

旁遮普省的面积为 20.5 万平方千米，2017 年人口数为 11001.2 万人，主要民族有旁遮普人，色莱基人。旁遮普省人口中 99% 以上都是穆

斯林，主要为逊尼派。拉合尔是旁遮普省首府，面积为 1772 平方千米，
2009 年人口数为 1000 万人。

信德省的面积为 14.1 万平方千米，2017 年人口数为 4788.6 万人，
90% 左右的人口为穆斯林，此外还有约 10% 的印度教徒。卡拉奇是信德
省首府，面积为 3527 平方千米，2017 年人口数为 1491 万人，是巴基斯
坦第一大城市，也是人口最多的城市。

伊斯兰堡首都区面积为 909 平方千米，位于巴基斯坦东北部平原上，
北靠马尔加拉山，东临拉瓦尔湖，2014 年人口数为 190.0 万人。

阿扎德克什米尔面积为 1.3 万平方千米，2008 年人口数为 456.8 万人。
首府为穆扎法拉巴德，面积为 1642 平方千米，2006 年人口数为 396.6 万人。

吉尔吉特—巴尔蒂斯坦面积为 7.2 万平方千米，2006 年人口数为
112.7 万人，主要宗教为伊斯兰教什叶派。首府为吉尔吉特，1998 年人口
数为 21.7 万人[①]（见表 I –2 –2）。

表 I –2 –2　　　　　　　　巴基斯坦人口地区分布情况

地区	人口数量（万人）	面积（平方千米）	人口密度（人/平方千米）
俾路支省	1234.4	347000	35.57
开伯尔 – 普什图省	2021.5	128000	157.93
旁遮普省	11001.2	205000	536.64
信德省	4788.6	141000	339.62
伊斯兰堡首都区	190.0	909	2090.21
阿扎德克什米尔	456.8	13000	351.38
吉尔吉特 – 巴尔蒂斯坦	112.7	72000	15.65

资料来源：人口地区分布数据根据巴基斯坦统计局官方公开统计数据整理，http: //
www. pbs. gov. pk/content/all – reports – and – publications。

---

① 人口地区分布数据根据巴基斯坦统计局官方公开统计数据整理，http: //
www. pbs. gov. pk/content/all – reports – and – publications。

第二节 人口年龄结构

年龄结构是指不同年龄段的人口在总人口中的比重构成情况。人口年龄结构是在过去几十年人口自然变动和迁移变动的基础上形成的，也是今后人口再生产变动的基础和起点，既会影响未来人口发展的类型、速度和趋势，也会影响一个国家未来的经济社会发展。本节主要分析巴基斯坦各年龄段人口变化和抚养负担情况。

一 人口年龄构成及变化情况

（一）总体情况

根据联合国人口司统计数据，截至 2018 年，巴基斯坦人口结构呈现为纺锤形：中间大，两头小。15—64 岁人口数占总人口数量的比例较高，为 60.42%；0—14 岁人口数其次，占比为 35.27%；65 岁及以上人口数占比较低，为 4.3%。[①]

（二）0—14 岁人口数量及占比情况

根据世界银行统计数据，2018 年巴基斯坦 0—14 岁人口数量为 7484.78 万人，占总人口比例为 35.27%[②]。从 0—14 岁人口数量变化情况看，可分为两个变化阶段：第一阶段为 1960—1994 年，0—14 岁人口数量呈快速增长趋势，1994 年比 1960 年人口数量增长了 195%；第二阶段为 1995—2018 年，0—14 岁人口数量增长速度放缓，2018 年比 1995 年人口数量增长了 40%（见图 I－2－10）。

从巴基斯坦 0—14 岁人口数占比变化趋势看，可分为三个阶段：第一阶段为 1960—1976 年，0—14 岁人口占比呈上升趋势；第二阶段为 1977—1996 年，0—14 岁人口数占比变动较为平缓，基本维持在 43%；第三阶段为 1997—2018 年，0—14 岁人口数占比呈下降趋势（见图 I－2－11）。

[①] 联合国人口司，2019 年，https：//dataexplorer.unescap.org。

[②] 资料来源于世界银行人口统计数据，https：//data.worldbank.org.cn/indicator/SP.DYN.CBRT.IN？locations＝PK。

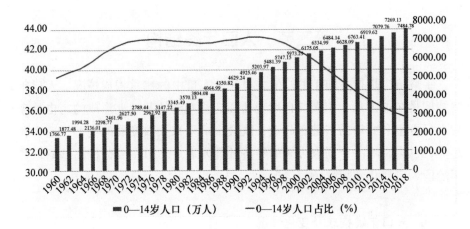

图Ⅰ-2-11　1960—2018年巴基斯坦0—14岁人口数量变动及占比变动

资料来源：世界银行，https://data.worldbank.org.cn/，2019年。

（三）15—64岁人口数量及占比情况

根据世界银行统计数据，2018年巴基斯坦15—64岁人口数为12821.48万人，占总人口的比重为60.42%。[①] 从15—64岁人口数量变动看，可分为两个阶段：第一阶段为1960—1994年，15—64岁人口数量呈增长趋势，1994年人口数为6357.79万人，比1960年15—64岁人口数量增加了150%；第二阶段为1995—2018年，15—64岁人口数量继续保持增长趋势，增长速度加快，1995年15—64岁人口数为6545.23万人，2018年比1995年人口数增加了96%（见图Ⅰ-2-12）。

从15—64岁人口数占比变动看，可分为三个变化阶段：第一阶段为1960—1976年，15—64岁人口占比呈下降趋势，1976年15—64岁人口占比为53.15%；第二阶段为1977—1994年，15—64岁人口占比为先小幅上升再平缓下降，基本维持在53%；第三阶段为1995—2018年，15—64岁人口占比呈迅速上升趋势，2018年15—64岁人口占比超过60%（见图Ⅰ-2-12）。

————————

① 资料来源于世界银行人口统计数据，https://data.worldbank.org.cn/indicator/SP.POP.1564.TO.ZS? locations = PK。

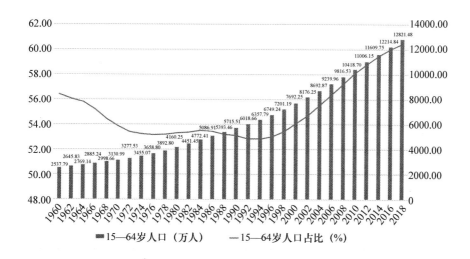

图Ⅰ-2-12　1960—2018 年巴基斯坦 15—64 岁人口数量变动及占比变动

资料来源：世界银行，https://data.worldbank.org.cn/，2019 年。

（四）65 岁及以上人口数量及占比情况

根据世界银行统计数据，2018 年巴基斯坦 65 岁及以上人口数量为 915.24 万人，占总人口比例为 4.31%。从 65 岁及以上人口数量变动看，可分为两个变化阶段：第一阶段为 1960—1974 年，65 岁及以上人口数量呈增长趋势，1974 年 65 岁及以上人口数为 246.09 万人，比 1960 年增加了 51.78 万人；第二阶段为 1975—2018 年，65 岁及以上人口数量继续保持增长趋势，增长速度加快，2018 年 65 岁及以上人口数比 1975 年增加了 661.92 万人（见图Ⅰ-2-13）。

从 65 岁及以上人口数占比变动看，可分为三个阶段：第一阶段为 1960—1974 年，65 岁及以上人口数占比呈迅速下降趋势；第二阶段为 1975—2000 年，65 岁及以上人口数占比呈上升趋势；第三阶段为 2001—2018 年，65 岁及以上人口数占比继续保持上升趋势，但增速加快，2016 年后基本维持在 4.3%（见图Ⅰ-2-13）。

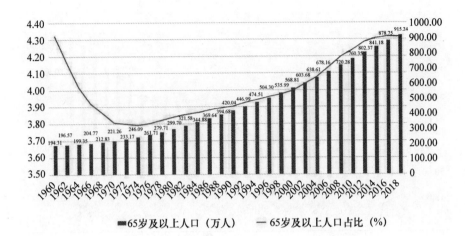

图 I -2 -13   1960—2018 年巴基斯坦 65 岁及以上人口数量变动及占比变动

资料来源：世界银行，https：//data. worldbank. org. cn/，2019 年。

二   抚养系数

根据世界银行统计数据，2018 年巴基斯坦的少儿抚养系数为 58.38%、老年抚养系数为 7.14%、总抚养系数为 65.52%。从少儿抚养系数变动趋势看，可分为三个变化阶段：第一阶段为 1960—1972 年，巴基斯坦少儿抚养系数呈上升趋势；第二阶段为 1973—1996 年，巴基斯坦少儿抚养系数变动较为平缓，基本维持在 80%；第三阶段为 1997—2018 年，巴基斯坦少儿抚养系数呈下降趋势。从老年抚养系数变动趋势看，巴基斯坦老年抚养系数自 1960 年以来，基本维持在 7%。从总抚养系数看，巴基斯坦总抚养系数的变化趋势与少儿抚养系数的变化趋势相同，可分为三个阶段：第一阶段为 1960—1972 年，巴基斯坦总抚养系数呈上升趋势；第二阶段为 1973—1996 年，巴基斯坦总抚养系数呈平稳状态，基本保持在 87%；第三阶段为 1997—2018 年，巴基斯坦总抚养系数呈下降趋势（见图 I -2 -14）。

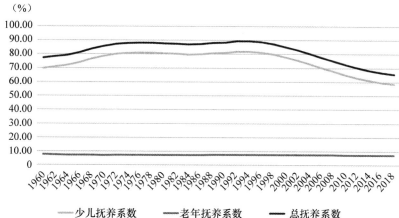

图Ⅰ-2-14 1960—2018年巴基斯坦抚养系数变动情况

说明：总抚养系数计算公式为（0—14岁人口数量＋65岁及以上人口数量）/15—64岁人口数量×100%，少儿抚养系数计算公式为（0—14岁人口数量/15—64岁人口数量）×100%，老年抚养系数计算公式（65岁及以上人口数量/15—64岁人口数量）×100%。

资料来源：世界银行，https：//data. worldbank. org. cn/，2019年。

第三节 人口受教育情况及就业状况

人口是数量和质量统一的社会群体，人口质量既是国家发展进步的基础、手段和力量，又是发展进步的结果、目的和表现。人口质量体现着一个国家社会生产力发展的水平以及精神文明的发达程度。

就业是民生之本，了解一个国家人口的就业状况对社会生产和发展具有重要意义。就业一方面能够使劳动力和生产资料相结合，生产出社会所需的物质财富和精神财富，促进社会生产的发展；另一方面，就业问题关系到社会稳定，国家政权的巩固和和谐社会目标的实现。

本节主要内容如下：首先从巴基斯坦人口受教育程度角度全面分析其人口素质，其次分析巴基斯坦人口就业情况，包括分行业的就业情况。

一 人口文化程度构成情况

（一）小学入学率

根据联合国教科文组织数据统计，2002—2018年巴基斯坦初等教育入学率情况如下。从总入学率变动看，2002 年以来，巴基斯坦小学总入学率呈波动上升趋势，2018 年达到历史高峰，为 67.58%。从性别角度看巴基斯坦小学入学率，男性入学率整体高于女性，男性入学率高于女性入学率 10 个百分点左右，女性入学率在 2002—2018 年得到了较大的提升，2002 年女性入学率仅为 44.57%，2018 年女性入学率超过了 60%，男女两性的入学率差异在不断缩小（见图 Ⅰ-2-15）。

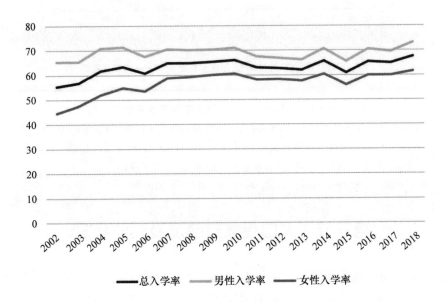

图 Ⅰ-2-15 2002—2018 年巴基斯坦小学入学率（单位:%）

说明：小学入学率是指无论年龄大小，小学的总入学人数与官方规定的小学适龄总人口的百分比值。入学率可能超过 100%，因为包含了较早或较晚入学及复读的超龄和小龄学生。

资料来源：联合国教科文组织，http://www.unesco.org，2019 年。

（二）中学入学率

根据联合国教科文组织数据统计，1971—2018 年巴基斯坦中等教育入学率情况如下：从总入学率的变动情况看，1971—2018 年整体呈上升趋势，2007 年以来总入学率增速加快，2007—2018 年增长幅度超过了 1971—1991 年的增长。从分性别入学率看，巴基斯坦男女两性中学入学率的变化趋势与总入学率的变化趋势相近，男性入学率普遍高于女性入学率，2007年以来，女性入学率增长速度不断加快，女性入学率与男性入学率的差距在不断缩小，1971年男性入学率较女性高出19%，2018年男性入学率仅比女性高约7%（见图Ⅰ-2-16）。

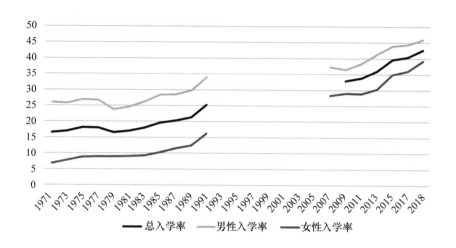

图Ⅰ-2-16 1971—2018年巴基斯坦中学入学率（单位:%）

说明：中学入学率，是指不论年龄大小，中学在校生总数占符合中学官方入学年龄人口的百分比。总入学率可能超过100%，因为包含了较早或较晚入学及复读的超龄和小龄学生。缺少某些年份的数据。

资料来源：联合国教科文组织，http://www.unesco.org，2019年。

（三）高等院校入学率

根据联合国教科文组织数据统计，1971—2018年巴基斯坦高等院校入学率情况如下：从总入学率的变动情况看，1971—2018年期间总入学率整体呈上升趋势，可分为两个变化阶段：第一阶段为1971—1979年，总入学率呈平稳状态，基本维持在2%；第二阶段为2003—2018年，总入学率呈快速上升趋势，2013年达到9.7%，2013年以后小幅下降。从分性别角度看，巴基斯坦男女入学率变化与总入学率变化趋势相似，1971—1979年女性入学率低于男性入学率，2003—2013年女性入学率与男性入学率不相上下，2013年后女性入学率低于男性入学率（见图Ⅰ-2-17）。

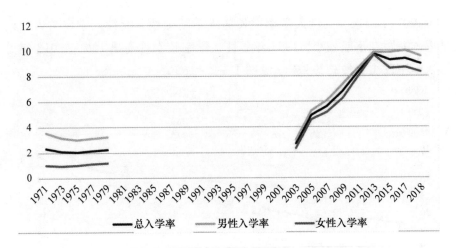

图 Ⅰ－2－17   1971—2018 年巴基斯坦高等院校入学率（单位:%）

说明：高等院校入学率，是指不论年龄大小，大学（ISCED 5 和 ISCED 6）在校生总数占中学之后 5 年学龄人口总数的百分比。缺少部分年份的统计数据。

资料来源：联合国教科文组织，http：//www. unesco. org，2019 年。

二　就业情况

（一）就业人口的规模及变化趋势

1. 总体情况

根据联合国人口司统计数据，截至 2018 年，巴基斯坦劳动就业人口总数为 6782.08 万人，其中女性就业人口数为 1454.56 万人，占总劳动就业人口的 21.4%，男性就业人口数为 5327.53 万人，占总劳动就业人口的 78.6%。就业人口中男性占比远远超过女性。

2. 劳动就业人口历年变化

根据巴基斯坦 1991—2018 年劳动就业人口数据，从劳动就业人口总数看，整体呈上升趋势，1991 年就业总人数为 3165.79 万人，其中女性就业人数为 416.02 万人、男性就业人数为 2749.77 万人；分性别角度看，巴基斯坦女性就业人数较男性就业人数低，并且男性就业人数与女性就业人数的差距在不断增大，1991 年男性就业人数比女性多出 2333.75 万人，而这一数值在 2018 年已经达到 3872.97 万人（见图 Ⅰ－2－18）。

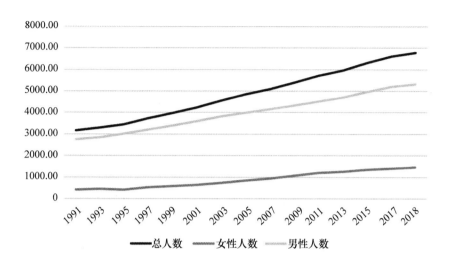

图 I - 2 - 18 1991—2018 年巴基斯坦劳动就业人口变动（单位：万人）

资料来源：联合国人口司，https：//dataexplorer. unescap. org，2019 年。

（二）就业人口的主要行业及变化情况

1. 总体情况

根据联合国人口司统计数据，2018 年巴基斯坦就业人口的部门就业情况如下：以农业、制造业、建筑业和服务业为主的就业人口总数为 6782. 08 万人，其中女性人数为 1454. 55 万人，占比为 21. 45%，男性人数为 5327. 53 万人，占比为 78. 55%；农业就业人数为 2826. 19 万人，占就业人口总数比重为 41. 67%，其中男性人数为 1768. 39 万人，占农业就业人口比重的 62. 57%；制造业就业人数为 1024. 23 万人，占就业人口总数比重为 15. 1%，其中男性人数为 824. 02 万人，占制造业就业人口比重的 80. 45%；建筑业就业人数为 514. 21 万人，占就业总人口比重为 7. 6%，其中男性人数为 511. 29 万人，占建筑业就业人口比重的 77. 0%；服务业就业人数为 2352. 46 万人，占就业人口总数的 34. 69%，其中男性人数为 2160. 13 万人，占服务业就业人口比重的 91. 8%（见表 I - 2 - 3）。

表Ⅰ-2-3　　　　2018 年巴基斯坦分行业（部门）就业人数　　（单位：万人）

行业	类别	人数
总就业人口	总人口	6782.08
	女性人口	1454.55
	男性人口	5327.53
农业	总人口	2826.19
	女性人口	1057.80
	男性人口	1768.39
制造业	总人口	1024.23
	女性人口	200.20
	男性人口	824.02
建筑业	总人口	514.21
	女性人口	2.93
	男性人口	511.29
服务业	总人口	2352.46
	女性人口	192.33
	男性人口	2160.13

资料来源：联合国人口司，https：//dataexplorer. unescap. org，2019 年。

2. 历年变化趋势

从 1991—2018 年就业数据来看，1991 年总就业人数为 3165.79 万人，其中农业部门就业人口数为 1394.72 万人、制造业部门就业人口数为 460.64 万人、矿业部门就业人口数为 25.97 万人、建筑业部门就业人口数为 184 万人、服务业部门就业人口数为 1100.47 万人。[1] 总就业人口数在 1991—2018 年间呈上升趋势（见图Ⅰ-2-19）。

从农业、制造业、矿业、建筑业和服务业的人数变动中可知，农业和

———————

[1]　资料来源于联合国人口司统计数据，https：//dataexplorer. unescap. org。

服务业历年变化幅度较大，其中服务业就业人数增长迅速，2018 年较 1991 年服务业就业人数增加了 1251.99 万人，年平均增长率超过 5%；制造业和建筑业就业人数有明显的上升趋势；矿业就业人数历年波动不大，基本保持在 70 万人以内（见图 I −2−19）。

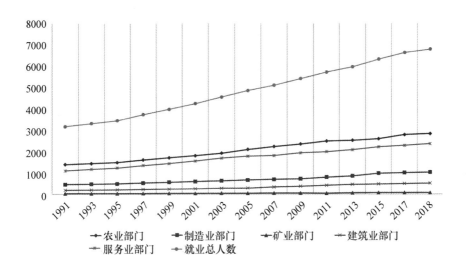

图 I −2−19　1991—2018 年巴基斯坦分行业就业情况（单位：万人）

资料来源：联合国人口司，https：//dataexplorer. unescap. org，2019 年。

第四节　国际移民

最新的全球移民报告显示，全世界 70 多亿人口当中，移民人数超过两亿。当代全球经济在朝着全球化发展，世界越来越小，联系越来越密切。国际移民已经成为影响经济、社会、安全等多个方面的重要因素。随着全球化的日益深入，移民对国家和居民的影响比过去的任何时候都要深刻。

本节将全面分析巴基斯坦国际移民数量和主要国际移民来源地构成情况。

一   国际移民数量与历年变化

（一）国际移民数量

根据联合国人口司统计数据，截至 2019 年，巴基斯坦国际移民数量为 325.80 万人。从巴基斯坦国际移民来源国看，主要来源地为阿富汗、印度、缅甸、伊朗、斯里兰卡、伊拉克、中国和印度尼西亚等国家，1990—2019 年，巴基斯坦国际移民最大的来源国是阿富汗，2019 年来自阿富汗的国际移民数量为 158.91 万人，约占巴基斯坦国际移民来源国总人数的 48.78%；此外，印度移民数量也具有同样的规模，2019 年来自印度的移民数量为 158.81 万人，约占移民总人数的 48.74%。来自其他国家的移民人数占比不足 3%（见图 I－2－20）。

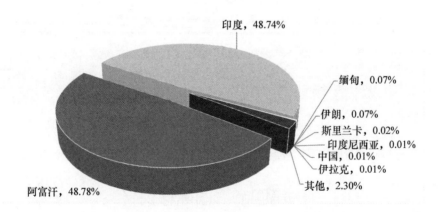

图 I－2－20   2019 年巴基斯坦主要移民迁入国

资料来源：http://www.un.org/en/development/data/population/migration/，2019 年。

（二）历年变化趋势

根据 1990—2019 年的国际移民数据，巴基斯坦 1990 年国际移民数量为 620.82 万人，2019 年国际移民数量为 325.80 万人，减少了 295.02 万人。从巴基斯坦国际移民数量变化趋势看，1990—2019 年整体呈下降趋势。其中 1990 年国际难民流入数量为 326.58 万人，2019 年国际难民流入为 139.66 万人，减少了 166.92 万人。排除国际难民流入看，巴基斯坦国际移民数量呈下降趋势，1990 年为 294.14 万人，2019 年为 186.14 万人（见图 I－2－21）。

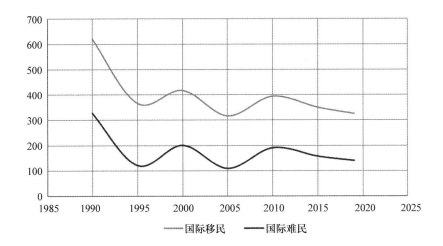

图Ⅰ-2-21 1990—2019年巴基斯坦移民数量变动 （单位：万人）

资料来源：http：//www. un. org/en/development/data/population/migration/，2019 年。

二 国际移民的来源地构成变化

选取 1990 年、2000 年、2010 年、2019 年四个年份的国际移民主要来源地国家数据，分析巴基斯坦国际移民来源地构成的变化。从数据中可以看出，阿富汗、印度、伊朗、缅甸和斯里兰卡等国家是巴基斯坦稳定的移民大量迁入国家，在 1990—2019 年间均位于巴基斯坦国际移民来源地的前五名内。从移民数量上看，主要国际移民来源地各个国家的移民数量呈减少趋势。从移民国家来源地构成上看，1990—2019 年巴基斯坦主要国际移民来源地相对稳定，阿富汗和印度所占比例较大（见表 2 -4）。

表Ⅰ-2-4　巴基斯坦国际移民主要来源地情况比较（单位：人）

1990 年		2000 年		2010 年		2019 年	
阿富汗	3374973	印度	2101039	阿富汗	1988641	阿富汗	1589146
印度	2818248	阿富汗	2069977	印度	1943345	印度	1588067
伊朗	4108	伊朗	2940	缅甸	2479	缅甸	2285
缅甸	3598	缅甸	2662	伊朗	2345	伊朗	2137

续表

1990 年		2000 年		2010 年		2019 年	
伊拉克	894	斯里兰卡	569	斯里兰卡	663	斯里兰卡	537
斯里兰卡	889	伊拉克	586	印度尼西亚	413	印度尼西亚	379
印度尼西亚	599	印度尼西亚	443	中国	338	中国	310
中国	490	中国	363	伊拉克	287	伊拉克	233
其他	4405	其他	3333	其他	3075	其他	74884

资料来源：http：//www. un. org/en/development/data/population/migration/，2019 年。

第五节　主要城市人口情况

城市是人类赖以生存的家园，它不仅仅是容纳居民的衣食起居，还作为生产要素的聚集地、经济活动的主要载体。要想理解一个国家的发展状况，可以从理解该国家主要城市的发展入手。本节将全面分析巴基斯坦最大城市——伊斯兰堡的人口总数、人口历史、人口发展和预测。

一　城市概述

伊斯兰堡，是巴基斯坦的首都，位于巴基斯坦东北的波特瓦尔高原上，北靠马尔加拉山，东临拉瓦尔湖。伊斯兰堡兴建于 1960 年，为了取代当时的首都卡拉奇，1970 年基本建成。自建成起来伊斯兰堡就吸引了来自全国和全球各地的人口，这也使得它成为一个具有高城市化率的城市。

二　人口状况

截至 2018 年底，伊斯兰堡的人口为 106. 1 万人。伊斯兰堡城市人口主要由 15—64 岁年龄段的人群组成，15—64 岁人口占该城市人口的 59%以上。超过 37%的居民年龄在 15 岁以下，老年人口数量较少，占比约为 2.73%。在伊斯兰堡，超过 95%的居民为穆斯林，还有约 4%的居民信仰基督教。此外，伊斯兰堡是巴基斯坦识字率最高的城市，超过 10%以上的人口接受过高等教育，巴基斯坦 16 所公认较好的大学位于该城市。

三 人口发展历史与前景预测

根据联合国人口司统计数据，1955—2018 年，伊斯兰堡的人口数量整体呈上升趋势。1955 年伊斯兰堡总人口数为 4.1 万人，2018 年人口突破 106 万人。1955—2000 年，伊斯兰堡人口数增长速度较快，平均增长率超过 20%。根据伊斯兰堡历年人口发展状况，联合国预测伊斯兰堡 2020 年人口数将达到 112.9 万人、2025 年人口数将达到 130.1 万人、2030 年总人口数将达到 147.7 万人（见表Ⅰ-2-5）。

表Ⅰ-2-5　　　　　1955—2030 年伊斯兰堡人口数量变动及预测

年份	人口（千人）	增长率（%）	增长人数（千人）
2030	1477	13.53	176
2025	1301	15.23	172
2020	1129	6.41	68
2018	1061	10.87	104
2015	957	19.03	153
2010	804	18.93	128
2005	676	18.80	107
2000	569	25.88	117
1995	452	31.78	109
1990	343	31.92	83
1985	260	37.57	71
1980	189	76.64	82
1975	107	52.86	37
1970	70	25.00	14
1965	56	24.44	11
1960	45	9.76	4
1955	41		

资料来源：联合国人口司统计数据，https://dataexplorer.unescap.org，2019 年。

第三章　资源禀赋研究

巴基斯坦地处南亚次大陆西北部，是南亚八国中面积第二大国家，全域自东北向西南长约 1600 千米，东西宽约 885 千米，大部分地区属于亚热带气候区，炎热干燥，温差大，降水少；整体地形呈西北高，东南低态势，地势差异增加了全域自然条件和生态环境的多样化。巴基斯坦的河流水系以印度河及其支流为主。多样的自然条件对土地、矿产和生物资源影响显著。

第一节　土地资源

土地作为核心生产要素之一，通过其自身特性对区域经济活动产生重要影响。作为世界人口第 6 位的国家，相较中国、美国、印度和巴西等人口大国，巴基斯坦国土面积有限，研究其有限的土地面积中各类资源的情况对区域发展至关重要。

一　土地资源概况

巴基斯坦国家总面积为 796100 平方千米，土地总面积 770880 平方千米，领水面积 25220 平方千米。西北部和西南部多山地、高原和丘陵，占国土总面积的 60%；中部和东部是广阔平坦的印度河平原，作为世界最大的冲积平原之一，占国土总面积的 1/3；南部濒临印度洋，海岸线长 840 千米，但沿海一带却是成片荒漠。按照整体地形特征，巴基斯坦可以分为西部和北部高原区、印度河平原区两部分。其中北部和西部高原主要包含以兴都库什山脉、喀喇昆仑山脉和喜马拉雅山脉为主的北部山区，以萨菲德山脉、瓦济里斯坦丘陵和苏曼来—吉尔特尔山脉为主的西部山区，波特瓦尔高原和盐带和俾路支高原；印度河平原包含了山麓平原、洪泛平原、冲积阶地、印度河三角洲及卡奇沼泽和沙漠。

由于高山、荒漠化等因素，巴基斯坦约有69%的陆地不适合森林与农作物生产，按照土地利用类型划分主要有耕地、林地、草地、内陆水域及其他（图Ⅰ-3-1）。

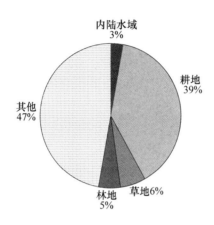

图Ⅰ-3-1　2018 年巴基斯坦土地利用结构概况

资料来源：世界粮农组织统计数据库：土地利用情况，http://www.fao.org/faostat/en/#data/RL。

二　林地资源

（一）森林资源的类型与分布

巴基斯坦林地资源在调节气候、保持水土、防止和减轻旱涝灾害、维持动植物生态平衡等方面作用显著，同时为区域经济发展提供了木材、薪柴等产品。气候、海拔、土壤等地域条件的差异性使得巴基斯坦的森林类型较为多样，既包括在印度河河岸地区的红树林，也有在热带地区的旱生林，亚热带地区干旱林，还有高原和山地生长的针叶林、落叶阔叶林、高山林和高山灌丛等（表Ⅰ-3-1）。

表 I -3-1　　　　　巴基斯坦森林类型、具体树种及分布区域

类型	树种	分布区域
红树林	海榄雌属、角果木属、红树属	印度河三角洲、信德省海岸
河岸林	橡胶树、茶檀	印度河干流及主要支流的河岸地带
热带旱生林	刺槐、撑柳、山柑藤	旁遮普省、信德省
亚热带干旱林	干旱常绿阔叶林、干旱灌木丛	旁遮普省、开伯尔—普什图省
针叶林和阔叶林带	云杉、冷杉、橡树、枫树、柳树、白杨树	开伯尔—普什图省、旁遮普省
高山林	银杉、杜松、桦树	开伯尔—普什图省
高山灌丛	柳属、忍冬属	开伯尔—普什图省
人工林	茶檀、橡胶树、桉树	旁遮普省

资料来源：孔亮：《巴基斯坦概论》，中国出版集团。

巴基斯坦林地资源又可以分为自然再生林和人工林两类，无原始森林，2018 年人工种植林地面积为 2539 平方千米，占比 6.67%；天然次生林面积 35546.8 平方千米，占比 93.33%。[①]

表 I -3-2　　　　　1991—2018 年巴基斯坦林地资源变化趋势（平方千米）

年份	森林面积	天然次生林	人造林	年份	森林面积	天然次生林	人造林
1991	49392.37	46853.37	2539	2005	43024.95	40485.95	2539
1992	48916.84	46377.84	2539	2006	42607.42	40068.42	2539
1993	48441.31	45902.31	2539	2007	42189.89	39650.89	2539
1994	47965.78	45426.78	2539	2008	41772.36	39233.36	2539
1995	47490.25	44951.25	2539	2009	41354.83	38815.83	2539
1996	47014.72	44475.72	2539	2010	40937.30	38398.3	2539

---

① 世界粮农组织统计数据库：土地利用情况，http：//www.fao.org/faostat/en/#data/RL。

续表

年份	森林面积	天然次生林	人造林	年份	森林面积	天然次生林	人造林
1997	46539.19	44000.19	2539	2011	40615.04	38076.04	2539
1998	46063.66	43524.66	2539	2012	40292.78	37753.78	2539
1999	45588.13	43049.13	2539	2013	39970.52	37431.52	2539
2000	45112.60	42573.60	2539	2014	39648.26	37109.26	2539
2001	44695.07	42156.07	2539	2015	39326.00	36787.00	2539
2002	44277.54	41738.54	2539	2016	38682.40	36143.40	2539
2003	43860.01	41321.01	2539	2017	38499.20	35960.20	2539
2004	43442.48	40903.48	2539	2018	38085.80	35546.80	2539

资料来源：世界粮农组织统计数据库：土地利用情况，http：//www. fao. org/faostat/en/#data/RL。

相较于其他亚热带地区，巴基斯坦林地资源总量匮乏，2018 年全国林地总面积 38085.8 平方千米，仅占全国土地总面积的 4.94%。[1] 尽管巴基斯坦政府提出多项森林资源保护政策与计划，但基于自然环境限制和前期粗放式森林开发，近 30 年来森林资源减少态势显著，1991—2018 年全国天然次生林地面积共减少 11306.57 平方千米，降幅达到 24.13%（图Ⅰ-3-2）；森林覆盖率从 1990 年的 6.41% 退化到 2018 年的 4.94%；这一发展现实并未达到巴基斯坦环境部所承诺的 2015 年全国森林覆盖率提升至 6% 的期望[2]，更没有实现 1991 年巴基斯坦林业政策所提出的到 2006 年，将绿化率从 5.4% 提高到 10% 的目标[3]。

森林资源的减少直接导致了巴基斯坦主要林产品产量的缩减，十年间木材产量降低了 45.82%，木柴减少了 9.68%（表Ⅰ-3-3）；林业对巴基斯坦经济增长的贡献率不足 1%，仅为 0.55%。

---

① 世界粮农组织统计数据库：土地利用情况，http：//www. fao. org/faostat/en/#data/RL。

② 孟永庆：《巴基斯坦 2015 年森林覆盖率期望达到 6%》，《国际木业》2010 年第 2 期。

③ Muhammad Arif、韩丽晶、曹玉昆：《巴基斯坦森林经营政策与评述》，《林业经济》2018 年第 5 期。

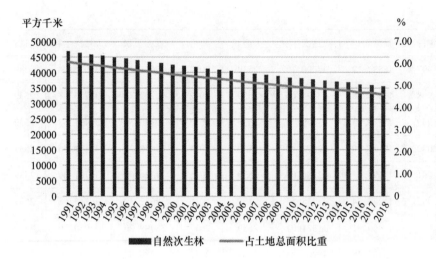

图Ⅰ-3-2 1991—2018年巴基斯坦自然次生林面积与占比演化趋势

资料来源：世界粮农组织统计数据库：土地利用情况，http://www.fao.org/faostat/en/#data/RL。

表Ⅰ-3-3　　2008—2017年巴基斯坦主要林产品产量和价值的变化趋势

| 年份 | 数量（千立方米） | | | | | |
	木材	木柴	总量	木材	木柴	总额
2008	63.92	244.73	308.65	837.11	417.91	1255.02
2009	74.20	287.66	361.86	1045.97	170.30	1216.27
2010	61.97	423.40	485.37	918.37	186.31	1104.68
2011	63.31	252.55	315.86	943.96	25.94	969.90
2012	73.74	207.52	281.26	894.88	174.60	1069.48
2013	70.81	244.72	315.53	1631.78	377.73	2009.51
2014	24.27	99.48	123.75	642.73	285.89	928.62
2015	53.25	336.89	390.14	2041.06	422.02	2463.08
2016	36.78	293.53	330.31	559.28	347.35	906.63
2017	34.63	221.05	255.68	1068.48	582.15	1650.63

资料来源：《巴基斯坦统计年鉴2018》。

　　巴基斯坦森林资源在各省的分布相对分散且均衡，开伯尔—普什图省多山地、丘陵，森林面积在全国占比最高，约 31.7%；旁遮普省森林面积最小，仅占全国森林总面积的 12.3%；信德省 26.3%；俾路支省29.7%。从森林面积的变化趋势看，除信德省保持不变外，其余三个省份森林面积均有所衰减，特别是俾路支省森林面积在十年内减少了 14.7%，从全国森林面积占比最多的省份降到了第二位（表 I -3 -4）。

表 I -3 -4　　　　2008—2017 年巴基斯坦各省森林面积变化趋势　　　　（%）

年份	旁遮普省	信德省	开伯尔—普什图省	俾路支省	总量
2008	0.52	1.03	1.33	1.36	4.24
2009	0.48	1.03	1.32	1.36	4.19
2010	0.50	1.03	1.32	1.41	4.26
2011	0.49	1.03	1.34	1.41	4.27
2012	0.49	1.03	1.33	1.41	4.26
2013	0.49	1.03	1.31	1.72	4.55
2014	0.48	1.03	1.32	1.72	4.55
2015	0.48	1.03	1.32	1.17	4.00
2016	0.48	1.03	1.24	1.16	3.91
2017	0.48	1.03	1.24	1.16	3.91

资料来源：《巴基斯坦统计年鉴 2018》。

（二）森林资源政策回顾及实施效果分析①

　　巴基斯坦林业资源稀缺，国家政府高度重视森林资源保护，为防止粗放式砍伐和高效开采森林资源，自 1955 年第一项森林政策颁布后，又多次修改和制定了相关新政策（见表 I -3 -5）。

---

　　① Muhammad Arif、韩丽晶、曹玉昆：《巴基斯坦森林经营政策与评述》，《林业经济》2018年第 5 期。

表 I -3-5　　　　　　　　　　　　巴基斯坦林业政策回顾

年份	相关内容
1955 年国家级政策	界定了可持续生产概念的森林经营目标；编制了管理计划；防护林；木材产业建立；创造就业机会；撤销10%的灌溉造林；建立线性种植园和森林服务体系；通过立法管理私有林
1962 年国家级政策	商品林管理；国有土地转让给林业部门；当地居民的权利；森林官员任命；委托森林部门或自治体进行木材采伐；工业用木材的种植；按规定比例向公众提供树苗；沿海地区计划；洪泛区的种植；沿铁路、公路和运河的土地带出让给林业部门；干旱区造林研究；为盐水和易涝区选择速生树种；农田树木最小立法数；通过延伸服务，促进农林业
1975 年国家级政策	消除当地居民对森林的权利；采用优质树苗；靠近森林建立森林工业；利用速生的多用途树种；提供充足的灌溉用水；将线性种植园转交给林业部门；促进农林业发展；私有林管理委托给森林所有者的合作公司
1980 年国家级政策	大力推进速生树种的种植，科学采伐森林；科学管理野生动物；药材生产；激励人们参与植树和自然保护；省级和国家级间协调发展；创建国家公园；林业部门科学地进行森林采伐和野生药材生产
1991 年国家级政策	森林资源综合利用；种树的长期优惠贷款和保险；公共土地租赁给利益集团；人工更新；由公共部门采伐；建立方便采伐的密集的林道网；森林作业的机械化；建立区域研究机构；鼓励私人游憩设施建设；通过共享狩猎收入来协同野生动物管理；对边际退化的土地进行社会林业和造林推广；非政府组织和志愿者组织的参与；人工造林以减轻污染；立法以保护野生动物的栖息地和湿地；基于库存和监测系统的地理信息系统
2001 年国家级政策（草案）	通过有关机构和利益相关者的积极参与，消除不可再生自然资源枯竭的根本因素，实现资源可持续发展。是一个保护伞政策，指导省政府及地区政府依据自身情况制定政策管理区域内可再生自然资源
2001 年省级政策	开伯尔－普什图省的林业政策出台，合法化了新的参与式森林管理方法，具体包括地方社区参与、促进私营部门投资和建议修订林业立法、核心问题是非法采伐、当地需要薪柴和建筑木材。不仅强调传统森林，还强调对牧场、荒地、流域和农林业的管理
2010 年国家级政策（草案）	具体目标：（1）通过对木材和非木材林产品的可持续管理和利用，促进森林生态和社会文化功能；（2）实施国家级大规模造林计划以扩大森林面积，提高森林覆盖率；（3）通过投资提供公共土地和城市林业，最大限度提高森林面积；（4）通过联邦林业局促进和协调木材和非木材林产品的跨省流动和贸易；（5）加强天然林、保护区、湿地和野生生物栖息地间的联系，减少分裂；（6）加强森林在减少碳排放方面的作用和贡献，加强森林碳库建设；（7）促进与林业、湿地、生物多样性和气候变化有关的国际公约和协议的实施；（8）促进标准化和统一科学的森林规划、研究和教育，包括社区管理

资料来源：相关政策梳理来源于 Muhammad Arif、韩丽晶、曹玉昆《巴基斯坦森林经营政策与评述》，《林业经济》2018 年第 5 期。

尽管巴基斯坦政府从政策层面一直致力于森林保护，但森林资源衰减的事实证明政策效果欠佳。第一，分析已有的森林政策，发现大部分政策的保护功能并未被有效应用，人们认可自然资源可持续发展的重要性，但各团体对森林管理的重视度和参与度不足，缺乏适当的检测机制保证政策的有效应用；第二，植被覆盖率的持续降低导致气候干旱少雨趋势明显，进而使得干旱、半干旱地区荒漠化程度逐步加深，这又干扰了人工植树造林和森林自然修复再生的过程，形成恶性循环，政策尚未有效地破解这一过程；第三，非法毁林现象严重，林地私有者重视商业收益而忽视森林恢复再生现象也证明当前政策的设置和治理不力。学者指出要建立多利益主体间对话和协商的机制，建立包含水土、生物、森林贸易等多领域更全面的森林保护政策，建立目标一致，层级分明的联邦和省级林业保护政策系统。

三 农业用地资源

巴基斯坦是南亚农业大国，2018 年农业产值约占国家 GDP 的 1/5，比重超过第二产业，仅次于服务业。从资源禀赋分析，巴基斯坦农业用地面积在 1961—2018 年尽管历经几次起伏，但占总土地面积的比例最低为 45.67%，最高为 49.96%（图 I -3 -3），整体相对稳定。2018 年最新数据显示巴基斯坦拥有农业用地 363000 平方千米，占土地总面积的 47.01%。

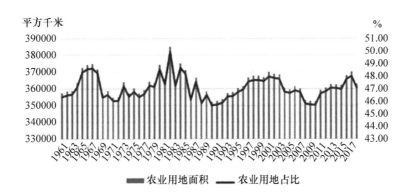

图 I -3 -3 1961—2016 年巴基斯坦农业用地面积与占比（%）

资料来源：世界银行，https：//data. worldbank. org/indicator。

巴基斯坦农业用地包括耕地、永久性草地和牧场两大类（表Ⅰ-3-6），耕地又分为可耕作土地和永久性耕地两种。其中，永久性耕地面积逐年增加，2009 年增至最高峰值 8570 平方千米，随后逐渐趋于平稳，总体 1991—2018 年增幅达 72.39%（图Ⅰ-3-4），但其仅占农业用地面积的 2.18%，占总耕地面积的 2.53%；相较而言，可耕作土地面积经历了"稳步增长—迅速下降—逐步恢复"三个阶段的波动。相对于耕地面积的变化，巴基斯坦的永久性草地和牧场面积 30 年不变，保持在 50000 平方千米。

表Ⅰ-3-6　　　1991—2018 年巴基斯坦农业用地面积变化（平方千米）

年份	耕地	可耕作土地	永久性耕地	永久性草地和牧场	年份	耕地	可耕作土地	永久性耕地	永久性草地和牧场
1991	302700	298100	4600	50000	2005	309650	301700	7950	50000
1992	303800	299200	4600	50000	2006	311350	303200	8150	50000
1993	307500	302300	5200	50000	2007	310130	301800	8330	50000
1994	307900	302500	5400	50000	2008	303130	294600	8530	50000
1995	310260	304600	5660	50000	2009	302770	294200	8570	50000
1996	311720	305500	6220	50000	2010	302420	293900	8520	50000
1997	316690	310400	6290	50000	2011	309360	301000	8360	50000
1998	317600	311200	6400	50000	2012	310630	302400	8230	50000
1999	317560	311100	6460	50000	2013	312800	304700	8100	50000
2000	316980	310400	6580	50000	2014	312520	304400	8120	50000
2001	319720	313000	6720	50000	2015	312020	304000	8020	50000
2002	318840	312200	6640	50000	2016	317940	309900	8040	50000
2003	318420	311900	6520	50000	2017	320030	312100	7930	50000
2004	310450	303100	7350	50000	2018	313000	305070	7930	50000

资料来源：世界粮农组织统计数据库：土地利用情况，http://www.fao.org/faostat/en/#data/RL。

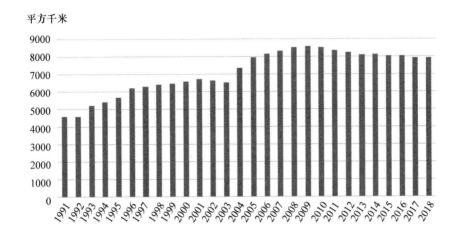

图Ⅰ-3-4　1991—2018年巴基斯坦永久性耕地面积

资料来源：世界粮农组织统计数据库：土地利用情况，http：//www.fao.org/faostat/en/#data/RL。

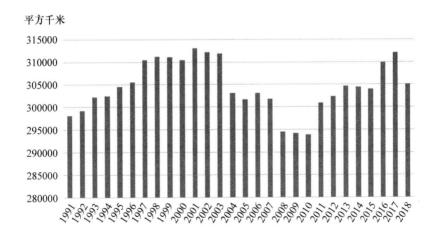

图Ⅰ-3-5　1991—2018年巴基斯坦可耕作土地面积

资料来源：世界粮农组织统计数据库：土地利用情况，http：//www.fao.org/faostat/en/#data/RL。

巴基斯坦土地大约92%为干旱或半干旱[1]，生产生活用水高度依赖于冰川融水和季风降水，灌溉是其农业作物及畜牧业养殖和生产的重要支撑。尽管一方面巴基斯坦拥有世界上最庞大的连续性自流灌溉系统，另一方面其可用淡水资源总量1.44亿英亩—英尺中的97%用于农业生产，然而由于灌溉系统基础设施水平较差，农业灌溉系统效率极低，灌溉输送的水资源大约有2/3被渗漏掉，水源不足成为农业发展的严重制约。如果灌溉运河系统得到充分修复和完善，大约能有0.68亿英亩—英尺水资源是潜在可用的[2]。目前巴基斯坦灌溉土地面积在农业用地中的占比仅在1/2左右浮动（图Ⅰ-3-6），2009年增至最高峰值，随后又有所下降，在所有农作物生产中，小麦的灌溉面积占比最高，2017年在全国已达到88.7%。同时，巴基斯坦土地盐碱化也是农业灌溉发展中的重要难题，为了促进土地资源的可持续利用，巴基斯坦政府出台了促进有机农业发展、防治病虫害、防止滥用化肥农药等一系列保持土壤的政策；实施了《国家抵制土地沙化和风化行动计划》；设立了国家治沙基金等[3]。有机农业自2005年开始发展迅速，十四年间增长率高达219.63%，这对提升全国农产品质量，维护土地资源方面有重要意义。

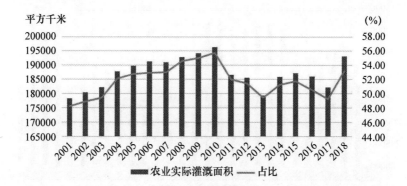

图Ⅰ-3-6 2001—2016年巴基斯坦农业灌溉土地面积及占比

资料来源：世界银行，https：//data. worldbank. org/indicator/AG. LND. IRIG. AG. ZS？ view = chart。

---

① 吴园、雷洋：《巴基斯坦农业发展现状及前景评估》，《世界农业》2018年第1期。

② Pakistan's water problems, http：//www. tbL. com. pk/paki—stans - water - problems/.

③ Globserver, Environmental situation in Pakistan, http：//globserver. cn/en/node/13685.

（一）农业用地资源的空间分布

巴基斯坦耕地资源的空间分布具有整体分散，局部集中的特征。整体上，从各省可耕作土地面积占全国总量分析，旁遮普省耕地面积最大，2017 年其占全国的 45.34%，是巴基斯坦农业最发达的地区；俾路支省可耕作土地面积占了全国的 22.62%，信德省为 21.79%，开伯尔－普什图省耕地最少，仅占全国总量的 10.25%。

从可耕作土地面积占全省土地总量分析，2017 年旁遮普省耕地占全省域土地面积的 68.59%，是典型的农业省份，而信德省、开伯尔－普什图省和俾路支省的可耕作土地面积均不足本身总量的 1/2，分别为 48.26%、31.47% 和 20.33%。

从巴基斯坦可耕作土地面积的变化分析，2008—2017 年全国可耕地共增长了 6.08%，其中旁遮普省和开伯尔－普什图省相对稳定，增幅较小，而信德省与俾路支省可耕作土地分别增加了 8.11% 和 18.06%。

表 I－3－7　2008—2017 年巴基斯坦各省可耕作土地资源（公顷）

	旁遮普省	信德省	开伯尔－普什图省	俾路支省	总量
2008	14.05	6.29	3.10	5.98	29.42
2009	14.04	6.28	3.08	5.99	29.39
2010	14.23	6.26	3.05	6.56	30.10
2011	14.11	6.50	3.08	6.55	30.24
2012	14.04	6.78	3.05	6.60	30.47
2013	14.11	6.81	3.13	6.39	30.44
2014	14.11	6.78	3.12	6.39	30.40
2015	14.11	6.73	3.10	7.05	30.99
2016	14.15	6.80	3.20	7.06	31.21
2017	14.15	6.80	3.20	7.06	31.21
省域	20.63	14.09	10.17	34.72	79.61

资料来源：《巴基斯坦统计年鉴 2018》。

从局部分析，旁遮普省农业发达，一方面是由于印度河及其支流流经旁遮普省，水源充足，同时其大部分地区属于冲积平原，地势平坦，土壤肥沃，农耕历史悠久；另一方面该省是巴基斯坦社会较为安定区域，恐怖事件及暴力活动相对较少。信德省地貌类型包括有平原、沙漠、岩石山脉等，区域降水稀少，全省近1/2地区不能种植农作物，耕地资源集中且有限。开伯尔－普什图省作为巴基斯坦省域面积最小的地区，地貌以高海拔山脉为主，地势落差较大，耕地面积严重不足。俾路支省是巴基斯坦省域面积最大的地区，然而其地貌以山地和沙漠为主，省内河流多为季节性水系，水源匮乏，环境恶劣，适于农业耕作的土地资源较少，畜牧业相对更为发达。

（二）耕地资源作物类型分布

巴基斯坦气候、地貌和水文等自然条件的复杂性，为多种多样的农作物种植创造了条件，其农产品有小麦、水稻、玉米、大麦、甘蔗、棉花、黄麻、烟草及各种豆类。

小麦、水稻和玉米是巴基斯坦的主要粮食作物（表Ⅰ－3－8），三者的总种植面积超过了所有农作物种植面积的65%，特别是小麦总种植面积高达8797.2公顷，占所有农作物种植面积的44.55%。同样，三者的产量在巴基斯坦农作物产量中的占比也较高，分别为小麦占19.96%，水稻占5.93%，玉米占4.70%。与耕地资源分布基本一致（表Ⅰ－3－9），旁遮普省是巴基斯坦重要的农作物种植区，被称为"巴基斯坦粮仓"，其小麦产量占全国总产量的76.5%，水稻产量占52.3%，玉米产量占85.2%；信德省以种植水稻和小麦为主，水稻产量占全国总量的38.3%，小麦占14.5%。开伯尔－普什图省则以玉米种植为主，其产量占全国的14.7%；相对其他3个省份，俾路支省粮食作物种植较少，畜牧业和渔业相对更为发达。

棉花和甘蔗是巴基斯坦种植的最主要经济作物，其中棉花种植高达2700.3千公顷，占农作物总种植面积的13.67%，巴基斯坦是世界第四大棉花生产国家；甘蔗是整个巴基斯坦产量最高的农作物，占农作物总产量的67.43%。（表Ⅰ－3－8）。从耕地资源分析，甘蔗和棉花均是旁遮普省种植面积最大，产量最高，棉花产量占全国总量的67.6%，甘蔗产量占66.1%；其次是信德省，棉花产量占31.6%，甘蔗占24.7%；开伯尔－普什图省的棉花和俾路支省的甘蔗种植面积与产量均非常稀少。

表Ⅰ-3-8　　2017年巴基斯坦农作物种植面积和产量前五名

序列	作物	种植面积（千公顷）	占总种植面积比重	序列	作物	产量（千吨）	占总产量比重
1	小麦	8797.2	44.55%	1	甘蔗	83332.8	66.34%
2	水稻	2900.6	14.69%	2	小麦	25076.1	19.96%
3	棉花	2700.3	13.67%	3	水稻	7449.8	5.93%
4	甘蔗	1341.8	6.79%	4	玉米	5901.6	4.70%
5	玉米	1250.8	6.33%	5	棉花*	2030.752	1.62%

* 按照1包棉花=170kg测算。

资料来源：《巴基斯坦统计年鉴2018》。

表Ⅰ-3-9　　2017年巴基斯坦各省主要农作物种植面积与产量

	农作物	旁遮普省	信德省	开伯尔-普什图省	俾路支省	全国总量
种植面积（千公顷）	小麦	6559.8	1089.6	753.4	394.4	8797.2
	水稻	1840.9	828.3	61.6	169.8	2900.6
	玉米	770.3	3.6	474.0	2.9	1250.8
	棉花	2052.9	611.7	0.2	35.5	2700.3
	甘蔗	859.1	333.3	148.5	0.9	1341.8
产量（千吨）	小麦	19178.5	3639.5	1322.7	935.4	25076.1
	水稻	3898.0	2850.5	147.5	553.8	7449.8
	玉米	5028.0	3.6	867.0	3.0	5901.6
	棉花	1373.09	641.886	0.085	15.691	2030.752
	甘蔗	55067.5	20611.9	7610.0	43.4	83332.8

资料来源：《巴基斯坦统计年鉴2018》。

因为地处亚热带地区，光照充足，巴基斯坦水果品种丰富。其中，以印度河平原为主的旁遮普省和拥有下印度平原核心区的信德省盛产柑橘、芒果、番石榴等水果，以山地、高原为主的开伯尔-普什图省和俾路支省则盛产苹果、葡萄、桃子和枣等水果（表Ⅰ-3-10）。旁遮普省的柑橘产量占全国总产量的97.3%，芒果占76.7%，番石榴占83.4%；信德省水果种植种类相对较少，香蕉产量在全国占比较高，达到了 81.1%；开伯尔－普什图省水果产量整体较少；俾路支省水果种类齐全，总量也位居全国第二位，特别是葡萄、杏子、杏仁等产量全国占比均超过 90%，苹果 87.1%，石榴 71.8%。

表Ⅰ-3-10 　　　　　　2017 年巴基斯坦各省水果产量（千吨）

	旁遮普省	信德省	开伯尔－普什图省	俾路支省	全国总量
柑橘	2289.1	25.3	30.3	6.9	2351.6
芒果	1329.3	400.5	3.0	1.2	1734.0
香蕉	0.9	109.5	13.0	11.7	135.1
苹果	3.6	—	69.3	491.8	564.7
番石榴	491.7	51.6	40.3	2.5	586.1
杏子	0.3	—	11.2	130.2	141.7
桃子	0.2	—	56.8	15.5	72.5
梨	0.1	—	15.4	0.4	15.9
李子	0.2	—	25.2	21.1	46.5
葡萄	—	—	0.7	66.2	66.9
石榴	8.3	—	2.1	26.5	36.9
枣	37.8	209.7	12.4	180.7	440.6
杏仁	—	—	1.1	19.5	20.6
所有水果	4562.2	869.5	384.2	1096.5	6912.4

资料来源：《巴基斯坦统计年鉴 2018》。

纵向维度分析，2008—2017 年巴基斯坦水果种植面积明显降低（表Ⅰ-3-11），降幅为 9.4%；但全国单位面积的水果产量显著提升，增幅为 8.2%，这在一定程度上反映了随着经济和科技的发展，巴基斯坦经济作物生产率得以提升。

表Ⅰ-3-11　　2008—2017 年巴基斯坦水果种植面积与产量

	2008	2009	2010	2011	2012	2013	2014	2015	2016	2017
水果种植面积 （千公顷）	857.1	852.4	836.0	822.5	810.0	812.3	801.6	804.5	793.0	776.7
单位面积水果产量 （千吨）	8.23	8.14	8.29	8.29	8.10	8.32	8.76	8.54	8.68	8.90

资料来源：《巴基斯坦统计年鉴 2018》。

第二节　矿产资源

巴基斯坦北部和西部占国土面积 60% 的山地、高原均是在第三季冰川期地壳运动的结果。在频繁的地壳活动中，巴基斯坦形成了大量的矿产资源和能源，为产业发展奠定了良好的基础。

一　矿产资源概况

当前巴基斯坦已探明和开采的金属和非金属矿产资源在近 200 个矿产地有 58 种[1]。其中，非金属矿产种类繁多，储量丰富，主要有岩盐、石灰石、重晶石、石膏、硅铝砂、滑石、萤石、菱镁矿、瓷土、耐火土和各类宝石等；相较而言，金属矿产种类及储量都不及非金属矿产丰富，主要包括铜矿、铬铁矿、铁矿、铅矿、锌矿、金矿、银矿等。

巴基斯坦成矿条件好，但国内地质研究程度尚低，1∶5 万的地质填图完成不足 30%[2]，矿产勘探工作较为初级，尚未有较大型的矿床被探明，且很多无人区不易搬运开采设备，许多矿产还未得以开发。据有关学者及巴基斯坦政府对其国内矿产资源储量的研究可以看出[3]，巴基斯坦矿产资源开采潜力大，前景光明。

---

① 中华人民共和国驻巴基斯坦伊斯兰共和国大使馆经济商务处：《巴基斯坦农业概况》，http：// pk. mofcom. gov. cn/article/wtojiben/p/200905/20090506216157. shtml。
② 田隆：《巴基斯坦矿业管理与投资环境》，《矿产勘查》2016 年第 6 期。
③ 吴良士：《巴基斯坦伊斯兰共和国矿产资源及其地质特征》，《矿床地质》2010 年第 2 期。

表Ⅰ-3-12   2014年巴基斯坦主要矿产储量

矿种	单位	储量	矿种	单位	储量
铝土矿	亿吨	10.0	耐火黏土	亿吨	1.0
铬铁矿	万吨	252.7	石膏	亿吨	48.5
铜矿	亿吨	63.0	花岗岩	亿吨	41.4
金矿	吨	1656.0	菱镁矿	万吨	1200.0
铁矿	亿吨	14.27	大理石	亿吨	1.6
铅锌矿	万吨	2372.0	岩盐	亿吨	8.0
锰矿	万吨	59.7	石英砂	亿吨	5.57
重晶石	万吨	1370.8			

资料来源：Ministry of Petroleum &Natural Resources of Pakistan. An overview of mineral potential of Pakistan，2014.

2007—2016 年间巴基斯坦的采矿和采石业总产值对 GDP 的贡献相对较为稳定，维持在 3% 左右，在工业部门中的产值占比总体处于增长趋势（图Ⅰ-3-7）。

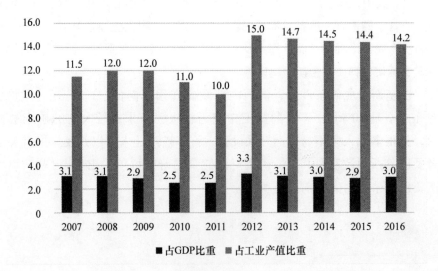

图Ⅰ-3-7 2007—2016 年巴基斯坦采矿和采石业总产值占比（%）

资料来源：2007—2016 年数据来源于历年 *The Mineral Industry of Pakistan*。

二　金属矿产资源

巴基斯坦的金属矿产资源有铁矿、铬铁矿、铜矿、铅矿、锌矿、金矿和银矿等，主要分布在俾路支省和开伯尔－普什图省，其次分布在旁遮普省（图Ⅰ-3-8）。

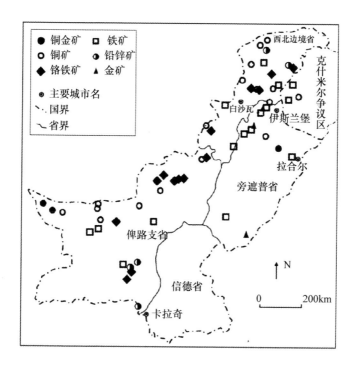

图Ⅰ-3-8　巴基斯坦主要金属矿床分布

资料来源：吕鹏瑞等：《巴基斯坦成矿地质背景、主要金属矿产类型及其特征》，《地质科技情报》2016年第4期。

从2002—2016年主要金属矿物的生产总量来看（表Ⅰ-3-13），巴基斯坦矿物生产产量最高的是钢铁，其次是铬铁矿、铝土矿、铜矿等。十五年间各类金属矿物产量的变化幅度较大，钢铁生产在2005年和2006年达到顶峰，铬铁矿生产在2010年和2011年达到顶峰。

巴基斯坦国有企业控制着主要金属矿产资源铬铁矿、铜、铁矿石和钢铁等的生产和销售。尽管国家政府努力使大型国有企业私有化，但隶属于公共部门的企业仍占全国矿产产量的很大一部分。巴基斯坦石油和自然资源部的矿产部负责勘探、规划、开发和运营属于国有企业旗下的采矿企业。

表 I － 3 － 13   2002—2016 年巴基斯坦主要金属矿物的产量（吨）

| 年份 | 铝土矿 | 铬铁矿 | | 铜矿 | 钢铁（千吨） | | | 铅 | 锌 | 锑 |
		总量	氧化铬含量		铁矿石	生铁	原钢			
2002	12233	24185	10900	—	40	4942	1000	2100	—	—
2003	4098	30657	13800	3200	40	11773	1000	2330	—	—
2004	4847	29230	13200	15000	50	84946	1100	3000	—	—
2005	6504	46359	20900	17700	50	104278	1100	3200	—	—
2006	7000	48000	21600	19100	60	105000	1100	3100	—	—
2007	27382	108000	48600	18800	207	1001	1090	3000	—	—
2008	25000	104000	46800	18700	250	1000	1100	3000	—	—
2009	11300	133000	59900	18500	333	700	1100	85	1	—
2010	9576	252000	113400	18000	418	483	1100	2889	10	—
2011	10000	250000	112000	19000	400	500	1200	2800	15	—
2012	30233	195000	88000	19211	384	196	1631	3000	14000	12
2013	27243	77068	35000	13500	252	165	1845	1000	2000	89
2014	30175	71861	32000	13122	255	142	2423	—	—	127
2015	31092	100155	45000	13056	439	163	2892	—	—	55
2016	90193	81250	37000	14136	471	—	3553	—	—	15

资料来源：数据来源于历年 USGS, *The Mineral Industry of Pakistan*。

（一）铁矿

巴基斯坦铁矿石储量约 14 亿吨（表 I － 3 － 14），是其优势金属矿产资源，但存在品质不高的问题，其成因以沉积型为主，还有火山岩型、热液型和沉积变质型等①。矿床主要分布在旁遮普省和俾路支省，其他两省仅有少量分布，其中，储量最大的矿床是位于旁遮普省的卡拉巴赫－赤查里（Kalabagh－Chichali）铁矿，其矿石储量约有3.5亿吨，铁含量为30%—34%，硅含量为21%—24%；第二大铁矿是位于俾路支省的迪尔邦德（Dilband）铁矿，其矿石储量约有2亿吨，铁含量为35%—40%，硅含量20%；第三大铁矿是位于俾路支省的诺贡迪（Nokkundi）铁矿，其矿石储量约5000万吨，铁含量45%—49%。此外，位于开伯尔－普什图省的杜米尔－尼萨尔铁矿和隆戈利亚尔（Langrial）铁矿虽然储量不如前三大铁矿，但其铁含量相对较高，达到了55%—65%；其余小型矿床，其储量基本在650万吨至2790万吨，因为矿产品质和地理位置等原因，基本被视为无开采价值②。

表Ⅰ－3－14　　　　　巴基斯坦主要铁矿床信息

矿床名称	矿床类型	铁含量 W_B%	矿石储量/Mt	所在位置
卡拉巴赫－赤查里	沉积型	30—34	350	旁遮普省
拉克希－蒙赫	沉积型	37.5 37.5	14.5 268.3	
Chiniot		41.5—77.5	27.46	
Kirana		66	110	
迪尔邦德	沉积型	35—45	200	俾路支省
尼赞普	沉积型	25—35 25—35	100 168	
尕尔达尼亚·阿伯塔巴德	沉积型	20 34—42	60 65.91	开伯尔－普什图省
佩朱	沉积型	31.3	66	
Langrial		30	30	

① 吕鹏瑞等：《巴基斯坦成矿地质背景、主要金属矿产类型及其特征》，《地质科技情报》2016年第4期。

② 中华人民共和国驻巴基斯坦伊斯兰共和国大使馆经济商务处：《巴基斯坦矿产资源情况》，http：//pk. mofcom. gov. cn/article/wtojiben/p/200905/20090506216157. shtml。

续表

矿床名称	矿床类型	铁含量 W_B%	矿石储量/Mt	所在位置
库恩迪·巴隆卡普	火山岩型	30—50	一般规模为5—6	俾路支省
吉尔加齐	火山岩型	32—55	23.36	
诺昆迪	矽卡岩型	45—49	50Mt，地质、物探调查结果显示储量可达100Mt	
达梅尔·尼萨		55—65 60	3.7 6.5	开伯尔 - 普什图省
贝斯赫姆	矽卡岩型	40—60	大多5Mt，很少超过10Mt	
科莱	矽卡岩型			
思赫克拉恩	热液型	40	10（估算）	俾路支省

资料来源：吕鹏瑞等：《巴基斯坦成矿地质背景、主要金属矿产类型及其特征》，《地质科技情报》2016年第4期。

铁矿石的主要所有者和经营企业是位于旁遮普省的巴基斯坦矿业公司（Mines and Minerals Enterprises Pakistan），成立于2004年，是新兴的矿产企业，主要从事勘探和生产铁矿石，耐火黏土，石灰石和大理石。

（二）铬铁矿

巴基斯坦铬铁矿储量约有1000万吨（表 I - 3 - 15），是国内当前唯一出口创汇的金属矿产，其产出与蛇绿岩密切相关，成因类型主要是岩浆型。矿床主要分布在俾路支省和开伯尔 - 普什图省，国内最大的铬铁矿区是俾路支省的穆斯林巴赫，储量预计至少400万吨；第二大铬铁矿区是开伯尔 - 普什图省的马拉坎德，储量预计至少67.7万吨；此外，还有科伊斯坦等储量相对较小的矿区；总体分布特征是点多面广。

表Ⅰ-3-15 巴基斯坦主要铬铁矿信息

矿区	蛇绿岩带	矿石储量	所在位置
穆斯林巴赫	瓦齐里斯坦-贝拉蛇绿岩带	400万吨 600万吨	俾路支省
瓦齐里斯坦	瓦齐里斯坦-贝拉蛇绿岩带	0.0068万吨	
贝拉	瓦齐里斯坦-贝拉蛇绿岩带	十几万吨	
卡兰	贾盖蛇绿岩带	1.0019万吨	
马拉坎德	科希斯坦蛇绿岩带	67.659万吨 170万吨	开伯尔-普什图省
科希斯坦	科希斯坦蛇绿岩带	37.2万吨	

资料来源：吕鹏瑞等：《巴基斯坦成矿地质背景、主要金属矿产类型及其特征》，《地质科技情报》2016年第4期。

表Ⅰ-3-16 铬铁矿生产企业及设施相关信息

主要经营企业和主要所有者	企业性质	主要设施的位置	容量（千吨）
Pakistan Chrome Mines Ltd.		Gwal、Khanozai、穆斯林巴赫、Nisai	20
Ghani Corp. [Ghani Mines (Pvt.) Ltd.]	私营企业	NA	NA
Svah Resources Inc.		穆斯林巴赫、Khanozai	180
MTEQ Pakistan (Pvt.) Ltd.	私营企业	德尔盖、马拉坎德	120

资料来源：USGS, *The Mineral Industry of Pakistan 2016*。

三 非金属矿产资源

巴基斯坦的非金属矿产种类相对繁多，且各类矿产均储量较大，特别是石灰石和岩盐。与矿物资源的储量一致，2009—2016年以来巴基斯坦工业矿物生产中石灰石、岩盐和水泥等产品产量最高（表Ⅰ-3-17），且产出逐年增加。在巴基斯坦，除国有企业外，私营企业被允许拥有和生产非燃料矿物。

表 I -3-17　　　　　2009—2016 年巴基斯坦工业矿物生产量

商品	单位	2009	2010	2011	2012	2013	2014	2015	2016
重晶石	吨	63000	57000	32000	109415	87165	153808	121575	147031
水泥	千吨	28380	31358	28716	30183	31460	31960	33300	37020
膨润土	吨	33300	42100	44500	16520	21578	44115	33612	31384
耐火土	吨	389493	329055	274042	408000	405372	428354	473906	546134
漂白土	吨	11055	6370	4761	6906	4045	9914	10396	22880
高岭土	吨	17000	23000	16000	22000	16463	13803	23064	27576
长石	吨	46000	102000	107000	53235	77134	38126	141582	305308
萤石	吨	1400	1500	1600	7840	11292	8961	7692	6625
宝石	克	—	—	—	NA	500	800	1700	2562
石墨	吨	—	—	—	900	6200	13800	14000	14000
天然石膏	千吨	800	854	885	1173	1229	1446	1660	1998
矿物赭石	吨	56617	55352	36517	42107	31873	27507	51534	90424
菱镁矿	吨	2639	5159	4908	5444	4381	4457	24271	22581
氨氮含量	吨	2700	2800	2700	2400	1900	2200	2300	2600
磷酸盐岩	吨	30467	87807	30950	69400	104961	89000	93400	55400
磷酸含量	吨	5480	15800	5567	17000	26000	22000	23000	14000
海盐	千吨	93	190	315	292	297	300	290	230
岩盐	千吨	1917	1944	1954	2029	2269	2241	2800	3252
氢氧化钠	千吨	245	182	172	192	172	166	227	218
纯碱	千吨	365	410	378	367	379	284	449	476
建筑砂石	吨	17780	37604	38215	NA	381863	387971	NA	NA
工业砂石	吨				NA	3700	2490	NA	45539
硅矿生产	吨	369773	411262	300501	371000	308000	222000	359000	378000
白垩	吨	8343	1322	1422	1500	1021	689	100	110

续表

商品	单位	2009	2010	2011	2012	2013	2014	2015	2016
白云石	千吨	250	130	240	198	347	676	271	691
石灰岩	千吨	33186	37137	32021	37679	36473	38641	44252	47577
大理石	千吨	1223	1471	1816	1751	3790	2185	3219	5149
硫黄	吨	26200	27100	28000	26000	26904	31559	14888	20243
滑石	吨	40792	121800	114100	110000	77165	80289	113509	116678

资料来源：2009—2011 年数据来源于 USGS, *The Mineral Industry of Pakistan 2013*；2012—2016 数据来源于 USGS, *The Mineral Industry of Pakistan 2016*。

巴基斯坦是世界上岩盐存储量最丰富的国家之一，其有一条长达 160 千米的盐带（Salt Range），据巴基斯坦矿产开发公司的估算，仅在当前开采区域内岩盐储量已超过 6 亿吨，且岩盐质量较高[①]。当前巴基斯坦开采和生产规模较大的盐矿主要有 3 个：凯乌拉盐矿、沃尔查盐矿和卡拉巴格盐矿。其岩盐产品除食用外，还应用于化工工业，是苛性钠、氯、盐酸、烧碱等物质的原料之一。

表 I－3－18　　　2016 年巴基斯坦盐矿生产企业及设施相关信息（千吨）

主要经营企业和主要所有者	企业性质	主要设施的位置	产量
Khewra Salt Mines（Pakistan Mineral Development Corp.）	政府 100%	伊斯兰堡（Islamabad）南部盐带	435
Warcha Salt Mines（Pakistan Mineral Development Corp.）	政府 100%	距离伊斯兰堡 276 千米	613
Kalabagh Salt Mines（Pakistan Mineral Development Corp.）	政府 100%	距离伊斯兰堡 296 千米和米扬瓦利县（Mainwali）50 千米	80
Jatta Salt Mines（Pakistan Mineral Development Corp.）	政府 100%	距离伊斯兰堡和科哈特（Kohat）217 千米	73

① 中华人民共和国巴基斯坦伊斯兰共和国大使馆经济商务处：《巴基斯坦矿产资源情况》，http://pk.mofcom.gov.cn/article/wtojiben/p/200905/20090506216157.shtml。

续表

主要经营企业和主要所有者	企业性质	主要设施的位置	产量
Bahadur Khel Salt Mines（Pakistan Mineral Development Corp.）	政府100%	距离伊斯兰堡265千米和科哈特112千米	NA
Ghani Corp.（Ghani Mines Ltd.）		Banda Daud Shah，喀拉克（Karak）区	NA
Nara Minerals（Chani Mines（Pvt.）Ltd.	私营企业	盐带中部	NA
Ghani Mines		Korrian	NA
Al - Muhandus Corp.［Chani Mines（Pvt.）Ltd.］	私营企业	盐带，靠近库沙卜（Khushab）区，奎达巴德（Quaidabad），沃查（Warcha），Choa	NA

资料来源：USGS，*The Mineral Industry of Pakistan 2016*。

巴基斯坦全国各省级行政区（开伯尔－普什图省、旁遮普省、信德省和裨路支省）都有优质且储量巨大的石灰石，其在建筑、道路铺设和环境清洁等多领域均有应用，巴基斯坦目前石灰石产量年产已到达4000万吨以上。

第三节　能源资源

一　能源资源概况

相对人口数量和国土面积而言，巴基斯坦能源并不丰富，煤炭、油气等资源可开采的储量约为29.81亿标准煤[①]。类型主要包括不可再生能源天然气、石油和煤炭，及可再生能源太阳能和水能等。然而，面临能源储量不足的背景，巴基斯坦的能源消费结构也失衡严重，能源部门和工业严重依赖原油和天然气，当前对两者的产品依存度高达79%；且社会经济发展对石油和天然气的年均需求量分别以5.7%和7.5%的速度增长。对此，《巴基斯坦2030远景展望》中明确指出，预计2030年巴基斯坦对石

---

① 屈秋实等：《巴基斯坦能源发展演变特征分析》，《世界地理研究》2019年第6期。

油和天然气的消费量将达到 68.4 亿吨和 1625.8 亿吨油当量，油气资源开发情况和供应稳定与否对巴社会经济发展有着重大影响①。

二 不可再生能源

在巴基斯坦各类不可再生能源中，煤炭资源最为丰富，特别是褐煤储量，全世界褐煤主要产区在亚洲，亚洲褐煤主要储藏于巴基斯坦。石油和天然气则是油少气多态势。

（一）煤

据巴基斯坦地质勘测中心估算数值，巴基斯坦全国拥有煤炭约 1850 亿吨，储量位居全世界第七位②。其煤矿在全国各省均有分布，位于信德省的塔尔煤田、拉克拉 – 桑达煤田等共拥有煤炭 1840 亿吨，占全国总量的 99.46%；禅路支省有 2.17 亿吨，旁遮普省 2.35 亿吨，开伯尔 – 普什图省 9000 万吨③。

表 I – 3 – 19　　　　　巴基斯坦主要煤田相关信息

	面积	储量	位置	特征
塔尔煤田	9000 平方千米	1755 亿吨	距卡拉奇市 380 千米的塔尔沙漠边缘	煤埋藏深，多优质褐煤，固体碳含量 58.91%
拉克拉 – 桑达煤田	207.2 平方千米	47.8 亿吨	信德省的克拉克县	共 3 个煤层，均为褐煤，但质量一般，固体碳含量 26.8%—30%
科伊斯坦盐带煤田	面积大，矿井分散		胡沙县以北约 32.2 千米	煤埋藏浅，但质量差，固体碳含量 29.8%—44.8%

---

① 中华人民共和国巴基斯坦伊斯兰共和国大使馆经济商务处：《巴基斯坦石油、天然气情况》，http：//pk. mofcom. gov. cn/article/wtojiben/p/200905/20090506216174. shtml。

② 中国煤炭资源网：《巴基斯坦煤炭储量居世界第七位》，https：//www. mycoal. cn/news/show/44492/。

③ 中华人民共和国巴基斯坦伊斯兰共和国大使馆经济商务处：《巴基斯坦矿产资源情况》，http：//pk. mofcom. gov. cn/article/wtojiben/p/200905/20090506216157. shtml。

续表

	面积	储量	位置	特征
马克瓦煤田			米扬瓦利县卡拉巴格镇以西约12.9千米处	煤质较好，固体碳含量36%—47%，拥有巴基斯坦最大的矿井
霍斯特－沙里格－哈乃伊煤田	207.2平方千米		俾路支省奎达以东约32.2千米	煤质较好，靠近铁路；固体碳含量25.5%—43.8%，多炼焦煤，多用于炼钢
马奇煤田	41.4平方千米		俾路支省奎达以北55千米	共3个煤层，煤质较差，固体碳含量32.4%—41.5%

资料来源：孔亮编著：《巴基斯坦概论》，世界图书出版公司2016年版。

　　巴基斯坦煤炭类型以褐煤、次烟煤等非炼焦煤为主，物理特性和化学成分差别较大。其中，信德省塔尔煤田储藏着约1750亿吨的优质褐煤，是世界优质褐煤的最大产区之一，占巴基斯坦国家煤炭总量的94.59%，该煤田的煤炭被认为是最适合发电的。

　　与丰富的储量相较，巴基斯坦煤炭产量不高。2016年是其近18年中煤炭产出最高的一年，共479万吨，相较前一年增加了46.3%，过去十多年煤炭年均产量约为350万吨，每年需从国外进口400万—500万吨煤炭以满足国家钢铁、电力等行业的发展需求，其煤炭进口来源国主要有阿富汗、澳大利亚、加拿大、印度尼西亚、南非和美国等[1]。该国煤炭的主要消费是水泥产业和砖窑，2013年水泥生产中煤炭使用量占煤炭总消费量的58%，砖窑占41%。

　　巴基斯坦联邦政府2005年制订并实施了能源中期发展战略，指出2010年、2020年和2030年要将煤炭在全国能源总消费中的比重提升至9%、14%及19%；石油和自然资源部颁布了一项国家煤炭开发的相关政策，意图通过吸引外国资本，引进先进技术，提升对巴基斯坦煤炭的开采

---

　　[1]　中华人民共和国驻巴基斯坦伊斯兰共和国大使馆经济商务处：《巴基斯坦年产煤量350万吨》，http://pk.mofcom.gov.cn/article/jmxw/201706/20170602585379.shtml。

和生产率，降低对高价石油的依赖①。2012 年加拿大联合煤炭控股有限公司、2014 年英国 Oracle Coalfields 公司和中国的太阳能电力公司纷纷取得了一定的煤炭资源开采许可。

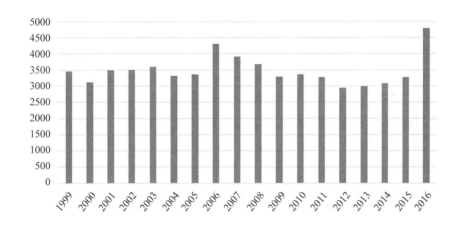

图Ⅰ－3－9　1999—2016 年巴基斯坦煤炭产量（千吨）

资料来源：USGS，数据来源于 2003—2016 年历年 *The Mineral Industry of Pakistan*。

表Ⅰ－3－20　　　　巴基斯坦煤矿生产企业及设施相关信息　　　　（千吨）

主要经营企业和主要所有者	企业性质	主要设施的位置	产量
Sindh Coal Authority		Dadu，信德省	4000
Sindh Coal Authority		Tharparkar，信德省	NA
Lakhra Coal fields, Pakistan Mineral Development Corp.	巴矿业开发公司 50%；信德省政府 25%；水利开发部 25%	Latifabad，海德拉巴	201
Lakhra Coal Development Co.		Khanot 靠近 Lakhra	NA
Degari－Sor－Range（Pakistan Mineral Development Corp.）	政府 100%	奎塔东南 35 千米	3000
Degari－Sor－Range（Pakistan Mineral Development Corp.）	政府 100%	奎塔以东 16 千米	29000

① 宋国明：《巴基斯坦矿产资源开发与投资环境》，《现代矿业》2009 年第 7 期。

续表

主要经营企业和主要所有者	企业性质	主要设施的位置	产量
Shahrig – Khost – Harnai Coal field（Pakistan Mineral Development Corp.）	政府100%	奎塔东北160千米	159000
Progressive Mining Enterprise（Ghani Mines Ltd.）		Takwan，恰夸尔区	NA
Ghani Corp.（Ghani Mines Ltd.）		NA	NA
Al – Muhandus Corp.（Ghani Mines Ltd.）		Balman 和 Chukki，Quaid-abad，库沙布区	NA
Nara Minerals		Patala Formation，杰赫勒姆区	NA

资料来源：USGS，*The Mineral Industry of Pakistan*，2016。

（二）石油

据维基百科列出的2017年世界各国石油储量最新排名，巴基斯坦已探明储量的石油资源3.5亿桶，仅为7.1千万吨标准煤，在全球排在第53位[1]。

巴基斯坦石油资源主要分布在北部波特瓦尔高原和南部信德平原，其品质一般，且开采难度较大，而临海大陆架上的石油资源质量和开采前景均被看好。

巴基斯坦石油生产主要包括原油和炼油产品两大类，其中后者具体涉及馏出液燃料油、汽油、煤油、航空燃油、润滑油和液化石油气等产品。1999—2016年间，原油和炼油产品的产量总体均处于增长趋势，但增长趋势相对平缓（表Ⅰ-3-22），远不能满足其经济和产业发展需求。其国内石油供给量仅能满足20%的需求，供需缺口较大[2]。据相关新闻报道称，2017—2018年，巴基斯坦原油进口同比增长66.05%，相关石油产品进口同比增长9.33%[3]。

---

[1] OLM周刊：《2017年世界石油储量最新排名》，http://www.olmzhoukan.com/gongyexinwen/youqinengyuan/2017-07-04/2021.html。

[2] 张亚龙等：《"中巴经济走廊"沿线矿产资源及相关产业合作前景分析》，《中国矿业》2017年第3期。

[3] 东方油气网：《巴基斯坦2017—18财年石油天然气进口占进口总额四分之一》，http://www.oilgas.com.cn/newsc940/311503.jhtml。

表 I -3-21　　　　　　　　巴基斯坦主要油田信息

地区	名称	位置	日产量（桶）
北部	图尔纳尔	贾古瓦勒县	2838
	斯德格勒	阿托克县	2239
	米亚勒	阿托克县	1372
南部	米扎里	巴丁县	5880
	巴萨奇	巴丁县	3422
	图拉	巴丁县	2260

资料来源：孔亮：《巴基斯坦概论》，中国出版集团。

表 I -3-22　　　　　　1999—2016 年巴基斯坦石油产量　　　　（千 42 加仑桶）

年份	原油	炼油产品	年份	原油	炼油产品
1999	19986	50600	2008	26000	94500
2000	20450	50700	2009	23870	89266
2001	22000	56400	2010	24000	88927
2002	23000	58700	2011	24000	89474
2003	24000	58700	2012	24100	67096
2004	22625	76536	2013	29600	60875
2005	24119	82171	2014	34200	80081
2006	24275	84800	2015	33000	90566
2007	25000	90900	2016	31300	86274

资料来源：USGS，数据来源于 2003—2016 年历年 *The Mineral Industry of Pakistan*。

表 I -3 -23　　巴基斯坦石油生产企业及设施相关信息（千 42 加仑桶）

	主要经营企业和主要所有者	位置	产量
原油	Mari Petroleum Co. Ltd.	信德省	6000
	Pakistan Petroleum Ltd.（政府 68%，员工赋权信托 7%，私人投资者 25%）	Adhi，旁遮普省	1600
	Government and Oil and Gas Development Co. Ltd.（政府 74.97%，油气开发企业 25.03%）	俾路支省、旁遮普省、信德省	11500
	Pakistan Oilfields Ltd.	俾路支省	8000
	Ocean Pakistan Ltd.	旁遮普省、俾路支省、开伯尔 - 普什图省和伊斯兰堡和 Ratana	NA
炼油产品	Bosicor Pakistan Ltd.	卡拉奇	10700
	Pak - Arab Refinery Co. Ltd.（Government of Pakistan and government of the Emirate of Abu Dhabi）	Mahmood Kot，旁遮普省	360
	Attock Refinery Ltd.	拉瓦尔品第	16000
	Pakistan Refinery Ltd.	卡拉奇	17000
	Pakistan Mining Co. Ltd.	NA	90000
	National Refinery Ltd.	NA	NA

资料来源：USGS, *The Mineral Industry of Pakistan 2016*。

（三）天然气

天然气是巴基斯坦储量第二的能源，全国天然气储量约 722 百万吨标准煤，占总巴基斯坦能源储量约 23.7%[1]。与石油相比，巴基斯坦天然气较为丰富，全国共有气田 80 多个，分别分布在旁遮普省的西北地区、俾路支省的中东地区、信德省和开伯尔 - 普什图省的东南地区。其中，最大

---

[1]　屈秋实等：《巴基斯坦能源发展演变特征分析》，《世界地理研究》2019 年第 6 期。

的天然气田是位于锡比县的苏伊气田，其天然气储量高达 10. 78 万亿立方英尺，占全国总量的 1/2，是世界十大气田之一（表Ⅰ-3-24）。

表Ⅰ-3-24　　　　　　巴基斯坦前三大天然气田信息

名称	位置	日产量（亿立方英尺）	品质
苏伊	俾路支省锡比县	7. 26	极好，单位气体甲烷含量90%
马里	信德省格特基县	3. 79	好，单位气体甲烷含量73%
拜尔古赫	俾路支省德拉布格迪县	1. 93	

资料来源：孔亮编著：《巴基斯坦概论》，世界图书出版公司 2016 年版。

从 1999—2016 年的历史产量看，巴基斯坦的天然气生产较为稳定，勉强满足国内生活生产需求，但预计到 2030 年天然气消费量会增长至 640 亿立方米，至少会产生近 11% 的缺口。

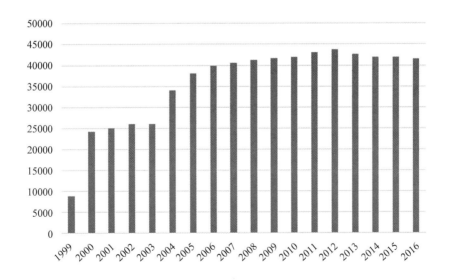

图Ⅰ-3-10　1999—2016 年巴基斯坦天然气产量

资料来源：*USGS, The Mineral Industry of Pakistan 2016*。

从生产能力比较各类能源资源，巴基斯坦天然气产值占比较高，在全国总能源生产结构中占比为78%，在总能源消费结构中占比也超过1/2（图 I -3 -11）。这一方面与本国天然气储量相对丰富有关，另一方面与天然气价格相对石油能源更优惠，更稳定有关。

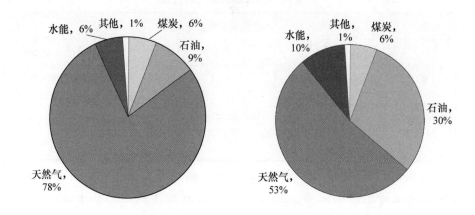

图 I -3 -11　巴基斯坦能源生产结构和能源消费结构（1971—2016 年平均占比）

资料来源：屈秋实等：《巴基斯坦能源发展演变特征分析》，《世界地理研究》2019 年第6 期。

三　可再生能源

（一）太阳能

巴基斯坦日光照射较强，其境内大部分地区全年日光照射时间超过3000 小时，据巴基斯坦可替代能源委员会主席称，巴太阳能蕴藏丰富，平均每平方米太阳能发电潜力约为 1000 瓦，通过日照能实现理论发电量29 万千瓦[①]。2018 年中国发布的《"一带一路"电子综合资源规划报告》指出，巴基斯坦的太阳能总辐射量高达 6100—8000 兆焦/平方米，全国太阳能可开发潜力约有 1 亿千瓦，截至 2017 年底，全国太阳内光伏发电装机容量 1311000 兆瓦。

---

① 中华人民共和国驻巴基斯坦伊斯兰共和国大使馆经济商务处：《巴基斯坦太阳能丰富但实际开发困难重重》，http：//pk. mofcom. gov. cn/aarticle/jmxw/201110/20111007797169. html。

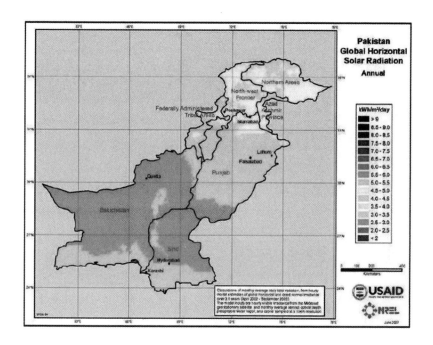

图Ⅰ－3－12　巴基斯坦太阳能辐射图谱

资料来源：中国储能网：《巴基斯坦国家能源概览》，http://www.escn.com.cn/news/show－799167.html。

巴基斯坦太阳能资源主要集中在旁遮普省、信德省和俾路支省等的荒漠地区，特别旁遮普和信德省的年均太阳能水平辐射范围高达1620—2040千瓦时/每平方米。依据中国气象行业标准，巴基斯坦大部分地区太阳能资源都达到了"最丰富级"，少数地区为资源"很丰富级"，总体其太阳能开发价值高。

巴基斯坦国家电力部表示将不断提升太阳能在能源生产和消费结构中的占比，截至2018年4月底已运营太阳能发电项目6个，共430兆瓦。[①]然而，其在太阳能资源应用和推广过程中面临着安装成本过高、社会及家庭对太阳能使用认知有限、企业获得银行资金难度大、太阳能项目审批过

---

① 中国储能网：《巴基斯坦国家能源概览》，http://www.escn.com.cn/news/show－799167.html。

程尚不完善等诸多困扰①。

（二）水能

巴基斯坦是南亚国家水资源缺乏最严重的国家，也是全球最干燥的国家之一，其人均水资源量仅有 371 立方米，全国均面临严峻的干旱灾害。同时，水资源分布严重不均，在巴基斯坦山脉高原、沙漠、冲积平原等不同地区，降雨量差别显著，年均降雨量跨度从 50mm 至 2000mm 不等。

与水资源严重短缺相反，巴基斯坦的水能资源丰富，其水能资源主要来自高山融雪，印度河作为巴基斯坦第一大河，发源于中国青藏高原的冈底斯山，进入巴基斯坦后贯通全域南北，总长 2897 千米，流域面积达 116.55 万平方千米，其中 7.1225 万平方千米位于平原地区，45.325 万平方千米位于喜马拉雅山脉。印度河年均流量高达 2070 亿立方米，是尼罗河的 2 倍。因此，巴基斯坦利用水能资源发电有得天独厚的优势，其理论年水能发电量为 4.75×10^8 兆瓦时，全世界排名第 18 位，占世界水能发电总量的 1.19%。当然，巴基斯坦水能应用有其自身局限性，即受季节带来的丰枯水期影响显著，产能不够稳定。

第四节　生物资源

一　生物多样性概况

巴基斯坦地理多样性决定了其生物多样性。一方面，巴基斯坦有限的地域范围中密集分布着多座高山、山峰、冰川和高山谷，全世界 14 座超过 7300 米海拔的高山中巴基斯坦拥有 5 座；另一方面，巴基斯坦全域内既有险峻的高山，又有广阔的平原，既有荒芜的沙漠，也有绵延数里的海岸带。丰富的地貌地形，从热带到高山的各种生态带孕育了类型繁多的动植物资源。

二　植物资源

巴基斯坦植物资源的特征是数量匮乏，种类多样。以森林资源最为典型，巴基斯坦森林覆盖率仅为 4.94%，但树种丰富，具体包括海拔 4000 米

---

① 《巴基斯坦太阳能丰富但实际开发困难重重》，中华人民共和国商务部网站，http://pk. mofcom. gov. cn/aarticle/jmxw/201110/20111007797169. html。

至雪线间分布的高山灌丛（忍冬属、柳属、小檗属灌木）、海拔 4000 米的高山林（银杉、杜松、桦树）、海拔 1000—4000 米的针叶林（云杉、雪杉）和落叶阔叶林（橡树、枫树、白杨树、桦树）、海拔 1000 米以下的亚热带干旱林（刺柏、胡桃、栗子树）、热带的旱生林（刺槐、勒克、山柑藤）、河岸林（橡胶树、茶檀、紫柳、柽柳）和红树林等。

草地资源按照地域特征可分为海拔 3500—5200 米的高山草地，一般为禾本科牧草及阔叶草本植物；海拔 2500—3000 米的亚高山草地；海拔 1300—3500 米的温带草地，多为禾草；海拔低于 1300 米的山前丘陵草地；以及沙漠地区的草本植物和多刺灌木，如红柳、骆驼刺、刺枣等[①]。此外，在全国 6000 多种高等植物中，药用植物占 12%，其中产量较大的异叶乌头和藏边大黄是药用植物出口的主要类型。

巴基斯坦的国花是素馨花，也被称为素英、玉芙蓉、素馨针等，是木樨科植物，花色多为白色，气味芳香，生长环境多在温暖、湿润和阳光充足的地区。素馨花也是一种药用植物。

根据世界自然保护联盟（IUCN）濒危物种红色名录，巴基斯坦受威胁的植物有 15 种。其中，极危物种（CR）4 种，濒危物种（EN）4 种，易危物种（VU）7 种。这些植物主要以森林、草地及灌木丛为栖息地，濒危的主要诱因是农业发展、生物资源应用和交通廊道开发等。

表 I -3-25　　　　　　　　　巴基斯坦受威胁植物信息

	数量	植物名称	物种分布
极危 CR	4	Gentiana kurroo、Lilium polyphyllum、Vatsanabha、Commiphora wightii	导管植物
濒危 EN	4	Aconitum heterophyllum、Mitha Guggul、East Himalayan Yew、West Himalayan Yew	导管植物
易危 VU	7	Malaxis muscifera、Heart – Shaped Lip Cypripedium、Aconitum violaceum、Atlas Daisy、Ulmus wallichiana、Eucalyptus moluccana、Rhamnella gilgitica	导管植物

资料来源：世界自然保护联盟（IUCN）濒危物种红色名录（2020 年 2 月更新）——巴基斯坦，https：//www. iucnredlist. org/search/grid? landRegions = PK&searchType = species。

---

① Khan M. H.：《巴基斯坦的草地现状和草地开发》，《国外畜牧学——草原与牧草》1999 年第 3 期。

三 动物资源

巴基斯坦动物资源种类和数量均较为丰富，陆地生物主要有羊、猴子、驴、狼、蛇、多种昆虫及 100 多种鸟类，水生动物主要是在卡拉奇附近海域的龙虾、墨鱼、石斑鱼、蟹、鲶鱼等。

捻角山羊是巴基斯坦的国兽，是体型最大的山羊，以螺旋形卷曲的角而知名，羊常年生活在 600 米海拔以上人烟稀少的山区，最高可达到 5000 米，喜栖息在多岩石环境中，主要分散在喜马拉雅西部海拔 3000—5000 米山区，现存不足 2500 只。

雪豹，猫科大型动物，外形类虎，被称为最美的猫科动物，作为生活在地球海拔最高处的食肉动物，位居高山生态系统食物链的最顶端，主要以岩羊、北山羊、塔尔羊、鹿、斑羚及野兔、黄鼠狼等小型兽类为食物。雪豹的分布格局与高海拔山脉相一致，主要活动范围在海拔 2000—6000 米内，甚至在 600—1500 米的低海拔地区也有过雪豹活动的痕迹。目前雪豹已被列入世界自然保护联盟（IUCN）物种生存委员会编制的《受胁物种红色名录》中，等级为"易危级"（VU）。

根据世界自然保护联盟（IUCN）濒危物种红色名录，巴基斯坦受威胁的动物有 174 种。其中，极危物种（CR）26 种，濒危物种（EN）47 种，易危物种（VU）101 种，这些物种数量基本都处于下降态势。巴基斯坦动物濒危的主要诱因是生物资源应用、农业生产、环境污染和城市化发展等。

表 I－3－26　　　　　　　巴基斯坦受威胁动物相关信息

	数量	主要栖息地	物种分布
极危 CR	26	浅海、草地、内陆湿地、森林、灌木丛	脊索动物
濒危 EN	47	浅海、草地、深海、灌木丛、湿地	脊索动物（45）、刺胞动物（1）、棘皮动物（1）
易危 VU	101	浅海、内陆湿地、人造林、灌木丛、森林、草地	脊索动物（85）、刺胞动物（14）、棘皮动物（2）

资料来源：世界自然保护联盟（IUCN）濒危物种红色名录（2020 年 2 月更新）——巴基斯坦，https：//www. iucnredlist. org/search/grid？landRegions = PK&searchType = species。

第五节 遗产资源

一 世界遗产资源

巴基斯坦是《世界遗产公约缔约国》之一，目前拥有世界遗产 6 处，均为文化遗产。其中，塔克希拉（Taxila）、塔克特依巴依寺庙和萨尔依巴赫洛古遗址（Buddhist Ruins of Takht-i-Bahi and Neighbouring City Remains at Sahr-i-Bahlol）、摩亨佐达罗考古遗迹（Archaeological Ruins at Moenjodaro）都是 1980 年列入世界遗产名录，拉合尔古堡和夏利玛尔公园（Fort and Shalamar Gardens in Lahore）、塔塔城的历史建筑（Historical Monuments at Makli, Thatta）是 1981 年列入，而罗赫达斯要塞（Rohtas Fort）则是 1997 年列入。

（一）塔克希拉①

塔克希拉位于巴基斯坦旁遮普省的拉瓦尔品第区，是一处占地广阔的系列遗址，包括中石器时代的洞穴和四个早期定居点的考古遗迹，佛教寺院以及一个穆斯林清真寺。从战略意义上讲，塔克希拉位于丝绸之路的一条分支上，该分支将中国与西方联系在一起，并在 1—5 世纪达到了顶峰。现在，它是亚洲最重要的考古遗址之一。塔克希拉四个定居点：萨拉卡拉（Saraikala），比尔丘（Bhir），锡尔卡普（Sirkap）和锡尔苏克（Sirsukh）的考古遗址揭示了印度次大陆超过五个世纪以来城市演变的格局。萨拉卡拉的史前土丘是塔克希拉最早的定居点，有新石器时代，青铜时代和铁器时代占领的证据。比尔丘是塔克希拉最早的历史名城，很可能是在公元前6 世纪建立的，它的石墙，房屋和蜿蜒的街道代表了该次大陆上最早的城市化形式。锡尔卡普是一座建于前 2 世纪中叶的防御型城市。许多私人房屋，佛塔和庙宇都布置在希腊化的网格系统上，显示出西方古典主义对当地建筑的强烈影响。库山市锡尔苏克废墟的发掘则展示了中亚建筑形式对次大陆建筑的早期影响。

塔克希拉系列遗址还包括汗布尔（Khanpur）洞穴，该洞穴有中石器时代的工具，以及许多不同时期的佛教寺院和佛塔。遍布塔克希拉山谷的

---

① UNESCO, World heritage list, https://whc. unesco. org/en/list/139.

佛教古迹将其变成了宗教中心地带，也是远至中亚和中国朝圣者的目的地。塔克希拉的佛教考古遗址包括 Dharmarajika 建筑群和佛塔、Khader Mohra 建筑群、Kalawan 建筑群、Giri 寺院，Kunala 佛塔和寺院，Jandial 建筑群，Lalchack 和 Badalpur 佛塔遗迹，Mohra Moradu 寺院遗骸，Pipplian 和 Jaulian 遗骸，以及 Bahalar 佛塔和遗骸。Giri 建筑群还包括三圆顶的穆斯林清真寺，中世纪时期的 ziarat（墓）和 madrassa（学校）的遗迹。

（二）塔克特依巴依寺庙和萨尔依巴赫洛古遗址①

塔克特依巴依寺庙（Takht‑i‑Bahi）的佛教寺院建筑群始建于 1 世纪初。由于它位于高山山顶，因此避免了连续的入侵而保存完好。附近还有萨尔依巴赫洛古（Sahr‑i‑Bahlol）遗址，这是一座可追溯至同一时期的小型防御型城市。塔克特依巴依寺庙的佛教遗址和在萨尔依巴赫洛古的城市遗迹是巴基斯坦 Gandhara 地区最壮观佛教遗迹之一。

塔克特依巴依寺庙佛教遗址是一座寺院建筑群，位于高度从 36.6 米到 152.4 米不等的山顶，是佛教遗址的典型代表。其占地面积约 33 公顷，寺院一直被使用到 7 世纪，是巴基斯坦最完整的佛教寺院。萨尔依巴赫洛古的城市遗迹位于肥沃的平原约 5 千米处，是库山时期一座古老的小型防御城市遗迹。该城市遗迹占地面积为 9.7 公顷。

（三）摩亨佐达罗考古遗迹②

摩亨佐达罗（Moenjodaro）的考古遗址是南亚保存最完好的城市住区，其历史可追溯到公元前第三个千禧年初，对随后的城市化发展产生了重大影响。该遗址位于印度河右岸，距卡拉奇东北 510 千米，距巴基斯坦信德省拉尔卡纳区拉尔卡纳市 28 千米。该城市是前 2500 至前 1500 年间在印度河谷繁荣发展，代表了印度河文明之都，是世界三大古代文明之一。1922 年摩亨佐达罗的发现为文化习俗，艺术，宗教和行政管理能力等提供了证据。该遗址作为一座规划良好的城市，设有公共浴室、一所牧师学院、完善的排水系统等；此外，水井、污水处理坑和一个大型粮仓证明了这是一个非常重要的大都市，有组织良好的经济，社会和文化体系。

---

① UNESCO, World heritage list, https：//whc. unesco. org/en/list/140.
② UNESCO, World heritage list, https：//whc. unesco. org/en/list/138.

（四）拉合尔古堡和夏利玛尔公园①

拉合尔古堡和夏利玛尔公园是辉煌的莫卧儿文明时期的杰作，在莫卧儿帝国统治期间达到了顶峰。两者都位于拉合尔市，相距 7 千米，两者（其中一个有纪念性建筑的特征，另一个有广阔的水上花园）是莫卧儿高超艺术的杰出代表。莫卧儿文明融合了伊斯兰、波斯、印度教和蒙古，几个世纪以来一直统治着印度次大陆，并极大地影响了其随后的发展。

拉合尔古堡位于拉合尔寨城西北角，始建于 11 世纪，在 13—15 世纪由早期莫卧儿王朝摧毁并重建了好几次。在其边界内幸存的 21 座历史遗迹中包括 Akbar 统治时期的莫卧儿王朝建筑的杰出作品，特点是通过标准化的烤砖和红砂岩砌筑，并由 Shah Jahan 进一步通过使用豪华大理石，镶嵌各色珍贵宝石来装饰，使其成为童话般美丽的建筑群。

夏利玛尔公园是 Shah Jahan 在 1641—1642 年建造的莫卧儿花园，在中世纪的伊斯兰花园传统上叠加了波斯的影响力，特点是封闭围墙，直线路径以及大量流动的水。夏利玛尔公园占地 16 公顷，院内修建了从南到北下降的三个阶梯式平台，并在公园里使用大理石和红砂岩修建了凉亭。林荫小路和用瀑布、400 多个喷泉装点的大道纵横交错，布局和谐，美丽如画。

（五）塔塔城的历史建筑②

在巴基斯坦南部信德省的印度河三角洲顶点附近，是一座巨大的墓地，在约 10 平方千米的土地上拥有五十万座坟墓。Makli 墓地聚集在 6.5 千米长的 Makli 山地的边缘，与附近的曾经是伊斯兰文化的首都和中心的 Thatta 市相关联，以鲜明的方式证明了从 14 世纪到 18 世纪的信德文明。

Makli 广阔的墓地是世界上最大的墓地之一。国王，皇后，总督，圣人，学者和哲学家被埋在这里的砖石纪念碑中，这些墓地的结构因将各种不同建筑文化融合到当地的建筑风格中而闻名，包括古吉拉特风格的印度教建筑、莫卧儿帝国建筑、波斯和亚洲建筑都被带到 Makli 并进行了改编。Makli 墓地的历史古迹成为信德省社会和政治历史的雄辩证词。

---

① UNESCO，World heritage list，https：//whc. unesco. org/en/list/171.
② UNESCO，World heritage list，https：//whc. unesco. org/en/list/143.

（六）罗赫达斯要塞①

罗赫达斯要塞建于 16 世纪，位于巴基斯坦北部的旁遮普省的战略要地，是早期穆斯林在中亚和南亚军事建筑的杰出典范。这个占地 70 公顷的建筑由周长超过 4 千米的大型砌筑墙组成，内衬 68 个堡垒，并在战略要点被 12 个巨大的通道刺穿。这座堡垒融合了伊斯兰世界其他地区的建筑和艺术传统，对莫卧儿帝国的建筑风格发展产生了深远的影响。

罗赫达斯要塞融合了土耳其和印度次大陆的建筑和艺术传统，从而为莫卧儿建筑及其后来的改良和改建（包括充分利用欧洲殖民地建筑）创建了模型。最值得注意的是其装饰元素的复杂性和较高的艺术价值，尤其是高低浮雕，大理石和砂岩的书法铭文，石膏装饰以及琉璃瓦。

二　其他遗产资源

巴基斯坦是联合国《保护非物质文化遗产公约》缔约国，目前已有非物质文化遗产资源三项，其中两项为联合申报，一项为单独申报。联合申报的两项分别是猎鹰训练术（一项活态人类遗产）和诺鲁孜节，两者分别由多国共同申报，均在 2016 年入选人类非物质文化遗产代表作名录。

单独申报的项目名称是苏里加吉克：基于结合当地地形的太阳、月亮和星空观测的传统气象和天文实践，2018 年入选急需保护的非物质文化遗产名录。"苏里加吉克"是卡拉什人依据聚居地的地形地貌，观测太阳、月亮及各类天体运动而建立天文知识体系和气象系统，并据此判断种植业和畜牧业各生产阶段的时间节点，并预测自然灾害。"苏里加吉克"也是卡拉什历法的基础。随着信息技术和现代工具的出现，这种历史传承内容已日渐式微。

---

① UNESCO，World heritage list，https：//whc. unesco. org/en/list/586.

第四章 基础设施研究

巴基斯坦基础设施建设总体相对滞后，是制约其经济发展的主要因素之一。根据世界银行物流绩效指数（Logisitics Performance Index），在参与排名的全球 180 个国家和地区中，巴基斯坦基础设施排名第 121 位。巴央行（SBP）报告指出，物流瓶颈导致巴工业品生产成本增加 30%，由基础设施效率不足造成的经济损失可达 GDP 的 4%—6%①。巴基斯坦用于基础设施领域建设的公共领域发展项目（PSDP）资金严重不足，对外国援助和贷款的依赖度提高，一些规划中的基建项目开工和建设进度滞后。2013 年以来，在中巴经济走廊大型基建项目带动下，两国战略合作步伐加快，投资便利度更高，巴基斯坦获得了 456 亿美元的项目拨款，建设包括公路、铁路、油气管道、通信光缆的各类项目。2015 年，巴政府制定了庞大的交通基础设施发展计划，涵盖了从公路、桥梁、隧道到地区性公路的 74 个项目，初期拨款达到 1130 亿卢比。在强大的资金注入下，巴基斯坦能源、交通基础设施领域情况有所改善，2016 年，在国际货币基金组织和世界银行 2016 年会上，巴基斯坦被新兴市场国际组织授予"南亚地区最佳基础设施开发国家"奖项。

第一节 交通基础设施

目前，巴基斯坦交通基础设施建设以发展公路为主，投入的项目和资金最多，在巴基斯坦交通体系中占据最重要的地位；铁路网系统发展较为

---

① 中华人民共和国商务部：《对外投资合作国别（地区）指南·巴基斯坦（2019）》，http：//www. mofcom. gov. cn/dl/gbdqzn/upload/bajisitan. pdf。

落后，空间布局呈现"南北为主、东密西疏"的失衡格局；航空运输发展较快，对本国 GDP 的贡献率也是增长最快的；海洋运输进展缓慢，相关港口服务配套不足，而内河水运则因大量水利枢纽工程建设导致航运不便，内河水运规模很小。近年来，巴政府为实现经济社会的快速发展，日益重视交通基础设施建设，资金、人员投入力度都很大，试图通过完善交通基础设施网络来推动本国经济的崛起。

一 公路

公路建设被视为巴基斯坦经济社会发展的关键。2018 年，巴基斯坦公路总里程达 26.89 万千米，其中高等级公路 19.75 万千米，低等级公路 7.15 万千米。巴基斯坦国家高速公路总局（NHA）网络包括 39 条国道、高速公路和战略性公路，总长 12131 千米。巴基斯坦公路密度为 0.338 千米/平方千米，远低于南亚其他国家的水平（印度为 1.0，孟加拉国为 1.7，斯里兰卡为 1.5）。巴基斯坦与周边邻国均有公路连接，并设有陆路口岸。但是，巴仅有约总里程 60% 的道路经过了铺设，未经铺设的道路多位于崎岖、政治环境不稳的山区，铺建工作经常遭到敌对部族势力以及极端伊斯兰分子的干扰和破坏，工期无法保证。此外，道路领域专业人员与资金缺乏也是阻碍巴基斯坦公路快速发展的重要原因，巴政府不得不引入外资与私人资本参与项目建设。

从发展历程来看，2008—2018 年巴基斯坦公路总里程从 259038 千米波动上升至 268935 千米，总里程增加了 9897 千米，年均复合增长率仅为 0.4%。高级公路从 175000 千米增加到 197452 千米，呈现持续增长态势，年均复合增长率为 1.2%；初级公路里程逐年减少，年均降幅达 1.6%。硬面道路比例逐年上升，10 年间增长近 6 个百分点。公路路网密度从 2008 年的 0.325 千米/平方千米波动上升至 2018 年的 0.338 千米/平方千米，路网密度增加了 0.013 千米/平方千米。总体而言，巴基斯坦公路里程和路网建设发展势头较好，未来还有较大的发展空间。

表Ⅰ-4-1　　　　　　2008—2018 年巴基斯坦公路里程情况

年份	总里程 （千米）	高级公路 （千米）	初级公路 （千米）	硬面道路比例 （%）	路网密度 （千米/平方千米）
2008	259038	175000	84038	67.72	0.325
2009	260200	177060	83140	68.21	0.327
2010	260040	180190	79850	69.45	0.327
2011	259463	180866	78597	69.87	0.326
2012	261595	181940	79655	69.71	0.329
2013	263415	182900	80515	69.59	0.331
2014	263755	184120	79635	69.97	0.331
2015	265404	188430	76974	71.16	0.333
2016	265905	190355	75550	71.75	0.334
2017	267002	193871	73131	72.77	0.335
2018	268935	197452	71483	73.58	0.338

资料来源：《巴基斯坦统计年鉴 2018》《世界公路统计 2020》，https：//worldroadstatistics. org/wrs - data/。

巴基斯坦现有各种机动车辆约 2150.6 万辆（包含摩托车及各类汽车），公路客运占客运总量的 90%，公路货运占货运总量的 96%。从公路运量发展情况来看，2008—2018 年巴基斯坦公路货运周转量从 1292.5 亿吨·千米上升至 2783.2 亿吨·千米，货运周转量增加了 1490.7 亿吨千米，年均复合增长率达 8.0%。公路客运周转量从 2637.9 亿人次·千米上升至 4107.4 亿人次·千米，货运周转量增加了 1469.5 亿人次·千米，年均复合增长率达 4.5%。总体而言，巴基斯坦公路运量处于稳步上升态势，发展势头较好。

近年来，巴基斯坦经济快速发展使交通系统的压力日渐突出，因此交通领域正在进行持续扩建、维修和现代化。巴基斯坦公路局于 2009 年制定了"十年投资规划"，拟在 10 年（2010—2020 年）内全面扩建公路网络，提高公路密度和道路运输速度，降低车辆运营成本和道路故障。目前，巴国家高速公路总局有 72 个正在进行项目，耗资 3050 亿卢比，资金来自联邦公共部门发展计划（Federal Public Sector Development Programme，PSDP）。2018 年还新批了 18 个 PSDP 计划项目，资金为 147 亿卢比。

表 I - 4 - 2　　　　　　2008—2018 年巴基斯坦公路运量情况

年份	公路货运周转量 （亿吨·千米）	公路客运周转量 （亿人次·千米）
2008	1292.5	2637.9
2009	1383.0	2780.8
2010	1495.1	2895.6
2011	1634.2	2976.9
2012	1747.5	3134.7
2013	1876.8	3228.7
2014	2019.4	3361.4
2015	2185.2	3533.2
2016	2366.4	3851.2
2017	2565.9	3928.2
2018	2783.2	4107.4

资料来源：《世界公路统计 2020》。

从公路分布情况来看，巴基斯坦已建成的高速公路主要有 M - 1 白沙瓦—伊斯兰堡段、M - 2 伊斯兰堡—拉合尔段、M - 3 拉合尔—木尔坦段、M - 4 费赞拉巴德—戈吉拉—肖克特—哈内瓦尔及其延伸段（木尔坦—哈内瓦尔）、M - 5 苏库尔—木尔坦段、M - 6 海德拉巴—苏库尔段、M - 9 卡拉奇—海德拉巴段。目前，中巴经济走廊项下有价值约 44 亿美元的公路建设项目由巴国家高速公路总局主持实施并处于建设中，其中包括喀喇昆仑公路升级改造二期（哈维连至塔科特段）、卡拉奇至拉合尔高速公路（木尔坦至苏库尔段）及瓜达尔东湾快速路项目。

表 I - 4 - 3 　　　　　　　 巴基斯坦高速公路分布情况

序号	高速公路	里程（千米）	状态
1	M - 1（白沙瓦—伊斯兰堡，Peshawar - Islamabad）	156	完成
2	M - 2（伊斯兰堡—拉合尔，Islamabad - Lahore）	357	完成
3	哈维连—塔科特（Havelian - Manserah）	39	在建
4	E - 35 哈扎拉（Hazara）高速公路	59	在建
5	哈卡拉—拉伊斯梅汗（Hakla - D. I. Khan）	285	完成
6	锡亚尔科特—拉合尔（Sialkot - Lahore）	91.3	在建
7	M - 3（拉合尔—木尔坦，Lahore - Multan）	230	完成
8	M - 4（费赞拉巴德—戈吉拉，Faislabad - Gojra）	58	完成
9	M - 4（戈吉拉—肖克特，Gojra - Shorkot）	62	完成
10	M - 4（肖克特—哈内瓦尔，Shorkot - Khanewal）	64	完成
11	M - 4 延伸段（木尔坦—哈内瓦尔，Khanewal - Multan）	56	完成
12	M - 5（苏库尔—木尔坦，Sukkur - Multan）	392	完成
13	M - 6（海德拉巴—苏库尔，Hyderabad - Sukkur）	296	在建
14	M - 9（卡拉奇—海德拉巴，Karachi - Hyderabad）	136	在建

资料来源：《对外投资合作国别（地区）指南·巴基斯坦（2019）》。

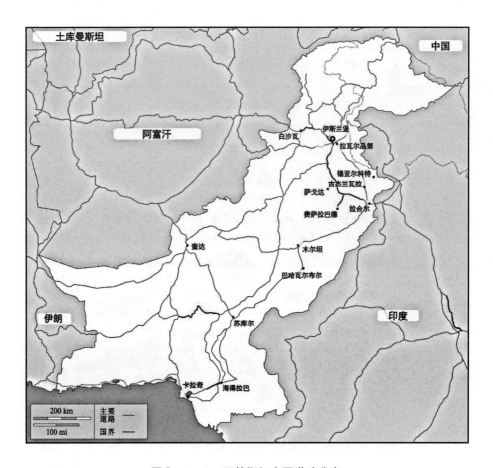

图Ⅰ-4-1   巴基斯坦主要道路分布

二   铁路

巴基斯坦铁路始建于 1861 年，1947 年独立前全国铁路网已粗具规模。但建国后由于体制、资金和管理等原因，铁路建设长期停滞不前。绝大部分路段仍为单线，而且路轨标准不完全一致。建国后铁路建设一直没有得到重视，再加上铁路部门机构臃肿、管理混乱，1950—2004 年，轨道总长度由 1.2 万千米减少到 1.15 万千米，呈现出不增反减的局面，铁路事故也时有发生。目前，巴基斯坦大部分铁路车辆都早已过了报废年限，但由于财力有限一直在超期服役。铁路沿线的信号系统仍沿用早期的老式机械通信信号系统，许多道口信号基本靠"喊"，还有很多道口无人值守，这无形中增大了事故发生的概率。

巴基斯坦铁路管理水平也十分低下。巴铁路的建设、运营和维护保养由巴铁道部下属的铁路公司负责，由于长期政企不分，铁路公司连年亏损，入不敷出，社会各界一直强烈要求铁路运输实现彻底商业化。尽管巴基斯坦铁路公司提供各种包厢服务，内部设施良好，而且价格也很低廉，但由于巴铁路在保障客货安全方面形象欠佳，大部分人还是尽量避免乘坐火车而改乘飞机或汽车出行。针对巴铁路建设面临专业人才与资金缺乏的窘境，巴政府在铁路建设上积极寻求外资及私人资本的介入。2015 年，巴基斯坦政府划拨 770 亿卢比用于 45 个铁路项目的建设，并推出政策在本领域鼓励大规模的私人投资。

2018 年，巴基斯坦铁路铺轨里程为 11881 千米，运营里程为 7791 千米，铁路运营率不到 70%；其中复线运营里程 1409 千米，约占铁路运营里程的 18%；电气化运营里程 293 千米，占比不到铁路运营里程的 3.8%。铁路设施和机车均较老旧，共有 478 辆机车（466 个为内燃机车，12 个为蒸汽机车），客运火车共有 1743 节车厢，年运送旅客能力大约为 5491 万人次，货运火车共有 16159 节车厢，货物运载能力仅 836 万吨。铁路雇员逐年压缩，10 年间年均降幅达 1.6%，到 2018 年共有 72078 人；雇员花费逐年上升，10 年间年均增幅达 9.5%，到 2018 年已达 270 亿卢比。

从铁路里程及运量情况来看，2008—2018 年巴基斯坦铁路铺设里程从 11713 千米提升到 11881 千米，但 2009—2013 年和 2014—2018 年间的轨道铺设长度一直没有变化，实际运营里程一直处于 7791 千米的水平，实际运营比例大致为 65% 左右，发展较为迟缓。铁路客运周转量从 25702 百万人次·千米波动下降至 24904 百万人次·千米，客运周转量下降了 798 百万人次·千米，年均降幅为 0.3%。铁路货运周转量从 1170 百万吨·千米快速上升至 8080 百万吨·千米，货运周转量增加了 6910 百万吨·千米，年均复合增长率高达 21.3%。总体而言，巴基斯坦铁路发展极为缓慢，客运周转量有小幅下降，货运周转量有较大提升。

巴基斯坦铁路空间布局较为失衡。一是以南北向线路为主，三大主干线有卡拉奇—白沙瓦线、卡拉奇—拉合尔线、拉合尔—白沙瓦，而东西向仅有苏库尔—奎塔线及其支线。二是"东密西疏"，东部的旁遮普省和信德省路网密度偏高，铁路运营里程约占全国的四分之三。巴基斯坦分别有两条铁路与印度连接、一条与伊朗链接，但由于政治关系、运输量和年久失修等原因，利用率不高，基本处于停运状态。与中国、阿富汗尚无铁路连接。巴基斯坦铁路覆盖面积小，限制了运力及贸易发展，比如重要港口瓜达尔港周边没有铁路连接。2017 年，巴基斯坦政府在《2030 年远景规划》中确立了"使铁路成为国家主要运输形式、运输系统逐渐盈利、有力促进国家经济发展"的目标。

表 I -4-4　　　　2009—2018 年巴基斯坦铁路里程及运量情况

年份	轨道铺设里程（千米）	实际运营里程（千米）	客运周转量（百万人次·千米）	货运周转量（百万吨·千米）
2009	11713	7791	25702	1170
2010	11755	7791	23522	1573
2011	11755	7791	20619	1757
2012	11755	7791	16093	402
2013	11778	7791	17388	419
2014	11881	7791	16323	1090
2015	11881	7791	20288	3301
2016	11881	7791	21201	4774
2017	11881	7791	22476	5031
2018	11881	7791	24904	8080

资料来源：《巴基斯坦统计年鉴2018》。

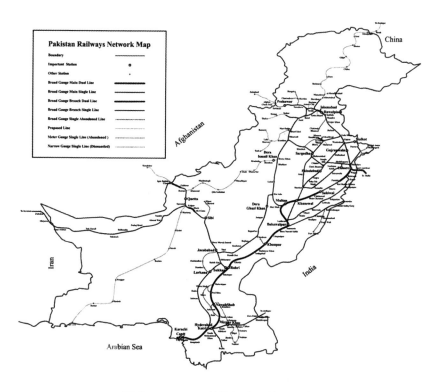

图Ⅰ-4-2　巴基斯坦主要铁路分布

铁路收入方面，2009—2018 年，巴基斯坦铁路收入从 231.59 亿卢比上升到 495.57 亿卢比，年均复合增长率达 7.9%，总体呈现稳定增长态势。其中，客运收入从 125.83 亿卢比增长至 244.50 亿卢比，年均复合增长率达 6.9%，是收入占比最多的收入方式；货运收入年均复合增长率达 9.8%，是收入增长速度最快的收入方式。此外，行李包裹收入增长了近 120 亿卢比，其他收入增长了近 20 亿卢比，年均复合增长率分别为 6.2% 和 7.5%。

铁路支出方面，2009—2018 年，巴基斯坦铁路支出从 281.11 亿卢比上升到 520.71 亿卢比，年均复合增长率达 6.4%，铁路支出稳步增长。其中，燃料支出下降迅猛，从 106.33 亿卢比下降至 13.89 亿卢比，年均降幅达 18.4%；其他支出则有大幅提升，从 13.10 亿卢比迅猛增加至 153.90 亿卢比，年均增幅达 27.9%；此外，维护保养、员工工资、行政管理支出都有不同程度的增长，年均复合增长率分别为 6.9%、9.6% 和 10.1%。

表Ⅰ-4-5　　　　　2009—2018 年巴基斯坦铁路收入情况

单位：亿卢比

年份	客运收入	行李包裹收入	货运收入	其他收入	总计
2009	125.83	10.30	74.94	20.52	231.59
2010	119.69	10.22	71.36	17.59	218.87
2011	119.65	10.19	33.38	22.90	186.12
2012	111.48	10.18	15.83	16.95	154.44
2013	135.36	9.84	19.85	15.64	180.70
2014	158.10	11.25	35.56	23.10	228.00
2015	179.72	13.01	83.54	42.97	319.24
2016	208.71	16.13	107.68	33.29	365.82
2017	219.72	17.55	124.21	39.17	400.65
2018	244.50	18.80	190.03	42.36	495.57

资料来源：《巴基斯坦统计年鉴 2018》。

表Ⅰ-4-6　　　　　2009—2018 年巴基斯坦铁路支出情况

单位：亿卢比

年份	维护保养	燃料支出	员工工资	行政管理	其他支出	总计
2009	99.50	106.33	27.00	35.18	13.10	281.11
2010	100.86	110.55	29.67	39.64	15.89	296.61
2011	118.43	99.24	38.64	48.25	10.09	314.65
2012	119.78	85.11	45.36	54.13	10.05	314.43
2013	126.61	87.15	51.39	63.66	22.43	351.24
2014	134.68	109.85	55.98	70.63	26.82	397.96

续表

年份	维护保养	燃料支出	员工工资	行政管理	其他支出	总计
2015	147.77	110.91	62.18	70.60	28.54	420.00
2016	142.64	110.26	63.76	83.44	18.48	418.58
2017	195.41	111.14	67.61	95.38	31.18	500.72
2018	193.38	13.89	67.32	92.22	153.90	520.71

资料来源:《巴基斯坦统计年鉴2018》。

在轻轨方面,由中国公司承建的拉合尔橙线地铁项目于2016年5月开工,2019年下半年完工。项目正线全长25.58千米,共设车站26座。在中巴经济走廊项下,两国政府和企业正在协商推进巴一号铁路干线(ML-1)等项目。

三 航空

巴基斯坦共有9个国际机场和27个国内机场,开辟了30多条国际航线。巴基斯坦各机场年旅客运输量约为2255万人次,货、邮运输量为32万、1.3万吨。伊斯兰堡、拉合尔和卡拉奇分别为巴北部、中部和南部地区的航空枢纽。巴基斯坦国际航空公司(PIA)承担了80%的国内人员空运和几乎全部的货邮运输。其中与中国、印度、阿富汗等邻国及欧洲、北美、东南亚许多国家都有直航。目前,巴基斯坦已与94个国家和地区签署了双边航空协议,32家外国航空公司有定期往返巴基斯坦的航班。中巴之间可直航,也可经泰国、阿联酋等转机。两国之间的直航航班有:北京—伊斯兰堡—卡拉奇(国航)、乌鲁木齐—伊斯兰堡(南航)、乌鲁木齐—拉合尔(南航)、广州—拉合尔(南航)、北京—伊斯兰堡—拉合尔(巴航)。

从发展历程来看,2011—2018年,巴基斯坦航空运输量从197380次增加到238043次,年均增幅达2.4%,发展呈波动上升态势;航空客运量从1561.3万人次增加到2202.6万人次,年均增幅达4.4%;航空货运量从295941吨增长到315197吨,年均增幅达0.8%;航空货运周转量从297.7百万吨·千米减少到217.5百万吨·千米,年均降幅达2.5%。总体而言，巴基斯坦航空运量有了很大的提升，其中运输量、客运量、货运量取得长足进步，货运周转量下降较快，巴基斯坦航空行业仍有较大发展前景。

表Ⅰ-4-7　　　　2000—2018年巴基斯坦航空运量情况

年份	航空运输量 （次）	航空客运量 （万人次）	航空货运量 （吨）	航空货运周转量 （百万吨·千米）
2011	197380	1561.3	295941	297.7
2012	225734	1600.7	292425	286.1
2013	223535	1657.7	325416	292.8
2014	188482	1811.6	299691	204.6
2015	183095	1807.7	271618	183.2
2016	237676	2072.3	349841	175.5
2017	235477	2176.6	311187	214.5
2018	238043	2202.6	315197	217.5

资料来源：《巴基斯坦统计年鉴2018》。

从航空运输量的结构来看，2011—2018年，巴基斯坦国内飞行次数从77209次上升至123515人次，年均增幅为6.9%。国际飞行增幅最大，飞行次数从56158次上升至95095次，年均增幅为7.8%。专用飞行、本地飞行则呈现下降态势，其中专用飞行降幅超过20%。

表Ⅰ-4-8　　　　2011—2018年巴基斯坦航空运输量结构　　　　单位：次

年份	国内飞行	国际飞行	专用飞行	本地飞行	总计
2011	77209	56158	19299	44714	197380
2012	72243	61670	17104	74717	225734
2013	65372	59549	20026	78588	223535

续表

年份	国内飞行	国际飞行	专用飞行	本地飞行	总计
2014	69209	60894	11985	46394	188482
2015	59374	68260	10271	45190	183095
2016	68628	85540	9490	74018	237676
2017	68412	89687	10269	67109	235477
2018	123515	95095	3839	15594	238043

资料来源：《巴基斯坦统计年鉴2018》。

从航空客运量的结构来看，2011—2018 年，巴基斯坦国内飞行次数从 715.3 万人次上升至 731.8 万人次，年均增幅为 0.3%，发展呈现波动上升趋势。国际飞行从 846.0 万人次上升至 1470.8 万人次，年均增幅超过 8%，发展呈稳步上升趋势。国内国际的载客卸客量均有不同程度的上升，国际客运量高于国内客运量，而飞行换乘量下降较快。

表 I - 4 - 9　　　　2011—2018 年巴基斯坦航空客运量结构　　　单位：万人次

年份	国内				国际				国内国际总计			
	载客	卸客	换乘	总计	载客	卸客	换乘	总计	载客	卸客	换乘	总计
2011	352.2	352.2	10.9	715.3	436.3	383.8	25.9	846.0	788.5	736.0	36.8	1561.3
2012	324.8	324.8	9.8	659.5	482.7	433.0	25.5	941.2	807.5	757.9	35.3	1600.7
2013	335.7	335.7	7.8	679.1	500.9	456.8	20.9	978.6	836.5	792.5	28.7	1657.7
2014	359.0	359.0	4.5	722.5	554.4	522.4	12.2	1089.1	913.4	881.5	16.7	1811.6
2015	316.0	316.0	3.2	635.3	605.4	559.0	8.0	1172.4	921.4	875.1	11.2	1807.7
2016	346.2	346.2	3.3	695.7	708.7	658.5	9.4	1376.6	1054.9	1004.7	12.7	2072.3
2017	357.3	357.3	3.4	718.0	718.4	728.9	10.4	1458.6	1075.7	1087.1	13.8	2176.6
2018	364.7	364.7	2.4	731.8	716.5	747.7	6.7	1470.8	1081.2	1112.3	9.1	2202.6

资料来源：《巴基斯坦统计年鉴2018》。

从航空货运量的结构来看，2011—2018 年，巴基斯坦总货运吞吐量从 295941 吨上升至 315197 吨，年均增幅为 0.9%，其中载货量从 198221 吨上升至 204964 吨，卸货量从 97160 吨上升至 109352 吨，增幅分别达 0.5% 和 1.7%，此外货运中转量也有一定程度的提升。

表 I－4－10　　　　2011—2018 年巴基斯坦航空货运量结构　　　　单位：吨

年份	国内			国际				国内国际总计			
	载货	卸货	总计	载货	卸货	中转	总计	载货	卸货	中转	总计
2011	38119	38119	76238	160102	59041	560	219703	198221	97160	560	295941
2012	34298	34298	68596	167219	56112	498	223829	201517	90410	498	292425
2013	35629	35629	71258	196681	57003	474	254158	232310	92632	474	325416
2014	28597	28597	57194	188948	53045	504	242497	217545	81642	504	299691
2015	19332	19332	38664	59608	59607	538	292563	192141	78939	538	271618
2016	18771	18771	37542	180523	131250	526	312299	199294	150021	526	349841
2017	33435	33435	66870	161875	81795	647	244317	195310	115230	647	311187
2018	38119	38119	76238	166845	71233	881	238959	204964	109352	881	315197

资料来源：《巴基斯坦统计年鉴2018》。

从航空包裹运量的结构来看，2011—2018 年，巴基斯坦包裹总吞吐量从 4419 吨下降至 2381 吨，年均降幅达 8.5%；其中国内包裹吞吐量从 2912 吨下降至 408 吨，年均降幅为 24.5%，国际包裹吞吐量则从 1508 吨上升至 1973 吨，增幅为 3.9%。包裹中转量增长了两倍多。

表Ⅰ-4-11　　　　2011—2018年巴基斯坦航空包裹运量结构　　　　单位：吨

年份	国内			国际				国内国际总计			
	载货	卸货	总计	载货	卸货	中转	总计	载货	卸货	中转	总计
2011	1456	1456	2912	593	898	17	1508	2048	2354	17	4419
2012	1538	1538	3076	646	926	10	1582	2184	2465	10	4659
2013	993	993	1986	762	835	12	1609	1755	1827	12	3594
2014	1255	1255	2510	659	777	15	1451	1914	2032	15	3961
2015	82	82	164	755	2527	18	3300	837	2608	18	3463
2016	93	93	186	573	13120	8	13701	666	13213	8	13887
2017	97	97	194	540	13561	8	14109	636	13658	8	14302
2018	204	204	408	688	1232	53	1973	892	1436	53	2381

资料来源：《巴基斯坦统计年鉴2018》。

四　水运港口

巴基斯坦水运港口基础设施发展水平较低，本国海运能力较弱，全国仅有15艘远洋货轮，载重总量为63.6万吨，巴基斯坦国家航运公司（PNSC）是巴基斯坦唯一的国营航运公司，拥有各类货轮9艘，巴全国进出口货物多依赖外轮。随着政府重视和经济社会的发展，巴基斯坦近年来水运港口基础设施有了明显进步。根据联合国贸易和发展会议（UNCTAD）和世界经济论坛发布的《全球竞争力报告》的数据显示，巴基斯坦班轮运输相关指数[①]从2010年的31.6增加到2019年的34.1，港口基础设施质量指数[②]从2010年的4.0增加到2017年的4.1，水运效率和港口设施质量都有不同程度的上升。

从发展历程来看，2010—2018年巴基斯坦集装箱和港口货物吞吐量都有较大幅度的提升。集装箱吞吐量从214.9万箱增加到327.5万箱，年

---

① 该指数表明各国与全球航运网络的连通程度，是根据船舶数量、船舶集装箱承载能力、最大船舶规模、服务量、在一国港口部署集装箱船舶的公司数量五部分数据计算得到。

② 该指数用于衡量企业高管对本国港口设施的感受。

均复合增长率达 5.4%，港口货物吞吐量从 67779 千吨上升至 100249 千吨，年均复合增长率为 5.0%。其中，进口货物吞吐量从 46938 千吨提升到 80155 千吨，出口货物吞吐量从 20841 千吨小幅下降至 20094 千吨，增幅分别为 6.9% 和 -0.5%。总体而言，巴基斯坦集装箱吞吐量和货物吞吐量均有大幅提升，货物进口吞吐量明显高于出口吞吐量，海港运量和海运能力随着基础设施的完善提升而显著提升。

表 I -4-12　　　2010—2018 年巴基斯坦海港吞吐量情况

年份	集装箱吞吐量（万箱）	港口货物吞吐量（千吨）		
		进口	出口	进出口总计
2010	214.9	46938	20841	67779
2011	227.8	47951	19476	67427
2012	222.2	43980	17369	61349
2013	226.2	44506	19184	63690
2014	253.5	48508	18593	67101
2015	275.6	53077	17863	70940
2016	275.6	66001	17220	83221
2017	327.5	73352	16284	89636
2018	327.5	80155	20094	100249

资料来源：《巴基斯坦统计年鉴 2018》、世界银行。

目前，巴基斯坦共有 3 大海港，分别是卡拉奇港、卡西姆港和瓜达尔港。其中，2018 年，卡拉奇港和卡西姆港货物年吞吐量分别为 5469 万吨和 4100 万吨，共承担了巴基斯坦 99% 的国际货物贸易量，其中 58.4% 的货物贸易在卡拉奇港进出。卡拉奇港是巴基斯坦主要的集装箱港，年吞吐量为 225 万 TEU（国际标准箱），巴基斯坦 70%—80% 的国际货运要经过该港。

2010—2018 年，卡拉奇港船只出入有小幅下降，船只入港数量从 2376 艘下降到 1739 艘，年均降幅达 3.4%，船只出港数量从 1595 艘下降到 892 艘，年均降幅达 6.3%；船只出入港净吨位下降了 3.4%，载货总吨位则上升了 26.1%，这反映出巴基斯坦船只运输能力的提升。货物进出口吞吐量呈现波动上升趋势，年均增幅达 3.1%，其中货物进口吞吐量快速增加，年均增幅超过 5%，货物出口吞吐量略微下降。

表 I－4－13 2010—2018 年巴基斯坦卡拉奇港船只与货物出入情况

单位：艘/千吨

年份	船只入港			船只出港			货物吞吐量		
	数量	船只净吨位	载货总吨位	数量	船只净吨位	载货总吨位	进口	出口	总计
2010	2376	2394.9	21939.0	1595	3613.1	12390.6	27892	13754	41646
2011	2142	1873.2	24527.8	1506	2636.9	14791.8	28508	12820	41328
2012	1635	1483.4	20199.5	1194	2505.3	21383.9	26240	11673	37914
2013	1671	1906.7	21139.6	1478	3473.2	14396.0	26687	12143	38830
2014	1657	1562.5	24342.8	1277	3722.6	14839.3	30336	10985	41321
2015	1663	2250.5	23676.8	1148	3890.2	47282.9	31470	9534	41005
2016	1683	5349.4	31325.4	1007	4088.7	51673.2	40254	9781	50035
2017	1699	6864.7	26887.1	967	4318.2	61573.9	42360	9851	52481
2018	1739	2436.9	29610.1	892	3367.7	13688.3	41675	13011	54686

资料来源：《巴基斯坦统计年鉴 2018》。

卡西姆港是巴基斯坦第二大港，也是巴基斯坦液化天然气进口港口，于 20 世纪 70 年代建成，当时是为了疏缓卡拉奇港的沉重负荷而建设的。该港位于印度河的旧航道上，距离卡拉奇市中心东方 35 千米，每年处理巴基斯坦大约 35% 的进出口货物。港区总面积大约是 4 平方千米，有一条 45 千米长的航道连抵港口，为船只提供 75000 吨的安全航海的负荷量，周边还接邻大约 45 平方千米的工业区。卡西姆港在地理上邻近主要航线，并在对内交通上具有优势条件，到巴基斯坦高速公路仅 15 千米，距国家铁路干线 14 千米，并有六条铁道网与港口码头做立即的连接、离金纳国际机场只有 22 千米。

2010—2018 年，卡西姆港的船只出入数量均有提升，增幅分别达到 0.8% 和 2.9%。船只出入港净吨位从 13702 千吨下降到 11606 千吨，年均降幅达 1.8%；载货总吨位从 53411 千吨上升至 66370 千吨，年均增幅达 2.4%。货物进出口吞吐量呈现持续增长趋势，年均增幅达 6.4%，其中货物进口吞吐量增长了 1 倍多。

表 I - 4 - 14　2010—2018 年巴基斯坦卡西姆港船只与货物出入情况

单位：艘/千吨

年份	船只入港			船只出港			货物吞吐量		
	数量	船只净吨位	载货总吨位	数量	船只净吨位	载货总吨位	进口	出口	总计
2010	1173	909	32974	1201	12793	20437	19046	7087	26133
2011	1184	890	34420	1228	12283	22021	19443	6656	26099
2012	1050	828	31202	1089	12127	18474	17740	5696	23437
2013	1045	791	31977	1079	12025	19352	17819	7041	24860
2014	1053	845	30683	1076	10579	19430	18172	7608	25780
2015	1259	996	37128	1278	13301	22901	21607	8329	29936
2016	1315	1055	29792	1372	8511	21834	25747	7439	33183
2017	1361	1112	32691	1409	6480	25578	30992	6433	37356
2018	1522	975	38880	1557	10631	27490	38480	7083	45563

资料来源：《巴基斯坦统计年鉴 2018》。

中国援建的瓜达尔港是第三大港，是一个温水深海港。该港位于巴基斯坦西南边陲，距离世界主要运油航道霍尔木兹海峡只有 400 千米。2013 年，中国港控、瓜达尔港务局、新加坡港务局三方签署《特许经营权协议》，中国港控接管了 923 公顷自由区的开发、经营权，港口分两期建设。

目前，瓜达尔港重建工作已基本完成，港区恢复作业能力，2018 年 3 月开通"巴基斯坦瓜达尔中东快航"集装箱班轮航线。自由区起步区基础设施建设完毕，商务中心已投入使用，并于 2018 年 1 月 29 日举行了开园仪式。瓜达尔港本身的区域条件、发展前景以及疏港公路、工业园区等周边配套设施建设，有望成为巴基斯坦国家港口建设的新亮点。预计到 2055 年，瓜达尔港将成为巴基斯坦最大的港口。

内河运输方面，印度河纵贯南北，流入阿拉伯海，并拥有众多支流。由于印度河水源主要来自季风降水和北部高山冰雪融化，且流经沙漠地带，非汛期河水水位很低，加上沿河修建了一些大型水利枢纽工程，用于灌溉、发电和渔业，以致航运不便。因此，巴基斯坦内河水运很不发达，目前只有小船可在印度河下游通行。

第二节　通信基础设施

巴基斯坦 2000 年开始对外开放电信行业，大量外资涌入，推动行业高速增长。巴基斯坦上届穆盟（谢）政府制定了《2015 电信发展政策》，旨在通过开放、竞争和管理完善的市场，提供全覆盖、买得起和高质量的电信服务。截至 2018 年，巴基斯坦已建 295 个移动服务站（Mobile Service Units，MSU）。巴基斯坦现有 4 家大型移动通信运营商，用户 1.5 亿，用户量从大到小分别为 Jazz（5550 万）、Telenor（4360 万）、Zong（3090 万）和 Ufone（2030 万），其中 Zong 由中国移动在巴运营。宽带用户达 5800 万，3G 和 4G 用户达 5600 万，电话用户约达 265 万。但受经济发展水平、人口密度、地质状况等因素影响，北部高海拔地区、部落和偏远农村的通信网络建设相对落后。

截至 2018 年，巴基斯坦共拥有通信基础设备和网络 15310.6 万个，比 2010 年增长了 45.4%。其中，移动电话 15023.9 万部，局域网 256.9 万个，无线局域网 29.9 万个，三者年均增幅分别达到 5.3%、-3.5% 和 -23.9%。

表 I-4-15　　2010—2018 年巴基斯坦通信设备和网络情况　单位：万部/万个

年份	移动电话	局域网	无线局域网	总计
2010	9918.6	341.9	266.0	10526.5
2011	10889.5	301.7	270.5	11461.6
2012	12015.1	298.6	281.8	12595.5
2013	12773.7	302.4	310.9	13387.0
2014	13997.5	317.2	310.8	14625.5
2015	11465.8	314.1	81.1	11861.0
2016	13324.1	280.5	47.2	13651.8
2017	13975.8	264.5	32.8	14273.1
2018	15023.9	256.9	29.9	15310.6

资料来源：《巴基斯坦统计年鉴 2018》。

从人均情况来看，2010—2018 年，每百人拥有移动电话从 55 部增加到 73 部，每千人拥有固定电话从 34 部减少到 13 部，每万人拥有宽带从 44 部增加到 85 部，每百人拥有局域网数量从 2.1 个减少到 1.2 个，每百人拥有无线局域网数量从 1.60 个减少到 0.14 个，每百万人互联网服务器数量从 0.6 个迅猛增加到 109.1 个，年均增幅分别为 3.6%、-11.3%、8.6%、-6.7%、-26.3% 和 91.6%。

邮政方面，巴基斯坦邮政服务公司隶属于交通部，约有 1.3 万个邮局，主要经营邮件、储汇和保险三大业务，以及税收和代收水、电、气、电话费等附加业务。近年来，快递服务发展很快，主要有邮政快递、TCS、OCS 和 DHL 等。

表 I－4－16　　2010—2018 年巴基斯坦人均通信设备和网络情况　　单位：部/个

年份	每百人拥有移动电话	每千人拥有固定电话	每万人拥有宽带	每百人拥有局域网	每百人拥有无线局域网	每百万人互联网服务器
2010	55	34	44	2.1	1.60	0.6
2011	59	31	64	1.9	1.60	0.8
2012	64	31	81	1.6	1.70	1.3
2013	67	33	85	1.7	1.69	1.7
2014	70	25	103	1.7	1.69	2.5
2015	63	18	90	1.7	0.40	3.4
2016	67	15	81	1.5	0.23	31.7
2017	70	14	88	1.3	0.17	115.1
2018	73	13	85	1.2	0.14	109.1

资料来源：《巴基斯坦统计年鉴 2018》、世界银行。

表 I－4－17　　　　2010—2018 年巴基斯坦邮政基础设施情况

年份	邮局数量（个）	邮局雇员数（人）	邮筒数量（个）	邮政线路长度（千米）
2010	12056	46574	19136	153190
2011	12035	46582	18772	154704
2012	12035	46582	17908	157875
2013	12035	46906	17609	146775
2014	12077	47348	16172	135409
2015	12077	47348	15799	135409
2016	12035	47348	14727	143374
2017	11496	47348	13001	150799
2018	11496	47348	12803	154234

资料来源：《巴基斯坦统计年鉴 2018》、世界银行。

第三节　能源基础设施

电力短缺一直是巴基斯坦经济发展的顽疾，2014 年巴基斯坦国家输配电公司的数据显示，巴全国电力缺口达 2.3 吉瓦（GW），且由于洪灾导致部分电厂不能正常发电，加之资金短缺等原因，巴电力缺口十分巨大。但是，近年来随着政府重视和资金投入，至 2018 年巴基斯坦电力能源已基本自给自足。巴基斯坦国家输配电公司（NTDC）数据显示，截至 2018 年末巴基斯坦总装机容量为 35.37GW，共有各类在运营电厂（站）100 座（包含国有和私营独立发电企业），其中火力发电厂 42 座，水电站 24 座，风电站 19 座，太阳能电站 4 座，核电站 4 座，蔗渣发电站 7 座。[①]其中，国有电厂总装机容量 14GW，其余为私营独立发电企业（IPP）。据 NTDC 计算，巴国内最大电力需求为 26GW，目前装机容量已能满足国内需要。在电力消费端，2018 年，巴全国共有购电用户 2960 万，消费电力总量 11.1 万 GWh。

巴基斯坦电网相对老旧，与周边国家互联互通程度不高。近年来随着国内发电状况逐步改善，输配电成为制约国家电力系统的瓶颈。目前，巴全国有 500KV 输电线路 5618 千米，220KV 输电线路 10478 千米，500KV 和 220KV 变电站分别有 16 个和 42 个。巴电网损耗较大，输配电环节综合线损达 20%。

中巴经济走廊早期收获项目中能源项目占很大比重。目前，萨希瓦尔、卡西姆港两座大型燃煤电站和萨察风电、吉姆普尔风电、大沃风电等一批新能源项目投产发电，走廊能源项目全部完工后，将为巴基斯坦增加约 11000MW 电力供应，大大缓解巴能源紧张。

从发展历程来看，2000—2015 年巴基斯坦煤炭发电量占比从 0.35% 略微下降到 0.14%，下降了 0.19 个百分点；石油发电量占比从 39.50% 略微下降至 37.22%，下降了 2.28 个百分点；天然气发电量占比从 31.97% 下降至 25.73%，年均降幅达 1.3%。火力发电量总占比从 2000

---

①　中华人民共和国商务部：《对外投资合作国别（地区）指南·巴基斯坦（2019）》，http：//www.mofcom.gov.cn/dl/gbdqzn/upload/bajisitan.pdf。

年的 71.82% 下降至 2015 年的 63.09%。水力发电量占比从 2000 年的 25.24% 上升到 2015 年的 30.67%，其他能源发电量占比从 2000 年的 2.94% 上升至 2015 年的 6.24%，上升了 3.3 个百分点。总体而言，巴基斯坦现阶段的能源供应主要还是依靠不可再生的石油、天然气等能源，但水力、核能、风电、地热等清洁能源和可再生能源基础设施建设正在迅猛发展中，在国家能源发电和消耗的占比逐年提升，清洁可再生能源的发展空间广阔。

表Ⅰ-4-18　　　　2000—2015 年巴基斯坦各能源发电量情况　　　单位:%

年份	火力发电占比			水力发电量占比	其他能源发电量占比
	煤炭发电量占比	石油发电量占比	天然气发电量占比		
2000	0.35	39.50	31.97	25.24	2.94
2001	0.39	35.98	34.32	26.15	3.16
2002	0.31	32.20	35.67	29.52	2.30
2003	0.24	15.73	48.51	33.33	2.19
2004	0.20	15.78	50.77	29.98	3.27
2005	0.14	20.15	44.10	32.96	2.65
2006	0.14	28.53	36.46	32.53	2.34
2007	0.14	32.22	34.42	30.01	3.21
2008	0.12	35.39	32.39	30.33	1.77
2009	0.12	37.94	29.45	29.46	3.03
2010	0.09	35.16	27.42	33.70	3.63
2011	0.10	35.29	29.08	29.99	5.54
2012	0.06	35.93	28.21	31.06	4.74
2013	0.15	38.33	25.63	30.62	5.27
2014	0.14	36.84	26.50	30.35	6.17
2015	0.14	37.22	25.73	30.67	6.24

资料来源:世界银行。

煤电方面，巴基斯坦煤炭储量达数十亿吨，但煤炭发电仅占发电量的一小部分，巴每年煤消耗量约 440 万吨油当量，占能源总需求的比重极低，煤电成本仅为高炉燃油发电的三分之一，燃煤电站建设准入门槛低，如环境许可、燃料采购方面比水电站、燃气或核电站均较为易行。

中国是唯一承诺帮助巴发展煤电的国家，2014 年以来，巴基斯坦国家电力监管署决定将煤电预付电价提高 10%—20%，以使投资者可在最多三年半内收回成本。据此中国投资的塔尔煤矿电站的回报率将创造巴史上最高。多边金融机构如亚洲开发银行、伊斯兰发展银行也向巴煤电项目提供了融资。而美国、英国和德国以污染环境为由拒绝向巴火电建设计划提供贷款。

核电方面，目前巴基斯坦有 5 座核电站处于运行发电状态。巴基斯坦原子能委员会（PAEC）预计，到 2030 年巴核电装机量将达到 8800MW。尽管巴基斯坦积极发展核电，但面临资金缺乏以及政治因素困扰（巴邻国及世界主要核国家对于其核燃料是否会用于制造核武器表示担忧）。中资企业在巴发展核电领域一直是技术及资金的最大支持者，中国于 2013 年已承诺投资 338 亿美元用于一系列核电项目建设。

风电方面，巴基斯坦信德省、卡拉奇、俾路支等地有巨大的风能开发潜力，2015 年实现风力发电 250 万千瓦。巴基斯坦替代能源发展委员会曾称，如果有私人领域的投资，风能能够成为热能的替代能源。

管道建设方面，巴政府利用自身地理优势积极参与国际油气运输管线建设。目前正在修建的通过巴基斯坦的国际石油管线有两条：一条是土库曼斯坦—阿富汗—巴基斯坦管线（TAP），连接土库曼斯坦、阿富汗、巴基斯坦、印度四国，总长度 1840 千米。建成后，该能源管线的年输气能力将达到 330 亿立方米，将为地区经济发展和进步做出重要贡献。另一条是伊朗—巴基斯坦—印度管线（IPI），这条管道西起伊朗南部的帕斯天然气田，经巴基斯坦抵达印度，总长 2600 千米。该管道如果建成可在一定程度上缓解印巴两国的能源缺口问题。但由于各种原因，该项目目前仍处于停滞状态。

第四节　基础设施发展规划

巴基斯坦基础设施发展规划的主要内容如下：

一　公路

主管部门主要是巴基斯坦交通部和国家公路局（NHA）。NHA 于2009 年制订"十年投资规划"，拟于 2010—2020 年全面扩建公路网络，新修和改扩建 8 条高速公路、4 条国道，将全国公路密度提高至 0.64 千米/平方千米，道路运行速度提高 25%，车辆运行成本降低 10%，道路故障减少 50%。

二　铁路

主管部门是铁道部。巴基斯坦政府在《2030 年远景规划》中确立了"使铁路成为国家主要运输形式、运输系统逐渐盈利、有力促进国家经济发展"的目标，拟通过购置新机车，升级现有轨道和信号系统，新建部分货运专线路段，增加复线里程，修建连接瓜达尔地区的铁路，修建和改进连接邻国的铁路。

三　地铁轻轨

主管部门主要是各省政府。巴基斯坦的拉合尔、卡拉奇、伊斯兰堡—拉瓦尔品第、白沙瓦等 4 个主要都市区均有建设城市轨道交通系统的设想。其中拉合尔橙线轨道交通项目正在建设，预计 2020 年可投入运营。

四　航空

主管部门主要是巴基斯坦民航局（CAA）。目前重点项目是拉合尔机场扩建项目。

五　电信

巴基斯坦电信行业实施完全市场化的运营管理方针，没有全国总体规划。主管部门是巴基斯坦信息技术和电信部、电信管理局（PTA）。目前巴基斯坦共有 1 家固话运营商、4 家移动运营商、8 家宽带运营商，以及负责政府和军队通信服务的国家电信公司（NTC）、负责巴控克什米尔地区通信的特殊通信组织（SCO）。截至目前，巴基斯坦政府出台过《2000年巴基斯坦信息技术政策和行动计划》《2003 年电信部门放松管制政策》《2004 年移动通讯发展政策》和《2004 年宽带发展政策》等产业政策，均适用至今。《2016—17 数字巴基斯坦政策》为巴基斯坦 IT 和相关产业带来快速改变。

六　能源电力

主管部门是能源部、水资源部等。根据《2030 年远景规划》，主要目标是（1）采取 PPP、BOT 等方式，加快以印度河为主的河流大中型水电站建设，力争 2030 年将水电发电量由目前的 646 万千瓦提高到 3266 万千瓦；（2）开发预计储量达 1800 亿吨的塔尔煤田，大力发展火电站建设，争取在 2030 年达到 2000 万千瓦装机量；（3）加大油气资源勘探开发力度，预计可开发储量由现在的 8.4 亿桶和 515 亿立方英尺分别提高到 270亿桶和 2820 亿立方英尺；（4）2030 年核电装机目标 880 万千瓦，可再生能源装机容量 970 万千瓦；（5）通过私有化等措施提高水电和电网管理部门工作效率，升级更新输电网络。

巴基斯坦本国缺乏基础设施建设基金，国内建设资金主要来自公共领域发展项目（PSDP）资金，2019 年巴基斯坦 PSDP 资金为 8250 亿卢比。巴基斯坦基础设施建设对外国无偿援助和贷款的依赖度高，其中对世界银行、亚洲开发银行等国际机构及中国、美国、英国、日本等国的无偿援助和贷款依赖度较高，巴基斯坦也积极鼓励外国投资者参与当地基础设施投资。

第五章　巴基斯坦产业结构报告

巴基斯坦拥有多元化的经济体系，是一个经济快速增长的发展中国家。在2018—2019财年（2018年7月至2019年6月），巴基斯坦的主要经济数据如下：国内生产总值为2876.7亿美元，增长率为3.29%，按照接近2.1亿人口计算，人均国内生产总值为1480美元[①]。尽管在1947年独立时经济很困难，巴基斯坦在随后40年中取得了高于世界平均水平的经济增长速度，但在20世纪90年代，不稳定的国内政策导致经济增长减速。近年来，巴基斯坦通过大规模经济改革已有效改善了国内经济前景，重振了经济增长速度。此外，巴基斯坦的产业结构也在不断调整，但总体上仍处于前工业化向工业化初期过渡的过程中。巴基斯坦的服务业发展相对较快，但服务业一直受到政府的高度行政干预，还处在以传统服务业为主的发展阶段，生产性服务业的发展仍相对滞后。

第一节　巴基斯坦产业结构概况

巴基斯坦的经济结构由以农业为基础转变为以服务业为基础，巴基斯坦农业只贡献国内生产总值的20%；而服务业占比超过60%，批发和零售贸易占服务业的比重为30%[②]。近年来，巴基斯坦的三产比例、产业内劳动力比重有所优化，产业结构逐步向合理化迈进，但巴基斯坦产业结构演变也存在明显的非均衡性，在很大程度上制约了巴基斯坦经济的发展。

---

① 资料来源于巴基斯坦统计局国民经济统计数据，http：//www.pbs.gov.pk/national - ac-counts - tables。

② 根据巴基斯坦三次产业GDP增量进行核算，http：//www.pbs.gov.pk/content/table - 5 - gross - domestic - product - pakistan - constant - basic - prices - 2005 - 06。

工业基础薄弱、规模小，行业门类不齐全是巴基斯坦工业发展面临的突出问题。在服务业方面，巴基斯坦以批发和零售贸易、运输和仓储为主，金融、保险、教育、科技、商务等现代服务业的比重较小。

一　三大产业结构演变

国内生产总值（GDP）包括第一产业、第二产业和第三产业增加值的总和。表Ⅰ-5-1显示了以2005—2006财年为基期数据的1999—2019年巴基斯坦的三大产业增加值及其增速情况。近20年来，巴基斯坦的名义GDP翻了2.2倍，年均增长率达到4.1%，2018—2019财年名义GDP为12.58万亿卢比，约为767.38亿美元（以2005—2006财年为基期的不变价）。作为一个发展中国家，巴基斯坦的经济规模整体上在微小波动中保持上升态势。巴基斯坦的国内生产总值在2008年之前一直保持着高速增长的态势，在2008年之后，由于受国际金融危机的影响，巴基斯坦的国内生产总值有所下滑，但在危机过去之后，巴基斯坦积极调整全球经济发展战略，特别重视经济外交，尤其是与中国共建中巴经济走廊，积极参与"一带一路"经济合作，同时发展与俄罗斯及南亚国家的经济合作关系。这一系列重要举措使巴基斯坦的经济保持了持续增长，但与此同时，巴基斯坦的经济增长率有较大波动，增速并不稳定。从三大产业增加值的变动情况来看，第一产业增加值的年均增长率为2.4%，第二产业增加值的年均增长率为4.2%，第三产业增加值的年均增长率为4.8%，可见第二、三产业的增速是第一产业的近2倍。同时也发现，巴基斯坦的第二产业增加值近两年出现了超过2%的降幅，第三产业增加值也在2018—2019财年出现了近二十年发展中的首次下降情况，反映了巴基斯坦第二、三产业发展的不稳定性，产业发展缺乏内生支撑力。

图Ⅰ-5-1显示了巴基斯坦的三大产业结构情况。巴基斯坦的产业结构以服务业为主，工业和农业的占比接近，相对于其他发展中国家而言，工业占比偏低。近二十年来，巴基斯坦的第二产业占比基本没有大的变动，维持在20%左右，在2004—2007年间略有上升，但随后又开始下降。第一产业占比明显下降，从1999年的27.1%降至2019年的19.3%，降幅近八个百分点，这部分比重基本上转移至第三产业。第三产业占比从1999年的53.6%上升至2019年的61.4%，从2016年开始第三产业占比稳定在60%以上。

表 Ⅰ－5－1 1999—2019 年巴基斯坦三大产业增加值及增速　　单位：亿卢比、%

财年	第一产业		第二产业		第三产业		总增加值	
	增加值	增速	增加值	增速	增加值	增速	增加值	增速
1999—2000	15248.4	-0.7	10874.7	5.8	30184.1	5.1	56307.2	3.7
2000—2001	15138.4	0.8	11506.4	1.3	31720.4	3.5	58365.2	2.4
2001—2002	15253.0	4.4	11661.1	7.0	32835.3	5.7	59749.4	5.6
2002—2003	15926.3	2.8	12475.1	17.4	34719.2	6.4	63120.6	7.7
2003—2004	16379.9	7.0	14642.5	6.5	36957.0	8.1	67979.5	7.5
2004—2005	17530.0	1.3	15595.7	3.6	39964.9	8.2	73090.5	5.6
2005—2006	17753.5	3.4	16161.6	7.7	43242.7	5.6	77157.8	5.5
2006—2007	18361.3	1.8	17410.9	8.5	45657.6	4.9	81429.7	5.0
2007—2008	18693.1	3.5	18886.0	-5.2	47912.4	1.3	85491.5	0.4
2008—2009	19346.9	0.2	17902.6	3.4	48550.3	3.2	85799.9	2.6
2009—2010	19391.3	2.0	18515.7	4.5	50107.0	3.9	88013.9	3.6
2010—2011	19771.8	3.6	19350.2	2.5	52081.4	4.4	91203.4	3.8
2011—2012	20487.9	2.7	19843.2	0.8	54371.5	5.1	94702.6	3.7
2012—2013	21036.0	2.5	19992.1	4.5	57162.5	4.5	98190.6	4.1
2013—2014	21561.2	2.1	20897.8	5.2	59711.6	4.4	102170.6	4.1
2014—2015	22020.4	0.2	21980.3	5.7	62315.8	5.7	106316.5	4.6
2015—2016	22054.3	2.2	23231.7	4.6	65882.0	6.5	111168.0	5.2
2016—2017	22535.7	4.0	24289.0	4.6	70144.7	6.3	116969.3	5.5
2017—2018	23436.1	0.6	25408.9	-2.3	74597.6	3.8	123442.7	1.9
2018—2019	23571.0	2.7	24832.4	-2.6	77398.4	-0.6	125801.7	-0.4
2019—2020	24201.1		24176.2		76940.7		125317.9	

资料来源：根据巴基斯坦国家银行（State Bank of Pakistan）提供的数据整理；2019 年为修正数据；2020 年为临时数据；所有数均以 2005—2006 财年为基期。

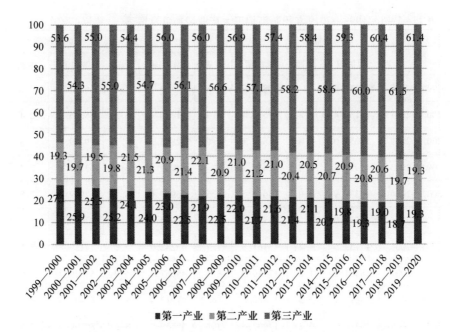

图 I - 5 - 1 1999—2019 年巴基斯坦三大产业的 GDP 占比情况（%）
资料来源：根据巴基斯坦国家银行提供的数据整理。

二 三大产业概况

1. 农业概况

尽管巴基斯坦第一产业的增加值占比逐年下降，但目前巴基斯坦仍是典型的农业国家，农业在国民经济中占据重要地位，农业收成的好坏，对国家整体经济的增长速度和对外贸易起决定性作用。巴基斯坦的农村人口约占总人口的三分之二，并且47%的劳动力集中在农业部门，农业产值占国民生产总值的近20%，国家外汇收入的约40%是通过农产品出口来实现的[1]。在2018—2019财年，巴基斯坦的农业增加值增长2.7%，而第二、三产业的增加值都呈现负增长状态。可以说，农业是巴基斯坦经济的生命线。根据巴基斯坦2017年第六次人口普查数据显示，巴基斯坦人口

---

[1] 资料来源于巴基斯坦统计局农业统计数据，http：//www. pbs. gov. pk/content/agriculture - census - wing。

正在以 2.4% 的年均增长率不断扩张①。人口的急速增长提升了巴基斯坦对粮食等农产品的需求，为促进农业发展，巴基斯坦政府正采取包括促进农作物多样化、有效利用水资源、高价值作物推广、加强农业信贷以及增加农业政府补贴等措施，不断促进农业领域的发展。

巴基斯坦的农业以种植业为主，主要农作物包括小麦、水稻、小米、高粱、玉米、大麦等。巴基斯坦的粮食作物以小麦、水稻为主；经济作物主要有棉花、甘蔗、烟草等。表Ⅰ-5-1 显示了巴基斯坦国家银行公布的农业细分行业的增加值数据。从近二十年发展来看，巴基斯坦的农作物、林业和渔业呈现稳步发展状态，但轧棉业的增加值有所下降，而畜牧业呈现高速发展态势，2019—2020 财年畜牧业的增加值是 1999—2000 财年的 2 倍（表Ⅰ-5-2）。从 2000 年以后，畜牧业在巴基斯坦农业中的占比就达到了 50%，开始超过农作物生产，随后差距逐步扩大，成为增加值占比最高的农业部门，目前占比已高达 60.6%，而农作物增加值占比仅为 35.3%，其中重要农作物、其他农作物和轧棉增加值分别占比 21.7%、11.5%、2.0%，同时，林业和渔业增加值占比仅为 2.1%（图Ⅰ-5-2）。

表Ⅰ-5-2　　　　1999—2019 年巴基斯坦三大产业增加值　　　单位：亿卢比

财年	农作物			畜牧业	林业	渔业
	重要农作物	其他农作物	轧棉			
1999—2000	7239.0	4101.2	2603.5	534.4	7146.4	467.3	395.7
2000—2001	6707.3	3724.5	2465.6	517.2	7537.6	509.6	384.0
2001—2002	6530.7	3624.1	2392.7	513.9	7898.7	487.0	336.7
2002—2003	6842.5	3818.6	2523.4	500.5	8194.4	541.1	348.3
2003—2004	6986.0	3893.8	2596.4	495.8	8514.7	524.0	355.2
2004—2005	7928.8	4585.1	2695.3	648.4	8889.6	354.4	357.3
2005—2006	7662.7	4490.3	2567.8	604.7	9308.4	350.7	431.6
2006—2007	8002.1	4781.8	2620.5	599.8	9565.5	360.2	433.5
2007—2008	7920.5	4584.9	2777.6	558.0	9909.9	392.3	470.4
2008—2009	8329.2	4971.1	2792.7	565.3	10132.9	402.4	482.5
2009—2010	7982.4	4785.4	2590.5	606.5	10517.6	402.1	489.3
2010—2011	8061.6	4857.2	2649.3	555.1	10874.1	421.2	414.9

① 资料来源于巴基斯坦人口普查数据，http：//www.pbs.gov.pk/content/population - census。

续表

财年	农作物			畜牧业	林业	渔业
	重要农作物	其他农作物	轧棉			
2011—2012	8321.3	5239.4	2450.1	631.9	11307.4	428.7	430.5
2012—2013	8448.6	5248.4	2586.7	613.5	11697.1	457.0	433.3
2013—2014	8671.3	5627.1	2438.9	605.4	11986.7	465.6	437.6
2014—2015	8684.9	5535.7	2500.1	649.2	12465.1	407.6	462.8
2015—2016	8226.9	5211.3	2510.1	505.6	12883.7	465.9	477.8
2016—2017	8327.4	5346.6	2447.0	533.8	13269.5	455.1	483.7
2017—2018	8718.0	5536.9	2600.3	580.8	13759.9	466.8	491.5
2018—2019	8285.8	5111.4	2667.6	506.8	14286.1	503.5	495.5
2019—2020	8532.6	5259.8	2789.5	483.4	14655.0	515.1	498.4

资料来源：根据巴基斯坦国家银行提供的数据整理；2019 年为修正数据；2020 年为临时测算的数据；表中增加值数据以 2005—2006 财年为基期。

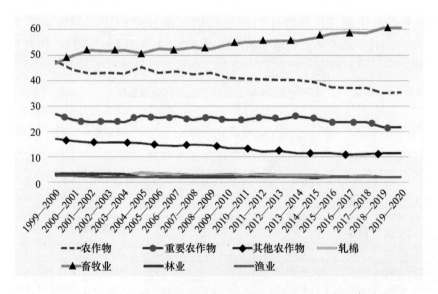

图 I - 5 - 2　1999—2019 年巴基斯坦农业细分行业 GDP 占比情况（%）

资料来源：根据巴基斯坦国家银行提供的数据整理。

具体从巴基斯坦各主要农产品市场情况进行分析：

在稻米市场方面，虽然大米不是巴基斯坦的主要食用粮食，但是仅次于纺织品的第二大出口产品。水稻是巴基斯坦仅次于小麦和棉花的第三大粮食作物，种植面积约占全国耕地总面积的 11%。巴斯马蒂大米（Basmati）是一种著名香稻品种，是巴基斯坦主要出口农作物之一。

在小麦市场方面，小麦是巴基斯坦的重要粮食作物，人均小麦消费量约 124 公斤，在世界上名列前茅。80% 的农民种植小麦，小麦种植面积约占全国耕地总面积的 40%。旁遮普省是小麦主产区，占全国小麦总产量近 80%。2015—2016 财年，巴基斯坦小麦产量约为 2545 万吨，同比小幅下降，小麦种植面积同比增加 0.5%，为 925 万英亩。由于巴基斯坦国内小麦产量过剩，食品安全研究部要求进一步提高小麦进口调节税至 50%，以防止小麦大量进口。巴基斯坦政府 2016 年 1 月出台政策鼓励小麦出口，为 120 万吨出口小麦提供补贴。

在棉花种植方面，棉花是巴基斯坦主要经济作物，是巴基斯坦农业的支柱产品，也是纺织业的基础和出口创汇的主要来源。巴基斯坦棉纺织品和原棉出口约占全部出口总值的 2/3。近年来，巴基斯坦棉花产量稳定在 1300 万—1400 万包。2016 年春季，受病虫害、恶劣气候及劣质棉籽影响，巴基斯坦棉花产量共计 972.7 万包，同比大幅下降 33.9%，导致巴基斯坦不得不从印度、巴西、美国等地进口约 50 万包。此外，国际棉花价格大幅下降、棉农种植积极性降低、棉纺企业生产成本高企等也是巴基斯坦棉纺产业发展的制约因素。

在畜牧业方面，巴基斯坦的养殖业基础条件较好，产值约占国内生产总值的 10% 以上，约占农业总产值的 60%，约占出口创汇额的 20%。巴基斯坦的人均占有大牲畜比例在亚洲国家中名列前茅。

在林业方面，巴基斯坦森林资源比较匮乏，森林覆盖率仅为 4.8%，林业产值占国内生产总值的比例不足 1%。由于乱砍滥伐比较严重，巴基斯坦的森林面积在不断减少。1992 年，巴基斯坦政府制定了全国林业发展长期规划，加强对林业的管理、严惩乱砍滥伐行为、开展植树活动、改善灌溉系统，提高树苗成活率。

在渔业方面，巴基斯坦属于阿拉伯海沿岸的渔业产区，水产资源丰富，渔业比较发达，每年海产品产量为 40 万—45 万吨，如果再加上内陆淡水养鱼，海产品总产量达到 60 万吨左右。虽然渔业产值在国民经济中所占比重很小，却是巴基斯坦重要的出口商品[①]。

---

① 祁欣等：《以产能合作深化中巴全天候战略伙伴关系》，《国际经济合作》2017 年第 7 期。

2. 工业概况

巴基斯坦第二产业包括采矿业、制造业、发电配气业、建筑业，其中制造业又可分为大规模制造、小规模制造和屠宰业三大类，大规模制造业包括根据1934年工厂法案注册或有资格注册的企业（拥有10名以上雇员），也涵盖了维修服务行业，小规模制造包括所有在大规模制造中没有统计在内的制造企业①。如图Ⅰ-5-3所示，巴基斯坦的工业以制造业为主，增加值的工业占比在65%左右，但近年来略有下降；在制造业中，大规模制造业的增加值最高，在工业增加值中占比达到50%，而小规模制造业在工业增加值中的占比不断上升，从1999年的5%上升至2019年的10%以上，屠宰业增加值占比一直稳定在5%左右；采矿业和建筑业在工业增加值中的占比相当，约为13%，但采矿业占比呈现逐年下降趋势，建筑业占比略有上升；电力、燃气生产和供应业占比9%，呈现先上升后下降的走势。

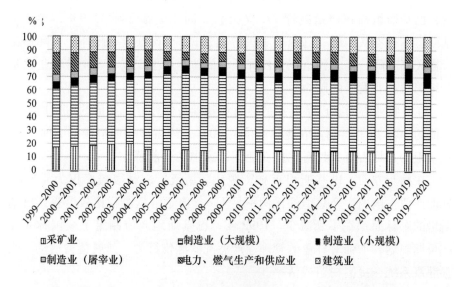

图Ⅰ-5-3   1999—2019年巴基斯坦工业细分行业结构
资料来源：根据巴基斯坦国家银行提供的数据整理。

从制造业内部细分行业的发展情况看，如表Ⅰ-5-3所示，纺织业

①   资料来源于巴基斯坦国家统计局工业分类标准，http：//www.pbs.gov.pk/content/industry。

是巴基斯坦制造业的支柱产业，食品和饮料业也占据重要地位。食品和饮料业及纺织业是巴基斯坦企业数量最多的两个制造业部门，根据2019年数据，分别有1861家和1328家，其次是化工和化工产品业、其他非金属矿产业、机械与设备业、服装业，企业数量都超过300家；纺织业是巴基斯坦固定资产总值最高的制造业部门，达到4274.90亿卢比，远高于其他制造业部门，其次是化工和化工产品业、其他非金属矿产业、食品和饮料业；同时，纺织业也是雇佣劳动力最多的制造业部门，达到43.87万人，其次是食品和饮料业，达到13.58万人，此外，化工和化工产品业、服装业也雇佣了超过5万人的劳动力；纺织业的工业产值也是最高的，达到7669.80亿卢比，食品和饮料业排名第二，达到6149.49亿卢比，其次是化工和化工产品业、焦化和石油业、机动车辆及挂车业；按基本价格计算，纺织业对巴基斯坦国内生产总值的贡献最大，其次是食品和饮料业、化工和化工产品业、其他非金属矿产业、焦化和石油业、基础金属业、机动车辆及挂车业、服装业。

表 I-5-3　　　　　2019年巴基斯坦制造业细分行业情况　　单位：亿卢比、个

制造业部门	企业数	年末固定资产价值	每日平均雇员数	产值	按基本价格计算的对GDP的贡献
食品和饮料业	1861	1441.77	135844	6149.49	1561.48
烟草制品业	13	93.88	4385	524.02	186.97
纺织业	1328	4274.90	438657	7669.80	2238.73
服装业	326	262.68	62388	1025.95	332.45
皮革制品业	142	47.58	17033	267.42	77.12
木材及木制品业	62	74.95	4013	117.75	45.30
造纸及纸制品业	133	270.25	14071	549.55	227.42
出版和印刷业	47	82.23	4080	94.88	29.05
焦化和石油业	31	98.64	3969	2715.23	442.10

制造业部门	企业数	年末固定资产价值	每日平均雇员数	产值	按基本价格计算的对GDP的贡献
化工和化工产品业	493	1978.57	71650	3513.98	1211.21
橡塑制品业	170	137.62	9310	321.89	82.16
其他非金属矿产业	482	1633.72	40417	1380.75	614.23
基础金属业	291	292.53	30223	1304.92	395.12
金属制品业	144	38.79	8777	219.45	74.31
机械与设备业	372	87.79	25151	600.22	167.99
电气机械与设备业	67	123.83	13287	518.49	141.34
收音机、电视和通信设备业	14	21.42	3290	50.57	29.24
医疗及光学仪器业	95	53.29	9319	113.33	42.78
机动车辆及挂车业	139	62.32	20141	1590.10	379.60
其他运输设备业	47	27.63	14231	426.36	105.91
家具业	130	33.99	10527	136.23	50.67
资源回收业	30	0.74	520	2.81	2.43

资料来源：根据巴基斯坦国家统计局提供的数据整理；所有数均以2005—2006财年为基期；该数据调查仅包括企业人数在10人以上的企业，同时该数据调查的企业反馈率约为50%。

在1947年独立时，巴基斯坦只继承了印度次大陆地区921个工业单位中的34个，涉及行业有纺织业、卷烟业、制糖业、砻谷业、轧棉业和面粉加工厂，而上述行业总共只贡献了国内生产总值的7%，雇用了26000多名员工，可见独立初期，巴基斯坦的工业基础相当薄弱。从独立至今，巴基斯坦工业发展的历史过程可分为以下六个阶段：

阶段一是1947—1957年。在这一时期，由于国家刚刚诞生，政治上还不成熟，由于政权交替过于频繁导致没有很好地推行工业发展政策。在此期间，巴基斯坦的工业发展政策的重点是进口替代。政府设立了一个专业委员会来制定工业发展政策，该委员会强调制造业发展、减少进口及其所带来的社会经济发展。巴基斯坦工业金融公司（Pakistan Industrial Finance Corporation，PIFC）、巴基斯坦工业信贷和投资公司（Pakistan Industrial Credit and Investment Corporation，PICIC）成立于 1948 年，就是为了推动本国制造业发展。同时，为了培养熟练工人和提供技术支撑，瑞典—巴基斯坦理工学院（Swedish – Pak Institute of Technology）于 1955 年成立，巴基斯坦工业技术援助中心（Pakistan Industrial Technical Assistance Centre，PITAC）于 1956 年成立。

阶段二是 1958—1977 年。1958 年，阿尤布的军政府在巴基斯坦掌权，并在 1959 年宣布了一项新的工业发展政策。这个阶段见证了巴基斯坦工业的大规模发展。这项工业发展政策强调发展私营部门和以农业为基础的工业。在此期间，政府侧重于发展中间产品和资本品，即电气、化工、机床等，并建立了各种各样的产业基金来促进国家的工业发展。

第三阶段是 1973—1977 年。在此期间，布托的新民主政府上台，并采取混合经济的原则。政府将属于下列行业的 34 个工业企业国有化：菜油工业（包括 26 个工业企业）、海运业、钢铁工业、基础金属业、重工业、汽车装配和制造业、拖拉机生产业、化工产品业、石化工业、水泥业、公用事业（包括电力、天然气和石油工业）。政府将这些国有企业交由工业管理委员会（Board of Industrial Management，BIM）管理，同时巴基斯坦工业发展公司（Pakistan Industrial Development Corporation，PIDC）成立。巴基斯坦政府还制定了劳工改革、取消奖券制度、降低进口商品的销售税、修订进口政策、在欠发达/农村地区设立工业企业等一系列促进工业发展的政策。

第四阶段是 1977—1988 年。由齐亚领导的戒严政府于 1977 年上台。1977 年，新的军政府宣布推翻前政府的国有化政策，并推出了新的工业发展政策。根据 1978 年的经济改革令，巴基斯坦政府提出将国有化工业的股份转让给它们国有化之前的所有者，从而为工业的非国有化开辟了新的道路。政府宣布设定免税期和修订进口政策，为促进私营工业发展，采取了以下措施：银行可将所有固定投资的利息降低至 12.5%；免除发行股票和获取股息的税项；规定额外 17 项商品消费税的退税标准。

第五阶段是 1988—2008 年。在这一阶段的前半段，即 1988—1999 年，巴基斯坦面临该国历史上最恶劣的政治环境。贝娜齐尔和纳瓦兹两个政府曾先后上台，但执政时间都没有超过三年。因此，推动工业发展并不是该阶段政府的首要任务。然而，纳瓦兹比较强调巴基斯坦的基础设施建设，但因 1999 年穆沙拉夫发动的不流血政变而中断。虽然纳瓦兹采取了相当多的经济政策，即删除政策、解除管制政策和私有化政策，继任政府也采取了这些政策，但这些政策大多受到了国际货币基金组织（IMF）的影响。这一阶段的后半段，即 2000—2008 年，巴基斯坦的工业面临着根据世界贸易组织（WTO）协议进口的廉价商品的更大影响。本阶段工业发展政策重点如下：一是删除政策，该政策自 1987 年开始一直被政府推行，目标是在工程部门实现自力更生；二是解除管制政策，除涉及武器和弹药、安全印刷和造币、烈性炸药、放射性物质生产情况外，几乎整个工业部门都免除了政府的制裁要求；三是私营化政策，为了减轻财政负担和减少资源闲置，政府继续执行了私营化政策，私有化的主要目标是改善国有工业的总体业绩和促进健康的行业竞争环境。

第六阶段是 2008 年至今。巴基斯坦工业发展进步甚微，工业在经济总量中的贡献占比有所下降，而且制造业增速远低于印度、孟加拉国、斯里兰卡等周边国家。巴基斯坦工业表现长期疲软有多方面原因：首先，税收不合理导致工业部门税负过重，尤其是针对再投资的高税率严重限制了工业企业的扩大再生产和升级产能的积极性；其次，关税政策对原材料、中间品、制成品区分混乱，导致生产成本降低的红利无从体现，反而是本国生产被进口制成品强势挤出；第三，银行等金融机构对中小型企业支持方式单一且规模过小，高度复杂化的出口退税机制也对中小型企业不友好，造成后者经营初期生存压力大、遭淘汰的风险高。但与此同时，巴基斯坦政府执政以来高度重视本国工业发展，尤其是着眼长远地推出了一系列积极措施。在贸易协定方面，巴基斯坦积极推动与中国、印尼等国自由贸易、特惠贸易协定内容修订，使修订后的协定更有利于巴基斯坦企业成长和出口创汇；在财税政策方面，巴基斯坦政府在预算文件中调低了超过 1600 种原材料的进口关税，针对生产制造过程中不同阶段单独征税格局已粗具雏形；在基础设施方面，巴基斯坦政府持续扩大发电总量，减少限电时长，并对输电设施进口单独给予关税优惠，目前已将巴基斯坦五大主要出口工业部门的生产用电成本降至地区平均水平；在鼓励借贷方面，巴基斯坦政府一方面提高了对银行从政府债券所获收益的征收税率，另一方面降低了对其向中小企业贷款所获收益的征收税率，通过一紧一松的税负差别鼓励银行多向私营部门，尤其是中小企业提供贷款。近期，巴基斯坦商业理事会发布《巴基斯坦本土制造的成果回顾》报告预计，上述政策的积极效果有望在未来数年内陆续体现①。

3. 服务业概况

在大多数国家，服务业在国内生产总值中占有相当大的份额，可提供更多的就业机会，并为经济增长和繁荣提供投入和公共服务。一方面，服务贸易可以改善国家经济状况，提供一系列传统的和最新的出口机会；另一方面，教育、保健、供水和卫生等许多服务部门也与实现社会发展目标直接相关。

2000 年以来，巴基斯坦服务业在经济发展中的比重不断提升，同时增长速度快于工业和农业的增长速度。巴基斯坦服务业可划分为六个子部门：运输、仓储和通信业、一般政府服务（公共管理和国防）、批发及零售业、金融和保险业、房地产业、其他私人服务（社会服务）。根据上文测算，2018—2019 财年，服务业占国内生产总值的比重达到 60% 以上，在 1999—2018 年，服务业的增长表现优于其他商品生产部门，服务业的年均增长率达到 4.8%，而大宗商品生产行业近二十年来年均增长率为 4.2%。但在 2019—2020 财年，巴基斯坦服务业增加值出现了近二十年来的首次下降，同比下降 0.6%②。

如图Ⅰ-5-4 所示，巴基斯坦服务业以批发和零售业为主，增加值占比常年在 30% 以上，运输、仓储和通信业的增加值占比也较高，达到 20% 以上，但近年来占比呈现不断下降趋势。其他服务业增加值占比不断提升，从 1999 年的 13% 提升至 2019 年的近 20%。房地产业增加值占比也出现逐步下降趋势，从 1999 年的 13.6% 下降至 2019 年的 10% 左右。政府服务业增加值占比呈现不断上升趋势，从 1999 年的 10% 上升至 2019 年的 14% 左右。金融和保险业增加值占比最低，长年在 5%—6% 波动。

---

① 梁桐：《巴基斯坦政府工业政策初见成效》，《经济日报》2019 年 8 月 3 日。
② 资料来源于巴基斯坦统计局国民经济统计数据，http://www.pbs.gov.pk/national - accounts - tables。

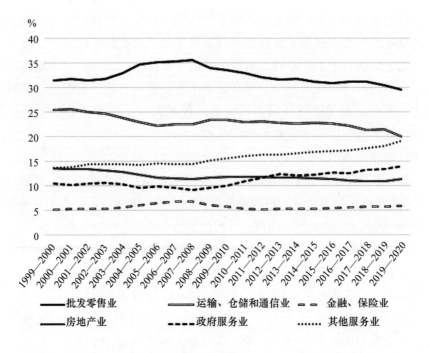

图Ⅰ-5-4　1999—2019 年巴基斯坦服务业细分行业的增加值占比
资料来源：根据巴基斯坦国家银行提供的数据整理。

　　从服务业中各细分行业的就业人数占比来看，如图Ⅰ-5-5 所示，巴基斯坦的批发零售与车辆维修业吸纳了最多的劳动力人口，占比近 15%，其次是交通与仓储业、教育业。与其他产业相比，虽然服务业对国内生产总值的贡献逐年提升，但服务业对就业的贡献仍相对较低，同时期农业的劳动力占比为 38.5%，制造业的劳动力占比为 16.1%，建筑业的劳动力占比为 7.6%[①]。从服务业细分行业的就业分布情况还可看出，巴基斯坦的服务业在不断发展，但仍处于较低发展水平，如房地产业、金融保险业、科学与技术开发、信息与通信业等高端生产性服务业的劳动力在服务业总劳动力中的占比都不到 1%。

---

　　①　资料来源于巴基斯坦统计局劳动力统计数据，http：//www.pbs.gov.pk/content/labour - force - statistics。

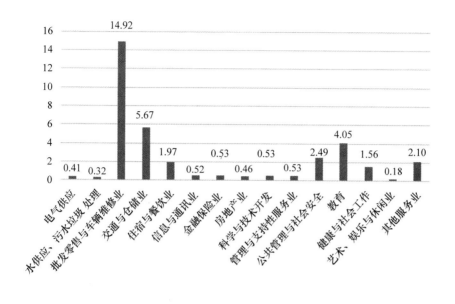

图Ⅰ-5-5　2017—2018财年巴基斯坦服务业细分行业的就业人数占比（%）
资料来源：根据巴基斯坦统计局提供的数据整理。

第二节　重点工业

巴基斯坦的重点工业包括纺织业、食品和饮料加工业、汽车工业和化学工业，其中纺织业占了较大比例，机械、电子制造业的发展相对不足。为了实现更高的人民生活水平，加速工业化进程，巴基斯坦正在推行支持私有化和放松经济管制的自由化政策，重点推进国有企业私有化，目的是吸引外国投资和减少预算赤字。因此，巴基斯坦的中大规模制造业比重不断下降，中小企业发展较快。作为一个发展中国家，巴基斯坦的工业化和重点工业对经济发展的作用，除了推动GDP增长外，还体现在对外贸易和就业两方面。通过增加工业制成品的出口，同时通过在国内加工原材料限制商品的进口，以加强工业化的出口导向和进口替代效应，从而有助于保存外汇，改善国际收支状况。此外，巴基斯坦的重点工业具有劳动密集型特征，在培育本国专业化劳动力的同时，也缓减了国内就业压力。

一　纺织业

纺织业是巴基斯坦最大的生产部门。截至2018年，巴基斯坦纺织业对国内生产总值的贡献为 8.5%，纺织业的年增长率为 12.8%，制造业生产总值占比达到 46%，出口总额占比达到 57%①。同时，纺织业的发展速度也较快，根据巴基斯坦国家统计局数据，2018 年纺织业的总产值约为 77.2 亿美元（半年数据），同比增长 7.2%。就出口和就业而言，纺织业对巴基斯坦的经济贡献尤为重要，一直被认为是国家创造就业和贸易利润的命脉。巴基斯坦是亚洲第八大纺织品出口国，也是第四大棉花生产国和第三大棉花消费国。在创造就业方面，纺织业在巴基斯坦排名第二，为全国提供了 40% 的就业，巴基斯坦有 20 多家纺织企业在证券交易所上市，约占纺织企业总数的 5%。巴基斯坦拥有几乎所有人造和天然纱线和织物的供应基地，包括棉花、人造丝等，这种丰富、便捷的原材料供给对巴基斯坦来说是一个巨大的优势，因为这对纺织生产和运营成本降低极为有利。

成衣制造是巴基斯坦的纺织业发展重点，可以更有力地抵制制造业所面临的制约因素。成衣制造属于高度劳动密集型产业，对能源和资本的要求适度，并在出口市场上可以产生较高附加值。因此，成衣制造非常适合巴基斯坦在实现与城市化相关的集聚经济方面的比较优势。然而，巴基斯坦服装纺织业还没有达到高水平，远远没有发挥出真正的潜力。阻碍服装纺织业发展的政策和服务约束充分反映了巴基斯坦整个制造业所面临的问题②。据《地球村空间新闻》（Global Village Space News）报道，巴基斯坦纺织品仅占全球纺织品出口总额的不到 5%。对于一个人口众多的发展中国家而言，巴基斯坦的纺织部门应该充分利用人口红利，提高纺织产品的标准和数量，增加对改进的最终产品的关注，在振兴国家动荡的经济中发挥关键作用。截至 2018 年，已有 125 家巴基斯坦纺织企业被接管业务，其中大多数最近已经关闭。而且，让巴基斯坦本币兑美元贬值的想法，也无助于纺织业的发展。图 I - 5 - 6 显示了巴基斯坦近二十年来纺织品出口总额及增长情况。2019 年，巴基斯坦纺织品出口同比下降 9.5%，而且纵观近二十年发展，纺织业出口都处于波动下行趋势。此外，美国和中国

---

① 资料来源于巴基斯坦国家统计局制造业统计数据，http://www.pbs.gov.pk/industry - tables。

② Javed, Abdul, Muhammad, "The Rise and Fall of Pakistan's Textile Industry: An Analytical View", *European Journal of Business and Management*, Vol. 12. No. 12, 2020, pp. 136 - 142.

之间的贸易战间接地阻碍了巴基斯坦的纺织业发展，因为中国是全球最大的纺织品生产和出口国，巴基斯坦向中国出口了大量原羊毛，同时中国对巴基斯坦纺织业发展也提供了巨大帮助。巴基斯坦纺织业面临的另一挑战则是电力和能源紧缺，但鉴于中巴经济走廊计划中的发电项目占了70%，预计中国将在能源领域投资约330亿美元，这将使巴基斯坦纺织业有条件满负荷生产。

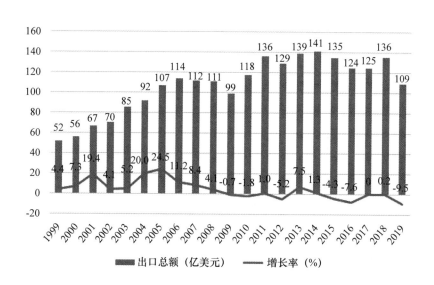

图 I - 5 - 6 1999—2019 年巴基斯坦纺织业出口情况
资料来源：根据巴基斯坦统计局提供的数据整理。

二 食品和饮料加工业

食品和饮料加工业是巴基斯坦仅次于纺织业的第二大工业，占全国制造业增加值的27%和就业人数的16%。巴基斯坦食品和饮料加工业主要生产三大类：（1）冷冻食品；（2）主要粮食作物；（3）水果、蔬菜和中间产品。2012—2018年，食品和饮料加工业平均每年的外商直接投资额（FDI）为2.24亿美元。2014年，欧盟给予巴基斯坦普遍优惠制（The Generalized Scheme of Preferences，GSP）加成地位，使其可以享受零关税至低关税，极大提高了巴基斯坦加工食品和饮料的出口。巴基斯坦食品和饮料加工业的主要亮点表现有：世界第四大牛奶生产商；世界第十一大柑橘生产国；生产的蔬菜、水果种类多达 35 种。食品和饮料加工业的主要投资领域涉及橄榄油提取装置、水果加工、奶制品、冷冻蔬果和肉类、马铃薯粉加工装置，主要产品的市场结构与动态如下①：

一是冷冻食品。由于巴基斯坦的人口不断增长，再加上城市生活方式的改变，冷冻食品需求不断上升。巴基斯坦当地企业 Dawn Foods、Season Foods、K&N's、Sabroso & Sufi 的冷冻食品对日常食品消费市场产生了巨大冲击。同时，新兴的零售现象正在巴基斯坦城市生活中生根发芽，购物中心、超级市场、超级集市、麦德龙（Metro）、法塔赫（Al Fatah）和超级星（Hyperstar）等大型超市的崛起取代了传统的"基里亚纳"（Kiryana）夫妻店（以家庭为单位的小卖店）和普通商店，为城市零售模式提供了新的补充。

二是主要粮食作物的加工品。巴基斯坦是水稻和小麦等粮食经济作物的全球最大生产国之一，这些作物可用于生产各种不同的产品，如谷物、通心粉、意大利面等。发达国家正在利用先进的食品加工技术，例如挤压技术，现在也正在向巴基斯坦推广，挤压技术目前在巴基斯坦已应用于谷类、面食、零食等食品的加工。

三是食用油脂。在巴基斯坦，从所有来源获得的食用油总数约为 300 万吨，其中 23% 的油籽为国内生产，其余大部分为进口，这为国内产量的增加提供了巨大机会，这些油籽广泛应用于巴基斯坦的蔬菜酥油和食用油行业。作为巴基斯坦最大的制造业之一，大约有 160 个中小型的蔬菜酥油和食用油企业分布在巴基斯坦各地。

四是饮料和酒水。饮料加工业的主要产品包括脱水产品、水果制品、果汁饮料、罐装水果和碳酸饮料。巴基斯坦在该行业取得了令人瞩目的增长，主要得益于本地企业为百事可乐、可口可乐、雀巢、Mitchells、Shezan、Maza 等公司提供货原料和货物，这些跨国企业大多位于旁遮普（Punjab），特别是拉合尔（Lahore），萨戈达（Sargodha）和巴哈瓦尔普尔（Bahawalpur）。

五是水果、乳制品、蔬菜和中间附加值产品。巴基斯坦是世界第四大产奶国，为乳制品行业发展提供了巨大机会。巴基斯坦在水果和蔬菜部门

---

① 资料来源于巴基斯坦政府投资网站，https：//invest. gov. pk/food - processing。

有超过 25 个加工厂，由于其广阔的种植面积，巴基斯坦大部分蔬果都是以柑橘为基础的，其次是在旁遮普南部和信德省盛产的芒果，主要的加工厂位于白沙瓦，拉合尔和卡拉奇，其他主要产品包括果酱、果冻、南瓜、水果罐头等。

六是农业食品加工。这个部门的产值占巴基斯坦国内生产总值的 21%，包括水果、蔬菜、面粉、糖、豆类和谷物等几乎所有农产品的初级加工。巴基斯坦拥有生产 22 个品种以上蔬菜的能力，大约有 1400 家面粉厂，甘蔗种植面积居世界第五位，甘蔗产量居世界第九位。在巴基斯坦，豆类是当地人获取植物蛋白的最重要来源，豆类农产品的种植面积占农作物种植总面积的 5%。

三　汽车工业

巴基斯坦的汽车工业史在亚洲属于最悠久的国家之一。早在 1949 年，通用汽车公司在巴基斯坦生产半挂车（Bedford），这标志着巴基斯坦汽车工业的历史从英属印度独立后开始。而此后巴基斯坦汽车工业并未出现稳步增长趋势，目前落后于亚洲其他国家，如中国、泰国和印度，而且巴基斯坦生产的汽车质量在全球市场中受到质疑。由于巴基斯坦汽车工业不支持贸易自由化，导致国内消费者面临更高的价格、低质量的标准以及该行业的竞争不足。巴基斯坦的汽车工业是国内第七大制造业子行业，与之前的地位相比有所下滑，根据 2019 年巴基斯坦国家统计局调查数据，汽车及相关工业为国内生产总值贡献了约 4.5%，在税收和关税方面为国库贡献了 300 亿卢比[①]。

巴基斯坦是世界第六人口大国，并且中产阶级不断壮大，截至 2018 年，约有 1700 万中产阶级家庭和 1.02 亿中产阶级个人，巴基斯坦国内对家用汽车的需求与日俱增。巴基斯坦的汽车工业在亚洲增长最快，在 2014—2018 年，巴基斯坦汽车产量和销量分别增长了 171.1% 和 172.5%，这都是受到 2016 年汽车发展政策的推动。2016 年 3 月 18 日，巴基斯坦经济协调委员会（Economic Coordination Committee，ECC）通过了《2016—2021 年汽车发展政策》，该文件提出为汽车制造商建立工厂提

---

① 资料来源于巴基斯坦国家统计局网站，http：//www.pbs.gov.pk/industry-tables。

供税收优惠，雷诺、日产、起亚、双龙、大众和现代等多家知名汽车制造商随后都表达了进入巴基斯坦汽车市场的强烈兴趣。

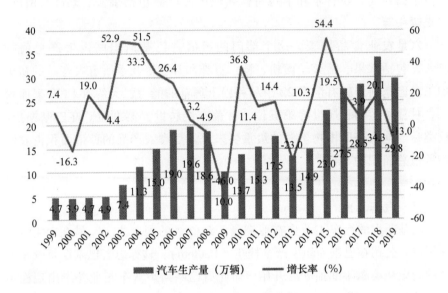

图 Ⅰ－5－7　1999—2019 年巴基斯坦汽车生产情况

资料来源：根据巴基斯坦统计局提供的数据整理。

巴基斯坦汽车工业主要包括以下细分行业：（1）家用汽车；（2）摩托车/人力车；（3）拖拉机；（4）卡车/公共汽车/拖车，在每个分支行业中都有各自的装配承包商和零件制造商。目前，巴基斯坦有 100 多家公司组装机动车，包括小汽车、卡车、公共汽车、摩托车、三轮车和拖拉机等，还有大约 1700 家汽车零部件制造商，主要是当地的公司，而 OEM 装配商主要由日本公司领导。由于汽车工业的本土化要求导致汽车行业缺乏竞争，所以生产系统和技术面临着许多薄弱环节，部分关键领域或细分行业的外商投资依然偏低。

巴基斯坦汽车工业从诞生到 20 世纪 90 年代初，迎来了高度监管之后的放松管制，特别是日本汽车制造商进入市场带来了最大化的竞争。巴基斯坦的汽车工业仅仅是在不断增长的城市采购、技术合作协议以及与中国、日本、韩国和欧洲的特许经营情况下运营。巴基斯坦属于世界上为数不多的拥有可以生产或组装各种车辆的制造商的国家，这些车辆包括卡车和公共汽车、两轮/三轮车、汽车、牵引车、拖拉机和轻型商用车（LCVs）。此前已有现代汽车、戴姆勒，以及其他品牌的小型卡车和轻型商用车组装厂，而在实行放松管制时进入的汽车品牌有日野卡车、马自达卡车、铃木汽车、丰田汽车和本田汽车。现在进入巴基斯坦汽车市场的主要国际品牌包括本田、铃木（目前市场占有率为60％）、丰田、日产汽车和通用汽车。巴基斯坦的大部分汽车都可选择双燃料，因此也靠压缩天然气（CNG）运转，天然气在巴基斯坦比汽油更便宜、更实惠。因此，巴基斯坦汽车工业的主要的配套产业包括CNG（压缩天然气站）、车间、汽车配件商店和轮胎店。巴基斯坦汽车工业的主要生产商协会包括：巴基斯坦汽车制造商协会（Pakistan Automotive Manufacturers Association，PAMA）；巴基斯坦汽车零部件和配件制造商协会（Pakistan Association of Automotive Parts and Accessories Manufacturers，PAAPAM）；巴基斯坦摩托车装配工协会（Association of Pakistan Motorcycle Assemblers，APMA），所有的协会都为会员企业提供了基本和有用的市场或行业信息。此外，巴基斯坦的工程发展委员会（Engineering Development Board，EDB）保留着关于汽车工业发展的大量数据。

四　化学工业

化学工业是一个国家整体经济发展和增长潜力的标志，最近合成材料的发展使化学工业成为头等重要的基础工业。巴基斯坦的化学工业并不发达，不能满足当前和未来的国家经济发展需要，但化学工业在巴基斯坦有着广阔的发展前景。巴基斯坦化学工业的萌芽状态可以从该国化学品生产水平较低来判断，而化学工业的增长潜力可以从巴基斯坦不断增长的进口化学品数量和价值来衡量。因此，只要巴基斯坦政府坚持支持化学工业发展的政策，化学工业将享受到卖方市场的红利。

尽管巴基斯坦的化学工业不如印度发达，但其工业化学品市场正在逐步扩大。正如巴基斯坦贸易政策所述，"为了达到巴基斯坦出口产品多样化的战略目标，政府旨在为化学工业部门的发展提供一个明确的政策框架"。① 化

---

① 资料来源于巴基斯坦商务部网站，http：//www.commerce.gov.pk/strategic－trade－policy－framework/。

学工业在巴基斯坦很普遍，有组织的和无组织的部门都有。根据巴基斯坦国家统计局数据计算，2015—2019 年巴基斯坦的化学品相关进口平均增速超过 10%，2019 年进口总额为 11648 亿卢比，约占进口总额的 20%[①]。化学工业是巴基斯坦第三大进口部门（仅次于矿产和能源业，机械和交通设备业），也是增长最快的部门之一。如图 I -5 -8 所示，巴基斯坦进口化学品以有机化学品、塑料为主，其他主要包括肥料、药品、无机化学品和其他化学品等。

巴基斯坦建立了一个很有组织的化学材料进出口系统，这些化学材料可转化为工业产品和人们日常生活中所依赖的消费商品。但长期以来，巴基斯坦化学品进口远高于出口，出口总额不足进口总额的十分之一。如图 I -5 -9 所示，巴基斯坦出口的化学品主要是塑料和药品，其次主要是制革、染色涂料、橡胶和无机化学品等。巴基斯坦需要加强化学产品出口，这将有助于巴基斯坦的经济增长，否则只能过度依赖于进口，因而化学工业必须采取"自力更生"的政策。

根据《化学工业远景 2030》，巴基斯坦的化学工业分为以下两类：一是初级化学工业，以炼油、石化、天然气、冶金和矿产项目为主，并为高级化学工业提供原料；二是高级化学工业，主要原料来自采掘业，以及煤、石灰石、石膏、岩盐、硅和硫等其他替代原料。巴基斯坦在纯碱、烧碱、硫酸和氯等无机化学品生产上取得了相当大的进展，并且这些化学品生产能力已经可以完全满足当地工业发展的需要，而剩余部分还可提供出口。即便如此，巴基斯坦的化学工业仍有一些挑战需要应对：第一，巴基斯坦化学工业发展必须依赖进口和外国材料，导致生产产品的成本高昂；第二，巴基斯坦缺乏工业基础设施和技术，导致产品质量不达标；第三，国际社会的歧视性做法使巴基斯坦无法融入全球市场，巴基斯坦的产品没有进入国际市场；第四，巴基斯坦化工资源的缺乏和各部委贸易政策的缺失也导致了化工行业的弱化。因此，为了推动化学工业发展，巴基斯坦必须改进生产方式，摆脱对国外技术和工程的依赖，提升化工产品的质量。

---

① 资料来源于巴基斯坦国家统计局贸易数据，http：//www.pbs.gov.pk/trade - tables。

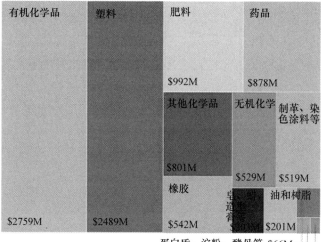

图Ⅰ-5-8　2018年巴基斯坦化学品进口情况

资料来源：根据ITC（International Trade Centre）提供的数据整理。

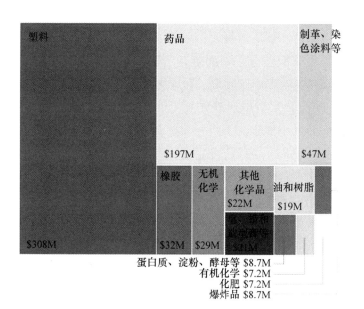

图Ⅰ-5-9　2018年巴基斯坦化学品出口情况

资料来源：根据ITC（International Trade Centre）提供的数据整理。

第三节　重点服务业

巴基斯坦的重点服务业主要包括批发零售业、物流业、通信业、金融业、房地产业、政府服务及其他服务行业，其中批发零售业和物流业是相对较大的两个部门，而金融业和以信息技术产业为代表的通信业是巴基斯坦当前发展较快的两大部门。虽然批发零售业和物流业的体量较大，但服务模式和基础设施比较落后，近年来通过引进国际零售业巨头，巴基斯坦正在重塑和升级本国的批发零售业格局，而物流业主要得益于国际贸易取得快速发展，特别是依托"中巴走廊"建设。随着经济自由化进程不断推进，巴基斯坦金融业也处在改革与发展过程中，而随着信息化和新经济发展，巴基斯坦的信息技术产业的创新创业环境也不断改善。尽管金融和信息技术发展依然相对滞后，但基于庞大的国内市场，金融业和信息技术产业有望未来成为巴基斯坦服务业的支柱型产业。

一　批发零售业

批发零售业是巴基斯坦最大的服务部门，服务业增加值占比达到三分之一，雇佣了约全国四分之一的劳动力。据估计，2018 年巴基斯坦批发零售市场的规模约为 500 亿美元，批发零售业的增长速度快于其他部门的平均增长速度[①]。巴基斯坦的零售模式主要是小型零售商，主要城市的零售格局一直由大量小型零售商主导，拉合尔的零售集群模式在全国各地复制，如阿扎姆（Azam）布料市场，霍尔路电子市场（Hall Road）和哈菲兹中心计算机和手机市场（Hafiz Centre）。同样，巴基斯坦传统的"基里亚纳"商店也给消费者的购物体验蒙上了阴影。在长期缺乏大型零售连锁店之后，消费者的购物新偏好表明，巴基斯坦的零售领域将出现重要发展。根据全球著名的市场监测和数据分析公司尼尔森分析，1992—2002年间，巴基斯坦每千人口中"基里亚纳"商店的数量有所下降，而同一时期普通商店的数量有所上升，"基里亚纳"和普通商店的总份额预计将

---

① 资料来源于巴基斯坦国家统计局数据，http：//www.pbs.gov.pk/content/national-accounts。

在未来几年下降到 50% 以下，而百货商店和超市正在逐渐取代传统的小商店。最近，一些全球领先的零售商如万客隆（Makro）和麦德龙（Metro）已经在巴基斯坦布局，并且运营成功，这些证据表明传统商店和小型零售商的市场空间不断被挤压，消费者偏好正逐渐转向百货商店、超级市场和大型购物中心。

万客隆是巴基斯坦国内第一家现代化大型超市，以具有竞争力的价格向本地市场提供多达 2 万余种高质量商品。同时，遍布三大洲、30 多个国家的德国连锁超市麦德龙于 2007 年在拉合尔建立了第一个购物中心，家乐福（Carrefour）在拉合尔和卡拉奇的零售业务也快速扩张，提供多达 3 万余件商品，并已计划再开 7 家店，其中卡拉奇 4 家，拉合尔 3 家。随着全球品牌及其专卖店的引入，巴基斯坦的零售业正在蓬勃发展，本地零售商也在扩大业务范围，以便与规模较大的外国企业竞争。2013 年，7 个巴基斯坦本土品牌首次在巴黎被提名世界零售奖，其中有 3 个品牌入围，许多本土品牌顺应瞬息万变的趋势，扩张并走向全球。巴基斯坦在基础设施建设上比印度更加先进，但就大型购物中心文化而言，巴基斯坦仍落后于印度。尽管如此，大型购物中心在巴基斯坦的主要城市如雨后春笋般涌现，巴基斯坦最大的三家购物中心，即卡拉奇（Karachi）的 Lucky One 购物中心、拉合尔（Lahore）的 Packages 购物中心和 Emporium 购物中心，在两年内接连开业。而且像拉瓦尔品第（Rawalpindi）、费萨拉巴德（Faisalabad）和古兰瓦拉（Gujranwala）这样的小城市也在投资建设购物中心。

国际研究机构欧睿（Euromonitor）指出，巴基斯坦零售市场正在快速扩张，是全球增长最快的零售市场，预估在 2016—2021 年，巴基斯坦零售商场的数量将增长 50%，达到 100 万家。同时，巴基斯坦中产阶级的规模预计也将超过英国和意大利等发达经济体，巴基斯坦的人口增长趋势和年轻化结构（近三分之二的人口年龄在 30 岁以下）为零售业带来了丰厚的回报。此外，巴基斯坦城市的安全环境和基础设施的改善，相对便宜的消费价格和近 5% 的经济扩张也是零售业增长的重要因素。批发零售部门的迅速增长在很大程度上反映了巴基斯坦经济发展的积极方面，但也显示出一些令人担忧的问题，政府和企业需要采取一些关键举措，以应对巴基斯坦零售业未来面临的挑战。到目前为止，巴基斯坦批发零售市场的发展及其带来的好处大多只出现在该国的某些地区，而不是真正的全面发展。巴基斯坦的《论坛快报》报道称，批发零售市场的大部分投资都在旁遮普邦，更具体地说，主要集中在拉合尔。巴基斯坦的经济政策制定需要确保巴基斯坦批发零售市场经历的快速增长的利益惠及更广泛的人口，这将有助于巴基斯坦的经济增长和发展的公平性和可持续性。

二　金融业

巴基斯坦金融业开放较早，主要包括商业银行（包括伊斯兰银行）、外国银行、发展金融机构、非银行金融公司（包括租赁公司、投资银行、贴现公司、住房融资公司、风险资本公司、共同基金等）、股票交易所、保险公司等。巴基斯坦现有 3 家证券交易所，分别设在卡拉奇、拉合尔和伊斯兰堡，依次成立于 1947 年、1970 年和 1997 年，交易量分别占全国交易量的 78%、18% 和 4%①。巴基斯坦证券市场的主要业务包括股票、信托、共同基金、公司债券、政府证券等，并且对外资完全开放，外国投资者享有和本国投资者同等权利。近年来，巴基斯坦证交所内的交易活跃，可观的利润、透明的法规制定，以及不断提升的金融服务质量吸引了大量的海外资本进入。

自 20 世纪 80 年代后期以来，巴基斯坦政府致力于推行金融部门自由化，通过市场力量在决定金融市场价格和分配金融系统信贷方面有更大的作用来提高金融部门的效率。金融部门改革的主要目的是促进金融对国民经济的影响，特别是扩大金融中介的作用。广义货币与名义国内生产总值（GDP）之比被广泛用作衡量金融部门深化程度的指标，数值越高代表金融自由化水平越高。从历史上看，巴基斯坦的 M2（广义货币定义）与 GDP 之比进展甚微，在 20 世纪 90 年代几乎停滞不前。然而，自 2000 年以来，该比例从 36.7% 大幅上升至 2006 年的 44.3%，2019 年进一步上升至 46.2%，表明巴基斯坦的金融深化情况不断改善。

巴基斯坦的银行业由各种规模类型的银行组成，还有大量的国际银行，以及伊斯兰银行。巴基斯坦的大型银行包括五家私营银行和一家国有

---

①　资料来源于中国驻巴基斯坦大使馆经济商务处网站，http：//pk. mofcom. gov. cn/article/wtojiben/p/200905/20090506216079. shtml。

银行，资产合计占巴基斯坦银行总资产的 60% 以上，五大银行包括哈比银行、国民银行、联合银行、穆斯林商业银行以及联盟银行，在银行业资产总额和存款总额中的占有率都达到 52%，同时 16.3% 的资本充足率高于行业平均水平。巴基斯坦的中型银行主要是近十年注册成立的银行，占银行总资产的 30% 以上，而小银行主要是外资银行在巴基斯坦的分支机构。在过去的 10 年里，伊斯兰银行的发展较快，占巴基斯坦银行业总资产的 5% 以上。

巴基斯坦保险业由商业部负责管理，自由化政策允许保险公司自行决定超过 40% 未到期风险准备金的投资方向，并实施投资减免税，并取消了对私营企业实施的 20% 强制分保政策，以鼓励私营保险公司的发展。在 1947 年独立时，巴基斯坦曾有 70 家外资保险公司，本国公司仅 7 家。20 世纪 50 年代初，巴基斯坦设立了国营再保险公司，并规定所有保险公司保费收入的 10% 需分保于该再保险公司，这一政策的实施使外资保险公司锐减 40 多家。1970 年，巴基斯坦寿险业实现国有化，国家人寿保险集团垄断了全部寿险业务，此后一直稳步发展，经济效益可观。然而巴基斯坦的投保率很低，只有不足 2% 的人口会购买人身保险。而在保险业自由化政策实施以后，民营保险公司也获准经营寿险业务，同时巴基斯坦宣布允许外资保险公司也可进入国内寿险市场，政府意欲将外资保险公司的寿险市场占有率控制在 12% 左右。

巴基斯坦基金业在过去的十年里经历了重大发展，包括共同基金、伊斯兰基金、保本基金、固定收益基金、养老金和退休基金等多元化的基金品种。随着巴基斯坦基金业的快速发展，基金管理公司的运作越来越规范，经营越来越稳健，对基金所投入项目的选择更加科学、合理和透明，风险相对减少，投资收益已远高于储蓄利率，投资者对买入和持有基金的信心增强，过去一些较为保守的投资者现在也开始购买基金。巴基斯坦政府积极扶持基金业的发展，除鼓励基金管理公司在本国发展业务外，央行还批准基金管理人向海外市场拓展，允许使用总资产的 30% 或上限为1500 万美元投资海外基金市场，使得巴基斯坦基金业的国际化形象有所提升。巴基斯坦证券管理委员会（SECP）制订了较为严格的基金管理办法，对基金管理人从基金发行、行业投资、资产配置、资产负债、持股明细、持仓变动、财务指标、经营业绩、收益分配、规模变动都实行严格的监管，最大限度避免了"暗箱操作"和侵害投资者利益的情况①。

三　信息技术产业

巴基斯坦的信息技术（IT）产业正在迅速发展，在知识经济和社会发展中承担了关键促进作用。根据《巴基斯坦2025愿景》和《巴基斯坦2018年数字政策》，到2025年，巴基斯坦的IT产业规模将达到200亿美元。联邦信息技术和电信部长Syed Aminul Haque表示，过去三年，巴基斯坦IT产业出口增长了近70%，到2023年IT出口的目标总额将达到50亿美元。巴基斯坦有十余家软件技术园区，有2000多家IT公司，有30多万精通英语的IT专业人员，每年有超过2万名信息技术相关专业毕业生。随着创业文化的兴起，巴基斯坦的IT产业吸纳了众多的自由职业者，巴基斯坦的自由职业发展排名全球第四位。

巴基斯坦的数字经济增长正在经历快速演变，IT及其相关产业是巴基斯坦增长最快的部门之一，目前约占巴基斯坦GDP的1%（约35亿美元），过去四年里，这个数字翻了一番，有望在未来成为巴基斯坦的重要支撑产业。2017—2018财年，巴基斯坦IT产业出口达到10.67亿美元，而上一财年为9.39亿美元，尽管面对新冠肺炎疫情，巴基斯坦2019—2020财年的IT出口依然增长24%，达到12.31亿美元。根据巴基斯坦国家银行统计数据，巴基斯坦的计算机软件出口约占IT总出口额的60%，软件咨询服务出口约占IT总出口额的25%。此外，巴基斯坦的自由职业者还赚取了另外12亿美元的出口收入，由于这一数字并没有登记在案导致没有被中央银行记录。另外，还有6亿美元的出口来自那些没有给巴基斯坦带来营业收入的公司，这些未被记录的出口收入也多数由IT从业者创造。

最重要的是，由于巴基斯坦的安全局势得到了改善，Careem、Daraz、Zameen. com、Rozee. pk等创业公司的成功为巴基斯坦带来了新的投资机遇，最近阿里巴巴公司对Daraz和Easypaisa的收购就是明证。同时，来自纺织、化肥等巴基斯传统产业部门的海外投资者也对巴基斯坦的创业生态

---

① 资料来源于中国驻巴基斯坦大使馆经济商务处网站，http：//karachi. mofcom. gov. cn/article/ztdy/200606/20060602462134. shtml。

系统的兴趣提升。在传统的 IT 外包行业中，其他南亚国家的成本越来越高，这些国家在人工智能、物联网、网络安全、自动化等技术领域的竞争压力较大，这为巴基斯坦 IT 产业发展带来更多机会。巴基斯坦政府非常重视信息技术产业的发展和进步，制定了一系列发展政策和推进举措，为在伊斯兰堡建设一个软件科技园，巴基斯坦科技部与韩国签署了一项涉及 100 亿卢布的协议，意图通过设立经济特区来吸引海外投资。

随着 IT 技术的应用不断加强，巴基斯坦移动商务（M - Commerce）将是一个越来越令人兴奋和重要的产业发展领域。移动商务与电子商务的不同之处在于，它是以可访问互联网的移动设备、应用程序和服务为中心，包括手机和平板电脑。目前，巴基斯坦有大约 1.52 亿手机用户，电信普及率约为 73.24%，拥有良好的发展移动商务的基础条件。2018 年，巴基斯坦电商行业实现了 93% 的惊人增长，巴基斯坦移动钱包（M - Wallet）通道处理了 2180 万笔交易，总计 30.7 亿美元的交易额。在巴基斯坦的移动支付领域，Easypaisa 持有最多的 1070 万个账户，Jazzcash 持有 1010 万个 UBL 移动账户，Omni 拥有 250 万个移动账户。达拉兹（Daraz）是巴基斯坦的电子商务巨头，主要在南亚市场开展业务，由德国风险投资公司 Rocket Internet 于 2012 年成立，在巴基斯坦，孟加拉国，尼泊尔，斯里兰卡和缅甸经营电子商务平台和物流服务。2018 年，达拉兹集团被中国电子商务公司阿里巴巴集团收购，成为阿里巴巴南亚电商平台，市场覆盖巴基斯坦、孟加拉国、斯里兰卡、尼泊尔和缅甸，拥有超过 5 亿人口的市场，约占巴基斯坦电商市场 12%—15% 的份额，是南亚地区最受欢迎的在线购物网站，Daraz 公司目前已与 Food Panda 和 Telenor 等巨头公司开展合作。同时，Telenor 是巴基斯坦第二大移动和数字服务提供商，以其创新举措而闻名，如推出手机金融服务平台 Easypaisa 等，阿里巴巴集团子公司蚂蚁金服同意投资 1.85 亿美元收购 Telenor 公司小额信贷银行（Telenor Microfinance Bank，TMB）45% 的股份，以进一步发展 TMB 的移动支付和数字金融服务①。

---

①　资料来源于巴基斯坦投资局的 ICT 产业报告，https：//invest. gov. pk/sites/default/files/in-line - files/IT. pdf。

四　物流业

从全球来看，物流业对 GDP 的贡献率为 8%—10%，每年创造数千个新就业岗位，大幅提高国家的出口竞争力。巴基斯坦经济十分依赖物流业，通过边境口岸、港口和机场的国际运输，巴基斯坦与邻国以及更远的国家联系增强，包括大量在海湾国家工作的巴基斯坦劳动力，以及与中亚国家的贸易。物流部门的表现与巴基斯坦陷入的经济衰退形成鲜明对比。截至 2018 年 12 月，巴基斯坦的物流业价值 342 亿美元，年增长率达到18%，贡献了全国服务业增加值的 22.3%，约占全国就业总量的 6%[①]。然而，这些数字只是整体情况的一部分，因为物流业中很大一部分处于灰色经济中，没有可核实的记录或数据。同时，巴基斯坦是全球为数不多的没有专门的运输部的国家之一，这进一步增加了核算物流业的效益、成本和服务质量的难度。

在世界银行 2018 年物流绩效指数（Logistics Performance Index，LPI）排行榜中，巴基斯坦在 160 个国家中排名第 122 位，尽管获得了 25%—30% 的年度公共部门发展项目资金，巴基斯坦的物流业在全球指数上的表现依然，主要原因是巴基斯坦物流业在物流通关、跟踪以及时效性方面得分较低[②]。然而，其他同样面临着与巴基斯坦相似的工业、金融和政治挑战的发展中经济体，比如孟加拉国（100）、印度（44）和尼泊尔（114），在 LPI 上的排名（括号内数值）都比巴基斯坦更高。根据巴基斯坦基础设施实施能力评估，运输部门的低效率每年给国家经济造成的损失占 GDP 的 4%—5%（约 5000 亿卢比），这表明需要对物流业进行大规模改革，并制定有效运作的总体政策。如果巴基斯坦要成为地区贸易中心，首要任务是解决长期困扰运输部门的低效问题，以充分发挥物流潜力。

《巴基斯坦 2025 愿景》旨在通过建立高效、一体化的运输和物流系统来加强巴基斯坦交通基础设施，特别是沿着中巴经济走廊建设工业园区和经济特区，加强交通网络和物流基础设施。巴基斯坦的公路货物运输占陆路货物运输的 90% 以上，同时铁路货运及其道路网的发展正受到高度重

---

① 资料来源于巴基斯坦国家统计局，http：//www. pbs. gov. pk/content/national‐accounts。
② 资料来源于世界银行物流绩效指数报告，https：//lpi. worldbank. org/。

视，私营部门参与物流基础设施发展的势头可能会增强，交通和仓储行业的发展将引领物流业的发展。据世界银行估计，巴基斯坦物流业的未开发潜力将通过发展综合公路、铁路，以及港口网络来实现，从而改善农村地区和城市市场之间，以及区域贸易伙伴之间的连接性①。巴基斯坦的枢纽机场建设、货运村发展、铁路运输现代化、电子商务，以及针对工业中心和经济特区的中巴经济走廊相关投资，将成为物流业增长的主要宏观驱动力。中巴经济走廊是由中国政府投资，预计达到 620 亿美元，主要用于开发巴基斯坦的能源和基础设施项目，计划将总投资的 17.7% 用于巴基斯坦运输和物流服务的发展，这将促进中国在中亚和南亚地区扩大贸易和运输联系。中巴经济走廊相关项目旨在提升和现代化巴基斯坦的道路运输和相关物流基础设施，如建设物流园区和在主要机场建立货运村。因此，私营部门参与巴基斯坦物流基础设施发展的势头可能会增强，中巴经济走廊等相关工业走廊可能会增加仓储需求，包括冷链物流，建立货运村港口将促进货物运输到中亚国家，并发展成为该地区的主要转运枢纽。在中巴经济走廊的经济刺激下，根据巴基斯坦统计局的经济调查数据，2016 年巴基斯坦物流业的增长率已经超过了 1991—2016 年的国内生产总值的增长率，同时物流业对国内生产总值的贡献率预计也将上升 2.5%，达到 15% 以上，此外，物流部门所创造的工作岗位增长 60 万个，达到 360 万个②。

① 资料来源于巴基斯坦投资局，https：//invest. gov. pk/logistics。
② "Pakistan Logistics Industry – Outlook and Growth – Opportunities"，2016 – 6 – 27，https：// store. frost. com/pakistan – logistics – industry – outlook – and – growth – opportunities. html。

第六章　政治生态研究

　　巴基斯坦位于南亚次大陆，其历史可以追溯到公元前三千年前后的哈拉帕文化。历史上，该地区先后经历了雅利安人、波斯帝国、孔雀王朝、笈多王朝等的统治与占领，佛教与印度教逐渐成为主流教派。到了 8 世纪，阿拉伯帝国扩张到印度河流域，并将伊斯兰教传入，大批当地居民成为伊斯兰教徒。从此，在南亚次大陆上印度教和伊斯兰教平行发展，成为影响该地区政治生态发展的重要因素。阿拉伯帝国退出该地区后，波罗王朝、阿富汗加兹尼王朝、古尔王朝、奴隶王朝先后通过战争取得统治地位。奴隶王朝开启了穆斯林的有效统治，巴基斯坦地区和印度北部恒河平原的部分地区逐渐处于同一政权统治之下。此后，德里苏丹帝国持续了约320 年的统治，直至 1526 年被莫卧儿帝国取代，这两个帝国都是由伊斯兰教徒建立的中央集权的封建国家。直到 1757 年，该地区开始成为英国殖民地。出于管理目的，英国把今巴基斯坦地区分为旁遮普省（包括现在印度的旁遮普邦）、西北边境省和俾路支省，并在各地区采取不同的土地管理与纳税政策，造成地区发展不均衡。为反抗殖民者，1857 年爆发了印度民族大起义，但最终失败，穆斯林受到残酷镇压，处于贫穷落后的困境。于是，赛义德·阿赫默德·汗（Sayyid Ahmud Khan）领导阿利加尔运动以振兴穆斯林社会，[①] 其继承者于 1906 年成立了全印穆斯林联盟（All-India Muslim League），曾一度与印度国大党（Indian National Congress）合作，共同争取印度的民族独立。两党的合作增强了民族独立运动

---

　　① 阿利加尔运动，19 世纪上半叶印度伊斯兰教现代改革运动。发起人为赛义德·阿赫默德·汗，中心在设阿利加尔。1857 年印度民族大起义失败后，穆斯林受到残酷镇压，处于贫穷落后的困境。为了振兴印度穆斯林社会，阿赫默德·汗高举理性主义和现实主义大旗，在政治、教育、宗教等方面进行了一系列改革。

的力量，引起了英国殖民者的不安。为削弱民族解放运动，英国实行分而治之的政策，挑拨穆斯林与印度教徒的对立，进行教派主义宣传和煽动，在政治上来回摇摆，用支持一党打压另一党的方式，制造不睦和猜忌，进行分化离间。最终，印度国大党在 1929 年的全印党派会议上，撕毁《勒克瑙协议》（The Lucknow Pact），① 使两派分歧越来越大，最终合作彻底破裂。1940 年 3 月，阿里·真纳（Ali Jinnah）领导下的全印穆斯林联盟在拉合尔（Lahore）召开全国会议，提出了印巴分治，建立伊斯兰教国——巴基斯坦的要求。第二次世界大战后，英国在全球的殖民统治摇摇欲坠，1947 年 6 月，英国公布蒙巴顿方案，同意印巴分治。同年 8 月，巴基斯坦宣布独立，成为英联邦的自治领。1956 年 3 月，巴基斯坦改自治领为共和国，定国名为巴基斯坦伊斯兰共和国。

因而，以此为时间起点和历史基础，大体上可以从政治结构、大选、主要政党等结构性要素出发，阐释总结巴基斯坦的政治生态及其主要特征。

第一节 政治结构

宪法是巴基斯坦最高法律，确立了国家的政治制度，规定了巴基斯坦实行议会民主制、联邦制和三权分立，因而可以从宪法出发梳理该国的宪政发展与基本政治结构。

一 宪法

1956 年，巴基斯坦政府正式宣布了建国后的第一部宪法——"巴基斯坦伊斯兰共和国宪法"。这部宪法仍然承认巴基斯坦是英联邦成员国的地位，保持了英国人过去所建立起来的官僚制度。根据宪法，巴基斯坦建

---

① 《勒克瑙协议》是印度国大党和穆斯林联盟协商制定的印度改革纲领。1916 年 12 月两党各自在勒克瑙召开的年会上通过。协议规定印度应达到在英帝国内享有自治领平等地位的自治；要求中央立法议会与省立法议会议员人数的五分之四应由民选；中央与各省政府官员，半数应由立法议会通过表决任命；印度国大党同意接受伊斯兰教徒单独选举代表原则，保证他们在居于少数的省中拥有基本名额。

立了一院制议会，即由 300 名议员组成的国民议会，东西巴基斯坦各 150
席，① 但总统的权力过大。总统伊斯坎德·米尔扎（Iskander Mirza）在两
年内免职了四位总理。这部宪法引起了巴基斯坦国内各种政治派别的强烈
反对。1958 年，东巴基斯坦危机发生，米尔扎实行军事管制法，宪法被
终止。此后不久，阿尤布·汗（Ayub Khan）将军罢免了米尔扎，并宣布
自己为总统。

　　1962 年，在阿尤布·汗的主导下，巴基斯坦公布了第二部宪法。根
据这一部宪法规定，巴基斯坦实行总统制，总统权力被进一步扩大了。新
宪法的争议依然很大。1969 年，阿尤布·汗迫于国内政治动荡将权力移
交给陆军总司令叶海亚·汗（Yahya Khan），放宽军事管制并允许恢复政
党活动。1971 年，东西巴基斯坦就制定宪法意见不同，东巴基斯坦爆发
独立运动，② 第三次印巴战争爆发，叶海亚·汗辞职，由佐勒菲卡尔·阿
里·布托（Zulfikar Ali Bhutto）接任总统。

　　1973 年 4 月，巴基斯坦议会通过并公布了第三部宪法，包括 280 个条
文，一共有前言和二十个部分，分别是简介；基本权利和政策原则；巴基
斯坦联邦；省；联邦与省之间的关系；财务，财产，合同和诉讼；司法机
关；选举；伊斯兰规定；紧急规定；宪法修正案；杂项。宪法规定，巴基
斯坦废弃总统制，实行议会制，成为拥有两院制议会的伊斯兰联邦制共和
国。③ 1977 年，巴基斯坦举行大选，巴基斯坦人民党（Pakistan People's
Party，简称人民党）获胜，佐勒菲卡尔·阿里·布托再次当选为总理。但
选举结果遭到反对党抵制，要求布托辞职，并在军队监督下重新投票。巴
基斯坦各派政治力量之间的斗争进一步尖锐化，政局陷入混乱。在这一背
景下，陆军参谋长齐亚·哈克（Zia-ul-Haq）于 1977 年 7 月宣布接管国家
权力，暂时停止实行 1973 年宪法，宣布在伊斯兰教义的基础上重建法律，
停止政党活动，解散议会和内阁，建立起超党派的军人政府，出任军法管

---

　　① 由于印巴分治的标准是宗教，因此很多地区被分割，巴基斯坦被分成了两块，西巴基斯
坦和东巴基斯坦，两个地区被印度分隔，相距数千里。
　　② 东巴基斯坦的主体民族是孟加拉人，占该地区总人口的 98%。巴基斯坦的统治中心位于
西巴基斯坦，东巴基斯坦感觉备受忽视，加之地理上的相互隔绝，民族、文化和语言的巨大差异
使两地矛盾变得不可调和。
　　③《巴基斯坦 1973 年宪法》，http：//www. pakistani. org/pakistan/constitution/。

制首席执行官。1981 年 3 月，政府公布了一部临时宪法，强调加强军事管制，并赋予政府解散反对党的权力。1985 年 3 月，齐亚·哈克总统宣布开始恢复执行 1973 年宪法并取消军事管制，实行议会选举，齐亚·哈克连任总统。截至 2020 年，针对现行的 1973 年宪法，巴基斯坦共颁布过二十四次宪法修正案，对政治权力与制度做出过调整。根据现行的 1973 年宪法及其修正案，巴基斯坦实行联邦制、① 议会内阁制，国家权力被分为行政权、立法权、司法权三部分。

二　行政权

根据 1973 年宪法及其修正案，巴基斯坦最高行政权属于总理及其领导的内阁，内阁对议会负责。总理是政府的行政首长，由巴基斯坦国民大会多数党领导人担任，任期五年，必须是年满 25 岁的穆斯林，无需总统任免。内阁由总理及各部部长组成，内阁成员必须是国会议员。②

在职权上，总理和内阁以总统名义行使联邦政府的行政权力，主管全国日常事务；③ 向总统通报所有内外政策和立法建议；总理和内阁在总统行使职权时必须提供协助和建议；有权提名共同利益委员会（The Council of Common Interests）④ 和国民经济委员会（National Economic Council）⑤ 成员各 3 名；有权提名内阁部长（总统根据总理建议任命）；有权任免省

① 巴基斯坦全国共有旁遮普、开普（原名西北边境省）、俾路支、信德四省，还包括伊斯兰堡首都区、联邦直辖部落地区、巴控克什米尔、自由克什米尔、北方地区。

② 《巴基斯坦 1973 年宪法》，http://www.pakistani.org/pakistan/constitution/。

③ 巴基斯坦总统是虚位总统，国家元首，由上下两院和四个省级议会的议员选举产生。现任总统是巴基斯坦正义运动党的阿里夫·乌雷曼·艾维（Arif-ur-Rehman Alvi）。总统职权变化：1958 年至 1973 年由军政府独裁统治的时期，总统是掌握实权的国家元首。1985 年通过了宪法第 8 号修正案，授予总统解散国民议会和联邦内阁、任免军队首脑和法官的权力。1997 年，宪法第 13 号修正案，取消总统解散国民议会和联邦内阁的权力，并将解散省议会和省内阁、任免省督、三军参谋长和参联会主席以及最高法院法官的权力归还总理行使。2002 年 8 月，穆沙拉夫颁布"法律框架令（LFO）"，宣布恢复 1973 年宪法和哈克时代宪法第 8 号修正案。2003 年 12 月，议会通过宪法第 17 修正案，规定总统经最高法院批准后有权解散议会，与总理协商后有权任免三军领导人。2008 年，巴基斯坦人民党的阿西夫·阿里·扎尔达里担任总统后，将总统大部分权力下放给总理，放弃单方面解散国会的权力，把中央政府权力下放地方政府。

④ 共同利益委员会是巴基斯坦政府的一个宪法机构，用于解决联邦与省之间的权力分配纠纷。该委员会隶属于跨省协调部，对议会负责。

⑤ 国民经济委员会为维持国家经济的持续发展和实现经济发展中始终一致的目标，并系统地阐述和制定国家的金融、商业和经济政策而由总统负责建立的经济机构。

督、三军参谋长和参联会主席以及最高法院法官等高级官员；有权解散省议会和省内阁等。任何更换总理的决定需要国会简单多数通过，同时在决议中提出继任人选。总理病故或自动离职时，总理和反对党领导人协商确定最有名望的部长履行总理职责，直到新总理选出。宪法第18号修正案取消了总统解散议会的特权，同时宣布解除总理不得担任超过三届的规定，同时规定总统必须在同总理协商后才有权任命军方领导人，宪法修正案将总统大部分权力下放给总理，扩大了总理权限。①

表 I -6-1　　　　　　　　　巴基斯坦现任内阁构成

职位	姓名	所属党派	就职时间
总理	伊姆兰·汗 （Imran Khan）	巴基斯坦正义运动党 （The Pakistan Tehreek-e-Insaf）	2018 年 8 月至 2020 年 10 月
交通部长与邮政业务部长	穆拉德·赛义德 （Murad Saeed）	巴基斯坦正义运动党	2019 年 5 月至 2020 年 10 月
财政部长	穆罕默德·阿扎尔 （Hammad Azhar）	巴基斯坦正义运动党	2019 年 7 月至 2020 年 10 月
外交部长	沙阿·迈赫穆德·库雷希 （Shah Mahmood Qureshi）	巴基斯坦正义运动党	2018 年 8 月至 2020 年 10 月
内政部长	伊亚兹·艾哈迈德·沙阿 （Ijaz Ahmed Shah）	大民主联盟 （Grand Democratic Alliance）	2018 年 8 月至 2020 年 10 月
司法部长	穆罕默德·法鲁·纳西姆 （Farogh Naseem）	统一民族运动党 （Muttahida Qaumi Movement）	2018 年 8 月至 2020 年 10 月
计划发展部长	阿萨德·乌马尔 （Asad Umar）	巴基斯坦正义运动党	2018 年 8 月至 2020 年 10 月
电力和石油部长	奥马尔·阿尤布·汗 （Omar Ayub Khan）	巴基斯坦正义运动党	2018 年 9 月至 2020 年 10 月
铁路部长	谢赫·拉舍德·艾哈迈德 （Sheikh Rasheed Ahmad）	巴基斯坦人民穆斯林联盟 （Awami Muslim League Pakistan）	2018 年 8 月至 2020 年 10 月

① "Constitutional History of Pakistan", Constitutionnet 2018 - 04, http：//constitutionnet. org/country/pakistan.

续表

职位	姓名	所属党派	就职时间
宗教事务与 和谐部长	努尔·哈克·卡德里 （Noor-ul-Haq Qadri）	巴基斯坦正义运动党	2018 年 8 月至 2020 年 10 月
科学与科技部长	法瓦德·乔杜里 （Fawad Chaudhry）	巴基斯坦正义运动党	2019 年 4 月至 2020 年 10 月

资料来源：根据巴基斯坦政府官方网站资料整理，http：//www. pakistan. gov. pk/。2020 年 10 月 20 日为该章节收稿日。

三　立法权

根据 1973 年宪法及其修正案，巴基斯坦最高立法权属于国民议会（下院）和参议院（上院）。

国民议会由 342 名议员组成，议会席位根据地区分配：旁遮普省 183 席，信德省 75 席，开普省 43 席，俾路支省 17 席，联邦直辖部落地区 12 席，联邦首都地区 2 席。这其中根据宗教和性别分配：伊斯兰教席位 272 个，保留席位少数教派席位 10 个（基督教徒 4 席，印度教徒 4 席，锡克族、佛教徒和其他少数民族团体 2 席），保留席位女议员席位 60 个。伊斯兰议员选举采取普选制，少数教派席位与女性席位根据政党比例制选出，参选政党提前向选举委员会提交按优先顺序排列的候选人名单，选委会根据各党获得普通议席的比例分配保留议席。凡年满 18 岁的巴基斯坦注册选民，都有选举和被选举为国民议会议员的权利。在正常情况下，国民议会任期五年，任期届满时自行解散。国会每年开会两次，半年举行一次。国民议会的主要职能是通过法律和法令，制定宪法修正案，制定税收政策、审批提案和审批年度财务报表，选举或罢免总统等。[①]

参议院有 104 个席位，议员名额按地区分配，并为妇女和技术官员保留的席位：伊斯兰堡首都地区 4 席，四省各 23 席，联邦管辖部落地区 8 席。参议员任期 6 年，每三年改选一半。四省参议员根据政党在省议会的席位比例分别选出，首都地区和联邦直辖部落区席位由总统制定选举办法选出。在职权上，参议院主要起咨询作用，如果它不同意国民议会的议

---

① 《巴基斯坦 1973 年宪法》，http：//www. pakistani. org/pakistan/constitution/。

案，只有把该议案退回国民议会请求重新考虑一次；有些议案则需要两院联席会议讨论以简单多数通过之；宪法修正案必须经过国民议会和参议院三分之二多数同意才能通过；参议院有权通过法案，提出除财政议案以外的一切议案；有权向内阁提出质询。①

表 I-6-2　　　　　　　　国民议会现任领导构成

职位	姓名	所属党派	就职时间
议长	阿萨德·凯瑟 （Asad Qaiser）	巴基斯坦正义运动党	2018 年 8 月至今
副议长	卡西姆·苏里 （Qasim Suri）	巴基斯坦正义运动党	2018 年 8 月至今
议会领袖	伊姆·兰汗·尼亚齐 （Imran Khan Niazi）	巴基斯坦正义运动党	2018 年 8 月至今
反对派领袖	谢赫巴兹·谢里夫 （Shehbaz Sharif）	巴基斯坦穆斯林联盟（谢里夫派） ［Pakistani Muslim League（Nawaz）］	2018 年 8 月至今

资料来源：根据巴基斯坦国民议会官方网站资料整理，http：//www. na. gov. pk/en/index. php。

表 I-6-3　　　　　　　　参议院现任领导构成

职位	姓名	所属党派	就职时间
议长	萨迪克·桑贾尼 （Mir Sadiq Sanjrani）	俾路支人民党 （Balochistan People's Party）	2018 年 3 月至今
副议长	萨利姆·曼德维瓦拉 （Saleem Mandviwalla）	巴基斯坦人民党	2018 年 3 月至今
议会领袖	沙赫扎德·瓦西姆 （Shahzad Waseem）	巴基斯坦正义运动党	2018 年 8 月至今
反对派领袖	扎法尔·乌尔—哈克 （Raja Zafar-ul-Haq）	巴基斯坦穆斯林联盟（谢里夫派）	2018 年 8 月至今

资料来源：根据巴基斯坦参议院官方网站资料整理，http：//senate. gov. pk/en/index. php？id = -1&cattitle = Home。

---

① 杨翠柏、胡柳映、刘成琼编著：《列国志·巴基斯坦》（新版），社会科学文献出版社 2018 年版，第 114 页。

四 司法权

根据 1973 年宪法及其修正案，巴基斯坦司法权属于最高法院及其下级法院。

最高法院是巴基斯坦的最高司法机构，由一名首席法官、十六名大法官和两名特设法官组成。最高法院的主要职权是裁决中央与省、省与省之间的争议；受理高等法院上诉案件；对下级法院的判决进行审核；维护宪法保障的基本权利；提供司法咨询权，有义务向总统提供有关法律问题的意见等。

高等法院是最高法院下属司法机构，省级最高司法机构。由首席法官一人和法官若干人组成。在第 18 号宪法修正案实施之前，高等法院法官由总统在最高法院首席法官推荐下任命，在第 18 号和第 19 号宪法修正案通过后，巴基斯坦司法委员会（Judicial Commission of Pakistan）成立，与议会委员会（The Parliamentary Committee）一起行使任命法官的权力。高等法院的主要职权是对管辖区内的私人间及私人与省或地方政府间的民事案件、省内有关触犯法律的案件进行审讯并作出判决；宣布未经司法当局认可的条例、条规非法；有权撤销低级法院对任何民事和刑事案件的审理权，而改由高等法院审理；拥有上诉裁判权，对低一级民事和刑事法庭做出的判决、公告、命令和处罚等进行复审等。

省以下各地区均设有民事审判法院和刑事审判法院，有权对辖区内的民事纠纷和刑事案件进行审理，并对其下属审判法院拥有监督管理权。其中死刑和酗酒、偷盗、通奸和诬陷通奸案则归刑事审判法院审理，其余刑事案件归地方治安法院审理。[①]

此外，巴基斯坦还设有伊斯兰教法院，常驻伊斯兰堡，但也在拉合尔、卡拉奇、白沙瓦和奎达设有巡回法庭。联邦伊斯兰教法院（The Federal Shariat Court of Pakistan，又称沙里亚特法院）由总统根据最高法院首席法官的建议任命的八名穆斯林法官组成，其中三名必须是伊斯兰教乌立马（Ulama）——伊斯兰教宗教知识，包括伊斯兰教义和法律的守护者、

---

① 《巴基斯坦 1973 年宪法》，http：//www.pakistani.org/pakistan/constitution/。

传播者和阐释者，法官任期三年。① 伊斯兰教法院有权审查巴基斯坦所有法律是否符合伊斯兰教义（《古兰经》和"圣训"等），如果发现某法律"不合规"，可以裁决其无效；对刑事法庭关于酗酒、偷盗、通奸和诬陷通奸案件的判决，伊斯兰教法院有绝对权力做出自己的新裁决。②

第二节　选举

巴基斯坦独立后，现代政治制度发展缓慢曲折，大致可以分为两个发展阶段：第一阶段（1947—2008），"民选"政府与军人政府交替上台执政，这一时期经历了四次军事政变推翻"民选"政府，军人上台执政，废除宪法，虽然有过十年"民选"稳定期，但最终被军事政变打破。1999 年，陆军参谋长佩尔韦兹·穆沙拉夫（Pervez Musharraf）发动军事政变推翻以纳瓦兹·谢里夫（Nawaz Sharif）为首的内阁，实行全国军管，成立了国家安全委员会，穆沙拉夫任首席执行官。2002 年，穆沙拉夫通过公投继续就任总统，将执政合法化。2007 年他连任成功但在选举时遭到反对派抵制。2008 年，人民党赢得议会多数，优素福·拉扎·吉拉尼（Yussuf Raza Gilani）担任总理，穆沙拉夫受到执政联盟与军方反对而被迫辞职。第二阶段（2008 年至今），"民选"政府通过选举实现有序上台执政。2008 年 9 月，人民党的阿西夫·阿里·扎尔达里（Asif Ali Zardari）当选总统。2010 年，巴基斯坦通过宪法第 18 修正案，废除总统解散议会的特权，取消总理不能担任三届的禁令，这一修正案试图修复被破坏的民主制度。③ 此后，虽然政府与军队、最高法院间错综复杂的关系使得政局起伏不定，但人民党政府还是顺利完成了五年任期。④ 因此，下文以 2008 年为起点介绍巴基斯坦国民议会选举。

---

① 巴基斯坦联邦伊斯兰教法院官网，http：//www. federalshariatcourt. gov. pk/en/home/。

② 杨翠柏、胡柳映、刘成琼编著：《列国志·巴基斯坦》（新版），社会科学文献出版社 2018 年版，第 117 页。

③ Mahboob Hussain and Rizwan Ullah Kokab，"Eighteenth Amendment in the Constitution of Pakistan：Success and Controversies"，*Asian Social Science*，2012（1）.

④ 王超：《巴基斯坦独立以来政治发展道路的特点及启示》，《哈尔滨学院学报》2018 年第 10 期。

一　2008 年国民议会选举

2008 年 2 月，巴基斯坦举行国民议会选举。选举曾因前总理贝娜齐尔·布托被刺杀身亡，暴乱人群烧毁信德省的选举办公室而延期，本次选民参选比例只有 44%。"基地"组织宣称对此次事件负责，恐怖袭击被认为是针对巴基斯坦亲美派的。

本次选举的热门党派是曾由前总理贝娜齐尔·布托领导的巴基斯坦人民党，前总理纳瓦兹·谢里夫领导的巴基斯坦穆斯林联盟（以下简称谢里夫派），以及时任总统穆沙拉夫所领导的巴基斯坦穆斯林联盟（PML - Q，以下简称领袖派）。

虽然这次选举并不涉及总统选举，但如果反对派政党赢得议会中三分之二的议席，成为拥有绝对优势的多数党，就可以弹劾总统穆沙拉夫。由于民众想要加快军人政权向民主政治体制过渡的进程，因此更为支持反对党阵营的人民党与谢里夫派。同时，布托被刺也是影响选情的一大因素，布托属于温和穆斯林，她政治主张的世俗化倾向和打击恐怖主义与极端势力的决心使其获得了一定群众基础，尤其是女性公民的支持。很多民众认为前总理所领导的人民党可以继承她的遗志，因而投票给人民党。

大选结果如表 I - 6 - 4 所示，人民党赢得 91 席，谢里夫领导的谢里夫派赢得了 69 席，支持穆沙拉夫总统的领袖派赢得了 38 席，其余席位由小党派和独立派人士获得。反对党阵营的巴基斯坦人民党与谢里夫派联手取得压倒性胜利，组成新执政联盟。人民党的优素福·拉扎·吉拉尼出任总理。新政府成立后透过弹劾案，以贪渎、施政不当与违宪等罪名，使主政近 9 年的前总统穆沙拉夫下台。但由于执政联盟内部对于总统候选人提名未能达成共识，对穆沙拉夫是否因废除宪法和其他罪名受审问题也存在分歧，谢里夫派于 2008 年 8 月（总统大选前 1 个月）宣布退出执政联盟，成为最大反对党，进而削弱了巴基斯坦人民党执政联盟的实力。其后，巴基斯坦人民党与巴基斯坦统一民族运动党（Muttahida Qaumi Movement）、人民民族党（Awami National Party）、伊斯兰神学者协会（Jamiat Ulema-e-Islam）组成新的联合政府。2008 年国民议会选举实现了由军人治理向"民选"政府的和平过渡，但巴基斯坦政坛党派斗争激烈，执政联盟基础不稳，政府对国内政局的影响力及控制能力相对薄弱。

表Ⅰ-6-4　　　　　　2008 年国民议会主要政党席位概况

政党	选票数	得票率	席位数			
			选举所得席位数	保留席位		总数
				妇女	少数民族	
人民党	10666548	30.79	91	23	4	118
领袖派	8007218	23.12	38	10	2	50
谢里夫派	6805324	19.65	69	17	3	89
统一民族运动党	2573795	7.43	19	5	1	25
人民民族党	704811	2.03	10	3	0	13
独立人士	3865954	11.16	30	0	0	30

资料来源：根据巴基斯坦选举委员会官网资料整理，https：//www.ecp.gov.pk/frmGenericPage.aspx？PageID=3054。

二　2013 年国民议会选举

2013 年 5 月，巴基斯坦举行国民议会选举。这是第一次"民选"政府顺利完成全部任期，实现平稳交接权力。选举期间全国各地发生爆炸等多起恐怖袭击事件，造成数百人伤亡，甚至有几位议员候选人也遇袭身亡。由于民心思变，本次选民参选比例较上届有所上升，约 60%。

本次选举的热门党派是谢里夫派、执政党人民党和巴基斯坦正义运动党。

由于人民党政绩不佳，国内经济下滑，民生问题严重，导致其支持率有所下跌。而谢里夫派则在其执政的旁遮普省推动基础设施建设和农业生产，政绩十分亮眼；加上竞选纲领突出自由化经济改革、民生、安全等顺应民心的议题。同时，受美国对巴基斯坦的无人机袭击影响，民众反美情绪高涨，选情变得不利于带有亲美色彩的政党，如人民党、人民民族党和统一民族运动党等，而谢里夫派和正义运动党在选举期间都标榜对美国保持政治独立性，这也为这两党争取到了更多选票。

最终选举结果如表Ⅰ-6-5 所示，谢里夫所领导之谢里夫派取得压倒性胜利，赢得 126 个席位，公正运动党赢得 28 个席位，人民党赢得 33 个席位。谢里夫三度出任总理。谢里夫派获得高度民意支持亦使得新政府拥有较前一任联合政府更为稳定的执政基础。巴基斯坦主要政党政治版图发生重大变化：谢里夫派成为第一大党；人民党沦为地区性政党；正义运动党成为新兴力量，巴基斯坦政治转型渐趋成熟，对国家未来发展影响深远。[①]

表 I-6-5　　　　　　　2013 年国民议会主要政党席位概况

政党	选票数	得票率	席位数			
			选举所得席位数	保留席位		总数
				妇女	少数民族	
谢里夫派	14874104	32.77	126	34	6	166
公正运动党	7679954	16.92	28	6	1	35
人民党	6911218	15.23	33	8	1	42
统一民族运动党	2456153	5.41	19	4	1	24
独立人士	5880658	12.96	27	0	0	27

资料来源：根据巴基斯坦选举委员会官网资料整理，https：//www.ecp.gov.pk/frmGenericPage.aspx？PageID=3054。

三　2018 年国民议会选举

2018 年 7 月，巴基斯坦举行国民议会选举。本次选举前，前总理纳瓦兹·谢里夫因腐败指控被法院剥夺参选资格，更有地方议会候选人遇袭身亡，引发国际社会关注。本次大选的热门党派是伊姆兰·汗（Imran Khan）领导的正义运动党的、前总理纳瓦兹·谢里夫的兄弟沙赫巴兹·谢里夫（Shahbaz Sharif）领导的谢里夫派和贝娜齐尔·布托的儿子比拉瓦尔·布托（Bilawal Bhutto）领导的人民党。

由于巴基斯坦通货膨胀问题愈发严重，贸易赤字扩大，伊姆兰·汗领导的正义运动党十分重视经济问题，承诺创造就业机会、改善医疗条件和教育水平，大力反腐，引发选民期望。伊姆兰·汗本人是板球球星，曾带领国家板球队赢得世界杯冠军，在巴基斯坦国民心中是国家英雄，人气很

---

① 李青燕：《巴基斯坦政党政治版图重组及影响》，《当代世界》2014 年第 2 期。

高，他承诺建设福利社会，创建一个"新巴基斯坦"；在外交上与印度举行会谈，积极寻求解决克什米尔地区争端的办法；在批评美国在巴基斯坦的部分反恐措施的同时，也强调从实际出发与美国建立"互利"关系。

谢里夫派虽然也在选举中提出促进 GDP 增长率提升至 7%；创造 10万—20 万就业机会；更好地落实中巴经济走廊计划等具体承诺，但谢里夫家族的贪腐丑闻还是给选民带来了负面观感。[①] 人民党推举比拉瓦尔·布托为竞选领袖，他出身名门，但资历尚浅。由于多年来谢里夫领导的谢里夫派和布托家族领导的人民党作为老牌政治家族轮流执政，越来越多的选民对旧政治格局不满，希望新兴政治力量可以打破周期性政治困局。[②]这让选情更加有利于伊姆兰·汗的正义运动党。

最终选举结果如表 I - 6 - 6 所示，人民党赢得 116 个席位，谢里夫派赢得 64 个席位，人民党赢得 43 个席位。议会宣布选择伊姆兰·汗出任新总理。人民党成功打破了谢里夫派和人民党的"轮流坐庄"，给巴基斯坦政坛带来了一些新气象。

表 I - 6 - 6　　　　　2018 年国民议会主要政党席位概况

政党	选票数	得票率	席位数			
			选举所得席位数	保留席位		总数
				妇女	少数民族	
公正运动党	16903702	31.82	116	28	5	149
谢里夫派	12934589	24.35	64	16	2	82
巴基斯坦人民党	6924356	13.03	43	9	2	54
联合行动委员会	2573939	4.85	12	2	1	15
独立人士	6087410	11.46	13	0	0	13

资料来源：根据巴基斯坦选举委员会官网资料整理，https://www.ecp.gov.pk/frmGenericPage.aspx? PageID = 3213。

---

① 《反现状"草根"政党胜选，正义运动党能否再造"新巴基斯坦"》，澎湃新闻，2018 年7 月 30 日，（https://www.thepaper.cn/newsDetail_ forward_ 2302121）。

② 《热点前瞻：巴基斯坦大选三大看点》，新华网，2018 年 7 月 24 日，http://www.xinhuanet.com/world/2018 - 07/24/c_ 1123171456.htm。

第三节 主要政党

巴基斯坦实行多党制，现有政党 200 个左右，派系众多。多数政党带有宗教、民族、地区特色，下面简要介绍目前影响巴基斯坦政治生态的主要政党。

一 巴基斯坦人民党

1967 年，为了反对总统阿尤布·汗（Ayub Khan）的军事统治，佐勒菲卡尔·阿里·布托领导当时该国许多著名左翼人士联合成立人民党。此后该党在政治家族布托家族的领导下参与政治活动，主要势力集中在信德省。现任主席是阿西夫·阿里·扎尔达里。该党分别在 1971—1977 年，1988—1990 年，1993—1996 年，2008—2013 年作为巴基斯坦的执政党上台。其中 2008—2013 年的人民党政府是首个完成五年任期的民选政府。

1971 年，人民党以"面包，衣服和住所"的口号赢得民心而胜选，佐勒菲卡尔·阿里·布托出任巴基斯坦总统。在 1971 年 12 月至 1977 年 7 月执政期间，政府进行了重大社会和经济改革，改善了巴基斯坦贫困群众的生活，还使该国于 1973 年颁布了新宪法。在经历多年军事统治之后，政府确保了巴基斯坦的经济和政治复苏。

1977 年大选中，人民党再次获胜，但由 9 个反对党组成的联盟巴基斯坦民族联盟（PNA）指责人民党在竞选中徇私舞弊，掀起反政府运动。1977 年 7 月，陆军参谋长齐亚·哈克接管政权。1979 年 4 月布托被处以绞刑。

1989 年佐勒菲卡尔·阿里·布托的女儿贝娜齐尔·布托领导人民党在大选中获胜，重新执政，成为伊斯兰世界的第一位女总理。她主张将巴基斯坦发展成为一个宽容和进步的国家；加强与美国、苏联和中国的关系；保护少数民族权利；增强省级地方自治；改善教育；出台全面的国家卫生政策；赋予妇女更多权利与同工同酬。但 1990 年 8 月，时任总统吴拉姆·伊沙克·汗（Ghulam Ishaq Khan）解散国民议会，并解除了贝娜齐尔·布托的总理职务。

1993 年，人民党在大选中再度获胜，1993—1997 年，贝娜齐尔·布托再度出任巴基斯坦总理。

2007 年 12 月，贝娜齐尔·布托在竞选集会上遇袭身亡。2008 年 2 月，巴基斯坦人民党在国民议会选举中获胜，该党副主席优素福·拉扎·吉拉尼出任巴基斯坦总理。贝娜齐尔·布托的丈夫阿西夫·阿里·扎尔达里出任总统。他通过签署具有里程碑意义的第18条宪法修正案，设立了独立的司法和独立的选举委员会，成为首位加强巴基斯坦稳定民主制度的总统。

2013年，人民党在国民议会选举中失败，成为最大反对党。

2018年，人民党在国民议会选举中依然表现不佳，第一次既无法组建政府，也没有成为最大的反对政，成为议会第三大政党。

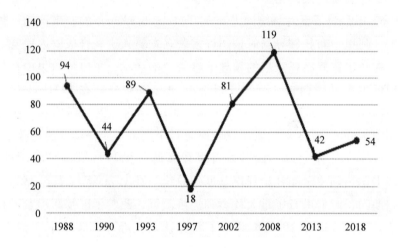

图Ⅰ-6-1　近年来人民党国民议会席位数变化

说明：席位总数有所变化，从1988年选举到1997年选举时席位总数为207个，2002年选举至今席位总数为342个。

目前，人民党仍是一个中间偏左的社会民主主义政党，创党人所说的"伊斯兰是我们的信仰，民主是我们的政策，社会主义是我们的经济，人民的一切力量"始终是该党秉承的主要原则。人民党对内主张议会制，摆脱军事政权束缚，实行有限的国有化和土地改革，鼓励投资和引进技术以摆脱贫困，加强国防，保卫边界安全；对外奉行独立自主的外交政策，与大国保持等距离关系，与中国关系友好，是中巴经济走廊（CPEC）的积极推动者。[1]

---

[1]　"Pakistan People's Party", DAWN, 2012-01-17, http://www.dawn.com/2012/01/17/pakistan-peoples-party.html.

二　巴基斯坦正义运动党

巴基斯坦正义运动党由前国家队板球运动员兼政治家伊姆兰·汗于1996年创立，他最初的目标是赢得议会选举。该党目前是巴基斯坦议会第一大党，也是党员人数最多的政党，在巴基斯坦和国外拥有超过1000万成员，是巴基斯坦发展最快的党派。现任主席仍是伊姆兰·汗。

伊姆兰·汗在民众中人气很高，但该党最初的发展并不顺利。正义运动党未能在1997年的选举中赢得一个席位，而在2002年，也只有伊姆兰·汗一人能为该党赢得席位。2007年，随着贝娜齐尔·布托被暗杀，谢里夫从沙特阿拉伯流亡归国，穆沙拉夫总统迫于压力举行了民主选举。正义运动党与许多政党一起加入了反对进一步军事统治的全党民主运动（All Parties Democratic Movement）。2008年大选，人民党胜利，正义运动党虽然没有参加此次选举，但抵制选举结果，认为存在舞弊。

与中左翼的人民党和中右翼谢里夫派不同，正义运动党开启了第三条道路——中间派。当穆沙拉夫的总统任期结束后，领袖派开始走下坡路，它的多数中间派选票转向给了正义运动党。2012年，优素福·拉扎·吉拉尼被取消总理资格后，巴基斯坦人民党的支持率也开始下降，许多巴基斯坦人民党选民被正义运动党的观点主张所吸引，尤其是旁遮普省和开伯尔·普什图省的选民，正义运动党开始崛起。在2013年选举中，人民党成为主要政党，获得了超过750万张选票，使其在选票数量中排名第二，在席位数量上排名第三。在野期间，人民党提出"变革即将到来"（Tabdeeli Arahi Hai）等口号，动员民众就各种问题进行公众集会，最著名的就是2014年亚萨迪游行（Azadi March），指控2013年大选舞弊并要求总理纳瓦兹·谢里夫辞职。[1] 随着2017年谢里夫因贪腐丑闻下台，在幕后起到关键作用的伊姆兰·汗也在稍后大选中高举反腐大旗，要求建设"伊斯兰福利国家"。在2018年大选中，正义运动党取得149席，成功打破巴基斯坦政坛两大党轮替的局面，但因席位未过半，正义运动党与其他党组成联合政府。

---

[1]　Paul Armstrong and Sophia Saifi, "Thousands join Khan, Qadri Anti-government March on Pakistan′s Capital", CNN, 2014 – 08 – 16, https：//edition. cnn. com/2014/08/15/world/asia/pakistan-khan-qadri-march/.

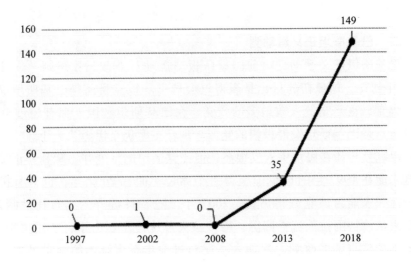

图Ⅰ-6-2　近年来正义运动党国民议会席位数变化

说明：2008年正义运动党未参加国民议会选举。

　　正义运动党带有民粹主义色彩，是崇尚伊斯兰民主、福利主义的中间派政党。该党旨在建立一个伊斯兰福利国家，并消除巴基斯坦的宗教歧视，推动倡导平等的伊斯兰民主运动。在对内政策方面，正义运动党承诺当选后将于五年内向民众提供500万套可负担的住房；提出了宗教宽容和少数群体代表权增加的问题；引入统一教育系统，分别针对乌尔都语，英语和区域性语言在小学教授课程；承诺镇压警察的野蛮行为，改组公务员制度，改革选举制度，建立真正独立的司法机构，分散国家权力，并执行扩大人身自由的法律；提议对巴基斯坦军队实行监控，三军情报服务将直接向巴基斯坦总理负责，国防预算将由政府进行审核。在对外政策方面，正义运动党希望与美国建立一种基于相互尊重的关系；承诺停止所有外国援助；处理对印度的边界冲突，支持阿富汗和平进程，提高巴基斯坦在海外的声誉；将克什米尔问题作为头等大事，使巴基斯坦不再与任何邻国发生任何边界或领土争端；强化与中国的关系，虽然伊穆兰·汗曾批评中巴经济走廊建设中可能涉及的腐败问题，但并未把矛头指向中国，该党胜选后，中巴经济走廊的建设并未受到影响。

三 巴基斯坦穆斯林联盟 (谢里夫派)

谢里夫派于 1993 年从巴基斯坦穆斯林联盟 (Muslim League Pakistan) 中分裂出来,由前总理纳瓦兹·谢里夫创立,但仍是巴基斯坦穆斯林联盟的主体部分。该党势力集中于旁遮普省。谢里夫派曾于 1990—1993 年、1997—1999 年以及 2013—2018 年执政。现任主席为沙赫巴兹·谢里夫。

巴基斯坦穆斯林联盟经历数次分裂,其中一个分支是 1988 年成立的保守右翼伊斯兰政党伊斯兰民主联盟 (Islami Jamhoori Ittehad),主张建立伊斯兰民主政治体制。该联盟在纳瓦兹·谢里夫的领导下于 1990 年成功组建了政府。而后,巴基斯坦穆斯林联盟又分裂成两大派,分别是领袖派和谢里夫派,谢里夫派是巴基斯坦穆斯林联盟的主体,属于较温和的一翼。1993 年,该联盟正式改名为巴基斯坦穆斯林联盟 (谢里夫派)。

1997 年 2 月的国民议会选举,该党赢得了三分之二多数议席,组建政府,纳瓦兹·谢里夫第二次出任总理。

1999 年 10 月,时任陆军参谋长的佩尔韦兹·穆沙拉夫发动军事政变推翻谢里夫政府,谢里夫被捕并被判刑。此后谢里夫派被穆沙拉夫支持的领袖派压制了近十年。

2000 年 11 月,以乔杜里·舒贾特·侯赛因 (Chaudhry Shujaat Hussain) 为首的部分谢里夫派领导人反对同人民党合作,党派再度发生分裂。同年 12 月谢里夫被迫流亡沙特阿拉伯。

2007 年 11 月,纳瓦兹·谢里夫返回巴基斯坦后,继续任该党领导人、反对派领袖。

2008 年的议会选举中,谢里夫派成为巴基斯坦第二大党,最大反对党。

2013 年的议会选举中,谢里夫派成为巴基斯坦第一大党,赢得压倒性胜利,再度执政组建政府,谢里夫第三次出任总理,但 2017 年因腐败问题被判入狱,该党也在随后的 2018 年大选中失利。

谢里夫派是中间偏右政党,历史上曾支持宗教保守主义、社会保守主义,近年来政治思想和纲领更多地转向了自由主义。在经济层面,该党奉行经济自由主义,大力推动基础设施建设,认为农业是国家的支柱,通过扩大非农业农村就业机会,以及推动农村经济的多样化缓解贫困,推动重工业私有化。在核问题上,该党批准了巴基斯坦首次核试验。与人民党共同主张提高巴基斯坦的核威慑力和核电增长。在反恐问题上，谢里夫派坚决反对一切形式的宗教极端主义和恐怖主义，曾通过建立反恐怖主义法院来控制恐怖组织。[①] 在外交层面，该党一直主张与美国、中国、英国、欧盟、新加坡、马来西亚、伊斯兰合作组织和印度建立更广泛、更牢固的关系。1999 年，该党执政期间，政府与印度成功签署了《拉合尔宣言》（Lahore Declaration）。[②]

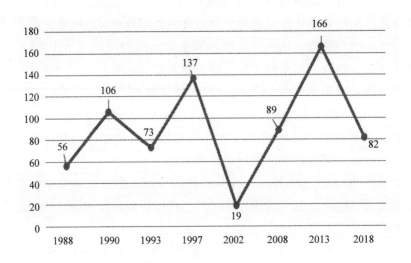

图 I－6－3　近年来谢里夫派国民议会席位数变化

四　联合行动委员会（Muttahida Majlis-e-Amal）

联合行动委员会是一个由保守主义、伊斯兰主义、宗教主义和极右派政党组成的政治联盟。成立联盟的倡议由巴基斯坦伊斯兰学者、作家和政治家纳伊姆·西迪基毛拉（Naeem Siddiqui）于 20 世纪 90 年代提出。2002 年，在伊斯兰学者卡齐·侯赛因·艾哈迈德（Qazi Hussain Ahmad）的努力之下，为了反对总统穆沙拉夫支持阿富汗战争的政策，联合行动委

① Huma Yusuf, "Pakistan Anti-Terrorism Courts", *CTC SETINEL*, Volume 3, Issue 3, March 2010.

② 1999 年，印度总理和巴基斯坦总理签署《拉合尔宣言》和一个谅解备忘录，宣布双方将采取建立相互信任的措施，努力减少发生核对抗的危险，防止意外或未经授权而使用核武器，但双方在克什米尔问题上没有提出具体的新建议。

员会成立。联盟成员主要有巴基斯坦神学者协会（Jamiat Ulema-e-Pakistan），一个传统的逊尼派政党，在信德省和旁遮普省农村地区的传统穆斯林中很受欢迎；伊斯兰正义联盟（Jamiat Ulema-e-Islam）：该党由法扎尔·乌尔·拉赫曼（Fazal-ur-Rehman）领导，他在20世纪90年代因大力支持贝娜齐尔·布托和巴基斯坦人民党而广为人知，该党在政治上有一定影响力，立场强硬，理念传统，在神职人员、普什图人、开普和俾路支的俾路支人中具有广泛的吸引力；伊斯兰大会党（Jamat-e-Islami）：一个伊斯兰政党，起源于卡拉奇的农村地区，目标是把巴基斯坦转变成一个由伊斯兰教法治理的伊斯兰国家，[①] 强烈反对资本主义、共产主义、自由主义、社会主义和世俗主义，虽然该党追随者不多，但在伊斯兰运动中有一定影响力；巴基斯坦贾法里亚运动党（Tehrik-e-Jafaria Pakistan）是极端保守的什叶派政党，主要目标是保护巴基斯坦什叶派穆斯林的权利，并增加他们在巴基斯坦议会中的话语权，在团结什叶派群众支持联合行动委员会的过程中发挥了关键作用，在联盟政治转型中，它的政治影响力也较小；圣训党（Jamiat Ahle Hadith）是一个传教士宗教政党，在巴基斯坦推进"圣训运动"（the Ahl-al-Hadith Movement），缺乏群众基础，但得到了主流政党谢里夫派的协助和巴基斯坦情报机构的保护。

在2002年巴基斯坦国民议会选举中，因为联合行动委员会反对穆沙拉夫与美国的伙伴关系，借助公众对卷入阿富汗战争的反感情绪，获得了选民一定好感；加上大选前人民党和谢里夫派饱受腐败丑闻困扰，该联盟巩固了自己的地位，获得63个席位。伊斯兰正义联盟在该联盟中占政治优势地位，伊斯兰大会党紧随其后。该联盟在省议会选举中守住了开普的临时政府，并继续在俾路支省与领袖派结成执政同盟。尽管联合行动委员会选举成绩不错，但由于与军方关系密切，服务于公众和履行竞选承诺的能力不足，公众对其的批评和反对声越来越大。

在2008年巴基斯坦国民议会选举中，只赢得8个席位。最终，该联盟内部因在是否抵制2008年大选结果的问题上产生政治分歧，导致主要成员伊斯兰正义联盟出走。伊斯兰正义联盟随后加入人民党领导的联合政

---

① Husain Haqqani, *Pakistan: Between Mosque and Military*, Carnegie Endowment for International Peace, 2005, p. 122.

府，并拒绝在 2013 年选举之前重返联合行动委员会。

在 2018 年国民议会选举中，伊斯兰正义联盟的回归，让联合行动委员恢复了一点元气，最终赢得 12 个席位，成为国民议会第四大党。[①]

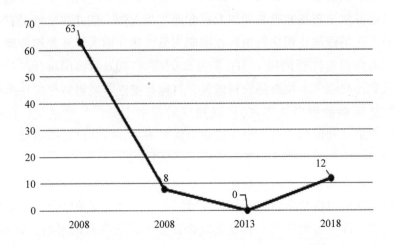

图Ⅰ-6-4 近年来联合行动委员会国民议会席位数变化

说明：2013 年联合行动委员会未参加国民议会选举。

联合行动委员会是伊斯兰教政党联盟，在政治光谱上偏右翼到极右。尽管伊斯兰教法和性别隔离的实施是该联盟意识形态的基石，但这些在竞选活动中很少强调。从竞选纲领看，该联盟的政治目标是使巴基斯坦成为一个真正的伊斯兰福利国家，以确保社会正义并消除腐败。在经济发展上，该党主张建立一个独立、公正和人道的经济体系，向公民提供"清真"（合法）工作和投资的机会；发展农业，为农民提供土地以维持生计，并保证农产品的合理价格。在社会治理上，该党主张保护公民的基本人权（生命、财产和荣誉）；提高社会整体素养，使每个公民都知道自己的权利和义务；提供大学之前的全部免费义务教育，并为优秀的学生和学者提供深造机会；废除封建残余，充公非法财富并分配给穷人；保护伊斯

① Ramsha Jahangir, "Religious Parties Clinch over 9pc Share of Votes in National Assembly", DAWN, 2018 - 08 - 01, https://www.dawn.com/news/1424235/religious-parties-clinch-over-9pc-share-of-votes-in-national-assembly.

兰妇女的权利，恢复她们的荣誉和威望；照顾落后地区和贫困阶层，并采取倾斜措施使它们尽快追赶上发达地区的步伐；培养敬畏真主、勇敢、保护民众的警察队伍。在外交和地区政策上，该党主张反对外国帝国主义，要为国家和人民摆脱帝国主义力量而斗争；向所有被压迫者，特别是克什米尔人，巴基斯坦人，阿富汗人和车臣人，提供道义、政治与外交帮助；该联盟由大量的普什图族人组成，因此积极组织示威声援被围困的阿富汗普什图人；联合行动委员会的反帝国主义和支持地方自治政策在开普、俾路支受到肯定；在信德省，联合行动委员会通过攻击执政的统一民族运动党赢得民众支持。①

第四节　政治生态的主要特征

长期以来，军队对政治的介入与政局不稳定一直是巴基斯坦政治生态的主要特征。与此同时，民族、宗教等问题引发的复杂政治形势使恐怖主义泛滥，给政治稳定、市场信心、社会安全和外国投资造成了负面影响。在此背景下，巴基斯坦新政府的上台也给政治生态带来了一些变化。

一　军队影响巴基斯坦政治生态的相关因素及趋势

军队一直在巴基斯坦的政治事务中扮演着重要角色。国家政治进程深受军人集团影响，使巴基斯坦经历了民主体制与军人政治的交替"洗礼"，三次制宪及多次修宪使政治制度在总统制、议会内阁制之间摇摆。在政治主体层面，军队及其所支持的政治精英"操弄"宪法，曾罢黜国家元首、国家总理、解散"民选"议会。军人干预政治一度成为巴基斯坦政治发展的常态现象。

在非军人政府执政期间，军队往往通过发动政变上台，再利用修宪议案与伊斯兰化政策等，担当国家安全与国家利益捍卫者的政治角色，从而巩固执政合法性。② 巴基斯坦独立后，军方于1958—1971年，1977—1988

① Ashutosh Misra, "Rise of religious parties in Pakistan: causes and prospects", *Journal Strategic Analysis*, Volume 27, Issue 2, 2003.

② Smruti S. Pattanaik, "Pakistan's Sustainable Democracy: Army as the Political Architect", *Strategic Analysis*, Vol. 28, No. 2, 2004.

年及 1999—2008 年执政，独揽内外大权。军方之所以能够如此，是内外因素共同造就的。

从内部来看：一是民族因素，巴基斯坦作为多元民族国家，[①] 国内极端民族主义与分离主义的威胁一直存在，削弱了"民选"政权的向心力与治理能力，而在军队负责缓解民族冲突，平定地方分离运动的过程中，政治权力的重心容易向军队倾斜。[②] 二是宗教因素，长久以来，政党体制内伊斯兰温和派与教义派势力此消彼长，体制外圣战主义者（Jihadists）、伊斯兰恐怖主义分子严重影响政治稳定和社会安宁。军人政府积极推动伊斯兰化政策，营造伊斯兰民族主义，将伊斯兰政党及极端主义作为巩固其执政合法性的策略工具。三是"民选"政府的治理失能，民主政治制度的孱弱及所带来的贪腐裙带关系导致政治动荡、经济停滞及贫富差距扩大，让民众对政府失去信任。如在穆沙拉夫军政府上台之前执政的布托政府与谢里夫政府治理绩效低落，导致国内政治、经济、社会秩序混乱，使军人政府有机会以稳定政局为由"登上历史舞台"。

从外部来看：一是国家战争因素，巴基斯坦独立后，仅与印度就因领土纠纷（即克什米尔问题）发生了三次战争（1948 年、1965 年、1971 年）。第三次印巴战争直接造成东巴基斯坦独立成为孟加拉国。战争使军队地位越来越高，逐渐掌握政治话语权。二是对外职能因素，长久以来巴基斯坦军队被视为执行对外政策与参与国际事务的机构，加上反恐的现实需要，军队自然而然成为许多西方国家选择合作的伙伴对象，[③] 这使巴基斯坦军队得到国际势力的支持。比如"9·11"事件后，穆沙拉夫总统于 2002 年初宣布支持对美方反恐政策，配合美国清除伊斯兰政治极端分子，也因此得到美国的支持与大量资助。

近年来，军人干政问题有所缓解，民主制度得以巩固。终于在 2013 年非军人政府首次顺利完成执政任期，实现了"民选"政府的和平权力交

---

① 巴基斯坦国民中旁遮普族占 63%，普什图族占 16%，信德族占 13%，俾路支族占 4% 等，还有来自印度的穆斯林移民。

② Nasreen Akhtar, "The Upper Hand on Pakistani Politics: An Analysis of Seasonl Politics", *Virginia Review of Asian Studies*, Vol. 14, No. 2, 2012.

③ Nasreen Akhtar, "The Upper Hand on Pakistani Politics: An Analysis of Seasonl Politics", *Virginia Review of Asian Studies*, Vol. 14, No. 2, 2012.

接。这主要归功于：一是修宪对军人干政空间的压缩。2010 年 4 月，巴基斯坦通过第 18 号宪法修正案，废除前总统穆沙拉夫颁布的第 17 号宪法修正案，将总统制重新转向议会内阁制，恢复宪法的民主精神，重新分配巴基斯坦政治权力，为巴基斯坦形成稳定的民选政府交接奠定了宪政基础。同时，为了防范军事政变，第 18 号宪法修正案规定总统必须在与总理协商后才有权任命军队领导人，并且任何人如果支持军事政变，都将以叛国罪被起诉。① 因穆沙拉夫曾非法终止宪法，并下令实施紧急状态法，2013 年 11 月巴基斯坦最高法院成立特别法庭以叛国罪起诉了他，这是该国首次对军队前领导人提出叛国控诉，并于 2019 年 12 月判处流亡海外的穆沙拉夫死刑，展现了宪政改革后的司法部门制约军队干政的决心和能力。二是巴基斯坦政党开始重视建立文官权威以制衡军队势力。相较于以前的竞选纲领，从 2013 年开始，巴基斯坦各主要政党的竞选纲领中开始纳入"文人领军"的政策目标。谢里夫派强调在内阁下建立国防与国家的决策机构，如主张建立内阁国家安全委员会（The Cabinet Committee on Defence and National Security），以加强政府对国家安全政策的影响；② 巴基斯坦人民党在竞选宣言中提出将致力于国防预算透明化，推动国防预算提交议会审查，以更好地监督国防开支；③ 除了承诺推动国防预算透明化，正义运动党还承诺在内阁主导下改革国家反恐委员会（NACTA），使其获得行政和财政自主权，并成为整合军警、情报机构协同打击恐怖主义势力的核心机构，以组织化的方式制定反恐战略并监督国家安全政策的运行。④

当前，巴基斯坦民选政府执政进入平稳期，军人集团逐步退居幕后，停止过往干预选举的政治传统，但在安全、外交事务中仍占据一定主导权。新上台的"民选"政权能否维系政局稳定，关系到巴基斯坦未来民主发展的方向。

---

① 《巴基斯坦国民议会通过宪法第 18 修正案》，新浪网，2010 年 4 月 9 日，http：//news. sina. com. cn/o/2010 - 04 - 09/051317344470s. shtml。

② "DCC to be Reconstituted as Committee on National Security"，DAWN News，2013 - 08 - 22，https：//www. dawn. com/news/1037613。

③ Hasnaat Mailk，"PPP Vows to Debate Defence Budget in Parliament"，TRIBUNE，2018 - 07 - 01，https：//tribune. com. pk/story/1747222/ppp-vows-debate-defence-budget-parliament。

④ Qadeer Tanoli，"NACTA Hangs in Balance，Awaits Reforms"，TRIBUNE，2018 - 09 - 02，https：//tribune. com. pk/story/1793706/nacta-hangs-balance-awaits-reforms。

二　恐怖主义活跃的主要因素及对外部投资的影响

巴基斯坦境内伊斯兰极端恐怖主义组织繁多，有的针对教派争斗，[①]有的针对民族分裂，有的针对克什米尔问题等，根据不同的恐怖主义目标和诉求，可以将主要恐怖主义势力分为五类：一是追求全面打击什叶派穆斯林，把巴基斯坦建成纯正的逊尼派伊斯兰国家的伊斯兰教派恐怖主义组织，以巴基斯坦圣贤军（Siphah-e-Sahaba Pakistan，SSP）和坚格维军（Lashkar-e-Jhangavi）为代表；二是以在巴基斯坦建立塔利班政权为最终目标的巴塔组织，具有代表性的分支武装有巴基斯坦塔利班运动（TTP）、"执行伊斯兰法运动"（TNSM）等；三是最初以推翻当时的阿富汗穆罕默德·达乌德·汗政府为目标，后期转而袭击北约联军的阿塔组织，以哈卡尼网络组织（Haqqani Network）、奎达舒拉塔利班（Quetta Shura Taliban）为代表；四是目标打击印控克什米尔政府以及印度军队，将克什米尔地区并入巴基斯坦，努力推动克什米尔地区伊斯兰化的反印度恐怖主义组织，以圣战者党（Hizb-ul-Mujahideen）、虔诚军（Lashka-e-Taiba）为代表；五是企图将非俾路支人赶出俾路支地区，实现俾路支省独立，进而建立大俾路支王国的民族分裂恐怖主义组织，以俾路支解放军（Balochistan Liberation Army）为代表。[②]

巴基斯坦恐怖主义组织繁多及诉求的多样性，从侧面体现出巴基斯坦恐怖主义问题的严重，其中原因主要涉及内外两方面。从内部原因来看，主要是源于民族政策的偏颇导致的民族矛盾激化。英国殖民时期的分而治之的政策导致多元民族未能实现融合，各民族缺乏认同与互信。同时，英国对旁遮普族的扶持，使旁遮普族在巴基斯坦立国之初占据了文武官员中的多数，把控了政府和军队中大部分要职，形成了统治集团势力。独立后，旁遮普族统治集团为了维持其既得利益，不仅否认巴基斯坦为多民族国家，且逐步推行歧视和边缘化其他民族的大旁遮普主义。这种大民族主

---

① 伊斯兰教是巴基斯坦的国教，约有95%—98%的巴基斯坦人是穆斯林。大多数巴基斯坦穆斯林是逊尼派占75%—95%，什叶派占5%—20%。其他宗教：印度教约占2%，基督宗教约占1.59%，除此之外，还有巴哈伊教、锡克教、琐罗亚斯德教/帕西人、卡拉什人、佛教等。

② 袁沙：《巴基斯坦国内恐怖主义势力的演变、特点及影响分析》，《南亚研究季刊》2016年第2期。

义加深了民族矛盾，导致被歧视民族使用极端手段反抗。民族矛盾的尖锐化使巴基斯坦恐怖主义问题难消。

从外部原因来看，主要在于美国反恐策略的影响。穆沙拉夫辞职后，巴基斯坦恐怖暴力事件的骤增显示出巴基斯坦政府无力维系内部秩序。如此一来，美国开始对巴基斯坦反恐政策进行调整：开始选择亲自"上阵"并强化美军驻阿富汗部队数量与攻击能力。由北约所领导的联军和美国特种部队在未获巴基斯坦政府同意的情况下，越过阿富汗边境对巴基斯坦恐怖组织发动直接袭击，造成多起平民伤亡。巴基斯坦议会谴责一系列袭击事件，并召回驻美大使以示抗议，反映出不断高涨的反美情绪。根据皮尤研究中心（PEW）2015年"美国全球形象"（America's Global Image）调查显示，美国以反恐为名对巴基斯坦的介入引起了该国人民极大反感。①反美热情高涨给巴基斯坦针对美国和本土亲美派的恐怖主义活动提供了一定生存土壤。由于巴基斯坦政府的反恐立场引起极端伊斯兰组织的仇视，使巴基斯坦政府也成为恐袭的重要目标。同时，美国政府的反恐策略"阿富巴政策"（AFPAK），将阿富汗与巴基斯坦的反恐议题绑在一起，实际效果不佳，巴基斯坦非但没有成为区域的稳定者，反倒滋生了更多的恐怖主义。针对阿富汗展开军事行动以来，巴基斯坦边境滞留了大量阿富汗战争难民。恶劣的生存环境、贫困悲惨的境况与绝望、仇恨的情绪等成为恐怖分子滋生的土壤，难民营逐渐成为恐怖分子的招募地与栖息地。②

为了打击恐怖主义活动，尽管受到宗教政党的强烈反对，但巴基斯坦国会仍于2015年1月通过了第21号宪法修正案，允许设立军事法庭，对以宗教或宗派为名的恐怖主义行为进行审判。同时，国会还通过了《2015巴基斯坦军队法（修正）》，加速审判涉及恐怖主义、发动反国家战争或动乱的案件，为防范恐怖组织威胁国家安全提供了法律依据。③2017年，巴基斯坦通过宪法修正案，同意将特别军事法庭期限延长两年

---

① 徐子轩：《恐怖的暧昧：巴基斯坦，拥恐还是反恐？》，转角国际，2017年1月17日，https://global.udn.com/global_vision/story/8663/2235225。

② 李舟顺：《巴基斯坦恐怖主义现状、影响及政府反恐政策研究》，博士学位论文，华中师范大学，2019年。

③ 《巴基斯坦通过宪法修正案强化反恐》，环球网，2015年1月7日，https://china.huanqiu.com/article/9CaKrnJGtVV。

以继续审理涉恐案件。但总体而言，情势的复杂使巴基斯坦恐怖主义问题一时难以解决。

值得注意的是，恐怖主义是中国企业到巴基斯坦投资必须面对的不确定性因素。中方投资项目在地理位置选择上要有所注意，恐怖主义威胁较小的地区主要有：巴基斯坦北部到南部的中部地带，东部一带以及北部紧邻中国的巴控克什米尔地区；较高的地区主要在联邦直辖部落区和开普省的部分地区以及俾路支省的大部分地区，其中范围最大的就是俾路支省。就该地区的现状来看，地区的温和派政党更关注"中巴经济走廊"能否使对俾路支地区及民众有益，希望在斗争中追求利益最大化；而武装组织则持坚决反对的态度，认为联邦政府主导的开发活动会掠夺当地资源，以及联邦政府军队与警察的深入会影响俾路支独立。于是，表达不满、达到退却外商的目的，最极端手段就是对项目工地和工作人员发动恐怖袭击。巴基斯坦曾发生多宗针对"中巴经济走廊"项目的恐袭事件。比如"俾路支解放军"（Balochistan Liberation Army）在2018年8月曾向中国在巴基斯坦工作人员发动恐袭，炸死3名中国工程师；又在2018年11月，对中国驻巴基斯坦喀拉蚩（Karachi）领事馆发动恐怖袭击，自杀性爆炸造成7人死亡。该恐怖组织认为"中国抢夺俾路支资源"，且政府未将俾路支地方政党和组织等当地代表纳入"中巴经济走廊"项目的决策体系，担心这会导致当地对项目决策缺乏话语权，造成项目总体规划在地区间的不公平——俾路支只获得很少投资而旁遮普获益最多。

恐怖袭击事件对中国在巴基斯坦投资的建设项目产生了十分负面的影响，造成建设进度拖延、建设成本增加等；而且中方投资的很多基础设施项目本来就容易成为巴基斯坦恐怖袭击的重点目标，如医院、能源系统、供水供电系统、交通系统等，尤其是在一些公共场合，一旦发生恐怖袭击，造成的危害与损失更大。投资环境的安全稳定性严重影响着投资的回报与发展，在巴基斯坦恐怖主义短期难以消除的情况下，为顺利推进"中巴经济走廊"项目，两国必然得加强反恐合作、防务合作以及国际地区安全事务的配合。中国依据国家反恐办、公安部反恐怖局对反恐警务情报、侦查、应急及防范"四位一体"工作内容，积极推动反恐工作延伸至巴基斯坦，合作反恐成为中巴双边关系的新动态。①

三　巴基斯坦政治生态新变化的三重维度

2018 年，正义运动党作为新崛起的第三方力量，赢得大选，巴基斯坦政治格局因此发生了一定变化，主要体现在以下三个方面。

第一，政治主体新变化：打破两党轮流执政的趋势。

2008 年，人民党在议会选举中挫败支持穆沙拉夫的党派，成为执政党，并与谢里夫派组成联合政府，在联合政府制造的弹劾危机中，穆沙拉夫宣布辞职。② 随后人民党候选人又成功当选总统，使作为执政党的人民党首次同时拥有了治理国家的双重政治权力，巩固了"民选"政府的执政根基。可以说，2008 年大选开启了巴基斯坦两党结构的基本格局。2008—2018 年间，巴基斯坦又顺利实现了两届"民选"政府的和平交接。执政期间，人民党和谢里夫派在很大程度上实现了国内政治稳定，维护了社会秩序，防止了经济下滑，以绝对优势影响着政坛发展方向。加上两党背后力量皆是巴基斯坦传统政治家族，势力庞大，分别在信德省和旁遮普省拥有强大的选民基础，因此颇有形成两党轮替执政之趋势。尽管两党的政治地位稳定，但从 2013 年大选开始，正义运动党已崭露头角，成为第三大政党，并且凭借民心思变与领袖个人魅力等种种助力因素在 2018 年大选中获胜，没有联邦一级执政经验的正义运动党在议会中赢得了相对多数席位，打破了两党轮换格局形成的趋势，增强了巴基斯坦政党政治活力与多元发展。

第二，政治传统新变化：家族政治受到动摇。

独立后，巴基斯坦虽然一直实行多党选举，但受到社会传统的影响，宗亲关系、社会地位和民族等传统因素在巴基斯坦政治中仍发挥着重要作用。因此，巴基斯坦的主要政党一直以代表本民族利益的政治家族为主导，政党的发展在一定程度上由政治家族掌舵。

布托家族掌舵的人民党是一个以政治家族为主导的典型政党，自贝·

---

① 《新中国成立 70 年来公安反恐怖工作成就回眸》，澎湃新闻，2019 年 9 月 22 日，https：//www. sohu. com/a/342595614_389790。

② 《穆沙拉夫迫于压力宣布辞职》，新浪网，2008 年 8 月 18 日，http：//news. sina. com. cn/w/2008 – 08 – 18/164816135638. shtml。

布托的父亲阿里·布托成立人民党，其遗孀、儿子们先后担任该党主席。① 布托家族在信德省拥有大量土地，主要代表信德族利益。② 人民党的选票根植于信德省，该省作为全国人口第二重要大省使人民党在国民议会和省议会选举中占据优势。谢里夫派由谢里夫家族创立，其植根的旁遮普省是巴基斯坦第一人口大省，也是工农业最发达地区，主要代表旁遮普族利益。谢里夫家族掌握着旁遮普省的钢铁产业和农业，在该省累积了丰富的政治资源。家族成员纳瓦兹·谢里夫三度出任巴基斯坦总理。

与上述两党背后拥有强大的政治家族相比，正义运动党创始人伊姆兰·汗显得与众不同：他出生于普通的非政治家庭，这让他受到了底层人民以及思变的年轻人的支持。在 2018 年大选之后，正义运动党在联邦一级的掌权动摇了巴基斯坦政治中强大的家族政治结构。

第三，地方格局新变化：突破地方政治垄断。

地方选举对巴基斯坦政治生态有着重要影响。在 2013 年的省议会选举中，谢里夫派和人民党分别在旁遮普省和信德省获得了多数选票。正义运动党主要从开普省获得支持。但到了 2018 年省议会选举，正义运动党的"反现状运动"（The "Anti-status quo"）提出改变现状，反对裙带关系、腐败和特权阶级，③ 受到了选民的欢迎，在地方选举中产生了巨大影响。因此，正义运动党不仅巩固了在开普省的优势，而且在旁遮普省和信德省取得了显著成绩，从而改变了省议会席位的政治力量对比。特别是在旁遮普省，正义运动党赢得了 159 个席位，而谢里夫派则由 313 个席位减少到 164 个。在信德省，正义运动党赢得了 30 个席位，与 2013 年相比增加了 26 个，取得了很大进步，而谢里夫派在信德省却没有赢得席位。④ 谢里夫派和人民党对省级席位的长期垄断开始被正义运动党动摇。

---

① 《巴基斯坦的两大家族，主导政坛数十载历史影响各不同》，环球网，2017 年 8 月 15 日，https://world. huanqiu. com/article/9CaKrnK4Gm7。

② 宋轩明：《巴基斯坦族际矛盾与政党地域化初探》，《国际研究参考》2019 年第 6 期。

③ "Greeters of Aamir Liaquat and Champions of VIP Culture, and PTI still Claims to be An 'anti-status quo' Party", TRIBUNE, 2017 – 10 – 25, https://tribune. com. pk/article/59021/greeters-of-aamir-liaquat-and-champions-of-vip-culture-and-pti-still-claims-to-be-an-anti-status-quo-party.

④ 根据巴基斯坦选举委员会官网资料整理，https://www. ecp. gov. pk/frmGenericPage. aspx? PageID = 3213。

在上述变化之下，正义运动党拥有了更大的施政空间，开始"改造"巴基斯坦的政治生态，贯彻其"变革"的理念。

在国内层面，正义运动党开始加强联邦与地方之间的行政与经济联系。如联邦政府在俾路支省开始了政治和解的努力，以确保当地最大限度参与"中巴经济走廊"项目和瓜达尔港项目的开发并从中获益；在旁遮普省进行行政改组并新任命了两个职位：特别首席秘书长（ACS）和特别警察总监（AIGP），以领导南部地区的行政和警察机构；① 为了促进克什米尔北部地区经济发展，正义运动党政府已经开始为其提供"中巴经济走廊"项目合作的机会。② 同时，正义运动党也在推动一系列联邦政府改革。如重建巴基斯坦的公务员体制。2018 年 9 月，伊姆兰·汗建立了公务员制度改革工作组，负责公务员政策制定、公务员管理与聘任等，希望工作组改革重心在于减少官员任命中的政治干预，净化公务员队伍，建立举贤任能的良好风气，并通过改善公务员薪酬制度的不合理性，实现高薪养廉；③ 成立教育改革工作组和追回海外非法隐藏资金产工作组由总理直接监督，前者负责巴基斯坦国家教育体系的改革，后者负责追回巴基斯坦人非法藏匿外国资金，以实现金融反恐与反腐败。④

在外交层面，正义运动党政府领导下的中巴交往稳定中有突破。尽管巴基斯坦的新政治格局对中国来说也是前所未有的，但无论传统大党还是新兴政党都很重视与中国的友好关系。2018 年当选后，伊姆兰·汗明确表示与中国合作是新政府外交政策的重点，正义运动党政府也曾力挺"中巴经济走廊"项目，粉碎无良外媒对该项目的污蔑与质疑。⑤ 巴基斯坦政府还专门成立了中巴经济走廊管理局管理、监督和推进"中巴经济走廊"

① "Reshuffle Elicits Sharp Reaction from Officials", DAWN, 2018 - 06 - 21, https：//www.dawn.com/news/1415066.

② "Kashmir Issue Puts Pakistan's Belt and Road Projects on Fast Track", NIKKET Asia, 2019 - 08 - 18, https：//asia.nikkei.com/Spotlight/Belt-and-Road/Kashmir-issue-puts-Pakistan-s-Belt-and-Road-projects-on-fast-track.

③ "Bureaucratic Reforms", The News, 2018 - 10 - 28, https：//www.thenews.com.pk/print/377930-bureaucratic-reforms.

④ "PM forms Task Force for Civil Service Reforms", GEO NEWS, 2018 - 09 - 26, https：//www.geo.tv/latest/210140-pm-forms-task-force-for-civil-service-reforms.

⑤ 《中巴走廊是个陷阱？"巴铁"兄弟先急了》，中国经济网 2018 年 8 月 21 日，http：//www.ce.cn/xwzx/gnsz/gdxw/201808/10/t20180810_ 29996977.shtml.

项目，可见其重视程度。①

2018 年 11 月，伊姆兰·汗（Imran Khan）首次访华，与中国签署了 15 份双边合作协议和谅解备忘录，涉及科技、农业、卫生、海关、司法等多个领域，进一步加强了中巴全天候战略合作伙伴关系，深化了"一带一路"倡议之下的"中巴经济走廊"项目合作。② 2019 年，巴基斯坦在正义运动党政府领导下，与中国签署了《中国与巴基斯坦自由贸易协定 II》（CPFTA – II），双方将在原有自贸协定的基础上，大幅降低两国关税，进一步扩大贸易自由化程度，在取消税目方面由原先的 35% 提高到 75%，共计 313 项，其中包括了巴基斯坦的主要出口商品棉纱、皮革水产品、坚果等，以减小巴基斯坦对华贸易逆差，同时两国承诺为投资者提供更稳定透明的投资环境，继续推动"中巴经济走廊"建设。③ 2020 年新冠肺炎疫情暴发以来，两国依然保持了广泛的双边协调，为抗击疫情中国向巴基斯坦提供了最大的援助。疫情使许多国家的对外交往合作都按下了"暂停键"，但没有暂停"一带一路"倡议下的中巴合作和"中巴经济走廊"项目建设。

---

① 《巴基斯坦政府设立中巴经济走廊管理局　给予瓜达尔港税收减免》，中华人民共和国商务部官网，2019 年 10 月 29 日，http://www.mofcom.gov.cn/article/i/jyjl/j/201910/20191002908394.shtml。

② 《中华人民共和国和巴基斯坦伊斯兰共和国关于加强中巴全天候战略合作伙伴关系、打造新时代更紧密中巴命运共同体的联合声明（全文）》，中华人民共和国商务部官网，2018 年 11 月 4 日，http://www.gov.cn/xinwen/2018 – 11/04/content_ 5337407.htm。

③ Wang Zhihua, "CPFTA Phase – II: a new milestone in Pak-China economic, trade cooperation", China Economic Net, 2019 – 08 – 23, http://en.ce.cn/main/latest/201908/23/t20190823_ 32989865.shtml.

第七章　民族与宗教研究

巴基斯坦东接印度，西连伊朗，南濒阿拉伯海，东北与中国毗邻，西北与阿富汗交界。在巴基斯坦建国的过程中，"两个民族"理论发挥了重要的作用。基于这一理论，所有信仰伊斯兰教的人被视为一个民族。目前，巴基斯坦是世界上第二大伊斯兰国家，伊斯兰教是巴基斯坦的国教，伊斯兰教内部的教派斗争与极端主义势力是巴基斯坦国内主要的宗教问题。

第一节　民族的历史与现状

巴基斯坦是一个多民族国家，每个民族都拥有自己固有的文化和历史。巴基斯坦主要有四大民族，分别是旁遮普族（Punjabi）、信德族（Sindhi）、普什图族（Pushtun）和俾路支族（Baloch）。

一　巴基斯坦民族的形成

据 2015 年统计，巴基斯坦总人口为 1.99 亿。其中，旁遮普族约占总人口的 63%，是巴基斯坦最大的民族，也是该国的主体民族，主要聚居在旁遮普省（Punjab）。该族在巴基斯坦的政治、经济和军事领域占据主导地位，明显受巴政府政策倾斜。

信德族约占巴基斯坦总人口的 18%，是该国第二大民族，主要聚居在信德省（Sindh）。信德族在巴基斯坦国家政权中几乎处于无权地位，经济领域中也受到很大的排挤。该族于 20 世纪 80 年代发起信德独立运动，获得邻国印度的同情与支持。①

---

① 参见蓝建学《民族主义视角中的南亚国际关系》，《当代亚太》2005 年第 9 期。

普什图族约占巴基斯坦总人口的11%，主要聚居在开伯尔－普什图省（Khyber Pakhtunkhwa）。该族一度扬言要建立一个包括阿富汗东部普什图人在内的"普什图斯坦"（Pashtunistan）国家。普什图族约半数的劳动力分布在巴基斯坦其他省份，其中约30万人居住在卡拉奇。

俾路支人约占巴基斯坦总人口的5.1%，主要聚居在俾路支斯坦省（Balochistan），另有部分俾路支人生活在信德省北部。尽管俾路支斯坦的资源较为丰富，但经济却相当落后。巴国中央政府与俾路支斯坦省政府中鲜有俾路支族的政治代表。政治上的无权以及经济上的掉队，为俾路支斯坦地区极端民族主义势力的兴起提供了温床。[①]

二　巴基斯坦的民族主义

巴基斯坦民族主义源于英殖民地时期。著名的"两个民族"理论在印巴分治之前业已出现。可以说，巴基斯坦是建立在"两个民族"理论基础之上的国家。"两个民族"理论的内涵体现在两个方面：其一，将伊斯兰信仰作为巴基斯坦民族认同的基础；其二，表现为种族民族主义。第一个方面引发了持续的印巴矛盾，而第二个方面又造成巴地方分裂势力的经久不衰，严重影响了国家政治、经济灯领域的发展。

按照"两个民族"理论，所有信仰伊斯兰教的人，不分地区、种族、语言和文化传统，都属于一个民族。在巴基斯坦，无论官方还是民间，都是根据这一理论把穆斯林定义为一个民族——穆斯林民族，而把其他非穆斯林定义为少数民族。[②]

"两个民族"理论由穆斯林教育家赛义德·艾哈默德·汗（Syed Ahmad bin Muttaqi Khan, 1817—1898）于1883年首次提出，后经旁遮普诗人、哲学家穆罕默德·伊克巴尔（Muhammad Iqbal, 1877—1938）和巴基斯坦国父穆罕默德·阿里·真纳（Muhammad 'Ali Jannah, 1876—1948）加以发扬。[③]该理论认为，在南亚次大陆上的居民中，穆斯林和印度教徒

---

① 参见金松山《巴基斯坦民族问题分析》，硕士学位论文，山东大学，2016年。
② 参见杜冰《巴基斯坦两个民族理论产生的背景及影响》，《国际研究参考》2013年第2期。另参见金松山《巴基斯坦民族问题分析》，硕士学位论文，山东大学，2016年。
③ 参见杜冰《巴基斯坦的困境与前景》，《现代国际关系》2012年第3期。

在信仰、语言、风俗、服饰、节日、饮食等方面完全不同，应该以宗教属性为准绳建国。①

作为巴基斯坦国父，真纳以一个国家、一种文化、一种语言为原则，试图建立一个独立、强盛的国家。其继任者继续发扬了他的这一思想。1956 年巴基斯坦宪法的序言部分明确规定，巴基斯坦公民应当遵循《古兰经》和伊斯兰教教规的要求生活。②

1958 年，穆罕默德·阿尤布·汗（Mohammad Ayub Khan，1907—1974）夺取了国家政权，尽管他赞同伊斯兰教的改革，但仍然把伊斯兰教法和国法不能冲突的原则写入了 1962 年宪法。高度的伊斯兰化政策要到 1973 年佐勒菲卡尔·阿里·布托（Zulfikar Ali Bhutto）执政时才确立，并写入了新宪法。这一举措表明了巴基斯坦是一个伊斯兰国家，同时确认了乌尔都语为巴官方用语。同时试图采取措施，在未来的十五年内，以乌尔都语逐步取代英语。1977—1988 年穆罕默德·齐亚·哈克（Muhammad Zia-ul-Haq，1924—1988）执政期间所制定的政策则表现出更加明显的宗教教条化倾向。他的政策将乌尔都语列为巴基斯坦学校教育的必修课。同时，自 1989 年起，组织乌尔都语的国家考试。纳瓦兹·谢里夫（Nawaz Sharif）则于 1998 年领导制定了第 15 个宪法修正案，规定巴基斯坦必须使用伊斯兰教法，再次强化了国家的伊斯兰化政策。

"两个民族"理论与巴基斯坦的建国实践，不仅造成了印巴、巴阿之间的矛盾，极大地改变了全球反恐与地区战略格局，对巴国内的政治安全也产生了深远影响。实际上，建国之初，真纳试图建立的是一个多元的世俗化国家，伊斯兰教只是其用来凝聚人心的手段，而国家具体的治理，究其实质，可谓是现代西方式的。然而，必须意识到，真纳的这一理念和伊斯兰政教合一的政治理想背道而驰。西方式的政治制度与伊斯兰的意识形态存在本质上的冲突，而这一点也导致了后来巴民众对国家的认知与认同无法达成一致。

印巴分治之前，经济领域中，巴基斯坦各地区尚未形成统一的市场，

---

① 参见杜冰《巴基斯坦：天国与亵渎》，《世界知识》2011 年第 3 期。另参见杜冰《巴基斯坦政治危机凸显体制顽疾》，《国际资料信息》2011 年第 2 期。

② 参见金松山《巴基斯坦民族问题分析》，硕士学位论文，山东大学，2016 年。

彼此之间的经济往来也不密切，唯一的纽带是宗教，但虔敬并不能和对国家的认同画上等号。[1] 巴基斯坦各民族的矛盾不仅难以在体制内得到有效的缓解，反而往往易于激化。至今，巴基斯坦地方分裂势力仍然是巴国家安全所面临的重要威胁。[2]

尽管可以说，巴基斯坦是一个伊斯兰国家，但如果将伊斯兰教或穆斯林文化简单地同巴的国家意识形态画上等号，并不恰当。究其原因，主要如下：第一，语言、服饰、饮食、文化艺术等方面，各民族都有一些非宗教性的习俗；第二，巴基斯坦各地区存在着历史遗留的文化差异；第三，南亚次大陆上有着悠久的宗教折中、融合的特性，包括伊斯兰、半伊斯兰以及非伊斯兰之间；第四，以往的文化传统的持续性与巴当下的社会需求之间存在矛盾。

第二节　主要民族问题

按照"两个民族"理论的设想，信仰伊斯兰教的人，无论地区、种族、语言、文化等，都属于同一个民族。这种给予宗教认同的民族划分标准，忽视了巴基斯坦国家中各个民族的特性，因此必然导致实践中的一系列问题，这给巴基斯坦的国家建设带来严峻的挑战。

一　巴基斯坦的地方民族主义问题

巴基斯坦最主要的民族问题是巴国内各个地区的地方民族主义，严重影响了巴国家安稳和经济发展。20 世纪 50 年代，东巴基斯坦掀起的民族主义问题，导致后来孟加拉国的独立，便是该问题最典型的一例。

20 世纪 50 年代，为了解决在地理上并不接壤的东西巴基斯坦两个地区管理上的不便，巴政府曾推行"一个单元"政策，将西巴基斯坦诸省份合并为一个省。这项政策成为后来巴地方民族主义运动的导火索。旁遮普人是"一个单元"政策最大的受益者，而其他民族的利益却受到减损。此后，即便"一个单元"政策在 20 世纪 70 年代被终止，巴建国时设立的

---

[1]　参见金松山《巴基斯坦民族问题分析》，硕士学位论文，山东大学，2016 年。
[2]　参见张玉兰《巴基斯坦的宗教问题》，《当代亚太》1998 年第 8 期。

行政区划被恢复，但"一个单元"政策在地方上所引发的民族情绪却很难缓和。诸如信德人、俾路支人以及旁遮普省的萨莱基人所发起的民族主义运动，都是这一政策所导致的结果，它们在巴国家政治生活中产生了重大的影响。

（一）信德民族主义运动

信德人视本民族文化起源于印度河流域，并对本民族的文化与语言有着强烈的自豪感。印巴分治之前，印度教徒在信德省的城市中占据着主导地位，他们掌握着地区的经济命脉。然而，分治之后，他们则被迫离开本省，迁徙至印度。与此同时，操乌尔都语的印度穆斯林则迁入信德省，他们自称穆哈吉尔人（Mohajirs）。穆哈吉尔人填补了信德省内由于印度教徒的离开所留下的空缺。1948 年，信德省的卡拉奇被确定为巴基斯坦国家的首都后，由穆哈吉尔人和旁遮普人构成的新兴资本家阶层逐步掌控了卡拉奇的经济命脉。如今，卡拉奇是巴基斯坦最为繁华的城市，大量工商业资源集中于该市。不过，信德省其他地区新党人的生活却很贫困。

尽管信德省缴纳税额占国家税收相当大比重，但鉴于信德省相对较少的人口，返还的很少。信德地区农村人口受教育程度较低，文盲率高达65%，公共卫生服务则近乎缺失。大部分在信德的工厂和企业不属于信德人所有。军队和征服机构中的信德人大概只有 5% 的代表率。[1] 此外，巴基斯坦政府在印度河上游旁遮普省内修建大坝与运河，对下游信德省的水资源造成了极为严重的影响。

信德民族主义运动领袖古兰·穆尔塔扎·沙·萨义德（Ghulam Murtaza Shah Syed）曾是国父真纳"两个民族"理论的积极倡行者。巴基斯坦独立后，他又转而开始推动信德自由运动。信德民族主义者可以分为三个派别：其一为要求独立的极端派，追随萨义德的理念，主张完全从巴基斯坦独立；其二为温和派，该派别主张在国家内部获得自治权；其三为封建力量，掌控了信德省的农村地区，该派别虽然在信仰上认同信德民族主义，但是更在意保持现状，维护既得利益。[2] 萨义德去世后，信德自由运动演变成十多

---

① Ashok K. Behuria, Sindhi, Baloch and Pakhtun Responses to Nation Building, New Delhi: Institute for Defence Studies and Analyses, No. 43, 2015, p. 76.

② 参见陆洋、史志钦《巴基斯坦地方民族主义运动和国家治理政策探析》，《国际论坛》2017 年第 1 期。

个要求从巴基斯坦独立的政治团体。这些政治团体包括信德省国民阵线
（Jeay Sindh Qaumi Mahaz）、信德联合阵线（Jeay Sindh Muttahida Mahaz）、
信德民族主义党（Jeay Sindh Qauparast Party）、信德联合党（Sindh United
Party）等。其中，信德联合阵线是目前最为极端的民族主义组织。2002 年
后，信德省内部发生了多起针对铁路和政府机构的炸弹袭击。近年来崛起
的军事化组织信德斯坦自由军（Sindhudesh Liberation Army）是信一支德联
合阵线的地下军事组织，该组织宣称对诸多暗杀活动负责。① 巴基斯坦政府
密切关注着信德民族主义团体在信德省内的活动，然而军警不加区别的反
制措施，导致信德省分裂主义者更加强硬的反弹。信德省的安全状况进一
步恶化，成为巴基斯坦政府无法回避的问题和困局之一。

信德民族主义的发展极大地加强了信德人的民族认同，然而，信德省
从巴基斯坦脱离并独立的可能性并不大。这是因为民族主义内部派别林
立，缺乏凝聚力；此外，人民党这一巴国家的主要政党在信德省内的力量
相当强大，使得力量本就较为分散的民族主义难以与之匹敌。

（二）俾路支民族主义运动

俾路支省位于巴基斯坦西南部，与阿富汗和伊朗接壤。印巴分治时，
俾路支省的卡拉特邦拒绝加入巴基斯坦，从而引发该省的民族问题。巴政
府企图以武力强行吞并卡拉特，却导致了 1948 年的民族起义。而到了
1958 年，出于对"一个单元"政策的反对，俾路支人又再度发起了起
义。② 类似的武装冲突，直到 20 世纪 70 年代末才逐渐趋于缓和。③

俾路支省是巴基斯坦人口最少的省份。而在巴基斯坦议会和中央政府
中，该省的代表也很少。俾路支省的教育、公共卫生等方面的水平也都落
后于巴基斯坦其他省份。尽管该省占据巴基斯坦国内大部分的海岸线，也
拥有极为丰富的自然资源，但俾路支人却未能从中获益。民族主义者认

---

①　Sindhi Separatists Announce Comeback, Pakistan Today, Februrary 26, 2012.

②　Alok Bansal, Balohistan in Turmoil: Pakistan at Crossroads, New Delhi: Institute for Defence
Studies and Analyses, 2010, pp. 37 – 39.

③　目前的叛乱始于 2005 年 1 月，而俾路支民族主义领导者那瓦布·布格提（Nawab Bugti）
于 2006 年被暗杀更加剧了当前阶段的冲突。暴力主要针对基础设施和安全部队发起，此外还有针
对政治领袖的暗杀。民族分裂主义恐怖组织俾路支斯坦解放军（Balochistan Liberation Army）就是
在这一时期迅速崛起，成为俾路支反政府势力的重要代表。Safdar Sial ed. , Conflict and Insecurity in
Balochistan, Islamabad: Narratives, 2012, pp. 35 – 73.

为，政府对天然气开采使用费的分配带有歧视性质，其他省份所获得的开采使用费的利率要高于俾路支省，而获得的天然气补助相应也更高。[1] 此外，天然气工业中较高收入的岗位也被外省的劳动力占据。另外，中国在俾路支省进行的大型基础建设项目，如瓜达尔港项目，以及连接卡拉奇的高速公路项目，常常成为民族主义者攻击的目标。民族主义运动领袖往往声称，这些项目并没能为俾路支人带来实质性的益处，新建的道路连接了其他省份，却并没有通往省内腹地。项目的所有权也不属于俾路支人，而归属于巴中央政府。[2]

近年来，包括来自阿富汗难民在内的外来移民，也对俾路支民族主义的发展起到了推波助澜的作用。在俾路支省首府奎达，来自阿富汗的普什图人已经占据城市总人口的30%，极大地改变了人口结构，进一步加深了俾路支人对本民族在政治、经济领域中被边缘化的担忧、不满，最终导致了民族主义者对这些新移民的袭击事件。[3]

与信德民族主义不同的是，俾路支民族主义者中真正持分裂立场的人只占据很小的比例。此外，巴中央政府的过激举措也是加剧俾路支民族主义极端化发展趋势的元凶质疑。此外，由于毗邻阿富汗，欧美在阿富汗的反恐行动对俾路支省的稳定也产生了动荡。北约驻扎阿富汗盟军的供给路线之一便经过俾路支省，北约车队在该路线上曾多次遭受民族主义的袭击。巴中央政府为了配合北约的反恐行动，在俾路支省内部署了大量军力和警力，往往采用极端措施镇压民族主义，例如压迫和绑架民族主义者，杀害政治领袖等，使得俾路支地区的安全不断恶化，暴力活动屡禁不止。

（三）萨莱基民族主义运动

与信德和俾路支民族主义运动的诉求不同，旁遮普省内的萨莱基民族主义则相对温和，并不主张独立，而是要求扩大本民族的地区影响力，试图通过政治活动为本民族在省内发声。

---

① Meezan Z. Khawaja, Abid Q. Suleri and Babar Shahbaz, Natural Resource ALLocation in Balochistan and NWFP: Reasons for Discontent, SDPI Working Papers Series No. 111, Islamabad: Sustainable Development Policy Institute, 2009, pp. 4 – 9.

② Alok Bansal, Balohistan in Turmoil: Pakistan at Crossroads, New Delhi: Institute for Defence Studies and Analyses, 2010, pp. 227 – 229.

③ Safdar Sial ed., Conflict and Insecurity in Balochistan, Islamabad: Narratives, 2012, pp. 35 – 73.

　　旁遮普省由中北部地区、西北部地区和西南部地区构成，各地方言差异较大。萨莱基人集中的西南部地区的方言为萨莱基语，这是该民族自我认同的基础。特别是在建国后，该语言逐步发展成为旁遮普省西南部地区族群联系的象征。旁遮普省内西南部地区相较于其他地区的经济发展水平始终处于落后的地位。萨莱基民族主义者认为，政府将过多的资源集中配置于中北部地区，导致了资源配给上极大的不平衡，忽视了萨莱基人的利益。由于西南部地区还同信德省接壤，在文化习俗上也有同后者相通之处，这进一步加剧了萨莱基人的疏远感。①

　　无独有偶，"一个单元"政策也影响了萨莱基民族主义运动的形成。旁遮普南部的巴哈瓦普地区在该政策终止后，始终没能恢复原先的行政地位，而被并入旁遮普省，最终酝酿出一场试图恢复巴哈瓦普省地位的政治运动。1970 年 4 月 24 日，民族主义者第一次走上街头发起示威游行，却遭到警方镇压，导致 2 人死亡，数百人受伤。这一运动虽然以失败告终，但却成功地调动了旁遮普省内萨莱基人的民族认同感。此后，萨莱基人又发起了建省运动。不同于巴哈瓦普运动，这一运动更加强调萨莱基语的重要性，并以此为民族认同的基准，要求以该语言进行出版印刷，并在广播媒体中使用该语言进行播报。此外，这一运动也主张改善经济上的不平等，强求政府为萨莱基人提供更充分的就业机会，提高他们在政府中任职的占比。②

　　1998 年，巴基斯坦各个地方民族主义运动联合起来，发起了"巴基斯坦被压迫者民族主义运动"（Pakistan Oppressed Nationalist Movement）。借着这一运动所提供的契机，萨莱基民族主义运动也获得了突破，各个地方正当得以团结在一起，在巴基斯坦的国家层面上发出本民族的声音，令政府意识到了萨拉基民族的问题。③

　　萨莱基民族主义运动在经年累月的发展中取得了很大的成就。以萨莱

---

①　Rehana Saeed Hashimi and Gulshan Majeed, Saraiki Ethnic Identity: Genesis of Conflict with State, *Journal of Political Studies* 21 （1）, 2014, pp. 79 – 101.

②　Rehana Saeed Hashimi and Gulshan Majeed, Saraiki Ethnic Identity: Genesis of Conflict with State, *Journal of Political Studies* 21 （1）, 2014, p. 96.

③　Rehana Saeed Hashimi and Gulshan Majeed, Saraiki Ethnic Identity: Genesis of Conflict with State, *Journal of Political Studies* 21 （1）, 2014, p. 97.

基语为基础，这一民族主义运动也堪称一场文化复兴运动。而萨莱基省也逐步成为继巴基斯坦国内四大民族外另一支重要的力量，萨莱基语在官方场合获得承认。不唯如此，萨莱基建省问题也成为一项政府议题。2012年在人民党主席扎尔达里任总统期间，巴基斯坦国民议会通过了成立南旁遮普省的决议。① 尽管该决议带有明显的笼络选民的政治目的，但不可否认的是，萨莱基民族主义已经成为巴基斯坦国家政府重视的问题。

当然，萨莱基民族主义运动自身存在着缺陷，使得其难以继续深入推进。一方面，尽管这一运动塑造了萨莱基人的民族形象，但萨莱基人有意识地使用本民族语言仍有很长的路要走。其次这一运动也被认为给国家政治、经济安全带来诸多严重挑战，以民族为基础建立新的行政区划，可能会加剧巴国内其他地区的民族主义运动。此外，萨莱基民族主义运动的很多政治领袖往往居住在拉合尔、伊斯兰堡这样的大城市中，与本地民众脱节，而民生现状也并未因为运动的开展而得到明显的改善。

二 巴基斯坦地方民族主义问题的成因和巴政府的对策

国族建构、国家结构和国家资源三个方面的原因导致了巴基斯坦国内地方民族主义问题的盛行。

国族建构方面，"一国一族"理论是现代民族国家建立的基础，国族建构和国家认同对于国家的统一和完整性非常重要。作为一个社会基础多元化的国家，巴基斯坦在建国后，以伊斯兰教为国家认同基础，但这种宗教上的认同并不必然导致国内各民族自发的对国家的认同。然而，巴国家政府在这方面却缺乏可行的推动措施，未能切实有效地处理好民族关系，并在促进民族融合上发挥良好的作用。巴基斯坦统治阶级中的精英阶层大多是在印巴分治时期，从印度迁徙而来，在当地缺乏群众基础。为了巩固新的政权，他们倾向于动用武力来维护统治，将地方民族的抱怨和不满视作对国家秩序的挑战和外部敌对势力的煽动。各种对地方民族主义运动镇压的手段，导致国内部分民族政治运动领袖公然鼓吹分裂。

---

① 不过，仅仅通过决议还不足以建省，还需立案并由国民议会和旁遮普省议会三分之二多数的表决通过才有可能实行。Punjab Assembly: Resolutions on South Punjab, Bahawalpur Province Today, The Express Tribune, May 9, 2012.

　　国家结构方面，巴国内的政治实践体现出集权和分权两种倾向的特点。一方面联邦中央拥有过大权力，另一方面地方政府的权力则相对较小。1940 年的"拉合尔决议"清楚地阐明了巴基斯坦是一个联邦制国家，一切管理单元自治、自主，这表明，巴基斯坦国家制度的建立是以自由主义为基础的。然而，由于巴基斯坦是在特殊的历史条件下建国的，在现实实践中，国家政府更加青睐集权的方式以巩固政权。现行宪法仍然确立了巴基斯坦是一个联邦共和制国家，然而政治治理上却带有明显的高度集权色彩。行政权高于立法权，而与司法权又相互混淆，此外，中央政府还拥有对省的否决权，这一切都加剧了地区民族问题中的不稳定因素。[1]

　　资源分配方面，由于中央和地方政府中精英阶层占据主导，导致各省之间乃至省内部的资源分配不均，巴国内政治文化甚至带有浓重的世袭色彩。政治权力往往掌握在地方豪族手中，例如布托、谢里夫等家族，都是地方大族。毋庸置疑，以家族为基础的利益集团，总是更加注重自身以及自身所在地区的利益。通过操控选举，维护自身特权地位，巴基斯坦国内的大家族往往能够获得政治、经济上的优惠。例如，谢里夫家族和布托家族主导了穆斯林联盟（Pakistan Muslim League）和巴基斯坦人民党（Pakistan People Party）这两支巴国内历史最为悠久、实力最为雄厚的政党，分别代表了旁遮普省和信德省的利益。为了拉拢民众，两大家族动用一切手段将国家资源源源不断地输入本地。特别是旁遮普省，其经济发展水平要远高于其他省份。这自然会引发其他地区的不满情绪。因此，被边缘化的各民族通过民族主义运动团结起来，提出诉求，要求以民族为基础重新进行行政划分，使国家资源的分配能够合理化。[2]

　　如前所述，在巴基斯坦国内，始终都有建立新省的声音和讨论。其益处诸多，例如新省的政府管理机构必然会令当地政府内就业机会增多，并能够重新分配中央资源，获得更多地区发展所需资金。新省能够通过自主、自治，实现自身发展目标，这能改善原先被边缘化的民族在政治方面的参与度，从而极大地调动起地方的积极性。另外，新增行政单位还能够

　　[1]　I. H. Malik, The Politics of Ethnic Conflict in Sindh: Nation, Religion and Community in Pakistan in Subrata K. Mitra and R. Alison Lewis eds. , *Subnational Movements in South Asia*, Boulder: Westview Press, 1996, p. 69.

　　[2]　参见张华琴、刘成琼《巴基斯坦政治文化发展探析》，《南亚研究季刊》2008 年第 2 期。

减轻目前国内政府的负担——巴基斯坦国家政府的决策层主要集中在拉合尔、卡拉奇、白沙瓦等省会城市，因而不可避免地将更多精力放在城市发展上——从而加速决策过程，提高政治效率，也能令教育、医疗、道路等资源得到合理配置，也令长期被忽视的地方民族重拾对政府的信心。然而，以民族为基础的建省途径，是否真能有效改善巴国内目前的政治与民生状况，尚有待观察。①

目前，巴国内对于如何抑制地方民族主义运动发展、缓解民族矛盾达成了一定共识，其中很重要的一点就是要考虑被边缘化民族的利益，表现为通过下放权力，扩大地方自主权，这在2014年4月巴国民议会所通过的宪法第18号修正案中有着明显体现。该修正案包含了自现行宪法实施以来力度最大的权力下放条款。就巴中央和地方关系方面而言，该修正案扩大了地方政府的权限，采取了缓和中央和地方紧张关系的措施，表现为加强"共同利益委员会"（Common Interests Council）这一中央和省之间沟通桥梁的作用——两者之间的纷争首先提交共同利益委员会处理，而非直接由最高法院进行裁判。该修正案废除了"共同立法表"（concurrent list）——规定了在婚姻、合约、枪支持有、劳动、教育课程、环境污染、破产等40个不同的领域，联邦和省级政府都可以立法，但联邦法律优先于省的法律。随着"共同立法表"的取消，这些领域的立法权被下放到了省一级的议会。该修正案还重新确立了国家税收在中央和省政府之间的分配，并对联邦政府在税收方面的权力进行了限制。此外，该修正案还照顾了被边缘化的阶层和省份，通过制度设计，使这些阶层和省份在政府机构中代表名额的不足问题通过宪法途径得以矫正。②

宪法第18号修正案旨在通过权力下放，改善中央和地方之间的紧张关系，并为国内社会发展提供良机，通过加强地方的能力来加强国家能力。不过，从目前的实践来看，权力的下放主要表现为从首都转移至省首府，尚未真正到达基层，政策以及财政上的控制还集中在省的立法和行政机构手中。巴国内对该修正案的出台争议颇多，一部分人认为下放权力尚

---

① Anas Malik, *Political Survival in Pakistan*: *Beyond Ideology*, London and New York: Routledege, 2011, p. 145.

② 参见陆洋、史志钦《巴基斯坦地方民族主义运动和国家治理政策探析》，《国际论坛》2017年第1期。

不充分，而另一部分人则认为权力下放的推行过于急躁。① 当然，目前，巴基斯坦国内中央与地方的矛盾依然尖锐，资源丰富的地区并不愿意同中央分享利益，与此同时，又主张更大的自治权限。省与省之间，小的省份不满大省在中央以及军队中过大的影响力，希望获得平等的利益。需要注意的是，第18号修正案中并未触及几乎不受地方政府管理的中央直辖地区，这也成为影响巴国内团结和稳定的不利因素。② 此外，在肯定修正案在缓和民族矛盾、增强民族凝聚力等方面做出了积极尝试外，也不能忽视它对地方民族主义运动要求建立新省份诉求的无视。

第三节　宗教的历史与现状

伊斯兰教是巴基斯坦的国教，在国家的政治和社会生活中扮演着至关重要的角色。巴基斯坦的伊斯兰教以逊尼派和什叶派为主，各自又拥有多个派别，其中逊尼派是主流，下有阿赫玛迪亚、代奥本德、巴列尔维和瓦哈比等派别。与印度相似，巴基斯坦的伊斯兰教带有明显的苏菲派以及种姓制度的特征。③

一　以伊斯兰教为基础的伊斯兰国家

基于伊斯兰教国教的地位，巴基斯坦民众中约有97%为穆斯林，其中逊尼派穆斯林约占90%，分布在全国各地；什叶派穆斯林约占10%。相当一部分逊尼派穆斯林属于阿赫玛迪亚派（Ahmadiyah）。当前，阿赫玛迪亚派穆斯林在全球的数量有1000多万，其中400万生活在巴基斯坦，主要集中在旁遮普省。巴基斯坦的什叶派穆斯林多属十二伊玛目派，分布在全国各省。另有少数伊斯玛仪派成员，主要聚居在卡拉奇和北部地区。④

---

① Five Years of the 18th Constitutional Amendment: Federalist Imperatives on Public Policy and Planning, *Development Advocate Pakistan*, Vol. 2, Issue 1, 2015.

② 参见李青燕《巴基斯坦宪政改革及其影响》，《国际问题研究》2010年第5期。

③ 参见傅小强《巴基斯坦民族宗教概况》，《国际资料信息》2003年第2期。

④ 参见张玉兰《巴基斯坦的宗教问题》，《当代亚太》1998年第8期；另参见黄平《"一带一路"建设中的宗教风险——以巴基斯坦为例》，《上海交通大学学报》（哲学社会科学版）2017年第3期。

真纳在建国之初，尽管利用了伊斯兰教，却并不主张建立一个政教合一的国家。于他而言，在国家事务上，所有的宗教徒都被视为是巴基斯坦国民，穆斯林不再是穆斯林，而印度教徒也不再是印度教徒。宗教是私人生活的领域，而与国家事务无关。矛盾的是，巴基斯坦在修订宪法的过程中，总是不忘强调坚持伊斯兰的基本信仰和原则。可以说，巴基斯坦在走向独立的过程中，始终是以伊斯兰教为基础的，尽管其政治实践有世俗化与现代化特点，但也奉行伊斯兰化的政策。

建国后的巴基斯坦在确定国家体制与制定宪法的过程中多有争议，无论是在制宪议会还是宗教界中，有主张建立一个伊斯兰神权国家的保守派，也有希望主张西方民主制形式的开放派。不过，最终依然确立的是巴基斯坦国家和宪法的伊斯兰性质。1956 年宪法规定，巴基斯坦是一个"伊斯兰共和国"，"国家元首必须是穆斯林"。[1] 1962 年宪法则将国名改为"共和国"，增加了设立"伊斯兰思想咨询委员会"内容的条款，维护国家的伊斯兰精神和价值观。不过，在反对党和宗教界的施压下，翌年又恢复了"伊斯兰共和国"的国名，并规定当下及未来全部的法律都不得抵触《古兰经》和逊奈。[2] 1973 年宪法则规定伊斯兰教为巴基斯坦国教，并宣布"将努力在伊斯兰教团结的基础上保持和加强同穆斯林国家的兄弟关系"。[3]

巴基斯坦政治决策者将伊斯兰教规定为巴国教并大力奉行伊斯兰化政策，有其利益考量。首先，在一个穆斯林占绝大多数人口的国家中推行伊斯兰化，能够争取到民众的支持。这对军人政权而言，尤为关键。其次，宗教势力在巴基斯坦的影响力相当强大，能够获得他们的支持也十分重要。再次，执政者能够借助伊斯兰教的教义攻击反对派，例如 1965 年巴基斯坦宗徒选举时，联合反对党提名候选人法蒂玛·真纳遭到阿尤布·汗的极力反对，后者所基于的理由就是妇女担任国家领导人违背伊斯兰教教

---

① 参见张玉兰《巴基斯坦的宗教问题》，《当代亚太》1998 年第 8 期；另参见张玉兰译《巴基斯坦》，中国社会科学院南亚与东南亚研究所 1987 年版，第 66 页；另参见严天钦、石坚《土耳其和巴基斯坦政教关系对比研究》，《南亚研究季刊》2012 年第 1 期。

② 参见傅小强《巴基斯坦民族宗教概况》，《国际资料信息》2003 年第 2 期；另参见张玉兰译《巴基斯坦》，中国社会科学院南亚与东南亚研究所 1987 年版，第 81—85 页。

③ 参见李德昌《巴基斯坦的政治发展》，四川大学出版社 1989 年版，第 149—150 页。

义；而军人政权在取缔政党时，则宣称在伊斯兰教教义中根本没有政党的概念以及西方式的民主体制。最后，还能争取到其他伊斯兰国家的同情和支持。海湾阿拉伯国家是巴基斯坦侨汇的主要来源，每年汇回的侨汇超过20亿美元，此外，这些国家同时还是巴基斯坦农产品的出口市场，它们的经济援助对巴国内经济建设实为重要。①

二 伊斯兰教以外的少数宗教

除伊斯兰教外，巴基斯坦还存在印度教、基督教、巴哈伊教、拜火教、锡克教、佛教等少数宗教。

在巴基斯坦，印度教是仅次于伊斯兰教的第二大宗教。建国后第一次人口普查时，印度教徒占据了西巴基斯坦（即现在的巴基斯坦）总人口的1.6%，占东巴基斯坦（现在的孟加拉国）总人口的22%。② 到了1998年人口普查时，印度教徒约占巴基斯坦总人口的1.85%。③ 而按照巴基斯坦印度教委员会（Pakistan Hindu Council）所称，在巴基斯坦生活着800万印度教徒，占到了总人口的4%。④ 根据皮尤研究中心（Pew Research Center）的调查，2010年时，巴基斯坦是世界上拥有印度教徒人数排名第五的国家，而到了2050年，则可能上升至第四，预计届时印度教徒人数将达到560万，占全国总人口的2%。⑤ 巴基斯坦建国后，约有470万印度教徒和锡克教徒从西巴基斯坦逃往印度。⑥ 印度教徒主要集中在信德省，操包括信德语在内的各类方言。尽管印度教在巴基斯坦是少数宗教，但内部派别却十分复杂。农村地区的印度教徒跟随精神导师（Sufi pirs）或者信奉14世纪的圣人兰德福（Ramdevji）所创立的派别，而城市中的印度教徒则往往与国际奎师那知觉协会（ISKCON）有关，此外还有诸多崇拜其他神灵的派别。

---

① 参见傅小强《巴基斯坦民族宗教概况》，《国际资料信息》2003年第2期。

② Chandrima Chakraborty, Mapping South Asian Masculinities: Men and Political Crises, New York: Routledge, 2014, p. 54.

③ Population by Religion, Pakistan Bureau of Statistics, 2003.

④ Hindu Population, Pakistan Hindu Council, 2018.

⑤ Countries With the Largest Hindu Populations, 2010 and 2050, Pew Research Center, 2015.

⑥ Airf Hasan and Mansoor Raza, *Migration and Small Towns in Pakistan*, New York: Oxford University Press, 2009, p. 12

基督教在巴基斯坦的信徒人数排在印度教之后。2005 年的估计显示，巴基斯坦基督教的人数约有 400 万，占据总人口的 2%，其中天主教徒和新教徒占据了绝大多数，此外还有一小部分东正教徒生活在巴基斯坦。[1] 约 75% 的基督徒生活在旁遮普省。巴基斯坦的基督徒主要是数个世纪前印度教徒中低种姓皈依者的后人，因此他们在国内受到歧视。据统计，巴基斯坦全国清洁工人中的 80% 都是基督徒。[2]

巴哈伊教也是目前巴基斯坦国内的少数宗教之一。早在 19 世纪中期，巴哈欧拉就鼓励他的追随者前往今天巴基斯坦的地区传播巴哈伊教。1921 年，卡拉奇的巴哈伊教信徒们组建了首个巴哈伊地方灵修大会（Local Spiritual Assembly）。1923 年，整个印度（包括今天的巴基斯坦）又建立了巴哈伊全国灵修大会（National Spiritual Assembly）。1957 年，东西巴基斯坦又成立了独立于印度的全国灵修大会。[3] 1979 年，受苏联入侵阿富汗以及伊朗革命的影响，两地的巴哈伊教徒又涌入了巴基斯坦。今天，巴基斯坦的巴哈伊教徒可以公开举行集会，建立学术教育中心，组建自己的委员会。[4] 但是巴基斯坦政府禁止巴基斯坦的巴哈伊教徒前往以色列总部朝圣。

锡克教也是巴基斯坦的少数宗教之一，大部分锡克教徒居住在旁遮普省。然而锡克教宗师撒西布·吉（Sahib Ji）的出生地就位于旁遮普省。18、19 世纪，锡克教徒在今天的巴基斯坦地区势力非常大，甚至建立了第一个锡克教王国，定都于拉合尔。然而在巴基斯坦建国后，许多锡克教徒和印度教徒一样纷纷前往印度。一直到数十年后，巴基斯坦国内的锡克教才慢慢开始重新组成团体，建立了巴基斯坦锡克教金庙管理委员会（Pakistan Sikh Gurdwara Prabandhak Committee），代表了巴国内的锡克教群体，并保护他们的圣地和遗产。巴基斯坦政府也开始允许本国的锡克教徒

---

[1]　Country Profile: Pakistan, Library of Congress Country Studies on Pakistan, 2005.

[2]　Zia ur-Rehman and Maria Abi-Habib, "Sewer Cleaners Wanted in Pakistan: Only Christians Need Apply", The New York Times, 4 May 2020.

[3]　History of the Bahá'í Faith in Pakistan, National Spiritual Assembly of the Bahá'ís of Pakistan, 2008.

[4]　The Right of Belief in Egypt: Case study of Baha'i minority, Al Waref Institute, 2009.

前往印度朝圣，并接纳印度的锡克教徒进入巴基斯坦朝圣。[①]

巴基斯坦的拜火教徒人数约有 4000 名。15 世纪，拜火教徒开始在今天的信德省地区定居，并成立了他们自己的团体。这些外来者被当地人称为"波斯人"（Parsi）。巴基斯坦建国之时，大部分的拜火教徒生活在卡拉奇和拉合尔。其中卡拉奇的拜火教徒人数最多。但在建国后，许多拜火教徒却纷纷移民至国外。今天，巴基斯坦的拜火教徒主要承担社会工作、商贸、媒体和外交等领域的工作。巴基斯坦国父真纳的妻子拉蒂·拜（Ratti Bai）就来自一个皈依伊斯兰的波斯人家庭。[②]

佛教在巴基斯坦有着悠久的历史，在流经巴基斯坦腹地的印度河谷至今矗立着许多古代的佛塔。根据 2013 年的报道，巴基斯坦的佛教徒人数在 1500 人左右。2012 年时，巴基斯坦国家数据库和登记局（National Database and Registration Authority）统计国内佛教徒人数为 1492 人。2017 年时，佛教徒的人数增长至 1884 人，主要居住在信德省和旁遮普省。[③] 然而目前巴基斯坦国内可以举行宗教仪式的佛教寺院只有位于首都伊斯兰堡外国使馆内的寺庙，诸如斯里兰卡驻巴基斯坦大使馆。

第四节   主要宗教问题

如前所述，由于巴基斯坦是建立在伊斯兰教基础上的伊斯兰国家，建国后，巴国内围绕着国家体制、伊斯兰教在政治、社会生活中的地位以及未来发展道路的选择等重大问题方面，执政者与宗教界人士之间爆发了严重的分歧和斗争。不仅如此，巴基斯坦的伊斯兰教内部的教派斗争也反反复复，时断时续。宗教问题导致近几十年来巴基斯坦政局动荡，严重影响了社会的稳定。

---

① Pakistan—International Religious Freedom Report 2008, United States Department of State, 2008.

② Quaid i Azam Muhammad Ali Jinnah: Early days, Government of Pakistan, 2008.

③ Vesak Festival in Islamabad, http://www.mfa.gov.lk/index.php/en/missions/mission-activities/6499-sri-lanka-the-next-paradise-destination-for-investments-minister-mangala-samaraweera-in-paris, 3 – 10 – 2020.

一　伊斯兰教内部的教派之争

巴基斯坦最主要的宗教冲突不是伊斯兰教和其他少数宗教之间的冲突，而是伊斯兰教内部各派别间的冲突。建国之初，巴基斯坦便深深陷入了各教派争端与冲突的泥潭之中。尽管巴基斯坦政府历任领导者都未能有效遏制教派冲突，但直至 20 世纪 80 年代以前，巴国内的教派冲突问题尚不十分突出，且主要发生在逊尼派及其内部被视为"异端"的教派之间。然而，20 世纪 80 年代开始，巴基斯坦国内教派冲突变得愈发严重，争斗的主战场逐步转向了逊尼派和什叶派之间。陷入冲突中的每个教派都宣称自己才代表了真正的伊斯兰教，并将在清真寺中杀害知识分子以及无辜信众视为表达宗教虔诚的行为。[①] 1985—2005 年间，至少有 2000 人因教派冲突丧命。[②] 仅仅在 2001 年这一年内，便有 270 人遇难。[③]

巴基斯坦国内伊斯兰教各教派关系十分复杂，占绝大部分穆斯林人口的逊尼派下有四个不同的派别——代奥本德派、巴列维派、瓦哈比派以及以伊斯兰促进会为代表的现代主义运动。这些派别的立场各异，其中代奥本德派同什叶派的关系最为紧张。

建国以来，自 20 世纪 50 年代至 70 年代，巴基斯坦国内伊斯兰教派斗争主要发生在逊尼派和阿赫玛迪亚派之间。1953 年 1 月，逊尼派穆斯林发起了反阿赫玛迪亚派运动，要求政府制定伊斯兰化宪法，将阿赫玛迪亚派定义为少数派，并将该派成员排除出重要的政府岗位。在伊斯兰促进会的支持下，卡拉奇、拉合尔等大城市中发生了反阿赫玛迪亚派的游行示威，乃至暴动。[④]

20 世纪 80 年代以前，巴基斯坦教派斗争主要表现为游行示威、暴乱或罢工等形式。此后，除了以上这些形式，还陆续出现了爆炸、暗杀等相对隐蔽的恐怖活动。[⑤] 齐亚·哈克上台后，伊斯兰教立法取得重大进展，

---

① 参见黄平《"一带一路"建设中的宗教风险——以巴基斯坦为例》，《上海交通大学学报》（哲学社会科学版）2017 年第 3 期。

② M. Nadeem Shah, Evolution of Sectarianism in Pakistan, A Threat to the State and Society, *South Asian Studies*, 2014, 29 (2), pp. 443 – 461.

③ International Crisis Group, The State of Sectarianism in Pakistan, Asia Report, No. 5, 2005.

④ 参见张玉兰《巴基斯坦的宗教问题》，《当代亚太》1998 年第 8 期。

⑤ 参见金松山《巴基斯坦民族问题分析》，硕士学位论文，山东大学，2016 年。

如废除银行利息、恢复天课税、推行伊斯兰教法并成立宗教法庭等。法律上的变化显然倾向于逊尼派，不过，在此过程中，什叶派也意识到了参与国家政治生活的重要性，并开始积极投身于此。面对什叶派的转变，逊尼派给出了一系列激进的回应，政治上的碰撞最终酝酿出暴力冲突。1980年7月，什叶派成立了贾法利亚运动派，组织25000多名什叶派穆斯林在首都伊斯兰堡游行示威，抗议政府制定的税收法，最终演变为流血冲突事件。①

地区性事件、境外势力也对巴基斯坦境内的教派冲突产生了不可小觑的影响。近年来，沙特阿拉伯和伊朗在伊拉克、叙利亚、也门及其他国家对新一轮高风险宗教教派边缘化政策的介入影响了巴基斯坦国内教派冲突局势的发展。例如伊朗革命后，受霍梅尼影响的新崛起的什叶派领袖抛弃了该派在政治上缄默的一贯做法，开始积极投身于巴基斯坦的政治生活。经历了伊斯兰革命后的伊朗政权还积极扶持巴境内的什叶派力量，例如向巴基斯坦捐资建造清真寺、文化中心等机构，并为巴基斯坦的经学生前往圣城库姆学习提供奖学金。然而，这些从伊朗流向巴基斯坦的针对什叶派的捐助，又与沙特阿拉伯源源不断流向巴境内逊尼派的资助形成对冲，令巴国内伊斯兰教派之争变得愈发复杂。②

除了传统意义上的四大省份外，在巴基斯坦的直辖地区，教派的冲突也并不鲜见。例如在吉尔吉特—巴尔蒂斯地区，传统上生活着四个伊斯兰教派，它们分别是什叶派，约占当地穆斯林总人数的39%；逊尼派，约占27%；伊斯玛仪派，约占18%；苏菲派，约占16%。该地区的穆斯林原本具有温和的传统特征，然而在巴基斯坦掌控这一地区后，当地情况却发生了转变。1983年，该地区的什叶派和逊尼派穆斯林因斋月计算方式不同而发生暴力冲突，有两人在冲突中丧生，多人受伤。2005年1月8日，该地区什叶派宗教领导人被逊尼派武装组织杀害。随后，什叶派展开

---

① 参见黄平《"一带一路"建设中的宗教风险——以巴基斯坦为例》，《上海交通大学学报》（哲学社会科学版）2017年第3期；另参见金松山《巴基斯坦民族问题分析》，硕士学位论文，山东大学，2016年。

② 参见黄平《"一带一路"建设中的宗教风险——以巴基斯坦为例》，《上海交通大学学报》（哲学社会科学版）2017年第3期；另参见张玉兰《伊斯兰极端势力：困扰巴基斯坦的梦魇》，《南亚研究》2004年第1期。

报复，焚烧逊尼派公私财产，攻击逊尼派官员。从 1988 年至 2010 年间，该地区因教派之争共发生过 117 次暴力事件。①

二 巴基斯坦各宗教之争

按照"两个民族"理论，在巴基斯坦，无论官方还是民间，都把穆斯林定义为国家的主体民族，而把其他非穆斯林定为"少数民族"。这些少数民族包括了印度教徒、基督徒、锡克教徒、拜火教徒，等等。大多数的宗教冲突，主要是伊斯兰教与少数宗教之间的斗争。而巴基斯坦的少数宗教之间则几乎不发生冲突。

巴基斯坦的宗教纷争以穆斯林攻击基督徒为主。大部分巴基斯坦的基督徒处在社会下层，属于较为贫困的阶层。尽管它们为了脱离这一桎梏付出了极大的努力，但目前巴基斯坦社会中的基督徒仍然是工人阶级乃至底层工作人员的主力军。近年来，巴基斯坦国内针对基督徒的侵害事件屡屡发生。不过，究其实质，这些暴力问题所反映出的是国与国之间的政治纷争，与美国在阿富汗所发动的战争有着紧密关联。其所针对的并非是表面上的巴基斯坦基督教与基督徒，而是以美国为首的西方国家，袭击者借暴力袭击活动向西方国家发出信号。②

巴基斯坦的宗教纷争还体现在法律层面上。巴国内印度教徒的婚姻并不受到法律的认可和保护，缔结婚姻关系的印度教徒男女如若不承认自己为穆斯林，那么他们在巴基斯坦的任何国家机关都无法获得国家颁发的结婚证明，也无法真正地进行结婚登记。无疑，印度教徒在婚后会面临一系列法律问题，尤其是女性。她们在银行开户或者申请签证时障碍重重，丈夫去世后也不能通过法律途径获得遗产继承权和抚养子女的权利。实际上，在巴基斯坦婚姻不申告登记的行为本身就触犯了法律规定，所以印度教徒往往会被列入违法者的行列。自 20 世纪 80 年代至今，巴基斯坦在这

---

① 参见金松山《巴基斯坦民族问题分析》，硕士学位论文，山东大学，2016 年。

② 2011 年，巴基斯坦内阁唯一的基督徒少数民族事务部长沙赫巴兹·巴蒂（Shahbaz Bhat-ti）遇袭身亡。巴蒂在世时致力于反对亵渎先知法。2013 年巴基斯坦白沙瓦一座教堂遭到自杀式爆炸袭击，造成了至少 85 人死亡，超过 120 人受伤。同年，穆斯林群众还放火烧毁了拉合尔基督教社区近 170 间房屋，基督徒因担心人身安全纷纷逃离了该市。2016 年 3 月复活节，拉合尔又发生了自杀式炸弹袭击，造成至少 73 人死亡，超过 300 人受伤。参见金松山《巴基斯坦民族问题分析》，硕士学位论文，山东大学，2016 年。

方面的立法一直受到很大的阻拦和困难，究其原因，依然是巴基斯坦的主体穆斯林民族对印度教徒的压迫所致。这所造成的局面就是巴基斯坦国内所有印度教徒从建国至今，只能在不符合法定结婚登记要件的情况下生活。其婚姻合法化的问题是巴基斯坦至今仍亟须改革之处。①

目前来看，巴基斯坦的社会氛围也在逐步改变。在一些社会运动家和少数宗教保护团体的努力下，2016 年，巴基斯坦国家中央法院通过了《印度教婚姻法草案》。在印度教徒人口最多的信德省，婚姻的合法化得到了成功。但是，也有部分社会运动家认为，这项法律规定了其他宗教信徒与穆斯林结婚时必须改变自己的宗教信仰，而原则上婚姻双方必须是在同为穆斯林的情况下才能结婚。外界评价认为，虽然这只是微小的变动，但是在伊斯兰宗教激进主义者和极端主义者众多的巴基斯坦，能够作出这样的让步，具有重大的意义。②

三　巴基斯坦的宗教极端势力

巴基斯坦建国后，历任政府都以国父真纳的主张为据，利用伊斯兰教作为实现自身政治目的的手段，通过立法等措施不遗余力地推行伊斯兰化政策，以此来解决国内民族和宗教方面的问题。此举为伊斯兰极端主义的滋生和发展提供了政治基础。③ 阿富汗战争期间，巴基斯坦政府纵容三军情报局（ISI）斥巨资扶植塔利班组织，修建清真寺，发展宗教学校，为伊斯兰极端组织培养了大批后备军。"9·11"事件以及巴基斯坦国内政局的更迭、经济衰退等因素，更是为伊斯兰极端主义势力利用民众的不满情绪，开展思想煽动、吸纳人员、拓展势力范围等活动争取了空间。④

自 20 世纪 70 年代齐亚·哈克执政以来，无论是巴民选政府，抑或是军人政权，始终把伊斯兰教作为政治工具，利用伊斯兰势力来巩固执政地位。⑤ 齐亚·哈克上台后，与巴基斯坦最大的伊斯兰极端主义政党伊斯兰

---

① 参见金松山《巴基斯坦民族问题分析》，硕士学位论文，山东大学，2016 年。
② 参见金松山《巴基斯坦民族问题分析》，硕士学位论文，山东大学，2016 年。
③ 参见方金英《巴基斯坦伊斯兰极端主义新动向》，《现代国际关系》2007 年第 11 期。
④ 参见简静《巴基斯坦伊斯兰极端主义及其影响》，硕士学位论文，新疆大学，2009 年。
⑤ 参见樊芳《巴基斯坦宗教极端势力及对周边国家和地区的影响》，硕士学位论文，新疆大学，2010 年。

促进会合作，在法律、经济、教育等领域全面推行伊斯兰化。在法律层面，他对 1973 年宪法作出了重大改动，以推动巴基斯坦伊斯兰政体的建设。经济层面，齐亚·哈克在 20 世纪 70 年代末宣布按逊尼派教法征收天课税，激起什叶派"加法尔教法运动"的强烈反对。为对抗什叶派，1985 年逊尼派成立了巴基斯坦最早的极端组织"先知弟子军"。齐亚·哈克的伊斯兰化对稳定政局、促进经济发展起了一定作用，但作为极端保守的军人，他在支持伊斯兰极端主义及其价值观方面却起了重要作用，他的伊斯兰化政策播下了暴力的种子。①

齐亚·哈克执政期间，伊斯兰"圣战"思想和极端势力也逐渐向巴军队内部渗透。1971 年印巴战争失利后，巴基斯坦私立精英学校中的部分军官离开军队，而来自经学院的年轻军官则填补了这些空缺，他们中的不少人与那些极端的"圣战者"都曾在经学院内共同学习，有着同窗之谊。而齐亚·哈克本人在担任陆军参谋长期间，就把伊斯兰教教义，尤其是其中有关"圣战"的内容，作为巴基斯坦军队的指导思想，使得军队中的伊斯兰教化不断被深入推进。②《古兰经》成为军校学员的必修课程，此外还增设了诸如伊斯兰政治文学这样的课程。宗教虔诚被提升至军官晋升标准之首，而伊斯兰极端主义者则把握了这一机遇，得到了提拔。军队中每逢召开会议，都要以祈祷为开场。③ 此外，伊斯兰促进会等宗教极端组织也在军队中占有一席之地。④ 总而言之，到了 20 世纪 80 年代，巴基斯坦轮番登场的各政权都充分动用了伊斯兰的力量。

1979 年阿富汗战争的爆发，使巴基斯坦成为来自世界各地"圣战者"的集结地。在巴基斯坦三军情报局的支持和海湾阿拉伯国家的资助下，巴基斯坦伊斯兰极端组织借机发展、壮大，甚至与"基地组织"共享在阿富汗的军事训练营地。⑤ 这一时期堪称巴境内宗教极端势力迅猛发展时

---

①　参见简静《巴基斯坦伊斯兰极端主义及其影响》，硕士学位论文，新疆大学，2009 年；另参见张玉兰《伊斯兰极端势力：困扰巴基斯坦的梦魇》，《南亚研究》2004 年第 1 期。

②　参见方金英《巴基斯坦伊斯兰极端主义新动向》，《现代国际关系》2007 年第 11 期。

③　参见简静《巴基斯坦伊斯兰极端主义及其影响》，硕士学位论文，新疆大学，2009 年。

④　Kathy Cannon, I is for Infidel: From Holy War to Holy Terror, 18 Years Inside Afghanistan, New York: Public Affairs, 2005, p. 137.

⑤　Mohammad Amir Rana, The Seeds of Terrorism, UK: New Millennium Publication, 2005, p. 240.

期。仅在苏联侵入阿富汗后的十年间，来自 40 多个国家约 3.5 万名穆斯林"圣战者"经巴基斯坦赴阿富汗参加对苏"圣战"。①

20 世纪 90 年代，巴基斯坦国内政治、经济局势不断恶化，伊斯兰极端主义势力获得了空前的发展，其势头不断扩张，从阿富汗延伸到克什米尔地区北部，再到巴中部，极端主义势力日趋强大。彼时，巴基斯坦国内政坛贪腐情况严重，教派冲突不断，而暴力犯罪活动屡禁不止，贝·布托、谢里夫等民选领袖在治理国家方面以失败告终，政府的威信降到冰点。经济方面，由于巴基斯坦进行核试验的活动受到来自西方国家的制裁，国内经济濒临崩溃，物价飞涨，失业率不断，导致更多青年选择从宗教中获得寄托与认同，这为极端组织的扩大提供了土壤。此外，社会保障系统的崩溃，使得伊斯兰正当负担起了国家缺位的职责，纷纷创办教育、医疗机构、就业服务中心，其影响不断扩大。其间，不少巴基斯坦民众都认为，本国需要霍梅尼式的政治运动来重塑巴基斯坦社会，以伊斯兰宗教激进主义为治国方针。

1999 年 10 月穆沙拉夫通过政变上台，同伊斯兰极端主义势力展开较量。翌年 5 月，穆沙拉夫试图修改亵渎先知法，但此举引发国内宗教领袖的强烈不满，他们组织游行示威活动表示抗议，最终迫使穆沙拉夫做出让步。同年，穆沙拉夫还试图对农村地区没有注册的伊斯兰经学院进行全面清查，并要求这些学校开设包括数学、计算机在内的课程，然而遭到了这些学院的抵制。事实上，经学院的课程的设置仍由宗教领袖主导，其中不乏"圣战"等极端内容。②

"9·11"事件和塔利班的倒台极大地撼动了巴基斯坦国内伊斯兰极端主义的势力。2001 年 6 月，穆沙拉夫就任总统，同时兼任三军参谋长联席会议主席、陆军参谋长等要职，集国家军政大权于一身。与此同时，他还积极支持以美国为主导的反恐行动中。巴基斯坦国内决策层对待伊斯兰极端主义态度开始转变，军事力量的领导层，尤其是巴三军情报局的态度发生了改变。鉴于军方支持的缺失，宗教对军队的影响被削弱。然而，在此期间，巴国内复杂的宗教矛盾所导致的纷争，加之克什米尔问题以及

---

① 参见简静《巴基斯坦伊斯兰极端主义及其影响》，硕士学位论文，新疆大学，2009 年。
② 参见简静《巴基斯坦伊斯兰极端主义及其影响》，硕士学位论文，新疆大学，2009 年。

阿富汗局势的影响，使得伊斯兰极端主义势力在边境地区方兴未艾，国内恐怖主义活动不断发声，矛盾甚至直指穆沙拉夫本人。

2002年1月12日，穆沙拉夫发表电视讲话，发出了打击伊斯兰极端主义势力的信号，阐明了政府的相关政策，宣布取缔"穆罕默德之军""使者之军""加法尔派运动""执行先知伊斯兰法典运动"等在内的极端势力组织，近2000名"圣战"组织成员被捕，数百间办公室被查封。在印控克什米尔活动的巴基斯坦"圣战者"与巴总部的联系被切断，而巴控克什米尔地区的不少训练营地也被关闭。不过需要注意的是，这段时期巴政府对伊斯兰极端主义势力的打压并不彻底，许多极端组织尽管遭到查封，但首要人物往往得以逃脱，改头换面继续活动，这主要同当时巴国内民众反美、反战情绪高涨、宗教矛盾激烈、与邻国关系紧张等复杂因素有关。随着穆沙拉夫政府的倒台，上述打击宗教极端势力的成就逐渐消弭。[1]

2008年8月，扎尔达里上台后，新政府由于缺乏打击伊斯兰极端势力的有效手段和经验，巴基斯坦国内的伊斯兰极端主义势力卷土重来。这一问题同当时巴国内反美斗争、宗教教派冲突、与邻国印度争端等问题交织在一起，又催生出一系列组织，导致多起恐怖暴力事件的发声。由于领导层缺乏如穆沙拉夫那般具有铁腕手段的政治家，巴国家政府对宗教极端主义的遏制能力不断衰退，极端势力乘机发展壮大。[2]今天来看，这种局势在未来很长一段时间内都难以改变。打击伊斯兰极端主义势力仍然是巴基斯坦所面临的一项长期艰巨的任务。

伊斯兰极端主义势力对巴基斯坦国内包括政治、经济领域产生了很大的影响，打上了深深的烙印。例如，巴国内几乎所有的政党都与伊斯兰教有关，一些带有教派色彩的政党尽管不以宣扬宗教活动为主，但对统治者的政治决策必然会产生诸多影响。巴军方作为巴基斯坦政坛一极，始终对伊斯兰极端主义势力采取两面态度。另外，宗教极端势力试图通过恐怖暴力活动来达到自己的政治目的，不仅为国内的秩序带来严峻挑战，也为巴基斯坦在国际上的形象蒙上了阴影。

---

[1]　参见简静《巴基斯坦伊斯兰极端主义及其影响》，硕士学位论文，新疆大学，2009年。
[2]　参见简静《巴基斯坦伊斯兰极端主义及其影响》，硕士学位论文，新疆大学，2009年。

伊斯兰极端主义是造成巴基斯坦国内安全形势持续恶化的主要原因之一。尤其是在"9·11"事件发生后，在多种因素共同作用下，巴基斯坦国内极端主义出现恶性膨胀的势头。近年来，巴国内伊斯兰极端组织活动的频率与破坏性都达到了前所未有的高度，使巴基斯坦成为世界上恐怖暴力事件发生率最高的国家。而恐怖暴力活动不仅范围遍及巴国内全境，手段也日益多样化，袭击目标直至重要领导人物与部门，对巴国家安全造成了严重影响。不唯如此，巴境内的宗教极端组织正成为向其他国家输出极端主义思想的大本营。

作为人口仅次于印度尼西亚的第二大伊斯兰国家，拥有核武器的巴基斯坦充满了安全隐患，倘若政局失控，社会动乱，必然波及巴全境甚至周边国家与地区，对世界上各伊斯兰国家以及国际社会直接或间接地产生连锁反应，导致南亚、中亚等地区进入恐怖主义势力的活跃期。当然，这对我国的国家安全也会造成不利影响，一旦伊斯兰极端主义势力致使巴国内政局失控，极有可能辐射我国境内。我国过去长期同恐怖主义势力斗争的经验告诉我们，巴基斯坦的局势对新疆地区具有重要的影响。如果巴国内的伊斯兰极端主义势力不断壮大，不排除利用宗教蛊惑新疆等地民众，加剧我国的民族矛盾，进而影响国家安全稳定。

第八章　教育状况研究

巴基斯坦作为"一带一路"重点沿线国之一，中巴经济走廊建设可圈可点。巴基斯坦目前作为中国的全天候战略合作伙伴，对中国今后发展有着极其重要的影响。而从中巴两国互动历史来看，1947年巴基斯坦独立两年后，中华人民共和国正式成立，两国随即开启了友好交往的新篇章。中巴两国在近代都有着被列强欺凌的历史，自第二次世界大战结束以来两国也都面临推动经济社会发展与建设落后国家的责任。面对激烈的国际竞争，两国各类人才短缺问题一度层出不穷，而如何持续发挥教育在人才培养、科技创新等方面的作用也就成为一项重要任务摆在了两国政府面前。在当前环境下，研究巴基斯坦的教育政策一方面可以为我国教育改革起到借鉴作用，另一方面也可为中巴经济走廊建设更好推进提供服务，对深化中巴战略合作和加深经济合作具有重大战略意义。

早在独立之初，巴基斯坦建国之父穆罕默德·阿里·真纳（Muhammad Ali Jinnah）提出，"要建立一个能反映自身历史和民族思想、符合国情并富有成效的教育体系"。[1]

在梳理阐释巴基斯坦的教育状况之前，有必要对教育政策的概念作一界定。关于何为教育政策，根据中华人民共和国教育法的规定，"教育政策是一个政党和国家为实现一定历史时期的教育发展目标和任务，依据党和国家在一定历史时期的基本任务、基本方针而制定的关于教育的行动准则"。[2] 1947年巴基斯坦独立后，巴基斯坦政府高度重视教育，并且相信

---

[1]　周国黎：《伊斯兰教育与科学》，中国社会科学出版社1994年版，第61页。

[2]　《中华人民共和国教育法》，中华人民共和国教育部网站，2020年6月3日，http：//www.moe.gov.cn/s78/A02/zfs_ _ left/s5911/moe_ 619/201512/t20151228_ 226193.html。

教育可以改变这个新生国家的未来。正如巴基斯坦国父——穆罕默德·阿里·真纳所言,"教育关乎巴基斯坦人的生与死,世界发展进步如此之快对教育也提出了更高的要求,如果不能紧跟时代潮流,我们不仅会落后于其他国家,而且很有可能在国际的竞争舞台中被清扫出局"。当前巴基斯坦正处于经济社会发展快速转型期,一方面工业化进程明显加速,另一方面伴随城市化进程和对外开放力度的加大,也更需要优质的人力资源充实到各行业。而如何满足大城市人才的需求以及在落后地区进行技术服务的队伍建设,成为巴基斯坦政府必须从长时段考虑和妥善解决的问题。目前巴基斯坦社会各界围绕培养本国人才问题也一直在出谋划策,巴学术界一直强调只有促进教育发展,才能在巴各项事业推动发展方面做出成绩。①

第一节　教育的发展

巴基斯坦教育有着悠久历史,可追溯到 7 世纪伊斯兰文化在印度次大陆的兴起。某种程度上讲,讲授伊斯兰《古兰经》的学校可以被理解为巴基斯坦最早的学校。18 世纪早期,英国有效管控南亚次大陆后,巴基斯坦地区的相关教育政策实施则呈现出明显的殖民地色彩。1947 年独立后,巴基斯坦教育改革开始按照本国人民意愿推进。巴基斯坦于 1971 年制订了 1972—1980 年教育政策, 1978 年又通过文件特别强调了巴基斯坦教育应遵奉伊斯兰教的原则和民族文化传统,适应社会经济发展的需要以及促进国家统一和民族团结。

一　巴基斯坦建国前教育发展简况

巴基斯坦教育有着久远的历史。7 世纪伊斯兰教传入该地后,传授《古兰经》的宗教学校逐渐建立,相关伊斯兰律法通过教育传播开来,并对当地社会发展产生了深远影响。即使在今天的巴基斯坦社会各个领域,有着浓浓民俗又古朴的伊斯兰文化迹象随处可见。而巴基斯坦的近代教育可溯源到英国殖民时期。18 世纪初印度次大陆沦为英国殖民地后,巴基

---

① 牛建:《巴基斯坦阿拉玛·伊克巴尔开放大学研究》,中央广播电视大学出版社 2015 年版,第 1—2 页。

斯坦相关教育就开始打上浓厚的殖民化烙印。此时教育的主要目的在于培养熟练掌握英语，精通人文学科的人才。在巴基斯坦建国前，巴基斯坦绝大多数人还是文盲，科技人才严重依赖国外。而且相当长一段时间内不仅学校数量少，教学质量也低。农村学校多半校园环境不达标，教师收入与业务能力都比较差。大多学生从一年级或二年级中途退学，能继续升学的只有少数学生，不识字的人数甚至比识字的人数增长更快。

到印度分治时候，识字人数的百分比是 12.2%，即在 100 个男子当中有 18 个人识字；在 100 个女子当中，有 5 个人识字。根据档案资料，如在孟加拉省，1922—1923 学年进入男子学校一年级的 100 个儿童中，到1925—1926 学年，在四年级学习的只剩下 11 人，而在能够进入女子学校的 100 个儿童中只剩下 2 人。在当时的孟加拉省，学生中途退学的情况非常多。孟加拉省共有小学 52809 所，其中单班小学就有 40184 所；在39000 所学校里，每个学校只有三个年级。①

二 巴基斯坦建国以来的教育发展进程

教育是社会经济发展的基础。巴基斯坦建国后非常重视教育，每届政府都会通过下达各类文件来推动教育体制改革。值得强调的是，巴基斯坦的教育体系有着一个较为庞大的组织架构，包含联邦教育部、省级教育部门、下至地区及联盟理事会和学校等多个层级。迄今为止，巴基斯坦联邦政府共颁布了九份基本教育政策文件，分别为：1947 年内政部教育司颁布的《全国教育大会纲领》，1959 年全国教育委员会颁布的《全国教育委员会报告》，1970 年教育与科学研究部颁布的《新教育政策》，1972 年教育部颁布的《国家教育政策：1972—1980》，1979 年教育部颁布的《国家教育政策及实施计划》，1992 年教育部颁布的《国家教育政策：1992》，1998 年教育部颁布的《国家教育政策：1998—2010》，2009 年教育部颁布的《国家教育政策：2009》，2017 年教育与专业培训部颁布的《国家教育政策：2017》。

1947 年建国初期，巴基斯坦教育系统基本沿袭了英国和印度的做法。为摆脱殖民宗主国因素的影响，巴基斯坦人民试图将本国教育制度的独立

---

① "教育译报"编译委员会编译：《各国教育概况》，人民教育出版社 1958 年版，第208页。

作为自己的奋斗目标。由此，政府于1947年11月27日至12月1日在穆罕默德·阿里·真纳的监督下在卡拉奇召开全巴基斯坦教育大会。此次会议的基本纲领由穆罕默德·阿里·真纳提议而制定。在会议中，阿里·真纳在发言时谈道，"教育的重要性和教育的类型不应被过分强调，但毫无疑问的是我们民族未来的发展将在很大程度上依赖于我们所给孩子的教育类型"。概括来看，1947年召开的第一届全巴基斯坦教育会议有三个非常显著的特点：一是教育需要符合伊斯兰世界的价值观；二是巴基斯坦普遍实施义务教育；三是强调巴基斯坦的科技教育。这次会议在巴基斯坦历史上占据非常重要的位置，是巴基斯坦建国后召开的第一次全国性的教育工作会议，会议所提出的教育方针及政策顺应了巴基斯坦建国现实的需要，为此后教育的发展奠定了基础。但是，由于大规模的移民及巴基斯坦政局的动荡，第一届全巴基斯坦教育会议所提出的政策并没有被完整地执行下去。

随后几年里，先后召开的1951年全国教育大会、1959年全国教育委员会、1964年学生问题及福利委员会、1969年全国人力及教育委员会屡次提出改革教育的方案，皆因政局动荡未能贯彻落实。值得肯定的是，也有一些阶段性成果可见。比如政府规划委员会在1955—1960年第一个五年计划期间将巴基斯坦民族教育内容纳入到重点范围之内，并且宣称"普及初级教育势在必行"。此外，巴当局还力图进一步提高教育质量，将男女平等的义务初级阶段教育列入时间表，期望在20年后实现。并且当时规划提出大约在1975—1980年，向着计划增加4000多所新学校的目标迈进。

1972年3月，巴基斯坦布托总统宣布了1972—1980年教育政策。布托讲道："从取得独立时起到今天，教育一直被忽视。长期以来通过培养少数上流社会的代表人物来建立有教养者阶级的陈旧思想仍是我们教育政策的基础。现在必须把受教育由一种特权变成大家都平等享有的机会。每一个公民不分种族、信仰、性别和出身，都应当获得受教育权利"。在1972—1976年，巴政府采取许多措施来实现教育制度公平化，其中加大了扫除文盲和修改各级学校的教学计划的力度。这里面最主要的措施是1972—1973年对男孩普及小学义务教育。根据1972年人口普查资料，全国识字率为人口总数的21.7%，男子识字率为男子总数的30.2%，女子识字率为女子总数的 11.6%，城市和农村地区分别为 41.5% 和 14.3%。据统计，1976—1977 学年有小学 56357 所，小学生达 571 万人，中学8698 所，学生达 200 万人。[1] 1979—1980 年度，全民识字率为 24%，比1972 年提高 2.3%，但仍然很低。[2]

根据巴基斯坦相关数据显示，20 世纪 70 年代巴基斯坦务实性的教育改革对巴民族团结起到了积极作用。1971 年孟加拉国建立后，南亚政治形势变化对巴基斯坦的教育政策提出了新的要求。1972 年 3 月，巴基斯坦政府颁布了《国家教育政策：1972—1980》。这项教育政策的目的是促进巴基斯坦民族身份的自我认可、居民能够获得个性发展和享受教育平等。同时宣布，从一年级到十年级为所有男生和女生提供义务教育。第一阶段开始于 1972 年 10 月，所有的公立和私立学校为一至八年级学生提供免费教育。第二阶段开始于 1974 年，免费教育扩展至十年级。1978 年，巴基斯坦再次明确提出了教育要符合伊斯兰教和民族文化的传统，适应本国社会经济的需要和要求。1979 年全巴基斯坦教育会议重新修订了教育政策，明确提出培养对伊斯兰教伊斯兰世界的忠诚和尽力使得科技教育机会公平，并在会议期间提出了如下战略目标：课程修订；融合穆斯林高等教育机构和传统教育；乌尔都语作为教育媒介；社区有效参与扫盲计划；科学技术教育相结合；为男性和女性分开设置。但是由于缺乏具体的可行规划和财政的支持，该项政策依旧没有贯彻下去。

1991 年 4 月，在巴联邦教育部长主持下，于伊斯兰堡举行了一次全国会议。在这次会议上，学者、作家、报纸编辑、科学家、教师和律师等提出了各种制定教育政策的建议。[3] 教育部长、教育委员会参议员和教育委员会讨论了政策框架。1992 年 12 月，《国家教育政策：1992》正式宣布。民族教育政策的主要目标有：在教育中提升伊斯兰教的价值观，完善妇女教育，明确中学普通技术教育的范围，以需求为导向的课程，延长毕业和毕业之后的时间跨度，运用影音辅助推动私营机构参与提高识字率。然而该项政策由于执政党的不断更替也未得到有效贯彻落实。

---

① 云南省历史研究所编：《巴基斯坦》，云南省历史研究所 1980 年，第 108 页。
② 刘声乐：《巴基斯坦》，上海辞书出版社 1988 年版，第 192 页。
③ Amna Munawar、任定成、曹志红：《巴基斯坦科技教育政策的历史和现状》，《科技导报》2019 年第 9 期。

1998 年 1 月，巴基斯坦教育部长在总理建议下修订了新的教育政策。第一份修订草案成形于 1998 年 2 月 18 日，1998 年 3 月正式公布。该政策的主要目标有：将古兰经的原则与伊斯兰教的实践作为教育政策的重要组成部分；普及初等教育；满足公民基本教育需求；扩大基础教育；确保高等教育机会平等；强调多样化；使课程开发成为一个持续性的过程；推行在职培训来完善教育。为了达成上述目标又提出以下补充建议：扩大和重视科技教育；提升宗教学校的质量；教师入职前和在职培训计划；介绍各种教材的教育理念；发展国家考试制度；采用综合监控系统。

2009 年巴基斯坦进行新一轮的教育改革。2009 年 11 月新的《国家教育政策》颁布。这份政策实质上是对 1998 年国家教育政策的修订，更加注重人力资源的开发，其改革的重点内容有：免费普及初等教育；免费发放教材；平等的学习机会；全面提升素质教育；采用全新的教育课程；研发培训学习材料和资料；为私立教育机构提供奖励机制；引进各级别的计算机课程；强化高等教育的学术研究；拨款给宗教学校机构等。力争到 2015 年教育拨款要占全国 7%，全国识字率将提高到 86%，此外，教育学士学位将是对小学教师学历的最低要求。到 2018 年，中等和高等学校的教师均要求达到教育硕士学历。

《国家教育政策：2017》是面向 2017—2025 年 8 年教育发展的综合性指导政策和规划。该政策设定了 8 个方面的教育目标：①品格培养；②满足学习的需要：知识、技能与价值观；③巴基斯坦国家意识与民族融合；④教育权共享：提高入学率；⑤教育质量与制度建设；⑥扩大教育投入；⑦推动科学技术发展；⑧课程与标准的统一。为达到这些目标，巴基斯坦从 17 个方面对教育工作进行了规划：①伊斯兰教育；②幼儿保育和教育；③扫盲和非正规基础教育；④小学教育；⑤中学教育；⑥教师培养；⑦职业技术教育与培训；⑧高等教育；⑨信息技术；⑩图书馆和文献服务；⑪体育、健康和运动教育；⑫私立教育；⑬特殊教育和全纳教育；⑭宗教学校；⑮评价及考核制度；⑯指导、咨询和品格培养，童子军、女童军和国家青年军团；⑰教育经费。①

---

① Amna Munawar、任定成、曹志红：《巴基斯坦科技教育政策的历史和现状》，《科技导报》2019 年第 9 期。

总体来看，独立以来的巴基斯坦教育改革具有以下四个特征：①教育定位主要围绕朝向伊斯兰文化传承与品格培养；②普及初等教育，全面提高当地居民文化素养；③逐步向科学和技术研发人才培育迈进；④提高教育质量过程中，以减少教育机会的不平等为重点考察。其中，一是强调教育要促进国家统一和民族团结，加强巴基斯坦立国基础伊斯兰教的意识形态；二是强调发展科学教育和技术教育。[①] 而且巴基斯坦宪法将教育视为社会改革过程中的最佳途径，宪法确定了联邦教育部的职责范围。其中联邦教育部设有总务、学校、计划、研究和课程五司，联邦与各省教育厅团结合作共同执行国家教育政策。省教育厅设有总务、计划和课程（包括师范教育）三处。地方学校的行政和管理，基本由各省的教育厅负责。为确保各项教育计划符合国家的发展需要，联邦教育部在制定政策时与政府其他各部也有密切协作，如国家财政部等。

第二节　教育体制的基本结构和总体特征

巴基斯坦的国民教育从教育形式来划分可分为两大类，一类是建国以来的正规教育，另一类是传统的伊斯兰教育。巴基斯坦主管教育的最高行政机构历经了数次变化，分别为：内政部教育司、全国教育委员会、教育与科学研究部、教育部和联邦教育与专业培训部。

一　巴基斯坦教育体制的基本结构

巴基斯坦的正规教育基本沿袭了英国的多层次结构，分 5 个阶段，15 个年级组成：一、小学教育，一至五年级，学生年龄在 5—9 岁；二、初中教育，六至八年级，学生年龄 10—12 岁；三、高中教育，九至十年级，学生年龄 13—14 岁；四、中间学校或中间学院，也称高级中等学校，十一至十二年级，学生年龄 15—16 岁；五、高等教育，十三至十五年级，学生年龄 17 岁以后。1978 年，巴基斯坦政府颁布新的教育政策明确规定巴基斯坦教育分为三个阶段：第一、二阶段为初等教育，第三、四阶段为中等或中间教育，第五阶段定为高等教育。

---

① 《外国教育丛书》编辑组：《二十国教育概况》，人民教育出版社 1981 年版，第 43、44 页。

巴基斯坦全境目前从事初、中等教育的学校共有 218206 所，其中小学 146185 所、初中 42147 所、高中和高级中等学校 29874 所。[①] 初等教育包括小学和初中教育，共八年。根据巴基斯坦教育教学大纲要求，小学开设有语言学、数学、巴基斯坦知识、伊斯兰教、体育、艺术和卫生等课程。初中阶段再增加英语和职业课程。学校使用乌尔都语或本民族语言进行授课。根据经费的来源，巴基斯坦初等教育的学校分为私立和公立。私立学校主要有当地个人开办和英美人开办两种。公立学校则分为政府建设和乡镇集资建设两种。总体来看，私立学校师资素质好、学校基础设施好、校园环境好，并且受外界干扰比较少，学校采用英语授课，大部分教师都有接受国外培训的经验。私立学校多为国外知名高校附属中学，教材基本与英美接轨，相关学校的毕业生可通过毕业考试直接进入世界名校。巴基斯坦有两大贵族学校集团——都市学校集团和灯塔学校集团，学生大多来自上层人士和富裕家庭。[②] 公立学校与私立学校相比之下就相形见绌了，不仅师资匮乏、基础设施差，而且生源选择余地较窄，授课教学多采用乌尔都语。在巴基斯坦即使家庭条件很一般，也尽量会将自己的孩子送往教学质量好，使用英语授课的学校。巴基斯坦公立学校中小学教育没有统一的教学大纲，学校可自行安排。不同学校，同一年级学生所学知识也有很大差别。除此之外，大学入学考试使用英语试卷，不利于非英语学校学生进入大学。1947 年巴基斯坦独立后，巴基斯坦的初等教育是十分落后的，一位见证者曾经这样描绘巴基斯坦的农村学校，"有人领我们到了一所农村小学，这所小学总共不过是一个用四根柱子支着的、上面铺着棕榈树叶的屋顶。这里放着一张钉得非常笨的桌子和两条板凳。教师是一位二十岁的巴基斯坦青年。他告诉我们说，在他的学校里有 12 名不同年龄的学生在学习"。[③] 所以，普及初等教育成为每次教育大会的重要议题与目标之一，但是初等教育的普及直到今天还未能完全实现。但也要看到巴基斯坦教育的进步。如 1980 年学龄儿童入学率为 56%（其中男生比例较

---

① Amna Munawar、任定成、曹志红：《巴基斯坦高等科学技术教育现状简析》，《全球科技经济瞭望》2019 年第 6 期。

② 牛健等：《巴基斯坦阿拉玛·伊克巴尔开放大学研究》，中央广播电视大学出版社 2015 年版，第 9 页。

③ "教育译报"编译委员会编译：《各国教育概况》，人民教育出版社 1958 年版，第 211 页。

女生为大），比建国初期已经有了极大进步。但也要认识到，长期以来小学流生问题比较严重，流生率达 59%。初等教育的发展在男女，城乡和各省之间很不平衡。1972 年全国文盲率达 73.3%，[①] 面对此窘境，巴基斯坦政府先后在普及初等教育方面一直很努力。到了 2021 年，巴基斯坦的初等教育基本得到普及，大部分学生有机会进入学校接受教育。

值得强调的是，巴基斯坦的中等教育改革也一直在路上。其中教育年限一般为 4 年，包含两个阶段：第一阶段高中教育两年；第二阶段中等技术学校两年。建国以后由于教材书籍和教师的匮乏，以及教学基础设施环境十分恶劣，导致中学教学工作总体非常落后，直接的后果是许多学生考试不合格。例如，1951 年喀喇蚩的一所学校中，中学毕业考试合格的学生仅有 33%，并且当时情况不断恶化，学生对此产生了强烈的不满。同年，喀喇蚩市又有两千多名学生因为过高的学费举行了游行示威活动。这些情况促使中学教育改革迫在眉睫。从 1974 年开始，巴基斯坦的免费教育普及到高中。20 世纪 70 年代之前，巴基斯坦的中等教育注重课本知识和应试教育，学生主要为毕业考试和升学做准备。1972 年以来，巴基斯坦教育部展开中等教育改革，主要内容之一增设农、工、商和家政等方面的教育，开始把普通教育和职业技术教育结合起来。6—8 年级设置农业技术教育新课程，9—10 年级开设职业课程。具体课程的设置根据每个学校的具体实际情况来确定，学生在学校可以学到农作物种植管理、饲养家禽、家电维修、烹饪、保险和急救护理等。以确保学生在中等教育中能够获得一技之长，即使失去深造的机会之后也能立足于社会。到 1980 年中等教育入学率达到 18%。中等技术学校的任务是为高等学校培养人才，这些学校由对应的大学进行监督和管理，实行校长负责制，由政府选派教育秘书主管教育经费和聘任教师。学生在毕业之后可获得文科、理科、医学和经贸等相关证书，学生只有经过考试合格后才可进入综合性大学或专科学校继续深造。

二 总体特征

（1）巴基斯坦为扫除文盲，提高整个国民教育，自建国后就开始筹

---

① 闫丽君：《巴基斯坦商务环境》，对外经贸大学出版社 2015 年版，第 121 页。

办成人学校，重视成人教育，注重改善师资力量和进行教研机构配置。在推进教育事业发展进程中，巴基斯坦教育部门特别重视对教师的培训。发展教育事业，如果不能很好地解决培养师资问题，任何在教育方面的努力就会变成一纸空谈。

建国初期，巴基斯坦的大部分教师一度逃往印度，对原本就落后的巴基斯坦教育无疑是雪上加霜。为解决师资短缺问题，巴基斯坦政府展开了聘请英国教师担任教员的短期师资培训班。例如，阿拉玛·伊克巴尔开放大学开展省和国家级教师培训项目。1957 年巴基斯坦政府计划要新建培养小学教师和不完全中学教师的学校共 127 所，共招收学生 13570 名。在伊斯兰堡还建立了一所国立技师培训学院，在拉合尔、奎达等地筹建了多所工程技术学院。全民教育委员会负责组织和检查全国的扫盲工作，一些政府和非官方组织在全国开办了若干扫盲中心。1983—1984 年，在卡拉奇、白沙瓦和拉合尔还建立了伊斯兰教教育学习中心，这些中心除开设传统的伊斯兰学和学位课程外，还以当代科技作为选修课程，这是伊斯兰教与当代科技发展趋势相结合的重要尝试。

科学研究的质量是一个国家科技发展的坚实后盾。巴基斯坦一直十分重视科学研究机构的建设，很多大学都设立了研究机构，以保证培养出国内第一流的科学家。目前，很多大学设立了高级研究中心，这些研究中心能够进行定向的、高水平的教育和研究计划，并直接承担了各个行业提出的研究项目。此外，很多大学还设立了社会研究中心，目的是研究巴基斯坦以及现代社会各类群体十分感兴趣的新社会现象。为了迅速改变高级科研人才缺乏的状况，巴基斯坦从 1988 年开始执行一项高级科研人才培养计划。这个计划是挑选优秀大学毕业生和在职的科研人员到国外著名大学进行深造，学习政府科研规划所确定的高技术学科，包括通信、激光、光纤、计算机、电子元件、自动化、机器人、基因工程、再生能源、海洋学、航天、原子能等。该计划在第一、第二阶段共选送了 800 名访问学者和 700 名大学毕业生到美国、英国、加拿大和澳大利亚等国学习。①

　　① 孙龙存：《中国与巴基斯坦提升国家竞争力的比较》，《徐州师范大学学报》（哲学社会科学版）2012 年第 3 期。

（2）巴基斯坦对教育经费的筹集和分配比较谨慎，注重优秀学生的选拔，不断完善升学制度和奖学金设置细则。

巴基斯坦政府非常善于利用国际组织的政策与财力支持。这样做既促进了教育的发展，又推动了教育国际化进程，更为重要的是有利于国际和解并减少地区冲突。

在巴基斯坦的教育体制下，不同阶段的学生升学需要通过各种考试，考试的组织形式是学校组织的入学测验，或是由教育局或大学指定的证书考试。这其中最重要的有三次升学考试。第一次是八年级初中毕业之后，部分学生修普通高中课程，部分学生修技术和职业学校的职业证书课程。第二次是十年级高中毕业后，部分学生进入中间学院大学预科，部分在综合技术学院和学习技术学院学习技术文凭课程。第三次是十年级中间学院毕业后，通过高级中等教育毕业考试，部分进入大学，部分进入技术和专业学院。

值得肯定的是，虽然巴基斯坦国力有限，但巴基斯坦政府在全国范围内的中小学推行免费教育还是可圈可点。但受经济发展水平限制，教育水平整体落后，学校数量不能满足其庞大人口的需求，初级教育普及率较低，接受高等教育的人数少。根据 2010—2011 年调查数据显示，巴基斯坦 10 岁（包括 10 岁）以上识字率为 58%，其中男性和女性识字率分别为 69% 和 46%，城市和乡村识字率分别为 74% 和 49%。截至 2013—2014年，教育经费预算约为 50.4 亿美元，占国民生产总值约 1.9%。[1] 全国共有小学 15.5 万所，初中 2.87 万所，高中 1.61 万所，大学 51 所。著名高等学府有旁遮普大学、卡拉奇大学、伊斯兰堡真纳大学和白沙瓦大学等。全国在校注册学生 3822 万人，教职员 141 万人。[2] 巴基斯坦于 1949 年开始采用男女合校制度。

巴基斯坦涉及学校教育的相关问题都由教育部来处理。其教育事业有中央和各省进行分散管理，教育事业的预算是由省政府的拨款和中央政府的补助金构成。

---

① 秦亮、孟祥曦：《中国企业在印巴两国市场开发的宏观战略分析》，《商场现代化》2018年 11 月 30 日。

② 闫丽君：《巴基斯坦商务环境》，对外经贸大学出版社 2015 年版，第 119—120 页。

（3）重视宗教学校教育与管理。与巴基斯坦正规教育制度平行的还有传统的伊斯兰宗教学校。这些宗教学校曾在巴基斯坦的历史发展进程中起到过关键的作用。宗教学校教育的终极目的是传播伊斯兰教知识，用伊斯兰教义教规去规范人的行为，培养虔诚的伊斯兰教徒。1947 年巴基斯坦独立之时，西巴基斯坦的宗教学校有 137 所。建国初期，受巴基斯坦领导人世俗化思维的影响，宗教学校发展缓慢。在西巴基斯坦的宗教数量，1950 年为 210 所，1956 年为 244 所，1960 年则为 472 所。1960—1971年，宗教学校增加了 482 所。1979 年增至 1745 所。20 世纪 80 年代，宗教学校大幅增长，1988 年，达到 2891 所。直到 2000 年，教育部保守估计宗教学校已多达 6741 所。2001 年"9·11"事件以后，总统穆沙拉夫开始着手对宗教学校进行改革，改革的结果却导致宗教学校的数量急剧增长。2007 年巴基斯坦官方公布宗教学校总数为 13500 所。[①] 有资料显示，2015 年已超过 3.5 万所。伊斯兰教是巴基斯坦民族构筑自我认同的关键因素，因此，政府一般会默认或直接支持其存在与发展。

巴基斯坦政府在对其宗教学校管理中，采取了分级和多类别管理方式。其中在类别方面主要分为大学、学院、一般宗教学校和诵经学校等。值得注意的是，这些宗教类学校里绝大多数分受五大宗教学校联合会（如表 I-8-1 所示）指导，学校里针对学生授课的具体科目也由所属联合会规定。而在分级方面，宗教学校提供的教育分为六级，这分别相当于巴基斯坦正规教育所对应的小学、初中、高中、预科、本科和硕士水平。根据规定，宗教学校里的学生一般至少需 15 年才能完成全部学业。不过，宗教学校里学生教育还存在很多问题，其中特别是由于各种原因，不少学生并不能完成学业，中途退学的学生不在少数。相对于公立学校，宗教学校入学手续简单，没有年龄限制，但多数学生均为 5—19 岁，且以男生居多。[②]

20 世纪 50 年代开始，巴基斯坦一度出现伊斯兰教信奉热潮，主要表现为一些非宗教学校纷纷设立伊斯兰教系或开设伊斯兰教课程。旁遮普大

---

① 李福泉、黄兴民：《巴基斯坦伊斯兰宗教学校的发展概况、社会根源与影响》，《南亚研究》2002 年第 2 期。

② 李福泉、黄兴民：《巴基斯坦伊斯兰宗教学校的发展概况、社会根源与影响》，《南亚研究》2002 年第 2 期。

学最早开始设置伊斯兰教系是在 1950 年，随后信德大学也开始设立伊斯兰教历史与文化系。在 20 世纪 60 年代，巴基斯坦的伊斯兰文化思潮热忱呈现上升势头，在此背景下，1961 年在拉合尔成立乌里玛学院，教授学习各种伊斯兰教知识，这里教员不仅限于神职人员，还邀请了一些政府部门工作的一线行政管理人员和一些大公司里的经济学专家授课。这样做的目的是让相关神职人员能够跟上时代步伐。其中 1960 年在阿尤布·汗总统支持下，伊斯兰教研中心在卡拉奇建立，该中心主要职能是为总统提供宗教事务咨询。而到了 20 世纪 80 年代，在宗教界人士大力支持复兴伊斯兰教教法的强势压力之下，齐亚·哈克总统执政采取了对伊斯兰文化政策鼓励措施，对各类宗教学校的发展进行支持。其中国家用征收的宗教什一税支持宗教学校建设，以此来换取宗教政党对他的支持。并且政府在这一政策下也能够从宗教学校获得源源不断的兵源，这些士兵则被派往阿富汗进行当时的反苏战争。这里的问题在于，在当时早期巴基斯坦政府还能全面控制宗教学校，但到了后来，随着一些私人和大量外国非政府机构和组织向宗教学校提供大量资金，政府的影响力逐渐受到削弱乃至失去了

表 I－8－1　　　　巴基斯坦 5 个宗教学校系统的基本情况

	宗教学校委员会名称	所属教派	学校数量	总部	成立时间	主要分布地域
1	Wafaqul – Madaaris al – Arabia	逊尼派	16800	木尔坦	1959	普什图人聚居区及卡拉奇
2	Tanzeemul – Madaaris		8000	拉合尔	1960	旁遮普
3	Wafaqul – Madaaris al – Salafia		1400	费萨拉巴德	1955	旁遮普省中部
4	Wafaqul – Madaaris al – Shia	什叶派	413	拉合尔	1959	旁遮普省东部
5	Rabitaul – Madaaris al – IsIamia	伊斯兰促进会	1000	拉合尔	1983	城市中小资产阶级和学生

资料来源：Syed Manzar Abbas Zaidi, Madrassa Education in Pakistan: Controversies, Challenges and Prospects, Centre for International and Strategic Analysis（CISA），2013，Report No. 3，pp. 5 – 7。宗教学校数据为登记注册学校数据，不包含未登记注册学校数据。

主导权。其中这些捐款主要来自沙特、利比亚、伊朗等。宗教学校的发展，政府现已难以全面掌控，而且超出了政府发展宗教学校的初衷。由于宗教学校主要教授的是宗教类课程，学生在这里上学并不能学到真正可用的科学知识或者生存技能，导致了学生离开学校无法寻得正常谋生的出路，只能从事与宗教有关的活动。

第三节　高等教育改革

巴基斯坦高等教育将近有 140 年的历史，但却深受战乱、政局动荡、经济发展落后等因素的影响。1947 年印巴分治以后，巴基斯坦高等教育并没有因为巴基斯坦的独立而得到较快发展，大学数量仍然较少。直至 20 世纪 70 年代开始，巴基斯坦政局渐趋稳定，政府开始大力推行教育改革。此时改革的主要内容针对高等教育的结构，1982 年创办的第一所私立大学开启了巴基斯坦高等教育私有化的发展；同时，在大学内部设置了硕士研究生和博士研究生学位，并开设了博士后流动站。

一　巴基斯坦高等教育基本概况

巴基斯坦高等教育主要依托本科和专科学院。其大学是相对独立的自治团体，联邦政府大学校长由总统担任，各省的大学校长由该省的省督担任，副校长由校长任命。校长直接掌控学校财务大权并主持大学评议会议，副校长负责日常工作。大学的最高领导机构是评议会议和董事会，董事会由该校教师、学生代表及校长提名的人员组成。大学的学术机构即学术委员会，由校长、系主任和部分教学人员代表组成，其主要职责是制定教学科目、学校管理方针、学术标准和授予学位等。隶属于教育部的大学拨款委员会是由联邦政府从著名的教育科学家中选出（共七名），其主要职责是协调各大学的工作计划、对各大学进行评估，并提供资金。

巴基斯坦建国 70 多年来，高等教育发展迅速。印巴分治之前，仅拥有一所旁遮普大学，独立学院 26 所。1948 年仅有 2 所大学，142 所学院。1972 年共有大学 15 所，独立学院 261 所。到了 2003 年包括大学在内的各类院校增加至 789 所。比较有名的大学和学院包括国家科学技术大学、卡拉奇大学、法蒂玛·真纳医学院、爱德华国王医学院、巴基斯坦纺织学院、国家艺术学院、白沙瓦大学、阿迦·罕医科大学、拉合尔工程技术大学等。①

　　巴基斯坦本科学制一般为 4 年，学生毕业后可授予理科或文科学士学位，然后是硕士、博士和博士后研究生院教育。巴基斯坦高等教育整体偏文轻理，一方面由于大多数大学生将高等教育视为获得国家职位的重要手段之一，巴基斯坦政府工作人员对于人文学科方面的知识要求偏高，所以其高等教育的发展具有很强的目的性，具体表现为突出人文学科的地位；另一方面由于政府在发展高等教育时，没有相应地发展中等教育，导致大学本科生中选读文科比率较高，超过 70%。理科教育整体落后老套，教学模式缺乏更新。巴基斯坦理工科教育严重缺乏是导致巴基斯坦技术人才严重不足的重要原因。巴基斯坦建国后，虽然女子获得了与男子同样受教育权利，但是校园中女子的身影却是寥寥无几，主要是由于女子在小学和中学的情况不尽如人意，辍学率居高不下。此外，在人们的潜意识里，妇女的身份地位依旧低人一等，这种偏见限制了妇女接受高等教育的愿望。而且虽然开设了为数不多的女子学校，但是，所设专业却是培养一位合格的妇女为目标。除此之外，整体大学生的生活状态是非常单调的。学校书籍少、实验室少设备差、图书馆几乎是空的、学院数量少。如在喀喇蚩市，1 万名学生总共分了不到 600 个床位。在商学院、法学院和乌尔都学院里根本没有学生宿舍。②剩下"高"的对称数字只有学费和毕业就"失业"的"高失业率"。20 世纪 70 年代末以来，巴基斯坦政府大力推进高等教育改革，充实大学和独立学院图书资料和实验室，增加仪器设备。并在部分大学建立重点学科中心，开设研究生课程，有分析化学、物理化学、海洋生物学、固体物理、地质等；建立区域研究中心和应用研究中心，设立高等教育研究院；储备高等学校师资力量，并对高等学校教师进行在职培训；实行大学、研究机关和政府间人员的流动，加强学校与社会的密切联系，并注意组织各大学之间师生互相访问等，以交流学术情况和教学经验。③

---

　　① 牛健：《巴基斯坦阿拉玛·伊克巴尔开放大学研究》，中央广播电视大学出版社 2015 年版，第 11 页。
　　② 教育译报编译委员会编译：《各国教育概况》，人民教育出版社 1958 年版，第 214 页。
　　③ 王承绪：《巴基斯坦教育》，8008. cn 百科，http: //8. 80008. cn/80。

　　巴基斯坦高等教育领域存在一些特别的现象，最为显著的是：巴基斯坦大学里的贫民子弟非常多，而私立贵族学校毕业的中学生，因家境殷实及从小接受教育质量高，往往不选择在巴基斯坦就读大学，他们一般会选择迪拜、纽约、伦敦等地就读。① 巴基斯坦公立大学也有不少出国留学或进修的名额。对于家境贫寒的子弟来说，一旦获得出国进修的机会，也就意味着获得改变身份的机会。留学生在国外获得博士学位，意味着回国有了谋生资本，同时意味着国内社会地位的提高，尤其是英国和美国名牌大学的博士学位在巴基斯坦非常受欢迎，留学在巴基斯坦高校校园都是一个经久不衰的话题。

　　由于巴基斯坦自身经济发展水平所限，高等教育长期面临教育资金短缺问题。为此，巴基斯坦政府通过寻求国际援助和跨国开展教育合作等方式来解决问题，推动自身的科学和技术事业发展。其中巴基斯坦同包括美、英、中和苏丹等在内的国家都签有相关科技交流协议。如自 2006 年以来，巴基斯坦政府就先后通过引入世界银行下属的国际开发协会项目支持，借贷款项用于旁遮普、俾路支省和信德省等教育发展。而在 2010 年7 月，巴基斯坦遭受严重洪灾，据统计有将近 1 万所学校受损或遭损毁。灾后联合国儿童基金会对其进行了紧急援助。2011 年世界银行又向巴基斯坦贷款 4 亿美元用以支持巴教育发展。

　　为进一步推动巴基斯坦高等教育的改革，巴基斯坦政府曾于 2002 年成立了高等教育委员会（Higher Education Commission，简称 HEC），直接接受巴基斯坦总理的领导。在高等教育委员会的治理下，巴基斯坦的高等教育得到较快的发展，2002 年之后巴基斯坦的大学数量及其规模开始大幅增长。2002—2016 年间，巴基斯坦的公立大学从 40 所增加到 108 所。同期，全国的大学生规模从 27.6 万人增至 129.8 万人，扩张了近 5 倍之多，而大学入学率已达到 8%。巴基斯坦两年制学院也属于巴基斯坦高等教育的重要组成部分。两年制学院主要提供 13 级和 14 级的高等教育，学生从两年制学院毕业后可直接进入 4 年制大学学习。截至 2016 年，巴基斯坦共拥有 1418 所可授予学位的学院，其中 1259 所为公立机构（89%），159 所为私立机构（11%）。学院的在校生规模达到 93.7 万人，

---

　　① 周戎：《巴基斯坦教育一瞥》，《光明日报》2011 年 5 月 7 日。

其中公立机构80.8万人（86%），私立机构12.8万人（14%）。[①]

根据统计，2011年亚洲的300强大学名单中有4所巴基斯坦大学，而在2013年的亚洲300强大学名单中则有6所巴基斯坦大学。到了2014年，巴基斯坦大学中位列亚洲300强大学的有10所。虽然巴基斯坦的教育事业进步突飞猛进，但与东南亚其他国家进行比较，巴基斯坦能够接受到高等教育的人口比例依然较低。巴基斯坦高等教育方面世界排名第50位。[②]

表 I-8-2　　　2006—2017年巴基斯坦高等教育机构数量　　　（单位：所）

机构 年份	高等中学/ 国际学院 （Higher Sec/ Inter Collegs）	学位型学院 （Degree Colleges）	技术职业研究院 （Technical& Vocational Institutions）	大学 （Universities）
2006—2007	3095	1166	3090	120
2007—2008	3213	1202	3125	124
2008—2009	3242	1336	3159	129
2009—2010	3329	1439	3192	132
2010—2011	3435	1558	3224	135
2011—2012	4515	1384	3257	139
2012—2013	5030	1534	3290	147
2013—2014	5179	1086	3323	161
2014—2015	5393	1410	3579	163
2015—2016	5470	1418	3746	163
2016—2017	5130	1431	3798	185

资料来源：Academy of Educational Planning&Management，Pakistan Education Statistics 2016 - 2017，http：//library. aepam. edu. pk/Books/Pakistan%20 Education% 20Statistics%202016 - 17. pdf，2018 - 05 - 30.

---

① 中国高等教育学会代表团：《巴基斯坦高等教育发展的现状与前景——访问巴基斯坦的调查报告》，《中国高教研究》2017年第9期。

② Farhana Altaf Qureshi、吴婷婷：《巴基斯坦高等教育存在的问题及改革》，《国际高等教育研究》2017年第4期。

　　虽然巴基斯坦高等教育得到了长足的发展，但是高等教育毛入学率整体水平较低，最高不超过15%，且男生毛入学率高于女生水平，高等教育依旧定格在精英阶段。

　　据2018年《泰晤士高等教育》亚洲大学排名统计，进入前200名的巴基斯坦高校共有3所，分别认为阿里真纳大学（排名第49）、COMSATS信息技术学院（排名第125）和国家科技大学（排名第162）。

　　虽然2020年已是巴独立后第73个年头，巴基斯坦的高等教育体制仍然达不到国际标准，但其一直处于不断发展的状态。可喜的是，在巴基斯坦的高等院校当中，涌现出了一批优质的工程院校、医科大学和商学院等，巴基斯坦开始摆脱科技严重匮乏和依赖外国技术人才的窘境。

表Ⅰ-8-3　　　　　　　　　巴基斯坦高等教育毛入学率　　　　　　　（单位:%）

毛入学率 年份	总毛入学率	男生毛入学率	女生毛入学率
2007	5.61424017	6.068990231	5.134590149
2008	5.59253978	6.050370216	5.110420227
2009	6.91549015	7.486710072	6.314809799
2010	—	—	—
2011	8.652290344	9.002329826	8.284760475
2012	9.914959908	10.14533997	9.672849655
2013	10.35412979	10.47078991	10.23132038
2014	10.33819962	10.04092026	10.65190983
2015	9.910039902	10.5655899	9.216050148
2016	9.733499527	10.38613987	9.040029526

　　资料来源：世界银行：《世界发展指标》，http://data-bank.shihang.org/data/source/world-development-indicators。

二　巴基斯坦高等学校行政管理机构的改革

　　巴基斯坦独立初期，其国内教育体制相当脆弱。根据核算，当时的旁遮普大学、工程技术学院、爱德华医药大学和国立艺术学院是巴基斯坦从事高等教育的主要机构。[1]

高等教育包括授学位学院和大学两个层次。授学位学院是两年制（13—14 级），大学是 4 年制。授学位学院分为人文社科和自然科学两大领域，所学科目主要围绕学生选择的专业，注重应用性和操作性，课程内容设置相对集中，学业合格可获得专业学士学位（BSc）。有的高级中等学校也提供这种两年制继续教育。巴基斯坦的大学以硕士培养为主，在建国之后的很长一段时间里，所有要进入大学或研究生院校学习的学生必须经过上述 14 年（小学、初中、高中、高级中等学校、授学位学院）的学习，才有资格申请。硕士学位一般需要两年完成，第一年为 24 学时的课程学习，第二年为 6 学时的学位论文撰写。博士学位属于研究型学位，需要 3—5 年完成，除了第一年 18 学时的课程学习之外，随后的时间均为科学研究和撰写学位论文的时间。[2] 巴基斯坦每年有不到 50 万名大学毕业生，可尽管如此，巴基斯坦仍然是世界文盲率最高的国家之一，且是仅次于尼日利亚的第二主要失学人口国家。[3]

巴基斯坦高校可分为公立和私立两大类型。公立大学历史长远，私立大学于 1982 年才出现。根据学校的专业设置情况，又可分为综合性高校和专业科技教育高校。综合性高校和涵盖各类基础理科学科和技术教育的学校，如穆罕默德·阿里·真纳大学（Quaid-i-Azam University）、旁遮普大学（University of the Punjab）、卡拉奇大学（University of Karachi）等。专业科技教育高校是指专门就某一学科或技术领域设置的高等教育学校，如拉合尔工程技术大学（University of Engineering and technology, Lahore）、爱德华国王医学院（King Edward Medical College）、国立纺织大学（National Textile University）等。截至 2016 年，高等教育委员会授权和认证的高校总数为 2709 所，其中大学 175 所，学院 2534 所。学院的数量远超大学，可见授

---

① Farhana Altaf Qureshi、吴婷婷：《巴基斯坦高等教育存在的问题及改革》，《国际高等教育研究》2017 年第 4 期。

② Amna Munawar、任定成、曹志红：《巴基斯坦高等科学技术教育现状简析》，《全球科技经济瞭望》2019 年第 34 期。

③ Farhana Altaf Qureshi、吴婷婷：《巴基斯坦高等教育存在的问题及改革》，《国际高等教育研究》2017 年第 4 期。

学院学位是巴基斯坦教育主体培养单位，这应该是以其传统的高级中等技术教育为基础发展起来的。虽然公立高校数量（1676 所）依然占优势，但私立高校（1033 所）也已取得长足发展，成为公立教育的补充。①

　　巴基斯坦高等院校出现人才流失现象。数据显示巴基斯坦高校教师人数由 2012—2013 年的 274500 下降至 2016—2017 年的 235133。②

　　巴基斯坦的历届政府试图努力改善高等教育的环境，先后成立了大学教育资助委员会（University Grants Commission，UGC）和高等教育委员会。前者是巴基斯坦政府酝酿筹备建立的第一个高等教育行政机构（1973），但没有实际的财政权力，实际处于无效状态。2002 年巴基斯坦高等教育委员会成立，取代了大学教育资助委员会，政府的教育经费提升了三分之一。

　　巴基斯坦是联邦制国家，各省（直辖区、自治区）相对自治和拥有本省（区）事务管辖权，在教育方面有很大自主权。过去很长一段时间里，教育事务基本由各省（区）管理，现在则由联邦政府和各省（区）共同管理，各省（区）教育部门享有部分自治权。总体上，教育政策、教育计划、课程及教育标准由联邦教育与专业培训部制定和管控，各省（区）各级学校由各省政府负责管理。其中高等教育主要由国家高等教育委员会和各省（区）高等教育厅共同管理。高等教育委员会是一个相对独立的高等教育法定管理机构，由国家总理直接管辖，名义上隶属于联邦教育与专业培训部，其职能相对独立，其前身是 1947 年成立的大学拨款委员会，2002 年彻底改组为现代模式的高等教育委员会。高等教育委员会负责制定符合国际标准和本国国情的高等教育政策，保证高等教育质量，拥有学位认证权，负责建设新的高等院校以及提升现有院校的水平，其对高等教育的基金资助、监督管理等工作具有完全的自主权，也是全国所有高等院校的唯一官方认证机构。各高校除了要遵循高等教育委员会的政策之外，具体事务则由其所在的各省高等教育厅负责管理。③

---

　　①　Amna Munawar、任定成、曹志红：《巴基斯坦高等科学技术教育现状简析》，《全球科技经济瞭望》2019 年第 6 期。

　　②　Ministry of Finance，Government of Pakistan，Pakistan Economic Survey 2017 – 18，http：//www. finance. gov. pk/survey_ 1718. html.

　　③　Amna Munawar、任定成、曹志红：《巴基斯坦高等科学技术教育现状分析简析》，《全球科技经济瞭望》2019 年第 34 期。

第四节　未来教育发展举措

2014 年 5 月，巴基斯坦政府颁布《巴基斯坦 2025 愿景》，制定了全面持续发展战略。2017 年 5 月，巴基斯坦高等教育委员会出台《高等教育 2025 愿景》。在这一人才培养战略中，巴基斯坦认为，中国高等教育机构改革尝试将在巴基斯坦高等教育改革过程中发挥重要的借鉴作用。

一　颁布相关文件法案

巴基斯坦《高等教育委员会 2025 愿景》（HEC Vision 2025）全国政协会于 2017 年 5 月 29 日在巴基斯坦首都伊斯兰堡举行。此次会议由巴基斯坦高等教育委员会（HEC）主办，目的是在与《巴基斯坦政府 2025 愿景》保持高度一致情况下，共同商议高等教育未来发展计划以及改革措施。巴基斯坦计划发展和改革部长阿赫桑·伊克巴尔、吉尔吉特－巴尔蒂斯坦地区教育部长穆罕默德·易卜拉欣·萨纳伊、高等教育委员会主席穆赫塔尔·艾哈迈德等众多领域代表出席本次会议并发表讲话。《高等教育委员会 2025 愿景》是一份综合性文件，它是通过分析现有数据，对过去十年巴基斯坦高等教育委员会的成就和改革进行了内部评估，同时经过广泛审议和咨询，与知名院士决策者、企业和行业领导者协商后拟定而成的。该文件旨在巩固高校近 15 年来取得的成就，并以更大的雄心和更具战略性的方式来继续推进高等教育改革的进程，同时也将着眼于建设知识经济的前进方向——智力资本。在会议发言中，阿赫桑·伊克巴尔提到，《高等教育委员会 2025 愿景》的结果取决于七项重要的指导方针，包括：追求学术卓越、发展应用研究、增强学术界与行业联系、建立卓越机构等。同时，他指出，优质的高等教育在巴基斯坦向知识型经济国家转变中发挥着至关重要的作用，巴基斯坦在现代科技领域中的国际竞争力主要依靠于卓越的高等教育。[①]

---

① 冷云红：《巴基斯坦举办〈高等教育委员会 2025 愿景〉全国协商会议》，《世界教育信息》2017 年第 14 期。

二 进一步加强教育资源投入

目前巴基斯坦教育存在严重失衡状态。其中较为突出的问题是，在城乡教育方面存在投入与受教育对象数量匹配不成比例现象。特别在农村地区，能够接受到高等教育的农村大学生比例非常低。针对此种情况，巴基斯坦《高等教育委员会 2025 愿景》采取了强化教师队伍建设、重视工程技术人才培养、注重提升大学知名度等主要措施，通过分类发展模式来推进教育发展。目前巴农村教育存在的主要问题是入学率过低。根据统计，六至十六岁女孩中三分之二为文盲。而在受教育中小学生中，近三成是在私立学校上学。不回避的是，在巴基斯坦的农村基础小学以及中学里，有不少校园缺乏纯净水饮用设备，接近四成学校并没有合格的卫生间，而且经常发生停电事故。巴基斯坦政府在今后农村教育改善方面，不仅要在硬件质量方面加快投入和改善硬件条件，也应在教育人才投入方面加大力度。其中紧迫性方面，巴当局有必要为教师实施高质量培训的政策做出安排。

三 重视和平教育

关于巴基斯坦的和平教育干预措施，长期来也一直是国际教育界关注的重要议题之一。尽管巴基斯坦从事和平教育已有多年的历史，但其课程设置仍然局限于宗教间和谐、对解决冲突的基本理解以及伊斯兰教中的和平概念等方面。宗教学校在很大程度上依赖于对经文的传统解释，并且几乎没有（如果有的话）尝试前进。没有对伊斯兰教中人权的概念和重要性进行批判性分析，以便与《世界人权宣言》等全球既定文件相比较。解决冲突、容忍、宗教和谐和人权等问题通常被贬义地视为西方价值观，以至于和平教育的概念本身也可能带有消极的含义。"9·11"事件后，国际社会开始提倡增加对教育的财政援助，特别是在恐怖暴力与暴力冲突不断增加有关的国家。国际社会这样做是因为认识到极端主义、恐怖暴力日益被视为社会治理失败的一种表现，而不是简单经济贫困因素。① 和平

---

① 例如，激进组织前领导人毛拉·法兹鲁拉（Mullah Fazlullah）2006 年被发现在斯瓦特的一个非法广播频道播放他的极端主义思想。这一行为极大地刺激了该地区年轻人，特别是妇女的极端化倾向。

教育是解决和预防冲突努力中的一个可持续的长期解决办法，因为它有助于解决冲突。[1] 它通过培养关键技能和激发行为体认知变化来实现这一目标，以理解暴力和冲突的挑战，并在容忍和尊重的基础上重新认知冲突现象适用于所有人，不论种族、国籍、性别或宗教信仰。[2] 而联合国是这方面做法最坚定的支持者之一，这为这一概念提供了外部合法性。从广义上讲，以宗教经文为基础的和平教育是应对激进主义和好战主义的可行办法。Jamia Naeemia madrassa 的负责人组织了一个关于伊斯兰当代问题的系列讲座，对此表示赞同，指出和平与解决冲突应该作为固有的伊斯兰价值观来呈现。这种做法也是为了反驳和平教育是西方宣传的观念。[3] 然而，像贾米娅·纳伊米亚这样的宗教学校并没有解决教派间的和谐问题，这是巴基斯坦普遍存在的宗派暴力的核心问题。

在对教师或学生进行和平教育培训的世俗组织中，大多数组织为这一主题的某些方面提供了相当广泛的概述。如其中一个项目与信德省一座偏远村庄的政府学校合作，编制了一本综合手册，用于教授学生关于社会和道德问题。其中，该手册着重解释了冲突的根源、权力的决定因素、和平解决冲突的方式、国际人权以及性别和儿童心理等方面。然而，与当前巴基斯坦世俗生活特别相关的友爱、和谐等概念却明显地没有出现在教学大纲中。和平教育在实践中主要训练人们进行批判性思考，使他们掌握工具，以便通过有效的和平行动计划模拟，公平、合理地理解和解决冲突。各所学校的和平教育大纲一般遵循联合国教科文组织教给学生当地历史背景的指导方针，最显著的是强调穆斯林群体历史的进步阶段，而不仅仅是美化征服战争。然而，随着时间的推移，这些课程失去了一些新鲜感，教师的创新能力也降低了。当儿童在学校所学知识的积极影响被他们在家里学到的价值观的消极影响所抵消时，和平教育在理论和实践上的差距就变

---

[1]　Ali Askerov, "Peace Education and Conflict Resolution: A Critical Review", *Innovative Issues and Approaches in Social Sciences*, Vol. 3, No. 1 (2010): 5 – 35.

[2]　Peter Pericles Trifonas and Bryan Wright, eds., *Critical Peace Education: Difficult Dialogues*, London: Springer, 2013.

[3]　Amineh Hoti and Zahid Shahab Ahmed, "Peace Education in Pakistan: A Case Study of the Centre for Dialogue and Action, Fc College University, Pakistan", *in Handbook of Research on Promoting Global Peace and Civic Engagement Through Education*, edited by Kshama Pandey, Pratibha Upadhyay, and Amit Jaiswal (Hershey: IGI Global, 2016).

得明显了。① 这一点再加上社会媒体对青年人的激进化的影响，显示出巴基斯坦青年人的和平教育有很长的路要走。

四　重视教育普查工作

21 世纪以来，巴基斯坦教育部门加强了对教育领域的普查。早在 2002 年，教育部进行了巴基斯坦历史上首次教育普查，主要目标是调查所有教育的各个组成部分，普查结果显示巴基斯坦拥有 330 万名学生，130 万名老师，可靠的数据有利用巴基斯坦未来的教育改革与教育政策的制定。

近些年来，通过普查发现，巴基斯坦在教育体制改革方面存在不少问题，其中最主要的问题是缺乏资金持续投入。而由于巴基斯坦有大量新生人口，长期以来学校数量不能有效满足其快速增长的人口需求。如据《全民教育：全球监测报告（2013—2014）》数据显示：巴基斯坦有超过 100 万的儿童处于失学状态。2010 年巴基斯坦有 380 万名 14 岁以下的童工。如果讲 20 世纪 90 年代巴基斯坦面临的主要问题是初等教育的普及化问题，那么在比如提高全民族文化素养；增强中等教育、技术教育与工作的相关性；在更高的水平上促进科技教育；改善教育系统内部和外部的效率等方面则显得更为紧迫。

值得欣慰的是，"一带一路"倡议提出以来，中巴两国文化交流不断深化，巴基斯坦掀起了"留学中国热潮"，更多的巴基斯坦有志青年将中国作为外出深造的首选国家。目前中国已经是巴基斯坦学生留学的主要目的地国家之一。而追溯历史，早从 1964 年开始，中国就开始接收巴基斯坦留学生。根据巴基斯坦驻华大使馆公布的数据显示，巴基斯坦 2017 年新赴华留学生人数约为 2500 名，在华留学生总人数约为 2.2 万名。据中方统计，巴基斯坦在华留学生中享受各类奖学金的人数达 5000 多名。随着中巴人文领域交流合作不断加强，近年来，巴基斯坦赴华留学生人数也在持续快速增长。在生源国排名中，2017 年巴基斯坦已成为继韩国和泰国之后的赴华留学生第三大生源国，较 2012 年上浮 6 位。② 值得强调的是，中国政府承诺今后将会向巴基斯坦留学生提供更多奖学金名额。

---

① One teacher reported hearing a student refer to one of his peers as a "non – Muslim Shia".

② 丁雪真：《在华留学生超 2.2 万巴基斯坦掀起"留学中国热"》，《人民日报》2018 年 5 月 23 日。

第九章　巴基斯坦对外关系研究

巴基斯坦的对外关系是一个发展的过程，其外交政策的形成与发展同印度关系尤为密切，其双边关系成为巴基斯坦对外关系中最为关键的因素。与此同时，巴基斯坦与伊斯兰世界、美国及中国的外交关系也较为密切。巴基斯坦始终保持与伊斯兰世界交好，同中美两国的关系在不同时期呈现出不同特点。巴基斯坦的对外关系逐渐形成以发展多边外交为主要内容，"一个中心，三个基本点"的外交政策，即以对印度关系为中心，以对美国、伊斯兰世界、中国关系为基本支撑点。总之，巴基斯坦的对外关系离不开印度、美国、伊斯兰世界和中国这四个重要因素。

第一节　对外政策的形成背景

1947 年，英国实行"蒙巴顿方案"，将英属印度分而治之，分别成为印度与巴基斯坦两个国家，巴基斯坦从此成为一个独立的国家，与此同时其国土被分为巴基斯坦东部地区和西部地区。随着历史发展，于 1971 年巴基斯坦的东部地区脱离巴基斯坦，成为新的国家——孟加拉国，至此，巴基斯坦的疆土范围基本成为定局。然而，当时正处于世界冷战时期，巴基斯坦的诞生及发展与英国、美国、苏联、中国、印度等国家存在着重要的联系，尤其是印度。

一个国家的对外政策与国内外的形势存在极大联系。巴基斯坦在建国初期，因"蒙巴顿方案"，即宗教分而治之政策，形成与印度不可调和的结构性矛盾；再者，"印巴分治"未能解决克什米尔地区的划归，导致印巴两国之后爆发三次战争。

当时，冷战是世界格局的大背景，巴基斯坦在亚洲具有重要的战略地位，自然深陷其中，随着美苏对抗的发展变化，巴基斯坦与印度、美国、中国等其他国家的关系也在发生变化。

一　巴基斯坦建国初期的对外政策及战略目标

公元 7 世纪，伊斯兰教在阿拉伯半岛兴起，经过近 1300 多年的传播和发展，目前伊斯兰教信众主要分布于西亚、北非、中亚、南亚和东南亚等国家和地区。① 据估计全球现在约有 16 亿穆斯林，其中 60% 生活在亚洲，仅有 15% 的穆斯林是阿拉伯人，其中三分之一居住在南亚次大陆。② 巴基斯坦 95% 的人民信仰伊斯兰教，该教成为巴基斯坦的主体宗教。

（一）巴基斯坦建国初期的对外政策

1947 年 8 月 14 日，巴基斯坦成为一个独立的国家，开启其独立自主的外交关系。巴基斯坦在历史上与印度同属一个国家，其独立的外交政策形成离不开"蒙巴顿方案"及印度因素。"蒙巴顿方案"是英国根据宗教信仰的不同将原本疆土完整的英属印度分为现在的印度和巴基斯坦两个国家，采取分而治之的方式以最大限度维持英联邦的利益。英属印度的伊斯兰集团在当时处于弱势地位，考虑到若仍在独立后的原印度社会中，自身会受到不公正待遇，故而提出成立独立的国家。③ 事实上，在分治过程中产生的大规模教派仇杀和难民潮恰巧印证了英属印度的伊斯兰集团的担心不无道理。随之产生的印巴双方土邦归属的争议及印度希望未来收复巴基斯坦的决心，进一步加重了刚建国的巴基斯坦的安全忧患。印度通过"警察行动"吞并双方存在土邦归属争议的海得拉巴及朱纳加尔土邦，试图进一步通过武力征服克什米尔地区，但未成功，至今该地区的归属仍是影响印巴两国关系的重要问题之一。综上所述，巴基斯坦从诞生至今一直担忧来自印度的威胁，建国初期的巴基斯坦因为强大的生存压力及希望建立有别于印度的纯正伊斯兰国家，不得不寻求外援。

分而治之的印度和巴基斯坦无论在疆土面积，还是物资条件上，印度都明显胜于巴基斯坦，这个时期的巴基斯坦，生存是最重要的目标。因

---

① 司马英：《伊斯兰教产生的社会根源及其在阿拉伯政治统一中的作用》，《云南师范大学学报》（哲学社会科学版）1982 年第 3 期。

② Vartan Gregorian, *Islam: A Mosaic Not a Monolith*, Washington: Brookings Institute, 2003.

③ 陈继东、宴世经：《巴基斯坦对外关系研究》，巴蜀书社 2017 年版，第 1 页。

此，巴基斯坦不得不积极寻求外部力量来支持自己，尽可能减小其与印度的力量差距。建国初期，寻求军事盟友及发展盟友成为巴基斯坦的外交总目标。当时的国际格局是美苏两大阵营互相抗衡时期，巴基斯坦通过加入美国阵营，赢得了西方国家的支持，也得到了与印度抗衡的后备力量。

（二）巴基斯坦建国初期的外交战略目标

通过外交关系，增加外援以抗衡印度，解决生存问题是巴基斯坦建国初期的外交战略总目标，该阶段其外交政策具有以下特点：主要以对印度关系为中心，以对美国、伊斯兰世界为基点的外交特色。巴基斯坦通过多方位外交政策，寻求地区外的援助。

一是通过加强与伊斯兰世界的关系，寻求同类文化背景国家的支持。巴基斯坦以伊斯兰教立国，自然会拉近与其他伊斯兰国家的关系，寻求同类文化的支持，也是寻求一种认同感。然而，当时大部分伊斯兰国家国力衰弱，加上巴基斯坦总以伊斯兰世界领导者的身份自居与其他伊斯兰国家交往，且未得到伊斯兰世界既有领导者埃及和印度尼西亚的支持，使得其在伊斯兰世界并未得到原本希望的热忱欢迎与实际的支持，一定程度上打击了巴基斯坦顺利进入伊斯兰世界的信心。

二是通过寻求与美国的进一步联系，以进入美国大阵营。20世纪50年代，正值美苏双方较量的时期，美国曾希望拉拢印度以增加其在东方世界的势力，但因印度奉行"不结盟"的外交政策而失败，转而将眼光转向正在积极寻求外援的巴基斯坦。美巴两国在建立正常外交关系后，双方关系迅速升温，即使伊斯兰世界并不支持巴基斯坦的选择。巴基斯坦得到来自世界强国的经济及军事技术上的支持，一定程度上赢得了对抗印度的力量，也缓解了其生存压力。①

巴基斯坦为了缓解来自印度的压力，积极寻求其他国家的外援，通过与美国、伊斯兰世界的联系，赢得对抗印度的外部支持。这一时期的巴基斯坦外交关系将与美国的交往作为支撑点，并且不放弃同伊斯兰世界的关系，运用多方位外交来调整同其他国家的关系，最大限度赢取地区外的支持。

---

① 陈继东、宴世经：《巴基斯坦对外关系研究》，巴蜀书社2017年版，第4—6页。

二　印度因素对巴基斯坦对外政策的影响

巴基斯坦自建国第一日就存在巨大的生存压力，该压力主要来源于邻国印度，其外交政策深受印度因素的影响，即印巴分治前的经历及印度对其立场变化的影响。[①] 印度和巴基斯坦两国对立的根源，一方面与两国的力量失衡有关，另一方面也和巴方就此而产生的极大不安全感相关。为此，双方发生了三次战争，双方冲突的持续性即上述失衡状态长期存续的结果，不仅为域外大国力量进入该地区提供了条件，而且也为促进印巴两国的核武器发展提供了进一步生长的土壤。

分治前发生的大规模教派冲突及土邦归属问题（克什米尔问题），为两国的正常建交关系带来巨大的阻碍力。由于印度在此期间坚信巴基斯坦这个国家没有足够的能力存续下去，在土邦归属问题的解决过程中，采用武力方式将海得拉巴及朱纳加尔强行占为己有，又以军事手段欲进一步吞并英属印度面积最大的克什米尔地区，且长期干扰该地区的"投票归国"行为。巴基斯坦对其安全感到深忧与不悦，印巴战争在此背景下展开，随着战争的不同结果对印巴双方产生不同的化学反应。印巴双方的关系起伏不定根源于以下三个方面，同时也在很大程度上长期影响着双边关系。

（一）历史和宗教冲突方面

数千年以来，宗教问题一直困扰着印度社会的发展。被视为宗教发展乐土的印度境内存在许多宗教，其中印度教与伊斯兰教在崇拜对象上存在明显矛盾，印度教崇尚牛，而伊斯兰教却将牛当作日常食用的对象，双方教徒为此常发生冲突。加之，于印度而言，伊斯兰教是外来宗教，其在印度境内发展及传播的过程中带有暴力行为和宗教歧视政策。印度社会对伊斯兰教进入且扎根于印度境内的方式及过程产生不悦心理，虽然在此过程中也有部分印度教徒因经济或认同问题转而成为伊斯兰教徒。印度教和伊斯兰教的对立情绪在历史的演化中逐渐形成。随着后来的民族独立运动的高涨，进一步推动了印巴分治的进程，这种根深蒂固的分歧更是在分治后仍长期影响着印巴两国的关系发展。

[①]　陈继东、宴世经：《巴基斯坦对外关系研究》，巴蜀书社 2017 年版，第 1 页。

（二）经济、阶级及政治方面

印度社会存在长期的教派对立，代表伊斯兰教利益的团体逐渐形成了伊斯兰集团，其中最具代表性的一个政党——伊斯兰联盟。英属印度时期，宗主国长期推行扶印抑穆政策，致使两个教派的民族资产阶级的发展不平衡以及在政治权力上的不公平，从而推动伊斯兰集团在民族独立运动中不断发展，强烈要求建立独立的巴基斯坦国家，以保护自身的经济、政治利益。19世纪下半叶以纺织业为中心发展起来的印度民族工业，大都由印度教的商人占据主导地位，一是殖民当局对印度教的支持，二是伊斯兰教在观念上轻视商业，因此两大教派在经济上，伊斯兰教集团处于劣势地位。与此同时，在当时的印度社会中，伊斯兰教在许多领域也是地位较低的一方。随着代表印度教利益的国大党执政，坚持"一个民族"理论，与巴基斯坦运动的理论基础"两个民族"的内涵大不相同，"两个民族"理论以非客观的形式认同了印度的多民族性，得到印度西北部及东北部地区以伊斯兰为主体的民族集团支持。[①] 宗教被赋予了更多符号，在印巴长期对峙中，成为一种政治工具。

印巴分治及之后两国长期的对立，存在较为复杂的政治原因。一是1940年伊斯兰联盟在拉合尔会议上，决定要独立于印度成立一个新的伊斯兰教国家——即巴基斯坦。代表印度教利益的国大党长期以来打压伊斯兰联盟，两大党的斗争愈演愈烈。二是英属印度的殖民当局长期采取以宗教为核心的"分而治之"政策，一方面长期扶印抑穆，随着国大党的发展壮大，殖民当局又开始拉拢伊斯兰来牵制印度教派代表——国大党的发展；另一方面推行挑拨教派冲突的相关政策，使得印度社会时常发生大规模的教派冲突与暴力行为，如：分割孟加拉国、支持拉合尔会议等。英国近200年对南亚次大陆的殖民统治及"分而治之"政策，不仅加深了印度社会两大教派的裂痕与对立，[②] 更是深深影响了分治后印巴两国关系的正常发展，被内生化的宗教仇恨、民族对立的记忆深植于两国民众心中，以各种形式一代代传承下去，很大程度上长期阻碍了两国关系的改善及正常发展。

---

① 陈继东、宴世经：《巴基斯坦对外关系研究》，巴蜀书社2017年版，第80—90页。
② 陈继东、宴世经：《巴基斯坦对外关系研究》，巴蜀书社2017年版，第87—89页。

（三）分治所带来的问题

一是长期对立使分治后的两国存在极大的猜疑与不信任，为两国今后的关系发展埋下心理隔阂。当时的印度领导人认为，印巴分治是一个人为的错误，[①] 巴基斯坦无力长期存活下去，终会"回归"印度；而巴基斯坦建国领导人真纳则坚信，将巴基斯坦建成一个更加非印度化、更加纯洁的伊斯兰国家，[②] 时刻警惕印方的"破坏活动"。

二是领土争端僵持不下和长期的宗教冲突。由于部分地区的归属权在分治时未能达成协议，虽然"飞地"问题及部分争议地区在1958年之后逐渐被解决，但克什米尔地区的归属问题一直悬而未决，始终影响着印巴双方的关系发展。此外，分治后的一段时间里血腥的宗教仇杀在两国人民心里留下难以抹去的阴影和伤痛，且双方国内时而发生的宗教冲突，如双方的心头刺一直卡在彼此心中不得消解，成为印巴两国正常发展双边关系的主要难题，即使在后来双边关系正常化后，常因为宗教冲突又将彼此的关系拉回谷底，不断加深双方的不信任感。

三是印巴分治对印度国内的民族问题影响深刻，且多为负面影响。一方面刺激了印度的地方民族自治活动，如旁遮普的锡克人、东北地区的那加人及部分阿萨姆人。另一方面还推动了印度语言邦运动的发展，促使印度政府新建语言邦。[③] 再者，印巴分治成为印伊两大教派冲突的根源之一，20世纪60年代，本已消停十余年的教派冲突再次增多，特别是当印度国内出现重大政治经济问题时，教派冲突就会增多，这与印巴关系长期不和谐有关。

国际关系的形成与战争、地缘政治、地理因素及资源等方面紧密相连，战争会减少/增加国家的数量，也会减小/增大一个国家的规模。印巴分治，形成两个国家，因为分治的历史背景及当时复杂的国际环境，两国在当下很难形成正常和友好的关系。在现实主义的国际环境中，进攻性国家认为，所有国家都天生具有侵略性，而侵略仅受限于自身的能力。出生于长期深受英国殖民统治的英属印度，且印度和巴基斯坦分治也源于暴

① 贾斯万特·辛格：《印度的防务》，麦克米兰印度有限公司1999年版，第33页。
② 贾斯万特·辛格：《印度的防务》，麦克米兰印度有限公司1999年版，第37页。
③ 陈峰君：《印度社会述论》，中国社会科学出版社1991年版，第214页。

力，使印巴两国坚信获得安全的唯一途径，即在机会到来时，通过预防性战争来实现扩张与征服。三次印巴战争论证了这一理论，实力较为强大的印度选择积极发动战争，以满足自身利益需求。相较之下，防御性现实主义国家（与其他非进攻性现实主义国家）则认为，安全合作是可行办法。① 印巴对弈中，实力较弱的巴基斯坦在战争开始前，积极寻求安全合作的对象，以对应印方的发难，以守为攻。随着第二次世界大战的结束，人类社会受到巨大的打击与惩罚，战争逐渐不再以显性的方式表现，随之而来的美苏争霸以冷战的形式展开，寻求安全合作的结盟方式成为当时国际的主流，世界多数国家也逐渐认可并成为防御性现实主义国家成员。

虽然，印巴三次战争是热战争，但其规模不大及持续时间并未太长，在日益规范的国际系统中，双方在国际组织——联合国的调解下能停止战火，展开和谈，在数次冲突—和解下，于 20 世纪末迎来了较建国初期以来较为正常稳定的双边关系。从历史、冲突根源及表现形式中，不难看出印度的一举一动都影响着巴基斯坦，建国初期的巴基斯坦出于对自身安全及对曾经显著强化的恐惧，只能借助外援来保持与印度的对抗中，也逐渐形成具有巴方特色的外交政策。印度在巴基斯坦的对外政策中一直占据重要的地位，对于印度而言也是如此，不过双方的重要程度并非一致。

三　中国因素对巴基斯坦对外政策的影响

在国际系统中，大多国家是现实主义的国家。出于战争记忆和发动战争的文化在政体内和政体间的传播是将古代伊甸园般的天堂转型为进攻性现实主义世界的直接原因，20 世纪中叶第二次世界大战的结束标志着人类在很长一段时间里的绝对的极端血腥的状态。② 当时，世界上大多数国家刚从殖民主义中解放独立，对战争的恐怖记忆犹新，厌倦战争及渴望和平的情绪高涨，认识到战争的巨大危害及害怕随之而来的惩罚，逐渐从进攻性现实主义国家转型为防御性现实主义国家。安全合作成为当下及未来的主流发展方向。

① 唐世平：《国际政治的社会演化——从公元前 8000 年到未来》，中信出版社 2017 年版，第 70 页。
② 唐世平：《国际政治的社会演化——从公元前 8000 年到未来》，中信出版社 2017 年版，第 69 页。

中华人民共和国成立后，成为亚洲重要的大国之一，对亚洲乃至世界的格局产生重要影响。身为急需外援的邻国，巴基斯坦即刻与中国建立外交关系，成为最早承认中华人民共和国的国家之一。然而，当时基于对伊斯兰意识的自我认知局限及当时的国际局势影响，对中华人民共和国在巴基斯坦外交战略的地位评估不够客观，[①] 故而当时与中国的关系表现较为平淡。随着历史的发展与国际局势的变化，巴基斯坦才逐渐意识到中国的重要性，下文将进行详细的论述。

随着印巴三次战争、中印边境冲突等事件的发生，战略的刚性需求将中国与巴基斯坦的关系逐渐拉近。最终双方发展为"全天候"友谊，在双方的关系经历了美苏争霸的冷战时期、印巴战争、中印边境自卫反击战、21世纪更加复杂的国际格局变化，依旧是最铁的友邦关系。巴方认为，中国是巴基斯坦对外政策的重要基石，中国因素在其外交政策中长期占据重要位置。

四　美国因素对巴基斯坦对外政策的影响

从世界大战及冷战中脱颖而出的美国，成为世界唯一的超级大国。不难看出，美国是巴美两国关系的主导者，当其需要巴基斯坦时便给予认可与支持，当其战略侧重点不在巴基斯坦时，美巴关系的发展将变得困难。巴基斯坦是一个地理位置优越、拥有核武器、拥有众多伊斯兰教民的世俗国家；从反恐战争、防止核扩散、地缘政治的角度来看，美国与巴基斯坦的关系都具有一定的发展潜力。[②]

从巴基斯坦方面来看。首先，维护国家安全利益，需要世界霸主——美国的经济及军事方面的支持，以减少来自印度方面的威胁。其次，牵制印美关系的升温，防止南亚地区的战略失衡，巴基斯坦必须处理好与美国的关系，以防止美国在克什米尔问题上倾向印度，确保增加其与印度长期抗衡的筹码。[③] 最后，巴基斯坦地处重要战略位置，除了采取睦邻友好政策，还需尽可能地处理好与世界大国的关系，诸如美国、中国、俄罗斯

①　陈继东、宴世经：《巴基斯坦对外关系研究》，巴蜀书社2017年版，第248页。
②　陈继东、宴世经：《巴基斯坦对外关系研究》，巴蜀书社2017年版，第200页。
③　陈继东、宴世经：《巴基斯坦对外关系研究》，巴蜀书社2017年版，第203页。

等，当反恐战争与地缘政治经济冲突发生时得到更多强有力的支持。

从美国方面来看。首先，巴基斯坦在反恐战争中具有重要的地理位置优势。阿富汗这个重要的战略国家与巴基斯坦、伊朗及乌兹别克斯坦等国接壤，但唯有巴基斯坦坚定不移地站在反恐联盟一边。其次，若与拥有核武器的巴基斯坦关系僵硬，易使巴方政府失去对核武器的有效控制，那么世界上其他国家将面对来自冷战结束以来最大的安全威胁。① 再者，印美关系升温的情况下，若巴美关系恶化，难以实现南亚地区的战略平衡，进而随着中巴关系的持续升温，对美国的南亚政策较难实现。最后，确保巴基斯坦成为一个稳定的世俗伊斯兰国家，对于巴基斯坦、南亚地区和伊斯兰世界具有极其重要的意义。巴基斯坦国内伊斯兰宗教激进主义根基深厚，若不能妥善处理与其关系，其境内的伊斯兰教极端主义抬头将对该地区乃至全世界产生一定程度的负面影响。

五　伊斯兰世界对巴基斯坦对外政策的影响

以伊斯兰宗教激进主义建国的巴基斯坦，将建立为一个去印度化、纯正的伊斯兰国家当作建国后的目标。为此，巴基斯坦将发展与伊斯兰国家关系作为其外交政策的一个基本支撑点。首先，大力发展与伊斯兰国家关系对内可增强国家的内聚力和认同感，对外可争取国际上更多的认可和快速融入伊斯兰世界，避免成为孤立无援的状态。其次，巴方希望得到伊斯兰国家的帮助，加强其对抗印度压力的能力。由于当时的伊斯兰国家也同巴基斯坦一样处于刚独立解放的状态，其实力也较弱，道义及外交上能给予巴基斯坦支援，但实际的经济和军事上的援助较为困难。② 虽然，巴基斯坦求助伊斯兰国家没能得到实际的援助，但在情感上也得到了极大的支持，使巴基斯坦一直重视与伊斯兰国家的关系。

巴基斯坦建国初期，世界正处于美苏冷战时期。刚建国的巴基斯坦以立国为本，对抗来自印度的压力为重心，以发展多边外交为主要内容，形成了"一个中心，三个基本点"的外交政策。换言之，以对印度关系为

---

① Bruce Riedel, *Pakistan and the Bomb*, The Wall Street Journal, 2009 – 05 – 30.
② 陈继东、宴世经：《巴基斯坦对外关系研究》，巴蜀书社 2017 年版，第 4 页。

中心，以对美国、伊斯兰世界、中国关系为基本支撑点，① 开展多元化外交，来达成其发展需要。

第二节　对外政策的演变

巴基斯坦的对外政策随着其国内及国际形势的变化而演变，在"一个中心、三个基本点"的外交政策基本框架的基础上不断发展及完善，与时俱进地调整其外交政策，不断完善与其他国家的关系。

一　冷战时期的巴基斯坦对外政策

巴基斯坦建国之初，正处于世界关系格局开始进入美苏两极争霸的冷战时期，出于战略发展的需要，巴基斯坦利用美苏冷战中有利于自身的条件，奉行结盟外交政策，加入以美国为首的西方阵营，寻求外援以对抗印度。

（一）巴建国初期的对外政策及战略方针

面对巨大的生存压力，通常一个国家会选择可借助的外部力量，通过安全合作，甚至结盟的方式来保证其安全。印巴分治后，双方实力悬殊，巴基斯坦通过一系列外交行动，获得来自西方国家和伊斯兰世界的帮助与支持。

随着巴基斯坦开展的一系列外交政策，主要重点是改善与印度的对立关系，积极拉近与美国的关系，为进入西方阵营打好基础；持续保持与伊斯兰国家的联系等多元化外交政策。

1. 冷战时期积极寻求与美国的合作关系

自巴基斯坦建国以来，美国在全球政治格局中一直具有重要的分量。所以，巴基斯坦需要快速获得美国的支持，以应对来自印度方面的巨大压力。随着国际形势的不断变化，巴美关系发展特点是起伏不定的状态，分为四个阶段，这一时期主要表现为前两个阶段，即：

一是保持距离阶段（1947—1953）。1947 年正是冷战时期的开始，也是巴基斯坦艰难建国之际，当时其奉行不结盟政策，以争取多方国际援助。由于建国初期的巴基斯坦处于极度落后状态，美国认为其态度较为冷

---

① 陈继东、宴世经：《巴基斯坦对外关系研究》，巴蜀书社 2017 年版，第 4 页。

漠，出于两国的战略利益需求，美国在遭到印度拒绝后才接受了来自巴基斯坦方面的结盟意愿。美国艾森豪威尔总统认为，巴美结盟将会给未来的中东北层防御带来更多好处。[①] 杜勒斯指出："巴基斯坦是最大的伊斯兰教国家，在伊斯兰世界具有重要的地位。巴国人民强烈的宗教信仰及尚武精神会成为他们抵抗共产党主义的坚实堡垒"。[②] 1953 年，巴美双方签订了《美巴双边防务协定》。

二是军事结盟阶段（1954—1959）。这一阶段的巴美关系不断缔结军事条约，双边关系持续升温。1954 年，美巴签订了《共同防务援助协定》，标志着双方正式建立军事同盟关系。[③] 次年，双方签订《支持防务援助协定》，表明在"发展巴基斯坦捍卫其独立及安全能力方面，美国对巴方予以支持与相应援助"。[④] 随后，美巴签署了《双边（军事）合作协定》，美方为巴方提供"非常规"武器及援建导弹发射基地，标志着双方军事同盟关系的进一步加深。[⑤] 与此同时，印苏关系逐渐密切，美国为防止其关系过分密切，开始着手援助印度，对巴美关系产生了一定冲击。

三是跌入谷底阶段（1960—1979）。肯尼迪总统时期，美国加强了对印度的重视程度，1962 年的中印边境冲突使美国和印度的关系瞬间升温，相反使美国与巴基斯坦的关系持续降温。肯尼迪认为，对抗中国需要印度的支援，美国在亚洲的外交政策主要针对加强与印度的友好关系发展，不断加强对印度的援助。而巴基斯坦并不认为中国日益增长的力量会影响南亚地区的安全，反倒是美国对印度的援助会增加对巴境内的安全威胁。于是，巴基斯坦转向同中国和苏联改善关系，对此美国认为巴方不再是昔日的盟友，双方关系日渐疏远。1965 年发生第二次印巴战争，美国禁止向印巴两国提供武器，使严重依赖美国武器的巴基斯坦受到沉重打击，美巴双边关系跌落谷底。直至 1966 年 3 月以后，美国开始放宽对巴基斯坦的

---

① Selig S. Harrison, *The Widening Gulf: Asia Nationalism and American Policy*, New York: The Free Press, 1978, p. 266.

② 杜勒斯：《杜勒斯言论选辑》，世界知识出版社 1959 年版，第 58 页。

③ Ashok Kapur and A. Jeyaratnam Wilson, *Foreign Policy of India and her Neighbours*, Guildford: Biddles Ltd., 1996, p. 126.

④ 阿尔塔夫·高哈：《阿尤布·汗——巴基斯坦首位军人统治者》，世界知识出版社 2002 年版，第 133 页。

⑤ 张力：《尼赫鲁的克什米尔政策与印巴关系》，《南亚研究季刊》1996 年第 4 期。

武器禁运及恢复部分军事援助，① 双方关系才有所缓和。然而，20 世纪 70 年代，巴基斯坦继续实施不结盟政策和开发核武器，导致美巴双边关系又朝着疏远的方向发展。1979 年，美国取消了对巴基斯坦的经济援助②以惩罚巴方不愿停止核武器开发，从而导致当年 11 月，一千余名巴国学生破坏美国驻巴基斯坦的大使馆，美巴关系即将破裂。

四是重修旧好阶段（1980—1990）。20 世纪 70 年代末，伊朗伊斯兰革命推翻了亲美的巴列维王朝，美国失去了中东地区的重要盟国之一，另一个即巴基斯坦，美国不愿再失去在中东地区的最后一个盟国，开始寻求改善与巴国已然恶化的关系。此外，1979 年苏联入侵阿富汗，严重威胁到美国的战略利益，为遏制苏联的势力，巴基斯坦的战略地位进一步凸显。里根政府开始全面支援巴基斯坦，加大对其经济和军事的援助。80 年代，双方签订了关于巴基斯坦和美国在经济、科学和教育方面的合作协议。③ 然而，1989 年初苏联开始撤离阿富汗，巴方的战略地位随之下降，并且随着巴执意开发核武器而产生的矛盾使巴美双方关系日渐冷淡。1990 年，美国引用《普莱斯勒修正案》对巴进行制裁，④ 双边关系再次跌入谷底。

2. 三次印巴战争对巴基斯坦外交政策的影响

（1）第一次印巴战争对巴基斯坦外交政策的影响（1947—1953）

从两国的国防开支中，不难看出印巴双方的力量失衡，导致巴基斯坦不断提高其国防开支在其全国 GDP 中的比例。建国以来至 20 世纪 90 年代，巴基斯坦的国防开支从 4% 增长至 6% 以上，而印度在此方面的开销基本维持在 3%。⑤ 物质条件远胜过巴基斯坦的印度，在印巴第一次战争中较有优势。1947 年底，第一次印巴战争因克什米尔地区归属问题而爆发，战争呈现胶着状态，在联合国安全理事会的调解下，于 1949 年 7 月双方停止战争。巴基斯坦的国力因此受到一定削弱，全国上下也为其生存

---

① Afrasiab, *US relationwith South Asia and the Pakistan – India Interaction（1492 – 2002）*, Islamabad: WordMate, 2002, p. 136.

② 杨翠柏、李德昌：《当代巴基斯坦》，四川人民出版社 1999 年版，第 405 页。

③ ［印度］Rajendra Kumar Jain, *US – South Asia Relations：1947 – 1982*, Vol. 2, Atlantic Highlands: Humanities Press, 1983, pp. 463 – 464.

④ 石岚：《巴美关系：重温正常化的旧梦?》，《南亚研究季刊》1993 年第 3 期。

⑤ ［印度］贾斯万特·辛格：《印度的国防》，新德里：麦克米兰印度有限公司 1999 年版，第 37 页。

安全问题进一步深忧。出于国家安全战略的考虑，其不得不走上寻求外援的道路，以尽可能减小与印度的力量差距。

该阶段的巴基斯坦展开积极的外交手段，通过军事结盟及发展盟友来实现其寻求外援的目标。在冷战国际关系的大格局下，巴基斯坦成功实现了与域外大国的联盟，获得与印度长期抗衡的力量。一方面，与印度的关系决定了其国家安全，必然以对印度关系为中心；另一方面，以伊斯兰教立国的巴基斯坦自然希望得到来自伊斯兰国家的援助，然而当时的伊斯兰国家大都较为弱势，并不能给巴基斯坦带来足够的经济和军事上的支持，但获得了精神与道义上的支持；此时巴基斯坦抓住美国"拉印反共"失败的契机，成功与美国成为同盟，但并未轻易放弃与伊斯兰世界的联系。

该时期的巴基斯坦积极寻求外援力量，以对抗来自印度的巨大压力。不仅积极寻求与美国阵营的结盟，也不放弃同伊斯兰世界的联系，通过多方努力来调整因与美国结盟而带来的与伊斯兰世界关系的受损情况，并有一定成效。当时，巴基斯坦与中国的关系，还处在发展初期，未形成明显的利益冲突关系。

（2）第二次印巴战争对巴基斯坦外交政策的影响（1953—1971）

凭借美国的经济与军事支持，巴基斯坦的国力得到一定发展，与其他国家的关系也朝着良好的方向发展。然而，美巴的结盟关系并非坚固，也可用"同床异梦"来形容，1962 年印巴边境冲突时美国也为印度提供了经济和军事援助，在第二次印巴战争时，美国没有履行其应有的军事盟国义务，同时对印度和巴基斯坦实行武器禁运的措施，[①] 上述行为令巴基斯坦对美国产生了极大的失望和不信任感。在求助伊斯兰世界和美国无望的情况下，巴基斯坦将目光转向邻国之一中国。

1962 年，中国与印度的关系恶化，为巴基斯坦提升与中国的关系提供了契机。随着中印关系恶化程度的加深，双方发生了边界冲突，为中巴全天候战略合作伙伴关系的形成带来天时地利人和的发展机遇，自此中巴两国坚固友好的关系再无大的起伏变化。巴基斯坦的每一届政府都坚持奉行与华友好外交的原则，因此，时至今日，对华关系成为巴基斯坦外交政

---

① ［印度］贾斯万特·辛格：《印度的国防》，新德里：麦克米兰印度有限公司 1999 年版，第 5 页。

策的一个重要基本支撑点。

1966 年初，印巴双方在联合国安理会的调和下签署了《塔什干宣言》。巴方承诺在克什米尔问题上"不使用武力而是用和平手段解决争端"和"互不干涉内政的义务"。① 然而，悬而未决的克什米尔问题和日益加深的民族宗教文化敌对的心理，使印巴双方的关系并不能同其他国家一样正常发展，依然处于时好时坏的状态，该时期克什米尔地区处于"浅和平"状态②。

（3）第三次印巴战争后的巴基斯坦对外政策（1971—1991）

身为亚洲和世界大国的中国，随着其综合国力不断提升，又同为印巴两国的邻居，与印度存在至今未解的边界问题。与中国长期维持良好关系，是巴基斯坦当下及未来主要的外交政策之一。

巴基斯坦在这一阶段的对外政策发生较大变化，其主要原因一方面来自外部因素，其一是印度方面，1971 年巴印两国开始了第三次战争，结果以巴基斯坦东部地区脱离巴基斯坦，成为新国家——孟加拉共和国告终。此外印度还占领了巴控克什米尔地区的 300 多平方千米的土地。1972年 7 月，印巴签署了《西姆拉协定》，双方同意在查谟和克什米尔尊重1971 年双方停火后形成的实际控制线。③ 最终，印度确立了南亚地区霸主的地位，巴基斯坦的实力受到极大的削弱。其二是当时的国际情形为"缓和"的美苏争霸及苏攻美守的局面。南亚地区的外部力量发生了变化，美国战略力量的收缩及苏联的势力扩张，进一步加深了对南亚地区、非洲等地的干涉。巴基斯坦来自美国的支持在此时也渐渐减少，使其陷入乏力应对日益强大的印度的局面。另一方面则是来自其国内的政治大变故，此次的战争失败后，佐·布托成为巴基斯坦的执政人，根据国内外的形势变化对巴基斯坦的对外政策进行了调整。主要表现为：其一是在处理大国关系方面奉行"双边主义"外交，既保持与西方大国的适当距离，又持续跟进与在世界上地位日益提升的东方大国的关系，更进一步提升与中国的关

---

① 陈继东、宴世经：《巴基斯坦对外关系研究》，巴蜀书社 2017 年版，第 101 页。

② 唐世平：《国际政治的社会演变》，中信出版集团 2007 年版，第 193 页。"浅和平"的显著特征即在一个封闭的子系统（或许包括整个国际系统）中主要国家消亡的停止。

③ 以上资料见《军事资料：印巴历史上的三次战争》，2002 年 5 月 18 日，千龙新闻网，搜狐网转载，http：news. souhu. com/84/86/news200918684. shtml。

系。其二是大力发展与伊斯兰世界的关系，特别关注同西亚地区及海湾地区的伊斯兰国家的联系。其三是其国内的变化，即主动寻求威慑手段，[1]以防止印度的威胁，通过数年努力巴基斯坦于1977年拥有了核武器，以自保安全。[2]

这一阶段的巴基斯坦与印度的关系跌入谷底，与美国的关系也逐步减弱；与此同时巴基斯坦积极发展与叙利亚、印度尼西亚、约旦及阿尔及利亚等伊斯兰国家的支持，不仅与对方国家互访，还支持了1973年第四次中东战争的叙利亚。值得注意的是，这一时期巴基斯坦领导人把与中国的外交关系放在显著位置，对外将中国作为巴基斯坦外交的基石。[3] 首先，两国高层高频互访。20世纪70年代，布托对华进行三次访问，受到中国的热忱欢迎。1975年，中国的高层也对巴进行了访问。其次，两国在国际问题采取一致的态度，互相给予支持。不仅中国在印巴谈判时给予巴基斯坦支持，巴方也坚定地支持中方在中美关系中的核心利益。双方的友好关系除了在政治方面的互相支持外，还体现在军事和经济方面的合作。[4]

随着巴基斯坦的执政变化，不同的执政党派对其外交政策产生了不同的影响。1988年贝·布托的执政标志着巴基斯坦国内政治的巨大变化，由军统体制转变为民选体制，趁着冷战结束，主动调整与其他国家的关系，特别是改善与印度的关系，在贝·布托的努力下，印巴两国签署了《互不攻击对方核设施》《避免两国贸易中的双重征税》和《加强双边文化交流》协定。[5] 关于同中国的外交，贝·布托一上任就出访中国，表示中巴关系的重要性；中方于第二年也回访了巴基斯坦，并与其签署了关于经济技术合作协定等多领域的合作协议。[6] 与此同时，巴基斯坦采取平等互利的睦邻政策以改善与南亚地区其他国家的关系，并呼吁共同消除南亚地区的经济与文化落后所带来的多重问题，取得良好反响。

---

① Khaled Mahmood Sheikh, A Simple& Echaustive Study of Foreign Policy o Pakistan, Publishers Emporium, 2002, p. 22.

② 陈继东、宴世经：《巴基斯坦对外关系研究》，巴蜀书社2017年版，第25—26页。

③ 中国社会科学院：《南亚与东南亚资料》总第33辑，第182页。

④ 陈继东、宴世经：《巴基斯坦对外关系研究》，巴蜀书社2017年版，第30—31页。

⑤ 陈继东、宴世经：《巴基斯坦对外关系研究》，巴蜀书社2017年版，第68—71页。

⑥ 中华人民共和国外交部：《中国外交年鉴（1990）》，世界知识出版社1990年版，第71—72页。

（二）1962 年中印边境自卫反击战对巴基斯坦外交的影响

基于地缘战略的需要和国际局势的变化，中巴关系从 20 世纪 50 年代初开始发展，自中华人民共和国成立不久巴国就开始与其建立外交关系，巴基斯坦是第一个承认中华人民共和国政权的伊斯兰国家，也是与中华人民共和国建交的第六个非社会主义国家。[①] 中巴两国自 1951 年建交，但双方的关系发展在前期并非一帆风顺，由于巴基斯坦 20 世纪 50 年代采取"冷华"、与美国结盟的外交策略，并成为西方国家的军事同盟，当时的中国与印度的关系较为密切，故而中国对巴基斯坦的态度较为谨慎、稳重。[②]

随着历史的发展，亚洲的国际形势发生了变化，20 世纪 50 年代末的西藏叛乱，印度对中国的无端指责，致使中印两国曾经的"兄弟情义"不再甜蜜，之后中印边境冲突、美国助印遏华、印巴二战、巴基斯坦被印度分解及印苏结盟等一系列事件发生，推进了中国与巴基斯坦在战略上的互相扶持、政治军事上的互相支持，双方的关系得到了稳固发展。

直至 1962 年中印自卫反击战的发生，使得中巴双方关系发展由慢车道转至快车道。印巴两国自建国起就成为针锋相对的敌人，而印度与中国、巴基斯坦的领土都接壤，同样与中国存在边境冲突上升至战争，无形中拉近了中国与巴基斯坦的关系，至此拉开了中巴"全天候"友谊的序幕。1963 年，布托多次询问时任中国驻巴基斯坦大使丁国钰，"对中巴两国根本关系的看法如何？"[③] 丁大使向其保证道，"我们对巴友好的政策是坚定不移的"[④]。

中巴双方的友好合作表现在以下两个方面：一是国际层面的互相支持。巴方在 1961 年的联合国大会表决中支持恢复中国在联合国的合法权利；中方更是在印巴第二次战争中给予巴基斯坦外交和军事上的支持，给

① 《中华人民共和国外交史（1949—1956）》，世界知识出版社 1994 年版，第 128—103 页。
② 陈继东、宴世经：《巴基斯坦对外关系研究》，四川出版社巴蜀书社 2017 年版，第 250—251 页。
③ 《驻巴基斯坦大使丁国钰会见巴外长布托谈话纪要》，中国外交部解密档案：105 - 011187 - 05，转自成晓河《中国 - 巴基斯坦关系的嬗变：1962—1965》，《南亚研究》2009 年第 4 期。
④ 王泰平：《中华人民共和国外交史》，1999 年，第 86 页。

印度带来一定压力。① 二是中巴双边关系稳步发展。1962 年，双方就中巴边界问题通过友好谈判达成相关协议，随后签订了《中华人民共和国政府与巴基斯坦伊斯兰共和国政府关于标定中国新疆和由巴基斯坦实际控制其防务的各个地区相接壤的边界的议定书》，标定了国界。② 之后，中巴两国实现飞机及海运的通航，高层频繁互访，以及进一步的经济文化合作。

自 1959 年至 1988 年，中国和巴基斯坦不仅在国际政治和地缘战略上相互支持，而且还大力发展双边的经贸及军事等领域。20 世纪 60 年代至 70 年代，中国在自身经济困难时仍坚持对巴基斯坦的经济援助达 3 亿美元，帮助巴基斯坦建立工厂、交通基础设施、大型矿厂及飞机装配厂等。进入 80 年代后，双方还就核能方面开始合作。③ 据统计，至 1982 年，巴基斯坦的武器库中超过 60% 的坦克装备及空军装备来自中国。④

印巴敌视、中印边境自卫反击战、中美对抗、美印走近、巴美疏远，20 世纪 60 年代如此的国际情形为巴基斯坦和中国加强战略合作提供了多重条件，双方就维护国家安全的共同目标而增进对彼此的需求和帮助。中巴双方自 1962 年开始真正走进，随着彼此的真诚合作，在 70—80 年代双方的关系更上一层楼。

二 后冷战时期（1991 年至今）的巴基斯坦对外政策

一国的对外政策与其国内外形势密切相关，后冷战时期国际形势发生了变化，印巴双方的竞争变得更加激烈，外部的援助力量也发生了变化，巴基斯坦的对外政策也随之发生了变化。

（一）美巴关系密切度下降

随着冷战结束后国际形势发生了巨大变化，美国政府调整了其外交政策，转向争取印度这个亚洲大国，从而减缓了与巴基斯坦的密切程度。加

---

① 王宏伟：《喜马拉雅山情结：中印关系研究》，中国藏学出版社 1998 年版，第 268 页。及 B. R. Deepak, *India and China 1904–2004*, New Delhi: Manak Publications Pvt. Ltd., 2005, p. 277.

② 陈继东、宴世经：《巴基斯坦对外关系研究》，巴蜀书社 2017 年版，第 259 页。

③ 援建项目参见 Abdul Sttar, *Pakistan's foreign Policy 1947–2005: A Concise History*, Oxford University Press, 2007, pp. 105–106, 及 Musa Khan Jalalzai, *The Foreign Policy of Pakistan: Kashmir, Afghanistan and Internal Security Threats（1947–2004）*, Ariana Publications, 2003, pp. 267–268.

④ YAACOV VERTZBERGER, *The Political Economy of Sino–Pakistani Relations: Trade and Aid 1963*, Asia Survey, 1983, 23 (5): 647.

之，巴基斯坦坚持开发核武器，美国对其进行了制裁。

1991 年至 2000 年，美巴双边关系表现为持续降温。1991 年，海湾战争爆发，支持伊拉克的巴基斯坦宗教激进主义团体和军方，酝酿已久的反美情绪一触即发。因为冷战结束后，美国不仅停止了对巴的经济援助，而且还低价出售剩余武器给印度，[1] 此外，美国对南亚领域的过度关注扩展至导弹技术控制机制及印控克什米尔等问题，支持当地倾印的伊斯兰教徒。虽然，巴基斯坦对美国的相关行为抱怨不已，但仍对巴美战略合作抱有希望。所以，为平衡南亚势力，克林顿和贝·布托上台后就立即改善与巴基斯坦的关系作出部分调整，巴方也随即接住美国抛出的"橄榄枝"。不幸的是，刚有所改善的巴美关系在 20 世纪 90 年代末期再次出现裂痕。印巴双方不断开展核试验，再次引起美国对巴基斯坦的制裁，这次美国偏袒印度的行为表明了，美国的南亚政策主要对象国是印度，巴美关系只能排位在印美关系之后，并且美国还继续实行拉印遏巴外交政策，此时巴美双边关系跌至冰点。现实主义的国际系统中，强大的权力是国家对外政策的基础，势力依旧弱于印度的巴基斯坦，在美国的对外战略中只能退而求其次，需要时则关系亲密，需要程度低时则备受打压。巴基斯坦从战略发展的角度出发，不断加强同中国、伊斯兰国家、欧洲强国等国家的关系。

（二）中巴关系进一步深化

1988 年 12 月至 1998 年 5 月，这一时期中巴关系呈现出锻造后的坚定兄弟情谊。上述时期，冷战两极格局的结束和中印关系的和解，中巴关系开始了新时期的调整，但不变的是双方坚定友好的关系，中巴关系得到进一步发展。随后，1998 年至今的中巴关系，进一步深化合作。

1989—1991 年，中巴双方高层频频互访，即使在中国出现政治风波，受到西方世界的政治和经济制裁时，巴基斯坦仍是中方最坚定的盟友。1991 年底苏联解体，对当时的国际格局产生巨大影响。一方面，印度开始采取强硬的南亚政策，巴基斯坦和阿富汗逐渐成为国际恐怖主义的中心，由此中国担心伊斯兰恐怖主义威胁到边境安全。另一方面，印度与美国的关系逐渐走近，最终成为战略伙伴关系。因此，中国、印度和巴基斯

---

[1]　Rais Ahmad Khan, Pakistan in 1991: Light and Shadow, *Asia Survey*, Vol. 32, No. 2, 1992, pp. 204–205.

坦这些国家也随着国际战略环境的变化而改变自身的战略部署。① 随着 21
世纪的到来，国际环境和社会发生了巨大变化，中巴双边关系主线朝着深
化合作的方向发展。

第一阶段是 1988 年 12 月至 1998 年 5 月，中巴关系的主要特征为经
受考验的友好关系。首先，中巴高层双方频频互访，积极扩展双边贸易、
国际合作领域。一是 1995 年，中国、巴基斯坦、哈萨克斯坦、吉尔吉斯
斯坦四国签订《过境运输协议》，为四国开展过境运输提供便利；次年江
泽民主席访问巴基斯坦，两国签订《互设总领事馆的协定》。② 二是 20 世
纪 90 年代后，宗教激进主义开始复兴，非传统安全成为中巴两国共同的
新挑战，两国自 1995 年起积极开展相关方面的合作，多次开展联合反恐
军事演习。其次，中巴建交 45 周年，江泽民主席在巴演作了为《世代睦
邻友好，共创美好未来》的演讲，主要提出了就中国与南亚国家共建 21
世纪、长期稳定的睦邻友好的五点主张，并强调"中国和南亚各国平等发
展睦邻友好合作关系，当然，肯定包括巴基斯坦这个老朋友"。③

第二阶段是 1998 年至今，中巴关系的主要特征为不断深化多领域的
合作关系。首先，1988 年南亚核竞争加剧，印巴分别进行核试验，中国
从一个负责任大国出发，④ 要求两国停止此举。随后，美国对巴基斯坦采
取了经济制裁，中国与英、法、俄等国并不支持此举，认为"巴基斯坦进
行核试验是基于对印度人民党政府军事威胁的戒惧"，并得到了巴方的谅
解。⑤ 其次，21 世纪中巴双边政治、安全合作不断加强。一是高层互访，

---

① Ashok Kapur, *Major powers and the persistence of the India – Pakistan conflict*，载于 *THE INDIA – PAKI STAN CONFLICT*：*An Enduring Rivalry*，Edited by T. V. Paul，Cambridge University Press，2006，pp. 137 – 138.

② 中国驻巴基斯坦网站：《中巴关系》，http：//pk. china = embassy. org/chn/zb – gx/sbgx/t183305. htm 及中华人民共和国外交部亚洲司编：《中华人民共和国和巴基斯坦伊斯兰共和国双边关系重要文献汇编》。

③ 《世代睦邻友好　共创美好未来》，中华人民共和国外交部网站，http：//www. fmprc. gov. cn/chn/gxh/zlb/ldzyjh/t5492. htm。

④ 印度核试爆后，巴基斯坦外交秘书 Shamshad Ahmad 随机访问北京，据巴方资料称："中国没有让巴基斯坦停止核试验，这与巴基斯坦国家利益相关，应由巴方自行决定。"参见 Musa Khan Jalalzai, *The Foreign Policy of Pakistan*：*Kashmir, Afghanistan and Internal Security Threats* (1947 – 2004)，Ariana Publications，2003，p. 272.

⑤ 陈继东、宴世经：《巴基斯坦对外关系研究》，巴蜀书社 2017 年版，第 268—269 页。

政治互信不断加强。2001 年是中巴两国建交 50 周年，双方举行了丰富多彩的庆贺活动，朱镕基总理赴邀访巴，两国就农业、基础设施、经贸合作新领域及新方式等内容签订了七项合作领域。① 二是特殊事件的发生并未影响中巴关系的正常发展。2001 年发生震惊全球的"9·11"事件，国际恐怖主义威胁骤升，中巴双方就反恐行动的合作加强了联系，之后就"9·11"事件、南亚安全、国际恐怖主义等重大问题达成一致并决定相互支持。② 三是中巴双方在 2000—2009 年间签订了 200 多个协定和谅解备忘录，双边关系在稳中不断升温。四是随着全球化的发展，中巴双边的经贸关系逐步加强。2009 年生效的《中国－巴基斯坦自贸区服务贸易协定》，为两国的经贸快速发展提供了夯实的基础，加速了中国已在巴基斯坦境内开展的 120 个工程的进程。与此同时，中国的知名企业华为、中国移动及和记黄埔等公司在促进巴方的通信、港口建设方面起到了重要的作用，③ 随着"一带一路"倡议的发展和巴基斯坦加入上合组织，中巴双方的合作更是朝着多领域、规范化的方向稳定高速发展。

中巴"全天候"友谊是基于历史、战略的选择，也是中巴双方真诚的选择与支持。即使双方的差异性、不平衡性逐渐突出，巴基斯坦对中国的重要性从未降低，双方也没有根本的利益冲突，经历了时间的检验，中巴关系会朝着更加务实、更加成熟的方向发展。

（三）印巴关系陷于"结构性"困境之中

安全困境是现实主义国际关系领域最为核心的理论之一。印巴关系陷入"结构性"困境之中，表现在以下四个方面。

一是印巴之争早在分治前就存在根深蒂固的宗教冲突和民族对立的意识形态。从宗教信仰的角度而言，印度教和伊斯兰教存在不可调和的多方面因素，包括两个宗教的崇拜对象不同、"一神论"与"多神论"等方面；在长期的次大陆和英属印度时期，两大教派针锋相对和冲突时常发生，双方的差异与差距存在于分治前的印度每个领域，无论是宗教教旨，还是阶层都存在巨大的差异化。

---

① 郑瑞祥：《简论中巴全面合作伙伴关系》，《政治问题专论》2001 年第 5 期。
② 陈继东、宴世经：《巴基斯坦对外关系研究》，巴蜀书社 2017 年版，第 270 页。
③ 中国驻巴大使馆网站：http://pk. chineseembassy. org。

二是宗教冲突进而衍生出的民族主义和极端民族主义，如伊斯兰教极端民族主义与南亚、中东地区的恐怖主义有着千丝万缕的关系。一个小规模的宗教冲突可能会引起过激的民族主义运动，进而壮大极端民族主义，甚至是恐怖主义或局部战争，类似情况的发生在印巴两国很大程度上会从可能性转化为现实的行为。故而，两国被内化的宗教仇恨及民族敌意，使印巴关系困于难以调和的"结构性"困境之中，从而影响双边关系长期正常的发展。

三是克什米尔归属问题一直未得到合理的解决，一定程度上阻碍了印巴关系的发展。克什米尔地区具有重要的战略地位，且与域外大国的南亚战略存在密切关系，双方建国70余年该地仍是易挑起双方关系起伏不定的导火索。

四是南亚地区的印度和巴基斯坦都掌握了核能力，且置身于国际核不扩散体系之外，安全困境在南亚地区尤为凸显。南亚地区核安全网络具有非对称性和大国介入性两大特点，且呈现出与世界其他区域相比更为复杂的核安全问题，南亚地区的核安全态势不容乐观。无论是世界霸主美国，还是邻国强大的中国都对南亚地区的核问题密切关注，亲中的巴基斯坦与亲美的印度发生任何一点超过临界点的冲突都会影响世界两大国家，甚至是世界局势的改变。此外，随着中美两国的博弈在显性上的展开，印巴两国的关系不仅影响了南亚地区的安全局势，还进一步影响中美两国相应的对外战略及外交政策变化。

基于上述四点分析，印巴双边关系困于"结构性"陷阱中，当双方信任度变低时，将会使双方的关系朝着消极方向发展，只有较为合理地解决上述四个方面的问题，印巴双方才有较大可能进入长期"浅和平"状态，进而逐步发展为"深和平"。

三　后"9·11"时期的巴基斯坦政策

2001年"9·11"恐怖袭击事件的发生，美国的世贸大楼和五角大楼受到恐怖袭击，人员伤亡达2000人，美国经济受到近2000亿美元的损失，同时也震惊了全世界。随即，以美国为首的国家开始了反恐战争，因此巴基斯坦在美国的反恐战略中再一次提升其地位，巴国被看作是反恐战争的前线国家，美国开始大幅度调整对巴政策，加大对巴的经济及军事援助，进而改善了双方前期的低谷状态。

（一）因"反恐行动"巴美关系升温

印度战略家评价道，"随着美国双子塔的坍塌，巴基斯坦重新成为美国的战略宠儿"。[①] 美国迅速调整对巴战略，巴方领导人一如既往欢迎美国的支持，立即放弃曾支持的塔利班政权去配合美国的反恐行动。2003年穆沙拉夫成功访问美国，并获得美方30亿美元的援助，双方签订了《贸易与投资框架协议》；[②] 次年，巴国成为美国主要的非北约盟友，还从美方获得更多的武器设备、防务合作及军事培训项目等。

然而，看似进展顺利的美巴关系，背后却存在一些隐患。首先，美国对巴反恐成效的质疑与巴方出于多方考虑后对反恐力度的减弱。一方面，即使在塔利班政权垮台后，阿富汗与巴基斯坦边境仍存在频繁的塔利班和基地分子的类恐怖活动。另一方面，巴国内对其政府配合美国反恐的行为有所抱怨，因为反恐行动花费巨大人力和物力、伤亡惨重且误伤平民。2005年，巴国政府与亲塔利班的武装部落签署和平协议，以安抚民意，对此美国政府表面上相信穆沙拉夫，[③] 事后却警告巴方若反恐不力，将撤走对巴的援助及投资。

2009年10月，奥巴马总统签署了《克里—卢格法案》，以表扬巴军在打击塔利班行动中的有效表现，美方承诺在5年内向巴方提高75亿美元的经济和军事援助。[④] 美巴关系在巴方有效打击塔利班的情况下朝着良好方向发展，并且巴方在打击恐怖主义方面取得一定成效，也赢得了其他国家的认可。

（二）中印巴三边关系朝着良性互动的方向发展

冷战时期，中印巴的三角关系表现为以权力竞争及传统安全为主要内容，以敌视和对抗为主要特征的形式。随着冷战的结束，国际局势发生巨大变化，全球以和平与发展为时代潮流，中印巴的三角关系也随之发生新的变化。

---

① C. Raja Mohan, *India Pakistan and Bush* Ⅱ, India Express, 2005 - 01 - 18.

② 胡仕胜：《巴基斯坦近美国有因》，《现代国际关系》2003年第8期。

③ *President Bush and President Musharraf of Pakistan Participate in Press Availability*, http://www.state.gov/p/sca/rls/rm/2006/73033.htm.

④ 周戎：《美印巴关系向何处去》，《光明日报》2009年11月24日。

冷战结束后，世界大国调整了其在南亚的战略，给南亚次大陆区域内的安全局势发展提供了时机，也为调整中印巴三角关系提供了契机。对南亚地区影响重大的美国和英国，不再像从前一样密切关注该地区，一定程度上减少了关于印巴关系正常化发展的干扰。值得注意的是，1998 年是印巴关系发展的一个转折点，迫于国际压力及国内经济发展缓慢，长期的军备竞赛使两国陷入困境。"巴士外交"成功将两国再次拉回正常外交的关系中，并发表了《拉合尔宣言》，表示将通过和谈方式解决双边的所有分歧。① 然而，双方在克什米尔的卡吉尔冲突，再次将印巴双边关系打回冰点。经历了双边关系大起大落后，印巴两国在进入 21 世纪后开启全面对话，总体上表现为曲折且缓慢的和平进程。2004 年至 2006 年间，印巴展开了三轮对话，缓慢步入和平进程。2008 年孟买发生恐怖事件，双边对话被中止；2010 年印度浦那爆炸事件再一次影响了刚有所缓和的印巴关系。不难看出，印巴两国的关系极为敏感和脆弱，但自分治后，双方领导人都未曾放弃和谈，因为他们深知，和则双赢，斗则两伤。

值得注意的是，21 世纪初，中印巴三角关系在和平进程及合作的道路上缓慢发展，但 2001 年 "9·11" 事件后，中印关系朝着合作发展方向进一步得到提升，双边的多层次友好合作全面展开；印巴和解的势头加快，中巴友谊关系更加紧密。中印巴三边良性互动加快，这种三角关系的结构和性质发生重大变化。②

中印关系自建立以来，经历了友好时期、冰冻时期、破冰时期、曲折发展，在 21 世纪迎来了春天。2006 年胡锦涛主席出访印度，双方发表了《联合宣言》，制定了深化两国战略合作关系的 "十项战略"，随着 2011 年 "中印交流年" 和 2012 年 "中印友好合作年" 的开展，双边关系保持健康发展。③ 经贸合作成为中印关系的重点，2018 年中印双边贸易额近 1000 亿美元，同比增长达 13% 左右。④ 未来，中印经贸合作行稳致远根源于两国经济发展战略的契合及发展优势互补，印度政府表示希望中国企

---

① 陈继东、宴世经：《巴基斯坦对外关系研究》，巴蜀书社 2017 年版，第 110—113 页。

② 李昕：《后冷战时期的中印巴三角关系》，《江南社会学院学报》2008 年 6 月 25 日。

③ 苗玉龙：《林中印关系的发展与面临的挑战》，《剑南文学》2013 年 2 月刊。

④ 《新时代中印经贸合作行稳致远》，搜狐网，https://www.sohu.com/a/346223730_115239。

业加强对印度基础设施、住房、物流、智慧城市等领域的投资。此外，两国投资合作的领域还体现在具体发展经验共享层面。作为人口众多的新兴经济体，中国和印度对于发展基础设施、公共服务方面存在巨大需求。第九次中印财金对话中表示将进一步深化两国在 PPP 领域开展探索和经验交流，通过信息交流、知识共享、研究培训、能力建设、项目开发等方面开展务实合作，努力为私营部门通过 PPP 模式参与基础设施建设创造有利条件。① 虽然印度政府表示不参与中国推行的"一带一路"倡议，但其积极参加上海合作组织（SCO），为共同推进地区的和平进程贡献一分力量。

中巴关系在 21 世纪以来呈现出新的"全天候"友谊关系，中巴双方在各个领域的合作也不断加强，进一步发展为"全天候、全方位"的伙伴关系。2015 年习近平主席出访巴基斯坦，当时中国已成为巴基斯坦最大贸易伙伴。随着中国"一带一路"倡议的发展，中巴经济走廊的建设也在进一步深化中，未来该经济走廊将为中巴两国、南亚地区及周边国家带来更多的商机与发展机遇。

与此同时，中印巴奉行睦邻友好政策，积极参加由中国主导的上海合作组织，为共建地区"浅和平"转入"深和平"积极协商，与包括阿富汗、俄罗斯在内的亚洲国家共同推进亚洲地区的和平进程。

此外，中印巴能源合作加深了三国的密切程度。近年来，中印巴三国经济快速增长，对能源的需求激增，国内的能源无法满足其日益增长的需求，只能依靠大量进口的原油和天然气。巴基斯坦的重要战略地位与其地理位置有关，其北临中亚、西邻中东、东与中印接壤，地处世界两大油气产地的"十字路口"，堪称亚洲陆地"马六甲"。中巴在签署《能源领域合作框架协议》后，积极投入管道建设中，中国正在规划的两条油气管道：中巴管道和中缅管道都要通过南亚关键区域，分别是印巴争议的克什米尔地区和孟加拉湾。而印度也计划建设油气管道，以缓解其快速发展的能源需求，其规划的"三线计划"中也有两条要经过巴基斯坦。② 所以，巴基斯坦在中国和印度的能源安全中具有重要的作用。多领域的相互依赖

---

① 《新时代中印经贸合作行稳致远》，搜狐网，https：//www.sohu.com/a/346223730_115239。

② 李昕：《调整中的印巴三角关系》，《南亚研究季刊》2007 年第 2 期。

促进不同社会间存在多重沟通渠道，也拓宽行为体间的关系发展层面及程度。中印巴三国正是在经济、安全及能源等多维度存在诸多共同利益，将三者关系有效结合起来，很大程度上将会形成良性互动的三角关系，未来三国若能建立"中国—南亚贸易走廊""喜马拉雅经济圈"等合作地带，相互依存的经贸关系将会成为调整中印巴三角关系的持久动力。① 当然，中印巴三角关系的调整离不开美国因素。"9·11"事件后，美国为开展反恐行动，奉行南亚平衡政策，这对印巴关系正常发展而言是一个良好的外部因素，其他大国也受美国影响围绕印度而组成了多组三角关系，如中美印、中印巴、中印俄等关系。② 更多地以印度为中心的三角关系存在微妙复杂的博弈，进而一定程度上稳定了中印巴这组三角关系。

但是，印度的现实主义权力思维及其全球大国目标、印巴双方难以调解的内生性因素有可能使中印巴关系陷于"安全困境"的结构性矛盾之中。中印巴能否真正形成良性互动的三角关系，解困结构性矛盾的可能性方案是其重中之重。

第三节　周边外交

巴基斯坦身处南亚地区的西北部，南濒阿拉伯海，东接印度，东北邻中华人民共和国，西北与阿富汗交界，西邻伊朗。其处于北临中亚、西邻中东这样的"十字路口"，具有重要的战略地位。

一　巴基斯坦与印度的关系

印巴分治，伴随着宗教仇杀和民族独立运动的兴起，巴基斯坦自建国以来就与印度存在难以调和的矛盾，两国的关系经历了三次战争和数次冲突后，于21世纪逐渐步入曲折发展的和平进程。

（一）印巴关系——症结及发展

印巴两国的对立的症结根源于宗教、历史、社会及政治诸多因素，最为重要的原因即是由此产生的不信任感、宗教仇杀和战争记忆被深深根植

---

① 李昕：《调整中的印巴三角关系》，《南亚研究季刊》2007年第2期。
② 李昕：《调整中的印巴三角关系》，《南亚研究季刊》2007年第2期。

于两国民众心底，难以磨灭。印度与巴基斯坦之间的不信任感和猜疑，是双方关系难以正常化发展的主要因素，也长期阻碍着印巴双方的关系发展。简单概括为以下四方面：一是两国的立国理念与国家认同相互排斥。[①] 二是从现实主义"权力博弈"来看，印巴两国在国家利益方面存在较高的"零和"属性，印度致力于独霸南亚，[②] 而巴基斯坦一心想要把南亚外的大国势力引进来，用以对抗印度。三是印巴两国之间存在一系列问题，如克什米尔主权纠纷、核安全、印度河水资源、恐怖主义、宗教冲突等问题。四是长期以来双方民众存在彼此仇恨的情结，[③] 发展成为针对彼此的民族主义。

（二）莫迪时代——极限施压

主张奉行对巴强硬政策的莫迪自2014年5月上台后，印度对巴政策逐渐转入"极限施压"轨道，友善的表态下是对巴强硬的内核，体现为《不结盟2.0》"消极杠杆"的升级版。首先，莫迪政府一面向巴方示好，一面又提出让对方不可接受的条件。[④] 其次，2014年下半年印度单方面取消印巴两国外交秘书会谈后，在两国边界地区爆发了性质严重的越境交火事件，导致双方冲突进一步升级。[⑤] 再者，印度暗示、威胁支持反对巴基斯坦国家的分离主义团体和非政府武装组织。印度防长帕里卡尔（Manohar Parrikar）曾于2015年5月称，对巴可以"用恐怖主义回击恐怖主义"。[⑥] 最后，印度政府一直支持与巴国竞争的阿富汗，向其提供进攻性武器，比如2015年为阿富汗提供米-25武装直升机。[⑦] 此外，尽管巴基

---

① 吴孟克：《"极限施压"对阵"战争边缘"——莫迪执政以来的印巴关系》，《中国国家战略评论》2019年12月31日。

② Stephen P. Cohen, *India: Emerging Power*, pp. 53 – 54.

③ 科恩将这种情结归类为"相互性成对少数群体纷争"（paired minority conflicts）。参见 Stephen P. Cohen, *Shooting for a Century: The India – Pakistan Conundrum*, pp. 138 – 141。

④ 吴孟克：《"极限施压"对阵"战争边缘"——莫迪执政以来的印巴关系》，《中国国家战略评论》2019年12月31日。

⑤ 《印巴边境再次交火，莫迪称局势很快会有转机》，中新网，2014年10月9日，http://www.chinanews.com/gj/2014/10 – 09/6659489. shtml。

⑥ "Neutralise Terrorists without Fear: Parrikar", The Hindu, May 22, 2015, https://www.thehindu.com/news/national/neutralise – terrorists – without – fear/article7232863. ece。

⑦ Ministry of External Affairs, Government of India, "JointStatementbetweenIndiaandAfghanistan", December 25, 2015, https://www.mea.gov.in/bilateral – documents.htm? dtl/26247/Joint_ State-ment_ between_ India_ and_ Afghanistan_ December_ 25_ 2015, 2020 – 08 – 11.

斯坦的军方对其安全外交政策有着极大影响力，印度却从未将其当作谈判对象。①

在 2016 年 7 月爆发的印控克什米尔骚乱的催化下，双边关系于当年 9 月全面恶化，完成阶段转换。面对印度的政治经济文化孤立与军事上"外科手术式打击"的羞辱，巴基斯坦选择首先稳住国内与西部边境局势。2018 年 3 月，巴开启了对印"和平攻势"，并以"卡塔普尔朝圣走廊"为主要突破口，遭到印方冷处理。在 2019 年 2 月普尔瓦马危机中，双方出现了"战争边缘"式危机，客观上对印起到了一定威慑作用。然而，印度于 2019 年 8 月废除宪法第 370 条，取消印控克什米尔地区自治地位，双边关系再次跌至谷底。印巴关系在可预见未来的主要特征仍是"持续紧张/不时危机"。②

印巴关系发展为如今局面，主要源于莫迪政府对巴的"极限施压"政策。莫迪政府的做法出于以下四个原因：一是印度人民党"印度教民族主义"的意识形态的要求所致；二是快速增长的印度综合实力，迅速拉大双方的差距，使得印度不愿安抚巴基斯坦；三是随着大国越来越重视与印度的关系，使其自信心剧增，逐渐忽视外部力量对印巴双方关系的影响；四是出于战略需求，印度打击巴基斯坦以遏制中国势力在南亚地区的进一步发展。③

莫迪政府利用反恐问题及自身经济势力的扩张，将巴基斯坦逼至十分被动的局面，以此打压巴国的发展势头。④

二　巴基斯坦与中国的关系

中巴两国自建交以来，双边关系经历过平淡、友好、亲密的不同阶段，在中印边境自卫反击战爆发后，两国的关系日益密切，朝着多领域、

---

①　George Perkovich and Toby Dalton, Not War, Not Peace? Motivating Pakistan to Prevent Cross - border Terrorism, pp. 48 - 49.

②　吴孟克：《"极限施压"对阵"战争边缘"——莫迪执政以来的印巴关系》，《中国国家战略评论》2019 年 12 月 31 日。

③　吴孟克：《"极限施压"对阵"战争边缘"——莫迪执政以来的印巴关系》，《中国国家战略评论》2019 年 12 月 31 日。

④　吴孟克：《"极限施压"对阵"战争边缘"——莫迪执政以来的印巴关系》，《中国国家战略评论》2019 年 12 月 31 日。

深合作的方向发展，至今两国已成为全天候战略合作伙伴。

（一）中巴全天候友谊的发展

中国和巴基斯坦自 1962 年以来保持着密切的友好关系，巴国把同中国的关系当作其外交的基石。21 世纪以来，中巴关系全面提升与深化，双方的合作扩展至经济技术、农业、医疗、环保、通信等多领域。政治上，双方领导人频繁互访，签订《中巴睦邻友好条约》、发表《关于新时期深化中巴战略合作伙伴关系的共同展望》等合作文件。[①] 军事上，双方不仅联合研发先进武器，还加快军事联合演习的机制化进程。经济上，双边贸易增长迅速，扩大合作领域及深化合作程度。截至 2010 年底，中方在巴直接投资总额约为 14 亿美元，而巴在华投资项目超过 200 个，投资金额约达 6000 万美元。[②] 社会文化方面，双方的交流也扩展至青年、媒体等多方面。2005 年中国在巴基斯坦开设孔子学院，这是中国在伊斯兰国家建立的第一所具有中国文化代表的学院，2011 年信德省还将汉语设置为该省中学必修课程，[③] 不断加强了双方的文化交流与合作。

2015 年，中国和巴基斯坦的关系进一步升级为全天候战略合作伙伴关系，形成以中巴经济走廊为引领，以瓜达尔港、能源、交通基础设施和产业合作为重点的 "1 + 4" 经济合作布局。其中，中巴经济走廊是中巴共同打造 "命运共同体" 的重中之重。[④]

（二）中巴经济走廊建设——挑战与发展

中国领导人自 2013 年 5 月访问巴基斯坦时提出建设 "中巴经济走廊" 后，双方达成了扩大在交通、能源、海洋经济等领域的合作共识，并不断提升合作水平。次年 9 月，两国签署了中巴经济走廊的各项工程协议。[⑤] 2015 年，习近平主席访问巴基斯坦，与谢里夫共同宣布 5 项重大电力工程动工，并与巴方签署了 50 多项协议和谅解备忘录，总投资规模高达到

---

① 陈利君：《中巴经济走廊建设前景分析》，《印度经济体研究》2014 年 2 月 20 日。

② 《2010 年中巴双边经贸合作简况》，中华人民共和国商务部网站，http://pk. mofcom. gov. cn/aarticle/zxhz/hzjj/201103/20110307454921. htm。

③ Sindh Govt Unveils Ambitious Plan to Teach Mandarin", Tribune（Pakistan），September 5, 2011.

④ 杨萌、郗雨婷：《中巴经济走廊的进展及面临的挑战》，《国际研究参考》2021 年 2 月 28 日。

⑤ 杨璇：《"一带一路"战略下我国在巴基斯坦的投资风险研究》，《审计与理财》2016 年第 8 期。

460 亿美元。该走廊的建设很大程度上提升了双方的经济合作水平，并将巴基斯坦打造成为"一带一路"的"模范代表"。① 中巴经济走廊的发展并非一帆风顺，存在以下几方面挑战：

1. 政治风险

政治稳定是经济发展的前提，中巴关系历来友好，全天候战略合作伙伴关系为我国在巴国的投资提供了稳固保障，但巴基斯坦受国内外影响而产生的不稳定性，给我国投资带来巨大的政治风险。

（1）巴基斯坦政局动荡

建国以来，巴基斯坦的政府、最高法院及军方的三方角逐从未停止。2013 年谢里夫重返政坛，更是加重了巴国的政局动荡不安。② 加之，教派林立是巴国的宗教、社会特色，其中逊尼派人数占全国穆斯林的四分之三，什叶派人数占全国穆斯林的五分之一，两大教派之间以及逊尼派内部经常发生冲突，这种冲突又常常与政治斗争联系在一起，再次加剧了巴国的政局动荡。③ 近年来，巴什叶派与逊尼派之间的斗争愈演愈烈，受宗教斗争影响的民族分裂问题在巴国境内也尤为严重。④

特别值得注意的是，恐怖主义是影响中巴关系的重要因素之一。2007 年以来，受全球恐怖主义和地区恐怖主义跨境进入巴基斯坦的影响，呈现出严重化、组织化和国际化的趋势，巴基斯坦逐渐成为恐怖势力袭击的重灾区，一方面严重威胁着巴基斯坦国内的安全和稳定，另一方面阻碍了中巴经济走廊建设。⑤

（2）印度和美国的干涉

一方面，印巴关系在历史原因和莫迪政府的"极限施压"政策下，双方关系更为焦灼。

---

① 杨璇：《"一带一路"战略下我国在巴基斯坦的投资风险研究》，《审计与理财》2016 年第 8 期。

② 杨璇：《"一带一路"战略下我国在巴基斯坦的投资风险研究》，《审计与理财》2016 年第 8 期。

③ 杨璇：《"一带一路"战略下我国在巴基斯坦的投资风险研究》，《审计与理财》2016 年第 8 期。

④ 杨璇：《"一带一路"战略下我国在巴基斯坦的投资风险研究》，《审计与理财》2016 年第 8 期。

⑤ 杨璇：《"一带一路"战略下我国在巴基斯坦的投资风险研究》，《审计与理财》2016 年第 8 期。

另一方面，中印巴三国陷于"安全困境"的结构性矛盾中，印度必然会干涉中巴经济走廊的建设。此外，美国作为当下唯一的世界霸主，为维护其在印度洋的权益和尽可能削弱中国在该地区的影响力，美国务实地与印度结成对抗中国的盟友。再者，因反恐问题美国加大了对巴的干预，中国在巴基斯坦的投资同样也会受到美国的干预。故而，中巴经济走廊的建设除了受到巴国安全隐患所影响，还受到复杂的外部力量影响，尤其是印度和美国的干涉。

2. 经济风险

跨境投资本身就存在巨大风险，尤其是在巴基斯坦如此特殊的国家，中国主导的中巴经济走廊将面临以下经济风险。

一方面，巴方存在较高的债务违约风险。巴国经济自身发展缓慢，外汇储备不足，表现为直接投资水平低，其税收水平差、创汇能力低，[1] 贸易赤字也在逐年增加，加之巴外部债务庞大，国际收支困境加重。自1988 年以来，巴基斯坦就长期依赖 IMF 的贷款，且还款率低。可预见，中国在巴国的投资因回报率很低，我国易成为高风险债务人。[2]

另一方面，中巴经济走廊的项目化和泡沫化风险较高。考虑到中巴经济走廊需要在大量的基础设施建设下进行，中国将对巴进行高额基建投资，故而存在巨大的风险。

3. 环境风险

由于基建需要使用大面积土地，在开拓过程中难免会对当地自然环境和社会环境造成不同程度的消极影响。想要尽可能降低开发、建设这一过程的破坏程度，需要建设方极大的企业社会责任感和东道国的配合。我国在墨西哥和缅甸的部分项目因环境评估问题而暂停，因此，中国在巴的投资同样存在环境风险。

然而，即使面对如此多挑战，中巴双方长久且牢固的关系，加之双方对该走廊的重视，在双方共同努力下取得一定的成功。据国家发展改革委数据显示，中巴经济走廊取得相关成果。一是中巴两国通过了《中巴经济

---

① 杨璇：《"一带一路"战略下我国在巴基斯坦的投资风险研究》，《审计与理财》2016 年第 8 期。

② 杨璇：《"一带一路"战略下我国在巴基斯坦的投资风险研究》，《审计与理财》2016 年第 8 期。

走廊远景规划（2017—2030 年）》；二是萨西瓦尔、卡西姆等燃煤电站顺利投产；三是稳步推进交通基础设施建设，如喀喇昆仑公路升级改造二期（塔科特至哈维连段）及拉合尔橙线项目；四是瓜达尔港领域包括园区建设、燃煤电站建设都在高效进行中；五是包括援助医疗队、气象站建设、人员培训等在内的人文交流，促进了两国人民的情谊。[①]

总之，巴基斯坦积极实行"睦邻友好"的外交政策，一方面与印度的外交关系常常受挫，另一方面与中国关系发展关系日益密切，至今双方已成为全天候战略合作伙伴关系。

三 巴基斯坦与阿富汗的关系

巴基斯坦与阿富汗国土相邻，一方面，两国在地理、历史、宗教等方面有着密切的联系，另一方面，"杜兰线"和"普什图尼斯坦"问题制约着双边关系的发展。

（一）"普什图尼斯坦"问题成为巴阿双边关系发展最大障碍（1947—1979）

"杜兰线"是英国殖民当局与阿富汗国王于 1893 年签订的两国边境线，巴基斯坦独立后，巴国宣布其西部和阿富汗以"杜兰线"为正式边界，而阿富汗提出反对意见。"杜兰线"不仅涉及两国的领土纠纷，还引发"普什图尼斯坦"问题，即普什图人居住的地方被一分为二，杜兰线东侧成为巴国的西北边境省辖区，当地多数人认可巴基斯坦的主权，但一部分以红衫党为代表的群体持反对意见，要求独立并建立"普什图尼斯坦"。阿富汗出于自身利益支持该党的游行示威活动。[②] 1961 年因该问题两国发生武装冲突后断交，后因此问题两国关系一直反复无常。在双方领导人的努力下，双方于 1976 年同意以和平方式解决"普什图尼斯坦"问题，故并达成一系列谅解。[③] 1978 年 3 月，阿富汗领导人出访巴基斯坦，双方关系得到进一步发展，当年 12 月苏联入侵阿富汗，阿国重提"普什图尼斯坦"问题，并在阿巴边境进行军事挑衅，双方关系再次紧张。

---

① 《国家发展改革委介绍"中巴经济走廊"进展情况》，2017 – 12 – 07，http：//www. gov. cn/xinwen/2017 – 12/07/content_ 5245115. htm。
② 陈继东、宴世经：《巴基斯坦对外关系研究》，巴蜀书社 2017 年版，第 226 页。
③ 马行汉等：《外交官谈阿富汗》，世界知识出版社 2002 年版，第 180 页。

（二）巴积极涉足阿富汗境内的反苏抵抗运动（1980—1989）

关于苏联入侵阿富汗，巴基斯坦站在阿富汗一方，坚决支持联合国大会和伊斯兰国家关于此次事件的决议，坚持苏联撤军，维护阿富汗的独立和完整。1988 年 4 月，巴基斯坦、阿富汗、美国和苏联在日内瓦达成关于阿问题的协议，苏联于 1989 年撤军。

在苏联入侵阿富汗时期，巴国不仅在外交上支持阿富汗，还接受阿国战争难民，帮助训练难民游击队对抗苏联军队。苏联撤军后，阿国由于权力分配问题发生内战，巴国希望阿国建立一个对巴友善的政权而支持普什图族领导人希克马蒂亚尔，最终其赢得政权，阿巴双方关系得到改善。

（三）巴努力营造喀布尔友好政权（1989—2001）

然而，1996 年希克马蒂亚尔政权被推翻，次年赢得政权的塔利班得到巴基斯坦的认同与支持，但阿国内的各派势力仍就争夺政权而冲突不断。巴国认为，一个和平、稳定的阿富汗，将有利于解决"普什图尼斯坦"问题，故积极促进阿国的和平发展。在数次努力失败后，1997 年首届"6＋2"地区会议召开，塔利班和联合阵线代表与包括巴基斯坦、中国、美国、俄罗斯等在内的国家商谈阿国和平进程事宜。① 1989 年至 2001 年以来，巴基斯坦一直就阿富汗的和平进程努力付出，希望双边关系发展正常化。

（四）"9·11"事件后的巴阿关系发展

2001 年"9·11"事件发生后，美国开始对阿富汗塔利班政权和本·拉登"基地"组织开展军事打击。巴基斯坦呼吁美国的军事打击不要伤害到阿富汗平民，在塔利班政权被卡尔扎伊接手后，阿巴两国关系发生改变。2004 年，巴基斯坦领导人出访阿富汗，两国就反恐、难民和恢复两国民航往来等问题进行磋商。次年，双方决定建立部长级政治磋商机制，两国的关系走向一个新阶段。

巴国长期以来支持阿富汗的和平稳定发展，是因为其认为与阿富汗搞好关系有利于其中亚战略和开辟战略纵深具有积极影响。美国出于安全战略考量，自"9·11"事件后，拉近与巴基斯坦的关系，加大对其经济和军事的支持。双方在 2003 年的联合反恐行动中，阿富汗指责巴国军人入

---

① 陈继东、宴世经：《巴基斯坦对外关系研究》，巴蜀书社 2017 年版，第 227—228 页。

侵两国边境发生数次小规模冲突。事后，巴国外长访阿，确认了双方友好互利的原则，同意加强双方的反恐合作，两国关系得到缓和。2010 年，卡尔扎伊访巴，双方就反恐、贸易、教育和农业等领域的合作达成共识，双方的关系得到进一步发展。根据此次会晤的联合宣言，双方同意增加通行和通信连接。①

随着两国关系的增进，在经贸合作上获得重要进展。2004 年双方通过了巴方对阿方的首个援助项目，2004—2005 年双边贸易额为 12 亿美元。此外，巴国还积极援助阿富汗重建，帮助阿富汗新建多处公路及铁路。②

然而，巴阿关系一直不稳定。目前巴阿边境问题、巴基斯坦"支恐"问题、阿富汗难民问题以及贸易限制等问题始终困扰着两国关系的进一步发展。③ 此外，巴阿关系的发展还受到美国、中国、印度、伊朗和俄罗斯等国家的影响，这些国家在巴阿问题上既存在共同利益，有存在竞争关系。④ 巴阿关系在多项议题上的特点是互不信任，第三方是巴阿关系发展中的关键因素，巴阿局势的缓和需要两国努力取得更多的互信，更需要在地区博弈者之间建立更广泛的对话机制与信任。⑤

四　巴基斯坦与伊朗的关系

巴基斯坦与伊朗地处不同的地缘政治核心，作为邻国双方长期保持着"若即若离"的关系。这种关系的"远"是因为巴基斯坦属于"南亚国家"，伊朗则是"海湾国家"；加之两国的交界处又同为两个国家的偏远地区，交通不便阻碍了两国的交流。⑥ 当然，这种"近"的关系体现在伊巴两国都是伊斯兰国家，从宗教文化上彼此存在天然的亲密性，但在双方国家主导其社会的教派不同也一定程度上影响着两国的关系。

①　http：//gb. cri. cn/27824/2010/03/12/421s2782667. htm.

②　陈继东、宴世经：《巴基斯坦对外关系研究》，巴蜀书社 2017 年版，第 230 页。

③　刘锦前：《新时代环喜马拉雅山区域经济合作研究》，博士学位论文，上海社会科学院，2019 年。

④　朱永彪、魏丽珺：《周边大国博弈背景下的巴阿局势》，载《南亚研究》2019 年第 8 期。

⑤　朱永彪、魏丽珺：《周边大国博弈背景下的巴阿局势》，载《南亚研究》2019 年第 8 期。

⑥　《伊朗和巴基斯坦，老邻居间的老问题》，2014 - 10 - 29，http：//www. china. org. cn/chinese/2014 - 10/29/content_ 33902509. htm.

巴伊关系以 1979 年伊朗伊斯兰革命、"9·11"事件为转折点,经历了密切、冷淡、对抗及合作四个不同阶段。两国总体上保持着友好合作的态势,其关系既受到阿富汗、沙特和印度的影响,在国际上主要受到中美两国的影响。① 值得注意的是,伊巴双边关系的地区国家因素中,阿富汗对其影响最深。从地缘上来看,阿富汗国土深嵌入伊巴两国,并且阿富汗在民族、宗教和文化上与伊巴两国有着密切联系,阿富汗局势的发展间接影响着伊朗和巴基斯坦国内的稳定。②

(一) 伊斯兰教什叶派教派拉近印度穆斯林与伊朗的关系

伊朗出于自身战略需求,为了限制巴基斯坦同沙特的关系过于紧密,同时与印度、巴基斯坦保持友好关系。而印度为了从外围突破,也积极发展与伊朗和阿富汗的关系,因此形成了双边关系中的许多微妙"制衡"战略。宗教成为拉近双方关系的桥梁,印度的穆斯林信仰伊斯兰教什叶派教派,与伊朗的什叶派政权教义相一致。

伊朗认为印度是拥有核武器实力的印度洋大国,双方交好交往具有重要的战略利益;此外,拥有广大人口、高新技术的印度是伊朗希望能与之进一步合作的重要原因。③

沙特和巴基斯坦保持着亲密的关系,而冷战结束后沙特与伊朗长期争夺在中东的主导权,常常使巴基斯坦处于左右为难的境地。④

(二) 1947—1978 年双方关系总体上朝着密切、稳定的方向发展

同为伊斯兰国家的巴基斯坦和伊朗在双方建交初期,彼此关系密切,两国在当时都面临着外部威胁,为寻求同类国家的支援而拉近了双方的距离。巴基斯坦长期面临来自印度的威胁,而伊朗的担忧则是来自苏联。伊巴关系始于 1950 年,双方签订《友好条约》后就开始了双边贸易。在克什米尔问题上,伊朗支持巴方立场,伊斯兰文化在双方交往初期起到天然黏合剂作用。1958 年巴格达政变,伊拉克王朝被推翻,使伊朗更感孤立。

---

① 马心明:《9·11 事件以来的伊朗与巴基斯坦关系研究——从地缘政治视角的探析》,硕士学位论文,云南大学,2019 年。

② 马心明:《9·11 事件以来的伊朗与巴基斯坦关系研究——从地缘政治视角的探析》,硕士学位论文,云南大学,2019 年。

③ 杨翠柏:《巴基斯坦与伊朗关系的演变》,载《南亚研究季刊》1998 年第 3 期。

④ 马心明:《9·11 事件以来的伊朗与巴基斯坦关系研究——从地缘政治视角的探析》,硕士学位论文,云南大学,2019 年。

当时的冷战格局，伊巴两国出于战略需要，都选择与美国签订同盟条约，双方关系因此更进一步。1956 年，两国签订《语言与文化协定》，并签署了两国边界划分协议。①

进入 20 世纪 60 年代后，两国的关系得以进一步发展，印巴第二次和第三次战争中，伊朗在外交和物质上都给予了巴国支援。伊朗认为，巴基斯坦的独立牵系着伊朗西南地区的边境安全，必须支持这位伊斯兰兄弟国家。②

进入 70 年代后，双方的关系发生了转变。1973 年石油危机为原油大国——伊朗带来了巨额财富，伊朗用这笔资金购买先进武器以迅速提升其军事战斗能力，转眼成为地区军事大国；另一方面，伊朗利用石油外交，为印度和阿富汗提供援助，加强了同这两个国家的关系。③ 然而，这场石油危机给巴基斯坦带来了消极影响。巴国用于购买石油的费用翻了一倍，国土遭到分裂的打击使巴方势力备受打击。伊朗信守关于对巴国领土完整的政治承诺，积极调整巴阿关系，使阿富汗放弃对巴西北边界地区分离运动的支持。双边贸易在 70 年代突飞猛进，1971—1972 年两国贸易总额约为 8500 万卢比，1976—1977 年增加至 9 亿卢比。④ 总之，1947—1978 年间，伊巴关系总体上朝着密切、稳定的方向发展。

（三）新时期双方的竞争与合作

新时期以来，随着冷战格局的结束，两国调整彼此的战略和外交政策，双方关系呈现出竞争与合作共存的状态。一方面，两国在阿富汗内战问题上存在分歧，双方支持不同的政权代表，也反映出南亚和海湾国家内部的分歧，逐渐分化为沙特—巴基斯坦与伊朗—印度两个相互竞争的集团。⑤

另一方面，两国在中亚地区既有合作又有竞争。中亚国家独立后，巴基斯坦、伊朗、土耳其三国积极发展与中亚国家的关系。1992 年，地区

① 杨翠柏：《巴基斯坦与伊朗关系的演变》，载《南亚研究季刊》1998 年第 3 期。
② 参见《黎明报》1974 年 7 月 2 日。
③ 马心明：《9·11 事件以来的伊朗与巴基斯坦关系研究——从地缘政治视角的探析》，硕士学位论文，云南大学，2019 年。
④ 《巴基斯坦经济概览（1970—1978 年）》，第 66—86 页。
⑤ 杨翠柏：《巴基斯坦与伊朗关系的演变》，载《南亚研究季刊》1998 年第 3 期。

合作组织在德黑兰召开，参加的国家包含了上述三个国家，与会的 8 国领导人同意减少关税、发展多边贸易和建立合资开发银行。① 然而，伊巴在阿富汗问题和中亚问题上存在的分歧长期妨碍着双方关系。双方之间最大的问题在于彼此境内的"俾路支"反政府武装。因为早期英国殖民者的干涉，将同源同种的俾路支人划分到伊朗—巴基斯坦—阿富汗三个不同国家。② 被"一分为三"的俾路支人常常成为三国或者其他国家的政治工具，导致伊巴阿三国边境长期处于动荡不安的状态。

此外，影响伊朗和巴基斯坦关系的大国因素中，美国对其影响久远，以伊朗伊斯兰革命为界线，革命前美国是促进其双边关系发展的因素，之后则相反。③ 近年来，中国成为影响伊巴关系的大国因素之一。由中国主导的上海合作组织和"一带一路"倡议，促进了伊朗和巴基斯坦合作中存在竞争的良性关系发展。同时也推动着"一带一路"倡议的进展，伊巴双边关系的长期稳定有赖于在地区层面达成普遍的共识与合作。④

第四节　对西方世界其他国家的外交

一　巴基斯坦与北美的关系发展及变化（以美国为主）

巴基斯坦与北美国家的关系，以美国为主，从战略需求层面，美国与巴基斯坦一直保持着互相需要的关系，当然随着印度在美国战略需求中重要性凸显，美国转而加强与印度的关系，冷落巴基斯坦。但"9·11"事件后，美国出于反恐需求将巴基斯坦当作反恐前线，又转而加强与巴基斯坦的关系。

（一）冷战初期美巴关系密切

虽然印度在第二次世界大战中凸显出地缘优势，美国一开始顾及与英

---

① 杨翠柏：《巴基斯坦与伊朗关系的演变》，载《南亚研究季刊》1998 年第 3 期。
② 杨翠柏：《巴基斯坦与伊朗关系的演变》，载《南亚研究季刊》1998 年第 3 期。
③ 马心明：《9·11 事件以来的伊朗与巴基斯坦关系研究》，博士学位论文，云南大学，2019 年。
④ 马心明：《9·11 事件以来的伊朗与巴基斯坦关系研究》，博士学位论文，云南大学，2019 年。

国的同盟关系而未积极涉足印度事务。考虑到美国在南亚的战略需求，尤其是在冷战需要壮大自方阵营的实力。朝鲜战争爆发后，积极需求外部力量援助的巴基斯坦与美国一拍即合，双方关系在这一时期迅速拉近。美国在无法拉近与坚持"不结盟"政策的印度关系时，积极扩大对巴基斯坦的经济援助。[①]

（二）后冷战时期美巴关系降温

后冷战时期，美苏争霸以美国成为世界霸主为结局，随之世界格局发生巨大变化，巴基斯坦在美国的战略部署中不再重要，两国关系逐渐降温。美国为扩大其在印度洋地区的影响力，拉近与印度的关系，而冷落巴基斯坦。这一阶段，巴基斯坦继续加强与中国的关系，得到大量来自中国的援助，双边关系发展迅速。

（三）反恐拉近双方的关系

2001 年"9·11"事件的发生，再次让美国转变了对巴基斯坦的态度。2003 年穆沙拉夫成功访问美国，并获得美方 30 亿美元的援助，双方签订了《贸易与投资框架协议》；[②] 次年，巴国成为美国的主要非北约盟友，从美方获得更多的武器设备、防务合作及军事培训项目等。双方的关系在反恐的合作上逐渐升温，但反恐效果一直影响着两国的关系亲疏程度，加之印度发展迅速和印度洋的战略地位的提升，近年来，美国对南亚的政策中仍是以印度为主。

21 世纪以来，巴基斯坦与美国主导的关系中，顺应全球化的发展趋势，积极开展多方面外交，以经济合作方式加强了同北美地区其他国家的关系。

二 巴基斯坦与欧盟的关系发展及变化

欧盟一直是巴基斯坦外交政策的重点之一，尤其是从巴基斯坦成为英联邦成员国之后，巴国与欧盟国家建立友好关系。

（一）巴基斯坦与英国

英国作为欧盟（特指英国脱欧前时期）和英联邦的主要国家之一，巴基斯坦政府一直把同英国的关系放在重要位置。进入 21 世纪，巴国与

---

① 李晓妮：《美国对巴基斯坦政策研究》，博士学位论文，东北师范大学，2009 年。

② 胡仕胜：《巴基斯坦近美国有因》，《现代国际关系》2003 年第 8 期。

英国通过军官交流和培训项目，恢复双边防务关系，并实现双方领导人会谈，双方就双边关系、反恐战争和地区事务交换了彼此的意见。英国外交大臣威廉·黑格表示，英方愿深加强同巴方的战略对话，希望推动双方在贸易、经济和投资等领域的合作。巴方领导人表示，双方的合作领域具有广阔空间，希望英方在巴方面临众多挑战时能给予支持及援助。目前，英国是巴基斯坦在欧盟中重要的贸易和投资伙伴。①

巴方重视英方出于以下原因，一是英国是世界大国之一，拥有现代化的政治经济体制，希望得到英国这个西方主要国家的支持与帮助；二是英属印度时期，英国对独立前的巴基斯坦具有重要影响，其世俗主义及现代化科学大部分习承于当时的英国；三是为减少来自印度的压力，巴需要西方世界的支持。②

（二）巴基斯坦与法国

法国作为联合国常任理事国成员之一和欧盟重要的国家，在世界政治格局中具有重要作用，从冷战时期一直站在美方阵营的巴基斯坦，同样重视发展与法国的关系。2009 年至 2010 年，巴总统扎尔达里和法国总统萨科齐互访，在伊斯兰堡会晤时就反恐领域的安全合作与其磋商，双方签署一份协议安全合作的协议。法国方面表示，巴基斯坦是重要的反恐前线，法国愿意支持巴方的反恐行动。另外，在促进经济发展方面，法国承诺提供 300 百万欧元用于经济项目，重点投资领域将在难民及移民安置、能源（水电、能源效率）和城市污水处理方面。与此同时，法国通过欧盟官方发展援助计划，为巴方提供帮助；巴基斯坦是一个具有前途的合作伙伴，法国的知名企业如道达尔、阿尔卡特、赛诺菲－安万特、索菲特、欧莱雅等已在巴成功投资。③ 两国历史悠久的友谊，通过军事合作不断促进了巴基斯坦与法国的互信，反恐方面的合作将加强两国的关系。④

（三）巴基斯坦与德国

巴基斯坦自建国以来，积极发展与世界其他国家的关系，主动将域外

---

① 王重远：《冷战后巴基斯坦外交政策评析》，硕士学位论文，新疆大学，2011 年。

② 陈继东、宴世经：《巴基斯坦对外关系研究》，巴蜀书社 2017 年版，第 287—290 页。

③ 巴基斯坦外交部官网，https://pk.ambafrance.org/Overview－of－France－and－Pakistan，2010 年 12 月 8 日。

④ 陈继东、宴世经：《巴基斯坦对外关系研究》，巴蜀书社 2017 年版，第 290—293 页。

大国引进南亚地区，以增加其在印巴博弈中的外援或某种程度上可以制衡印度的国家。其中世界强国——德国是巴基斯坦的重要发展对象。随着印度洋战略地位重要性日益凸显，作为南亚地区具有一定影响力的国家，自然也受到德国的重视。双方除了在反恐方面的合作需要，德国是巴基斯坦在欧洲国家中最大的贸易伙伴，巴基斯坦对德主要出口的商品是纺织品，而进口的商品大多是机电产品和化工、医药产品。对巴基斯坦来说，欧盟是其第四大进口伙伴，占其总进口的 10.4%，仅次于中国、沙特阿拉伯和阿联酋。①

三　巴基斯坦与其他国家的关系发展及变化

（一）巴基斯坦与澳大利亚

巴基斯坦与澳大利亚两国关系一直很友好，巴基斯坦前总统佩尔韦兹·穆沙拉夫于 2005 年访问了澳大利亚，澳大利亚前总理约翰·霍华德在同年克什米尔地震袭击巴基斯坦北部地区后也访问了巴基斯坦。他还宣布为巴基斯坦学生到澳大利亚学习提供 500 个新的奖学金。巴澳两国在地理上相隔较远，双方与美国是不同程度的盟友，双方在军事合作演习和反恐合作中存在一定联系，双方的关系也主要取决于美巴关系的亲疏程度。②

（二）巴基斯坦与新西兰

巴基斯坦自成为英联邦成员后，一直重视与成员国的关系。巴基斯坦与新西兰同为英联邦成员国和新成立的国家，地理上相关甚远、利益相关性不大，故而两国关系较为平淡。尤其是巴基斯坦自建国以来，长期受到军人政府的控制，不被奉行民主理念的国家看好，巴国政权于 2008 年 5 月恢复文官统治后，英联邦政府领导人决定重新接纳巴基斯坦加入英联邦议会，新西兰调整了对其外交政策。巴基斯坦在惠灵顿有一个高级委员会，新西兰在卡拉奇有一个荣誉领事馆，但双方目前尚未有驻对方国家的

---

① 巴基斯坦外交部官网，https：//pakemb. de/pakistan – germany – relations/，浏览时间：2021 年 8 月 9 日。

② 巴基斯坦外交部官网，https：//pakemb. de/pakistan – australia – relations/，浏览时间：2021 年 8 月 9 日。

领事馆。① 双方的关系很大程度上也受到美巴关系的影响。

21 世纪以来，巴基斯坦与西方国家的关系，主要受到美国的影响。欧盟国家中，英国（特指脱欧前）是巴在欧洲的重要对外关系的国家之一；德国成为巴基斯坦最大的贸易国；巴国与澳洲、新西兰的对外关系发展较为平淡。

第五节　对阿拉伯世界的立场、角色

以伊斯兰宗教激进主义立国的巴基斯坦，从内生文化上与阿拉伯世界联系密切，其与沙特、阿联酋等国家关系较为亲密，并积极寻求伊斯兰世界的支持与帮助，成为军事强大且唯一拥有核武器的伊斯兰国家，常以调停者的身份去调解伊斯兰国家之间的冲突。

一　巴基斯坦与阿拉伯国家的密切关系

（一）巴基斯坦与伊斯兰国家关系密切

巴基斯坦自建国以来就存在巨大的生存压力，为减轻来自印度的压力，巴国积极寻求外援，从自身伊斯兰国家的特性出发，把发展与伊斯兰国家友好关系放在其外交政策的首位。

自巴国与伊斯兰国家建交以来，始终主动发展同他们的关系，赢得这些国家的好感与支持。在伊斯兰国家中，巴基斯坦同沙特的关系最为密切，两国在巴基斯坦建国之初就开始建交，彼此互相支持与帮助，巴方给予沙特军事支持和保护，并积极调解伊朗和沙特的矛盾，沙特以巨额资金大力支持巴国的军事和经济发展。2003 年沙特王储访问巴基斯坦，两国就巴国向沙特方提供核技术支持、沙特向巴提供免费/低价石油签署相关合作协议。② 目前，巴基斯坦与伊斯兰会议组织（OIC）、亚洲伊斯兰国家组成的经济合作贸易协定组织（ECO - TA）积极开展贸易合作。仅2007—2009 年，巴与伊斯兰国家的双边贸易额近 450 亿美元。③ 巴基斯坦

---

① 巴基斯坦外交部官网，https：//www.pakistanhc.org.nz/pak - nz - relations. 浏览时间：2021 年 7 月 20 日。

② 王重远：《冷战后巴基斯坦外交政策评析》，硕士学位论文，新疆大学，2011 年。

③ 王重远：《冷战后巴基斯坦外交政策评析》，硕士学位论文，新疆大学，2011 年。

是伊斯兰会议组织的成员国，自始至终都重视与伊斯兰世界的关系，积极促进伊斯兰国家间的团结与合作。在 2003 年首次"伊斯兰会议组织"峰会上，穆沙拉夫提出振兴伊斯兰世界、调和伊与西方矛盾的相关建议，强调"温和文论"，赢得与会国家领袖的认同。①

（二）巴基斯坦积极发展与阿拉伯国家的关系

阿拉伯国家是指以阿拉伯人为主要族群的国家，他们有统一的语言和相近的文化风俗，绝大部分阿拉伯人信奉伊斯兰教。阿拉伯国家共包含 22 个国家，② 主要的国际组织有阿拉伯国家联盟、海湾阿拉伯国家合作委员会、阿拉伯石油输出组织、伊斯兰会议组织等。巴基斯坦是伊斯兰会议组织的成员国之一，该组织是拉近其与阿拉伯国家关系的重要桥梁。

政治互助和经济合作是双方重要的合作交流内容。20 世纪 80 年代，巨大的债务使巴基斯坦急需外资投入以促进经济发展及缓和财政赤字。故而，巴制定了一系列优惠政策，鼓励海湾石油富国在巴合资办企业。目前，巴与海湾国家合资的企业中，最大的一家是沙特—巴基斯坦工农业投资公司，开办 5 年后营业额约为 4500 亿美元。③ 其他的合资企业在巴基斯坦迅速发展，促进其经济发展。随着全球化的发展，巴基斯坦同阿拉伯国家的联系更加深化，包括了经济、教育、建筑、工农业及服务业方面的合作。

二　巴基斯坦对南北苏丹的态度

苏丹在独立后积贫积弱，20 世纪 90 年代后期开始，依靠主要分布在南苏丹和阿卜耶伊地区的石油"一夜暴富"。苏丹政府在经济腾飞后，不愿南苏丹独立成为另一个国家。南北苏丹的问题除了自身的文化、民族差异的原因外，还与英国殖民时期的分治政策及美国霸权相关，巴基斯坦对此形成了自己的态度。

---

① 王重远：《冷战后巴基斯坦外交政策评析》，硕士学位论文，新疆大学，2011 年。

② 阿拉伯国家分别是阿尔及利亚、巴林、科摩罗、吉布提、埃及、伊拉克、约旦、科威特、黎巴嫩、利比亚、毛里塔尼亚、摩洛哥、阿曼、巴勒斯坦、卡塔尔国、沙特阿拉伯、索马里、苏丹、突尼斯、阿联酋、也门、叙利亚。

③ 李仪俊：《巴基斯坦与海湾国家的经济合作关系》，《国际商务研究》1988 年 12 月刊。

（一）巴基斯坦因能源需求与南苏丹关系友好

南苏丹的自然资源非常丰富，拥有全苏丹 3/4 以上的石油产能，以及铁、铜、铬、铅锌、金银等矿藏；丰富的森林资源和丰沛的河流资源，给南苏丹带来了巨大财富。[①]

丰富的能源是南苏丹独立的资本，也是其他国家与南苏丹建交和发展双边关系的重要原因之一。资源匮乏的巴基斯坦，自建国以来就长期存在对能源的巨大需求，对石油的需求是巴国拉近南苏丹的主要原因；与此同时，两国皆为伊斯兰国家，具有天然的文化连接性。加之，南苏丹的诞生与巴基斯坦存在巨大的相似性，故而在感情上存在同理之心。此外，中国在南苏丹有大量投资，巴基斯坦身为全天候盟友，关于地区事务常与中国意见一致。故而，出于内外因素，巴基斯坦选择主动拉近与南苏丹的关系。

（二）巴基斯坦对苏丹的态度

出于对苏丹丰富资源的需求，西方国家始终干涉苏丹的内政外交，常利用南北苏丹之间的矛盾介入其中。

苏丹作为非洲大陆与中东及地中海文明交汇的走廊，吸取多元文化于一身，在经历"阿拉伯—伊斯兰化"的转化后，正式成为伊斯兰国家。[②]19 世纪中期英国对该地进行殖民统治，采取与管理印度相同的方式——"分治政策"，也为南北苏丹的分离埋下导火索。国家独立后仍被英国操控的苏丹，新旧世界霸主轮替下，新霸主美国介入该地区事物更是加深了南北苏丹的裂痕，并推动了南苏丹的独立。近年来，中国不断加大在南苏丹的投资，以尽可能满足其巨大的能源需求。

如上所述，一方面巴基斯坦出于能源需求拉近与南苏丹的关系，另一方面来自中美两国对南苏丹政权的态度，巴基斯坦权衡利弊下倾向于与南苏丹发展友好关系。

三　巴基斯坦与海湾国家的关系

海湾国家是巴基斯坦的近邻，身为伊斯兰国家的巴国与海湾国家有着

---

① 马燕坤等：《南北苏丹分裂的国际因素》，《河北北方学报》（社会版）2012 年 6 月刊。
② 马燕坤等：《南北苏丹分裂的国际因素》，《河北北方学报》（社会版）2012 年 6 月刊。

深厚的渊源。海湾国家不仅是巴国的主要贸易对象之一，也是巴国最重要的劳务输出地，尤其是在建筑与合资经营方面。

（一）海湾国家的基本情况

海湾国家①是世界上最重要的内海之一，具有极其重要的战略地位，不仅是重要的国际通道，而且因其占世界石油储量的一半被称为"世界石油宝库"。该地区以阿拉伯人和波斯人为主，大部分人信仰伊斯兰教。

海湾国家因其特殊的战略地位，与周边国家存在复杂的关系。主要体现在20世纪80年代的两伊战争和90年代的海湾战争，作为世界霸主的美国积极介入海湾事务，以顺利推行其全球战略。海湾战争后，海合会六国积极发展同美国的外交关系。其中，沙特、科威特、巴林同意美国在其境内建立空军基地，用以监视该地区的事态变化；科威特、巴林、卡塔尔、阿联酋、阿曼同美国签订了长期"联合防务协定"，允许美国使用这些军事基地储存武器装备。②另外，这些国家大量购买美国军火，加强自身军事防务力量。90年代中后期，美军长期驻军海湾地区，且在阿以冲突中偏袒以色列、压制阿拉伯国家及制裁伊拉克，造成许多冲突，这些行为极大地激发了阿拉伯国家的反美情绪。③"9·11"事件的发生，美国内反沙情绪高涨，沙特公民在美受到歧视，并且在阿富汗问题上双方意见不一，双边关系恶化。④

国际关系的变化遵循利益原则，一旦利益发生变化，利益攸关方的关系也随之发生变化。然而，21世纪仍是以能源为生产的主要动力，依赖能源发展的各国依然要处理好与海湾国家的关系。

（二）巴基斯坦与沙特关系不断升温

沙特和巴基斯坦都信奉伊斯兰教的逊尼派，相似的教义使双方自然关系融洽，且皆有击垮伊斯兰教的另一个派别什叶派的共同目标。什叶派的首要代表国家——伊朗时常使用何塞武装来威胁沙特。由于沙特与伊朗实

①　海湾国家指亚洲西南部波斯湾（又称"波斯湾"）沿岸的8个国家，包括伊朗、伊拉克、科威特、沙特阿拉伯、巴林、卡塔尔、阿拉伯联合酋长国和阿曼。

②　宛志诚：《两国缘何决战海湾——透视美伊八十年恩怨情仇》，2003年4月7日，http：//mil. news. sina. com. cn/2003 – 04 – 07/119446. thml? domain = mil. news. sina. com. cn&amp；vt = 4&from = wap。

③　海湾地区，http：//baike. baidu. com/item/海湾地区/9774914？Fr = aladdin。

④　海湾国家，https：//baike. baidu. com/item/海湾地区/9774914？fr = aladdin#2。

力悬殊，沙特向同为逊尼派的盟友巴基斯坦求助，希望能与巴国在印度洋地区形成对伊朗的包围之势，以此抵御伊朗的攻击。因为巴国是伊斯兰世界唯一拥有核武器的国家，且拥有较为强大的军事力量和先进的军事技术，拥有与伊朗对抗的能力。20 世纪 90 年代发生海湾危机时，巴国应沙特国王的邀请，派遣超过 10000 人的军队帮助沙特捍卫主权和领土完整。近年来，随着伊朗什叶派在中东地区的扩展，以沙特为首的海湾国家对此深忧，它们开始转向巴基斯坦寻求帮助，将这个往常缓解沙特与伊朗冲突的调解者看作海湾地区最后的守护者。[①]

　　而印度的穆斯林多是什叶派，巴基斯坦对沙特的帮助，从侧面巩固了逊尼派在伊斯兰世界的地位，对其利益匪浅。并且巴国获得沙特的巨额经济支持，解决其发展的资金困难，得以进一步发展国家经济和军事。帮助沙特，巴国不仅获得大量的资金支持，而且扩大了在海湾地区的影响力，对于沙巴双方而言，互相支持是共赢的局面。2019 年，沙特王储穆罕默德·本·萨勒曼进行亚洲之行的第一站就是巴基斯坦，并与巴基斯坦签署了一项 200 亿美元的贸易合作协议，一定程度上解决了巴国深陷债务的困难。[②] 可见，双方关系十分亲密，双方的战略合作关系也在不断加深。

　　综上所述，巴基斯坦自建国以来就面临巨大的生存压力，只有积极引入域外大国，才能尽可能减小与印度原本实力巨大的差距。印巴三次战争及核武器实验发生在冷战时期，印度因素、美国因素和中国因素很大程度上影响着巴基斯坦的外交政策。在不同时代背景下，呈现出不同的特点。最终形成主要以对印度关系为中心，以对美国、伊斯兰世界为基点，以中国为坚定不移的全天候盟友的外交特色。

---

　　① 《沙特与巴基斯坦的关系为何这么铁？原因无非有三点》，源自网络，https：// baijiahao. baidu. com/s？ id = 1606132502939077588&wfr = spider&for = pc。

　　② 《沙特与巴基斯坦为什么关系很 "铁"？》，https：//baijiahao. baidu. com/s？ id = 1636819978325215587&wfr = spider&for = pc，2019 - 06 - 20。

第二篇
重大专题研究

第一章 巴基斯坦中长期发展战略研究

巴基斯坦建国后，面临复杂的周边环境和凋敝落后的经济发展现实，如何规划建设一个富强繁荣的现代化国家就成了巴基斯坦执政当局的首要任务。70多年来，虽然巴基斯坦与印度不时发生战争和围绕边境领土争端，巴政府也是换了一届又一届，但巴基斯坦经济发展依然取得了不少进步。巴基斯坦在经济发展、社会变革、教育改进、科技进步等方面取得的成绩与巴基斯坦发展战略规划有着密切关系。本章将以不同时期划分，对巴基斯坦经济发展规划进行回顾，并对巴基斯坦经济发展前景进行研判。

第一节 巴基斯坦经济发展规划实施回顾

自独立建国伊始至今，巴基斯坦经济发展大致经过三个阶段。第一阶段为建国初期，该阶段经济发展规划主要围绕如何推进巴基斯坦工业体系建设为特征。第二阶段为国民经济体系快速构建时期，这一时期经济发展有辉煌也有低谷。第三阶段为经济转型与私有化发展时期，这一时期巴基斯坦经济发展受到国际环境变化影响较大。

一 建国初期

（一）巴基斯坦经济发展规划实施背景

历史上，巴基斯坦为英属印度一部分，1858年随印度沦为英国殖民地。1940年3月全印穆斯林联盟通过关于建立巴基斯坦的决议，1947年6月英国公布"蒙巴顿方案"实行印巴分治。同年8月14日巴基斯坦宣告独立，成为英联邦一个自治领，包括巴基斯坦东、西两部分。1956年3

月 23 日巴基斯坦伊斯兰共和国成立。从 1947 年 8 月 14 日建国到 1958 年 10 月阿尤布·汗政变①，这十年是巴基斯坦国家创建的初期阶段，内忧外患困扰着巴基斯坦。新生的巴基斯坦在地理上被印度分隔为东西两翼，宗教、民族和部族矛盾层出不穷，如何整合各种势力建立一个稳定的国家，成为当务之急。为了捍卫国家安全、推进国民经济基础建设，这一时期，巴基斯坦一直在国际事务中推行全方位外交，与世界上主要国家都保持密切往来，同时在经济上以发展农业为主。基于此，新成立的巴基斯坦政府开始了一系列国民经济建设探索。②

（二）该时期巴基斯坦经济发展规划的阶段性特征

1948 年初，巴基斯坦政府建立了国家发展局、巴基斯坦发展委员会、巴基斯坦工业发展公司、巴基斯坦工业发展银行、巴基斯坦工业信贷和投资公司及巴基斯坦关税委员会、乡村工业和小型工业理事会、难民安置金融公司等一系列机构部门，颁布了第一个工业发展政策决议，大力推进巴基斯坦工业体系建设，包括规定：（1）尽快实现工业化；（2）优先发展本国原料基础工业；（3）重点发展进口替代消费等。1950 年，巴基斯坦又制订了促进农业发展的科伦坡计划，但因当时巴政府一直没有总目标规划，导致这个计划未能如期实施。同期，为推进国民经济基础建设，巴政府推出一个六年发展规划，计划在 1951 年 7 月至 1957 年 6 月间，投资 26 亿卢比，使巴基斯坦政府税收每年可增加 725 万英镑且人民生活标准提高 30% 等。但朝鲜战争的爆发给巴基斯坦带来新的出口机遇，使巴基斯坦六年计划实施一年后就改成"两年优先发展计划"（1951—1953 年）。调整后的计划包括 29 个项目和 5.18 亿卢比的总支出，把巴基斯坦国民经济建设的重点从农业转向采掘业和重化工业，正式开启了巴基斯坦的工业化进程。1953 年，巴基斯坦设立计划局，制订了第一个五年计划（1955—1960 年），目标是：提高人民生活水平，增加就业，逐步建立社会福利体系，全面提升本国经济发展速度。此计划直到 1958 年才开始正式实施，并因受到各种阻挠和条件限制，包括人才缺乏、军事政变等，使得计划目

① 《巴基斯坦国情》，中国国防部网站，http：//www.mod.gov.cn/bcd/2011 - 08/18/content_4291512.htm。

② 杨翠柏、李德昌：《当代巴基斯坦》，四川人民出版社 1999 年版，第 113 页。

标没有如期达成。如原定五年计划的国民收入目标增长 15%，实则为 11%；国有和私有部门收入比原来增长 78%，实则为 0；农业年均增长率仅有 1.4% 等。①

这一时期，为让巴人民安居乐业、维护社会稳定，巴基斯坦政府推出的比较引人注目的经济发展政策还有一系列土地改革措施，其中最有名的是 1950 年通过的《东孟加拉土地征收和租佃法》。该法规定，除了国家法定耕地，巴基斯坦所有农户还可增加部分住宅用地，同时由国家直接统一征收农业税。②

（三）该时期巴基斯坦经济发展规划实施成效

综合来看，巴基斯坦建国初期有关国民经济建设的探索，取得了积极成效。资料显示，这一时期，巴国民生产总值年均增长约 2.38%，人均收入增长近 0.5%（数据据表格核算）③。但由于巴基斯坦当时实行议会民主制，导致巴基斯坦国内政党林立，派系斗争激烈，政局动荡，使得这些探索对巴基斯坦经济恢复和发展的促进作用没有那么显著，巴经济结构和人民生活状况改善并不大。而"科伦坡六年计划"和第一个五年计划开局，也没能彻底扭转巴基斯坦经济发展缓慢的局面。因此，这一时期又被称为巴基斯坦经济发展的停滞时期。

（四）该时期巴基斯坦经济发展规划尚待解决的问题

这一时期巴基斯坦经济发展中存在的主要问题有：①巴政府低价收购农民粮食并禁止粮食自由买卖，打击了农民的生产积极性，影响了农业生产效率的提高；②巴政府优先发展重工业和采矿业的产业政策，使农业发展不够被重视；③巴政府对农产品出口征收较高出口税；④巴这一时期土地改革不彻底，不注重农业生产技术提高，对巴农业经济增长推动并不大，一定程度上也影响这一时期巴基斯坦的农业发展。

---

① K. Amjad Saeed, *The Economy of Pakistan*, Oxford University Press, Karachi, 2007, pp. 198 – 203.

② Lloyd. G. Reynolds, *Economic Growth in The World 1850 – 1980*, Yale University Press, 1985, p. 351.

③ 殷永林：《独立以来的巴基斯坦经济发展研究：1947—2014》，中国社会科学出版社 2019 年版，第 24 页。

二　国民经济体系快速构建时期

（一）该时期巴基斯坦经济发展理念与规划指导思想演变

这一时期大致可分为三个阶段：一是阿尤布·汗执政时期（1958.10—1969.3）；二是佐勒菲卡尔·阿里·布托执政时期（1969.3—1977.7）；三是齐亚·哈克执政时期（1977.7—1988.10）。

（1）阿尤布·汗执政时期（1958.10—1969.3）——巴基斯坦经济发展的"黄金时代"。1958年，巴基斯坦陆军总司令阿尤布·汗上台，开启阿尤布·汗统治时期（1958—1969年），巴基斯坦经济发展进入建国后的"黄金时代"。这一时期，巴国内形势一改政局动荡、经济踟蹰不前的局面，制造业获得快速发展，其在60年代年均增长率近10%，实现了高速增长。这主要得益于阿尤布·汗执政期间的两个五年规划和一系列致力于巴基斯坦工业振兴和国内平衡发展的经济政策措施的制定与落实。[①]

（2）佐勒菲卡尔·阿里·布托执政时期（1969.3—1977.7）——巴基斯坦经济发展的"徘徊时期"。1971年11月，印巴第三次战争爆发。同年12月，巴基斯坦人民党主席佐勒菲卡尔·阿里·布托接任巴总统。由于东巴基斯坦独立为孟加拉国，这让巴基斯坦原有国民经济体系不得不进行调整，巴国内政局也再次陷入动荡。这一混乱状态一直持续到1977年，使布托政府执政时期面临着严重的内忧外患，被称为巴基斯坦经济发展的"徘徊时期"。面对巴基斯坦"三五"计划后国民经济建设中的突出问题和复杂的国内外形势，布托政府开启了巴基斯坦私营经济的国有化进程，并进行了巴基斯坦建国后第三次土地改革。[②]

（3）齐亚·哈克执政时期（1977.7—1988.10）——巴基斯坦非国有化政策的推进。1977年7月，巴基斯坦陆军参谋长穆罕默德·齐亚·哈克上台，开启巴基斯坦国民经济发展的又一新时代。齐亚·哈克执政期间，巴政府推行了一系列自由化经济政策，鼓励私营企业发展和推行非国有化。

[①]　殷永林：《独立以来的巴基斯坦经济发展研究：1947—2014》，中国社会科学出版社2019年版，第24—25页。

[②]　S. Akbar Zaidi, *Isssues in Pakistan's economy*, Oxford University Press, Karachi, 2000, pp. 26–29.

农业上，齐亚·哈克政府采取了一系列措施，促进巴基斯坦农业和农村发展。首先，继续进行绿色革命。齐亚·哈克政府不仅引进大量高产农作物品种，包括甘蔗、棉花、一些粗粮杂粮作物等，高产水稻的种植面积也不断扩大。其次，实施农村开发计划。农村开发计划分为两个层次：一是成立农村开发者组织，负责"农村综合发展计划"的制定和监督实施；二是设立包括联合村委会、区委会和县委会的三级农村基层组织机构，委员会委员代表通过选举产生，任期4年，负责计划的具体实施，比如区委会的职能就包括组织百姓修公路、建农村卫生所和办小学等，县委会协调区委会的工作，而这些基层组织所需要的技术指导则由巴基斯坦各省公路工程和卫生工程领导小组负责。实施农村开发计划是因为齐亚·哈克政府意识到农村农业发展对巴整个国民经济的重要性，希望通过开发计划改善巴基斯坦农村的社会环境、减缓农村就业压力以促进农村农业的发展。再次，整肃农产品市场，打击倒买倒卖。具体做法是：①播种前公布农产品最低政府收购价格，并保证收购；②在全国开设日用品和农具商店，以低廉的价格向农民和城市居民出售生活和生产必需品；③在巴基斯坦的一些山区和边远地区建立生活生产用品流动服务商店；④定期开展市场调研并及时公布农产品价格信息。[①]

工业上，齐亚·哈克政府执政时期，大力支持和鼓励私营部门发展，反对布托政府时期过激的私营部门国有化政策措施。1978年齐亚·哈克政府颁布《接管企业转移法》，1979年又颁布《保护工业产权法》，以保护私营部门和私人企业，并对布托政府时期一些过激的国有化行为进行了纠正。截止到1979年9月，齐亚·哈克政府依新法把4000家被布托政府国有化的碾米厂、面粉厂、轧花厂及一些小型机械厂、部分大型企业归还原主，并对部分未完成归还的企业予以补偿。而对于私营部门，齐亚·哈克政府不仅分别在1978年、1984年和1987年连续颁布三个法令，支持和鼓励私营企业发展，还出台了一系列辅助政策，为巴基斯坦私营企业提供各种服务、辅助和政策便利，大力支持巴私营企业发展。这些政令规定了私营企业的投资范围，放宽了私营企业的经营领域，允许私营企业在由国有部门经营的钢铁、水泥、化肥、石化、汽车设备制造等领域投资，并

---

① 木子：《巴基斯坦农业发展政策评述》，《南亚研究季刊》1992年第1期。

最终撤销了巴基斯坦在一些特殊行业对私营部门和企业的限制，进一步放宽了巴基斯坦私营企业经营领域和范围。同时，通过为中小私营企业提供企业家培训，帮助企业获得国内外多渠道融资，进行税收减免，并不断对标国际、改善营商环境等措施，为私营企业发展提供各种便利。①

在对外经贸合作上，齐亚·哈克政府实行出口导向型政策，给出口商提供各种优惠措施，以鼓励、扩大出口。如在卡西姆港、拉舍尔、白沙瓦和俾路支省建立出口加工区，为在加工区投资的外资企业提供政策优惠；进行出口退税；成立出口商品质量控制和标准化局，保证出口产品质量；取消与美元的联系汇率等。同时，放宽进口限制，鼓励进口。齐亚·哈克政府不仅就此简化了进口流程，还增加了进口商品清单。②

（二）该时期巴基斯坦经济发展规划的阶段性特征

1. 阿尤布·汗执政时期（1958.10—1969.3）——巴基斯坦经济发展的"黄金时代"

巴总统阿尤布·汗执政伊始，在总结巴基斯坦第一个五年发展规划制定实施成绩与经验的基础上，制定了巴基斯坦第二个五年规划，规划时间是从1960年至1965年，主要目标包括：①国民收入增长24%；②人均收入增长12%；③粮食增产21%；④工业生产增加60%；⑤外汇收入增长15%；⑥新增300万个就业岗位等。同时，1959年2月7日，阿尤布·汗政府颁布了《西巴基斯坦土地改革条例》，继续推进巴基斯坦土地改革。该条例规定：①每个农户除500英亩灌溉地外，可占有1000英亩非灌溉地；②佃农可从巴政府那里购买被征收的耕地，并可在25年内通过分期付款方式还清；③禁止地主夺取佃农土地，保护临时佃农利益；④实行分成租佃制，地主和佃农各得收成50%；⑤禁止地主向佃农收取其他劳役及现金。③

此外，阿尤布·汗政府1959年2月还出台了一系列配套的经济政策：①为自由企业或私营部门提供融资、发放机器设备和原材料进口许可证、放宽税收优惠、限制外国企业竞争等，鼓励私营部门和自由企业发展；

① K. Amjad Saeed, *The Economy of Pakistan*, Oxford University Press, Karachi, 2007, pp. 214-218.

② 殷永林：《独立以来的巴基斯坦经济发展研究：1947—2014》，中国社会科学出版社2019年版，第130、280页。

③ K. Amjad Saeed, *The Economy of Pakistan*, Oxford University Press, Karachi, 2007, pp. 203-206.

②给外资企业提供优惠待遇，鼓励外国资本投资巴基斯坦工业企业；③利用巴基斯坦原材料优势大力发展巴农副产品加工业；④新建工业企业优先考虑经济落后地区；⑤鼓励乡村工业企业和中小型工业企业发展；⑥发展教育和扩大技术人员培训。这些政策措施意图利用巴基斯坦自身资源禀赋优势，大力推动巴轻工业发展，同时通过巴基斯坦自由企业或私营部门的繁荣加速推进巴基斯坦工业化进程。①

随着第二个五年计划的顺利推进，1965 年始，阿尤布·汗政府又推动实施了巴第三个五年计划（1965—1970 年），但因受当年 6 月第二次印巴战争爆发、美国停止援助和三年干旱影响，这次规划目标仅定为：①重视农业发展，实现粮食自给，鼓励发展农副产品加工业；②把现有企业发展好，不新建和扩建工程；③暂停周期长的工程项目。同时，实施所谓"绿色革命"，采取推广农业技术应用，引进高产种子，兴修水利扩大灌溉面积，倡导使用化肥和农药、推进农业机械化等措施，提高产量和效率，推动农业发展。②

2. 佐勒菲卡尔·阿里·布托执政时期（1971.12—1977.7）——巴基斯坦经济发展的"徘徊时期"

布托政府的国有化进行共分三次推进。第一波是 1972 年 1 月开始启动，对巴基斯坦基础工业中的 31 家大型公司进行了直接接管，这些公司业务覆盖钢铁、电气设备、重型机械、汽车装配制造、基本金属、石油化工、基础化工和重化工、水泥等十大工业行业大类，这些企业总产值占巴1972 年 GDP 的 12.8%，总出口额的 8.3%，雇佣工人占巴劳动力总数的3.4%。接管后巴政府成立了联邦化学陶瓷、联邦轻工、国家设计和工业服务、国家化肥、巴汽、巴工业发展、巴钢、巴水泥、巴重型机械机床和巴石化 10 家国有公司。第二波国有化从 1973 年 8 月开始到 1976 年上半年，主要把榨油和银行业收归国有。第三波是推进巴基斯坦的农副产品加工业，1976 年下半年开始。

"三波"国有化后，巴基斯坦国民经济中所有制机构发生了根本性改

---

① K. Amjad Saeed, *The Economy of Pakistan*, Oxford University Press, Karachi, 2007, p. 119.

② B. M. Bhatia, *Pakistan's Economic Development 1948 - 1988*, Konark Publishers PVT. LTD. , New Delhi, 1989, pp. 63 - 69.

变，巴政府财力大大增加，对巴基斯坦国民经济的控制力显著提高。同时，削弱了巴工业资本家和大地主对巴基斯坦国民经济的垄断和控制，增强了政府转移支付和进行第二次分配的能力，有利于低收入群体的福利提高和改善。资料显示，经过国有化，巴基斯坦国有部门投资总额从 1969 年的 1.771 亿卢比提高到 1976 年的 10.853 亿卢比，工业投资比例从 12.8% 快速提高到 74.6%，巴以公有制为基础的国民经济基础工业体系基本建立。

与此同时，巴基斯坦政府继续推进土地改革。1972 年 3 月 1 日，布托政府宣布进行土地改革，规定：①每位巴农户最多只能拥有 150 英亩灌溉用地和 300 英亩非灌溉用地；②每位农户上次土改多出的土地由政府统一回收，并无偿转分给无地佃农耕种；③继续实行租佃制。数据显示，从 1971 年到 1976 年，布托政府土改后，巴基斯坦粮食产量从 1134.4 万吨增加到 1418.5 万吨，年均增长 4.55%。①

3. 齐亚·哈克执政时期（1977.7—1988.10）——巴基斯坦非国有化政策的推进

齐亚·哈克政府执政十多年，制订并实施了两个五年计划。齐亚·哈克政府的第一个五年计划时间跨度为 1978—1983 年，又称巴基斯坦第五个五年计划。计划目标是：在巴基斯坦第五个五年计划期间，国内生产总值 5 年要增长 40%，年均增长 7%；人均国内生产总值年均增长 4.2%；工业生产年均增长 10%，农业生产年均增长 6%；计划总投资 2102.2 亿卢比，其中国有部门出资 70.5% 即 1482.2 亿卢比，私营部门计划投资 620 亿卢比，占总额 29.5%。经过巴齐亚·哈克政府五年努力，该五年计划目标基本实现。其中农业增长 4.5%，制造业增长 9.9%，国内生产总值增长 6.6%。②

齐亚·哈克政府的第二个五年计划时间跨度为 1983 年 7 月—1988 年 7 月，即巴基斯坦的"六五计划"。计划投资 5270 亿卢比，公私比例 51.1%：48.9%，分别为 2694 亿卢比和 2576 亿卢比。计划目标：国内与

---

① 李德昌：《巴基斯坦经济发展》，四川大学出版社 1992 年版，第 101—105 页。
② 殷永林：《独立以来的巴基斯坦经济发展研究：1947—2014》，中国社会科学出版社 2019 年版，第 29—30、147—148 页。

国民生产总值增长 6.5%、6.3%；工、农业年均增长 9.3%、4.9%；加强农村基础设施建设、改善农村居民生活；控制人口增长；发展教育、科技，加强新能源研究和开发等。和"五五计划"相近，"六五计划"目标基本实现。其中，农业和制造业 5 年分别增长 3.5%、8.2%，国内和国民生产总值 5 年实现年均增长 6.2%、5.0%。①

（三）该时期巴基斯坦经济发展规划实施成效

这一时期，巴基斯坦国民经济体系在多个"五年"计划及一系列同步措施的协调持续推动下，得以快速构建：

1. 阿尤布·汗政府时期

巴基斯坦第二个五年计划和一系列配套产业发展政策措施的制定实施，使巴基斯坦国民经济建设取得了显著的阶段性成果：①国民生产总值增长 30%，比计划高 6%；②粮食产量增长 27%，高出计划 6 个百分点；③工业生产增长比计划高 1%，达 61%；④公有投资年均增长 16.5%，私人投资年均增长 9.9%；⑤国内储蓄率超过 10%，为巴国内外投资积累了资金。同时，阿尤布·汗政府推进的巴第二轮土改，也取得了相当成效：①政府收回了 103.5164 万公顷土地；②每位无地和少地农户都可得到土地补偿 5.29 公顷；③政府每年可增加不少土地税收。"三五"期间，巴基斯坦在阿尤布·汗政府计划指引下，努力排除内外干扰，国民经济发展也取得了不错的成绩，其中，GDP 年均增长达 5.8%，农业生产年均增长 4.1%，出口收入年均增长近 6.5%。②

总体上讲，阿尤布·汗执政期间，由于措施得力，巴基斯坦整个国民经济呈现一副健康、快速发展状态。其中，巴基斯坦小麦总产量增长 91%，从 1960 年的 381.4 万吨提高到 1970 年的 729.4 万吨；稻米总产增长了 141%，从 1960 年的 99.5 万吨提高到 240.1 万吨；甘蔗总产增长 147%，从 1960 年的 1066.2 万吨增长到 1970 年的 2637 万吨。同期农业占 GDP 比重从建国初的 90% 多下降到 45.4%，工业在 GDP 中的占比由建国初的 6.9% 增加至 1970 年的 22.3%，其中制造业对 GDP 的贡献率从 1949—1950 年的 7.7% 增加到 1970 年的 16.1%，工业基础部门逐步建

---

① K. Amjad Saeed, *The Economy of Pakistan*, Oxford University Press, Karachi, 2007, pp. 300 – 310.

② K. Amjad Saeed, *The Economy of Pakistan*, Oxford University Press, Karachi, 2007, pp. 63 – 69.

立，产业结构得到进一步优化。1952 年成立的巴基斯坦工业发展公司（PIDC），被赋予促进国营企业发展的补充作用，主要投资于造纸和纸板、水泥、肥料、黄麻厂、造船厂和天然气管道等领域，1971 年 6 月 PIDC 已建成 59 个工业单位。而鼓励私营部门和自由企业发展的系列政策培育了一个大的企业家群体。[①]

2. 佐勒菲卡尔·阿里·布托执政时期

经过国有化和土地改革，巴基斯坦一些无地农民和中小企业获利。无地农民有地可种，相当程度上释放了这部分生产力；大型私营企业的国有化，为巴基斯坦中小企业的发展腾出了相当的市场空间，减少了市场垄断，增加了市场活力。数据显示，巴 1972—1976 年小企业的年均增长率从 20 世纪 60 年代的 2.9% 提高到 7.4%。但同时，大型工业企业增速则逐步放缓，其中 1971 年下降 6.8%，1972 年增长 11.9%，1973 年为 7.5%，1974 年为 -1.7%，1975 年为 -0.5%，1976 年为 -0.2%，即布托政府时期巴工业企业年均增长仅 1.7% 左右。同期，巴基斯坦 GDP 年均增长下降，人均 GDP 增速下降最大近 59.3%，农业和制造业皆增长缓慢。因此，布托政府主政前后又被称为巴基斯坦国民经济发展的"徘徊时期"（1968—1976.8）或"灾难十年"（1968—1978 年）。[②]

3. 齐亚·哈克执政时期

由于政局稳定和工业、农业、进出口方面一系列积极有效的政策，使巴基斯坦工业增长速度加快，农作物产量不断增加并逐步实现粮食自给，进出口蓬勃发展。

首先，齐亚·哈克政府推行的绿色革命，使得 1987 财年巴基斯坦高产水稻种植面积为 486.8 万英亩，3 倍于布托执政初期（1973 财年）159 万英亩；同时，齐亚·哈克政府新修 48 条运河，使巴基斯坦灌溉水长高达 6.3 万千米，每秒可灌溉水量达 7.625 万立方米。齐亚·哈克政府的农村开发计划对巴基斯坦的农村发展起到了很好的作用，不仅使农村居民的生活条件包括饮用水、道路交通、邮政通信条件大大改善，也通过发展教

① S. Akbar Zaidi, *Isssues in Pakistan's economy*, Oxford University Press, Karachi, 2000, pp. 161 – 163.

② Khawaja Amjad Saeed, *The Economy of Pakistan*, Oxford Univesity Press, Kadachi, 2007, pp. 36 – 40.

育提高了农民的识字率，对农村居民劳动者素质的提高发挥了积极作用。资料显示，1982—1987 财年，巴基斯坦农村的识字率从 14.3% 提高到 17.3%，邮局从 8893 个增加到 9854 个，可饮用到清洁水的人口比例从 16% 提高到 35%。[1]

其次，齐亚·哈克政府任内，巴基斯坦颁布"五点计划"，目标是加快巴基斯坦农村地区发展，彻底扭转巴农村地区贫困落后的面貌。该计划总投资 1175.4 亿卢比，在 1987—1990 财年每年分别逐步增加投入为 231.9 亿卢比、273.5 亿卢比、315 亿卢比和 355 亿卢比。该计划实施效果显著，仅第一个财年后，巴基斯坦就新建农村卫生所 300 多个、小学 9000 多所、公路修建 3000 多千米，农村可饮用到清洁水的人口达 300 多万人、近 10 万居民得到了宅基地、3000 多个村庄通上了电，等等。但因政见分歧，在 1988 年 5 月，齐亚·哈克总统免职了居内久总理，"五点计划"就此夭折。另外，居内久总理还组织包括世界银行、世界粮食政策研究所、美国哈佛大学及一些著名农业专家制定了巴基斯坦《12 年农业发展战略目标》，期望对标国际、快速推进巴基斯坦的农业现代化发展，也没能付诸实施。[2]

再次，据世界银行统计，1977—1988 年，巴基斯坦制造业产值的年均增长 9.5%，大中型工业企业和私营工业企业投资年均增长达 18.2%、15.6%，与其他发展中国家同期增速相比处于领先地位。巴基斯坦进出口从 1978 财年的 278.15 亿卢比与 129.8 亿卢比增加到 1988 财年的 1125.55 亿卢比与 784.45 亿卢比，年均增长近 15%、19.7%，但财政赤字也从 148.45 亿卢比增加到 341.06 亿卢比，外债规模也逐年增加。巴基斯坦向中东石油生产国的劳务输出规模也不断扩大，资料显示，1977 年，巴向沙特阿拉伯、科威特、阿拉伯联合酋长国、巴林、阿曼和卡塔尔输出劳动力共计 50 万，1982 年增加到 120 万；1983 年共输出劳动力 240 万，其中 200 万在中东，占比达 83%，为当年中东产油国外籍劳工总数的 36.4%；这为巴基斯坦带来持续增长的外汇收入。同期，巴基斯坦经济结构也更趋合理化，与 1950 财年三次产业比重 53.2%、9.6%、37.2% 相比，1988 财年巴基斯

---

[1]　B. M. Bhatia, *Pakistan's Economic Development 1948 – 1988*, Konark Publishers PVT. LTD., New Delhi, 1989, pp. 101 – 106.

[2]　Khawaja Amjad Saeed, *The Economy of Pakistan*, Oxford Univesity Press, Kadachi, 2007, pp. 37 – 45.

坦的三产比重为 24.5%、29.7%、45.8%。此外,苏联出兵阿富汗,使美国等西方国家开始重视巴基斯坦独特的战略地位,为拉住巴基斯坦作为抵抗苏联进一步向南亚及印度洋扩张的前线国家,20 世纪 80 年代,美国等西方国家给了巴基斯坦近 20 亿美元援助,这为巴经济发展注入了活力。[①]

（四）巴基斯坦经济发展规划尚待解决的问题

这一时期的三个阶段中,巴基斯坦经济发展中尚待解决的问题主要体现在:

1. 在巴基斯坦经济发展"黄金时代"的阿尤布·汗执政时期,巴基斯坦国民经济发展中一些问题也日益凸显,主要表现在:第一,庞大的新生企业家群体与普通百姓间收入差距逐步拉大,形成比较大的贫富两极反差,一些企业垄断了巴基斯坦银行、保险和工业近 80%、70%、66% 的份额,形成巴基斯坦国民经济中的垄断势力集团;第二,巴基斯坦的农业和工业政策地区倾斜比较严重,多注重西部巴基斯坦的发展,东巴基斯坦受益较少,以至于巴基斯坦东西部发展出现严重不平衡。资料显示,西巴基斯坦 20 世纪 60 年代农业增速是东巴基斯坦的 2—3 倍;1950—1970 年,西巴基斯坦制造业产值增长近 20 倍,包括一些大型制造业落户西巴基斯坦。第三,工业发展重轻工业,轻重工业,使得整个工业体系中基础工业发展相对滞后。第四,资本研发投入不足,技术人才严重匮乏。这些因素严重制约了巴基斯坦国民经济的进一步快速发展。[②]

2. 在巴基斯坦经济发展处于"徘徊时期"的佐勒菲卡尔·阿里·布托执政时期,国民经济建设也面临一些新的困境,首先是快速的国有化进程,不仅使生产效率下降,同时也打击了私营企业发展壮大的积极性;其次,贸易保护、出口管制,加上 1973 年石油危机,使得巴国际经贸合作受限;再次,孟加拉国独立使巴基斯坦失去了传统的原材料来源地和工业品市场;复次,政府过度强调积累和发展忽略民生,使百姓生活更加困难,政府财政赤字不断扩大;最后,频繁的自然灾害对农业生产造成沉重打击,1973—1976 年,巴基斯坦共爆发 3 次洪涝灾害和 1 次大规模虫灾。

---

①　李德昌:《巴基斯坦经济发展》,四川大学出版社 1992 年版,第 90—98 页。

②　殷永林:《独立以来的巴基斯坦经济发展研究:1947—2014》,中国社会科学出版社 2019 年版,第 33—34、148—151 页。

加上农业投入不足，农业技术人才缺乏。这些因素是导致布托执政时期巴基斯坦经济长期徘徊不前的主要原因。[①]

3. 在巴基斯坦大力推进非国有化政策的齐亚·哈克执政时期，经济发展也受一些因素困扰，包括：①财政赤字和外债规模不断增加，20 世纪 80 年代巴年均赤字率近 7.1%，外债规模从 1978 财年的 71.89 亿美元增加到 1988 财年的 126 亿美元，年均增长 5.8%；②国有工业企业和农业生产效率不高；③工业产业结构单一，工业化水平也较低，主要集中在纺织和食品加工业；④国内储蓄率较低、积累不足，工业发展严重依赖外资投资；⑤进口替代战略带来国内市场的过度保护和市场价格扭曲；⑥农业土地占有集中、经营分散、生产水平不高等。[②]

三 经济转型与私有化发展时期

（一）巴基斯坦经济发展理念与规划指导思想演变

20 世纪 80 年代末期以来，东欧剧变和苏联解体，计划经济遭受重创，其中与巴基斯坦经济发展联系最大的是私有化浪潮的出现、国际金融机构政策和海湾战争爆发。这些变化一方面给巴基斯坦经济发展带来了挑战，另一方面也为巴经济发展带来了机遇，催化了巴基斯坦持续的私有化改革。这一进程持续至今，大致分为三个阶段：

1. "民主十年"时期

1990—1993 年，在谢里夫政府执政时期，巴基斯坦开始大范围推进私有化。谢里夫施政纲领是"全面实行自由化，解除管制，促进私有化和增进投资，把巴基斯坦建成一个高度工业化的、自力更生的经济强国"[③]。1991 年，谢里夫政府在财政部先后成立巴基斯坦政府私有化委员会和内阁私有化委员会，全面展开私有化，目标是提高生产效率；减少债务负担和财政赤字，扩大本金和医疗及基础设施建设支出。

1993—1997 年，人民党在大选中胜出。法鲁克·阿韦斯·阿赫迈

---

① 殷永林：《独立以来的巴基斯坦经济发展研究：1947—2014》，中国社会科学出版社 2019 年版，第 27—29、35—42、148—151 页。

② 殷永林：《独立以来的巴基斯坦经济发展研究：1947—2014》，中国社会科学出版社 2019 年版，第 113—116 页。

③ 胡国松、莫裕林：《巴基斯坦经济改革述评》，《南亚研究季刊》1991 年第 4 期。

德·汗·莱加里当选为巴基斯坦第八任总统，贝·布托则出任巴基斯坦总理（1993—1996 年）。资料显示，1993 年，巴基斯坦经济增速不足3%，通货膨胀率近10%，财政赤字达 1000 亿卢比，贸易逆差近 30 亿美元。面对困难的经济局面，贝·布托政府一面积极向国际货币基金组织争取纾困贷款（三年共 13.69 亿美元，其中 8.42 亿美元用于巴基斯坦经济的结构性调整）；一面加紧制定实施了一些政策措施，解决面临的经济问题。[1]

1997—1999 年，谢里夫再次大选获胜，当选巴基斯坦总理。谢里夫此次执政除继续推进巴基斯坦私有化进程外，开始大力推动巴基斯坦的基础设施建设。[2]

2. 穆沙拉夫军政府主政时期

1999—2008 年，穆沙拉夫政府主政巴基斯坦，巴基斯坦又进入军政府统治时期。因 1998 年核武器试验巴基斯坦正遭受国际经济制裁，加上穆沙拉夫政府通过军事政变上台及印巴军事冲突，巴基斯坦的国际形象严重受损。面对当时严峻的国际形势，穆沙拉夫政府一方面积极与国际货币基金组织及亚洲开发银行等国际金融机构合作，争取更多低息贷款；另一方面，在"9·11"事件后，主动加入以美国为首的反恐阵营，利用地缘优势助力国际反恐，由此获得欧美等发达国家大量经济援助和低息贷款，从而改善了巴基斯坦内外交困的被动局面，为巴基斯坦经济发展营造了良好的国际环境。[3]

3. 谢里夫民主政府重新执政至今

2008 年，阿西夫·阿里·扎尔达里当选巴基斯坦新一届总统，巴基斯坦人民党的赛义德·优素福·吉拉尼出任巴基斯坦新任总理，巴基斯坦结束近十年军政府统治，再次进入"文人政府"的民主时期。当时巴基斯坦不仅经济发展受到 2008 年国际金融危机影响，且国内陷入立法、司

---

[1]　Khawaja Amjad Saeed, *The Economy of Pakistan*, Oxford Univesity Press, Kadachi, 2007, pp. 221-223.

[2]　殷永林：《独立以来的巴基斯坦经济发展研究：1947—2014》，中国社会科学出版社 2019 年版，第 31—32 页。

[3]　殷永林：《独立以来的巴基斯坦经济发展研究：1947—2014》，中国社会科学出版社 2019 年版，第 32—35 页。

法与行政三权斗争，安全上受到与阿富汗边界冲突威胁及宗教极端势力与恐怖主义活动影响。

2008—2013 年，吉拉尼政府执政时期，继续推进私有化。2009 年，巴基斯坦公布私有化新措施，规定：①为保障工人权益，每一私有化项目中留给职工的共有股份比例由 10% 提高到 12%；②进一步规范巴基斯坦国有企业私有化程序，并依据国有企业私有化后的运营状况决定该企业是否会进一步被私有化；③计划对 23 家巴基斯坦电力、制造、金融及公共事业企业进行私有化。但这些措施的成绩并不如人意，给人留下的更多是虎头蛇尾印象。①

2013—2018 年，谢里夫再次当选，第三次出任巴基斯坦总理。那时巴基斯坦面临着严重缺电、高通货膨胀、高失业率、百姓生活困苦、经济增长缓慢和国家财政赤字居高不下等严峻问题。为此，谢里夫政府一方面继续推行私有化，另一方面则通过大力推进工业化和基础设施建设，扩大就业，改善民生，减少赤字和抑制通胀。同时，积极与国际货币基金组织合作，为巴基斯坦争取了为期 3 年的 66.5 亿美元资金支持。谢里夫政府这一任期，大大加大了私有化的推进力度，2013 年 10 月，宣布将 31 个大型国有企业和公共机构私有化，涉及资产总额近 1.5 万亿卢比，被巴基斯坦前财政部长称为"世纪大卖"。其中 2014 年被批准的私有化项目包括出售巴基斯坦石油和天然气开发公司 10% 的股份，巴基斯坦石油公司 5% 的股份，巴哈比布银行 20% 的股份，巴联合银行 10% 的股份，巴联盟银行 10% 的股份，总市值近 2150 亿卢比；完成的包括巴联合银行 19.6% 股份卖 153.42 亿卢比，联盟银行 10% 股份售价 144.40 亿卢比，巴石油公司 5% 股份售价 153.42 亿卢比。总体上看，这一时期，私有化进程推进相对较为缓慢。②

总之，虽然巴基斯坦私有化进程总体缓慢，对积极增长的推动及收益有好有坏，对巴基斯坦就业有一定的负面影响，且私有化过程产生了腐败等一些问题，但巴基斯坦私有化的增长框架已逐步建立起来，同时巴私有

---

① S. Akbar Zaidi, *Isssues in Pakistan's economy*, Oxford University Press, Karachi, 2000, pp. 80 -89.

② 巴基斯坦联邦统计局网站，http://www.pbs.gov.pk/。

化吸引了大批企业参与，使巴政府获得了收入，相当程度上减缓了财政压力。[1]

（二）该时期巴基斯坦经济发展规划的阶段性特征

起始于 20 世纪 80 年代末期的巴基斯坦私有化改革，持续至今的三个阶段，每个阶段都有不同的规划方案和措施：

1. "民主十年" 时期

为实现全面自由化目标，谢里夫政府系列私有化措施主要有：

（1）减少政府干预，取消巴基斯坦对私营经济发展的一系列限定性政策

谢里夫认为政府的工作是制定政策，而不是经营工商业，政府不能对经济进行直接干预，更不能对经济进行指令式控制。为此，谢里夫政府规定，除酒精与国防事关伊斯兰教义和国际安全的行业之外，私营经济可以经营一切工业，而酒精与国防行业若得到政府批准，私营经济也可以经营。私营企业投资设厂的额度与范围限制全被取消。同时，为私营资本投资提供税收优惠。谢里夫政府规定，在 1990 年 12 月 1 日至 1995 年 6 月 30 日期间开办的工矿企业一律免税 3 年；在农村开办的私营企业免税 5 年；在贫困落后地区开办的私营企业免税 8 年。对进口机械设备免除关税、销售税和附加税等。总之，为全面推进巴基斯坦私有化进程，谢里夫政府大刀阔斧地取消了巴基斯坦对私营经济发展的一系列限定性政策。[2]

（2）扩大巴基斯坦国有企业私有化的范围和数量

贝·布托政府时期，政府只是比较谨慎地把部分经营不善的国有企业少部分股份进行私有化，以协议认购或通过股票市场认购的方式出售给私人或中小投资者。而谢里夫政府时期，巴基斯坦则大大提高了国有企业私有化的力度，当时被列入私有化的国有企业达 115 家，这些国企的经营范围涉及汽车与机械制造、水泥、化肥化学、能源运输与金融等行业领域，攸关巴基斯坦国民经济发展的许多重要部门。私有化是采取直接售卖财产

①　殷永林：《独立以来的巴基斯坦经济发展研究：1947—2014》，中国社会科学出版社 2019 年版，第 33—35 页。

②　木子：《巴基斯坦谢里夫政府的自由化、私有化政策》，《南亚研究季刊》1991 年第 4 期。

或通过股市认购股份等方式推进，私有化对象包括企业工人、管理人员和个人，私有化股权比例可高达这些国有企业总股权的60%—70%。谢里夫政府还中止了一些经营不善、效率低下的巴基斯坦国有企业的财政补贴和支持，这包括巴基斯坦水利电力公司、石油和天然气公司、国家公路公司和电报电讯公司，促使其改善经营、自负盈亏。同时，谢里夫政府将由国有企业独家经营的交通、通信、供水、电力等公共基础设施的公共事业也纳入私有化，包括卡拉奇港口与造船厂、卡西姆港口、内陆水路运输等，允许私营经济部门进行投资。[①]

（3）取消外汇管制，放松外资限制

谢里夫政府时期，巴基斯坦开始允许外国资本在巴独资建厂，在巴自由买卖外资股份，外资利润可不受限制地自由转出转入，外资企业可直接与巴企业自由交易。同时，在巴基斯坦1976年颁布的《外国私人投资（促进和保护）法》的基础上，进一步扩大外商投资经营许可范围，规定除军火、酒精、烈性炸药与放射性物质等行业外，都可投资经营。

贝·布托政府任期的私有化措施主要包括：①继续推进私有化进程并承诺提升私有化进程的透明度。允许私营经济进入电力部门；计划1995年底前完成出售数十亿美元的国有企业股份，包括巴基斯坦国家石油天然气开发公司49%的股份。②简化审批流程，放松进口管制，推进巴基斯坦经济自由化，包括允许进口巴基斯坦国内珠宝、皮革等轻工行业低关税或免税进口加工机械设备，简化制药、通信、飞机等行业进口审批流程等。③继续减少外商对巴基斯坦的投资限制。④继续减少巴政府对巴基斯坦国有企业的补贴。贝·布托政府许可6家私营公司设立投资公司；⑤选择14家国有企业分两批进行小部分股权私有化，并对每一个国企的私有化制定不同的私有化方案，私有化对象主要是个体投资者和工人，以防止所有权集中和产生垄断。但因当时巴基斯坦国内政治斗争、腐败及经济等各类问题交织，贝·布托政府私有化成果不大。[②]

而谢里夫1997年再次当选后，新政府进一步推进私有化措施主要是

①　木子：《巴基斯坦谢里夫政府的自由化、私有化政策》，《南亚研究季刊》1991第4期。

②　S. Akbar Zaidi, *Isssues in Pakistan's economy*, Oxford University Press, Karachi, 2000, pp. 112 – 115, 319 – 338.

颁布新投资法，期望在以下几个方面能够获得突破：①优先发展巴基斯坦工业和农业关联产业；②对大型机器及机械设备进口征收零关税；③鼓励巴基斯坦出口导向型企业发展；④鼓励外资投资巴基斯坦高科技和高附加值产业等。这一阶段，谢里夫政府的私有化进程进展不大。①

2. 穆沙拉夫军政府执政时期

据统计，1998—2001 年，巴基斯坦国内生产总值年均增长近 3.3%，而 2000—2001 财年只有 1.8%。面对巴基斯坦如此严峻的经济形势，穆沙拉夫政府一方面继续放松管制，加速银行和公共事业部门私有化；另一方面加快推进税制改革，大力削减财政赤字。这一系列举措中，最抢眼的是穆沙拉夫政府 2000 年颁布的《私有化委员会法令》，它不仅将巴基斯坦私有化收益的分配以法律形式确定下来，还将谢里夫政府设立的、原隶属于财政部的巴私有化委员会独立出来，扩大其权限，让其涉足领域由巴主要工业部门，扩大到巴石油、天然气、交通、通信、电力、银行与保险等重要领域。这一举措，为巴基斯坦私有化政策的制定和执行提供了便利，大大推进了巴基斯坦的私有化进程。

3. 穆沙拉夫军政府结束执政后迄今

受世界经济持续低迷的影响，巴基斯坦经济发展也少有起色。当前和中国共同推进中巴经济走廊建设，使中巴经济发展呈现出区域性产业梯度转移特征，并在一些领域实现了互利共赢。

（三）该时期巴基斯坦经济发展规划实施成效

总体上说，巴基斯坦在"民主十年"期间，私有化进程取得了一定进展。资料显示，这一阶段巴基斯坦私有化进程呈现显著特点：①共完成私有化项目 103 项，其中工业部门私有化项目 85 项，占比 82.5%；②私有化的领域从最初的小型加工制造业，逐步拓展到交通、电信、能源、电力及金融等关乎巴基斯坦国民经济核心利益的部门；③被顺利私有化的巴基斯坦国有企业普遍为中小型企业。其中被私有化规模最大的是巴基斯坦电信公司，其 10% 的股份被售卖。第二大的是科特阿杜电力 26% 的股份，两家公司分别获得股份转让收益 274.99 亿卢比和 71.05 亿卢比，电信公

---

① 殷永林：《独立以来的巴基斯坦经济发展研究：1947—2014》，中国社会科学出版社 2019 年版，第 116—118 页。

司的股份转让收益占这一时期巴基斯坦国有企业私有化全部收入的 46%；

4. 这一时期，巴基斯坦先后进行了三次大选，更换了四届总统和三届政府，每一届政府的任期都不足 5 年，这使得每届政府的私有化政策和计划都不能很好地被贯彻执行，加上这些被私有化的国有企业大多关系国计民生，体量巨大，经营管理与控制权转移复杂敏感，致使巴基斯坦私有化的整体进程推进缓慢。[①]

在穆沙拉夫政府执政时期，巴基斯坦私有化进程推进相对比较快，单个私有化项目数额相对较大，涉及领域为国民经济的重要部门，包括能源电力与金融保险通信等产业行业，总共完成私有化项目 63 项，占私有化项目总额 37%，获得收益总额达 4158.21 亿卢比，占私有化总收益的 76.42%。资料显示，这一时期，巴基斯坦所有银行都进行了私有化，其中巴基斯坦哈比银行通过公开发行股份方式进行，而巴国民银行则通过国际信托售卖股份；巴基斯坦电信公司通过私有化方式，让国家获得 1559.92 亿卢比收益；巴电信业私有化也比较顺利。同时，穆沙拉夫执政时期的私有化，主要通过出售企业、出售股份和资本市场交易等方式进行，其中出售企业项目共 32 个，出售股份项目 18 个，资本市场交易方式私有化项目 11 个，其分别集中在中小规模的工业与能源业、交通通信业及银行金融业。在销售对象上，只有较少部分股份卖给了企业职工。数据显示，巴基斯坦这一时期的私有化提高了生产效率，扩大了企业资本金；减少了财政赤字和巴债务负担；增加了基础设施和公共医疗投入，因此被誉为巴基斯坦私有化进程的黄金时期。[②]

继穆沙拉夫政府之后，巴基斯坦经过谢利夫政府再次治理时期和 2018 年迄今的巴正义党执政，在国内外各种力量的博弈下，巴基斯坦与中国发展战略的顺利对接，为巴基斯坦经济发展注入了新的活力。

（四）该时期巴基斯坦经济发展规划尚待解决的问题

虽然谢里夫政府时期，被列出的 115 家国有企业中共有 66 家国有企业进行了私有化，取得了相当进展，但迄今为止，由于缺少购买者等原

---

① S. Akbar Zaidi, *Isssues in Pakistan's economy*, Oxford University Press, Karachi, 2000, pp. 295-321.

② 《巴基斯坦国有企业私有化相关情况及问题分析》，中华人民共和国商务部网站，http://karachi. mofcom. gov. cn/article/ztdy/201606/20160601336821. shtml。

因，巴基斯坦私有化进程仍显得缓慢。

目前，巴基斯坦仍有一系列问题亟待解决：①长期电力短缺，尤其是电力合理定价与电力分销商收入提高等问题，以及基础设施落后是巴基斯坦经济发展面临的两大短板；②巴基斯坦国内政治斗争、省际发展差异和省际竞争引发的安全隐患、恐怖主义与俾路支省分离主义威胁，使得巴基斯坦国内安全形势十分复杂，安全风险较高，包括卡拉奇和奎达等城市的暴恐事件，俾路支省和开伯尔－普什图省的部族和宗教叛乱；③低税收、高补贴和长期巨额赤字；④国际收支账户逆差与巨额债务；⑤人口规模受制于教育水平及岗位技能限制，人口红利难以实现；⑥司法效率低、案件大规模积压与合同执行风险过高。[①]

第二节　对巴基斯坦不同时期经济发展特点的思考

巴基斯坦建国初期，国际上英国前首相温斯顿·丘吉尔于 1946 年 3 月 5 日在美国富尔顿的"铁幕演说"拉开了冷战序幕。美国杜鲁门主义 1947 年 3 月 12 日上台，标志着冷战开始。1955 年华沙条约组织成立，两极格局形成，两大阵营竞争逐步加剧。这使得新生的巴基斯坦成为东西双方的争取对象和争端的"前线国家"。

一　巴基斯坦经济发展不同阶段的政治影响因素

（一）巴基斯坦经济发展不同阶段的世界格局

国民经济体系快速构建时期，国际上北约与华约两大军事集团在全球范围内对峙及争夺第三世界，以美苏为首的资本主义阵营和社会主义阵营持续全面对抗，不仅在意识形态上相互攻击，军备上疯狂竞争，经济上也相互禁运和封锁，以获取优势战胜对手，在世界权力结构中占据绝对主导地位。

经济转型与私有化发展时期至今，大国博弈加剧，世界格局出现巨大变化。其中苏联出兵阿富汗和两伊八年战争，对巴伊关系产生了很大影

---

① 殷永林：《独立以来的巴基斯坦经济发展研究：1947—2014》，中国社会科学出版社 2019 年版，第 42—48 页。

响。在苏联出兵阿富汗之前，伊朗就支持阿境内什叶派武装，苏联撤军后，逊尼派普什图人掌握阿富汗国家政权，沙特和巴基斯坦对此表示支持，引发什叶派国家伊朗的担忧。20世纪80年代，伊朗、巴基斯坦快速伊斯兰化进程中，巴深受沙特阿拉伯逊尼派教义影响，引发巴国内和伊朗什叶派不满，从而加深了巴国内教派冲突，使巴伊关系出现裂痕。伊拉克战争后，巴基斯坦在美国南亚战略中地位下降，美国加大了对印度的扶持，大幅削减对巴军事和经济援助，使巴对美国不满。

"9·11"事件后，美国以巴基斯坦作为反恐桥头堡，对阿富汗塔利班政权发动战争。数据显示，美国全球"反恐战争"使巴基斯坦有35000名平民死亡，3500名军警死亡，外加数百万西北部居民大迁徙。作为支持反恐的回报，巴基斯坦2001—2011年得到美国200亿美元援助和110亿美元国际货币基金组织优惠贷款，且在购买美国武器装备、人员训练和获得贷款以购买物资方面具有优先权，成为仅次于以色列和埃及的最大美援受惠国。

（二）巴基斯坦经济发展不同阶段的地缘政治

建国初期，新生的巴基斯坦东西相距千余千米，处在伊斯兰世界的中心，与阿拉伯国家有着特殊关系。巴基斯坦东接印度，东北邻中华人民共和国，西北与阿富汗交界，西邻伊朗，隔阿富汗走廊与苏联相连，战略位置十分重要，这给巴基斯坦政府带来了严峻的地缘政治挑战。同时，复杂的外部环境使印巴两个新生国家相互猜疑，在边界、财产及双方宗教少数派的未来地位等问题上频频发生争执，相互为敌。

建国后，巴基斯坦和伊朗与沙特一直保持着友好关系，但这两个国家不同的伊斯兰教教义，却是巴基斯坦国内宗教冲突长期不断的根源。如巴基斯坦国内伊斯兰教教徒，分为什叶派和逊尼派，而伊朗穆斯林多属于什叶派，沙特阿拉伯穆斯林多属于逊尼派，两国在努力对巴基斯坦发挥影响力的同时，会时常诱发巴基斯坦国内伊斯兰教什叶派和逊尼派两个教派教徒爆发激烈宗教冲突。同时，巴基斯坦与两个邻国印度、阿富汗一直因领土争端而不和。巴基斯坦与印度不睦是因为克什米尔，印巴因此分别在1947年10月、1965年6月和1971年12月爆发了三次武装冲突。巴基斯坦和阿富汗不和则是面积近49万平方千米的普什图尼斯坦主权归属。正因如此，阿富汗是唯一一个在联大投票反对巴基斯坦加入联合国的国家。

在 1950 年和 1953 年的两次普什图尼斯坦危机期间，阿富汗军队和部落武装与巴基斯坦军队在边境争议地区交火，阿富汗军事强人达乌德因为亲苏受到苏联袒护；与此同时，美国为了遏制苏联对外扩张，艾森豪威尔任内通过《巴美共同防御援助协议》与《东南亚条约组织》等条约，把巴基斯坦作为战略要冲，定位为"美国在亚洲最亲近的盟友"，向巴累计提供经济援助 35 亿多美元及 6.7 亿多美元低价武器等，这使得巴基斯坦实行了全面靠近美国的一边倒路线。苏联为突破北约包围，拓展更广阔生存空间，1979 年出兵阿富汗，并公开支持印度对克什米尔的主权，拉近与印度关系，寻求印度洋出海口。美国焦虑苏联控制阿富汗后攻击巴基斯坦，专门成立基金会对巴基斯坦进行军事援助，还帮巴基斯坦建了一支现代化空军。苏联解体后，巴基斯坦对美的战略地位重要性下降，美国逐渐疏离巴基斯坦，开始拉拢印度以遏制中国。而巴基斯坦则自 1960 年起，出于共同抗印，开始与中国友好，并逐步成为中国的特殊通道，像 1965 年李宗仁回国，1971 年基辛格秘密访问中国，1979 年越南黄文欢访华等，均过境巴基斯坦。20 世纪 90 年代，伊朗开始加强同印度合作，巴伊关系也变得疏离。现在巴与中国逐渐形成"巴铁"关系。

二　巴基斯坦的资源禀赋与比较优势

建国初期，巴基斯坦农业占国民经济比重 93% 以上，农产品出口占巴基斯坦总出口的 99% 以上；只有少量的工业和服务业，基础设施差，工厂数量较少，规模也非常小，工业生产水平很低；第一产业比重过高，第二、三产业比重不足 5%，经济结构不合理。[①]

迄今为止，巴基斯坦仍没有完备的工业体系，仍属农业国家，同时也是发展中国家，是亚洲新兴经济体。近年来，巴服务业增速迅猛，目前在巴国民经济中占比已接近 60%，且已连续两年增长率保持 6% 以上，三产比例为：服务业 57%，农业 24%，工业 19%。当前，巴政府正大力发展工业、扩大出口，并进行基础设施建设，但包括纺织业等轻工产品的出口竞争力在相对逐年下降。数据显示，2018 年全年出口 242.2 亿美元，同

---

① 殷永林：《独立以来的巴基斯坦经济发展研究：1947—2014》，中国社会科学出版社 2019 年版，第 297 页。

比减少 2.2%；全年进口下降 7.4% 至 523.9 亿美元；但服务贸易逆差却大幅缩减 29.3% 至 42.9 亿美元，外国直接投资也从 2017 年的 27.5 亿美元增加至 2018 年的 30.9 亿美元。同期，巴贸易逆差持续扩大，加上侨务汇款因世界和区域经济低迷而增长放缓，导致巴经常账户赤字 GDP 占比从 2015 年的 1% 增加到 2018 年的 5.8%，外债从 651 亿美元增至 834 亿美元，加上卢比兑美元大幅贬值，巴国内通胀压力上升，进而使巴外债压力加大。[①]

三　巴基斯坦经济发展规划有效实施的其他制约因素

（一）人口、民族、宗教与文化对巴基斯坦经济发展规划有效实施的制约

巴基斯坦国内民族众多，语系庞杂，方言和地方土语多达几十种，普遍使用的语言包括旁遮普语、信德语和乌尔都语等也有 6 种，但因历史原因，英语一直是巴基斯坦的官方语言。巴基斯坦的官方正式文件、法律条文及官方通讯大都以英语为主，因此出现一种用英语把巴基斯坦强行分为"大众"和"精英"阶层的现象。为彻底扭转这一局面，2015 年 9 月 9 日，巴基斯坦最高法院发布命令，确立巴基斯坦国内使用范围最广的乌尔都语取代英语，为巴基斯坦国家官方语言，从而彻底改变巴基斯坦人因不懂英语而错失政治经济机会的现象。

众多的民族和语言文化，使得巴基斯坦国内信奉多种宗教，且宗教与教派关系复杂。巴基斯坦国教伊斯兰教教徒占全国人口总数的95%，其中75%—80%的伊斯兰教教徒是逊尼派，20%—25%是什叶派，逊尼派下面又有相互区别的奥本德、巴列维、瓦哈比派和以伊斯兰促进会为代表的现代主义运动几个宗派。同时，巴基斯坦国内还有少数人信奉基督教、印度教和锡克教等。

（二）宗教极端主义和恐怖主义对巴基斯坦经济发展规划有效实施的制约

巴基斯坦以伊斯兰教为国教，自 1956 年巴基斯坦伊斯兰共和国成立

---

① 殷永林：《独立以来的巴基斯坦经济发展研究：1947—2014》，中国社会科学出版社 2019 年版，第 37、102—131 页。

以来，一直政教关系错综复杂，巴国内对巴基斯坦是伊斯兰化宗教国家还是世俗化建设分歧严重，教派斗争激烈，有时不仅能左右巴基斯坦国内政局，甚至会引发政治骚乱和暴力行动。同时，巴基斯坦民族众多，不同宗教在信仰、风俗、礼仪和交往方式等方面差异巨大，尤其有关宗教信仰差异方面，相互交往容易误解，甚至引发敌意和冲突，是宗教极端主义和恐怖主义滋生的温床。伊斯兰教作为国教，其所设定的社会道德与行为准则在巴基斯坦有着至高无上的地位，在交往中，衣食住行、言谈举止、从业习惯等若不小心违反了伊斯兰教义原则，容易引发不满和敌视、触犯巴基斯坦法律，甚至招致极端势力的血腥报复。

第三节　巴基斯坦经济发展战略前瞻

从 1947 年建国伊始到齐亚·哈克政府执政结束，巴基斯坦经济增速高于世界平均水平。20 世纪 90 年代后，巴经济增速有所放缓，但当时国际货币基金组织的援助计划和美国巨额债务减免，大大缓解了巴基斯坦外债压力，使巴基斯坦整体经济形势逐步趋于稳定，经济增速明显改善。其中，2013—2017 财年，巴基斯坦实际 GDP 增长率分别为 4.40%、4.67%、4.73%、5.53%、5.70%，呈现逐年增长态势，且 2017 财年的经济增速是近十年内最高的。2018 年 GDP 为 3125.7 亿美元，人均 GDP 为 1560 美元，实际增长 5.43%（如图 II-1-3 所示），没有实现 6.2% 的预定目标，其中农业产值当年增长 3.46%，工业产值综合贡献度为 5.02%，制造业增长 4.61%。

因对外贸易政策从进口替代转向倡导出口导向，巴经济增长易受世界或区域经济波动影响，同时也易受国内政局不稳和自然灾害的冲击。如图 II-1-3 中，巴基斯坦 GDP 增速急剧下滑的几个财政年度：1971—1972 财年、1990 财年、1993 财年、1997 财年、2001 财年、2008 财年、2010 财年，世界或区域经济分别经历着 1973 年第一次石油危机，1990 年伊拉克入侵科威特、海湾战争爆发，1993 年巴基斯坦国内政局动荡、总统总理一起辞职的冲击，1997 年亚洲金融危机，2001 年美国网络经济泡沫破裂，2008 年国际金融危机，2010 年巴基斯坦国内遭遇 80 年不遇特大洪涝灾害、欧债危机爆发等的冲击。

一　当前巴基斯坦自身经济发展诉求与目标

（一）巴基斯坦当前经济发展概况

亿美元

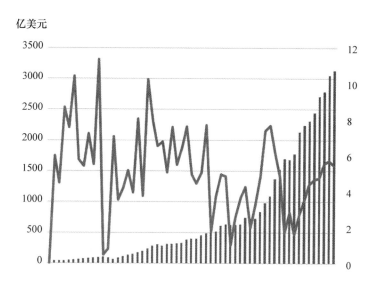

图Ⅱ-1-1　巴基斯坦 GDP 与 GDP 增长率变化情况（1960—2018）

资料来源：根据世界银行网站数据整理，https://www.worldbank.org/。

当前，巴基斯坦经济发展的主要动力来自两个方面：一是中巴经济走廊建设；二是以互联网为主要特征之一的数字经济。中巴经济走廊是巴基斯坦经济增长和发展的新动力。

数据显示，2018 财年巴基斯坦吸引中国投资达 18.1 亿美元，占巴外国直接投资比重近 60%，且中国投资多集中在油气电力、汽车和机械设备、建筑和零售业等涉及巴国计民生重要基础领域。同时，中国投资还将增加人民币结算，有利于巴基斯坦外汇储备多元化。①

而巴基斯坦的互联网市场发展潜力也很巨大。为发展电子商务，巴国政府 2018 年制定了"数字巴基斯坦政策"支持计划，提出多项信息产业

---

① 《巴基斯坦的银行业体系》，中国经济新闻网，2019 年 2 月 20 日，http://www.cet.com.cn/。

发展优惠政策吸引外资，包括 5% 出口退税、5% 销售税免除、优惠贷款与延长免税期等。当前巴互联网用户仅占总人口 22%，移动网络用户渗透率也仅为 21%；17 间数据中心都在伊斯兰堡、卡拉奇和拉合尔；8 条海底缆线中 7 条在卡拉奇，仅有 1 条在瓜德尔。巴最大电商平台 Daraz 和当地最大电子支付平台 Easypaisa 都已被阿里巴巴及其旗下蚂蚁金服收购。

（二）当前巴基斯坦自身经济发展诉求

美国 2008 年金融危机，给世界市场造成了严重打击，加上随后几年的欧债危机，把世界经济拖入长期低迷之中，这使以出口为导向的巴基斯坦经济长期复苏乏力，再加上巴基斯坦国内安全问题频发、能源电力匮乏、基础设施陈旧老化等，使巴经济复苏与发展受到极大的限制。直到 2013 年 5 月巴基斯坦穆斯林联盟（谢里夫派）上台，才重新将巴基斯坦经济发展作为施政重要目标。2014 年，巴基斯坦政府提出"巴基斯坦愿景 2025"，意欲使巴基斯坦到 2025 年从中低收入国家转向中高收入国家，在短期内（2014—2025 年）快速成为继泰国、马来西亚、菲律宾和印度尼西亚"亚洲四小虎"之后的另外一虎，并在巴基斯坦独立 100 年即 2047 年发展成为亚洲排名靠前的几大经济体及高收入国家行列。

（三）巴基斯坦当前自身经济发展规划与目标

谢里夫政府提出的"巴基斯坦 2025"愿景主要包括：（1）将公路建设从当前公路密度每百平方千米 32 千米翻一番提高到 64 千米，同时提高铁路运力，将巴国内铁运份额从目前的 4% 提到 2025 年 20%；（2）2025 年，巴基斯坦要实现 50% 以上本土发电，发电量要翻一番到 42000 兆瓦（MW），同时改善输配电基础设施，提高输配电效率、减少浪费；（3）巴期望到 2025 年，通过工业园、出口加工区和经济特区等建设，实现外国引资从 6 亿美元到 150 亿美元，FDI 在巴投资 GDP 占比 20% 以上，以实现集约化发展和价值链提升；4. 巴基斯坦 2025 年出口要从 250 亿美元增长到 1500 亿美元。

同时，"巴基斯坦 2025"愿景希望与中国中小企业合作，在农副产品加工、珠宝、建筑、信息通信、皮革、纺织等行业领域开展多种形式的合作，继续助推巴基斯坦经济发展。2013 年数据显示，巴国内有中小企业 173 万余家，为巴基斯坦创造了 1490 万个就业岗位，占同期巴基斯坦就业总量的 25%，GDP 贡献率达 40%，创造出口收入 182 亿美元，占当年巴基斯坦出口总量的 72%。

"巴基斯坦 2025"愿景还提出了实现这一目标的五个手段和七个发展支柱。这五个手段分别是：①共同愿景；②政治稳定、政策连续；③和平与安全；④法治；⑤社会公正。而实现巴基斯坦 2025 远景目标的七个发展支柱则为：①以人为先，发展人力资本和社会资本；②实现可持续的、本土的、包容性增长；③民主治理、体制改革及公共部门现代化；④水、能源和粮食安全；⑤私人部门和创业引领经济增长；⑥通过增加附加值发展有竞争力的知识经济；⑦现代化交通基础设施与便利地区互联互通。

总之，巴政府期望通过一系列措施，不断提高劳动者素质，培育社会资本，提高巴基斯坦企业市场竞争力，进而改善营商环境，引进外资、扩大出口，实现包容性增长。

二 巴基斯坦目前经济发展的机遇

（一）中华民族复兴、东盟发展与世界经济中心东移

2008 年国际金融危机后，世界经济一直长期低迷，随后引发的欧债危机，使西方发达国家的经济普遍陷入不景气的泥潭。随着中国与东盟国家经济的迅速发展，世界经济格局正处在变动之中。这一方面反映了中国在世界经济中地位迅速上升，另一方面也预示着世界经济中心的东移，世界经济、贸易和投资格局也都发生了重大变化。以中国在世界经济中的比重变化最大、上升最快。同时，随着中国在世界经济、贸易、投资中的地位不断上升，世界对中国的依存度也相对上升。

（二）中巴经济走廊建设

2013 年 5 月，李克强总理出访巴基斯坦，双方签订《关于开展中巴经济走廊远景合作规划的谅解备忘录》。2013 年 7 月，巴基斯坦时任总理谢里夫首次访华，中巴双方共同发布《关于新时期深化中巴战略合作伙伴关系的共同展望》，同时成立中巴经济走廊远景规划联合合作委员会，"中巴经济走廊"的雏形初现。

2013 年 9 月和 10 月，习近平主席先后提出共建"丝绸之路经济带"和"21 世纪海上丝绸之路"的构想，构成"一带一路"重大倡议。2014 年 11 月，谢里夫再次访华，中巴两国签署《中巴经济走廊远景规划纲要》和 20 多项合作协议与备忘录，价值 420 亿美元，主要集中于能源、

经济走廊沿线工业园区建设、联合打击反恐势力等双方关注问题，并帮助巴基斯坦克服能源危机。

2015 年 4 月，习近平主席出访巴基斯坦，双方将中巴关系提升为"全天候战略合作伙伴关系"，同时，建立"1 + 4"经济合作布局，以中巴经济走廊为引领，推进瓜达尔港、能源、交通基础设施和产业合作，中国拟向巴基斯坦投资 460 亿美元。

中巴经济走廊建设为两国务实合作搭建了战略框架，是中国同周边互联互通的旗舰项目，标志着"一带一路"推进互联互通实质性启动，为中巴经济发展带来了新的机遇。

三　当前巴基斯坦经济发展所面临的挑战因素

（一）世界格局、大国博弈与地缘政治

自苏联解体后，世界"一超多强"的格局经过 2008 年国际金融危机以及欧债危机的洗礼，除中国经济增长表现依然抢眼外，呈现出"一超"趋弱，"多强"不强的局面。世界各国经济发展因各种压力，同时逆全球化的声音和行动也在阻碍经济复苏和增长。这种情况下，美国加紧利用各种手段，通过各种方式谋取单边利益，试图构建美国的制度下霸权。当前，国际形势正在发生深刻复杂变化，经济全球化遭遇逆流，单边主义、保护主义愈演愈烈，新冠肺炎疫情给包括东亚国家在内的世界各国带来严重冲击。

（二）国内政治、文化与恐怖主义

中巴经济走廊建设最大的问题是安全问题。巴基斯坦国内经济、政治、宗教等方面存在的各类问题，给中巴经济走廊建设带来极大不稳定因素。

巴基斯坦居民中近 40% 生活在贫困线下，约 50% 人口是文盲，受过教育的人中多数在由瓦哈比教派资助的伊斯兰学校里上学，毕业生往往直接成为宗教武装组织的中坚力量。巴基斯坦的极端组织按教派划分，并拥有武装。以教派为基础的组织达数百个，还有许多以"圣战"名义建立的组织，成员大多数由城市青年组成。

2019 年，抖音海外版 "Tik Tok" 在巴基斯坦的下载量近 3900 万次，是其下载量排行第三名的应用程序。但 2020 年 10 月 9 日，巴基斯坦宣布禁用 TikTok，因为 TikTok 发布的不道德及不雅内容招致大量投诉。巴基斯坦是个传统伊斯兰国家，伊斯兰教义禁止女性穿着暴露，TikTok、Tinder、SayHi 等多款国际社交应用常常会发布一些穿着暴露的女性的视频，被认为可能损害巴基斯坦国内的社会价值观。巴电信管理局称如果 TikTok 能够建立一个令当局满意的管理机制，他们将重新审视这一决定。

四　巴基斯坦经济发展战略前瞻

（一）中巴经济走廊建设的顺利推进为巴下一步发展奠定了基础

自 2013 年以来，"一带一路"倡议已从理念到现实，从谋篇布局的"大写意"到精耕细作的"工笔画"，进入高质量共建新阶段。中巴经济走廊作为"一带一路"的重要先行先试项目，建设几年来取得了一系列显著成果：

1. 政策沟通方面

2017 年 5 月和 9 月，在"一带一路"国际合作高峰论坛和中国—巴基斯坦自贸区谈判会议上，中巴双方就提高双边贸易便利化进行多次磋商。2017 年 12 月，两国正式发布《中巴经济走廊远景规划》，"一带一路"倡议对接巴基斯坦"2025 发展愿景"。

2018 年 10 月，在"一带一路"能源部长会上，包括巴基斯坦在内的 17 个国家能源部长共同发表建立"一带一路"能源合作伙伴关系宣言。

2018 年 11 月，李克强接见来访的巴基斯坦总理伊姆兰·汗，双方共同发表《加强中巴全天候战略合作伙伴关系，打造新时代更紧密中巴命运共同体》声明，签署 15 项合作协议和多个领域合作谅解备忘录，同意建立中巴外长战略对话机制和开展外交官培训交流计划。

2019 年 12 月 1 日，《中华人民共和国政府和巴基斯坦伊斯兰共和国政府关于修订〈自由贸易协定〉的议定书》正式生效。议定书规定，中巴两国间相互实施零关税产品的税目数比例将从此前的 35% 逐步增加至 75%，双方还将对占各自税目数比例 5% 的其他产品实施 20% 幅度的部分降税。这有助于进一步扩大两国间市场开放，推动中巴自贸区建设进入新阶段。

2. 设施联通方面

巴基斯坦长期面临的不仅是电力短缺问题，公路等基础设施修护、改建也迫在眉睫，在中巴经济走廊建设中，"送光明""织路网"首先开启了中巴能源和交通基础设施建设领域合作，总投资达 270 亿美元的 18 个中巴能源合作项目，总装机容量 1388 万千瓦，其中 16 个优先实施的能源项目总发电量可达 1040 万千瓦。

中巴经济走廊作为"一带一路"的重要先行先试项目，建设几年来，极大地改善了巴基斯坦基础设施。

2015 年，中建三局承包全长 1152 千米、价值 28.9 亿美元的巴高速公路。这个项目是中巴经济走廊中最大的交通基础设施项目，建成后将连通巴两个最大的经济强省。

2016 年 10 月，作为中巴友谊公路 G314 线的一部分，中巴喀喇昆仑公路奥依塔克镇—布伦口段的公路改建项目历时三年建成通车，成为世界上海拔最高的国际公路。同期，中国核工业集团 2014 年在巴基斯坦恰希玛地区启动建设的压水堆核电站第三期（C3）项目正式并网成功，在 C3 并网一个月后，时任总理谢里夫宣布将城市日均停电时间由 6 小时压缩至 3 小时，农村地区由 8 小时压缩至 4 小时，使巴基斯坦电力供应情况得到明显改善。

2016 年 11 月，瓜达尔港正式启用，首批中国货船从瓜达尔港出港。同时，在中巴走廊联合贸易商队组织下，新疆喀什的货物也横穿走廊，首次通过瓜达尔港进行大规模集装箱出口，开启了国际贸易新通道。瓜达尔港还将是中东到中国石油输送管道的起点，自此出发，中东到中国的石油运输可极大缩短里程。

2017 年 2 月，谢里夫政府私营电力和基础设施委员会（PPIB）批准了瓜达尔港 300 兆瓦燃煤项目和高压输变电项目。同年，中核工业 C4 项目建成并网；中兴能源巴哈瓦尔普尔光伏电站 300 兆瓦机组竣工，年发电量达 4.8 亿度，可满足 20 万个巴基斯坦家庭的用电需求；中巴合作项目——装机总量 132 万千瓦的卡西姆燃煤电站完成融资。

2017 年 10 月，中巴经济走廊首批示范项目巴拉合尔轨道交通橙线正式运营，该项目不仅为巴基斯坦当地居民提供了便捷安全的交通服务，也为巴培养和储备了一批技术人才。

2018 年 7 月，由中国电信牵头建设、与巴基斯坦合作完成的"中巴光缆"正式开通，该光缆全长 2950 千米，是连接中巴的首条跨境陆地光缆和"信息高速公路",为中巴、中东和中非信息通信提供了便利。

2018 年 11 月,利用陆路联通优势,中巴正式开通从拉哈尔市到新疆喀什的跨境大巴,这不仅为两国商贸往来提供便利,还可带动沿线旅游业发展。

2019 年是中巴双方共同商定的"产业合作年",双方将把特殊经济区建设列为优先对象。2019 年 4 月,中巴经济走廊国际合作协调组会议在北京召开,强调走廊建设要关注民生就业问题,通过多种途径和方式加强沟通,营造良好的投资环境。

3. 资金融通和贸易畅通方面

2015 年,国家开发银行与巴基斯坦签订金额为 35 亿美元的项目融资协议。2017 年,中金所、上交所、深交所、巴哈比银行与中巴投资公司联合收购巴证交所 40% 股份。2017 年 11 月,中国银行巴基斯坦卡拉奇分行开业,中国国家开发银行为巴胡步煤电站项目提供 15 亿美元融资。2018 年 1 月,巴国家银行批准贸易商在中巴双边贸易中使用人民币作为结算货币。2018 年 8 月,中国最大证券公司中信里昂证券收购巴阿尔拉法银行旗下证券公司 25% 的股份,大力发展"一带一路"沿线业务,为中资在巴投资项目提供服务。2018 年,中巴两国双边贸易额近 130 亿美元。2019 年 1 月,支付宝在巴基斯坦推出区块链跨境汇款项目。2019 年 11 月,深交所和巴基斯坦证券交易所签署技术输出协议,帮助建设和升级巴交所运行系统。

近年来,"丝路电商"逐渐发展成为贸易畅通新亮点。2017 年,巴基斯坦总理访华期间,参观阿里巴巴总部,签署阿里巴巴集团、蚂蚁金服集团与巴基斯坦贸易发展局合作备忘录,旨在支持阿里巴巴在巴基斯坦建设它的平台和基础设施,使巴基斯坦的制造业有机会通过阿里巴巴开拓国际市场,通过电子商务促进巴基斯坦中小企业全球化。2018 年 5 月,阿里巴巴收购巴基斯坦最大电商平台 Daraz. PK,使巴基斯坦电子商务市场迅速发展。"丝路电商"可促进"一带一路"沿线国家共同建设大数据平台,形成丝路网络,为用户提供针对性强且有效的决策服务。

4. 在民心相通方面

中巴两国有坚实的政治互信基础、友谊深厚,且一直以各种形式开展人文交流。"一带一路"建设为双方多方面深层次融合带来了新机遇,促进了中巴民心相通并在教育，文化，医疗等领域的深入合作。2015 年两国联合举办的"中巴文化交流年"，加深了巴基斯坦人民对中国的更深层次了解。2016 年 11 月在中国的巴基斯坦人成立"深耕友谊会"，分享访华感受，讲述中国人文风情，进一步传递中巴友谊。2017 年 2 月，中国红十字会成立的"丝路博爱基金"，致力于为"一带一路"沿线国家提供人道主义服务，该基金资助建设"中巴急救走廊"，在中巴经济走廊设置急救站点，以保障沿线员工安全生产。2017 年 9 月，入驻瓜达尔港的中国援巴医疗队和"中巴急救走廊"联手，不仅为当地居民提供医疗服务，还培训当地医务人员。而中国在巴基斯坦建设的 4 所孔子学院，不仅培养了大批精通汉语和汉文化的巴基斯坦学生，还为当地培养了中医，文化，旅游，商业等领域的专业人才，成为中巴"民心相通"的重要通道。"一带一路"建设的持续推进，也吸引了许多优秀的巴基斯坦学生留学中国，努力学习中文、工程、医疗、通信等领域专业，为中巴经济走廊建设储备了大量人才。2019 年 8 月，葛洲坝集团在巴基斯坦水电站举办"SK 畅想杯"演讲比赛，吸引了众多巴基斯坦学生积极参与，参赛学生围绕中巴经济走廊建设在推动巴基斯坦发展和巴学生个人发展中的重要意义展开阐述，多角度绘写了中巴经济走廊在推动巴经济发展和改善民生方面所做的贡献。

（二）巴基斯坦经济发展战略前瞻

展望未来，中巴经济走廊建设的顺利推进为巴下一步发展打下了良好基础。中巴各种产能合作不仅能帮助解决长期困扰巴基斯坦的电力短缺问题；道路、港口建设的顺利推进也为巴基斯坦经济发展带来很多便利。而巴基斯坦各类经济园区与特区的建设，不仅给巴基斯坦带来了大量就业，为巴基斯坦省际间平衡发展提供了可能，还极大地拓展了巴基斯坦的经贸市场空间等，这些都将为巴基斯坦经济的未来发展注入新的动力与活力。

同时，东盟近期经济的快速发展与融合与近期 RCEP 的签署，表明多边主义终将战胜单边主义。这为巴基斯坦融入周边，取得进一步快速发展提供了很好的条件。

第二章　重要城市及其区域影响力

巴基斯坦原为英属印度一部分，1858 年随印度沦为英国殖民地，1947 年 8 月 14 日宣告独立，成为英联邦的自治领，首都是南部的港口城市卡拉奇。1956 年 3 月 23 日，巴基斯坦伊斯兰共和国成立。1959 年 2 月，政府几经考虑之后，迁都至伊斯兰堡。1971 年孟加拉人民共和国从巴基斯坦独立。

根据 2017 年普查，巴基斯坦人口数为 2.08 亿，是世界第六人口大国；95% 以上的居民信奉伊斯兰教（国教），是仅次于印度尼西亚的世界第二多人口的伊斯兰教国家，剩余少数居民信奉基督宗教、印度教和锡克教等。

第一节　城市化发展历史与趋势

本节主要考察巴基斯坦的城市化水平和城市化速度，通过对其自 1950 年以来的历史数据以及至 2050 年的预测数据进行纵向考察，并与南亚、亚洲和全球水平进行横向分析，综合概览巴的城市化发展历史与趋势。

一　城市化水平较低

自 1950 年以来，巴基斯坦的城市化率不断稳健上升，由 1950 年的 17.5% 上升至 2018 年的 36.7%，根据联合国预测数据，预计至 2050 年，巴基斯坦的城市化率将达到 52% 左右（见图 Ⅱ - 2 - 1）。

将 1950 年以来巴基斯坦、南亚和亚洲的城市化率进行比较，可以发现，1985 年以前，巴基斯坦的城市化率显著高于南亚平均水平，略高于亚洲平均水平；1985 年至今，亚洲的城市化率提升迅速而稳定，相比之下，巴基斯坦和南亚的城市化率提升则趋于放缓；截至 2018 年，巴基斯坦的城市化率和南亚平均水平相当，为 37 个百分点左右，而亚洲平均水平则已经达到 50%；根据联合国预测数据，预计 2050 年，巴基斯坦的城市化率将迅速大幅提升至 50 个百分点以上，而南亚平均城市化率将超过巴基斯坦达到约 54%，亚洲平均水平则将高达 66 个百分点。

　　总体而言，2018 年，亚洲的城市化率在全球均处于中低水平，而巴基斯坦和南亚的城市化率则处于较低水平。

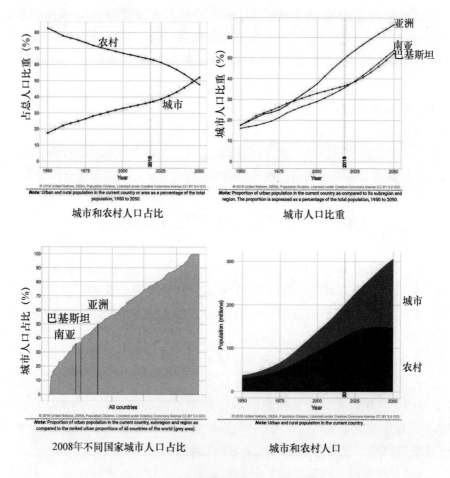

城市和农村人口占比　　　　　城市人口比重

2008年不同国家城市人口占比　　　城市和农村人口

图 Ⅱ - 2 - 1　巴基斯坦城市化的发展与比较

资料来源：United Nations（2018），https：//population. un. org/wup/Country - Profiles/。

二　城市化速度趋缓

自 1950 年以来，巴基斯坦城市化水平的年均变化率在轻微波动中不断趋缓。由 1950—1955 年的年均增速近 2.4% 骤然下跌至 1960—1965 年的 1.2%；1975—1980 年的年均增速一度回升至近 1.3%；然而随后又以更快的降速下降至 2015 年前后的年均增速 0.6%〔图Ⅱ-2-3，United Nations（2018），https：//population.un.org/wup/Download/〕。根据联合国预测数据，预计 21 世纪 20 年代开始，巴基斯坦城市化水平的年均变化率将稳健回升至 20 世纪中期水平，21 世纪中期达到 1.3% 左右。

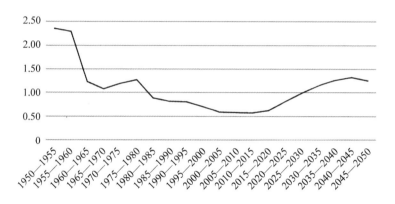

图Ⅱ-2-2　1950—2050 年巴基斯坦城市化水平的年均变化率（%）

资料来源：根据 United Nations（2018）绘制，https：//population.un.org/wup/Download/。

考察巴基斯坦、南亚和亚洲城市化水平的年均变化率在世界的水平，可以发现，巴基斯坦在全世界所有国家和地区中，处于中下水平，南亚平均水平与之相差不大，亚洲平均水平则显著超过前述二者，在世界处于中等水平。

第二节　城市体系与重点城市规模的变化与趋势

本节首先通过分析巴基斯坦的城市规模结构变化和行政区划体系现状厘清巴的城市体系发展情况，随后梳理了巴各省份的城市化进程。

一 城市体系发展

（一）城市规模结构变化

20 世纪 90 年代，巴基斯坦仅拥有一个常住人口规模大于 500 万的特大城市①，3 个常住人口规模介于 100 万至 500 万的大城市，4 个常住人口规模介于 50 万至 100 万的中等城市，以及 4 个常住人口规模介于 30 万至 50 万的小城市，整体而言，城市规模较小。

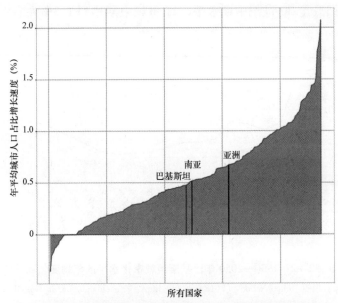

© 2018 United Nations, DESA, Population Division. Licensed under Creative Commons license CC BY 3.0 IGO.

Note: Average annual rate of change of the percentage urban of the current country, subregion and region between 1950 and 2018, as compared to the average annual rates of change of the percentage urban of all countries of the world (grey area). The figure illustrates that urban growth rates between 1950 and 2018 were positive in almost all countries of the world.

图 II - 2 - 3　巴基斯坦城市化速度的发展与比较

资料来源：United Nations（2018），https：//population. un. org/wup/Country - Profiles/。

---

① 本章的城市等级以城区常住人口数量作为分类依据：人口 50 万以下的城市为小城市；人口 50 万以上 100 万以下的城市为中等城市；人口 100 万以上 500 万以下的城市为大城市；人口 500 万以上 1000 万以下的城市为特大城市；人口 1000 万以上的城市为超大城市。

截至 2018 年，仅仅经过了不到 30 年时间的发展，巴基斯坦已经成为拥有 2 个常住人口规模千万以上的超大城市，8 个常住人口规模百万以上的大城市，5 个常住人口规模介于 50 万至 100 万的中等城市，以及 10 个常住人口规模介于 30 万至 50 万的城市，整体而言，城市规模较大。

根据联合国预测数据，预计到 2030 年，巴基斯坦的城市规模体系将进一步扩张：常住人口规模千万以上的超大城市数量维持不变；常住人口规模百万以上的大城市数量将增加 1 个；常住人口规模介于 50 万至 100 万的中等城市数量将大幅增加，且均是由常住人口规模介于 30 万至 50 万的小城市发展而来；与之相伴的，是常住人口规模介于 30 万至 50 万的小城市数量相应减少（图Ⅱ-2-4）。

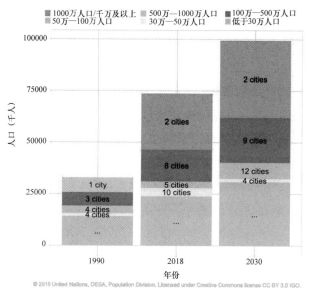

Note: Urban population by size class of urban settlement and number of cities, 1990, 2018 and 2030. The grey area is a residual category that includes all urban settlements with a population of less than 300,000 inhabitants.

图Ⅱ-2-4　巴基斯坦城市规模变化比较

资料来源：United Nations（2018），https：//population. un. org/wup/Country – Profiles/。

（二）行政区划体系

根据巴基斯坦的行政区划，全国共有旁遮普、开伯尔－普什图、俾路支、信德 4 个省，伊斯兰堡首都特区①，以及克什米尔地区；各省下设专区、县、乡、村联会。

表 II - 2 - 1　　　　　　　巴基斯坦行政区划

编号	行政区	名称	首府	面积（km²）
1	省份	俾路支省	奎达	347190
2		开伯尔 - 普什图省②	白沙瓦	128961
3		旁遮普省	拉合尔	205344
4		信德省	卡拉奇	140914
5	地区	伊斯兰堡首都区	伊斯兰堡	906
6	克什米尔	阿扎德克什米尔	穆扎法拉巴德	13297
7		吉尔吉特 - 巴尔蒂斯坦	吉尔吉特	72496

资料来源：维基百科，https：//zh. wikipedia. org/wiki/巴基斯坦#行政区划。

二　各省份城市化进程

巴基斯坦首都是伊斯兰堡，卡拉奇是其最大城市和商业中心，其他主要经济中心城市包括拉合尔、费萨拉巴德、木尔坦等。

根据巴基斯坦国家统计局 2017 年公布的第六次全国人口普查初步报告显示，巴基斯坦总人口已超 2 亿，相比 1998 年第五次人口普查增长 57%，年均人口增长率为 2.4%。报告显示，巴基斯坦总人口约为 2.08 亿，其中农村人口约为 1.32 亿，城镇人口约为 0.76 亿，分别约占全国总人口的 64% 和 36%。在全国各省、地区中，旁遮普省人口达 1.1 亿，约占全国总人口的 53%，为人口第一大省。信德省、开伯尔 - 普什图省与

---

① 巴基斯坦实际控制的克什米尔的西北部一部分，划分为联邦管辖的北部地区、阿扎德克什米尔。这两个地区的人民持巴基斯坦护照，享有对该地政府的选举权，不享有对中央政府的选举权。克什米尔地区的中部和南部土地肥沃，面积最大的查谟—克什米尔邦由印度控制。此外，1963 年根据边境协定巴基斯坦将一部分巴控克什米尔（喀喇昆仑走廊）划给中华人民共和国。

② 2018 年 5 月 24 日，巴基斯坦民议会通过一项宪法修正案，决定将联邦直辖部落地区（Federally Administrated Tribal Areas）并入开伯尔 - 普什图省。随后，巴基斯坦参议院和开伯尔 - 普什图省议会也相继通过了这一法案。

俾路支省人口分别约为 0.48 亿、0.31 亿和 0.12 亿。此外，联邦直辖部落区人口约 500 万，首都伊斯兰堡人口约 200 万。在巴基斯坦华人华侨近 8000 人，主要集中在经济较为发达的旁遮普省和信德省。

表Ⅱ-2-2　　　　　　　　巴基斯坦分行政区人口规模

序号	行政区	1998 年人口数（万）	2017 年人口数（万）	1981—1998 年均增长率（%）	1998—2017 年均增长率（%）
1	俾路支省	657	1234	2.4	3.37
2	开伯尔-普什图省①	1774	3052	2.8	2.89
3	旁遮普省	7362	11001	2.6	2.13
4	信德省	3044	4788	2.7	2.41
5	伊斯兰堡首都区	81	200	5.2	4.91
6	联邦直辖部落地区	318	500	2.1	2.41
	巴基斯坦（Pakistan）	13235	20777	2.6	2.40

资料来源：Pakistan Bureau of Statistics，http：//www.pbs.gov.pk/。

　　就全国而言，巴基斯坦的城市化水平较低且进展缓慢。20 世纪 80 年代初仅为 28 个百分点，到 20 世纪末也仅为 33 个百分点不到，2017 年数据显示该值为 36.38%。也就是说，1981 年至 2017 年 36 年间，巴基斯坦的城市化率仅增加了 8 个百分点。

　　分省份和地区而言，早在 1981 年，伊斯兰堡首都区的城市化率最高，达到 60 个百分点；1998 年，该数值进一步提升至 66 个百分点；然而 2017 年最新调查数据显示，该数值大幅下降至不足 51 个百分点，落后于信德省。信德省的城市化率在 2017 年达到 52 个百分点，位居巴基斯坦各省份及地区第一，此前增长一直较为稳定，1981 年为 43 个百分点，1998 年为 49 个百分点。旁遮普省和开伯尔-普什图省的城市化率也不断稳健提升，分别由 1981 年的 28%、15% 到 1998 年的 31%、15%，再到 2017 年的 37%、19%。俾路支省的城市化起点较低，但速度最快，1981 年尚且不足 16 个百

---

　　①　由于 2018 年联邦直辖部落地区（FATA）才并入开伯尔-普什图省，故此处 2017 年人口普查数据两个地区分开统计。

分点，与开伯尔－普什图省相当；到 1998 年则显著提升 8 个百分点至 24%；2017 年进一步增加至近 28 个百分点，显著超过开伯尔－普什图省。联邦直辖部落地区的城市化几乎停滞，2017 年尚且不足 3 个百分点。

表Ⅱ-2-3　　　　巴基斯坦分行政区城市化率

序号	行政区	人口数（万）			城市化率（%）		
		1981	1998	2017	1981	1998	2017
1	俾路支省	433	657	1234	15.62	23.89	27.55
2	开伯尔－普什图省	1106	1774	3052	15.06	16.87	18.77
3	旁遮普省	4729	7362	11001	27.60	31.27	36.71
4	信德省	1903	3044	4788	43.32	48.75	52.02
5	伊斯兰堡首都区	34	81	200	60.06	65.72	50.58
6	联邦直辖部落地区	220	318	500	—	2.68	2.84
	巴基斯坦（Pakistan）	8425	13235	20777	28.30	32.52	36.38

资料来源：Pakistan Bureau of Statistics, http：//www.pbs.gov.pk/。

三　重点城市人口规模

移民和城市化对于经济和国家发展具有至关重要的作用。巴基斯坦 2017 年人口普查数据显示，1998—2017 年，十个主要城市人口数量增加了近 75 个百分点，而全国的人口增量为 57 个百分点，意味着人口增加主要发生在重点城市中。

就巴基斯坦全国而言，2017 年拥有拉合尔和卡拉奇两个人口数量超过千万的超大城市；城市规模位列第三的城市费萨拉巴德则仅拥有 320 万人口，为一个大城市；也即意味着巴基斯坦没有人口数介于 500 万至 1000 万的特大城市，全国的城市规模结构差异巨大，一定程度上出现了断层现象。

分省份而言，旁遮普省拥有的重点城市数量最多，百万人口以上的大城市数量有 5 个（拉合尔、费萨拉巴德、拉瓦尔品第、古吉兰瓦拉和木尔坦），占据了巴基斯坦十个大城市总量的一半；信德省有两个重点城市（卡拉奇和海得拉巴）；俾路支省仅拥有奎达一个大城市；开伯尔－普什图省也仅拥有一个大城市白沙瓦；伊斯兰堡首都区唯一的重点城市则为其中心城市伊斯兰堡。

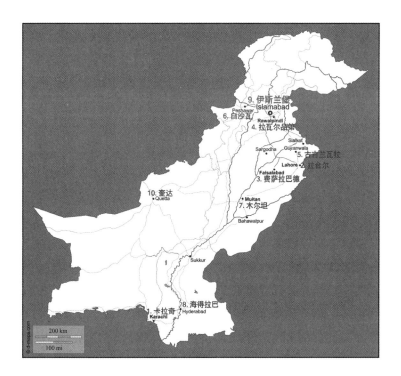

图 II - 2 - 5　巴基斯坦重点城市分布

资料来源：基于 https：//d - maps. com/m/asia/pakistan/pakistan/pakistan63. pdf、https：//d - maps. com/m/asia/pakistan/pakistan/pakistan65. pdf 绘制。

1947 年，巴基斯坦独立以来，卡拉奇作为前首都以及信德省首府，一直是全国最大的城市，1998 年人口统计数据显示，卡拉奇人口规模接近千万，2017 年人口统计数据显示，卡拉奇人口规模接近 1500 万。卡拉奇所在的信德省，还有一个重点城市海得拉巴，2017 年人口数量为 173 万。

旁遮普省首府拉合尔，是巴基斯坦的第二大城市，自 20 世纪末以来，人口增速高居全国前列，截至 2017 年人口数量已经超过千万（1112 万）。旁遮普省的另外四个大城市，人口规模也相当可观，费萨拉巴德为 320 万，拉瓦尔品第为 209 万，古吉兰瓦拉为 202 万，木尔坦为 187 万。[1]

俾路支省是巴基斯坦占地面积最大的省份，而由于山区地形和水资源

---

[1]　此部分所有数据均为数据的描述性分析，资料来源均列于表下资料来源处：Population Census 2017（Pakistan Bureau of Statistics），http：//www. pbs. gov. pk/。

的匮乏，人口密度非常低。目前仅拥有奎达一个大城市，2017 年人口刚刚突破一百万。俾路支省境内没有主要河流的支干经过，唯一的大城市奎达位于省内各主要道路的交汇口。

开伯尔－普什图省也仅拥有一个大城市白沙瓦，2017 年人口数量将近两百万，相较于 1998 年增长了近一倍。白沙瓦邻近阿富汗边境，附近的开伯尔山口是来往巴基斯坦及阿富汗的唯一要塞。与巴基斯坦西北部的大部分地区一样，白沙瓦时常受到巴基斯坦塔利班运动袭击，如 2013 年白沙瓦教堂爆炸以及 2014 年白沙瓦学校袭击事件。白沙瓦在 2010 年遭受了 111 次恐怖袭击，2014 年下降为 18 次。

伊斯兰堡作为巴基斯坦首都以及伊斯兰堡首都区首府，2017 年人口数刚刚突破百万关口，相较于 1998 年增长了近一倍。

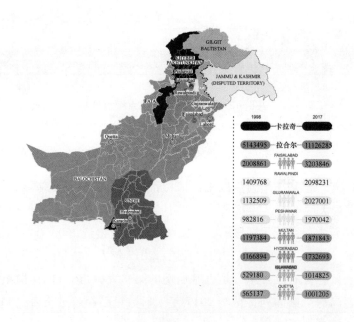

图 Ⅱ－2－6　巴基斯坦重点城市人口规模

资料来源：THE STATE OF PAKISTANI CITIES 2018，https：//unhabitat. org/state－of－pakistan－cities－report－2018。

表Ⅱ-2-4　　　　　　巴基斯坦重点城市人口规模

序号	重点城市	所属省份	1998年人口数（万）	2017年人口数（万）
1	卡拉奇	信德省	933	1491
2	拉合尔	旁遮普省	514	1112
3	费萨拉巴德	旁遮普省	200	320
4	拉瓦尔品第	旁遮普省	140	209
5	古吉兰瓦拉	旁遮普省	113	202
6	白沙瓦	开伯尔-普什图省	98	197
7	木尔坦	旁遮普省	119	187
8	海得拉巴	信德省	116	173
9	伊斯兰堡	伊斯兰堡首都区	52	101
10	奎达	俾路支省	56	100
总计			2341	4092
巴基斯坦			13235	20777

资料来源：Population Census 2017（Pakistan Bureau of Statistics），http：//www.pbs.gov.pk/。

第三节　伊斯兰堡的经济发展与区域影响

伊斯兰堡作为巴基斯坦首都及政治中心，对国家安全生产具有重要意义。本节分析了伊斯兰堡的城市概况、经济总量发展情况、经济结构发展情况、企业发展与重点企业发展现状、发展战略与区域影响五个方面，综合勾勒出城市的发展特点。

一　城市概况

伊斯兰堡（乌尔都语转写：Islāmābād）是巴基斯坦伊斯兰共和国首都，全国的政治中心，位于该国的伊斯兰堡首都区。地理位置位于巴基斯坦东北部海拔540米的山麓平原上，北靠马尔加拉山，东临拉瓦尔湖，南距拉瓦尔品第11千米，整个市区面积909平方千米，靠近印巴停火线。2017年人口数量为101万人。目前，伊斯兰堡是一个有秩序的国际城市，被认为是巴基斯坦最发达的城市，还是被列为Gamma+级的全球城市（GaWC，2020）。

伊斯兰堡是巴基斯坦于 1959 年决定建立的新首都，1960 年开始兴建，1965 年把首都从南部沿海的卡拉奇临时迁至拉瓦尔品第，1967 年正式迁都至伊斯兰堡，1970 年基本建成。

考察伊斯兰堡的地图（图Ⅱ-2-7）可以发现，伊斯兰堡市区内交通干线垂直相交，把整个市区整齐地划为大小相等的几十个区：有行政区、特别建筑区、中央商业区、住宅区、工业区、大专院校区和外国使馆区等。市区里多数是低层楼房建筑。而白色的总统府大楼群、议会大厦和政府机关的办公大楼，几个高层建筑显得异常突出。具有民族特色的巴基斯坦最大的清真寺之一——"费萨尔"清真寺也位于市区。具体而言，E7，F6，F7，G6，G7 为最早建立的部门；F8，F10，F11，G10，G11，I8 是新兴投资部门；E8，E9 被军用建筑群越界占据；G7，G8，G9 是城市的心脏地带，许多本地居民会前往购物和饮食；H 和 I 部门是住宅、学术和工业混合用地；E11，E12，D12，G13 正在建造中。F6 和 F7 最为安全，是居民的主要活动区。考虑到该地区的历史，不建议前往 G6 清真寺和附近地区。

伊斯兰堡位于拉瓦尔品第旁边，拉瓦尔品第是陆军总部所在地，二者往往被称为"双子城"，却风格迥异：伊斯兰堡绿色、宁静而宽敞，拉瓦尔品第则拥挤而喧闹。伊斯兰堡如今仍在建设之中，市区正在逐渐扩展，按照总体规划，大首都区总面积达 1165.5 平方千米，将与古城拉瓦尔品第连成一体。

多数时候，伊斯兰堡都是安全而宁静的。严格的安保体系使得自 2010 年以来，这座城市便一直保持平静，几乎没有爆炸、枪击和绑架事件。2014 年 3 月 3 日，恐怖分子在 F8 袭击了一个法院；2014 年 4 月 9 日，郊区水果市场发生爆炸。然而，相比于白沙瓦等巴基斯坦其他城市，伊斯兰堡显然更安全。

警察在城市入口处和通往敏感建筑的道路上设立了许多检查站，一般都能正常通过，部分道路需要检查汽车后备厢。游客需要随身携带国民身份证、护照或驾驶执照等身份证件；如果身上携带有酒精①，则需要出示

---

① 严格禁酒是伊斯兰教徒的一个信条。无论民间红白喜事，还是官方国宴，一律不准喝酒。私自酿酒者要受到更严厉的惩罚。在外交场合，巴基斯坦外交官并不对别人喝酒提出异议，不过在干杯时他们总是以果汁、汽水或清水代之。在巴基斯坦看不到"酒鬼"横卧街头和酗酒行凶的现象。

有关证件（例如外国护照），否则警察会试图收受贿赂。

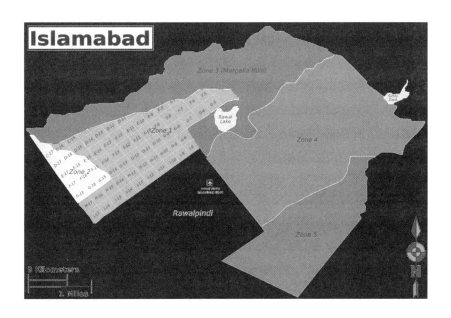

图Ⅱ－2－7　伊斯兰堡

资料来源：Wikitravel，https：//upload. wikimedia. org/wikipedia/commons/1/1c/Islamabad_ map. png。

在伊斯兰堡有16所被承认的大学，包括伊斯兰堡空军大学（AU）、巴基斯坦真纳大学（QAU）以及巴基斯坦国立科技大学（NUST）等，其中阿拉玛·伊克巴尔开放大学（AIOU）按校友人数排名是世界第四大学校。

二　经济总量发展

根据世界银行数据，巴基斯坦的 GDP 和人均 GDP 自 20 世纪中期以来均在小幅波动中不断提升。其中，第一次石油战争（1973 年 10 月爆发）期间，巴基斯坦的经济状况受到了较大冲击，但随后的 1974 年开始，经济又补偿式大幅回升；1974—2000 年间，巴基斯坦的经济在政局波动中缓渐发展；2000 年，巴基斯坦经济大幅提升，全国 GDP 及人均 GDP 增量均达到近 30 个百分点，打开了国家经济迅速发展的序章；截至 2018 年，巴基斯坦 GDP 达到 3145. 7 美元，人均 GDP 为 1482 美元，均达历史最高（Ⅱ－2－

8），http：//datatopics. worldbank. org/world – development – indicators/。

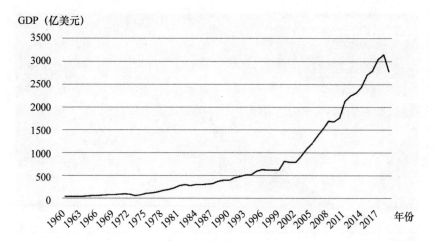

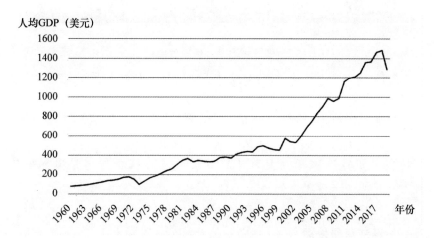

图Ⅱ – 2 – 8　巴基斯坦 GDP（上）和人均 GDP（下）

资料来源：World Bank（2018），http：//datatopics. worldbank. org/world – development – indica-tors/。

根据巴基斯坦统计局2017 年人口普查数据，伊斯兰堡首都区拥有100 万人口，都会区人口规模超过 200 万〔Pakistan Bureau of Statistics（2020），www. pbs. gov. pk〕；拥有最大的服务业经济体，服务业从业人员数量占总就业人口的 87%。伊斯兰堡还是联邦税收（直接和间接税收）的第二大贡献者，总贡献率为 16.1%，直接税和间接税在总收入中所占的比例分别为 51% 和 49%。人均收入为 70000 巴基斯坦卢比，在所有主要城市中排名第二。就业率为 35%，在全国居于中等水平。服务业占据了城市就业的主导地位，高达 87 个百分点；但工业部门雇用了总劳动力的 13%，表明伊斯兰堡的工业基础薄弱。伊斯兰堡的主要产业包括食品和饮料，非金属矿产，基础金属和电机等。在"营商环境"指数中排名第四。

表 Ⅱ - 2 - 5   巴基斯坦重点城市人口规模

序号	重点城市	占联邦税收比重（%）	人均收入（PKR①）	重点产业	城市就业率（%）	贫困率（%）	主要就业部门	营商环境排名
1	卡拉奇	55.0	56000	焦炭和石油，化工产品，纺织品，运输，食品和饮料等	36.8	4.5	服务业：64% 工业：36%	9
2	拉合尔	15.1	60000	食品和饮料，纺织，纸制品，橡胶和塑料制品等	36.0	4.3	服务业：66% 工业：33% 农业：1%	3
3	费萨拉巴德	1.0	56000	纺织，食品和饮料，服装	36.9	19.4	服务业：51% 工业：49%	1
4	拉瓦尔品第	2.0	82000	石油，化工产品，食品和饮料，纺织品	33.4	7.5	服务业：84% 工业：15% 农业：1%	10
5	古吉兰瓦拉	0.5	43000	食品和饮料，基本金属，纺织品	33.5	14.0	服务业：51% 工业：49% 农业：1%	6

① PKR：巴基斯坦卢布，1 巴基斯坦卢比约合 0.0062 美元。

续表

序号	重点城市	占联邦税收比重（%）	人均收入（PKR）	重点产业	城市就业率（%）	贫困率（%）	主要就业部门	营商环境排名
6	白沙瓦	2.0	67000	食品和饮料，化学产品，电机和运输设备，家具	29.6	31.5	服务业：86% 工业：14%	8
7	木尔坦	2.9	44000	纺织品，食品和饮料，化学产品，皮革制品	39.1	35.7	服务业：67% 工业：32% 农业：1%	2
8	海得拉巴	0.9	55000	纺织，食品和饮料，化学产品，机械和运输设备	38.4	25.7	服务业：64% 工业：35% 农业：1%	13
9	伊斯兰堡	16.1	70000	食品和饮料，非金属矿产，基础金属	35.0	3.1	服务业：87% 工业：13%	4
10	奎达	0.9	37000	焦炭和石油，化工产品，运输设备，食品和饮料	31.5	46.3	服务业：74% 工业：22% 农业：4%	12

资料来源：THE STATE OF PAKISTANI CITIES 2018，https：//unhabitat. org/state – of – pakistan – cities – report – 2018。

三　经济结构发展

按照巴基斯坦政府的规定，凡是产生污染、影响居民生活的工厂、企业都不能在首都内建立。在建设伊斯兰堡的过程中，巴基斯坦政府还广种树木，现在已植树近千万棵。公路两旁、庭院内外、市区街道到处是树木、草坪、喷水池。从马尔格拉山俯视整个伊斯兰堡市区，仿佛是在欣赏一座大公园。

伊斯兰堡的工业区位于住宅区的西南侧，主要是食品、纺织、印刷、家具、手工艺品等轻工业，年产值有限，同印度新德里比起来，差距自然不小。目前，伊斯兰堡都会区人口在200万左右［Pakistan Bureau of Statistics（2020）］，按照总体规划，未来它将与古城拉瓦尔品第连成一体形成大首都区，届时总人口将超过500万。

根据巴基斯坦 data4pakistan 网站公布资料，自 21 世纪初以来，伊斯兰堡的就业结构发生了较大的变化。早在 2004 年，伊斯兰堡的服务业从业人员占比超过 90 个百分点，制造业相关占比不足 9 个百分点，农业占比仅为0.51%；然而到了 2014 年，上述三项比重大幅调整至 77∶13∶10，意味着服务业从业人员大幅向农业及制造业转移，尤其是农业部门，显著增加了10 个点。分性别分析，可以发现，2004—2014 年，女性的就业结构发生了巨大调整，从事农业的人数比例从 0 增加至 2014 年的将近 30 个百分点，服务业相关比例则从 97.82% 跌落至 66.38%，制造业部门就业比重则由2004 年的 2.18% 增加一倍至 2014 年的 4.55%；男性的就业结构变化相对较小，农业就业比例由不足一个百分点增至 2014 年的 5.60%，服务业相关比例由 89.00% 降至 79.74%，制造业则由 10.39% 上升至 14.60%。

表Ⅱ-2-6 　　　　　2004 年和 2014 年伊斯兰堡就业结构

行业	就业占比（%）		男性就业占比（%）		女性就业占比（%）	
	2004	2014	2004	2014	2004	2014
农业	0.51	10.33	0.62	5.60	0	29.17
制造业	8.96	12.58	10.39	14.60	2.18	4.55
服务业	90.53	77.08	89.00	79.74	97.82	66.38

资料来源：data4pakistan，http：//www.data4pakistan.com/map.html。

四　行业发展与重点企业

制造业是巴基斯坦经济支柱，2018/2019 财年对该国 GDP 的贡献率为19.74%，较 2018/2019 财年增长 1.4%，但低于 7.6% 的年度预期。其中大规模制造业同比下降 2.1%，中小企业发展较快，增速达到 8.2%。在制造业中，轻纺工业占据较大比例，机械、电子制造业则发展不足［商务部国际贸易经济合作研究院等，《对外投资合作国别（地区）指南·巴基斯坦（2020年版）》，http：//www.mofcom.gov.cn/dl/gbdqzn/upload/bajisitan.pdf］。

1. 纺织业

纺织业是巴基斯坦制造业中最为重要的行业，有着完整的产业链条，从原棉、轧棉、纺纱、布料、印染直到成衣制造。巴全国共有 423 家纺织企业，提供了 40% 的劳动力就业岗位，信贷规模占全国银行的 40%，贡献了近 1/4 的工业增加值，根据巴基斯坦经济调查（Paksitan Economic Survey 2018 – 2019），2018/2019 财年巴基斯坦纺织业出口额达到 99.91 亿美元，占全国总出口总额的 58.51%。

2. 皮革业

共有 720 家企业，其中规模较大的有 3050 家，著名企业有哈菲斯·萨菲（Hafeez Shafi）制革有限公司（位于拉合尔）等。2018/2019 财年，巴基斯坦皮革业出口 3.58 亿美元，约占巴出口总额的 2.1%。

3. 水泥业

较大型企业有 31 家，重点企业有：Bestway 水泥公司（Bestway Cement）（位于伊斯兰堡）、幸运水泥公司（Lucky Cement Ltd.）（位于卡拉奇）、福吉水泥公司（Fauji Cement Company Ltd.）（位于拉瓦尔品第）等。根据全巴水泥生厂商协会（All Pakistani Cement Manufacture Association）的统计，2018/2019 财年，巴基斯坦水泥总体产能 3992 万吨，出口 2.21 亿美元，出口额较上年增长 32.81%。

4. 制糖业

较大企业有 81 家，著名企业有：德旺制糖公司（Dewan Sugar Mills Ltd.）（位于卡拉奇）、弗兰制糖公司（Faran Sugar Mills Ltd.）（位于卡拉奇）等。2018—2019 财年糖产量约 5500 由于国内需求大，2009/2010 财年和 2010/2011 财年无出口，2012/2013 财年出口额约为 4.31 亿美元、2017/2018 财年出口额约为 1.15 亿美元。

5. 化肥业

较大企业有 13 家，著名企业有：安格鲁化学公司（Engro Chemical Ltd.）（位于卡拉奇）、FFC 约旦化肥公司（FCC Jordan Fertilizer Company Ltd.）（位于拉瓦尔品第）等。由于国内农业化肥需求大，巴化肥产量大部分在国内销售。

6. 拆船业

近年来，拆船业在巴基斯坦发展迅速，根据联合国贸发组织（UNCTAD）近期发布的"2019 全球海运报告"，孟加拉国、印度和巴基斯坦是世界三大拆船国，巴基斯坦的全球油轮拆除份额约为 22%，全年拆船量约为 421.5 万吨。

　　总体而言，伊斯兰堡作为巴基斯坦首都，更多地承担着政治中心的职能，加之地理面积受限等因素，制造业相关的重点企业数量较少。

　　根据中华人民共和国驻巴基斯坦伊斯兰共和国大使馆经济商务处数据，目前已有数十家中资企业入驻伊斯兰堡，如中国移动巴基斯坦公司、中巴联合投资公司、华为技术巴基斯坦公司、中兴电信巴基斯坦公司、中原对外工程公司、中国水利电力对外公司、中国建筑工程有限公司、中国建材工业对外经济技术合作公司、新疆北新建设工程集团公司、中国路桥工程有限责任公司、中国机械对外经济技术合作公司、中油工程建设（集团）公司、中油东方地球物理（巴基斯坦）公司、中油测井公司和四川石油管理局等。可以发现，入驻企业大都是为巴国首都提供基础设施建设方面的支持，还有为部分金融机构提供相关支持。

表Ⅱ-2-7　　　　　　　　驻伊斯兰堡主要中资企业名录

序号	企业
1	中国移动巴基斯坦公司
2	中巴联合投资公司
3	华为技术巴基斯坦公司
4	中兴电信巴基斯坦公司
5	中原对外工程公司
6	中国水利电力对外公司
7	中国建筑工程有限公司
8	中国建材工业对外经济技术合作公司
9	新疆北新建设工程集团公司
10	中国路桥工程有限责任公司
11	中国机械对外经济技术合作公司
12	中油工程建设（集团）公司
13	中油东方地球物理（巴基斯坦）公司
14	中油测井公司
15	四川石油管理局
16	振华石油控股有限公司

续表

序号	企业
17	南方航空公司
18	华信邮电咨询设计研究院有限公司
19	北方工业公司
20	中国航空技术进出口公司
21	新疆道路桥梁工程总公司
22	上海神开石油科技有限公司办事处
23	河南送变电建设公司
24	上海建工集团
25	中国通信服务巴基斯坦公司

资料来源：中华人民共和国驻巴基斯坦伊斯兰共和国大使馆经济商务处，http：//
pk. mofcom. gov. cn/article/catalog/201005/20100506915665. shtml。

五　发展战略与区域影响

中国与巴基斯坦是关系密切的友好邻邦。早在穆沙拉夫执政时期，中巴双方就有建设经济走廊的设想。早在 2013 年 5 月，中华人民共和国国务院总理李克强在访问巴基斯坦时，首次提出中巴经济走廊（CPEC，China‐Pakistan Economic Corridor）项目，旨在建设连接中国新疆维吾尔自治区与巴基斯坦瓜达尔港的高速公路、铁路运输，以及石油和天然气的管道。同年 8 月 27 日，中巴经济走廊秘书处在巴基斯坦首都伊斯兰堡设立。2014 年 2 月，巴基斯坦总统侯赛因在对中国的国事访问中讨论了相关议题。两个月后，巴基斯坦总理谢里夫同中国国务院总理李克强会面讨论了项目的计划。2014 年 11 月 8 日，在中国国务院总理李克强与巴基斯坦总理谢里夫的共同见证下，中国国家发展改革委副主任、国家能源局局长吴新雄与巴基斯坦水电部常秘穆罕默德·尤尼斯·达加签署了《中巴经济走廊能源项目合作的协议》。

2015 年 4 月，中华人民共和国主席习近平访问巴基斯坦，访问期间，两国签署了 51 项合作协议和备忘录，其中超过 30 项涉及中巴经济走廊。

中巴经济走廊是"一带一路"倡议的旗舰项目，也是最积极执行的项目，巴基斯坦和中国已在当地成功启动了22个项目，耗资超过285亿美元。中国和巴基斯坦都投入了大量劳动力参与基础设施建设，并在推进ML-1、东湾高速公路（Eastbay Expressway）和瓜达尔机场等新项目，以及跨界光纤项目（昆杰拉布—拉瓦尔品第）。

经济特区（SEZs，Special Economic Zones）的发展是CPEC的主要成果之一。作为经济增长的动力，SEZs将CPEC的成果带到了欠发达的巴基斯坦地区，目的是将贸易走廊转变为经济走廊。早期项目的成功试验，使得通过加强产业合作为CPEC产生积极的社会经济影响奠定了基础，这将有助于建立高效和竞争性的产业集群，以吸引投资并使出口多样化。

中国的中小型企业和初创企业非常有能力并且非常热衷于在巴基斯坦投资，巴基斯坦企业界也渴望充分利用这一机会带来的利益。在工程、汽车工业、信息技术、化工、建筑材料、纺织品、农业产业、渔业、大理石、中小企业，特别是家庭手工业领域，中巴合作潜力巨大。

CPEC目前已经确定了9个开发SEZs的场所，巴基斯坦方面已经准备了可行性和可实施的文件，以借鉴中国的发展模式，根据最新趋势发展这些经济特区。

巴基斯坦政府已经宣布了一项全面的，对商业有利的激励措施，旨在扩大投资者与中国和其他国家的关系，以促进该行业和就业。加强和形成新的产业集群，促进商品和服务出口。正在通过建设基础设施或搬迁工业来集中努力使这些工业区扩展。该部门鼓励合资企业为巴基斯坦，中国和其他外国商人建立双赢的平台。据估计，该部门将为当地人口创造多达80万个就业机会。总体而言，产业合作将支持：①改善经商的便利性；②技能开发，技术转让和产业基地扩张；③促进外国直接投资（FDI）；④开发经济特区；⑤联合营销和品牌推广；⑥制订和完善相关产业发展计划；⑦中国政府鼓励中国公司在本地采购更多原材料和服务。

位于伊斯兰堡，直属机构为联邦政府的伊斯兰堡首都模范工业区，正是中巴经济走廊提议的经济特区之一。

表Ⅱ-2-8 中巴经济走廊提议的经济特区

序号	经济特区	省份/地区
1	拉沙凯经济区，诺沙拉	开伯尔-普什图省
2	中国经济特区，达比吉	信德省
3	博斯坦工业区	俾路支省
4	阿拉玛·伊克巴尔工业城，费萨拉巴德	旁遮普省
5	伊斯兰堡首都模范工业区	联邦政府
6	巴基斯坦钢铁厂工业园区（卡西姆港，卡拉奇附近）	联邦政府
7	米尔布尔经济特区	阿扎德克什米尔
8	莫赫曼德大理石城	联邦直辖部落地区
9	Moqpondass 经济特区	吉尔吉特-巴尔的斯坦

资料来源：Pakistan Economy Survey（2019-2020、2018-2019），http://www.finance.gov.pk/survey_1920.html。

巴基斯坦的多数主要城市都有大型的非正式定居点，并且已经超出了原计划的城市区域的范围。由于靠近拉瓦尔品第，伊斯兰堡就在一定程度上避免了大型非正式定居点的发展。巴基斯坦城市的城市规划工作由每个城市的城市发展局负责。城市发展局最初是由省住房和城市规划部门成立的，目的是通过开发被称为"住房计划"（housing schemes）的新土地来促进城市扩张；后来，他们进行了城市总体规划的准备工作（通常为10—15年），以为其住房计划提供框架。城市发展局与其他省级部门协调，以提供服务和公用事业，土地开发和运输等；实际方案由私营部门承包商设计和实施。

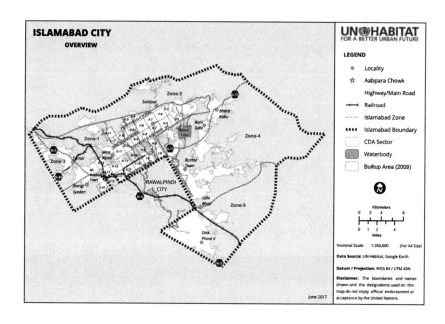

图Ⅱ-2-9　伊斯兰堡城市发展规划

资料来源：THE STATE OF PAKISTANI CITIES 2018，https：//unhabitat.org/state-of-pakistan-cities-report-2018。

第四节　卡拉奇的经济发展与区域影响

卡拉奇作为巴基斯坦最具经济活力的城市之一，在全国占据举足轻重的地位。本节分析了卡拉奇的城市概况、经济总量发展情况、经济结构发展情况、企业发展与重点企业发展现状、发展战略与区域影响五个方面，完备呈现出城市的综合形态。

一　城市概况

卡拉奇是巴基斯坦最大城市，为全国经济和贸易中心、联结亚、非、欧三大洲的交通枢纽、国际航空站和海运中心，被称为巴的"经济首都"。卡拉奇位于巴基斯坦南部海岸、印度河三角洲西缘、莱里河和玛利尔河之间的平原上。面积3527平方千米，其中城区面积1821平方千米。

1947年8月，巴基斯坦伊斯兰共和国成立初期，把首都设在了卡拉奇。作为一座商业港口城市，虽然出海比较容易，但是与巴基斯坦的广大内地各省联系却很不方便，另一方面，临海的城市作为首都，从国防上考虑也不太安全，再加上卡拉奇是巴基斯坦第一大城市，人口稠密，十分拥挤，进一步发展受到限制。因此，巴基斯坦人民和历届政府深思熟虑后决定将首都迁往古城拉瓦尔品第东北十千米的伊斯兰堡。

卡拉奇是巴基斯坦最大军港。巴基斯坦海军部队主要驻在卡拉奇。这里设有海军舰队司令部、基地司令部和后勤司令部，还有海军学院、海军参谋学院、海军航空兵司令部和海军情报处等单位。海军情报处负责驻卡拉奇陆、海、空军的外事工作。巴陆军驻卡部队为第五军和两个独立旅。巴空军三大地区指挥部之一的南部地区指挥部设在卡拉奇，还有费萨尔等三个空军基地司令部，空军参谋学院和空军航空工程学院等单位也驻扎在这里。卡拉奇警察局行政首长为警察总监，下设 18 个警察分局和 105 个警察所，拥有 2.2 万名警察。但因其各级机关庞大臃肿，在一线工作的警察只有 4400 名左右，力量薄弱。鉴于“9·11”事件后巴宗教极端势力针对美、英等西方国家驻卡设施和人员不断发动恐怖袭击，治安形势有所恶化的状况，巴政府重视和发挥治安警察部队的作用，以共同打击宗教极端势力，保卫卡市重要机构和设施。巴治安警察部队连以上军官均从陆军选调，武器装备好，战斗力强。

卡拉奇是巴基斯坦重要的文化中心。有卡拉奇大学、工程技术学院等高校。还有国家博物馆，馆内陈设有许多古代珍贵文物。报刊的种类及发行量均占全国的一半以上，主要的报纸有《黎明报》《战斗报》《民族报》《金融时报》等。巴国家艺术委员会在这里设有办事处。巴全国唯一的国家级艺术团体——巴基斯坦歌舞团也设在卡市。此外，还有群众性组织——巴基斯坦艺术委员会。卡拉奇市内及附近的旅游点有真纳墓、大清真寺、博物馆、小山公园、法国海滩、塔塔的历史性建筑、摩亨朱达罗遗址等。

二　经济总量发展

截至 2014 年，卡拉奇人口已超过 2370 万，成为世界第三大、伊斯兰世界第一大人口城市，是巴基斯坦最大的城市，占联邦税收总额的一半以上。作为港口城市，卡拉奇的地理位置使其与其他城市相比具有相对优势，因为巴基斯坦的大部分国际贸易都通过卡拉奇港口进行，使其成为该国的商业和金融中心。卡拉奇的主要产业包括焦炭和石油，化工产品，纺织品，运输，食品和饮料，服装和设备，非金属，矿物和基本金属。全市劳动力总人数中有37%被雇用，其中64%受雇于服务业，其余36%受雇于工业。卡拉奇的人均收入为5.6万巴基斯坦卢比，明显高于全国城市平均水平4.60万巴基斯坦卢比。卡拉奇税收总收入中直接税和间接税分别占35%和65%。

最近发表的研究报告《2025年的热点：衡量城市未来竞争力的基准》（Hot Spots 2025：Benchmarking the Future Competitiveness of Cities）从经济竞争力方面，对全球120个城市进行了排名，巴基斯坦唯一进入榜单的城市是卡拉奇，排名第111。

20世纪90年代以来，巴基斯坦全国经济发展均较为缓慢。信德省约一半人口生活在贫困线下，有些地方贫困人口甚至高达80%。大量贫困人口涌入卡拉奇，造成卡拉奇人口和规模恶性膨胀，给就业、住房、交通、水电等方面带来极大压力。目前，卡拉奇30%以上的劳动力没有工作，约有一半以上人口居住在拥挤杂乱、缺少生活必备设施的贫民窟内。因经常断电缺水，给人民生活和商业活动带来严重影响，激起民众对政府不满情绪。

作为南亚城市化发展速度最快的城市，巴基斯坦社会经济计划却并不健全，过度的城市化甚至可以说是历届政府失败政策的结果。目前，尽管三分之二的巴基斯坦人仍生活在农村地区，但越来越多的公民被迫迁移到城市以寻找经济机会以及诸如教育和医疗保健之类的基本服务，因为这些设施在主要城市中心以外的地区都极度匮乏。此外，战争，冲突和恐怖主义也是城市化的驱动力。在过去十年左右的时间里，有大量人从农村地区迁入城市，以逃避家乡的暴力活动。

目前，卡拉奇人口正以5%的年增长率快速增长，主要原因是巴农村人口以及各地务工人员向城区的迁徙。按照目前的增长速度，预计到2030年，卡拉奇将超过雅加达和东京成为世界人口第一大城市。

三　经济结构发展

卡拉奇集中了巴基斯坦47%的工业、43%的工业产品和42%的产业工人。其国民生产总值占全国的 20% 以上，关税收入占全国的 65% 以上。主要国营工厂有巴基斯坦钢铁厂、卡拉奇造船厂、卡拉奇核发电站以及两个炼油厂。主要的国营公司有：棉花出口公司、大米出口公司、国营贸易公司、矿业公司、化肥公司、机械工程公司、航运公司、化纤公司等。主要进口商品：石油及其产品、机械设备、化工产品、钢铁及各类金属、车辆、药品、合成纤维、茶叶等。主要出口商品：棉花、大米、棉纱、棉布、水果、地毯和皮革制品等。

卡拉奇银行众多，有国家银行、哈比布银行、联合银行、合作银行、穆斯林商业银行、国民银行等。巴全国 50% 以上的银行储蓄和 75% 的资本集中于该市。

巴基斯坦国际航空公司和港务局也设在这里。卡拉奇地区有两大商港：卡拉奇港和卡西姆港。卡拉奇港是比较优良的天然港口，建于 1887 年，分东西两个码头，共有 28 个泊位，其中东码头 17 个，西码头 11 个，年吞吐量 2500 万吨左右。卡西姆港位于卡市东南 40 千米处，为新建港，主要为巴钢铁厂服务，也用于出口生铁、焦炭、大米和棉花。卡拉奇拥有近 1.5 万辆公共汽车，1.4 万辆出租车，全部为私营企业和个人所经营。

近年来，卡拉奇在信息、通信技术、电子媒体方面有很大发展，现已成为巴全国软件中心。很多巴基斯坦的独立电视台、广播电台落户卡拉奇，如"信德电视""黎明消息""KTN"等。卡拉奇主要工业产业有纺织、制药、钢铁和汽车，这些产业大部分位于几个城郊接合部的工业园区内，如：可兰（Kolangi）工业区、SITE 工业区、北旁路工业区、跨西姆（Bin Qasim）工业区、北卡拉奇工业区等。除此之外，卡拉奇还有自己的手工业以及一个年增长率达 6.5% 的免税区。卡拉奇展览业也很发达，卡拉奇展览中心经常举办各类地区性、国际性的展览会。

根据巴基斯坦 data4pakistan 网站公布资料，自 21 世纪初以来，卡拉奇的就业结构一直较为稳定。作为前首都、全国最大的城市以及信德省首府，卡拉奇的服务业就业人口比例位居全国前列，2014 年占比为 62.61%，相比于 2004 年的 68.95%，反而下降了 6 个百分点；制造业就业人口也相对稳定，2014 年占比为 35.7%，相比于 2004 年的 29.34%，上升了 6 个百分点；与前述二者相对应的是农业就业人口占比的相对稳定，2004 年和 2014 年均为 1.7%。分性别分析，可以发现，2004 年至 2014 年十余年间，女性的就业结构发生了较大的调整，从事农业的人数几乎清零，并有相当部分从服务业转向制造业；男性的就业结构变化相对较小，农业就业比例变化不大，但从服务业转向制造业的趋势也较为明显。整体看来，男女分行业就业结构趋同。

表 Ⅱ - 2 - 9　　　　　2004 年和 2014 年卡拉奇市就业结构

行业	就业占比（%）		男性就业占比（%）		女性就业占比（%）	
	2004	2014	2004	2014	2004	2014
农业	1.71	1.70	1.84	1.82	0.28	0
制造业	29.34	35.70	30.57	36.08	15.27	30.56
服务业	68.95	62.61	67.59	62.10	84.45	69.44

资料来源：http：//www.data4pakistan.com/map.html。

四　行业发展与重点企业

根据本章第三节第四部分有关于巴基斯言的行业发展与重点企业信息，可以发现，位于卡拉奇的重点企业数量相对较多，包括水泥业的幸运水泥公司（Lucky Cement Ltd.），制糖业的德旺制糖公司（Dewan Sugar Mills Ltd.）和弗兰制糖公司（Faran Sugar Mills Ltd.）（位于卡拉奇），以及化肥业的安格鲁化学公司（Engro Chemical Ltd.）等。总体而言，卡拉奇作为巴基斯坦的"经济首都"，是诸多重点企业的选址地。

根据中华人民共和国驻巴基斯坦伊斯兰共和国大使馆经济商务处数据，目前已有数十家中资企业入驻卡拉奇，如中国冶金集团资源开发公司、中国港湾工程公司、中国机械设备进出口公司、中国机械进出口公司、中国化学工程公司、中国地质工程公司、中国首钢国际贸易工程公司、中国远洋—萨意卡拉奇有限公司、长春第一汽车制造厂和大连机车等。可以发现，入驻企业大都是为卡拉奇提供基础设施建设方面的支持，还有部分金融机构提供相关支持。

表Ⅱ-2-10　　　　　　　　驻卡拉奇主要中资企业名录

序号	公司名称
1	中国冶金集团资源开发公司
2	中国港湾工程公司
3	中国机械设备进出口公司
4	中国机械进出口公司
5	中国化学工程公司
6	中国地质工程公司
7	中国首钢国际贸易工程公司
8	中国远洋—萨意卡拉奇有限公司
9	长春第一汽车制造厂
10	大连机车
11	北京国际经济技术合作公司
12	广西国际公司
13	丹东海顺远洋渔业有限公司
14	上海水产公司
15	山西运城制版有限公司
16	天狮国际巴基斯坦有限公司
17	中国国际航空公司
18	上海对外经济技术公司
19	TCL 公司
20	力帆集团有限公司

资料来源：中华人民共和国驻巴基斯坦伊斯兰共和国大使馆经济商务处，http://pk. mofcom. gov. cn/article/catalog/201005/20100506915665. shtml。

五　发展战略与区域影响

卡拉奇出口加工区是巴基斯坦建立的第一个出口加工区，也是迄今巴基斯坦境内最具规模的加工区。卡拉奇出口加工区与卡拉奇蓝地（Land-hi）工业区毗邻，距离现代化的卡拉奇国际机场不超过 18 千米，与恰希姆海港和高度现代化的卡拉奇港的距离分别为 20 千米和 35 千米。卡拉奇出口加工区（一期和二期）共占地 305 英亩，基础设施较完善；第三期正在建设中，面积 200 英亩。

2020 年 7 月，信德省首席部长穆拉德批准了两个新的特别经济区，同时决定移交 1535 英亩土地用于正式启动塔贝吉（Dhabeji）特别经济区开发。新批准的两个特别经济区分别为：塞维斯（Service）特别经济区，位于信德省赛特·诺里亚巴德（SITE Nooriabad）地区，占地面积 50 英亩，主要用于轮胎生产，投资额预计为 2.5 亿美元，预计年产轮胎 240 万条；博拉里（Bholari）特别经济区，位于信德省特达地区，是巴基斯坦第一个私人特别经济区，占地面积约为 282.5 英亩，投资额为 200 亿卢比。关于塔贝吉特别经济区，首席部长指示相关部门加快该地区基础设施建设。塔贝吉特别经济区是中巴经济走廊项目，将采用 PPP 模式开发，投资额逾 500 亿美元，预计将提供超过 5 万个就业机会。

为了鼓励建筑及房地产行业的发展，信德省于 2020 年 8 月 24 日通过了《信德省金融修正案》，取消不动产出租、购买、出售环节的资本税。信德省收入部长扎曼表示，这将有利于建筑行业及 40 余个相关行业的发展。信德省过去共征收超过 50 亿卢比的资产税，此次取消资产税获得了信德省执政党人民党主席比拉瓦尔的大力支持，其他反对党也对该政策表示赞赏。

目前，巴基斯坦的城市化率不足 40%，预计到 2050 年，该数值将超过 50%。巴基斯坦的城市为国家 GDP 贡献了 78 个百分点。统计数据显示，对于包括巴基斯坦在内的发展中国家而言，城市化率每提升 1%，经济增长将提升 1.1%。

事实上，巴基斯坦所有的主要城市对于办公室、公寓、零售、仓库、教育以及社区空间等场所都具有非常迫切的需求，已经过时的分区法律更是加剧了这一需求，因为法律无法适应广大居民对于商业空间日益增长的需求。例如，伊斯兰堡的土地使用法规限定了 55% 的土地可作为居住使用，却只有 5% 的土地可用于商业活动，从而导致了计划外和无序的城市化。由于面临高额的商业化费用和烦琐的手续，企业被迫迁往居民区，进而使得大城市的贫民窟不断增加，有时甚至没有基本的污水处理设施。由于这种城市蔓延，各个城市的行政部门都在努力为其公民提供适当的公共服务。这种情况是不可持续的，将阻碍增长。

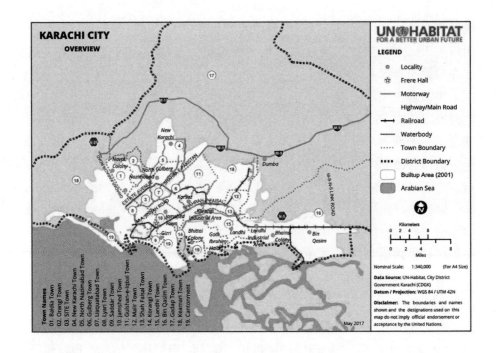

图Ⅱ-2-10　卡拉奇城市发展规划

资料来源：THE STATE OF PAKISTANI CITIES 2018，https：//unhabitat. org/state-of-pakistan-cities-report-2018。

《巴基斯坦2025年远景规划》旨在通过改善城市管理，有效的城市规划，有效的当地交通基础设施（大众运输系统）和更好的安全性，将城市地区转变为富有创造力，对生态友好的可持续城市，以使城市化成为增长的重要驱动力。将修订分区法律，以适应大型城市中心对商业和停车位日益增长的需求。这将涉及住宅和商业"混合用途"区域的使用。

巴基斯坦的城市经历了水平扩张，其结果是巴基斯坦在1平方千米的区域内仅可容纳6000人，而迪拜的住宅建筑的垂直扩展则可在同一地区容纳20万人。垂直扩展，用于住宅和商业用途的高层建筑的开发，将使城市中心转变为商业友好型城市，同时最大限度地利用空间。

在满足商业需求的同时，还将考虑到日益城市化和人口增长的情况，发展住房部门。将建立一个"住房信息系统"以提供有关住房需求和供应的数据。将鼓励私营部门提供住房设施。低收入住宅建筑将取代贫民窟，并提供充足的净水、天然气和电力等基本公用设施。向城市中心垂直扩展的举措将为城市居民提供除了商业空间之外的居住设施。

随着城市扩张的增加，对公共服务（如消防和救援服务，包括救护车在内的紧急医疗服务以及执法）的需求也增加了。为了使城市有效发展，必须将城市扩张与扩大此类服务的覆盖范围结合起来。

为了减少城市中心私人交通工具的使用，需要认真设计和实施包括公共交通系统在内的公共交通。此外，城市将设置行人专用区。这些措施不仅将减少对石油和燃料的需求，还将使城市变得更加清洁，生态友好。

解决城市发展的其他政策干预措施包括：扩大内部市场、发展城市群、土地注册系统数字化，以及建立一个监管机构来注册所有房地产交易商，等等。同样重要的是历史文化等保护，需要确保对城市中心的遗址和建筑物进行充分的保护和维护。

促进基于社区参与度，发展"创意"城市。在城市中，通过与政府合作的社区组织，找到针对当地问题的本地和创新解决方案。组织并促进公民和城市官员之间的思想自由交流，以便实现"巴基斯坦2025城市发展愿景"——共同努力制定和实施战略，以解决当地问题。

规划、发展和改革部已经在建设一个城市规划部门，预计该部门将与各省合作发起城市发展的改革和创新，这是启动巴基斯坦经济复兴的主要工具。

以上改进将是发展"智慧城市"的第一步——能够适应城市扩展带来的复杂性和知识交流需求的城市。为了能够在提供公共服务方面充分应对不断增长的人口和城市规模，将需要依靠大数据的搜集和传输，实时更新城市的交通、污染、犯罪、停车位和水电等信息。"巴基斯坦2025城市发展愿景"旨在确保巴基斯坦的城市数字化连接，配备无线网络传感器，并在所有地方都实现电子互联，从而实现信息的自由流通，从而为巴基斯坦的智慧和创造力奠定基础。

第三章 营商环境评价

营商环境是指市场主体在准入、生产经营、退出等过程中涉及的政务环境、市场环境、法治环境、人文环境等有关外部因素和条件的总和。巴基斯坦几乎所有的经济领域都向外资开放（航空，银行和媒体等特别部门的外资股权限制为不超过50%，工程和建筑部门外商与当地投资者股权的比例为70∶30，农业部门为60∶40)。① 外商与当地投资者享有同等待遇，并且享受各种优惠政策。然而巴外资自2008年以来一直处于较低水平，主要原因有政局不稳、法治不力、能源短缺、贪腐严重、基础设施不足、、政府治理不善、合同执行不严、企业税率过高等。且巴长期面临严重的经常账户赤字和财政赤字，经济较为脆弱，对投资者信心造成了较大影响。近年来，巴基斯坦政府不断升级政务的信息化水平，提升政府工作效率，简化政府流程，减少腐败机会，同时努力降低商业成本，积极推动营商环境的发展。本章主要基于世界银行的《营商环境报告》（Doing Business，DB），对巴基斯坦的营商环境现状、存在问题及改进进行分析。

第一节 营商环境总体概况

世界银行《营商环境报告》是评估全球各经济体营商环境的一份权威报告。首次发布于2003年，当时纳入了5项指标、涵盖133个经济体。2020年报告于2019年10月发布，对全球190个经济体以及所选地方城市的

---

① Board of Investment, "Pakistan Investment Guide", https：//invest. gov. pk/sites/default/files/faqs - files/Pakistan_ Investment_ Guide. pdf.

营商法规及其执行情况进行了客观评估。《营商环境报告》大多数指标集涉及各经济体中最大的商业城市的一个案例情景（但对人口超过1亿的经济体将数据采集范围扩大到第二大商业城市），这些指标涵盖影响企业生存的11个领域：开办企业、办理施工许可证、获得电力、登记财产、获得信贷、保护少数投资者、纳税、跨境贸易、执行合同、办理破产、雇佣①。后文对巴基斯坦营商环境的分析将基于以上指标，但不局限于世行给出的定义，而是以世行指标为基础，根据实际情况进行适当的整合或是延伸。

一 2020年世行评价

2020年，巴基斯坦在世界银行《营商环境报告》中的得分为61.0，高于南亚平均值58.2②，在所列的190个经济体中排名第108位，较2019年的第136位上升28位。在南亚8个经济体中，巴基斯坦排名第5位，前4位依次为印度、不丹、尼泊尔和斯里兰卡。③ 近年来，巴实施了大量改善营商环境的举措，例如大力发展能源和基础设施、削减关税、促进中小企业发展等，2020年改革数量更是达10年以来的最高值④。

巴基斯坦在多数指标上均有明显进步，这得益于政府在营商环境的各个环节大力推广一站式网上平台，提高政府的信息化水平，简化审批流程，提高流程和费用的透明度。巴基斯坦在获得信贷、保护少数投资者和办理破产三项的排名略有下降，原因是征信机构覆盖率、信用登记覆盖率、股东权利指数、所有权和管理控制指数、企业透明度指数、回收率这几项的得分略有下降。

表Ⅱ-3-1 世行2019年、2020年《营商环境报告》巴基斯坦各项指标排名

	2020年排名	2019年排名	排名变化
总体	108	136	上升28位
开办企业	72	130	上升58位

① 2020年的营商便利程度排名时不包括雇佣的指标集，各指标具体含义见附录。
② World Bank Doing Business, https://www.doingbusiness.org/en/data/doing-business-score.
③ World Bank Doing Business, https://www.doingbusiness.org/en/rankings?region=south-asia.
④ World Bank Doing Business, https://pakistandoingbusiness.com/reform-journey/.

续表

	2020 年排名	2019 年排名	排名变化
办理施工许可证	112	166	上升 54 位
获得电力	123	167	上升 44 位
登记财产	151	161	上升 10 位
获得信贷	119	112	下降 7 位
保护少数投资者	28	26	下降 2 位
纳税	161	173	上升 12 位
跨境贸易	111	142	上升 31 位
执行合同	156	156	不变
办理破产	58	53	下降 5 位

资料来源：World Bank，https：//www. doingbusiness. org/。

二　2011 年以来的营商环境发展

根据世行报告，巴基斯坦历年营商环境总体表现呈先下降，后上升的趋势。2011 年至 2018 年，巴基斯坦排名从 2011 年的第 83 位逐步下降至 2018 年的第 147 位。自 2018 年伊姆兰·汗任巴基斯坦总理以来，政府大力改善营商环境，排名逐渐上升至第 108 位。

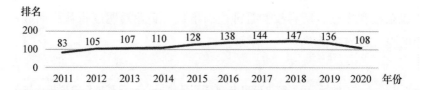

图Ⅱ-3-1　2011—2020 年《营商环境报告》巴基斯坦排名变化

资料来源：World Bank，https：//pakistandoingbusiness. com/past - doing - business - reports/。

巴基斯坦历年营商环境各指标变化见表Ⅱ-3-2，本章第二节将对与指标相关的各营商环节进行具体分析。

表Ⅱ-3-2（a） 2011年以来巴基斯坦营商环境各指标得分变化

年份	开办企业	办理施工许可证	获得电力	登记财产
2020	89.3	66.5	64	48.6
2019	81.9	51.9	43.1	42.8
2018	76.6	51.2	42.9	39.3
2017	75.8	53.8	42.6	38.3
2016	75.7	53.3	45.8	36.8
2015	75.6	53.5	43.4	43.4①
2014	75.4	49.1②	57.3③	43.4①
2013	/	/	/	/
2012	/	/	/	/
2011	/	/	/	/

表Ⅱ-3-2（b） 2011年以来巴基斯坦营商环境各指标得分变化（续）

年份	获得信贷	保护少数投资者	纳税	跨境贸易	执行合同	办理破产
2020	45	72	52.9	68.8	43.5	59
2019	45	72	47	67.5	43.5	59.9
2018	45	72	46.4	67.5	43.5	45.8
2017	45	70	46.6	64.1	43.5	45
2016	25	70	47	62.8	43.5	43.9
2015	25	70	59.2④	62.8	40.3⑤	44
2014	25	70	59.3④	68⑥	40.3⑤	42.9

---

① 该数据为世界银行采用2005—2015年的研究方法所得。
② 该数据为世界银行采用2006—2015年的研究方法所得。
③ 该数据为世界银行采用2010—2015年的研究方法所得。
④ 该数据为世界银行采用2006—2016年的研究方法所得。
⑤ 该数据为世界银行采用2004—2015年的研究方法所得。
⑥ 该数据为世界银行采用2006—2015年的研究方法所得。

续表

年份	获得信贷	保护少数投资者	纳税	跨境贸易	执行合同	办理破产
2013	/	63.3①	/	/	/	/
2012	/	63.3⑦	/	/	/	/
2011	/	63.3⑦	/	/	/	/

资料来源：根据世界银行官网数据整理，https：//www. doingbusiness. org/en/custom – query。

上述排名变化反映了巴基斯坦在影响营商环境的相关政策上的变动。

2011 年，巴基斯坦减少了财产转让的印花税，并通过改善卡拉奇港口局和私人码头之间的电子通信，节省了出口时间。

2012 年，巴基斯坦增加了小企业的利润税，提高了纳税负担。

2015 年，巴基斯坦通过在卡拉奇和拉合尔引入全自动化的线上一站式清关系统（We BOC），让贸易商可以在网上提交和处理进出口单证。

2016 年，卡拉奇通过改善外部接电材料的备货，加快了获得电力的流程。

2017 年，巴基斯坦通过将拉合尔土地所有权和土地记录电子化，改善了土地登记的服务质量。同时，巴基斯坦通过允许拉合尔和卡拉奇的借款人查询自己的信息，提高了获取融资信息的便利度，征信机关也扩大了其借款人覆盖率。

2018 年，巴基斯坦在拉合尔和卡拉奇用成本更低的个人识别号代替了电子戳，简化了开办企业的流程。卡拉奇还通过发布登记财产的费用标准和文件清单，提升了登记财产的透明度。在保护少数投资者方面，卡拉奇和拉合尔的少数投资者在与利益相关方进行偏见交易时，提起诉讼变得更容易。在跨境贸易方面，巴基斯坦在卡拉奇和拉合尔开发了新的集装箱码头，改进了提交电子文档的海关平台。

2019 年，在开办企业方面，巴基斯坦改进了线上一站式注册系统，用一张申请表代替了数个表格，并在登记处和税务局之间实现了信息交换。在登记财产方面，拉合尔精简了政务流程，并实现了流程的自动化。

---

① 该数据为世界银行采用 2006—2014 年的研究方法所得。

在办理破产方面，巴基斯坦引入重组程序，让债务人在破产程序中可以继续营业。

2020 年，在开办企业方面，巴基斯坦扩大了线上一站式注册系统覆盖的流程，另外拉合尔废除了劳动局的注册费。在办理施工许可证方面，卡拉奇精简了审批流程，并通过定期进行建筑质量检查，提高了施工的安全性。拉合尔也精简了审批流程，并提升了一站式注册系统的运行效率。在获得电力方面，巴基斯坦规定了服务交付的时间，并推出了用于提交新申请的网站。巴基斯坦还提高了电费价格变化的透明度。在登记财产方面，卡拉奇通过设立企业注册办公室（The Office of the Sub – Registrar）简化了执行和登记契约的过程。拉合尔则提升了土地管理系统的透明度。在纳税方面，巴基斯坦引入了增值税和企业所得税的线上支付模块，并减少了企业所得税税率。在跨境贸易方面，巴基斯坦将多个机构纳入了 We BOC 系统，并将港口对货物的物理检查与 We BOC 系统对接，提高了跨境贸易的便利度。①

第二节　营商环境重要环节

本节以世行所采用的 11 个营商指标为出发点，对巴基斯坦的营商环境进行介绍，根据实际情况对世行指标进行了整合或延伸，比如"获得信贷"这一指标拓展为了"融资"，"跨境贸易"拓展成了"贸易"。虽然世行在进行 2020 年的营商便利程度排名时并未将"雇佣"纳入排名，但由于它是营商的重要环节，因此本节也进行了重点讨论。世行评价开办企业、办理施工许可证、登记财产这三个指标时主要考量的是流程数量、耗费时间、耗费资金等方面，这几方面很大程度上受到政府办事效率影响，政府办事效率方面的现状、问题及改进将在下一节详细分析，本节也不再赘述。

一　雇佣

世行指标中的"雇佣"体系主要研究的是雇佣法规的灵活性和裁员成本。下面就巴基斯坦劳动法及劳动法中的重要规定进行简单介绍。

---

① 世界银行，https：//pakistandoingbusiness. com/reform – journey。

巴基斯坦有关雇佣的法律较为分散，不同的法规涉及雇佣关系的不同方面，这些法规被统称为"劳工法典"。巴基斯坦的《宪法》对劳工权利做出了广泛的规定，包括禁止强迫劳动和童工、工会权利、禁止性别歧视等。在2010年第18次宪法修正案后，"劳工"问题的立法权从联邦下放给各省。原先联邦的法律依然适用，除非被省级立法废除或修改。对于雇主来说，需要关注的主要联邦法律有1934年《工厂法》、1936年《薪酬支付法》、1923年《工人补偿法》、1923年《矿业法》、1934年《码头工人法》、1969年《西巴基斯坦商铺和企业法规》、1961年《道路运输工人法规》、1969年《商铺和企业法规》、2001年《商船法规》和2012年《工业关系法案》。一些省比其他省在立法上更为积极，例如信德省先后颁布了2013年《信德省工业关系法案》、2014年《信德省劳工福利基金法案》、2015年《信德省商铺和商业机构法案》、2015年《信德省雇用条件（长期适用规则）法案》、2015年《信德省最低薪资法案》等。

（一）工作时长与薪资

巴基斯坦成年劳动者的每日工作时间为8—9小时，一周总时长不超过48小时。再加上午饭和祷告时间（无薪），一天的工作时间不超过10小时。如需加班，每日在工作场所的时间不超过12小时，一周加班时间不超过12小时，一年总加班时长不超过624小时。对于14—17岁的未成年劳动者，每天工作不得超过7小时，每周不超过42小时，每日加班时间不超过1.5小时，一年总加班时间不超过468小时。女性可以工作到晚上10点，但雇主必须提供上下班接送服务。女性每日在工作场所的时间不超过9小时。对于矿业从业者，每日工作时间不超过8小时，一周不超过48小时。地面上的矿工每日在工作场所的时间不超过12小时，地面下的矿工不得超过8小时，即不得加班。在斋月期间，所有企业的工作时间减少2小时。

雇主必须为雇员提供休息时间，每6小时工作必须给予1小时休息，或每5小时工作给予半小时休息。加班时间的工资通常为正常工资的2倍，铁路从业者的加班工资为正常工资的1.25倍。[①]雇主可以要求雇员在公共节假日工作，如无法给予调休，则假期内的工资为平常工资的三倍。

---

① Paycheck. pk, "Working Hours and Overtime Pay in Pakistan", https: //paycheck. pk/labour - laws/compensation/work - hours - and - overtime.

表Ⅱ-3-3　　　巴基斯坦法律对不同类型企业的工作时长和加班费的规定

法律	适用范围		工作时长	加班费
	企业类型	最低雇员人数		
1934 年《工厂法》（2012 年旁遮普省、2013 年开普省、2016 年信德省修订案）	工厂/制造	10 人及以上	非季节性工厂：48 小时/周 季节性工厂：50 小时/周	正常工资的 2 倍
1969 年《西巴基斯坦商铺与机构条例》及 2014 年旁遮普省、2015 年开普省、2015 年信德省修订案	所有类型企业	无	48 小时/周	正常工资的 2 倍
1968 年《长期适用条例（伊斯兰堡首都直辖区，俾路支省）》及 2012 年旁遮普省、2013 年开普省、2015 年信德省修订案	商业或工业企业	开普省和信德省 10 人及以上，其余地区 20 人及以上	48 小时/周	正常工资的 2 倍
1923 年《矿业法》	所有类型的矿场	无	48 小时/周	正常工资的 2 倍
1973 年《报纸雇员（工作条件）法案》	生产、印刷及报纸出版企业	无	48 小时/周	正常工资的 2 倍
1961 年《道路运输工人条例》	所有载客及载货道路服务	无	48 小时/周	正常工资的 2 倍
1890 年《铁路法》	铁路	无	48 小时/周	正常工资的 1.25 倍

资料来源：Paycheck. pk，"Working Hours and Overtime Pay in Pakistan"，retrieved from https：// paycheck. pk/labour - laws/compensation/work - hours - and - overtime.

　　每日工作 8—9 个小时的员工，每周可休假 1 天。如雇主要求雇员在周末工作，则员工必须在该周周日前三天或后三天中享受 1 天的调休。如果雇佣单位要求员工在周末工作，必须通知劳动检察员办公室，并在工厂内张贴通知。在周末工作无须支付加班工资。单位不得要求员工连续工作超过 10 天。雇主不得以工资代替调休。

根据 1961 年《最低薪资条例》，各行业的最低薪资水平由巴基斯坦各省的最低薪资委员会决定。具体来看，1961 年《最低薪资条例（适用于伊斯兰堡首都直辖区和俾路支省）》、1961 年《最低薪资条例》（2012 年旁遮普省出台了修正法案）、2013 年《开伯尔－普什图省最低薪资法案》和 2015 年《信德省最低薪资法案》规定了巴基斯坦的最低薪资水平。近年来，联邦政府持续在联邦年度预算中提高非熟练技术工人的最低薪资水平，各省政府也纷纷响应。

半熟练、熟练和高技能工人的最低薪资由 1961 年《最低薪资条例》组成的最低薪资委员会确定，随后各省劳动部门发布不同行业的具体最低薪资，旁遮普省已经发布了相关信息，其他省政府尚未发布该信息。非熟练工人的最低薪资原先由 1969 年《非熟练工人最低薪资条例》确定。在劳动立法权下放给各省后，1961 年《最低薪资条例（适用于伊斯兰堡首都直辖区和俾路支省）》第六条和 2013 年《开伯尔－普什图省最低薪资法案》规定了所有工业企业雇员（包括熟练、非熟练工人、学徒和家政劳工）的最低薪资，但不包括联邦和省政府雇员、煤矿工人和农业雇员的薪资。煤矿工人的薪资由 1960 年《煤矿条例》规定。①

各省的最低薪资：②

俾路支省、伊斯兰堡首都直辖区、开伯尔－普什图省、旁遮普省、信德省的非熟练工人的最低薪资均为 17500 卢比/月。旁遮普省对各行业的熟练工人的薪资做出了详细的规定。以动物养殖和动物农场行业为例：

表Ⅱ－3－4　　旁遮普省动物养殖和动物农场行业熟练工人的薪资

职位	卢比/月
部长级－A 1. 所有类型的助理；2. 速记员；3. 秘书	21062.44
部长级－B 1. 高级文员/商店管理员；2. 电话接线员	19776.73

---

① Paycheck. pk, "Work and Wages", https：//paycheck. pk/labour－laws/wages－work.
② Paycheck. pk, "Minimum Wage", https：//paycheck. pk/salary/minimum－wages.

续表

职位	卢比/月
部长级 – C 1. 所有类型的职员；2. 打字员；3. 计时员	19014.88
高技能 – A 1. 主管电工；2. 主管技工/钳工	21062.44
高技能 – B 1. 高级电工；2. 高级技工/钳工	20185.08
熟练 – A 1. 电工；2. 机械师/钳工	19776.73
熟练 – B 1. 初级钳工；2. 初级电工；3. 初级技工；4. 司机/厨师	19307.72
半熟练 – A 1. 助理钳工；2. 助理电工；3. 助理机械师	18487.53
半熟练 – B 1. 所有类型的助手；2. 包装工人	18137.52
非熟练工人 1. 工人；2. 苦力；3. 清洁工	17500.00
杂项 – A 1. 安全主管；2. 祷告人员（Khateeb）	20773.09
其他 – B – I 1. 祷告人员（Imam Masjid）；2. 副检查员	19014.88
杂项 – B – II 1. 保安；2. Moazzan	18137.52

资料来源：WageIndicator. org，https：//wageindicator. org/salary/minimum – wage/pakistan/168 – punjab/186 – animal – feed – and – animal – farms。

支付工资：

雇主必须至少每月支付一次工资，有关工资支付的详细规定参见1936年《工资支付法》和2013年《开普省工资支付法》。不超过1000名员工的工厂、铁路、工业和商业企业必须在工作周期结束后的第7日之前向员工支付工资，而超过 1000 名员工的上述单位则可以将支付日期延后至工作周期结束后的第 10 日。企业不得以支票的形式支付工资。如未遵循规定的最低工资，雇主将被处以罚款或最长 6 个月的监禁。

在满足以下条件的情况下，雇主必须向员工支付奖金：（1）适用 1968 年《西巴基斯坦商店和企业条例》（或其他省级相关法律）且在前 12 个月有至少 20 名员工的企业；（2）员工被雇用至少 90 天；（3）企业当年有净利润。奖金金额与员工在企业的服务时长无关。奖金必须在财政年度结束后的三个月内支付。根据法律，奖金金额与利润挂钩：（1）当利润少于所有员工一个月的工资，则将 15% 的利润分配给员工；（2）当利润等于或大于所有员工一个月的工资，则将 30% 的利润分配给员工。

（二）雇员保险与福利

巴基斯坦在联邦和省级层面有多个社会保障计划，涵盖疾病、退休、孕产、工伤等方面的社会福利。

1. 雇员老年福利（EOAB）

对于私营部门，巴基斯坦于 1976 年颁布了《雇员老年福利法》，以强制性社会保险的形式，为在巴工作的所有人提供社会保障。该法案由雇员老年福利机构（EOBI）负责具体的实施和执行。巴基斯坦的公共部门、武装部队、警察、法定机构、当地机关和铁路部门另有特殊的社保系统。该法案规定，雇佣单位需在每月 15 日之前向员工老年福利机构指定的银行交金。雇佣单位需支付最低薪资的 5%，员工需支付最低薪资的 1%。

《雇员老年福利法案》适用于巴基斯坦所有的拥有至少 5 名雇员的企业（无论工业、商业还是银行）的合同工和正式工，无论是现员工还是在本单位工作满 12 个月的原员工。即便后来企业的员工数量减少到 5 名以下，该法律依然适用，企业可以自愿向员工老年福利机构登记雇员。《雇员老年福利法案》向受保人提供四种福利：退休金（或提前退休金）、身故抚恤金、病残津贴、养老补助（适用于没有获得退休金资格的人）。

2. 省级雇员社会保险计划

1965 年《雇员社会保险条例》适用于每周至少工作 24 小时，基于书面或口头、明示或默许的服务合同和学徒合同的雇员，但不包括公职人员和月收入超过 1500 卢比的人。该计划为员工提供计病、孕产、就业、伤害和死亡方面的社会福利。政府根据该条例设立雇员社会保险机构（ES-

SI)，负责管理雇员社会保险基金。每月雇主需向 ESSI 支付员工最低工资的 6%。雇主不得在雇员获得疾病津贴、孕产津贴、伤残津贴或接受医疗期间解雇员工。违反条例的雇主将被处以三个月以下有期徒刑或 2000 卢比至 10000 卢比的罚款。[①]

（三）终止雇佣

巴基斯坦有关终止雇佣关系的主要法规是 1968 年《工商业雇佣（长期适用规则）条例》。其他相关立法包括 2012 年《劳资关系法》《省劳资关系法》和 1969 年《商铺和企业法规》。1968 年《工商业雇佣（长期适用规则）条例》适用于当前或之前 12 个月中的任何一天雇佣不少于 20 人的所有工商机构。省级政府有权将该条例扩大到少于 20 人的机构。开普省和信德省的该条例适用于至少 10 人的商业机构和至少 20 人的工业机构。根据该条例，雇佣双方（不包括临时工）均可在提前一个月通知的情况下终止雇佣合同。如未满一个月，则雇主需向员工支付一个月的工资。条例还规定雇主必须通过书面的雇佣关系终止书说明终止雇佣的原因。对于有严重不当行为的员工，雇主可以对雇员提出指控并解雇。由于不当行为之外的原因被遣散的员工有权获得遣散费（工作年数×30 天工资），超过半年不足一年的按一年算。雇主可以以养老金的形式代替遣散费。[②]

（四）童工问题

巴基斯坦的童工问题普遍且严峻，大量儿童被迫从事家政和砖窑的工作。国际劳工组织的一项调查显示，信德省和旁遮普省 5—14 岁的工人分别占人口的 31.5% 和 12.4%。[③] 跨国公司在巴寻找代工厂时，童工也成了必须避免的问题。早在 1996 年，耐克就因为一张巴基斯坦童工手工缝制耐克足球的照片遭到消费者的抵制。

[①] Provincial Assembly of Sindh，"The Sindh Employees' Social Security Act, 2016"，http：// www. pas. gov. pk/uploads/acts/Sindh% 20Act% 20No. VI% 20of% 202016. pdf. International Labour Organization，"The Provincial Employee' Social Security Ordinance, 1965"，http：//punjablaws. gov. pk/ laws//187. html.

[②] Paycheck. pk，"Employment Termination in Pakistan"，https：//paycheck. pk/labour – laws/ employment – security/employment – termination.

[③] Bureau of International Labor Affairs，"2017 Findings on the Worst Forms of Child Labor – Pakistan"，https：//www. refworld. org/pdfid/5bd05ae50. pdf.

1991 年《儿童就业法案》规定，巴基斯坦的最小工作年龄为 14 岁，但国家规定必须对 5—16 岁的儿童提供义务教育，因此实质上不允许 16 岁以下的人工作。18 岁以下的青少年每日工作时间是固定的，且每连续工作三小时必须获得至少一小时的休息，总工时（包括休息时间）不得超过七小时，且晚 7 点至早 8 点间不得安排工作，每周至少休息一天。违反者将被处以最长一年的监禁或最高两万卢比的罚款。[①]

此外，在联邦的立法权力下放后，信德省、开普省和旁遮普省各自颁布了有关儿童就业的法案，例如 2015 年《开普省禁止雇用儿童法》、2017 年《信德省禁止雇用儿童法》、2016 年旁遮普省《儿童就业限制条例》等。各省的法案均规定最小工作年龄为 15 岁。此外，从事危险工作的最小年龄分别为 18 岁（开普省）、19 岁（信德省）和 19 岁（旁遮普省）。联邦、旁遮普省、开普省和信德省都对危险工作和禁止儿童参与的活动进行了明确的定义。危险工作包括捕鱼、深海捕鱼、玻璃手镯制造、手术器械制造、编织地毯、用动力织机织布、皮革鞣制和采矿等。

为避免童工，跨国组织可通过审计了解当地合作工厂的情况，或设定比当地法律更高的年龄标准（如 18 岁）来规避 15—18 岁工人的工时过长、从事危险工作等问题。

二　融资

世行"获得信贷"这一指标主要讨论的是信用报告系统的优势以及抵押法和破产法在促进贷款方面的有效性。2020 年，巴基斯坦该指标的排名为第 119 位，较 2019 年下降 7 位，较 2018 年下降 14 位。[②] 在南亚地区，巴基斯坦与孟加拉国在"获得信贷"领域并列第 5 位，仅高于斯里兰卡和马尔代夫。[③] 本节结合巴基斯坦的实际情况，主要介绍巴基斯坦的金融概况、主要金融机构及该国为中小企业及微型企业提供的主要融资计划。

---

① International Labour Organization, "Employment of Children Act, 1991", ilo. org/dyn/natlex/docs/WEBTEXT/22707/64834/E91PAK01. htm.

② World Bank, "Doing Business 2020 – Pakistan", https：//pakistandoingbusiness. com/mobile/docs/PAKDB2020. pdf.

③ World Bank Doing Business, https：//www. doingbusiness. org/en/data/exploreeconomies/pakistan.

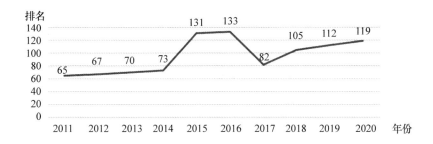

图Ⅱ - 3 - 2　2011—2020 年巴基斯坦"获得信贷"指标排名

资料来源：世界银行历年《营商环境报告》，https：//pakistandoingbusiness.com/past - doing - business - reports/。

（一）巴基斯坦宏观金融概况

巴基斯坦金融业的核心是银行业，银行业的金融资产占 GDP 的比重最高。银行业偿债能力强劲，盈利能力良好，稳定的存款和强劲的流动性是巴银行业最大的优势。存款对贷款的比率自 2018 年 12 月以来稳步增长，在 2020 年 6 月达到 187.1%，为银行提供了充足的低成本资金。流动资产占总资产的比重自 2016 年以来稳定在 65% 以上，并在 2020 年 6 月达到 72.6%。银行业的资本充足率自 2016 年以来一直稳定在 16% 左右，并在 2020 年 6 月上升至 18.7%[①]，远高于全球和国内最低监管要求的10.5% 和 11.5%。

但另一方面，巴基斯坦的政策利率居高不下，自 2019 年 7 月以来一直维持在 13.25%，是银行不良贷款率持续增加的主要原因。截至 2020 年 6 月，巴银行业的不良贷款率为 9.7%，高于去年同期的 8.8%，主要不良贷款来自当地私有银行部门。为应对新冠肺炎疫情对国内经济造成的影响，巴基斯坦央行自 2020 年 3 月以来五次降低政策利率，截至 2020 年 6 月政策利率下降至 7%。截至 2020 年 6 月，所有银行的加权平均贷款利率为 10.03%，较 2019 年 6 月末的 12.75% 下降 272 个基点。[②]

---

①　State Bank of Pakistan，"Quarterly Compendium：Statistics of the Banking System"，https：//www.sbp.org.pk/ecodata/fsi/qc/2020/Jun.pdf.

②　Dawn.com，"Early Signs of a Pickup in Private Sector Credit"，https：//www.dawn.com/news/1573493.

　　近年来，巴基斯坦私营部门的国内信贷占 GDP 的百分比呈上升趋势，于 2019 年达到 132.49%，远高于南亚地区的平均水平（47.21%）。[①] 在银行贷款业务中，给当地企业的贷款占总贷款的比重稳定在 57% 左右，前五大商业银行（哈比银行、国民银行、联合银行、穆斯林商业银行、联盟银行[②]）是企业贷款的主要来源，其对企业的贷款占银行业对企业总贷款的 44.4%。[③]

　　巴基斯坦银行业的信贷情况和国家的信贷情况密切相关。2020 年 8 月，国际评级机构穆迪给予巴基斯坦展望稳定评级，国家信用评级为 B3。同时，穆迪将巴基斯坦前五大商业银行的长期本国货币评级确定为 B3，外汇储蓄评级确定为 Caa1。这表明，即便在新冠肺炎疫情给整个经济造成压力的情况下，巴基斯坦政府也能在必要的时候为该国的银行提供稳定的支持。

　　（二）巴基斯坦的主要金融机构

　　巴基斯坦的金融部门包括银行、发展金融机构（DFI）、小额信贷银行（MFB）、非银行金融公司（NBFC）、保险公司、莫达拉巴[④]和其他金融中介。巴基斯坦国家银行（State Bank of Pakistan）行使中央银行的权力，其职能包括流动性监管、金融体系监管、维持内外部账户平衡和促进本国经济增长。

　　银行、发展金融机构、小额信贷银行和换汇公司由巴基斯坦国家银行管辖，而非银行金融公司、保险公司和莫达拉巴则由巴基斯坦证券交易委员会（Securities and Exchange Commission of Pakistan）管辖。

　　巴基斯坦的银行部门分为商业银行和专业银行（specialized banks）。其中，商业银行分为国有商业银行、私营银行、外资银行和伊斯兰银行。

---

　　① World Bank，https：//data. worldbank. org/indicator/FS. AST. PRVT. GD. ZS.

　　② 哈比银行 Habib Bank Limited、国民银行 National Bank of Pakistan、联合银行 Allied Bank Limited、穆斯林商业银行 MCB Bank Limited、联盟银行 United Bank Limited。

　　③ State Bank of Pakistan，"Quarterly Compendium：Statistics of the Banking System"，https：//www. sbp. org. pk/ecodata/fsi/qc/2020/Jun. pdf.

　　④ Modaraba，意为利润分享，是一种融资工具，使管理公司能够以最少 10% 的股权来控制和管理莫达拉巴公司的业务。管理公司有权根据莫达拉巴业务年度利润协定的份额（但不超过 10%）来获得报酬。莫达拉巴可以用于特定目的或许多目的的，在有限或无限的期间内。如果 90% 的利润被分配为现金股利，则不涉及交易活动的莫达拉巴的收入是免税的。

截至 2020 年 6 月，巴基斯坦共有 5 家国有商业银行、20 家私营银行、4 家外资银行和 3 家专业银行①。巴基斯坦的五大商业银行为哈比银行（私营）、国民银行（国有）、联合银行（私营）、穆斯林商业银行（私营）以及联盟银行（私营）。五大银行在银行业资产总额，存款总额和投资总额中的占有率分别为 49.1%，50.3% 和 54.2%。②

截至 2020 年 6 月，巴基斯坦共有 4 家外资银行，分别是花旗银行、德意志银行、中国工商银行和中国银行。外资银行在银行业中的资产回报率和股权收益率最高，分别为 2.5%（税后）和 26.3%（税后），给企业的贷款占外资银行总贷款的 99.4%。③

此外，巴基斯坦还有 11 家小额信贷银行，总资产约为 3441 亿卢比。小额信贷银行可以满足 50 万卢比的融资需求。截至 2019 年 9 月，小额信贷银行 60.1% 的客户为农村人口。④

巴基斯坦专业银行的主要职能是为工业、农业和住房提供中长期贷款，主要包括 Zarai Taraqiati 银行有限公司（ZTBL），旁遮普省合作银行和中小企业银行（SME Bank）。

巴基斯坦国家银行最新发布的《2019—2020 财年支付系统审查报告》显示，总人口逾 2 亿的巴基斯坦共有超过 5473 万个银行账户，商业银行、专业银行和小额信贷银行总计 44 家，各级营业网点 16067 个，自动取款机 15612 台，存取款一体机 35 台。近年来，巴基斯坦国家银行不遗余力地推动数字支付，陆续颁布了《电子货币机构规定》《数字支付安全规定》《支付卡安全规定》等一系列法规。截至 2020 年 6 月，巴基斯坦总计 44 家银行中，有 28 家有网络银行，27 家有手机银行。⑤

巴基斯坦的外国投资者和本国投资者享有同等待遇。巴基斯坦的银行

---

① 巴基斯坦工业银行已于 2019 年 9 月启动清算流程，因此不被包括在内。

② State Bank of Pakistan，"Quarterly Compendium：Statistics of the Banking System"，https：//www. sbp. org. pk/ecodata/fsi/qc/2020/Jun. pdf.

③ State Bank of Pakistan，"Quarterly Compendium：Statistics of the Banking System"，https：//www. sbp. org. pk/ecodata/fsi/qc/2020/Jun. pdf.

④ SME Bank，"Privatization of SME Bank Limited"，http：//www. privatisation. gov. pk/SiteImage/Misc/files/SME_ Preliminary_ Info. pdf.

⑤ State Bank of Pakistan，"Payment Systems Review Fiscal Year 2019 – 20"，https：//www. sbp. org. pk/PS/PDF/FiscalYear – 2019 – 20. pdf.

公司可依照巴基斯坦国家银行颁布的一系列审慎规则（Prudential Regulations）向外资公司和外国个人提供本币贷款。同时，对于政府工业/投资政策涵盖的项目，私营企业可以在事先获得巴基斯坦国家银行许可的前提下，从国外银行/金融机构/跨国公司的母公司获得外汇贷款。①

　　在证券市场，巴基斯坦证券交易所（PSX）是巴基斯坦唯一的证券交易所，交易产品包括股票、债券、股票期货、股指期货、REITS 等。2017年，为落实"一带一路"倡议、助力中巴经济走廊建设，中国金融期货交易所、上海证券交易所、深圳证券交易所、中巴投资有限责任公司和巴基斯坦哈比银行组成的联合体收购了巴基斯坦证券交易所 40% 的股份，中国三家交易所合计持股 30%。② PSX 目前拥有 530 家上市公司，股票市值截至 2020 年 10 月 15 日为 74881.95 亿卢比（约合 464.53 亿美元）③，较 2019 年下降 4.14%。④ KSE - 100 指数是衡量 PSX 价格波动的指标。受全球疫情和政局波动的影响，2020 财年（2019 年 7 月至 2020 年 6 月），资本市场经历了较大震荡。KSE - 100 指数在 1 月达到了全年最高点，在 2 月和 3 月下跌，随后在 4 月再次冲高。截至 2020 年 10 月 15 日，KSE - 100 指数为 40068.49，较 2019 年底下降了 1.6%。⑤ 总体来看，巴基斯坦的股市在应对全球震荡时仍保持韧性。

　　（三）巴基斯坦针对中小企业的融资计划

　　中小企业在巴基斯坦的经济发展中扮演着重要的角色。巴基斯坦约有 150 万个运营中的中小企业，占巴基斯坦所有企业的近 90%，雇佣非农业劳动力的 80%，占年度 GDP 的约 40%。⑥ 然而，和其他发展中国家一样，巴基斯坦的中小企业部门缺少从正规部门获得融资的机会，主要依靠非正

---

① State Bank of Pakistan, "Foreign Exchange Manual"（Updated up to March 14, 2020）, Chapter 19, https：//dnb. sbp. org. pk/fe_ manual/pdf/2018/Chapter - 19. pdf.

② Dawn. com, "PSX sells 40pc stake to Chinese consortium", https：//www. dawn. com/news/1304006.

③ 1 巴基斯坦卢比 = 0. 0062 美元，2020 年 10 月 26 日。

④ Pakistan Stock Exchange Limited, *5 Years Progress Report*, https：//dps. psx. com. pk/progress - report.

⑤ Finance Division, *Pakistan Economic Survey 2019 - 2020*, "Capital Markets & Corporate Sector", http：//www. finance. gov. pk/survey/chapter_ 20/06_ Capital_ Markets. pdf.

⑥ SME Development Authority, "State of SMEs in Pakistan", https：//smeda. org/index. php? option = com_ content&view = article&id = 7：state - of - smes - inpakistan.

规部门的信贷，其成本甚至高于正规部门的信贷。根据世界银行在2013—2015 年对巴基斯坦的企业调查，从银行获得信贷的企业占比仅为6.7%，通过银行为投资融资的企业占比仅为 8.1%，两者均低于南亚的平均水平（分别为 27% 和 21.8%）。[①] 2019 年 9 月，为中小企业提供的融资为 4190 亿卢比，占总融资的 4.8%，大大低于区域平均水平 18.7%，其中 61.7% 的融资被用于运营资本。[②]

银行无法为中小企业提供贷款的原因之一，是大部分中小企业都没有真实清晰的财务报表，且缺乏可抵押的资产。除了银行之外，中小企业也可以通过股票市场融资，但大多数中小企业都因担心股权被稀释而拒绝上市。

巴基斯坦政府和央行一直在努力推动中小企业部门的发展。2003 年，巴基斯坦国家银行制定了《中小企业融资审慎规则》，并先后在 2013 年，2016 年和 2017 年对规则进行了修订。根据 2017 年的修订版规则，小型企业（含微型企业）为年销售额不超过 1.5 亿卢比的企业，中型企业为年销售额为 1.5 亿—8 亿卢比的企业。[③] 过去，巴基斯坦对所有企业制定了相同的《审慎规则》，中小企业部门不得不抵押其工厂、资产和设备以获取银行贷款。由于大多数小型工厂的资产都是租赁的，不具有所有权，因此无法抵押，也无法获得贷款。而根据巴基斯坦央行最新出台的政策，中小企业无须抵押，而是根据其可行性报告以及基于现金流的还款能力从银行获得贷款。[④]

2007 年，巴基斯坦批准通过了《中小企业政策》，对中小企业的定义和发展愿景做出了详细陈述，并从营商环境、融资渠道、人力发展、技术升级与营销四个方面给出了具体的政策建议。文件建议巴基斯坦国家银行将中小企业融资纳入年度信贷计划、根据中小企业信贷需求和供应数据定

① World Bank Enterprise Surverys，https：//www. enterprisesurveys. org/en/data/exploreeconomies/2013/pakistan#finance.

② SME Bank，"Privatisation of SME Bank Limited"，http：//www. privatisation. gov. pk/SiteImage/Misc/files/SME_ Preliminary_ Info. pdf

③ State Bank of Pakistan，*Prudential Regulations for Small & Medium Enterprises Financing*（*Updated till December 31，2017*），https：//www. icmap. com. pk/downloads/TechnicalSupport/Prudential_ Regulations_ for_ SMEs. pdf.

④ Profit. Pakistantoday. com，"SBP relaxes its loan scheme to facilitate small businesses"，April 22，2020. https：//profit. pakistantoday. com. pk/2020/04/22/sbp－relaxes－its－loan－scheme－to－facilitate－small－businesses/.

期审查《审慎规定》、帮助金融机构制订基于行业的借款计划、增强征信所的功能、改善风投公司的法规流程和财政激励、在《破产法》中引入专门有效的司法流程、增加银行申诉专员解决中小企业投诉的职能、增加中小企业在正规融资和良好会计实务方面的选择、推广伊斯兰融资模式。① 经过十几年的发展，巴基斯坦的经济和商业环境已经发生了深远的变化。为建立有利的经济环境，继续挖掘中小企业在国内外市场的巨大潜能，中小企业发展署在经过与多个机构和部门的讨论后，编写了《2020年国家中小企业政策草案》，并于 2020 年 10 月提交给总理。工业部长在与各省磋商后，将确定该政策的实施路线图。

在机构设置上，中小企业发展署（SMEDA）和中小企业银行（SME Bank）是推动巴基斯坦中小企业发展的重要机构。

中小企业发展署的职能之一是帮助企业家通过银行或其他机构获取资金。2018—2019 财年，中小企业发展署共帮助企业获得了 6.48 亿卢比的资金。在中小企业发展署的推动下，共有 9 个银行对中小企业提供73 款融资产品。这些银行分别是 Albaraka 伊斯兰银行、联合银行、Alfalah 银行、哈比银行、Meezan 银行、SAMBAA 银行、Silk 银行、旁遮普银行、联盟银行。中小企业发展署还推出了中小企业融资帮助台项目（SME Financing Helpdesk），目前已举办了 6 期企业家与银行代表洽谈会，为企业建议合适的银行贷款。此外，中小企业发展署还协助推动信用担保计划，该计划旨在为银行提供风险缓释机制，增加银行对中小企业的覆盖率。巴基斯坦中央银行为该计划成立了巴基斯坦信用担保公司（PCGC）。②

中小企业银行是唯一为满足中小企业部门的需求而专门设立的银行。其主要职能包括为中小企业提供必要的技术和财务支持、扶持增值型和出口型中小企业、创造就业和减贫等。中小企业银行为中小企业提供短期或长期的资金支持，其产品包括季节性业务运营融资、营运资金定期融资、固定资产定期融资、现金/近现金证券融资等。巴基斯坦政府掌握中小企

---

① Ministry of Industries, Production & Special Initiatives, *SME Policy 2007*, https: //smeda. org/phocadownload/Publicatoins/SME% 20Policy% 202007. pdf.

② SME Development Authority, *SMEDA Annual Report 2018 - 2019*, https: //drive. google. com/file/d/1 nNlXj2J8fUCAEtxhLbf4 yqXnUGcvpBUn/view.

业银行 93.88% 的股权，其余 6.12% 的股权由六家商业银行集体所有。目前，中小企业银行正在私有化的进程中，巴基斯坦政府于 2019 年 12 月决定将其全部股权出售给战略买家。

巴基斯坦政府主要通过巴基斯坦国家银行颁布各项融资优惠计划，这些计划通过商业银行的具体贷款产品进行落实。目前，9 家银行共提供 73 款融资产品，可在中小企业发展署网站上查询产品清单，本章就不再一一介绍。表 II-3-5 为巴基斯坦的中小企业融资计划。

表 II-3-5　　　　　　　　　巴基斯坦中小企业融资计划

机构	融资计划
巴基斯坦国家银行	促进中小企业融资政策 促进中小企业现代化再融资机制 小型企业和低端中型企业营运资金再融资计划 农产品存储融资机制 小型农业企业信用担保计划 巴基斯坦国家银行可再生能源融资计划 女性企业家再融资和信用担保计划 残障人士小型企业融资和信用担保计划 全国青年发展计划（YES）-总理 Kamyab Jawan 计划 信德省米糠磨坊补贴和担保机制 小额信贷信用担保机制
中小企业发展署、世界银行	开普省，联邦直辖部落区和俾路支省多方捐助者信托基金（MDTF） 开普省经济重振项目（ERKP）
中小企业发展署	信用担保计划（CGS）

资料来源：巴基斯坦国家银行，https：//www.sbp.org.pk/Incen-others/index.asp、SMEDA，"SMEDA Annual Report 2018-2019"，https：//drive.google.com/file/d/1nNlXj2J8fUCAEtxhLbf4yqXnUGcvpBUn/view.

除了表 II-3-5 显示的长期融资计划外，为抗击新冠肺炎疫情，重振经济，巴基斯坦国家银行还推出了数个临时融资计划，如用于购买新进口和本地制造的机械的经济再融资临时机制（TERF）、贷款延长和重组一揽子计划（债务减免计划）、抗击新冠肺炎再融资机制、Rozgar 计划（雇员薪资融资计划）等。此外，巴基斯坦国家银行还以零利率向银行提供再融资，并允许银行根据企业的价值担保或供应链关系提供融资，对中小企业借款人提供不超过500万卢比的无抵押贷款。

三 纳税

世界银行营商环境报告的"纳税"指标主要考量的是企业的每年缴税次数、每年耗费时间、总税收和缴费率以及报税后流程。如图Ⅱ-3-3所示，2020年，巴基斯坦在该指标的排名为第161位，较2019年上升12位，较2018年上升11位。在南亚地区，巴基斯坦在纳税领域排名第6位，仅高于尼泊尔和阿富汗。结合表Ⅱ-3-6可以看出，近年来巴基斯坦纳税分数逐年上升，2020年缴税次数和纳税小时数都有进步，分别下降到34次/年和283小时/年，但在南亚地区仍属于落后水平。巴基斯坦的税法和税种较为繁复，且税收政策频繁变化。近年来，巴基斯坦政府不断进行税收改革，降低税率，推动税务的数字化，纳税负担逐渐减轻。

表Ⅱ-3-6　　　　巴基斯坦历年纳税二级指标变化情况

年份	分数（2017—2020年方法论）	缴税次数（每年）	时间（小时数/年）	总税率和社会缴纳费率（占利润百分比）	利润税（占利润百分比）	劳动税及缴付（占利润百分比）劳务税及派款（占利润百分比）	报税后流程指标（0—100）
2020	52.9	34	283	33.9	17.8	15.0	10.5
2019	47.0	47	294	34.1	18.2	14.8	10.5
2018	46.4	47	312	33.9	18.3	14.5	10.5
2017	46.6	47	312	33.4	18.4	13.8	10.5
2016	47.0	47	307	32.9	18.6	13.2	10.5
2015	—	47	307	32.6	18.7	12.8	—
2014	—	47	307	32.4	18.7	12.6	—

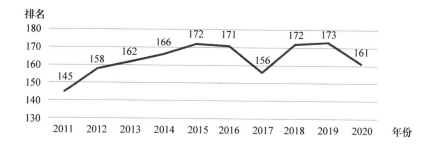

图Ⅱ-3-3　2011—2020年巴基斯坦历年世界银行《营商环境报告》纳税排名变化

资料来源：世界银行历年《营商环境报告》，https：//pakistandoingbusiness. com/past - doing - business - reports/。

（一）巴基斯坦的主要税种和税率

巴基斯坦的税种包括①联邦层面征收的所得税（农业所得除外）、对商品征收的一般销售税（GST）、关税、联邦消费税（FED）和资本所得税，以上税负由巴基斯坦联邦税收局征收。②省级层面征收的服务业GST（GSTS）、职业税、农业所得税、汽车税、城市不动产税（UIPT）及其他与房地产相关的税（如印花税、资本价值税）。联邦税收收入约占全国税收总收入的90%左右。2019财年，总税收收入占GDP的11.8%，联邦税收收入占GDP的10.1%。间接税收入占联邦税收收入的62.2%。①

联邦税由联邦税务局（FBR）主管，下设国内税务局（Inland Revenue）、关税局（Customs）、纳税人审计局（Taxpayer Audit）、税收促进与纳税人教育部（FATE）、战略规划改革与统计部（SPR&S）、会计部等11个部门。其中，国内税务局负责征收所得税、销售税和联邦消费税，这三种税占联邦税收的90%。省税由地方税务局和财政部门主管，除少部分上缴联邦政府外，其余作为各省自有发展资金。FBR在全国设有三个大纳税人税务局（LTO），分别位于伊斯兰堡、卡拉奇和拉合尔，以及18个地区税收办公室（RTO）。此外，2020年FBR在卡拉奇增设了一个中纳税人

①　Government of Pakistan Finance Division, *Pakistan Economic Survey 2019 - 20*, http：//www. finance. gov. pk/survey_ 1920. html.

税务局（MTO），负责评估营业额较低的小型公司。关税局在全国设有25个分支机构。

AJ&K地区在宪法上不属于联邦，故在AJ&K政府下设AJ&K内陆税务局（The Department of Inland Revenue，AJ&K），负责征收直接税（如所得税）和省级税（GST，FED，教育税，汽车税，职业税等）。AJ&K设有25个地方办事处，以及16个税务征收检查处。

巴基斯坦的主要税法包括2001年《所得税条例》（直接税）、2002年《所得税规则》、1990年《销售税法案》（间接税）、2005年《联邦消费税法案》、2011年《信德省服务销售税法案》、2012年《旁遮普省服务销售税法案》，及其他省级服务销售税条例等。[①] 巴基斯坦的常规纳税年度为至本年度6月30日为止的12个月（如2017年7月1日至2018年6月30日）。

表Ⅱ-3-7　　　　　　　　巴基斯坦各税种及简介

税种	介绍
企业所得税	课税范围包括经营所得、租金所得、资本所得、工资所得及其他来源所得。2019年企业所得税税率降低至29%。小型企业税率为23%，并将在2023税收年度前逐年降低1%。对居民实体和在巴有常设机构（PE）的非居民实体，一般征收方式基于净应纳税所得，应对PE成本费用及境外总部分摊费用进行抵扣。非居民企业对来自建筑、安装和类似规定项目的所得可选最终纳税机制，即按总收入的固定比例缴纳税款，不再做其他扣除
销售税	巴基斯坦联邦政府在20世纪90年代取消增值税，改设销售税。销售税的征收对象为供应和进口的货品，以及提供的服务。联邦政府通常只对货品供应征收销售税，而省政府对省内提供的服务征收销售税。联邦和政府也对伊斯兰堡首都直辖区内提供的服务征收销售税。标准的销售税税率为货品17%，服务按照不同省份在13%—16%之间。信德省为13%，旁遮普省为16%，伊斯兰堡首都直辖区为16%，俾路支省为15%，开普省为15%
联邦消费税	进口商品和巴基斯坦本国生产的商品及保险、广告、邮件快递、会计等服务，以及在非关税区生产并运到关税区出售或消费的货物均需缴纳消费税。税率为5%—100%，其中，通信服务税率为20%，银行、保险服务税率为10%。部分商品和服务免征联邦消费税

---

① 《对外投资合作国别（地区）指南·巴基斯坦（2019）》，中华人民共和国商务部网站，http：//www.mofcom.gov.cn/dl/gbdqzn/upload/bajisitan.pdf。

续表

税种	介绍
关税	2019 年，最高法定关税税率降至 20%，具体税率可登录巴基斯坦联邦税收委员会网站（www. fbr. gov. pk）查询。中巴自贸协定第二阶段谈判已于 2019 年 4 月结束，中巴关税减让措施已于 2020 年 1 月 1 日开始实施。双方对各自税目总数 75% 的产品实施零关税，其他税目实施不同程度的降税。有关降税清单商品和税率可登录 http：//fta. mofcom. gov. cn/查询

资料来源：《对外投资合作国别（地区）指南·巴基斯坦（2019）》，http：//www. mofcom. gov. cn/dl/gbdqzn/upload/bajisitan. pdf；

Deloitte，"International Tax Pakistan Highlights 2020"，https：//www2. deloitte. com/content/dam/Deloitte/global/Documents/Tax/dttl – tax – pakistanhighlights – 2020. pdf？ nc = 1.

（二）巴基斯坦对外国投资的税收优惠政策

巴基斯坦主要的投资政策和法案包括《1976 年外国私人投资（促进与保护）法案》《1992 年经济改革促进和保护法案》和《巴基斯坦投资政策 2013》。《2013 年巴基斯坦投资政策》主要关注降低经商成本和减少步骤，从而加强本国竞争力。该政策提出提高投资者便利度、投资保护、去除监管障碍、公私合营和加强各方协调等在内的经济自由化措施。

此外，巴基斯坦已与包括中国在内的 48 个国家和地区签署了双边投资协定，与超过 65 个国家和地区签署了避免双重征税协定①。巴基斯坦除了对外商投资者提供一般优惠政策外，还对经济特区的投资提供特殊优惠。目前巴基斯坦共有 46 个经济特区。具体优惠措施如下：

1. 经济特区的财政优惠政策

开发商：一次性免除进口到巴基斯坦用于开发，运营和维护经济特区的工厂和机械的所有关税和税款；自签署《发展协定》之日起五年内，免除与经济特区开发和运营有关的应计所得的所有税款。

经济特区内的企业：一次性免除特区内安装的进口机器和设备的所有关税和税款；对于 2020 年 6 月 30 日之前开始生产的装置免征十年的所有

---

① 《对外投资合作国别（地区）指南·巴基斯坦（2019）》，中华人民共和国商务部网站，http：//www. mofcom. gov. cn/dl/gbdqzn/upload/bajisitan. pdf。

所得税，对于 2020 年 6 月 30 日之后开始进行生产的单位免征五年的所得税。

2. 经济特区的一般优惠政策

在经济区新址提供气、电和其他公用设施；允许经济区开发商自备发电设备。

3. 其他优惠政策

巴基斯坦于 2018 年通过的《财政法案》将 2018—2019 年度的企业税率从 30% 降低至 29%，并继续逐年递减 1%，直至 2022—2023 年度降至 25%。

与 BMR 投资以及新工业经营和扩建项目中基于权益的投资相关的税收抵免适用于 2019 年 6 月 30 日之前进行的投资。这些税收抵免将扩展至 2021 年 6 月 30 日之前进行的投资（《2018 年财务法案》，2018 年 7 月 1 日起适用）；

对搬迁工业的整厂进口征收 10% 的关税。（《海关法》附表 5，第 1 部分，序列号 14）。

4. 企业所得税免税

对特定农村地区和欠发达地区工业企业的第一年投资给予补贴（《2001 年所得税条例》第 23A 条）；发电项目免征企业所得税；通过 IT 提供的服务的出口收入免征企业所得税；将用于工业经营的外国直接投资的企业所得税减至 20%。

5. 额外税收减免

厂房和机械：对巴基斯坦企业工厂和机械投资额的 10% 抵免（在 2010 年 7 月 1 日至 2019 年 6 月 30 日之间出于延伸、扩展和更换工厂和机械的目的的投资）。

雇佣：对于在 2019 年 7 月前成立的制造企业，每 50 名注册员工可享受应纳税额 2% 的税收抵免。但最大抵免额不得超过应纳税额的 10%。

对税务登记人员销售：为了鼓励存档，已进行销售登记的制造商对销售税已登记人员的销售超过 90% 时，可享受 3% 的税收抵免。

上市：目前在证券交易所登记的企业可享受 1 年应纳税款 20% 的税收抵免。为了鼓励公司在证券交易所登记，税收抵免被延长到 2 年。

设立新工厂和扩大已有工厂：2011 年 7 月 1 日至 2019 年 6 月 30 日，

在巴基斯坦设立新工业企业的公司可以享受为期五年的免税期。免税额度至少为以股权形式发放的所有者权益的70%。

6. 行业鼓励政策①

表Ⅱ-3-8　　　　　　巴基斯坦行业税收鼓励政策

政策内容	制造业	非制造业领域		
政府批准		农业	基础设施/社会领域	服务业
	除了武器、高强炸药、放射性物质、证券印制和造币、酒类生产外无须政府批准	无须政府批准，但有些需要从有关机构取得证书		
资本、利润、红利汇回	允许	允许		
外商投资上限	100%	100%	100%	100%
机械设备进口关税率	5%	0%	5%	0—5%
税收优惠（初始折旧占厂房设备的比例）	25%	25%		
特许权和技术使用费	对支付特许权和技术使用费无限制	按有关规定允许，第一笔不超过10万美元；在前5年内不超过净销售额的5%		

资料来源：《对外投资合作国别（地区）指南·巴基斯坦（2019）》，http：//www. mofcom. gov. cn/dl/gbdqzn/upload/bajisitan. pdf。

2020年，巴基斯坦还提出了两项新的草案，即《2020—2025年电动汽车政策（草案）》和《移动设备开发政策（草案）》。《2020—2025年电动汽车政策（草案）》旨在鼓励汽车及其相关行业转向电动汽车。草案提议，对电动汽车相关部件给予关税优惠，并对电动汽车领域的新投资者给

---

① 《对外投资合作国别（地区）指南·巴基斯坦（2019）》，中华人民共和国商务部网站，http：//www. mofcom. gov. cn/dl/gbdqzn/upload/bajisitan. pdf。

予生产/进口优惠。《移动设备开发政策（草案）》旨在吸引移动设备领域的外国直接投资，推动移动设备技术的本地制造和巴基斯坦的数字化水平。草案提议，减免与移动设备的全散装件和半散装件有关的税费，给予本地制造商出口研发补贴，本地生产的手机免征预提税等。

四　贸易

世行的"跨境贸易"指标主要衡量的是企业完成进出口流程时所需的时间和成本。近年来，巴基斯坦在该指标的得分稳步提升。2018—2019年，巴基斯坦该指标得分稳定在 67.5，并在 2020 年提升至 68.8。这一进步主要是由于边境合规时间的减少。

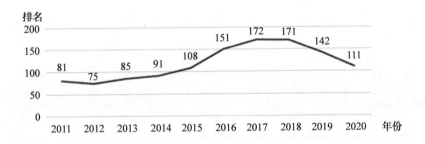

图Ⅱ－3－4　2011—2020 年巴基斯坦跨境贸易排名变化

资料来源：World Bank，https：//pakistandoingbusiness.com/past-doing-business-reports/.

（一）贸易便利化

根据联合国历年发布的《全球数字化及可持续贸易便利化调查》[①]，巴基斯坦的贸易便利化程度稳定增长。从表Ⅱ-3-9 中可以看出，2019年，巴基斯坦在跨境无纸贸易、手续便捷程度、贸易透明度这几个方面都有很明显的进步。从表Ⅱ-3-10 中可以看出，巴基斯坦在无纸贸易、制度安排与合作和手续便捷程度三个方面均优于区域平均水平，但透明度低于区域平均水平。

---

① 2015 年、2017 年报告称为《全球贸易便利化和无纸贸易实施情况调查报告》（UN Global Survey on Trade Facilitation and Paperless Trade），该调查具体指标见附录。

表Ⅱ-3-9　　巴基斯坦历年《全球数字化及可持续贸易便利化调查》得分

	贸易便利化得分	跨境无纸贸易	无纸贸易	制度安排与合作	手续	透明度
2019 年	59.14	22.22	62.96	77.78	70.83	66.67
2017 年	50.54	11.11	62.96	77.78	54.17	53.33
2015 年	40.86	11.11	40.74	55.56	50.00	53.33

资料来源：United Nations，https：//untfsurvey.org/economy？id=PAK。

表Ⅱ-3-10　　巴基斯坦 2019 年贸易便利化水平各得分项与区域平均水平对比

	巴基斯坦	南亚与西南亚	亚太
跨境无纸贸易	22.22	22.22	31.88
无纸贸易	62.96	58.15	57.89
制度安排与合作	77.78	63.33	62.08
手续	70.83	62.92	70.65
透明度	66.67	73.33	77.25

资料来源：United Nations，https：//untfsurvey.org/economy？id=PAK。

（二）贸易成本

贸易成本包括运输成本（货运成本和时间成本）、政策壁垒（关税和非关税壁垒）、信息成本、合同执行成本、货币成本、本地分销成本（批发和零售）以及法律法规费用。[1] 本章侧重运输成本和政策壁垒进行分析。

巴基斯坦的贸易便利度和基础设施对贸易有较大阻碍。2018 年，巴基斯坦的世行物流绩效指数（LPI）排名从 2010 年的第 110 位跌至第 122 位（共 160 个国家）。尽管巴基斯坦政府在物流、海关、国际运输、基础设施和信息系统方面进行了一系列改革，但并没有产生明显的改进。从表

---

[1]　Singh, S. and S. K. Mathur (2014), "Trade Costs of India within Asia: Measurement and its Determinants", Working Paper No. 746, Retrieved from, http: //www.freit.org/WorkingPapers/Papers/TradePolicyRegional/FREIT746.

Ⅱ-3-11 可以看出，2018 年巴基斯坦 LPI 的 6 项指标排名均大幅下降，且各项指标排名都十分落后。

巴基斯坦 95% 的国际贸易通过卡拉奇的卡拉奇港口和卡西姆港口进行，其中卡拉奇港口占总贸易量的逾四分之三。从具体的贸易便利性数据来看，巴基斯坦卡拉奇的港口集装箱停留时间一般为 7 天，比东亚和发达国家的停留时间长三倍。截至 2018 年，进口的边界合规和单证合规时间为 263 小时，而经合组织成员国仅为 11.9 小时。

表Ⅱ-3-11　　　　2010—2018 年巴基斯坦 LPI 二级指标排名

	海关绩效	基础设施	国际运输	服务水平	信息系统	及时抵达
2018	139	121	97	89	136	136
2016	71	69	66	68	67	58
2014	58	69	56	75	86	123
2012	46	71	68	72	90	83
2010	134	120	66	120	93	110

资料来源：World Bank，https：//lpi. worldbank. org/international/global/2018。

此外，国际贸易中心（ITC）发布的《巴基斯坦：看不见的贸易壁垒》① 对近 1200 个企业进行了调查，结果显示，超过半数的巴基斯坦出口商都面临法规或流程方面的困难，包括技术要求合规困难，缺少贸易相关信息和当地基础设施不完善。

巴基斯坦的国内物流依靠铁路、港口、航空和公路。铁路是公共部门运输的主要方式，但速度较慢，集装箱质量较差，铁路货运仅占巴基斯坦所有货物运输的 6%。根据巴基斯坦规划和发展部的《2025 年远景》，为了建立一个高效的综合运输物流系统，需要配合中巴经济走廊建设沿线运输网络和物流基础设施。也因此，铁路项目投资是中巴经济走廊的重要组

---

① International Trade Centre，"Invisible Barriers to Trade—Pakistan：Business Perspectives"，https：//www. intracen. org/uploadedFiles/intracenorg/Content/Publications/NTM _ Pakistan _ final _ with%20covers. pdf.

成部分,将帮助巴基斯坦增加道路密度,提升铁路份额,增加运输相关的年出口额。

在航空货运方面,巴基斯坦有 46 个机场,但其中近一半因为各种原因关闭。由于高昂的运费、烦琐的海关手续和机场货运设施的不足,空运成本非常高,空运占全国货运量的比重几乎可以忽略不计。

在港口方面,巴基斯坦除了主要的卡拉奇港口卡西姆港口之外,还有瓜达尔港。虽然目前瓜达尔港的贸易金额远不及卡拉奇港和卡西姆港,但随着中巴经济走廊建设的进展,预计瓜达尔港的贸易量将持续攀升。随着瓜达尔工业区的持续开发,瓜达尔港未来的基础设施发展将提供充足的仓库和其他基础设施,该港口将成为主要转运枢纽之一,用于处理向中国和中亚国家的货物转运。此外,巴基斯坦还建立了多个无水港。巴基斯坦铁路管理下的无水港包括拉合尔无水港、卡拉奇无水港、奎塔无水港、白沙瓦无水港、木耳坦无水港和拉瓦尔品第无水港。私人管理的无水港包括锡亚尔科特无水港、费萨尔巴德无水港、中巴苏士特无水港、NLC 无水港、QICT 无水港和锡亚尔科特国际集装箱码头。

巴基斯坦大部分国内贸易还是依靠公路进行。巴基斯坦全国约有264000 千米的公路网,公路货运占全国货运量的 94%。巴政府仍在不断投资建设新道路和维护现有道路。但与南亚其他国家相比,巴道路密度只有每平方千米 33%,远不及印度的 133% 和斯里兰卡的 150%。[1]

在关税方面,居高不下的关税曾是巴基斯坦贸易的最大阻碍之一。在年出口额超过 200 亿美元的 68 个国家中,巴基斯坦是平均加权关税最高的国家之一。[2] 关税,特别是原材料关税,削弱了巴基斯坦的产品竞争力,也降低了贸易效率。在过去十年中,所有 20 个出口增长最快的经济体均降低了进口关税,但巴基斯坦的进口关税反而增加了。

近年来,巴基斯坦在关税方面出台了许多优惠政策。2018 年,巴基

---

[1] Globalvillagespace.com, "Pakistan's Logistics Nightmare: Years of Neglect & Shortsightedness", https://www.globalvillagespace.com/pakistans – logistics – nightmare – years – of – neglect – shortsightedness/.

[2] Government of Pakistan Ministry of Commerce, Draft "Trade Related Investment Policy Framework" (TRIPF), http://www.commerce.gov.pk/wp – content/uploads/2018/10/Trade – Related – Investment – Policy – Framework – 2015 – 231.pdf.

斯坦商务部起草了《2015—2023 年与贸易相关的投资政策框架》
(TRIPF)，以吸引对出口导向型制造业的投资。草案确定了出口导向型
投资的优先领域，即纺织类劳动密集型增值部门、金属材料类资源密集
型增值部门、农产品加工资源密集型增值部门、石化电信太阳能 LED 等
领域、电子电路和溴化铬电池等领域。政府将通过合理化关税，并制定
降低投资商投入成本的优惠政策来提升优先领域的竞争力。例如，
《2019—2024 年国家关税政策》计划对关税政策进行改革，包括简化关
税表，逐步降低原材料、中间产品和固定资产的关税，逐步减少额外关
税和监管关税，消除商品进口商、原材料、中间产品和资本货物的关税
税率差异，为新兴行业提供一定期限的保护等；《2020—2021 年财政法
案》对关税结构做出了几项调整，包括取消 1623 个类目的额外关税，
以及取消对易走私物品的监管，大幅削减易走私物品的监管关税等；巴
基斯坦贸易发展局发布的《2020 年 7 月至 9 月巴基斯坦贸易展望》[①] 列
举了巴基斯坦政府近几个月出台的出口便利化措施，包括宣布电力和天
然气特殊价格、11 年后将电风扇的关税退税率从 4.39% 修订为 1.7%、
向瓜达尔港提供免税设施并停止对瓜达尔港的出口征收营业税和联邦消
费税等。

五　商业契约

世行"执行合同"指标主要考察司法程序的质量、时间和成本。巴
基斯坦排名自 2018 年以来，一直保持在第 156 位。在南亚地区，巴基斯
坦在"执行合同"领域排名中等。

"保护少数投资者"指标主要考察企业的披露程度、董事责任程度、
股东诉讼便利程度、股东权利、所有权和管理控制、公司透明度等。巴基
斯坦近年来的排名逐步下降，从 2018 年的第 20 位下降至 2020 年的第 28
位，主要原因是股东权利指数、所有权和管理控制指数、公司透明度指数
三项的得分有所下降。但在整个世行营商环境指标体系中，巴基斯坦在该

---

① Trade Development Authority of Pakistan (TDAP), "Pakistan Trade Perspective July - September 2020", https：//tdap. gov. pk/wp - content/uploads/2020/10/Pakistan - Trade - Perspective - July - Sep - 2020. pdf.

指标的表现是相当出色的，在南亚地区与斯里兰卡并列第一，在全球排名前30位。

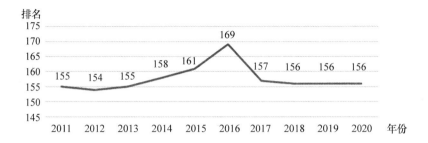

图 Ⅱ - 3 - 5　2011—2020 年巴基斯坦历年世界银行《营商环境报告》
执行合同排名变化

资料来源：World Bank，https：//pakistandoingbusiness. com/past - doing - business - reports/。

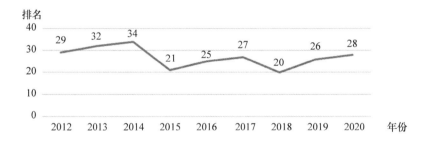

图 Ⅱ - 3 - 6　2011—2020 年巴基斯坦历年《营商环境报告》
保护少数投资者排名变化

资料来源：World Bank，https：//pakistandoingbusiness. com/past - doing - business - reports/。

　　"办理破产"指标主要衡量的是处理商业破产的时间、成本、结果和回收率（recovery rate）及破产相关法律框架的力度。近年来，巴基斯坦在该指标的排名有所提升，从 2016 年的第 94 位提升至 2019 年的第 53 位，但在 2020 年因回收率（即清偿率）一项得分下降而回落至第 58 位。2020 年，巴基斯坦的回收率为 42. 8%，低于 2019 年的 44. 5%。

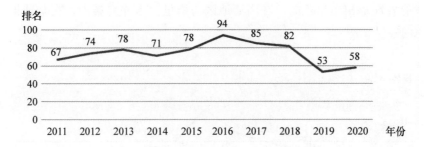

图Ⅱ-3-7　2011—2020年巴基斯坦历年世界银行《营商环境报告》
办理破产排名变化

资料来源：World Bank，https：//pakistandoingbusiness. com/past - doing - business - reports/。

(一) 巴基斯坦的法律环境

巴基斯坦的法律体系以英国普通法体系为基础，乌尔都语和英语是巴基斯坦的两种司法语言。巴基斯坦最高司法机关为最高法院，各省和伊斯兰堡设高等法院，各由1名首席大法官和若干法官组成。最高法院对省级法院具有管辖权。除少数情况外，最高法院和高等法院均不对与巴基斯坦联邦直辖部落地区有关的事项具有管辖权。各省的法院由民事和刑事地区法院以及特别法庭组成，包括解决银行、知识产权、海关和税费、走私、税法、环境法、保险、消费者保护、腐败等诉讼的特别法庭。巴基斯坦的司法机构受政府和其他利益相关方的影响，下级司法机关受行政部门的影响，因此缺乏公正性。①

巴基斯坦与商业契约相关的主要法律有②：

《1976年外国私人投资（促进与保护）法案》，明确规定对外商投资应予以保护，不得对外资公司实施国有化，外资利润可汇出，外资享受国民待遇等。

《1992年经济改革保护法案》，强调保护国内外公司外汇账户、支持投资设厂、保护资产转让、保守银行交易秘密等。

---

① U. S. Department of State, "2018 Investment Climate Statements", https：//www. state. gov/re-ports/2018 - investment - climate - statements/pakistan/。

② 《对外投资合作国别（地区）指南·巴基斯坦（2019）》，中华人民共和国商务部网站，http：//www. mofcom. gov. cn/dl/gbdqzn/upload/bajisitan. pdf。

《2017 年公司法》取代《1984 年公司法》，是巴基斯坦迄今最重要的法律制度改革之一。原《1984 年公司法》对公司成立、注册、组织、运作、转让、变更进行了详细规定，并对外国公司在巴成立分公司、办事处和开展业务做出了明确规定。新公司法将为公司提供便利的营商手续，为投资者提供更强的保护力度。同时还将加强电子化管理，增强管理的透明标准，大幅提高政府对企业的管理水平。

巴基斯坦没有一部完整的破产法。《1984 年公司法》涵盖了丧失抵押品赎回权的情况，而《1962 年银行公司条例》涵盖了银行和金融机构的清算。由法院指定的清算人拍卖破产公司的财产并安排实际的破产程序，该过程可能持续数年。《1984 年公司法》对并购进行了规定，允许国际公司之间以及国际公司与本地公司之间进行合并。2012 年，政府颁布了有关友好收购和敌意收购的法律，要求公司披露任何超过 25% 的集中股权。

2018 年，巴基斯坦颁布了《企业重组法》，引入了企业重组程序，适用于债务超过 1 亿卢比的已注册的所有类型的企业。该法案引入了允许债务人在破产程序中继续经营的机制，并让破产从业者能够在债务人和债权人之间担任调解人，或是在重组过程中承担管理和运营破产企业的责任。此外，该法案还允许任命债权人委员会对破产程序进行监督。《企业重组法》还对程序启动后的融资做出了规定，允许以有抵押或无抵押的方式获得融资，该法案还补充了《2017 年公司法》中有关清算的部分。该法案的出台标志着重大的改进，但巴基斯坦的破产制度仍有待进一步加强。

（二）巴基斯坦商业纠纷的解决方式

在巴基斯坦发生商务纠纷，可以通过法律途径解决。如合同中规定有仲裁条款的，可以向约定的仲裁机构申请仲裁；如果没有仲裁条款的，可向有管辖权的法院提起诉讼，适用法律视合同具体情形确定。具体操作中，重大商务合同多规定仲裁条款，选择新加坡或伦敦等地仲裁。[①]

巴基斯坦是国际投资争端解决中心（ICSID）的成员，于 2005 年批准了《承认和执行外国仲裁裁决公约》（1958 年《纽约公约》）。但即便如此，巴基斯坦仍缺乏清晰、透明和及时的投资纠纷机制。巴基斯坦的

---

① 《对外投资合作国别（地区）指南·巴基斯坦（2019）》，中华人民共和国商务部网站，http：//www. mofcom. gov. cn/dl/gbdqzn/upload/bajisitan. pdf。

《1940 年仲裁法》为商业纠纷仲裁提供了指导，但案件通常持续数年才能解决。为了降低这种风险，大多数外国投资者都将国际仲裁写进合同条款。除了仲裁之外，没有其他替代性纠纷解决机制。

第三节 营商环境主要问题与改进

结合 2020 年世行《营商环境报告》的各项排名来看，政府效率、官员腐败和供电不稳定是巴基斯坦营商环境面临的主要问题。

一 政府效率

（一）面临问题

从表 Ⅱ－3－12 可以看出，巴基斯坦在世行《营商环境报告》中开办企业、获得电力、登记财产、纳税、跨境贸易和办理破产的流程所需时间均低于南亚平均水平，且远低于经合组织高收入国家的平均水平。仅办理施工许可证一项的流程时间优于其他二者。该现象的主要原因是巴基斯坦的各政府机关之间缺乏协调且电子政务尚不完善。根据 2019 年世行《营商环境报告》的结果，巴基斯坦投资局联手英国援助组织（UK Aid）和世界银行编写了《2019—2021 巴基斯坦营商改革战略》（以下简称"改革战略"），其中详细描述了在营商环境的各个环节加快政府效率的短期和中长期改革建议。在改革措施的逐步推进下，2020 年巴基斯坦被世界银行评为"营商环境改进前 20 名"。

表Ⅱ－3－12   2020 年巴基斯坦、南亚和经合组织高收入国家的营商流程时间

	巴基斯坦	南亚	经合组织高收入国家
开办企业	16.5 天	14.6 天	9.2 天
办理施工许可证	125 天	149.7 天	152.3 天
获得电力	113 天	86.1 天	74.8 天
登记财产	105 天	107.8 天	23.6 天

续表

	巴基斯坦	南亚	经合组织高收入国家
纳税	283 小时	273.5 小时	158.8 小时
跨境贸易（出口边境合规时间/出口单证合规时间/进口时间/进口单证合规时间）	58 小时/55 小时/120 小时/96 小时	53.4 小时/73.7 小时/85.7 小时/93.7 小时	12.7 小时/2.3 小时/8.5 小时/3.4 小时
执行合同	1071 天	1101.6 天	589.6 天
办理破产	2.6 年	2.2 年	1.7 年

资料来源：世界银行《2020 年营商环境报告》，https：//openknowledge. worldbank. org/bitstream/handle/10986/32436/9781464814402. pdf。

（二）改进措施

在开办企业方面，2018 年初，巴基斯坦证券交易委员会（SECP）推出线上流程，用于用户注册、名称预留、公司成立和 CEO 任命通知，申请者可一次性完成包括付款在内的多个流程；开办企业的程序数量从 10 个减少到 5 个，之前的四张表格合并为一张；2018 年，旁遮普省 IT 委员会推出了旁遮普省企业注册门户网站，用于社保注册和劳动局注册，将线下注册所需的一周时间缩短至线上注册的 48 小时；劳动局在 2018 年 6 月修订了法规，免除注册费和注册所需的检查。

在未来的短期改革上，"改革战略"还建议合并雇员老年福利机构（EOBI）注册与巴基斯坦证券交易委员会注册，建立统一的电子服务网站；合并旁遮普省和信德省的社会保障机构（PESSI/SESSI）注册和省劳动局注册；在信德省建立与旁遮普省类似的企业注册门户网站用于社保和劳动局注册，目前信德省政府已经计划建立基于中央政府数据库（包含税务、社保和劳动局数据）的统一门户网站。

在中长期改革上，"改革战略"建议取消对企业营业点的实地检查和生物信息采集预约，改为在税收审计时进行审查，并从商业银行获取已收集的生物信息，从而简化营业税注册过程，同时也避免在过程中官员受贿；引入唯一的企业识别号以代替企业注册号、国家税号和单独的营业税号，此举需要建立相关政府机构的通用数据库和客户操作的 ICT 系统，在所有机构之间共享信息，从而简化企业合规程序，同时加强政府监管；将联邦和各省所有机构的注册程序整合到同一个门户网站上，根据用户的位置和商业活动提供不同的交互式表单。

在办理施工许可证方面，信德省建筑控制局（SBCA）（负责卡拉奇的施工许可）和拉合尔发展局（LDA）（负责拉合尔的施工许可）简化了审批流程，取消了不必要的办理材料。LDA 还在 2017 年成立了建筑规划部门，专门处理商业施工许可的申请，并推出了单一窗口网站（One Window Facilitation Center），用于一次性提交申请和上传所需材料。

在短期改革上，"改革战略"建议增强办理施工许可证的网站的功能，对申请材料进行预筛选，及时补充有遗漏的材料；公示建筑许可所需文件清单，统一不同部门对文件的要求；合并所有的无异议证书（NOC）申请，通过计算机后台自动将 NOC 请求发送给相关机构，避免申请人线下去每一个机构办理。

在中长期改革上，"改革战略"建议将 LDC 和 SBCA 的系统与土地管理局系统对接，让申请人无须实地前往国土局办理施工许可所需的土地所有权证明；引入基于风险的建筑审批，为低风险建筑开通快速审批通道；将 LDC 的单一窗口网站推广到所有类型的建筑物，并加入电子付款功能；在 SBCA 设立与 LDC 相似的单一窗口网站，用于线上办理施工许可证；允许委托具备专业资格的私有企业进行竣工检查，以减少等待地方当局检查的时间；修改建筑法规，在旁遮普省引入建筑质量缺陷的责任机制和保险制度，在规定期限内将保护范围扩大到准业主。

在获得电力方面，拉合尔和卡拉奇规定了服务交付的时限，并推出了在线申请网站。卡拉奇的配电公司减少了申请接电所需的文件数量，将等待现场审批时间从 13 天缩短到 8 天，将工业用电的负载审批时间缩减为 1 天，并通过线上系统将用电计划审批缩短为 5 天。拉合尔推出了仅需半天的线上自动缴款，并取消了获取线路检查的流程，将获得电力的时间缩短了 14 天。

在短期改革上，"改革战略"建议巴基斯坦国家电力管理局（NEPRA）根据不同的接电环境规定接电时间，例如人口稠密地区的接通请求可花费更多时间，并且需要严格监控时间履行情况，设置奖惩机制和客户投诉机制。目前，卡拉奇和拉合尔的电力公司 K – Electric 和 LESCO 都没有投诉机制。

在中长期改革上，"改革战略"建议在线申请网站加入在线付款功能；为配电网络引入地理信息系统，减少不必要的外部现场检查，简化电力接通的过程；将原本由申请人负责获取的接电挖掘许可证改为由挖掘服务提供商获取许可证，让申请人不必在机构间来回奔波。

在登记财产方面，旁遮普省近年来大大改善了土地管理，简化了登记财产的程序。旁遮普省土地记录局（PLRA）负责全省的土地管理。通过连接数据库，PLRA 能够自动执行多个流程，显著减少交付时间以及用户与管理部门之间的交互次数。旁遮普省还引入了财产的唯一识别号（Khasra），用于管理所有权和地籍。信德省则通过设立企业注册办公室简化了执行和登记契约的过程。此外，信德省首席部长于 2020 年 2 月指示信德省税务局通过推出在线申请平台，将财产登记和转让的时间从 149 天减少到 6 天。

在短期改革上，"改革战略"建议在网上和服务中心公开登记财产的服务标准和时间限制；实现印花税支付流程的自动化；实现土地管理系统的数字化，在税务局和土地管理局等机构之间建立实时信息连接，实现在线获得财产转让所需的无异议证书；重新审查税务局与土地相关的流程，简化土地转让契约执行，登记和扫描的流程。

在中长期改革上，"改革战略"建议实现所有权记录和地籍规划的完全数字化，继续改善信德省和旁遮普省的地理信息系统；在信德省建立与旁遮普省土地记录局相似的总括机构，专门负责全省的土地管理，从而促进机构间合作并整合土地注册和地籍数据库及系统，避免申请人在不同机构之间来回奔波；采取措施缩短土地纠纷的裁决时间，如制定土地纠纷的具体协调程序、设立预审会议、提供电子案件管理工具、确定可以批准的最大休庭次数等。

在纳税方面，政府推出了内陆税收信息系统（IRIS），实现了联邦税归档程序的自动化，并引进了企业所得税和商品与服务税（GST）的线上支付系统（ADC），将缴纳次数从 47 次降至 34 次，纳税合规总耗时从 294 小时降至 283 小时；信德省社保局和旁遮普省社保局推出了社保线上缴款，将缴款时间从 12 天缩短为 1 天；税务局推出了销售税实时票据验证系统（STRIVe），根据供应商发票自动生成买方销售税发票，减少纳税申报的时间；制定新的《税务局审计政策》，仅 2.3% 的所得税案例、

2.5%的销售税案例和7.7%的联邦消费税案例需审计；通过网络银行、借记卡和自动取款机实现随时随地的线上纳税；发布用于填写纳税申报单的线上手机应用。

在短期改革上，"改革战略"建议国家大力推动商业银行向公司账户持有人而不仅仅是个人提供电子支付服务，从而真正实现所有类型的企业通过 ADC 系统在线支付企业所得税和 GST；重新审查税务表格和文件要求，简化提交和支付 GST 的过程，同时继续改善 STRIVe。

在中长期改革上，"改革战略"建议扩展电子申请和电子支付服务，使其覆盖所有税收和缴款，包括社会保障和养老金缴纳以及省级税收；对合并具有相同税基的税收申报和支付进行可行性研究，努力减少纳税次数和合规时间；重新审查并简化获取 GST 退税的内部流程以减少处理时间；对税务审计案件进行基于风险的分类，提高审计效率，并通过数字化系统来选择审计案件，减小自由裁量权的范围。

在跨境贸易方面，巴基斯坦于 2011 年开发了线上一站式清关系统（We BOC），取代了线下 One Customs 流程，并将该系统推广到海港、集装箱码头、卸货码头、机场、无水港、仓库和边境哨所，并通过近年来对 We BOC 系统的不断改进，将清关和检查时间从 24 小时缩短到 15.7 小时；商务部取消了出口棉纱线所需的价格证明；卡西姆国际集装箱码头（QICT）引入了港口费用线上支付系统，减少进出口的单证和边境合规时间；出口棉花的本地运输时间从 5 小时减少到 2—3 小时；大多数托运货物通过绿色通道将港口和边境的处理时间减少了 105—118 小时。

在短期改革上，"改革战略"建议通过分析港口程序，消除重复的监管活动，缩短进出口时间；重新审查并完善海关风险管理系统（RMS），降低物理检查的比例；通过 We BOC 系统实现获取棉花和其他出口货物的价格证书（如必要）的自动化；实现签发原产地证书的完全自动化（无需纸质印刷副本），将处理时间从 8 小时减少到 2 小时。

在中长期改革上，"改革战略"建议由进出口商提供的货物报关单自动生成电子的 I – Form（用于进口）和 Form – E（用于出口）；将海关现场检查结果与 We BOC 系统连接，省去手动记录检查结果的过程，消除从检查到生成检查报告之间相当长的时间间隔。

在中长期改革上，"改革战略"建议部署智能化的数据分析工具，对

We BOC 生成的数据进行实时分析，将更多托运货物纳入绿色清关通道；在卡拉奇港口建立健全的港口社区系统（PCS），为跨港口运营的所有港口参与者提供单一电子窗口，满足港口和运输业务日益复杂的要求，整合并同步陆地和海上运输过程中利益相关者的信息，实现高效、可靠的供应链管理，并简化和整合与港口船舶和货物/集装箱运输有关的复杂过程。PCS 的范围也可扩展到机场，对空运货物进行类似的管理。目前，巴基斯坦已经启动了对 PCS 系统的开发，最终将实现与巴基斯坦国家单一窗口（PNSW）的整合，实现数据共享；部署 PNSW 系统，允许参与贸易和运输的多方通过单一入口提交标准化的信息和文件，以满足所有与运输相关的监管要求，加强海关与其他政府机构间的协作，显著提高清关速度，降低成本，提高政府运行效率。目前，PNSW 的开发已经启动，以巴基斯坦海关为牵头机构，已制定并批准了 PNSW 蓝图和实施计划。

在执行合同方面，按照世行的营商环境评估，过去十年巴基斯坦处理商业纠纷所需的时间和成本基本保持不变。但在联邦和省级层面，已经推行了一些改革。在联邦层面，政府于 2001 年推出了《金融机构（财务追回）条例》。金融情报局希望通过引入专门的银行法庭和新颖的程序来促进财务追回。政府还于 2002 年通过了《小额债务和轻罪法院条例》，成立了专门法院和简化程序来处理小额债务。此外，政府对《民事诉讼法典》进行了修改，允许法官将案件移交给替代性争端解决（ADR）方案（包括调解和和解），加快案件处理速度。在省一级，旁遮普省在拉合尔工商联合会调解中心开发了专门针对商业纠纷的 ADR 中心，拉合尔高等法院授权法院在开庭审理时先行调解。此外，信德省的司法机构自 2012 年以来一直在开发现代化的案件管理系统。

在短期改革上，"改革战略"建议对法院程序及处理商业案件的法律框架进行深入评估，消除法院工作人员不必要的行政工作，优化司法程序。

在中长期改革上，"改革战略"建议建立专门的商业法院，提高案件办理效率，并培养专业的法院工作人员；引入对案件的系统性管理方法，例如限制过多的休庭，规定执行时间标准等。虽然《民事诉讼法典》为重大法庭事件设定了时间标准，但鲜有遵循；引入审讯前会议，界定和缩小争议范围，帮助法官确定审理思路，避免审理过程被当事人双方操纵，造成不必要的拖延；在商业案件中引入自动化系统，以电子方式提交初次投诉和其他后续文件，以及传输审判文件和法院通知；发展 ADR 机制，加大力度促成调解与和解，考虑制定新的调解与和解法规，并在法规中引入经济奖励措施；提高用于触发信德省高级法院的初审管辖权的索赔门槛，并考虑将初审管辖权的申请费与索赔额绑定，从而防止为了提交高级法院而故意夸大索赔额的行为，缓解高级法院案件积压和诉讼延误的普遍情况。

在解决破产方面，近年来巴基斯坦在通过颁布《2018 年企业重组法》引入了重组程序，让破产领域的专家在债务人和债权人之间担任调解人的角色，或在重组过程中承担管理和运营破产企业的责任。此外，该法案允许任命债权人委员会来对破产流程进行监督，还对流程启动后的融资作出了规定。但在缩短办理破产的时间方面，没有什么改进措施。

在短期改革上，"改革战略"建议颁布二级立法，促进《企业重组法》的实施，其中包括设立对破产从业者的监管框架，让破产从业者缩短诉讼程序的时间。

在中长期改革上，"改革战略"建议为中小企业破产引入特殊的简化程序。目前的重组程序仅限于超过 1 亿卢比的债务，中小企业只能选择清算；将预先计划好的重组方案纳入《企业重组法》，对庭外重组进行快速灵活的处理。

二　官员腐败

（一）面临问题

由于巴基斯坦政府的信息化水平不高，很多政务流程需要申请人与公职人员面对面办理，再加上很多流程环节透明度不高，法规不完善，公职人员有较大的自由裁量权，因而增加了很多腐败的机会。巴基斯坦 2019年的腐败认知指数排名为第 120 位（共 198 个经济体）[1]，2017 年《全球腐败晴雨表》的结果显示，公用事业的腐败率为 61%，有 60% 的受访者

---

[1]　Transparency International, https：//www.transparency.org/en/cpi/2019/results/pak.

认为大部分政府官员存在腐败，议会成员的腐败率为55%。[1] 司法机构是巴基斯坦最腐败的政府机构之一。世行《2013年企业调查》显示，有68.3%的企业认为腐败是主要的障碍，有45.8%的官员通过向公职人员送礼来"把事办成"，有88.2%的企业通过送礼来确保与政府的合同……[2]可以说，在纳税、办理建筑许可、获得进口执照、获得电力等营商环境的各个环节，腐败行为无处不在。且巴基斯坦在《企业调查》中有关腐败领域的大部分指标均高于南亚地区平均水平。

（二）改进措施

巴基斯坦的反腐法律制度包括《1960年巴基斯坦刑法》、《1947年防腐败法》和《1999年国家问责局条例》。《1999年国家问责局条例》是巴基斯坦迄今为止针对腐败和其他非法活动最详尽的立法，并根据该法令于1999年成立了国家问责局（NAB）。2019年，问责局共完成747项问询和269项调查，追回1415.4亿卢比的腐败金，累计起诉成功率达68.8%。其中，拉合尔问责局打破了自1999年以来的所有记录，追回299.3亿卢比的腐败金。NAB于2002年成立了基于国家诚信体系的《国家反腐败战略》（National Anti-corruption strategy，NACS）。除了问责局以外，审计长和监察专员（Wafaqi Muhtasib）也承担打击腐败的责任，后者主要负责调查和补偿因政府官员管理不善而蒙受损失的人。联邦调查局（FIA）下设的反腐与经济犯罪部门也是反腐的积极力量。此外，巴基斯坦有82家企业加入了联合国全球契约组织（UN Global Compact），该组织承诺履行以联合国公约为基础的全球契约十项原则，其中包括反腐败。

在办理施工许可证方面，巴基斯坦的建筑许可办理程序受省级部门管辖，建筑商需要与多个机构互动，这增加了自由裁量权和贿赂的机会。特别是在文件要求方面，法规和惯例之间存在明显差异。"改革战略"建议，向公众公开办理建筑许可所需的文件，根据不同的建筑特点提供办理流程图和文件清单，提高建筑许可审批过程的透明度。此外，应在网上提供相关法规，收费标准和申请要求，并让申请人可以在线上获得申请表，

---

[1]　Transparency International，https：//www.transparency.org/en/gcb/asia-pacific/asia-pacific-2017/results/pak.

[2]　Enterprise Surveys，https：//www.enterprisesurveys.org/en/data/exploreeconomies/2013/pakistan#corruption.

避免工作人员在与申请者面对面互动时行使自由裁量权。

在获得电力方面，目前客户无法在提交申请前预估接通电力的费用，也没有关于材料成本的信息。"改革战略"建议在电力公司网站上提供电力成本明细，并为客户发布在线成本计算器，从而提高费用的透明度。

在登记财产方面，"改革战略"建议建立透明的土地管理系统，消除用户与政府官员之间的信息不对称。该系统应公开所有与土地相关的信息，如办理流程和财产交易，并公开政府的服务信息，从而将非正常付款和滥用职权的可能性降到最低。"改革战略"还建议建立专门的独立机制，用于跟踪和处理与财产登记和地籍有关的投诉，从而减少财产登记中的行政错误并避免产权问题。

在执行合同方面，"改革战略"建议系统性的案件管理方法，对审理过程设定明确的时间标准并公开这些信息，提高案件审理过程的可预见性，从而确保问责制，增加公众信任，减少腐败机会并提高法院管理的透明度。

在解决破产方面，"改革战略"建议推行案件管理和法院运作的自动化，从而加快破产程序的执行速度，提高司法程序的可预见性和透明度。

三　供电不稳定

（一）面临问题

电力是巴基斯坦企业的最大障碍之一。不但获得电力耗时长，成本高，接通之后电力的稳定性也是很大的问题。世行的调研结果显示，巴基斯坦只有四分之三的人口接通了电网。卡拉奇和拉合尔获得电力都需要超过 100 天的时间，且成本是人均收入的 15 倍以上，原因是市场上变压器经常供应不足。2015 年卡拉奇电力公司 K - Electric 通过改善接通电力所用的材料库存，加快了获得电力的时间，但除此之外，没有推进其他改革。此外，根据世行的《企业调查报告》，巴基斯坦近 60% 的企业需要向管理人员送礼来通电。

即便接通了电力，由于输电能力薄弱，企业经常面临断电，尤其是大城市地区经常面临输电拥塞。卡拉奇和拉合尔的许多地区在用电高峰期（如夏季）都被削减负荷。从 2016 年 7 月至 2017 年 6 月，卡拉奇每日计划停电（即减载）总计 2.5 小时。2013 年企业调查数据显示，拉合尔由于电力中断，年销售额损失约 35%。拉合尔和卡拉奇的企业有 70% 以上拥有柴油发电机，售价最高为 2 万美金。

（二）改进措施

巴基斯坦电力部门的改革主要集中在提高发电配电能力和降低电费成本上。2015 年，巴基斯坦国家电力管理局（NEPRA）① 发布了净计量条例，该条例允许配电公司购买消费者通过太阳能生产的多余电量，用于抵消电网消耗的电量，从而削减电费。近几年，净计量制度正在快速发展，2020—2021 年将处理大量的净计量申请。

2019—2020 年，NEPRA 为常规电厂、可再生能源项目、水电项目和净计量颁发了 3361 份，累计装机容量 2395 兆瓦的发电许可证。2019 年，巴基斯坦政府还制定了新的《可再生能源政策》，目前正在审批的最后阶段。根据该政策，巴政府决定到 2025 年 20% 的发电量，以及到 2030 年 30% 的发电量由非水力可再生能源产生。私有部门将在替代性能源发展局（AEDB）的领导下通过竞标的方式建立可再生能源项目，从而进一步增加巴基斯坦的装机容量。

NEPRA 还将推出竞争性贸易双边合同市场（CTBCM），目前该计划正处于审批的后期阶段。预计将会有许多新的市场参与者加入电力市场。2020 年，巴基斯坦国家输配电公司（NTDC）制定了 2020—2047 年指示性发电能力扩展计划（IGCEP），旨在增加本地发电，并降低发电成本。

为促进新冠肺炎疫情期间的工业发展，巴总理宣布从 2020 年 11 月 1 日起至 2021 年 6 月 30 日，中小企业的电费将减少一半，每度电的成本从 16 卢比下降为 8 卢比。并且，"高峰时段"的概念将不复存在，所有用电都被视作非高峰时段用电。

在维护消费者权益方面，NEPRA 下设的消费者事务部（CAD）专门负责处理消费者的投诉，例如超额收费、延迟提供电力、电压过低、减载等。目前 NEPRA 已在所有省会城市设立了地区办事处。

此外，巴基斯坦投资局编写的《2019—2021 巴基斯坦营商改革战略》对改善企业的用电情况提出了具体的建议。由于接通电力的成本很高，电力公

---

① 巴基斯坦国家电力管理局于 1997 年成立，负责管理电力服务提供方，电价和电力市场的发展等。

司可以提供分期付款的选项，或提供交叉补贴，从而避免电力资源丰富的地方和电力匮乏的地方费用差距过大；建议增加公用事业公司的材料供应，保证充足的变压器和仪表供应，扩大授权零售商的范围，并允许客户自行选择和获取物料，以此缩短接通电力的时间；投资智能电表，实时读取用电数据，将信息远程发送给配电公司，并通过双向通信允许共用程序远程连接/断开服务，从而提供更好的故障检测功能，帮助电网在中断后迅速恢复供电。

　　虽然巴基斯坦自 20 世纪 90 年代起就对电力部门进行改革，但几十年来收效甚微。2020 年 10 月，巴政府计划宣布一项针对电力部门的重大重组计划，包括推出新的电价模型，对工业和中小企业实行低电价，将配电公司转移给各省，以及将 K‑Electric 多数股份转让给参与中巴经济走廊的上海电气。①

表Ⅱ-3-13　　　　世界银行《营商环境报告》各指标定义

指标	含义
开办企业	成立有限责任公司的程序、时间、成本和实缴最低资本
办理施工许可证	完成建造仓库所有手续的程序、时间和成本以及施工许可体系中的质量控制和安全机制
获得电力	连接到电网的程序、时间和成本，以及供电的可靠性及收费的透明度
登记财产	资产转让的程序、时间和成本以及土地管理系统的质量
获得信贷	可动抵押法和信用信息系统
保护少数投资者	少数股东在关联交易和公司治理中的权利
纳税	公司遵守所有税收法规的缴纳程序、耗时、总税金和缴纳率及后备流程
跨境贸易	出口具有比较优势的产品、进口汽车零部件的时间和成本
执行合同	解决商业纠纷的时间和成本以及司法程序的质量
办理破产	商业破产的时间、成本、结果和恢复率以及破产相关法律框架的力度
雇佣	雇佣法规的灵活性和裁员成本

---

　　① 截至本书撰写之时，该重组计划尚未正式发布。

表Ⅱ－3－14　　　　世界银行《物流业绩指数》各指标定义

指标	含义
海关绩效	海关清关的效率以及其他边境机构的办事效率
基础设施	物流方面交通和IT基础设施的质量安排国际货物运输的便利性和可承受力
国际运输	安排国际货物运输的便利性和可承受力
服务水平	当地物流产业的竞争力
信息系统	国际货物的可追溯性和可跟踪性
及时抵达	货物到达目的地的及时性

表Ⅱ－3－15　　　世界银行《2013年企业调查》腐败领域结果·巴基斯坦（％）

指标	巴基斯坦	南亚	所有国家
贿赂发生率（被要求行贿至少一次的公司的百分比）	30.8	24.8	18.0
贿赂深度（被要求赠予或非正常付款的公共交易的占比）	28.5	21.0	14.0
在与税务官员会晤中送礼的公司占比	28.8	19.6	13.0
赠送礼物以确保政府合同的公司的占比	88.2	45.5	29.4
获得政府合同的礼物价值（占合同价值的百分比）	8.2	2.9	1.8
赠送礼物以获得经营许可证的公司占比	31.0	25.3	14.3
赠送礼物以获得进口许可证的公司占比	6.0	27.4	14.4
赠送礼物以获得施工许可证的公司占比	28.7	30.9	23.2
赠送礼物以获得电力的公司的占比	57.8	37.3	16.2
赠送礼物以获得水力的公司的占比	30.9	36.7	16.2
向公职人员赠送礼物来"把事办成"的公司的占比	45.8	25.5	22.5
将腐败视为主要制约因素的公司的占比	68.3	40.1	32.6
将法院制度视为主要制约条件的公司的占比	34.6	16.8	14.5

表Ⅱ－3－16　　世界银行2020年《营商环境报告》巴基斯坦各项指标排名/分数

开办企业（排名）	72
开办企业分数（0－10－0）	89.3
手续（数量）	5
时间（天数）	16.5
成本（人均收入百分比）	6.7
最低实缴资本（人均收入百分比）	0
办理施工许可证（排名）	112
办理施工许可证分数（0—100）	66.5
手续（数量）	17
时间（天数）	125
成本（仓库价值百分比）	8.8
建筑质量控制指数（0—15）	13.0
获得电力（排名）	123
获得电力分数（0—100）	64.0
手续（数量）	6
时间（天数）	113
成本（人均收入百分比）	1234.5
供电可靠性和电费透明度指数（0—8）	5
登记财产（排名）	151
登记财产分数（0—100）	48.6
手续（数量）	8
时间（天数）	105
成本（财产价值百分比）	4.2
土地管理质量指数（0—30）	9.8
获得信贷（排名）	119

续表

获得信贷分数（0—100）	45.0
合法权利力度指数（0—12）	2
信贷信息深度指数（0—8）	7
信用局覆盖率（成年人百分比）	11.7
信贷登记机构覆盖率（成年人百分比）	6.7
保护少数投资者（排名）	28
保护少数投资者分数（0—100）	72.0
披露程度指数（0—10）	6.0
董事责任程度指数（0—10）	7.0
股东诉讼便利度指数（0—10）	6.0
股东权利指数（0—6）	5.0
所有权和管理控制指数（0—7）	7.0
企业透明度指数（0—7）	5.0
纳税（排名）	161
纳税分数（0—100）	52.9
缴税次数（每年）	34
时间（小时数/每年）	283
总税收和缴费率（占利润百分比）	33.9
报税后流程指数（0—100）	10.5
跨境贸易（排名）	111
跨境贸易分数（0—100）	68.8
出口时间	
单证合规（小时）	55
边界合规（小时）	58
出口成本	

续表

单证合规（美元）	118
边界合规（美元）	288
进口时间	
单证合规（小时）	96
边界合规（小时）	120
进口成本	
单证合规（美元）	130
边界合规（美元）	287
执行合同（排名）	156
执行合同分数（0—100）	43.5
时间（天数）	1071
成本（索赔额百分比）	20.5
司法程序质量指数（0—18）	5.7
办理破产（排名）	58
解决破产分数（0—100）	59.0
回收率（百分比）	42.8
时间（年数）	2.6
成本（资产价值百分比）	4.0
结果（0 为零碎销售，1 为持续经营）	0
破产框架力度指数（0—16）	11.5

第四章　巴基斯坦社会生态

对于某一区域或者国家而言，要想探知其社会个体、族群社会思想和行为的实质动因所在，对其社会生态的了解和把握非常有必要。关于巴基斯坦的研究，探究促生巴基斯坦个体、族群、党派思想、行为的生成社会机制要素极其重要。在本章节，我们将从历史纵贯和现实横剖的视角来集中分析巴基斯坦的经济社会生态机制的历史发展与现实表现，以此来展示巴基斯坦的社会形态。受历史发展与现实诸多要素的影响，巴基斯坦的社会结构呈现出比较明显的民族与地域特征，这些特性及其衍生的社会现象进而又影响着巴基斯坦经济社会的进一步发展和社会稳定的构建。

第一节　经济转型与社会形态

经济发展与社会变迁，始终保持着相互影响，相互作用的关系。在巴基斯坦的发展历程中，巴基斯坦特殊的社会结构，诸如多元而缺乏历史认同基础的民族、部落、地区，都对巴基斯坦经济的发展、经济结构的转型起着举足轻重的影响作用；与之相呼应，巴基斯坦经济政策、经济发展状况也必然对巴基斯坦的社会结构、民族关系、中央与地方关系产生巨大的影响作用。

一　经济发展的历史回顾

在印巴分治之前，相对来说，巴基斯坦所处地区属于经济发展比较薄弱的地方，其工业以生产初级产品为主。印巴分治之后的巴基斯坦，经济上经历了一个初步发展到快速发展，到大规模国有化，私有化的复苏、经济波动，再到重新调整的发展历程。整体看来，巴基斯坦经济发展呈现比较迅速的态势，虽然在此期间也有过陷入困局的经历。

经济发展起步阶段。从时间历程上来看，从巴基斯坦独立到1958年阿尤布·汗主政期间的11年，属于巴基斯坦经济走出困境，逐步实现低速起步的阶段。1950年巴基斯坦制定了六年开发计划（1951年7月至1957年6月），致力于巴基斯坦的交通、电力、灌溉等基础设施的建设。之后实施的五年计划（1955—1959年）主要侧重于解决一系列民生问题，诸如增加巴基斯坦国民收入，改善人民生活条件，发展教育、卫生、住房等民生问题。历经十余年的发展建设，虽然巴基斯坦的经济发展速度依然十分缓慢，但纵向比较，无论是巴基斯坦的农业还是棉纺织业、麻纺织业、丝织业等轻工业，它们都得到了一定的发展。

经济发展"黄金时段"。在巴基斯坦经济发展历史上，1958年到1969年这一时段可以说是巴基斯坦经济发展的"黄金时段"。在阿尤布·汗执政期间经济发展比较稳定的基础上，巴基斯坦政府又制订了"第二个五年计划"（1960—1965年）。在"第二个五年计划"中，巴基斯坦的国民收入增加30%，粮食产量增长27%，工业生产增长61%。继此之后的"第三个五年计划"中（1965—1970年），巴基斯坦政府制订了投资力度更大的经济发展计划，但受印巴战争的影响，巴基斯坦部分地调整了经济发展计划，侧重了农业经济的发展。

国有化阶段。1970年巴基斯坦实施"第四个五年计划"，其目的在于继续保持经济的快速发展，缓和地区发展不均衡问题。但是，受印巴战争和东巴独立的影响，"第四个五年计划"事实上并没有得到顺利贯彻，巴基斯坦经济遭遇了严重的破坏，国民生产总值明显下降。在此背景下，从1971年开始的佐勒菲卡尔·阿里·布托执政期间，巴基斯坦政府调整了经济政策，实施工商业大面积国有化措施，从而加强了国家对经济的控制。经过工业国有化措施之后，巴基斯坦私人投资比重明显下降，而公营部分比重明显上升，为国家重点发展某一些产业创造了条件。

私有化复苏和经济稳定发展阶段。在齐亚·哈克执政期间，巴基斯坦国内政局相对比较稳定，经济日渐恢复。齐亚·哈克上台之后首先改变了巴基斯坦经济领域的政策，实施了将国有化企业归还原主、颁布保护私营企业的法令和鼓励私营企业发展等措施，这些举措在一定程度上激发了私营业主的积极性，有利于巴基斯坦国家经济的发展。在齐亚·哈克执政期间的"第五个五年计划"（1978—1983 年）和"第六个五年计划"（1983—1988 年），巴基斯坦的经济发展步入了稳步发展的阶段，在巩固已有成就的基础上，促使巴基斯坦国民经济有了快速发展。可以说，20世纪 80 年代巴基斯坦经济发展十分显著，巴基斯坦完成并超出了前期的计划指标，进入了快速发展的阶段。

经济波动与重新调整阶段。然而，在之后的 1989 年至 1998 年十年期间，巴基斯坦政局的动荡、经济政策的不稳定等因素，严重地影响了巴基斯坦经济的发展，使得巴基斯坦经济发展进入了一个波动阶段。在"第七个五年计划"（1988—1993 年）、"第八个五年计划"（1993—1998 年）和"第九个五年计划"（1998—2003 年）期间，巴基斯坦的经济增长率分别下降了 5.1%、4.5% 和 3.7%。在贝·布托执政的"第八个五年计划"期间，巴基斯坦出现了经济发展大幅下滑，财政赤字巨大和通货膨胀严重的问题。谢里夫上台之后，巴基斯坦的经济困境问题依然没得到很好的解决，致使国家工业生产几近停滞。为应对和解决这一问题，谢里夫政府加强了自力更生发展民族经济的措施，但受到国内因素和国外一些国家封锁等因素的影响和制约，巴基斯坦经济依然遭受了重创。

在穆沙拉夫主政巴基斯坦期间，为恢复持续滑坡的经济，穆沙拉夫政府采取了税收、贸易、关税等一系列经济改革措施，在此干预下，巴基斯坦财政赤字有所减少，工业生产逐步复苏。而且，鉴于反恐领域合作，国际社会对巴基斯坦经济制裁有所缓和的情形下，巴基斯坦经济建设有了比较显著的发展。以 2003—2007 年为例，巴基斯坦的经济增长速度甚至达到了 7%，显然远高于之前"第八个五年计划"和"第九个五年计划"时期的发展速度。

二　巴基斯坦经济结构

众多研究将 2009 年至今巴基斯坦的经济发展确定为经济转型期。纵观这一时段巴基斯坦经济发展状况以及巴基斯坦经济构成结构，我们发现，从 2009 年至今，巴基斯坦经济结构发展呈现出了如下的特点。

就这一时期巴基斯坦经济产业结构而言，在 2009 年之前，巴基斯坦产业结构中第一产业农业占据着主要位置，是巴基斯坦人赖以生存的基础产业，也是巴基斯坦国家经济增长的支柱产业。但在 2009 年之后，巴基斯坦的第二产业产值增长逐渐超过了第一产业，而第三产业在巴基斯坦经济结构中始终保持了比较稳定的发展态势。

巴基斯坦是一个典型的农业国家，农业在巴基斯坦国家产业结构中占据着十分重要的位置。巴基斯坦的地势主要有三个部分，北部高山地区、印度河平原和俾路支高原。受地理环境的影响，巴基斯坦的农业主要分布在印度河冲击平原地区。巴基斯坦农业的主要组成部分是种植业和家庭畜牧业，其中小麦、水稻、棉花、甘蔗是巴基斯坦农业的主要种植作物，占巴基斯坦农业产值的33.1%。畜牧业在巴基斯坦的国民经济中也占据着十分重要的位置，是许多农民的生计依赖，也是偏远山区农民的主要交通运输工具。此外，渔业也是巴基斯坦经济发展中的重要组成部分，巴基斯坦信德省和俾路支省漫长的海岸线也为巴基斯坦渔业的发展创造了良好的条件。就巴基斯坦农业发展历程而言，巴基斯坦农业经历了一个停滞—发展—停滞—再发展的曲折过程。

巴基斯坦建国之初，真纳就巴基斯坦工业发展提出了设想，沿着真纳的构想，巴基斯坦政府先后于1948年和1959年两次颁布实施工业发展政策。在之后的20世纪60年代，巴基斯坦的工业达到了发展的"黄金时段"。在巴基斯坦实施国有化时期，巴基斯坦政府接管了包括钢铁、重型机械、电子设备、汽车制造、金属加工、银行等国家经济核心部门或产业。工业国有化的实施，在一定程度上给巴基斯坦广大民众带来了实际利益，对于提升国家凝聚力和认同感有着一定的促进作用。而在之后的非国有化阶段，工业家投资信心的激发和投资力度的加大，也促使巴基斯坦工业有了一定发展。整体而言，发展至今，巴基斯坦的第二产业工业的发展依然比较缓慢。在巴基斯坦第二产业工业中，制造业所起作用比较突出；在制造业中，轻纺织业所占比重较大，而机械、电子、石化产业等制造业发展力度明显不足。这充分说明，工业发展基础薄弱、规模小、工业部门门类不齐全、结构不合理等问题仍是巴基斯坦工业发展面临的突出问题。

第三产业在巴基斯坦国民经济发展中有着举足轻重的地位。自建国以来，巴基斯坦产业结构中第一产业和第二产业呈现出不断波动的发展态势，但与第一、第二产业发展模式形成鲜明对比的是，巴基斯坦的第三产业始终保持了稳定增长的趋势。进入21世纪之后，在巴基斯坦国家经济结构中，第三产业始终维持在50%左右的份额。在第三产业中，相对而言，新兴产业发展势头良好，其中 IT 行业发展所占份额较大，此外，会展经济在巴基斯坦第三产业中所起的作用也比较明显。

三　社会结构形成历史

国家社会结构形态包含了两个层面的内容，即国家结构和社会结构，国家结构是一个国家政治、经济、文化、历史、民族等诸多要素合力作用下形成并表现出来的形态，囊括了构成要素与层面之间的内在联系；社会结构主要是指一个国家、部落、部族或地区占有一定资源、机会的社会成员的社会结构，社会结构及其关系格局，包含种群数量、社会组织结构、区域结构、社会阶层结构等方面。对于巴基斯坦社会形态的介绍，结合巴基斯坦所处的历史条件、民族状况、地理因素和外部环境等因素，进行国家结构和社会结构的展示，是非常有必要的，只有如此，也才能比较全面而深刻地把握巴基斯坦特殊的社会形态，充分地展示其形成的历史、社会动因。

与很多国家相比较，巴基斯坦的建国历史与推力具有一定的特殊性，由此也注定了巴基斯坦建国之后诸多社会矛盾冲突的存在。20 世纪 20 年代中后期，英国殖民统治之下的印度，印度教徒和穆斯林之间此起彼伏的暴力流血冲突显著地影响到了英国的殖民统治，在英国政府召集之下实施的三次圆桌会议，不但没有解决印度自治的问题，反而加剧了印度教徒与穆斯林之间的矛盾冲突。可以说，英国殖民统治利用印度教徒与伊斯兰教徒的差异以及历史积怨，采用了分而治之的殖民统治方式，更是加重了印度教与伊斯兰教之间由来已久的民族裂痕。之后，乔杜里方案、穆斯林联邦方案、穆斯林一体化方案的提出，最终，在以阿赫默德汗的"穆斯林民族论"、伊克巴尔的"伊斯兰国家论"和真纳的"两个民族、两个国家论"为思想基础"两个民族"理论的指导下，印巴分治，由是，巴基斯坦正式成立。

但是，以宗教划分为基础建立的巴基斯坦，国家的成立只是宣告了国家建设的开始，因为它缺乏漫长历史国家所具有的历史、文化凝聚的根基。"两个民族、两个国家论"实质上是以宗教为"号召力量"理想化划定的民族，也就是说，凡是信仰伊斯兰教的人，不分语言、文化、历史传统、种族、地区，都划定为一个"民族"，事实上，这种缺乏语言、文化、历史记忆等诸多方面历史沉淀组建的"民族",只是用"宗教"情绪掩盖了民族、种族、部落、地区、文化等诸多方面的差异,在印巴分治成为现实之后,随着宗教对立情绪的回落而逐渐显现出来,成为影响和阻碍巴基斯坦国家整合的重要因素。因此,某种程度上来说,在基于多重民族、部落、教派、移民而形成的巴基斯坦,实质上是一个拼盘式的政治共同体,建国之后才真正开始了诸多社会元素的整合、磨合与调试。

特殊的形成历史和特殊的国家构成必然也促生了巴基斯坦特殊的社会结构。建国至今存于巴基斯坦的、缺乏休戚与共历史记忆和历史基础的旁遮普族、普什图族、信德族、俾路支族等民族,多样民族之内的部落、宗教派别、移民以及中央与地方、军队干政与民主诉求、宗教教义与世俗政权等众多因素的存在,都多少不一地影响着巴基斯坦的社会结构形态,使得巴基斯坦的社会形态呈现出其复杂性和多样性。

四 社会的多元构成

以伊斯兰教为号召建立的巴基斯坦,是一个区域、民族、种族、部落、宗教等诸多方面差异性显现非常明显的国家。巴基斯坦位于南亚次大陆西北部,南濒阿拉伯海,东、北、西三面分别与印度、中国、阿富汗和伊朗为邻。巴基斯坦境内地势多样化特征显著,全境五分之三为山区和丘陵地,南部沿海一带为沙漠,向北伸展则是连绵的高原牧场和肥田沃土。除南部属热带气候外,巴基斯坦其余地区属亚热带气候。南部湿热,受季风影响,雨季较长;北部地区干燥寒冷,有的地方终年积雪。巴基斯坦行政区划共分四个省:旁遮普省、信德省、俾路支省、西部边境省和联邦直辖部落地区以及伊斯兰堡联邦首都区,还有吉尔吉特—巴尔蒂斯坦和自由克什米尔。

旁遮普省是由杰卢姆河、奇纳布河、拉维河、比亚斯河和萨特累季河冲积而成,属于水资源充沛、土地肥沃的地区。旁遮普省面积为20.5万平方千米,占巴基斯坦国土总面积的25.8%。旁遮普省是巴基斯坦重要的农业基地,也是巴基斯坦重要的经济文化中心,旁遮普省内大城市较多,最为有名的有拉合尔、木尔坦、锡亚尔科特、拉瓦尔品第等城市。其中拉合尔是巴基斯坦的第二大城市,是旁遮普省的首府,在历史与现实中,拉合尔都占据十分重要的位置,是旁遮普省及附近区域的政治、经济和文化中心。信德省位于巴基斯坦的东南地区，总面积为 14.09 万平方千米，占巴基斯坦国土总面积 17.7%。信德省城市卡拉奇是巴基斯坦第一大城市，是信德省首府。俾路支省位于巴基斯坦西部，与伊朗、阿富汗接壤，是巴基斯坦面积最大的省份，土地面积约有 35 万平方千米，俾路支省也是巴基斯坦人口密度最小的省份，人口仅有 660 万左右。俾路支省工业发展十分落后，是一个典型的农业省份，农业为俾路支省核心经济部门，农业从业人员达到 75% 以上。西部边境省，也就是开伯尔－普什图省，位于巴基斯坦西部地区，面积约为 10 万平方千米，是一个以普什图族为主的省份。西部边境省以农业种植为主，在巴基斯坦的历史上，由于西部地区是部落比较集中的地方，因此，其经济发展相对比较落后。

　　巴基斯坦是一个多民族构成的国家，主要有旁遮普族、信德族、普什图族、俾路支族等民族，当然还包括为数不少的移民——莫哈吉人。旁遮普族属于巴基斯坦的主体民族，主要生活在旁遮普省及其他地方，人口有 9000 多万，约占巴基斯坦人口总数的 66.7%。旁遮普人属欧罗巴人种地中海类型，混有蒙古人种血统。生活在巴基斯坦的旁遮普人多以旁遮普语为母语，文字则主要为古鲁穆喀字母、阿拉伯字母或梵文天城体字母。信德族是印度河流域的古老民族，为巴基斯坦第二大民族，约 2400 万人，占巴基斯坦总人口的 18%，主要分布在巴基斯坦的信德省、俾路支省和巴基斯坦的其他一些地方。信德人属雅利安人种，具有帕坦人、俾路支人和阿拉伯人血统。信德人使用信德语或乌尔都语，文字为阿拉伯特殊变体字母，属于印欧语系印度语族。普什图族也被称为帕坦族，是比较典型的跨国民族，巴基斯坦的普什图族大约有 1200 万左右，主要分布在巴基斯坦西部地区。普什图族属欧罗巴人种印度帕米尔类型，也就是伊朗人和土耳其人的混血种，主要从事游牧业。俾路支族也是一个跨国而居的民族，在巴基斯坦，俾路支族属于人数较少的民族，大约有 400 万，主要分布在俾路支省、信德省和旁遮普省的西南部。俾路支人属欧罗巴人种地中海类型，主要从事畜牧业。巴基斯坦俾路支人伊朗文化的影响十分鲜明，在宗教信仰层面俾路支人属于伊斯兰教的逊尼派，在语言文字方面，绝大多数俾路支人使用印欧语系伊朗语族的俾路支语，文字则为波斯文。就其民族构成而言，除上述旁遮普族、信德族、俾路支族、普什图族之外，还是有数量不少的莫哈吉人生活在巴基斯坦。莫哈吉人是印巴分治之后从印度迁入巴基斯坦的穆斯林。莫哈吉人约占巴基斯坦总人口的 7.6%，主要分布在信德省的卡拉奇、哈德拉巴两地。多样而且缺乏共同文化根基、历史记忆、共同命运的民族构成，使得巴基斯坦呈现出鲜明的民族性社会差异，由此而出现的社会矛盾冲突严重地影响和制约着独立后巴基斯坦的政治社会稳定和国家建设。

文化多样性也是形成巴基斯坦社会形态与社会结构的重要因素之一。巴基斯坦独立建国的过程中，"两个民族、两个国家"理论指导之下建立的巴基斯坦，实质上更多表现为意识形态层面统一的伊斯兰教国家，但是，国家意识形态上的同一的穆斯林文化只是从表面上掩盖了其他具体现实中的差异。仅在语言方面，巴基斯坦文化的多样性就体现得非常明显。以孟加拉语为主体语言的东巴基斯坦独立成为孟加拉国之后，巴基斯坦不同民族的人都分别以旁遮普语、普什图语、信德语或者乌尔都语为其主要使用语言。根据巴基斯坦语言使用规定，乌尔都语为巴基斯坦官方语言，但真正将乌尔都语作为第一、第二或者第三语言的人口数量并不多，仅占巴基斯坦人口总数的 15% 左右。国家宪法明确"任何公民"在使用官方语言乌尔都语的前提下，亦可以使用他们自己语言的规定，一定程度上维持了当前巴基斯坦语言多样性的状况。按照巴基斯坦"两个民族"的建国理论，巴基斯坦成立之后，将信仰伊斯兰教的旁遮普族、信德族、普什图族和俾路支族认定为穆斯林民族，而将其他不信仰伊斯兰教的民族划定为少数民族。事实上，这一标准的划定之内其实还是存在着诸多的差异，因为穆斯林的统一特征之下，还有着教派的差别。就宗教信仰而言，巴基斯坦境内 96% 以上的人们都信仰伊斯兰教，绝大多数为逊尼派，而在逊尼派之下又有着代奥本德、巴列尔维和瓦哈比等派别的存在。同时，印巴曾经漫长的共同历史也赋予了巴基斯坦宗教信仰一定的种族差异的特点。

第二节　巴基斯坦社会不平等分析

社会不平等是指社会成员在社会资源获取机会和拥有数量层面存在的差异。也就是说，所谓的社会不平等主要就是在社会资源层面的不平等，社会资源既包括物质资源，也包括荣誉、地位、身份、社会影响力等非物质资源。完全平均分配社会资源的社会基本是不存在的，只是不同国家、不同社会，其社会不平等的表现形式有所差异。巴基斯坦特殊的历史发展和民族、地区和部落等因素决定了其社会资源分布的差异特点。

一　资源分布的差异性

历史发展赋予了巴基斯坦鲜明的民族区分，也影响着巴基斯坦的国家建设。到目前为止，生活在巴基斯坦的主要民族有旁遮普族、信德族、普什图族、俾路支族四个民族，当然具有影响力的还有来自印度的穆斯林移民莫哈吉人。就巴基斯坦的社会资源分布而言，虽然同一民族之内也存在差异性的社会阶层，但不同民族之间还是存在着比较明显的社会差异，而使得巴基斯坦的社会资源分布不均衡呈现出民族差异，这也导致巴基斯坦的社会环境更加错综复杂，影响着巴基斯坦社会稳定和社会发展。

旁遮普族是巴基斯坦人口数量最多的民族，占到全国总人口的67%左右，属于巴基斯坦的主体民族，由此也决定了旁遮普族在巴基斯坦的重要地位。实质上，之所以旁遮普族掌控巴基斯坦政治、经济、军事等领域的核心位置，这也与英国殖民统治时期采取的措施有着密切的联系。在英国殖民统治时期，英国殖民者就有意扶持了旁遮普的封建地主，使得他们在政治、经济领域占有绝对优势。巴基斯坦独立建国之后，旁遮普省成为巴基斯坦的政治、经济、文化中心，而绝大部分旁遮普族又都生活在旁遮普省，毫无疑问，这也决定了旁遮普族在政治、经济、军事等领域所占据的主导地位。在旁遮普族掌控巴基斯坦政治、经济、军事等核心领域的情况下，巴基斯坦政府做出的诸多政策措施也倾向于旁遮普族。例如，即使在其他省份实施财政投资建设，巴基斯坦政府也多倾向于向旁遮普族居住的地方，而其他民族的社会成员鲜有从中获益。旁遮普族占据主导地位的事实必然在一定程度上激发了旁遮普族大民族主义和其他民族之间的矛盾和冲突。

巴基斯坦信德族的工作方式深受伊斯兰教的影响，由此形成了信德人崇尚农业，世代务农的传统习惯，只是随着社会的发展，近年来一些信德人也开始经商或者做实业，但整体来看，信德族依然以务农为主。信德族生计方式也决定了他们在巴基斯坦的阶层。相比旁遮普族，信德族也有着一定的政治、经济差距，整个巴基斯坦，虽然信德族所占人口比重为18%左右，旁遮普族占66.7%，但无论在全巴基斯坦还是在信德省，信德族在政治、军事等领域占据核心位置的人员数量极少，这使得信德族人的政治被剥夺感十分强烈。在经济领域，虽然信德族以土地耕种为主，但信德省的土地大多掌握在莫哈吉人和旁遮普族的手中，致使巴基斯坦信德族的失业率最高。与信德族社会分层形成鲜明对比的还有来自印度的穆斯林莫哈吉人，也能够体现出巴基斯坦富有民族特色的社会资源分布特征。在巴基斯坦独立之初，印度教徒的撤离促使巴基斯坦金融业、工商业和远洋运输业等行业出现了很多的空缺，而那时的信德族又大都生活在农村，这就给那些从印度迁移至巴基斯坦的莫哈吉人提供了便利的条件，他们顺势在信德城市中定居下来，并把持了这些行业，进而成为影响信德省政治、经济的主要力量。鉴于上述原因，生活在巴基斯坦的信德族，无论在政治、经济还是其他领域，都有着比较明显的被边缘化的倾向。

普什图族也被称为帕坦族，是一个巴基斯坦和阿富汗跨境而居的民族，在阿富汗是主体民族，巴基斯坦的普什图族主要分布在开伯尔－普什图省，也就是曾经被称作西北边省的地区，约占该省份总人口的四分之三。根据维基百科收集数据，截至 2018 年，生活在开伯尔－普什图省的普什图族人口数量为 1800 万人，其中不仅包括有公民身份的普什图人，也包括了阿富汗战争期间逃至巴基斯坦的普什图难民。历史上，开伯尔－普什图省就是一个政治、经济、文化和社会发展相对滞后的地区，也是巴基斯坦部落集中的地区。受其影响，巴基斯坦开伯尔－普什图省的普什图族以及其他民族几乎处于一种高度自治的状态，这里的很多人完全可以在不用护照或者签证的情况下，自由往返于巴基斯坦和阿富汗。绝大多数的普什图部落都过着定居的生活，他们从事农业种植和畜牧业生产，但也有一些人则过着完全游牧的生活。相比之下，普什图族在巴基斯坦的流动性非常强烈，这种状况也使得普什图族在其他巴基斯坦民族中被一定地污名化，除了地区动荡不安的局势引起关注之外，普什图族在巴基斯坦并不拥有多少的政治、经济影响力。

俾路支族也是一个跨国而居的民族，主要分布在巴基斯坦、伊朗和阿富汗，巴基斯坦的俾路支族主要生活在俾路支省，占该省人口的 55% 左右，但对于俾路支族而言，很少有俾路支人能够进入中央或者各部重要岗位，甚至俾路支省内部司法、行政等核心部门的重要岗位上，也鲜有俾路支人，而俾路支省的政策措施主要掌握在极少数其他民族的政治、经济、军事精英当中，所以他们有着十分强烈的政治被剥夺感。在经济层面，虽然俾路支省地广人稀，富含天然气、煤炭等自然资源，但是俾路支省是一个以农业为主的省份，经济发展十分落后。俾路支人，尤其是生活在俾路支省的俾路支人，至今很多依然处于游牧部落阶段。政治和经济层面的被边缘化致使俾路支人有了强烈的民族主义情绪。

除旁遮普族、信德族、普什图族和俾路支族之外，还有数量庞大的莫哈吉人生活在巴基斯坦，也就是印巴分治之际从印度迁入巴基斯坦的穆斯林，约占巴基斯坦总人口的 7.6%。莫哈吉人主要聚集在信德省的大城市卡拉奇和海德拉巴。相比较而言，莫哈吉人的文化水平较高，也比较富有，具有一定的从政和经商能力。在巴基斯坦独立之初，大批印度教徒的外迁给莫哈吉人提供了良好的机会，他们成为占据信德省政治和商业领域的核心群体。阿尤布·汗上台执政之后，将国家首都从卡拉奇迁至伊斯堡，巴基斯坦首都的迁徙，给莫哈尔人产生了比较明显的影响，他们逐渐失去了曾经的影响力和权力。而布托政府的银行、工业的国有化又使得他们很多人失去了就业的机会，并在就业和就学层面遭遇到了很多限制和排斥。但无论如何，较之信德人，莫哈吉人在信德省还是占据着十分明显的优势，无论在政治层面还是在经济层面。

二　差异性分布的社会后果

巴基斯坦共有旁遮普、信德、普什图、俾路支四个主要民族和莫哈吉人，从其民族和人口分布来看，旁遮普族主要聚居在旁遮普省，信德族主要集中在信德省，普什图族主要分布在开伯尔－普什图省，俾路支族主要生活在俾路支省，而印巴分治时期从印度迁至巴基斯坦的莫哈吉人则主要生活在信德省。民族与地域的很高符合度，在一定程度上又凸显了民族之间的差异，从而使得巴基斯坦民族之间的矛盾冲突显现得格外突出。

历史共同记忆的缺乏和族际社会资源掌控的差异，跨境民族的存在，加之外部势力的干涉，使得巴基斯坦出现了明显的地方民族主义。而1955 年"一个单位"政策（One Unit Policy），将西巴基斯坦所有省份合并为一举措的推行，更是激发了地方民族主义，因为该项政策损害了其他民族的利益，使得旁遮普族成了最大的受益者。①

在政治、经济等领域的弱势，使得占人口 18% 的信德人感到深受剥夺，由此促进了信德民族主义。巴基斯坦独立之后，曾经"两个民族"理论的积极推行者萨义德转向了信德自由运动。信德民族主义的极端派要求完全独立，而温和派则主张在巴基斯坦内部获得自治权，基于自身利益的考虑，另一派别则希望维持现状。萨义德之后，他的信德自由运动分裂为信德省国民阵线、信德联合阵线等十多个政治团体，其中信德联合阵线是最极端的民族主义团体，他们在信德省实施了诸多针对铁路和政府机构的袭击事件。据统计，仅在 2014 年，信德省就发生 248 次袭击事件，夺走了数百人的生命。至今，信德地方民族主义依然是令巴基斯坦政府极度头疼的一件事情。

俾路支民族主义由来已久，早在印巴分治之际，俾路支省的卡拉特邦就拒绝加入巴基斯坦而最终被镇压。之后巴基斯坦政府实施的"一个单位"政策更是再次点燃了俾路支人对巴基斯坦的离心力。相对而言，俾路支人在巴基斯坦的政治领域、经济领域都显得比较弱势，政治代表较少，教育、卫生落后，资源开发获益少，俾路支省天然气等自然资源的开发，并没有给俾路支人带来多少利益，资源层面的多寡对比也加重了俾路支人的分离倾向。基于上述原因，从 2006 年开始，俾路支民族主义者也开始实施暴动，仅在 2009 年一年，俾路支省就发生了 792 次暴力袭击，致使383 人丧生，1070 人受伤。当然，俾路支民族主义的兴起也不能完全归咎于俾路支省经济发展落后或者俾路支人生存环境差这一原因，如同很多跨国而居的民族一样，民族主义的思潮也是左右地区不稳定的重要因素，只是政治、经济领域的弱势更是强化人们内心民族主义的情绪。就巴基斯坦俾路支民族主义而言，从历史上代表泛民族主义的"达坎运动"以及之后的俾路支民族主义运动，都对俾路支人的经济发展和社会稳定产生了十分严重的影响。

由于社会资源分布不均导致到社会冲突，必然绕不过巴基斯坦的移民莫哈吉人以及围绕他们形成的矛盾冲突。信德省卡拉奇的莫哈吉人占人口总数的 57%，在海得拉巴占 65%，他们与当地的信德人之间的利益冲突

---

① 杜冰：《巴基斯坦"两个民族"理论产生的背景及影响》，《国际研究参考》2013 年第 2 期。

也比较大。阿尤布·汗执政期间实施的压缩莫哈吉人利益的举措，同样激起了莫哈吉人的群体意识，要求将移民设立为巴基斯坦第五个民族，在信德省南部成立移民省或者将卡拉奇升级为省级单位。在这一思潮的推动下，莫哈吉人，尤其是有着明确政治目的的组织也在信德实施一系列暴力活动。1988 年 9 月，信德省的第二大城市海德拉巴就发生了暴力冲突事件，致使 250 多人被杀，其中主要为莫哈吉人。1990 年海德拉巴莫哈吉人游行示威在遭到信德族警察镇压时，也导致 60 多名参加游行示威的莫哈吉人死亡，而这一事件，又引发了卡拉奇莫哈吉人的报复，事件当中卡拉奇的 40 多名信德人丧生。

在巴基斯坦，围绕民族、地区形成的种种矛盾冲突，虽然其核心因素在于民族、语言、文字的多样性，共同命运历史记忆的缺乏等，但现实社会资源的分配多寡，也就是利益纷争，也在很大程度上影响、激化不同民族、不同地域之间的矛盾冲突。而且，巴基斯坦封建世袭的政治文化非常浓厚，地方的政治权力一直把持在诸如布托家族、谢里夫家族等豪门望族的手中，以家族为基础而形成的利益集团当然多倾向于维护本地（本省）的利益。在以谢里夫派为代表的穆斯林联盟执掌巴基斯坦权力之柄时，谢里夫政府毫无疑问地将国家资源倾斜于旁遮普省，这种对地方的倾向性照顾，事实上在民族与地域高度重合的巴基斯坦，也就是向旁遮普族的利益倾斜。而在以布托家族为主导形成的人民党上台之后，又采取了向信德省倾斜的措施。这种施政方式必然会引起其他省份的不满，这种不满很大程度上也是通过民族表现了出来，地方主义与民族主义的大致重叠更是加重了地方民族对中央普遍存在的反感和离心力。

三　社会阶层

在前文中，我们专门探讨了围绕民族/地区形成的巴基斯坦的社会阶层，不同民族、不同地区，其社会政治、经济、军事领域的社会资源掌控存在着一定的差异。那么在民族视角之外，巴基斯坦的社会阶层、社会结构又是如何？

从社会阶层构成的视角分析巴基斯坦的社会结构，我们可以清楚地看到，建国之后的巴基斯坦主要存在两大社会群体——封建地主阶层与以农民为主体的草根阶层。巴基斯坦是一个比较典型的农业国家，数千个封建家族把持了巴基斯坦的农业生产。因此，封建地主阶层属于巴基斯坦的上层，他们通过掌握大量的社会财富来影响或者掌控巴基斯坦的政治。已有研究表明，巴基斯坦国民议会的议员中有三分之二以上就出自地主阶层，占据了各省政治重要位置，进而他们又通过政治手段来干预经济，以此来维护其切身利益。他们在经济领域也处于主导地位，他们掌握着大量的土地、现代农业技术乃至农业产品价格。与之相对应的，则是为数众多的下层农民，他们始终处于政治上没有任何权利，经济上极度贫困的境地，依附于他们所处地域的封建地主。例如布托家族及其他们所在区域的农民，布托家族是信德省重要的封建地主家族，拥有 1.2 万英亩的土地，布托家族土地范围内所有的农民都效忠于他们家族。①

在巴基斯坦的社会舞台上，军队的高级军官也扮演着非常重要的角色，从社会阶层而言，属于巴基斯坦的上层。鉴于巴基斯坦独立之后印巴矛盾冲突的存在，巴基斯坦在军队建设层面投入了巨大的精力，由此也造就了国内比较强势的军方。就国内政权建设而言，自独立建国以来，以本民族利益为导向的政治统治使得巴基斯坦缺少一个在各个民族中都具有崇高威望的国家领导人和领导集团。处于利益纷争的原因，代表不同地区、不同民族利益的党派之间纷争不断，相互拆台，导致巴基斯坦政局不稳。在民选政府无力把控局面的情况下，便出现了军人执政的现象。基于上述原因，在巴基斯坦，军队内部的高级军官毫无疑问也属于上层社会。他们不只在政治层面拥有影响力，在经济层面，也有很多高级军官借助手中权力获取物质资源，成为巴基斯坦新的地主。

2000 年之前，受经济发展的影响，无论是数量、规模还是社会影响力方面，巴基斯坦的中产阶级几乎处于一种"无感"的状态。而在 2000 年之后，巴基斯坦经济社会的快速发展为中产阶级数量的增长和规模的扩大创造了条件，尤其是服务业的发展，促生了城市白领、私营小业主、经纪人等中产阶级。中产阶级力量的壮大和经济地位的提升，使得他们逐渐在政治层面有了些许的话语权利。

与之形成鲜明对比的是，巴基斯坦下层社会人们的生活境遇和状况。根据联合国开发计划署公布情况，在自身建设和国际外援的推动下，巴基

---

① 方金英：《从社会阶层角度解读巴基斯坦的政治生态》，《现代国际关系》2008 年第 4 期。

斯坦多维贫困指数已经有了明显下降，但依然有数量庞大的巴基斯坦人口生活在贫困之中，其中以联邦直辖部落专区和俾路支省比较显著，贫困率都在70%以上，更有甚者，俾路支省三个地区的贫困率竟然高达90%以上。统计数据还表明，2015年，在巴基斯坦就有60.6%的人口没有做饭的燃料，48.5%的人没有完成学业。① 巴基斯坦的贫富差距就足以表现出很多下层社会人们窘迫的境地，他们不仅无法获得政治方面的基本权利，就是在经济层面，巴基斯坦下层社会的人们也大多都过着贫困的生活。政权的不稳定和历届政府自我利益的倾向举措，对于巴基斯坦底层社会的人们来说，完全没有带来任何可见的福祉，在任何一个政党主政期间，巴基斯坦下层社会的人们都没有改变他们贫困的处境。这也给盘踞于巴基斯坦及其周边国家的伊斯兰激进势力提供了机会，一些底层社会的民众倒向并加入了他们中间，继而实施的暴力恐怖又加大了巴基斯坦社会的不稳定性，更深层次地影响了巴基斯坦经济社会的发展。

第三节　从巴基斯坦看国家治理的启示

社会科学研究的终极目的是什么？我们认为，社会科学研究的目的在于通过认识社会，最终实现服务社会的学术研究宗旨。对于他者，也就是域外社会巴基斯坦的认识和解读，最终的目标不外乎是通过对他者的认识来认识我们自己，进而探寻、总结我们社会协调发展和有序运行的机理所在。那么，巴基斯坦的社会发展历史与现实又给予了我们怎样的启示？

一　民族多样性与国家治理

无论纵观历史还是概览当今现实，我们不难发现，民族之于国家、社会、地区，都有着至关重要的影响作用，民族的多样化往往可能就会成为引起政治跌宕起伏、社会动荡不安，进而祸及普通百姓，致使人们流离失所，民不聊生的重要因素，因此，对于多民族国家而言，如何认识和处理多民族这一事实，具有极其重要的现实意义。

---

① M. Aman Ullah, Multidimensional Poverty Index – Pakistan, Formerly: Planning Commission, Government of Pakistan, 2017.

　　民族文化的多样性影响着巴基斯坦的国家和社会治理。如前文所言，巴基斯坦是一个典型的多民族国家，主要民族有旁遮普族、信德族、普什图族、俾路支族和莫哈吉人，此外，还有克什米尔人、布拉灰人、奇特拉尔人和古吉拉特人等人数较少的民族和部落。可以说，对于巴基斯坦而言，多样性乃是其最为突出的特点，多样的民族形成造就了巴基斯坦语言、文字、习俗等各个领域内的不一致和不统一，而所有这些最终成为影响巴基斯坦国家稳定、社会治理的核心因素。在巴基斯坦建国历史上，与印度教教徒宗教层面的差异使得同样信仰伊斯兰教的旁遮普人、信德人、普什图人和俾路支人等民族凝聚在一起，促使他们组建了新的国家——巴基斯坦，但是，当真正实现国家独立，宗教认同不再是威胁国家和族群利益的时候，民族差异所产生的冲突便显现了出来，并逐渐成了影响巴基斯坦族际认同甚至国家认同的顽疾。在巴基斯坦，当来自宗教差异的压力弱化之后，国家内部族群之间矛盾冲突也必然会涌现出来，这一变化是符合社会冲突实质的。

　　当我们追溯至巴基斯坦建国之前的印巴分治之前，除了宗教信仰的相同性之外，无论是后来构成巴基斯坦的旁遮普、信德还是俾路支和普什图，他们之间并不具有文化的共同性以及由此而建立起来的相互认同。仅在语言、文字方面，民族之间的差异性就甚是鲜明。居住和生活在巴基斯坦的旁遮普人以旁遮普语为母语的人数最多，文字用锡克教师尊创制的古鲁穆喀字母、阿拉伯字母或梵文天城体字母，此外，亦有部分旁遮普人讲乌尔都语和印地语。巴基斯坦的普什图族讲属于印欧语系伊朗语族的普什图语，使用以波斯—阿拉伯字母为基础的文字，书法与文法规则类似波斯语。生活在巴基斯坦的绝大多数俾路支人讲属于印欧语系伊朗语族的俾路支语，同样也有部分俾路支人使用信德语或旁遮普语，文字使用波斯文。而所有这些都或多或少地影响着巴基斯坦内部主要民族之间的相互认同，当然也影响着他们对国家的认同。更何况，巴基斯坦境内生活的民族又多属于跨境民族，这一现状又多少不一地影响了各民族对这一缺乏历史渊源，缺乏历史共性国家的认同。当然，即便是同属于伊斯兰教，巴基斯坦内部教派之间的冲突也并不能被人所忽视。如20世纪50年代到70年代逊尼派和阿赫默迪亚派之间的冲突；20世纪80年代之后什叶派和逊尼派之间的冲突，等等，同样说明了多样性往往很容易成为社会稳定和国家治理重要影响因素这一观点的正确性。

上述表明，在影响巴基斯坦国家治理和社会管理的因素中，民族差异性起着至关重要的影响作用。由此可见，虽然民族多样化是值得肯定的，但民族的多样化有时候并不利于国家统一的维护。关于如何认识民族文化的多样性问题，费孝通先生提出了"各美其美，美人之美，美美与共，天下大同"的思想，在认识和解决中国民族文化多样性层面具有很好的启发与指导作用。但我们知道，"各美其美，美人之美"是处理多民族国家民族差异性的指导性意见，而并不是主张多民族国家就应该提倡多样性发展，毕竟，很多多民族国家内部民族差异导致的冲突，以及由此而对国家统一、社会稳定造成破坏的案例，都充分说明了一个道理：多样化很容易成为民族区隔、民族疏离乃至民族分离主义的重要诱因。我国同为多民族国家，当然，几千年共命运、同发展，同属于中华民族的核心属性决定了我国与巴基斯坦并无加以比较的事实，但巴基斯坦充满矛盾冲突的历史与现实还是告诉我们一个道理：在国家建设层面，中华文化认同、中华民族认同的建设和巩固才是我们工作的重心。

二 利益纷争与国家治理

我们知道，与国家治理密切相关的便是国家内部利益的分配问题，利益分配均衡与否同样是影响国家政权治理的重要因素之一。在巴基斯坦，民族之间利益的多寡和区域之间利益的失衡，加以民族因素之外的贫富鸿沟，都成为影响和制约巴基斯坦国家政治稳定和社会经济发展的障碍。

由于巴基斯坦内部就存在着鲜明的语言、文字等方面民族文化的差异，加之旁遮普人、信德人、俾路支人和普什图人等各民族之间共同历史命运的缺乏，巴基斯坦各民族之间的相互认同和国家认同原本就很低，而以"民族"为界限的利益配置和争夺，更是加剧了巴基斯坦民族之间的不信任和对国家政权的不认同。因此，以民族为界限的利益追求同样是影响巴基斯坦国家治理和社会稳定的根本原因之一。

巴基斯坦建国之后，多样的民族构成是巴基斯坦族族群追求其自身利益的核心动因，每一个民族都试图在利益层面获得最大的收益，他们要么通过政治既得利益来影响经济利益的获取，如旁遮普族，他们通过政治层面所占有的优势，制定了诸多倾向于旁遮普人利益的制度；要么在无法通过所谓的正当手段谋求政治、经济层面利益的时候，他们便采取了非正规的途经，如建立主张独立的政治和军事力量，抑或实施暴力恐怖的极端势力，而所有这些都是影响和左右巴基斯坦政治社会稳定的核心动因，使得建国以后的巴基斯坦始终处于动荡和不安之中。据统计，2013 年，仅在卡拉奇市，就发生了源自宗教、民族等因素的凶杀案件 2789 起、恐怖爆炸案件 51 起、绑架案件 78 起和勒索案件 533 起；2016 年，巴基斯坦共发生恐怖活动 441 起，造成 908 人死亡①，所有这些数据都充分反映了巴基斯坦宗教、民族、文化差异以及与之相关的利益纷争所造成的社会后果。在利益追求层面，作为第一大民族，同时也是巴基斯坦利益第一掌控民族的旁遮普族，充分利用其政治领域的主导地位，采用左右政治、经济制度设置的方式来谋求利益，严重地影响了信德族、普什图族、俾路支族等民族对于国家制度乃至整个国家的认同。以民族为导向的利益追求瓦解了原本缺乏历史共同经历的族际认同和国家认同，使得巴基斯坦信德族、普什图族、俾路支族等利益受损民族产生了严重的国家离心力，即便是这种利益受损是事实上并不真正源自民族，因为民族之间的差异往往会使得利益相关者将之与民族联系起来，进而加大这种差距所产生的作用。

更值得注意的是，巴基斯坦民族与地理空间之间又有着极为强烈的符合性，这也必然性地加剧了巴基斯坦民族之间的纷争，以及由此而产生的低度国家认同和强烈的国家离心力。多民族国家内部民族与地理空间相关是一件十分正常的事情，因为在历史发展过程中，某一民族必然会依托于某一地理空间繁衍生息，问题在于，历史共同命运和记忆缺乏的情况下，民族与地域空间的高度相关性往往很容易成为诱发地方民族主义和民族分离主义倾向的动因。在巴基斯坦，作为主要民族的旁遮普族、信德族、普什图族以及俾路支族，基本都有着界限相对明晰的地理空间区隔，这也就使得俾路支人、信德人等利益被边缘化的民族产生了强烈的民族分离思想，毕竟他们拥有着足以依托的土地。如俾路支省，俾路支省是俾路支人在巴基斯坦主要的居住生活区域，是俾路支人传统的政治文化中心。受俾路支族裔民族主义的影响，在很早之前，俾路支人就建立了主张俾路支民族独立的组织。1932 年，"俾路支统一组织"提出要建立统一和独立的俾

---

① 张家栋、韩流：《巴基斯坦恐怖主义状况及发展趋势》，《国际观察》2017 年第 4 期。

路支，在英国撤离之后，他们将既不加入印度，也不加入伊斯兰国家。[①]巴基斯坦独立建国之后，俾路支民族主义力量就一直保持了与巴基斯坦联邦政府之间的较量，二者之间的纷争始终未曾中断，只是在不同时期，其烈度有所差异而已。[②] 俾路支共和军（Baloch Republican Army）、俾路支解放军（The Baloch Liberation Army）、俾路支解放阵线（Baloch Liberation Front）、俾路支解放猛虎组织（Baloch Liberation Tigers）、俾路支斯坦军（Lashkar‐e‐Balochistan）和俾路支解放联合阵线（The Baloch Liberation United Front，即 BLUF）等组织的存在足以说明这一问题。而信德人的情况亦是如此，只是比起俾路支民族主义来说，其冲突烈度相对较低。

从上文分析我们可以看出，巴基斯坦各民族共同历史命运和记忆的缺失，利益纷争的民族化，加之民族与地理空间的高度吻合，都是影响和制约巴基斯坦政局稳定和社会治理的重要因素，那么，在多民族国家治理的过程中，巴基斯坦的历史与现实又给我们怎样的启发？

防止和弱化以民族为界限的利益分配或者利益纷争乃是多民族国家社会治理的有效途径。我们知道，历史与现实都充分表明，民族关系乃是关乎国家稳定、经济发展的首要事务，民族关系"和"则国家稳定、经济繁荣，民族关系"乱"则社会动荡、经济衰败，而民族利益则是影响和决定民族关系的重中之重。鉴于此，一个多民族国家在利益分配过程中就需要高度关注民族之间的利益均衡问题，厚此薄彼的政策措施往往会使得民族与民族之间出现隔阂，同样也会降低中央政权在地方民族心中的权威，由此也容易产生或者增强地方民族对中央的离心力。虽然有着千百年休戚与共历史的中国各民族与缺乏历史共性的巴基斯坦各民族之间是不能相提并论的，但同样作为多民族国家，我国在处理民族利益这一问题上做到了很好的典范，具有极强的借鉴意义。1949 年中华人民共和国成立之后，秉承中国共产党一直以来的民族平等、民族团结、各民族共同发展繁荣的原则，我们制定了新的民族政策，实施了民族区域自治，并在经济、文化等诸多方面制定并实施了倾向于少数民族利益的政策措施，这些举措

---

① Taj Mohammad Breseeg, Baloch Nationalism: Its Origin and Development, Karachi: Royal Book Campany, 2004, p. 227.

② 钱雪梅：《巴基斯坦俾路支民族主义探析》，《世界民族》2013 年第 3 期。

有效地促进了我国经济社会相对滞后民族的发展，开创了民族平等发展的典范。

　　巴基斯坦民族陷入纷乱的现状和我国民族关系取得辉煌的成绩告诉我们，民族利益均衡所具有的现实意义，在明确这一问题的同时，我们更应该清楚，要避免以民族划线为准的利益追求，也就是某一民族以本民族利益为最高追求的民族发展思想。以本民族利益为核心进行的利益追求必然会导致民族之间的隔阂、矛盾和冲突，是祸乱国家社会稳定的重要因素，这既与我国实际国情不相符合，也是社会主义现代化建设所不能够接受和容忍的。

　　同时，巴基斯坦族际冲突、中央与地方之间的冲突，也明确地告诉了我们，与地理空间高度相关的民族冲突或者民族利益诉求，往往对中央政权和国家稳定的威胁更为严重。虽然在历史发展中，不可避免地存在某一民族依托一定的地理空间进行繁衍生息，但在中国民族事务的处理中，一定要警惕以某一地理空间为依托的地方民族主义。中华人民共和国成立之后，为了充分保障各民族享有平等的各项权利，我们制定并实施了民族区域自治制度，划定了区域自治地方，设置了区域自治机关，以此来实行自治权，但我们断不可对民族区域自治有误读或者曲解。民族区域自治是指某一自治区域的各族人民对这一地方的共同管理，一起行使自治权，区域自治不是民族自治，更不是民族独治，也就是说，区域自治是繁衍生息于民族区域自治地方所有民族对社会主义福祉的共享。唯有如此，也才能真正实现各民族真实而有效的平等，也才能够真正保证我国国家安全、社会稳定和经济发展，这是符合我国民族平等政策的，也是符合马克思主义民族理论要求的。

第五章　医疗卫生事业

根据 2020 年最新统计，巴基斯坦人口达到 2.34 亿，其中旁遮普人占 44.7%，普什图人占 15.4%，信德人占 14.1%，萨拉基奇人占 8.4%，穆哈吉尔人 7.6%，俾路支人 3.6%，其他占 6.3%。城市人口占总人口的 37.2%。人口增长率为 2.07%。① 严峻的人口压力给巴基斯坦医疗卫生体系和医疗保险制度带来了重大挑战。目前，巴基斯坦医疗卫生体系建设尚不健全，无法保障民众享有优质高效的医疗卫生保健。尽管巴基斯坦政府开展了多项改革措施和计划，但在 2019 年联合国开发计划署（UNDP）人类发展指数（HDI）的 189 个国家中，巴基斯坦仅列第 152 位，比 2018 年下降两位。② 本章对巴基斯坦基本医疗卫生、制药业发展、传统医学使用等情况进行了论述。

第一节　卫生保健

巴基斯坦属于公私混合的卫生系统，公立医疗机构和私立医疗机构之间差异较大，城乡之间也存在着严重的卫生保健服务供给和卫生人力资源不平衡。总体而言，巴基斯坦医疗卫生资源覆盖不足。巴基斯坦医疗卫生系统的薄弱还体现在政府卫生支出较低，卫生人力资源不足等方面。但巴基斯坦政府通过对改革卫生系统，提高卫生支出，增加卫生人力资源，发展医学教育等方式，努力使人们能够普遍获得基本医疗卫生服务，以实现

---

① 美国中央情报局：《世界概况》，https：//www.cia.gov/library/publications/the－world－factbook/geos/pk.html。

② 2019 年人类发展指数排名，http：//hdr.undp.org/en/content/2019－human－development－index－ranking。

全民健康覆盖。国际社会的援助也对巴基斯坦医疗卫生系统的改进发挥了重要作用。

一　医疗卫生体系

巴基斯坦的卫生系统组成参差不齐，属于混合卫生系统，包括公共、半国营、私人、民间社会、慈善捐助者和捐助机构。巴基斯坦通过预防、促进、治愈和康复服务四种模式，系统地向消费者提供医疗保健服务，但更加侧重于治疗而非预防。巴基斯坦卫生保健由初级卫生保健、二级卫生保健、三级卫生保健和其他与健康有关的服务构成。初级卫生保健由基本保健单位、药房、农村保健中心、包括女性卫生工作者和助产士在内的亚保健中心组成。二级卫生保健主要包括地区医院或一些私立医院，在政府管理的地区医院中，治疗是免费的。私人医院和政府医院，设备齐全，可以进行小型和大型手术。每个城市通常有两个或多个。大多数"A"级军医院都属于此类。政府医院免费提供医疗保健和住宿。私营部门主要是收费服务系统，为近70%的人口提供服务，提供包括受过训练的医生及替代疗法的精神治疗师的服务。私营部门不在监管框架内运作。巴基斯坦大城市都有国立医院和私人诊所，能够保证一般常见病的治疗。但在农村、边远山区，医疗卫生条件相对较差。① 补充、替代和传统的康复系统在这些地区很受欢迎。

整个卫生部门面临着卫生人力的数量、技能组合和部署不平衡，以及各级，即初级、二级和三级卫生保健资源分配不足的问题。公共部门只能发挥三分之一的基本医疗保健服务，其未能得到充分利用的原因主要是由于固有的弱点，包括对预防和促进健康的关注不足，此外还有管理上面临的相关问题，比如存在权力过度集中、政治干预、对外开放不足、人力资源支持薄弱、缺乏整合以及公共卫生政策支持等。腐败是巴基斯坦医疗系统中的一个严重问题，它阻碍了医疗保健系统以有意义的方式扩展。在巴基斯坦一级卫生系统，员工缺勤和双重工作岗位问题最严重，影响医疗服务，导致公共卫生设施的封闭或未充分利用，进而损害了公共财政医疗保健的公平和健康目标。药品获取也是医疗保健行业的另一个主要腐败领域，

---

① 《对外投资合作国别（地区）指南·巴基斯坦（2019）》，中华人民共和国商务部网站，http://pk.mofcom.gov.cn/article/zxhz/zn/202012/20201203023176.shtml。

如果不向医务人员提供礼物（贿赂），患者将很少受到关注或完全被忽视。

尽管公共卫生设施有所增加，但巴基斯坦的人口增长导致医疗无法满足需求。解决关键健康问题的公共卫生保健机构通常仅位于主要城镇。由于缺乏这些机构以及与运输相关的费用，生活在农村和偏远地区的贫困人口倾向于咨询私人医生。研究表明，巴基斯坦的私营部门医疗保健系统在服务质量和患者满意度方面优于公共部门医疗保健系统。在私人卫生部门中，几乎没有机制对质量、标准、协议、道德或价格等进行管理。在21世纪初期，巴基斯坦实行了全球最大的外包计划，将四个省的2490个基本医疗单位管理外包给非政府组织，以解决卫生人力短缺和覆盖面窄的问题。初步结果表明，这些机构的门诊病人数量以及人员和药品的供应量有所增加，但护理质量和预防服务的整合却几乎没有改善。①

巴基斯坦政府充分认识到，让公众获得高质量的医疗设施至关重要。卫生部门通过改革措施，包括人口控制、扩大健康保险和加强以家庭为基础的医疗保健，为实现全民健康覆盖（UHC）提供了强大动力。卫生部门采取的战略是转变政府的优先议程，以在2030年前实现全民健康覆盖。为此，巴基斯坦于2010年成为国际卫生伙伴关系（IHP＋）的签署国，在《2016—2025年巴基斯坦国家卫生愿景》中将UHC列为优先领域。在2020财年，巴基斯坦政府通过公共部门发展计划（PSDP）的发展项目支持了各种计划和项目，以履行全球对可持续发展目标（SDG）议程的承诺，改善人民的健康状况并减轻传染病和非传染性疾病带来的社会负担。卫生部门的PSDP计划主要包括：

1. 权力下放的垂直卫生计划

自第18号《宪法修正案》颁布以来，垂直计划的筹资方式发生改变。垂直卫生计划的经济负担由各省或者地区政府的发展预算支付。各类仍需要在国家一级进行资金支持以改善人口健康状况的项目，将与各省政府共同融资实施。

2. Sehat Sahulat Program

Sehat Sahulat Program（SSP）是政府首次启动的针对社会最贫困阶层

---

① World Health Organization, Primary health care systems（PRIMASYS）: case study from Pakistan, 2017.

的免费医疗保险，是社会健康保护的旗舰计划，目的是确保国内弱势公民能够迅速、体面地获得他们应得的医疗保健服务，而无须承担任何经济义务。该卫生计划涵盖巴基斯坦全国150多间公立和私立医院。在这些机构中，国民可以享受各种免费治疗，包括血管成形术和癌症手术，费用最多可达72万卢比（4500欧元）。除医疗费用外，保险还包括每次往返医院的交通费用，高达1000卢比（6欧元）。

3. 登革热控制

在世卫组织的支持下，联邦和省卫生部门正在实施登革热控制措施。国家卫生服务法规与协调部已在国立卫生研究院（NIH）建立了登革热控制和操作室，不断监测疾病状况。在所有受影响的地区和邻近地区，进行广泛的社会动员、社区参与和病媒控制活动。

4. "埃萨斯"计划（Ehsaas Programme）以及计划生育和基本医疗保健计划（Family Planning and Primary Health Care，FP&PHC）

FP&PHC计划正在努力控制人口增长。在过去的20年中，通过FP&PHC计划聘请了女性卫生工作者（Lady Health Workers，LHW）。到目前为止，FP&PHC计划已经招募了100000多名LHW，其服务包括通过改善卫生条件、生育间隔、补充铁、更广泛的疫苗接种以及孕妇的产前和产后覆盖，改善妇女和儿童的健康状况。

5. 扩大免疫计划

2019年11月，信德省将伤寒结合疫苗（TCV）引入常规免疫计划，使巴基斯坦成为世界上第一个将此疫苗纳入强制性扩展免疫计划（EPI）计划的国家。EPI现在正在向儿童提供疫苗接种来对抗8种可预防的疾病，即儿童结核病、小儿麻痹症、白喉、百日咳、新生儿破伤风、麻疹、乙型肝炎和伤寒。

6. 消灭脊髓灰质炎行动计划

2019年12月，通过全国免疫日（NID）活动，将近4000万儿童，包括在指定学校的680万儿童中进行了疫苗接种。联邦政府承诺投资468亿卢比（3.4762亿美元），用于在2019—2021年间根除脊髓灰质炎。疫苗采购和社会动员由儿童基金会负责，而世卫组织则负责业务活动和环境监测方面的支出。

7. 安全输血服务（SBTS）计划

巴基斯坦政府热切希望扩大SBTS计划，通过简化输血来预防和控制流行性传染病。德国政府通过 KFW 开发银行对此计划提供支持。

8. 疟疾控制计划

《国家疟疾控制战略》以基于结果的关键监测要素为基础，包括早期诊断和及时治疗、改进对流行病的发现和反应、与国家和国际伙伴建立可行的伙伴关系、多种预防措施、重点行动研究和国家承诺。

9. 结核病控制计划

该计划的目标是将治疗成功率维持在 91%，到 2020 年使结核病患者的耐多药结核病患病率每年至少降低 5%，并加强计划和运营管理能力。

10. HIV/AIDS 控制计划

该计划旨在实施行为改变交流（BBC）战略，为高危人群提供服务，进行性传播感染治疗，提供安全输血等，得到联合国机构和全球抗击艾滋病、结核病和疟疾基金的技术支持。

11. 母婴健康（MCH）计划

妇幼保健计划由联邦和省卫生部门实施，旨在提供更好的母婴保健和计划生育服务。该计划在 275 家医院或医疗机构中提供综合新生儿护理（EmONC）服务，在 550 家医疗机构中提供基本 EmONC 服务，并在所有医疗机构中提供计划生育服务。

12. 癌症治疗计划

巴基斯坦原子能委员会（PAEC）所属的四个省 18 家癌症医院已经为癌症患者提供诊断和治疗设施。近来，在国家和省级其他利益相关者的支持下，努力建立国家级癌症登记处。

受 COVID – 19 影响，与其无关的许多疾病服务已停止，多个基本医疗服务处于暂停状态。社区卫生工作者，疫苗接种者，助产士和家庭福利助理无法提供外展服务。大流行限制了妇女获得救生的孕产妇和新生儿保健服务。封锁和旅行限制扰乱了常规基本药物和保健产品的供应链，并造成基本疫苗库存的缺口，导致免疫服务中断。为全体人民恢复基本卫生服务成为政府最紧迫的挑战之一。

二　医疗卫生管理

巴基斯坦曾经是英国的殖民地，从英国那里继承了高度集中的医疗体系。1947 年，巴基斯坦实现独立后，一直由政府负责向几乎所有城镇免费提供国民保健服务。2010 年 4 月 20 日，巴基斯坦议会一致通过了宪法第 18 号修正案，在国家和地区各级政府之间划分了权力和主权，以减少专制或过于集权的可能性。这种权力下放对巴基斯坦医疗卫生系统也产生了重要影响。2011 年 6 月，联邦卫生部被废除，当时所有卫生职责（主要是计划和资金分配）都移交给省卫生部门。2013 年 5 月，内阁决定成立国家卫生服务法规和协调部（Ministry of National Health Services，Regulations & Coordination，M/o NHSR&C），恢复了一个提供医疗服务和实施医疗保健政策的联邦机构。该机构主要目的是提供一套可行的卫生系统，使人们能够获得高效、公平、可负担的卫生服务。联邦和省政府制定卫生保健政策，主要负责预防疾病和向其公民提供治疗服务。联邦政府有责任计划和制定国家政策、进行研究、培训并寻求外国援助。在宪法中，省政府扮演着重要角色，负责提供医疗保健服务和执行国家政策。

M/o NHSR&C 下的单位分为自治机构、附属部门和下属办公室三部分。其中自治机构包括：（1）国立卫生研究院（NIH）；（2）巴基斯坦药品监督管理局（DRAP）；（3）卫生服务学院（HSA）；（4）巴基斯坦卫生与研究理事会（PHRC）；（5）巴基斯坦医学与牙科理事会（PMDC）；（6）巴基斯坦内科医生与外科学院（CPSP）；（7）巴基斯坦护理委员会（PNC）；（8）巴基斯坦药事委员会（PCP）；（9）全国顺势疗法理事会（NCH）；（10）全国 Tibb 理事会（NCT）；（11）国家人口福利基金会（NATPOW）；（12）人体器官移植局（HOTA）；（13）Shaheed Zulfiqar Ali Bhutto 医科大学（SZABMU）。附属部门包括：（1）中央卫生机构（CHE）；（2）联邦政府多诊所（FGPC）；（3）巴基斯坦医学科学研究所（PIMS）；（4）疟疾控制局（DMC）。下属办公室包括：（1）国家生育护理研究所（NRIFC）；（2）国家卫生应急准备和响应网络（NHEPRN）；（3）国家人口研究所（NIPS）；（4）国家卫生信息资源中心（NHIRC）；（5）中央仓库和物料供应（CW&S）；（6）卫生规划，系统加强和信息分析单位（HPSIU）。

M/o NHSR&C 开展的预防方案有：（1）总理的 Sehat Sahulat 计划（PMSSP）；（2）免疫接种扩展计划（EPI）；（3）国家艾滋病控制计划（NACP）；（4）国家结核病控制计划（NTP）；（5）人口计划联队（PPW）；（6）安全输血服务项目（SBTP）；（7）烟草控制室（TCC）等。

2010 年第 18 号宪法修正案通过后，卫生系统相关职权已下放到八个联邦部门（省和行政区），因此具体战略规划也成为省的责任。巴基斯坦各省分别采取了积极措施，通过了省卫生法案。2010年，旁遮普邦颁布《2010年旁遮普邦医疗保健委员会（PHC）法案》成立了旁遮普邦医疗保健委员会（Punjab Healthcare Commission），旨在通过实施"最低医疗服务提供标准（MSDS）"来提高医疗服务的质量，并禁止所有形式的庸医。2014年2月24日，信德省议会通过了《2013年信德卫生保健委员会（SHCC）法案》，旨在改善医疗服务的质量，提供更公平的医疗服务。2015年1月，开伯尔-普什图省通过了《开伯尔-普什图省医疗保健委员会法案》，旨在为人们提供安全优质的医疗保健服务。在省级颁布的每一项法案中，都强调了以下医疗体系的需求：（1）治理；（2）注册和许可；（3）医疗服务标准；（4）检查和执行；（5）资金，预算和账目。在权力下放后的情景中，联邦和省级卫生当局与利益相关方在2013—2016年度的一系列会议中明确表达并认可了对共同的具有约束力的国家卫生愿景的需求。《国家卫生愿景》是与各省和其他利益相关方商定的一套统一和共同的战略重点。愿景声明是："通过使人们能够普遍获得负担得起的、优质的、基本的卫生服务，以改善所有巴基斯坦人的健康，这些服务是通过具有韧性和响应能力的卫生系统提供的，能够实现可持续发展目标并履行其他全球卫生职责。"

三　国民健康状况

根据《2014年世界卫生组织非传染性疾病国家概况》，巴基斯坦目前面临着传染性疾病（38%）和非传染性疾病（49%）的双重负担。所有死亡中约有50%归因于非传染性疾病。[1] 7.6%的个人受乙型和丙型肝炎流行病的影响，结核病负担世界排名第五，是疟疾流行的主要地理区域。尽管77.0%的毒品注射者使用无菌注射设备，但总体HIV感染率为21.0%。据估计，抗反转录病毒疗法的覆盖率为9.0%。此外，该国未经筛查的输血率很高。在新病例中，耐药结核估计为4.3%，在先前治疗的病例中估计为19.0%。[2] 传染病一直是导致巴基斯坦人口死亡的主要原

---

① Andrew Mwaniki, Leading Causes of Death in Pakistan, 2019 - 07 - 30, https：//www. worldatlas. com/articles/leading - causes - of - death - in - pakistan. html.

② 世界卫生组织：《世界卫生组织国家合作战略报告》，2018年5月。

因。这些疾病迅速蔓延的原因包括城市拥挤、饮用水不安全、卫生设施不足、经济状况差、健康意识低下以及疫苗接种覆盖率不足。心脏病、中风、糖尿病、高血压和各种癌症等非传染性疾病的发病率也不断上升。巴基斯坦整个国家的供水系统非常陈旧，年久失修，水质的污染也相当严重，细菌含量明显超标，再加上民众普遍缺乏医疗卫生常识，导致该国家经常暴发一些流行性疾病，如肝炎、霍乱、疟疾、肺结核等。

非传染性疾病与意外伤害和心理健康一起构成了双重疾病负担（BoD）的另一半。意外伤害占 BoD 总数的 11% 以上，并且可能随着道路交通、城市化和冲突的增加而增加。巴基斯坦的糖尿病患病率排名世界第七。18 岁以上的成年人中有四分之一患有高血压，并伴随吸烟率的上升而有增加趋势。由于失明或其他原因造成的残疾率也很高，而为残疾人提供的服务很有限，比如缺乏社会辅助设备以改善生活质量。《2019—2020 国家人权报告》指出，根据巴基斯坦心理健康协会的说法，抑郁症患病率上升。

孕产妇和新生儿的死亡率很高。在幼儿中，腹泻和呼吸系统疾病仍然是主要的杀手。一半的育龄妇女贫血（50.4%）。对孕产妇、新生儿和儿童健康的政治承诺日益增强，这已得到《国家卫生愿景》的认可和在《RMNCAH 与营养 2016—2025 年十点优先议程》中体现。目前，巴基斯坦避孕普及率为 35%，未满足的生育间隔需求为 25%，随着人口的增加，BoD 将日益恶化。①

缺血性心脏病，也称为冠状动脉疾病，是巴基斯坦死亡现象的主要原因，约占总死亡人数的 8%。癌症和下呼吸道感染在死亡的主要原因中也位居前列，均占死亡总人数的 8%。在过去的 20 年中，癌症病例数一直在稳定增长。两种主要癌症为肺癌和乳腺癌，前者常见于男性，后者常见于女性。巴基斯坦严重缺乏治疗癌症的医疗设施，只有 40% 的人能够使用体面的医疗保健设施，60% 的患者无法得到诊断，并无法在治疗设施的帮助下得到治疗。

巴基斯坦营养不良比例很高，根据《2018 年国家营养调查》，五岁以下儿童中有 40% 发育不良，18% 消瘦，29% 体重不足。城乡儿童和妇女中也普遍存在各类形式的营养问题。育龄妇女中约有 24% 的人超重，

---

① 世界卫生组织：《世界卫生组织国家合作战略报告》，2018 年 5 月。

14%的人肥胖，其中城市的比例较高为17%，而农村地区的比例较低为12%。每年营养不良给巴基斯坦带来的损失约相当于3%的GDP（76亿美元）。《2018年国家营养调查》透露，该国近18%（3800万）的人口严重缺乏粮食保障。此外，由于巴基斯坦的营养不良主要影响妇女，改善营养和降低饮食风险将促进性别平等。降低饮食风险也将有助于减少卫生保健的自付费用，从而有助于减少贫困。

巴基斯坦政府采取了各种公共卫生计划，通过疾病预防、普遍免疫和医疗基础设施改善等方法，减少疾病、残疾、衰老以及其他问题对民众健康的影响。2016—2018年，该国健康指标获得了一定改善，见表Ⅱ-5-1。

表Ⅱ-5-1　　　　　　　　巴基斯坦人类发展指标

	2016 年	2017 年	2018 年
出生时预期寿命	66.8	66.9	67.1
婴儿死亡率（每1000活产儿）	60.5	58.8	57.2
孕产妇死亡率（每100000）	154.0	143.0	140.0
5岁以下儿童死亡率（每1000）	73.8	71.5	69.3
人口增长（年度百分比）	2.1	2.1	2.1

资料来源：世界银行发展指标（2020年）。

四　卫生支出

巴基斯坦卫生资金主要来自自付费用、政府支出、发展伙伴、私人保险、非政府组织的外部资源和世界资金等（见表Ⅱ-5-2）。药品支出占自付费用的很大一部分。根据世界卫生组织2000—2017年的数据，巴基斯坦政府公共卫生支出占国内生产总值的比重呈上升趋势，但仍较低，个人自费支出占比较高。2019财年联邦和省政府累计卫生支出从上年的4165亿卢比增加到4218亿卢比，增长了1.3%，占GDP的比重为1.1%。而根据世界卫生组织（WHO）的建议，这一比重应达到6%左右。个人自付费用约占总支出的60%以上，使家庭在需要寻求治疗时面临巨大的财务风险。为了减轻自付费用对健康的负担，2015年12月31日，巴基斯坦启动了总理的国家健康保险计划（PMNHIP），为收入低于一定水平（每天2美元）

的人口提供医疗服务，他们将获得覆盖他们的健康卡，在公立或私立医院可获得高达 50000 卢比（477 美元）的治疗，包括紧急情况、产妇护理、院后治疗，甚至包括交通费用。此外，他们将获得高达 300000 卢比的保险，以治疗七种特别昂贵的疾病：糖尿病、心血管疾病、癌症、肾脏和肝脏疾病、HIV 和肝炎并发症、烧伤和交通事故。① 总共约一亿人口将从中受益。已在 15 个地区开始了此项服务，覆盖约 310 万个家庭。②

表Ⅱ-5-2　　　　　　　巴基斯坦各类卫生支出比重（%）

年份	2000	2005	2010	2015	2017
国内公共卫生支出（GGHED）	35	22	22	28	32
个人支出（OOPS）	62	71	70	66	60
外部资源（EXT）	1	4	5	4	2
其他（Other）	3	3	3	3	6

资料来源：世界卫生组织全球卫生支出数据库，https：//apps. who. int/nha/database/country_profile/Index/en。

在过去的几十年中，一些组织和捐助机构为改善巴基斯坦的卫生成果做出了重大贡献。巴基斯坦还有一个相对较大的非营利性私营部门，有80000 多个非营利性非政府组织。在卫生系统中做出贡献的主要内部非政府组织和机构是 HANDS，Shiffa 基金会和巴基斯坦 Aga Khan 卫生服务（AKHSP）。外国援助在促进巴基斯坦卫生部门发展方面发挥了关键作用。该国获得的大量援助主要来自亚洲开发银行，美国、英国、德国、挪威和澳大利亚政府，加拿大国际开发署，英国国际发展部，德国国际合作机构，日本国际协力机构，韩国国际协力团，联合国儿童基金会，联合国人口基金和世界银行，这些机构和国家的关注领域和任务侧重有所不同。

---

① Pakistan launches national health insurance scheme, The Economist, 2015 - 12 - 31, https：//www. eiu. com/industry/article/703816654/pakistan - launches - national - health - insurance - scheme/2015 - 12 - 31.

② 根据人权理事会第 16/21 号决议附件第 5 段提交的国家报告·巴基斯坦，2017 年 11 月 6 日至 17 日。

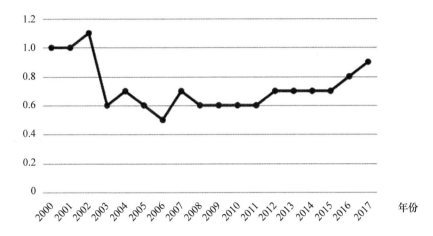

图Ⅱ-5-1　国内卫生支出占国内生产总值比重

五　人力资源

卫生人力资源是提供优质预防、促进和治疗服务的最关键因素。巴基斯坦是世界第六大人口大国，按照人口的需求，卫生人力资源不足。巴基斯坦是医生、牙医、护士和护理人员与人口比例最低的国家之一，被列为卫生人力资源严重短缺的57个国家之一。[1] 在巴基斯坦，非正式部门中有大量的卫生保健提供者，包括不合格的顺势疗法提供者（例如，乡村医生、药店零售商）、传统的治疗师、信仰治疗者、尤纳尼和半合格的同种疗法提供者（例如，医疗助手、技术人员和社区卫生工作者）。尽管他们不是主流卫生系统的一部分，但是确是贫困农村人口的主要卫生保健提供者，特别是在偏远和难以到达的地区。

近年来，巴基斯坦医疗卫生工作者人数不断增长（见表Ⅱ-5-3），但是距离世界卫生组织的标准仍相差很大。世界卫生组织建议每1000人中至少有2.28名医护人员（医生、护士和助产士）。[2] 巴基斯坦城市地区

---

[1]　Rana S. A. , Sarfraz M. , Kamran I. , Jadoon H. : Preferences of doctors for working in rural islamabad capital territory, pakistan: a qualitative study, Journal of Ayub Medical College Abbottabad 28: 591 – 596.

[2]　World Health Organization, World Health Report 2006, https: //www. who. int/whr/2006/whr06_ en. pdf? ua = 1.

每万人口中约有 14.5 名医生，而农村地区每万人中有 3.6 位医生。助产士的覆盖率更低，城市地区每万人口中有 7.6 名助产士，而农村地区每万人中有 2.9 名助产士。[①] 药学教育部门并未为巴基斯坦的国家医疗体系做出重大贡献。2004 年，药学教育提升为 5 年制药学课程，但是在药房实践领域，经验丰富和合格的工作人员数量不足，仍然是一个重大挑战。

表Ⅱ - 5 - 3　　　　　　　　注册医疗和辅助医疗人员

	2013 年	2014 年	2015 年	2016 年	2017 年	2018 年	2019 年
医生	167759	175223	184711	195896	208007	220829	233261
牙医	13716	15106	16652	18333	20463	22595	24930
护士	86183	90276	94766	99228	103777	108474	112123
助产士	32677	33687	34668	36326	38060	40272	41810
女性卫生工作者	14388	15325	16448	17384	18400	19910	20565

资料来源：巴基斯坦统计局。

六　医学教育

在过去的几十年中，巴基斯坦的医学教育发展迅速。直到 1990 年，公共部门一直主导着教育形势，大约有 20 所公立医学院和牙科学院，而私营医学院校只有 2 所。但是，从 20 世纪 90 年代初开始，这种平衡开始向私营部门倾斜。[②] 截至 2019 年 1 月，巴基斯坦医学院校共 114 所，其中公立医学院校 44 所，私营部门 70 所。[③] 所有医学院校均由各省卫生部门监管，并由巴基斯坦医学和牙科委员会（PMDC）的中央监管机构以及高等教育委员会认可。所有医疗和牙科从业人员和学生都必须向 PMDC 注册，才能在巴基斯坦合法地从事医学和牙科工作。PMDC 有助于确保医学教育的教学质量能够符合医疗保健要求，提供系统且不断提高的教学，满足社会的期望。不论进入巴基斯坦的

---

① Amit Sengupta, Shehla Zaidi, Tackling the primary care access challenge in South Asia, *British Medical Journal*, 2018 - 11 - 29.

② Muhammad Zahid Latif, Gohar Wajid: Reforming Medical Education in Pakistan through Strengthening Departments of Medical Education, Pak J. Med Sci. 2018 Nov - Dec; 34 (6): 1439 - 1444.

③ 资料来源：https://en. wikipedia. org/wiki/List_ of_ medical_ schools_ in_ Pakistan。

任何政府还是私立医学院，均需进行医学和牙科入学考试（MDCAT），并且高中毕业证书（HSSC）为 11—12 级。在医学院和附属教学医院需要完成五年的理论和实践（临床）培训，才能获得医学学士学位和外科学士学位（MBBS）。前三年的重点是基础医学，例如人体解剖学、生理学、生物化学、一般病理学和药理学，后两年主要为医学、外科、妇科、儿科、耳鼻喉科和眼科的临床培训。五年的医学教育后，毕业生需完成为期一年的专门临床培训，才有资格向 PMDC 申请医疗从业许可证。

第二节 制药行业

独立以来，巴基斯坦制药行业在不断探索中取得了较大发展。巴基斯坦制定了一系法律法规，成立了药品监督管理局和药事委员会等机构，对制药行业进行监管，以改善巴基斯坦卫生状况，保障民众的基本权利。跨国公司曾在巴基斯坦制药业中发挥重要作用，但是近年来本土制药公司所占份额越来越高，这与巴基斯坦制药市场以仿制药为主有很大关系。为了促进制药业的发展，政府也在研发投入、药学教育等方面进行相关变革。

一 管理机构

巴基斯坦的制药业受到政府的严格监管。巴基斯坦药品监督管理局（Drug Regulatory Authority of Pakistan，DRAP）于 2012 年根据 2012 年《巴基斯坦药品监督管理局法案》成立。该局的任务是有效协调和执行 1976 年《药品法》，以规范、生产、进口、出口、储存、分配和销售该国的治疗产品。作为国家监管机构，DRAP 确保在全国范围内民众能以负担得起的价格获得安全、优质和有效的治疗产品，并为巴基斯坦人民提供最新的治疗机会。DRAP 正在采用全球统一的基于科学的标准来评估、注册和监控治疗产品的安全性、质量和功效。监管标准的统一将提高产品在国际市场上的接受度，提高产品质量，并最终促进公众健康。DRAP 将通过有效的药物治疗管理和策略来支持国家卫生系统的管理，从而成为在国际上与标准接轨的世界级法规组织。巴基斯坦药品监督管理局现任首席执行官为阿西姆·劳夫先生（Asim Rauf）。DRAP 下设多个司，分别为药品评价与注册司，负责评估和注册用于人类、动物的药品；药品许可司，负责药品生产设施的许可；质量保证司，负责执行现行的良好生产规范，并负责药物的测试或研究；医疗设备司，负责评估、登记或注册用于人类、动物的药用器械、药用洗发剂和药用肥皂；生物药物司，负责对人类、动物进行生物制剂的评估、注册和许可；管制药物司，与联邦政府协商，负责管制和分配麻醉药品、精神药物和前体化学品的配额；药房服务司，负责药房服务的开发和推广；健康与非处方药司，负责药房服务的开发和推广等。

巴基斯坦药品监督管理局的愿景目标是到2025年通过药物获得实现全民健康，为改善巴基斯坦的卫生保健做出贡献；按照严格的监管机构的要求，在理论依据和现代科学基础上及全球监管环境下对巴基斯坦药品监督管理局的法规和运营进行重组、改造；能力和团队建设：对人力资源进行入职、培训和开发，以加强、实施和有效管理现有和新的法规和执法领域；开发和升级巴基斯坦药品监督管理局实验室的可用设施，并引入新的设施和实验室，特别是用于市场监测，法医调查以及医疗器械，保健和OTC（非药物），保健食品，替代药物，传统阿育吠陀、顺势疗法等新法规的实施。

长期以来，药品价格一直是巴基斯坦医药领域的争论焦点，制药公司经常抱怨严格的控制使某些药品的生产无利可图，但也有人声称，鉴于该国的收入较低，许多药品价格仍然过高。直到2012年，巴基斯坦卫生部门设定了药品价格，将药品分为受控（基本）和非受控类别。两种类别的价格上涨都需要政府批准，不能由制药公司单方面更改。这种制度人为地压低价格，导致一些制药公司出现财务问题。随着卫生部的职责下放，巴基斯坦药品监督管理局开始负责批准药品价格上涨并维护基本药物清单。2015年，DRAP提出了建立国际参考定价系统的建议，在该系统中，将专利药品的价格与参考国家的价格进行比较，从而限制了定价。仿制药的价格将固定为比品牌价格低30%。计划药品（对于治疗严重疾病必不可少的药品）的年度价格上涨将被限制在消费者价格指数（CPI）的50%之内，最高不得超过4%。非定期药品的价格上涨将限制在70%，上限为6%。[①] 2018年，根据《2018年药品价格政策》，制药公司可以根据消费

---

① Pakistan to introduce new drug pricing regime. The Economist, 2016 – 06 – 13, http：//country. eiu. com/ArticleIndustry. aspx? articleid = 1434308927&Country = Pakistan&topic = Industry&subtopic = Healthcare.

者价格指数（CPI），在提价前 30 天通知卫生部，便可在不面临政府干预的情况下，每年将救生药品和其他药品的价格分别提高 7% 和 10%。然而，由于 2019 年，巴基斯坦经历了几次药品价格上涨，2020 年 7 月，联邦政府对《2018 年药品价格政策》进行了修订，以允许政府阻止制药公司对某类药品进行年度提价，DRAP 和国家卫生服务部将根据制药公司的申请确定药品价格，政府将负责发布有关价格上涨的通知。通过剥夺制药公司的这种权力，经修订的《2018 年药品定价政策》更符合 1976 年《药品法》。制药公司每年要向 DRAP 支付各类款项，包括缴纳税前 1% 的利润给中央研究基金，支付新药注册费、药品注册续签费、药品制造许可费等。

政府部门的采购是巴基斯坦整体药品销售的重要组成部分。药品的分销严重依赖社区药房。1997 年的《国家药品政策》通过授权政府和半政府卫生组织批量购买药品，从而促进了基本药物清单中指定药物的使用。该政策旨在以负担得起的价格向公众提供药物。

二 药品法规政策

巴基斯坦药品监管局（DRAP）是制定政策、规则和控制制药公司的机构。与药品监管相关的法律法规有：《巴基斯坦药品监管局法》（2012 年）、《药品法》（1976 年）、《药品（标签和包装）规则》（1986 年）、《药品（许可，注册和广告）规则》（1976 年）、《药品（上诉委员会）规则》（1976 年）、《药品（研究）规则》（1976 年）、《药品（联邦检查员，联邦药品实验室和联邦政府分析师）规则》（1978 年）、《药品（进出口）规则》（1976 年）、《药品（规格）规则》（1976 年）、《北部地区药品规则》（1978 年）、《替代药物和保健产品（入伍）规则》（2014）等。

在巴基斯坦国家成立之前，管理南亚次大陆制药业的主要法案是 1940 年的《药品法案》。该法案针对制药行业的各个方面制定了全面的法规。与之前的法案相比，该法案主要用于规范危险药物的使用。即使在巴基斯坦成立后，该法案（有少量修订）仍然是主要的监管工具，直到 1976 年《药品法》的实施。在这之间，有一些补充立法，例如 1967 年《药剂法》，但这些立法往往只涵盖特定领域，而不是整个制药行业。

1972 年通过了《通用药品法》，该法后来被废除，由 1976 年的《药品法》取代。在 1976 年到 2012 年，1976 年《药品法》仍然是规范制药业的主要文件。随着时间的流逝，诸如 1996 年的《北部地区药品法规》和 1997 年的《药品法》之类的法规对以前的《药品法》进行了补充。2012 年，新的《药品法》基本上是 1976 年法案的一种延伸，并取代了它。目前，该法是监管制药业的主要法律，由巴基斯坦药品监管局（DRAP）负责。

三　药学教育

根据 1976 年《药品法》，巴基斯坦设有药事委员会（Pharmacy Council of Pakistan，PCP）。PCP 不仅负责规范药师的教育和实践，还负责药学毕业生的注册和国家药师许可证的颁发。只有持有许可证的毕业生才被允许执业。各地区的药事委员会根据 PCP 的规定，负责管理各省药师的注册和执业。[①] 1937 年，巴基斯坦首个药学培训机构在马德拉斯药学院（Madras Medical College）成立。同年，第一个药学学位在印度教大学（Banaras Hindu University）建立。1948 年，旁遮普大学（Punjab University）首次开设药学系。1964 年，第一个药学院在卡拉奇大学（University of Karachi）成立。最初，巴基斯坦的药学为 3 年制本科教育。1978 年延长为 4 年制。2003 年，改为 5 年制的药学博士（Pharm. D）学位。Pharm. D 是目前巴基斯坦药学专业的第一个基础学位，由高等教育机构中的药学院、所、系等提供五年制药学专业学位课程。学生完成该课程的学习，即可获得"Pharm. D"学位。目前巴基斯坦国内开设药学专业的高校有 40 余所。[②] 高校设立 Pharm. D 学位的宗旨和目标是培养具有专业知识、能不断更新知识、有较强道德价值观，并具有较强的沟通、写作和社会技能的专业人才，这些人才能够在卫生系统和社会中正确地使用药物、保证病人的安全，能够在制药企业及药品质量控制机构中从业，也能够在学术界从事药学相关的研究和发展工作。根据巴基斯坦 1967 年药事法，其国内药师有两种，分别为药师（Pharmacist）、药学技师（Pharmacy Technician）或药师助理。凡入大学或其附属机构，完成本科药学学位所有课程并能被

---

① Hussain K., Hashmi F. K., Standardization in the Evaluation System of Pakistan's pharmacy institutesI‐J‐1, *American Journal of Pharmaceutical Education*, 2011, Vol. 75, No. 8, 167.

② 罗智敏等：《巴基斯坦药学教育概括》，《医学教育研究与实践》2018 年第 1 期。

授予由中央委员会认可的药学本科学位学生，均可向中央委员会提交药师申请，经审核通过后，即可被授予药师的资格。凡持有中央委员会认可的药学机构所授予的药学文凭以及由省议会举办的药学考试合格者，均可向中央委员会提交药师助理（Assistant of Pharmacist）或药学技师的申请，经审核通过后，即可被授予相应的资格。

四 制药业的发展

1947 年独立时，巴基斯坦几乎没有制药业，而目前其制药业正在迅速发展，为国民经济做出了巨大贡献。根据昆泰（Quintile IMS）2017 年第一季度报告，巴基斯坦制药公司从 1999 年的 304 家，增加到 2017 年的759 家。然而官方消息认为巴基斯坦的授权制造商不超过 650 家。这表明行业和政府之间存在很大的鸿沟，也是巴基斯坦制药业的一大特征。制药公司的地理位置遍布巴基斯坦各地（见表Ⅱ－5－4），各省的药品生产单位则往往集中在卡拉奇、拉合尔和白沙瓦等主要城市。尽管大多数公司都在旁遮普省，但是就生产、产能利用率、业务量和规模而言，卡拉奇在制药公司方面处于领先地位。世界层面来看，制药行业的大公司与巴基斯坦都有业务往来。巴基斯坦为制药商提供了许多增长机会，其中一些机会是由于慢性病患者的增加和巴基斯坦国家健康保险计划的推出所驱动的。

表Ⅱ－5－4　　　　　巴基斯坦制药公司地理位置分布

省区	1999	2017[①]	2017[②]
旁遮普省	160	370	440
信德省	101	163	183
开伯尔－普什图省	32	98	114
俾路支省	2	13	15
阿扎德克什米尔	9	6	7
总计	304	650	759

资料来源：①来源于巴基斯坦药品监督管理局（DRAP）数据。

②来源于 Per QuintileI MS 数据。

　　巴基斯坦本土公司占制药市场份额的 55%，跨国公司占 45%。巴基斯坦制药业满足了该国约 80% 的需求，其余 20% 的药物需求需要进口。① 巴基斯坦 95% 制药原料必须进口，国内只满足 5% 的需求。政府已采取措施，通过逐步削减进口原材料的关税，使制造商更容易进口原材料。2017—2018 年间，制药业价值增加了 22.6%，数量增长了 17.4%。据估计，2020 年制药业市场规模将达到 29.1 亿美元。② 近些年，巴基斯坦药品销售市场保持着健康增长。2012—2017 年之间，复合年增长率（CAGR）估计为 10%—12%。在此增长范围内，国内公司和跨国公司的增长比例有所不同，但是总体而言，该行业随着时间的推移保持了健康的增长。

　　巴基斯坦制药业竞争激烈，存在收入和市场份额高度偏向的分布。排名前 50 位的公司拥有 89% 的市场份额，而排名前 100 位的公司则占有近 97% 的市场份额。③ 就跨国公司与本地公司之间的市场份额比较而言，分配比例约为 40∶60，这与早期趋势相反，以前是跨国公司占据了主要份额。本地公司的一个特点是，只有少数公司在股票市场上市。本地公司的销售增长一直高于跨国公司，因为巴基斯坦制药市场本质上是一个低成本的仿制药市场，大量的新仿制药以较高的单价推出。制药业每年为巴基斯坦的 GDP 贡献约 1%。随着排名前 100 位公司的地位进一步巩固，巴基斯坦制药业的合并和收购可能会加快。行业官员坦言，由于较小规模的公司将难以在竞争日益激烈的环境中维持生机，而生产成本难以下降，因此，未来顶级公司将更加集中。

表 II - 5 - 5　　　　　　　　巴基斯坦十大制药公司

公司名称	排行	本土/跨国公司	是否上市
Glaxo Smith Kline Pakistan Limited 葛兰素史克巴基斯坦有限公司	1	跨国	是

　　① Federal Bureau of Statistics, Government of Pakistan, National Education Census, 2014, Islamabad, Pakistan: Government of Pakistan, 2014.

　　② PRCRA, Pharmaceutical Industry in Pakistan. May 2018.

　　③ Pakistan's Pharmaceutical Industry, July 2017, Pakistan Pharmaceutical Manufacturers' Association.

公司名称	排行	本土/跨国公司	是否上市
Getz Pharma（Private）Limited 格士药业（私人）有限公司	2	本土	否
Sami Pharmaceutical（Private）Limited 萨米药业（私人）有限公司	3	本土	否
Abbott Laboratories Pakistan Limited 巴基斯坦雅培实验室有限公司	4	跨国	是
Martin Dow Pharmaceuticals（Pakistan）Limited 马丁陶氏制药（巴基斯坦）有限公司	5	本土	否
The Searle Company Limited 塞尔有限公司	6	本土	是
Sano Aventis Pakistan Limited 赛诺菲安万特巴基斯坦有限公司	7	跨国	是
OBS Pakistan（Private）Limited 巴基斯坦 OBS（私人）有限公司	8	本土	否
GSK Consumer Healthcare Pakistan Ltd. 巴基斯坦 GSK 消费者保健有限公司	9	跨国	否
Hilton Pharma（Private）Limited 希尔顿制药（私人）有限公司	10	本土	否

资料来源：IMS MAT，2017 年 6 月。

五　跨国制药公司

巴基斯坦第一家跨国制药公司出现于 1951 年，至 1954 年，已增加到 9 家。20 世纪 90 年代，跨国制药公司的相对市场份额和数量逐渐下降。截至 2017 年，其数量已经从高峰时的 40 个减少到 17 个。实际上，业内人士认为只有 6—7 家活跃于药品生产，其他公司则放弃生产药品，或外包生产，或者将业务分解由较小的（本地）部门负责。下降的原因之一是跨国公司自身业务松懈，无法跟上当地发展步伐。由于巴基斯坦医疗代表人数增加，医生在开药方面有了更多选择，本地公司开始获得更多的市场份额，同时开始提供具有竞争力的薪酬方案，导致人力资本转移到当地顶级公司。另一个经常提到的原因与政府定价的规定有关。多年来，政府一直奉行"价格冻结"政策，即药品价格在一段时间内一直保持在特定水平。除其他事项外，这项政策意味着尽管生产成本大幅增加，企业仍无法提高药品价格。对于跨国公司而言，额外的成本压力来自其按照自身的高标准维持一定的药品质量。但是考虑到中央管理的价格政策，这种做法是不可持续的，因为不仅投资回报率（ROI）降低，而且利润汇回也受到影响。因此，跨国公司将目光投向了孟加拉国等法规更加宽松、生产成本也更低的地方。跨国公司逐渐衰落的另外两个因素是缺乏知识产权（IP）执法和本地公司的激烈竞争。知识产权法的松懈执行意味着在市场上迅速出现了印有不同品牌名称的替代品和仿制品，而且几乎没有监督。此外，当地制药商在药品制造的质量和种类方面已取得了跨越式的进步，从而给跨国公司带来了巨大挑战。行业中有许多人认为需要采取措施鼓励跨国公司在巴基斯坦的存在，停止其外流。它们提供了本地公司无法提供的某些优势。例如，跨国公司对员工在世界高质量机构中进行培训，从而对行业内的人员能力和质量产生积极影响。

巴基斯坦是世界上人口增长率最高，而获得高质量医疗保健的机会最少的国家之一。国内不仅对药品有大量需求，而且对制药行业的设置提供了诸如较低工资等有利条件。理论上说，对制药业（国外和国内）的投资应该是可观的。这些因素也是导致印度等国医药市场兴起的原因。不幸的是，多年来，在巴基斯坦，医药投资（尤其是外国投资）急剧下降。2002 年，巴基斯坦制药业的外国直接投资（FDI）为 720 万美元。到 2008 年，这一数字增加到 4650 万美元。到 2012 年底，这个数字下降到 300 万美元。到 2014 年，有所回升至 1570 万美元，但实际上在 2015 年跌至负值，此后在 2016 年仅上升至 330 万美元（见图 Ⅱ - 4 - 2）。一种普遍的观点认为，版权法和专利法的不执行阻碍了外国投资进入巴基斯坦。由于药物可以很容易地被复制和出售，而无须进行适当的检查，因此对于投资者来说，几乎没有动机进行药品研究和投资。此外，巴基斯坦制药市场上充斥着假药。尽管在发达国家也能找到假冒产品，但由于执法不力，假冒产品在巴基斯坦已达到惊人的程度。假冒药品的流行对公共卫生构成了严重威胁。2012 年 1 月，由一家政府经营的医疗机构向患者提供的心脏药物不合格，约有 100 名患者丧生。

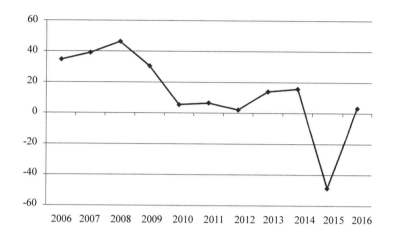

图Ⅱ－5－2　2006—2016 财年外国直接投资（百万美元）

资料来源：巴基斯坦国家银行（SBP）。

六　药物研发

1976 年法令规定制药公司有义务将其毛利润的 1% 支付给政府进行研发，但没有数据显示累积到政府账户中的总额，已使用了多少以及它对药品相关研发的影响。然而，独立分析人士认为，巴基斯坦制药行业尚不存在研发，或研发对该行业的发展几乎没有任何影响。[1] 政府官员则公开承认这项政策完全失败。政府对如何使用这笔款项一无所知，而且缺乏适当的人力资本投入来进行药物研究。巴基斯坦制药行业的大多数基础研究都是在发达国家进行的，例如英国、德国、瑞士、法国、日本和美国。

七　药物进口

巴基斯坦进口的药品有各种形式，从原料药、赋形剂到半成品和成品形式都有。所有进口产品均需 DRAP 授权的无异议证书（No Objection Certificate，NOC），这意味着在巴基斯坦进口的每种材料都必须根据当地法律获得 DRAP 助理药品管理员（Assistant Drug Controller，ADC）的认证。政府已对制药行业的原材料进口给予各种减免。根据 1969 年海关法第 5 号附表减免关税，

---

① Hassan Mansoor, Politics of medicine pricing, 2016. 10. 16, https：//www. dawn. com/news/1289752.

并根据 1990 年销售税法第 6 附表减免商品及服务税（Goods and Services Tax, GST）。巴基斯坦政府对归类为麻醉品的原材料进行固定配额，同时需要 DRAP 授予配额，该配额必须严格监控此类限制物品的进口、消费、销毁和库存水平。公司只能进口其分配的配额，而配额必须每年从 DRAP 续签。

巴基斯坦制药行业面临许多挑战，例如行业法规的制定和药品价格的调节。随着政府致力于促进医药和医疗保健市场的发展，该行业有望实现良好的增长，吸引外国投资的机会很多。

第三节　传统医学

在巴基斯坦，传统医学已成为文化遗产的重要组成部分，并在为大部分人口提供医疗保健方面发挥了重要作用。但是，在医疗保健系统中缺乏协调一致的机制来合理利用传统药物。目前，在巴基斯坦主要流行三大类传统医学，即尤纳尼（Tibb – e – Unani）、阿育吠陀（Ayurveda）和顺势疗法（Homeopathy）。传统医学与实践在巴基斯坦主要归属两大体系，即尤纳民和顺势疗法。阿育吠陀在巴基斯坦并不普及，它从属于 ACUPUNCT UREAND REIKI 法令管理，同样有其市场。精神和身心疗法（SPIRITUAL AND MIND – BODY THERAPIES）在巴基斯坦同样流行。[①] 中医药在巴基斯坦也早有传播，巴基斯坦民众对中国传统医学有着很强的认同感。

一　传统医学使用情况

土著传统医学在巴基斯坦被认为是重要的，根据《传统和补充医学全球报告 2019》，40%—59% 的人口公认使用土著传统医学。使用不同类型的传统医学/补充与替代医学实践的人口百分比如下：针灸 1%—19%，草药 40%—59%，顺势疗法 20%—39%，自然疗法 1%—19%，中医 1%—19% 和 Unani 药物 40%—59%。[②]

---

① 张新国、刘新民、Ahsana Dar Iqbal Choudhary：《巴基斯坦传统医学发展现状与展望》，《亚太传统医药》2007 年第 9 期。

② World Health Organization, WHO global report on traditional and complementary medicine 2019.

根据尤纳尼（Greco - Arab）的基本原理，身体由四个基本元素组成，分别是"土"，"气"，"水"和"火"，代表不同的"气质"，即冷、热、湿和干。尤纳尼中的健康概念是指身体状态处于四种气质的和谐中，身体的功能与周围环境相适应。[①] 尤纳尼医学系统起源于希腊，被认为是由伟大的医师和哲学家希波克拉底（公元前 460—377）建立的。在许多阿拉伯国家的伊斯兰统治者的支持下，阿拉伯学者和医生在尤纳尼医学体系发展中发挥了重要作用。他们开发并完善了许多学科，如化学、制药程序（如蒸馏，升华，煅烧和发酵）。在尤纳尼医学的黄金时代，最有影响力的历史人物是阿维森纳（Avicenna，980—1037年）。尤纳尼药物的当前形式很大程度上归功于他。他的著作 *Al - qanoon*（《医学经典》）是一本国际上广受赞誉的医学书籍，直到 17 世纪为止，该书在欧洲各国都是作为医学教科书使用。公元 1350 年左右，阿拉伯人将尤纳尼医学引入次大陆。最早为人所知的 Hakim（医师）是 Zia Mohd Masood Rasheed Zangi。另外，促进该系统发展的著名医师还有 Akbar Mohd Akbar Arzani（约 1721 年），著有 *Qarabadin Qadri* 和 *Tibb - e - Akbar* 两本著作；Hakim M. Shareef Khan（1725—1807），著有 *Ilaj ul Amraz*；Hakim Ajmal Khan（1864—1927），是 20 世纪尤纳尼医师中的一个著名人物，他不仅是医生，而且是科学家、政治家和自由战士，为在德里的卡罗尔·巴格（Karol Bagh）建立尤纳尼和阿育吠陀学院发挥了重要作用；Hakim Kabeeruddin（1894—1976），将 88 本阿拉伯和波斯语尤纳尼书籍翻译成乌尔都语。尤纳尼的第一所医学机构于 1872 年成立，此后，许多机构应运而生。

顺势疗法指的是用小剂量的药物治疗疾病，当健康人服用该药物时，该药物能够产生与疾病相似的症状。塞缪尔·哈内曼（Samuel Hahnemann）博士（1755—1843）在 19 世纪初期为它提供了科学依据。顺势疗法医学系统于一个多世纪前被引入次大陆，并与传统观念很好地融合在一起，在巴基斯坦获得了极大的欢迎。顺势疗法由德国医师

---

① Shahzad Hussain，Farnaz Malik：Alternative and Traditional Medicines Systems in Pakistan：History，Regulation，Trends，Usefulness，Challenges，Prospects and Limitations，A Compendium of Essays on Alternative Therapy.

J. M. Honigberger 博士首先引入从印度优先独立的拉合尔市。20 世纪 20 年代初期，旁遮普拉合尔成立了第一所顺势疗法学院。

巴基斯坦政府还未完全放开对中医药的引入。中医药在巴基斯坦的发展目前属于民间行为，未形成规模。巴基斯坦政府并未出台具体政策来规范中医在当地的执业，中医药在巴基斯坦尚未立法，针灸的行业标准一般集中在个别较大的针灸诊所或机构中，还未普及到针灸行业中。① 巴基斯坦有专门的中医诊所，在一些综合性医院和中巴联合建立的医院中也设立中医诊疗部门。

二 传统医学管理

1997 年，《国家卫生政策》便提及制定传统医学法规，开始重视传统医学作用，建议开设一种新的课程，将 Tibba/Homopathic 学院入学的先决条件从 Matric（10 年级）提高至 FSc（医学预科，即 12 年级）②，并建议规范传统药物的实践和教育，在联邦一级建立药剂学实验室，并为收集药用植物举办培训班。③ 2001 年的《国家卫生政策》还建议对 1965 年的《尤纳尼、阿育吠陀和顺势疗法（UAH）法案》进行修正，以纳入现已实施的学位和研究生水平课程。

在巴基斯坦，传统和补充医学实践受 1965 年的《尤纳尼、阿育吠陀和顺势疗法法案》管理，该法分别于 1982 年和 2003 年进行更新，修订后的法案开始承认学位课程。传统和补充医学从业者必须通过各自的理事会，即全国 Tibb 理事会（National Council for Tibb，NCT）和全国顺势疗法理事会（National Council for Homoeopathy，NCH）进行注册。NCT 旨在对传统医学行业进行规范，以满足以患者为中心的医疗保健需求。NCT 负责制定尤纳尼和阿育吠陀医学体系的课程，进行教育和考试，并对通过考试的 Tabibs 进行注册。在 22 位理事会成员中，有 14 位是通过邮政投票选举

① 龙塑、郑林赟：《中医药在巴基斯坦伊斯兰共和国的现状及发展策略探究》，《国际中医中药杂志》2020 年第 5 期。

② 巴基斯坦的正规教育基本沿袭了英式教育结构，分五个阶段：1—5 年级为小学教育；6—8 年级为初中教育；9—10 年级为高中教育；11—12 年级为大学预科。

③ Shahzad Hussain, Farnaz Malik: Alternative and Traditional Medicines Systems in Pakistan: History, Regulation, Trends, Usefulness, Challenges, Prospects and Limitations, A Compendium of Essays on Alternative Therapy, January, 2012.

产生的，其余的是联邦和省政府的提名，任期为 5 年。NCT 通过适当注册本地从业人员，提高从业人员素养，使其更加科学和循证，以减少公众和传统从业人员之间的信任缺失。NCT 将采取措施进行质量控制和质量保证。NCT 认可的大学共有 4 所。NCH 与 NCT 一样，负责制定课程，教育，检查顺势疗法医学系统以及注册顺势疗法医生，旨在规范尤纳尼、阿育吠陀和顺势疗法从业者的资格注册和认证。理事会成员的选举程序与 NCT 相同。根据 NCH 网站公布的信息，目前巴基斯坦共有 141 所顺势疗法医学院。

2001 年，内阁批准了关于草药的法规草案。2010 年，经与传统药物部门（TRM Sector）的利益相关者及巴基斯坦国民议会协商，制定了尤纳尼，阿育吠陀，顺势疗法，草药和非对抗疗法药品的生产、储存和进出口法规。2014 年 11 月，引入了具有免税期的替代医药保健品替代登记制度。自 2018 年 1 月起，官方网站上提供了一份涵盖传统和补充医学产品的在线药物不良反应报告表，以收集药物不良反应数据。草药以医疗、健康和营养成分的形式出售，不受管制。使用美国草药药典、世卫组织专论和欧盟专论。药典中的信息不具有法律约束力。尤纳尼医学专著在全国范围内使用，没有法律约束力。还使用马来西亚专论和印度药典。

南亚次大陆有非常丰富的使用替代药物的历史。巴基斯坦在很大程度上延续了过去的这一传统，因为补充和替代医学（CAM）实践在巴基斯坦的所有地区都十分普遍。尤其是农村地区，那里的卫生设施要么很差要么根本不存在，低识字率意味着人们更有可能在没有任何证据证明其疗效的情况下选择药物。其他因素包括家庭和社区信仰、接近消费者以及非常实惠的费用。

三 传统医学应用

传统医学提供者在公共和私营部门诊所和医院都有实践。全国 Tibbi 和顺势疗法委员会颁发实践所需的传统医学/补充与替代医学许可证。大学提供传统医学的学士、硕士、博士和临床博士学位。根据《传统和补充医学全球报告 2019》，巴基斯坦约有 12 万名顺势疗法医生和 4 万名哈基姆人（hakim，土著医学从业者）。针灸、阿育吠陀医学、脊椎按摩疗法、草药、顺势疗法、自然疗法、整骨疗法、中医和尤纳尼医学的传统医学/补充与替代医学提供者也在巴基斯坦实践，但他们的数量尚不清楚。

巴基斯坦未能发展出一套协调的体制性的基础设施和人力资源，无法为药用植物资源提供可持续利用的财富。巴基斯坦有关药用植物研究的活动主要处于文献记录层次上。研究主要在大学中进行，这也是民族植物学资源清单。巴基斯坦拥有各种气候带和独特的生物多样性，巴基斯坦药用植物的热点分布区为从高山牧场到红树林的 13 个自然地区，大约有 6000 种高级植物。据报道，有 600—700 种可以用于治疗疾病。然而，超过 10% 的植物正在受到威胁。①

四　新冠肺炎疫情应对

（一）疫情基本情况和应对措施

2020 年 2 月 26 日，巴基斯坦发现首例新冠肺炎确诊病例。3 月 13 日，政府开始封锁边境，暂停航班运营，关闭教育机构，严禁集会，并最终在全国范围内实行了封锁。截至 6 月 8 日，巴基斯坦的省级主管部门开始根据联邦准则放宽新型冠状病毒（COVID - 19）的控制措施。新措施涉及正常运输和商业活动，并采取社会疏远措施。截至 2020 年 10 月 18 日，巴基斯坦共确诊新冠肺炎病例 323019 人，死亡 6654 人，死亡率为 2.1%，低于同一时段的全球死亡率 3.58%。虽然外界对巴基斯坦死亡率偏低存在各种说法，但不可忽视的一个主要原因是巴基斯坦的人口结构比较年轻，平均年龄为 22 岁。在疫情中，巴基斯坦政府也采取了诸多行之有效的措施，为疫情的缓解起到了重要作用。

巴政府围绕预防、缓解和管理来控制疾病传播，同时增强医疗系统能力，并对形势进行持续评估，制定了一套强有力的检测、追踪、隔离（TTQ）政策来识别高发地区并封锁这些区域。

---

① Shinwari Z. K., Gilani S. S., Kohjoma K., Nakaike T. (2000), Status of medicinal plants in Pakistani Hindukush Himalayas, Proceedings of Nepal - Japan Joint Symposium on Conservation and utilization of Himalayan Med, Resour, pp. 257 - 264.

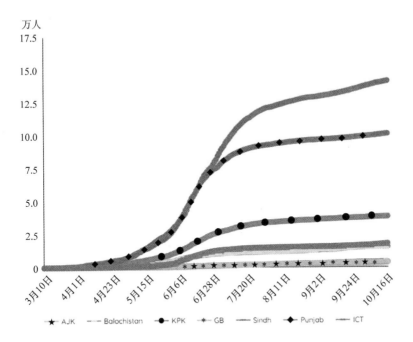

图Ⅱ - 5 - 3 巴基斯坦各省新冠肺炎确诊情况

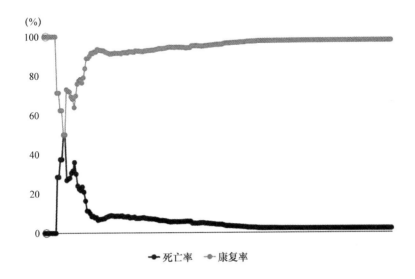

图Ⅱ - 5 - 4 2020 年 3 月—10 月巴基斯坦新冠肺炎康复率及死亡率对比

资料来源：http：//covid. gov. pk/stats/pakistan。

第一，组建疫情防控部门，对疫情进行统筹指挥和管理。巴基斯坦成立了以总理为首的国家协调委员会（NNC），建立了由联邦计划和发展部长领导的国家指挥与作战中心（NCOC）。NCOC是巴基斯坦对抗COVID-19的神经中枢机构，其职责是负责协调国内COVID-19政策，执行国家协调委员会关于COVID-19的决策。NCOC对电子数据和人工情报进行分析、处理，然后将基于信息或数据的建议（包括健康、财务及与COVID-19相关的所有事项）提供给国家协调委员会，由后者进行实时预测和及时干预。巴基斯坦总理指示NCOC要关注健康管理、财务影响、社会经济和粮食安全、战略沟通，同时建议根据COVID-19事件的发展情况，制定校准和衡量的应对模式。

第二，为抗疫提供经济支持。为卫生部门、医疗设备和个人防护用品采购拨款750亿巴基斯坦卢比；实施12000亿巴基斯坦卢比的刺激计划，作为对每日工资损失的财政援助；拨款1000亿巴基斯坦卢比设立紧急基金；降低汽油和柴油价格；免征建筑商、开发商代扣所得税等；成立总理COVID-19救济基金，巴国总理号召所有人向该基金捐款，用于为所有因封锁而沦为贫困的人提供照顾；引入Ehsaas紧急现金计划。

第三，巴基斯坦制定了一系列标准操作程序（SOP），针对不同的社会群体、行业、职业、场所、医院、节日、旅行、聚会、公共场所重新开放等制定不同的准则或指南，如母亲新生儿指南、建筑工人健康与安全准则、执法机构指南、医院分区指南、开斋节指南、巴基斯坦国际出发指南等。

第四，发起多项互联网倡议，利用互联网加强疫情追踪监测和管理，包括资源管理系统（Resource Management System）、智慧封锁（Smart Lockdowns）、Pak Neghayban手机用软件、综合疾病信息管理系统（IDIMS）、面向卫生工作者的热线、COVID-19远程医疗门户。资源管理系统于2020年5月31日推出，目前遍布全国约4000家同伴/非同伴医院。该系统有助于建立正确的需求评估和增强能力方面的决策。该系统将1579家医院联系起来，以便了解各种设施和库存使用情况。而在这些医院中，有804家医院的数据可以在资源管理系统上直接看到。智慧封锁，旨在通过App有针对性地将最大IP数量限制为已识别的热点，以遏制/阻止本地COVID-19传播并打破疾病的传播周期。Pak Neghebaan应用程序根据床位的可用性，利用位置和颜色编码状态提供医院的实时可见性。目前已连接 1110 家医院，以帮助应急人员、医疗工作者和市民前往距离最近的有床位和呼吸机的医疗场所。综合疾病信息管理系统，构成了所有 COVID‒19 相关数据的国家资料库。IDIMS 与所有省级系统集成在一起，用于实时数据交换。该系统构成了用于疾病预测和智能锁定识别的高级数据分析的基础。

第五，针对一线人员提供各类服务。巴政府已经宣布了针对一线工作人员的一揽子支持计划，其中包括财政支援、支持包、安保和培训。同时，国家卫生服务法规与协调部（MoNHSRC）启动了"We Care"计划，这是一项在 COVID‒19 背景下保护和支持前线卫生工作者的全国性运动。"We Care"旨在为医护人员提供足够的个人防护设备（PPE），指导他们使用符合国际标准的各种 PPE 物品，并营造护理和支持的整体心理社会环境。"We Care"还旨在通过采取预防行为来提高公众（包括患者和医疗机构的访客）的意识，以支持一线医护人员，不仅减少自身感染的风险，还减轻工作人员的负担和健康风险。"We Care"计划将对十万名医生、护士和支持人员进行培训，该计划制定了标准化的课程，并选择巴基斯坦各地（每个省一所）的顶尖医科大学向其各自地区提供培训。

为医护人员开通向有关政府部门进行投诉的渠道，建立全国服务热线和 WhatsApp 聊天。除了 1166 通用帮助热线外，医护人员还可以在 WhatsApp 聊天机器人上以短信形式发送投诉。热线服务电话与 NCOC 链接，将由 NHSR&C 的投诉管理团队处理。

第六，加强社区动员，对抗 COVID‒19 需要社会各阶层的协同响应。政府通过已建立的农村支持计划（RSP）进行社区动员。NCOC 与 RSP（在 66 个地区开展活动）进行对接，与地区行政部门合作开展活动，包括提高认识运动，协助进行跟踪和检疫，公共场所消毒，数据收集，志愿者的医院职责，口粮收集和分发，公用商店检查和价格控制。

（二）中国对巴基斯坦的抗疫援助

巴基斯坦出现疫情后，中国政府第一时间向巴基斯坦援助了检测试剂、口罩、防护服等物资，先后派出多支救助力量前往支援抗疫一线，并积极支持巴方建设隔离医院。中国有关省市也向伊斯兰堡市、卡拉奇市捐赠了口罩。除了中国政府，中国企业也纷纷向巴基斯坦伸出援手。在中国的援助下，巴基斯坦在伊斯兰堡建立隔离医院和传染病治疗中心（IHITC），专门用于新冠肺炎患者的救治。疫情过后，巴方计划将该医院作为巴传染病救治中心继续使用。IHITC 有 5 个不同病房和 250 张病床，拥有最大的设施来诊断和治疗传染病。据统计，中国政府先后向巴方提供七批抗疫物资，涉及口罩、防护服、检测试剂、呼吸机、护目镜、手术手套和测温枪等品类，物资重 100 多吨。在医疗技术层面，中方在第一时间与巴方分享了新冠肺炎的防控方案和诊疗方案、新冠肺炎知识库，通过视频会议向巴方的同行详细介绍了中方防控和诊疗经验。

第六章　巴基斯坦的农业发展

巴基斯坦位于南亚大陆西北部，与中国、印度、伊朗、阿富汗等国接壤，国土面积为 79.61 万平方千米，海岸线长 1100 千米，南部属于热带气候，北部属于亚热带气候。自古以来，巴基斯坦就是一个农业国家，拥有悠久的农业历史。近代以来，作为低收入发展中国家，巴基斯坦的人口增长迅速，农业一直是其支柱产业，整体经济状况的变化一定程度上依赖于本国农业的综合发展。根据 2017 年数据，农业对巴基斯坦国内生产总值的贡献率高达 19.8%，全国大约有 43.3% 的劳动力从事农业生产。[1] 近年来，随着巴基斯坦国内人口增长速度的减缓，以及其他产业的发展，境内对农业的依赖度不断降低。

第一节　巴基斯坦农业发展的综合环境

巴基斯坦农业的整体发展受到当地气候环境与地理环境等方面的综合影响。一方面，巴基斯坦拥有优越的自然资源条件，并且早在铜石并用时期，印度河和恒河流域的农业就已产生。另一方面，即使在今天，气候地理环境依然限制着巴基斯坦农业的持续发展。巴基斯坦不仅会面临雨水洪涝等自然灾害影响，也面临人口高速增长后带来的诸如耕地资源紧张以及使用化肥、农药等引发的土地盐碱化诸多问题。

---

① Pervaiz Bushra：《巴基斯坦农业土地使用政策对粮食安全影响研究》，博士学位论文，中国农业科学院，2017 年。

一 巴基斯坦的气候环境

巴基斯坦的气候为热带季风区、热带干旱和半干旱气候类型，全国大部分地区气候干燥，且北部地区干燥寒冷，并在某些地区常年积雪。全国仅沿海地区受阿拉伯海影响，降雨量较为充沛。①

因为国内干旱和半干旱气候，巴基斯坦境内降水稀少且蒸发强烈。据统计，国内超过四分之三面积的土地年降水量要少于 250 毫米，全国仅有 7% 的地区年降水量超过 500 毫米。由于低降水量和高蒸发量，巴基斯坦呈现出荒漠和半荒漠景观，森林覆盖率不到 4%，全国农业缺少足够的水资源，大部分灌溉水源来自印度河河水。这种情况，既不利于农作物和其他植物的生长，还不利于农业的长期发展，特别是灌溉农业带来耕地盐碱化的问题，更对巴基斯坦农村经济的发展产生不利影响。②

截至 2017 年，巴基斯坦近 68% 的地区年平均降雨量在 250 毫米以下，剩余 24% 的地区年降雨量在 250—500 毫米，仅有 8% 的地区平均降雨量超过 500 毫米。因此，巴基斯坦大部分地区被认为是干旱或半干旱地区，降雨量不足以适当支持农业生产、森林生长和牧场保护。同时，巴基斯坦境内的降雨量分布也十分集中，全年近 65% 的总降雨量发生在季风季节。③

针对现有气候状况，巴基斯坦大力建设灌溉系统，尤以印度河流域灌溉系统（IBIS）（Indus，切纳布河、杰赫勒姆河、拉维河、比斯河和苏特莱杰河）为典型。印度河流域灌溉系统的工作原理为重力流，具有运行和管理成本最低的特点。但是，因为巴基斯坦和印度两国之间以《印度河流域条约》的形式对印度河流域的水域进行了谈判，并将西部三条河流，即拉维河、比斯河和苏特莱杰河的专有权让给了印度，这就造成了巴基斯坦农业发展灌溉用水和农业用地不匹配的问题。当前，巴基斯坦的地表水年平均可利用量为在 95MAF 左右，而印度河流域灌溉系统共灌溉了近 1670

---

① 冀志江：《巴基斯坦的贫困现状及反贫困路径研究》，硕士学位论文，兰州大学，2018 年。
② 洪黔生：《巴基斯坦的灌溉农业和经济发展》，《中学地理教学参考》1999 年第 Z1 期。
③ Pervaiz Bushra：《巴基斯坦农业土地使用政策对粮食安全影响研究》，博士学位论文，中国农业科学院，2017 年。

万公顷的农田，所以，全国地表水平均可利用量约达到每公顷 820 毫米。这是印度河流域灌溉系统优点的一方面。另一方面，印度河流域灌溉系统坚持持续供水的原则，而不是按照农作物种植的需求供水，这也就造成了印度河流域灌溉系统效率低、水资源浪费大的缺点，无法满足农作物种植的需求。此外，印度河流域灌溉的输送过程和渗漏过程也造成了水资源的大量流失。迄今为止，巴基斯坦政府已经做出了各种努力来解决印度河流域灌溉系统的各种问题。例如，开凿了八条连通渠，为境内西部平原缺水地区提供灌溉；修建了各种水库或水坝，以达到节约用水和满足农作物需要的目的。[①]

由于印度河流域灌溉系统的既有问题，它无法避免水资源的重度渗漏，这也就造成了巴基斯坦境内水涝和土壤盐碱化严重等问题，给本国农业生产带来了巨大的挑战。据估计，全国拥有约 1100 万公顷面积的水涝区，即地下水位为 5—10 英尺深，这占据巴基斯坦国内可耕地总面积的一半左右。除了水涝问题，国内还有约 533 万公顷的耕地土地正遭受不同程度和形式的盐碱化问题。因为水土流失以及土壤盐碱化，造成了土壤的排水能力下降的现状，这严重影响了巴基斯坦境内农作物的产量。[②]

为了解决水土流失以及土壤盐碱化的问题，巴基斯坦政府采取了管理农业用水和有系统地大规模利用地下水进行灌溉的干预措施，一方面，降低了地下水；另一方面提供了足够农作物所需的灌溉水。但是，有利就有弊。这一干预措施也有其自身的缺陷。因为缺乏管理和监测地下水的开采的既定规则和条例，所以，过量抽取地下水的情况难免存在，这也就造成了一些地区的地下水位被非必要地降低。与之相反，在盐碱区水位升高的问题仍未解决。[③]

---

① Pervaiz Bushra：《巴基斯坦农业土地使用政策对粮食安全影响研究》，博士学位论文，中国农业科学院，2017 年。

② Pervaiz Bushra：《巴基斯坦农业土地使用政策对粮食安全影响研究》，博士学位论文，中国农业科学院，2017 年。

③ Pervaiz Bushra：《巴基斯坦农业土地使用政策对粮食安全影响研究》，博士学位论文，中国农业科学院，2017 年。

二　巴基斯坦的地理环境

巴基斯坦的地形以山地和高原为主，其占据境内土地面积的五分之三，此外，境内还有大部分地区为沙漠地形。这种复杂多样的地形，给巴基斯坦这个农业大国带来了耕地紧张、土地盐碱化严重、土壤肥力不足等一系列问题，极大影响了巴基斯坦农业的可持续发展。[①]

据统计，巴基斯坦土地总面积中农业用地大约占35%，其中，耕地农业用地约为2130万公顷，占全国土地总面积的27.6%。而在可用农业耕地中，约有80%的土地能够得到足够的灌溉，因此成为国内最重要的土地之一。巴基斯坦的农业用地包括灌溉用地、雨水灌溉用地和山地，其中灌溉土地面积约占20%。除去耕地农业用地以外，巴基斯坦土地总面积的65%左右由沙漠、山区与居民区组成。这部分土地，包括了5100万平方千米的畜牧业生产土地，这在全世界畜牧业土地中排名第五。此外，巴基斯坦的森林包括灌木丛、河流植被、红树林和种植园，这只占巴基斯坦土地总面积的5.4%。境内牧场面积占全国土地总面积的26%，而大部分牧场面积位于俾路支省内。而且，巴基斯坦还拥有占全国土地总面积近10%的沙漠土地和占2.2%的雪域冰川。[②]

综上所述，可以看出巴基斯坦有着多样的土地利用模式，这是其在几个世纪的时间内演变而来的，也与其国悠久的农业历史有密切关系。整体而言，受到地理环境的影响，巴基斯坦的农业发展在土地形态、土壤类别等多个方面受到严重制约。

因为水的可得性等自然因素以及人口数量、经济增长水平、文化习俗等人为因素，巴基斯坦极少通过政府立法的形式确定境内土地使用的模式或进行土地利用规划。因此，巴基斯坦境内的农场大多为面积狭窄的小农场，尽管它们的数量庞大，但所占整体总面积却很少。例如，一方面，全国15%的农业农场面积整合起来仅占全国农业用地总面积的1%；另一方面，全国1.12%的农业农场面积拥有全国农业用地总面积的近22%。这

---

① 冀志江：《巴基斯坦的贫困现状及反贫困路径研究》，硕士学位论文，兰州大学，2018年。
② Pervaiz Bushra：《巴基斯坦农业土地使用政策对粮食安全影响研究》，博士学位论文，中国农业科学院，2017年。

就表明，巴基斯坦境内稀少的大地主占有全国相当数量的农业用地总面积。以农业用地的土地面积为依据，巴基斯坦的农民可以分为三类，即小农户（拥有土地面积在 5.0 亩以下）、中农户（拥有土地面积在 5.0 亩至 12.5 亩）和大农户（拥有土地面积超过 12.5 亩），据统计，境内小农户、中农户和大农户拥有的农业用地面积分别占全国农业用地总面积总量的 16%、28% 和 52%。同样，根据 2010 年数据，巴基斯坦境内 86% 的家庭只拥有全国 43% 的土地面积，而大地主家庭，仅占全国家庭总数的 5.5%，却拥有全国 37% 以上的土地面积。[①]

三　巴基斯坦的资源条件

巴基斯坦境内拥有四条主要支流，分别为杰赫勒姆河、切纳布河、拉维河和苏特莱杰河。根据河流的分布，巴基斯坦境内的耕地主要分布在中部、南部和北部地区。从使用权的角度来看，巴基斯坦的森林主要分为两类，即国营和非国营森林。根据 2010 年粮农组织的数据，巴基斯坦全国森林面积 66% 由国家森林管理部门管理，34% 为私人所有。此外，截止到 2015 年，全国拥有约 3.7 万千米的运河网和 9.32 亿的林业产值。近年来，巴基斯坦渔业发展迅速，渔业产值大幅提高。截止到 2016 年，巴基斯坦境内的渔业生产面积约有 10856.60 公顷，国内渔业养殖场约有 7500 个，其中旁遮普省拥有最大的平均渔业养殖面积。全国合计拥有 868 千米的河流、4370 公顷的水库以及 16858 千米的运河，最大鱼产量达到 6000 公斤/公顷，平均产量为 3000 公斤/公顷，全国渔业区总产值约为 157 万卢比。[②]

除此之外，巴基斯坦还拥有丰富的矿产资源，尤其是煤炭和天然气。其中，巴基斯坦境内的 99.5% 煤炭资源主要分布于信德省。同时，巴基斯坦还储备有煤、石油、天然气、铝土以及铬矿、大理石和宝石等矿产资源。境内森林覆盖率达到 4.8%，但林业资源却相对贫乏。[③]

---

① Pervaiz Bushra：《巴基斯坦农业土地使用政策对粮食安全影响研究》，博士学位论文，中国农业科学院，2017 年。

② Zeeshan Ahmad：《巴基斯坦（旁遮普省）农业生产结构调整及优化模型》，博士学位论文，东北农业大学，2016 年。

③ 冀志江：《巴基斯坦的贫困现状及反贫困路径研究》，硕士学位论文，兰州大学，2018 年。

第二节　巴基斯坦农业发展的整体状况

截止到 2012 年，巴基斯坦 60% 左右的人口都居住在农村，这部分人大部分从事与农业生产相关的活动，生活来源直接依靠农业收入。整体而言，农业解决了巴基斯坦近 45% 劳动力的就业，贡献了国内生产总值的55%。[①] 所以，农业在巴基斯坦的经济中占据重要地位，它既为工业等部门提供了大部分的原材料，还为国家创造了大量的出口收入，所以，推动农业生产、改革农业政策和改善农业部门对巴基斯坦的经济发展至关重要。

巴基斯坦的农业分为四个部分，包括种植业、畜牧业、渔业和林业。截止到 2015 年，巴基斯坦农业的增长速度停滞不前，保持在 2.9%，而畜牧业在其中有重大贡献。对此，巴基斯坦政府采取各种措施促进农业发展，例如加强政府管理、保证农民用水、提供信贷资金和及时供应各种投入等。[②]

一　巴基斯坦农业的发展历史

巴基斯坦是人类文明发祥地之一，巴基斯坦的农业更是具有悠久的历史。早在美索不达米亚平原的铜石并用时代文化时期，印度河和恒河流域的农业就逐渐产生了。大约在公元前 6000 年至公元前 3000 年间，印巴农业十分繁荣，人们开始学会利用自然为人类服务，例如，学会驾驶牛和使用风，并开始发明了冶炼技术并使用各种农业工具，如犁、轮车等。后来，人们还开始将小麦种植从山地移向平原，随之在山区发展起来了基本农业技术并逐渐转移到河谷地带。公元前 5000 年，生活在此地的人们修建了水库和灌溉渠，将河水引入农田，开始发展灌溉系统，不断促进农业的发展。[③] 从遗址中考古发现的动物化石和大麦等其他作物证明，在公元

---

① 陈珏颖、唐娅楠、刘合光：《巴基斯坦的农业发展：政府干预措施和农产品增长模式》，《世界农业》2013 年第 7 期。

② Muhammad Amjed Iqba：《风险感知、风险管理策略和巴基斯坦棉花农户的贫困性实证研究》，博士学位论文，华中农业大学，2016 年。

③ Kheed Gul Khattar：《巴基斯坦经济的主要部门——农业》，《南亚研究季刊》1996 年第 2 期。

前 3000 年，巴基斯坦今俾路支省的河谷和山麓丘陵就有了人类饲养牲畜和种植农作物的痕迹。[1]

到了新石器时期，随着种植技术的不断提高，人们开始发展畜牧业，驯养牛、山羊、绵羊、驴等动物。[2] 哈拉巴文化时期，哈拉巴人发明了各种工具，其生产力有了显著的发展，并形成了高度发达的文明。从哈拉巴遗址发掘出的大量铜器工具和少量石器工具等农业生产工具正是很好的例子。[3] 此后，随着人口的不断增加，巴基斯坦境内森林面积不断缩小，越来越多的林地被开发成农田，人们开始驯化动物来辅助农业耕种。其中，牛因为既可以牵引犁耕地，又可以拉车运输，还可以提供营养丰富的牛奶和牛肉，牛皮更是能制作武器和鞋具，成为最为重要的农用牲畜。[4]

二 巴基斯坦农业的基本概况

从上述印度河流域文化的梳理可以看出，农业自古以来就是巴基斯坦经济不可或缺的组成部分。根据 2012 年政府数据，农业对巴基斯坦国内生产总值的贡献率达到 21.4%，其雇佣了全国 45% 的生产劳动力从事农业生产，并提供了全国 60% 的就业机会。因此，农业当之无愧是巴基斯坦最主要的部门和关键的支柱，在巴基斯坦经济中占据重要地位。

正如上文所说，巴基斯坦的农业分种植业、畜牧业、渔业和林业，下面介绍四者的基本情况。

巴基斯坦的农业以种植作物为主。巴基斯坦的主要农作物包括小麦、水稻、玉米、大麦、棉花和甘蔗等。其中，粮食作物以小麦、水稻为主；经济作物以棉花、甘蔗为主。棉花是巴基斯坦支柱产业——纺织业的基础和出口创汇的主要来源。其他次要作物还包括蔬菜、油籽、豆类和辣椒。油料作物又包括太阳花、棉籽、油菜籽、芥末和辣椒。

巴基斯坦的农作物主要有两个生长季节，即拉比季（Rabi，意为春季）和哈里发季（Khaeif，意为秋季）。拉比季是第一个生长季节，从每年 10—12 月开始，到下一年 4—5 月收获。拉比季种植的农作物主要是冬

---

① 杨翠柏等编著：《巴基斯坦》，社会科学文献出版社 2005 年版，第 53 页。

② Kheed Gul Khattar：《巴基斯坦经济的主要部门——农业》，《南亚研究季刊》1996 年第 2 期。

③ 杨翠柏等编著：《巴基斯坦》，社会科学文献出版社 2005 年版，第 53 页。

④ Kheed Gul Khattar：《巴基斯坦经济的主要部门——农业》，《南亚研究季刊》1996 年第 2 期。

季作物，包括谷物、扁豆、小麦、烟草、大麦和油菜籽等。哈里发季是第二个生长季节，从每年2—8月开始，到9—12月收获。哈里发季种植的农作物主要是夏季作物，包括水稻、甘蔗、棉花、玉米、小米和高粱等。[①] 哈里发季播种季节一般较长，2月播种甘蔗，3—5月播种棉花，6—7月播种水稻，7—8月播种玉米。这些作物从9月开始收获，一直持续到12月。其中，甘蔗的种植可以进行到3月甚至更久。巴基斯坦种植果园和其他树木则是在春季（2—3月）或季风期间（7—9月）进行。[②]

巴基斯坦具有发展畜牧业的有利条件，全国70%左右的面积可以进行放牧，俾路支省和西北边境省更是拥有广阔的天然牧场，其中，俾路支省80%居民以牧业为生。整体而言，巴基斯坦具有较好的畜牧业基础，政府还采取提供良种、建立兽医网、提供优惠贷款等措施不断促进畜牧业的发展。[③]

相比种植业和畜牧业，巴基斯坦的林业发展相对落后，在国内生产总值中所占比例较小。巴基斯坦森林资源比较匮乏，森林覆盖面积仅占国土面积的4.8%。随着森林业在国民经济生活中的作用日益凸显，巴基斯坦政府愈加重视发展林业，制定了全国林业发展长期规划，开展一年两次的植树造林运动，鼓励农民种植经济林木。[④]

巴基斯坦海岸线长达1100千米，大陆架面积1万平方千米，大陆架外专属经济区面积25万平方千米，海洋动物植物资源丰富，具有发展渔业的有利条件，且渔业是巴基斯坦重要的出口商品。但是，整体来看，渔业的产值在巴基斯坦国民经济中所占比例很小，具有庞大的发展潜力。[⑤]

三 巴基斯坦农业的发展情况

从1961年至2011年，五十年间巴基斯坦的农业生产取得了显著的发展。下面从粮食作物产量、非粮食作物产量、肉类产量和奶类产量、牧畜存栏

---

① Muhammad Amjed lqba：《风险感知、风险管理策略和巴基斯坦棉花农户的贫困性实证研究》，博士学位论文，华中农业大学，2016年。

② Shah Fahad：《商品作物种植户购买作物保险的意愿研究》，博士学位论文，西北农林科技大学，2018年。

③ 杨翠柏等编著：《巴基斯坦》，社会科学文献出版社2005年版，第144页。

④ 杨翠柏等编著：《巴基斯坦》，社会科学文献出版社2005年版，第145页。

⑤ 杨翠柏等编著：《巴基斯坦》，社会科学文献出版社2005年版，第146页。

数、毛皮张产量等多方面对巴基斯坦农业生产的发展情况进行简要分析。

（一）粮食作物综合发展情况

在对联合国粮食及农业组织数据统计库数据进行整理的基础上，以十年作为间隔，对巴基斯坦1961年至2011年间粮食作物的面积、总产量、单产量变化情况和增长百分比进行具体分析。因为巴基斯坦的粮食作物以小麦、水稻为主，这里着重分析两者和整体粮食作物的数据。从表Ⅱ-6-1可以发现，小麦的播种面积从1961年的4639平方千米增长到2011年的8901平方千米，后者是前者的1.92倍，2011年较1961年的增长百分比为91.9%。随着播种面积的快速增长，小麦的总产量和单产量也随之飞速提高，分别从1961年的3814千公斤和822千公斤增长到2011年的25214千公斤和2833千公斤，1961年至2011年的增长百分比分别为561.1%和244.6%，实现了倍速的增幅。相比小麦，水稻播种面积大小和增长幅度明显更小，相应其总产量和单产量的增幅也更为平缓，两者1961年至2011年的增长率分别为264.5%和72.2%。整体来看，巴基斯坦粮食作物的播种面积呈现逐步增长的趋势，从1961年的7859平方千米增长到2011年的13304平方千米，后者是前者的1.69倍，1961年至2011年的增长百分比为69.3%。尽管播种面积增长幅度较小，巴基斯坦粮食作物的总产量和单产量却发展迅速，两者1961年至2011年的增长百分比分别为437.3%和217.4%，极大缓解了巴基斯坦国内粮食短缺的危机。

表Ⅱ-6-1　　1961年至2011年巴基斯坦粮食作物综合发展情况[①]

年份	小麦			水稻			全部粮食作物		
	面积 （khm²）	总产量 （kt）	单产 （kg/hm²）	面积 （khm²）	总产量 （kt）	单产 （kg/hm²）	面积 （khm²）	总产量 （kt）	单产 （kg/hm²）
1961	4639	3814	822	1215	1690	1392	7859	6730	856
1971	5978	6476	1083	1457	3393	2329	9474	11336	1197

---

① 陈珏颖、唐娅楠、刘合光：《巴基斯坦的农业发展：政府干预措施和农产品增长模式》，《世界农业》2013年第7期。

续表

年份	小麦			水稻			全部粮食作物		
	面积 （khm²）	总产量 （kt）	单产 （kg/hm²）	面积 （khm²）	总产量 （kt）	单产 （kg/hm²）	面积 （khm²）	总产量 （kt）	单产 （kg/hm²）
1981	6984	11475	1643	1976	5154	2604	10910	18222	1670
1991	7911	14565	1841	2097	4865	2320	11708	21138	1805
2001	8181	19024	2325	2114	5823	2754	12124	27048	2231
2011	8901	25214	2833	2571	6160	2396	13304	36157	2718
增长百分 比（%）	91.9	561.1	244.6	111.7	264.5	72.2	69.3	437.3	217.4

说明：数据来自联合国粮食及农业组织数据统计库。khm² 为平方千米的英文缩写，kt 为千公斤的英文缩写，kg/hm² 为千克/平方百米的英文缩写。

（二）非粮食作物综合发展情况

在对联合国粮食及农业组织数据统计库数据进行整理的基础上，以十年作为间隔，对巴基斯坦 1961 年至 2011 年间非粮食作物的面积、总产量、单产量变化情况和增长百分比进行具体分析。因为棉花是巴基斯坦支柱产业——纺织业的基础和出口创汇的主要来源，这里着重分析棉花、水果和蔬菜的数据。从表 Ⅱ - 6 - 2 可以发现，棉花的播种面积从 1961 年的 1396 平方千米增长到 2011 年的 2838 平方千米，后者是前者的 2.03 倍，1961 年至 2011 年的增长百分比为 103.1%。因为播种面积的倍速增加，棉花的总产量和单产量呈现几何增长的趋势，分别从 1961 年的 325.9 千公斤和 233.4 千公斤增长到 2011 年的 2312.2 千公斤和 815.6 千公斤，1961 年至 2011 年的增长百分比分别为 609.6% 和 249.4%，说明棉花对于巴基斯坦经济的贡献率日益提高。与此同时，巴基斯坦整体水果和蔬菜的播种面积也快速增加，1961 年至 2011 年的增长百分比分别为 93.6% 和 220.5%，两者相应的总产量和单产量也随之迅速提高，两者 1961 年至 2011 年的总产量增长百分比分别为 520.9% 和 542.2%，表现出巴基斯坦农业发展日益多元化的特点。

表Ⅱ-6-2 1961年至2011年巴基斯坦非粮食作物综合发展情况①

年份	棉花			所有水果			所有蔬菜		
	面积 （khm²）	总产量 （kt）	单产 （kg/hm²）	面积 （khm²）	总产量 （kt）	单产 （kg/hm²）	面积 （khm²）	总产量 （kt）	单产 （kg/hm²）
1961	1396	325.9	233.4	399.8	1021.1	2554.0	134.8	849.7	6303.4
1971	1957	707.3	361.4	158.1	1627.2	10291.8	136.7	1661.5	12152.1
1981	2214	748.0	337.8	353.5	2830.2	8006.8	162.1	1859.0	11450.6
1991	2836	2180.7	768.9	449.3	3893.1	8664.2	256.6	3218.7	12544.5
2001	3116	1805.0	579.3	609.4	5137.5	8430.2	344.4	4636.3	13460.1
2011	2838	2312.2	815.6	773.9	6339.5	8191.4	432.1	5456.9	12627.5
增长百分比（%）	103.1	609.6	249.4	93.6	520.9	220.7	220.5	542.2	100.3

说明：数据来自联合国粮食及农业组织数据统计库。khm² 为平方千米的英文缩写，kt 为千吨的英文缩写，kg/hm² 为千克/平方百米的英文缩写。

根据联合国粮食及农业组织数据，从表Ⅱ-6-3能够发现，从1993年到1999年，巴基斯坦农作物总产量生产指数下降明显，与之相对的，农作物人均产量生产指数的降幅却明显更小，这与上述巴基斯坦农业发展日益多元化的特点紧密相连。

（三）肉类、奶类总产量发展情况

在对联合国粮食及农业组织数据统计库数据进行整理的基础上，以十年作为间隔，对巴基斯坦1961年至2011年间肉类总产量发展和增长百分比进行具体分析。从表Ⅱ-6-4、表Ⅱ-6-5可以发现，巴基斯坦肉类总产量和奶类总产量发展取得了快速的增长，1961年至2011年的增长百分比分别为661%和511%。

———————————

① 陈珏颖、唐娅楠、刘合光：《巴基斯坦的农业发展：政府干预措施和农产品增长模式》，《世界农业》2013年第7期。

表Ⅱ-6-3　　　　　1993 年巴基斯坦农作物生产情况①

指标	1993 年②		1999 年③	
	总产量	人均产量	总产量	人均产量
农作物生产指数	208.82	139.23	154.4	120.8

说明：生产指数是根据以日历年度为基准时期提供的数字计算的。国家指数指按拉斯皮尔斯（Laspeyers）公式计算，1993 年生产指数以 1979—1981 年间国家的平均生产者价格进行加权，然后在总计出每年的数量；1999 年生产指数以 1989—1991 年间国家的平均生产者价格进行加权，然后在总计出每年的数量。此表 1993 年指数是 1993 年（日历年度）的总数除以 1979—1981 年标准期的平均总数得出的；1999 年指数是 1999 年（日历年度）的总数除以 1989—1991 年标准期的平均总数得出的。

表Ⅱ-6-4　　　　1961 年至 2011 年巴基斯坦肉类总产量情况④

年份	水牛肉（t）	家牛肉（t）	鸡鸭肉（t）	羊肉（t）	其他肉类（t）	肉类总产量（t）
1961	110700	131100	9890	104198	1000	365888
1971	143992	156043	14544	151770	10500	476849
1981	199069	195023	53186	289682	11500	748460
1991	399057	297181	153046	519697	13300	1382281
2001	480846	429103	345243	480071	16311	1751574
2011	775246	770429	770984	445976	22600	2785235
增长百分比（%）	600	488	7696	328	126	661

说明：数据来自联合国粮食及农业组织数据统计库。t 为公斤的英文缩写。

---

① 联合国粮食及农业组织（FAO），秦浩肄编译：《1993 年世界畜牧生产统计资料》，《国外畜牧科技》1995 年第 1 期，数据编译来自联合国粮食及农业组织统计汇编的《粮农组织生产年鉴》1993 年第 47 卷。

② 联合国粮食及农业组织（FAO），秦浩肄编译：《1993 年世界畜牧生产统计资料》，《国外畜牧科技》1995 年第 1 期，数据编译来自联合国粮食及农业组织统计汇编的《粮农组织生产年鉴》1993 年第 47 卷。

③ 联合国粮食及农业组织（FAO），张志文编译：《1999 年世界主要国家畜牧生产统计资料》，《中国畜牧杂志》2001 年第 4 期，数据编译来自联合国粮食及农业组织统计汇编的《粮农组织生产年鉴》1999 年第 53 卷。

④ 陈珏颖、唐娅楠、刘合光：《巴基斯坦的农业发展：政府干预措施和农产品增长模式》，《世界农业》2013 年第 7 期。

表Ⅱ-6-5　　　　1961年至2011年巴基斯坦奶类总产量情况①

年份	水牛奶（t）	奶牛奶（t）	羊奶（t）	奶类总产量（t）
1961	4209	1686	103.4	5998
1971	5278	2100	213.5	7592
1981	6519	2196	480	9195
1991	11256	3653	572	15481
2001	17454	8192	638	26284
2011	22955	12906	795	36656
增长百分比（%）	445	665	669	511

说明：数据来自联合国粮食及农业组织数据统计库。t为公斤的英文缩写。

其中，牛肉产量从1961年的241800公斤增长到2011年的1545675公斤，后者是前者的6.39倍，1961年至2011年的增长百分比超过400%；牛奶产量从1961年的5895公斤增长到2011年的35861公斤，后者是前者的6.08倍，1961年至2011年的增长百分比超过450%。羊肉产量从1961年的104198公斤增长到2011年的445976公斤，后者是前者的4.28倍，1961年至2011年的增长百分比为328%；羊奶产量从1961年的103.4公斤增长到2011年的795公斤，后者是前者的7.69倍，1961年至2011年的增长百分比超过669%。鸡鸭肉产量从1961年的9890公斤增长到2011年的770984公斤，后者是前者的77.96倍，1961年至2011年的增长百分比达到了惊人的超过7696%。肉类和奶类总产量的飞速增长，尤其是鸡鸭肉产量的惊人增长，与政府提供良种、建立兽医网、提供优惠贷款等种种措施密切相关，这些举措都极大地推动了巴基斯坦畜牧业的发展，家畜家禽存栏数迅速提高，这在表Ⅱ-6-6中也有明显体现。

---

① 陈珏颖、唐娅楠、刘合光：《巴基斯坦的农业发展：政府干预措施和农产品增长模式》，《世界农业》2013年第7期。

表Ⅱ-6-6　　1985 年、1993 年和 1999 年巴基斯坦牧畜（家畜家禽）存栏数统计

家畜家禽存栏数	牛（千头）	马（千头）	骡（千头）	驴（千头）	水牛（千头）	骆驼（千头）	其他牲畜（千头）	羊（千头）		家禽（百万只）		家禽总数（百万只）
								绵羊	山羊	鸡	鸭	
1985 年①	30100						4400	25800	29700			128.7
1993 年②	17779	354	75	3775	18740	1097	24041	27669	40225	92 *	3	95
1999 年③	18000 *	327 *	151 *	4500 *	21300 *	1200 *	27478	31300 *	49700 *	223 *	4 *	227

备注：部分数据缺失。* 为联合国粮食及农业组织为粮农组织估计数，非官方数字。1985 年牛存栏数为黄牛存栏数和水牛存栏数的总和。1993 年巴基斯坦水牛名列全球第三名，第一名印度，第二名中国；巴基斯坦山羊名列全球第三名，第一名印度，第二名中国。

第三节　巴基斯坦农业发展的制约条件与解决措施

正如上文所述，巴基斯坦气候地理环境从自然条件方面限制了当地农业的持续发展，存在可开发资源紧张、灌溉困难等问题。此外，巴基斯坦农业发展还受社会条件方面的制约，尤其是土地制度的影响。对此，巴基斯坦政府采取了一系列相应的措施，如建设灌溉系统、推动土地改革、出台农业支持政策和加大农业推广服务等，并取得了初步的成效。

一　巴基斯坦农业发展的自然制约条件

正如上文所述，巴基斯坦具有低降水量和高蒸发量的特点，其农业发展的灌溉水源主要来自印度河河水，这就严重制约了巴基斯坦农业的长期发展。印度河流域灌溉系统的不断推进，一方面缓解了巴基斯坦农业用水的需要，另一方面又带来新的问题：一是灌溉水供应无法满足农作物种植

---

① 李德昌：《巴基斯坦 1985—86 年度经济情况》，第 2 页，资料来源 ［英］《国家简介（1985—1987 年）巴基斯坦》，第 22 页。

② 联合国粮食及农业组织（FAO），秦浩肄编译《1993 年世界畜牧生产统计资料》，《国外畜牧科技》1995 年第 1 期，数据编译来自联合国粮食及农业组织统计汇编的《粮农组织生产年鉴》1993 年第 47 卷。

③ 联合国粮食及农业组织（FAO），张志文编译《1999 年世界主要国家畜牧生产统计资料》，《中国畜牧杂志》2001 年第 4 期，数据编译来自联合国粮食及农业组织统计汇编的《粮农组织生产年鉴》1999 年第 53 卷。

的需要；二是灌溉农业造成耕地盐碱化、水土流失和水涝严重等问题，土壤的排水能力变弱。为了解决这两个问题，政府采取利用地下水的措施，又造成了第三个问题，即事实水位不断下降。种种问题，都严重制约了巴基斯坦农业的发展和境内农作物的产量。

此外，巴基斯坦农业的发展还受到诸如雪崩、风暴、干旱、地震、洪水、冰川湖溃决、山体滑坡、虫害袭击、河流侵蚀和海啸等自然灾害的影响。例如，2005 年 10 月，巴基斯坦境内发生地震，这给全国造成了 52 亿美元的损失，占据了巴基斯坦 2006—2007 年度 250 亿美元国家预算的五分之一，超过了全国分配于社会部门发展的金额。同样，种植业、畜牧业、水资源、粮食安全等方面的可持续发展还受到干旱的严重威胁，干旱主要集中在境内俾路支省、旁遮普省等地。根据 2010 年的数据，巴基斯坦 2001 年发生的干旱，将全国平均经济增长率从超过 6% 降至 2.6%。此外，巴基斯坦还在 2010 年和 2011 年连续两年面临大规模的洪水，这也给国内造成了严重的经济损失。根据 2010 年数据，2010 年 7 月的洪灾造成巴基斯坦境内 190 万间房屋被毁、2000 多万人流离失所、2000 人死亡，这场灾难带来的损失估计为 430 亿美元，超过 2004 年印度洋海啸、2005 年的克什米尔地震和 2010 年海地地震的总和。根据 2012 年数据，2011 年 8 月和 9 月间的大雨造成了信德省和俾路支省南部和北部发生了毁灭性的洪水，影响了信德省的 23 个县和俾路支省的 11 个县，受灾总人数估计有 960 万人，约 100 万间房屋受损，520 人丧生，1180 人受伤，洪灾造成经济损失约为 3730 亿美元，预估重建费用总计为 2.47 亿美元。[①]

这些自然灾害都不可避免地给巴基斯坦农业发展带来严重制约。连续两年的干旱给巴基斯坦农业部门的发展造成了极大的破坏。2010 年大规模的洪水更是对巴基斯坦的农业造成了前所未有的冲击，农作物、牲畜业、渔业和林业都面临着巨大的损失，诸如管井、蓄水池、畜舍、种子库、肥料及农业机械等基础农业设施也被严重毁坏。这次水灾发生在棉花、水稻、玉米、蔬菜和甘蔗等作物收割之前，境内约有 200 万公顷的农作物被毁，棉花、水稻、甘蔗等农作物约 1330 万吨的产量毁于一旦。

---

① Shah Fahad：《商品作物种植户购买作物保险的意愿研究》，博士学位论文，西北农林科技大学，2018 年。

2011 年，大洪水再次袭击巴基斯坦，涉及信德省和俾路支省。因为信德省约 80% 的人口依靠农业为生，这次洪灾严重影响了当地人民的生计。洪灾摧毁了境内约 0.84 万公顷的土地，造成 115500 头牲畜死亡，约有 500 万头存活的牲畜被杀，全国直接损失达到 18.403 亿美元。[①]

二 巴基斯坦农业发展的社会制约条件

除了以上自然因素，巴基斯坦农业的发展还受社会条件的制约，尤其是土地制度的影响。尽管巴基斯坦各个地区的土地制度各有不同，但其相同之处都在于地主对佃农的剥削。建国以来，巴基斯坦在全国范围内实行了三次大规模的土地改革，希望调整农村封建的土地关系、缓和地主和佃农间的阶级矛盾和提高农业产量。[②] 但是，地主和佃农的冲突仍然十分尖锐，严重影响了巴基斯坦农业的发展。

除了地主对佃农的剥削外，巴基斯坦的土地制度还造成了土地所有权分配极不平等的现状。正如前文所说，根据 2010 年数据，巴基斯坦境内 86% 的家庭只拥有全国 43% 的土地面积，而仅占全国家庭总数 5.5% 的大地主家庭却拥有全国 37% 以上的土地面积。[③] 这是因为，在巴基斯坦政局变动期间，许多大地主乘机攫取大量土地，致使巴基斯坦境内土地集中的现象日益加剧，大地主拥有大量土地的例子层出不穷，如锡尔科特县的名誉县长希佛·德夫·辛格在该县就拥有 6000 英亩土地。[④]

土地集中在大地主手中的现象造成可供个体农户进行农作物生产的农田相对较少，生产率低下。根据 2010 年巴基斯坦的农业普查，全国农场总面积为 52910408 英亩，平均亩产为 1000 千克，农场规模为 6.4 亩。巴基斯坦境内拥有数量庞大的小农场，但这些农场规模都很小，只能采用传统方法灌溉。这是因为当农场规模较小的时候，农民无法采用现代大规模的灌溉方式，自然也就导致生产率低下。所以，巴基斯坦目前农业机械化

---

① Shah Fahad：《商品作物种植户购买作物保险的意愿研究》，博士学位论文，西北农林科技大学，2018 年。

② 杨翠柏等编著：《巴基斯坦》，社会科学文献出版社 2005 年版，第 142 页。

③ Pervaiz Bushra：《巴基斯坦农业土地使用政策对粮食安全影响研究》，博士学位论文，中国农业科学院，2017 年。

④ 朱昌利：《巴基斯坦的土地改革》，《南亚研究》1981 年第 12 期。

水平较低，农业生产仍然依靠畜力和人力来完成。与之对应几乎所有发达国家的农场都形成一定规模，通过使用现代化机械扩大生产。因此，对于巴基斯坦的农业而言，土地制度已经成为其发展的重要制约因素，土地改革迫在眉睫。只有这样，巴基斯坦境内才拥有使用现代化耕作方式和先进农业机械的可能，这也是推动巴基斯坦农业发展的必要条件。[①]

三 推动巴基斯坦农业发展的措施

正如本章一再强调的，巴基斯坦是一个农业国家，具有悠久的农业历史。自1947年建国以来，农业一直位列巴基斯坦国内生产总值的首位。面对上述制约巴基斯坦农业发展的自然因素和社会因素，政府对农业实行倾斜政策，大力扶持农业生产，采取了以下五个方面措施：推动土地改革、加大农业推广服务、扩大农业保险覆盖范围、开展成人教育运动和出台农业支持政策。

（一）推动土地改革

建国以来，巴基斯坦在全国范围内实行了多次的土地改革，有条件地给予佃农土地所有权，保证佃农的基本权益，不断限制大地主的经济权利，推动了农业资本主义的发展，逐渐构成了农业资本家、封建地主、自耕农和佃农这些农村主要阶级。在此基础上，新兴的农业资本家主动采用农业机械和化肥等现代技术，雇佣工人，推动境内农业的发展。截止到2000年，巴基斯坦的私有农场数目和面积有所减少。[②]

（二）加大农业推广服务

农业推广是一个整体系统，通过这个系统，农业推广服务将先进的农业技术和前沿的农业信息有效地传递给农民，让农民能够以有效的方式、利用自己现有的人力和财力资源解决他们现实的田间问题和难题，最终达到提高农业生产效率的目的。

自1947年建国至1962年，巴基斯坦没有单独的部门来执行农业推广服务。在此期间（1947年至1962年），一直是农业大学的教职员工负责

---

① Pervaiz Bushra：《巴基斯坦农业土地使用政策对粮食安全影响研究》，博士学位论文，中国农业科学院，2017年。

② 杨翠柏等编著：《巴基斯坦》，社会科学文献出版社2015年版，第142—143页。

此项工作，尤其是巴基斯坦费萨拉巴德学院主要负责开展农业推广活动。1962 年，西巴基斯坦农业大学（现费萨拉巴德农业大学）成立，但是，农业教育部门与农业推广和研究部门呈现脱钩的情况。巴基斯坦每个省也设立了农业推广部门，此后，巴基斯坦在不同的政权期间，启动了不同农业推广的方案。但所有的农业推广方案由于各种原因，都在 1977 年结束。归根到底，是因为农业推广方案缺少统一协调、训练有素的技术人员和足够的资金，也就造成了当地农民的参与程度低、农业服务普及率低等问题。[①] 此后，巴基斯坦政府在此基础上逐步建立起了各种农业科技研究或推广机构，增加农业推广经费，培养专业技术人员，不断加大农业推广服务。

（三）扩大农业保险覆盖范围

农作物保险是一种风险管理机制，旨在平衡农业风险，减轻如洪水、冰雹、暴雨、暴风、干旱、虫害、霜冻等自然灾害带来的损失。面对各种自然灾害和不稳定的局势，巴基斯坦政府推出保险计划，降低农民风险。2006 年 7 月，巴基斯坦国家银行成立工作队，专门为境内农民制定可行和可持续的农作物贷款保险。2008 年 10 月，国家银行开始启动农作物保险计划，该计划首先由旁遮普银行和巴基斯坦联合保险有限公司和东亚保险有限公司推出，面向拥有 1—50 英亩土地的农民，使其在作物因自然损失的情况下，获得作物价值 50%—70% 的赔偿。目前，该计划涵盖了小麦、水稻、甘蔗、玉米和棉花五种主要作物，几乎所有提供农作物保险的商业银行都推出了农作物保险计划。[②]

当前，国内最常用的保险项目是农作物贷款保险计划，由公营和私营银行以及保险公司为农民提供农作物贷款保险服务。但是，根据联合国粮食与农业组织 2011 年的数据，巴基斯坦的农业保险仍然相对不发达，大多数农民仍然坚持使用传统的方式管理农业风险。在实地访问中发现，许

---

① Yaseen Muhamma：《巴基斯坦和中国之间的农业推广体系的比较研究》，博士学位论文，中国农业科学院，2016 年。

② Shah Fahad：《商品作物种植户购买作物保险的意愿研究》，博士学位论文，西北农林科技大学，2018 年。

多农民均不知道农作物保险和贷款。①

（四）开展成人教育运动

为了改善人民生活，巴基斯坦政府开展成人教育运动，通过提供有吸引力的一揽子计划来发展农业和农基创业，旨在提高农村教育水平，促进青年对农业的参与，促进农村经济的可持续发展。巴基斯坦的农业的生产多是以农村家庭为单位，巴基斯坦政府希望通过成人教育运动，从邻居到朋友再到亲戚层层深入，提高农村社区使用农业技术和获取农业信息的能力，最大限度地将劳动力费用降到最低，提高整体农业产量。由于农村地区农民的识字率过低，造成农民获取农业信息的有效性大大减低，通过教育运动，能够从根本上改变农业社区对接受农业信息的态度，这样才能从根本上实现农业的可持续发展。②

（五）出台农业支持政策

巴基斯坦已出台多项政策支持农业生产，包括政府对农业补贴的投入、农产品支持价格、农业机械的进口等方面。

巴基斯坦农业补贴的历史可以追溯到 20 世纪 50 年代后期，当时的政府给予化肥相应补贴，以促进农户适度合理用肥。此补贴在 20 世纪 60 年代后期扩大到化肥、农药、用电等方面。此后，农业补贴逐渐降低，限于退税、化肥和拖拉机进口关税的豁免等。农产品支持价格则是覆盖多种农产品，政府每年都制定小麦、水稻、棉花和甘蔗等品种的支持价格，作为政府的主要干预措施之一，保障农民的基本利益。③

---

① Shah Fahad：《商品作物种植户购买作物保险的意愿研究》，博士学位论文，西北农林科技大学，2018 年。

② Yaseen Muhamma：《巴基斯坦和中国之间的农业推广体系的比较研究》，博士学位论文，中国农业科学院，2016 年。

③ 陈珏颖、唐娅楠、刘合光：《巴基斯坦的农业发展：政府干预措施和农产品增长模式》，《世界农业》2013 年第 7 期。

第七章　巴基斯坦妇女问题

　　根据 2017 年巴基斯坦第六次人口普查，巴基斯坦人口为 2.077 亿，是世界第六大人口国。根据中国经济网查阅和编译的巴基斯坦统计局 2017—2018 年的统计数据，巴基斯坦人口中男女比例为 50.82∶49.18。十岁以上女性中，文盲率高达 48.19%，受过高等教育的只占 5.07%。

第一节　巴基斯坦妇女概况

一　巴基斯坦妇女历史回顾

　　巴基斯坦是伊斯兰国家，目前 95% 的居民信奉伊斯兰教。伊斯兰教和《古兰经》在国家的政治、经济和社会生活中占据非常重要的地位，妇女的言行更是受到伊斯兰教义的影响。巴基斯坦独立前隶属于印度，直到今天，印度历史上种姓制度中的等级观念和男尊女卑观念在巴基斯坦依然根深蒂固。

　　所以，在具有印度教历史传统的伊斯兰教国家——巴基斯坦，妇女在社会和家庭中一直处于从属地位。而且由于巴基斯坦传统观念认为女性的行为承担着家族的荣誉，所以女性的一举一动都受到家族的监督和控制，其活动范围基本囿于家庭，可以说巴基斯坦实行严格的性别隔离。在前殖民时代，妇女的流动性受到高度限制，大多数妇女几乎没有机会在她们的家庭之外或亲属视线之外合法地出现。

　　不过巴基斯坦妇女一直呈现两极分化。上层妇女不仅可以接受教育，而且可以参与政治，例如巴基斯坦历史上最伟大的君主之一，早期突厥苏丹国的缔造者沙姆斯－乌德－丁·伊勒图特米什（1211—1236 年在位）就曾将王位交给自己的女儿贾拉拉特－乌德－丁·拉齐亚（1236—1240

年在位)。拉齐亚在父王去世,国家政局动荡之时,采取有效措施镇压了异教徒的叛乱,稳定了国内局势,在帝国内重新建立了法律和秩序。后人这样评价:"她是明智、公正和慷慨的,是王国的恩人,正义的主持者,是臣民的保护者和军队的领导者。凡君主应有的一切品德她都具备。"①除了拉齐亚之外,还有一些上层妇女虽然没有直接参与政治,但是却以其卓越的政治远见和才识对身边的政治家施以影响,间接对国家政治起到重要的影响。例如莫卧儿王朝的奠基者扎西尔-乌德-丁·穆罕默德·巴布尔就曾以无比敬爱的语气描写了其外祖母,他称颂道"她见识之高和教养之深,妇女中罕有其匹;她明智而有远见,我的大部分事业都是按她的教导而完成的"。②

当然,在女性普遍处于从属地位的大环境下,个别上层女性的个人价值实现是非常态的,一旦国内或国际形势有变,她们则首当其冲地成为牺牲品。例如拉齐亚为了树立自己在行政事务中的权威,曾经"卸下红妆,穿上男服,不论在宫廷内,或在战场上,她都出现在公众中"。但是依然被男性贵族排斥,最后在贵族的排挤下,丧失了王位。③

巴基斯坦妇女地位的改变是从英属印度争取民族自治运动和穆斯林民族主义运动开始的。民族运动的领导人认为妇女是一股强大的政治力量,可以帮助推动运动的发展,所以 19 世纪的穆斯林民族主义运动改革者努力引入女性教育,放宽对妇女活动的一些限制,限制一夫多妻制,并确保妇女在伊斯兰法律下的权利。在运动中"在以男性为主的参与者中,有许多人是最早提倡教育和提高妇女社会地位的人。他们提倡在宗教框架内举办烹饪和缝纫课程,以提高妇女的知识和技能,并加强伊斯兰价值观"。④

精英女性直接参与了 19 世纪巴基斯坦的独立运动。她们参加了政治集会、公开示威,也曾遭受过催泪瓦斯、拉提斯(用警棍殴打),并且因

① [巴]A. H. 达尼著,I. H. 库雷希主编,四川大学外语系译:《巴基斯坦简史》第二卷,四川人民出版社 1974 年版,第 69 页。

② [巴]A. H. 达尼著,I. H. 库雷希主编,四川大学外语系译,《巴基斯坦简史》,第三卷,四川人民出版社,1974 年,第 29 页。

③ [巴]A. H. 达尼著,I. H. 库雷希主编,四川大学外语系译,《巴基斯坦简史》,第二卷,四川人民出版社,1974 年,第 67—69 页。

④ *Pakistan*:*Status of Women & the Women's Movement* , Jone Johnson Lewis:*Encyclopedia of Women's History*,http://womenshistory. about. com/library/ency/blwh_ pakistan_ women. htm.

参与示威而被捕。她们对政治的参与在一定程度上改变了妇女的生活目标，使她们对未来产生了新的憧憬。早在 1942 年，在政治上很活跃的玛尔塔·阿里（Martab Ali）夫人就曾说过："旁遮普的穆斯林妇女只适合做饭和照看孩子的日子已经一去不复返了。她们认为在政治领域，女性和男性承担同等的责任是非常必要的。"精英妇女参加独立运动也改变了她们的日常生活。她们由原来囿于家庭，围绕着丈夫和孩子相夫教子，变为开始尝试走出家庭，从事政治、经济、慈善活动。"民族主义的大行其道为穆斯林妇女打破传统的规则和限制提供了环境，她们摆脱了面纱，离开了自己的家，与陌生人交往，与警察对峙，进入政界。"①

　　但是，巴基斯坦妇女地位真正的转变是在巴基斯坦独立之后。在世界民主化的大背景下，巴基斯坦政治领袖深知国际环境对巴基斯坦发展的重要，所以在妇女问题上也能够跟随国际潮流。在婚姻家庭、教育和就业等方面颁布一系列法律，提高妇女的社会地位和家庭地位。1948 年通过了伊斯兰教法的《穆斯林个人法》（Muslim Personal Law of Sharia），该法承认妇女有权继承符合伊斯兰法律（sha－ria）的财产。1961 年，巴基斯坦政府通过了《穆斯林家庭法条例》（The Muslim Family Laws Ordinance，MFLO）。这条法令主要规范了婚姻双方结婚和离婚的程序，对一夫多妻制予以限制"它要求所有的婚姻都要进行登记；要求妻子（或妻子们）向仲裁委员会提交书面申请，委员会审查后方可决定男子是否可以再婚；女方可以通过简单的否认取消离婚，离婚时要对妇女提供相应的保障。"②实际上，这部家庭法只是相对温和的一次改革，仅仅是对一夫多妻制的限制，而非废除。但是 MFLO 是巴基斯坦政府第一次通过立法形式保障本国妇女权利的行动。

　　1973 年，巴基斯坦通过第三部宪法，宪法多项条款涉及保护巴基斯坦妇女的权利。其中"第 25 条第（1）款保证所有公民依法平等，并有权受到法律保护；第 25 条第（2）款：不应有基于性别的歧视。第 27 条禁止在政府工作雇佣中存在基于性别、种族、宗教或种姓的歧视。第 34

① Afshan Jafar，*Women's Ngos in Pakistan*，Palgrave Macmillan，2011，p. 23.
② Anita M. Weiss，*Interpreting Islam*，*Modernity*，*and Women's Rights in Pakistan*，Palgrave Macmillan，2014，pp. 23－24.

条规定：应当采取措施确保妇女充分参与国家生活的各个领域。第 38 条：通过提高人民的生活标准——不分性别、种姓、宗教信仰或种族——以保障人民安全幸福，这是国家的责任。宪法还给妇女在国民议会中保留席位，以确保她们的代表权。① 这部宪法以国家根本大法的形式确立了妇女在法律、政治、经济生活中的平等地位。

除此之外，独立后的巴基斯坦政府还致力于为女童增加接受教育的机会，多次颁布教育政策，增加女童的受教育机会。1959 年成立国家教育委员会，主要采取的措施有，为男女童提供同样的教育设施；雇佣女性做初级教育的教师；设计并开设特殊课程，在中等学校和高等学校设置家政和美术等课程，为女性将来的母亲角色做准备；为女孩子提供未来就业的职业教育机会，特别是护士、秘书和服务行业；为女性提供进入一般高等教育学校和职业技术学院的平等机会，例如医学、教育、法律、护士、机械等。1970 年又颁布新的教育政策：建立单独的女子学校，以应对父母对女童进入学校接受教育的抵制；放宽进入初等教育任职资质的要求，鼓励女教师任职；为那些放宽资质要求招收进来的一般学校和职业学校从教的女教师提供快速提升课程。②

通过前面提到的这些有利于妇女教育、就业以及改变妇女政治和社会地位的相关政策，巴基斯坦妇女的受教育水平得到一定程度的提高，城市女性也开始以前所未有的数量进入劳动市场和政府部门服务。当然，真正能够从中获益，并且切实感受到政策变化的只有一小部分中上层阶级女性和城市职业女性。对于一般家庭的女性来说，变化确实不大。可以说"独立后的巴基斯坦也许并没有从根本上改善妇女的地位，但正如一些评论员所认可的那样，它至少培养了一个有希望的环境"。③

然而，1977 年齐亚－乌尔－哈克通过军事政变推翻了佐勒菲卡尔·阿里·布托的"非伊斯兰"政府上台后，着手在巴基斯坦推行所谓的伊斯兰化进程。巴基斯坦妇女在独立后获得的权利几乎丧失殆尽。齐亚·哈

---

① Anita M. Weiss, *Interpreting Islam, Modernity, and Women's Rights in Pakistan*, Palgrave Macmillan, 2014, p. 25.

② Edited by Rashida Qureshi and Jane F. A., *Rarieya Gender and Education in Pakistan*, Oxford University Press, 2007, p. 4.

③ Afshan Jafar, *Women's Ngos in Pakistan*, Palgrave Macmillan, 2011, p. 26.

克采取了一系列措施让巴基斯坦，实际上是巴基斯坦女性完全回归伊斯兰的生活方式。他的一个广为流传的口号就是：让巴基斯坦妇女重返"恰达尔"（chadar，一种能覆盖大部分身体的长围巾）和"恰迪瓦瑞"（chadivari，拥有四面墙的房子）①，他要求女学生、职业女性穿回"民族服装"，并且在衣服外面罩上长围巾，禁止女子球队出国比赛，将女性从广告中剔除，等等。在司法方面，齐亚·哈克于 1979 年颁布了臭名昭著的《胡杜德法》（Hudood）。其中的"吉娜条例"最为人诟病，而且对女性危害最大。这项法令将通奸（zina，吉娜）纳入刑事犯罪，但却不明确划分通奸和强奸的区别。并且在审判通奸罪时，法令对男女也采用双重标准：一个男人只有在被其他 4 名成年男子实际看到他犯了通奸或强奸罪时才会被判有罪，而一个女人则可以仅仅因为她怀孕了而被判有罪。而且在强奸与通奸同罪的法律语境下，如果女性对施暴者起诉而又不能提供 4 位男性证人，那么基于司法系统的偏见，女性等于承认自己也犯了罪，如果是已婚，她将被指控犯有通奸罪，如果未婚就是乱伦罪。因此，在齐亚的《胡杜德法》下，极少有被强奸的妇女起诉，因为她极有可能会反过来被指控通奸或乱伦而被公开鞭打和监禁。1979—1988 年，有数百起女性遭到强奸甚至轮奸的案件，最终却被指控为"吉娜"而被监禁。② 还有许多女性因为各种原因被指控为"吉娜"而被关入监狱，仅在 1983 年就有 1682 名女性因触犯"吉娜条例"而入狱，到 1984 年这一数字增长至 1843 名。③

巴基斯坦妇女的这种状况一直持续到 1988 年齐亚·哈克政权垮台，但是真正的转折是 1993 年，巴基斯坦人民党（PPP）在巴基斯坦大选中获胜，贝娜齐尔·布托第二次就任巴基斯坦总理。贝娜齐尔·布托为改善妇女的地位做了大量工作。

贝娜齐尔·布托直言自己是一位女权主义者，她在 1995 年北京第四届世界妇女大会上发言：

"我坚信，一个女人只有在经济上独立，才能最终掌控自己的生活，做出自己的选择。女人如果不能工作，就不能在经济上独立自主。只有当

---

① Afshan Jafar, *Women's Ngos in Pakistan*, Palgrave Macmillan, 2011, p. 29.

② "Pakistan: Status of Women & the Women's Movement", Jone Johnson Lewis, *Encyclopedia of Women's History*. http://womenshistory. about. com/library/ency/blwh_ pakistan_ women. htm.

③ Shahnaz Khan, "*Zina and the moral regulateon of Pakistani Women*", *Feminist Review*, 2003: 77.

妇女接受教育并选择就业时，妇女遭受的歧视才会开始减少。……我相信，只有当我们对妇女进行投资，并且保障妇女外出工作时，我们才能克服贫穷、肮脏、文盲和迷信"①。

贝娜齐尔·布托就任巴基斯坦总理后宣布，巴基斯坦将尽其所能保护妇女权益。1995 年从北京回到巴基斯坦后不久，她就在联合国《消除歧视妇女公约》（Declaration of Elimination of Discrimination against Women，CEDAW，1979 年签署）② 上签字，从此巴基斯坦成为"消除歧视妇女公约"的签署国。她还制订了一项社会行动计划（the Social Action Programe，SAP），主要内容有扩大基础教育、初级卫生保健、人口服务、清洁饮用水和卫生设施等。这项社会行动计划主要针对巴基斯坦穷人，目的是改变下层群众的生活处境，但是其中也涉及妇女问题，例如女性教育增建学校。重要的是妇女问题已经进入人们关注的视野。"尽管 SAP 没能达到它的目标，但它已经在公众和政府机构中起到了将妇女的关注纳入主流的作用。"③ 贝娜齐尔·布托的人民党政府还设立了一个全国妇女协商委员会（National Consultative Committee for Women），其目标是阐明妇女所关心的问题，确定问题，并向政府建议提高妇女地位和妇女融入社会的行动计划。根据它的建议，政府建立了免费的法律援助和支持中心，并开设了妇女警察局以制止妇女在被警察拘留期间遭受性骚扰和性虐待。

从此，巴基斯坦妇女逐步走上了争取男女平等的道路，尽管任重而道远。

二　巴基斯坦妇女的现状

随着世界民主化进程的发展，男女平等已经成为世界人民的共识，巴基斯坦政府在提高妇女地位和赋予妇女权利方面做了很多努力，颁布了一系列政策并进行了司法改革。巴基斯坦妇女的状况也发生了许多变化。无

---

① Anita M. Weiss，*Interpreting Islam*，*Modernity*，*and Women's Rights in Pakistan*，Palgrave Macmillan，2014，p. 34.

② 联合国 1967 年 11 月 7 日通过，其中第 3 条规定：采取一切恰当手段教育公众，消除一切男女不平等的偏见并废除一切基于歧视妇女观念之上的习俗和行为。See Qamar Jehan，*Role of Women in Economic Development of Pakistan*，Thesis Submitted to the Pakistan Study Centre in University of Balochistan，2000. p. 34.

③ Afshan Jafar，*Women's Ngos in Pakistan*，Palgrave Macmillan，2011，p. 41.

论是法律规定，还是教育、就业，妇女的情况都有改变。

20 世纪 90 年代，当贝娜齐尔·布托的人民党政府开始将注意力重新转向妇女权利问题时，其重心工作主要是在对外行动和国际条约的批准上，而不是在促进法律改革或采取和执行新的国内政策上。巴基斯坦于 1990 年成为《联合国儿童权利公约》的缔约国之一，并签署了 1993 年承认妇女权利为人权的《维也纳宣言》和 1994 年开罗人口与发展会议的《行动纲领》，1996 年成为《消除歧视妇女公约》的签署国。这样就在国际法法理上确认了妇女的权利和地位。

进入到 21 世纪，巴基斯坦政府开始将解决妇女问题作为政府一项重要工作，2002 年 3 月 7 日，佩尔韦兹·穆沙拉夫宣布将国家政策转变为国家发展和赋予妇女权利时，他还进一步详细阐述了促进巴基斯坦妇女在社会、经济和政治方面权利的国家计划。[①] 这以后，政府不断制定法律改变妇女在法律方面的不利地位。2006 年，历经波折的《保护妇女法案》（Protection of Women Act）最终通过，这一法案将强奸、通奸罪重新归类到巴基斯坦刑法。从此在巴基斯坦，"被强奸"不再是一种罪行。

2010 年 1 月，国民议会一致通过了"保护妇女在工作场所免遭性骚扰法案"（The Protection against Harassment for Women at the Workplace），规定了在公共场所对妇女实行保护，以使其免于性骚扰的危害。国民议会于 2009 年 8 月 4 日通过了《2009 年家庭暴力（预防和保护）法案》[The Domestic Violence（Prevention and Protection）Bill]，参议院于 2012 年通过，现在被称为"2012 年家庭暴力（预防和保护）法案"。

2011 年底，三项重要的新法案进一步推动了巴基斯坦妇女的法律权利。第一项是《反女性行为预防法》（Prevention of Anti – Women Practices Act），此法案主要针对逼迫女性结婚、剥夺妇女财产继承、有预谋的荣誉犯罪、强迫妇女嫁给《古兰经》和其他反妇女的犯罪行为。第二项是《2011 年刑法法案（第二次修正）》，通常称为《硫酸控制和硫酸犯罪法案》（Acid Control and Acid Crime Act）专门针对使用腐蚀性物质导致毁容的伤害案件而制定，处罚方式是一百万卢比罚款和长期监禁。最后是《遇险和拘留妇女基金法案（修正案）》［Women in Distress and Detention Fund (Amendment) Act］，为被拘留妇女、残疾妇女和其他暂时遇险的妇女提供资金。

此外，佩尔韦兹·穆沙拉夫还于 2000 年 7 月 17 日设立了法定机构巴基斯坦全国妇女地位委员会（National Commission on the Status of Women, NCSW）。巴基斯坦全国妇女地位委员会的主要目标是为女性提供机会均等和社会经济条件，其中包括消除各种歧视妇女政策和妇女束缚。在政府层面的保护妇女权利各项法律和政策的推动下，巴基斯坦妇女的地位确实得到了提高，具体表现在：

首先巴基斯坦政坛上涌现了一批高层参政妇女。例如在 1988 年 11 月的选举中，巴基斯坦人民党领袖贝娜齐尔·布托（Benazir Bhutto, 1953—2007）被任命为总理①，她是巴基斯坦历史上第一位女总理，也是伊斯兰世界第一位女总理。贝娜齐尔·布托曾经于 1988—1990 年、1993—1997 年两度任巴基斯坦总理，有政坛铁蝴蝶的美誉。2011 年 7 月希娜·拉巴尼·哈尔（Hina Rabbani Khar, 1977—   ）被任命为巴基斯坦联邦政府外交部长，成为该国历史上第一位女性外长。此外，巴基斯坦还涌现了大批女性高层政治领袖。2011 年 3 月，巴基斯坦都市学校集团阿布达巴德校区主任布什拉女士接受《光明日报》记者采访时说："已故总理贝·布托是女性，现任国民议会议长米尔扎是女性，财政国务部长是女性，在国会里，300 多个议席中有 68 名女性，而且这些议员的文化程度越来越高。"②

其次，外出工作的职业妇女日益增多。由于有政府规定："每个行业的从业人员至少得有 5% 的女性。目前在巴基斯坦几乎所有职业中，都能见到女性的身影，她们中不仅有职员、医生、教师、技师和飞行员等，而且还有政治家，如本届政府内阁中部长级女性就有两位，局、处级和地方省市政府中的女性官员也有一定数量。"③ 巴基斯坦建国史上第一位女新

---

① 1965 年的全国大选中，穆罕默德·阿里·真纳（Mohammad Ali Jinnah）的妹妹法蒂玛·金那（Fatima Jinnaha）意欲参加总统竞选，因此在巴基斯坦引发了一场辩论，辩论的最后结果是颁布了一项免除她候选资格的法令。

② 周戎：《巴基斯坦妇女地位显著提高》，《光明日报》2011 年 3 月 9 日，http://epaper.gmw.cn/gmrb/html/2011－03/09/nw.D110000gmrb_20110309_3－10.htm。

③ 王南：《妇女事业关系国家进步——访巴基斯坦妇女部长道尔塔娜（通讯）》，老资料网，http://www.laozi.liao.net/rmrb/1998－03－07－6#1113028。

闻发言人、巴基斯坦驻意大利大使塔丝妮姆·阿兹拉姆女士说"如今，巴
基斯坦的女外交官、女新闻官和女性职业工作者多了起来，这是社会的进
步"。① 当然巴基斯坦妇女就业最集中的岗位还是教师和医生，"在巴基斯
坦各中小学校里，女教师几乎成了学校教职工的主力"。②

　　第三，经过政府多年的努力，巴基斯坦女性识字率和受教育水平都有
很大提高，初等、中等、高等教育中的性别差距在缩小。例如 1990—
1991 年，女性初等教育注册人数与男性初等教育注册人数的比率是 0.47，
到 1999—2000 年间，这一比率上升到 0.74，十年间，女性初等教育与男
性初等教育人数比率增长了 57.44%；同期初中教育女性注册人数与男性
注册人数的比率是 0.42，十年后的比率是 0.68，所以初中教育的女性入
学人数与男性入学人数比率增长了 62%。初等教育与初中教育的性别差
都在降低，相对而言初中教育的性别差降低更快。1990—1991 年，女性
与男性相比，高中水平教育入学注册的性别差是 0.4，1999—2000 年是
0.67，十年间的入学注册人数差距降低了 67.5%。1990—1991 年大学水
平教育入学注册性别差是 0.50，1999—2000 年这一比率达到 0.81，女性
入学注册人数较之男性入学注册差距降低了 64%。两项比较，高中学校
性别差降低更快一点。③

　　尽管如此，巴基斯坦在提高妇女地位方面所取得的成效也只是与本国
历史比较，而与世界其他国家和地区相比，巴基斯坦妇女的社会地位还有
很大差距。1998 年巴基斯坦妇女部长道尔塔娜女士介绍"就全国范围来
说，女校与男校的比例失衡，目前仅为 1:3，这使女性受教育的机会受
到影响。在城市中，女性就业率还很低，且多集中在护士、教师和秘书等
传统女性就业领域"。④ 2002 年 11 月产生的新国民议会共设 342 席，妇女
有 60 席，亦仅占 17.5%，关心政治的妇女不多，女政治家更少，贝·布

　　① 周戎：《"三八"妇女节百年纪念　巴基斯坦妇女地位逐渐提高》，《光明日报》2010 年 3
月 8 日，http://www.gmw.cn/01gmrb/2010-03/08/content_1066898.htm。
　　② 周戎：《巴基斯坦妇女地位显著提高》，《光明日报》2011 年 3 月 9 日第 10 版，http://
epaper.gmw.cn/gmrb/html/2011-03/09/nw.D110000gmrb_20110309_3-10.htm。
　　③ 数字来源于 Education in Pakistan, From Wikipedia, the free encyclopedia, http://
en.wikipedia.org/wiki/Education_in_Pakistan。
　　④ 王南：《妇女事业关系国家进步——访巴基斯坦妇女部长道尔塔娜（通讯）》，老资料网，
http://www.laoziliao.net/rmrb/1998-03-07-6。

托成为人民党主席及两度出任总理，主要是家族政治的影响，并不能证明所有妇女都已经获得了应有的政治地位。① 直到 2019 年，文盲问题在农村地区的女性中仍是最为突出的问题，达 59.53%（十岁以上）。其中信德省和俾路支省农村地区十岁以上女性文盲率分别高达 74.30% 和 73.21%，而受过高等教育的分别仅为 0.60% 和 0.51%。

目前在巴基斯坦，妇女的社会地位呈现两种对立的局面，一是理论与实践的背离。理论上，巴基斯坦倡导男女平等，《古兰经》就提倡男女平等，自独立后也通过了一系列旨在提高妇女地位，实现男女平等的法令，特别是 1996 年，巴基斯坦成为《消除歧视妇女公约》的缔约国以后，政府颁布了一系列旨在保护妇女的法律。可以说今天巴基斯坦妇女具有政治、经济、法律、教育等方面与男子平等的权利。但是在现实社会中，巴基斯坦妇女却远没有得到她们应有的社会地位和经济平等。甚至边远的乡村地区，女性的生命安全都无法得到保障。2019 年三八国际劳动妇女节之际，巴基斯坦总理伊姆兰·汗当天在推特上发文致敬巴基斯坦女性，并表达了巴基斯坦政府希望为女性提供安全环境的美好愿景："在妇女节，……我们重申，我们致力于为女性提供一个安全、有利的环境，帮助她们在国家发展中发挥应有的作用。"② 足可见，今天巴基斯坦的大环境，对妇女还是相当缺乏安全的。其二是城市上层妇女与乡村妇女之间存在巨大差异，无论是女性观、家庭观，还是女性所接受的教育，参与政治程度都是如此。上层社会的女性一般接受高等教育，可以外出参加工作，甚至投身政治活动。例如前总理贝娜齐尔·布托和前外交部长希娜·拉巴尼·哈尔都出身名门，一位是牛津大学毕业的高才生，一位在美国接受高等教育。特别是希娜外长，骑马、打球、从事商业活动，无一不精。但是广大的普通妇女，特别是广大的乡村妇女却连最基本的初等教育都没有接受过，更遑论外出就业了。所以巴基斯坦妇女，特别是普通家庭的乡村妇女主要还是被囿于家庭，从事单调的家务劳动；她们的婚姻不能自主，而是由父母决定。

---

① 《巴基斯坦论坛，巴基斯坦男女地位的差异（一）》，巴基斯坦中文站，http://bajisitan. qqdaili. com/baji - sitan/tid - 16389/。

② 《巴基斯坦总理 3·8 发声：致力于为女性提供安全有利环境》，环球网，2019 年 3 月 8 日，https://world. huanqiu. com/article/9CaKrnKiPLi。

第二节 巴基斯坦妇女的教育和就业

教育是改变国家面貌的重要措施，也是改变个人命运的手段。只有提高国民教育水平，才能迅速提高国家实力，也只有提高自身的教育，才能改变自己的命运。巴基斯坦自独立以来一直不断地致力于提高国民教育，其中也包括颁布改善女性教育的政策。60 多年来，巴基斯坦女性教育取得了一些成绩，但是整体女性受教育水平依然偏低。

一 巴基斯坦独立后女性教育的发展

（一）巴基斯坦政府的教育政策

早在民族主义运动时期，巴基斯坦革命者就认识到教育对国家发展的重要性，赛义德·艾哈迈德·汗爵士（Sir Syed Ahmad Khan）在 19 世纪 70 年代召开过伊斯兰教教育会议（Mohammedan Education Conference），以促进穆斯林的现代教育，他还创建了穆罕默德盎格鲁－东方学院（Muhammadan Anglo－Oriental College）。但女性教育进展缓慢，女性识字率非常低。

独立后到 21 世纪初，巴基斯坦政府制定了多项教育政策，努力提高巴基斯坦的国民教育水平，其中有多项旨在缩小男女差异、实现男女平等的教育政策，用以普及女童的初级教育，增加女性中等和高等教育[①]的机会。除了前面提到的 1959 年和 1970 年教育政策外，1971 年、1990 年、2002 年先后制定了新的教育政策。其中每一部教育政策都包括许多改善女性教育的内容。例如 1971 年制定的 1972—1980 年的教育政策又增加了一些改善女性教育的政策，其中包括：（1）在一定地区，增加初等教育学校女教师的比例，以实现初等教育男女同校。（2）将现存的为男性设置的初等教育水准教师培训机构转变为女性教师培训机构。（3）为女性，特别是乡村提供继续教育的机会。通过学习《古兰经》蕴含的语言艺术和缝补、刺绣、儿童教育、营养学、家禽饲养等，帮助这些女性更好地胜

---

① 巴基斯坦教育体制大约分成初等、中等和高等教育三个阶段，其中初等教育为 5 年，中等教育 7 年，又分为初中（3 年）、高中（2 年）和过渡学校（2 年），高等教育（本科 4 年，然后是硕士、博士）。

任家庭主妇的工作。1992 年—2002 年的教育政策更多地增加了有关女性教育的内容：（1）实行初等教育义务制；（2）提供特别诱因，吸引女孩子入校学习并且保证不退学；（3）提供远程教育，为女性增加受教育的机会；（4）为所有学校（包括男校和女校）的生物、化学、物理课程提供装备精良的实验室；（5）在区和乡一级，为男性和女性建立高等职业学校和技校；（6）为那些在乡村给妇女和女孩提供识字教育和正轨教育项目的非政府组织提供财政补贴；（7）为女性和其他乡村贫困群体开展大量基础教育项目。1998—2010 年国家教育政策：（1）在所有省份推行《义务教育法案》。（2）为那些不能进入学校学校的孩子和年轻人，特别是乡村的女孩和年轻妇女开展大量非正式的基础教育项目，（3）放宽女教师的年龄限制，并且提供特殊的激励措施帮助她们顺利进入职场。（4）建设更加适宜女孩子的初等教育学校；（5）在所有的省建立一所或者更多的女子大学。[1]

综合以上列举的巴基斯坦建国以来的教育政策，我们可以总结出在提高女性教育水平、消除男女教育差别方面，巴基斯坦政府采取的政策主要体现在三个方面：一是为男孩和女孩提供平等的教育机会和优良的教育设施，推行初等教育的义务制；二是建立单独的女子学校，并且通过为女教师提供快速提升专业水平的机会，尽量招聘女教师，以应对家长对女童进入学校学习的抵制。三是设置与女性性别角色相关的特殊课程，例如家政学、营养学、幼儿教育、家禽饲养等。这些措施主要是为了避开巴基斯坦女童到学校接受教育的主要障碍，即贫穷和巴基斯坦历史上存在已久的性别隔离和深闺制度。因为在巴基斯坦，尤其是边远的乡村，特别注重女儿的贞洁，一直细心呵护，在她出嫁时当做珍贵的礼物送给她的丈夫。所以女孩子不能随意离开家庭和家庭男性亲属的视线，尤其不能与家庭外其他男子交往。所以巴基斯坦女孩教育有两个主要关键点："一个是安全的场所（一个女孩不能冒失去体面或名誉的危险，例如，被绑架，或与男生交往），另外一个是女孩子学习的所有技能，都是为了带进她未来的姻亲家

---

① Edited by Rashida Qureshi and Jane F. A. , Rarieya *Gender and Education in Pakistan*, Oxford University Press, 2007, pp. 4 – 5.

庭。"① 所以大量雇佣女教师，甚至以降低教师的资质要求为代价，目的就是为女童提供一个更加安全的场所，义务教育则是为贫穷的孩子提供免费教育。

在世纪之交，政府又增加了为女性开设职业学校，进行职业培训，并为她们提供受雇机会以及支持非政府组织的基础教育项目的政策。

（二）女性教育发展成果

经过数十年的努力，犹如巴基斯坦的经济一样，巴基斯坦女性教育缓慢发展，虽然取得了一定成效，但是改观不大。我们通过 1990—2002 年巴基斯坦城乡男女初级教育入学率的变化分析世纪之交女性基础教育的发展状况。

表Ⅱ-7-1　　　巴基斯坦城乡男女初级教育净入学率（%）②

地区	1990			1995—1996			2001—2002		
	男	女	合计	男	女	合计	男	女	合计
城市	61	57	59	56	55	55	65	63	64
乡村	50	31	41	47	31	39	54	38	47
总计	53	39	46	49	38	44	57	45	51

从上述数据可以看出，2002 年较之 1990 年，巴基斯坦初等教育入学率在 1995—1996 年有一个反复，总体还是在提高，但是升幅不大，城市男性入学率从 61% 上升为 65%，城市女性入学率从 57% 上升为 63%，乡村男性入学率从 50% 上升为 54%，乡村女性入学率从 31% 上升为 38%，两性增幅相比，男性城乡合计增加 4%，而女性城乡合计增加 6%。女性入学率的增幅稍微大一些，但是整体相比女性的入学率比男性还是差很多。

我们再来比较巴基斯坦城乡两性初中和高中的入学率。因为巴基斯坦

① Anita M. Weiss, *Interpreting Islam, Modernity, and Women's Rights in Pakistan*, Palgrave Macmillan, 2014, p. 61.

② Edited by Rashida Qureshi and Jane F. A., Rarieya *Gender and Education in Pakistan*, Oxford University Press, 2007, p. 11.

女孩通常到 5 年级以后就辍学回家待嫁，所以初中和高中的入学率较之于初等教育更低。

表Ⅱ-7-2　巴基斯坦城乡男女初中教育和高中教育净入学率（％）

地区	初中入学注册率						高中入学注册率					
	1995—1996			2001—2002			1995—1996			2001—2002		
	男	女	合计	男	女	合计	男	女	合计	男	女	合计
城市	40	37	38	38	43	40	24	24	24	27	28	27
乡村	29	10	20	27	15	21	17	6	11	17	8	13
总计	33	19	26	30	23	27	19	12	16	20	14	17

从初中和高中入学率对照表看，2001—2002 年较之 1995—1996 年，男性的初中入学率无论城市，还是乡村都呈下降趋势，而女性的入学率却在上升，同期，男性城市高中入学率上升，乡村持平，而女性的高中入学率无论是城市，还是乡村都在上升。总之高中入学率男女都在增长，只是增幅不大。

我们还可以通过识字率的变化，可以更清楚地了解巴基斯坦教育的变化。

表Ⅱ-7-3　　　　　　巴基斯坦不同省区男女识字率比较

省	1980—1981				1990—1991				2001—2002			
	城市		乡村		城市		乡村		城市		乡村	
	男	女	男	女	男	女	男	女	男	女	男	女
信德	57.8	42.2	24.5	5.2	61.3	46.4	24.5	21.8	74.0	54.4	51.0	14.0
旁遮普	55.2	36.7	29.6	9.4	63.7	48.1	27.2	38.1	71.0	60.0	51.0	25.0
联合省	47.0	21.9	21.7	3.8	49.4	24.1	27.8	6.6	70.0	41.0	55.0	16.0
俾路支	42.4	18.5	9.8	1.8	42.4	17.8	10.4	2.2	71.0	36.0	49.0	11.0

资料来源：Edited by Rashida Qureshi and Jane F. A. , Rarieya *Gender and Education in Pakistan*, Oxford University Press, 2007, p. 10。

从表Ⅱ-7-3中，我们可以看到20世纪后二十年，巴基斯坦4个省的人口识字率无论是城市还是乡村，男性还是女性都在提高。其中女性的增长幅度更大一些。当然城市与乡村，男性与女性都存在一定的差距，而且差距还是很大的。

二　两极分化的妇女就业

在巴基斯坦，妇女的就业率很低。巴基斯坦女性的主要活动区域是家庭，但是这不等于她们不参加社会生产。传统上，乡村妇女要参与农业和畜牧业生产，这种生产活动一般由家庭掌控，妇女追随家庭中的男性一起做工，并不获取报酬。只有最贫穷的阶层才允许妇女到家庭之外的公共场所工作，她们一般是当清洁工、保姆、助产士、建筑工人、砖窑工人，或者在农村地区当雇工。

19世纪，巴基斯坦的精英妇女参与了独立运动，她们与她们的父兄、丈夫一起为巴基斯坦的民族独立做出了贡献。巴基斯坦独立后，精英妇女的政治活动转向了社会慈善工作，她们为来自印度的移民和巴基斯坦贫民提供救济和慈善。由于这些活动正好与妇女作为母亲、妻子的角色相吻合，因此她们没有遇到太多的阻力。从此开启了精英妇女走出家庭、走上社会的先例。以后随着国家教育政策的发展，女教师的需求增多，更多的妇女进入教师、医生的行列。1973年宪法颁布后，一批妇女进入国家机关。

另一方面由于经济压力，下层妇女也越来越多地走出家庭，开始为工资而工作。同时国家一些提高妇女地位的法律、政策，例如加入联合国《消除歧视妇女公约》和允许妇女与男子一样平等进入国家机关的1973年宪法，还有增进男女平等的教育政策都为妇女外出就业提供了职位和宽松的社会环境。

从1947年巴基斯坦建国，到20世纪70年代齐亚·哈克统治，再到20世纪90年代成为联合国《消除歧视妇女公约》签约国以后至今，巴基斯坦妇女就业有两个主要特点。

第一，除了农业外，巴基斯坦妇女外出就业人数少。"巴基斯坦政府1989年发表的一份调查报告表明，有工资收入的妇女仅占妇女总数的2%，她们的从业范围也十分窄小，主要集中在教育、医疗、新闻、演艺、民航等部门，另有少数在政府部门、学术文化机构和商贸公司任职。"[1]
80 年代妇女劳动力参与率也很低，据劳动力调查报告，女性劳动力参与率为 5.8%[2]，是世界上报告的女性劳动生产率最低的国家之一，也是整个亚洲第二低的国家之一。根据报告，唯一一个女性劳动力参与率更低的国家是孟加拉国。[3] 从 20 世纪 90 年代开始，巴基斯坦妇女劳动力参与率开始缓慢上升，但是与世界其他国家相比，依然很低。我们以中国、美国、日本、印度四个国家 15 岁以上劳动力参与率与巴基斯坦劳动力参与率比较：

表Ⅱ-7-4　　　　不同国家 15 岁以上两性劳动力参与率对照表　　　（单位：%）

时间 国家	15 岁以上男性劳动力参与率				15 岁以上女性劳动力参与率			
	1990	2000	2010	2019	1990	2000	2010	2019
巴基斯坦	84.890	83.170	78.794	80.348	13.981	16.067	21.718	21.919
中国	85.030	82.940	78.160	—	73.241	71.126	63.981	60.451
美国	76.400	74.810	71.184	69.154	56.203	59.021	57.499	56.126
日本	77.000	76.400	71.600	71.4	50.113	49.255	48.720	52.738
印度	80.390	82.809	79.907	74.638	30.279	30.413	25.680	20.524
世界平均	—	78.210	75.850	—	51.024	50.918	48.767	47.143

资料来源：世界银行网，https://data.worldbank.org/indicator/SL.TLF.CACT.MA.NE.ZS。

15 岁以上劳动力参与率是指 15 岁以上参与社会生产劳动的人数与 15 岁以上全体人数的百分比。

根据《人口科学词典》，"劳动力参与率是按某一标志划分的参与社会劳动的劳动力同该标志范围内人口数量的比例。劳动力参与率是表示劳动力人口参与社会劳动程度的标志。劳动力参与率的高低，表明了社会经

---

① 《巴基斯坦论坛，巴基斯坦男女地位的差异（一）》，巴基斯坦中文站，http://bajisitan.qqdaili.com/baji-sitan/tid-16389。
② 巴基斯坦乡村妇女参与农业劳动，但是没有工资。
③ Qamar Jehan, *Role of Women in Economic Development of Pakistan*, Thesis Submitted to the Pakistan Study Centre in University of Balochistan, 2000. p.88.

济政治发展水平和劳动力资源利用程度。"① 通常发展中国家因为工资和社会福利都较发达国家低，所以劳动力参与率要高于发达国家。女性劳动力参与率不仅能够衡量女性参与经济的状况，而且也反映了女性的经济地位和自我独立意识。我们从上面的数据能够明显看出，巴基斯坦男性的劳动力参与率与发展中国家吻合，比发达国家高，从一个侧面反映了巴基斯坦国家的经济发展水平。而巴基斯坦女性劳动力参与率却比发展中国家和发达国家都低许多，甚至比印度都要低，远远低于世界平均线。当然，由于巴基斯坦历史文化传统反对妇女外出工作，这种传统的礼仪观念有可能导致某些家庭隐瞒妇女所做的工作，亦即有可能有的妇女外出工作，但是并没有被统计进来。即使如此，这些数据也可以大致反映巴基斯坦妇女就业的低迷程度，而且另一方面也说明巴基斯坦妇女外出就业不被社会认可。

第二，巴基斯坦妇女就业明显呈现两极分化。所谓两极分化是指巴基斯坦外出就业的女性主要来自两个阶层，一个阶层是城市中上层精英妇女，她们出身高贵，或者是政治世家，或者是商贾富豪。至少出身于城市中产阶级家庭。她们从小衣食无忧，因为父母的受教育水平较高，而且接触西方文化，所以她们能够接受较好的教育，甚至到西方国家接受西方教育。她们多集中在政府部门、教育和卫生系统。另外一个阶层是最贫穷阶层的妇女，她们主要是为了生存，挣钱以养家糊口。因为贫穷，所以她们所接受的教育有限，只能从事底层的工作。近些年也有一些女性小商贩出现在市场。根据20世纪80年代的统计，巴基斯坦女性劳动力最集中的是农业，占72.27%。制造业占3%，而教育、卫生和社会服务行业则占11%。批发行业占2.32%，其余部门的参与都很小，不超过1%。② 所以在巴基斯坦，除了农业部门（自控）之外，女性就业主要集中在政府的某些公共服务部门例如卫生、教育、社会福利、铁路、电报和电话部门以及国家航空公司等（政府雇用妇女的政策促进），还有最贫穷妇女不得已而从事的清洁、建筑等行业。至于制造业，特别是在女工本应该集中的纺织、制衣、食品加工等轻工业部门，却极少能够看到女性的身影。正如范

---

① 吴忠观：《人口科学词典》，西南财经大学出版社1997年版。

② Qamar Jehan, *Role of Women in Economic Development of Pakistan*, Thesis Submitted to the Pakistan Study Centre in University of Balochistan, 2000, p. 94.

若兰所说："在其他国家，纺织业、制衣厂、制鞋厂这类轻工业部门，女工都占绝大多数。但在巴基斯坦，这类工厂却绝少看到女工。萨格达纺织厂有49744个纱锭和336台织机。工人全是男工，没有女工。"[①]

　　之所以如此，主要原因在于巴基斯坦的历史文化传统、女性受教育水平的低下和巴基斯坦国家经济的落后。作为具有印度种姓制度历史传统的伊斯兰教国家，巴基斯坦是非常典型的男权社会，传统文化给予男性较高的社会地位和家庭地位。男性的权威常常以"荣誉（izzat）"的形式体现，"'荣誉（izzat）'的主要涵义是一个男人为家庭提供物质需求的能力，这也是家庭和男性荣誉占主导地位的组成要素。家庭中妇女的贞洁则构成荣誉的辅助方面。在这种情况下，女性的社会流动被严格限制，女孩子早婚受到鼓励，妇女从事有报酬的经济活动被贬低。为了更好地维护'荣誉法则'，社会按照深闺制度实行性别隔离和女性幽禁"。[②] 这种"荣誉法则"对妇女意味着：一是由于实行严格的性别分工，妇女负责生育和家务劳动，男人负责家庭的经济和物质需求，所以妇女与经济活动无关；二是女性的活动范围被严格限制在家庭中。即使需要外出也要由亲属陪伴。"当妇女为了社会生存而离开她们家时（例如参加婚礼、拜访亲戚、参加宗教祈祷），通常她们的一举一动都在那些审慎关注女性亲属活动的家庭成员好奇的视域之中。"[③]

　　巴基斯坦妇女就业少的另外一个原因是女性受教育水平低。中国人大重阳金融研究院高级研究员，原《光明日报》驻巴基斯坦记者——周戎在做客《一带一路面对面》节目时提到文盲率高和巴基斯坦国家的历史文化传统是制约女性就业的两个主要原因。他认为"巴基斯坦15岁以上的女性中，有60%没有接受过任何教育，这是巴基斯坦女性没有实现就业的原因之一"。[④] 据1981年人口普查，巴基斯坦妇女的识字率仅为16%，城市妇女的识字率为37%，农村妇女识字率仅7%。前面我们已经

---

① 范若兰：《巴基斯坦妇女就业面面观》，《中国妇运》1995年3月28日。

② Qamar Jehan, *Role of Women in Economic Development of Pakistan*, The Pakistan Study Centre in University of Balochistan, 2000. pp. 88－89.

③ Anita M. Weiss, *Interpreting Islam, Modernity, and Women's Rights in Pakistan*, Palgrave Macmillan, 2014, p. 61.

④ 《专家：文盲率高和传统是制约巴基斯坦女性就业的主要原因》，中国经济网，2019年4月10日，http://cen.ce.cn/more/201904/10/t20190410_31828843.shtml。

提到 2019 年巴基斯坦十岁以上女性的文盲率还高达 48.19%。[①] 没有文化，就业的范围就极大地被限制，仅仅只能从事与体力有关的工作；而没有接受中等以上的教育，也就意味着传统观念更加浓厚。但是文化的匮乏仍然可以从社会文化寻找根源。

历史上，巴基斯坦的深闺制度对有产阶级的重要性要大于下层群众。因为尽管贫穷妇女的行动非常有限，但是城市中最贫穷的妇女为了获得报酬而不得已参加劳动；在农村地区，妇女始终参与农业生产，无论是插秧、除草或畜牧业活动。然而现在城市中的中上层妇女因为接受西方文化而能够冲破深闺制度樊篱的桎梏，相反却是一般的城乡妇女更愿意遵守传统的风俗习惯。

第三节 巴基斯坦妇女的婚姻家庭

在巴基斯坦，婚姻家庭是妇女的生活目标，在大多数巴基斯坦人的观念中，女孩子即使上学、接受教育也是为了带入夫家更好地相夫教子。所以巴基斯坦妇女在家庭中的地位和生活更能体现她们的真实状况。

一 巴基斯坦的女性观

（一）巴基斯坦女性观的渊源

1947 年独立之前，巴基斯坦是印度的一部分，所以印度的种姓制度对巴基斯坦妇女的社会地位和家庭地位具有一定的影响。

印度的种姓制度是一种特有的社会等级形式，也是一种印度教的教阶制度。主要强调社会不同阶层之间的等级和差异，但是同时也划分了男女双方之间的不同。当时的印度法典《摩奴法论》规范了印度社会各等级的权利和义务，对妇女的地位和行为也做了具体规定。首先，《摩奴法论》认定女性天生道德有缺陷，"女子尤其应该被防止沾染恶习，即使它们极其轻微；不加防止的女子会给两家带来忧患"。"即使受到精心保护，她们也会对夫主变心；因为她们贪恋男人，朝三暮四，天生无情。""她

---

① 《巴基斯坦论坛，巴基斯坦男女地位的差异（二）》，巴基斯坦中文站，http://bajisitan.qqdaili.com/baji-sitan/tid-16441/。

们不计较美貌，不考虑年龄；不管是俊还是丑，只要是个男的，她们就去亲近。"其次，在认定女性道德亏损的前提下，将女性置于从属地位，无论在社会上，还是在家庭中都是如此。《摩奴法论》对女性有这样的规定："女子应该昼夜被自己的男子置于从属地位"，"女子必须幼年从父、成年从夫、夫死从子。女子不得享有自主地位"。"她应该逆来顺受、意念清净守节居贞、渴望着一夫之妻的无上功德直到死。"第三，《摩奴法论》把女性的工作定为生育子女和家务劳动，"生后代，养育孩子，日常的世俗生活，这每一件事情显然都有赖于妇女"。"她应该总是高高兴兴，善于料理家务，收拾好日常用具，在花费上不松手。"此外，妇女没有任何经济权利。家庭中所有的财产，包括女性自己的劳动收入，都归父兄或者丈夫所有。《摩奴法论》规定："女子属于谁，她挣的钱就属于谁"，"未经丈夫允许，她不得从自己的财产中扣除一份作私房"。①

同时巴基斯坦又是伊斯兰国家，伊斯兰教在国民生活中占据重要地位。所以《古兰经》中有关妇女的条文对巴基斯坦妇女有着非常重要的影响。虽然学术界有人认为《古兰经》给予了妇女继承财产的权利，男女平等的受教育权利，以及有关婚姻和离婚中的权利，等等。② 相对于之前的阿拉伯社会，《古兰经》在教义上确实给予了妇女一定的权利，但也只是一定的权利，而非与男子同等。因为还有一些条文是关于男女不平等的规定。例如《古兰经·妇女篇》明文规定："你们可以择娶你们爱悦的女人，各娶两妻、三妻、四妻；如果你们恐怕不能公平地待遇她们，那么，你们只可以各娶一妻，或以你们的女奴为满足。""男人是维护妇女的，因为真主使他们比她们更优越，又因为他们所费的财产。贤淑的女子是服从的，是借真主的祐佑而保守隐微的。你们怕她们执拗的妇女，你们可以劝诫她们，可以和她们同床异被，可以打她们。如果她们服从你们，你们不要再想法欺负她们。"③ 根据《古兰经》，一夫多妻符合伊斯兰教义

---

① 蒋忠新译：《摩伦法论》，中国社会科学出版社 2007 年版，第 106—107、177—179 页。

② 参见 Qamar Jehan, *Role of Women in Economic Development of Pakistan*, Thesis Submitted to the Pakistan Study Centre in University of Balochistan, 2000. p. 33. 张玉兰《南亚与东南亚穆斯林妇女的社会地位》，《南亚研究》1997 年第 1 期。

③ 《古兰经》，马坚译，中国社会科学出版社 1996 年版，第四章，妇女（尼萨仪）卷五，第 60、65 页。

且是社会习俗，穆斯林妇女必须顺从男性，家庭暴力也不违反教义。

所以尽管学术界对《古兰经》关于妇女地位的阐述观点不一，但是普遍认为巴基斯坦妇女现实中的社会地位和家庭地位不高。"在现实中，如同其他穆斯林国家一样，巴基斯坦妇女并未得到应得的社会声望和经济平等。她们大部分只限于单调的事务，没有机会发展自己的智力。"①

（二）巴基斯坦的深闺制度

经过近 80 年的努力，今天的巴基斯坦妇女的政治地位和经济地位都有所提高，但是由于历史传统的影响，在现实中，巴基斯坦妇女的生活仍然被严格限制在宗教习俗和传统观念之中。在巴基斯坦，社会性别角色是严格界定的，妇女被视为没有生产力的家庭成员，她们的价值主要通过其生育能力来体现，而男人则是家庭生活物资的提供者和家庭荣誉的保护者。"女孩子的生活目标是结婚，充分融入丈夫的家庭并生儿育女。这样，女儿的荣誉就如同家庭的荣誉一样需要维护。"②

女性的贞操被视为女性至关重要之物，不仅关乎丈夫和夫家的名誉，而且关乎娘家的荣誉。为了保护贞操，巴基斯坦妇女一直生活在深闺制度（Purdah rules）的约束之下。这是一种与面纱有关的规范穆斯林妇女行为的一套社会准则：它要求女性外出时需用面纱遮住自己的脸甚至全身，以防被其他男人看到。但是这种制度不仅仅指妇女外在的形象和穿着，更是一种约束女性行为的社会准则。为了避免其他男子看到她们，男女两性实行性别隔离。它要求只要有足够的空间，人们的生活区域就要被划分为 zenana（女性）和 mardana（男性）区域。英国殖民之前，妇女只能生活在家庭中男性亲属（通常是父兄或者丈夫）视力所及的空间，19 世纪，当妇女穿上布卡罩袍（一种可以将女性从头到脚覆盖的头巾，是穆斯林妇女特殊的传统穿戴）以后，方可独自外出。即使如此在社会上，女性依然受到性别隔离的限制，不能随意与男性交往，甚至不能出现在有异性的地方，所以她们的教育和就业都受到极大限制。"深闺制度阻止妇女参与经济活动，因此，即使她们从事生产性活动，销售和收入也要通过男子渠

---

① Qamar Jehan, *Role of Women in Economic Development of Pakistan*, The Pakistan Study Centre in University of Balochistan, 2000. p. 33.

② Anita M. Weiss, *Interpreting Islam, Modernity, and Women's Rights in Pakistan*, Palgrave Macmillan, 2014, p. 61.

道。在教育系统中，五年级以后的学生被性别隔离。在严格实施深闺制度的地方，这意味着女性将无法接受教育，所有获取信息的渠道都必须通过男性。"① 所以这种制度极大地限制了女性的发展。

不过现在巴基斯坦的性别隔离对少数上层女性似乎没有那么严格，出身豪门的女性不仅可以在国内接受教育，也可以去西方国家接受高等教育，而且可以参与家庭之外的社会经济活动，甚至允许进入政界，参与国家的政治活动。例如巴基斯坦前总理贝·布托就曾经在美国哈佛大学和英国牛津大学接受高等教育；前外长希娜·拉巴尼·哈尔，在美国马萨诸塞州州立大学获得 MBA 学位后，返回巴基斯坦投身商界，成为出色的实业家。还有一些受过西方教育的大学教师、医生、记者也能够不受或者极少受到传统习俗的影响。"在很大程度上，人们对有关妇女行为和社会参与的社会道德观念已经发生了转变，这包括上层社会妇女的活动，例如当记者、在大学里教书或管理独立的企业。实际上，鉴于传统习俗已经为许多中产阶级和精英妇女重新定义，今天这些习俗似乎只适用于工人阶级和部落妇女"。②

由于巴基斯坦还是发展中国家，其经济发展水平和城市化水平较低，在识字率只有 49.18% 的今天，中产阶级和精英妇女只是极少数，这种深闺制度对巴基斯坦妇女还是有相当大的影响。不过巴基斯坦政府已经将提高女性就业问题提上议程，在巴基斯坦的"愿景 2025"中，巴政府计划将受教育女性的就业率从 25% 提高至 45%。③

二　家庭中的巴基斯坦妇女

（一）巴基斯坦的家庭概况

在巴基斯坦，以父系为纽带的家庭以及家族是社会生活的基础，家庭和家族对个人的生存和发展具有极其重要的作用。"巴基斯坦的社会生活

---

① Qamar Jehan, *Role of Women in Economic Development of Pakistan*, The Pakistan Study Centre in University of Balochistan, 2000. p. 9.

② Anita M. Weiss, *Interpreting Islam, Modernity, and Women's Rights in Pakistan*, Palgrave Macmillan, 2014, pp. 61 –62.

③ 《专家：文盲率高和传统是制约巴基斯坦女性就业的主要原因》，中国经济网，2019 年 4 月 10 日，http://cen. ce. cn/more/201904/10/t20190410_ 31828843. shtml。

是以家庭和家族为中心的。对大多数人来说，家庭的归属感凌驾于其他情感之上；即使在最西方化的精英阶层，家庭纽带的重要性也依然不容忽视。家庭是社会组织的基础，为其成员提供身份认同和保护。"[①] 巴基斯坦妇女最重要的身份认同是某一家族或家庭的成员，而非职业或职务。家庭是巴基斯坦妇女最重要的活动领域，家庭内的活动也是已婚妇女最重要的工作。在《摩奴法论》中有规定，人必须结婚，"由妻子、自身和后代构成的男子才是真正的男子"，"不及时嫁出女儿的父亲应该受谴责"[②]，这种习俗一直流传至今。

在巴基斯坦，妇女不仅要结婚，而且要早婚。早婚是巴基斯坦一种婚姻习俗。这种习俗源自印度，《摩奴法论》中有记载："三十岁的男子应该娶十二岁的迷人的姑娘，或者二十岁的应该娶八岁的"[③]，虽然现在巴基斯坦不像印度。但是早婚现象在农村和部落地区也非常普遍，据民间组织 Shirkat Gah 报道，大约有一半的巴基斯坦已婚妇女都在 18 岁之前结婚，9% 的女孩在 15—19 岁间开始生育。……在信德的边远地区女孩子结婚年龄是 12—14 岁。[④]

在巴基斯坦，近亲通婚至今依然是普遍存在的现象，同时也是巴基斯坦家庭文化的特征。巴基斯坦的近亲通婚并不限于表亲，直系的堂亲之间也可以通婚，而且近亲通婚的比率很高。在 2012—2013 年的所有婚姻中，近一半（49%）是近亲结婚，而 2006—2007 年高达 52%。[⑤] 这是在家族内部保留土地和财产的一种重要方式，如果女儿嫁给了"家族内部"成员，那么她的遗产也会留在家族内部。而且许多人也想当然地认为新娘的姑姑或叔叔会比外人更友善地对待她。

巴基斯坦婚姻还有一个习俗即多妻制。《古兰经》明文规定男子可以娶 4 个妻子。尽管由于贫穷，多妻制度在巴基斯坦并不是常态，但是多妻

① Anita M. Weiss，*Interpreting Islam，Modernity，and Women's Rights in Pakistan*，Palgrave Macmillan，2014，p. 56.

② 蒋忠新译：《摩伦法论》，中国社会科学出版社 2007 年版，第 177、181 页。

③ 蒋忠新译：《摩伦法论》，中国社会科学出版社 2007 年版，第 185 页。

④ Anita M. Weiss，*Interpreting Islam，Modernity，and Women's Rights in Pakistan*，Palgrave Macmillan，2014，p. 58.

⑤ Anita M. Weiss，*Interpreting Islam，Modernity，and Women's Rights in Pakistan*，Palgrave Macmillan，2014，p. 65.

毕竟是被习俗所允许的。1961年，巴基斯坦政府通过了《家庭法条例》（The Family Law Ordinance，MFLO），此法案顾名思义是针对家庭而订立，主要处理离婚和一夫多妻制（前面已有介绍）。此法颁布后，男人再也不能通过口头宣布与妻子离婚，他必须向法院办理离婚登记。此外，如果一名男子希望娶多个妻子，他需要得到现任妻子或妻子们的同意。该法令还主张妇女（相对于其家庭）有选择结婚对象和离婚的权利。[①]

虽然《家庭法条例》的颁布是为了提高妇女的地位，而且其中有些条款规范了婚姻和离婚，自此以后，男子不可以单方面宣布离婚，而且也不能任意再娶。但是其中在前任妻子（们）的同意下可以再娶的规定，则是间接地在法律层面认可了多妻制。所以巴基斯坦的法律允许多妻制的存在。

嫁妆制度在巴基斯坦也是很普遍的，特别是在旁遮普和信德省的大部分地区。这大概是因为这两个地区邻近印度，已经内化了印度教徒在历史上普遍存在的一种文化习俗的原因。这些嫁妆是娘家送给女儿的礼物，原则上，嫁妆随着新娘到夫家，仍然是属于女方所有，但是在实践上往往难以实现。但是在开伯尔－普什图省和俾路支省就不那么常见了。许多家庭认为，在结婚时提供的嫁妆是向女儿提供了她很久以后将会得到的遗产份额。

目前巴基斯坦家庭依然还是以大家庭的形式存在，一般由已婚夫妇，他们的儿子，儿媳和孙子，以及未婚的女儿组成。女儿们在结婚前都与父母同住，如果可能，人们期望儿子们能够一直与父母生活在一起。

（二）妇女在家庭中的地位

家庭和家族是巴基斯坦社会的基本组织，也是巴基斯坦人重要的情感归属。家庭对巴基斯坦妇女来说更为重要；但是她们在家庭中的地位却不高。因为女孩子将来是要被"给予"另一个家庭的，所以如果家庭资源有限，她们是不能占用的。在经济、教育和医疗方面，她们都只能屈居于兄弟之后。她们的婚姻也不能自主，往往要从家族的利益出发。

根据巴基斯坦的历史习俗，女性的婚姻是由家庭中的男性亲属决定的，一般是父亲做主。但在2003年12月20日，"巴基斯坦高级法院对6

---

① Afshan Jafar，*Women's Ngos in Pakistan*，Palgrave Macmillan，2011，p. 25.

年前一宗父亲状告女儿擅自结婚案件作出了如下判决：女儿的自主婚姻合法，家长或监护人不得干涉。由于巴基斯坦是英美法系国家，这一案件将作为今后类似案件的一个'先例'被参照。这就意味着，该国国内的穆斯林成年女子从此可以根据自己的意愿选择配偶，而无需经过父亲或者监护人的同意。"① 也就是说从法律上讲，女性一旦成年，结婚与否就只需要结婚的男、女双方同意。父母的反对是无关紧要的。然而法律规定并不能完全取代文化传统，现实中，巴基斯坦女性的婚姻并非能够自我决定，甚至许多巴基斯坦人自己也不认可。2012 年，佩尤全球态度调查计划（The Pew Research Global Attitudes Project）在巴基斯坦实施调查，其中有这样一个问题：女性是否应该成为择偶的主要决策者？收到的回答中只有11% 的人表示同意。超过半数（59%）的人认为这应该由家庭决定，超过四分之一（28%）的人认为这应该由家庭和女性共同决定。②

尽管《古兰经》规定，妇女有财产继承权利，"男子得享受父母和至亲所遗财产的一部分，女子也得享受父母和至亲所遗财产的一部分，无论他们所遗财产多寡，各人应得法定的部分"。③ 而且《古兰经》根据血亲远近规定了具体所应得财产的份额。妻子也可以继承亡夫的财产。而且1973 年宪法和《消除歧视妇女公约》也规定男女平等，但是妇女的财产继承在巴基斯坦现实社会中并不存在。

在家庭中，妻子需要绝对服从丈夫，丈夫就是她们"世俗的真主"，必须绝对服从，敬养老人、伺候丈夫、生养后代，就是她们的天职。④ 这是历史传统，从印度的《摩奴法论》就明确告诫妇女要完全臣服于丈夫，无论其睿智，还是愚蠢。"贤妇应该永远敬夫如神，即使他染上恶习、行为淫乱或者毫无优点。"⑤ 所以已婚妇女在婚后最初几年的生活通常是困

① 《巴基斯坦作历史性判决妇女终可自由恋爱》，新浪网，2003 年 12 月 23 日，http：// news. sina. com. cn/w/2003 - 12 - 23/10491411014s. shtml。

② Anita M. Weiss , *Interpreting Islam, Modernity, and Women's Rights in Pakistan*, Palgrave Macmillan, 2014, pp. 64 - 65.

③ 《古兰经》，马坚译，中国社会科学出版社 1996 年版，第四章，妇女（尼萨仪）卷五，第 60 页。

④ 巴基斯坦中文站，巴基斯坦论坛，巴基斯坦男女地位的差异（二），http：// bajisitan. qqdaili. com/baji - sitan/tid - 16441/。

⑤ 蒋忠新译：《摩伦法论》，中国社会科学出版社 2007 年版，第 107 页。

难的。初入夫家的新娘在丈夫家里没有什么地位。她要对婆婆百依百顺，对丈夫言听计从，她对家庭的活动几乎没有影响。在生养儿子的过程中女性逐渐获得家庭内一定的地位和权利。

在家庭中，男孩子的地位要高于女孩子，因为人们期望儿子会在他们年老时照顾他们，而女儿则是一种负担，要在结婚时把她们送交出去，在这之前需要细心保护她们的童贞，以便结婚时完好无损地交给其丈夫，这是家庭荣誉的重要组成部分。"通常女孩子和妇女在家庭、社区和社会比男孩子和男性的地位低。这种不平等在穷人涉及各种资源，例如教育、医疗、经济、法律和政治时都有所反应。……女孩子被训导在家庭中要服侍男性并且顺从他们。她们的活动受到限制，自由度由家庭中的男性长辈经常决定。妇女代表家庭的荣誉，经常成为家族或者部落争斗或对抗的牺牲品。"①

三 巴基斯坦的"荣誉犯罪"

（一）巴基斯坦"荣誉犯罪"概况

"荣誉犯罪"（Crime of Honour）通常是指犯罪人以保护个人或家族荣誉的名义伤害甚至杀戮其他家庭成员的暴力行为，受害者几乎都是女性。此类事件多发生于伊斯兰国家，巴基斯坦是荣誉犯罪的高发国家。2016年7月巴基斯坦报道了一起荣誉犯罪：

> 巴基斯坦警方30日说，巴中部旁遮普省一名男子29日在两个妹妹婚礼的前夜将她们"荣誉处决"。高级警官梅赫尔·里亚兹告诉法新社记者："哥哥开枪杀死两个妹妹后逃离现场……这是一起单纯的'荣誉处决'案例"……
>
> 里亚兹说：22岁的科沙尔·比比和28岁的古勒扎尔·比比希望与自己选定的男性自由恋爱结婚，而35岁的兄长纳西尔·侯赛因反对两对新人结合，希望妹妹们能够与大家族的成员联姻。②

---

① Edited by Rashida Qureshi and Jane F. A. Rarieya, *Gender and Education in Pakistan*, Oxford University Press, 2007, p. 18.

② 吴海波：《巴基斯坦再现"荣誉处决"：2姐妹婚礼前夜遭哥哥杀害》，新华网，2016年8月1日，https://world.huanqiu.com/article/9CaKrnJWNGC。

　　在巴基斯坦，女性不幸成为性侵犯的受害者；拒绝接受包办婚姻、寻求离婚、通奸（即使是传言），甚至仅仅是行为"不尊重"家庭、穿衣不合规则等都有可能成为家庭成员"荣誉犯罪"的目标，引发家庭成员对她的人身伤害。因为在巴基斯坦的传统文化中，女性的这些行为不单纯是个人行为，而是侵犯了家庭、家族的荣誉，甚至违反了社区的"荣誉准则"。

　　在巴基斯坦，"荣誉谋杀"可以追溯到部落氏族时期，当时俾路支人部落有诛杀通奸妇女的习俗，文献中也有关于"荣誉谋杀"的记载。不过在现实生活中，他们对通奸行为的惩罚方式更多的是金钱赔偿或婚姻交换，惩罚对象也不仅限于女性，男性也一样受处罚。随着阿拉伯人占领南亚次大陆，贬低女性的文化习俗也一并被带入。"伊斯兰教创立之后，阿拔斯王朝制定了统一的伊斯兰教法，即沙利亚。该教法在原有的《古兰经》基础上重新引入阿拉伯人时期的习惯法，加入了限制妇女行动的条文以控制她们的生活。"① 当时的社会观念也特别强调女性的性贞洁，并且将其作为家族荣誉的体现。可以说，从阿巴斯王朝开始，提升家族荣誉的重担主要转移到妇女身上。② 在巴基斯坦"个人的荣誉或耻辱，尤其是女性成员的荣誉或耻辱会影响一个家庭在社区中的整体地位。"③ 在这种偏见下，伤害女性的"荣誉犯罪"通常能够得到家庭和社区其他成员，甚至女性成员的谅解和认可。于是，巴基斯坦固有的"荣誉犯罪"文化在阿拉伯伊斯兰教法的影响下，进一步强化一直延续到今天。

　　2002 年 12 月，巴基斯坦人权组织发布报告称，2002 年至少有 461 名巴基斯坦妇女被其家庭成员以"维护家庭名誉"为由杀死，2001 年大约有 372 名巴基斯坦妇女死于"名誉杀人"。2011 年，巴基斯坦人权委员会称："从 1 月份到 9 月份，巴基斯坦全国共有 675 名女性被以捍卫家族荣誉的名义杀害。"更令人惊悚和愤怒的是这些受害者中，竟然有 71 名年龄 18 岁以下的女孩。该委员会报告指出，2010 年有 791 名"荣誉谋杀"受

---

① 唐琳璠、宋严萍：《巴基斯坦荣誉犯罪中的弑女原因探析》，《中华女子学院学报》2015 年第 2 期。

② ［美］凯瑟琳·克莱：《世界妇女史》（上卷），裔昭印、张凯译，格致出版社 2012 年版，第 170 页。

③ Anita M. Weiss, *Interpreting Islam, Modernity, and Women's Rights in Pakistan*, Palgrave Macmillan, 2014, p. 60.

害者①。由于"荣誉犯罪"得到家庭甚至社区的认可和支持，许多案件被隐瞒下来，"荣誉谋杀"的实际数目远不止这些，"荣誉犯罪"的案件更多。据专家不完全统计，2008 年巴基斯坦针对女性的暴力案件总计 7571件，谋杀案件 1422 件；2009 年案件总数为 8548 件，谋杀案件 1384 件，2010 年，案件总数为 8000 件，谋杀案件 1436 件。②

（二）巴基斯坦"荣誉犯罪"盛行的原因

据联合国人权机构 2000 年的数据统计，全世界每年至少有 5000 名女性受到荣誉犯罪的加害。因为存在许多隐匿数字，所以实际数字远大于此。"荣誉犯罪"主要分布于伊斯兰国家以及穆斯林移民集中的国家。巴基斯坦则是"荣誉犯罪"案件的高发国家，原因主要有以下几方面：

首先是历史文化传统的影响。前面已经提到，巴基斯坦是非常典型的伊斯兰教国家，95% 的居民信奉伊斯兰教，而且巴基斯坦的伊斯兰教是在印度种姓制度的土壤上移植的，所以其文化传统承袭了印度历史传统中对女性的歧视，印度的《摩奴法论》明确规定妇女不得擅自做主，特别是婚姻必须听从父亲的安排，出嫁以后不得离弃丈夫，而且要将丈夫视若神明。"无论在幼年、成年或者老年，女子即使在家里也决不可自作主张。""她不得想要脱离父亲、夫主或者儿子；因为脱离他们，女子就使两家声名狼藉。""父亲，或者兄弟经父亲允许之后，把她给谁，谁就活着应该由她侍候，死后也不可受她藐视。"③ 同时，巴基斯坦又在阿拔斯王朝确立了女性的性别隔离制度和女性承载着家庭和家族荣誉的观念。所以在巴基斯坦由于"封建文化和民主（包括民主观念）的缺乏，通过在穷人包括妇女中间制造无力感加重了不平等。封建主义制造了长期存在的不安全环境，在那里，一般的无权者，尤其是女孩子和妇女极易受到侮辱、绑架、身体暴力和荣誉谋杀，这些都是社会性的，并且直到今天在法律上都是可以赦免的。"④

---

① 《巴基斯坦今年前 9 个月 675 名妇女被"荣誉谋杀"》，《国际在线专稿》2011 年 12 月 21日，http://news.cri.cn/gb/27824/2011/12/21/2805s3488733.htm。

② 唐琳璠、宋严萍：《巴基斯坦荣誉犯罪中的弑女原因探析》，《中华女子学院学报》2015年第 2 期。

③ 蒋忠新译：《摩奴法论》，中国社会科学出版社 2007 年版，第 106—107 页。

④ Edited by Rashida Qureshi and Jane F. A. Rarieya, *Gender and Education in Pakistan*, Oxford University Press, 2007, p. 18.

在巴基斯坦，这种传统势力非常强大，以至于政府经常也不得不对其妥协。1993 年在维也纳举行的联合国人权会议宣布妇女的权利明确无误就是人权时，巴基斯坦站在伊斯兰国家的前列宣布：妇女权利应该基于公正的基础上，而不是基于平等的基础上判断。第二年，在开罗举行的开发计划署人口与发展会议上的讨论把产生的人权问题同妇女参与计划生育决定联系起来。开罗会议上出现的一个关键主题是，控制人口增长率的唯一可行方法是提高妇女地位，巴基斯坦前总理贝娜齐尔·布托在开罗会议上发表的演讲中强调了伊斯兰教义，并声称伊斯兰反对堕胎，因为真主阿拉已经承诺，无论世界上有多少孩子出生，她都会照顾。①

其次，政府处罚不力。"荣誉犯罪"是对人权的践踏，它侵犯了最基本的人权——生命的权利，而且"荣誉犯罪"也违反了《消除歧视妇女公约》（1979 年）。作为联合国成员国和《消除歧视妇女公约》的签约国，巴基斯坦政府应该严厉打击此类案件，然而巴基斯坦虽然在 2004 年颁布了刑法修正案，明确了"荣誉犯罪"的类型，并将"荣誉犯罪"定为违法行为，并且确定对"荣誉谋杀"予以死刑处罚。但是由于司法体系对此类案件的处理并不严厉，在现实中经常会因为证据不足而无法定罪。从而导致此类案件层出不穷。

第三，巴基斯坦经济落后，资源匮乏，更容易保留传统风俗习惯。

根据世界银行统计数据，巴基斯坦 2000 年人均 GDP 只有 576.196 美元；2010 年，987.41 美元；2019 年，1284.702 美元；同一时期，美国人均 GDP 数值分别为 2000 年，36334.909 美元；2010 年，48467.516 美元；2019 年，65118.358 美元；中国人均 GDP 数值为 2000 年，959.372 美元；2010 年，4550.454 美元；2019 年，10261.679 美元。同为南亚次大陆的印度人均 GDP 数值 2000 年，443.314 美元，2010 年，1357.564 美元，2019 年，2104.146 美元。② 从上述数据我们可以看出，巴基斯坦的人均 GDP 与美国没有可比性，与同是发展中国家的中国相比也差了一大截，而且距离越来也大。与印度相比，在 2000 年比印度略高一点，到 2010 年被

---

① Anita M. Weiss, *Interpreting Islam, Modernity, and Women's Rights in Pakistan*, Palgrave Macmillan, 2014, p. 32.

② 世界银行数据，https：//data. worldbank. org/indicator/NY. GDP. MKTP. CD。

印度赶上，2019 年差不多只是印度的一半了。

可见巴基斯坦是非常贫穷的国家，而且人口增长很快，目前已经是世界第六大人口国家，家庭中有限的资源自然要避免外流。根据巴基斯坦文化传统，家庭中的女性应该成为家庭发展的助力，最好嫁给家庭成员，至少是大家族成员，以减少嫁妆的流失。特别是比较出息的女儿，更应该留在家中。

总之，在今天的巴基斯坦，虽然已经出现过女总理、女外长，但是大多数女孩的生活目标依然是结婚，希望自己能很快融入丈夫的家庭并生儿育女。"这种传统的世界观几乎没有空间去满足女孩想做其他事情的愿望。虽然这种观点在巴基斯坦的城市正在悄然改变，但在许多农村和部落地区却远没有那么明显。"①

---

① Anita M. Weiss, *Interpreting Islam*, *Modernity*, *and Women's Rights in Pakistan*, Palgrave Macmillan, 2014, p. 61.

第八章 毒品问题

　　近年来学界对巴基斯坦毒品问题的关注较少，在研究中更多着眼于经济、政治、外交等方面内容。然而，巴基斯坦地处"金新月"地带，其毒品问题近年虽有所缓解却不能忽视，因此本章将其毒品问题作为研究对象。由于学界近年鲜有对巴基斯坦毒品问题的详细研究，本章侧重于对巴毒品问题的产生背景、历史及现状、产生原因等方面进行较为全面的分析，并总结了巴基斯坦政府多年来在禁毒过程中所做的努力，分析其禁毒成效及禁毒中仍存在的阻碍，同时梳理了巴基斯坦接受的国际禁毒援助及开展的禁毒合作情况，弥补学界有关这部分研究的薄弱之处。在资料选择方面，本章借助联合国历年的毒品报告及相关文献，对相关数据进行详细的分析，并将定性与定量分析方法相结合，力求更为全面地呈现巴基斯坦毒品问题的全貌。

第一节 巴基斯坦的毒品问题概况

　　巴基斯坦位于世界著名毒品产区"金新月"地带，由于其地理位置的特殊性，毒品形势严峻，毒品问题始终困扰着巴基斯坦政府，且为周边国家带来安全隐患。为解决毒品问题，巴基斯坦历届政府均做出过禁毒努力，取得一定的成效，然而个别省份经济水平低下，宗教、民族、难民等矛盾错综复杂，给根治毒品问题带来了阻碍。因此，未来在禁毒方面巴基斯坦仍任重道远，需要巴基斯坦拿出合理的方案、足够的力度，并借助国际力量共同应对，尽早完成禁毒任务。

一　巴基斯坦毒品问题的历史

巴基斯坦毒品问题由来已久，20 世纪 70 年代末，伊朗因革命带来的国内形势变化导致其境内毒品生产的大量转移，这促使巴基斯坦开始活跃于毒品生产和运输的舞台，加之阿富汗也开始大规模种植罂粟，"金新月"地带随之逐渐形成。巴基斯坦的毒品问题主要集中在几个方面，一是各类毒品的生产和加工，二是大量毒品的走私过境，三是国内民众的吸毒问题，这三个问题都对巴基斯坦造成不同程度的影响，也是一些国际组织所关注的问题。

（一）毒品问题产生的背景

巴基斯坦的毒品种植历史可以追溯到 18 世纪英国殖民时期，那时候英国已经在该地区推行种植罂粟。独立后的巴基斯坦仍延续种植罂粟以作药用等，但规模有限。真正让巴基斯坦毒品形势严峻的事件是其邻国伊朗和阿富汗国内形势的变化。伊朗方面，1979 年，伊朗发生革命，革命后的伊朗对鸦片生产的管理非常严格，禁止鸦片生产，一些毒品生产和贩卖者遭到了严厉的处理，这就让部分伊朗的毒品生产者难以继续在本地从事毒品生产，于是将目光转向了邻国巴基斯坦，导致巴境内从事毒品生产的人数增多。而在同一年，邻国阿富汗因苏联出兵，形势变动给巴基斯坦的毒品形势带来了新变化，一方面战争的骤然降临让与阿富汗接壤的俾路支省、开伯尔 – 普什图省等地的毒品生产和走私压力增加；另一方面，一些阿富汗难民涌入巴基斯坦，其中一些曾涉毒的难民选择在巴基斯坦"重操旧业"，进行贩毒活动，也有部分难民迫于生计进行而毒品生产和贩毒活动，成为"新毒贩"。

面对新形势变化，巴基斯坦政府感觉到明显的压力，并在当年就宣布禁止鸦片的合法生产，然而这并未能终结罂粟的种植，只是将鸦片产业推向了地下。仅仅是在 1978—1979 年，巴基斯坦就种植了 3.26 万公顷左右的罂粟。① 与此同时，在一些东南亚化学家的协助下，巴基斯坦开始了海洛因的生产，到了 1981 年，巴基斯坦的海洛因实验室已经活跃于国际毒

---

① UNODC Report：World Drug Report 2015，Chapter 2，https：//www.unodc.org/documents/wdr2015/WDR15_ Chapter_ 2. pdf.

品舞台。① 像巴基斯坦的大毒枭阿佛里迪集团在开伯尔地区就有 100 个提炼海洛因的实验室。② 随着海洛因的规模生产，巴基斯坦的毒品形势更为复杂。1986 年，巴基斯坦的毒品产业产值已经突破 1 亿美元，毒贩们往往倾向于以各种方式洗黑钱，也在一定程度上扰乱了正常的经济秩序。③

与此同时，令巴基斯坦毒品问题更严重的是巴基斯坦毒品与政治之间的关系，甚至是一些重要的政治人物被指与毒枭存在着紧密的关系。根据相关报道，巴基斯坦毒枭拉扎·库雷希（Raza Qureshi）被挪威海关官员逮捕后表示，齐亚·哈克是贩毒的主要受益者。④ 也有数据推算，在齐亚·哈克（Zia - ul - Haq）政府时期，毒品收入占到国民总收入的四分之一。⑤ 在 1993 年的大选中，一些政治人物相互攻讦对方与毒贩有关联，纳瓦兹·谢里夫（Nawaz Sharif）指责贝·布托（Benazir Bhutto）搞"毒品货币政治"，不过谢里夫本人也被指是这种"毒品美元"的产物。一般而言，政府的官员往往会否认和毒枭们有任何关系，不过巴基斯坦当局曾在否定中情局给出的"毒品大王"名单后，给出一份自拟的名单。⑥ 新名单存在着保护原名单上人物之嫌，这也让毒品和政治之间的关系更为扑朔迷离。邻国国内形势的变动，让巴基斯坦毒品形势变得严峻，巴基斯坦既难解决难民涌入的问题，也无法摆脱自己是毒品生产大国邻国的事实；而政府在此过程中的暧昧态度和管理中存在的松懈让终止毒品生产难度增加，这些导致了巴基斯坦毒品生产问题日益严重，给禁毒带来了严峻的考验。

（二）毒品生产和过境情况

1. 毒品生产情况

巴基斯坦的毒品生产主要是指罂粟种植，其他的毒品如大麻，主要种植区在摩洛哥和阿富汗等地，巴基斯坦的种植非常少。在罂粟种植方面，

---

① UNODC Report: Global Illicit Drug Trends 2002, https：//www. unodc. org/pdf/report_ 2002 - 06 - 26_ 1/report_ 2002 - 06 - 26_ 1. pdf.

② 李德昌：《贩毒与巴基斯坦政治》，《世界经济与政治》1994 年第 4 期。

③ 陶颖、张金山：《巴基斯坦和阿富汗的毒品政治》，《南亚研究季刊》2000 年第 1 期。

④ Sudhir Kumar Singh and Ana Ballesteros Peiro, Drug Trafficking And Drug Barons In Pakistan, India Quarterly, Vol. 58, No. 1, Terrorist Attack on Democracy: 13 December（January - March 2002），pp. 119 - 138.

⑤ 陶颖、张金山：《巴基斯坦和阿富汗的毒品政治》，《南亚研究季刊》2000 年第 1 期。

⑥ 李德昌：《贩毒与巴基斯坦政治》，《世界经济与政治》1994 年第 4 期。

1986—1995 年，年均罂粟种植面积达到约 6860.2 公顷，数量惊人，按照此数量的种植面积推算，这十年巴基斯坦鸦片产量累计高达 1422 吨。① 在巴基斯坦政府的努力下，罂粟种植一度有所减少，1996 年罂粟种植面积大幅下降，1996—2000 年，年均罂粟种植面积降至 648 公顷左右，鸦片产出总量大概下降到 91 吨左右，年均产量也降至 18.2 吨，较前十年每年减少了 124 吨。甚至在 1999 年和 2000 年，两年的罂粟种植面积之和不足 500 公顷，罂粟种植在一定程度上得到了控制。② 然而，面对邻国阿富汗因种植罂粟带来的巨额经济收益，利润的诱惑让一些人容易萌生种植罂粟的想法，因此彻底解决罂粟种植问题难度较大，种植面积也经常出现反复的情况。比如在 2003 年，尽管巴基斯坦政府已铲除了接近 4200 公顷罂粟，可当年的种植面积仍然达到了 2500 公顷，可见控制罂粟种植工作难以一劳永逸。③

巴基斯坦的罂粟种植主要集中在开伯尔－普赫图赫瓦省（原西北边境省）④，俾路支省和信德省也存在罂粟种植情况。⑤ 1978—1979 年，开伯尔－普赫图赫瓦省的罂粟种植面积占到整个巴基斯坦罂粟种植总面积的 60% 以上，1985 年，仅迪尔地区就占巴基斯坦当年鸦片总产量的 50%。⑥ 由于该地区紧邻阿富汗，最主要的民族是普什图人，与阿富汗境内的普什图人有着千丝万缕的联系，而其位置又位于巴基斯坦的西北边境，中央权力较为弱化，因此管理上存在较严重的短板，让罂粟种植者有机可乘。

2. 毒品过境情况

相比于毒品生产，巴基斯坦的毒品过境问题更为严重，这主要归因于巴基斯坦紧邻世界上最大的罂粟种植国——阿富汗。自 20 世纪 90 年代初

---

① 根据世界毒品报告数据计算。UNODC Report：Global illicit Drug Trends 1999，https：//www. unodc. org/pdf/report_ 1999 - 06 - 01_ 1. pdf.

② 根据世界毒品报告数据计算。UNODC Report：Global illicit Drug Trends 2001，https：//www. unodc. org/pdf/report_ 2001 - 06 - 26_ 1/report_ 2001 - 06 - 26_ 1. pdf.

③ UNODC Report：World Drug Report 2004，Volume 1，https：//www. unodc. org/pdf/WDR_ 2004/volume_ 1. pdf.

④ 2018 年，巴基斯坦联邦直辖部落地区并入开伯尔－普什图省。

⑤ UNODC Report：World Drug Report 2011，https：//www. unodc. org/documents/data - and - analysis/WDR2011/World_ Drug_ Report_ 2011_ ebook. pdf.

⑥ UNODC Report：World Drug Report 2015，Chapter 2，https：//www. unodc. org/documents/wdr2015/WDR15_ Chapter_ 2. pdf.

期，阿富汗就取代了缅甸成为世界上第一大罂粟种植国，1990—2000 年间，阿富汗年均罂粟种植面积约为 6.2 万公顷，同期巴基斯坦平均种植罂粟面积只占阿富汗的 6.9% 左右。① 因此，巴基斯坦毒品形势的严峻性主要体现在毒品走私过境方面。巴基斯坦与阿富汗的边境线长达 2000 多千米，边境管理难度较大，仅巴基斯坦的俾路支省与阿富汗的边界就超过了1200 千米，且与阿富汗的毒品生产大省赫尔曼德省毗邻，这让毒品很容易走私到巴基斯坦。大量的毒品经由巴基斯坦过境贩卖，其中一部分也被留在巴境内消费。

在阿富汗毒品走私路径中，巴基斯坦是其"南线"的必经之路，北线则是经过巴尔干半岛到达欧洲等国。在阿富汗毒品丰收之时也会更加倚重巴基斯坦，如 1987—1997 年，巴基斯坦毒品的缴获量大约下降了五分之一，主要是因为这一时期阿富汗通过伊朗和中亚等国家贩运的毒品较多，而 1999 年阿富汗迎来毒品的"丰收"后，对巴基斯坦路线更为重视，这从 1999 年巴基斯坦缴获的毒品数量再次大幅上升可见一斑。② 以鸦片为例，1999 年缴获的鸦片数量为 16.3 吨，约为 1998 年缴获量的3.25 倍。③

从 1987 年至 1997 年，在巴基斯坦缴获的鸦片、海洛因和大麻脂的数量巨大，通过计算得知，1987—1997 年，在巴基斯坦年均缴获的鸦片重量约为 15.5 吨，同时期年均缴获的海洛因重量为 6.3 吨，每年在巴基斯坦缴获的大麻脂重量约为 195.2 吨，数量令人触目惊心（图Ⅱ-8-1）。④从全球范围来看，巴基斯坦也是非常重要的毒品过境国，表Ⅱ-8-1 展示了从 1987 年到 1997 年在巴基斯坦缴获毒品量占世界总体缴获量的比重，在此期间巴基斯坦每年缴获的鸦片平均占全世界的比重为 12.95%，1995 年高峰时曾达到 44.5%；海洛因和大麻脂分别约占 34.5% 和

---

① 根据世界毒品报告计算。资料来源：UNODC Report：Global Illicit Drug Trends 2001，https：//www. unodc. org/pdf/report_ 2001 - 06 - 26_ 1/report_ 2001 - 06 - 26_ 1. pdf。

② UNODC Report：Global Illicit Drug Trends 2001，https：//www. unodc. org/pdf/report_ 2001 - 06 - 26_ 1/report_ 2001 - 06 - 26_ 1. pdf。

③ UNODC Report：World Drug Report 2000，https：//www. unodc. org/pdf/world_ drug_ report_ 2000/report_ 2001 - 01 - 22_ 1. pdf。

④ 根据 1999 年世界毒品报告数据计算，UNODC Report：Global Illicit Drug Trends 1999，https：//www. unodc. org/pdf/report_ 1999 - 06 - 01_ 1. pdf。

33.7%，超过了全世界缴获总量的四分之一。然而图中展示的只是被缴获的毒品数量，还有大量的毒品躲过稽查流向了市场，成为危害巴基斯坦本国和其他国家百姓的毒品来源之一，毒品过境问题的严峻性不容小觑。

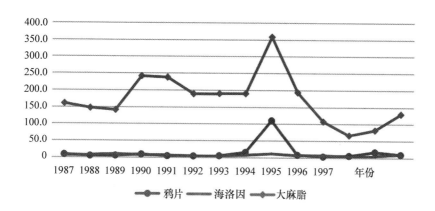

图Ⅱ-8-1　巴基斯坦缴获毒品数量（1987—1997年）（单位：吨）

表Ⅱ-8-1　　　　　巴基斯坦缴获毒品数量占全世界比重　　　（单位:%）①

类别 年份	1987	1988	1989	1990	1991	1992	1993	1994	1995	1996	1997
鸦片	13.9	6.2	11.0	22.7	14.2	6.4	5.3	10.2	44.5	4.2	1.4
海洛因	32.4	29.7	38.2	27.8	25.1	11.6	15.0	22.7	34.5	20.8	21.8
大麻脂	35.2	30.6	30.9	37.5	26.6	28.4	22.3	20.9	33.7	22.8	14.3

（三）毒品吸食成瘾情况

作为毒品生产国和过境国，各类毒品在巴基斯坦毒品市场的暗流中涌动，毒品吸食也逐渐在巴基斯坦流行起来。不过在20世纪80年代初期，巴基斯坦的海洛因成瘾问题尚不严重，吸毒的人相对较少，1983年吸食海洛因的人数大概在10万人，然而到了90年代情况就不容乐观了，仅是

① 根据1999年世界毒品报告数据计算，UNODC Report：Global illicit Drug Trends 1999，https：//www. unodc. org/pdf/report_ 1999-06-01_ 1. pdf。

海洛因成瘾的人数就多达 150 万—200 万人。① 遗憾的是，相当长的一段时间内，政府并未对吸食毒品产生足够的重视，否则吸毒的人难以呈现几何式的增长。2000 年时，巴基斯坦的大麻流行率达到了 3.9%。②

毒品成瘾的人数越多，意味着劳动力数量的下降，药物刺激带来的感受越"愉悦"、越直接，在现实生活中就越难以寻找到让自己体会到愉悦的事情，生活就难免陷入了沉迷吸毒的恶性循环，有的人为了吸毒倾家荡产，甚至一些人为了"毒资"而走上犯罪的道路。这显然不利于经济的发展，而用于购买毒品的资金往往进入毒贩的账户，无疑削弱了消费对经济的发展的推动力。

二　巴基斯坦毒品问题的现状

21 世纪以来，巴基斯坦在毒品生产方面有所缓解，虽然偶尔会有反弹，但多个年份的罂粟种植面积降至 500 公顷以下，鸦片产量有所下降。吸毒情况和毒品过境问题依然比较严重，吸毒人数居高不下，且吸食者患艾滋病风险增加，过境毒品数量不减，仍需要政府和执法部门给予足够的重视。

（一）罂粟种植面积有所下降

21 世纪以来，巴基斯坦罂粟种植面积有所下降，这应归功于巴基斯坦政府及国际社会做出的努力，然而罂粟种植面积并不稳定，时有反弹。2000—2003 年的年均种植面积在 365 公顷，控制得比较好。2004 年，罂粟种植面积开始出现反弹，这一趋势延续至 2010 年，年均种植面积达到 1887 公顷左右，但相比于 20 世纪 90 年代初期的种植面积高峰有所收敛。2011 年开始，罂粟的种植面积又有所回落，2011—2017 年，年均种植面积在 292 公顷左右，下降趋势明显（见表 Ⅱ - 8 - 2）。虽然巴基斯坦的种植面积几度呈现下降趋势，但 2000—2017 年年均鸦片产量仍然在 22.9 吨左右，数量仍然不可小觑，巴基斯坦政府仍应当给予足够的重视，并增加执法力度。

①　UNODC Report：Drug Use in Pakistan 2013，https：//www. unodc. org/documents/pakistan//Survey_ Report _ Final _ 2013. pdf；UNODC Report：Global Illicit Drug Trends 2000，https：//www. unodc. org/pdf/report_ 2000 – 09 – 21_ 1. pdf.

②　UNODC Report：World Drug Report 2008，https：//www. unodc. org/documents/wdr/WDR_ 2008/WDR_ 2008_ eng_ web. pdf.

表Ⅱ-8-2				巴基斯坦罂粟种植面积①				单位：公顷
年份	2000	2001	2002	2003	2004	2005	2006	2007	2008
面积	260	213	622	2500	1500	2438	1545	1701	1909
年份	2009	2010	2011	2012	2013	2014	2015	2016	2017
面积	1779	1721	362	382	493	217	372	130	90

（二）过境毒品数量依旧巨大

21 世纪以来，巴基斯坦的毒品过境问题并未改善，虽然近年来罂粟种植面积几度下降，但邻国阿富汗的种植面积却整体处在上升趋势。2000—2018 年，联合国毒品犯罪办公室的最佳估计数据显示，阿富汗年均的罂粟种植面积在 15.4 万公顷左右，2010—2018 年年均鸦片产量约在 5389 吨。② 2018 年，阿富汗仍然是世界非法种植罂粟面积和鸦片产量最多的国家，种植面积达到 26.3 万公顷，鸦片产量占全球的 82%，种植面积已经约为第二名缅甸的 7 倍。③ 2017 年，在全球缴获的海洛因和吗啡中，约 88% 与阿富汗鸦片生产有关。④ 因此，虽然本土种植面积在下降，邻国阿富汗的毒品却可以源源不断地走私至巴基斯坦，巴基斯坦的毒品问题依旧严峻。

作为阿富汗毒品走私路线"南线"的重要枢纽国家，巴基斯坦承担着阿富汗大量的毒品走私贸易。2008 年，巴基斯坦缴获了 7.3 吨的吗啡，加上在伊朗被缴获的 9 吨，共计 16.3 吨，占全球缴获吗啡总量的 95%。同年巴基斯坦查获了 27 吨鸦片，加上伊朗被查获的 573 吨，占全球鸦片缉获总量的 90% 以上，与此同时有 150 吨的海洛因被通过巴基斯坦出口

---

① 数据来源于 2015 年和 2019 年世界毒品报告。

② UNODC Report：World Drug Report 2019，Booklet 3，https：//wdr. unodc. org/wdr2019/pre-launch/WDR19_ Booklet_ 3_ DEPRESSANTS. pdf.

③ UNODC Report：World Drug Report 2019，Booklet 1，https：//wdr. unodc. org/wdr2019/pre-launch/WDR19_ Booklet_ 1_ EXECUTIVE_ SUMMARY. pdf.

④ UNODC Report：World Drug Report 2019，Booklet 3，https：//wdr. unodc. org/wdr2019/pre-launch/WDR19_ Booklet_ 3_ DEPRESSANTS. pdf.

到世界各地，而这些毒品的来源国主要是阿富汗。①

很多国家都将巴基斯坦列为毒品重要的过境来源国。2014 年，坦桑尼亚缉获了 1032 千克海洛因，这部分毒品正是经由巴基斯坦过境和走私的。② 2009—2012 年，在加拿大查获的海洛因中，近 50% 的货物是经过印度、伊朗和巴基斯坦进入加拿大的。③ 在欧洲方面，2013—2017 年间，在西欧和中欧国家调查报告中显示，7% 的海洛因是经由巴基斯坦装运过境的。④ 在亚洲，印度也指出，在其 2017 年查获的海洛因中，有 53% 是来自巴基斯坦的，这些走私的海洛因一般是通过印巴边境过境，有时候海洛因被隐藏在前往印度的卡车里"蒙混过关"。⑤

伊朗作为"金新月"另一个重要的毒品生产和走私国，其很多毒品也是经过巴基斯坦入境的。2016 年，伊朗查获 80% 的吗啡、85% 的海洛因是通过巴基斯坦走私至伊朗，其余为直接从阿富汗走私。⑥ 2017 年，约 90% 的大麻脂经由巴基斯坦进入伊朗，只有 10% 是直接来自阿富汗。而进入伊朗的大麻脂中，60% 以陆路运输，近 40% 则通过海路运输。⑦ 2013—2017 年年度报告调查显示，在全球缉获的所有大麻脂中，20% 来自阿富汗，6% 来自巴基斯坦。⑧ 2017 年，巴基斯坦缴获海洛因的数量占到全世界被缴获海洛因总量的 14%，仅次于伊朗的 39% 和阿富汗的 26%。⑨

———————————

① UNODC Report：World Drug Report 2010，https：//www. unodc. org/documents/data – and – analysis/World_ Drug_ Report_ 2010_ small. pdf.

② UNODC Report：World Drug Report 2015，Chapter 1，https：//www. unodc. org/documents/wdr2015/WDR15_ Chapter_ 1. pdf.

③ UNODC Report：World Drug Report 2015，Chapter 1，https：//www. unodc. org/documents/wdr2015/WDR15_ Chapter_ 1. pdf.

④ UNODC Report：World Drug Report 2019，Booklet 3，https：//wdr. unodc. org/wdr2019/pre-launch/WDR19_ Booklet_ 3_ DEPRESSANTS. pdf.

⑤ UNODC Report：World Drug Report 2019，Booklet 3，https：//wdr. unodc. org/wdr2019/pre-launch/WDR19_ Booklet_ 3_ DEPRESSANTS. pdf.

⑥ UNODC Report：World Drug Report 2018，Booklet 3，https：//www. unodc. org/wdr2018/pre-launch/WDR18_ Booklet_ 3_ DRUG_ MARKETS. pdf.

⑦ UNODC Report：World Drug Report 2019，Booklet 4，https：//wdr. unodc. org/wdr2019/pre-launch/WDR19_ Booklet_ 4_ STIMULANTS. pdf.

⑧ UNODC Report：World Drug Report 2019，Booklet 4，https：//wdr. unodc. org/wdr2019/pre-launch/WDR19_ Booklet_ 4_ STIMULANTS. pdf.

⑨ UNODC Report：World Drug Report 2019，Booklet 3，https：//wdr. unodc. org/wdr2019/pre-launch/WDR19_ Booklet_ 3_ DEPRESSANTS. pdf.

通过部分国家报告情况，我们可以发现巴基斯坦毒品走私的严重性，从全球范围内缴获的毒品数量观察，巴基斯坦也经常"位列前茅"，比如，2015—2017 年，巴基斯坦海洛因的缴获量年均在 21337 千克左右，位居全球各国海洛因缴获量的第一名。（见表 Ⅱ - 8 - 3）因此，总体而言，大量的毒品依旧是从巴基斯坦过境，巴基斯坦的毒品走私问题比较严重。

表 Ⅱ - 8 - 3　　巴基斯坦毒品缴获量及该类毒品缴获量世界排名（2015—2017 年）

单位：千克

	鸦片	吗啡	海洛因
2015 年	58922（第二位）	762（第二位）	16348（第一位）
2016 年	64608（第二位）	6596（第三位）	23172（第一位）
2017 年	39995（第二位）	7299（第三位）	24490（第一位）

资料来源：UNODC Report：World Drug Report 2017，Booklet 3 ，https：//www. unodc. org/wdr2017/field/Booklet_ 3_ Plantbased_ drugs. pdf.

UNODC Report：World Drug Report 2018，Booklet 3，https：//www. unodc. org/wdr2018/prelaunch/WDR18_ Booklet_ 3_ DRUG_ MARKETS. pdf.

UNODC Report：World Drug Report 2018，Booklet 3，https：//www. unodc. org/wdr2018/prelaunch/WDR18_ Booklet_ 3_ DRUG_ MARKETS. pdf.

（三）国内吸毒情况依旧严峻

巴基斯坦的吸毒人数较多，2008 年国内消费了约 80 吨的鸦片，预估海洛因消费量为 20 吨。[①] 当然，巴基斯坦不仅毒品消费量较大，且毒品消费种类多样。早期国内消费的毒品种类比较单一，基本上为鸦片、海洛因等，随着毒品形式的多样化，吸毒者可选择的毒品种类更多。2012 年巴基斯坦进行的一项药物使用情况调查显示，大麻是最被经常使用的毒品，年度流行率为 3.6%，苯丙胺类兴奋剂和可卡因的使用率分别为 0.1% 和

---

① UNODC Report：World Drug Report 2010，https：//www. unodc. org/documents/data - and - analysis/World_ Drug_ Report_ 2010_ small. pdf.

0.01%，比例相对较低，然而升高趋势明显。① 按照人口数量计算，约有86万人经常吸食海洛因，约有32万的鸦片吸食者。② 使用可卡因的人数约有1.3万人，使用苯丙胺类兴奋剂的约有13万人。③ 2018年，巴基斯坦吸食大麻人数未呈现减少趋势，成年人口的大麻流行率依旧保持在3.6%，相当于每百人就有3—4人吸食大麻，也代表了过去的一年有将近400万大麻吸食者。④ 当然，吸食可卡因等其他类毒品的情况也同样未见好转，总体而言巴基斯坦国民的吸毒情况依旧十分严峻。

此外，吸毒所增加的艾滋病患病风险很大。有数据表示，采用注射方式吸毒的人越来越多。1993年到2000年，采用注射吸毒的人从3%增加至15%，而到了2006年，这一比例上升至29%。⑤ 这种情况在监狱中更为突出，监狱中的吸毒条件更为有限，共用针头和注射器的人很多，在巴基斯坦的监狱中共用针头和注射器的人数比例高达56%，非常普遍。⑥ 共用注射器和针头无疑增加了艾滋病的得病概率。在卡拉奇的一项研究显示，吸毒者中的艾滋病毒流行率从2004年的1%上升到2005年3月的26%，而一项研究也发现，吸毒者的艾滋病毒流行率在奎达已经达到24%。⑦ 每百位吸毒者中就可能存在二十多名艾滋病的患者，这个数字是令人恐惧的。2008年，这一数据有所下降，不过仍有至少9.6%的毒品吸食者患有艾滋病。⑧ 众所周知，在现阶段的医学水平下，对一个普通且贫

---

① UNODC Report：World Drug Report 2013，https：//www. unodc. org/documents/lpo－brazil//Topics_ drugs/WDR/2013/World_ Drug_ Report_ 2013. pdf.

② UNODC Report：World Drug Report 2013，https：//www. unodc. org/documents/lpo－brazil//Topics_ drugs/WDR/2013/World_ Drug_ Report_ 2013. pdf.

③ UNODC Report：World Drug Report 2019，Booklet4，https：//wdr. unodc. org/wdr2019/pre-launch/WDR19_ Booklet_ 4_ STIMULANTS. pdf.

④ UNODC Report：World Drug Report 2019，Booklet4，https：//wdr. unodc. org/wdr2019/pre-launch/WDR19_ Booklet_ 4_ STIMULANTS. pdf.

⑤ UNODC Report：World Drug Report 2007，https：//www. unodc. org/unodc/en/data－and－analysis/WDR－2007. html.

⑥ UNODC Report：World Drug Report 2015，Chapter1，https：//www. unodc. org/documents/wdr2015/WDR15_ Chapter_ 1. pdf.

⑦ UNODC Report：World Drug Report 2010，https：//www. unodc. org/documents/data－and－analysis/World_ Drug_ Report_ 2010_ small. pdf.

⑧ UNODC Report：World Drug Report 2010，https：//www. unodc. org/documents/data－and－analysis/World_ Drug_ Report_ 2010_ small. pdf.

困的人而言，患艾滋病足以让其生活雪上加霜，患病的人如果不自知、忽视自身的病况，或有意传播病毒，继续以注射或其他方式传播病毒，就会形成极为恶劣的循环，更多的人将遭受病痛的折磨。而一位患艾滋病的毒品吸食者，由于身体素质等原因，很难再将他列为一个活跃的劳动力，在社会发展中做出贡献，甚至可能会因为患病放弃人生的希望，从事为社会带来隐患的行为。

三　巴基斯坦毒品问题的成因

巴基斯坦的毒品问题之所以从 20 世纪 70 年代起就一直存在，原因是多方面的，部分地区的经济困境，导致当地的居民生活存在着困难，罂粟种植对环境的要求相对较低，而利润却相对较高，无疑增加了一些农民选择时的权重。紧邻阿富汗的地理位置更是给了贩毒分子在巴基斯坦走私以便利，加之难民因素和政府管理上的不善，都让巴基斯坦的毒品问题至今仍未能妥善解决。

（一）经济落后为根本动因

毒品问题的存在追溯根源往往是在经济发展上出现了问题，正是经济上的困境会迫使一部分人不得不冒险从事毒品种植和贩卖的活动。在巴基斯坦毒品问题较为严重的地区往往经济发展水平也相对更低，比如鸦片种植问题比较严重的西北边境省（当时名称）和毒品过境问题比较严重的俾路支省。以俾路支省为例，虽然该省面积较大，有 34 万平方千米，占巴基斯坦总面积的 42.7%（不计克什米尔），但经济总量只占巴基斯坦全国的 3.5%，该省基础设施比较薄弱，人们的收入也普遍较低，一半以上的人生活在贫困线以下。[①] 而西北边境省的经济情况同样比较困难，人们生活水平比较低。贫苦的生活，让人们为了生计选择各种各样营生方式，产毒、贩毒就是其中一个选择，对一些人而言，要么忍受疾苦，要么铤而走险，缺乏更多能够改变生活现状的选择。

在选择农作物种植时，相比小麦等一些农作物，罂粟的种植对天气环境的要求较低，而在获取利润方面却要高于小麦，甚至有可能是数倍。[②]

---

① 刘向阳：《巴基斯坦俾路支危机：原因与应对》，《理论月刊》2015 年第 11 期。
② 梁秀波：《"金新月"地区毒品问题发展态势分析》，《湖北警官学院学报》2014 年第 8 期。

单就种植鸦片的收入而言，鸦片的农产品直销价格也较高，1990—1999年平均每千克的售价约为 88 美元，结合潜在产量计算，我们可以发现鸦片为巴基斯坦的罂粟农带来了较为直观的高收益，1990—1999 年，巴基斯坦年均依靠鸦片的收入可达 732 万美元左右，数量十分可观（见表Ⅱ-8-4）。而近年的一项联合国调查也显示可观的高价是种植者们选择罂粟的最为主要原因。① 在利润的诱惑下，部分巴基斯坦人选择种植罂粟，但是在国家的禁毒政策下，罂粟种植也面临着被铲除的"风险"，一些人干脆摆脱了种植的束缚，直接参与到了运毒贩毒中去，给禁毒行动带来挑战。

表Ⅱ-8-4　　　　　　巴基斯坦潜在鸦片收益情况　　　　单位：万美元

1990	1991	1992	1993	1994	1995	1996	1997	1998	1999
705	1320	1466	1127	934	773	302	276	343	77

　　说明：以 1999 年不变价美元计价，根据毒品报告 Global Illicit Drug Trends 2000 数据计算得知。

（二）地理位置的直接推动

巴基斯坦的毒品过境国地位与其地理位置有着密不可分的联系。阿富汗大量的毒品必须通过各种路径运输贩卖才能获取收益，这就让巴基斯坦处在了一个非常重要的毒品过境国位置。对巴基斯坦而言，无论是其所处的地理位置还是其便利的交通条件，都让其成为阿富汗毒品走私路径的重要选择。

从地理位置上观察，巴基斯坦位于南亚次大陆，中国、印度这两个大国都与之接壤，对于毒贩而言，大国意味着潜在巨大的毒品消费市场，而巴基斯坦拥有着通向这两个大国的便捷路径。阿富汗的毒品可以经过巴基斯坦，进而转至新疆并运往到中国内地，而巴印两千多千米的边境线也让阿富汗的毒品有机会经巴印边境运往印度内地，据报道，经常有毒品被隐藏在一些农用设备中从巴基斯坦走私至印度。与此同时，巴基斯坦还与伊

---

① 梁秀波：《"金新月"地区毒品问题发展态势分析》，《湖北警官学院学报》2014 年第 8 期。

朗有九百多千米的边境线，与阿富汗、伊朗的东部的边境全长线 1845 千米，由于边境线主要位于多山的或恶劣的沙漠地带，虽然在边境线部署了 1.2 万名缉毒警察和边防警卫，但想要真正取得控制并不容易，这也让"金新月"之间的毒品流动难度相对较低。[①] 此外，由于巴基斯坦紧邻着阿富汗的海洛因加工区，尤其是毗邻的赫尔曼德省（Hilmand）、尼姆鲁兹省（Nimroz）和坎大哈省（Kandahar），大量的毒品被运往直辖部落区（FATA）和俾路支省等地中转。[②] 由于地理位置的优势，走私到巴基斯坦的毒品甚至可以不借助非常复杂的交通工具，通过骆驼等牲畜就可以实现毒品走私，而畜力也是阿巴之间毒品运输中比较常用的方式。

从交通条件方面观察，巴基斯坦拥有阿富汗并不具备的海港，位于南部沿海的卡拉奇港是巴基斯坦最大的港口，借助该港口，阿富汗的毒品有机会通过海运运往到欧洲、美洲的国家。卡拉奇港口附近的卡拉奇国际机场也是贩毒分子经常瞄准的贩毒地点，很多毒品被带上飞机，运往欧洲等地区。2006 年，在巴基斯坦缴获的海洛因中，有 37% 以上是以航空方式进行，毒品通常以藏在行李中等方式运出巴基斯坦。[③]

（三）难民问题的推波助澜

难民问题也是巴基斯坦毒品问题的推动因素之一。苏联出兵阿富汗后，一些阿富汗的难民逃至巴基斯坦，开始时数量在 40 万左右，其后数量大幅度增加，1980 年逃至巴基斯坦的难民已经达到 142.8 万之多，1989 年数量更是暴增至三百多万。[④] 一些阿富汗难民被指与毒品贩毒有极大关联，尤其是位于俾路支省皮辛县和查盖县的皮尔·阿里宰（Pir Al-izai）和吉尔地·荣格尔（Girdi Jungle）难民营，与贩毒有着较为密切的关系。"吉尔地·荣格尔难民营的位置比较特殊，与阿富汗毒品生产大省赫尔曼德省巴拉姆查地区（Baramcha）紧邻，被认为是毒品过境后的主要

①　UNODC Report：World Drug Report 2010，https：//www. unodc. org/documents/data – and – analysis/World_ Drug_ Report_ 2010_ small. pdf.

②　UNODC Report：World Drug Report 2010，https：//www. unodc. org/documents/data – and – analysis/World_ Drug_ Report_ 2010_ small. pdf.

③　UNODC Report：World Drug Report 2010，https：//www. unodc. org/documents/data – and – analysis/World_ Drug_ Report_ 2010_ small. pdf.

④　罗泽：《巴基斯坦的阿富汗难民问题及其安全挑战》，《印度洋经济体研究》2019 年第 6 期。

存储地和分装地，甚至可能是加工地。"① 在该地区，仅 2002 年查获的吗啡就有 700 千克，2004 年在该地附近查获的海洛因有 1600 千克，同时该地也被指是前体化学制剂走私的重要中转站。② 2007 年，巴基斯坦官方以走私为由将吉尔地·荣格尔难民营关闭，但仍然有其他难民营的难民从事贩毒行为。

据估计，截至 2016 年初，生活在巴基斯坦的持证阿富汗难民仍有约 100 万，不持证难民约 150 万，数量巨大。③ 虽然巴基斯坦政府会提供一定的管理，加上偶尔会有一些国际援助，但仍有不少的难民生活难以有良好的保证，这对巴基斯坦社会治安和禁毒行动都是潜在的威胁和隐患。加之巴基斯坦境内的本地普什图人非常容易与难民营中的普什图人建立联系，在某种程度上会受到阿富汗塔利班和巴基斯坦塔利班的影响，可能会因此走上贩毒的道路，也给禁毒工作增添了不确定性因素。

（四）管理不善的不良影响

在巴基斯坦的各个省份中，毒品问题比较严重的地区一般为边境省份，这与巴基斯坦特殊的政治生态有一定程度的关联。1947 年独立以来，巴基斯坦往往是在军人政权和民选政权之间切换，尤其是非军人统治时期，总统及总理及内阁成员更迭十分频繁，政治管理难以形成较为良好的延续性，政策制定与执行可能因政府更迭而发生中断。且毒品问题较为严重的省份一般为边境省份，地方家族势力雄厚且稳固，中央政府难以形成对边境省份的有效管理，权力弱化，鞭长莫及。与此同时，巴基斯坦错综复杂的宗教矛盾、民族矛盾也让形势变得更为复杂，这就在管理层面给制毒、贩毒、运毒留下了空子。

此外，除了巴基斯坦政治生态和中央政府的管理弱化，一些巴基斯坦军人和政府工作者的忽视也是巴基斯坦毒品问题蔓延的原因之一，极个别军人甚至直接参与到制毒、贩毒的过程中去，个别执法人员更是对制毒贩毒行为睁一只眼闭一只眼，这都给消除毒品问题带来挑战。

① 罗怿：《巴基斯坦的阿富汗难民问题及其安全挑战》，《印度洋经济体研究》2019 年第 6 期。
② 罗怿：《巴基斯坦的阿富汗难民问题及其安全挑战》，《印度洋经济体研究》2019 年第 6 期。
③ 罗怿：《巴基斯坦的阿富汗难民问题及其安全挑战》，《印度洋经济体研究》2019 年第 6 期。

第二节　巴基斯坦的禁毒行动与成效

为解决毒品问题，巴基斯坦历届政府均做出过禁毒努力。从禁毒方式上看，禁毒行动无非治标、治本两种方式，要么对生产、制造源头控制，要么对运输、贩卖环节控制，而要取得良好的禁毒成效，则需要两者兼顾。在生产源头的控制，主要是指控制罂粟、大麻等毒品原料的种植，一般通过实行替代种植来实现，鼓励当地农民以其他农作物代替罂粟，同时也需做好实时监测，铲除违法种植的罂粟田。运输和贩卖环节的控制对警力投入的要求更高，否则将有大量的毒品在境内走私以及被贩售。巴基斯坦政府在禁毒过程中既在治本的施行替代种植上发力，也对毒品的运输和贩卖进行控制，取得了一定成效，但仍面临着一定的挑战。

一　巴基斯坦政府的禁毒努力

自 1979 年毒品问题严重以来，巴基斯坦政府在禁毒方面一直做出过各种努力，尽管有声音指责一些政府官员等与毒品存在联系，但官方层面而言，基本的和必要的禁毒行动并未缺席，无论是政策法规的出台，禁毒队伍的建设，还是替代种植的推行，对罂粟种植的监控，又或是对毒品加工、走私贸易的打击，都可以看到巴基斯坦政府及相关执法部门的身影，成效上虽未能彻底解决毒品问题，但政府依旧付出过努力。

（一）签署国际公约，出台法律法规

在签署国际公约方面，早在 1961 年，巴基斯坦就签署了《1961 年麻醉品单一公约》（Single Convention on Narcotic Drugs，1961，1972 年修订），规定在巴基斯坦境内限制毒品的持有、使用、贸易、分配及进出口与生产制造，只允许用于医疗目的的鸦片、大麻、大麻脂等麻醉品的生产和使用。[①] 巴基斯坦也是《1971 年精神药物公约》（The Convention on Psychotropic Substances）的签署国，1971 年公约与 1961 年的公约类似，但增加许多精神药物实行了管制，例如中枢神经兴奋剂，镇静催眠药和致幻剂

---

① 联合国公约与宣言检索系统，https：//treaties. un. org/pages/ViewDetails. aspx？ src ＝ TREATY&mtdsg＿ no ＝ Ⅵ－15&chapter ＝6#EndDec。

等药物的使用。此外，巴基斯坦还是《1988 年禁止非法贩运麻醉药品和精神药物联合国公约》（The United Nations Convention against Illicit Traffic in Narcotic Drugs and Psychotropic Substances，1988）的签署国，该公约规定了各缔约国应当承担的禁毒义务，并对国际交流合作进行一定的规范。然而，国际公约对各个缔约国往往仅能起到约束作用，不具有强制约束力，因此巴基斯坦将公约规定的义务列入了国家立法中。①

　　1979 年，因阿富汗和伊朗国内形势的变化，毒品生产向巴基斯坦转移，当时已经引起了巴基斯坦的重视，当年巴基斯坦就通过了《胡都执行条例》（Enforcement of Hudood Ordinance），规定禁止种植、销售和使用鸦片。② 1997 年，巴基斯坦颁布了《1997 年麻醉品管制法》，法案规定"除用于科学、工业或医疗目的外，巴基斯坦禁止麻醉药品和精神药物或受管制品的种植、生产、制造、提取、制备、运输、拥有、贸易、融资和贩运，并包含了对毒品犯罪的刑罚、对执法人员的搜查和调查任务及冻结和没收资产等方面的规定"。③ 2012 年 11 月，巴基斯坦政府颁布了新的药监法案，规范治疗用品的生产、进口、出口、储存、分销和销售。④ 此外，巴基斯坦还出台了《巴基斯坦的禁毒政策（2010）》[The Anti - Narcotics Policy（2010）of Pakistan]，旨在重振现有国家药品执法机构，构建缉毒力量的能力，开发有效的协调与控制机制，动员巴基斯坦人民及各级机构，以确保他们积极参与根除毒品的进程中。这一政策还非常关注国际合作，认为现有禁毒战略应当在三个方面发力，即减少供应，摧毁毒品贩运网络，限制麻醉品及前体化学品在国内的走私、贩运和分销等，认为这些工作都离不开国际合作。

　　通过梳理国际公约和巴基斯坦的政策法规，我们可以发现，现行的法律法规是较为完善的，一些政策的构想也非常合时宜，做到了有法可依、

---

　　① UNODC Report：Drug use in Pakistan 2013，https：//www. unodc. org/documents/pakistan// Survey_ Report_ Final_ 2013. pdf.

　　② UNODC Report：Drug use in Pakistan 2013，https：//www. unodc. org/documents/pakistan// Survey_ Report_ Final_ 2013. pdf.

　　③ UNODC Report：Drug use in Pakistan 2013，https：//www. unodc. org/documents/pakistan// Survey_ Report_ Final_ 2013. pdf.

　　④ New Pakistan drug regulatory authority, Geneva Vol. 26, Iss. 4 (2012)：384. WHO Drug Information.

有规可循，但解决毒品问题还需要有法必依，这就对相关部门的执法能力提出了高要求，需要致力于打造一支执法必严，违法必究的专业禁毒队伍。

（二）完善禁毒队伍，打击毒品交易

巴基斯坦负责毒品管制协调和规划的主要政策机构是内政部下的麻醉品管制部，其主要职责是与其他部门协商，领导和协调国家禁毒政策的执行，研究和评估毒品的使用情况等。在执行层面上，巴基斯坦禁毒部队主要负责领导各类禁毒工作，总部设在拉瓦尔品第（Rawalpindi），主要负责收集情报、逮捕、查获毒品、查获资产，以及调查和检控罪犯。同时，包括机场安全部队（Airport Security Force）、巴基斯坦海岸警卫队（Pakistan Coast Guards）、巴基斯坦海关（Customs Services of Pakistan）、海事安全机构（Maritime Security Agency）、省级特许权和税务部门（Provincial Excise and Taxation Departments）、开伯尔－普赫图赫瓦省和俾路支省边境兵团 Frontier Corps（Khyber Pakhtunkhwa and Balochistan）、巴基斯坦边防警察（Frontier Constabulary）、旁遮普和信德省的游骑兵（Pakistan Rangers（Punjab and Sindh）等也是禁毒缉毒的重要力量。在药物监管方面，巴基斯坦成立了药监局，负责药物监管等相关工作。

在各禁毒部门的行动中，很多毒品贸易被中止，缴获了大量的毒品。如 2006 年，在俾路支省靠近阿富汗边境地区有 8 个秘密的毒品实验室被清除。[1] 2013 年，巴缉毒部队查获 3000 千克来自阿富汗的走私大麻，价值约 3000 万美元。[2] 2014 年，巴当局在打击恐怖主义的"利箭行动"的过程中，也顺势摧毁了一些毒品的生产加工场所，2014—2015 年，巴基斯坦禁毒部队（ANF）共处理了 1337 起毒品案件，逮捕了 1642 名相关嫌犯，缴获了约 346 吨的毒品。[3]

（三）推行替代种植，监控罂粟种植

巴基斯坦罂粟种植面积下降与政府各部门的努力息息相关，一方面各

---

① UNODC Report：World Drug Report 2008，https：//www. unodc. org/documents/wdr/WDR_ 2008/WDR_ 2008_ eng_ web. pdf.

② 《巴基斯坦缉毒部门查获 3000 公斤毒品》，中华人民共和国商务部，http：// karachi. mofcom. gov. cn/article/jmxw/201307/20130700213554. shtml。

③ 富育红：《阿富汗与巴基斯坦地区毒品——恐怖网络问题探析》，《中国与世界》2016 年刊。

部门着力在源头上减少罂粟的种植，帮助罂粟种植区推行小麦及其他农作物的替代种植，另一方面注重在罂粟生长过程中监控种植情况，并对非法种植罂粟予以铲除，标本兼治以减少巴基斯坦鸦片的产量。

在替代种植方面，其实早在 20 世纪 60 年代泰国就已经开始实施替代种植，80 年代初期安第斯地区开始实行替代种植，到了 90 年代老挝、黎巴嫩、摩洛哥、缅甸和巴基斯坦等地也开始实施替代种植，随着阿富汗毒品形势的日益严峻，阿富汗在 90 年代末期也着手实行替代种植。[①] 经过一段时间的推行，巴基斯坦的替代种植政策取得了一定的成效，在提供发展援助、鼓励替代种植的背景下，巴基斯坦的罂粟种植在 1996—2002 年间保持在 1000 公顷以下的水平，1999 年至 2001 年间维持了 250 公顷左右的种植面积，替代种植成效喜人。[②]

二　巴基斯坦政府的禁毒成效

经过相关部门的努力，巴基斯坦禁毒工作取得一定成效。在毒品生产方面，罂粟种植面积水平总体下降，直接抑制了毒品产量；在毒品查获方面，大量毒品在稽查过程中被缴获，削弱毒品流入市场的势头；在对待吸毒人员方面，政府有意识地关爱和帮助毒品吸食者摆脱毒瘾，控制吸毒人数，不过与实际情况相比，巴基斯坦的各项禁毒工作仍需进一步强化。

（一）罂粟种植面积总体下降

相比 20 世纪 80、90 年代，近年巴基斯坦罂粟种植面积有较为明显的下降，这离不开巴基斯坦执法部门对罂粟种植的控制，1990 年以来，大量的罂粟被铲除（表Ⅱ-8-5），其中 2003 年和 2004 年，巴基斯坦铲除罂粟面积达到了 4185 公顷和 5200 公顷，如果这 9000 多公顷的罂粟未被铲除，又有 200 吨左右的鸦片流入毒品市场。2000—2017 年，巴基斯坦各部门年均铲除的罂粟面积在 979 公顷左右，可以看出执法部门的工作效果。尤其是在对比同一年的罂粟种植面积和铲除面积时，可以发现在个别年份执法部门铲除罂粟的面积与当年种植面积呈现了倍数关系，如 2016

---

① UNODC Report：World Drug Report 2015，Chapter_ 2，https：//www. unodc. org/documents/wdr2015/WDR15_ Chapter_ 2. pdf.

② UNODC Report：World Drug Report 2005，Volume1，https：//www. unodc. org/pdf/WDR_ 2005/volume_ 1_ web. pdf.

年罂粟铲除的面积为 1470 公顷，剩余的种植面积为 130 公顷，可见巴基斯坦的执法力度。①

表Ⅱ-8-5　　　　　　巴基斯坦罂粟铲除面积　　　　　　单位：公顷

1990—1995 年	1996—2000 年	2001—2005 年	2006—2010 年	2011—2015 年
2921	6616	11260	1141	3828

说明：数据根据 2000 年、2008 年、2019 年毒品报告计算得知，其中 1995 年、2002 年罂粟铲除面积数据缺失。

不过从种植和铲除面积我们也可以发现，罂粟的种植面积大小经常是反反复复，时高时低，某些年份可能会出现强烈的反弹，2000—2002 年，平均种植面积已经降低至 365 公顷，然而 2003—2010 年，平均种植面积又上升至 1887 公顷，说明禁毒行动并无明确终点，而是永远在路上。即便 2011 年以来，罂粟种植控制取得了较好成绩，种植面积被控制在较低的水平，未来也可能会因执法部门监控不足、农户选择的地点更加隐蔽、失去政府和国际援助对替代种植的支持等原因而面对着复种或增加种植的潜在倾向。因此，面对总体下降的毒品种植趋势，一方面应当看到政府及各部门努力的积极成效，另一方面从种植面积反复的情况观察，政府及相关部门决不能掉以轻心，而应继续加强推行替代种植、监控毒品种植情况，将这项任重而道远的工作常态化。

（二）缴获各类毒品数量巨大

通过第一节中的数据我们可以得知，巴基斯坦缴获毒品的数量在全球范围内较为惊人，海洛因和大麻脂的缴获量排在全球较为靠前的位置，许多国家的毒品报告中都将巴基斯坦列为重要的毒品过境国。大量的毒品被缴获既说明了巴基斯坦毒品走私较为普遍，也代表了巴基斯坦各方力量在禁毒工作中的努力。

巴基斯坦禁毒部队承担了较大的禁毒压力，同时其他部门，如机场安全部队、巴基斯坦海岸警卫队、巴基斯坦海关等部门也是禁毒工作的关

---

① UNODC Report：World Drug Report 2019，Booklet 3，https：//wdr. unodc. org/wdr2019/prelaunch/WDR19_ Booklet_ 3_ DEPRESSANTS. pdf.

键。海关和海岸警卫队等部门做好陆上和海上的巡查和检查工作，在陆海的"国门"驻成一道防线，大大增加的毒品走私难度。在各项检查工作的警力威慑下，一些毒贩迎难而退，这也是阻挡毒品进入境内的关键防线。在各方的努力下，大量毒品在未流入市场前就被缴获，降低了毒品对社会的危害。如1998年巴基斯坦禁毒部队在白沙瓦缴获毒品十余吨，几十名毒贩也随之落网。[①] 1993—2003年间，巴基斯坦年均缴获的大麻脂重量超过了142885千克，海洛因重量超过6384千克，鸦片重量超过16716千克，这些毒品流入市场的危害可想而知。[②]

针对已经缴获的毒品，巴基斯坦官方会进行集中销毁。如2015年1月，巴基斯坦曾在卡拉奇销毁136千克的海洛因及其他违禁品，这也是为了纪念国际海关日；[③] 2016年10月和2017年12月，巴基斯坦曾在奎达销毁大量毒品，其中4.97吨吗啡，14.18吨大麻，2017年焚烧的毒品包含了110吨大麻和55吨海洛因。[④] 此外，巴基斯坦在拉合尔（2017年）、伊斯兰堡（2018年）和白沙瓦（2019年）等地也都组织过毒品销毁工作，每年销毁的毒品达到数吨甚至数百吨。公开的销毁仪式在震慑贩毒分子的同时也反映了巴基斯坦各方禁毒的成效。

（三）关注吸毒人员戒毒治疗

自20世纪80年代起，日渐严重的吸毒问题成为巴基斯坦禁毒工作中不得不面对的问题，几百万人口沉迷于毒品，无益于经济的发展和社会的良性循环，因此，在禁毒工作中吸毒问题的解决也是重要方面。

巴基斯坦《1997年麻醉品管制法》中规定，每个省政府必须对所有吸毒者进行登记，以促进治疗和康复，并尽可能成立较多的治疗中心，以确保吸毒者能够得到治疗和康复。在政府和国际组织的努力下，2002年，巴基斯坦在全国范围内已经有将近200个戒毒所。[⑤] 然而，随着吸毒人数的增多、摄入毒品的多样化，以及在注射吸毒时艾滋病和其他疾病患病风

---

① 《世界各国禁毒措施》，央视网，http：//www.cctv.com/special/4/4/606.html。

② 根据2000年、2005年毒品报告数据计算。

③ 《巴基斯坦销毁成堆毒品和走私品》，人民网，http：//sn.people.com.cn/n/2015/0127/c352500-23697408-2.html。

④ 《巴基斯坦军方销毁大量毒品》，央广网，http：//news.cri.cn/20161021/ae83b20e-90a6-20d0-921b-f3f2d17cbd8f.html。

⑤ 《世界各国采取的禁毒措施》，央视网，http：//www.cctv.com/special/602/3/34121.html。

险的提升，对戒毒工作的要求更为专业和细致，集戒毒、治疗疾病、心理疏导、禁毒教育为一体的戒毒中心越来越被需要。巴基斯坦禁毒部队曾在奎达、伊斯兰堡和卡拉奇建立过3个药物依赖治疗中心，并向拉瓦尔品第的一所监狱内的吸毒者提供药物治疗服务。[①] 2013年，根据《药物滥用管制总体计划（2010—2014）》（Drug Abuse Control Master Plan for the Period 2010 to 2014），巴基斯坦也规定省级卫生部门要对公共和私营部门的20个戒毒治疗中心进行升级，并由禁毒部队对这项工作进行监督。

然而，与庞大的吸毒人数相比，戒毒中心的数量仍然有限。一项调查显示，开伯尔—普赫图赫瓦省和俾路支省分别有93%和95%的鸦片吸食者表示没有办法进入其所在地区的戒毒中心或类似的低门槛服务中心。[②]因此，尽管巴基斯坦有意识地关注吸毒者的戒毒和治疗工作，但因吸毒者基数大，需要政府和相关部门拿出更多的精力来应对，以增建戒毒中心等方式提升对吸毒者的接收能力。

三　巴基斯坦政府的禁毒阻碍

多年来，巴基斯坦禁毒工作已取得一定的成效，不过由于个别地区经济发展水平落后，想彻底摆脱毒品生产和走私问题并非易事；加之与阿富汗是近邻，边境走私难以完全避免，而国内难民和其他矛盾也为禁毒带来阻碍。因此，短期内巴基斯坦难以妥善解决毒品问题，巴基斯坦政府及相关部门仍需要进一步加强各项禁毒工作，方能继续推进毒品形势的改善。

（一）经济发展水平有待提升

巴基斯坦的人口贫困问题是其国内许多矛盾的根源，也是彻底改善毒品形势的根本之策。2004年，巴基斯坦生活在贫困线以下的人口超过了人口总数的一半（55%），即便是到了2016年，仍有39%的国民生活贫困。2016年，毒品较为严重的联邦直辖部落地区贫困率高达73%，同样毒品问题比较严重的俾路支省贫困率在71%，开伯尔－普什图省情况稍微好一些，但贫困率也达到了49%，如此高贫困率的背景下，彻底解决

---

① UNODC Report：Drug use in Pakistan 2013，https：//www. unodc. org/documents/pakistan// Survey_ Report_ Final_ 2013. pdf.

② UNODC Report：Drug use in Pakistan 2013，https：//www. unodc. org/documents/pakistan// Survey_ Report_ Final_ 2013. pdf.

毒品问题难度是非常大的。① 唯有经济改善，民众生活能得到较好的保证，很多困境包括禁毒困境才能迎刃而解。21 世纪以来，巴基斯坦只有个别年份（2002 年、2005 年，见图Ⅱ-8-2）经济增长率在6%以上，自 2010 年以来，平均 GDP 增长速度保持在 3.96%左右，2019 年的经济增长率只有1%，对一个仍有几千万人生活在贫困线以下的国家而言，这个经济增速并不突出。要知道 2019 年巴基斯坦贫困人口数占总人口的比例约为 39%，经济发展的困难可想而知。② 然而，新冠肺炎疫情的来袭，让巴基斯坦的经济面临着更为严峻的考验。受新冠肺炎疫情的影响，预计2020 年的人口贫困率仍然保持一个较高的水平，目前保守估计达到 29%，贫困人口也可能超过全国人口的三分之一，全年可能会有超过三百万人面临失业，年度经济增长率可能会在 - 1.5%。③

　　面对较大基数的贫困人口和目前较为低迷的经济形势，巴基斯坦至少在几个方面做好应对，其一是做好困难人口的社会救济工作，确保最基本的生活保障，防止部分贫困人口因生活困难误入歧途，走上违法犯罪道路；其二，有序恢复和开展生产，确保国家经济良性运行，保证和增加就业，防止失业人群成为社会不稳定因素；其三，推动国际合作，尤其注意继续抓住"一带一路"合作倡议的契机，增强与中国及相关国家的经济合作，拉动出口贸易，推进基础设施建设，刺激国内经济发展；其四，争取国际援助，除了本国的贫困人口，还有大量的阿富汗难民及难民后代生活在巴基斯坦境内，经济的低迷让有限的工作岗位面对更多的竞争，巴境内难民的生活也面临着更为严峻的挑战，处理不好仍会存在隐患，对禁毒工作也不是利好消息，因此能够尽可能地争取国际援助也是给本国增加社会的稳定剂。

---

① 《39% 的巴基斯坦人仍处贫困状态》，中华人民共和国商务部网站，http: // karachi. mofcom. gov. cn/article/jmxw/201606/20160601343609. shtml.

② 《巴媒：巴经济面临三大挑战》，中华人民共和国商务部网站，http: // pk. mofcom. gov. cn/article/jmxw/201912/20191202920922. shtml.

③ 《巴基斯坦财政赤字高达 9.4%》，中华人民共和国商务部网站，http: // karachi. mofcom. gov. cn/article/jmxw/202005/20200502965591. shtml.

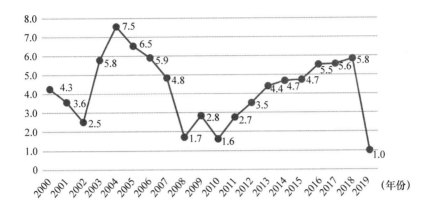

图Ⅱ-8-2　巴基斯坦 GDP 增长率（2000—2019 年）

资料来源：根据世界银行数据绘制，https://data.worldbank.org.cn/。

不过，目前全球受新冠肺炎疫情影响的国家较多，无法对全球整体经济形势作出乐观的估计，复苏和增长经济工作只能随疫情形势变化而逐步开展。目前，巴基斯坦已经开始复苏，很多行业已经复工复产，部分行业已经取得一定成绩，如 2020 年 7 月的纺织品和服装出口已经同比增长14.4%，达到12.72亿美元。[①] 值得注意的是，复苏经济只是改善目前因疫情影响下的经济困境，解决巴基斯坦几千万人的脱贫问题仍然是任重而道远，需要巴基斯坦政府继续在多层次、多角度打出脱贫的"组合拳"。

（二）边境走私根治难度较大

巴基斯坦特殊的地理位置让其成为毒品走私的重要"枢纽"，然而根治边境走私却并非易事。首先，较长的边境线让边防和缉毒队伍难以做到"密不透风"，在边境管理上，对于很多山林间的小路，警力难以做到"全天候""全覆盖"准备，而毒贩可能会从警力覆盖不到的薄弱地点伺机而动，将毒品走私到巴境内；其次，随着科技的发达，为了躲避检查，现今毒贩毒品走私的"技术含量"也逐步在提升，经常采取各种伪装，一些被包装成合法商品的毒品甚至能达到以假乱真的程度，增加了在边境海关的工作压力，稍有不慎则毒品有可能流入境内或经本国走私至其他国

---

① 《巴7月份纺织品和服装出口同比增长14.4%》，中华人民共和国商务部网站，http://pk.mofcom.gov.cn/article/jmxw/202008/20200802993354.shtml。

家；第三，贩毒分子利用多种方式运毒藏毒，人体藏毒等方式仍然是一些贩毒分子所选择的运毒方式，在利益的诱惑下，根治难度较大；第四，随着被查获的次数增加，贩毒分子的反侦察能力有所提升，在走私和贩卖过程实行"人货分离"的方式是其反侦察的重要手段之一，这样即便被扣住毒品，也能确保不牵扯到该贩毒分子，十分狡猾；第五，阿富汗毒品产量居高不下，大量的毒品产出决定了其必然对外寻找销路，变现其毒品，因此，可以说如果阿富汗的毒品问题无根本性的改善，巴基斯坦根治边境走私的难度就非常高。

（三）解决难民问题困难重重

大量阿富汗难民在巴境内生活为巴基斯坦带来了不稳定因素，若想彻底解决并非易事。自1979年巴基斯坦境内的阿富汗难民数量激增以来，最早一批到达巴基斯坦的难民至今已经在巴生活四十余年，他们的部分后代就在巴基斯坦降生，其中部分已经成年，成为在巴基斯坦"土生土长"的阿富汗难民。对于迁移和后繁衍的阿富汗难民们而言，很多人早已是无家可归，返回阿富汗并不意味着能带来充满希望的生活，与其回国，不如留在巴基斯坦想方设法谋求生计。其实巴基斯坦和阿富汗曾就解决难民问题开展过协商，并几次送返难民回阿，如2002年巴基斯坦就曾在联合国的帮助下，送几百万难民返回阿富汗，[①] 但由于阿富汗境内局势发展并不稳定，局势的动乱仍会让阿富汗难民继续前往巴基斯坦境内，给巴基斯坦带来较大的管理压力。巴基斯坦当局曾要求在其境内的阿富汗难民登记，并规定了证件的有效期限，要求难民在期限内返阿，但很多难民并未按照巴政府的要求登记，完成登记的难民中的大多数人也未按照要求回国，巴基斯坦当局只好一次又一次地延长证件的有效期限，但也未能将境内的阿富汗难民全部遣返回国。

难民往往是政治和战争的牺牲品，阿富汗以往的战乱和不稳定让很多逃离的难民缺乏勇气返回本国，从主观意愿上很多难民排斥回国，而在客观生活条件上，对于已经久离家乡的难民们，回乡后必将意味着重新开始，以往的家乡可能早已被战争摧残。在2013年的一个英国、巴基斯坦、

---

① 刘向阳：《巴基斯坦俾路支恐怖主义及其对中巴经济走廊建设的影响》，《贵州师范大学学报》（社会科学版）2019年第1期。

阿富汗三国论坛上，时任巴基斯坦总统扎尔达里在推动阿富汗难民回国的一项建议中就包含了阿富汗应向返回的难民提供返乡路标，可见，多年未见的家乡早已发生了变化，回乡之路充满艰难和不确定因素。因此，对巴基斯坦而言，想消除难民潜在的隐患，送难民回国难度较大。

（四）国内各类问题错综复杂

除了面对上述方面的困难，巴基斯坦国内的各类矛盾也给毒品问题的解决增添了难度，有三方面的问题尤为突出，其一是中央政府管理与地方家族势力之间的关系问题，中央政府难以对全国所有省份和地区形成极为有效的管理，这是自巴基斯坦建国以来就遗留的问题，如果个别地区不全力配合禁毒行动，相当于在禁毒网中撕开了口子，难以有效禁毒，只有中央、地方禁毒目标一致，形成合力，才能有效应对毒品问题；其二是巴基斯坦政治生态的稳定性问题，如果民主政治运行摆脱不了原有的政治"钟摆式"波动，继续以往那种失控时军方接管，秩序改善时再转向民主政治，而一段时间后再失控军方接管的循环，难以形成良性延续，那么无论是对经济发展而言，还是对禁毒形势而言，绝非有力的支持；其三是恐怖主义与毒品相联系的问题，恐怖主义为了给自身发展筹措经费，可能会利用手中的武装便利条件参与制毒、贩毒，增加治理毒品问题的难度；其四是政府和军队人员的工作态度和工作作风问题，随着科技的发展，现阶段的禁毒工作对禁毒工作人员的综合素质要求越来越高，缉毒人员及相关的海关、边境执法队员等都需拿出更认真的态度、更专业的业务水平完成工作任务，稍有疏忽，即毒品则有可能流入市场，而在禁毒的过程中，若执法人员与贩毒分子存在利益往来，后果则不堪设想，因此端正相关工作人员的工作态度和工作作风问题是禁毒工作中长期且不得不面对的问题。同时，由于贩毒分子的技术水平和反侦察能力在不断提升，相关工作人员的业务能力也必须随之提升，否则禁毒难以取得良好效果。

为取得更好的禁毒效果，巴基斯坦要做的工作有很多，既要从根本上提升经济水平，创造更多的就业机会，确保民众的生活水平，从根本上减少种植鸦片、生产毒品人员数量；也要在边境管理方面打起十二分的注意力，做好过境物品检查及边防巡查工作，以守好毒品流进本土的最后一道防线；更需要推进阿富汗难民的妥善解决，在本国力量不足时争取利用国际组织力量帮助其改善和解决难民问题；同时巴基斯坦也应当注意国内一些问题的妥善处理，加强禁毒宣传、争取与地方形成禁毒合力，保持政治生态稳定，让禁毒政策的出台及推行具备连贯性，严厉打击恐怖主义，避免恐怖主义在巴基斯坦进一步蔓延，加强政府及相关部门禁毒工作的技能培训及良好工作作风的建设，从各个方面努力，改善巴基斯坦的毒品问题现状。当然，除了本国进行的各种努力，有力的国际合作也是必不可少的方面，下一节中将重点阐释巴基斯坦为禁毒而开展和进行的各项国际合作。

第三节　巴基斯坦禁毒的国际合作

众所周知，大量的阿富汗毒品经巴基斯坦走私至其他国家，因此，巴基斯坦的毒品问题不仅对本国产生严重的影响，使得本国吸毒人数增多，同时也给世界的毒品形势带来不良影响。很多国家都指出其境内查获的部分毒品是由巴基斯坦过境而来，因此，巴基斯坦毒品问题的解决是国际社会的共同期盼。在巴基斯坦禁毒过程中，一些国家和国际组织本着对本国、对巴基斯坦、对国际社会负责任的态度，愿意与巴方一道开展各类禁毒合作，为解决巴基斯坦毒品问题、改善世界毒品形势而共同努力。联合国、中国和美国等国际组织或国家均与巴基斯坦有过禁毒合作或向其提供过禁毒援助，尤其是联合国毒品和犯罪问题办公室长期为巴基斯坦提供禁毒帮助，为改善巴毒品问题形势贡献卓越力量，其他国家也在不同程度上开展与巴方的禁毒合作，在多方的共同努力下，巴基斯坦禁毒工作取得一定实效。

一　联合国对巴基斯坦的禁毒支持

毒品与犯罪问题办公室（以下简称"毒罪办"）是联合国打击毒品、贩卖人口等问题的专业部门，多年来向巴基斯坦提供了较为全面的禁毒援助，无论是资金援助、鼓励替代种植，还是组织医疗和缉毒培训、宣传禁毒等方面，该部门都做了切实的工作和不懈的努力。

（一）禁毒指导方面的帮助

在禁毒指导方面，针对阿富汗、巴基斯坦、伊朗毒品的共同威胁，为加强应对该威胁的区域合作，"毒罪办"为阿、巴、伊制定了三方合作倡议，该倡议于 2007 年启动，以促进情报的共享和联合缉毒行动的开展。

"毒罪办"还协助巴基斯坦编制了《国家毒品管制总体计划（2007—2011年）》，该计划由巴基斯坦禁毒部队与"毒罪办"组成的指导委员会监督制定，于2007年初完成并提交巴基斯坦联邦内阁。与此同时，"毒罪办"还非常注意巴基斯坦艾滋病的防治工作，于2007年10月帮助巴基斯坦建立工作队，以便开展艾滋病的预防与治疗工作。此外，"毒罪办"专门为巴基斯坦制定关于打击毒品的国别方案，如2010—2015年的国别方案，2016—2019年的国别方案，对巴基斯坦的禁毒工作作出积极的指导。

由于巴基斯坦一些毒品通过空运走私，"毒罪办"分别于2015年11月和2019年7月，在真纳国际机场和伊克巴尔国际机场成立空中货物管制单位（Air Cargo Control Unit），这一平台有利于推动相关机构就乘客、航班的安全和制止非法贸易进行更好的合作。该空中货物管制项目首先是在一些发展中国家的港口推行的，以分析和确定高风险货物，而巴基斯坦的卡拉奇港就是第一批建立海上集装箱控制单位的港口之一。[①] 通过对机场和港口的控制，可以在一定程度上防止毒品进入或流出巴基斯坦，这与"毒罪办"的帮助息息相关。

（二）资金、物资方面的援助

在资金和物资援助方面，"毒罪办"给予了巴基斯坦以多种形式的帮助，比如前文提到的在迪尔地区的替代种植项目，就是当时联合国国际药物管制规划署赞助的，该机构在1985年至2000年项目运作期间为该项目支出3800万美元。[②] 2016年12月，"毒罪办"与巴基斯坦政府在联合国维也纳举行了签字仪式，正式批准了《巴基斯坦国别方案（2016—2019）》，以解决巴基斯坦毒品问题及相关挑战，该国别方案规定为巴基斯坦提供7000万美元的资金支持。[③] 次年2月，该项资金正式启动。在此

[①] "Inauguration of Air Cargo Control Unit to Enhance Air Cargo", https：//www. unodc. org/pakistan/en/inauguration – of – air – cargo – control – unit – to – enhance – air – cargo – security – – ailama – iqbal – international – airport – – lahore. html.

[②] 1997年，联合国国际药物管制规划署与国际预防犯罪中心合并而成联合国毒品和犯罪问题办公室，资料来源：World drug Report 2000，https：//www. unodc. org/pdf/world_ drug_ report_ 2000/report_ 2001 – 01 – 22_ 1. pdf.

[③] "Handing Over Ceremony of Equipment to The Anti Narcotics Force（Anf）In Balochistan", https：//www. unodc. org/pakistan/en/press – release – unodc – country – office – pakistan – launches – a – usd – 70 – million – country – programme – to – address – pakistans – development – challenges – within – its – mandated – areas – of – illicit – trafficking – – drug – control – and – crime – prevention. html.

国别方案下，日本为此方案捐助约 650 万美元。丹麦也在"毒罪办"的合作框架下，向巴基斯坦提供 400 万丹麦克朗的资金支持，以提升巴基斯坦边境管理机构、警察和检察部门的工作能力。① 此外，2018 年 12 月，"毒罪办"还向巴基斯坦禁毒部队提供了 200 个毒品和前体识别包，② 以便更为有效地在检查过程中识别毒品。

（三）培训、经验交流方面的支持

在各类培训方面，医疗培训和缉毒培训是"毒罪办"尤为注意的方面，其中一项旨在提升巴基斯坦禁毒部队等四个执法机构情报收集和分析能力的培训，截至 2007 年就有至少 300 多名执法人员从中受益。③ 2010年，在"毒罪办"向巴基斯坦提供培训计划中，涉及的内容还包括犯罪现场调查的培训，利用更专业的知识让巴方相关执法人员和刑事司法人员在工作中获得便利。④ 2014 年 9 月，"毒罪办"在巴基斯坦普尔班（Bhurban）举办了为期两天的"有关地区毒品问题和禁毒意识的记者研讨会"（Drugs and the Media Regional Counter Narcotics Awareness Workshop for Journalists），来自阿富汗、伊朗、塔吉克斯坦等 8 个国家的记者参加了这次会议，讨论并交流相关信息等，并就提高禁毒意识方面的合作达成共识。⑤ 2016 年，"毒罪办"推动了第六届阿富汗和巴基斯坦综合边境管理讲习班在阿布扎比的举行，以促进参与的利益攸关方和其他国际伙伴之间的合作，讨论共同应对阿富汗和巴基斯坦及相关国家和地区间的边境管理挑

①　"Denmark supports UNODC's capacity building program for Pakistan's border management agencies, police and prosecution services", https: //www. unodc. org/pakistan/en/press - release_ - denmark - supports - unodcs - capacity - building - program - for - pakistans - border - management - agencies - - police - and - prosecution - services. html.

②　UNODC Report：Annual Report Covering Activities during 2018, https: //www. unodc. org/unodc/en/about - unodc/annual - report. html.

③　UNODC Report：Annual Report Covering Activities during 2007, https: //www. unodc. org/documents/about - unodc/AR06_ fullreport. pdf.

④　UNODC Report: Promoting health, securityand justice, 2010 Report, https: //www. unodc. org/documents/frontpage/UNODC_ Annual_ Report_ 2010_ LowRes. pdf.

⑤　"Drugs and the Media Regional Counter Narcotics Awareness Workshop for Journalists", https: //www. unodc. org/pakistan/en/press - release - drugs - and - the - media - regional - counter - narcotics - awareness - workshop - for - journalists. html.

战。① 2019 年 9 月，"毒罪办"在巴成功举办了犯罪情报的相关培训，旨在加强巴基斯坦海关、禁毒部队等相关部门的收集犯罪情报的能力。②

此外，"毒罪办"还在巴基斯坦建立电子学习中心，推动按照国际标准提高巴方警官的核心警务和执法技能。截至 2017 年 10 月，55 个电子学习中心已经在巴基斯坦建立起来，全国范围内的 5 万多名执法人员完成了超过 27 万小时的基础和专业水平的培训。③ 2018 年，"毒罪办"的培训等相关工作继续开展，帮助巴基斯坦培训了 324 名药物治疗的专业人员。④ 2019 年 10 月，"毒罪办"还为巴基斯坦 4 个省和伊斯兰堡的 48 名药物治疗专业人员提供"普及治疗课程"的医疗师培训（Training of Trainers），旨在提升相关专业人员的医疗水平。⑤

在联合国"毒罪办"的禁毒支持下，巴基斯坦无论是在替代种植项目的实行、边境和机场的管理、执法人员工作能力的提升、医务人员技能的增长等方面都取得了一定的成效，这对控制巴基斯坦的毒品问题的蔓延，改善其毒品形势具有非常重要的意义。

二　中国对巴基斯坦的禁毒支持及双边合作

中国作为巴基斯坦的邻国之一，其毒品在中国边境地区的走私对中国尤其是新疆地区的禁毒工作产生了较大的压力。而巴基斯坦又是"金新

---

① UNODC Report：Annual Report Covering Activities during 2016，https：//www. unodc. org/documents/AnnualReport 2016/2016_ UNODC_ Annual_ Report. pdf.

② "UNODC Pakistan organized an Interagency training for Operationalization of Criminal – intelligence Products for the Law enforcement agencies"，https：//www. unodc. org/pakistan/en/unodc – pakistan – organized – an – interagency – training – for – operationalization – of – criminal – intelligence – products – for – the – law – enforcement – agencies. html.

③ "Sahiwal Police receives UNODC Global eLearning Platform to enhance the core capacities of officers in law enforcement functions"，https：//www. unodc. org/pakistan/en/press – release – sahiwal – police – receives – unodc – global – elearning – platform – to – enhance – the – core – capacities – of – officers – in – law – enforcement – functions. html.

④ UNODC Report：Annual Report Covering activities during 2018，https：//www. unodc. org/unodc/en/about – unodc/annual – report. html.

⑤ "UNODC Pakistan INL and Ministry of Narcotics Control Inaugurating the Training of Trainers (TOT) on Universal Treatment Curriculum UTC Treatment Rehabilitation"，https：//www. unodc. org/pakistan/en/unodc – pakistan – inl – and – ministry – of – narcotics – control – inaugurating – the – training – of – trainers – tot – on – universal – treatment – curriculum – utc – treatment – rehabilitation. html.

月"地区毒品流入中国的重要路径，因此，与巴基斯坦开展禁毒合作既对巴方有利，同时也有助于缓解中国西北的禁毒压力。早在 1996 年，中国与巴基斯坦就签订了毒品合作备忘录，搭建起双边禁毒合作的平台，多年以来，中巴双方在禁毒方面开展了多个方面的有益合作，中方也在多个方面向巴基斯坦提供支持。

（一）中国对巴基斯坦物资方面的支持

从世界毒品形势及本国的安全形势出发，中国十分关注毒品问题，这在国际禁毒物资的贡献方面有所体现。近二十年来，中国每年向毒品和犯罪问题办公室捐款 100 万美元，用于禁毒工作。[1] 捐赠的款项，"毒罪办"将根据禁毒工作的具体安排给相关国家分配使用，相当于中国为巴基斯坦提供了间接的物质方面支持。而在直接的物资支持方面，2015 年以来，中国每年向缅甸、巴基斯坦等国援助 4500 万元人民币的各类缉毒设备。[2] 比如，2007 年，中方向巴基斯坦援助 5 台人体藏毒检查仪，并组织相关的警务人员培训和警犬培训等，方便巴方识别藏毒的犯罪人员。[3] 此外，中国还经常为巴基斯坦提供电子办公设备等，方便巴基斯坦方面在禁毒相关工作中予以使用。

此外，由于经济水平落后是巴基斯坦毒品蔓延的根本原因，毒品问题的反复总与经济发展关联极大，因此，中国除了在禁毒物资方面给予巴基斯坦一定的支持，也在帮助巴基斯坦改善贫困地区的生活状态。比如对于毒品问题较为严重的俾路支省等地区，中国曾于 2018 年 2 月通过南南合作援助基金，向巴基斯坦提供 400 万美元援助，用于改善和恢复巴基斯坦一些落后地区的发展及俾路支省的民生工作。[4] 民生的改善有助于减少部分民众迫于生活压力而从事贩毒等相关犯罪行为，有利于改善毒品形势。

---

① 《坚决打赢新时代禁毒人民战争》，中华人民共和国公安部网站，https://www.mps.gov.cn/n2255079/n4242954/n4841045/n4841050/c7250224/content.html。

② 《坚决打赢新时代禁毒人民战争》，中华人民共和国公安部网站，https://www.mps.gov.cn/n2255079/n4242954/n4841045/n4841050/c7250224/content.html。

③ 张昆：《"金新月"地区毒品向中国渗透的国际化趋势与防范对策》，《云南警官学院学报》2011 年第 3 期。

④ 《中国向巴基斯坦提供 400 万美元援助用于民生恢复》，中华人民共和国商务部网站，http://yws.mofcom.gov.cn/article/gzdongtai/201804/20180402728102.shtml。

（二）禁毒方面的协作

自 1996 年中、巴签署禁毒合作谅解备忘录以来，双方在打击毒品犯罪方面有着较高的共识，在遏制海、陆、空毒品犯罪方面均进行了卓有成效的合作。在合作机制方面，2008 年，中方和巴基斯坦的边防执法部门合作，建立打击"金新月"毒品走私的联合工作机制，为应对毒品严峻的形势构建长效沟通与合作机制。[①] 在此合作机制下，双方将一些毒品案件相关信息以书面或电话的形式进行沟通，做到信息的互通有无。2018 年，中巴禁毒合作更进一步，中巴边境禁毒联络官办公室正式揭牌，为共同打击毒品问题增设了新的对话合作沟通机制，便于双方就贩毒、走私信息等进行及时而有效的交流。同年，中方与巴基斯坦、阿富汗三方签署了《合作打击恐怖主义谅解备忘录》，由于毒品犯罪与恐怖主义活动联系紧密，该备忘录的签署对打击毒品问题也是一个有力的支持和补充。2019 年 3 月，为继续加强中巴间的禁毒合作，中巴"兄弟"联合缉毒行动正式启动，启动仪式在广州举行，双方签署了《中巴"兄弟"联合缉毒行动方案》，为日后在情报交流、边防执法等方面的顺畅合作搭建新的合作机制。[②]

在开展培训合作方面，巴方曾多次派禁毒工作的相关人员前往中国进行培训或参加相关经验交流活动。在经验交流方面，2007 年以来，中国公安部等多个部门积极开展域外禁毒合作，先后在上海、北京、乌鲁木齐等地与巴基斯坦和阿富汗警务人员举行警员座谈交流会。[③] 2015 年 5 月，巴基斯坦派禁毒执法官员参加云南警官学院举办的"亚洲禁毒国际学术研讨会"。[④] 此外，巴基斯坦禁毒部门的考察团也前往中国新疆、海南等地的隔离戒毒所或戒毒康复中心等实地考察，学习中国的相关经验。

在技能培训方面，自 2002 年起中国的云南警官学院、新疆警官学院

---

① 《新疆与巴基斯坦联合打击"金新月"毒品走私》，人民网，http：//unn. people. com. cn/ GB/14801/7436273. html。

② 《中巴禁毒工作会谈暨中巴'兄弟'联合缉毒行动启动仪式在广州举行》，中国禁毒网，http：//www. nncc626. com/2019 - 03/29/c_ 1210095320. htm。

③ 张昆：《"金新月"地区毒品向中国渗透的国际化趋势与防范对策》，《云南警官学院学报》2011 年第 3 期。

④ 《亚洲禁毒国际学术研讨会圆满举办》，云南警官学院网站，https：//www. ynpc. edu. cn/ site/ypoa/1071/info/2015/7155. html。

等专业警官学院在国家禁毒办的领导下向相关国家提供禁毒和执法培训，巴基斯坦正是培训的受益国之一。2008 年，昆明警犬基地为巴基斯坦开办了首期国际缉毒犬技术培训班，为巴基斯坦缉毒工作提供有益支持。次年，在巴基斯坦禁毒部队缉毒犬技术复训班上，中方也派昆明警犬基地的两名教官前往指导。[①] 2010 年 6 月，包括巴基斯坦官员在内的二十多名学员，在云南警官学院进行了"亚洲国家禁毒执法官员培训班"的培训学习，并顺利结业。[②] 次年 4 月，巴基斯坦又派相关人员参加了该校举办的"亚洲禁毒执法研修班"，[③] 对提升巴基斯坦执法警员的能力有一定程度的帮助。

在同中国的禁毒协作、交流及参与的各项培训中，中巴双方的禁毒合作更加默契，相互间就打击毒品犯罪的经验更加丰富，也取得了很多有意义的成绩，一些毒品正是在中巴双方的联合禁毒合作中被缴获，而通过在中国的学习，巴方缉毒经验和帮助吸毒者戒毒和治疗的经验也相应地有所提升，这些对于改善中巴两国境内的毒品问题大有裨益。

（三）经济方面的合作

毒品形势的有效改善，离不开经济发展水平的提升，而在此方面，中国与巴基斯坦的合作对巴基斯坦而言正是一个推动经济发展的良好契机。中、巴两国非常清楚彼此的重要性，2006 年两国签署了自贸协定第一阶段议定书，在此议定书下，双方开展了良好的经济合作。而第二阶段协议书也已于 2019 年 12 月生效，该议定书的签署及后续的双边合作有助于拉动巴方对中国出口，提升巴方经济发展。[④]

经过十余年的经贸发展，双方取得了较为显著的成绩，2005 年中巴的进出口总额为 42.6 亿美元[⑤]，2017 年这一数字提升至 132 亿美元，增

---

① 张志、张松：《巴基斯坦缉毒犬复训班培训纪实》，《中国工作犬业》2009 年 12 期。

② 《亚洲国家禁毒执法官员培训班学员顺利结业》，云南警官学院网站，https://www.ynpc.edu.cn/site/ypoa/xydyt/info/2010/5864.html。

③ 《学院举行亚洲禁毒执法研修班结业典礼》，云南警官学院网站，https://www.ynpc.edu.cn/site/ypoa/xydyt/info/2011/5531.html。

④ 《中巴自贸协定第二阶段议定书正式生效》，中华人民共和国商务部网站，http://pk.mofcom.gov.cn/article/jmxw/201912/20191202918733.shtml。

⑤ 刘佳：《"一带一路"背景下中国—巴基斯坦贸易发展研究》，硕士学位论文，延边大学，2017 年。

幅明显，并且中国已成为巴基斯坦的第一大贸易伙伴。① 随着中国"一带一路"合作倡议的推进，中、巴双方也可以在更广泛的领域开展合作，并继续搭建更多合作的平台，推进双方经济发展。在此过程中，巴基斯坦将拥有更多的机会推进国内经济增长、带动就业，解决部分迫于生计而从事制毒、贩毒人员的后顾之忧，让他们有更多的机会可以摆脱"涉毒"，从事正当行业。在"一带一路"的合作框架内，巴基斯坦的基础设施建设状况得以改善，这有利于从治本的角度解决巴基斯坦的毒品问题。

对巴基斯坦而言，中国无论是在物资支持，还是培训等方面都给了巴基斯坦禁毒以直接的帮助，同时，中国与巴基斯坦的经济合作有利于改善巴基斯坦民生水平，帮助巴基斯坦从根本上解决毒品问题。

三　美国及其他国家的禁毒合作与支持

除了联合国和中国，还有很多国家同巴基斯坦开展禁毒合作，毕竟毒品犯罪作为一种非传统安全因素，绝非单靠一国就能妥善解决，需要国际社会的共同努力，美国、阿富汗、伊朗等国家，都曾在禁毒方面给予过巴基斯坦支持或与巴基斯坦展开禁毒合作。

（一）美国对巴基斯坦的禁毒支持

美国与巴基斯坦的关系比较特殊，随着国际形势的变化，巴美关系几经变化，而美国对巴的各项援助也往往与巴基斯坦对其战略意义息息相关。冷战期间，尤其是在美苏对抗比较紧张的时刻，为了能在更广泛的范围内对抗苏联，美国加强了对巴基斯坦重视程度，不仅拉巴基斯坦加入"东条组织"，在给予援助方面也不手软。1956—1965 年的十年间，巴基斯坦每年从美国接受的援助额都在 10 亿美元以上。② 不过，因巴基斯坦与印度战争、与中苏靠近、核试验等原因，美国曾减少或暂时中断过对巴基斯坦的援助，与巴基斯坦关系也曾陷入低潮。然而，1979 年苏联出兵阿富汗，重新提升了巴基斯坦对美国的战略地位，即便是巴基斯坦已经开始核试验，美国仍然会想办法证明巴基斯坦与核武器无关，以避免《普雷斯

---

① 《2017 年中巴双边经贸合作简况》，中华人民共和国商务部网站，http：//pk. mofcom. gov. cn/article/zxhz/hzjj/201810/20181002794373. shtml.

② 谭向豪：《"9·11"事件后美国对巴基斯坦援助研究》，硕士学位论文，华中师范大学，2014 年。

勒修正案》对美向外提供援助的限制。

好景不长，1989 年东欧剧变后，冷战已趋近尾声，苏联对美国威胁直线下降，巴基斯坦对美国的重要性也随之下降。次年，美国就搬出了《普雷斯勒修正案》，不再证明巴基斯坦与核武器无关，取消了美国对巴基斯坦的全部经济援助和军事援助，原定要交付给巴基斯坦的战斗机等军事装备也被停止。① 随着美国对巴基斯坦援助的禁止，美国对巴基斯坦禁毒方面的支持也暂时告一段落。

2001 年"9·11"事件后，反恐成为美国对外战略的重要选项，巴基斯坦因在反恐问题上愿为美国提供支持，美国再次提升了巴美关系。在小布什政府时期，小布什总统曾要求国会拨款 2600 万美元给巴基斯坦，用于禁毒和反恐工作，其中包含购买五架直升机用于缉毒巡逻等。② 2003 年，美国与巴基斯坦签署免除 10 亿美元债务的协议，美国希望免除这 10 亿美元债务能使得巴基斯坦政府可以拿出更多的资金用于社会发展和扶贫领域。③ 当然，美国对贫困地区的支持，也是间接支持巴基斯坦毒品形势的改善。2007 年，美国政府与巴基斯坦政府签署了一项为期五年的协议，该发展援助协议旨在帮助巴联邦管辖部落区改善生活条件和停止罂粟种植，具体内容涵盖农业，中小型企业，卫生，教育和基础设施的建设等方面，为此美国提供的资金为 7.5 亿美元。④ 2014 年初，美方为打击阿、巴两国的毒品和恐怖主义问题，在巴基斯坦建立新的情报中心。⑤ 该情报中心可用于及时获取和分享毒品及相关情报，更好地遏制毒品形势蔓延。

虽然美国对巴基斯坦的援助曾中断或减少，但仍不能否认其对巴基斯坦毒品形势的改善曾做出过贡献，作为世界上较大的毒品消费市场，美国

① 谭向豪：《"9·11"事件后美国对巴基斯坦援助研究》，硕士学位论文，华中师范大学，2014 年。

② "$ 26M in U. S. grant aids Pakistan's drug fight", Narcotics Enforcement & Prevention Digest; Washington Vol. 9, Iss. 14, (Aug 1, 2003): 3 - 4.

③ 《美国与巴基斯坦签署免除 10 亿美元债务协议》，中华人民共和国商务部网站，http://pk. mofcom. gov. cn/article/jmxw/200304/20030400080598. shtml。

④ UNODC Report: Illicit Drug Trends in Pakistan2008, https://www.unodc. org/documents/regional/central – asia/Illicit%20Drug%20Trends%20Report_ Pakistan_ rev1. pdf.

⑤ 富育红：《阿富汗与巴基斯坦地区毒品——恐怖网络问题探析》，《中国与世界》2016 年刊。

也对毒品深恶痛绝，因此在禁毒上与巴基斯坦仍存在着利益的契合点，巴美可进一步深化在禁毒方面的合作。

（二）阿富汗、伊朗与巴基斯坦的禁毒合作

阿富汗同样是与巴基斯坦开展禁毒合作的国家之一，尽管本身作为最大的毒品生产国，也曾一度对毒品生产放纵，但在国际社会的压力下，阿富汗也采取一定的禁毒行动，如 2003 年，阿富汗铲除罂粟的面积达到 21430 公顷，2005 年和 2006 年共铲除罂粟 20403 公顷。① 在禁毒合作方面，巴基斯坦是阿富汗重要的合作对象之一。2004 年，巴基斯坦和阿富汗的内政部长针对反恐、禁毒等问题签署了一项谅解备忘录，就这些问题开展合作。② 伊朗方面也是这样，2016 年，在联合计划单元（Joint Planning Cell）内，伊朗和巴基斯坦进行了 43 次情报和信息交流，并同时进行了 4 次联合行动。③

更为重要的是，在联合国毒品与犯罪问题办公室的协调下，巴基斯坦与阿富汗、伊朗的三边禁毒合作机制也得以建成。自 2007 年巴基斯坦、阿富汗和伊朗三方合作倡议开启以来，三方已经开展了十余次高级官员会议，并就禁毒合作开展多次会晤。如 2011 年 5 月，伊朗、阿富汗和巴基斯坦的高级官员会晤在德黑兰举行，旨在讨论针对毒品贩运威胁、地区禁毒战略以及改善三边合作的行动手段。④ 2018 年，三方合作倡议的第十三次会议在伊斯兰堡举行，就加强合作打击阿富汗鸦片类毒品贩运的途径和方法进行了广泛的交流和讨论。

在三方合作倡议的合作框架内，巴、阿、伊三国协调开展了多次禁毒活动，如 2009 年和 2010 年阿、巴、伊三国同时开展了多次军事活动，仅联合行动初期的几次活动中就查获了近 2500 千克鸦片、海洛因和大麻，

① UNODC Report：World Drug Report 2007，https：//www. unodc. org/unodc/en/data – and – a-nalysis/WDR – 2007. html.

② 《巴、阿签署反恐、缉毒、打击贩卖人口备忘录》，中华人民共和国商务部网站，http：//karachi. mofcom. gov. cn/article/jmxw/200407/20040700248149. shtml。

③ UNODC Report：Annual Report Covering Activities during 2016，https：//www. unodc. org/documents/AnnualReport 2016/2016_ UNODC_ Annual_ Report. pdf.

④ "Tehran hosts a meeting on drug control with Pakistan and Afghanistan"，https：//www. unodc. org/islamicrepublicofiran/en/unodc – ti. html.

并逮捕了至少74名毒贩。[①] 三方还加强边境管理协作，设立边境联络处，以增强对边境管理的有效管控。

阿、巴、伊是著名"金新月"毒品地带的所在国，三个国家能够开展禁毒合作，对于"金新月"地带毒品形势的改善能够起到积极作用。尽管仍可能存在着疏漏之处，但是三方也在以各种方式逐渐改善合作中的短板。对阿、巴、伊三国而言，三方可以继续就边境管理、毒品信息交流、联合禁毒执法等方面增强合作，可以开展更多禁毒联合行动，给贩毒分子以打击和威慑。

（三）巴基斯坦与其他国家的禁毒合作

由于地理位置临近巴基斯坦，印度也是巴基斯坦毒品流入的重灾区，印巴边境线长达两千多千米，毒品比较容易从巴基斯坦流向印度。为了控制毒品蔓延状况，印巴两国在禁毒方面也曾开展合作。在禁毒合作方面，印度曾与巴基斯坦针对毒品走私等方面进行过合作。2004年6月，印、巴两国就打击毒品走私问题举行了首轮会谈。当年10月，印、巴边防部队在印度进行会谈，针对共同打击毒品问题达成多项协议，并协商相互交换走私犯名单等，当年12月，双方就加强毒品稽查合作以及控制毒品走私的途径与方法达成一项谅解备忘录。[②] 2011年11月，在南亚区域合作联盟首脑会晤上，印、巴两国反毒品机构官员也针对缉毒等相关合作达成共识。[③] 从印巴协作打击毒品的态度可见双方在禁毒问题上可以达成共识，也有较强的意愿开展相关的合作，这也为双边落实禁毒合作奠定了基础。

当然，与巴基斯坦开展禁毒合作或给予巴基斯坦禁毒援助的国家或国际组织还有很多，上合组织、欧盟、日本、丹麦、俄罗斯等国家或国际组织都曾伸出援助或合作之手，如2003年，欧委会通过一项决议为巴方提

---

① "Afghanistan, Iran and Pakistan strengthen anti – drug trafficking initiative", https：//www. unodc. org/unodc/en/frontpage/2010/November/afghanistan – iran – and – pakistan – strengthen – unodc – brokered – anti – drug – trafficking – initiative. html.

② 《印度与巴基斯坦两国就打击毒品走私举行会谈》，新浪网，http：//news. sina. com. cn/o/2004 – 12 – 13/20514511676s. shtml。

③ 《印巴为和平营造新气氛》，光明网，https：//epaper. gmw. cn/gmrb/html/2011 – 11/13/nw. D110000gmrb_ 20111113_ 8 – 08. htm。

供 7100 万欧元的发展基金，其中 100 万用于打击吸食毒品活动；① 2010
年，贝宁政府与巴基斯坦政府曾开展的联合禁毒行动，在一次控制下交付
的行动中缴获了 202 千克海洛因；② 2017 年，丹麦也曾通过毒品与犯罪办
公室为巴基斯坦提供 400 万丹麦克朗的支持，旨在提高巴基斯坦边境管理
机构、警察和检察部门能力③；日本也曾为毒品与犯罪办公室的巴基斯坦
国别方案（2016—2019）提供约 650 万美元的捐赠。

　　另外，俄罗斯也与巴基斯坦展开双边及多边对话，以更好地商议禁毒
合作，并设立专门工作组和联络员以便及时分享相关信息④；当然其他国
家和组织也曾给予过巴基斯坦以支持或开展禁毒合作，在此不一一列举。
而国际合作也充分说明，毒品威胁无国界，只有在全世界范围内开展有效
的合作才能更为有效地打击毒品犯罪。目前，在巴基斯坦和国际社会的共
同努力下，尽管巴基斯坦毒品问题的解决仍旧是任务繁重，但也取得了一
定的成绩，未来可以从以往本国及国际禁毒工作中吸取宝贵的经验，并加
以发扬，以更好地控制住毒品形势，实现一个"无毒的"巴基斯坦。

---

　　① 《欧洲委员会援助巴 7100 万欧元发展基金》，中华人民共和国商务部网站，http：//kara-
chi. mofcom. gov. cn/article/jmxw/200301/20030100064332. shtml。

　　② UNODC Report：World Drug Report 2013 ，https：//www. unodc. org/documents/lpo－brazil//
Topics＿ drugs/WDR/2013/World＿ Drug＿ Report＿ 2013. pdf.

　　③ Denmark supports UNODC's capacity building program for Pakistan's border management agencies，
police and prosecution services，https：//www. unodc. org/pakistan/en/press－release＿ －denmark－sup-
ports－unodcs－capacity－building－program－for－pakistans－border－management－agencies－－po-
lice－and－prosecution－services. html.

　　④ 杨勇：《新世纪以来的俄罗斯与巴基斯坦关系》，《东南亚南亚研究》2016 年第 2 期。

第九章　巴阿边境恐怖组织与
犯罪集团活动新态势

一个发展不平衡且相对封闭的环境，不仅容易滋生恐怖主义，而且也为有组织犯罪提供了土壤。这是当前经济全球化发展到新阶段，巴基斯坦与阿富汗边境地区正在面临的挑战。根据最新统计，巴阿边境①目前依然有不少恐怖组织和犯罪集团进行活动，并且因相互借力而呈现利益趋同态势。而追溯历史不难发现，在巴阿边境出现这种情况存在现实原因，长期以来巴阿政府无法对该区域进行有效管控，地方部族力量强大且各自为政，这为不法分子的活动提供了空间。不仅恐怖组织能从犯罪活动中获取资金，而且犯罪集团也能通过恐怖组织贩卖情报和武器以获取资金。本研究拟将重点分析恐怖组织与犯罪集团近来活动新态势，并对中巴经济走廊安全建设提出思考建议。考虑到恐怖组织与犯罪集团两者间存在互动且关系复杂，本章拟不将其两者各自内部结构关系列入重点观察之列。②

第一节　巴阿边境主要恐怖组织与犯罪集团活动概况

长期以来，巴阿边境地区恐怖活动和有组织犯罪给当地社会发展带来

---

① 巴阿边境，本章主要指的是巴基斯坦与阿富汗之间绵延长达 2600 千米的边境线区域，特别是巴基斯坦开伯尔－普什图省和俾路支省与阿富汗交接地区。

② 关于结构关系的例子很多，例如，一名医生遭绑架而被索要赎金。他讲述了他的故事，首先是一个犯罪集团绑架了他，然后通过一系列中间人最终将他卖给了塔利班，他的家人若想赎回他则不得不支付 430 万卢比赎金。第二个例子是 D 公司为巴基斯坦的虔诚军提供资金，除了房地产业务外，D 公司还通过盗版电子电影、绑架、走私武器和合同杀人等手段赚取黑钱。第三个例子是向基地组织和虔诚军等激进组织提供融资等信托服务的基金参与其中。参见 Gregory F. Treverton, et al., "Film Piracy, Organized Crime and Terrorism", RAND Corporation (2009), 91.

负面影响。而由于中东地区极端思想传播以及巴阿当局的打击能力有限，巴阿边境恐怖主义和有组织犯罪长期处在一种失控情境下。甚至许多恐怖组织已在当地社会根深蒂固，相互间盘根错节。进入21世纪以来，一度活跃于该区域的主要恐怖组织分支力量以及有组织犯罪情况如下：

一　巴阿边境近年来一度活跃恐怖组织

巴阿边境曾一度活跃并产生过重要影响的恐怖组织如下。（1）基地组织（Al‑Qaeda）：基地组织成立于1988年，是一个被联合国安理会禁止的全球性恐怖组织。它以分散网络形式运作，其许多领导人目前已经被捕或死亡，但分支组织还在运作。[①]（2）哈卡尼网络（Haqqani Network）：哈卡尼网络最早是由美国培育出来对抗苏联的网络组织，在俾路支省有一定影响力。[②] 其主要领导人是贾拉鲁丁·哈卡尼和西拉朱丁·哈卡尼。该组织在阿富汗曾与北约和国际安全部队作战，据称参与了阿富汗的多起炸弹袭击。该组织于2001年11月被美国行政命令列入非法组织。[③] 美国驻阿富汗大使赖恩·科克（Ryon Cocker）曾指控该网络参与了对美国驻阿富汗大使馆的炸弹袭击。[④]（3）穆罕默德军（Jaish‑e‑Muhammad）：字面意思是穆罕默德的军队，由毛拉娜·马苏德·阿扎尔创立。其目标是将印度军队驱逐出查谟和克什米尔，它与基地组织和巴基斯坦先知之友存在接触。（4）真主旅（Jundallah）：自2003年以来真主旅一直从事反伊朗政府的活动，它在穆罕默德·达希尔·巴鲁克领导下曾多次袭击伊朗。（5）坚格维军（Lashkar‑e‑Jhangvi）：1996年由里亚斯·巴士拉、阿克兰·拉胡里和马利克·伊沙克等脱离巴基斯坦先知之友后，成立了坚格维军。[⑤] 该组织主要是参与攻击巴基斯坦什叶派穆斯林的组织。（6）巴基斯

---

① Jason Burke, "Al‑Qaida leadership almost wiped out in Pakistan, British Officials Believe", Retrieved at guardian. co. uk, Sunday 25 December 2011, 19. 47 GMT.

② Don Rassler and Valid Brown, "The Haqqani Nexus and the Evolution of Al‑Qaida", Harmony Program Combating Terrorism Center at West Point, 14 July, 2011.

③ Executive Order 13224, Office of the Coordinator for counterterrorism, US State Department. September 23, 2001.

④ Rubin, Alissa J. ; Ray Rivera, Jack Healy, "US Blames Kabul Assault on Pakistan Based Group", The New York Times, Retrieved on 14 September 2001.

⑤ "Lashkar‑e‑Jhangvi: Sectarian Violence in Pakistan and Ties to International Terrorism". Terrorism Monitor (Jamestown Foundation) 3 (11), Retrieved January 9, 2012.

坦虔诚军（Lashkar‑e‑Taiba）：成立于 1990 年，是南亚组织严密的恐怖组织。其领导人是哈菲兹·穆罕默德·赛义德。其动机是将印度军队驱逐出克什米尔和实行泛伊斯兰主义。（7）巴基斯坦先知同伴保卫军（Sipah‑e‑Muhammad）：这是一个什叶派激进组织，成立于 20 世纪 90 年代初，是为了回应巴基斯坦先知之友激进活动而产生。2001 年被巴基斯坦禁止。它的创始人是穆瑞德·阿巴斯·亚兹达尼。（8）巴基斯坦先知之友（Sipah‑e‑Sahabah）：成立于 20 世纪 80 年代，为了阻止什叶派在伊朗革命后对巴基斯坦的影响而创立。2002 年已被巴当局取缔。它被广泛指责在巴基斯坦针对什叶派穆斯林的宗派暴力组织。（9）执行伊斯兰法运动组织（Tehreek‑e‑Nifaz‑e‑Shariat‑e‑Muhamadi）：这是一个激进的反叛组织，由苏菲·穆罕默德于 1992 年创立。该组织活跃在巴基斯坦阿富汗边境地区，目的是在巴基斯坦推动建立伊斯兰教法，在 2002 年已被巴基斯坦政府取缔。（10）巴基斯坦塔利班组织（Tehreek‑e‑Taliban Pakistan）：2007 年巴伊图拉·梅苏德与七个激进组织联合成立了该组织，主要以打击法塔地区的巴基斯坦军队为目标。尽管它与阿富汗的塔利班组织不同，但在法塔发生无人机袭击后也以美国为目标。此外，"俾路支解放军"等恐怖组织近来也日趋活跃。

二　恐怖组织活动态势特点

目前在巴阿边境地区的恐怖组织，他们有一个共同特点，即纷纷宣称本组织是代表派系利益和族人利益的政治组织或团体。长期以来，美国、印度和伊朗等国也一直在暗中安抚并培育各自力量。巴政府为维护国家主权也一直试图笼络除"俾解"以外的其他力量组织。

1. 恐怖组织通过宗教学校及清真寺捆绑民众宗教信仰，不断将民俗传统与文化极端化

在巴阿边境地区的一些落后山区特别是北瓦济里斯坦、开伯尔‑普什图省和联邦管辖部落地区，神职人员所在的清真寺和宗教学校具有非常牢固的群众基础，影响着民众的宗教信仰。[①] 近来极端组织纷纷借机占据并垄断民众接受宗教教育的渠道。还有一些宗教学校被极端组织彻底把持，成为传播极端思想的重要渠道之一，宣讲传播宗教教义，不断强化群众基

---

① 郭令丽：《中国经略瓜达尔港的挑战与策略》，《海南热带海洋学院学报》2019 年第 4 期。

础，煽动民众尤其是青年参加"圣战"。

2. 以宣扬独立建国思潮的民族分离主义有不少市场

2019 年以来克什米尔印巴军事对峙严重制约了巴反恐力度，而印巴的长期对峙和矛盾，造成了两国政治互信严重不足。双方多会选择利用对方认为的恐怖组织策应或"打援"。问题在于巴基斯坦是反恐前线，一直致力于打击极端主义和恐怖主义。虽然印巴围绕克什米尔问题长期的相互对峙不太可能升级为大规模战争，但印巴克什米尔实控线附近对峙牵扯了巴基斯坦不少国力，在一定程度上影响了巴基斯坦反恐力度和效能，使得"大克什米尔·汗国"组织、"俾解"活动半径得以扩大。另一方面大国会乘机介入，使局势更加复杂，甚至会打破南亚地区长久以来的相对少的大国干预现状。

3. "圣战"分子回流巴阿边境地区并带来"圣战"思想，激发当地伊斯兰宗教激进主义团体和宗教保守力量快速"成长"

这些回流人员不断对巴基斯坦和阿富汗交界省份的穆斯林进行伊斯兰宗教激进主义思想宣传，鼓励俾路支的穆斯林进行"圣战"。[①]"圣战"思想传播对俾路支恐怖势力的"新诉求"特别是宗教意义上的俾路支斯坦"伊斯兰国"起到了推波助澜作用。

4. 阿富汗东部与巴临近省份恐怖事件频发，治安问题明显

如 2021 年 4 月 3 日，阿富汗东部库纳尔省查帕达拉地区爆发冲突，包括 5 名军人在内的 30 多人丧生。此次恐袭由塔利班恐怖分子深夜袭击安息区的一个安全检查站所引发。据阿富汗黎明电视台（Tolo News）于 2020 年 11 月 17 日报道，该国东北部的巴达赫尚省在当天凌晨发生恐怖袭击事件，激进的塔利班武装分子袭击了执法岗亭，造成包括指挥官在内至少 12 名警察丧生。

5. 阿富汗恐袭以媒体人、律师、女性等为目标的特征较为突出

2021 年以来，女法官和媒体工作者在阿富汗的相关恐袭中丧生，引起国际社会广泛关注。民间社会领袖受到攻击，有些人离开工作或逃离该

---

① 瓜达尔港建设面临的国内阻力主要有巴基斯坦国内反对势力的掣肘、俾路支分离势力的泛滥以及恐怖主义的威胁。这三大国内阻力互为表里，又相互借力，形成一个恶性循环，导致巴基斯坦国内安全问题突出、安全形势险恶，横亘在瓜达尔港的建设之路上。参见李家成、姜宏毅《解析瓜达尔港建设的巴基斯坦国内阻力》，《区域与全球发展》2018 年第 5 期。

国。联合国和阿富汗独立人权委员会的报告也有提到，2020 年，这类袭击事件就呈现增加态势。这些新情况对阿富汗和平进程的未来以及美国全面撤军后阿富汗政府维持安全的能力提出了进一步的质疑。恐袭不仅谋害无辜生命，还破坏了人们对阿富汗政府维持国家稳定的信心，严重影响阿富汗的社会稳定和社会持久发展，应该引起国际社会的严重关注。

三　有组织犯罪主要路径、方式

由于巴阿当局长期以来打击恐怖主义牵扯过多精力，其国内特别是有组织犯罪问题并没有得到相应重视。从目前的实际情况来看，有组织犯罪正在侵蚀着当地经济社会正常发展进程。而且通过有组织犯罪获取的非法收入，也正在成为恐怖主义组织活动的重要资金来源。目前巴阿边境主要的犯罪类型和方式有：

1. 绑架勒索：绑架在边境地区异常猖獗。这是一个能够快速获取收入和拿到支付的一种方式。边境地区生活的居民中，农牧民每一个年龄段或多或少受到影响，然而执法机构却又常常缺席干预。它已成为一种有利可图的"职业"。例如 2015 年在白沙瓦地区，许多企业收到了来自注册地为阿富汗的 SIM 卡所发出的勒索短信，短信称他们必须支付保护费，否则将受到惩罚。部分企业为了息事宁人，选择了缴纳保护费，而另一些未能按要求进行支付费用的企业和个人，则遭到了手榴弹和小型简易爆炸装置的袭击。2018 年 10 月，卡拉奇市反暴力犯罪小组（AVCC）逮捕了一名恐怖分子，该恐怖分子涉嫌绑架一名青年，并索要到 1000 万卢比赎金。经调查发现，该恐怖分子将该笔巨额赎金通过 35 个独立银行账户转移至阿富汗"伊斯兰国（ISIS）"恐怖组织的账户。[①]

2. 银行抢劫案：近年来银行抢劫案有所增加。像奎达这样的俾路支省商业中心银行受到抢劫的困扰压力异常大。2009 年，巴基斯坦最大银行卡拉奇联合银行被抢，损失价值 5 亿卢比的外币，这笔钱有可能养活巴国各地的恐怖组织。[②]

---

① 《巴基斯坦恐怖组织获取资金的主要渠道以及金融反恐领域面临的主要问题》，搜狐网，2020 年 9 月 28 日，https://www.sohu.com/a/421357653_ 100080233。

② 张梦旭：《巴基斯坦银行保安里应外合　抢走 370 多万美元》，中国网，2009 年 12 月 15 日，http://www.china.com.cn/international/txt/2009 – 12/15/content_ 19071006.htm。

3. 哈瓦拉体系①：非官方认可渠道资金转移是恐怖分子的另一个潜在收入来源。在世界各国对银行的资金流动实行严格管制之后，恐怖分子通过非正式的资金转移系统获得资金。

4. 非法贩毒：贩毒是恐怖分子的主要资金来源之一。据统计，世界上90%的鸦片由阿富汗供应，而其中30%通过巴基斯坦转运出境。它导致了毒品恐怖主义现象发生。联合国毒品和犯罪问题办公室曾专门评估报告，认为巴基斯坦的加瓦达尔港被用于走私毒品。②据巴基斯坦犯罪调查机构统计数据显示，目前，巴基斯坦是世界上受毒品危害最严重的国家之一，巴基斯坦有800多万吸毒者，而且这个数字还在不断地增加，其中旁遮普省吸毒贩毒者最多，其次是信德省。有消息称，伊斯兰堡113所学校中，有大约50%的学生为吸毒者（至少曾经吸过毒），吸毒人群低龄化趋势明显。面对如此巨大的消费市场，恐怖组织必然会参与其中，将毒品自阿富汗走私到巴基斯坦，赚取巨额利润，用以发展自身。

5. 非法枪支贩运：小型武器很容易从一个地方转移到另一个地方也易被用于街头犯罪以及扩充恐怖组织力量，小型武器走私是恐怖组织与犯罪集团的主要收入来源之一。

6. 非法贩运被盗机动车，走私物资：一些城郊地区治安状况不容乐观，容易成为逍遥法外的犯罪集团的互动场地，偷盗汽车，获取非法收益。近年来，巴基斯坦每年约有1100辆价值2000亿卢比的汽车被盗。2018年11月，奎达海关官员突袭了一列火车，发现里面装满了地毯和其他家庭必需品等走私货物。这些货物被藏在火车里，所有可用空间都装了货物，十分隐蔽。但是这次突击检查中，海关人员并未抓到走私者，这也显示了他们谨慎的习惯和躲避侦查的能力。据有关数据显示，2016年巴基斯坦因走私电视、汽车零部件、柴油、轮胎、手机和茶叶等日用品而损失了26.3亿美元的税收。

---

① 哈瓦拉体系建立在匿名的信用和非正式关系的基础上，是一种非规制的巨大的转账系统，长期广泛存在并通用于中东、非洲地区，它允许资金在不同国家间进行匿名转移且不用任何电子贷记或借记系统。参见石会燕、修光敏《基于FATF恐怖融资类型研究报告的情报反恐怖融资研究》，《情报杂志》2017年第12期。

② 阿富汗政府每年截获的鸦片只有实际产量的2%；伊朗和巴基斯坦警方每年截获的鸦片分别占入境总量的20%和17%。参见联合国毒品和犯罪问题办公室报告《联合国报告揭示阿富汗毒品贸易的全球影响》，https://news.un.org/zh/story/2009/10/120872。

7. 洗钱：是一种隐藏非法资金来源的犯罪行为。虽然巴基斯坦政府早在 2010 年就通过了一项严格的反洗钱法，其中许多参与洗钱的犯罪案件被侦破，但因洗钱的隐蔽性致使反洗钱工作任重道远。如 2020 年 7 月 15 日，巴基斯坦联邦调查机构（FIA）逮捕了印度情报机构 RAW 一个潜伏小组的重要特工，他在巴基斯坦卡拉奇消防局工作。该特工曾在印度新德里接受迈赫默德·西迪克组织（Mehmood Siddique group）的恐怖主义培训。当天，FIA 还逮捕了 2 名从事货币兑换业务的金融公司职员，他们涉嫌向 RAW 潜伏小组提供资金。2020 年 7 月 17 日，联邦调查机构（FIA）逮捕了一名与印度间谍机构 RAW 有关的嫌疑人，此人涉嫌在卡拉奇通过非法手段汇款。

8. 跨国经济犯罪：各种经济犯罪如诈骗罪、伪造证件罪等。

第二节　恐怖组织与犯罪集团活动影响因素

巴阿边境地区各类违法活动在近些年呈现出新态势，不仅恐怖主义犯罪化趋向日渐明显，也有大量犯罪集团采取恐怖化方式加快活动。追溯历史发现，自"9·11"事件以来，犯罪集团和恐怖组织的利益发生了显著趋同，这无形中加剧了犯罪和政治暴力之间的模糊边界，并导致组织和行动上的相似性增加。[1] 然而，犯罪集团和恐怖组织之间有一个根本区别，前者主要以逃避起诉和单纯追求经济利益为目标，而后者则旨在塑造或改变政治格局。尽管它们间利益追求上存在差异，但并不妨碍这些网络间合作。

一　个人作用

恐怖组织与犯罪集团之间虽然也通过签署相关协议来巩固彼此关系，但

---

① Makarenko, T. (2004), "The Crime – Terror Continuum: Tracing the Interplay between Transnational Organised Crime and Terrorism." in Global Crime 6: 1, pp. 129 – 145, and Makarenko, T. (2009), "Terrorist use of organised crime: operational tool or exacerbating the threat?" in F. Allum, F. Longo, D. Irrera, P. Kostakos (eds.), Defining and Defying Organised Crime: Discourse, Perceptions, and Reality, Routledge.

更多情况下是个人发挥着重要桥梁作用。^① 在反恐实践中，一般政府强力部门在进行追踪涉嫌恐怖行为的人员之前会先对其进行分类，根据他们对某些组织的依附程度进行定性。但政府部门在这过程中经常遇到一种特殊现象，彼此势同水火关系的恐怖组织之间也存在合作。例如来自沙姆解放组织（Hayat Tahrir al‑Sham）的"战斗人员"与"伊斯兰国""战士"存在合作。^② 而很多情况下参与策划袭击者为了完成目标，也更倾向于寻找和依靠他们真正信任的人，例如家庭成员，或者在被拘留和童年困难时期具有联系的人。^③ 在这一点上他们接触的人是否属于同一个"组织"似乎不太相关，同样的思路也适用于恐怖组织与犯罪集团。许多后来参加"圣战"活动的人被警方追捕，有不少起因于轻微犯罪。^④ 而不少参与暴恐活动的人是在犯罪率相对较高的大中城市的同一地区长大，并参与过犯罪活动。^⑤ 在一些特定生长环境下，青年群体内部的共识凝聚力似乎更强，他们之间联系也更紧密。比如，许多从叙利亚或伊拉克返回的"圣战成员"都是儿时的朋友，在一个社区长大。现成为圣战分子的青少年也会把朋友影响成为圣战分子。学者们对这一问题进行了初步探讨，但是有必要对这种特殊现象进行更深入的研究。这种现象和功能动态，也可在罗森瑙的后国际主义范式中、在阴暗而动荡的全球事务中得到较好诠释。^⑥ 当

---

① See for instance Basra, R., Neumann, P. and Brunner, C. (2016), "Criminal Pasts, Terrorist Futures: European Jihadists and the New Crime – Terror Nexus", International Centre for the Study of Radicalization and Political Violence: "What we have found is not the merging of criminals and terrorists as organizations but of their social networks, environments, or milieus."

② See for instance Stewart, S. (2017), "Can the Islamic State and al Qaeda find common ground?" in Stratfor Worldview.

③ See Sageman, M. (2004), "Understanding Terror Networks", University of Pennsylvania Press, and Bakker, E. (2006) "Jihadi terrorists in Europe, their characteristics and the circumstances in which they joined the jihad: an exploratory study", Netherlands Institute of International Relations Clingendael.

④ See for instance Mehra, T. (2016), "Foreign Terrorist Fighters: Trends, Dynamics and Policy Responses", International Centre for Counter – Terrorism (ICCT).

⑤ For a striking description of the neighborhood in Delft, The Netherlands, where a group of Dutch foreign terrorist fighters grew up, see Kouwenhoven, A. (5 July 2014), "Het was niet het geloof dat ze dreef, maar afkeer: de Paradijspoortjongeren zijn in het paradijs, hun doel" in NRC.

⑥ J. Rosenau, (1990) Turbulence in World Politics, Princeton University Press. While Rosenau has published two books that build on the post international paradigm, the core essence of the paradigm and its best expression are found in turbulence. Therefore all citations to Rosenau refer to this volume unless otherwise noted.

前，民族国家的相对关联性正在迅速减弱，而无论是团体还是个人，非国家行为体特别是恐怖组织和犯罪集团都已成为每个安全方程式中的重要变量。它们的独特之处在于它们的行为像自变量一样。由此，像犯罪团伙和恐怖组织这样的非国家行为体需要用新的方法思路来应对，而不是采用传统现实主义者以国家为中心的分析方法来研究和应对。

在当代社会，个体扮演着不同的角色。针对当前国际环境以"个人实现多重目标"的个体层面的分析比现实主义范式的国家层面分析显然更为重要。如果把对犯罪集团和恐怖组织看作社会不稳定的罪魁祸首，也应认识到它们是一个自我趋利的组织，而不仅仅是社会不稳的制造者，则可以更好理解它们的动态。

二　叙利亚战乱带来的复杂影响

叙利亚持续战乱在这些年给国际社会思想认知带来巨大冲击。其中如何对待参与过叙利亚战争并最后返回巴基斯坦进行生活的人员问题，引发了不少争论。不少学者担心这些返回者在未来可能对所在国的安全构成直接威胁，因为不能排除他们可能回来执行攻击任务，也有可能回来执行个人意图的恐怖主义罪行，或在回来后影响其他人，导致他们做出激进行为。[①] 具体在恐怖活动和犯罪关系上，笔者在这里重点研究叙利亚冲突如何影响年轻人行为和地区安全的？首先，叙利亚冲突对青少年的负面影响会对未来的地区安全产生影响。随着"伊斯兰国"失去领土和所谓的哈里发政权灭亡，许多"伊斯兰国"成员活动更加隐蔽，他们或留在当地，或前往其他圣战场所。其危害不仅在于这一群体彼此间一直保持着联系，并拥有一套能够独立从事危险活动的技能，[②] 更重大的危险是许多经历过叙利亚战乱的年轻人仍留在叙利亚或伊拉克，或在

---

① See for instance the report of the Dutch General Intelligence – and Security Service on returnees: "Terugkeerders in beeld" (2017), https://www.aivd.nl/documenten/publicaties/2017/02/15/aivd – publicatie – terugkeerders – in – beeld.

② Tuesday Reitano et al. (2017), "Examining the Nexus Between Organised Crime and Terrorism and Its Implications for EU Programming", International Centre for Counter – Terrorism (ICCT).

其他地区例如被囚禁或在难民营中。① 如果这些未成年人未来生活不被关注和得到帮助引导，他们很可能在圣战意识形态中长大，有可能成为未来新的恐怖主义力量，这在未来几年将是地区和平的潜在威胁。

其次，从现实情况来看，长期以来，巴阿边境人们生活淳朴，多以农牧业为主，安居敬业，简单从容，"恐怖"符号并非是其合适的代名词。但叙利亚战乱期间崭露头角的相关恐怖组织及其附属组织，打着各种圣战旗号，不断来到这个地区进行经营和发展人员。而当地一些投机分子似乎在"敌人的敌人是我的朋友"的前提下投入了"（'圣战'）工作事业"。他们不仅加入了这些组织，而且也获得了相关训练和武器装备。② 并且这些成员中有不少在很多战场参加过实战训练，而且他们知道如何处理社交媒体，专业地使用技术手段（包括无人机），也知道如何秘密使用电子系统——并且非常擅长如何远离雷达跟踪和躲避当局追杀。而其中一些人接受了使用火箭弹推进系统或处理卡拉什尼科夫枪支的训练，另一些人接受了伊斯兰内部情报组织的训练。

最后，叙利亚战乱会在的思想认知领域产生冲击。叙利亚战乱参与者再次走向战场的因素有很多。其中，曾在叙利亚的参战经历和因此而形成的思想认知是重要原因。这带来了两种可能：一方面，坚持强烈的圣战意识有可能使他们远离普通经济犯罪。对一些人而言，强烈伊斯兰意识形态和行为准则使他们很难触犯经济犯罪。另一方面，被打散的"伊斯兰国"所曾传播的圣战主义因其规则和行为准则的"挑选和混合"而为世人所困扰。当然这对"伊斯兰国"来讲并不新鲜，因为基地组织多年来也一直用自己对伊斯兰故事的解释来合法化，甚至煽动犯罪。③ 以类似的方式，返回者愿意调整自己的意识形态框架，以便使他们所希望的行为，包

---

① There are no general statistics available on how many European children are present in Syria and Iraq. The Dutch General Intelligence and Security Service AIVD stated in its annual report 2017 that at least 175 children from one or two Dutch FTFs parents are present in the region. See Jaarverslag 2017, Algemene Inlichtingen – en Veiligheidsdienst.

② See the report of the Dutch General Intelligence and Security Service about Life with ISIS: "Leven bij ISIS, de mythe ontrafeld", AIVD 2016, https://www. aivd. nl/publicaties/publicaties/2016/01/12/aivd – publicatie – leven – bij – isis – de – mythe – ontrafeld.

③ Joscelyn, T. (2011) "Anwar al Awlaki: Jihadists should steal from disbelievers", in *Long War Journal*, 17 January 2011.

括犯罪的愿望合法化，这似乎是合理的。因此，正如可以想象的那样，这些返回者返回后的圣战框架使他们无法参与犯罪网络，正如可以推理的那样，但它可以作为犯罪的刺激因素。

第三节　恐怖组织与犯罪集团滋生的深层次原因

目前，从国际学术界和政界来看，依然有不少人士认为，恐怖主义往往是不平等的反映。[①] 其中支持这种观点的人虽然有时也会引用其他因素来解读暴力圣战分子的行为，例如反帝国主义、反美主义、罗宾汉心态，寻求男性气概以及民族或部落的归属感荣耀等。换句话讲，人们对西方国家政府和上层人士以及其他种族的不满，被视为宗教激进主义的根源的大有人在。但那些认为宗教教义导致暴力行为的人拒绝了这类解释。自杀炸弹袭击者们相信他们会去天堂，宗派分歧又与教义纠纷有关，一些教派例如德奥班迪派，似乎比其他教派更容易遭受暴力思维的渲染。

而从实际调研情况来看，当前许多西方国家专家则并不认同这种说法，部分原因是在于宗教在他们生活中的作用已经变得如此微不足道。在英国，只有5%的信众才会按时去教堂做礼拜。不难理解的是，在一个很少有宗教信仰的社会中，很难接受任何人的信仰都会导致他们犯下谋杀罪。但是西方舆论的因由各不相同。自由主义者倾向于社会经济解释，而保守派评论家则侧重于宗教（特别是伊斯兰教）在激发暴力中的作用。

一　原因多样化

一些女性被暴力组织和圣战团体以及犯罪集团吸引，在于男性的诱导因素。一部分犯罪武装分子来自富裕家庭，贫穷并不完全是诱因。宗教方面，德奥班迪派在鼓舞塔利班的同时，伊斯兰传教士们则起到推波助澜的作用。

至于巴基斯坦西北地区的塔利班化，它依靠的则是毒品贸易，来自墨西哥湾和美国汇款的激增以及沙特曾为反苏圣战者组织提供资金所带来的

---

① 伊格纳西奥·阿尔塔扎（Ignacio Artaza）：《人类发展报告》，联合国新闻网，2019年12月9日，https：//news. un. org/zh/tags/ren – lei – fa – zhan – bao – gao。

不稳定影响。而随着各种资源不断流向先前处于边缘地位的社区，传统的权威模式早已瓦解，但新的有效治理架构并未形成。

二　被误导的"烈士"行为影响不容忽视

在巴阿边境地区，一个比较常见的现象是，当地不少孩子会进入宗教氛围浓厚的伊斯兰学校接受教育，因为当地没有其他正规的学校。而根据调研，大多处于学龄段的孩童在当地学校教育方面实际并没有自由选择的机会，他们想要识字就不得不接受这种以极端伊斯兰礼法为主要内容的教育。这种情况下他们只能被动服从神职人员的教化，接受成为"烈士"的训化。而这些极端化的伊斯兰宗教学校的学生为极端思想的传播提供了可能。在很多情况下，参加这类教育的年轻人被说服有履行宗教使命的责任，成为"烈士"则是成就其事业的方法之一。

在复杂社会经济因素影响下，很多受过极端思想洗礼的学生毕业后，发现自己已经被主政巴基斯坦的美英教育背景的精英所鄙视，他们的家庭也无法为他们提供基本生活支持。他们离开村庄后，既无根又缺乏机会，很容易感到愤怒。于是，当一些关于激进主义者制造的"群体分裂"的舆情出现时，除了"烈士"身份作为归宿外他们也很难有别的选择。

结语

近年来恐怖组织和犯罪集团之间相互借力活动，给巴阿边境经济社会发展带来严重危害。恐怖组织犯罪化与犯罪集团恐怖化等新趋向也给学界提出了新难题，即目前定义的犯罪集团和恐怖组织之间的区别是否仍然有效？如何看待今天恐怖组织在巴阿边境地区的活动诉求以及犯罪集团的深层次犯罪动机？恐怖组织的扁平化运作与犯罪集团的跨国网络隐蔽性特点给政府在打击方面增加了难度。

巴阿边境恐怖活动和有组织犯罪某种程度上讲是一种相互共生关系。犯罪集团的非法收入贴补了恐怖组织以维系日常运转，而恐怖活动的频繁发生也为犯罪集团犯罪营造了氛围。通过对犯罪集团与恐怖组织活动产生重要影响的因素细化分析，发现需要重视重新评估叙利亚冲突对该类活动产生的冲击。随着越来越多从叙利亚和伊拉克战场返回的圣战分子在该地区重新展开活动，其对社会构成的威胁也将加剧。这里需要引起重视的是，经历过战场洗礼的返回者以及从监狱里受到"训诫"刺激的返回者，在恐怖氛围浓厚的环境里将极易再度受刺激。而政府强力部门在采取反恐行动与打击犯罪具体策略时，采取强硬方式无可厚非，但也应重视综合性施策方法的重要性。总体而言，巴基斯坦和阿富汗当局需要一个全面且双管齐下的具体策略，以有效切断犯罪与恐怖之间的联系。同时需在分享情报、技术和有关重要人物个人档案信息共享方面采取国家间合作的办法，避免世界大国之间误判。

简言之，当前中巴经济走廊各项建设虽然取得了丰硕的先期成果，不仅促进了中巴全天候战略合作，也为巴基斯坦开辟了新的经济增长点，成为推动巴基斯坦发展的引擎。当然，作为中巴经济走廊无论北段还是南段瓜达尔港口建设和后续运营仍然面临着严峻的安全风险障碍、投资风险障碍、社会文化风险障碍等挑战。而化解风险就需要照顾各利益方的利益诉求，要坚持开放共赢理念破解非传统安全领域风险，完善法治环境和提升政府部门的高效治理供给能力。

第十章 印巴克什米尔争端走向
及其宗教文化因素

　　作为印度强人莫迪赢得总理连任后的"新政"举措，2019 年 8 月 5 日印度政府宣布废除印控克什米尔地区查谟和克什米尔邦宪法特殊地位，并将该地区重组为两个联邦直辖区。[1] 由此，南亚最大地区热点、印度与巴基斯坦两国抗争对峙的核心问题——克什米尔争端再度激化。对于印度这一单方面行径，巴基斯坦随即予以强烈谴责和反对，声明作为争议的当事方，巴基斯坦将利用所有可能的选项反对印度的非法措施，随后巴基斯坦采取降级巴印双边关系、冻结两国贸易、上诉联合国安理会、支持克什米尔地区抗议行动等反制手段。包括马来西亚、伊朗、土耳其、沙特等伊斯兰世界多国也纷纷表示出明确的反对立场。不同于美国所持的暧昧态度，欧盟和联合国等众多国际组织与国家均对印度此举进行了批评。中方指出印方此举不会改变中方对相关领土行使主权的事实和进行有效管辖的现状。诚然时局动荡的克什米尔争端长期悬而未决不利于印巴关系发展，也将严重影响中巴经济走廊建设和中国西部陆疆安全。如何认识印巴克什米尔冲突根源、发展及背景，印度"新政"下克什米尔地区安全态势将呈现如何走向？如何正确认知克什米尔当地居民的宗教外在表达[2]等？或

---

①　India's PM Modi cancels Kashmir's 70 year–old autonomy，https：//www.pmnewsnigeria.com/2019/08/05/indias–pm–modi–cancels–kashmirs–70–year–old–autonomy/.《印度取消印控克什米尔特殊地位　巴基斯坦强烈谴责》，新华网 2019 年 8 月 5 日，http://www.xinhuanet.com/2019–08/05/c_ 1124840359. htm。

②　所谓宗教外在表达，是指人们的宗教信仰与其身份归属和行为逻辑有着直接关联，宗教信仰关乎每位信仰者行为举止所依据的指导原则。而不同类型的信仰之间则没有这种关联关系。人们从出生到死亡，其间的学习、工作以及参与各类社交活动，不同信仰的群体间比如基督徒、穆斯林、犹太人相互差异明显。参见 Jonathan，"Freedom of Religious Expression"，*Ethnics*，University of Nottingham，January 16，2013。简言之，笔者本章所论及的宗教外在表达是指具有宗教信仰的群体对自我身份的一种认可并期望通过外在的举止（着装、定期仪式感活动等）表现出来让外界能感知并能期望获得尊敬的一种行为展现。

我们通过相关学理性分析，就克什米尔争端问题未来合理解决得出一些有益的判断。

第一节　印巴克什米尔争端的渊源、发展及背景

毗邻中国的克什米尔是印巴两国领土争议地区，作为两国历史遗留问题，克什米尔领土争端自印巴分治以来多次引发两国对抗。位于南亚次大陆北端的克什米尔位于印度、巴基斯坦、中国和阿富汗四国之间，也是南亚通往中亚、西亚的门户，具有极其重要的地缘战略价值，被称为"亚洲的心脏"。克什米尔面积约 19 万平方千米，当地居民中信奉伊斯兰教的穆斯林占了 70% 以上，20% 的人口信奉印度教，其余人口信奉锡克教、佛教等宗教。①

克什米尔争端是英国殖民统治者"分而治之"的历史恶果。1947 年前克什米尔为英属印度"管辖"的土邦。1947 年 8 月印巴分治以及分别独立时，克什米尔归属问题未获解决。按照英国殖民当局 1947 年 6 月颁布实施印巴分治的"蒙巴顿方案"，英属印度将按居民宗教信仰，分成以印度教徒聚居区为主的印度和以穆斯林聚居区为主的巴基斯坦，各王公统治的土邦自行决定归属或独立。巴基斯坦认为，穆斯林占绝大多数的克什米尔应划入巴基斯坦，而信仰印度教的土邦王公哈里·辛格以印度出兵平定土邦穆斯林居民反抗为条件决定加入印度。②

1947 年 10 月，印、巴在克什米尔发生武装冲突。1949 年 1 月，在联合国调停下印巴在克什米尔停火。同年 7 月 27 日印巴在卡拉奇达成协议，划定克什米尔停火线：印度控制区约占总面积的五分之三，人口约 400 万；巴基斯坦控制区约占总面积的五分之二，人口约 100 万。③ 1965 年和 1971 年印巴又在克什米尔爆发两次战争，印度占领了停火线以西的一些

---

① 因争议各方对克什米尔地理范围划分主张不一，关于克什米尔人口各方数据均不统一，大多认为约在 700 万—730 万。笔者获取资料为：印控克什米尔地区人口 6797587（2011 年）。See Abstract of speakers' strength of languages and the mother tongues（2011），https//www. censusindia. gov. in. 巴控克什米尔地区 353064（2017 年）。See Khaleeq Kiani, "CCI defers approval of census results until elections", 28 May 2018. https//www. dawn. com.

② 赵伯乐：《当代南亚国际关系》，中国社会科学出版社 2003 年版，第 85—86 页。

③ 陈延琪：《印巴分立：克什米尔冲突的滥觞》，新疆人民出版社 2003 年版，第 163 页。

地方。印巴分别在各自控制区内建立地方政府。巴基斯坦将其控制的克什米尔地区分成自由克什米尔和北部地区（吉尔吉特－巴尔蒂斯坦）；印度所控制的克什米尔地区称为查谟和克什米尔邦，包括克什米尔谷地、查谟和拉达克。印巴两国围绕克什米尔领土争端陷入多年的纷争，不仅在1947—1949年、1965年和1971年发生三度大规模战争，在1984年和1999年又分别在锡亚琴冰川和卡吉尔地区发生过严重武装冲突。印巴双方均认为克什米尔应为自己领土，巴基斯坦支持占当地人口多数的穆斯林民族自决运动，印度坚持最终将收回被巴"侵略"的克什米尔领土。两国军队围绕停火线（即实控线）两侧的小规模武装冲突不断。另外印度还将中国国境内的固有领土阿克赛钦（约3.8万平方千米）和喀喇昆仑走廊（约0.6万平方千米）称为中控克什米尔，自然为我国所否认，而我国自清朝以来从未承认印度对藏民传统居住区拉达克的主权。

印度建国初期，为了确保对克什米尔的控制，在印度宪法设置第370条临时条款，规定查谟－克什米尔邦拥有除国防、外交和通信等领域外的高度自治权。1954年印度总统颁布总统令，增补宪法附则35A条，允许查谟－克什米尔邦议会制定地方性立法，且该邦永久居民拥有与印度其他公民不同的公民权、财产权和其他基本权利。然而到20世纪末，印度联邦政府通过频繁立法，不断削弱该邦的特殊地位与内部管辖权。2019年5月执政的印度人民党获以压倒性胜利赢得大选，乘着这股东风，成功连任的莫迪总理更有信心与动力再推印度教民族主义的治国方略。8月5日，印度政府宣布取消赋予查谟和克什米尔邦特殊地位的宪法第370条和宪法附则35A条，并将查谟和克什米尔邦改组为"查谟和克什米尔"和"拉达克"两个联邦直辖区。克什米尔地区与我国在历史上有着重要的隶属渊源关系，提起世界名城列城大家多耳熟能详，而以该城作为府地的拉达克历史上属中国西藏的一部分，清朝时作为受驻藏大臣节制的西藏藩属。这里是藏族的传统居住区，有"小西藏"之称，为中国藏区同中亚和南亚交通、贸易的中心和门户。至今中国并未承认印控克什米尔特别是拉达克地区为印度领土。2019年8月中方明确表示印方单方面举措损害中方的领土主权，印方的举措对中方不产生任何效力，更不会改变中方对相关领土行使主权的事实和进行有效管辖的现状。①

根据调研采集，克什米尔当地居民对当前印度的"新政"政策表现出极大疑虑和不满，因担心治安局势恶化，特别期望能够有包括中国在内的大国参与进来进行协调。目前来看，国内外学者围绕印巴克什米尔争端现状及走势展开一系列研究。但因立场不同观点差异不小。

中方学者多认为克什米尔问题属于印巴关系问题，通常从地缘政治与传统安全的视角进行克什米尔争端研究。杨思灵认为，这次印方通过修宪，单方面改变克什米尔地区现状，导致印巴关系持续紧张，引发两国间新一轮的外交博弈。历史上印巴围绕克什米尔争端的外交博弈经历从"零和博弈""合作博弈"到"拒和与求和"，而今克什米尔争端又使两国回归"零和博弈"的升级阶段。② 王世达则将克什米尔争端归入历史遗留问题，来对其进行前因分析与路径破解。③

吴孟克通过研究做出了印度对巴基斯坦施行"极限施压"政策的判断，他认为巴基斯坦面对印度政治经济孤立与军事上"外科手术式打击"不得不采取被动防御，"持续紧张/不时危机"将是印巴关系在可预见未来的主要特征。④ 林民旺教授指出，对中国而言印度推进周边互联互通的做法部分是受到"一带一路"在南亚推进的刺激，印度克什米尔"新政"也是对"一带一路"在南亚建设的一种回应。⑤ 值得注意的是，针对大国介入研究，张家栋认为外来力量参与将使地区局势更加复杂。关于如何看待美国在克什米尔问题上的从不插手转向有限介入，张家栋认为这是美在试图引导克什米尔争端走向，其目标是将克什米尔未来态势纳入到美国的

---

① 《外交部发言人华春莹就印度政府宣布成立"拉达克中央直辖区"涉我领土问题答记者问》，中华人民共和国外交部网站，2019 年 8 月 6 日，https://www.fmprc.gov.cn/web/gjhdq_676201/gj_676203/yz_676205/1206_677220/fyrygth_677228/t1686536.shtml。《王毅就克什米尔问题表明立场》，中华人民共和国外交部网站，2019 年 8 月 12 日，https://www.fmprc.gov.cn/web/wjbz_673089/zyhd_673091/t1688117.shtml。

② 杨思灵：《印巴围绕克什米尔争端的外交博弈及其影响》，《现代国际关系》2019 年第 10 期。

③ 王世达：《印巴克什米尔争端的新动向及前景》，《国际研究参考》2019 年第 10 期。

④ 如在 2019 年 2 月普尔瓦马危机中，印巴出现了"战争边缘"式危机。由此他认为印度于 2019 年 8 月废除宪法第 370 条取消印控克什米尔地区自治地位，印巴关系再次跌至谷底。参见吴孟克教授《"极限施压"对阵"战争边缘"——莫迪执政以来的印巴关系》，《中国国际战略评论》2019 年第 2 期。

⑤ 林民旺：《印度与周边互联互通的进展及战略诉求》，《现代国际关系》2019 年第 4 期。

南亚地缘战略构架安排中。① 张力教授则强调，应从印美战略合作的真正意图视角来审视印度的周边外交谋略和地区布局。②

不过，印度学者如尼赫鲁大学斯瓦拉·辛格教授、阿米塔布·马托教授、阿米特巴·马图教授等认为是印度国家安全问题、印度地方治理与内政问题等。③ 印度阿里加穆斯林大学政治系比拉尔·舍格吉里教授认为，克什米尔的地缘特殊性致使印巴为争夺此地而多次陷入战争边缘。他认为，除非克什米尔争端得到有效解决，否则印巴之间关系很难获得突破性进展。④ 而美国中佛罗里达大学特聘教授德比达塔·马哈帕特拉博士则强调要关注非政府行为体（包括非中央政府和地方政府行为体）在克什米尔争端的影响与作用。其指出，在克什米尔问题上，要突破以国家为中心的边界与安全概念，注重考察既不属中央，也非地方政府的非政府行为体的行为动机及其在塑造地区国家边界关系中的作用。由此他认为，要重视克什米尔地区这些非政府行为体的行为动机，充分注意到他们的激进主义动向。⑤ 美国北科罗拉多大学人类学教授阿瑟·济亚在《印度教民族主义困扰的幽灵：印控克什米尔新殖民发展》一文中，指出印度当局"新政"逻辑应被理解为以印度教民族主义为基础，以新自由主义为动力的新国家行为。由此当下的问题是要警惕部分印度教民族主义者可能的极端行为。⑥ 而曼祖尔·艾赫马德教授在《理解印巴关系：记忆持续成为历史进程的障碍》一文中分析到，印巴两国所代表的印度教徒和穆斯林两个群体

---

① 在可以预见的将来，印度洋地区美国主导、多国参与并存的格局不会有显著变化，传统安全格局和秩序仍将是稳定的，恐怖主义威胁和海盗活动明显下降，但存在反弹的可能。参见张家栋《印度洋地区安全环境的变化与主要特点》，《印度洋经济体研究》2019 年第 5 期。

② 随着印度的战略崛起和美国印太战略的定位，印度和美国的战略合作在近年来持续升温，正在迈向标准意义上的战略伙伴关系。张力：《从地区安全热点看印美战略关系的制约因素》，载《南亚研究季刊》2019 年第 3 期。

③ 章华龙：《取消印控克什米尔特殊地位，凸现印度地缘政治的危机感》，载《环球时报》2019 年 8 月 7 日。

④ Bilal Ahmad Shergojri，"Kashmir dispute and its impact on India – Pakistan relations"，*Asian Journal of Multidimensional Research*（*AJMR*），2018 – 06 – 21.

⑤ Debidatta Aurobinda Mahapatra，"States，locals and cross – border cooperation in Kashmir：Is secondary foreign policy in making in South Asia?"，*Regional & Federal Studies*，2017 – 05 – 27.

⑥ Ather Zia，"The Haunting Specter of Hindu Ethnonationalist – Neocolonial Development in the Indian Occupied Kashmir"，*Development*，Palgrave Macmillan & Society for International Deveopment，Mar. 2020，Vol. 63.

分别所运用的印度教意涵与伊斯兰意象之间明显具有排斥性的，其行为意图基于"他者"与"我者"的对立，这不仅挫败了两国原本应倡导的包容性民族主义的愿景，而且在印巴双方间产生了更多的敌意和互疑。由此，他通过考察印巴两国的建国理论，来揭示印巴两国对抗背后的深层次根源，认为双方根深蒂固的相互仇恨的历史记忆延续致使当今印巴关系难以找到正常化的路径。[①]

第二节　印方"新政"后克什米尔争端的态势走向

如何认识印度此次在克什米尔问题上修宪之后克什米尔地区安全态势的走向？笔者认为从历史和现实的逻辑来看，我们应该注意到印方此举后克什米尔争端演进的如下特征与趋势。

第一，印方此举"克什米尔新政"蓄谋已久，抓住国内外有利形势，步步为营，暗藏最终全控克什米尔整套战略部署。

莫迪将此举视为印度实现民族主义强人萨达尔·帕特尔倡导的"大印度梦想"的开创性举措。尼赫鲁在第二次印巴战争（1965 年）前后，在国际局势及与苏美大国外交有利于自身的情势下，即已改变原先承认的克什米尔争端系领土归属争议的性质，公开声称这是被巴国"侵占"的问题，不再接受以联合国有关决议作为解决克什米尔问题的基础。之后的印度政府又明确拒绝国际调解，在印控克什米尔加紧推行宪政化，一步步收缩查谟和克什米尔邦的自主权和自治权，着力巩固在这个印度唯一的以穆斯林为主的邦的统治。2014 年印度教民族主义色彩浓厚的印度人民党赢得选举前后，其党首莫迪多次在竞选和政纲中声言要结束该邦的宪法特殊地位。在 2019 年 5 月奉行强硬右翼印度教民族主义的印度人民党以压倒性胜利再次赢得国内大选之后，不失时机地抛出强化联邦政府世俗化集权统治的"克什米尔新政"，随后印度议会两院也以多数票顺利通过涉克问题决议，除取消查谟和克什米尔邦自治特殊地位外，还将其拆分为克什米尔和拉达克两个"中央直辖区"。印方意图通过改变克什米尔的政治地理

---

① Manzoor Ahmad, "Understanding India – Pakistan Relations: Memory Keeps Getting in the Way of History", *Jadavpur Journal of International Relations*, 2019 – 06 – 05.

版图，在国际舞台上降低克什米尔问题的重要性和敏感性，从而回避国际社会对克什米尔争端的干预，为下一步在有利时机收回"被巴侵占"的巴控克什米尔埋下伏笔。中国学者张家栋教授认为，印度"新政"的战略意图在于全面掌控克什米尔，而非促进印巴关系发展，这是本末倒置的问题。印度有意把克什米尔从领土争端地区打造为辐射中巴两国的前沿阵地。①

同时我们要看到，莫迪政府此举也有回应印度教民族主义吁求和规避国内舆论对经济问题批评的考虑，同时也不失时机地利用了当前有利的国际环境。当前印度社会对国内经济，尤其是就业和经济增长状况颇多不满。莫迪的重大经济改革，包括减少农民和农业补贴、吸引外资方面的便利化措施等也步履艰难，迟滞不前。莫迪执政的重要政治基础——印度工商界也怕改革触动自身利益而予抵制。但推进带有宗教色彩的政治改革，却得到印度多数民众，特别是印度教徒的支持。"新政"排除了克邦以外居民移民迁入、购买当地房地产、投资经商创业的法律限制，得到国内以印度教人口为多数的一大片印度民众的拥护。同时，现今美国、日本、澳大利亚等国都在着意拉拢印度，尤其是美国为打压中国，推进"印太战略"急需印度配合。美国时任总统特朗普也看重印度的市场潜力。但巴基斯坦领导人访美后，特朗普积极表示愿意斡旋克什米尔争端，而美国当时准备从阿富汗撤军意图日渐明朗。莫迪害怕印度的战略机遇期可能会失去，担心在阿富汗问题解决、美巴关系改善后，巴基斯坦会在克什米尔问题上更多用力，决意抓住时机将克什米尔争端朝其有利方向推进，为克什米尔争端最终解决夺得有利砝码。但事实上，这对克什米尔争端最终合理公正的解决却是南辕北辙之道。

第二，印方此次"克什米尔新政"无疑在很大程度上恶化印巴关系，激化印巴冲突矛盾，印巴双方在停火线（实控线）附近进行对峙乃至小规模冲突难免，但印巴间发生大规模热战的可能性不大。

印方单方面"新政"显然使印巴僵持关系更趋恶化，加剧地区紧张局势。2019 年 8 月"新政"宣布后，印方在查谟和克什米尔邦加强警备，

_____

① 张家栋：《印度的克什米尔政策：从稳定优先到主权优先》，《现代国际关系》2019 年第 10 期。

实行宵禁，中断通信和互联网，封锁新闻，镇压当地抗议骚乱。同时实控线一带时现印巴小规模交火。印度甚至放言，若形势有变，可能放弃"不首先使用核武器"原则。分析家认为，当前印巴克什米尔争端升级的外交博弈是"零和博弈"的回归。由此，不排除印度可能会采取让局势进一步恶化策略，如以追缴恐怖分子名义派地面军队快速穿越实控线，与巴正规军展开短暂一定规模内冲突，然后快速退回印控线内，甚至反复施用这种对抗博弈策略，或在印巴实控线以不定时炮击来对巴方不断施压。而巴基斯坦方面也表示将对印方入侵巴控区以"坚决回应"。巴军方也在克什米尔实控线巴方一侧相应加强戒备。长期以来，印巴双方政治互信严重不足，印巴任何一方单方面的努力和政府行为，往往更多时候被对方认为是"阴谋"活动。如巴基斯坦长期处在反恐前线，一直致力于打击极端主义和恐怖主义，但被印度方面宣传为"以战养战"。

然而巴印之间当前发生大规模持续性对抗战争的概率不高。巴基斯坦奉行现实主义的稳健政策，强烈谴责印方此举激化克什米尔争端，危及地区和平，采取外交降级、中断贸易、暂停跨境铁路和巴士营运等反制举措，并上诉联合国安理会，同中国磋商求助。尽管国际社会担忧或再度引爆印巴战争，甚至发生双方核对抗较量。但笔者认为，基于目前地区和国际大环境制约、印巴各有国内诸多因素牵制、双方政府均以社会经济发展为重心、顾忌核武力使用的不可控风险后果等多种重要国内外因素，目前巴印难以爆发两国大战，双方均不愿全面开战。伊姆拉·汗政府目前反制举措中"排除军事选项"。印度也一再宣称此举纯属印度"内政"，对其外部边界和实际控制线不会产生影响，印度没有新的领土要求。印方近期在印控区平息抗议和克什米尔印巴实控线武装交火时保持相当的行为克制。

与此紧密相关的是，厌战思潮并非空穴来风。而关于克什米尔未来归属，印巴两国民意正在发生变化，具体表现在：（1）克什米尔持续的动荡冲突在印巴普通百姓间产生了一定厌倦心理，认为两国在社会进步方面所付代价高昂，迫切希望和平与发展，巴方反战情绪比较浓。（2）定居大城市没有经历分治痛苦的两国年轻人，互视为普通邻居。在克什米尔问题上，更倾向于和平与友善的方式。克什米尔斯利那加大学社会学系苏希尔·米尔教授指出，克什米尔曾经以其自然美景而闻名，被称为地球上的天堂。但由于印巴关系紧张严重阻碍了旅游业的顺利发展，作为学者的他期望有关各方能充分考虑民生艰难和恢复和平的重要性。① 此外萨布扎·巴特教授在《克什米尔冲突与人权》一文中指出，克什米尔局势不稳已严重影响到政治、社会、经济和文化领域数百万人的生活。他认为人们不应将冲突简单视为印度和巴基斯坦在领土问题上的争执，而应视为对克什米尔当地居民基本生存权的一种严重侵犯。②

　　第三，受国际伊斯兰宗教激进主义思潮和"伊斯兰国"被剿灭击败后圣战分子回流带来的圣战思想影响，克什米尔的伊斯兰宗教激进主义团体和宗教组织势力快速增长。根据统计，这些激进或极端的宗教组织中活动能力较强的目前有 50 个左右。他们不断对克什米尔的穆斯林进行伊斯兰宗教激进主义思想宣传，鼓励克什米尔的穆斯林进行"圣战"。杜幼康教授认为，"圣战"分子回流以及"圣战"思想的传播对克什米尔极端恐怖势力发展起到了推波助澜作用，特别是来自阿富汗地区的恐怖势力带来的极端思想对克什米尔地区和平构成极大挑战。③ 21 世纪以来，查谟－克什米尔解放阵线（JKLF）加快了活动步伐，主张统一克什米尔，建立独立的国家。④ 而亲巴的泛党自由会议（APHC）则是仇印的联合组织。此外，"辅士运动"（Harkatul）则是泛伊斯兰主义武装派别的代表。巴基斯坦先知之友（Sipah－e－SahahaPakistan）长期得到海湾国家资助，并通过毒品和其他犯罪活动获得额外收入，其大部分资金用于建设和维持具有瓦哈比主义和迪奥班德派色彩的宗教学校。而从先知之友分离出来的坚格维军为一个极端和激进的组织，主张打击什叶派人士，旨在于巴基斯坦建立一个纯粹的迪奥班德派性质的国家。克什米尔地区不同组织和派系间利益相互交织重合。经过多年的摩擦碰撞，克什米尔地区的不同派系间有传承也有畸变，如虽巴列维派和迪奥班德派均为逊尼派穆斯林，都具有浓厚的南亚本土色彩，关系却势同水火。巴列维派比较温和，而迪奥班德派则被

　　① Suheel Rasool Mir, Mansoor Ahmad, "Media, Conflict and Tourism: Insights from Kashmir", *International Journal of Social Sciences*, 2018－03－22.

　　② Sabzar Ahmad Bhat, "The Kashmir conflict and human rights", May 23, 2019, https://doi.org/10.1177/0306396819850988.

　　③ 杜幼康：《南亚地区不确定因素上升》，《国际关系研究》2017 年第 1 期。

　　④ Gautam Navlakha, "Kashmir: At the Edge of the Possible", *Economic and Political Weekly*, Vol. 29, No. 38（Sep. 17, 1994），pp. 2465－2466.

认为宗教激进主义者，和沙特的瓦哈比派走得近。为抵抗迪奥班德派的暴力袭击，巴列维派越来越趋向于使用暴力，由此产生了针对迪奥班德派、瓦哈比派武装分子和大搞宗教激进主义的阿尔勒哈迪特（Ahle Hadith）派的政治军事组织逊尼派运动党（Sunni Tehreek）。[①]

第三节　印巴克什米尔争端的宗教文化因素再辨析

对当前印巴克什米尔争端的思虑牵扯到克什米尔发展进程中的政治、经济、宗教等多因素，20 世纪的若干学术性交锋对今天如何思考克什米尔争端问题依然具有重要参照意义。例如阿舒托什·瓦尔什尼教授（Ashutosh Varshney）将这场争端的根源归结为三种相互对立的民族主义观点冲突：大克什米尔主义、世俗主义思想和伊斯兰教义，[②] 但这种说法无法解释争端激化的时间点问题。即如果世俗民族主义的衰落是克什米尔地区局势紧张的因素之一，那么为什么没有在 20 世纪 50 年代就大规模爆发？[③] 而今全球化发展到了新阶段，逆全球化迹象有抬头之迹时，如何从历史进程中宗教文化发展视角重新审视克什米尔争端，显然十分必要。

第一，如何看待克什米尔人因生活条件改善带来的宗教文化认知变化？

克什米尔的社会经济转型始于谢赫·阿卜杜拉时期，并由他的继任者继续进行，促使当地民众从政治上被动的客体逐渐转变为一个政治上警觉和自信的主体。随着克什米尔人获得越来越多的教育，他们意识到在印度几乎所有其他地方都拥有迁徙和宗教表达自由；但在克什米尔，这些权利则受损或严格受限，这种差异引起了他们的不满。经过多年努力的挫败尝试，在缺乏表达异议的渠道情况下，诉诸暴力往往会成为一种无奈的选择。

---

① Paul Staniland, "Azad and Jihad: Trajectories of Insurgency in Kashmir", Cornell University Press (2014), pp. 59 – 99.

② Ashutosh Varshney, "Three Compromised Nationalisms: Why Kashmir Has Been a Problem", in Thomas, *Perspectives on Kashmir*, pp. 191 – 234.

③ 当时，谢赫·阿卜杜拉在查谟的印度教民族主义组织的压力下被解职，因为他被认为对印度联盟不忠。参见 for example, Ishtiaq Ahmed, *State, Natiotn, and Ethnicity in Contemporary Souith Asia* (London: Pinter, 1996), esp. pp. 145 – 146。

表Ⅱ-10-1　查谟-克什米尔在校生登记情况（1950—1993 年）

年份	小学	初中	高中	普通学院	重点大学	重点学院
1950—1951	78000	20000	5600	2779		
1960—1961	216000	60000	22000	8005	174	353
1968—1969	362000	105000	51000	16718	1285	2208
1980—1981	537800	167200	83600	15828	3351	2652
1985—1986	663700	232700	132800	20089	4139	4206
1992—1993	940000	370000	262000	34000		

资料来源：Government of Jammu and Kashmir, Department of Planning and Development, Directorate of Economics and Statistics, Digest of Statistics, 1985-86; Government of India, Jammu and Kashmir: An Economic Profile (New Delhi, 1995), p. 18。

（1）教育机构的发展。在 1971 年至 1981 年的十年中，查谟和克什米尔邦的总体识字率增长了 43% 以上，其增长率之快在印度各邦中名列第三。[1] 此外，克什米尔的宗教学校（伊斯兰学校）教育也有了显著增长。[2] 特别是 1983 年后宗教学校数量的增长得到了巨大推动，各级教育设施的改善意味着越来越多的克什米尔人拥有基本文化水平，而这能使个人更好地理解影响其生活的社会和政治力量。与之相伴的情形是，极端主义的宗教表达则透露出那些极端主义支持者内心深处对其民族地位的焦虑以及对其他群体的仇恨，他们不惜以暴力手段消灭对手。[3]

（2）大众传媒的扩张。20 世纪 80 年代以来，印度各地特别是克什米尔的印刷媒体数量快速增长。1982 年克什米尔的报纸总发行量约为 13.5 万份。两年后发行量上升到约 20.3 万份。再过五年这个数字是 369000，见表格Ⅱ-10-2。关于克什米尔和印度其他地区的电子媒体，特别是电视、录像机和录音机在普及率方面也都有了显著增长。克什米尔是印度最早接触电视的地区之一，因为印度政府希望确保克什米尔不

---

[1]　For the ranking of literacy growth rates, see Afsir Karim and the Indian Defence Review Team, *Kashmir: The Troubled Frontiers* (New Delhi: Lancers, 1994), pp. 188 and 250.

[2]　Jagmohan, *My Frozen Turbulence in Kashmir* (New Delhi: Allied, 1993), pp. 179-180.

[3]　丁俊：《伊斯兰文明的反思与重构——当代伊斯兰中间主义思潮研究》，中国社会科学出版社 2016 年版，第 212 页。

被巴基斯坦广播所影响。实际上斯利那加是继 1972 年德里和孟买之后成为印度政府投入使用的第三个国家"电视中心"。当然准确估计住户使用中的电视机数量是有问题的，但 1985 年以前购买电视机需要许可证这一事实为评估提供了一些依据。例如 1981 年印度邮电部颁发了 3262 个执照，到 1984 年这一数字增加了近六倍，达到 20896 个。根据 1992 年统计，克什米尔当时有 11.8 万台电视机，即每 65 名居民有 1 台。盒式录像机（VCR）和录像带的出现又进一步扩大了电视信息影响范围。鉴于电视媒介的急剧增长和传播信息的快捷性以及电视辩论的兴起，克什米尔当代人对其各项权利和什么是特权的认识要深得多①。他们对克什米尔山谷以外的社会发展也更加了解，比前几代忠于谢赫·阿卜杜拉及其家人的克什米尔人更加成熟和知识渊博。事实证明，新成长起来的克什米尔人不愿意容忍长期以来在克什米尔社会发展中的欺诈行为和宗教文化领域的歧视行为。

表 II - 10 - 2　　查谟 - 克什米尔及全印度报纸印刷情况（1965—1984）

地域	1965	1969	1982	1984
查谟 - 克什米尔	46	102	135	203
全印度	7906	11036	12423	21784

资料来源：Mass Media in India 1978（New Delhi：Publications Division，Ministry of Information & Broadcasting，1978）；Mass Media in India 1986（New Delhi：Publications Division，Ministry of Information & Broadcasting，1987）。

第二，如何理解发展过程中克什米尔人缺乏宗教外在表达的制度保障？

克什米尔局势演变至今，这一过程与印度建国时所构建的地方机制不完善有着重要关联。自 20 世纪 50 年代以来克什米尔人在发展方面比印度其他地区要慢。但在 20 世纪 70 年代之后，这一进程明显加速。从社会学相关理

---

① 关于克什米尔录像机可用性的统计数据并没有确切数字。据估计，1982 年印度共有 18 万台录像机，占拥有电视机的家庭的 11.6%。1983 年，录像机的数量估计为 53 万台，占电视机拥有家庭的 34.2%。1984 年，这个数字已经上升到 61 万台。虽然目前没有克什米尔的具体数据，但克什米尔可能与印度其他地区没有显著差异。

论来看，在多民族国家的少数民族中，受教育水平提高通常会导致其对自身族裔是否受到歧视的敏感关注，而这种敏感又会导致对社会活动参与的更高要求。在这种情况下，少数族裔群体为寻求利益最大化往往按族裔亲疏关系动员来采取群体行动。[①] 而随着少数族裔社区参与诉求的增加，国家层面一般采取两种应对策略：一种是采用压制策略，比如采取限制思想的自由表达，监禁新出现的领导人，并限制各种形式的有组织活动等。这种压制策略多数情况下只是短期措施。另一种策略是通过体制完善来解决。从南亚发展进程来看，在许多不同场景下，印度政府多采取压制策略来解决相关族裔权利诉求问题。[②] 但是，在克什米尔遇到的现实难题在于，"我的宗教，无论对错"的观念在不少地方已深入人心，因为信徒眼中自己所信仰的宗教具有不谬性。[③] 如前所述，本书所论及的宗教外在表达是指具有宗教信仰的群体对自我身份的一种认可并期望通过外在的举止（着装、定期仪式感活动等）表现出来让外界能感知并能期望获得尊敬的一种行为展现。

这里要进一步讨论的是，如果国家不能或者说不愿有效提供少数族裔发表诉求的体制保证，而且没有提供其他奖励和预期，处于劣势地位的少数族群很可能会诉诸宗教极端行动（保守化运动或者说是宗教激进主义化）来表达他们的意图，这种前景如何应对？面对多样方式的少数族裔宗教抗议活动，压制性策略大多适得其反：因为仅仅镇压并不会导致社会平静。相反它可能会产生消除更温和的领导人和产生激进主义运动的结果，最终这种方式可能导致暴力升级。这里笔者尝试从四个假设前置来解读这种民族类群体行为的兴起。首先，它假定在多民族社会中存在少数群体，随着时间的推移他们开始受到包括自己宗教文化在内的歧视。第二，缺乏表达这种异议所必需的渠道路径。第三，面对旷日持久的歧视和没有表达

---

① Milton J. Esman, "Political and Psychological Factors in Ethnic Conflict", in Montville, *Conflict and Peacemaking in Multiethnic Societies*, pp. 53 – 64.

② 追溯历史不难看到，1965 年印巴战争后的头 20 年，克什米尔基本处于平静状态。即使在 1971 年战争中，克什米尔大部地区仍忠于印度。此外，1971 年战争后东、西巴基斯坦解体，对巴基斯坦在克什米尔问题上的主张和相关国家形象造成了重大打击。许多印度学者质疑巴基斯坦对克什米尔穆斯林的要求，因为它不能基于宗教信仰而保持两翼团结。参见 Subrata Kumar Mitra, "Room to Maneuver in the Middle: Local Elites, Political Action, and the State in India", *World Politics*, Vol. 43, No. 3 (April 1991), pp. 390 – 413。

③ ［美］本尼迪克特·安德森：《比较的幽灵：民族主义、东南亚与世界》，甘会斌译，南京译林出版社 2012 年版，第 459 页。

不同意见的体制手段，一部分激进者会尝试诉诸暴力改变现状。在这一过程中，主张克制和妥协的温和领导人越来越被边缘化。第四，有关国家要么寻求让步，要么诉诸镇压手段。

现实情况在于，在改变克什米尔社会格局和产生新一代具有独立意识的克什米尔人的同时，印度现有体制几乎不能为克什米尔人表达不满和不同政见开辟渠道。而且更大的问题在于印度政府会将进行生存权诉求的行为多理解为是分离活动。这一系列"障碍"不可避免地将新生代克什米尔人推向更极端的宗教表达形式选项。随着表达利益诉求的体制途径受到限制，激进主义活动越来越沿着民族宗教寻根的层面进行。但鉴于当前印度政府的强力管控措施，宗教民族主义者更多时候只能表面"弱化"本民族宗教的外在表达，抛弃原外来权力强制下的宗教文化认同，希望借此逐渐坐实地方关键组织实体和群体认同，从而无限靠近真正独立自治（建国）的目标①。为实现自身权力追求目标，宗教已经只是民族主义者的次级身份标签。但是地区压倒性的宗教文化场阈又决定了宗教民族主义者在与周边同宗教国家相处时不得不遵守宗教伦理和规范，以免遭受来自周边"邻居"的直接打击或干预威胁。②

第三，如何客观认知克什米尔人长期生活所展现出的地理文化差异性？20 世纪中叶以来关于克什米尔地区发展情势，用罗伯特·帕肯纳姆教授的话来讲，"一切美好的事物都是相通的"。换言之，克什米尔地区经济发展带来当地居民宗教文化领域的追求，一切显得那么有活力。③ 而宗教文化追求在很大程度上又被认为是指社会制度的完善发展进程。1968

---

① 根据上海社会科学院国际问题研究所 2019 年 4 月访问巴基斯坦时进行的随机调研统计，持有大克什米尔公国思想的年轻人占比在 5% 左右。

② 章远：《"伊斯兰国"时期库尔德民族主义的宗教困境——兼论西方推行世俗政治秩序的危险》，《阿拉伯世界研究》2019 年第 6 期。

③ 尼赫鲁和其他国家领导人争辩说，印度存在一个穆斯林占多数的州，表明所有信仰都可以在世俗国家的庇护下茁壮成长。巴基斯坦在克什米尔问题上的主张，加上该国模棱两可的国际地位，使得印度领导人特别关注克什米尔在印度联盟中的地位。因此，从贾瓦哈拉尔·尼赫鲁（Jawaharlal Nehru）开始，印度国家政治领导人对查谟和克什米尔的内部政治采取了统一的立场：只要当地政治领导人不提分裂，印度政府就会对当地人的政治行为不闻不问，不管是腐败还是其他。由于地方欺骗和国家放任，自 1957 年 3 月第一次选举以来，除了 1977 年和 1983 年的选举外，每次选举都有腐败和欺骗的行为点。参见 For an early critique of the these premises of political development and nation‑building, see Walker Connor, "Nation‑Building or Nation‑Destroying?", *World Politics*, Vol. 24, No. 3 (April 1972), pp. 319‑355。

年，塞缪尔·亨廷顿教授曾警告，认为在缺乏强有力体制保证的条件下，经济发展并不一定会促进社会发展反而可能导致社会不稳定出现。他认为在经济迅速现代化的社会中维持稳定秩序至关重要。全球化带来的经济交融发展和人员流动频率的提升，促使社区与个体之间的关系出现微妙变化，并对自我身份认同提出了越来越高的要求。在没有强力机构来调解这些需求的情况下，过度宗教文化追求可能会导致社会阶层分化，并最终导致不稳定。

从历史上看，首先克什米尔地区因地理因素和传承原因被划分为了几个属区。如在 1979 年之前，列赫和卡吉尔地区一直是作为拉达克的管辖区，分别住有佛教和穆斯林人口，而查谟主要是印度教徒。首先，从印度全国会议的主要代表来源看，克什米尔地区的代表几乎处在了一个非常尴尬的位置，即使是查谟地区的印度教徒在印度议会实际上也没有多大发言权和影响力，更不要说佛教徒占据主导地位的列赫人。其次，由于地理原因克什米尔地区的穆斯林与印度其他地区的穆斯林在经济合作方面长期处在分离状态，彼此间很少有共同事业。实际上克什米尔地区穆斯林不是作为印度国家范畴下穆斯林社区的一部分，而更多时候是作为一个次社区来对待。再次，即使在克什米尔地区，穆斯林之间也存在巨大差异。他们首先是按地域划分。在查谟有众多穆斯林居住在海拔 5000 米左右的山上，冬天大雪封山几乎经常处在与外界隔绝状态，而斯利那加谷地则是另一番自然风情。总体上看，克什米尔在几个世纪里形成了一种相对独特的文化。查谟人讲的是类似旁遮普语的多格里语，而斯利那加人讲的是克什米尔语（克什米尔语更接近波斯语）；斯利那加的穆斯林房屋是用砖木而不是泥土建造；他们平时衣着打扮也是别具一格，比如男性身上一般会佩戴双尖头的帽子和万能的斗篷。由于穆斯林在印度社会的主流中不时面临歧视，由此克什米尔地区的穆斯林不愿冒险到印度其他地方去。[①] 此外，不同区域的穆斯林之间也有着各

---

① 正如与其他情况下所观察到的相类似，比如在伊朗和埃及，当世俗政治不能为表达不满提供充分渠道时，政治运动往往沿着民族—宗教路线展开。参见 William O. Beeman，"Images of the Great Satan：Representations of the United States in the Iranian Revolution"，in Keddie，ed.，*Religion and Politics in Iran*；and Fouad Ajami，"The Sorrows of Egypt"，*Foreign Affairs*，Vol. 74，No. 5（September/October 1995），pp. 72 – 88。

类矛盾，这种不和传统虽说不上悠久但相关事例也随处可见。比如 20
世纪 30 年代，支持谢赫·阿卜杜拉的穆斯林信徒曾与支持米尔瓦兹·
优素福·沙阿的穆斯林信徒相互间斗争。

　　在这里笔者要探讨的是关于宗教对民族身份属性的附加意义问题。实
际上无论是国家层面还是地区层面，当讨论仅仅集中于反极端主义议题
时，各方比较容易达成共识。但要警惕的是，如若人为淡化和压制民族身
份认同属性的宗教表达，所谓去极端化努力也许短期内可以抑制地区极端
主义的蔓延或复发，但从长期效果来看则可能使该地区的各力量忽视宗教
文化因素对民族整合的合理意义。从历史经验看，淡化宗教表达的手段未
必会导致去宗教化的结果。正如尤根斯迈尔指出，冷战后西方自由主义没
有兑现实现经济自由等一系列承诺，于是给了宗教民族主义者以喘息的空
间和机会，其结果就是冷战后宗教民族主义的兴起。[①]

第四节　克什米尔未来困扰：群体认同与
　　　　世俗秩序构建

　　克什米尔地理位置的重要性和对国家主权的象征意义，迫使印巴两方
都无法主动放弃该地区。今天随着印度教民族主义的崛起，印度当局能否
保持对克什米尔强力管控下全面改善民生值得关注。实际上克什米尔问题
如若解决不好，可能会诱使印度的民族分离主义力量加快活动。历史上
看，印巴间围绕克什米尔归属问题进行了多次战争，但双方谁也没能按照
自己意愿实现目标。与之对应的思考是，宗教文化身份追求和制度供给不
足这两种相互关联的力量是否能成为当今克什米尔争端依然难解的借口？
一方面，印度当局的一些过激做法加速了克什米尔人追求宗教文化利益的
能动性，使克什米尔的年轻一代更加意识到自己的权利，另一方面印政府
也应对该国制度建设不平衡性负责。[②] 实际上克什米尔地区如若表达不同
意见的制度途径被封锁，不排除被压抑的不满情绪会诱发暴力抗争出现。

　　[①]　Mark Juergensmeyer, *The New Cold War? Religious Nationalism Confronts the Secular State*,
Berkeley: University of California Press, 1993, p. 35.

　　[②]　The classic statement of this problem of political mobilization and institutional decay is Huntington,
Political Order in Changing Societies.

然而历史进程的敏感时间里比如三次印巴战争期间，山谷中的克什米尔人并没有起义以及和渗透者达成共同目标，诚然这不能归因于克什米尔地区缺乏反印情绪。正如哈扎拉特尔盗窃案后的示威游行所表明的那样，这种平和情绪在山谷中很普遍。而且这些情绪也没有自动转化为对巴基斯坦的支持，也没有转化为愿意诉诸大规模暴力来表达对印度统治的不满。

（一）种族"仇恨论"与群体认同

种族冲突的"古老仇恨论"在近代历史上因新闻媒体的放大而一度被广泛传播。[①] 这一理论经常被用来解释不同民族间关系以及地区冲突，也不时为恐怖组织利用。[②] 比如自1989年后因严重地区动荡致使大批印度教徒离开克什米尔山谷以来，种族观念重新笼罩了该地区。直到今天，克什米尔社区的群体认同更多还是分散性质的。克什米尔山谷流离失所的印度教徒倾向于认为他们以前的穆斯林邻居是掠夺者。20世纪90年代以来地区动荡带来的印度教徒生命损失和财产被毁，以及阿富汗"圣战"者加入战斗都或多或少助长了种族观念的抬头。2014年莫迪上台后，虽也曾试图采取温和手段来改善克什米尔的社会现状和发展经济，但在克什米尔地区各宗教保守力量与跨国恐怖组织的合力下，地区治安形势并未向好发展。由此，克什米尔的局势不稳也就成为莫迪当局采取"新政"的一个重要因素。

另一方面，我们通过对克什米尔历史记录的审视发现，"种族仇恨论"在南亚特别是克什米尔地区具有一定非适性。不可否认伊斯兰教曾作为一种征服力量来到南亚，然而根据南亚史书，印度教徒与穆斯林之间并非水火不容。几个世纪来南亚各地印度教和穆斯林不同社区之间相安无事，并相互在艺术、文学和建筑等领域进行合作。在反对英国统治的民族主义斗争中，印度教徒和穆斯林也曾并肩战斗。也许印度和巴基斯坦的许多现代政治家恰恰是为了达到某些政治目的，而有意采用沙文主义修辞来夸大或压缩一些史实。印度教徒皈依伊斯兰教也不能简单说成是伊斯兰文

---

① For a thoughtful critique of the "ancient hatreds" argument, see Lloyd and Suzanne Rudolph, "Modem Hate", *New Republic*, March 22, 1993, pp. 24 – 29.

② See Elizabeth Crighton and Martha Abele Mac Iver, "The Evolution of Protracted Ethnic Conflict: Group Dominance and Political Underdevelopment in Northern Ireland and Lebanon", *Comparative Politics*, Vol. 23, No. 2, January 1991, pp. 127 – 142.

化侵略。事实上许多穆斯林圣徒长期以来都受到印度教徒和穆斯林的尊敬。此外尽管印度教众和穆斯林社区之间的经济差距在过去 200 年来不断扩大，但克什米尔地区并没有出现这种财富上的大起大落，印度教徒和穆斯林相互间零星暴力事件也并非简单的仇富观引发。① 在克什米尔，长期来虽然印度教徒和穆斯林信众之间存在明显经济收入差距，并且工作环境差异明显，印度教徒主要在政府部门和大型公司里任职，但在克什米尔地区却没有广泛的群体仇恨，反而是克什米尔人的克什米尔认同纽带占了上风。②

（二）民族"安全困境"与世俗秩序构建

民族"安全困境"的概念来源于新现实主义。在一个最高权威受到质疑的多民族聚居环境中，地方自助体系是其自身安全的最终保障者。由此，具有相对独立性的族裔群体生存必须获得必要的军事装备，以保护其自身利益诉求。然而获得这种能力会被其所在国政府乃至邻族视为威胁。邻族或政府为加强自身安全掌控所作的努力会引起相互恶性竞争，这就是多民族群体"安全困境"。巴里·波森将这一理论引申并研判出政府地区治理公共品供给不足引发的秩序崩溃论断。③ 在国家权威受到质疑的情况下，当少数民族必须确保自身生存安全时，他们的群体认同可以承担更大的期望。波森认为，增加群体认同可以产生更大的群体凝聚力，并赋予该群体武装力量以军事优势。同时增加不同种族群体之间的群体凝聚力，可能导致每个群体对其他群体的意图做出最坏的分析，进而实现一种相互制约平衡。④ 在这种情境下代表不同利益的政治家们会利用民族神话来妖魔化政治对手，少数民族聚居区内为寻求自我身份肯定，有时不得已而采取

---

① Ian Copland, "Islam and Political Mobilization in Kashmir, 1931 – 34", *Pacific Affairs*, Vol. 54, No. 2, Summer 1981, pp. 228 – 259.

② See T. N. Madan, "The Social Construction of Cultural Identities in Rural Kashmir", in T. N. Madan, ed., *Pathways: Approaches to the Study of Society in India*, New Delhi: Oxford University Press, 1995.

③ Barry Posen, "The Security Dilemma and Ethnic Conflict", in Brown, ed., *Ethnic Conflict and International Security*, pp. 103 – 124.

④ For a good introduction to the transfer of power and the conditions prevailing in South Asia in 1947, see Leonard Mosley, *The Last Days of the British Raj*, London: Weidenfield and Nicholson, 1961.

这种极端做法①，这个理论对解释克什米尔情况有一定参考价值。

而随着族裔群体活动越来越成为一种必须，印度教徒和穆斯林都担心克区局势动荡可能引发的利他损我态势出现。因此他们将目标只能更倾向于锁定在族裔身份归属上，以抵御潜在的危险未来。历史上看，虽然竞争性报复曾成为一个时期内的秩序，比如印度东北部邦曾发生的大规模屠杀事件。但值得欣慰的是，目前民族安全困境理论在解释克什米尔危机方面实际意义并不大。今天，克什米尔地区的民心导向并没有因印度政府实施"新政"而有多大改观。由此，当前构建符合当地安全需求的机制架构安排显得日趋紧迫，而近代以来通行的托管文化主要是基于西方社会的现代性文化，只能作为借鉴参考不能照搬照抄。一句话来讲，印度当局在克什米尔推动世俗秩序的建立非一朝一夕之功，但在这过程中有必要借鉴20世纪90年代以来第三世界发生的因对世俗化方案不满而引发的各类暴力事件教训，避免悲剧再次发生。②

结　语

对印巴"克什米尔争端"最新态势发展和演进脉络及各相关影响因素的研究表明，少数族裔群体宗教外在表达与自身利益追求的发展轨迹或在提醒人们，多民族国家中少数族裔群体自身传承的宗教文化需求和利益增长不可避免。特别是随着少数民族识字率和受教育程度的提高，他们将更加意识到自己的宗教文化权利，并寻求维护这些权利。多民族国家诚然可以通过制度完善以及提供相关公共品来维持这种平衡。

克什米尔地区宗教极端活动、恐怖暴力活动等短期依然不容乐观，该地区的社区世俗秩序构建显然将是个漫长过程。而印度政府如若继续依赖

---

① 在这方面，马来西亚的案例有一定启发性，1969年5月的暴乱威胁到马来西亚的政治和社会稳定，马来西亚开始实施广泛的社会工程战略。这项政策试图明确地把种族与占领分离开来。这种被称为"土壤之子"的社会改革政策，使有利于马来人的歧视合法化。参见 S. Jayasankaran, "Balancing Act", *Far Eastern Economic Review*, Vol. 158, No. 51（December 21, 1995）, pp. 24 – 26；William Case, "Aspects and Audiences of Legitimacy", in Muthiah Alagappa, ed., *Political Legitimacy in Southeast Asia: The Quest for Moral Authority*（Stanford, Calif.: Stanford University Press, 1995）。

② David Westerlund and Carl F. Hallencreutz, eds., *Questioning the Secular State: The Worldwide Resurgence of Religion in Politics*, London: Hurst & Co., 1996, p. 4.

军队来强力管控克什米尔而不明确时间表，不排除再次恶化军民关系的可能。① 实际上，印巴克什米尔争端是否能有效化解不仅取决于印巴政府双方的努力，也需要克什米尔当地人在具体利益方面的割让取舍，并且还要避免给外来力量进行干预提供理由等。② 在当前印度"新政"实施，域内外各类组织为配合印方而采取相关举措，并且地方民族主义力量选择弱化宗教表达而参与其中，短期看虽然有一定效果；但从长远来看，过分压抑信仰表达隐藏着宗教安全威胁升级的可能性。如果继任的政策制定者把那些保守、激进的声音只看作是少数群体多样性的一种表象，而在多元主义框架下、在重新塑造公共政策的过程中予以漠视，那么有可能给未来的格局埋下严重隐患。

简言之，今天克什米尔地区局势的复杂由多因素造成，包括宣扬种族仇恨论和主张建立民族自助体系的各类恐怖组织在内。由此对印巴之间围绕克什米尔争端的解决方案现在不能急于求成和促成，要从长时段给予各方利益均衡和进行相互妥协营造一个缓冲期。

---

① Sumit Ganguly, "From the Defense of the Nation to Aid to the Civil: The Army in Contemporary India", in Charles H. Kennedy and David J. Louscher, eds., *Civil - Military Interaction in Asia and Africa* (Leiden: E. J. Brill, 1991), pp. 11 - 26.

② Michael E. Brown, "The Causes and Regional Dimensions of Internal Conflict", in Brown, *International Dimensions of Internal Conflict*, pp. 597 - 598.

第三篇
双边关系研究

第一章 中巴双边关系的历史与前景

中国和巴基斯坦的关系历久弥坚，自 1951 年建交以来，两国历经风雨，最终迎来友好合作期，在"一带一路"倡议的大背景下，两国已携手走过 70 年的风风雨雨。本章回顾了中国和巴基斯坦的外交历史，并追溯至古代文明交流中两国曾产生的交集。过去的友好交往是中巴双方一笔宝贵的财产，长期和平相处互帮互助的默契为目前两国在政治、经济、旅游、军事、反恐等多领域的全面合作打下历史基础。历久弥坚的中巴关系在当下"一带一路"的大背景下，成为中国与其他国家交往的范本，因此了解和研究中国和巴基斯坦双边关系的历史也有助于为"一带一路"建设与发展提供借鉴。在回顾中巴的历史关系时，笔者将侧重点放在双方的历史关系对当今"一带一路"建设的影响上。追溯到古代中国与当时巴基斯坦所在地区的文化交流，为的是让过去的历史经验能更好地为当今中巴交往发挥作用。在承接历史友好关系的基础上，双方在当今复杂国际环境下进一步发展关系，为中国"走出去"创造更好条件的同时，也将助力巴基斯坦经济社会发展。

第一节 中巴关系的历史

中国和巴基斯坦都有着悠久的文明历史，建交后长期和平相处，未发生过战争或重大冲突。而从历史视角来看，双方的交往最早可追溯到汉朝张骞出使西域之时。那时张骞就曾途经今巴基斯坦境内，开启了双方的交往历程，之后又经历了长达两千多年的交流，为两国近现代交往和当前关系发展奠定了基础。

一　中华人民共和国成立前的中巴关系

巴基斯坦伊斯兰共和国（以下简称"巴基斯坦"），地处南亚次大陆的西北部，南濒阿拉伯海，东接印度，东北邻中华人民共和国，西北与阿富汗交界，西邻伊朗。早在公元前 2500 年左右，古老的印度河文明在今巴基斯坦境内的印度河流域产生。关于印度次大陆已知的最早的城市文明遗址，一种说法是位于今巴基斯坦境内，1921 年首次在巴基斯坦的哈拉帕被发掘。① 而在那一时期前后，在中国的黄河流域形成了华夏文明。两国悠久的历史文明在双方源远流长的交往中进行传承和相互影响。

根据历史资料梳理，最早在汉武帝建元二年（前 139），张骞奉汉武帝之命出使西域，意在联合大月氏共同抗击匈奴，他在西域停留了十几年，走访了西域各国，虽没有成功联合大月氏，但他亲身所到过的地方，有大宛、大月氏、大夏、康居等国，其中大月氏和大夏就涉及今巴基斯坦境内区域。张骞沿途受到各国国王接见，途经今巴基斯坦相关区域，所见所闻也都记录在案，开启了中国与巴基斯坦的早期交往史。值得肯定的是，张骞出访带来突出的贡献是后面率领使节多次出使西域，打通了古丝绸之路。张骞是中国古代丝绸之路的拓荒者，他与西域各国建立联系，许多西域的使者前来汉朝，为后面中国和巴基斯坦的交往奠定了基础。

之后，据范晔《后汉书》记载，"初，月氏为匈奴所灭，分其国为休密、双靡、贵霜、肸顿、都密，凡五部翎侯。后百余岁，贵霜翎侯丘就却攻灭四翎侯，自立为王，国号贵霜。汉本其故号，言大月氏云"。② 大月氏国被贵霜帝国取代后，今天巴基斯坦北部富庶的旁遮普平原和印度河流域曾为后来贵霜国发展一度提供了粮畜兵力等保障。贵霜帝国又经过几代发展，成为西至咸海、东到葱岭、向南包括印度河和恒河流域在内的大帝国，定都布路沙布逻，又称犍陀罗（即现在巴基斯坦的白沙瓦）。贵霜帝国崇尚佛教，白沙瓦更是佛教文化的中心。早在 64 年，汉明帝曾派使者

---

① 哈拉帕古城位于今巴基斯坦印度河北岸，是一座古代城市遗址，有"古代印度河流域文明的大都会"之称。哈拉帕古城遗址出土了大量印章，这些印章的材质有玉石、铜等，印章上还刻画了几百个字符图形。这些文字符号和中国的甲骨文有许多类似之处，但至今仍然未能被成功解读。参见亚布《印章文字与哈拉帕古城遗址相关问题考释》，《丝绸之路》2017 年第 4 期。

② 范晔：《后汉书》，中华书局 1997 年版，第 755 页。

前往西域寻访文化，辗转来到贵霜帝国，遇见了天竺高僧迦叶摩腾、竺法兰。[①] 他们于 67 年来到中国洛阳，译经著说，汉明帝见到佛经、佛像，十分高兴，对二位高僧极为礼重，亲自予以接待，并安排他们在当时负责外交事务的官署"鸿胪寺"暂住。次年，汉明帝敕令在洛阳西雍门外三里御道北兴建僧院。因东汉使者用白马驮载佛经、佛像同返国都洛阳，为纪念白马驮经，取名"白马寺"。"寺"字即源于"鸿胪寺"之"寺"字，后来"寺"字便成了中国寺院的一种泛称。摄摩腾和竺法兰在此译出《四十二章经》，成为中国佛教史上最早的佛经翻译。这是继张骞出使西域后双方的第二次交往，通过文化上的交流，既丰富了中华文明的多样性，也有利于增进双方的了解和友谊，之后双方开启了一种人民自发的、以交流佛教文化为目的的交往模式。

东汉永平至延康年间，身毒、贵霜帝国、康居、安息和西域每年都有高僧来到中原传道或译经。受此影响，中国的僧人也前往身毒、贵霜帝国等国，宣传中原的佛家思想，并受到当地信徒推崇与爱戴。之后又有许多西域的僧人前往中国传播佛教翻译经书。176 年，贵霜帝国人支娄迦谶来洛阳，翻译了大量佛经。到了魏晋南北朝时期，佛教在中国盛行，西来的僧侣越来越多，这也与当时的中国作为东方大国，繁荣昌盛，在世界上有着巨大影响力有关。

除了前来中国传播佛教的西域高僧，中国也有许多僧侣前往西域取经。399 年，东晋高僧法显从长安出发，前往西域取经，法显经宿呵多国、犍陀卫国到了弗楼沙国（今巴基斯坦白沙瓦），当时的弗楼沙国是北天竺的佛教中心。途中，北天竺有一个小小的陀历国，就位于当代巴基斯坦北部的达历尔（Darel）地区，信仰小乘佛教。[②] 法显归国后将自己的所见所闻写成《佛国记》，给中国带来了大量巴基斯坦的信息，具有非常高的学术价值。法显等僧侣西行取经属于个人行为，除此之外，中国还有官方支持的取经活动。518 年，北魏胡太后派近臣宋云作为使者前往西域求经，曾途经今巴基斯坦境内。629 年，唐代高僧玄奘从长安出发，沿着陆

---

① 此时的天竺国，又名身毒，在大月氏的东南方，距大月氏数千里，后被贵霜帝国所灭，部分成为贵霜帝国从属国。参见范晔《后汉书》，中华书局 1997 年版，第 755 页。

② 武斌：《丝绸之路全史》（上卷），辽宁教育出版社 2018 年版，第 578 页。

上丝绸之路前往天竺取经。他归国后口述由弟子辩机笔录《大唐西域记》，记载了他所亲身经历的 138 个国家和地区，其中包括阿点婆翅罗（今巴基斯坦卡拉奇）、呾叉始罗（今巴基斯坦白沙瓦）等地，极大地促进了当时中国人对西域的了解，为中巴交往留下了宝贵的历史记录。

国际文化交流是一个国家发展进步的动力，自古至今，国家文化、民族文化、区域文化经过长期相互学习、借鉴、融合不断发展提高，才有了我们人类的文明史。中巴两国通过文化交流的方式互通有无，促进了双方文明的进步，也增进了双方的友谊，为当今的合作交流增信释疑，奠定了良好的基础。

二 中华人民共和国成立后的中巴关系

中华人民共和国成立后，中巴两国正式交往始于 20 世纪 50 年代，随着国际局势的风云变幻，半个多世纪来两国的关系也不是一成不变的，也曾因不同的政治立场和利益关系有过外交冷淡期，但总体来讲，两国的关系一直朝着好的方向发展，逐渐成为唇齿之邦。

（一）建交前的中巴关系

巴基斯坦独立于 1947 年 8 月 14 日，在这之前巴基斯坦作为英国的殖民地，属于英属印度的一部分。1947 年，英国驻印度总督路易斯·蒙巴顿提出"印巴分治"方案，即蒙巴顿方案，将英属印度划分为印度和巴基斯坦两个国家。8 月 14 日，巴基斯坦宣布获得独立。自巴基斯坦独立以来，其面临的首要问题就是来自隔壁印度的威胁。两国分治后不久在 1947 年 10 月 27 日爆发了第一次印巴战争，拉开了双方抗争的序幕。由于两国实力悬殊，作为弱势一方的巴基斯坦将和印度的关系作为外交的头等大事。为了能够和印度抗衡，巴基斯坦最初希望伊斯兰世界的几个国家团结起来，通过寻求他们的支持发展壮大自己，但伊斯兰国家实力弱，不团结的现状令巴基斯坦的期望破灭。在冷战的大背景下，巴基斯坦面对美苏争霸的格局，又意在通过多边外交的方式与大国结盟寻求支持，而苏联支持印度的行为令巴基斯坦感到不安，几经波折巴基斯坦选择与美国结盟的外交政策，借助西方国家的力量维护国家利益。

1949 年 10 月 1 日，中华人民共和国宣告成立。中华人民共和国成立后迅速与苏联建交，并在短短两个月内与东欧的一批社会主义国家建交，加入了社会主义阵营。同年 12 月，印度承认中华人民共和国，并撤销对国民党政府的承认。面对印度与中国迅速建立友好关系的局面，巴基斯坦不愿与中国这个强大的邻国失交，于是没过多久，1950 年 1 月，巴基斯坦也承认中华人民共和国的成立。中国出于对中印边境安全的考量，与印巴两国均达成初步的建交协议。经过几番试探和谈判，1950 年 4 月 1 日，中国和印度正式建立外交关系，印度成为第一个与中华人民共和国建交的非社会主义国家。但是中国和巴基斯坦却未能顺利建交，这是由以下几个原因造成的，首先是中国的主权问题，据档案显示，1950 年 1 月 5 日喀莱西已向周恩来传递承认中华人民共和国的照会①，但是巴基斯坦在两个中国政府的问题上未明确表态，主权问题是中华人民共和国外交的底线，因此中华人民共和国政府选择冷处理。直到 1 月 29 日，巴基斯坦才发来第二段照会，宣布"我国政府已正当撤销对现以台湾为基地的中国国民党政府之承认"。② 中国这才正式开启与巴基斯坦的建交谈判。其次是朝鲜战争的问题，1950 年 6 月 25 日朝鲜战争爆发，时任巴基斯坦总理列雅格特·阿里汗发表公开的声明："巴基斯坦政府将会采取最充分的措施支持联合国对朝鲜的战争。"③ 中国对此非常不满，暂停了与巴基斯坦的建交谈判。之后巴基斯坦并未继续出兵朝鲜，再加上在西藏问题上，巴基斯坦选择投了弃权票，两国关系缓和，重启谈判。1951 年 5 月 21 日，中国和巴基斯坦正式建立外交关系。可以说中国和巴基斯坦的建交受到了各方力量的影响，国家主权和安全问题成为两国建交复杂化的重要因素。

（二）建交后 20 世纪后半叶的中巴关系

中巴建交后的很长一段时间，由于两国的立场不同，关系一度非常紧张。在整个 20 世纪 50 年代，两国既未发生重大冲突，也没有开展合作。巴基斯坦在 20 世纪 50 年代初奉行与西方结盟的外交政策，为了获取美国支持，巴基斯坦选择疏离中国。1954 年 4 月，巴基斯坦总理博格

---

① 《中华人民共和国对外关系文件集·第一集（1949—1950）》，世界知识出版社 1957 年版，第 27 页。

② 《中华人民共和国对外关系文件集·第一集（1949—1950）》，世界知识出版社 1957 年版，第 28 页。

③ S. M. Burke, Lawrence Ziring：*Pskistan's Foreign Policy——An Historical Analysis*, Oxford University，Press 1990，p. 127.

拉在南亚五国总理会议上公开宣称："国际共产主义是本地区最大的威胁"。① 同年 5 月，巴基斯坦与美国签订《相互防卫援助协议》。同年 9 月，巴基斯坦加入"东南亚条约组织"，第二年又加入"巴格达条约组织"。这两个组织直接威胁到中国的国防安全，中国对此非常不满，巴基斯坦虽一再向中国表示加入这两个组织是为了巴基斯坦的经济发展，并非针对中国，但中国并未完全接受该说法，两国的关系愈加冷淡。并且在这一时期，巴基斯坦追随美国，在中国重返联合国一事上连续多次投反对票，中巴两国的关系愈加严峻。1959 年"西藏叛乱事件"爆发，巴基斯坦企图利用这件事分化中国和印度的关系，提出了"印巴联防"的主张，虽没有得到印度的回应，但这一主张严重伤害了其与中国的关系，两国关系降至冰点。

随着国际局势转变，进入 20 世纪 60 年代，中巴关系也迎来新的转折点。20 世纪 50 年代末期，中国和印度由于边界线划分问题关系恶化，中国在和印度谈判时，在克什米尔问题上保持中立赢得了巴基斯坦的好感。与此同时，巴基斯坦希望就边界问题和中国进行谈判，之后在中国重返联合国的问题上投了赞成票，释放出友善的信号，中国接受了巴基斯坦的要求，两国关系开始发生变化。1962 年是中巴关系发生重大转折的一年，中印边境自卫反击战是具有决定性意义的一个重大转折点，其促进了巴基斯坦向中国靠拢的外交战略转变。中巴两国发表联合公告，就边界问题有了初步协议，谈判的顺利进行也促进了两国关系的进一步发展，中国和巴基斯坦的关系开始回暖。另外，这一时期中国和苏联的关系恶化，苏联在中印边界问题上选择支持印度，这也让中国意识到要改善与巴基斯坦的关系来维持在南亚的平衡。此时，巴基斯坦和美国的关系也在恶化，美国在中印冲突事件中支持印度，也在一定程度上损害了巴基斯坦的利益。尤其是 1965 年的第二次印巴战争，美国选择中立，这让一直以来依赖美国的巴基斯坦遭到重创，而中国此时选择支持巴基斯坦，巴基斯坦转而选择和中国站在一起。在中、巴、美、苏、印五国关系的冲突和转变中，中国和巴基斯坦因为没有利益冲突和有共同的战略需求走到了一起，真正进入了友好合作的阶段。

---

① 陈继东、晏世经等：《巴基斯坦对外关系研究》，巴蜀书社 2017 年版，第 251 页。

因此，到 1965 年第二次印巴战争爆发时，由于国家利益相一致，中巴两国已经建立良好外交关系。巴基斯坦和中国所处的地理位置和其对印度的相互对抗促进了这一和解。两国逐渐亲密的关系有助于两国制衡印度不断增长的军事力量。此外，巴基斯坦还将是中国改善其与伊斯兰世界关系的一个重要窗口。另一方面，美国没有援助巴基斯坦，而是终止了对巴基斯坦和印度的所有军事援助。这对长期依赖美国的巴基斯坦来说是致命性打击，因为巴基斯坦几乎完全依赖进口美国武器进行军事防御。此时中国的援助对于岌岌可危的巴基斯坦显得难能可贵，正是在这场战争后，中国也逐渐取代美国，成为巴基斯坦最重要的合作伙伴。

（三）改革开放后的中巴关系

20 世纪七八十年代以来，中国和巴基斯坦的合作关系在曲折中发展。1971 年，巴基斯坦国内出现政治危机，印度乘机出兵，爆发了第三次印巴战争，巴基斯坦战败后分为巴基斯坦（西巴基斯坦）和孟加拉国（东巴基斯坦）。虽然中国在 1965 年的战争中公开支持巴基斯坦，但是在这场战争中，中国对巴倾向性并不明显。中国在两次战争中态度出现明显差异，是基于对巴国内形势判断。两国的关系因为这件事变得冷淡，直到 1974 年印度引爆第一次核爆炸，两国的关系又重回到合作阶段。此外，中国还在本国情况也很困难的情况下，给予了巴基斯坦贷款支持，帮助巴基斯坦发展工业、交通业等。两国在一次次相互帮扶中逐渐建立起深厚的情谊。20 世纪后期，苏联解体、冷战格局被打破，世界进入和平阶段。中国和巴基斯坦的关系也经受了因外部环境变化而带来的挑战和考验。

三　21 世纪的中巴关系

21 世纪世界形势呈现多极化的趋势，全球化进程加快，中国和巴基斯坦的全天候合作伙伴关系进一步发展。在政治上，两国领导人频繁互访，开展深入合作。在经济上，两国签署了一系列有利于提高经济合作水平的文件，在农业、工商业、基础设施建设等多方面都展开合作，在 21 世纪的前十年里，两国之间的贸易合作快速增加，中国已成为巴基斯坦第二大贸易伙伴。"从 2001 年的 14 亿美元到 2004 年的 30 亿美元，进一步提高到 2005 年的 42.5 亿美元，2006 年的 50 亿美元，2007 年的 65 亿美

元，2008 年近 70 亿美元。"中巴两国的贸易在持续增长。① 与两国贸易相
辅相成的是一些大型基础设施和投资项目的建设，中国在巴基斯坦投资建
设了喀喇昆仑公路和瓜达尔港。在社会生活领域，在中国遭受汶川大地
震、新冠肺炎疫情，巴基斯坦遭受蝗灾、洪灾等危难时刻，两国都义不容
辞地为对方提供力所能及的帮助。

当然，中国和巴基斯坦的关系发展也遭受许多新挑战。自 20 世纪 90
年代中后期以来，中国奉行韬光养晦的外交政策，希望在与周边国家关系
上维持稳定安全的局面，因此中国也乐意着手改善与印度的外交关系，推
动中巴、中印关系发展②。而 21 世纪初，"9·11"事件的发生让美国将
反恐作为其维护国家安全的重要任务，巴基斯坦作为阿富汗的邻国，在打
击恐怖主义的斗争中具有重要的战略地位，美国着手改善与巴基斯坦的关
系，面对美国的示好，巴基斯坦政府接受了美国的大量援助，美巴关系重
新升温。地区格局与力量间相互博弈，考验也验证了中巴友谊。

与此同时，针对恐怖主义也威胁中国新疆稳定这一情况，特别是鉴于
企图分裂新疆的"东突"组织与处在巴基斯坦的各类恐怖组织之间有着
千丝万缕的联系，中国多次希望巴基斯坦能加大反恐力度，加强双方反恐
合作特别是相关信息情报共享。

进入 21 世纪第二个十年，在"一带一路"倡议指引下，中巴两国关
系更加紧密。2011 年是"中巴友好年"，两国共同庆祝建交 60 周年，将
两国关系推向新的高度，中国已成为巴基斯坦最重要的双边伙伴。2013
年 5 月，李克强总理访问巴基斯坦时提出建设"中巴经济走廊"，推动进
一步加强两国交流与合作。同年年底，习近平主席提出"一带一路"建
设构想，中巴经济走廊作为"一带一路"建设中的重要一环，重要性再
次凸显出来。2015 年，巴基斯坦将瓜达尔港正式租借给中国，对两国的
经济发展都有重要的促进作用。2018 年，中国和巴基斯坦首条陆上跨境

---

① 陈端端：《后冷战时期的中巴关系》，硕士学位论文，郑州大学，2014 年。
② 王苏礼：《中国对印度与巴基斯坦的外交政策》，博士学位论文，中共中央党校，2010
年。"2003 年 6 月，印度总理瓦杰帕伊对中国进行国事访问，同中国总理共同签署了《中华人民
共和国和印度共和国关系原则和全面合作的宣言》。在联合宣言中，双方提出要建立全面合作的
关系，印方承认西藏自治区是中华人民共和国领土的一部分，从而使印度的这一立场有了法律意
义。"

光缆项目建成开通，中国还发射了两颗巴基斯坦卫星。同时，在非官方领域，两国人民的友好交往不断增加，旅游业越来越繁荣，越来越多的巴基斯坦留学生来中国上学。

纵观 21 世纪的前二十年，中巴两国的外交关系逐渐上升到新的高度，两国关系面临新的机遇和挑战，可以预见的是，两国的关系在未来将进一步深化和发展。但也应看到，和中国目前的和平稳定的发展趋势不同，两国之间还存在严重的贸易逆差问题。亲密的政治交往和巨大的经济发展差距形成鲜明的对比。同时，不同的语言文字和宗教信仰给两国人民的文化交流造成了很大的阻碍。面对这些问题和挑战，如何发展两国关系成为新的难题。但只要两国团结一致，坚持互惠互利，合作共赢，处理好这些问题也并非难事。

第二节　当前中巴关系发展的背景与动力

中巴关系不断发展前进的原因在于"合作共赢"的共识。而共赢的关键在于合作双方能否互相帮助，共建链条服务于各自国家利益和战略目标。巴基斯坦虽然国力贫弱，在中巴联系紧密，两国发展长期友好的情况下，巴基斯坦政府愿意抓住其发展机遇期，加快其产业升级，夯实经济基础，搭上中国快速发展的班列，在战略空间扩展进程中与中国形成多方位互补。

一　中巴关系快速发展的时代背景

（一）巴基斯坦三产发展空间较大，营商环境逐步改善给中国带来投资机会

巴基斯坦农业自然资源丰富，但农产品多是初级加工。巴基斯坦拥有世界第三大牲畜总量，是世界第四大牛奶生产国，但境内牛奶加工占比仅有 3%—4%，畜牧业生产技术落后，因而为中国企业带来投资机会[1]。巴基斯坦的基础设施瓶颈和电力缺口也是经济发展的重要阻碍。交通基础设

---

[1]　哈立德·拉赫曼、伊尔凡·沙赫扎德等：《继往开来的中国与巴基斯坦友好关系》，陈继东等译，云南大学出版社 2014 年版，第 6—7 页。

施建设、通信网络涵盖、水电、太阳能、风能发电等领域是中国企业投资机会较集中的行业。

从经济上来看，巴基斯坦通货膨胀率较高，外债偿付压力大。2008年以来，巴基斯坦整体经济的增速放缓，用于国内基础设施建设的公共领域发展项目资金严重不足，对外来援助和贷款的依赖度也比较高①。由于以往巴基斯坦政府很少注重在基础设施上投资，造成基础设施相对落后。

巴基斯坦金融业由银行主导，银行业总资产约为990亿美元，外资银行占总资产的2%。巴国金融服务业渗透率较低，每1000千米仅有0.22家分支行，每1000名成人仅有226个银行账户，低渗透率的另一面是待开发的巨大空间。巴基斯坦作为亚洲第八大纺织品出口国、第四大棉花生产国，纺织业贡献8.5%的GDP，容纳40%的工业劳动力，产品虽远销海外，产品附加值却很低。但巴基斯坦拥有的庞大、年轻、廉价的劳动力却为中方制造业企业转移带来了机会②。

同时巴基斯坦资本市场对外资开放，回报率可观。另外巴基斯坦还具备较大的矿产资源潜力，由于资本密集的投资属性，潜力尚未得到开发。而在中方"一带一路"倡议和"中巴经济走廊"建设的支持下，巴基斯坦实行一系列投资鼓励政策，如巴基斯坦基础设施薄弱，电力短缺，政府便出台一系列关税减免和违约补偿等优惠政策。在全国投资政策基础上，赋予各省在投资政策制定方面一定灵活性。

（二）21世纪巴基斯坦战略地位不断提升

中巴两国全天候战略合作伙伴关系进一步的确立，也展现出巴基斯坦在新时期地缘战略的重要性。巴基斯坦特殊的地理位置，为中方在中亚地区建设能够触及波斯湾的陆路通道提供了可能。而中巴经济走廊的建立为两国同台登场创造了机会，这无论对于区域政治态势，还是中亚经济格局都是一种新场景。巴基斯坦地处亚洲的关键位置，与亚洲各国距离较近，与中东石油产区的海上距离很近，临近波斯湾的最大地缘政治体伊朗。从这个意义上讲，中巴经济走廊建设有助于便捷中国能源进

---

① 杨思灵：《"一带一路"倡议下中国与沿线国家关系治理及挑战》，《南亚研究》2015年第2期。

② 任佳：《南亚国情研究》，中国社会科学出版社2012年版，第6页。

口通道。据探明储量来看，波斯湾拥有大约 7150 亿桶石油，以及 2460 多万亿立方英尺天然气。①

　　一方面，中巴经济走廊在战略层面作用突出。其连接的瓜达尔港距全球石油主要供应通道霍尔木兹海峡仅 400 千米，以此为枢纽可以开辟一条绕过马六甲海峡这一危险地带的内陆能源通道，从而减少中国对马六甲海峡运输渠道的依赖。② 良好稳定的两国关系为巴基斯坦充当波斯湾贸易路线和石油供应渠道的"看护人"角色奠定基础。通过从新疆到瓜达尔港的战略陆路桥或大陆桥进入印度洋，这对于提升中国能源、经济乃至政治安全极为关键。另一方面，"一带一路"倡议自推出后，做好开局对于保持这一倡议的号召力与吸引力尤为重要。中巴两国兄弟般友谊，使得中巴经济走廊自然成为"一带一路"倡议的成效"示范区"。这条经济走廊使中巴两国步入更紧密关系，而这种关系将使中国在波斯湾地区提升影响力发挥重要作用。

二　当前中巴关系发展动力充足的表现

　　中国国家主席习近平于 2013 年下半年提出共建"丝绸之路经济带"和"21 世纪海上丝绸之路"的倡议。在"一带一路"建设背景下，中巴关系将在之前"全天候、全方位"的基础上得到更进一步发展③。实际上，随着中巴两国在经贸、人文交流、政治合作等方面进入新阶段，中巴两国各自地缘环境将出现新的改善。

　　（一）中巴经济走廊建设

　　2013 年 5 月，中国国务院总理李克强受邀对巴基斯坦进行国事访问。访问期间，李克强为加强中巴之间的经贸合作，提出要打造一条由新疆喀什为起点，由红其拉甫山口进入巴基斯坦，汇入"21 世纪海上丝绸之路"的中巴经济走廊（CPEC）。

　　中巴经济走廊（CPEC）起点为中国新疆的喀什，终点位于巴基斯坦

---

　　①　李涛、陈继东、谢代刚：《"地区形势发展与中巴关系"国际研讨会论文集》，四川出版集团·巴蜀书社 2010 年版，第 6 页。

　　②　丁建军：《"一带一路"视角下的中巴关系：承接历史与展望未来》，《印度洋经济体研究》2018 年第 2 期。

　　③　Ali Shahid：《中巴关系的连续性与变化（2006—2018）》，博士学位论文，吉林大学，2020 年。

瓜达尔港，全长近 3000 千米，是一条包括公路、铁路、油气和光缆通道在内的贸易走廊，也是"一带一路"建设的重要组成部分。中巴经济走廊将依托中巴现有的主干公路和铁路，在沿线建设交通运输、能源管线和电力等基础设施，未来实现两国公路、铁路、光缆、油气管线四位一体的对接。走廊建设预计总工程费达 450 亿美元，计划于 2030 年完工①。这一倡议得到巴方积极回应。"中巴经济走廊"被巴方作为施政的重点事项，以此连接中国和中亚、西亚和南亚，推动巴基斯坦对外贸易以及巴基斯坦国内的基础设施建设②。巴基斯坦方面希望"中巴经济走廊"能在中巴经贸关系中更多为巴方提供便利，充分发挥中巴自贸区的潜力，希望中国能够加大对巴基斯坦的投资③。

经过 5 年多的建设，中巴经济走廊现已初见成效，中巴经济走廊框架下在建或已建成的早期收获项目达 20 个，总投资额约 187 亿美元。巴基斯坦计划委员会数据显示，中巴经济走廊早期收获项目已创造 3.8 万个工作岗位，其中 75% 以上为当地就业。能源项目创造的就业最多，吸纳了 1.6 万名巴方工人和工程师就业④。萨希瓦尔燃煤电站、西姆燃煤电站和喀喇昆仑公路改扩建项目等均已投入使用。

（二）瓜达尔港的建设与开发

被视为中巴经济走廊巴方起始点的瓜达尔港，是中巴经济走廊建设的重点项目。瓜达尔港的地理位置十分优越，靠近伊朗边界，有利于炼化运输来自伊朗方向的石油资源，不仅如此，它离波斯湾和霍尔木滋海峡距离都不算远。对建设中国新的能源通道来讲，该位置非常重要。中国如果能对瓜尔达港经营得当，这不仅能够拓展中国的石油进口通道，确保中国石油安全，同时能够缩短中国从波斯湾进口石油的运输距离，减少运输费用，有利于中国能源通道安全问题的解决⑤。

---

① 王易之、李昊、梁沛：《"一带一路"建设与中国经济发展战略研究——以中巴经济走廊为例》，《青海社会科学》2020 年第 3 期。

② 周威：《"一带一路"背景下的中巴关系研究》，硕士学位论文，江西师范大学，2016 年。

③ 王南：《从中巴经济走廊建设看中巴关系及其前瞻》，《新丝路学刊》2018 年第 2 期。

④ Tariq Ali：《巴基斯坦对中巴经济走廊外交政策中的国内因素分析》，硕士学位论文，吉林大学，2020 年。

⑤ 王易之、李昊、梁沛：《"一带一路"建设与中国经济发展战略研究——以中巴经济走廊为例》，《青海社会科学》2020 年第 3 期。

巴基斯坦试图深度开发在瓜达尔港口的想法由来已久。早在1954年，美国对俾路支省进行了地质调查，1958年，巴基斯坦买下了瓜达尔港。20世纪90年代，巴基斯坦政府进行了若干瓜达尔港开发可行性报告，但由于经济状况不佳，资金短缺，巴基斯坦一直无法启动港口项目的建设①。

巴基斯坦深度开发瓜达尔港口的愿景迟至21世纪才得以实现。2001年，中国国务院总理朱镕基访问巴基斯坦，参加纪念中巴建交50周年活动。在此期间，中国表达了对投资瓜达尔港的浓厚兴趣，并同意投资1.98亿美元负责港口项目一期开发②，而巴方则承担计划投资剩余的5000万美元。

2013年，中国国务院总理李克强对巴基斯坦进行正式访问。在访问巴基斯坦期间，李克强承诺提供经济和技术援助协助瓜达尔港项目进一步扩大和发展③。2015年，巴方宣布，中方将承担瓜达尔港二期项目的扩建和发展工作。中国对瓜达尔港二期工程的投资将覆盖各种基础设施。而作为瓜达尔港运营协议的一部分，瓜达尔港自由区建设于2016年正式启动。根据建设规划，瓜达尔港自由区总占地面积约为923公顷，分四期建设④。

时至今日，瓜达尔港及其附近配套项目已粗具规模。2018年5月8日，中国移动巴基斯坦公司开始向瓜达尔港及其附近地区提供4G移动网络信号，一举解决了港口地区通信不畅的问题，相关工作的效率也因此提高了不少⑤。

（三）反恐与地区安全合作的深化

2017年6月，在哈萨克斯坦首都阿斯塔纳峰会上，上海合作组织首

---

① 周威：《"一带一路"背景下的中巴关系研究》，硕士学位论文，江西师范大学，2016年。

② 冉维君：《共建"一带一路"：以巴基斯坦为中心的视角》，硕士学位论文，上海师范大学，2019年。

③ 李希光、孙力舟：《中巴经济走廊的战略价值与安全形势》，《人民论坛·学术前沿》2015年第12期。

④ 周威：《"一带一路"背景下的中巴关系研究》，硕士学位论文，江西师范大学，2016年。

⑤ Zahid Anwar, *Gwadar Deep Sea Port's Emergence as Regional Trade and Transportation Hub: Prospects and Problems*, *Journal of Political Studies*, Vol. 1, No. 2, 2010, p. 103.

次扩员吸收印度和巴基斯坦两个国家为上海合作组织的正式成员国。① 这样，上海合作组织的成员国数量就增加到了 8 个成员国，4 个观察员国和 6 个对话伙伴国。成员国地域面积相当于亚欧两大洲的五分之三，人口超过 30 亿，近全球人口的一半，已经成为世界上人口最多、面积最大的地区性合作组织，并构成了欧亚大陆上规模庞大的区域市场。

至此，上海合作组织已经将中亚和南亚联为一体，便利构建亚欧大陆上的南北通道，为区域内各国加强经贸合作创造了更为有利的基础设施条件②。"东突"恐怖势力是中巴两国共同的敌人，巴基斯坦加入上海合作组织，对双方加强安全领域的合作，共同打击"三股势力"有利，不仅是地区安全的需要，也将为共建丝绸之路经济带带来更多的机遇③。

第三节　中巴关系高水平发展的现状

中国和巴基斯坦的社会制度不同，但并不妨碍两国之间的亲密关系，中国和巴基斯坦依旧以"全天候、全方位的战略合作伙伴"关系互惠互利，合作发展。在全球化的今天，虽然两国发展境遇悬殊，但两国因共同的利益关系，团结一心，应对挑战和机遇，继续深入经济、文化等领域的合作，未来中巴两国的关系会稳步发展。

一　中巴之间的政治合作

政治上，自习近平当选中华人民共和国主席以来，中国和巴基斯坦两国高层领导人频繁互访，政治互信不断加强，关系更加紧密。2013 年 5 月 22 日至 23 日，应巴基斯坦政府邀请，中国国务院总理李克强对巴基斯坦进行正式访问。这是李克强总理就任后首次出国访问，出国访问的首站选择巴基斯坦体现了中国对巴基斯坦的高度重视。巴基斯坦方面也对这次访问非常重视，其主流媒体多次发表文章表达对李克强总理到来的正面评价。两国发表了深化两国全面战略合作联合声明，签署了政治、经济、海

---

① 《关于上合组织习近平给出五个关键词》，《理论导报》2017 年 6 月 20 日。
② 李进峰：《上海合作组织扩员：机遇和挑战并存》，《欧亚经济》2017 年第 5 期。
③ 盛奇伟：《从对抗"共同敌人"到寻求"共同安全"——论新时期中巴战略伙伴关系的驱动因素和现实基础》，硕士学位论文，复旦大学，2012 年。

洋、航天、能源、交通、文化等领域的合作文件。① 在这次访问中，李克强总理在会见巴基斯坦穆斯林联盟（谢派）领导人谢里夫时强调要"开辟中巴友谊发展新天地，开创中巴合作战略新格局"。② 李克强总理还提出"要深化中巴全面战略合作，拓宽各领域务实合作，制定中巴经济走廊远景规划"。③ 这是中巴经济走廊建设的开端。2013 年 9 月，习近平主席在访问周边国家时，先后提出建设"丝绸之路经济带"和"21 世纪海上丝绸之路"（简称"一带一路"建设）的重大倡议，巴基斯坦以其独特的地理位置和地缘政治重要性为中国提供了新的进口能源渠道，成为"一带一路"建设中重要的一环。中国主动抛出的橄榄枝得到了巴基斯坦的积极响应，旋即在 2014 年 2 月 18 日至 21 日，巴基斯坦前总统侯赛因在就任后首次访华，两国决定继续保持在政治上的密切沟通，进一步与中国商讨中巴经济走廊的建设事宜，并努力确保中方在巴基斯坦的建设人员和工程设施的安全。中国和巴基斯坦的合作从政治互访拓展到经贸往来，为两国关系增砖添瓦。

　　2015 年 4 月 20 日，习近平主席启程对巴基斯坦进行国事访问。这是习近平作为中国国家元首首次访问巴基斯坦，也是中国国家主席时隔 9 年再度访问巴基斯坦。习近平主席称："这是我首次访问巴基斯坦，但我感觉就像到自己兄弟家中探访一样。"④ 这次访问确定了以中巴经济走廊为中心，围绕其建设开展中国和巴基斯坦在各个领域全方位的合作，这次访问明确了中巴之间的合作不仅是普通的经济贸易往来，更是为了促进巴基斯坦基础设施建设，进一步提高巴基斯坦人民的生活水平，打造中巴命运共同体。

　　巴基斯坦高层多次访华与中国领导人协商包括反恐问题在内的一系列地区与双边关系问题。与美国因阿富汗撤军问题对巴基斯坦忽冷忽热、削

---

　　① 《中华人民共和国和巴基斯坦伊斯兰共和国关于深化两国全面战略合作的联合声明》，新华网，2013 年 5 月 24 日，http：//politics. people. com. cn/n/2013/0524/c1001 – 21594921. html。

　　② 吴乐珺、杨迅：《开辟中巴友谊发展新天地　开创中巴合作战略新格局》，人民网，2013年 5 月 24 日，http：//politics. people. com. cn/n/2013/0524/c1024 – 21595496. html。

　　③ 张琪、刘华：《李克强在巴基斯坦议会发表演讲时强调让中巴全天候友谊结出新硕果》，新华网，2013 年 5 月 23 日，http：//politics. people. com. cn/n/2013/0523/c1024 – 21594491. html。

　　④ 任琳：《习近平访巴助推"一带一路"旗舰项目》，央视网，2015 年 4 月 18 日，http：//news. china. com. cn/politics/2015 – 04/18/content_ 35357246. htm。

减军事资金支持的态度相反，中国方面一直对巴基斯坦在反恐方面的行动表示支持，并不断增加支援。2018 年 11 月，巴基斯坦总理伊姆兰·汗访华，两国总理举行了会谈，并共同见证科技、农业、卫生、海关、司法等领域十多项双边合作协议的签署。2019 年 8 月，克什米尔地区问题上巴基斯坦和印度再起冲突，巴基斯坦外长紧急访华，与中国外交部长王毅就该情况交换意见，再次体现中国对巴基斯坦的重要性。2020 年 3 月，巴基斯坦新总统阿里夫·阿尔维应习近平主席邀请访华，巴基斯坦总统赞扬了中国强有力的防疫措施，在中国面临抗击新型冠状病毒性肺炎疫情（简称"新冠肺炎"）的艰难情况下，巴基斯坦也举全国之力给予中国支持，中国也在农业、科技等方面给予巴基斯坦援助。除了两国高层领导人在政治经济问题上进行交流，两国其他领导人在频繁的政治互访中还就军事、文化、反恐等问题达成共识。

中国领导人称巴基斯坦为"风雨同舟、休戚与共的全天候朋友"，而巴基斯坦前总统佩尔韦兹·穆沙拉夫（Pervez Musharraf）也作诗称赞中巴友谊"比山高、比海深、比蜜甜"。① 巴基斯坦认同"一个中国"，在中国台湾、中国香港、中国新疆、中国西藏等地区问题上给予中国坚定不移的支持，中国也支持巴基斯坦主权独立和领土完整。通过一次次互访两国谈成了在各个领域的合作，并签署了一系列经贸、军事、教育、反恐等方面的协定，有助于两国在核心利益问题上达成一致，在国际事务中协调配合。目前，政治合作是中巴两国关系发展的主阵地，也是两国开展其他领域合作的基石。

二　中巴之间的经济贸易

近年来中巴两国共同开发瓜达尔港，发展"一带一路"建设，建设中巴经济走廊，深化两国贸易往来，两国间的经贸合作越来越紧密。其中"中巴经济走廊"的建设对两国来讲都有非常重大的意义。对于巴基斯坦来讲，中国在其境内的投资极大地拉动了当地的经济增长，有利于巴基斯坦的能源部门、基础设施建设和工业获得大规模投资，提振巴基斯坦岌岌可危的经济状况。并且一旦中巴经济走廊建设好，中国还可能会将一部分

---

① 陈继东、晏世经等：《巴基斯坦对外关系研究》，巴蜀书社 2017 年版，第 269 页。

工业项目转移到巴基斯坦，并将巴基斯坦纳入其生产链，极大提高当地居民的就业率和生活水平。同时，"中巴经济走廊"的建设还有助于维护两国的能源安全，对于中国来说，拓宽中国的石油进口渠道，既缩短了中国从国外进口石油的距离，也能避开马六甲海峡这一不安全因素的威胁。中巴经济走廊还将增加中国在巴基斯坦的影响力，从而在地区事务中对伊斯兰堡施加影响。另外，作为"一带一路"的旗舰项目也是首个项目，"中巴经济走廊"为其后续的发展起了一个好头，为中国如何与其他国家合作提供了经验和借鉴，并且巴基斯坦作为"海上丝绸之路"与陆路丝绸之路的交汇点，其成功直接关乎"一带一路"建设能否继续顺利进行。

三　中巴之间的民间交流

近年来，随着两国政治上的互动一如既往，经济上的联系也愈加紧密，两国民众的交流也逐渐加深。2015 年，习近平主席访问巴基斯坦，两国定下"2015 年中巴友好交流年"，中国在多所大学里设立了巴基斯坦研究中心，巴基斯坦也设立孔子学院和文化中心，增进了两国间的了解。之后，两国不断采取措施促进双向交流，中方增加了对巴留学生奖学金名额，每年前来中国留学的巴基斯坦学生数量不断增加，近年来巴基斯坦前往中国的留学生也在快速增长。据调查采访发现，"对中国的好感是促使许多巴基斯坦学生选择前往中国留学的首要原因，除了情感因素之外，签证便利、费用合理是推动巴基斯坦学生赴中国留学的现实因素"。[①]

中国还赞助巴基斯坦各界人士访华。作为回报，巴基斯坦在相当短的时间内推广了汉语，在巴基斯坦街头随处可见中文标示的指示牌。因此，在各大城市可以看到大量的中国游客和商人。"一带一路"建设在巴基斯坦也为会讲中文的当地巴基斯坦人带来更好的工作机会和待遇。两国的直航航班不断增加，而且无疑还会继续稳步增加。同时，两国的主流媒体一直都对两国间的友谊有着非常积极的评论，引导民间对两国关系的正面舆论。

随着中国和巴基斯坦的非官方领域的交流合作不断增强，两国间民众

---

① 王安珂：《巴基斯坦掀起"留学中国热"》，《人民日报》2018 年 5 月 24 日，https://www.xyxww.com.cn/jhtml/jyzx/171427.html。

对彼此认知不断加深。虽然两国间存在不同的社会制度和文化传统差异，但通过两国人民的共同努力，无疑将会克服重重困难，增强相互理解和包容。

第四节　继续推动中巴关系高水平
发展的优势与障碍

2020 年，新冠肺炎疫情影响下世界形势出现了新的变化。面对更加复杂的国际环境，中巴关系也迎来了新的机遇和挑战。首先，中国迅速控制住疫情，恢复了生产和发展，让越来越多的国家对中国产生信心。其次，中国与巴基斯坦在疫情中相互扶持互相帮助的友谊为中国与"一带一路"沿线国家今后交往树立了典范，有助于打消其他国家对中国援助和中国国际责任担当的顾虑和疑心。再者，在疫情全球蔓延情况下，中国所提倡的"人类命运共同体"理念深得人心。实际上只有各国团结起来，最终才能战胜疫情。本节主要结合中巴关系高水平发展的现状和国际形势，分析中国和巴基斯坦接下来高水平发展的优势和障碍，为"一带一路"背景下中国下一步对巴基斯坦乃至整个"一带一路"沿线国家交往政策制定提供一些建议和不成熟的思考。

一　中巴关系发展的优势

政治合作依旧是目前中巴两国重要合作方向。近年来，两国高层频繁互访和对话，拓宽了两国在农业、经济、科技、医疗等领域合作。在国际事务中，巴基斯坦一直是中国坚定不移的支持者，在涉及中方的核心利益问题上在国际舞台上多为中国发声，多次公开支持"香港问题是中国的内政问题"，赞赏中国在新疆治理过程中依法采取一系列措施，应对恐怖主义和极端主义威胁。而中国也坚定不移地支持巴基斯坦的主权独立和领土完整。

两国的经济合作将成为今后两国合作的重要一环，随着"一带一路"建设和"中巴经济走廊"项目的推进，中国目前已经成为巴基斯坦第一大贸易合作伙伴。目前，两国的经贸合作已经从港口、交通建设拓宽到基础设施、农业等多领域全方位合作。两国之间拥有广阔的经贸合作空间。

两国间军事合作也将是一大看点。2000—2010 年中国对巴基斯坦的武器出口占同期中国武器出口总额的48%。仅在2010年，巴基斯坦就占了中国对外军售总额的60%。中国给予巴基斯坦军事援助，一是为了增强巴基斯坦军事力量，使之与印度军力相比不至于过弱，从而维护南亚地区的相对稳定；二来巴基斯坦作为中国与中亚和中东的重要贸易枢纽，其装备中国武器也将引起该区域国家的注意，增强防卫力量可以有来自美欧市场以外的选择；三是目前中国不断加大对巴基斯坦的经济投资，势必需要一个相对稳定安全的建设环境，两国不断增强的军事合作，有利于增进两者战略合作，在维护地区稳定中可合力发挥作用。另外，目前巴基斯坦的海上贸易蓬勃发展，海路也是"中巴经济走廊"中重要的一环，是中国和波斯湾地区国家进行贸易的必经之路，这就对巴基斯坦的海洋安全有更高的要求。为尽快帮助巴基斯坦完成海军的现代化转型和升级，中国将继续给予巴基斯坦适当的军事援助。

二 中巴关系发展的障碍

国际局势的风云变幻是影响中巴关系的重要因素，虽然两国目前的核心利益一致，但美巴关系和中印关系的变化依然对中巴关系产生着一定影响。地区格局对中巴关系发展起着重要的塑造作用。目前南亚的三角关系只是达成了微妙的平衡，但克什米尔问题和中印边界问题仍没有解决，中国、巴基斯坦均和印度时不时爆发冲突和摩擦，矛盾与冲突是三国关系发展的不定时炸弹。

再者，中国和巴基斯坦的经济合作还需要进一步深化。两国之间的经济差距较大，存在一定的贸易逆差。两国的贸易发展不仅存在不平衡问题，也存在单向依存度高和巴基斯坦产业结构升级进展缓慢的问题，并且巴基斯坦局势不稳也令中国投资者对其并不看好。2020年中美关系紧张和新冠肺炎疫情的暴发，在全球经济都不景气的大背景下，中国的对外投资非常谨慎，对中巴经贸发展也有一定影响。

另外，中巴经济走廊并没有配套跟进的安全防务协议，或者说这一块内容比较薄弱。巴基斯坦境内有些极端恐怖组织既与主张"新疆独立"的"东突组织"有联系，也威胁在巴基斯坦境内的中国公民安全。而美国因从阿富汗撤军加上公开指责巴基斯坦在反恐问题上表现不力，曾一度减少甚至降低对巴基斯坦的军事援助资金，这令巴基斯坦在反恐问题上因资金问题也可能出现反复。若巴政府对国内恐怖组织的打击力度减弱，无疑将不利于巴基斯坦国内稳定。

最后是社会因素，巴基斯坦是个信奉伊斯兰教的国家，奉行一夫多妻制，实行的是资本主义，与中国的文化差异较大。2020 年 2 月 9 日，巴基斯坦因"TikTok（抖音的外国版）中涉及不道德及不雅内容""贩卖粗俗"而将其禁用，这实际体现了中巴两国之间存在的文化认知差异。中国一直强调文化多样性，提倡包容多元文化。针对问题，巴基斯坦应通过法律制度的完善进行处置而不是简单搞行政命令式"一刀切"。

结　语

中国亲切地称巴基斯坦为"巴铁"，巴基斯坦也亲切地称中国为"兄弟"。尽管中国和巴基斯坦两个国家的社会制度不同，历史文化也有差异，但两国关系经过历史的考验和全球化挑战，最终建立了"全天候、全方位的战略合作伙伴"关系。过去两国受冷战的影响，早期分属不同的阵营，一度因立场不同而产生矛盾，但两国都坚持和平不对抗的底线思维。后来两国因面临同样的国家安全问题走到一起，一起致力于维护南亚的地区稳定。在全球化的今天，两国以共同的核心利益为合作基石，加快推动中巴经济走廊建设，加深军事与政治合作，未来两国关系会更加紧密。

第二章　当地社会舆情与巴基斯坦人的中国观

作为中国的重要邻国和全天候战略合作伙伴，巴基斯坦在中国外交格局中居于重要位置。随着"一带一路"倡议的全面实施和中巴经济走廊项目的深入推进，中巴两国合作水平达到了新的历史高度。但相对于两国在政治、经济领域的高水平合作，两国在民心互通和媒体传播领域的合作还相对滞后。长期以来，中国国内对于中巴关系的认识存在两种误区：一是认为中巴是"铁哥们"，两国关系很铁无需任何忧虑；二是认为巴基斯坦是中国的"穷兄弟"，中巴关系建立在中国援助巴基斯坦的基础上，因而以一种居高临下的态度看待中巴关系。以上两种倾向都反映出国内对巴基斯坦的社会舆情与民众观点缺乏了解，不能以客观、全面、现实的视角看到两国关系。本章旨在介绍巴基斯坦国内的社会舆情，梳理巴基斯坦主流媒体涉华报道的议题、关注点与存在问题，并在此基础上分析如何做好"一带一路"背景下面向巴基斯坦的媒体传播和舆情建设。同时，本章还将综述巴基斯坦官方、学术界、普通民众对中国的看法、态度以及疑虑，以期突破脸谱化的"巴铁"形象，呈现巴基斯坦不同社会阶层、不同视角下的"中国观"。

第一节　巴基斯坦国内媒体生态及特征

媒体是一国社情民意的重要载体与观察渠道。巴基斯坦媒体业十分发达，广播、电视、平面媒体、网络媒体等媒体平台对巴基斯坦内政外交、社会生活的方方面面均高度关注，讨论活跃、受众参与度高。此外，巴基斯坦媒体的国际化程度较高，深受西方媒体影响，与英语世界互动频繁，与中国媒体的合作则相对不足。

一 巴基斯坦国内媒体基本情况

2002 年之前，巴基斯坦官方媒体占据主导地位，舆论主要由国家电视台、国家广播公司和联合通讯社三家控制。2002 年巴基斯坦前总统佩尔韦兹·穆沙拉夫放开私营媒体管制后，私营媒体迅猛发展。其中，使用英语与西方媒体开展深度合作的媒体较多，受西方文化特别是英语世界的直接和间接影响较深。目前，巴基斯坦国内私营媒体达 2000 多家，媒体业态折射出多语言、阶级分明的社会现状[②]。英语和乌尔都语媒体之间有明确的界限：前者针对城市的白领和精英，相较于乌尔都语媒体更为"自由"和"专业"，而后者主要面向乡村地区的大众民众，受众更广。二者相比，英语报纸、电视和广播频道的受众数量虽然较少，但对意见领袖、政客、商业团体和上层社会人士影响力更为明显。总体而言，巴基斯坦国内各类媒体的主要情况如下：

（一）广播媒体

广播是巴基斯坦最普通的传播手段，人口覆盖率达 100%。巴基斯坦的国家官方广播机构为成立于 1947 年巴基斯坦广播公司（Pakistan Broadcasting Corporation，PBC），成立于 1947 年，对内覆盖巴基斯坦 98% 的地区，综合人口覆盖率达 80% 以上。[③]PBC 对外通过广播、电视、网络等渠道向全球播送多语种节目，被视作巴基斯坦官方媒体渠道之一。除国家广播公司外，巴基斯坦国内还有大量私营调频广播，主要播出音乐和谈话类节目，最受欢迎的是体育类和娱乐类节目。

（二）电视媒体

目前，巴基斯坦有 70 多个国内电视频道，其中有 30 多个是国家级或地方级新闻频道，涵盖了新闻、音乐、电影、宗教类演说、政治谈话节目等多类型内容。在巴基斯坦，电视媒体覆盖率约为总人口的 86%。巴基斯坦电视台全称巴基斯坦电视有限公司，为巴基斯坦政府全额办的国家电视台。巴基斯坦电视台共设八个频道，分别为家庭频道、新闻频道、国内频道、全球频道、体育频道、国际频道、AJK TV 频道和 PTV Bolan 频道。其中 AJK TV 频道主要为巴控克什米尔地区受众服务，PTV Bolan 频道主要针对普什图语受众。巴基斯坦国内共有 89 个私营卫星电视频道与两家互联网电视，私营电视台占据市场绝大多数份额，最受欢迎的私营电视台包括 GEO 电视台、

ARY 电视台、SAMMA 电视台、HUM 电视台、DUNYA 电视台等。[①]

（三）平面媒体

巴基斯坦报刊主要由私人拥有，战斗报（Jiang）、黎明报（Dawn）、时代之声（Nawa－i－Waqt）、快报（Express）四大集团在报业占据主导地位。乌尔都语报纸在巴基斯坦国内尤其是偏远地区拥有广泛的群众基础，而英文报纸则主要流行于城市地区，拥有特定的读者群。与乌尔都语报纸相比，英文报纸更倾向于政治自由，报道也更专业。巴基斯坦国内最有影响力的英文报纸是《黎明报》，最流行的乌尔都语报纸是《战斗报》。其他影响力较大的报纸还有《新闻报》（英文）、《边境邮报》等。影响力大的报纸都与美联社、路透社、法新社等欧美通讯社签署了协议，国际新闻稿源大多来自这些通讯社。

（四）社交媒体

目前，巴基斯坦互联网用户约为 7160 万，占总人口的 35%。在巴基斯坦影响最大的社交媒体是 Facebook、Twitter 和 WhatsApp。目前，巴基斯坦国内 Facebook 用户总数约 3200 万，覆盖率为总人口的 16%，占互联网总用户的 45%。[②] 社交媒体正在巴基斯坦国内社会政治生活中发挥越来越大的作用，许多政府部门都开设了专门的 Facebook 和 Twitter 账户，各个政治派别都非常重视通过社交网站来扩大影响力。近年来，TikTok 在巴基斯坦的用户数量快速增长，2019 年活跃用户已接近 2000 万。分析公司 Sensor Tower 的数据表明，2020 年 TikTok 是巴基斯坦下载量排名第三的应用程序，仅次于 WhatsApp 和 Facebook。2020 年 7 月，巴基斯坦电信监管机构（PTA）发言人称已经多次向 TikTok 发出警告，要求该软件建立一个有效的机制来屏蔽平台上不道德和不雅的内容。2020 年 10 月 9 日，巴基斯坦当局以收到大量公众投诉为理由决定暂时将 TikTok 从应用市场下架。10 月 20 日，巴基斯坦电信管理局表示已解除对社交媒体应用 TikTok 的封锁，允许其重新上架。

二　境外媒体在巴基斯坦的传播情况

关于国际媒体在巴基斯坦的影响力，巴媒体界一致公认以英国 BBC、美国

[①]　胡邦胜：《巴基斯坦媒体生态及其特征》，《对外传播》2017 年第 3 期。

[②]　Socia Lydia, *Facebook users per country*, http://www.socialydia.com/page_1285877_3747574.html#artnavno=0&artpageno=1.

CNN、《华盛顿邮报》、《纽约时报》等国际媒体为首，半岛电视台、今日俄罗斯和德国之声等媒体跟随其后。由于印巴之间的特殊关系，巴基斯坦新闻传媒业对印度严格设限，禁止印度资本进入。但由于历史文化背景相似，印度影视文化作品在巴基斯坦的流传仍然十分广泛。相比之下，中国媒体在巴基斯坦的布局和影响力则相对滞后，中巴两国媒体互动的质和量有待提高。

（一）BBC在巴传播

BBC于1940年开办乌尔都语广播，深受巴基斯坦民众欢迎。从2013年起，BBC借助私营电视台推出乌尔都语电视节目。目前，BBC与巴基斯坦AAG TV合作，关注当地时事并第一时间播报资讯，对于恐怖主义、政治形势、民生话题都有涉及。BBC乌尔都语广播还通过网站、手机移动客户端、社交网络及专业音频网站等平台进行传播，十分受民众欢迎。此外，BBC还在巴基斯坦开设了新闻网站，每天24小时不间断更新，内容包括即时新闻、专题、南亚以及国际问题评论等。网站中还开设了论坛、博客和投票栏目，内容丰富多样，贴近受众需求。

（二）美国媒体在巴传播

2009年，美国之音（VOA）与巴基斯坦广播公司达成合作协议，使用巴基斯坦广播公司设备在拉合尔、卡拉奇、木尔坦等11个城市落地，每天固定播出节目。之后，VOA又先后与Express News电视台、HUM电视台达成合作，创办了《新闻之外》栏目，聚焦巴基斯坦年轻人关注的音乐、美国生活、美食等话题。此外，CNN也是巴基斯坦私营媒体的主要国际新闻来源之一，通过当地有线电视运营商和其他媒体运营商进入巴千家万户。

（三）半岛电视台（Al Jazeera）在巴传播

半岛电视台目前没有乌尔都语频道，巴基斯坦观众可以通过网络电视或者卫星电视接收设备收看其英语和阿拉伯语频道的节目，主要观众为受过良好英语教育的阶层。半岛电视台在伊斯兰堡有记者站，有包括记者、摄影师、编辑和制作人在内的制作团队。

（四）今日俄罗斯（Russia Today）在巴传播

今日俄罗斯目前没有乌尔都语频道，主要通过网络电视和卫星电视接收设备传输英语节目，主要观众为受过良好英语教育的阶层。

（五）德国之声（DW）在巴传播

德国之声于1964年开设乌尔都语广播，目前与Highway FM调频台合作，在当地时间早上 6：30 和下午 13：00 播出乌尔都语要闻。此外，德国之声还与当地 ATV 电视台合作播出乌尔都语新闻节目，与三星有线电视运营商合作推出英语电视频道，固定用户达六万左右。此外，德国之声还开设了乌尔都语网站与 Facebook 账户，并推出了手机移动客户端，开设了 Facebook 账户。

（六）日本 NHK 电视台在巴传播

日本 NHK 乌尔都语广播节目通过其短波、中波每天对巴基斯坦播出 45 分钟乌尔都语节目，节目内容包括学日语、贸易、社会时事、文化、音乐、健康、旅游、人物、防灾、日本菜、日本诗歌、受众互动等。此外，NHK 电视台还向巴基斯坦民众提供卫星广播、在线收听、APP 收听等放送渠道。

（七）印度媒体在巴传播

印巴两国语言相近，文化相通，但由于印巴冲突的影响，印度媒体与文化在巴基斯坦的传播受到严格控制。巴基斯坦禁止官方电台和有线电视播放印度电视节目与歌曲，也不允许影院放映印度电影（这条禁令于 2008 年后被取消）。不过，印度的影视作品和歌曲仍然在巴基斯坦传播甚广，印度电影可以通过影碟店买到，私人电台也经常播放印度歌曲。在巴基斯坦电视市场的外国节目中，印度电视节目秀占据 60% 以上的收视率。印度影视文化在巴基斯坦流行主要有以下几方面原因：一是印度影视业较为发达，电视节目内容制作精良，节目质量较高；加之印地语与乌尔都语两种语言相通，观众对印度节目带有天然的亲近感。由于印度影视文化在巴基斯坦较为流行，巴基斯坦私营电视台在利益和收视率驱动下也有播出印度节目的主动性。二是印度媒体业技术支持完善，电视节目传输信号较强，可以覆盖巴基斯坦全境。

三　巴基斯坦媒体的主要特征

巴基斯坦媒体除具有典型的伊斯兰教特点外，还具有以下特征：

首先，国内媒体业以私营媒体为主体，私营媒体的影响力大于官方媒体。2002 年放开媒体管制后，巴基斯坦私营媒体数量迅速增多。作为私营媒体，利益考量是其面临的首要问题之一。因此，巴基斯坦私营媒体在时效性、报道质量、制作水平方面均高于官方媒体，经常能够抓住社会热点，社会影响力较大。

其次，巴基斯坦媒体报道的国际新闻主要来自英语世界。巴基斯坦曾为英国殖民地，英语在巴基斯坦普遍使用。因此，巴基斯坦新闻媒体长期受西方影响，国际新闻来源以英语世界为主。国内上层和社会精英均习惯通过英语交流和接受信息，大部分互联网用户都使用英语，社交媒体也以英文为主。近年来，受西方和印度资本渗透，巴基斯坦国内外媒体互动交流频繁，彼此有很强的利益关系。巴基斯坦私营媒体采用的文字、图片、视频等新闻素材，大多来自美联社、法新社和路透社等西方媒体。

最后，法律对外国媒体进入严格限制。在巴基斯坦境内，广播电视媒体须接受巴基斯坦电子媒体管理委员会监管。该委员会的主要功能是促进和调节巴基斯坦国内所有广播电视媒体的发展，推动并规范私营电子媒体，具体职能包括审查境内广播、电视、有线电视、IP电视的资格，审查境外电视频道在巴基斯坦有线电视网络落地的资格、分配广播频率、颁发运营许可证、监督审查播出节目内容等。巴基斯坦出版法限制外国人在巴境内拥有出版机构所有权。该法律规定，非巴基斯坦公民只有在提前得到政府许可的条件下才可以与他人共同拥有报社，所有权不得超过整体财产利益的25%。

第二节　巴基斯坦主流媒体报道中的中国

近年来在"一带一路"倡议的推动下，作为中国"全天候战略合作伙伴"的巴基斯坦对中国的关注度明显上升。巴基斯坦主流媒体对中国的报道越来越多，报道议题也由此前的政治、军事议题为主转向政治、经济、社会多方面议题并重。总体而言，巴基斯坦主流媒体报道中呈现的中国形象是一个以正面为主的，综合、多方面的国家形象。然而，出于文化差异、立场不同、利益驱动等因素，巴基斯坦媒体的涉华报道中也存在一些问题，如报道有时出现立场摇摆、表达暧昧；对中国的直接采访报道少，转载西方媒体多；对华负面报道议题受西方世界影响深，部分私营媒体导向不明等。"一带一路"倡议实施以来，巴基斯坦媒体对中巴经济走廊等合作项目高度关注，相关报道频繁见诸报端。然而，巴基斯坦媒体有关"一带一路"的报道也存在诸多问题，需要中国相关机构有的放矢地采取针对性措施，做好"一带一路"的在巴传播。

一　巴基斯坦媒体涉华报道概况

总体而言，巴基斯坦主流媒体涉华报道的议题分布情况如下：

（一）政治议题

巴基斯坦国内涉华报道中的政治议题主要围绕中巴两国友好关系、高层往来、反恐合作、中国与其他主要国家的外交关系，以及中国内政问题（涉疆、涉藏、涉港、涉台）等主题展开。例如，2015 年 4 月中国国家主席习近平对巴基斯坦进行国事访问期间，巴基斯坦媒体做了大量报道。从访问前的"预热"到访问期间的集中报道，始终保持全程跟踪的状态，关注的议题范围亦十分广泛，包括中巴经济走廊工程进展、习近平主席的访问活动流程、中巴传统友谊等。2015 年 12 月时任巴基斯坦总理纳瓦兹·谢里夫在上海合作组织成员国政府首脑（总理）理事会第十四次会议期间对中国的访问、2020 年 3 月疫情特殊时期巴基斯坦总统阿里夫·阿尔维访华等活动也受到了巴基斯坦媒体的高度关注。

在报道中巴友好关系等积极正面的主题时，巴基斯坦媒体关注的主要内容集中在中巴两国政府领导的会晤、两国的政治经济军事合作等，重点在于赞扬中国的强大、强调两国兄弟关系。例如，2020 年 9 月 6 日《黎明报》刊发报道称美国国防部在报告中将巴基斯坦定位为"中国最重视的国家之一"。然而，在报道关于中国与其他主要国家的关系以及中国内政问题时，部分巴基斯坦媒体受西方媒体影响较深，立场较为暧昧。

总体来看，巴基斯坦涉华政治报道的基调比较正面，在面对欧美、日本、印度等国时，巴基斯坦都坚定地站在中国一边。例如，2016 年南海仲裁案期间，巴基斯坦多家智库纷纷表态支持中国在南海问题上的主张，希望通过和平方式解决领土争端，呼吁域外国家停止在南海兴风作浪。《观察者报》主编扎希德·马立克（Iahid Malik）刊文指出，一直以来中国在南海问题上采取了非常克制的态度，主张用和平对话的方式解决分歧和争端，其他国家和政党也应采取相似的做法。① 2019 年 6 月，由巴基斯坦媒体《每日邮报》制作的以弘扬中巴友谊为主题的纪录片《铁哥们》

---

① 《巴基斯坦智库支持中国立场》，新华网，http：//www.xinhuanet.com//politics/2016 – 07/16/c_ 129150580.htm。

在北京举行首映式，巴基斯坦驻华大使纳格玛娜·哈什米出席并致辞。该纪录片追溯了自古丝绸之路开通以来中巴两国人民友谊的发展历程，记录并再现了中巴两国建交后高层互访的许多重要时刻，以及两国人民日益活跃的交流互访和愈加深厚的友谊，在巴基斯坦国内产生了一定影响。

（二）经济议题

巴基斯坦涉华报道中的经济议题主要围绕中国经济发展现状、中巴经济合作等主题展开。因此，大部分报道内容都非常正面，并经常表达对中国的感谢。例如，2015年12月10日《黎明报》刊发的《沙赫巴兹：中国无条件重视中巴经济走廊》一文指出"中国无条件重视中巴经济走廊，反映了中巴关系的深度"。《论坛快报》刊发报道指出中巴经济走廊将给巴基斯坦当地人生活带来积极影响。中巴经济走廊的能源、公路、经济特区等建设项目能帮助沿线各地开发煤炭等矿产资源，提升基础设施，为当地巴基斯坦人提供就业机会，有助于巴基斯坦的经济和社会发展等。2020年9月6日《黎明报》撰文指出，五年来中巴经济走廊每年在当地创造超过70000个就业岗位。①《新闻报》则刊文指出"中国经济在2020年第二季度强势反弹，在世界主要经济体中绝无仅有"。

与此同时，也有部分巴基斯坦媒体对中巴经济合作抱有谨慎态度，在报道中关注巴基斯坦的国际债务、中巴经济走廊建设可能带来的环境问题、政党分歧问题、投资环境问题、安全问题等潜在问题。综合来看，巴基斯坦主流媒体对中巴经济走廊的主要疑虑与批评观点包括：（1）认可走廊项目的积极作用，但认为项目决策缺乏透明度，信息披露严重滞后，导致民众对其缺乏基本了解而产生监督真空；（2）认为走廊项目虽是中国主导，但巴方实际承担的代价也不容低估，特别是沉重的融资压力以及高额的安全保障费用投入，这些都应该被计入成本；（3）担心大量外地工人的涌入将改变当地传统的生活方式，导致当地居民被边缘化；应当向当地居民提供足够的法律保障，例如优先雇用本地人等；（4）认为虽然走廊项目能为巴基斯坦带来长远益处，但就当前来看项目所提供的利益不足以满足当地最为迫切的实际需求，还可能造成对环境的长久破坏。客观

---

① Dawn, "Peoples of Pakistan, China asked to work for CPEC", https://www.dawn.com/news/1578113/peoples-of-pakistan-china-asked-to-work-for-cpec.

来看，这些批评观点的出现部分是由于媒体不掌握全局情况，又不具备与承建的中国企业进行经常性接触的条件，因此只能对小部分公开信息进行放大解读。从另一方面看，其中反映出的立场与顾虑同样值得相关项目企业高度关注。

（三）军事议题

军事议题是巴基斯坦媒体在涉华报道中关注度较高的议题之一，相关报道主要围绕中国在南海的军事活动、中巴联合军演、反恐合作等主题展开。总体来言，巴基斯坦主流媒体倾向于呈现一个在南海等军事问题上相当强势的中国形象。2017 年 6 月"中印洞朗对峙"和 2020 年中印边界事态紧张以来，巴基斯坦主流报纸均刊发了大量报道。2020 年 9 月，《黎明报》网站上点击率最高的十篇新闻中有三篇与中印边界事态有关，报道还指出中国有能力在军事上"重创"印度。同时，报道也反映出巴基斯坦对中国有较高的军事信任，"巴基斯坦和中国有着非常密切的防务关系并保持定期高层军事演习，以便联合作战时能够更好地协调"。①

（四）社会议题

巴基斯坦涉华报道中的社会议题主要围绕中国社会生活中的重大事件展开。例如 2015 年，巴基斯坦《黎明报》重点关注了中国的雾霾和开放"二胎"政策等议题。2020 年新冠肺炎疫情期间，巴基斯坦主流媒体对中国的疫情防控措施、疫苗进展、疫情下的社会生活现状等也有较多报道。如 2020 年 9 月 3 日《黎明报》刊发专题图文报道，关注中国大学重新开学期间的疫情防控措施。② 然而，由于中国目前尚缺乏具有世界级影响力的媒体集团，巴基斯坦媒体与中国媒体的合作还比较有限。

二　巴基斯坦主流媒体对"一带一路"报道的基本态势

巴基斯坦是"一带一路"倡议的关键节点，中巴经济走廊更是被誉为"一带一路"交响乐中的第一乐章和"一带一路"建设的旗舰项目。

---

① Dawn, "China Can Make India Suffer 'Severe' Military Losses: Report", https://www.dawn.com/news/1577511/china-can-make-india-suffer-severe-military-losses-report.

② Dawn, "Facial Recognition and Bathtime Bookings: How China's Universities are Reopening", https://www.dawn.com/news/1577190/facial-recognition-and-bathtime-bookings-how-chinas-universities-are-reopening.

"一带一路"倡议提出后，巴基斯坦各界积极响应，主流媒体也予以高度关注，"一带一路"在巴基斯坦舆论场的整体传播态势良好。近年来，"One Belt One Road" "The Belt and Road" "China's Silk Road" "The New Silk Road" "Silk Road Economic Belt" "The 21st – Century Maritime Silk Road" "BRI" 等关键词频繁见诸巴基斯坦媒体，《黎明报》《巴基斯坦日报》等主流报纸还开设了中巴经济走廊的专版专栏。总体而言，巴基斯坦主流媒体对"一带一路"的报道呈现以下特点：

（一）主题集中在经济政治领域，中巴经济走廊成为重点议题

从报道主题统计数据看，有关"一带一路"的报道中经济类报道和政治类报道占比最高，而从《黎明报》《新闻报》及巴基斯坦联合通讯社等影响力较强的主流媒体自身的报道统计数据看，聚焦经济主题的情况更为明显。经济类报道分别占其各自报道量的 77%、69%、83%、69% 及 54%，远超过对其他主题的关注。[①] 从报道类型看，经济主题的特稿占比最高，政治主题的报道更多是消息类型，在一定程度上也反映出巴基斯坦主流媒体对于"一带一路"的报道角度更侧重于经济角度解读。同时，这种解读也更多从巴基斯坦自身的视角展开。如《黎明报》的报道《巴基斯坦立即需要 120 亿美元的贷款》从巴基斯坦国家发展遇到瓶颈、民众有巨大的基础建设需求等展开分析，突出了寻求中国等其他国家投资的紧迫性。2013 年"中巴经济走廊"项目（CPEC）开启以来，巴基斯坦媒体对 CPEC 高度关注，巴方政府、社会各界、主流新闻媒体都对"中巴经济走廊"给予积极的回应与评价。但由于巴基斯坦国内不同政治派别在中巴经济走廊的具体路线图以及投资回报的利益分配等方面存在不同看法，舆论上也表现出一定的复杂性。争议性议题主要集中在 CPEC 实施过程中的相关细节，这也显示出巴国内政党以及区域之间在 CPEC 建设中的观点差异。特别需要指出的是，巴基斯坦媒体一般都有着深厚的家族背景，在这种情况下，表面具有共识的舆论表达，与项目所在地政府、民众的诉求是否相吻合，仍存在不确定性。[②]

---

① 毛伟：《"一带一路"倡议在海外舆论场的话语建构与报道框架——以巴基斯坦主流媒体为例》，《中国记者》2018 年第 2 期。

② 程曼丽：《中巴经济走廊舆论环境分析》，《当代传播》2016 年第 2 期。

（二）报道引用信源分布广泛，西方媒体影响力较强

从报道基调看，巴基斯坦主流媒体普遍持积极性和中立性态度，一些还曾整版转载中国主流媒体的报道，如巴基斯坦联合通讯社的报道《巴基斯坦很可能成为连接中国与欧洲的枢纽》转自《环球时报》，《中巴关系可以追溯千年》转自《人民日报》等。但从报道引用信源的统计数据看，中国媒体并不是巴基斯坦主流媒体"一带一路"报道中最重要的信源，反而更多以西方主流媒体为信源。一项对信源的统计数据显示，巴基斯坦主流媒体更多以本地政府为信源，占比最高约17%；其次是西方媒体，占比约15%；而中国媒体占比只有约4%，甚至不如印度媒体的8%。[①]

此外在一些涉华报道中，巴基斯坦主流媒体存在"间接引用"中国媒体报道的情况，如《黎明报》的报道《中国谴责达赖喇嘛对伊斯兰国的"同情"》信源来自路透社，而实际上路透社是引用了《环球时报》的报道。[②] 诸如此类的报道情况还有很多，这也反映出巴基斯坦主流媒体更多受到西方媒体的影响，对中国媒体的信任和联系还不够；同时也说明巴基斯坦主流媒体对于"一带一路"的积极态度更多来自自身的判断，而中国媒体对于其"一带一路"的报道框架和报道基调并未产生明显的影响。

（三）个别失实报道引发国际舆情，西方媒体借机放大负面情绪

尽管从整体上看巴基斯坦主流媒体的"一带一路"报道相对客观中立，但也发生过多起由于失实报道而引发的负面舆情事件。鉴于中巴两国的紧密关系，一旦巴基斯坦媒体发布了消极信息或者敏感信息，西方媒体便会借机放大负面舆情，诋毁"一带一路"建设。如2018年5月《黎明报》通过解读一份未经核实的非正式文件达成结论，称中巴经济走廊协议实际上将有损巴方利益，引起了部分巴基斯坦民众对华的负面情绪。[③] 而西方媒体如路透社、美联社均借机发文恶意中伤中巴关系、诋毁"一带一

---

① 毛伟：《"一带一路"倡议在海外舆论场的话语建构与报道框架——以巴基斯坦主流媒体为例》，《中国记者》2018年第2期。

② 吴晓梦：《邻居未必了解我们——基于巴基斯坦〈黎明报〉的文献研究》，《对外传播》2017年第6期。

③ 毛伟：《"一带一路"倡议在海外舆论场的话语建构与报道框架——以巴基斯坦主流媒体为例》，《中国记者》2018年第2期。

路"，直到巴基斯坦总理首席秘书、规划部长等政府高层出面公开辟谣才缓解了舆情。随着"一带一路"倡议的推进，巴基斯坦等沿线国家将对"一带一路"产生越来越多的信息诉求，再加上媒体竞争激烈，一些涉华、涉"一带一路"的敏感问题可能未经核实就播发，继而发酵成为国际负面舆情。

综上所述，巴基斯坦主流媒体在报道"一带一路"时基本形成了以我为主、从经济视角切入、重视西方媒体信源的报道模式，反映出的问题是巴基斯坦主流媒体对"一带一路"的认知框架和知识结构尚不全面。巴基斯坦主流媒体受到西方媒体的影响较强，在一些重大敏感问题方面缺乏有效的信息源，一起"黑天鹅"突发事件、一则失实报道都能在巴基斯坦舆论界迅速引发民众的焦虑和消极情绪。由此可见，"一带一路"所处的海外舆论场极为复杂多变，做好对外传播任重而道远。

第三节　巴基斯坦人眼中的中巴关系

巴基斯坦在中国国内被称作"巴铁"。长期以来，无论国际局势与巴基斯坦国内局势如何变化，中巴两国间的友谊始终牢不可破。但与此同时，中巴关系亦有其丰富的内涵和维度，巴基斯坦政策界、学术界以及普通民众对中巴关系有不同的看法和关注点。因此，本节试图从不同侧面展开分析，以期呈现一个巴基斯坦不同社会阶层眼中的、更为全面客观的"中国观"。

一　巴基斯坦官方定位的中巴关系

半个多世纪以来，中巴两国始终是肝胆相照的好兄弟，同甘共苦的好朋友，合作共赢的好伙伴。与中国政府一样，巴基斯坦政府也一如既往地赞颂和渲染两国关系的坚固和永恒。巴基斯坦高层领导人在各种场合始终将中国称作最可信赖的朋友，强调两国建交以来结下的深厚友谊。正如巴基斯坦前任驻华大使马苏德·汗在中巴建交60年研讨会上所总结的，"回顾过去中巴两国关系的发展变化时，两国政府都强调以下四点：第一，深化巴中两国全天候的战略伙伴关系至关重要；第二，巴中关系已超出双边关系的范畴，具有更为广泛的地区和国际影响；第三，巴中之间的友谊与合作符合两国的根本利益，有助于促进本地区内外的和平、稳定与发展；第四，双方将加强战略协调，促进务实合作，携手应对挑战，实现共同发展。这是巴中之间政治和战略关系的总体状况"。

2015 年 4 月习近平主席对巴基斯坦进行国事访问，被巴方视为两国关系发展过程中的一个重要里程碑。访问期间，中巴双方发表了《中华人民共和国和巴基斯坦伊斯兰共和国建立全天候战略合作伙伴关系的联合声明》并签署了 50 多项双边合作文件，将中巴关系提升到了新的高度。巴基斯坦方面对习近平主席的访问予以超高规格接待，也再次印证了两国关系的特殊性。沿途街道两旁挂满了中巴两国国旗，"向习近平主席致以最热烈的欢迎""巴中友谊万岁""巴中友谊万古长青""巴中是铁哥们"等标语随处可见。巴基斯坦总理谢里夫在会谈中表示，巴中友谊是巴基斯坦外交政策基石，巴基斯坦人民珍视与中国人民兄弟般的情谊。

近年来，中巴两国高层往来频繁，保持了高度的政治互信。2017 年 5 月，巴基斯坦总理谢里夫来华出席"一带一路"国际合作高峰论坛，6 月，巴基斯坦总统马姆努恩·侯赛因来华出席上海合作组织青岛峰会。2019 年 4 月，巴总理伊姆兰·汗来华出席第二届"一带一路"国际合作高峰论坛，10 月再次来华出席北京世界园艺博览会闭幕式并进行工作访问。2020 年 3 月 16—17 日，巴基斯坦总统阿里夫·阿尔维应习近平主席邀请访华，再次体现出中巴关系如磐石，相互扶持渡困难。对此习近平表示，在疫情发生之初，巴基斯坦政府和社会各界倾己所有在第一时间为中方捐赠防疫物资，巴基斯坦总统此次专门访华，再次表达了巴基斯坦对中方的坚定支持。可见，中巴两国好兄弟、好朋友、好伙伴的定位在双方的外交政策中均得到稳固确定。

二 巴基斯坦学术界关注的中巴关系议题

就巴基斯坦的学术界而言，学者们十分重视研究中国和中巴关系。近年来巴基斯坦国内几个重要智库研究机构都加大了中国研究的比重和力度，研究主题覆盖了多个领域、层面和议题，其中以巴基斯坦政策研究所（Institute of Policy Studies，IPS）的影响力最为广泛。2005 年以来，该研究所网站上刊发的与中国相关的新闻快讯和学术研究数量超过了 300 篇。①
总体上，巴基斯坦学者们与官方观点保持一致，但在理解两国关系的某些
理念和特定方面也表现出了一些疑惑，并以务实的态度提出了具体建议。

　　巴基斯坦学者关心的首要议题之一就是当前国际形势下的中巴关系以
及"一带一路"对巴基斯坦的意义。2015 年巴基斯坦政策研究所研究员
穆罕默德·哈尼夫（Mohammod Hanif）在《压力下的中巴关系》一文中
指出，新时期的中巴关系面对各方外来压力，仅仅保守地维持两国关系的
原状是不够的，需要新的外交策略来缓解某些紧张状况，寻找新的合作层
面和领域。哈尼夫建议在保持传统的政治和战略合作关系的基础上拓展贸
易、商业、媒体和学界，甚至民间个人之间的交流和往来。②

　　中巴经济走廊建设同样是巴基斯坦学术界关注的焦点问题。2017 年
巴基斯坦政策研究所主办了"中巴关系：中巴经济走廊和各领域合作"
主题研讨会，中国驻巴基斯坦大使孙卫东、巴参议院少数党领袖哈克、政
策研究所长拉赫曼、智库学者、媒体及巴各界友好人士 100 多人参加。与
会学者均高度赞赏巴中全方位合作所取得的成果、中巴经济走廊建设进展
及其对巴经济社会发展的积极意义，表示巴方愿同中方共同全力推进中巴
经济走廊建设，继续深化各领域务实合作，不断推动巴中关系发展。③ 巴
基斯坦拉合尔旁遮普大学艺术与人文科学院长穆罕默德·查瓦拉指出，走
廊必经的俾路支省多年以来都存在分裂主义和极端主义威胁，此外巴基斯
坦国内的政治经济不稳定因素、外部干涉等都可能影响走廊安全。中巴走
廊建设中应当将安全问题放在首要位置。因此，相关企业应当加强风险认
知，通过增加与安全成本相关的预算，加强安保措施等途径做好风险防范
工作。④ 巴基斯坦国立科技大学中国学研究中心副主任、巴基斯坦原驻华
参赞泽米尔·阿万在《中巴经济走廊让中巴更"铁"》一文中指出，中国
的高铁技术领先全球，巴基斯坦将从中国的经验中大大受益。升级巴基斯

---

　　① Institute of Policy Studies, Islamabad, http：//www. ips. org. pk/.

　　② PIIA, "China Sees CPEC as a Way of Creating Free Market' says Leading Specialist", https：//
pakistanhorizon. wordpress. com/about/.

　　③ IPS, Pakistan – China Relations：CPEC and Beyond CPEC, http：//www. ips. org. pk/pakistan –
china – relations – cpec – beyond – cpec/.

　　④《巴 基 斯 坦 专 家：中 巴 经 济 走 廊 将 彻 底 改 变 巴 基 斯 坦》，新华网，http：//
news. haiwainet. cn/n/2017/1212/c3541088 – 31203318. html。

坦铁路系统的 ML - 1 项目完工之后，将成为推动巴基斯坦经济快速发展的催化剂。① 2020 年 7 月，巴基斯坦政策研究所中国—巴基斯坦研究中心主任塔拉特·夏比尔在"后疫情时代中巴合作的新机遇与挑战"云端论坛上指出，希望加强中巴经济走廊的协调机制建设，并强化中巴经济走廊第二阶段发展，如进一步推进基础设施建设，建立经济特区等。②

　　巴基斯坦学者关注的另一个议题是中国崛起对周边国家和世界秩序的影响。2017 年 10 月，巴基斯坦国立现代语言大学学者哈赞法尔·格雷瓦尔撰文指出，新的世界秩序不可能由一个国家主导，中国将是未来世界秩序中最重要的角色之一。拥有强大经济实力的中国正在持续增强其政治和外交影响力。中国在地区层面创建了多边机构网络，例如在中亚，中国参与创建上海合作组织，为了亚洲发展，中国建立了作用与世界银行相似的亚投行。在"进军西方"的同时，中国持续与东盟国家保持接触，并在显示魄力和展示热忱间切换，采取一系列地缘政治和经济政治策略扩大自己的"朋友圈"。对此，巴基斯坦应当采取恰当的外交政策，以积极适应国际秩序的新变化。③

　　此外，巴基斯坦学者对中国近年的经济发展、科技创新和环境保护也关注颇多。2018 年巴基斯坦国立科技大学中国研究中心主任赛义德·哈桑·贾维德在《中国是全球气候治理积极推动者》一文中指出，中国正在不断为全球低碳经济做出积极贡献，一方面提高政策透明度以增强互信，另一方面提供强有力的金融支持助力其他发展中国家转型升级发展模式。④ 2020 年 3 月，巴基斯坦青年学者穆阿兹·阿万撰文介绍了中国利用大数据、人工智能等高科技手段开展疫情防控的经验，并赞扬了中国卓有成效的社会治理。⑤

---

　　① 《巴基斯坦原驻华参赞：中巴经济走廊让中巴更"铁"》，《环球视野》2020 年 9 月 9 日，http：//www.globalview.cn/html/global/info_ 30719.html。

　　② 《后疫情时代中巴合作的新机遇与挑战"云端论坛举行》，中国发展门户网站，http：//cn.chinagate.cn/news/2020 - 07/23/content_ 76305276.htm。

　　③ Mohammed Yunus, Awakened China Shakes the World and is now Pakistan's Mainstay. http：//www.ips.org.pk/product/awakened - china - shakes - the - world - and - is - now - pakistans - mainstay - memoirs - of - a - diplomat/.

　　④ 《巴基斯坦学者：中国是全球气候治理积极推动者》，新华网，http：//www.xinhuanet.com/world/2018 - 04/03/c_ 129842849.htm。

　　⑤ 《巴基斯坦学者点赞中国用高科技应对疫情》，中国新闻网，http：//www.chinanews.com/gj/2020/02 - 14/9091350.shtml。

三　巴基斯坦民众眼中的中巴关系及前景

中巴友好关系不仅限于两国政府领导阶层，而且已经深入中巴两国百姓的心中。正如 2013 年李克强总理访问巴基斯坦时指出的，"中巴友好是两国人民用心血精心浇灌的结果。这种患难与共的真挚情谊，久经考验，比黄金还珍贵。中国和巴基斯坦永远友好相处，是中巴两国人民的共同心声"。这份友谊不仅仅体现在两国在各方面的紧密关系，更体现在巴基斯坦普通民众的日常生活中。例如，巴基斯坦在中国游客当中的口碑极佳，许多去过巴基斯坦旅游的游客回来都会称自己受到过宾至如归的待遇。在中国的互联网上，有许多中国网民叙述在旅游、求学和生活中被巴基斯坦普通人感动的故事。

在"全天候战略合作伙伴关系"背景下，两国学界、商界、普通大众间的交往日益频繁。2018 年美国知名民调机构皮尤研究中心（Pew Research Center）公布的一份调查报告显示，巴基斯坦对中国好感度在受访国中排名前列，约有 81% 的巴基斯坦人对中国持有积极看法。[①] 问及对中国和中国人的看法，巴基斯坦民众最常提到的关键词包括"伟大""文明""科技""兄弟""友好""善良""信任"等，最常听到的回复就是"中巴友谊万岁"。[②] 此外，许多巴基斯坦民众对中国经济发展的成就充满羡慕，把中国看作巴基斯坦的榜样。一位巴基斯坦留学生说道，"上海的摩天大楼让我大吃一惊，晚上进入曼哈顿都没有进入外滩那样震撼"。对于"一带一路"倡议和"中巴经济走廊"，巴基斯坦民众的态度普遍非常欢迎。尤其是身边有朋友、亲人参与中巴经济走廊建设的巴基斯坦民众，都高度评价走廊对当地经济发展的带动和辐射作用。正如一名巴基斯坦人所说，"CPEC 对巴基斯坦是一件大好事"。

然而，虽然大多数巴基斯坦民众对中国抱有好感，但除了那些有机会访问中国的人之外，大多数人并不十分了解中国。许多巴基斯坦人士直言"事实上我对中国文化了解很少，日常生活中很少想到中国"，"我认为我们的文

---

① 《外国人眼中的复杂中国，巴基斯坦人评价中国远远超出你想像》，搜狐网，https：//www. sohu. com/a/222997254_ 148882。

② 《大树君社会实验：巴基斯坦人究竟如何评价中国人？在镜头前，他们这样说》，知乎网，https：//video. zhihu. com/video/1022885390570668032？autoplay = false&useMSE = 。

化交流比较缺失"。几乎所有的巴基斯坦人都知道近二十年来中国经济实力迅速增长，然而对于今天的中国究竟是个什么样子，许多巴基斯坦人并没有多少概念。相当多的人过高估计了中国的实力，也有少数人认为中国仍然比较落后。对中国民众而言，提到巴基斯坦的印象除了"巴铁"之外，其他了解也很少。

此外，巴基斯坦社会对所谓的"比海深、比山高、比蜜甜"的兄弟般中巴关系，也存有某种迷惑和疑虑。虽然没有充分证据表明这种现象的普遍性，但它的确在巴国民众的各个阶层中有显现。

客观来看，考虑到中国和巴基斯坦无论在社会制度、经济基础、历史传统还是宗教文化方面都存在巨大的国情差异。民众对中巴关系出现某些疑惑或误解，是不可避免的。从另一个角度看，民众的不同认识也正表明中巴友好关系在民间的反映和交流还不够。正如佐勒菲卡尔·阿里·布托科技学院院长沙赫纳兹·维齐尔·阿里所说的，"我们是关系亲密的朋友，但两国民众间的沟通并不是特别多"。① 因此，两国在政治高度互信的同时还应当加强经济合作和文化互动，推动两国人民民心相通，继续为中巴友谊夯实基础。

就中巴经济走廊而言，在坚持共商、共建、共享原则的前提下了解中巴走廊沿线巴基斯坦省份和地区及族群的历史、文化、传统，认清其与中国文化的差异，可以在某种程度上减少消极态度和心理摩擦的出现。此外，在政府的官方合作机制的引领下提升中巴走廊工程规划的公共透明度，关注巴基斯坦社会主体的态度和想法，深层挖掘巴基斯坦的历史、文化、社会因素，结合对具体工程项目的技术和专业论证，将有助于消除或减缓巴基斯坦民众对中巴走廊不解或迷惑，吸引更多的巴基斯坦中小私人企业参与到中巴经济走廊的建设中来。

第四节　新时代面向巴基斯坦的传播研究与思考

习近平主席指出，中巴是铁杆朋友和全天候战略合作伙伴，两国应当

---

① 《听"巴铁"谈中巴经济走廊》，央视网，http://news.cctv.com/2018/08/07/ARTI850PFlCgxrN6xnecXUxM180807.shtml。

努力把这种关系转化为两国民众相知相亲的友好关系。在增进双方民众相互了解、互通民意、及时回应彼此关切等方面，两国媒体合作发挥着不可替代的作用。应当以"一带一路"倡议为契机加强两国媒体合作，进一步做好面向巴基斯坦的对外传播工作。此外，还应当拓宽中巴人文交流渠道，提升两国社会人文领域合作质量，促进两国民心相通，为中巴关系的进一步提升夯实民意基础。

一　加强两国媒体合作，进一步做好对巴传播

如前文所述，当前巴基斯坦媒体涉华报道主要呈现出两大特点：一是报道基调整体友好，二是涉华报道总量占比不大，主要的私营媒体对中国知之甚少，观点上也易受西方媒体影响。正如巴基斯坦一位资深政治家指出的，"巴基斯坦建国后，美国人来了，苏联人来了，印度人也来了，而同巴基斯坦关系非常好的中国媒体人却没有来"[①]。目前，巴基斯坦国内涉华报道的质量不高，中国媒体面向巴基斯坦的对外传播影响力明显不足，具体表现在以下方面：

第一，从报道内容看，巴基斯坦国内涉华报道的数量和质量都有待提升。巴基斯坦政府和民间对华友好是事实，但这不代表中方新闻素材在被巴媒体采用方面具有先天优势。目前，巴基斯坦对华报告以转载为主，缺乏第一手的新闻素材。巴基斯坦仅有的官方通讯社——巴基斯坦联合通讯社在华只有一名常驻记者，为其国内提供的素材多为文字和图片，缺乏视频素材稿件。[②]巴基斯坦国家电视台呈现有关中国的内容非常有限，而主流私营媒体需付费使用巴联社新闻素材，因其供稿质量和速度不能满足需求，因而很少被使用。此外，由于巴基斯坦国内的涉华报道属于国际报道范畴，与巴民众联系不甚密切，在普通民众中的关注度不高，涉华报道数量远远低于对伊斯兰世界和西方世界的报道。

第二，在报道基调上，巴基斯坦私营媒体受西方媒体影响较深。巴官方媒体受中巴友好关系影响，对华报道基调良好。但私营媒体深受西方媒体影响，在涉疆、涉藏、涉台和南海问题的报道中对中国主张的报道较

---

①　胡邦胜：《巴基斯坦媒体生态及其特征》，《对外传播》2017 年第 3 期。

②　胡邦胜：《巴基斯坦媒体生态及其特征》，《对外传播》2017 年第 3 期。

少，二次传播西方媒体的观点较多。此外，巴媒体普遍缺乏对中国的了解和研究，对华报道的主题较为狭窄，一些主流媒体对中国的了解仍然非常浅显。

第三，中国媒体在巴基斯坦的传播影响力弱，两国媒体交流明显滞后，媒体互动的质和量不高。中国对巴媒体背景及其市场运作普遍缺乏了解和研究，对巴媒体认知也存在不少误区。中国媒体未能有效地为巴方媒体提供所需新闻素材，仍处于粗放式合作阶段，缺乏有效合作机制。20世纪 80 年代以来，新华社、《人民日报》、中央电视台国际频道、《经济日报》、《光明日报》等先后在巴基斯坦建立记者站。2007 年后，中央电视台正式在巴基斯坦建立记者站。2012 年 10 月 17 日，中巴第一个整频率合作项目——伊斯兰堡 FM98 中巴友谊台正式开播，每天播出 18 小时乌尔都语和英语节目。2015 年 4 月，中国国家主席习近平和巴基斯坦总理纳瓦兹·谢里夫共同为 FM98 伊斯兰堡节目制作室揭牌。2016 年 12 月，伊斯兰堡 FM98 中巴友谊台乌尔都语本土化节目正式开播，实现了在巴本土制作、本土发布和本土运营，致力于打造巴基斯坦听众信赖和喜爱的本土媒体。

近年来，随着"一带一路"倡议的全面实施和中巴经济走廊项目的深入推进，中巴媒体间合作迎来了良好机遇和广阔空间。应当加强中巴经济走廊报道联合策划、联合采访、节目制作、业务研讨、人员交流方面的合作，同时加大英语、乌尔都语节目资源共享，减少对第三方信息的引用转载，实现中巴媒体直接报道对方，讲好中巴经济走廊沿线的财富故事，做好中巴经济合作的生动解读，将中巴两国媒体合作打造成为"一带一路"沿线媒体合作的典范和样板。具体而言，可从以下方面加强对巴传播工作。

（一）深化中巴媒体合作，建立信息互通渠道

当前，巴基斯坦共有超过 300 家媒体机构，大部分媒体都使用英语和乌尔都语进行报道。巴基斯坦主流媒体从建立到发展都受到西方尤其是美国强势主流媒体的影响，美国政府背景的国际记者中心（ICFJ）近年来也在巴基斯坦开展了诸多"数据新闻项目""独立媒体项目"资助，培养新媒体领域的本地媒体人。相比之下，中巴媒体合作还呈现零散化、碎片化的状态，以少数媒体对接为主，缺少长期、多层次与开放的媒体合作平

台。考虑到中巴媒体对新闻传播理念的理解和"一带一路"报道的角度存在一定差异，媒体间的相互沟通、增进了解与具体合作至关重要。应当围绕"一带一路"与中巴经济走廊建立一个新闻共享、信息互通的常态化媒体合作平台，双方媒体加强合作互动并进行必要的舆论引导，防止舆论畸变导致双方利益受损，同时减少巴基斯坦国内意见分歧，降低共建项目所面临的政治和舆情风险。

（二）加强巴基斯坦受众研究，完善精细化和精准化传播

巴基斯坦各界普遍对"一带一路"持积极态度，但国内不同政治派别在一些项目的具体实施路线、投资回报的利益分配等方面存在着不同看法，舆论上也表现出一定的复杂性。巴基斯坦以伊斯兰教为国教，但也有印度教、佛教、基督教等不同教派的民众与团体，在价值判断与信息诉求等方面有着较大的差异；此外，巴基斯坦国内由于历史原因而残留的民族问题也是当地媒体传播中必须统筹考虑的要素。因此，面向巴基斯坦的"一带一路"传播必须以广泛的受众调研为基础，准确掌握当地民众的民族文化、思维方式和接受习惯，开展精细传播和精准传播。

（三）强化对外报道内容建设，及时回应巴基斯坦民众关切

"一带一路"的对外传播应当充分认识到巴基斯坦民众的愿望、关切和心理认同。当前，巴基斯坦民众对于中巴经济走廊的建设还存在不同程度的担忧和疑虑，这些敏感问题亟须中国方面解答。做好对外传播工作需要挖掘巴基斯坦民众关心的内容，强化报道内容建设，用客观事实和数据说话，利用创新短视频等报道方式讲好中巴经济走廊故事。此外，在自媒体爆发的时代应该充分发挥民间乃至个人力量，利用社交媒体等渠道传播国家个性化的鲜活形象，使之真正"入脑、入耳、入心"。

总之，在"一带一路"背景下，应当深化中巴媒体合作，广泛开展中巴两国编辑、记者的交流合作，逐步引导巴基斯坦主流媒体在涉华、涉"一带一路"的海外舆论场发挥更为重要的作用；同时，积极将巴基斯坦亲华精英群体如政坛领袖、智库学者、媒体人士等发展为"一带一路"故事的主动传播者，共同建设扩大"一带一路"朋友圈。

二　深化中巴人文交流，促进两国民心相通

建交以来，人文交流在塑造与传承中巴特殊友谊、增进两国民众相互了解、巩固中巴全天候战略合作伙伴关系的社会民意基础方面发挥了重要作用。20世纪60年代起中国开始向巴基斯坦派出援建专家，大批中国工程师和工人前往巴基斯坦，两国民众在共同工作生活中的相互尊重、相互友爱，为中巴传统友谊奠定了坚实的基础。近年来，人文交流越来越在两国交往中彰显出强基固本的独特优势，中巴友谊的观念深入人心，成为中巴关系发展的重要推动力。在两国政府引导下，中巴人文合作渠道更宽、领域更广、程度更深、成果更多，影响力、亲和力、感召力不断显现，成为国家间友谊与信任的典范。

虽然有着丰富宝贵的历史经验，但中巴人文交流仍存在一些问题。近年来，巴基斯坦民众对中国的良好印象主要来自巴基斯坦官方的引导以及中国数十年来对巴基斯坦的坚定支持，却并非完全来源于与中国人民密切交往而产生的"亲近感"。① 外部信息源的反复加强尽管能巩固巴基斯坦民众对中国的积极认识，但却不能替代民心相通带来的天然亲近感与认同。现实情况证明，大部分巴基斯坦民众对中国和中国文化的认知仍然较为模糊，中巴人文交流的不足之处还亟待弥补。当前，在"一带一路"倡议的推动下，鼓励和深化两国民众的直接往来可以使中巴关系更具活力，为中巴两国发展战略对接提供有力支撑。

习近平主席曾指出，青年是国家的未来，青年强则国家强，青年友好则国家友好。正是基于这样的共同理念，两国均着眼长远，注重加强青少年交流，将中巴世代友好的理念扎根到两国青少年群体。近年来，中国加大了对巴基斯坦教育培训的支持力度，扩大了互派留学生和访问学者的规模，举办了文化月、电影周、旅游年、国家年等文化活动，增加社会各界尤其是两国青年之间的交流、了解和友谊。双方保持中巴百人青年团互访机制，至今已有10批巴基斯坦青年百人团访华，5批中国青年百人团访

---

① 闵捷：《"一带一路"与中国巴基斯坦人文交流》，《新丝路学刊》2017年第1期。

问巴基斯坦，共约 1500 名青年参加了互访活动。①

　　2015 年习近平主席访问巴基斯坦时指出，"中巴要心心相印，坚持世代友好。人民是推动国家进步和历史发展的决定力量，两国人民支持是中巴全天候友谊和全方位合作的不竭动力"②。我们有理由相信，在中巴两国政府的有力推动与中巴友谊的深厚基础上，新时期中巴人文交流将取得更多新成就、新成果，使两国民众更亲切、更亲近、更亲密，打造新时期中巴关系独特的亮丽风景。

————————

　　① 《中国同巴基斯坦的关系》，中华人民共和国外交部，https://www.fmprc.gov.cn/web/gjhdq_ 676201/gj_ 676203/yz_ 676205/1206_ 676308/sbgx_ 676312/。

　　② 《习近平在巴基斯坦议会的演讲》，新华网，2015 年 4 月 21 日，http://www.xinhuanet.com/politics/2015 - 04/21/c_ 1115044392.htm。

第三章 巴基斯坦政治力量与"中巴经济走廊"建设

2008 年巴基斯坦人民党执政以来，巴基斯坦民选政府已连续执政 14 年。在此过程中，巴主要政党和政治家族在国家治理、对外关系中发挥日益重要的作用，成为影响中巴关系和中巴经济走廊建设的重要因素。分析巴主要政治力量的渊源、政治观点、对华态度，对厘清中巴经济走廊建设的政治环境、促进中巴治国理政交流和民心相通，最终助力中巴关系发展具有重要意义。

第一节 巴主要政党对"中巴经济走廊"的态度与立场

巴政党政治沿袭自英属印度时期。巴建国以来，尽管民选政府多次被军事政变推翻，但无论文官政府时期还是军政府时期，巴各政党都深入参与该国政治进程，影响其对外关系，特别是对华关系。这也意味着，巴各政党对"中巴经济走廊"的态度与其对华关系深度交织，拥有深厚历史背景。本节梳理了巴主要政党的发展脉络，分析了各政治力量与中国的渊源及对中巴经济走廊的诉求，有利于我们理解当前巴政治生态、发现巴主要政治力量对中巴经济走廊的关切点和主要期待，进而推动中巴经济走廊更高质量的发展。

一 巴基斯坦具有重要影响力的政党立场、发展脉络

当前，巴基斯坦执政党为正义运动党。该党为新兴政党，1996 年在旁遮普省第二大城市拉合尔成立，党主席为前著名板球明星伊姆兰·汗。

正义运动党以反建制、反传统政党起家，街头运动能量充沛，因而颇见人气，影响力不断扩大。2008 年，正义运动党因抵制全国大选，未能获得议会席位。2013 年，正义运动党成为全国第二大政党，仅次于穆盟（谢）。2018 年，正义运动党成为国民议会第一大党，并与穆盟（领）、俾路支人民党等组建执政联盟。地方上，正义运动党目前在开普省单独执政，在旁遮普省作为第一大党与穆盟领袖派联合执政，在俾路支省参加俾路支人民党领导的执政联盟，在信德省则是主要反对党。值得注意的是，正义运动党作为兴起于旁遮普省的政党，却在开普省拥有极高人气。早在2013 年大选，正义运动党就成为开普省第一大党。2018 年开普省则成为唯一一个正义运动党单独执政的省份。当然，正义运动党的支持基础主要在世俗化程度较高的开普省中部和南部地区，而在北部边境地区，伊斯兰教士会等保守宗教政党和人民民族党等普什图民族主义政党仍然占据优势。

正义运动党是中左翼政党，在社会政策上关注平民利益，主张建立权利平等的伊斯兰福利国家，为此不仅推出多项扶贫济困项目，还积极组织青年人建立志愿者组织，参与社会救助工作。正义运动党高举反腐败旗帜，执政以来，以穆盟（谢）、巴基斯坦人民党党政官员为重点目标，持续推进反腐败调查，迎合了底层民众对清廉政治的追求，但也加剧了执政党和反对党的政治紧张。在政教关系上，正义运动党主张现代化和世俗化，在边境地区大力推广疫苗接种和国民教育，希望通过现代教育和医疗，提升国民生活水平，增强国家凝聚力。这也招致保守宗教政党和普什图民族主义者的激烈反对。伊斯兰教士会曾组织全国范围大游行试图逼迫伊姆兰·汗下台。人民民族党则通过组织游行集会、在阿富汗聚拢支持力量，向中央政府施压，要求保障普什图人利益和生活方式。正义运动党在外交上以印巴克什米尔争端和阿富汗和平和解为两大工作重点，同时积极运筹三类关系。一是大国关系，以对华、对美关系为重点，希望以此保障地缘政治稳定，维护国内经济发展环境。二是周边关系，以对印、对阿、对孟关系为重点，希望在东线摆脱印巴对峙，在西线稳定对阿关系，摆脱恐怖主义和军事冲突威胁；三是与伊斯兰世界关系，重点是沙特、阿联酋、土耳其、马来西亚等地区强国和能源富国，希望借此获得更多经济和外交援助。

巴第一大反对党是穆盟（谢），领导层主要为创始人纳瓦兹·谢里夫的家族成员。该党历史可追溯至英属印度时期的全印穆斯林联盟。巴基斯坦独立后，全印穆斯林联盟解散，但是穆盟的名称具有崇高道德含义，因而被多个新生党派采用。1985 年，时任巴总理居内久组织齐亚·哈克的支持者，建立了"巴基斯坦穆斯林联盟"。1988 年，齐亚·哈克去世，大量人员退出巴基斯坦穆斯林联盟，剩余人员转而与右翼、伊斯兰政党联合，组建了伊斯兰民主同盟。该政党联盟在纳瓦兹·谢里夫的领导下于1990 年获得议会多数，成功组建政府。1993 年，伊斯兰民主同盟解体，支持谢里夫的力量组建新党派，即穆盟（谢）①，另一派则成为穆盟（居内久派）。穆盟（谢）自成立以来，就成为与人民党并立的强势政党。1993 年和 2013 年，穆盟（谢）两度组阁。特别是在 2013 年的大选中，穆盟（谢）获得国民议会三分之二以上多数席位，成为空前强势政党，纳瓦兹·谢里夫则第三度出任总理。穆盟（谢）以旁遮普省为主要票仓。1985 年以来，谢里夫领导的政治力量曾先后 6 次主政旁遮普。当前，穆盟（谢）在参议院、国民议会、旁遮普省议会都是第一大反对党，在自由克什米尔议会拥有压倒多数席位，是主要执政党，但党内多名要员因反腐调查而处境堪忧。例如，纳瓦兹·谢里夫以就医为由滞留英国，党首沙巴兹受到国家问责局的腐败和政商勾结指控。总体看，穆盟（谢）在巴政治生活中处于低潮期。第二大反对党为巴基斯坦人民党。该党在 1967年由阿里·布托创立，长期以来主要由布托家族掌控，先后由阿里·布托、其夫人努斯拉特·布托、女儿贝纳兹·布托、女婿扎尔达里和外孙比拉哈尔·布托担任党魁。人民党为巴基斯坦著名的左翼政党，曾先后四次执政（1970 年、1977 年、1988 年和 2008 年）。在正义运动党崛起之前，人民党一直是巴政坛唯一能制衡穆盟（谢）的政党。信德省南部是人民党的铁杆支持带。2013 年大选中，人民党成为信德省执政党和国民议会第一大反对党。2018 年人民党在大选中失利，成为国民议会第二大反对党，但仍然保住在信德省议会的过半数席位，得以继续在信德省执政。目前，人民党虽然也遭受正义党政府的反腐调查，但得益于阿里·布托和贝纳兹·布托积累的巨大政治声望，仍然拥有稳定支持者群体。特别是疫情

---

① 2002 年，穆盟谢里夫派内部分裂出支持穆沙拉夫的力量，组建了穆盟（领袖派）。

以来，人民党一方面在信德省果断抗疫，另一方面顾全抗疫大局，主动弱化政党斗争，展现了大局观和作为传统政党的政治智慧，赢得舆论赞誉。

此外，巴政坛还有若干宗教和地方政党。伊斯兰大会党是最主要的保守伊斯兰政党。它反对资本主义、自由主义、社会主义等世俗政治理念，主张以政治和法律方式将巴基斯坦变成由沙里亚法治理的纯正伊斯兰国家。但是该党并不歧视妇女，反对将妇女作为工具。该党作为先锋政党，党员人数少而精。但是，得益于巴浓厚的伊斯兰宗教氛围，依靠成熟的慈善救济制度和广泛的社会动员网络，伊斯兰大会党拥有远超党员规模的社会影响力。2020 年 8 月，巴公共意见研究所进行的问卷调查显示，16%的受访者认为在所有政党中伊斯兰大会党向民众提供的帮助最有价值，超过了穆盟（谢）和人民党，仅次于作为执政党的正义运动党。[①]

伊斯兰教士会是迪奥班德逊尼派政党，偏向伊斯兰宗教激进主义，不仅反对世俗教育，而且坚持保守的性别观念，反对妇女平权运动。伊斯兰教士会在开普省南部、俾路支斯坦北部的普什图族聚居区拥有广泛影响力，掌管了巴境内大部分伊斯兰宗教学校，并与阿塔、巴塔有错综复杂的联系，对巴阿关系、边境地区治理有深刻影响力。

巴各地都有自己的代表性政党。人民民族党（Awami National Party）是开普省的主要政党之一，也是巴最重要的普什图族政党。1986 年，阿卜杜·瓦里·汗创办该党，目前由其孙阿斯范亚尔·瓦里·汗继任党主席。人民民族党作为世俗左翼政党，强调捍卫普什图民族权力、建立平等的经济制度，其政治根基在开普省及周围的普什图聚居区。2008—2013年，人民民族党成为开普省最大政党，并执掌省政府，此后，影响力下降，目前是开普省议会第三大政党。俾路支斯坦代表政党是俾路支人民党（Balochistan Awami Party）和俾路支民族党（Balochistan National Party - Mengal）。这两个政党都主张以和平方式为俾路支省争取更大的自主权和更多经济利益。俾路支人民党由穆盟（谢）和穆盟（领）中的不同政见者组成，2018 年成立后立刻成为俾路支斯坦第一大党。目前该党在国民

---

① "People praise federal govt's Covid - 19 handling, slam provinces", *The News*, August 18, 2020, https： //www. thenews. com. pk/print/702299 - people - praise - federal - govt - s - covid - 19 - handling - slam - provinces.

议会拥有 5 个席位，参加正义运动党领导的执政联盟。同时，该党还在俾
路支斯坦议会占据 65 个席位中的 24 个席位，为该省第一大党。俾路支民
族党是传统俾路支政党，目前在国民议会拥有 4 个席位，参加反对党阵
营，并在俾路支斯坦议会拥有 65 个席位中的 10 个席位，是仅次于伊斯兰
教士会的第二大反对党。信德省的代表性地方政党是统一民族运动党
（Muttahida Qaumi Movement，MQM）。该党成立于 1978 年，是专门维护印
巴分治后城市移民权利的政治组织，主要支持基础在卡拉奇。为了实现政
治目标，该党长期与中央执政党结盟，并高度关注卡拉奇城市建设和城市
利益，对信德省的人民党构成制约。

二 各政治力量与中国的渊源

穆盟与中国。纳瓦兹·谢里夫在 1990—1993 年首度出任巴基斯坦总
理时，曾两度访华，而中国国家主席杨尚昆则两度访巴。巴总统伊沙克·
汗于 1990 年 9 月访华，并参加了北京亚运会开幕式。面对美西方对中国
发起的经济制裁，巴基斯坦坚决支持中国，反对干涉中国内政。中国则反
对美国对巴基斯坦的核禁运政策，对巴和平利用核能的现实需要以及安全
关切给予最大限度的理解，并支持巴建设核电站。1997 年，纳瓦兹二度
执政，次年 2 月，纳瓦兹访华，两国决定建立面向 21 世纪的全面合作伙
伴关系。1998 年 5 月，印度公然进行核试验，巴基斯坦于一周后进行核
试验予以回应。印度以中巴安全威胁为由阐释核试验的必要性，客观上推
动中巴进一步走近。中国充分理解巴基斯坦为应对印度威胁而进行的核试
验。核试验使巴遭受美西方制裁，巴国际环境恶化。在此背景下，李鹏总
理于 1999 年 4 月，对巴基斯坦进行正式访问，向国际社会展示了中方对
巴的坚定支持。同年 6 月，纳瓦兹再次访华，并着手开发瓜达尔港。中国
港湾工程公司成功中标瓜达尔港一期工程。2013 年，纳瓦兹领导的穆盟
（谢）在大选中获胜。同年 5 月，李克强总理访巴，当面祝贺纳瓦兹胜
选，并提出建设"中巴经济走廊"倡议。纳瓦兹予以积极回应。当年 6
月，纳瓦兹第三次就职巴总理，之后在任内大力推进中巴经济走廊建设。
为了保证中方人员安全，纳瓦兹政府命令军方为中国在巴人员提供全方位
安保。2014 年 11 月，纳瓦兹率团访华，与中国领导人共同见证了《中巴
经济走廊建设远景规划纲要》和各类相关合作文件的签署。纳瓦兹政府宣

布协助中国打击"东突厥斯坦伊斯兰运动",而中国则在马苏德列名问题上与巴方充分沟通,展现理解和支持立场。值得注意的是,对华友好同样是穆盟(领)的共识。2002 年,穆盟(领)执政期间,舒贾特·侯赛因总统正式启动中国参与投资的瓜达尔深水港建设。2005 年,穆盟(领)的阿齐兹总理推动签署《中巴睦邻友好合作条约》。2006 年,胡锦涛主席访巴,两国还签署了自由贸易协定。

人民党与中国。人民党创始人阿里·布托的父亲沙·纳瓦兹·布托(Shah Nawaz Bhutto)是朱纳格土邦(Junagadh)的高级官员,曾在 1947 年发动宫廷政变掌权,进而推动该土邦加入巴基斯坦,但在印度武力干预下失败。阿里·布托于 1963 年担任巴外交部长。当时中巴关系大幅升温,加上布托的社会主义思想,使其不顾美国挑拨和施压,坚定改善中巴关系。1963 年布托亲自率团访华,并领导完成中巴边界谈判,在中巴边界协定上签字。中巴关系由此开启新篇章。1971—1977 年,阿里·布托先后担任巴基斯坦总统和总理。在其任内,中巴建立战略伙伴关系,两国合作得到长足发展。2008—2012 年,人民党执政期间,中巴经济合作加速。2008 年,两国决定建设连通喀喇昆仑公路和瓜达尔港的交通走廊。2010 年温家宝总理访巴,同年,枭龙战机入列巴空军。人民党与中巴经济走廊关系密切。信德省前首席部长赛义德·阿里·沙(Syed Qaim Ali Shah)提到,早在 1968 年,阿里·布托就表示,只有中国有能力和意愿帮助巴基斯坦。在布托任内,中巴经济走廊的基础工作逐渐启动,而到了扎尔达里执政时期,走廊规划取得了历史性进展。2013 年 5 月 22 日,李克强总理和时任巴基斯坦总理扎尔达里共同见证了走廊谅解备忘录的签字仪式,正式开启了中巴经济走廊建设进程。离开总理岗位后,扎尔达里表示,中巴经济走廊由人民党创始人阿里·布托奠基,即使人民党成为在野党,也会全力支持走廊建设。①值得注意的是,扎尔达里家族来自俾路支斯坦的扎尔达里部落,并且世袭酋长职位。扎尔达里的父亲哈基姆·阿里·扎尔达里于 2011 年去世后,扎尔达里成为部落酋长。这意味着,布托家族在处理俾路支斯坦分离主义问题上能够扮演独特角色。阿里·布托的夫人努拉

---

① "Zardari says his party pioneered CPEC", *Tribune*, January 05, 2017, https://tribune.com.pk/story/1284841/multimillion – dollar – project – zardari – says – party – pioneered – cpec.

斯特·布托出生于伊朗的伊斯法罕，是库尔德人后裔。这使布托家族与伊朗有特殊的情感联系。阿里·布托在世时，人民党主张加强与苏联、中国和伊朗关系，后来贝·布托政府为换取美国及世界银行的经济支持而"向右转"，执行经济私有化政策。但美对巴态度并不取决于巴做了什么，而取决于美自己的利益。在贝·布托下台后，人民党与美国关系龃龉不断，人民党外交政策逐渐偏离美国。时至今日，人民党仍然对美国及其控制下的国际机构抱有深刻疑虑，例如认为巴中央政府与IMF签署的援助协议是对巴经济利益和经济主权的侵犯。因而，总体上看，人民党具有深刻的疑美情结，而对发展中巴关系则较为乐观和坚定。

正义运动党与中国。正义运动党作为新兴政党，对中巴关系的理解不及传统政党，宣传策略也不够成熟，以至多次在宣传本党、批评执政党时殃及中巴关系。正义运动党倡导反腐，认为执政党和现政府充斥腐败，浪费人民血汗钱，特别是在穆盟（谢）政府任内，利用中国资金和技术建设的很多交通、发电项目，涉嫌资源浪费和腐败，挤占了医疗、教育和社会发展机会。中巴经济走廊倡议提出之初，正义运动党出于削弱执政党目的，曾多次批评中巴经济走廊。2014年，正义运动党在伊斯兰堡举行大规模静坐示威，由此带来的巴政治不稳定局面，干扰了中巴高层互访，中巴经济走廊主体规划也延期一年公布。巴政府最初设计的走廊规划线路不经过开普省，引发在开普省联合执政的正义运动党不满。① 后来走廊项目规划向开普省做了倾斜，正义运动党的批评声音有所减弱，但在批评谢里夫家族贪腐案时，中巴经济走廊项目经常被作为例证，给民众一种"走廊项目滋生腐败"的印象。

但是，正义运动党矛头所向主要不是走廊项目本身，而是纳瓦兹政府对走廊项目管理不善。正因如此，正义运动党上台执政后，中巴关系依然稳定发展。2018年7月胜选后，伊姆兰·汗立刻在推特上用中文表示，希望派人来中国学习反腐和扶贫经验。9月，伊姆兰·汗会见来访的中国国务委员兼外长王毅。11月，伊姆兰·汗就任总理后首次访华，与李克强总理共同见证双边合作文件的签署。2019年4月，伊姆兰·汗再度访

---

① "Imran opposes changes in CPEC route", *Tribal News Network*, November 26, 2015, https：// www. tnn. com. pk/imran - opposes - changes - in - cpec - route/.

华并出席第二届"'一带一路'国际合作高峰论坛",是参加论坛的最高规格外国政要之一。同年 10 月,伊姆兰·汗第三次访华并出席中国北京世界园艺博览会闭幕式。2019 年,面对西方国家频频对新疆教培中心进行政治操弄,伊姆兰·汗多次接受媒体采访,呼吁尊重中国主权,不要干涉内政,特别要避免无证据的质疑和指责。2020 年 7 月,伊姆兰·汗表示,中巴经济走廊将为巴带来光明未来,疫情冲击更加凸显走廊建设的重要性,巴将不惜一切代价完成走廊建设任务。[①]

　　分离主义势力与中国。巴境内极端民粹势力多有分离主义色彩。中国坚定支持巴政府维护国家统一和主权完整,而中巴经济与安全合作也服务于这一目标。因此,分离主义势力在反对巴中央政府的同时,也敌视中国在巴利益。巴分离主义势力主要存在于俾路支斯坦和信德省的偏远地区。俾路支解放军追求俾路支省独立建国,认为中巴经济走廊是对俾路支省的经济掠夺,因此频繁对在巴中国人发动袭击。2018 年,俾路支解放军对中国驻卡拉奇总领馆发动恐袭。2020 年,俾路支解放军袭击卡拉奇证券交易所,以破坏中巴经济合作。信德民族阵线曾是巴合法政党,追求信德省独立,批评中国在信德省的项目投资是新殖民主义,引发巴执法机构警觉。后来信德民族阵线与信德省激进组织信德解放军和信德革命军相互呼应。信德民族阵线煽动舆论,为激进分子提供掩护。激进分子则将信德民族阵线的理念付诸实践,激烈实施分离主义和恐怖活动,特别是频繁使用路边炸弹等方式袭击在巴中国人。2003 年,中巴就针对打击"东伊运"激进分子开展了沟通合作。2013 年,巴正式禁止该组织的活动。2020 年,巴政府以涉恐为由正式取缔了信德民族阵线,并对各类分离主义激进分子展开围剿行动。[②]

三　各政党对走廊建设的态度

　　巴各政党对走廊持积极支持态度,但是具体诉求有细微差异,这主要

　　① "Pakistan will complete CPEC at all costs, says PM Imran Khan", The Indian Express, July 4, 2020, https://indianexpress.com/article/pakistan/pakistan – will – complete – cpec – at – all – costs – says – pm – imran – khan – 6490041/.

　　② Zia Ur Rehman, "Pakistan bans political party critical of China's Belt and Road", NIKKEI Asia, May 21, 2020, https://asia.nikkei.com/Spotlight/Belt – and – Road/Pakistan – bans – political – party – critical – of – China – s – Belt – and – Road.

与政党所代表的地区利益、政党的政策主张以及执政地位等因素有关。

（一）穆盟（谢）对走廊的态度与诉求

穆盟（谢）是右翼政党，主张市场经济和私有化，希望通过弥补基础设施缺口，特别是能源缺口，促进巴经济工业化，进而改善民众生活。因此，在纳瓦兹第三任期，中巴经济走廊启动第一阶段建设，重点是能源（包括煤炭、发电、电网、大坝、管道等）、交通（包括铁路、港口、机场、高速公路等）、工业园区建设等。2018 年，穆盟（谢）失去执政地位后，仍大力维护"中巴经济走廊"以及自己在走廊建设中的重要功绩。因为，"中巴经济走廊"在穆盟（谢）执政期间落地启动和大规模建设，是其主要政绩项目。正义运动党上台后，当局先后以反腐为名批评、调查穆盟（谢）重要人物在走廊项目中的非法获利情况，例如，2019 年就先后有贸易部长 Razzaq Daud、通信部长 Murad Saeed 等人指责穆盟（谢）秘书长 Ahsan Iqbal 等人非法侵吞项目资产，因此走廊项目的声誉正在与穆盟（谢）的政治生命融为一体。某种程度上，维护走廊、支持走廊建设，就是在维护和延续穆盟（谢）的政治生命。此外，穆盟（谢）虽然失去了中央执政地位，甚至在其票仓旁遮普也沦为反对党，但是其铁杆支持群体依然稳固。维护旁遮普人的利益，对维持穆盟（谢）政治影响力，甚至东山再起的资本至为重要，而中巴经济走廊恰恰是旁遮普保持繁荣发展重要的外部支持项目。旁遮普省作为巴人口最多、经济最发达的省份，在全国经济中扮演枢纽角色。第一阶段走廊项目中，拉合尔地铁（桔线工程）、卡拉奇—白沙瓦铁路、木尔坦—苏克尔铁路等均位于或经过旁遮普，将进一步提升旁遮普的交通便利水平，带动当地就业和产业发展。而萨希瓦尔燃煤发电项目（Sahiwal Coal Power Project）、拉西马雅尔燃煤发电项目（Sahiwal Coal Power Project）的建成则大大提高了旁遮普的电力供应能力，为发展制造业提供稳固电力保障。即将开展的走廊第二阶段项目，将更加聚焦农业、减贫、就业、教育和产业园区等，而旁遮普省恰恰是农业大省和贫困人口最多的省份。因此，支持走廊第二阶段建设，借此推动旁遮普省经济发展，完全符合穆盟（谢）当前阶段的政治和经济利益。

（二）正义运动党对中巴经济走廊的态度转变

正义运动党从在野党变成执政党后，对中巴经济走廊的态度出现重要转变。在野党时期，正义运动党从党派斗争和经济利益出发，对中巴经济走廊的具体项目颇有微词。例如，上台之前，正义运动党执政的开普省首席部长 Pervez Khattak 曾明确表示，联邦政府在设立走廊经济特区时，忽视了开普省的发展需要。[①] 正义运动党还认为谢里夫家族通过走廊项目，特别是桔线（orange train）工程获得了大量回扣，进而认为走廊项目存在不透明和贪腐问题。[②] 正义运动党执政初期，其部分领导人仍然认为走廊协议存在瑕疵。正义运动党参议院领袖史博利（Syed Shibli Faraz）甚至表示，"正义运动党组阁后，将重新审视走廊项目协议，调整不符合国家利益的项目。我们尊重走廊协议，但是会要求我们的朋友改进这些项目，以创造双赢局面"。正义运动党领袖人物对走廊的批评也与自身利益相关。达乌德在担任总理特别商业顾问之前，是巴重化工业企业狄思康（Descon，Design Engineering Services and Construction）的主席，而狄思康在竞标走廊发电项目时一无所获。[③] 他认为，失败的原因是狄思康的竞标价过高，但这不是巴本土企业的问题，而是因为中国企业享受了太多优惠政策和信息优势。

但是，随着时间的推移，正义运动党对中巴经济走廊的看法更趋理性和成熟。一方面是因为随着正义运动党从在野党向执政党转变，需要切实负担起建设国家的责任，应对经济衰退、财政赤字、营商环境差等紧迫问题。稳妥推进中巴经济合作，对解决这些问题大有裨益。另一方面，正义运动党也逐渐认识到中巴经济走廊关系中巴关系大局和南亚地缘战略格局，因此能够更成熟稳妥地处理走廊建设问题。更重要的是，中国针对正义运动党的关切及时做出回应，并表示会通过平等协商，及时调整项目规划，最大限度地满足巴方发展需要。

正义运动党上台后，对走廊项目有三大诉求。一是希望走廊项目能够有利于兑现竞选承诺，即减贫、农业发展、增加就业、促进教育和民生等；二是希望借助走廊建设，帮助巴摆脱现有经济困境，包括外汇储备减

---

① Khawar Ghumman，"Protests not against CPEC, PTI chief assures Chinese envoy"，*Dawn*，Jun. 21, 2017，https：//www. dawn. com/news/1290877.

② Ashraf Malkham，"Orange Line Metro to become part of CPEC"，https：//www. geo. tv/latest/126375 - Orange - Line - Metro - to - become - part - of - CPEC.

③ 狄思康是一个有40年能源项目运维经验、涉足油气、化工、电力的大型企业，曾经竞标走廊电厂的工程、采购和建筑合同，但全部落败，最终合同都归了中国企业。它竞标的企业包括在萨希瓦尔和卡西姆港的两个燃煤电厂、在比奇和哈乌力的三个燃气电厂。

少、财政入不敷出、对外资吸引力差、经常账户逆差等问题；三是在项目分配上，要有利于稳固其民意基本盘，即开普省和旁遮普省北部地区。2018 年，伊姆兰·汗访华时，中巴务实商讨走廊第二阶段项目安排，将重点放在特别经济区、农业、教育、工业化等正义运动党政府的重点发展领域。为缓解巴外汇储备不足问题，中方还紧急提供 60 亿美元特别贷款，帮助巴中央银行充实外汇储备。考虑到正义运动党政府高度关注开普省等落后地区开发问题，中巴双方合作加快推进开普省、自由克什米尔等地的水电站、高速公路建设，希望以此缩小巴地区发展差距，助力巴国家统一和经济发展。中巴经济走廊建设由此进入新的发展阶段。2020 年初，巴暴发新冠肺炎疫情，但是中巴经济走廊项目保持不停工、不裁员。巴主流媒体认为疫情冲击之下，中巴经济走廊在稳定巴经济、助力巴经济恢复中，将扮演更加重要的角色。2020 年 7 月 4 日，伊姆兰·汗在一次会议上表示，中巴经济走廊是两国全天候友谊的表现，巴基斯坦会不惜任何代价完成中巴经济走廊建设，让成果惠及每个巴基斯坦人。①

（三）巴基斯坦人民党对中巴经济走廊的诉求

人民党支持中巴经济走廊建设，并以中巴经济走廊的奠基者自居。但是人民党希望中巴经济走廊更多惠及信德省西部、俾路支斯坦、开普省等经济落后地区。比拉瓦尔曾表示，阿里·布托当初设想的中巴经济走廊是要穿过西部落后地区，而不是信德省和旁遮普省。穆盟（谢）政府规划的路线违背了阿里·布托的初衷。② 人民党领导层指责穆盟（谢）政府过于偏爱旁遮普省，对旁遮普省腹地的商人群体照顾过多，而对其他省份关注不够，特别是吉尔吉特 - 巴尔蒂斯坦地区、俾路支斯坦地区，未能参与决策，在基础设施项目上受益太少。③ 正义运动党上台后，人民党虽然对

---

① "Pakistan will complete CPEC at all costs, says PM Imran Khan", *The Times of India*, July 4, 2020, https: //m. timesofindia. com/world/pakistan/pakistan – will – complete – cpec – at – all – costs – says – pm – imran – khan/articleshow/76785195. cms.

② Mohammad Riaz Mayar, "Centre Making CPEC Project Controversial: PPP Leader", *The News*, February 8, 2016, https: //www. thenews. com. pk/print/96715 – Centre – making – CPEC – project – controversial – PPP – leader.

③ Peer Muhammad, "CPEC: PPP Voices Concern over Neglecting Gilgit – Baltistan", The Express Tribune, January 6, 2016, http: //tribune. com. pk/story/1022564/cpec – ppp – voices – concern – over – neglecting – gilgit – baltistan/.

正义运动党政府多有批评，但是一直大力支持走廊建设。2019 年、2020 年，两次中巴经济走廊政党咨询会议上，人民党都坚决支持中巴经济走廊，表示巴所有政党在走廊问题上意见高度一致。2019 年，人民党议员副主席、参议员雪莉·拉合曼表示，人民党创始人阿里·布托参与了中巴经济走廊的最初构想，包括开发瓜达尔港都是阿里·布托的提议。她认为，人民党致力于创造就业、促进增长、增加能源供给、促进地区稳定，是中巴经济走廊的关键利益攸关方。[1] 显然，人民党希望在走廊规划、建设过程中有更大参与度，以提升其政治影响力。

第二节　巴主要政治家族与 "中巴经济走廊" 关系

巴独立以来未经彻底的社会革命，其政党政治是封建经济关系与现代政治关系的复合体，具有鲜明的家族和地域属性。分析巴主要政治家族与 "中巴经济走廊" 的关系，有利于揭示 "中巴经济走廊" 在地区和家族层面的社会基础，进而为中巴关系探寻更深厚的内生动力和更广阔的发展空间。

一　巴主要政治家族

谢里夫家族是巴基斯坦第一大政治家族，基地在旁遮普省。谢里夫家族是克什米尔的潘迪特，其父穆罕默德·谢里夫为著名企业家，曾于 1939 年亲手创办了伊特法克集团（主营钢铁），印巴分治后举家迁移到旁遮普的省会拉合尔，在巴基斯坦钢铁、农业、交通、制糖等领域拥有举足轻重的影响力。1972 年，阿里·布托政府推行国有化政策，谢里夫家族的核心产业伊特法克钢铁厂（Ittefaq Foundry）被收归国有，谢里夫家族遭受巨大损失。但是老谢里夫并未气馁，而是在 1974 年创办了谢里夫实业集团，并将业务拓展到西亚、沙特等境外地区。20 世纪 70 年代末，齐亚·哈克执政后，伊特法克钢铁厂被归还谢里夫家族。依托庞大的家族产

---

① "Country on one page for CPEC: Sherry Rehman", *Pakistan Today*, March 19, 2019, https://www.pakistantoday.com.pk/2019/03/19/country - on - one - page - for - cpec - sherry - rehman/.

业，纳瓦兹·谢里夫一度成为国民议会最富有的五名议员之一。据传，他在任职总理期间，还经常动用私人资金救济穷人。

谢里夫家族以旁遮普为政治基地，经营起庞大的政商网络，即使在政治影响式微的今天，仍然在旁遮普拥有稳定的支持者。纳瓦兹的弟弟沙巴兹·谢里夫曾四度担任旁遮普省首席部长，目前为国民议会反对党领袖。沙巴兹的儿子哈姆扎·沙巴兹·谢里夫现为旁遮普省议会的反对党领袖。沙巴兹曾在 2017 年末将其指认为旁遮普省首席部长，正在成为谢里夫家族在旁遮普的新一代掌门人。纳瓦兹的大女儿玛利亚姆·纳瓦兹在巴政坛极为活跃，目前是穆盟（谢）的副主席，经常作为穆盟（谢）的代言人向媒体发声，有传言认为她是纳瓦兹心目中的穆盟（谢）新领袖。玛利亚姆的丈夫穆罕默德·萨达尔·阿万（Muhammad Safdar Awan）曾长期在军队服役，后追随纳瓦兹流亡沙特，回国后连续两届担任国民议会议员（2008—2018 年）。纳瓦兹的小女儿阿斯玛·纳瓦兹（Asma Nawaz）则嫁给财政部长伊沙克·达尔（Ishaq Dar）的儿子阿里·达尔。在谢里夫家族中，纳瓦兹之女玛利亚姆和沙巴兹之子哈姆扎是两大政治新星，他们之间的竞争将影响谢里夫家族的未来。

布托家族的奠基人是佐勒菲卡尔·阿里·布托（以下简称阿里·布托）。阿里·布托曾担任巴外交部长、总理等要职，在 1979 年被最高法院判处死刑，但是其罪名一直充满争议。布托的支持者认为这是一次政治谋杀。2007 年，最高法院前大法官承认，当时法院判处阿里·布托死刑是受到了军方压力。此后，阿里·布托声誉日隆。阿里·布托去世后，其女贝纳兹·布托继承衣钵，扛起左翼大旗，先后被军政府入狱，被迫流亡，两度执政，最后被刺杀死于任上。两代布托家族领袖之死，奠定了布托家族在巴政坛的影响力。布托家族领导的人民党也具有了广泛的社会声望。特别是贝·布托作为女性两度担任总理，成为巴女性发展史上的标志性人物。但是贝·布托家族内部始终不乏政治争斗。阿里·布托去世后，贝·布托在继承人民党事业时，遭遇其兄莫·布托的竞争。贝·布托首度担任总理期间，莫·布托返回国内，动员人民党内的支持者，试图夺回人民党控制权。1996 年，莫·布托被刺杀身亡。人民党内部安保人员和右翼人士声称，贝·布托的丈夫扎尔达里直接参与了此次谋杀。这令贝·布托遭受巨大的政治压力。不过，在贝·布托下台后，高级司法委员会曾为贝·

布托夫妇脱罪，裁定其未涉嫌上述谋杀事件。不过，谋杀嫌疑始终伴随扎尔达里，并在贝·布托遇刺身亡后，继续影响扎尔达里和人民党。扎尔达里曾作为"摄政王"与其子比拉瓦尔·布托共同担任人民党主席，并在比拉瓦尔长大成人后退休。从此，人民党进入了比拉瓦尔时代。但是，比拉瓦尔仍然面临家族内部挑战。莫·布托去世后，其遗孀金·布托（Ghinwa Bhutto）在人民党内部组建了一个小集团，宣称莫·布托之女法·布托（Fatima Bhutto）才是布托家族真正的继承人。法·布托虽然未能在人民党内部撼动比拉瓦尔的权势地位，但却通过撰写回忆录、接受采访等方式持续批评贝·布托和比拉瓦尔。

乔杜里家族。乔杜里家族和谢里夫家族一样，根植于旁遮普省，掌控穆盟领袖派（PML-Q）。乔杜里家族的第一个显赫人物是乔杜里·扎胡尔·伊拉西（Chaudhry Zahoor Elahi），1921年出生于旁遮普的古吉拉特。他以治安官起家，并在印巴分治后与兄长乔杜里·曼祖尔·伊拉西（Chaudhry Manzoor Elahi）一起投身商业，在旁遮普的古吉拉特收购和运营了多家纺织厂，后来还将业务扩展至面粉等食品工业。1956年，扎胡尔脱离商业活动，投身古吉拉特地方政治，其家族产业则继续由曼祖尔经营。1958年，扎胡尔担任古吉拉特地区委员会主席，同年被选为巴基斯坦国家银行主任，并长期担任国家银行联席会议成员。同年，阿尤布·汗实施军事管制法，所有政治人物被强制取消选举资格。扎胡尔因坚决反对当局做法而被判处6个月监禁。1962年，扎胡尔被选举为国民议会议员，并长期担任巴基斯坦穆盟议会党团秘书长。在此期间，乔杜里家族收购了英文报纸《巴基斯坦时报》，开始具备舆论引导能力。1970年，扎胡尔再次当选国民议会议员，成为国民议会中少数穆盟代表之一。1971年，东巴基斯坦独立，阿里·布托继任巴基斯坦总理。布托的国有化政策导致乔杜里家族的面粉产业遭受巨大损失。扎胡尔因坚决反对国有化，与布托政府裂隙加深。此后，布托政府对扎胡尔发起持续的违法调查，令其官司缠身并多次遭受监禁。1977年，齐亚·哈克军政府上台，与乔杜里家族结成反布托联盟。扎胡尔迅速被释放，国有化的面粉产业也回到家族手中。阿里·布托被齐亚·哈克处以绞刑后，其子莫·布托（Murtaza Bhutto）和沙·布托（Shahnawaz Bhutto）于1979年创办反抗组织 Al-Zulfiqar，专门针对阿里·布托的敌人实施暗杀、绑架等恐怖行动，1981 年，扎胡尔被该组织刺杀身亡。

扎胡尔去世后，乔杜里家族第二代登上历史舞台，主要代表人物是扎胡尔之子舒贾特·胡赛因（Chaudhry Shujat Hussain）和曼祖尔之子珀维兹·伊拉西（Chaudhry Parvez Elahi）。舒贾特在政治上的作为超过其父。他自 1985 年投身政坛，先后担任巴工业部长、信息宣传部长、国防工业部长、铁路部长、内政部长等要职，并在 2004 年短暂担任巴政府总理。2002 年舒贾特和珀维兹受穆沙拉夫指示，重建穆盟，以确保其更纯洁、对穆沙拉夫更忠诚。由此，穆盟领袖派诞生。乔杜里兄弟因此成为穆盟领袖派的奠基人。舒贾特则自 2003 年以来一直担任穆盟（领）主席。珀维兹·伊拉西除了穆盟领袖派的工作外，还曾先后担任旁遮普省首席部长、巴国防生产部长、工业部长等要职，并在 2012—2013 年短暂担任巴基斯坦副总理，2018 年以来担任旁遮普省议会发言人。舒贾特的亲弟弟瓦贾哈特（Chaudhry Wajahat Hussain）则长期担任巴国民议会议员（2002—2013）并三度担任旁遮普省议会议员。舒贾特不仅是活跃的政治家，也是卓有成就的商人。他将父辈的商业版图扩展至军工、军事科技研发、重化工业等资本密集型产业部门，从而进一步加固了乔杜里家族的经济权势。

此外，巴基斯坦还存在其他权势较小的著名政治家族。在开普省，瓦里·汗家族依靠人民民族党掌握了巨大的政治话语权。瓦里·汗家族的奠基人是阿卜杜·贾法尔·汗（Abdul Ghaffar Khan）。他是一个非暴力不合作运动领袖，也是国大党和全印穆斯林联盟的政治盟友。印巴分治后，贾法尔被迫支持西北边境省加入巴基斯坦，但在巴政治旋涡中遭受挫折，多次被拘捕并被迫流亡。贾法尔的儿子是阿卜杜·瓦里·汗，他在 1986 年建立了人民民族党，并担任党的领袖。瓦里·汗去世后，他的遗孀 Begum Naseem Wali Khan 短暂代行党魁职务，后因为无法平息党内纷争，将党的领导权转交给瓦里·汗之子阿斯范亚尔·瓦里·汗（Asfandyar Wali Khan）。

二　走廊建设对中巴政治关系的影响

走廊建设对巴政治家族的影响主要体现在两个方面。一是大大提升了中国在巴政治经济生活中的存在感，进一步加强了各政治和经济力量与中国的联系纽带，增强了巴各界在促进中巴关系上的共识。二是走廊交通线路的更改、重大投资项目的区域布局、中巴贸易关系的调整，意味着中巴关系进入更全面、深入的发展阶段。

中巴经济走廊建设提升各政治力量对华关注度。自从中巴经济走廊于2015 年正式启动以来，走廊及走廊项目立刻成为巴政界、商界、媒体和基层社区的热门话题。多数巴基斯坦人认为，中巴经济走廊对巴实现经济繁荣至关重要，甚至是决定巴未来命运的重大机遇。巴主流政治力量，要么自诩为走廊项目的奠基人，要么宣称要利用走廊带来的发展机会，让巴实现真正的强大。即使是俾路支省和开普省的建制派政党（包括反对党），如俾路支人民党、人民民族党等，也寄希望于通过更多分享走廊红利，带动偏远地区的发展。目前，中巴经济走廊与巴核武器项目、克什米尔问题，并列为三大跨党派共识。在巴社会经济政策方面，中巴经济走廊几乎是唯一一个不必担心党派掣肘，同时获得公众广泛欢迎的经济项目，因此也最容易作出成绩。自走廊启动以来，从穆盟（谢）到正义运动党，巴中央政府无不将中巴经济走廊作为优先事项推动。他们利用一切机会，宣传走廊包含的重大发展机遇，凝聚一切力量推动走廊项目落地投产，并将走廊建设早期收获视作其重要政绩，以争取选民的认可和支持。由于中巴经济走廊受到巴各党派、各团体和阶层的广泛支持，即使以批评和制约执政党为己任的各大反对党也不会直接攻击中巴经济走廊。在 2018 年的大选之中，虽然正义运动党对穆盟（谢）借走廊邀功的做法嗤之以鼻，但鉴于其票仓旁遮普居民均对走廊抱有高期待，因此并未直接否定走廊建设对巴经济社会的重大意义，而是将矛头对准穆盟（谢）借机贪腐、效率太低等治理能力问题上。

当前，巴主要政党主要代表特定地区的利益，具有地方性政党的显著特征。中巴经济走廊启动后，巴各地都希望借机实现本地区的发展，因而就走廊项目设置、交通走廊线路等展开竞争。最初有东西两条备选路线。开普省和俾路支省的主要政党提倡建设西线。它北起喀什，经红其拉甫口岸进入巴控克什米尔（吉尔吉特－巴尔蒂斯坦），然后进入开普省和俾路支省。这条路线经过的都是贫穷落后地区，沿线基础设施和产业投资有利于缩小巴地区收入差距，增强中央对边远地区的控制力。不过这条路线经过的开普省、俾路支省都存在较高的恐袭风险，且基础条件较差，意味着较高的建设成本。当时执政的穆盟（谢）主张建设东线，即从巴控克什米尔直接进入旁遮普省和信德省,进而连接瓜达尔港。这条线路经过的都是人口稠密、经济发达、基础设施相对完善的地区,建设成本低、治安状况好、产业配套能力较强,基础设施投资的盈利周期较短,产业投资见效快。但是,由于巴国内一直存在国家"旁遮普化"的担忧,人们担心中巴经济走廊经过旁遮普省,或者在旁遮普投资过多,会进一步加剧区域发展不平衡,进而导致政治力量失衡。

尽管面临不少障碍,中方深知中巴经济走廊的整体政治环境是有利的,围绕中巴经济走廊的政党之间的分歧,本质上属于巴内政,中方一方面主动解疑释惑,另一方面静等巴内部达成共识,并予以充分尊重,同时积极寻求巴方支持,增强安保投入,共同保证走廊项目安全。经过巴中央与地方、党派之间的充分沟通,巴方提交了新的中巴经济走廊路线建议。这种新的实施方案兼顾了落后地区的诉求,在路线布局、项目安排上给予一定倾斜,同时也充分利用了东部地区良好的发展条件,这为中巴经济走廊的投产建设打下了良好基础。中国高度重视俾路支分离主义势力造成的干扰破坏。巴方专门成立中巴经济走廊管理局,设立专门的特别安全部队,加强打击各种分离主义势力,并将部分恐怖主义组织在联合国列名,显著改善了中巴经济走廊的安全环境。

第三节 巴中央—地方关系与"中巴经济走廊"建设

中央地方关系是巴政治博弈的重要维度。在联邦制下,巴联邦政府与地方政府的博弈,掺杂了政党竞合、家族互动、地区磨合等复杂内容,因而也深刻影响着中巴经济走廊的建设进展。

一 巴基斯坦的联邦制

巴基斯坦实行联邦制,省是联邦政府之下的行政主体。巴基斯坦是在各省普遍同意的基础上建立的,因此是先有各省,然后才有了巴基斯坦联邦。建立联邦制有两个原因。一是巴基斯坦建国前夕,穆盟领袖真纳等人为动员穆斯林聚居区人民和政治领袖,共同参与独立建国事业,许诺建立地方保留自治权的联邦制巴基斯坦。二是英属印度曾在 1935 年出台《印度政府法案》，建立了强大中央政府领导下的联邦制政体，因此巴基斯坦也从英属印度继承了联邦制政治遗产。

建国之后，巴基斯坦经历多次民选政府和军政府的交替，先后3次修改宪法，18次补充宪法修正案，使政府组织形式在议会制和总统制之间来回轮换，但是联邦制政体得到了长期维持。尽管联邦制内涵有诸多细微调整，但始终保持中央的主导地位。

在立法权方面，最近一版宪法，即1973年宪法规定，中央政府在联邦管辖领域拥有立法权；在联邦和省共同管辖事务上，中央和省级立法机构均有立法权，但二者出现冲突时，以联邦法律为准。因此，总体上看，省级立法权相对较为有限。在行政关系上，宪法赋予联邦政府强有力中央集权。宪法规定，各省首席部长由省议会选举产生，但省督须由总统任命，省督还有权根据高等法院裁定解散省议会。同时，省政府有义务遵守联邦议会的法案，中央政府也有权力指挥省政府。在紧急状态下，中央政府还可以完全接管省政府的权力。宪法规定省政府的主要责任是维持法律和秩序，但是如果中央政府认为省政府无力履行上述职责，就可以介入省政府事务，从而使中央政府扮演"最后保障人"的角色。在2019年信德省与中央政府关于任命总警督的争端中，信德省强调省政府拥有维持法律和秩序的权力，因此有权自行解职总警督职务，但是中央政府认为，信德省任命的总警督长期无力维持秩序，因此，中央政府有必要为其空降总警督，信德省因此无权解除总警督职权。根据宪法，省政府负责教育事务，但是中央政府为遏制极端宗教思想蔓延，大力推行国民教育取代宗教教育，侵蚀了省政府在教育领域的影响力。再者，中央和地方的协调平台，如共同利益委员会、国家财政委员会，均非常设机构，以至于各省在就重大问题与中央沟通前，必须首先启动这些沟通机制，从而增大了沟通成本。

在财政资金方面，省级政府高度依赖中央拨款，没有中央的财政支持和配合，很多重大项目都无法启动。根据宪法规定，中央政府控制所有数额大、征收难度低的税种，如矿业税、油气税、关税等。省级税源主要是土地收入税、农业收入税、奢侈品税等小、散、难税种。宪法规定中央政府收入中有一部分可分配收入，需要在中央与地方之间，以及地方各省之间进行划分。20世纪90年代以前，可分配财政资金的央地划分主要倾向地方。1952年，中央与地方份额之比为50：50，1964年为35：65，1970

年到 1990 年为 20∶80。1990 年开始，虽然划分比例不变，但是由于更多税种被划入可分割的财政盘子，省级财政获得的转移收入事实上增加了28%。1996 年，所有税种都被列入了可分割的财政盘子，联邦与省的收入分割比例调整为 62.5∶37.5。尽管从比例上看，联邦获得的份额更大，但是从绝对金额来说，省政府获得的转移收入提高了。2000 年，穆沙拉夫组建财长主持下的国家财政委员会，商讨中央与各省财政分配。省级政府要求提高份额至 50%，以及省际分配标准多元化（不要只按照人口）。2006 年，中央和省的比例调整为 55∶45，此后省级份额每年提高 1 个百分点。2009 年形成了第 7 版国家财政分配方案，但由于第二年的宪法第18 修正案大幅增加省政府的责任，这种分配方案已经不合时宜。此后，省政府纷纷要求增加转移收入。但是各方就再分配方案迟迟未能达成共识。主要问题在于各省都希望以有利于自己的方式划分可分配财政资金。例如，旁遮普省希望根据人口规模分配资金，信德省希望按照财政收入水平分配资金，俾路支省和开普省则希望中央能给予倾斜照顾等。

为了协调中央和地方的关系，巴设立了共同利益委员会，由各省首席部长和同等数量的中央政府要员参加，就中央与地方共同关心的重大问题，特别是跨省问题，如铁路建设、水资源分配、产业政策等，开展沟通协调。2010 年，宪法第 18 修正案，增强了共同利益委员会的作用，同时加强向各省分权。不过，这次修改宪法也增强了议会和总理的权力，从而某种程度上使中央和各省在新的水平上实现了权力平衡。

二　走廊建设与央地关系

巴基斯坦的联邦制，是由其多样化的地域、民族、语言、文化所决定的，同时受到了英印帝国地方自治传统的影响。巴各省均有自己的主体民族，如信德人、俾路支人、旁遮普人、孟加拉人、普什图人等。这些民族均有独特的语言和文化渊源，经济发展水平、地区资源禀赋也各不相同。联邦制成为应对巴地区、民族、语言、利益多样性的唯一合乎逻辑的选择。[①]不过，虽然各省均认为加入联邦对自己有利，对维持联邦也具有共

---

① Muntzra Nazir, "The Problems and Issues of Federalism in Pakistan", http：//nazariapak. info/ Our - Pakistan/Problems. php.

识，但是巴联邦制度在追求多样性与统一性的平衡、相互依赖与自治活力的统一时，始终面临种种困难，以至于央地关系一直在变动调整之中。因此，巴中央政府往往倾向于依靠伊斯兰信仰抗衡地区主义，以维持联邦主体的共同体意识。

经济发展是巩固联邦制、加强国家团结的机会，但经济发展带来的地区差异则对联邦制和政治稳定造成挑战。经济发展是增强民众对国家认同、加强向心力的前提。但是经济发展也会加剧巴基斯坦本已存在的区域发展失衡问题。巴基斯坦长期存在旁遮普省一家独大问题。东巴基斯坦独立以来，旁遮普省的人口和经济总量都超过巴其他地区的总和。旁遮普人还长期在公共部门和军队拥有极高代表性，引发巴基斯坦"旁遮普化"的担忧。巴基斯坦还存在严重的发展不平衡。西部省份，如俾路支省、开普省存在大量部落地区，旁遮普省和信德省农村地区存在大量封建残余，卡拉奇、拉合尔等都市区则已经进入现代化。在西部边陲地区，宗教极端主义拥有生存发展的土壤，酝酿产生了恐怖主义、宗教激进主义等威胁社会稳定的因素。而在经济发达地区，对民主制度的要求，对言论自由的向往日益勃兴，对政府治理提出了不一样的要求。随着巴基斯坦进入发展转型关键期，地区发展差距和不平衡问题日渐突出，加剧了弱小省份对中央的不满。但这些落后省份恰恰拥有重要的战略位置和国防价值。因此，区域不平衡问题，就成为关乎国家前途的战略安全问题。

巴基斯坦的经济发展与联邦制演进始终处在一个复杂互动过程。中巴经济走廊建设恰恰参与了这一历史进程。中巴经济走廊是中巴合作的标志性工程。在民选政府和军方的共同支持下，中巴经济走廊获得巴各界人士的广泛欢迎。包括俾路支斯坦的反对党在内，巴所有合法政治框架内的政治力量，几乎都一致支持中巴经济走廊建设。但是在项目和路线确定上、在项目推进节奏上，地区之间、中央与地方之间存在博弈和竞争。

在这种不信任的气氛下，地方官员和民众更倾向于认为，中央规划的重大项目主要有利于中央政府和其他省份。特别是，重要交通和产业项目的建设会促进外地人口的流入，有可能使本地人沦为少数社群，从而丧失对本地发展的话语权。

这种担忧在瓜达尔港的建设过程中一直存在，并且由于卡拉奇的"教训"，而显得这种担忧异常现实。巴基斯坦建国初期，巴基斯坦和印度之间进行了人口大交换。来自印度的穆斯林大量涌入卡拉奇等大城市，从而出现移民精英与本地精英的激烈竞争。城市的发展进一步吸引其他地区人口的流入，最终使得卡拉奇主体人口从信德语人口转变为乌尔都语和旁遮普语人口。人口结构变迁带来政治格局的演变，使卡拉奇脱离信德省老牌政党巴基斯坦人民党的掌控，而成为统一民族运动党的基地。由此，卡拉奇虽然是信德省的省会，却无法融入信德省，看起来更像政治和经济飞地。卡拉奇的发展历程，令瓜达尔地区居民，甚至整个俾路支斯坦人担心，瓜达尔港的开发可能彻底改变港口区乃至俾路支省南部地区的人口结构，进而使这些地区脱离俾路支人的掌控。

此外，信任赤字还影响了部分基建项目的推进。例如，由于中央与地方、各省之间的相互猜忌，卡拉巴克大坝（Kalabagh Dam）的建设、印度河水资源分配总是波折不断。在这些问题背后，除了历史形成的猜忌和互不信任外，跨省、跨部门、中央与地方的协调不足、细节透明度等，也是加剧担忧和冲突的重要因素。特别是，2019 年，国家问责局对走廊项目的调查，导致 ML–1 铁路线的审批一度停顿，表明提高走廊项目透明度、加强巴跨部门协调已经极为紧迫。再加上，随着走廊建设进入第二阶段，主要项目开始向草根导向的民生、产业领域拓展，对工作的细致性、周全性要求更高，意味着必须显著加大省际之间、中央与地方之间、公私部门之间、党派之间、军政之间的交流协调。

中巴双方都已注意到这个问题，并采取措施提高透明度、促进理解和合作。例如，为了对接中巴经济走廊倡议，巴方建立了首席部长层面的会商机制，加强了共同利益委员会的沟通功能，在中巴经济走廊联合工作委员会中也包含地方代表。另外，中巴还建立了走廊政党协商机制（Political Parties Joint Consultation Mechanism）。这一机制涵盖了巴从中央到地方的各党派政治力量，有利于就中巴经济走廊问题达成共识，减少走廊建设过程中的政治阻力。

这些聚焦走廊议题的机制性的协调和沟通，事实上促进了跨部门、跨地区相互理解和合作，必将在巴国家建构中发挥重要而积极的作用。不仅如此，中巴经济走廊本身也是增强巴团结的一个积极因素。中巴经济走廊的重大交通和能源项目，有利于强化国防安全和国家统一。中巴经济走廊本身贯穿巴全境，被称为带来巨大发展机遇的变革性工程，因此巴主要政治领导人均从国家整体层面看待和探讨走廊建设，客观上使得基于狭隘地区、部门、宗教团体利益的言论和主张失去生存空间。[①] 中巴经济走廊建设由此成为巴各地区、各界人士加强团结、强化国家共同体意识的一个契机。

正义运动党在中央执政后，努力加强中央和各省协调的同时，大力诉诸民生、减贫等动员性口号，直接争取底层民众支持，显示出增强中央权力的倾向。而在中巴经济走廊建设上，正义运动党政府一方面强化中央对走廊项目的直接管理，如成立中巴经济走廊事务管理局，另一方面在走廊项目设定和总体规划上，注重惠及民生的社会、教育、特殊经济区、工业化等项目。这种双管齐下的策略，将进一步使中巴经济走廊成为巴各地区、各民族的发展纽带和情感黏合剂。

---

① Umair Javed, "CPEC and the provinces", *Dawn News*, Oct 24, 2016., https://www.dawn.com/news/1291834.

第四章　中巴经贸合作

中国和巴基斯坦是山水相连的好邻居、好伙伴、好朋友、好兄弟。自双方建交以来，在两国领导人的积极推动下，中巴经贸合作顺利，发展良好，成果丰富。经贸合作已成为中巴两国关系的紧密纽带，不断巩固和深化中巴战略合作基础。

第一节　中巴经贸概况

中巴经贸往来历史悠久。2000 多年前，"丝绸之路"开启两国经贸合作和人文交流。"举世闻名的丝绸之路就是从中国新疆经过巴基斯坦北部地区通往西亚和欧洲的。"[①] 在近代，由于西方列强的侵略和奴役，中巴友好往来被迫中断。"但是，两国人民在反帝反殖的斗争中一直是相互同情、相互支持的。"[②] 第二次世界大战后，中国和巴基斯坦相继独立。1951 年 5 月 21 日，中巴建立大使级外交关系，两国关系进入一个友好合作的新时期。在两国领导人的推动下，中巴贸易投资合作不断深入。

一　中巴经贸合作历史回顾

自 1951 年建交以来，中巴经贸合作日益频繁。1952 年，中国成为巴基斯坦棉花的第一大进口国。1953 年 3 月，中巴在卡拉奇签署棉花和煤炭贸易协定。"这个协定不仅有助于打破美国对华的经济封锁，而且成为

[①] 郑瑞祥：《共同构筑面向 21 世纪的全面合作伙伴关系——庆祝中巴建交 50 周年》，《南亚研究》2001 年第 1 期。

[②] 郑瑞祥：《共同构筑面向 21 世纪的全面合作伙伴关系——庆祝中巴建交 50 周年》，《南亚研究》2001 年第 1 期。

中巴两国建立信任、改善关系的重要举措。"① 1952—1953 年，中国是巴基斯坦第五大出口国，巴基斯坦是中国第一大进口国。万隆会议后，两国领导人的互访促进了双边贸易的发展。据统计，"1954 年中巴之间贸易额比 1953 年增加 170%，1955 年比 1954 年又增加 39%"②。1956 年，东巴基斯坦发生粮荒。中国除了按市场价向巴提供 6 万吨大米之外，另外赠送4000 吨大米，帮助巴基斯坦渡过难关。由于外汇短缺，中巴通过以货易货方式扩大经贸合作。1958 年 6 月，中巴签署煤—棉换货合同，中国以出口 15 万吨煤炭的全部款项购买巴基斯坦棉花。1963 年 9 月，中巴签署黄麻—水泥换货合同，巴基斯坦出口生黄麻以换取从中国进口价值746 万卢比的十万吨水泥。同年，中巴签署第一个长期贸易协定，互相给予对方"最惠国待遇"，正式结为贸易合作伙伴。1967 年，两国启动巴基斯坦吉尔吉特—巴蒂斯坦地区同中国新疆维吾尔自治区之间的边境贸易。这一时期，由于进口多而出口少，中国对巴基斯坦的贸易逆差较大。

改革开放后，中国将重心转向经济建设，巴基斯坦成为中国在南亚地区最大的贸易伙伴。1982 年 8 月，中巴签署开放红其拉甫山口的议定书，扩大两国边境贸易。10 月，"两国成立了中巴经济、贸易和科技合作联合委员会"，③ 设立贸易、工业和共同投资、科技三个小组委员会，签订三项有关经济、贸易和科技合作的议定书。1989 年 2 月和 11 月，中巴相继签署《关于互相鼓励和保护投资协定》《关于对所得避免双重征税和防止偷漏税的协定》，规范两国贸易行为和环境。经过共同努力，两国的经贸合作取得长足进展。但是，由于经济发展水平不高，两国经贸合作范围较窄、规模有限。

冷战后，中国地缘政治环境得到全面改善。中巴不再以共同朋友或共同敌人为基础维系战略关系，开始在传统友好关系的基础上开展经贸合作。20世纪 90 年代，巴基斯坦经济起伏明显（1996 年和 1998 年出现经济下滑），中巴贸易在波动中发展。与此同时，巴基斯坦在中国对外贸易和中国与南亚国家贸易中的地位有所下降。1991—1999 年，中巴贸易年增长率为 7.4%，

---

① 新华社：《我国和巴基斯坦签定棉花协定和煤合同》，《人民日报》1953 年 3 月 17 日。

② 惠晶：《二十世纪五十年代中国和巴基斯坦经济关系概述》，《兵团党校学报》2013 年第 2 期。

③ 杨立强、高巍：《中巴 FTA 与中国—南亚区域经济合作策略探讨》，《亚太经济》2010 年第 1 期。

低于同期中国对外贸易年增长率 13.7% 。"1990 年两国贸易额只有 5.8 亿美元，整个 20 世纪 90 年代两国贸易也一直徘徊在 10 亿美元。"① 这一时期，中国对巴贸易逆差形势开始逆转。

21 世纪以来，由于巴政局稳定，政府重视经济发展，再加上两国领导人频繁互访，两国经贸合作保持两位数增长，逐渐"从单纯的商品贸易发展到包括相互投资、承包工程、技术合作等广泛领域"。② 2000 年 6 月，中巴和平利用核能项目——查希玛核电站③正式建成实现并网发电，被中巴誉为"南南合作"的优秀典范，成为中巴友谊的又一象征。2001 年 5 月，中巴建交 50 周年。朱镕基总理访问巴基斯坦，就加强中巴经贸关系提出四点建议④。两国签署 6 个经济合作协定和 1 个备忘录。自 2003 年以来，中巴经贸合作驶入快车道，一年迈上一个新台阶。2003 年 11 月，中巴签署《优惠贸易安排》⑤，极大地推动了双边贸易的发展。2004 年 10 月，两国启动自由贸易区联合研究。12 月，阿齐兹总理访华，宣布承认中国完全市场经济地位。巴基斯坦成为第一个承认中国完全市场经济地位的国家。2005 年 4 月，温家宝总理访问巴基斯坦。在中巴商务合作大会上，温家宝总理就加强中巴经贸关系提出三点建议⑥。两国总理签署了

① 　徐长文：《加强友谊扩大经贸——中国与巴基斯坦的经贸发展进入新时期》，《国际贸易》2006 年第 3 期。

② 　徐长文：《加强友谊扩大经贸——中国与巴基斯坦的经贸发展进入新时期》，《国际贸易》2006 年第 3 期。

③ 　查希玛核电站是中国自行设计、建造的第一座出口商用核电站，也是当时中国最大的高科技成套出口项目。1991 年 12 月 31 日，中国核工业总公司与巴基斯坦原子能委员会在北京签署 30 万千瓦核电站合同。1993 年 8 月 1 日，开工建设。2000 年 6 月 13 日，建成发电。9 月，交付巴基斯坦投入商业运行。自投产运行至今，查希玛核电站安全指标和运行业绩良好，得到国际原子能机构好评。

④ 　加强中巴经贸关系的四点建议：(1) 加强农业领域的合作；(2) 加快基础设施领域合作步伐；(3) 开拓经贸合作新领域；(4) 努力寻求合作新方式。参见《朱镕基总理就加强中巴经贸合作提出 4 点建议》，2001 年 5 月 14 日，中国网（http://www.china.com.cn/zhuanti2005/txt/2001 – 05/14/content_ 5033397.htm）。

⑤ 　根据《中巴优惠贸易安排》，中国将对巴基斯坦 893 类商品实行中国在《曼谷协定》承诺的优惠税率，整体优惠幅度为 18.5%；巴基斯坦将对中国出口商品参照印度在《曼谷协定》的承诺实行优惠关税待遇，整体优惠幅度为 31.7%。2004 年 1 月 1 日起正式实施。

⑥ 　加强中巴经贸关系的三点建议：(1) 进一步扩大相互贸易和投资规模，丰富和充实两国战略合作伙伴关系内涵；(2) 加强沟通交流，拓展合作商机；(3) 开拓合作领域，寻求多样合作。参见《中国总理温家宝就加强中巴经贸关系提出三点建议》，2005 年 4 月 6 日，中国新闻网，http://www.chinanews.com/news/2005/2005 – 04 – 06/26/559828.shtml。

《中巴睦邻友好合作条约》,并出席关于《打击恐怖主义、分裂主义和极端主义的合作协定》《海关事务合作与互助协定、经济技术合作协定》和《双边自由贸易协定"早期收获"计划的协定》① 等十余个双边合作文件的签字仪式,推动中巴经贸合作迈上新台阶。2006 年 11 月 24 日,中巴完成自由贸易区谈判,签署《自由贸易协定》和《经贸合作五年发展规划》等重要文件,为两国深化和拓展经贸合作提供了制度性安排。26 日,胡锦涛主席和阿齐兹总理共同为海尔—鲁巴经济区②揭牌,"这是中国在境外正式挂牌的首个经济贸易合作区"。③ 巴基斯坦成为第一个建立中国境外经贸合作区的国家。2008 年 10 月,两国签署了《中巴自贸协定补充议定书》,给予对方更多优惠政策,促进双边投资合作。2009 年 2 月,中巴在武汉签署《自由贸易区服务贸易协定》。10 月 10 日,该协定生效。它是双方对外国开放程度最高、内容最全面的自贸区服务贸易协定,"标志着中巴两国将建成一个涵盖货物贸易、服务贸易和投资等内容全面的自贸区"。④ 2010 年,温家宝总理再度访问巴基斯坦。随访的中国投资贸易促进团同巴方签署了约 100 亿美元的经贸协议。在政府带动下,两国企业之间的投资也活跃起来,但是投资不大、金额不多。为提高两国贸易自由化便利化水平,2011 年 3 月,中巴启动自贸协定第二阶段谈判。

　　总之,中巴经贸合作走过了一条不平凡的道路。它不是静态的关系,而是动态的进程。建交以来,中国政府始终重视发展与巴基斯坦的经贸关系。本着互惠互利原则,两国积极拓展双边贸易。同时,中巴在地理上的

---

　　① 根据协议,中方可享受巴方提供的 486 种产品的零关税待遇,主要涉及蔬菜、水果、石料、纺织机械和有机化工品。中方将向原产于巴基斯坦的 769 种产品提供零关税待遇,主要涉及蔬菜、水果、石料、棉坯布和混纺布。从 2006 年 1 月 1 日起,中方将对原产于巴基斯坦的 1671 种产品实施优惠关税,平均优惠幅度 27%;巴方将对原产于中国的 575 种产品实施优惠关税,平均优惠幅度 22%。从 2006 年 1 月 1 日起实施降税,将在 2 年内分 3 次降低关税,到 2008 年 1 月 1 日全部降为零。

　　② 海尔—鲁巴经济区以原有的巴基斯坦海尔工业园为基础进行扩建,海尔集团与巴基斯坦鲁巴集团(RUBA)以现金方式合资建设,中巴股比为 55:45。园区规划面积 1.03 平方千米,分三期建设,总投资约 2.5 亿美元,建设期 5 年。产业定位以家电产品为主,包括相关配套产业和营销网络,吸引优秀家电企业入驻,形成品牌家电产业集群。

　　③ 杜冰:《"全天候友谊"与中巴关系》,《国际研究参考》2013 年第 9 期。

　　④ 杨立强、高巍:《中巴 FTA 与中国—南亚区域经济合作策略探讨》,《亚太经济》2010 年第 1 期。

接壤和经济上的互补，为两国经贸互利合作提供了广阔的前景。改革开放后，两国在贸易、投资和经济技术合作领域开展了卓有成效的合作，获得了良好的社会效益和经济效益。进入 21 世纪后，中巴经贸合作步伐加快，为两国建立全天候战略合作伙伴关系奠定重要的经济基础。

二　中巴经贸合作成果与问题

巴基斯坦巨大的人口、市场潜力以及独特的区位优势，吸引中国企业前往投资。中巴认真落实两国领导人会晤成果，经贸合作取得了丰硕的成果。

从建交到冷战结束前，中巴始终以小规模边境贸易为主，双边贸易不发达。冷战后，两国贸易额有所上升，1995 年首次突破 10 亿美元，然后就处于徘徊状态。直到 21 世纪，两国贸易才得以改观，贸易额从 2000 年的 11.6 亿美元增加到 2005 年的 42.6 亿美元。中巴签署自由贸易协定后，2008 年贸易额跃升到 70 亿美元。受金融危机冲击，中巴贸易额短期下降，但 2010 年即止跌回升。2011 年，双边贸易额突破 100 亿美元。

表Ⅲ-4-1　　　1990—2013 年中国—巴基斯坦双边贸易统计　（单位：亿美元）

年份	进出口总额	增减（%）	中国对巴出口额	增减（%）	中国对巴进口额	增减（%）
1990	5.8		0.9		4.9	
1991	6.9	18.9	6.0	20.8	0.9	-0.9
1992	6.4	-7.8	5.5	-7.8	0.9	2.6
1993	8.5	32.8	7.5	36.4	1.0	5.9
1994	7.7	-10.4	6.1	-19.4	1.6	67.9
1995	10.1	31.2	7.9	30.2	2.2	37.6
1996	9.6	-5.2	6.2	-21.1	3.4	53.4
1997	10.7	10.6	6.9	10.5	3.8	10.7
1998	9.1	-17.6	5.2	-24.0	3.9	2.6
1999	9.7	6.4	5.8	10.9	3.9	0.2
2000	11.6	19.8	6.7	15.5	4.9	26.2
2001	14.0	20.2	8.2	21.6	5.8	16.2

续表

年份	进出口总额	增减（%）	中国对巴出口额	增减（%）	中国对巴进口额	增减（%）
2002	18.0	28.8	12.4	52.4	5.6	-4.2
2003	24.3	35.0	18.5	49.3	5.7	3.1
2004	30.6	26.0	24.7	33.0	5.9	3.5
2005	42.6	39.2	34.3	39.0	8.3	40.1
2006	52.5	23.1	42.4	23.7	10.0	20.9
2007	69.4	32.2	58.3	37.6	11.0	9.6
2008	70.6	1.8	60.5	3.8	10.0	-8.8
2009	67.8	-4.0	55.2	-8.9	12.6	25.1
2010	86.7	28.0	69.4	25.8	17.3	37.4
2011	105.6	21.8	84.4	21.6	21.2	22.4
2012	124.2	17.6	92.8	9.9	31.4	48.3
2013	142.2	14.5	110.2	18.8	32.0	1.8

资料来源：各年度中国海关统计。

从表Ⅲ-4-1可以看出，中巴贸易不管是进口、出口还是总额都在增加。但是，中国对巴出口额占贸易总额的比重越来越大，由1990年的15.5%增加到2013年的77.4%。同时，中国对巴的贸易逆差也日益扩大，由1991年5.1亿美元增加到2013年的78.2亿美元。

两国政府积极鼓励双方企业到对方国家投资兴业。自2003年以来，中国企业对巴投资不断增加，从2003年的不到1亿美元增加到2007年9亿美元。像海尔、华为和中国移动等一些大企业进入巴基斯坦设厂，投资进展和前景十分广阔。巴基斯坦企业在华投资也有所增加，但规模不大，金额也不多。

表Ⅲ－4－2　2003—2013年中国对巴基斯坦FDI流量和存量统计　单位：万美元

年份	对外直接投资流量	占中国在亚洲投资流量百分比（%）	对外直接投资存量	占中国在亚洲投资存量百分比（%）
2003	963	0.64	2748	0.1
2004	142	0.05	3645	0.11
2005	434	0.1	18881	0.46
2006	－6207	—	14824	0.31
2007	91063	5.49	106819	1.35
2008	26537	0.61	132799	1.01
2009	7675	0.19	145809	0.79
2010	33135	0.74	182801	0.8
2011	33328	0.73	216299	0.71
2012	8893	0.14	223361	0.61
2013	16357	0.22	234309	0.52

资料来源：各年度中国对外直接投资统计公报。

从表Ⅲ－4－2可以看出，中国对巴FDI流量和存量稳步增加，但FDI流量呈现波动状态。这主要是因为FDI流量的变化受政府政策影响较大，比如2007年中巴建立自贸区，中国对巴FDI大幅增长。

此外，巴承包工程市场管理相对宽松，政府鼓励外国承包工程企业进入巴基斯坦市场。自1981年以来，中国企业到巴基斯坦承包能源、交通、通信、电力、冶金和建材等诸多工程项目，对巴经济发挥积极作用。"2000年，中国企业在巴共签订工程承包合同621份，合同总金额为41.14亿美元，完成营业额37.44亿美元。"① 随着两国经贸合作的深入，巴基斯坦逐渐成为中国在南亚开展承包劳务业务的主要市场之一。"2013年1—12月，中国企业在巴新签合同额54.56亿美元，同比增长132.4%，

---

① 《中巴经贸合作简况》，2002年12月16日，中国驻巴基斯坦经济商务处，http://pk.mofcom.gov.cn/article/zxhz/hzjj/200203/20020300004908.shtml。

营业额 37.01 亿美元，同比增长 33.2% 。截至 2013 年 12 月底，中国企业累计在巴签订承包工程合同额 307.19 亿美元，营业额 236.70 亿美元；在巴各类劳务人员 5824 人。"[①]

实际上，中巴经贸合作的最大成果是自贸协定的签署和实施。中巴自贸协定对两国经贸合作具有里程碑意义。从经济方面看，这是一份互利双赢的协议。"中巴建立自贸区，将为两国的经贸关系发展提供制度性保障，从而提升经贸合作水平。第一，有助于扩大出口。第二，有助于实现市场多元化。第三，有助于减少消费者的开支，降低生产者的成本。第四，有助于吸引外资，承接国际产业转移。第五，有助于带动相关产业的发展，创造新的就业机会。"[②] 2007 年，在自贸协定生效当年，中国跃升为巴基斯坦第四大出口目的国，占其出口总额的 5.2% ，并成为巴基斯坦第一大进口来源国，占其进口总额的 16.2% 。从政治方面看，中巴"全天候战略合作伙伴"不能脱离经贸合作而单独存在。中巴自贸区的建立"有利于进一步巩固和发展中巴全天候友谊，为中巴战略合作伙伴关系增添更加丰富的内涵"。[③]

中巴经贸合作取得积极进展，但不可否认，依然存在着某些需要重视和及时化解的问题，主要表现在以下几个方面：

第一，中巴经贸合作规模较小，与两国政治关系不匹配，存在"政热经不热"问题。由于经济发展水平和经济规模存在巨大差异，中巴经贸合作规模不断扩大，但 20 世纪 90 年代以来，"巴基斯坦在中国对外贸易中的地位在逐渐下降"；[④] 中巴企业相互投资在不断增多，但总量有限，不是经贸合作的主流，而且与中国庞大的经济规模相比，中国对巴投资数额太小，投资领域较窄。

---

① 《2013 年中巴双边经贸合作简况》，2014 年 6 月 10 日，中国驻巴基斯坦经济商务处，http: //pk. mofcom. gov. cn/article/zxhz/hzjj/201406/20140600618801. shtml。

② 《商务部新闻发言人崇泉就中国与巴基斯坦签署自由贸易协定答记者问》，2006 年 11 月 25 日，中国驻巴基斯坦使馆经济商务处，http: //pk. mofcom. gov. cn/article/jmxw/200612/20061204040507. shtml。

③ 《商务部新闻发言人崇泉就中国与巴基斯坦签署自由贸易协定答记者问》，2006 年 11 月 25 日，中国驻巴基斯坦使馆经济商务处，http: //pk. mofcom. gov. cn/article/jmxw/200612/20061204040507. shtml。

④ 温路：《论新时期中巴关系面临的挑战》，《中外企业家》2013 年第 3 期。

第二，中巴贸易的商品结构单一。中巴贸易额增长较快，但贸易商品结构变化不大。中国对巴出口商品日趋多样化，主要包括"机械设备及配件、化工类产品、钢铁及制品、机动车及配件、轮胎等工业制成品"[1]。但是，巴对华出口商品仍局限于工业原料和初级加工产品。这种单一而稳定的贸易结构急需优化调整。

第三，中巴贸易进出口不平衡，中国长期处于顺差地位，不利于两国经贸长期发展。为改善贸易不平衡现状，中国政府采取向进口巴产品的中国企业提供补贴、组织中国企业代表随经贸代表团到巴进行大额采购等方式，努力增加从巴进口商品。但是，由于巴基础设施不完善、产业结构落后、金融环境欠佳等，中巴无法在短期内走出贸易不平衡的困境。

古往今来，经贸合作是国家关系的润滑剂，中巴关系也不例外。"两国经济贸易合作水平的高低，不仅直接反映出两国经济贸易合作的密切程度，而且还可能在一定程度上影响两国在其他方面的关系。"[2] 事实上，中巴"全天候"友谊主要体现在政治和外交领域，经贸合作一直落后于政治和外交合作。这与两国领导人"经贸关系是'全天候'战略伙伴关系中不可或缺的重要组成部分，也是两国之间牢不可破友谊的具体体现"[3] 的共识不相符。从中长期看，不改变中巴"政热经冷"局面，两国关系的进一步发展不可避免要受到影响。

三 中巴经济走廊框架下中巴经贸合作新发展

为改善和解决上述问题，加强中巴在交通、能源和海洋等领域的合作，2013 年 5 月，李克强总理访问巴基斯坦，提出中巴经济走廊[4]倡议。2015 年 3 月，发改委、外交部和商务部联合发布《推动共建丝绸之路经

---

[1] 杜冰：《"全天候友谊"与中巴关系》，《国际研究参考》2013 年第 9 期。

[2] 文富德：《论中巴经济贸易合作的发展前景》，《南亚研究季刊》2007 年第 1 期。

[3] "Pakistan, China to stand together 'in all circumstances'", Dawn, April 01, 2012, https://www.dawn.com/news/707138/pakistan-china-to-stand-with-each-other-in-all-circumstances.

[4] 两国政府初步制定了修建新疆喀什市到巴基斯坦西南港口瓜达尔港的公路、铁路、油气管道及光缆覆盖"四位一体"通道的远景规划，预计总工程耗资将达到数百亿美元，计划于 2030 年完工。参见中国人民大学重阳金融研究院与《财经》合作研究课题组《中巴经济走廊实地调研报告》，2016 年 12 月 20 日，第 2 页。

济带和21世纪海上丝绸之路的愿景与行动》，明确提出，中巴经济走廊"与推进'一带一路'建设关联紧密，要进一步推动合作，取得更大进展"。中巴经济走廊建设成为"一带一路"建设的旗舰项目和示范工程。4月，习近平主席访问巴基斯坦，"双方一致同意将中巴关系提升为全天候战略合作伙伴，确定了以走廊为中心，以瓜达尔港、交通基础能源设施和产业合作为重点的'1+4'合作布局"，[①] 并签署51个合作协议，中国为巴基斯坦提供460亿美元的投资，开创中巴经济走廊建设的新局面。

"中巴经济走廊的启动标志着中国与巴基斯坦进入全方位经贸合作阶段"。[②] 在两国政府和人民的共同努力下，中巴经济走廊建设取得显著成绩，双方经贸合作进入一个新时期。自2015年以来，中国连续5年成为巴基斯坦第一大贸易伙伴和第二大出口目的地。

表Ⅲ-4-3　　2014—2020年上半年中国—巴基斯坦双边贸易统计

（单位：亿美元）

年份	进出口总额		中国对巴出口		中国对巴进口		中国顺差
	金额	增幅（%）	金额	增幅（%）	金额	增幅（%）	
2014	160.0	12.6	132.5	20.2	27.6	-13.8	104.9
2015	189.3	18.3	164.5	24.2	24.8	-10.2	139.7
2016	191.3	1.2	172.3	4.8	19.1	-23.0	153.2
2017	200.9	4.9	182.5	5.9	18.3	-4.1	164.2
2018	190.8	-5.0	169.1	-7.4	21.8	18.7	147.3
2019	179.7	-5.9	161.7	-4.5	18.0	-16.9	143.7
2020（1—6月）	77.1	-10.1	67.7	-10.5	9.4	-6.9	58.3

资料来源：各年度中国海关统计和2020年度上半年商务部统计。

---

① 吕佳：《全球新冠疫情下中巴经济走廊建设进入新阶段的研究》，《当代经济》2020年第9期。

② 尤宏兵、周珍珍：《中巴经济走廊：推动区域全面合作的新枢纽》，《国际经济合作》2019年第2期。

从表Ⅲ－4－3可以看出，中巴经济走廊倡议的提出和推进，助力双边贸易额稳步增长，2017年突破200亿美元。这说明两国经贸合作空间广泛、前景乐观。但是，受一些不确定因素影响，2018年以来，中巴贸易额出现下降，结构性问题更加突出。中国对巴出口增长迅速，已占贸易总额的近90%，而巴对华出口不断萎缩，中国对巴贸易顺差已达150亿美元左右。

中巴经济走廊将巴从投资盲点变为投资热土，吸引大量中国企业赴巴投资。自2014年以来，中国已连续六年保持巴基斯坦外国直接投资最大来源国。2020年，尽管疫情给国民经济带来冲击，但巴基斯坦吸引外国投资保持上升态势。"巴基斯坦国家银行统计数据显示，本财年前9个月吸引外国直接投资21.48亿美元，比上财年同期增长137%。中国是巴基斯坦的最大直接投资国，本财年前9个月对巴基斯坦投资额为8.72亿美元。"①

表Ⅲ－4－4　　　2014—2018年中国对巴基斯坦FDI流量和存量统计

（单位：万美元）

	对外直接投资流量	占中国在亚洲投资流量百分比（%）	对外直接投资存量	占中国在亚洲投资存量百分比（%）
2014	101426	1.19	373682	0.62
2015	32074	0.30	403593	0.52
2016	63294	0.49	475911	0.52
2017	67819	0.61	571584	0.50
2018	－19873	—	424682	0.33

资料来源：各年度中国对外直接投资统计公报。

从表Ⅲ－4－4可以看出，中巴经济走廊倡议将中国2014年对巴投资推向高峰。但是，中国对巴直接投资规模仍然偏小，占中国在亚洲直接投资流量不足一成。由于全球经济不景气和巴安全形势不稳定，中国对巴直接投资流量呈波动式下降趋势。同时，中国对巴直接投资存量稳步增长，

---

① 成锡忠：《疫情下，巴基斯坦吸引外资为何大幅增长》，《中国外资》2020年第5期。

但占中国在亚洲直接投资存量的比重出现下降。

随着中巴经济走廊建设的推进，中国企业发挥技术、管理和规模优势，在巴承包工程业务不断扩大，完成了不少重大承包工程，工程质量得到了巴政府和业主的好评。根据商务部统计，2019 年，中国企业在巴新签工程承包合同额 70.6 亿美元，同比增长 63.4%；完成营业额 96.7 亿美元，同比下降 14.2%。①

此外，中巴自贸区第二阶段谈判取得突破性进展。2019 年 4 月，在第二届"一带一路"国际合作高峰论坛上，中巴签署《关于修订〈自由贸易协定〉的议定书》，规定"中巴相互实施零关税产品的税目数比例将从此前的 35% 逐步增加至 75%。此外，双方还将对占各自税目数比例 5% 的其他产品实施 20% 幅度的部分降税"②。12 月 1 日，议定书正式生效。自 2020 年 1 月 1 日起，降税安排开始实施，巴基斯坦出口商享受 313 种新产品对华出口零关税待遇③。减税有利于巴纺织品对华出口，此外皮革、农产品、糖果和点心等产品的出口商也将从中受益。短期来看，巴基斯坦对华出口额将增加 10 亿美元左右。长期来看，有利于吸引中国制造商对巴进行产业转移。④ 升级版自贸协定有望缓解中巴贸易逆差问题和压力。

2019 年 5 月，伊姆兰·汗总理访华，两国签署中巴经济走廊第二阶段合作谅解备忘录。双方一致同意，"在中巴经济走廊的下一阶段，以经济特区为载体的产业合作将成为重点，并鼓励私营部门投资和合资企业"。⑤ 同时，"中巴还将致力于社会领域的合作，将在 27 个教育、卫生、农业、水利灌溉、人力资源开发和扶贫项目上投资 10 亿美元"⑥。

---

① 《2019 年中国—巴基斯坦经贸合作简况》，2020 年 7 月 30 日，中华人民共和国商务部网站，http：//yzs. mofcom. gov. cn/article/t/202007/20200702987829. shtml。
② 《中巴自贸协定第二阶段议定书今日生效》，2019 年 12 月 1 日，中华人民共和国商务部网站，http：//www. mofcom. gov. cn/article/ae/ai/201912/20191202918327. shtml。
③ 第一阶段议定书，巴基斯坦享受 724 项出口产品的零关税待遇；第二阶段议定书，巴基斯坦享受的零关税产品达到了 1047 项。
④ 《中巴自贸协定第二阶段议定书 12 月 1 日生效》，2019 年 12 月 3 日，中华人民共和国商务部网站，http：//www. mofcom. gov. cn/article/i/jyjl/j/201912/20191202918862. shtml。
⑤ 《中巴共议中巴经济走廊第二阶段》，2019 年 4 月 28 日，中华人民共和国商务部网站，http：//www. mofcom. gov. cn/article/i/jyjl/j/201904/20190402858386. shtml。
⑥ 《中巴共议中巴经济走廊第二阶段》，2019 年 4 月 28 日，中华人民共和国商务部网站，http：//www. mofcom. gov. cn/article/i/jyjl/j/201904/20190402858386. shtml。

第二节　中巴商品贸易结构分析

中巴处于产业发展的不同阶段，贸易产品互补性强，加强经贸合作的潜力巨大。然而，长期以来，中巴双边贸易商品层次低下、结构不合理，已成为制约两国经贸合作潜能有效发挥的"瓶颈"。优化贸易结构、改善贸易不平衡已成为促进中巴经贸合作进一步发展的关键。

一　中国进口巴基斯坦主要商品

建交初期，由于双方经济实力弱小，原料和农作物等初级产品在中巴经贸合作中占主导。为打破美国对中国的经济封锁，棉花、粮食和黄麻等战略物资成为中国从巴基斯坦进口的主要商品。

改革开放初期，中国采取来料加工、进料加工贸易方式促进对外贸易发展，对资源、基础原材料等初级产品的需求较大。为满足国民经济发展需要，中国从巴进口主要是 5 大类商品，占巴进口总额的近 90%，"即纺织原料及制品、矿产品、皮革及制品、化工原料及制品和活体动物及动物产品，其中主要是原料性产品，制成品在进口中的比重仍很小"[1]。

21 世纪，中国着眼于调结构转方式，不断培育外贸竞争新优势，来料、进料加工贸易比重下降，一般贸易不断上升。中国仍需要原料和初级加工产品，但在中国对外贸易中的比重已大大降低。巴基斯坦是一个农业国家，经济一直比较落后，可向中国出口的商品品种不多，主要是纺织品、大米、皮革及制品、石油产品、化学产品五大类商品，占巴基斯坦出口总额的 80% 以上。此外，商品在"质量、交货期等方面无法与其他国家竞争；巴企业在向中国市场推销方面，也不如其他国家主动积极"[2]等，导致商品竞争力弱，对华商品出口不断萎缩。目前，中国是巴基斯坦第二大出口市场，所占份额为 8%。

---

① 徐长文：《加强友谊　扩大经贸——中国与巴基斯坦的经贸发展进入新时期》，《国际贸易》2006 年第 3 期。

② 徐长文：《加强友谊　扩大经贸——中国与巴基斯坦的经贸发展进入新时期》，《国际贸易》2006 年第 3 期。

表Ⅲ-4-5　　2014—2018 年中国进口巴基斯坦各类产品的贸易额和
占进口总额百分比　　　　（单位：亿美元）

		2014 年	2015 年	2016 年	2017 年	2018 年
SITC0	贸易额（亿美元）	2.853	2.493	3.080	1.939	2.984
	占进口百分比（%）	12.7	12.9	19.4	12.9	16.4
SITC1	贸易额（亿美元）	0	\	\	\	\
	占进口百分比（%）	0	\	\	\	\
SITC2	贸易额（亿美元）	2.427	1.588	1.344	1.749	1.481
	占进口百分比（%）	10.8	8.2	8.4	11.6	8.1
SITC3	贸易额（亿美元）	0.001	0.099	0	0.035	\
	占进口百分比（%）	0	0.51	0	0.23	
SITC4	贸易额（亿美元）	0	\	0	0.001	\
	占进口百分比（%）	0	\	0	0	
SITC5	贸易额（亿美元）	0.341	1.136	0.315	0.335	1.427
	占进口百分比（%）	1.51	5.87	1.98	2.22	7.85
SITC6	贸易额（亿美元）	16.39	13.48	10.45	9.836	10.86
	占进口百分比（%）	72.7	69.6	65.7	65.2	59.7
SITC7	贸易额（亿美元）	0.134	0.051	0.100	0.236	0.549
	占进口百分比（%）	0.60	0.27	0.63	1.56	3.02
SITC8	贸易额（亿美元）	0.384	0.506	0.619	0.950	0.884
	占进口百分比（%）	1.70	2.61	3.89	6.30	4.86
SITC9	贸易额（亿美元）	0	0	0	0	0
	占进口百分比（%）	0	0	0	0	0

注：根据国际贸易标准分类（Standard International Trade Classification，SITC）第四次修订标准（SITC Rev.4），SITC0（食品及活动物）、SITC1（饮料及烟草）、SITC2［非食用原料（燃料除外）］、SITC3（矿物燃料、润滑剂及有关材料）、SITC4（动植物油脂及蜡）、SITC5（化学成品及有关产品）、SITC6（按原料分类的制成品）、SITC7（机械及运输设备）、SITC8（杂项制品）、SITC9（未分类产品），其中 SITC0—SITC4 类是初级产品和自然资源密集型产品，SITC5—SITC9为工业制成品。

资料来源：联合国统计署贸易数据库，UN Comtrade。

从表Ⅲ-4-5 可以看出，2018 年中国进口巴基斯坦主要商品有

SITC6（占 59.7%），SITC0（占 16.4% 左右）和 SITC2（占 8.1% 左右）。其中，SITC6（按原料分类的制成品）常年占中国进口巴商品总额的 60%—70%，表明巴基斯坦出口商品单一且附加值不高。在中巴调整和优化贸易结构的努力下，SITC6 和 SITC2［非食用原料（燃料除外）］占比呈下降趋势，同期稳定增长的主要有 SITC0、SITC5、SITC7 和 SITC8，但是速度缓慢。

二 中国出口巴基斯坦主要商品

中华人民共和国成立初期，中国工业基础薄弱，向巴基斯坦出口的商品主要有钢材、生铁、沥青、新闻纸、织布机、火柴厂设备和捕鱼设备等[1]。

改革开放后，伴随工业化的快速发展，中国出口商品结构不断优化升级。"从以初级产品为主到以工业制成品为主，以轻纺等劳动密集型产品为主到以机电和高新技术产品等资本技术密集型产品为主"。[2] "进入 21 世纪，以电子和信息技术为代表的高新技术产品出口占比不断提高"。[3] 目前，巴基斯坦正在发展工业化，中国物美价廉的商品非常适合巴基斯坦这样的发展中国家市场。中国对巴出口商品种类基本稳定，"主要是 5 大类商品，即机电音像设备、纺织品、车辆及运输设备、化工原料及制品和金属及制品，其中机电音像设备以及纺织原料及制品所占比重较大"。[4] 目前，中国是巴基斯坦进口第一大来源国，占其进口总额的 29%。

---

[1] 惠晶：《二十世纪五十年代中国和巴基斯坦经济关系概述》，《兵团党校学报》2013 年第 2 期。

[2] 《从封闭半封闭到全方位开放的伟大历史转折——改革开放 30 年我国经济社会发展成就系列报告之二》，2008 年 10 月 28 日，国家统计局，http://www.stats.gov.cn/ztjc/ztfx/jnggkf30n/200810/t20081028_ 65688.html。

[3] 《对外经贸跨越发展 开放水平全面提升——改革开放 40 年经济社会发展成就系列报告之三》，2018 年 8 月 30 日，国家统计局，http://www.stats.gov.cn/ztjc/ztfx/ggkf40n/201808/t20180830_ 1619861.html。

[4] 玛依努尔：《中巴铁路对中国与巴基斯坦对外贸易的影响》，《克拉玛依学刊》2016 年第 6 期。

表Ⅲ-4-6　　　2014—2018 年中国出口巴基斯坦各类产品的
贸易额和占出口总额百分比　　（单位：亿美元）

		2014 年	2015 年	2016 年	2017 年	2018 年
SITC0	贸易额（亿美元）	2.26	2.87	2.94	2.95	2.53
	占出口百分比（%）	1.70	1.75	1.71	1.62	1.49
SITC1	贸易额（亿美元）	0.005	0.001	0.006	0.024	0.043
	占出口百分比（%）	0	0	0	0.01	0.03
SITC2	贸易额（亿美元）	2.31	2.04	2.08	2.60	3.15
	占出口百分比（%）	1.74	1.24	1.21	1.42	1.86
SITC3	贸易额（亿美元）	0.22	0.15	0.17	0.19	1.22
	占出口百分比（%）	0.17	0.09	0.10	0.10	0.72
SITC4	贸易额（亿美元）	0.018	0.012	0.009	0.012	0.011
	占出口百分比（%）	0.01	0.01	0.01	0.01	0.01
SITC5	贸易额（亿美元）	19.94	19.62	18.35	22.39	26.18
	占出口百分比（%）	15.1	11.9	10.6	12.3	15.4
SITC6	贸易额（亿美元）	50.87	61.59	58.76	58.96	54.72
	占出口百分比（%）	38.4	37.5	34.1	32.3	32.3
SITC7	贸易额（亿美元）	43.1	54.4	69.5	74.5	65.9
	占出口百分比（%）	32.5	33.1	40.3	40.8	38.8
SITC8	贸易额（亿美元）	13.72	23.70	20.49	20.86	15.92
	占出口百分比（%）	10.4	14.4	11.9	11.4	9.4
SITC9	贸易额（亿美元）	0.006	0.046	0.039	\	0.037
	占出口百分比（%）	0	0.03	0.02	\	0.02

资料来源：联合国统计署贸易数据库，UN Comtrade。

　　从表Ⅲ-4-6 可以看出，中国出口巴基斯坦的商品贸易总额远高于其进口。2018 年，中国出口巴基斯坦的主要商品是 SITC7（占 38.8%）、SITC6（占 32.3%）、SITC5（占 15.4%）和 SITC8（占 9.4%）四类，合计占出口总额的 95% 左右。其中，SITC7（机械及运输设备）是中国对巴出口中数额最大的产品，表明中国机电产品因物美价廉在巴占有较大的市场份额，比重逐年增加。SITC6（按原料分类的制成品）出口额下降，被

SITC7（机械和运输设备）所赶超。SITC5（化学成品及有关产品）和SITC8（杂项产品）波动性较大，但基本维持排名第三、第四的水平。

三 中巴商品贸易的竞争性与互补性

从商品贸易结构的分析可知，由于经济发展水平不同，中巴各自的优势产品也不同，这为两国的经贸合作奠定了重要基础。"通过对竞争性和互补性相关指数的测算，中巴双边贸易的竞争性比较弱，互补性不断增强。未来，双边贸易合作的空间和潜力依然较大。"①

经过改革开放40多年的发展，中国在资本和技术密集型的SITC6（按原料分类的制成品）、SITC8（杂项制品）和SITC7（机械及运输设备）三类商品上存在较强的比较优势。而其他类型商品，中国的比较优势则不明显。

巴基斯坦属于资本和技术欠缺的典型农业国家，劳动密集型的SITC0（食品及活动物）和SITC4（动植物油脂及蜡）两类商品的比较优势显著。此外，SITC6（按原料分类的制成品）是巴基斯坦传统优势商品，棉花、棉纱和棉布占中国从巴进口总额的大部分。近年来，在中国的帮助下，巴基斯坦大力发展轻工业，SITC8（杂项制品）商品因巴劳动力成本低而具有一定的比较优势。

根据比较优势理论，在国际贸易中，生产技术的差别会导致生产成本的差别，每个国家应该根据自身发展来对比分析优势产品中优势较大的（劣势产品中劣势较小的）产品进行出口，反之则进行进口。升级版自贸协定实施后，中方将对巴方重点关注的棉纱、皮革、服装、水产品、坚果等出口优势产品实施关税减免；巴方则将对中方重点关注的机电、家具、纺织、磷肥、玻璃制品、汽车及摩托车零部件等出口优势产品实施关税减免。这将有助于两国发挥各自的比较优势，促进经贸合作的进一步发展。

同时，中巴在SITC6（按原料分类的制成品）和SITC8（杂项制品）类商品的竞争日益明显。SITC6在中国进口巴基斯坦商品中占近3/5，占中国出口巴基斯坦商品的1/3；SITC8占中国进口巴基斯坦商品的5%，占

---

① 王喜莎、李金叶：《中国与巴基斯坦双边贸易的竞争性和互补性分析》，《上海经济研究》2016年第11期。

中国出口巴基斯坦商品的 10% 。从成本收益来看，巴基斯坦在这两类商品上的竞争优势更大。但是，中巴经济走廊已进入高质量发展阶段。随着中国产业结构调整和转型升级，中巴经济走廊下一阶段的产业合作将有助于弱化双方的商品竞争，并在未来转化为互补性。

第三节　中巴基础设施领域合作概况

巴基斯坦多山地和丘陵，喜马拉雅山、喀喇昆仑山和兴都库什山在巴西北部汇集，形成天然屏障，使巴成为一个相对独立而且封闭的国家。自独立以来，电力短缺和交通不便等基础设施问题令巴基斯坦促进经济和社会发展的努力付诸东流。巴基斯坦与中国新疆接壤，有 599 千米的边境线。目前，红其拉甫口岸是中巴唯一通商口岸，但通关基础设施落后；喀喇昆仑公路由于地质灾害频发，沿途路面经常遭到破坏。受交通不便等限制，两国间的贸易紧密性程度相对较弱。加强基础设施合作和联通不仅有利于推动中巴经济的增长，而且为两国迈向更高水平的合作铺设阶梯。

一　中巴基础设施合作的历史与现状

中巴在基础设施领域的合作已经有近半个世纪的历史。建交之初，巴基斯坦吉尔吉特—巴蒂斯坦地区与中国新疆之间没有公路。当地人每年外出一次，通过马和驴做生意，十分不便。为了加强两国的陆路联系，1966年，应巴基斯坦请求，中国和巴基斯坦签署《关于修建喀喇昆仑公路的协定》，协定各自修建境内路段。由于巴境内工程艰巨，无法独自完成，中国援建巴境内北起中巴边界红其拉甫山口、南到塔科特大桥长达 613 千米路段。1978 年 6 月 18 日，中国大型援巴项目——喀喇昆仑公路①全线通车，中巴实现陆上互通互连。它不仅为中巴人员和经贸往来提供了巨大的

---

① 喀喇昆仑公路（Karakoram Highway, KKH）又名中巴友谊公路或帕米尔公路，是世界海拔最高的跨境公路，是巴基斯坦北部通往伊斯兰堡及南部沿海地区的交通要道，也是中国通往巴基斯坦及巴南部港口卡拉奇、南亚次大陆、中东地区的唯一陆路通道。公路北起中国新疆喀什，穿越喀喇昆仑山脉、兴都库什山脉、帕米尔高原、喜马拉雅山脉西端，全长 1032 千米，其中中国境内 416 千米，巴基斯坦境内 616 千米。喀喇昆仑公路地质情况极为复杂，雪崩、山体滑坡、落石、塌方、积雪、积冰等地质灾害经常发生，沿途路面和桥梁设施经常遭到破坏，许多路段难以通车。在修建过程中，有 700 多人献出生命，是名副其实的中巴友谊路。2015 年 9 月，喀喇昆仑公路改扩建项目一期工程完成。2019 年 11 月，喀喇昆仑公路改扩建二期项目全线通车。

便利，也为两国人民结下了深厚的情谊。喀喇昆仑公路成为中巴友谊的见证和未来合作的纽带。此外，从国际主义出发，中国向巴提供力所能及的经济技术援助，建成重型机械厂、发电厂、化肥厂以及其他一些基础设施项目等。

改革开放以来，中巴在基础设施领域的合作为中国对外承包工程行业发展注入新的动力。从1981年开始，中国进入巴基斯坦工程承包劳务市场，在巴能源、交通、通信网络等基础设施领域进行投资和建设，对巴经济发展起了十分重要的驱动作用。2001年8月，应穆沙拉夫总统的请求，中巴签署瓜达尔港（Gawadar）项目一期工程[①]融资协议，中国为港口建设提供资金和技术援助。该项目促进了巴基斯坦西部北部地区的经济发展，被誉为中巴友谊新的里程碑。与此同时，中国还承诺提供2.5亿美元帮助巴基斯坦升级改造铁路系统，并为巴修建一条连接伊朗东南部克尔曼省的札黑丹（Zahedan）铁路。2003年，中国再度向巴基斯坦铁路系统改造提供5亿美元，并提出修建一条连接瓜达尔港和中国新疆的中巴铁路[②]计划。2006年2月，中巴发表联合声明，将合作改扩建喀喇昆仑公路。2008年2月，中国路桥工程有限责任公司负责实施的喀喇昆仑公路改扩建项目启动。改扩建完成后，喀喇昆仑公路将为巴经济发展和中巴经贸合作发挥重要作用，对巴加强与西亚、中亚和南亚等周边国家的贸易关系也将起到推动作用。

自2013年以来，中巴基础设施合作驶入了快车道。在早期收获阶段，

① 瓜达尔深水港项目分两期完成：一期总投资2.48亿美元，中方出资1.98亿美元，以赠款、无息贷款、优惠贷款和买方信贷等进行融资，主要用于港口基础设施建设，包括3个多功能码头和总长4.35千米的进港航道等；巴方负责配套资金5000万美元，主要用于缴纳各种捐税、修建港务办公楼等配套工程。2002年3月，开工兴建。2005年4月，投入使用。二期修筑10个船舰停泊处，其中有3个集装箱码头。此外，还将为油轮修筑两处停泊港口，一处同停泊处和地下输油管相连的炼油厂，总投资为5.24亿美元。2018年1月，投入运营。

② 中巴铁路起自中国新疆喀什，终于巴基斯坦瓜达尔港。2008年4月，穆沙拉夫总统访华时，提出修建一条连接喀什与瓜达尔港的铁路和一条与之并行的输油管道。后与中国政府提出建设的中—吉—乌铁路一起，归入"十一五"计划中的"西出"战略。2015年4月，习近平主席访问巴基斯坦，两国签署了《关于开展1号铁路干线（ML1）升级和哈维连陆港建设联合可行性研究的框架协议》。1号铁路干线从卡拉奇向北经拉合尔、伊斯兰堡至白沙瓦，是巴基斯坦最重要的南北铁路干线。哈维连站是巴基斯坦铁路网北端尽头，规划建设由此向北延伸经中巴边境口岸红其拉甫至喀什的铁路。

中巴经济走廊着眼于解决基础设施瓶颈，促进两国互联互通，为经济持续增长提供必要条件。中巴经济走廊项下早期收获项目共拟定 30 个，已经完工或在建的有 22 个，瓜达尔新国际机场、职业技术培训中心以及友谊医院等走廊项目融资安排正在进行磋商。

表Ⅲ－4－7　　　　中巴经济走廊涉及的 22 个项目明细　　（单位：亿美元）

序号	类别	名称	出资方式	额度
1	电力能源项目	50 兆瓦大沃风力发电项目	中企及其合作伙伴在巴直接投资	1.15
2		100 兆瓦联合能源吉姆普尔风电 1 期项目		2.52
3		50 兆瓦萨查尔风电项目		1.34
4		300 兆瓦旁遮普中兴能源太阳能项目		4.60
5		1320 兆瓦卡西姆港燃煤电站项目		20.85
6		1320 兆瓦萨希瓦尔燃煤电站项目		18.00
7		720 兆瓦卡洛特水电项目		16.98
8		660 兆瓦胡布燃煤电站项目		19.95
9		100 兆瓦三峡风电二期和三期项目		2.24
10		苏基克纳里水电站项目		18.02
11		塔尔煤田二区坑口项目		20.00
12	重大交通基础设施项目	喀喇昆仑公路二期升级改造哈维连至塔科特段	中国政府提供大约利率为 2% 的优惠性质贷款	13.15
13		卡拉奇至拉合尔高速公路苏库尔至木尔坦段		28.89
14		拉合尔橙线轨道交通项目		16.26
15		中巴跨境光缆项目		0.44
16		瓜达尔东湾快速路	中国政府提供无息贷款	1.43
17		巴 1 号铁路干线（ML1）升级改造可行性研究	巴基斯坦政府提供资金	0.03
18		瓜达尔港运行和自由区建设项目	中企及其合作伙伴在巴直接投资	2.35

续表

序号	类别	名称	出资方式	额度
19	民生项目	瓜达尔智慧城市规划	中国政府提供无偿援助	0.29
20		瓜达尔中巴友谊小学		
21		瓜达尔急救中心		
22		数字电视传输示范项目		

资料来源：尹响、胡旭：《中巴经济走廊基础设施互联互通项目建设成效、挑战与对策》，《南亚研究季刊》2019 年第 3 期。

根据《"一带一路"国家基础设施发展指数报告（2019）》[①]，2019 年巴基础设施发展指数为 123 分，其中，发展需求指数和发展热度表现突出（分别为 146 分和 131 分），在"一带一路"沿线国家中均排名第 4 位。巴基斯坦已成为中国对外承包工程重点市场之一。在中巴经济走廊大型基建项目带动下，越来越多的中国企业涌入巴基斯坦，参与通信、油气勘探、电力、水利、交通、机场、港口、房建和资源开发等项目的实施。已完成的重要基础设施项目包括：萨希瓦尔燃煤电站（华能如意）、卡西姆燃煤电站（中国电建）、白沙瓦—卡拉奇高速公路（苏库尔—木尔坦段）（中国建筑）、中巴跨境光缆（华为）等。在建的重要项目有：喀喇昆仑高速公路二期（中国路桥）、苏基克拉里水电站（葛洲坝）、达苏水电站、巴沙大坝（中国电建）、拉合尔橙线轨道交通（中铁总—北方工业联合体）等。[②]

2020 年，新冠肺炎疫情暴发，中巴经济走廊各项目的物资发运、人员派遣及施工进度都受到极大影响。但是，中国企业坚持"不停工、不裁员、零感染"，"晒出了一份亮眼的成绩单：瓜达尔港正式启动阿富汗转口贸易，港口配套的新国际机场建设进入第二阶段，东湾快速路开始沥青

① 2017 年，由中国对外承包工程商会和大公国际信用评级集团合作开发"一带一路"国家基础设施发展指数。该指数共涵盖 71 个重点国家（包括 63 个"一带一路"沿线国家和 8 个葡语共同体国家），从发展环境、发展需求、发展成本、发展热度四个维度分析基础设施行业发展情况，对未来 2—3 年基础设施发展前景进行预测展望。它被誉为"一带一路"基础设施合作的"晴雨表"，受到国际基建领域的广泛关注。

② 商务部：《对外投资合作国别（地区）指南·巴基斯坦（2020）》，第 30 页。

油面工程；喀喇昆仑公路二期工程赫韦利扬至塔科特段实现通车；拉合尔橙线地铁项目预计将很快投入使用，工作人员招聘正在进行，列车也处在试运行阶段……"① 为当地抗击疫情、发展经济、保障民生做出重要贡献。

二　中巴基础设施合作的案例分析

瓜达尔港是中巴经济走廊的龙头项目，吸引了国内外的广泛关注。但是，在中巴经济走廊建设中，基础设施联通具有优先的地位。瓜达尔港只是一个核心支点，中巴经济走廊建设要连点成线才有战略意义。这离不开中国新疆喀什与巴基斯坦瓜达尔港的陆路通道建设。

针对通道建设的选址，中巴进行了多方论证和探讨，最后放弃了东线方案，将投资前景不被看好的巴基斯坦西部作为通道建设的优先地区。为何选择西线方案？它能否为中巴带来经济社会效益？这些问题值得探讨。

自中巴经济走廊项目启动以来，喀什—瓜达尔线路的选址就成为巴国内争议的焦点。为从中巴经济走廊项目中获益，各地方政府互不相让甚至"大打出手"，采用在议会发难、街头示威、威胁工程开展等方式向联邦政府施压。

从投资效益和安全的角度看，东线方案②更有吸引力，是"最佳方案"。沿途经过巴人口和产业相对集中的富裕地区，符合物流跟随实体经济发展的一般规律。而西线方案③途经吉尔吉特—巴蒂斯坦地区、开伯

---

① 张任重：《中巴经济走廊建设带来复苏希望》，《光明日报》2020 年 10 月 13 日。

② 东线方案拟定：出喀喇昆仑公路的曼瑟拉（Mansehra），经伊斯兰堡（Islamabad）进旁遮普省（Punjab），过拉合尔（Lahore）直至木尔坦（Multan），后沿木尔坦 - 海德拉巴（Hydera-bad）和海德拉巴 - 卡拉奇（Karachi）M - 9 高速公路前进，最后沿卡拉奇 - 瓜达尔沿海高速 N - 10 抵达瓜达尔港。参见赵放《巴基斯坦物流通道建设对的空间演化分析——以中巴经济走廊"喀什 - 瓜达尔"线路选址为例》，载高柏、甄志宏《中巴经济走廊的政治经济学分析》，社会科学文献出版社 2017 年版，第 163 页。

③ 西线方案拟定：即北起喀什，过红其拉甫山口入巴境内，沿喀喇昆仑公路入巴控克什米尔吉尔吉特 - 巴蒂斯坦（Gilgit - Baltistan）境内，过阿巴塔巴德（Abbotabad）入开伯尔 - 普什图省，经米扬瓦利（Mianwali）、巴奴（Bannu）等地到达德拉伊斯梅尔汗（Dera Ismail Khan）、出德拉伊斯梅尔汗入俾路支省境内，经佐布（Zhob）、奎塔（Quetta）、胡兹达尔（Khuzdar）和本杰古尔（Panjgur）等，最后达到瓜达尔港。参见赵放《巴基斯坦物流通道建设的空间演化分析——以中巴经济走廊"喀什 - 瓜达尔"线路选址为例》，载高柏、甄志宏《中巴经济走廊的政治经济学分析》，社会科学文献出版社 2017 年版，第 163 页。

尔－普什图省和俾路支省等经济落后地区，当地地区分离主义势力猖獗，建设陆路通道将面临较大安全风险。

但是，中巴经济走廊建设应立足巴的实际情况，不能只考虑经济效益，还应多关注社会效益和公众效益。如果选址东线，虽然短期有明显的经济收益，但东部交通密集，长期来看，会带来交通拥挤和环境污染等问题，并因边际效应而收益递减。而且，选址东线会进一步拉大东西地区发展差距，激化东西潜在矛盾，诱发更多的恐怖主义活动，这与中国试图为巴带来更多发展机会的初衷是背道而驰的。选址西线将完善西部已有的物流网络结构，大幅缩短中国通向印度洋的出海距离，进而改变中、巴西部和周边国家的经济地理结构。它既对接巴联邦政府缩小区域差异的战略规划①，也满足了巴人民保障和改善生活水平的迫切要求，还符合中国面向全巴、惠及全巴，构建中巴命运共同体的愿望。

2017 年 12 月，经过中巴反复磋商和协调，巴计划与发展部在伊斯兰堡发布《中巴经济走廊远景规划（2017—2030 年）》②（以下简称"规划"）。根据规划，中巴经济"走廊从空间上具有不同的层次、范围与布局，可以分为核心区和辐射区，其核心区和辐射区呈现'一带三轴多通道'的格局。'一带'指由走廊核心区构成的带状区域，包括中国新疆喀什地区、图木舒克市和克孜勒苏柯尔克孜自治州阿图什市、阿克陶县，巴基斯坦伊斯兰堡首都区，旁遮普省、信德省、开伯尔－普什图省、俾路支省、巴控克什米尔地区、吉尔吉特－巴蒂斯坦的部分地区；'三轴'是指走廊中的三条东西向发展轴，分别代表了从拉合尔通往白沙瓦、从苏库尔通往奎达和从卡拉奇通往瓜达尔的带状区域；'多通道'指走廊从伊斯兰堡到卡拉奇和瓜达尔的多条铁路和公路交通干线。"③ 规划更多地考虑了

---

① 2005 年，巴基斯坦启动国家贸易走廊提升计划（National Trade Corridor Improvement Programme, NTCIP），通过改善贸易和交通物流链，加强东西部地区的连接，以及与周边国家的联通。2007 年，该计划被纳入《巴基斯坦 2025 愿景》（Pakistan Vision 2025）。

② 《中巴经济走廊远景规划（2017—2030）》（Long‐Term Plan on China‐Pakistan Economic Corridor 2017‐2030）分为前言、走廊界定和建设条件、规划愿景和发展目标、指导思想和基本原则、重点合作领域、投融资机制和保障措施六部分。《规划》将中国相关国家规划和地方规划与巴基斯坦"2025 愿景"深入对接，其中短期项目面向 2020 年，中期项目面向 2025 年，长期项目展望至 2030 年。

③ 贺斌：《新时代，中巴经济走廊建设驶入快车道》，《光明日报》2017 年 12 月 24 日。

西部地区的经济发展，有利于缩小巴区域间经济发展差距。规划公布后，得到了巴基斯坦社会的普遍赞同。2018 年 2 月，两国政府正式批准该规划。

总之，中巴经济走廊从首次提出到规划公布，经历了长达 4 年多的探索和实践。事实上，中巴经济走廊至关重要的通道选址问题不是一个单纯的"项目经营"的经济问题，而是一个复杂的"区域发展"的社会问题。无可否认，中国从巴基斯坦实际出发，将基础设施建设有机地嵌入巴基斯坦经济社会发展和区域均衡发展进程中，不仅充分体现了中国改善巴经济局势和关心民生福祉的初心和努力，而且以共享、双赢的现实反击了一些别有用心国家的谣言与污蔑。自 2013 年以来，巴整体物流绩效指数①不断上升。根据世界银行发布的物流绩效指数报告，巴基斯坦已由 2012 年的第 71 位升至 2018 年的第 66 位。这表明当地的物流市场被激活并开始发展。② 基础设施项目对巴经济社会发展的支持作用正在显现。根据世界银行统计，巴基斯坦国内生产总值增速从 2013 年的 4.4% 提高到 2018 年的 5.8%。

三　中巴基础设施合作的机遇与挑战

中巴经济走廊是连接中巴友谊的桥梁。在两国领导人的亲自关怀下，中巴在交通、能源和通信等基础设施领域的合作取得了令人瞩目的成绩。可以预见，随着中巴经济走廊建设进入新阶段，基础设施合作将迈向新的高度。

对中国来说，在巴开展基础设施建设意义重大。第一，为中国企业、中国技术和中国标准"走出去"提供重要契机。巴基斯坦充分信任中国企业基建能力和优势，中国技术和中国标准在巴基斯坦落地生根。卡洛特水电站是巴基斯坦首个完全使用中国技术和中国标准建设的水电投资项

---

① 物流绩效指数（Logisitics Performance Index，LPI）是指基于对跨国货运代理商和快递承运商的绩效调研得出的一系列数据指标。LPI 是反映一个国家"设施联通"的重要指标之一，由世界银行每两年发布一次。2007 年首次发布，2018 年发布第 6 版。
② 赵放：《巴基斯坦物流通道建设空间演化分析——以中巴经济走廊"喀什 - 瓜达尔"线路选址为例》，载高柏、甄志宏《中巴经济走廊的政治经济学分析》，社会科学文献出版社 2017 年版，第 176 页。

目，为当地人民带来廉价的清洁能源，为巴经济发展提供强大动力。2018年7月，中巴首条陆上跨境光缆项目①建成开通。该项目应用了中国地面数字多媒体广播（DTMB）技术。

第二，中巴基础设施合作"改善中国西部内陆与外界的连通性，提高该地区尤其是新疆（维吾尔）自治区吸引外资的能力"②。自中巴签订边境贸易协议以来，由于交通和通信等基础设施落后，新疆和巴基斯坦边境贸易规模一直较小。喀喇昆仑公路建成后，双方边境贸易开始快速增长。随着中巴经济走廊倡议的实施，一些基础设施早期收获项目相继竣工，新疆与巴基斯坦的边境贸易更加活跃。从长远来看，它将激发西部地区内生发展动力，缩小中国东西部发展差距，推进新时期西部大开发形成新格局。此外，"对于维护中国西部地区稳定，削弱'三股势力'的影响具有重要影响"。③

第三，中国在巴交通基础设施建设将为沟通中国与中东、欧洲、非洲提供重要渠道，有利于中国打开和巩固海外市场；中国在巴能源基础设施建设为中国能源进口增加了一个新的路径，可以将中东的石油直接运输到中国西南腹地，并节约能源运输成本④；中国在巴数字基础设施建设为两国架起一条信息高速公路，高效链接两国资金流和信息流，推动商品和服务的跨境流通。中巴经济走廊的璀璨明珠——瓜达尔港对中国经济的意义就类似于中国"在西部的上海港或者宁波港"⑤。

对巴基斯坦来说，基础设施建设为巴发展提供了宝贵的"黄金机遇"。第一，中国在巴基础设施建设为其提供大量就业岗位，有助于改善人民生活、促进社会稳定。2019年4月，"一带一路"国际合作高峰论坛

---

① 中巴跨境光缆项目全长820千米，北接中国新疆，从中巴边境的红其拉甫口岸进入巴基斯坦。再经吉尔吉特巴尔蒂斯坦地区到达曼塞拉，经过穆扎法拉巴德，最终南接伊斯兰堡和拉瓦尔品第，与巴基斯坦现有光纤网络形成汇合。项目由华为公司承建，由中国电信和巴基斯坦特别通信组织联合运营。

② 臧秀玲、朱逊梅：《中巴经济走廊的战略价值及面临的挑战》，《理论视野》2017年第2期。

③ 臧秀玲、朱逊梅：《中巴经济走廊的战略价值及面临的挑战》，《理论视野》2017年第2期。

④ 建成后，中国从中东进口的60%的石油天然气不再绕道马六甲海峡，运输距离从16000千米缩短到2500千米。参见李希光、孙力舟《中巴经济走廊的战略价值与安全形势》，《人民论坛·学术前沿》2015年第12期。

⑤ 高柏、甄志宏：《中巴经济走廊的政治经济学分析》，社会科学文献出版社2017年版，第5页。

咨询委员会向第二届高峰论坛筹委会提交关于"一带一路"和高峰论坛的研究成果和建议报告。报告指出,中巴经济走廊项目实施已为巴人民创造了超过75000个直接就业机会。同时通过带动原材料加工和餐饮等相关上下游产业,为当地人民提供更多的就业机会。新冠肺炎疫情下,巴基斯坦最需要的就是就业岗位和经济发展。中国在巴基础设施项目的突破和落地帮助巴基斯坦脱困克难。2020年7月,中国能建葛洲坝集团与巴签署阿扎德帕坦水电站项目①特许权协议。该项目将为当地民众至少创造3000个就业岗位,并带动当地多个相关产业的发展②。基础设施项目惠及当地人民生活水平提高,"有助于缓和其社会矛盾和部族冲突,减少恐怖主义和极端分子滋生的土壤"③。

第二,中国在巴基础设施建设助力巴实现发展的"乘数效应",为巴搭起向高水平发展攀登的阶梯。"巴基斯坦发展经济研究所的研究报告显示,物流瓶颈导致巴工业品生产成本增加30%,由基础设施效率不足造成的经济损失可达GDP的4%—6%。"④ 中巴经济走廊基础设施建设极大改变了巴基斯坦的面貌。2020年9月,巴基斯坦新任驻华大使莫因·哈克接受中国一带一路网采访时表示,"困扰巴基斯坦数十年的电力短缺问题在很大程度上得到了解决;建设的高质量高速公路和公路网络将生产中心与港口和市场连接了起来,一号铁路干线的升级改造将进一步加强通讯联系,增加我们的竞争优势;瓜达尔港的发展正在缓解我国港口拥堵局面,同时在巴基斯坦西南部创造了一个新的发展引擎"⑤。

第三,中国在巴基础设施建设可以助力巴基斯坦发挥地理位置优势,联通中东和亚洲以及世界其他地区,提升巴基斯坦在区域和国际上的地位。瓜达尔港基础设施建设不仅可以带动贫困落后的俾路支省乃至整个巴

---

① 阿扎德帕坦水电站(Azad Pattan)位于杰鲁姆河水电规划5个梯级电站中的第3级,下游分别是卡洛特水电站(Karot)和曼格拉水电站(Mangla)。项目由中能建葛洲坝投资建设,装机容量为700兆瓦,以BOOT模式开发建设,中方运营期30年。2019年12月,中巴经济走廊能源联合工作组决定,将阿扎德帕坦水电站项目纳入中巴经济走廊能源项目清单。

② 《中巴经济走廊又添一大型清洁能源新项目 带动创造3000个就业岗位》,2020年7月7日,国际在线,http://news.cri.cn/20200707/1d45e8e3-2518-f7e9-e4d8-ba4898da2fd9.html。

③ 臧秀玲、朱逊梅:《中巴经济走廊的战略价值及面临的挑战》,《理论视野》2017年第2期。

④ 商务部:《对外投资合作国别(地区)指南·巴基斯坦(2020年版)》,第19页。

⑤ 《巴基斯坦驻华大使:中巴经济走廊进入新发展阶段》,2020年9月29日,中国一带一路网,https://www.yidaiyilu.gov.cn/xwzx/hwxw/150319.htm。

基斯坦的经济发展，而且有望使其成为重要的国际自由港与交通运输枢纽，承担中国与欧亚及非洲大陆货物的转载、仓储、运输等海运任务。

然而，基础设施能否以一种成本—有效（cost - effective）的方式促进发展，取决于众多环节，包括科学合理的选址，适宜的技术方案和技术能力，与财政能力相匹配的投融资水平，对本国经济社会结构变化的适应，后期良好的维护。[①] 不仅如此，要真正发挥基础设施对中巴经济发展的积极作用，还得应对一系列严峻复杂的内外部挑战。

第一，资金短缺是基础设施联通的最大障碍。中巴经济走廊基础设施建设需要大量的资金投入。然而，巴基斯坦国内资本市场发展不健全、活跃度不高，政府用于基础设施建设的公共领域发展项目（PSDP）资金严重匮乏。目前，基础设施项目资金主要依靠中国政府和企业筹资[②]，但已越来越无法满足需要。而且，巴基斯坦主权信用等级不高，中国需要认真考虑对巴投资带来的系统性风险以及承担此类投资的机会成本等问题。

近年来，巴基斯坦深陷债务危机。2018 年 10 月，巴向 IMF 申请贷款70 亿美元，偿还到期外债。美国在 IMF 中占有最大份额，借机对巴施压。特朗普直指中巴经济走廊项目是巴基斯坦财政赤字的一个主要原因，要求巴将中巴经济走廊所有债务细节向 IMF 汇报。《华盛顿邮报》等一些西方媒体将巴向 IMF 求援与中巴经济走廊债务相联系，认为走廊存在"债务陷阱"，刻意抹黑中国形象。事实上，"来自巴基斯坦政府的数据则显示，巴 42% 长期债务来自多边机构贷款，中国贷款仅占 10%。中国向巴基斯坦提供的优惠贷款利率约 2%，远远低于西方国家向巴提供的贷款"。[③] 针对一些别有用心国家和媒体的不实指责，外交部发言人陆慷主持例行记者会时指出，"目前中巴经济走廊项目中，只有不到 20% 是使用了中方贷

---

① 中国发展研究基金会、中国对外承包工程商会：《"一带一路"国际基础设施合作白皮书：让发展可及》，2018 年 6 月，第 11 页。

② 中巴经济走廊项下已经完工或在建的 22 个项目，从资金来源上，共分为五类，即中国政府提供优惠性质贷款的重大交通基础设施项目 4 个，中国企业及其合作伙伴在巴投资的能源和港口项目 12 个，中国政府提供无息贷款的项目 1 个，中国政府提供无偿援助的民生项目 4 个，巴基斯坦政府提供资金的项目 1 个。参见《中巴经济走廊（CPEC）22 个项目指哪些？》2019 年 1 月 11 日，中国对外承包工程商会，https：//www.chinca.org/CICA/info/19011110441711。

③ 《2018 年 8 月 31 日外交部发言人华春莹主持例行记者会》，2018 年 8 月 31 日，中国外交部，https：//www.fmprc.gov.cn/web/fyrbt_ 673021/t1590086.shtml。

款，而超过 80% 是中方直接投资和无偿援助。所以这个项目的建设它本身不但没有加重巴方负担，反而有助于更强健巴方的经济筋骨"①。

　　第二，安全风险是基础设施联通的最大挑战②。恐怖主义困扰巴基斯坦多年。自 2014 年以来，巴军方进行了持续的军事清缴，并建安全力量③保护中企和中方人员，但安全形势依然不乐观。贫穷落后的开伯尔－普什图省和俾路支省是恐怖主义活动的重灾区。中巴经济走廊的龙头项目——瓜达尔港就位于俾路支省。极端民族主义者和俾路支解放军等地方武装敌视中巴经济走廊建设，将其视作对俾路支省的资源掠夺和挤压原住民的生存空间。该省曾发生数起针对中国投资项目和工程技术人员的恐怖袭击，造成中方生命财产损失，并产生恶劣的舆论影响。此外，巴基斯坦地质条件恶劣，基础设施容易受到地震与泥石流的威胁。无论是建设过程还是建成后的维护和保养，相关成本都不会少。

　　第三，政治风险是基础设施联通的最不稳定因素。众所周知，形成清晰的共识，并转化为坚定的政策愿景对基础设施建设至关重要。但是，巴官僚体系腐败、效率低下，再加上国内党派、宗教斗争激烈，政府与军方矛盾重重，项目执行和落实乏力。在中巴经济走廊带来的巨大利益面前，不同部族势力、利益集团和政党之间都存在严重分歧。前述中巴经济走廊的通道选址就是一个很好的例子。巴最终发布的《中巴经济走廊远景规划（2017—2030）》是一个各方妥协的"多线"方案，不仅增加了走廊的建设难度，也加大了中国的经济和安全风险。再比如，巴中央与地方之间的利益分配尚未进入制度化轨道，中巴经济走廊建设中关键的税收分配和瓜达尔港控制权等问题至今得不到解决。利益分配不均不仅激化原有矛盾，而且导致项目进展缓慢。

---

　　①　韩晓明：《中巴经济走廊项目有助于强健巴方经济筋骨》，《人民日报》2019 年 4 月 9 日。
　　②　中巴经济走廊建设面临三方面的安全风险：一是俾路支革命军和巴基斯坦塔利班，前者是民族分裂势力，后者是极端宗教组织，都以恐怖活动为其外在表现特征，对中国工程项目构成了恐怖威胁；二是各省地方势力、部落势力和有组织犯罪集团，他们组织聚众闹事、绑架抢劫和爆炸恐吓等活动，对中巴工程项目构成了一定的安全威胁；三是巴基斯坦的自然风险，如水灾、地震（山体滑坡）和恶性交通事故等。参见中国人民大学重阳金融研究院与《财经》合作研究课题组《中巴经济走廊实地调研报告》，2016 年 12 月 20 日，第 24 页。
　　③　2017 年 1 月 23 日，巴基斯坦内政部发布公告，宣布成立由 1.2 万人组成的"中巴经济走廊"特殊安全部队（Special Security Division），专门负责中巴经济走廊 200 多个项目和近 1.4 万名中方人员的安全。

　　第四，民心工程是基础设施联通的最大短板。中国在巴的基础设施合作包括合作项目与援建项目，总体上是"义利兼顾"。但是，中国的对外宣传工作和民心工程不到位，基础设施项目相关信息没有准确、全面地传达给媒体和民众。媒体的不客观报道导致民众产生误解。亲华媒体过于强调项目利己的一面，导致国内民众期待过高。一旦项目后续进展不顺，容易引发民众失望情绪，损害中巴友谊。亲西方媒体过于强调项目利他的一面，加深国内民众的反感和抵触。特别是在涉及基础设施建设的土地征用、人员安置以及利益分配等敏感问题时，未被合作惠及的民众容易被别有用心的人利用。"信德联合阵线（Jeay Sindh Muttahida Mahaz）、俾路支共和党（Baloch Republican Party）等更是开始小规模的反华游行示威"，[1]在中国引发不少的负面情绪。基础设施是"有形"的连接，而民心是"无形"的连接。如何发挥"有形"的基础设施在沟通中巴"无形"的民心之间的桥梁作用亟待解决。

　　第五，地缘政治风险是基础设施联通的最大变数。巴基斯坦是大国争夺的焦点，长期存在多国的利益争夺和力量博弈。中巴经济走廊不是先行者和独行者。过去20多年，相关主要国家提出多个"联通"（connectivity）构想，基本都是各自独立的联通体系。[2] 比如，印度、伊朗和俄罗斯提出的"国际南北走廊"[3]、美国提出的"新丝绸之路计划"[4] 等。中国经济走廊基础设施建设对美印等国的"联通"计划构成潜在竞争，造成外部势力积极介入干扰。

---

　　① 黄河、许雪莹、陈慈钰：《中国企业在巴基斯坦投资的政治风险及管控——以中巴经济走廊为例》，《国际展望》2017年第2期。

　　② 高柏、甄志宏：《中巴经济走廊的政治经济学分析》，社会科学文献出版社2017年版，第15页。

　　③ 国际南北走廊（International North - South Transport Corridor, INSTC）2000年9月，印度、伊朗和俄罗斯签订共建"国际南北走廊"协定，修建一条7200千米长的国际运输和过境走廊，通过船、铁路和公路推动国家间货运联通和贸易合作。现已扩大到14个国家，覆盖印度洋、波斯湾、里海盆地、欧洲北部的广大地区。

　　④ 新丝绸之路计划（New Silk Road Initiative）源于霍普金斯大学弗雷德里克·斯塔尔教授2005年提出的"新丝绸之路"构想。2011年7月，美国国务卿希拉里参加第二次美印战略对话时正式提出"新丝绸之路"计划：即以阿富汗为核心，打造一条贯通中亚到南亚的国家经济与交通网络。参见Clinton, Hillary Rodham, "Remarks at the New Silk Road Ministerial Meeting", *New York*, *September* 22 (2011), http://www.state.gov/secretary/20092013clinton/rm/2011/09/173807.htm。

　　印度将中南亚地区联通视为"一场争夺权力、霸权、利润和资源的战斗"①。由于中巴经济走廊经过克什米尔这一敏感地区，印度多次在不同场合表达了对中巴经济走廊的反对。与此同时，印度不甘"坐以待毙"，采取针对性行动。2016 年 5 月，印度与伊朗签署恰巴哈尔港②项目谅解备忘录。2017 年 12 月，两国签署开发恰巴哈尔港协议，印度承诺为其投资 5 亿美元，以加快联通步伐。美国也出于遏制中国需要而拉拢巴基斯坦，"凭借其在人权、环境、劳工等国际组织的影响干扰中巴经济走廊建设"。③ 此外，瓜达尔港建成后，不可避免地对周边的阿巴斯港、迪拜港和恰巴哈尔港形成冲击。因此，"伊朗和阿联酋对瓜达尔港的建设反应消极，有可能利用宗教和政治影响力采取一些不利措施"④。

　　总之，中巴基础设施合作是机遇与风险并存的。中国的基础设施投资与巴基斯坦的巨大需求高度契合，且加强基础设施互联互通的重要性已经成为两国共识。但是，巨额的基础设施投资也伴随着责任和风险。基础设施的产业链长，投资规模大、实施周期长、涉及复杂的国内和国际政治角力，容易遇到东道国甚至域外国家的种种质疑和阻挠。

第四节　中国企业在巴面临的机遇与挑战

　　近年来，巴基斯坦经济平稳较快发展，向世界释放出巨大吸引力。巴基斯坦拥有巨大的市场潜力、充足的劳动力和丰富的自然资源，已成为中国企业投资兴业的热土，成为中国企业"走出去"的重要一站。

---

　　①　IndraniBagchi, "India to Spread Tentacles into Central Asia via Iran", March 13, 2012. 转引自高柏、甄志宏《中巴经济走廊的政治经济学分析》，社会科学文献出版社 2017 年版，第 16 页。

　　②　恰巴哈尔港（Chabahar port）位于伊朗东南部，濒临阿曼湾，距离瓜达尔港仅 72 千米，也是一个优质深水港。2003 年，伊朗曾邀请印度企业参与开发。中巴经济走廊问世后，印度对开发恰巴哈尔港的热情明显上升。BBC 称，恰巴哈尔港不仅能帮助印度绕开巴基斯坦直接深入中亚地区，而且也有利于印度制衡中方在该地区日益上升的影响力。

　　③　刘宗义：《中巴经济走廊建设：进展有与挑战》，《国际问题研究》2016 年第 3 期。

　　④　SaimaPerveen, Jehanzeb Khalil, "Gwadar – Kashgar Economic Corridor: Challenges and Imperatives for Pakistan and China," *Journal of Political Studies*, Vol. 22, iss 2, Winter 2015, pp. 351–366.

一　中国企业在巴投资概况

自 20 世纪 50 年代以来，随着中巴经贸合作的开展，一些中国企业陆续来到巴基斯坦。改革开放后，越来越多的中国企业进入巴基斯坦市场，投资农业、工业和服务业，与巴人民结下深厚友谊，为巴基斯坦经济社会发展做出了重要贡献。中巴经济走廊提出以来，中国企业对巴基斯坦投资规模大幅增长、投资领域不断拓展、投资方式日益多样。

（一）投资规模

21 世纪以来，受两国高层互访、互惠政策实施影响，中国企业对巴投资呈波动增长趋势。2007 年 7 月，中巴自贸区开始实施。当年中国企业对巴投资流量达到 9.1 亿美元，占中国对亚洲投资流量的 5.94%。中巴经济走廊提出后，2014 年中国企业对巴投资流量超过 10 亿美元。中国跃居并保持巴最大的外国直接投资来源国。2019 年，中国企业对巴投资 9.8 亿美元。

（二）投资领域

"中国企业在巴基斯坦进行投资的领域比较广泛，涉及通信、水利电力、资源开发、交通、机场、港口、房建、轻纺工业、农业和金融业等。"[1] 近年来，中巴经济走廊建设中的基础设施建设、信息通信技术、软件设计开发、金属开采和制造等行业成为中国企业主要投资方向。

（三）投资地点

出于经济规模、收入水平、基础设施、投资成本和安全形势等考虑，"中国在巴基斯坦进行投资的地区集中在中部地区，首都伊斯兰堡、旁遮普省及信德省北部地区为主，且主要分布在省会城市"。[2] 伊斯兰堡是巴基斯坦的首都城市。拉合尔是巴基斯坦最富裕的旁遮普省的首府城市，是巴基斯坦第二大城市和重要的工业中心。卡拉奇是信德省首府城市，是巴基斯坦重要的文化中心。这三座城市分别位列 2019 年全球城市 500 强榜单的第 191 名、第 126 名和第 117 名，可以为中国企业跨国经营提供便利。在全国投资政策基础上，旁遮普省和信德省拥有自己的投资管理机

---

[1] 宋远：《中国企业对巴基斯坦投资的风险思考——基于"中巴经济走廊"视角》，《中外企业家》2017 年第 11 期。

[2] 刘曼：《中国对巴基斯坦投资研究——基于中巴经济走廊建设背景》，硕士学位论文，云南大学，2016 年。

构，在投资政策方面享有一定的自主性和灵活性。

（四）投资主体

中国国有企业在中巴经济走廊建设中扮演"领头羊"和"主力军"的角色，在基础设施建设和资源开发领域占据主导地位。比如，能源领域的中石油、中石化和中国神华集团公司等；电力领域的中国三峡集团、中国电建和中国能建等；汽车制造领域的中国一汽；电子电器领域的长虹等；金融领域的中国工商银行；通信领域的中国移动、中兴等。

中国民营企业，如海尔、华为和 TCL 等，在巴树立了良好的企业形象，市场业务蒸蒸日上。1999 年，华为在巴设立第一个海外子公司。2007 年成为巴第一大电信设备供应商。海尔在巴基斯坦模式是中国企业"走出去"成功的海外样本。2001 年，海尔远征巴基斯坦家电市场，并迈出的标志性的三大步：2002 年在巴基斯坦设立白电工厂、2006 年设立海尔－鲁巴经济区、2013 年建成当地第一条全自动洗衣机生产线。2016 年，海尔实现在巴基斯坦家电总体第一份额。TCL 2014 年进入巴基斯坦市场，目前在巴基斯坦高端电视机市场排名第一。

"目前，有 400 多家中国企业在巴基斯坦开展业务，涉及信息技术、家电、金融、农业和电子商务等领域。例如，长安汽车集团与 Master Motors 在卡拉奇组建了合资企业，双星轮胎、朝阳轮胎分别与 MSD 轮胎服务公司成立了合资企业，蚂蚁金服集团与 Easypaisa 合作开发了巴基斯坦版支付宝，亚星钢铁与 Al－Haj 也成立了一家合资企业。"①

（五）投资方式

"中国企业对巴基斯坦的投资方式主要有 BOT 方式②、绿地投资③和跨

---

① 《专访中国驻巴基斯坦大使姚敬：友谊历久弥坚　合作成果显著》，中国经济网，https：//baijiahao. baidu. com/s？ id = 1667266093739996212&wfr = spider&for = pc。

② BOT（Build－Operate－Transfer），即"建设—运营—移交"，是基础设施融资的主要方式之一。根据 1995 年 8 月国家计委、电力部、交通部联合发布的《关于试办外商投资特许权项目审批管理有关问题的通知》，BOT 模式是指政府通过特许协议，在规定的时间内，将项目授予外商为特许权项目成立的项目公司，由项目公司负责该项目的投融资、建设、运营和维护。特许期满，项目公司将特许权项目的设施无偿移交给政府部门。BOT 有三种具体形式：BOT、BOOT、BOO，除此之外，它还有一些变通形式。

③ 绿地投资（Greenfield Investment），即"新建投资"，是在国外新建一个企业。

国并购①投资方式"。② 其中，BOT方式是中国企业在巴基斯坦进行投资的常见方式，集中在基础设施建设领域，比如大沃风电项目和卡洛特水电项目。"绿地投资是中国企业对巴通信业和轻工业领域投资的主要方式"③，由于中巴两国市场的差异性，跨国并购投资较少。最典型的例子当属2006年中国移动公司并购巴基斯坦的巴科泰尔有限公司（Paktel），正式进入巴电信市场。

近年来，由于财力不足，巴政府大力推动PPP④模式在基础设施和民生领域的发展。在中巴经济走廊建设中，PPP模式也逐渐成为中国企业开拓巴市场的重要方式。比如卡西姆港燃煤电站、萨察尔50MW风电项目和卡拉奇-拉合尔高速公路等均采用PPP模式。

二　中国企业在巴面临的机遇

随着中国经济步入"新常态"，国内投资回报率下降和国内投资空间萎缩。中巴经济走廊为中国企业"走出去"提供了宝贵机遇，为中国企业以空间换时间、加快转型升级提供了难得时机。

（一）中巴特殊友好关系

自建交以来，中国和巴基斯坦在和平共处五项基本原则的基础上发展睦邻友好和互利合作关系。经历了近70年的寒暑交替、风吹雨打，中巴友好日益深入人心。近年来，中巴两国高层交往密切，政治互信不断巩固，各领域合作稳步发展。巴基斯坦是中国唯一的"全天候战略合作伙伴"。在中巴经济走廊建设中，两国采取一系列战略性举措和制度性安排，深化和拓展经贸合作。

---

① 跨国并购（Cross-border merger and acquisition）是直接兼并国外已经存在的企业。

② 宋远：《中国企业对巴基斯坦投资的风险思考——基于"中巴经济走廊"视角》，《中外企业家》2017年第11期。

③ 宋远：《中国企业对巴基斯坦投资的风险思考——基于"中巴经济走廊"视角》，《中外企业家》2017年第11期。

④ PPP（public-private partnership），即"公私合作伙伴关系"，也即政府和社会资本合作。根据2014年12月国家发展改革委发布的《关于开展政府和社会资本合作的指导意见》，PPP模式是指政府为增强公共产品和服务供给能力、提高供给效率，通过特许经营、购买服务、股权合作等方式，与社会资本建立的利益共享、风险分担及长期合作关系。PPP包含多种操作形式，BOT是其中一种。

（二）巴市场潜力和辐射力巨大

巴基斯坦拥有 2.8 亿人，是世界第六人口大国。根据世界银行数据，2019 年人均国内生产总值为 1284.7 美元，属于中低等收入国家。2016 年，巴政府提出在 2025 年前将跻身世界前 25 大经济体、中等偏上收入国家，并在独立 100 周年时迈入前 10 经济体及高收入国家行列的目标。近年来，随着巴基斯坦经济的快速发展，中产阶级群体日益壮大，他们青睐中国物美价廉的商品为中国企业提供了一个巨大的、快速扩张的消费市场。

此外，巴基斯坦地处南亚次大陆西北部，是联系南亚、中亚、中东地区的枢纽，与上述地区贸易关系紧密。中国可以借由巴基斯坦开拓海外市场，发展与上述国家的贸易关系。同时，巴基斯坦是关税总协定以及世界贸易组织的创始成员国之一；是南盟自由贸易区成员国之一；与中国、马来西亚、斯里兰卡签有自由贸易协定；与伊朗、毛里求斯和印尼签有优惠贸易协定；与阿富汗签有转口贸易协定。① 中国企业在巴基斯坦投资设厂，可以避开相关国家的贸易壁垒和制裁，间接推动中国与上述国家经济关系的进一步发展。

（三）营商环境不断改善

21 世纪以来，巴各届政府为了振兴经济，积极推行结构改革，制定较宽松、自由的投资政策，加大打击恐怖主义力度，改善国内安全形势，努力改善营商环境，吸引更多的投资流入。"除国家安全和公共安全禁止或限制领域外，巴基斯坦几乎所有经济领域均向外资开放，外国和当地投资者享有同等待遇，允许外商拥有 100% 的股权，允许外商自由汇出资金。此外，外商在巴基斯坦投资享受设备进口关税、初期折旧提存、版权技术服务费等方面优惠政策。"② 2016 年，政府颁布《国家营商改革战略》，改进执行部门效率，减少商业注册审批时间，简化审批手续。2018 年，政府批准《国家金融包容战略》5 年实施计划，为经济发展营造良好的金融环境。2020 年 8 月，巴基斯坦投资委员会（BOI）发布三年期投资

---

① 《巴基斯坦的经济状况与投资环境》，中华人民共和国商务部网站，http: // history. mofcom. gov. cn/? post_ type = bandr&p = 4468。

② 商务部：《对外投资合作国别（地区）指南·巴基斯坦（2020）》，第 14 页。

促进战略，并启动第六次改善营商环境行动计划，将食品饮料、汽车及其零配件、信息技术与相关服务、物流和高附加值纺织品作为吸引外资的重点产业。[①]

世界银行《2020 年营商环境报告》显示，巴基斯坦的营商环境便利程度（DB 排名）在全球 190 个国家和地区中排名第 108 位，比 2019 年提高了 28 位，是营商环境进步最大的十个经济体之一。

表Ⅲ－4－8　　　　　　巴基斯坦行业投资鼓励政策

政策内容	制造业	非制造业领域		
		农业	基础设施/社会领域	服务业
政府批准	除了武器、高强炸药、放射性物质、证券印制和造币、酒类生产外无须政府批准	无须政府批准，但有些需要从有关机构取得证书		
资本、利润、红利汇回	允许	允许		
外商投资上限	100%	100%	100%	100%
机械设备进口关税率	5%	0%	5%	0—5%
税收优惠（初始折旧占厂房设备百分比）	25%	25%		
特许权和技术使用费	对支付特许权和技术使用费无限制。	按有关规定允许，第一笔不超过 10 万美元；在前 5 年不超净销售额的 5%。		

资料来源：商务部：《对外投资合作国别（地区）指南·巴基斯坦（2020）》，第 40—41 页。

（四）政府和民间欢迎中国投资

巴政府和民间欢迎和鼓励中国企业到巴投资设厂。巴政府主动为中国企业"开绿灯"，为中巴经济走廊的投资提供各种便利。在中巴经济走廊框架下，巴基斯坦建立了九个经济特区。根据 2012 年颁布的《特殊经济区法》，所有在巴投资设厂的中国企业享有特殊经济区待遇。其中，海尔－鲁巴经济区是中国企业在巴投资兴业的重要平台之一。它"是中国商

---

① 《巴基斯坦投资委员会发布三年期投资促进战略》，中华人民共和国驻巴基斯坦经济商务处网站，http://pk.mofcom.gov.cn/article/jmxw/202008/20200802997075.shtml。

务部批准建设的首批'中国境外经济贸易合作区'之一，也是巴基斯坦政府批准建设的'巴基斯坦中国经济特别经济区'"。① 2019 年 4 月，中巴签署《拉沙卡伊经济特区项目特许经营协议》，巴给予园区一系列优惠政策和配套条件。拉沙卡伊特别经济区②是中巴经济走廊框架下产业与园区合作的优先启动项目，旨在成为中巴经济走廊沿线的示范型经济特区，中国与中亚、中东地区贸易中转站和产能合作基地。

三　中国企业在巴的挑战与应对

然而，"中国企业在巴基斯坦的投资并非一帆风顺，受到东道国政治局势动荡、政策变化、文化差异、第三国干预、地方民族主义运动等因素的共同影响，加之企业自身对海外投资的经验和准备不够充分，遭遇了不少挫折"③。

第一，巴政治局势动荡一直是中国企业跨国投资的最大困扰。独立以来，军人干政和家族政治一直左右巴基斯坦政局发展。同时，巴国内政治斗争激烈，各方利益集团通过操纵选举争权夺利。在政治派别斗争的背后，充斥着严重的贪污腐败，导致反政府示威此起彼伏，巴陷入社会动荡、经济衰退。

第二，巴政策多变是中国企业跨国投资的最大不确定因素。巴长期存在着弱政府、强社会问题，政府政策容易反复和左右摇摆，再加上政府换届带来的权力重新洗牌，巴政治经济政策走向具有很大的不确定性。

第三，中巴文化差异是中国企业跨国投资的一块短板。中巴都是文明古国，中国深受儒家文化熏陶，巴基斯坦以伊斯兰教为国教。两国风俗习惯、宗教信仰和价值观等文化差异大。随着交往的日益频繁，跨文化冲突也不可避免地增加了。

第四，第三国干预是中国企业跨国投资不得不面对的挑战。周边大国

---

① 王慧卿：《巴基斯坦：世博会提供重振信心的机会》，《第一财经日报》2010 年 4 月 19 日。

② 拉沙卡伊特别经济区（Special Economic Zone, SEZ）位于巴基斯坦开伯尔－普什图省，是中巴经济走廊首个产业园区。由中国路桥工程有限责任公司和开普省园区开发管理公司联合开发。园区规划面积 4 平方千米，将分三期建设，计划重点发展机械设备、家用电器、食品加工、纺织皮革、家居建材、仓储物流等产业及其他配套服务产业。2020 年 2 月，经济区正式开始招商。

③ 黄河、许雪莹、陈慈钰：《中国企业在巴基斯坦投资的政治风险及管控——以中巴经济走廊为例》，《国际展望》2017 年第 2 期。

印度和域外大国美国、日本将中国与巴基斯坦的合作视作威胁，在巴煽动反华情绪，利用国家话语权污名化中国企业投资，制造"债务陷阱论""掠夺资源论""破坏环境论"等不利舆论，试图影响中国企业与巴开展正常经贸交流活动。

第五，地方民族主义运动是中国企业跨国投资的重要威胁。巴基斯坦处于国际反恐前沿，长期遭受恐怖主义、分裂主义和极端主义"三股势力"威胁，是世界上受恐怖袭击最严重的国家之一。根据全球恐怖主义数据库数据显示，巴"针对企业的恐怖袭击事件显著增加，成为当地政府军队、个人之后的第三高风险袭击目标"[1]。

第六，企业自身能力不足是中国投资巴基斯坦的主要短板。欧美、日本等国企业较早在巴基斯坦进行投资，并在生产效率、科技能力、客户服务和运营管理等方面占有较强优势。中国企业是后来者，大多存在"治理结构不健全、市场竞争力不强、部分企业公众形象不佳、国际经营管理人才缺乏、对市场研究了解不深、单独投资多"[2]等问题，在巴投资面临强大竞争压力。

深化中巴经贸合作，促进共同发展，符合两国政府和人民的共同期待。中国企业要把握好当前的历史机遇，正视中巴经贸合作面临的挑战，妥善应对和化解存在的风险和矛盾。

第一，安全第一，争取多方支持。在投资前，中国企业要认真考察市场，充分考虑巴政局、安全、税收政策变动、通胀、当地劳工价格及人民币升值等因素，并选择安全的投资地点。在投资后，中国企业要与中国驻巴基斯坦大使馆经商处、巴基斯坦商会保持联系，"关注巴基斯坦政治经济和安全形势、债务状况及国家和银行信用等级情况、通货膨胀情况及汇率变化等"，[3]及时规避各类政治风险和商业风险。同时，中国企业要与巴政府和议会、工会和行业协会建立良好关系，积极结交各界、各阶层人士，尽量开展本土化经营，密切与当地民众关系，并加强对企业人员和场所的安保工作。

---

① 黄河、许雪莹、陈慈钰：《中国企业在巴基斯坦投资的政治风险及管控——以中巴经济走廊为例》，《国际展望》2017 年第 2 期。

② 民银智库研究：《民营企业参与"一带一路"战略前景光明》，2017 年第 8 期。

③ 商务部：《对外投资合作国别（地区）指南·巴基斯坦（2020）》，第 61 页。

第二，强练内功，提升自身素质。中国企业在巴投资过程中，要摆脱家族治理模式，建立现代企业制度和科学决策机制，培养国际化经营管理人才；"加大创新力度和研发投入，提高市场竞争力；规范投资东道国的行为，提高法治意识和社会责任意识"；① 熟悉国际规则，了解巴法律法规、文化风俗、社会习惯和产业发展情况，尊重当地宗教、民族、价值观和历史。

第三，长短结合，做好战略布局。巴政治、经济和社会等各项投资条件较差，项目投资大、回报周期长，存在很大的风险和不确定因素，中国企业要摒弃短期利益最大化的错误经营理念，要从长远发展出发，树立长短结合的经营理念和企业文化，向海尔、华为等优秀企业学习，结合自身能力、特点和巴行业状况，不但促进自身的健康持续发展，而且在巴树立中国品牌自信。

第四，抱团出海，形成投资合力。中国企业要告别过去"单枪匹马"和恶性竞争的错误做法，整合资源，建立产业联盟，"抱团出海"。通过产业联盟内部协调，联合参与巴项目招标、商务谈判，在产业链条上进行分工协作，在经济利益上进行合理分配。中国国企和民企要同舟共济，以国企大型基建项目为先导，民企制造业项目随后跟进。同时，借助混合所有制改革，促进国企和民企相互参股，积极探索混合经济出海投资新模式。

总之，在巴中国企业"既要充分利用巴基斯坦的自然资源、市场、区位和劳动力优势，抓住巴基斯坦经济发展的机遇，合规经营，开展形式各样的投资合作和良性竞争，也要审慎研判该市场的安全风险和营商环境，努力破解安全立足、安全发展这一难题，更好地适应穆斯林宗教文化，更全面地融入当地社会，更科学地管理中外员工，积极履行企业社会责任，实现互利共赢、共同发展"②。

---

① 《加强金融安全合作　助力地区经济发展》，《金融时报》2017 年 6 月 30 日。
② 商务部：《对外投资合作国别（地区）指南·巴基斯坦（2020）》，参赞的话。

第五章　中巴金融合作

国际金融合作是指国际经济、金融组织与各主权国家以及各主权国家之间，通过相互间的信息交流、磋商与协调，在金融政策、金融行动等方面采取共同步骤和措施，达到减少金融体系风险、防止金融问题累积以破坏宏观经济效率、保护消费者、培育金融市场的有效机能以及预防犯罪分子和恐怖分子滥用金融体系的目的。[①] 总体而言，就参与主体来说，国际金融合作的参与主体是各国央行、金融企业；广义来讲，国际金融合作通常主要包括国际货币合作、各参与主体的金融机构合作以及国际投融资合作等。本章对中巴金融方面的合作进行着重探讨，首先对中巴金融合作的历史进行简要回顾，在此基础上，分析当前中巴金融合作的主要成果，并找出影响双边金融合作的挑战，在最后一节，我们对"一带一路"倡议下中巴金融合作的具体成果进行关注。

第一节　金融合作概况及中巴合作历史

随着巴基斯坦金融业的发展，其金融市场已搭建起较为完整的框架。中巴金融合作也随着中巴两国政治关系的发展而在不同时期呈现不同发展特点，近年来，随着"一带一路"建设的推进以及中巴经济走廊建设的深入，中巴两国金融合作更为深化。

一　巴基斯坦金融业发展

印巴分治期间，巴基斯坦继承了英国殖民时期的金融体系，主要机构

[①] 赵长峰：《国际金融合作：一种权力与利益的分析》，世界知识出版社 2006 年版，第 37 页。

包括商业银行、外国银行、发展金融机构、非金融公司、证券交易所、保险公司等①。1948 年，巴基斯坦共有 38 家表列商业银行②，其中巴基斯坦本国商业银行 2 家，外国商业银行 36 家，分支机构 195 处，其中本国商业银行分支机构为 23 处，外国商业银行分支机构为 172 处。全巴表列银行存款总额和放款总额各为 10. 655 亿卢比和 4. 104 亿卢比③。1948 年 7 月 1 日，巴基斯坦国家银行（The State Bank of Pakistan）成立，承担之前印度储备银行行使的货币和银行管理职能④。

1956 年，巴基斯坦独立并颁布实施《巴基斯坦国家银行法》，确立巴基斯坦国家银行为中央银行⑤。同时，巴基斯坦开始建立政府主导的国有银行体系，先后成立了联合银行、巴基斯坦农业发展银行等大型国家有银行，并银行业实施严格管制。到 20 世纪 70 年代，13 家银行收归政府管控并整合成 6 家国有银行，保留外国商业银行 25 家。随着 1962 年《银行业公司条例》（Banking Companies Ordinance）的颁布，以及银行内部控制的加强和公司管理制度的完善，巴基斯坦国家银行（SBP）的权力得以恢复，银行转型改革也随之开启。

20 世纪 90 年代初，巴基斯坦开始进行金融改革，通过发行新的许可证以及出售国有银行股权等手段推进银行业私有化，以提高金融效率，促进经济发展。之后，穆斯林商业银行（MCB）于 1991 年实现私有化。联盟银行（ABL）的大部分所有权也转移到了其管理层手中。联合银行（UBL）紧随其后，于 2002 年也实现了经济私有化。

---

① 李勇：《巴基斯坦金融发展：理论与实证》，博士学位论文，西南财经大学，2016 年。

② 表列银行是指依法注册并列入巴央行所掌握的银行表中的银行类机构。此类银行均属实力比较雄厚的大银行。它们既享有一定的权利，也必须承担一定的义务。按照巴央行规定，表列银行享有如下权利：资金清算、自由汇款、向央行申请再贴现贷款、开展外汇类业务等；它必须承担的义务包括：按照约定额缴付实付资本、按照监管要求定期向监管机构报送运营情况及数据、按照监管要求缴付存款准备金等。

③ 路石：《巴基斯坦经济四十年》，《南亚研究季刊》1998 年第 1 期。

④ Quaid‐i‐Azam's Speech on the Occasion of the Opening Ceremony of The State Bank of Pakistan on 1st July, 1948, https：//www. sbp. org. pk/about/history/h_ moments. htm.

⑤ 巴基斯坦央行简介，https：//www. sbp. org. pk/about/Intro. asp。

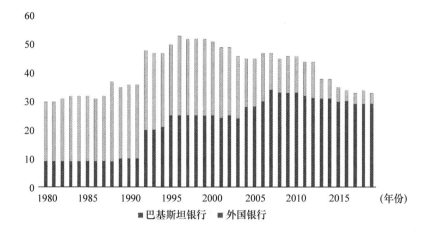

图Ⅲ-5-1　巴基斯坦计划内银行

目前，巴基斯坦国内金融业有了极大的发展，形成了较为完备的银行业体系。截至 2019 年底，巴基斯坦共有 29 家国内银行，其中，公共部门商业银行 5 家、专业银行 4 家，私人银行 20 家，以及 4 家外国银行。

表Ⅲ-5-1　　　　　　巴基斯坦计划内银行 ATM 数量分布

	自动取款机数量	总资产（百万卢比）
公共部门银行	2243	4664133.20
专业银行	38	—
私人银行	12566	16602211.50
外国银行	4	715106.90

巴基斯坦的五大银行包括哈比银行、国民银行、联合银行、穆斯林商业银行以及联盟银行。截至 2018 年 9 月，巴基斯坦国内银行业总资产达 18.11 万亿巴卢比，其中五大行占总资产的 52%。五大银行在银行业资产总额和存款总额中的占有率分别为 52.1% 和 52%，同时五大行的资本充足率均高于行业平均水平，高达 16.28%。[①] 与其他巴基斯坦国内银行相

---

① 程伟：《巴基斯坦的银行业体系》，中国经济网，http：//intl. ce. cn/sjjj/qy/201902/19/t20190219_ 31505103. shtml。

比，哈比银行国际分布最为广泛，其在全球超过15个国家和世界的金融
中心都设有分支机构。该行目前也是唯一一家在华设有分行并取得外币和
人民币全币种牌照的巴基斯坦银行。以巴央行为监管指导，五大银行领头
的巴金融体系通过不断地完善经济结构，有效地推动了巴经济发展和金融
对经济生产活动的支持。

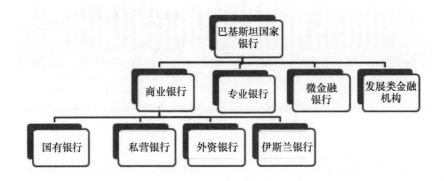

图Ⅲ-5-2　巴基斯坦国家银行监管下的各类金融机构

资料来源：程伟：《巴基斯坦的银行业体系》，http://intl. ce. cn/sjjj/qy/201902/19/
t20190219_ 31505103. shtml。

　　资本市场方面，2016年前，巴基斯坦的证券交易所包括卡拉奇交易
所、拉合尔交易所、伊斯兰堡交易所，都归巴基斯坦证券交易委员会监
管。2016年1月11日，三大交易所合并成为统一的巴基斯坦证券交易所
（Pakistan Stock Exchange，PSX）。2017年5月，它被重新归类为MSCI新
兴市场。巴基斯坦证券交易所是世界上表现最好的股票市场之一，在
2009年至2015年间，它每年交付26%。2016年12月，巴基斯坦证券交
易所以8500万美元的价格向中国财团出售40%的战略股份。

　　在保险市场方面，巴基斯坦在1947年独立时，曾有70家外国保险公
司，本国公司仅7家。20世纪50年代初，国家设立了国营再保险公司，
并规定所有保险公司保费收入的10%需分保于该再保险公司，这一政策
的实施使外国保险公司锐减40多家。1970年，巴基斯坦寿险业实现国有
化，国家人寿保险集团垄断了全部寿险业务，20多年一直稳步发展，经
济效益可观。然而该国的投保率很低，在1.37亿人口中，只有200多万

人购买人身保险。① 通过实施保险业自由化，民营保险公司也获准经营寿险业务。之后，该国宣布允许外国保险人进入寿险市场，政府意欲将外国保险公司的人身市场占有率控制在 12% 左右。巴基斯坦保险业总体发展水平较低，处于世界第 50 位水平。

总的来看，通过近年来的金融改革，巴基斯坦金融市场已搭建起较为完整的框架，为银行、证券、保险、租赁的长足发展奠定了坚实的制度基础。巴基斯坦金融市场框架基本完整，制度基础较为扎实。不过，巴基斯坦金融市场以银行业为主，其他行业规模较小，金融对实体经济支持不够，还需要进一步推动金融改革。

二　中巴金融合作历史

中巴在建交以后的十余年间，由于执行了不同的外交政策，中巴两国分属两个阵营，双方还都不是各自外交的重点，处于双边外交中的边缘地位，两国关系并没有重大发展。1951 年中巴两国建立外交关系后不久，中国在巴基斯坦的卡拉奇和吉大港商业中心开设了中国银行的两家分行。两家分行持续运营，直到 1970 年。由于该地区政局不稳定和战争爆发，两家分行停产并将业务移交给巴基斯坦国家银行。总的看，中巴建交之初的经济交往更多的是在商业贸易领域，金融领域交往相对较少。

在商业银行合作方面，2010 年 12 月，时任国务院总理温家宝访巴基斯坦期间，中国工商银行和巴基斯坦国民银行同意在对方国家开展金融业务。两国银行业合作开启了新的篇章。巴基斯坦最大的商业银行——巴基斯坦国民银行，作为公共资金的受托人和巴基斯坦国家银行的代理一直发挥着领军银行的作用。巴基斯坦国民银行在 30 个海外重要的商业中心设立了 1200 个分支机构，最大的资产产值达 140 亿美元。值得关注的是，巴基斯坦国民银行自 20 世纪 70 年代就在香港开设了两个分支机构。2006年，巴基斯坦国民银行还签署了一份谅解备忘录，以加强与中国国家开发银行在银行业和金融业的合作。根据谅解备忘录，两家银行共同安排，为在巴基斯坦和中国的有关项目提供融资支持。2010 年，巴基斯坦国民银

---

① 《巴基斯坦保险业》，中国太平洋保险官网，http：//www. cpic. com. cn/c/2017 - 09 - 18/
1215471. shtml。

行还与中国银行签署了《全球贸易总协定》。2011 年，巴基斯坦国民银行与中国农业银行签署了另一项类似协议。哈比银行是巴基斯坦最大的银行，拥有 1400 多个分支机构和分布在世界各地的 30 家分行。哈比银行在 2005 年获得开设北京代表处的许可证，于 2006 年 2 月设立了北京代表处。2009 年，哈比银行收到开展人民币跨境直接结算的许可，意味着该银行可以在中国开立人民币账户。联合银行是另一家重要的银行机构，拥有 1100 多个国内分支机构和大约 25 个海外分行。2007 年，联合银行也在北京开设了代表处。联合银行进入中国市场是中巴银行业合作的又一重大事件。

在投资合作方面，中巴正从政治援助过渡到基于商业原则的经济合作。1963 年 1 月，两国签订第一个贸易协定。在对巴基斯坦的援助投资方面，从 1965 年到 1968 年，在自身经济欠发达的情况下，中国共向巴基斯坦提供了 1 亿多元的无息贷款，签订了十多项贸易协定。中国对巴基斯坦的援助体现出在特殊时代背景下中巴的传统友谊。1982 年 10 月，中巴两国成立经济、贸易和科技合作联合委员会，委员会对于推动中巴经贸合作等起到了重要作用。

近十年来，中巴投资往来中的商业化色彩越来越凸显，尤其是银行业合作在过去的数年间经历了从单一的国际结算代理行合作到目前互设机构、联合项目融资、开展资本市场合作的新阶段。在 2013 年"一带一路"倡议提出后，中国企业增强了对巴基斯坦投资的信心和期待。2013 年到 2014 年中国对于巴基斯坦直接投资激增，2014 年同比增长率达到 520%，是 2013 年投资量的六倍多。在 2020 年疫情期间，巴基斯坦吸引外国直接投资量依然保持上升势头，3 月份吸引外国直接投资达到 2.787 亿美元，同比增长 92%，而中国依然是巴基斯坦最大直接投资国，本财年前 9 个月对巴投资额为 8.72 亿美元，相比 2019 年同期的 2240 万美元增长了近 700%。[①] 关于"一带一路"倡议下的中巴金融合作，将在本章最后一节进行着重探讨。

---

① 《增长 700%，中国对巴基斯坦投资 8.72 亿美元！中巴经济走廊恢复建设》，搜狐网，https：//www.sohu.com/a/392434657_ 334198。

第二节　中巴金融合作成果

中巴金融合作的发展与中巴双边关系的发展紧密相关。金融合作是中巴经济技术合作的重要组成部分，近年来，中国积极开展与巴基斯坦的金融合作，取得重要进展，对促进巴经济发展和深化中巴经济技术合作发挥了积极作用，中巴两国的金融合作主要表现在中巴货币合作、银行及其他金融市场合作、反洗钱合作以及中巴联合投资公司及其他工程项目融资等。

一　中巴货币合作

中国长期以来一直是巴基斯坦的重要贸易伙伴，中国与巴基斯坦的货币合作最为深入，巴基斯坦外汇储备已经进入中国银行间交易市场，近年来，中巴货币合作达到新高度，也进一步推动了中巴友好关系的发展。

首先是货币互换。随着中巴经贸合作逐渐扩展，尤其是在巴基斯坦外汇紧缺、对华贸易逆差不断增大的情况下，巴方对金融支持的需求不断增加。为适应这种新形势，稳定和维护巴基斯坦的金融安全，进一步推动双边金融合作，2011 年 12 月，中巴双方达成 100 亿元人民币和 1400 亿巴基斯坦卢比的货币互换协议，为期 3 年，经双方同意可以展期①。在签订不久，随着国际金融危机，欧美国家开启去杠杆化时代，外围市场动荡的同时，巴国内政权更迭，以纳瓦兹·谢里夫（Nawaz Sharif）为首的新政府在 2013 年 6 月上台，就在这一年，巴基斯坦出现了较为严重的债务危机②，此时，中巴双边货币互换协议"出手相助"，在中巴双边本币互换协议下，巴基斯坦通过动用中国提供的信贷额度，巴国家银行动用了总共 12 亿美元的资金。这种大量的资金流入不仅防止了一些潜在国际收支平衡危机问题，也使汇率在 7 月前保持在低于 100 卢比兑 1 美元的水平，最终竟然宣布取得了盈余。中国在此过程中发挥了"救火队员"的作用，

---

① 《中巴两国央行签署双边货币互换协议》，央广网，http：//news. cri. cn/。gb/27824/2011/12/24/5311s3493695. htm。

② 《人民币的实力：中巴货币互换助巴基斯坦渡过难关》，一财网，https：//www. yicai. com/news/4043122. html。

通过货币互换协议帮巴基斯坦渡过难关，同时也大大提升了巴基斯坦对中国的战略互信，该协议到期之后，在 2014 年、2018 年续约。

其次是人民币结算。随着中国自身经济实力的增长以及经济金融开放的推进，2016 年 10 月 1 日起，人民币正式纳入国际货币基金组织（IMF）特别提款权（SDR）货币篮子，成为继美元、欧元、日元、英镑后的第五种货币，其中人民币权重为 10.92%，位列第三。人民币加入 SDR 提升了各国对人民币储备货币地位的信心，越来越多的央行和货币当局把人民币作为其储备资产。2016 年 11 月 30 日起，人民币成为继美元和欧元之后的第三种全球储备货币。巴基斯坦在与中国进行密切的经济交往的过程中，已有了很好的关于双边货币互换的基础。同时，考虑到近期世界和地区经济的发展状况，尤其是中巴经济走廊建设的迅速推进，预计用人民币计价的对华贸易将大幅增长，2018 年 1 月，巴基斯坦国家银行批准用人民币结算巴中双边贸易，并已经制定相关法规以促进人民币在贸易和投资中的使用。① 巴中两国的公共和私营企业在双边贸易和投资活动中可以自由选择使用人民币，同时，随着中巴经济走廊与中国的贸易和投资规模的不断扩大，以人民币作为结算货币将促使对华贸易大幅增长，这符合两国长远利益。

在商业银行方面，2015 年，中国工商银行正式获巴基斯坦中央银行批准开展对华进出口的人民币结算业务，此机制"将进一步便利双方经济往来，避免双边贸易通过美元或欧元支付时产生的汇率风险②"。到 2018 年，巴央行批准中国银行在巴基斯坦提供相同的服务，通过鼓励与人民币在中国进行贸易，并最终以各自当地货币进行的努力的一部分。预计该结算和清算机制将降低本地银行系统在远洋交易中的成本并提高效率。③ 这为中巴关系，特别是巴基斯坦经济和银行体系都带来了长期利益。

---

① 《巴基斯坦央行批准用人民币结算巴中双边贸易》，新华网，http://www.xinhuanet.com/world/2018 – 01/03/c_ 129781840. htm。

② 《中国工商银行获准在巴基斯坦开展进出口人民币结算业务》，中华人民共和国驻巴基斯坦伊斯兰共和国大使馆经济商务处网站，http://pk.mofcom.gov.cn/article/jmxw/201510/20151001141058. shtml。

③ 《巴基斯坦允许中国银行建立人民币体系》，巴基斯坦日报网，http://cn.dailypakistan.com.pk/story/china/3720/。

二　银行及其他金融市场合作

改革开放之初，随着中国国门的打开，巴基斯坦央行及商业银行便在中国设立办事处。早在 1981 年，巴基斯坦国民银行就正式在北京成立办事处。2005 年 3 月，巴基斯坦最大的商业银行哈比卜银行正式获准在中国设立代表处。2008 年 3 月，巴基斯坦联合银行北京办事处成立。北京办事处是联合银行积极参与中国与巴基斯坦—海湾国家之间贸易和投资的体现，意在积极促进中巴两国的金融合作，促进贸易交往，方便两国企业的资金需求。早在 2006 年，联合银行即与中国国家开发银行签署了合作备忘录，约定进行业务互补，在中国与联合银行所在国家之间的贸易融资领域开展合作。[①]

在中国银行"走出去"方面，中国商业银行在巴基斯坦设立分支行相对较晚。目前，就商业银行领域，巴基斯坦有中国工商银行、中国银行两家对外营业的中资商业银行，另有国家开发银行和中国进出口银行在巴基斯坦设立有工作组，负责各自在巴基斯坦项目的营销与贷后管理等工作。2010 年底，中国工商银行正式获准在巴基斯坦开设分支行，目前已在卡拉奇和伊斯兰堡设立两家分支机构，于 2011 年 8 月开始正式运行，这是中国商业银行首次在巴开展业务。新冠肺炎疫情全球蔓延背景下，巴基斯坦经济受到严重打击。2020 年 5 月，中国工商银行卡拉奇分行开展"春融行动"，为巴基斯坦企业提供金融服务，助力巴企渡过难关。

在巴基斯坦信贷市场方面的主要参与者是中国进出口银行和国家开发银行。其中，中国进出口银行占据市场绝大部分份额。进出口银行的主要贷款品种是"双优"贷款，即政府援外优惠贷款和优惠出口买方信贷。国家开发银行在巴基斯坦贷款项目主要有三个，一个是中冶杜达铅锌矿项目，二是出口担保融资项目，三是联合能源收购 BP 公司巴基斯坦油气资产项目。另外就是投资 1 亿美元与巴财政部合资的"中巴联合投资"项目。[②] 关于国家开发银行等的信贷支持，主要集中在"一带一路"框架下

---

① 《巴基斯坦联合银行在京成立代表处》，新浪网，http://finance.sina.com.cn/money/bank/20080321/02014649178.shtml。

② 李勇、李辉富：《巴基斯坦金融发展：理论与实证》，云南大学出版社 2013 年版，第 133 页。

的中巴金融合作方面，将在最后一节进行重点关注。

在债券市场方面，2012 年 10 月，中国人民银行行长周小川与时任巴基斯坦国家银行行长安瓦尔（Yaseen Anwar）在北京签署《中国人民银行代理巴基斯坦国家银行投资中国银行间债券市场的代理投资协议》。巴央行因此成为第七家获准投资中国银行间债券市场的中央银行。该协议签署也是巴外汇储备货币类型多样化战略的一部分。根据协议，巴央行投资中国银行间债券市场将不受资本管制制约，巴方可视需随时撤出资金，协议签署有利于巴区域贸易增长。该协议和之前签署的中巴货币互换协议将共同推动中巴贸易额进一步提高。①

此外，在支付清算领域，2013 年 1 月，时任中国银联董事长苏宁应巴基斯坦最大商业银行哈比卜邀请，参加银联卡发卡业务活动。近年来银联在与巴基斯坦进行金融合作方面成果显著。2017 年，银联国际与巴基斯坦阿斯卡里银行（Askari Bank）合作发行银联云闪付借记卡，②2020 年 3 月，银联国际宣布，与华为终端、巴基斯坦最大商业银行之一国民银行进行三方合作，在当地推出银联手机闪付 Huawei Pay。巴基斯坦居民在华为/荣耀手机上绑定 NBP 发行的银联卡后，可使用银联手机闪付和二维码两种方式支付。这也是这一功能首次在境外亮相。③

除官方的金融合作以外，2019 年初，被称为巴基斯坦版"支付宝"的 Easypaisa 最新版本在巴基斯坦首都伊斯兰堡正式发布，这是巴基斯坦乃至南亚地区首个区块链跨境汇款项目④。在此次金融合作的尝试中，中国民营企业阿里巴巴旗下的支付宝牵手巴基斯坦最大的互联网金融应用产品 Easypaisa，将本公司的技术和经验进行输出，对 Easypaisa 支付技术进行升级，为更多巴基斯坦普通家庭和小微企业提供普惠金融服务。

---

① 《中国人民银行与巴基斯坦国家银行签署代理投资协议》，中华人民共和国商务部网站，http：//pk. mofcom. gov. cn/aarticle/jmxw/201210/20121008397572. html。

② "UnionPay International and Askari Bank Limited Sign Agreement for NFC & EMV？ Debit Card Issuance"，http：//www. unionpayintl. com/cn/mediaCenter/newsCenter/marketUpdate/2583. shtml.

③ 《银联国际移动支付布局取得新突破，银联"卡码合一"功能首次"亮相"境外》，中国金融新闻网，https：//www. financialnews. com. cn/kj/pay/202003/t20200312_ 184346. html。

④ 《巴基斯坦版"支付宝"上线》，搜狐网，https：//www. sohu. com/a/288753780_ 162758。

三　反洗钱合作

由于中巴特殊的地缘政治特点，两国在反对恐怖主义等方面有共同利益，因此，反洗钱合作也成为两国金融合作的重要部分。当前，中国对巴基斯坦的投资主要依托于中巴经济走廊，国家开发银行、中国进出口银行、中国工商银行、中国银行、上交所、深交所等金融机构参与其中，这些机构在国内进行经济活动时，依据中国的反洗钱法较好地履行了反洗钱义务，但是相关银行在进入巴基斯坦发展业务时，情况就变得复杂一些。由于巴国特有的地缘政治因素、与印度的边界争端以及其境内复杂的宗教矛盾和民族关系等，巴基斯坦境内极端主义、恐怖主义非常活跃。目前，巴基斯坦境内的恐怖主义组织可分为五大类，分别为具有教派冲突争斗的伊斯兰教派恐怖主义组织、"9·11"后遭到美国沉重打击逃到巴基斯坦的阿富汗塔利班组织、"红色清真寺"事件后成立的巴基斯坦塔利班组织、涉及克什米尔问题等印巴冲突的反印度恐怖主义组织以及民族分裂恐怖主义组织。因此，在错综复杂的恐怖主义活动下，巴基斯坦反洗钱任务十分艰巨。巴基斯坦是亚太反洗钱组织（APG）成员。巴基斯坦金融管理局（FMU）成立于 2007 年 10 月，作为巴基斯坦金融情报机构，负责接收、分析与洗钱和恐怖融资相关的金融信息，并移送给执法机关和监管部门。

四　中巴联合投资公司及其他工程项目融资

中国对巴基斯坦关于项目的融资当前主要体现在"一带一路"倡议下的中巴经济走廊下的一系列项目融资，关于这一方面的内容，我们将在本章的最后一节进行详细阐述。

2006 年，两国签订《中国政府和巴基斯坦政府自由贸易协定》（简称"中巴 FTA"），并于 2007 年 7 月正式实施。中巴 FTA 是中国与南亚国家签署的第一个自贸协定，在第一阶段自贸协定中，在投资方面，巴基斯坦对在其境内建立的包括"海尔 – 鲁巴区"在内的"中国 – 巴基斯坦投资区"提供一揽子优惠政策。在 2019 年第二阶段自贸协定中，在原有一揽子优惠政策的基础上，新增未来工作计划条款，致力于鼓励来自另一方的投资，为双方投资者提供稳定、透明、可预见的环境。双方同意未来将适时开展谈判，对投资章节进行升级。

在具体项目方面，2006 年 11 月，中国国家主席胡锦涛访问巴基斯坦期间，中巴签署了关于在巴设立联合投资公司的谅解备忘录。中巴联合投资公司注册资本 2 亿美元，由中国国家开发银行投资的中巴联合投资公司是中国政府建立的第一个双边投资基金，其目的是筹集资金，帮助中国公司在巴开展包括电力、石油、天然气、基础设施和制造业等领域的投资。中巴联合投资公司是巴七个外国联合投资公司中最成功的一个。[①] 该合资公司成立于 2007 年 7 月，总部在伊斯兰堡，注册资本为 2 亿美元，中国国家开发银行和巴财政部分别注入 1 亿美元资金，双方各持 50% 股份。

中国金融机构对中国企业参与巴基斯坦工程项目所提供的融资及其相关支持是中巴金融合作的重要内容。首先进入巴基斯坦信贷市场的中国金融机构主要是中国的政策性银行。2011 年中国金融机构在巴基斯坦贷款余额约 16 亿美元。中国对巴基斯坦工程项目的融资主要体现在风电及油气资源项目中。

总体来看，中巴金融合作已经有了一定程度发展，合作领域正在扩展，发展态势良好。中巴在货币互换、人民币结算、银行及其他金融机构合作、反洗钱合作以及其他投资项目合作中有了较大的发展，但仍应当意识到，中国与巴基斯坦的金融合作起步较晚、合作领域相对较窄较浅，这与当前中巴金融合作过程中面临的挑战及风险是分不开的。

第三节　中巴金融合作的挑战及风险

关于中巴经济、金融合作过程中的挑战及风险研究，国内很多学者对此进行了较多关注，总体而言，中巴金融合作所面临的挑战和风险还是比较大的，这些风险及挑战是长期的，在短期内较难以改善，这也就解释了虽然中国与巴基斯坦有传统的外交友谊，但是中巴金融合作发展相对滞后的复杂现状。当前，中巴金融合作存在的风险和挑战主要集中在巴国内的政治安全风险、债务风险、合规等其他法律风险、金融市场系统稳定性风险等。

---

① 《中巴联合投资公司已经开始运作》，中华人民共和国商务部网站，http://karachi. mofcom. gov. cn/aarticle/jmxw/200711/20071105241534. html。

一　政治安全风险

巴基斯坦国内民族分裂主义、恐怖主义严重影响着国内形势，对巴国经济社会发展构成严重威胁的同时，也给中巴金融合作以及一系列投资建设造成阻碍。

自从"9·11"恐怖袭击后，巴基斯坦就一直处于恐怖主义的阴霾之中，以中巴经济走廊为例，中巴经济走廊始于新疆喀什，终点在巴基斯坦俾路支省瓜达尔港，而俾路支省作为巴基斯坦占地面积最大的省，又是连接中巴走廊的重要桥梁，因此，该地的政治安全形势对于中巴经济走廊的建设和发展有着重要作用，要吸引更多的资金投入走廊，保障沿线的政治安全是首要。2020年6月29日，4名恐怖分子袭击了在卡拉奇的巴基斯坦证券交易所，并与警方发生交火，有一名警察和四名警卫牺牲，两名平民遇难，多人受伤，俾路支解放军声称对此次袭击负责①。在巴基斯坦国内，几乎每天都在发生不同形式的恐怖袭击，这不仅影响巴基斯坦在国内的形象，对于中巴金融合作的安全持续推进也构成极大的挑战。

除此之外，国际局势影响中国对巴基斯坦援助的策略选择。长期以来，由于担心过分刺激印度，中国对巴基斯坦的战略性援助、金融合作较为低调。但即便如此，中国对巴基斯坦的金融合作等方面还是引起了印度的高度警觉。尤其是在中国提出"一带一路"倡议，推动中巴经济走廊项目建设等方面，进一步加深了印度对中国的警觉，近期中印争端升级，我们要对这些问题予以关注。

二　债务风险

中国与巴基斯坦在进行金融合作的过程中，很多中方企业除对巴方政治安全形势较为担心外，巴基斯坦方面的债务风险以及其偿债能力等也是其在投资过程中考虑的重点问题。

随着中巴关系的深化，中国对巴基斯坦的投资规模不断增长，投资方式也呈现多样化发展，包含绿地投资，跨国并购投资，BOT投资（建设，

---

① 《巴基斯坦证交所遇袭4名恐怖分子被击毙警民7人遇难》，中国经济网，http://intl.ce.cn/specials/zxgjzh/202006/29/t20200629_35216590.shtml。

经营，转让投资）多种方式。在多种投资方式并行下，其政府负债赤字成
为中国企业在进行投资时的主要障碍。在进行被投资国风险投资的评估
时，经济实力和负债能力是重要指标，如果国家长期以来处于较高的负债
水平，政府财政赤字等较高时，对该国进行项目投资的风险较大。巴基斯
坦的财政状况及外汇储备等等令人担忧。根据巴基斯坦国家银行（SBP）发
布的债务报告显示，截至 2019 年 11 月，巴基斯坦中央政府债务为 32.1
万亿卢比，环比增长 21.5%[①]。

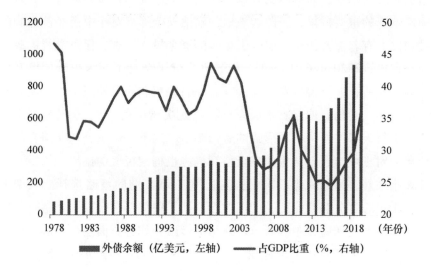

图Ⅲ-5-3　巴基斯坦外债余额及占 GDP 比重，作者自制

　　截至 2019 财年末，巴总体债务规模达到 40.2 万亿卢比的记录高位，
占 GDP 的 104.3%，2000 财年以来债务规模首次超过国民生产总值，较
上年同期增长 34.6%。外部债务总计 17.3 万亿卢比，约合 1063.1 亿美
元，占总体债务的 43.1%，同比大幅增长 49.8%。[②] 在 2019—2020 财年，
随着巴政府与 IMF 就紧急贷款协议达成一致，国际及国内市场信心有所恢

---

　　① 《巴基斯坦国家债务有所上升》，中华人民共和国商务部网站，http：//
pk. mofcom. gov. cn/article/jmxw/202001/20200102929341. shtml。
　　② 《巴基斯坦 2018—19 财年经济运行情况及 2019—20 财年经济展望》，中华人民共和国商
务部网站，http：//www. mofcom. gov. cn/article/i/dxfw/cj/201911/20191102912321. shtml。

复，政府改革措施的稳步推进也将逐步产生成效，预计巴经济将在探底过程中逐步企稳。受农业领域预期产量增加、中巴经济走廊项下投资流入和特殊经济区推进、政府公共发展支出增加等积极因素影响，巴经济增长有望获得新动能。但同时下行压力也不容忽视，惠誉、穆迪等国际评级机构下调巴主权评级/展望将推高巴国际信贷成本，全球经济放缓和贸易紧张局势升级为巴向传统市场出口带来挑战。当前，新冠肺炎疫情给全球经济复苏蒙上阴影，巴基斯坦在原有债务负担基础上将增加更多的公共卫生等各方面的支出，其经济发展和复苏更不容乐观。相关银行、企业在巴进行投融资的过程中应当更为审慎。

三　合规等其他法律风险

根据巴塞尔银行监管委员会所发布的文中，合规风险（compliance risks）指的是"银行因没有遵循适用于银行经营活动的法律、监管规定、规则、相关自律性组织制定的标准和行为准则可能导致法律制裁、监管处罚、重大财务损失、声誉损失的风险"[1]。中国企业"走出去"的过程中，在取得很大经济社会效益的同时，也应该意识到，许多企业在进行跨境经济活动的过程中，存在着违规违法问题，存在一定的道德风险，近年来，中国在与其他国家进行金融合作的过中，部分商业银行因为合规问题而被罚款等问题频出，因此，在国际金融合作过程中的合规风险不应忽视。

中国与巴基斯坦进行金融合作的过程中，合规风险首先体现在巴国内不健全、不透明的法律环境而可能导致的中资企业在巴遭遇合规困难。中巴双边投资协定及自贸协定中"准国民待遇"的隐忧。其次，警惕巴恐怖主义组织的反洗钱风险。2019 年 10 月 18 日，反洗钱金融行动特别工作组（Financial Action Task Force，FATF）向巴基斯坦发出严厉警告，称巴基斯坦必须在 2020 年之前阻止资金流向恐怖组织，收紧银行渠道，否则将与伊朗和朝鲜一起被列入黑名单。FATF 在衡量一国打击恐怖主义融资承诺的 27 个指标中，巴基斯坦有 22 个未能达到。[2] FATF 已将巴基斯坦

---

[1]　"Basel Committee on Banking Supervision"，https：//www. bis. org/publ/bcbs113. pdf.

[2]　《中国企业警惕！巴基斯坦明年可能被列入金融制裁"黑名单"》，中国贸易投资网，http：//www. tradeinvest. cn/information/4301/detail。

列入其"灰名单"（grey list），表明其在遏制洗钱和恐怖主义融资方面控制不力。对于与巴基斯坦有投资金融往来的企业，对于与巴进行产品出口以及其最终用户和最终用途，还有就是资金的最终流向等，均需特别留意，保留交易凭证，否则可能会与恐怖组织洗钱等相联系，影响自身企业发展及地区稳定。

四 金融市场系统稳定性风险

联合国发布的《2019 年贸易和发展报告》中评论认为：尽管巴基斯坦得到中国和沙特阿拉伯以及 IMF 的帮助，此前经济困境有所缓解，但该国经济仍在危机之中。因为 GDP 增长率减半、国际收支状况不佳、货币大幅贬值、外部债务不断上升使巴基斯坦经济处在危机中[①]。

作为金融投资界的公认标准的标准普尔指数，2017 年标普调整脆弱国家名单，巴基斯坦赫然在列。标普认为巴基斯坦拥有着庞大的经常项目赤字，非常容易受到外资撤离的不利影响。经常项目下，巴基斯坦是长期赤字国，而且赤字比例在 GDP 的占比很高，2018 年高达 6.1%。雪上加霜的是，巴基斯坦卢比对美元在 2018 年贬值 20.4% 之后，在 2019 年进一步贬值 10.7%，在这种情况下，巴基斯坦官方紧急宣布停止美元结算。除此之外，巴基斯坦的外汇储备明显不足。2018 年的总储备仅为 118.3 亿美元，不足以支付 3 个月的进口。另外，总储备对外债的覆盖率不足 20%，其对外支付危机的确存在。事实上，巴基斯坦在对外贸易上缺乏支付手段，主要依赖国际上举债和一些友好国家的援助，才没有发生国际支付危机。

除此之外，巴国的银行系统稳定性存疑。2018 年巴基斯坦商业银行系统对私人部门提的信贷是 GDP 的 43.14%，不良资产率高达 7.97%[②]。从巴塞尔协议的角度看，巴基斯坦的银行系统始终在技术性破产的边缘。

总体而言，随着中巴之间经济金融联系的深化，我国企业、金融机构在与巴基斯坦加强经贸合作和业务往来的同时，应特别注意相关风险的防

---

① "Trade and Development Report 2019", https：//unctad. org/system/files/official – document/tdr2019_ en. pdf.

② 《亟待发展的巴基斯坦》，新浪网，http：//finance. sina. com. cn/stock/stockzmt/2020 – 02 – 11/doc – iimxxstf0624885. shtml.

范。在未来，我国需要以"一带一路"建设为契机，推进中国—巴基斯坦自由贸易协定升级谈判，以中巴经济走廊为基础，推动中巴贸易金融合作。同时，在与巴方进行金融合作的过程中，要切实做好风险防控工作，除此之外，还应加强与当地政府的沟通，避免遭遇合规等法律风险。

第四节　"一带一路"背景下的中巴金融合作

2013 年，中国国家主席习近平在访问哈萨克斯坦和印度尼西亚时，先后提出了共建"丝绸之路经济带"和 21 世纪"海上丝绸之路"的倡议构想。同年 11 月，中国共产党十八届三中全会通过《中共中央关于全面深化改革若干重大问题的决定》，明确指出"建立开发性金融机构，加快同周边国家和区域基础设施互联互通建设推进丝绸之路经济带、海上丝绸之路建设，形成全方位开放新格局"。① 总体而言，通过"一带一路"倡议的具体实施，可以推动沿线国家发展对接、优势互补、互联互通，深刻践行了人类命运共同体理念，可以说，"一带一路"倡议对于推动沿线国家经济发展、促进人类共同发展繁荣有重要意义。巴基斯坦是中国传统友好邻邦，中巴是全天候战略合作伙伴，"一带一路"倡议一经提出便得到了巴方的热烈回应。巴基斯坦是"一带一路"倡议的重要支点国家、重要连线国家和重要示范国家，通过在"一带一路"倡议下深化两国合作，可以推动构建中巴命运共同体，是中巴两国政府和人民从两国根本利益出发作出的战略抉择②。在"一带一路"倡议下，中巴金融合作再出新成果，共同打造开放合作平台，为地区可持续发展提供新动力。

一　"一带一路"倡议下中巴金融合作基本情况

对中国而言，巴基斯坦有着独特的战略发展地位，因此，在"一带一路"倡议下，中巴经济金融合作的深入推动便成为题中之义。巴基斯坦是"一带一路"倡议重要支点国家、连接国家，在其中发挥重要的示范作

---

① 《中共中央关于全面深化改革若干重大问题的决定》，中国政府网，http：//www.gov.cn/jrzg/2013 - 11/15/content_ 2528179. htm。

② 《习近平在巴基斯坦议会的演讲》，新华网，2015 年 4 月 21 日，http：//www.xinhuanet.com/politics/2015 - 04/21/c_ 1115044392. htm。

用。"一带一路"建设过程中的中巴金融合作主要体现在以中巴经济走廊为基础的一系列投融资具体实践。

在"一带一路"倡议下，中方在2013年提出"中巴经济走廊"构想，这个构想得到了巴方的积极回应，并于2015年正式启动。以中巴经济走廊为基础，在亚投行、丝路基金等金融机构的支持下，中巴经济金融合作达到前所未有的高度。巴基斯坦和中国的贸易增长非常迅速，2004—2005年中巴贸易总额约为40亿美元，而现在达到了约200亿美元。中国对巴基斯坦贸易额的历史性发展（图Ⅲ-5-4）也说明随着"一带一路"建设的推进，以中巴经济走廊为支撑，中国对巴基斯坦投资正逐渐深入，真正实现利益层面的共同体。当前，中巴自由贸易协定第二阶段已从2020年1月1日开始实施，中巴经济走廊计划也在经历了5年后的发展进入了第二个阶段，在此过程中，双边贸易都有增长，巴基斯坦对华出口的313项商品获得了免税，在未来10年内将有近5000个免税项，这都为贸易迅速增长提供了潜力①。

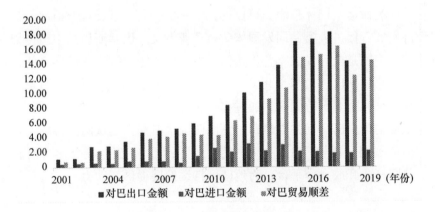

图Ⅲ-5-4 中国对巴进出口贸易（亿美元），作者自制

二 "一带一路"倡议下的中巴金融合作成果

在"一带一路"倡议下，中巴金融合作主要以中巴经济走廊为支撑，进行项目融资，在此过程中，通过多种形式的金融合作，推动了"一带一

① 《巴驻华使馆商参：中巴贸易总额15年翻5倍 巴一半以上进口化学品都来自中国》，中国经济网，2020年6月3日，http://cen.ce.cn/more/202006/03/t20200603_35033764.shtml。

路"的建设，也提升了巴基斯坦的经济发展水平和地区经济社会发展。

（一）中巴经济走廊下的金融合作

中巴经济走廊是"一带一路"倡议的开山之作、旗舰项目。其构想可追溯至 20 世纪 90 年代末巴基斯坦军方的建设国内环形公路计划，21 世纪初，穆沙洛夫总统向中国提出建设经济走廊的建议①。中巴经济走廊正式提出是在 2013 年 5 月，由中国国务院总理李克强于访问巴基斯坦时正式提出，要打造一条北起喀什、南至巴基斯坦瓜达尔港的经济大动脉，推进互联互通。2015 年 3 月发布的《推动共建丝绸之路经济带和 21 世纪海上丝绸之路的愿景与行动》中明确提出，"中巴、中印孟缅两个经济走廊与推进'一带一路'建设关联紧密，要进一步推动合作，取得更大进展"。2015 年 4 月 20 日，中国国家主席习近平访问巴基斯坦时强调，要"发挥中巴经济走廊建设对两国务实合作的引领作用，以走廊建设为中心，以瓜达尔港、能源、基础设施建设、产业合作为重点，形成"1＋4"合作布局，让发展成果惠及巴基斯坦全体人民，进而惠及本地区各国人民"②。

2017 年 12 月，经两国政府批准，《中巴经济走廊远景规划（2017—2030 年）》发布，根据《远景规划》的内容，可以看出，中巴两国政府对于经济走廊建设目标实现主要分为三个阶段，第一阶段已经于 2019 年完成，即经济走廊的雏形形成，对巴基斯坦经济社会发展形成瓶颈的多个项目已经启动；《远景规划》中的第二阶段目标设定于 2025 年前完成，届时走廊所签署的经济项目基本完成，巴人民生活水平有一定提升，地区发展也将更为平衡。第三阶段将于 2030 年前完成。届时，中巴经济走廊所设定的发展目标完成，巴基斯坦的经济社会将实现良性发展，中巴经济走廊将在中亚、南亚等地区经济发展发挥持续稳定的作用，南亚地区将成为国际体系中的重要经济体。③ 在中巴经济走廊建设中，因为巴基斯坦严重缺乏电力，因此，在对巴基斯坦进行投资时，能源基础设施将会被置于

---

① 钱雪梅：《影响中巴经济走廊的国际关系结构性因素》，转引自高柏、甄志宏等《中巴经济走廊的政治经济学分析》，社会科学文献出版社 2017 年版，第 2 页。

② 《习近平在巴基斯坦议会的演讲》，新华网，2015 年 4 月 21 日，http://www.xinhuanet.com/politics/2015－04/21/c_ 1115044392.htm。

③ Long Term Plan for China—Pakistan Economic Corridor，http://www.cpec.gov.pk/brain/public/uploads/documents/CPEC－LTP.pdf.

最重要位置，排在第二位的是交通基础设施建设。因此，走廊项目不仅没有加重巴方的负担，反而为强健巴基斯坦经济的发展提供了帮助。[①]

在当前中巴经济走廊已经完工或者在建的 22 个项目（表Ⅲ-5-2）中，从资金来源上，共分为五类，即中国政府提供优惠性质贷款的重大交通基础设施项目 4 个，中国企业及其合作伙伴在巴投资的能源和港口项目 12 个，中国政府提供无息贷款的项目 1 个，中国政府提供无偿援助的民生项目 4 个，巴基斯坦政府提供资金的项目 1 个。其中，对瓜达尔港的投资开发与建设是"一带一路"倡议下先行先试的典范性项目，随着项目的推进，瓜达尔港口的城市规划、社会经济发展等各方面都有了重大进展，这对于推动当地经济发展人民生活提升有重大意义，瓜达尔港实现了和世界主要港口连接的目标，并将提高瓜达尔港口在整个南亚地区的航运地位，从根本上解决了瓜港建设完成后十几年都未能形成商业运营的问题。[②]

在中巴经济走廊中国贷款方面，中方对巴贷款根据项目进展逐步发放，并积极探索多种融资形式。2015 年 4 月，在中国国家主席习近平和巴基斯坦总理谢里夫的共同见证下，中国国家开发银行、中国进出口银行以及中国工商银行等中方金融机构在巴基斯坦首都伊斯兰堡分别与巴基斯坦当地多家企业签署了融资协议，涵盖能源电力、金融合作等多个领域。

2019 年 9 月 12 日，巴基斯坦成立中巴经济走廊事务局，在中巴双方签署的有关中巴经济走廊的协议框架下，跟踪、协调、评估、保障协议有关内容的执行和实施，承担走廊新的任务；二是与中方保持密切沟通，组织召开中巴经济走廊联合合作委员会会议，与中方共同商定新的合作领域和走廊项目；三是为走廊建设提供不同政府部门间的、中央和地方政府间的协调保障，降低走廊项目的沟通协调阻力；四是做好中巴经济走廊调查研究，为政府长期规划和短期决策提供支持。[③] 中巴经济走廊事务局的成立必将进一步推动中巴经济金融合作。

---

① 《王毅：中巴经济走廊将成为中巴合作更加亮丽的名片》，新浪网，http://finance. sina. com. cn/roll/2019 - 03 - 19/doc - ihsxncvh3883572. shtml。

② 《瓜达尔港——中巴经济走廊的璀璨明珠》，人民网，http://world. people. com. cn/n1/2018/0826/c1002 - 30251676. html。

③ 《商务部："中巴经济走廊事务局将于 9 月 12 日成立"》，商务部网站，http://www. mofcom. gov. cn/article/i/jyjl/j/201909/20190902897954. shtml。

表Ⅲ－5－2　中巴经济走廊第一阶段在建或完成项目总览

序号	项目名称	资金来源	额度（亿美元）	类别	进度
1	瓜达尔智慧城市规划	中国无偿提供	总额 0.29	民生项目	2019 年 11 月移交
2	瓜达尔中巴友谊小学	中国无偿提供		民生项目	2016 年竣工
3	瓜达尔急救中心	中国无偿提供		民生项目	2017 年 5 月落成
4	数字电视传输示范项目	中国无偿提供		民生项目	在建
5	瓜达尔东湾快速路	无息贷款	1.43	民生项目	在建
6	50 兆瓦大沃风力发电项目	中资及合作企业	1.15	能源项目	2017 年 4 月 4 日并网
7	100 兆瓦联合能源基姆普尔风电项目 1 期项目	中资及合作企业	2.52	能源项目	2017 年 6 月 15 日并网
8	50 兆瓦萨查尔风电项目	中资及合作企业	1.34	能源项目	
9	300 兆瓦旁遮普中兴能源太阳能项目	中资及合作企业	4.60	能源项目	2016 年 6 月 6 日并网
10	1320 兆瓦卡西姆港燃煤电站项目	中资及合作企业	20.85	能源项目	2018 年 4 月 5 日商业运行
11	1320 兆瓦萨希瓦尔燃煤电站项目	中资及合作企业	18.00	能源项目	2017 年 7 月 3 日竣工投产
12	720 兆瓦卡洛特水电项目	中资及合作企业	16.98	能源项目	在建
13	660 兆瓦胡布燃煤电站项目	中资及合作企业	19.95	能源项目	2018 年 6 月 21 日

续表

序号	项目名称	资金来源	额度（亿美元）	类别	进度
14	100兆瓦三峡风电二期和三期项目	中资及合作企业	2.24	能源项目	2018年正常运行
15	苏基可纳里水电站项目	中资及合作企业	18.02	能源项目	在建
16	塔尔煤田二区坑口项目	中资及合作企业	20.00	能源项目	2019年10月21日
17	喀喇昆仑公路二期升级改造哈维连至塔克特段	中资及合作企业	13.15	交通基础设施	2020年7月28日全线通车
18	卡拉奇至拉合尔高速公路苏库尔至木尔坦段392km	中资及合作企业	28.89	交通基础设施	2019年11月5日
19	拉合尔橙线轨道交通项目	中国政府提供优惠性质贷款	16.26	交通基础设施	2020年10月9日竣工
20	中巴跨境光缆项目	中国政府提供优惠性质贷款	0.44	交通基础设施	2018年7月13日开通
21	瓜达尔港运行和自由区建设项目	中资企业	2.35	产业园区	2018年1月29日开园
22	巴1号铁路干线（ML1）升级改造可行性研究	巴基斯坦政府提供资金	0.03	交通基础设施	2019年4月已递交

资料来源：昌佳：《全球新冠疫情下中巴经济走廊建设进入新阶段的研究》，《当代经济》2020年第9期，数据资料作者更新。

（二）丝路基金下的中巴金融合作

丝路基金重点业务是在"一带一路"发展进程中寻找投资机会并提供相应的投融资服务。在"一带一路"倡议推进的过程中，中巴经济走廊是关于中巴合作的投资项目汇总，而亚投行、丝路基金等金融机构更多的是对其进行资金支持。亚投行与丝路基金在助力中巴经济走廊项目合作中所扮演的角色是不一样的。从主体性质来讲，亚投行虽由中国发起，但其成员国随着时间的推进，目前已成为拥有 100 多个正式成员国的国际组织；丝路基金由中国出资成立，由中国自身外汇储备、中国投资有限责任公司、国家开发银行、中国进出口银行等共同出资，注册成立的投资公司，中国政府对其资金流向、政策安排等拥有完全处置权。因此，本书关注中巴金融合作，我们在"一带一路"倡议下探讨中巴金融合作发展问题，便应对丝路基金在巴基斯坦的投资行为进行关注。

丝路基金的成长与巴基斯坦有着紧密关系。基金成立的首个项目就是投资巴基斯坦水电站建设，2015 年 4 月，中国国家主席习近平访问巴基斯坦期间，丝路基金、三峡集团与巴基斯坦私营电力和基础设施委员会在伊斯兰堡共同签署了《关于联合开发巴基斯坦水电项目的谅解合作备忘录》，这个项目是丝路基金 2014 年底注册成立后投资的首个项目，它标志着丝路基金按照市场化、国际化、专业化的方向开展实质性投资运作迈出了坚实步伐。2016 年 1 月 10 日，中国长江三峡集团承建的卡洛特水电站主体工程开工。时任丝路基金公司董事长金琦表示，"巴基斯坦电力极度缺乏，我们支持他们建设水电站，就是要帮助他们解决电力不足的问题。同时，我们还要考虑经济效益与社会效益平衡的问题，我们是一个按公司法注册的公司，按照市场化、国际化、专业化的原则运行，不是一个财政性或捐助性的基金，我们要解决投资效益的问题"。① 金琦表示，丝路基金的项目投资不仅注重经济效益，推动"一带一路"沿线国家基础设施发展也是项目选择的重要因素。

丝路基金投资卡洛特水电站，采取股权加债权的方式。在该项目中，丝路基金与相关各方进行了沟通和合作，有效发挥了丝路基金同时参与股

---

① 《中资收购巴基斯坦证券交易所部分股权　推动"一带一路"金融合作》，央广网，http：//news. cri. cn/uc - eco/20170201/fd24d5f4 - ec7c - c024 - a887 - 88deb1c14c95. html。

权投资和债权投资的优势，并体现了丝路基金遵从国际金融秩序和市场规则以及开放包容、风险共担、收益共享的合作理念。①

资金融通是"一带一路"合作的重要领域，加强资金融通有助于推动沿线各国的金融市场稳定和发展。丝路基金通过服务"一带一路"建设的中长期开发投资基金，秉承"互利共赢、开放包容"的投资理念，对于助力巴基斯坦经济金融发展有着重大意义，同时也必将提升中国金融外交中的话语权和影响力。

（三）"一带一路"下的中国证券市场、民企参与

除了中巴经济走廊、丝路基金以及中国大型国有银行的参与外，"一带一路"倡议下的证券市场等合作在加深。

在证券市场方面，收购巴基斯坦证券所股权是"一带一路"建设过程中较有影响力的金融合作案例。2016 年 12 月，由中国金融期货交易所、上海证券交易所、深圳证券交易所、中巴投资有限责任公司、巴基斯坦哈比银行组成的联合体，正式与巴基斯坦证券交易所（下称巴交所）签署股权收购协议，获得巴交所 40% 的股权，其中前三家中国的交易所合计持股 30%，中巴投资有限责任公司、巴基斯坦哈比银行各获得 5% 的股份②。收购巴基斯坦证券交易所股权，是中国金融机构在海外进行的第一次大手笔收购，也成为中国在"一带一路"沿线国家首个投资的证券交易平台，将进一步提升中巴两国未来经济、金融领域的合作。近年来，巴基斯坦股市运行稳定，是亚洲表现较好的市场之一。上交所表示，收购巴交所是落实"一带一路"倡议、助力中巴经济走廊建设的重要举措。中国证券监督管理委员会新闻发言人邓舸认为，"此次中国三大交易所的大手笔收购将为巴基斯坦证交所注入新的流动资金和管理经验，为下一步推出期货、期权等各类金融衍生品，丰富巴基斯坦金融市场做好准备③"。该投资有利于拓宽中巴两国经济金融合作领域，有利于落实"一带一路"

---

① 《解密丝路基金首单　中巴采用股权加债权投资方式》，环球网，https：// finance. huanqiu. com/article/9CaKrnJKfvW。

② 《中金所、上交所、深交所联合收购巴基斯坦证券交易所 30% 股权》，一财网，https：// www. yicai. com/news/5195359. html。

③ 《中资收购巴基斯坦证券交易所部分股权　推动"一带一路"金融合作》，青岛网络广播电台，http：//news. qtv. com. cn/system/2017/02/01/014063524. shtml。

倡议和中巴经济走廊建设规划，并为中巴两国的传统友谊注入新内容。"

与巴交所的这次合作，对推动"一带一路"建设，提供更加便利的金融支持具有重要意义。资金融通是"一带一路"合作的重要领域，加强资金融通有助于推动沿线各国的金融市场稳定和发展。中资收购巴基斯坦交易所，是创新的国际化融资模式，将吸引更多资金投入"一带一路"建设。同时，深化金融领域合作，打造多层次金融平台，建立服务"一带一路"建设长期、稳定、可持续、风险可控的金融保障体系，已经成为"一带一路"建设的一大课题。

除国有企业外，民营企业也有自己的贡献。江苏民营企业东方恒信资本集团控股旗下巴基斯坦华信资源有限责任公司，同时与三家大型国有企业签订股权合作协议，共同投资建设"中巴经济走廊"重点项目——巴基斯坦塔尔煤田煤电一体化项目，这三项协议分别为，与上海电气签署一期配套建设 $2 \times 660MW$ 电厂项目协议，总投资约 20 亿美元；与中国工商银行签署煤矿开发建设中长期贷款 10 亿美元融资条件书；与央企中煤科工集团签署股权投资协议。塔尔煤田第一区块煤电一体化项目早在 2013 年就被列入"中巴经济走廊"能源规划项目 14 个优先实施清单，是"中巴经济走廊"能源项目中重要一项。在支付领域，2019 年初，被称为巴基斯坦版"支付宝"的 Easypaisa 最新版本在巴基斯坦首都伊斯兰堡正式发布，这是巴基斯坦乃至南亚地区首个区块链跨境汇款项目。在此次金融合作的尝试中，中国民营企业阿里巴巴旗下的支付宝牵手巴基斯坦最大的互联网金融应用产品 Easypaisa，将本公司的技术和经验进行输出，对 Easypaisa 支付技术进行升级，为更多巴基斯坦普通家庭和小微企业提供普惠金融服务。

中国在参与"一带一路"建设中中巴金融合作有如下特点：首先，多领域金融合作。中巴经济走廊的中国金融参与主要是项目投资，除此之外，中巴货币互换、支付领域合作、数字货币合作等方式为中巴经济走廊金融合作提供基础。其次，多层次主体参与，通过对中国金融参与的主体分析可以看出，中央政府、地方政府、银行（包括政策性银行和商业银行）、国有企业以及民营企业等多层次主体的参与，助推和保障了中巴经济走廊的良性发展，为"一带一路"建设以及中巴经济走廊投融资提供了坚实基础。

三　"一带一路"倡议下中巴金融合作面临的问题

对中国而言，巴基斯坦具有独特的地缘政治、经济意义。因此，积极开展"一带一路"建设对于中国和巴基斯坦两国都至关重要，但是，我们仍应当清醒地意识到，在推动"一带一路"建设，推进中巴经济走廊合作的过程中仍存在一些风险和障碍，除在前一节提到的巴基斯坦恐怖主义泛滥威胁中国在巴投资外，还主要来自地区及巴本国两个方面。

（一）印度影响下的"一带一路"对巴基斯坦经济金融投资的策略选择

长期以来，由于担心过分刺激印度，中国对巴基斯坦的战略性援助较为低调。在当前美国插手亚洲事务、中印出现武装冲突的复杂政治背景下，中巴经济走廊建设需要关注的，所面临的重大挑战可能不是源自恐怖主义，更多的是来自国际局势的影响。

2020年6月15日晚，中印两国军队在拉达克地区加勒万河地带爆发的新一轮边界冲突中有多名士兵伤亡，此次冲突也算是中印近40多年来紧张程度最高以及影响最为深远的一次边界纷争。当前，中印两国关系降至冰点，中巴经济走廊相关项目的开展也面临着巨大的安全挑战。此前，在2017年6月中印洞朗对峙期间，印度与巴基斯坦在边境地区发生武装冲突，两国之间的政治互信降到最低点。当前，随着美国总统特朗普对中国进行战略施压，印度紧随其后，中印关系达到了四十多年来的紧张局势，同时，印巴关系在一直以来的对峙情况下，2020年9月以来，印巴边境冲突升级，造成多名人员伤亡，中印、印巴冲突的发生和升级给当前的中巴经济走廊项目建设蒙上阴影。2020年11月，巴基斯坦军方发言人向媒体披露，印度的主要情报机构RAW（Research and Analysis Wing）的10名工作人员以及其指挥下的700人组织，专门用来破坏中巴经济走廊，向国际社会公布证据，指控印度庇护、培训、资助恐怖主义组织，这些组织企图破坏中巴经济走廊。① 为维护地区稳定，推动中巴经济走廊建设顺利进行，中国势必会调整对巴基斯坦

---

① 《巴基斯坦首公开印度支持巴恐怖主义大量资料，批其蓄意破坏中巴经济走廊》，搜狐网，https://www.sohu.com/a/432075970_ 162522。

的投资援助策略，充分发挥对外援助在维护地区和平安全、促进共同发展方面的作用。

（二）来自巴国内层面的担忧

在"一带一路"倡议下，中巴经济走廊建设、中国与巴基斯坦其他金融合作等作为当前两国推动的重大合作项目，目前，本着推动国家经济社会发展的出发点，巴基斯坦政府部门、议会、军方以及各智库机构等普遍对中巴经济走廊及其他金融项目给予积极支持，但在长期合作过程中难免会出现一些问题和不同意见。

其一，如何应对巴国内已有对中国的高期望和政治动员。大量巴基斯坦人对走廊建设抱有过高期望，一旦项目进展不顺，或不能在项目中获得更多利益，或中资企业难以承担太多社会责任，就难免有不同声音。其二，如何处理在项目进展过程中的利益共享和分配中的公平正义问题。经济走廊建设的项目推进过程中会产生巨大效益，巴国内各省份、地区、党派乃至部落、企业集团之间会存在一定竞争，一旦利益分配不合理，往往引起不满和矛盾。如何处理中国和巴基斯坦在项目中获益的分配问题等都是非常负责而又关键的问题。其三，来自巴国政治体制的掣肘。要密切关注巴基斯坦社会力量的要求，加强中巴企业间的互动和相关合作。总体而言，要更好推进"一带一路"建设下中巴金融合作，就要在合作基础上坚持共商共建原则、坚持规划先行原则和坚持聚焦重点原则，充分发挥商业银行、证券交易所等各种类型金融机构投资和融资作用。除此之外，基于巴基斯坦特有的政治安全形势，中巴金融合作应当注意加强安全合作。巴基斯坦地缘方面的特殊性以及恐怖主义频发，短期内无法根本改变。中巴应共同严厉打击"三股势力"，在"一带一路"建设过程中，要继续推进中巴投融资合作深化[①]。建设经济走廊，需要有足够的资金支持。但目前巴基斯坦发展资金短缺，金融业相对落后，难以满足经济走廊建设需求。应当鼓励有实力的中资银行到巴设立更多分支机构，为中巴经济走廊建设以及"一带一路"建设提供全方位的金融服务。

---

① 陈利君：《"一带一路"与中巴经济走廊建设》，人民网，http：//world. people. com. cn/n1/2017/0113/c1002 - 29022097. html。

第六章　中巴安全合作

当前，大国地缘政治博弈强势回归，导致地区和全球战略格局出现急剧变化。阿富汗问题发展走向的不确定性明显上升，国际恐怖主义在南亚地区蓄势待发。中国和巴基斯坦面临传统安全威胁和非传统安全威胁同时上升的双重压力。作为全天候战略合作伙伴，中国与巴基斯坦在安全领域双边合作的丰硕成果深刻体现了中巴双边关系发展的高度和深度。在新的历史条件下，地区和国际形势对中国与巴基斯坦在安全领域的合作提出了更高的要求，同时也为中巴安全合作的进一步拓展创造了机遇和空间。

第一节　中巴安全领域面临的主要挑战

苏联解体后，国际两极格局迅速瓦解，被美苏冷战所掩盖的民族矛盾和宗教冲突集中爆发，以暴力恐怖主义势力、宗教极端主义势力、民族分离主义为代表的"三股势力"肆意泛滥。中国与巴基斯坦在安全领域面临的威胁和挑战，从传统的军事安全领域转向非传统领域的安全。①

一　国际恐怖主义非传统安全威胁

巴基斯坦与阿富汗边境地区跨境民族众多，宗教氛围浓厚，拥有自己的武装，享有高度的自治权。在民族、宗教和地理等因素的综合作用下，阿富汗和巴基斯坦边境地区成为国际恐怖主义组织长期盘踞活动之地，被联合国认定的国际恐怖主义组织数量就超过 20 个，其中包括"俾路支解

---

① 孙士海主编：《南亚的政治、国际关系及安全》，中国社会科学出版社 1998 年版，第 77—91、241—265 页。

放军"、巴塔、"伊斯兰国""基地"组织、"东突""简戈维军"、虔诚军等。大量极端武装组织的长期存在，严重威胁巴基斯坦国内安全和地区局势的稳定。

（一）俾路支斯坦分离主义势力

巴基斯坦俾路支斯坦的分离主义势力，致力于建立一个包括巴基斯坦、伊朗和阿富汗的俾路支人聚集区在内的大俾路支斯坦。根据美国国务院《全球恐怖袭击数据库》（GTD）的资料，巴基斯坦俾路支地区存在多支分离主义武装组织，其中的代表以俾路支解放军（BLA）、俾路支解放阵线（BLF）、俾路支解放之虎（BLT）、俾路支武装防御军、俾路支民族解放阵线、俾路支共和军（BRA）、俾路支共和国卫队（BRG）、俾路支瓦哈解放军（BWLA）、俾路支青年虎（BYT）、俾路支解放联合阵线（BLUF）、俾路支国家军等 12 个公开宣称实施恐怖袭击的组织。俾路支解放军、俾路支解放阵线、俾路支共和军的影响力最大，其中，"俾路支解放军"（BLA）的核心是马里（Marri）、布格提（Bugti）和孟格尔（Mangal）三大部落武装。

俾路支斯坦分离主义势力认为巴基斯坦中央政府低价占有俾路支省的资源，通过攻击巴基斯坦安全部队、政府设施、输油天然气管道，阻止巴基斯坦政府开发俾路支省的资源。同时，将中巴经济走廊和瓜达尔港建设视为中国掠取俾路支的资源，将矛头对准中国企业和中国劳工，企图通过袭击绑架等方式干扰中国投资的工程项目和技术人员，倾向于袭击或绑架中国人来向巴基斯坦政府施压，挑拨中巴关系最终达到打击巴基斯坦中央政府之目的。

2004 年 5 月初，在中国援建的瓜达尔港建设工地，12 名中国监理工程师遭到遥控汽车炸弹袭击，造成 3 死 9 伤。"俾路支解放军"宣称对袭击事件负责。2006 年 2 月 15 日，6 名在巴基斯坦俾路支省工作的中国工程技术人员，从工地返回驻地途中遭不明身份歹徒开枪扫射，导致 3 人死亡，3 人受伤。2006 年 4 月 9 日，巴基斯坦内政部宣布将"俾路支解放军"列为恐怖主义组织。根据全球反恐数据库的统计，从 2001 年至 2015 年底，中国公民在巴基斯坦共遭遇恐怖袭击 20 起，死亡 45 人，受伤 21 人。①

---

① 王奇、梅建明：《中巴经济走廊沿线恐怖威胁分析及对策》，《南亚研究》2017 年第 4 期。

　　2016 年 11 月 26 日，巴基斯坦俾路支省瓜达尔市东北方向约 50 千米的拉拉扎尔（Lalazar）地区北部，中资企业勘探队遭遇 8 名俾路支解放军（BLA）武装人员袭击，两名巴方安保人员被当场射杀。2017 年 6 月初，2 名中国人在瓜达尔港所在的俾路支省首府奎达附近被"伊斯兰国"势力绑架并杀害。2018 年 11 月 23 日，中国驻巴基斯坦卡拉奇总领事馆遭遇 3 名武装分子的恐怖袭击，袭击事件造成四人死亡，其中，2 名巴基斯坦警察殉职。警方从武装分子身上搜出至少 9 枚手榴弹，此外还有冲锋枪子弹和爆炸物等。巴基斯坦极端组织"俾路支解放军"宣称对袭击事件负责。2019 年 1 月 29 日，巴基斯坦信德省警方宣布，阿联酋执法部门在沙迦（Sharjah）逮捕了被取缔的武装组织"俾路支解放军"（BLA）的关键成员，也是中国驻卡拉奇总领馆遇袭事件的嫌疑人拉希德·巴洛克（Rashid Baloch）。2019 年 5 月 11 日，巴基斯坦俾路支省瓜达尔港的珍珠洲际酒店遭持枪武装人员袭击，"俾路支解放军"下属的"马吉德旅"宣布对袭击事件负责，称袭击目标针对酒店内的中国及其他外国投资者。2019 年 7 月 2 日，美国宣布将"俾路支解放军"（Baluchistan Liberal Army，BLA）列为特别认定的全球恐怖组织（Specially Designated Global Terrorist，SDGT）。①

　　2020 年 6 月 29 日，位于巴基斯坦第二大城市卡拉奇的巴基斯坦证券交易所遭到恐怖袭击，至少造成包括 4 名袭击者在内的 11 人死亡。"俾路支解放军"宣称对此次恐怖袭击负责。巴基斯坦证券交易所是巴基斯坦唯一的全国性证券交易所，由卡拉奇证券交易所、伊斯兰堡证券交易所与拉哈尔证券交易所通过公司化改制后合并建立。2016 年底，由中国金融期货交易所、上海证券交易所、深圳证券交易所、中巴投资有限责任公司、巴基斯坦哈比银行组成的联合体，竞得巴基斯坦交易所 40% 的股权，其中中国三家交易所（中国金融期货交易所、上海证券交易所、深圳证券交易所）合计持股 30%。② 2017 年 1 月 20 日，联合体与巴基斯坦证券交易

　　① Office of the Spokesperson, U. S. Department of States, "Terrorist Designations of Balochistan Liberation Army and Husain Ali Hazzima and Amendments to the Terrorist Designations of Jundallah", July 2, 2019, https://www.state.gov/terrorist-designations-of-balochistan-liberation-army-and-husain-ali-hazzima-and-amendments-to-the-terrorist-designations-of-jundallah/.

　　② 谢卫群：《中国三家交易所竞得巴基斯坦交易所三成股权》，《人民日报》2017 年 1 月 4 日。

所股权出售委员会在卡拉奇举行巴基斯坦证券交易所股权收购协议签署仪式。

（二）"伊斯兰国"

2014 年，"伊斯兰国"在伊拉克和叙利亚的迅速兴起，直接动摇"基地"组织主导全球"圣战"运动的领导地位。"伊斯兰国"及其头目巴格达迪（Abu Bakr al – Baghdadi）的影响力扩展至南亚地区，巴基斯坦境内的极端组织与"伊斯兰国"联系空前加强。2014 年 7 月，巴基斯坦的恐怖组织（Tehreek – e – Khilafat and Jihad）就宣布悬挂"伊斯兰国"的旗帜，成为中东地区以外第一个向"伊斯兰国"组织宣誓效忠的"圣战"组织。2014 年 10 月 13 日，以巴基斯坦塔利班前发言人夏希杜拉·沙希德为首的 6 名巴基斯坦塔利班中层领导宣誓效忠巴格达迪。2015 年 1 月 26 日，"伊斯兰国"宣布建立"呼罗珊行省"，包括阿富汗、巴基斯坦及其邻近地区，重点集中在阿富汗东部和东南部。2015 年 7 月，"伊斯兰国"任命巴基斯坦塔利班（TTP）奥拉克兹分支（Orakzai）领导人哈菲兹·萨义德·汗（Hafiz Saeed Khan）为"伊斯兰国"呼罗珊省（Islamic State Khorasan）的领导人。2015 年 8 月，"乌伊运"宣布效忠"伊斯兰国"，"东伊运"势力的发展也受到"伊斯兰国"的深刻影响。"东突"势力中的分支"突厥斯坦伊斯兰党"（Turkistan Islamic Party）公开宣布投诚"伊斯兰国"。

2017 年 7 月 10 日和 10 月 17 日，"伊斯兰国"在伊拉克和叙利亚的大本营摩苏尔（Mosul）和拉卡（Raqqa）被解放，标志着"伊斯兰国"作为一个实体性恐怖组织在中东的全面溃败。国际恐怖主义开始进入"后伊斯兰国"时代，"伊斯兰国"武装分子在全球范围内向欧洲、北非、南亚、中亚、东南亚等地区扩散流窜。其中，"伊斯兰国"在南亚地区的渗透，巴基斯坦成为重点对象。

2017 年 2 月 16 日，"伊斯兰国"武装分子通过自杀式炸弹袭击巴基斯坦南部的伊斯兰教苏菲派圣殿，恐怖袭击造成至少 81 人死亡、200 多人受伤。5 月 12 日，"伊斯兰国"又袭击了巴基斯坦参议院副主席海德里的车队，造成了 25 人死亡，35 人受伤。2018 年 7 月 13 日，巴基斯坦西南部俾路支省默斯东地区的人民党竞选活动现场遭到自杀式炸弹袭击，造成至少 128 人死亡，约 150 人受伤，人民党的地区竞选人在袭击中被刺身

亡，极端组织"伊斯兰国"宣布对这起恐怖袭击事件负责。2019年4月
21日，斯里兰卡发生连环爆炸袭击，造成超过320人丧生。4月23日，
"伊斯兰国"宣称对系列爆炸案负责。

（三）巴基斯坦塔利班

2007年12月，由27个松散的反巴基斯坦政府武装联合形成"巴基
斯坦塔利班运动"，主旨反对巴基斯坦世俗政府。巴基斯坦塔利班是巴基
斯坦最大的非法武装组织，其正式名称为"巴基斯坦塔利班运动"
（TTP）。由于普什图人系巴基斯坦和阿富汗跨界民族，巴基斯坦境内的一
些宗教极端组织向阿富汗塔利班靠拢。巴基斯坦塔利班虽然是后来者，但
是势力更大。

2014年12月，巴基斯坦塔利班袭击巴基斯坦白沙瓦的军人子弟学
校，造成150多人死亡。从2015年开始，巴基斯坦政府严厉打击各种恐
怖主义，加大对反恐的预算和投入力度，恐怖袭击数量有所下降。但是，
巴基斯坦国内的宗教极端主义势力和暴力恐怖主义势力、民族分离主义势
力大量存在，严重威胁巴基斯坦的安全局势。

巴基斯坦政府加大打击巴基斯坦塔利班的力度，巴基斯坦塔利班展开
一系列报复行动。2016年8月8日，巴基斯坦俾路支省奎塔一家医院遭
到炸弹袭击，至少造成70人死亡、110余人受伤。2018年6月，巴基斯
坦塔利班领导人毛拉纳·法兹卢拉赫（Maulana Fazlullah）被无人机炸死。
巴基斯坦的政治人物、宗教集会、安全部队和学校，成为恐怖袭击的对
象。2018年7月10日，巴基斯坦人民民族党在开伯尔－普什图省首府白
沙瓦的竞选集会遭到自杀式炸弹袭击，哈龙·比洛尔遇刺身亡。

面对严峻的安全形势，巴基斯坦在打击恐怖主义问题上采取了一系列
政治和军事行动。2006年9月3日，巴基斯坦政府与反对派武装达成
"瓦济里斯坦协议"（Waziristan Accord）。2007年，巴基斯坦塔利班制造
红色清真寺（lalMasjid）恐怖袭击事件，巴基斯坦逐渐加强反恐行动。
2009年，巴基斯坦发起"正义道路"行动（The Just Path）。2013年9月
3日，巴基斯坦召开"全体政党大会"（All Parties Conference，APC）。此
后，成立一个由总理领导的独立机构"国家反恐怖权力机构"（National
Counter Terrorism Authority）。2014年6月，巴基斯坦军方动用3万多军队
开展"利剑行动"，首先集中打击盘踞在瓦济里斯坦（Waziristan）的恐怖

主义势力，主要包括：巴基斯坦塔利班（TTP）、简格维军（Lashkar－e－Jhangvi）、真主旅（Jundallah）、基地组织（al－Qaeda）、乌兹别克斯坦伊斯兰运动（简称乌伊运，IMU）和"东突厥斯坦伊斯兰运动"（简称"东伊运"，ETIM）。2015 年 1 月，巴基斯坦开展"国家行动计划"（National Action Plan），加大打击恐怖主义组织的军事力度，法律上恢复对恐怖分子执行死刑，改革反恐机制机构，整治宗教学校，打击恐怖融资等。2017 年 2 月，巴基斯坦发起"消除混乱"行动（Elimination of Discord）。[1] 2017 年 2 月，巴基斯坦外交部表示，为了打击恐怖主义组织和极端主义势力，巴基斯坦已有 60000 多人死亡，并花费了 1110 亿美元。[2] 2019 年巴基斯坦国内安全形势大幅度改善，全年共发生近 370 起恐袭事件，造成 518 人死亡，死亡人数较 2018 年减少 29.9%。

中国理解和赞赏巴基斯坦反恐军事行动，认为巴基斯坦是国际恐怖主义活动的受害国，为国际反恐斗争付出了巨大牺牲，做出了积极贡献。作为巴基斯坦的全天候战略合作伙伴和友好邻邦，中方一向坚定支持巴基斯坦政府根据本国国情实施和推进反恐安全战略。中国将一如既往地支持巴政府为维护国家安全稳定、打击恐怖主义所做的努力。"东伊运"是联合国安理会认定的国际恐怖组织，是国际社会的公害。打击"东伊运"恐怖势力是国际反恐斗争的重要组成部分。中巴在反恐领域开展了良好的交流合作，中方愿继续与巴方加强在反恐领域的合作，为维护两国和地区的安全稳定做出积极贡献。

二 巴基斯坦国内的经济社会风险

巴基斯坦在经济社会发展方面存在一系列缺陷和短板，抗风险能力低下。巴基斯坦经济上存在以农业为主，工业基础薄弱，经济开放程度低、市场环境恶劣等先天不足，缺乏支撑经济自主发展的内在基础。巴基斯坦工业园区建成之后的招商引资和产业产能引进上存在很大困难，直接影响贸易投资和产业合作及其经济效果。巴基斯坦的矿产资源的开发利用能力

---

① 张家栋、韩流：《巴基斯坦恐怖主义现状及发展趋势》，《国际观察》2017 年第 4 期。

② 王二峰、冯怀兴：《后 IS 时代"伊斯兰国"在南亚活动的现状、影响及发展趋势》，《亚太安全与海洋研究》2018 年第 4 期。

低下，缺乏深加工能力，难以将矿产资源优势有效地转化为工业优势、产业优势。同时，矿产资源的开发利用势必涉及环境保护问题，在巴基斯坦国内面临复杂的社会政治局面。而且，巴基斯坦国内市场规模和经济体量过小，资源开发和利用的难度较大，对基础设施和工业园区的经济转化能力薄弱，大大增加了产业转移和产能合作的难度与成本，缺乏产业和产能转移的承接能力，短时期内难以形成必要的产业规模效应。

巴基斯坦人口众多，但民众受教育程度偏低，无法满足其对技术工人和管理人员的需求。为了吸引外国企业的投资，巴基斯坦出台多种税收和土地优惠政策，并支持外资最高100%的持股比例和利润的全额汇出。但是，巴基斯坦的高关税影响国际贸易的积极性，巴基斯坦的经济开放程度和金融监管状况让外国投资者望而却步，严重制约巴基斯坦贸易、投资和产业合作的作用。巴基斯坦的工业化水平亟待提升，从经济上看，工业化是一个全面的系统工程，除了建立完善制造业和工业体系之外，还需要培育国内国际市场，这需要相当长一个时期以及庞大的经济投入。巴基斯坦还不具备连接国际国内两个市场的作用，难以成为商品出口和产业转移的目的地。

而且，巴基斯坦中央政府对地方缺乏足够的领导力和控制力，导致具体政策和项目的落实推进上缺乏执行力。政府受反对党以及行业协会、工会等力量的牵制和挟持，巴基斯坦内部的统筹协调能力低下，政策上缺乏宏观统筹和长远规划。在经济政策和规划上，巴基斯坦政府决策部门同具体落实部门之间缺乏有效的沟通和监督，政策实施经常缺乏执行层面的配套措施。政府各部门之间权责不明导致有关决策的效率低，无法对政策执行过程中出现的问题作出及时有效的调整。而且，巴基斯坦国内经济决策经常受到部门利益和偏好的左右，政策经常出现变化，缺乏稳定性和连贯性。

另外，巴基斯坦民选政府和军方之间的微妙关系，也成为巴基斯坦政治社会危机频发的重要原因。由于在安全上的外部压力，巴基斯坦长期在军事安全领域保持巨额支出，在国内税收和财政上实行严格的管制措施，对国内经济社会发展领域的投入不足，社会民生领域问题严重，加上巴基斯坦国内贪污腐败盛行，巴基斯坦民众对民选政府的不满长期存在，从而为巴基斯坦军方干预政治创造了机会。巴基斯坦军方通过政变上台与民选政府通过民主选举执政，成为巴基斯坦政治的一个怪圈，不仅严重冲击巴基斯坦的政治生态，而且导致巴基斯坦的经济社会问题成为沉疴痼疾。

在这样的条件下，巴基斯坦长期债务高企，财政赤字严重。根据国际货币基金组织的数据，2010—2017 年，巴基斯坦平均财政赤字为 6.2%，超过 3% 的国际警戒线。截至 2018 年 6 月，巴基斯坦政府债务占 GDP 的比例高达 74.3%，其中内债占 47.7%，外债占 26.6%，加上企业和个人债务，巴基斯坦总体债务占 GDP 的 82.6%。① 根据 2019 年 5 月巴基斯坦政府与 IMF 达成的协议，巴基斯坦将在三年内解决国有企业亏损问题、扩大税基、提高电价、填补糖、钢铁、食用油和大中型零售销售税，并进行包括改善公共企业管理、加强政府治理能力、打击洗钱和打击资助恐怖主义势力等结构性改革。2019 年 7 月 3 日，国际货币基金资助（IMF）理事会批准向巴基斯坦提供为期 3 年的 60 亿美元贷款计划。2019 年 7 月 15 日，根据 IMF 发布的报告称，2019 财政年度巴基斯坦政府总体外债将达到 1125 亿美元，占 GDP 的比重将升至 43.4%；2020—2021 财年，外债将达到 1190 亿美元，占 GDP 的比重将达到 43.5%。巴基斯坦正义运动党执政期间，外债将达到 1300 亿美元，将比穆斯林联盟执政期间增长 36.3%。

2019 年 10 月，全球打击洗钱和恐怖融资的政府间机构"金融行动特别工作组"向巴基斯坦发出严厉警告，如果巴方未能在 2020 年前阻止资金流向恐怖组织、收紧银行渠道，则将与伊朗和朝鲜一起被列入黑名单；"金融行动特别工作组"称，在 27 个指标中，巴基斯坦有 22 个未达到标准。被列入黑名单，对巴基斯坦的融资、经贸等一系列活动产生重大影响。2020 年 2 月 22 日，"金融行动特别工作组"（FATF）在总部巴黎全会上，绝大多数成员国充分肯定巴基斯坦为完善国内反恐怖融资体系做出的努力，决定再给巴基斯坦 4 个月的宽限期，要求在 2020 年 6 月前完成打击恐怖主义融资承诺的 27 个指标，才能将其撤出金融制裁的"灰名单"。

2020 年，在新冠肺炎疫情的冲击下，巴基斯坦国内经济发展形势堪忧。2020 年非洲蝗灾导致巴基斯坦农作物严重减产，粮食生产约占巴基

---

① 张耀铭：《中巴经济走廊建设：成果、风险与对策》，《西北大学学报》2019 年第 4 期。

斯坦国民生产总值的 18%。粮食歉收和短缺，大大增加巴基斯坦社会的不稳定因素。2020 年 2 月，巴基斯坦统计局公布的最新数据显示，2020年 1 月巴基斯坦通胀率已升至 14.6%，达到 12 年来的最高水平；食品尤其是小麦、面粉、豆类、糖、食用油等价格上涨，是导致通胀率上升的主要原因。

三　南亚地缘政治博弈的安全风险

巴基斯坦在南亚地区的地缘政治战略环境恶劣[①]，除了印巴之间的结构性矛盾之外，巴基斯坦与阿富汗之间也长期存在边界冲突和分歧。阿巴与印巴边界武装冲突严重恶化巴基斯坦的安全环境，大大增加潜在的地区安全风险。

巴基斯坦俾路支省是"中巴经济走廊"建设的重点地区，瓜达尔港就在俾路支省境内。阿富汗与巴基斯坦之间在俾路支问题上存在深刻的历史积怨与现实矛盾，阿富汗和巴基斯坦之间相互指责对方支持恐怖组织，破坏对方国家安全，双方在边界地区的武装冲突不断。而且，伊朗部队多次越境向俾路支省发射迫击炮弹，不仅向巴基斯坦展示实力，而且对伊朗的俾路支人施压。这些边界武装冲突对地区政治安全环境存在严重的溢出性影响。

19 世纪末，英国以"杜兰德线"作为英属印度和阿富汗的边界，蓄意将俾路支斯坦一分为二，使普什图人成为跨国民族。阿富汗始终不承认"杜兰德线"，认为整个俾路支斯坦属于阿富汗，因此与巴基斯坦在边界问题上的历史积怨很深。同时，阿富汗政府认为巴基斯坦军方为阿富汗塔利班势力提供庇护，是阿富汗安全局势长期动荡的主要外部因素。

边境口岸多尔哈姆位于巴基斯坦西北部，是巴基斯坦和阿富汗之间重要的过境通道。开博尔山口运输线是连接巴基斯坦与阿富汗的主要交通线，2001 年之后是以美军为首的驻阿富汗国际安全援助部队从巴基斯坦向阿富汗运输军用物资的重要补给线。2013 年 5 月 1 日，巴基斯坦在有争议边境地区建立哨所。阿富汗边防部队采取武装行动阻拦，阿富汗与巴

---

①　宋德星：《论巴基斯坦的安全战略——地缘政治方面的强制性因素》，《战略与管理》2001 年第 6 期。

基斯坦之间发生自 2001 年以来最严重武装冲突，5 月 2 日阿富汗总统卡尔扎伊表示，阿富汗将确保阿富汗控制边境一侧没有外国军事设施。2016 年 5 月，双方发生类似冲突而关闭多尔哈姆口岸。2016 年 6 月 12 日，巴基斯坦和阿富汗在边境开博尔山口多尔哈姆口岸发生武装冲突，造成双方包括巴基斯坦一名少校在内的 18 人伤亡。

2017 年 5 月，阿富汗与巴基斯坦边防军再度发生严重武装冲突，这是近年来造成阿富汗军人伤亡最大的边界冲突。巴基斯坦军方试图沿阿巴边境线——"杜兰线"竖立围栏以加强边界管控，防止阿富汗恐怖分子利用多尔哈姆口岸向巴基斯坦渗透。阿富汗则认为，巴基斯坦在多尔哈姆口岸修建军事设施，违反双边协定。

为推动阿富汗与巴基斯坦改善双边关系紧张状况，2017 年 6 月 24 日至 25 日中国外交部长王毅先后访问阿富汗和巴基斯坦。6 月 24 日，王毅与阿富汗外交部长拉巴尼举行会晤，商讨推动阿富汗政府倡导的"喀布尔进程"的议题。喀布尔进程得到了约 20 个国家和国际组织的支持，旨在与塔利班通过谈判达成和平协议。在中国的推动下，中阿巴三方达成以下共识：建立阿巴危机管控机制。建立中阿巴外长对话机制。重启阿巴中美四方协调组，为和谈即塔利班加入和平进程创造良好条件。支持"喀布尔进程"倡议，尽早恢复上海合作组织 - 阿富汗联络组工作，推动阿富汗和解进程。

中国积极介入阿富汗与巴基斯坦之间的边界冲突，一方面是承担地区主要国家的国际责任，在地区事务中发挥积极的建设性作用；另一方面是为了防止阿巴边界冲突不断扩大升级，导致地区军事安全形势的进一步恶化，避免冲击"中巴经济走廊"乃至整个"一带一路"建设。

由于印度认为"中巴经济走廊"建设涉及存在领土主权争议的克什米尔地区，坚决抵制"中巴经济走廊"，在一定程度上加剧了印度与巴基斯坦之间的矛盾。

印度对"中巴经济走廊"的强硬态度，在一定程度上是促使印度边防部队越界进入中国洞朗地区的深层次原因。2017 年 6 月以来，印度边防部队越界进入中国边境线一侧，并长时间滞留阻挠中方在洞朗地区修建基础设施。1890 年《中英会议藏印条约》划定中印边界锡金段。1947 年印度独立后，一直承认中印双方对锡金段边界走向。近来印度的这一立场发生明显变化，与中国的"一带一路"尤其是"中巴经济走廊"建设进展存在密切联系。

印度公开反对"中巴经济走廊"经过巴控克什米尔地区。印度与巴基斯坦之间持续出现的边境冲突，对"中巴经济走廊"存在一定程度的负面影响。据巴基斯坦外交部消息，2017 年印度在克什米尔实际控制线附近制造事端，迄今已违反双边停火协议 542 次。据巴基斯坦国际灾害管理局公布的数据，2017 年以来，印巴边境的交火冲突已经导致巴基斯坦 18 名平民死亡，105 人受伤。印度则称巴基斯坦频繁派遣特种部队越境袭击印度。巴基斯坦方面则认为，印度在矿产资源丰富的俾路支省支持分裂叛乱活动，巴方指责印度情报机构"印度调查分析局"的间谍参与破坏巴基斯坦国内的稳定，意欲干扰"中巴经济走廊"的建设。

2019 年 2 月 14 日，印控克什米尔地区发生一起针对印度中央后备警察部队的自杀式恐怖袭击，导致 45 名印度军警死亡，这是该地区近 30 年来最严重的恐怖事件。南亚地区恐怖组织"穆罕穆德军"宣布对袭击负责，印度指责巴基斯坦庇护"穆罕穆德军"及其领导人马苏德·阿兹哈尔，印巴关系骤然紧张。2 月 15 日，印度召回驻巴基斯坦大使比萨里亚。宣布取消巴基斯坦的最惠国待遇。2 月 16 日，宣布将从巴基斯坦进口的所有货物关税提到 200%。2 月 19 日，巴基斯坦总理伊姆兰·汗否认巴基斯坦政府与袭击有关。2019 年 2 月 26 日凌晨，印度战机突破克什米尔实际控制线，对巴控克什米尔地区"穆罕穆德军"的营地发动外科手术式的空中打击，导致 200—300 人的伤亡，这是印度空军自 1971 年以来首次攻击巴基斯坦目标。作为报复回应行动，2 月 27 日巴基斯坦战机空袭了印控克什米尔地区的目标，追击两架印军战机被击落，两名印度空军飞行员被俘。印巴在克什米尔地区疑似爆发空战，导致印巴双方关系急剧恶化，对地区安全局势造成严重威胁。

2019 年 8 月 5 日，印度通过总统令的方式宣布废除宪法第 370 条，单方面取消宪法赋予查谟－克什米尔邦享有自治地位的特殊权力。巴基斯坦外交部发表声明，强烈谴责和反对印度单方面改变印控克什米尔地区现状。印度的宪法第 370 条规定，除了国防、外交和通信等领域外，印度宪法的所有规定不适用于查谟和克什米尔地区。巴基斯坦认为，印度废除该宪法条款后，印度教人口将进入印控克什米尔地区，改变当地穆斯林人口占多数的现状，激化该地区的宗教和民族矛盾，导致地区局势进一步复杂化。8 月 7 日，巴基斯坦宣布降低与印度外交关系级别，同时中断双边贸易。10 月 31 日，印度正式实施《查谟－克什米尔重组法》，宣布成立"查谟－克什米尔中央直辖区"和"拉达克中央直辖区"。2020 年 1 月 2 日，印度警察逮捕印控克什米尔地区 5 位领导人，理由是煽动当地人反对印度政府取消该地区的自治权。

显而易见，阿富汗与巴基斯坦边界冲突、印度与巴基斯坦在克什米尔问题上的博弈，大大增加了巴基斯坦安全环境中的不稳定因素。这些边界冲突一旦管控不当，极易演变成为不必要的军事冲突。这不仅导致巴基斯坦安全环境进一步复杂化，而且影响地区国际关系的稳定发展，成为影响"中巴经济走廊"稳定发展的安全隐患。

总而言之，巴基斯坦在安全领域迫切需要加强双边和多边合作。中国作为巴基斯坦传统的友好邻邦，中巴安全合作不仅是推动两国"全天候战略合作伙伴关系"稳定发展的要求，也是维护双方国家安全和地区安全局势稳定的有效手段。中巴安全合作在维护自身国家安全的同时，致力于推动实现地区安全合作治理，双边安全合作不针对特定的第三方。

第二节　中巴安全合作的基本发展现状

中巴安全合作是中巴战略关系的重要组成部分。在不同的历史时期，中巴安全合作的内容领域有所侧重，合作形式有所变化。从总体上看，中巴安全合作的趋势是从传统的军事安全领域转向非传统安全领域，从双边合作转向多边合作。

一　中巴安全合作的主要发展进程

1950 年 1 月 4 日，巴基斯坦正式承认中华人民共和国。1951 年 5 月 21 日，中国与巴基斯坦正式建立外交关系，巴基斯坦成为伊斯兰世界第一个与中国建交的国家。同时，巴基斯坦出于争取西方援助以抗衡印度的考虑，与美国签订《巴美共同防御援助条约》和《巴美双边防御协定》，并于 1954 年和 1955 年巴基斯坦先后加入东南亚条约组织和巴格达条约组织。但是，中巴关系仍基本保持稳定，在安全领域并没有出现对抗和冲突。1955 年 4 月万隆会议期间，周恩来总理与巴基斯坦总理穆·阿里两次会谈，推动中巴关系在和平共处五项原则的基础上发展。

　　1961 年 12 月，巴基斯坦在第 16 届联合国大会表决恢复中国在联合国合法席位的提案中投了赞成票。1962 年 5 月，中国与巴基斯坦在和平共处五项原则的基础上，开始举行双边陆地边界谈判。1962 年 10 月，中印边界冲突爆发。1965 年 3 月 26 日，中巴正式签署"边界议定书"，标志着中巴边界谈判圆满结束。① 中巴边界问题的解决大大增进了两国的政治和安全互信，为双边安全合作创造了必要基础和有利条件，中国改变在克什米尔问题上的中立态度，转而支持巴基斯坦。

　　1965 年，中国公开表示，如果巴基斯坦遭到外来侵略，中国不会置之不理，并向巴基斯坦提供了 6000 万美元无息贷款和军事援助。在 1965年和 1971 年印巴战争期间，中国政府发表声明严厉谴责印度的侵略行为，向印度发出最后通牒要求印度撤军，全力支持和援助巴基斯坦的反侵略斗争。1965—1971 年，巴基斯坦在历届联合国大会上都作为提案国，支持恢复中国在联合国的合法席位。中国与巴基斯坦在安全领域进入全新的战略合作阶段，中巴签订共同防卫协定，建立共同军事委员会。1971 年，苏联和印度签订《苏印和平友好合作条约》。1979 年苏联出兵阿富汗对中国和巴基斯坦构成严重的安全威胁，中巴联合反对苏联的扩张，中巴两国军事合作空前深入发展。20 世纪 80 年代后期，苏联从阿富汗撤军，1988年 12 月，印度总理拉·甘地访华，标志着中印关系全面缓和，中巴在安全合作上逐渐出现非军事化的发展趋势。

　　冷战结束后，和平与发展成为时代的主题，经济全球化和区域一体化趋势日益加强。同时，民族冲突、宗教矛盾代替意识形态对抗，以宗教极端主义、暴力恐怖主义、民族分离主义为代表的"三股势力"，非传统安全成为中巴共同面临的威胁。1996 年 12 月，时任中国国家主席江泽民对巴基斯坦进行国事访问，双方确定建立面向 21 世纪的中巴全面合作伙伴关系。江泽民还发表了题为"世代睦邻友好，共创美好未来"的演讲，"'全天候的友谊'和'全方位的合作'成为两国关系最生动和集中的体

---

　　① 韩晓青：《中国与巴基斯坦解决双边陆地边界问题外交谈判的历史考察》，《当代中国史研究》2011 年第 6 期。

现”，首次全面阐述冷战后中国新的南亚政策。1998 年 5 月 11 日和 13 日，印度在拉贾斯坦邦的伯克兰地区进行了 5 次核试验。5 月 28 日和 30 日，巴基斯坦在俾路支省的查盖地区进行 6 次核试验。印巴军备竞赛不仅严重冲击防止核武器扩散，而且导致印巴关系紧张。中国要求印巴双方保持冷静和克制，寻求改善关系。中国与巴基斯坦在安全领域的合作开始摆脱冷战时代的包袱，全面进入新的发展阶段。

　　21 世纪后，中国与巴基斯坦两国政治关系保持高水平发展态势，为中巴安全合作的深入开展提供了坚实基础。2001 年 5 月，朱镕基总理访问巴基斯坦，为中巴全面合作伙伴关系的稳定发展注入了新的动力。2001 年“9·11”事件后，中国与巴基斯坦的反恐合作进一步加强，双方建立反恐磋商机制。同时，中国与巴基斯坦进一步加强军事和国防领域的合作，共同打击边境贩毒及走私活动，采取有效措施，确保中方人员安全。2001 年 12 月，巴基斯坦总统穆沙拉夫对中国进行国事访问。2003 年 11 月 3 日，巴基斯坦总统穆沙拉夫访华，中巴签署《中华人民共和国和巴基斯坦伊斯兰共和国关于双边合作发展方向的联合宣言》，双方旨在建立综合、全方位和面向未来的全面合作关系。其中，特别强调双方深化两国在非传统安全领域的合作，共同打击毒品走私、跨国犯罪和威胁地区和平与安宁的“三股恶势力”。两国签署的中巴联合宣言中强调，“重视防务与安全磋商机制对促进两国军事交流与合作的重要作用”。

　　2005 年 4 月 5 日至 7 日，温家宝总理访问巴基斯坦，签署《中华人民共和国和巴基斯坦伊斯兰共和国睦邻友好合作条约》，全面阐释和规定中巴战略合作的具体内容，进一步推动发展更加紧密的战略合作伙伴关系。2005 年《中巴睦邻友好合作条约》，第一次以正式条约的形式为中巴关系的长远发展提供了法律框架。《中巴睦邻友好条约》对安全合作方面作出了明确的具体规定。其中，第五条明确规定，中巴将在双边和多边基础上开展合作，打击暴力恐怖主义、民族分裂主义和宗教极端主义三股势力，并且还明确提出打击有组织犯罪、非法移民、非法贩运毒品和武器等方面的活动。中巴两国近年来在安全合作方面不断扩展，在地区安全问题上加强磋商，已在打击民族分裂主义、宗教极端主义和国际恐怖主义三股恶势力方面开展实质性合作。2004 年，中国与巴基斯坦建立“反恐热线”，2004 年 8 月在中国新疆举行联合反恐军事演习。两国在非传统安全领域的合作进一步促进了中巴战略互信，有利于促进中国周边安全和维护地区稳定。第六条规定，"缔约双方将扩大和加强军事和安全领域的信任和合作，巩固缔约双方的安全"，中巴之间的军事和安全领域合作是防御性的，目的在巩固各自的安全，因而这种军事合作不会导致地区军备竞赛，不针对第三方，是在完全服务于各自国家利益的合作，完全有利于维护地区和平。2006年，巴基斯坦总统穆沙拉夫两次访华，双方签署了一系列协议，其中就包括了《国防合作协议框架》。2008年，巴基斯坦对中国举办北京奥运会的安保工作提供了有力的支持，在反恐领域与中国密切合作，成功粉碎了"东突"势力企图策划恐怖袭击和破坏北京奥运会的阴谋。

2010年12月，温家宝总理访问巴基斯坦，在双方发表的联合声明中，首次提出"巩固和深化中巴全天候战略合作伙伴关系"。2015年4月20日，中华人民共和国和巴基斯坦伊斯兰共和国在巴基斯坦首都伊斯兰堡发表《中华人民共和国和巴基斯坦伊斯兰共和国关于建立全天候战略合作伙伴关系的联合声明》，将中巴两国的战略合作伙伴关系，正式提升为全天候战略合作伙伴关系。双方认为，中巴两国安全利益息息相关，愿积极践行共同、综合、合作和可持续安全的亚洲安全观，将继续加强反恐合作、防务合作以及国际地区安全事务配合，三管齐下，共同维护中巴安全利益。双方将继续携手坚决打击"东伊运"这一恐怖组织。中方赞赏巴方为国际反恐事业做出的重大贡献，将继续支持巴方根据本国国情实施反恐战略，协助巴方加强反恐能力建设。双方将继续利用好战略对话和反恐磋商等现有机制，以进一步增进相互协调和理解。

2018年11月2日至5日，巴基斯坦总理伊姆兰·汗对中国进行首次正式访问。双方签署《中华人民共和国和巴基斯坦伊斯兰共和国关于加强中巴全天候战略合作伙伴关系、打造新时代更紧密中巴命运共同体的联合声明》（以下简称《联合声明》）。《联合声明》对中巴双边防务、安全及反恐合作提出了明确的内容和方向。双方同意进一步加强防务合作，保持两国军队高层互访和各部门、各层级间交流，充分发挥中巴防务安全磋商机制作用，深化两国在联合军演、培训、人员交流和装备技术等方面的合作。双方同意进一步加强打击极端主义、恐怖主义和分裂主义"三股势力"合作。双方将继续通过战略对话和反恐与安全磋商等现有机制，加强在相关领域的沟通与合作。中方支持巴方为打击恐怖主义所作承诺和努力，支持巴方自主实施反恐战略，赞赏巴基斯坦人民为打击恐怖主义付出的巨大牺牲以及对维护地区和国际和平与安全做出的重要贡献。中方赞赏巴方积极采取措施，加强金融监管以打击恐怖融资，呼吁各相关方客观、公正看待巴方在反恐领域所作努力。巴方继续坚定支持中方维护国家主权、安全，依法打击包括"东突厥斯坦伊斯兰运动"（"东伊运"）在内的分裂主义、恐怖主义和极端主义活动。

二　中巴双边军事安全合作

2002 年 3 月，中国与巴基斯坦举行第一届防务与安全磋商。此后，每年轮流举办一届，由中国人民解放军参谋长和巴基斯坦参谋长联席会议主席主持，成为中巴两国军方高层战略沟通和深化合作的机制性平台。

（一）中巴海上联合演习

2003 年 10 月 18 日，巴基斯坦海军舰队司令塔希尔少将率领巴基斯坦海军"巴布尔号"驱逐舰、"纳斯尔号"综合补给舰及 629 名官兵，抵达上海进行为期 5 天的访问。2003 年 10 月 22 日，中国海军与巴基斯坦海军在中国长江口水域举行代号为"海豚 0310"的海上联合搜救演习，内容包括消防、海上搜救、通信、反恐、联合编队等项目，中国东海舰队参加联合演习。中巴海军联合演习时间从 22 日 13 时到 16 时 17 分，共计 3 小时 17 分钟。演习内容主要在非传统安全领域的联合演习范畴，既是中巴海军首次联合军事演习，也是中国海军自中华人民共和国成立以来首次与外国海军举行联合演习，中国与其他国家非传统安全领域举行双边和多边合作。

2007 年，中国海军在阿拉伯海参加巴基斯坦海军举行的 AMAN 系列联合军演。2009 年，中巴海军进行"和平 - 09"海上多国联合演习。此后，两国海军还举行了"友谊 - 2011"联合反恐军事演习、2014 年中巴"喜马拉雅 1 号"海上联合演习和 2016 年双边海上联合军事演习。

2020 年 1 月 6 日至 14 日，"海洋卫士 2020"中巴海上联合演习在阿拉伯海北部海域举行，分为岸港训练和海上联合演习两个阶段。1 月 6 日，联合演习开幕仪式在巴基斯坦卡拉奇港海军码头举行。这是中国与巴基斯坦双边第六次海上联合演习，旨在增进中巴安全合作，巩固发展中巴全天候战略合作伙伴关系，促进共建安全海洋环境，提升中巴共同应对海上恐怖主义与犯罪的能力。

（二）中巴"沙欣"空军联合演习

"沙欣"是中巴定期空军联合演习的代号，中国称之为"雄鹰"系列空军联合演习。2011 年，中巴在巴基斯坦境内举行首次"沙欣"空军联合演习。2013 年，中巴"沙欣 - 2"空军联合演习在中国举行。此后，中巴两国每年轮流举办联合演习。2014 年，中巴两国举行"沙欣 - 3"空军联合演习。2018 年 12 月 2 日，中国与巴基斯坦空军在巴基斯坦卡拉奇的伯拉利空军基地举行"沙欣 - 7"联合训练，中国空军特遣队第一次派出最新型的 J - 10C 战机出国参加联合训练。

三 中巴开展双边和多边的反恐合作

2001 年"9·11"事件后，在美国主导的全球反恐战争背景下，国际社会在打击"三股势力"和地区反恐合作上取得进展，2002 年 9 月 11 日，联合国安理会"制裁'基地'组织和塔利班委员会"正式将"东突厥斯坦伊斯兰运动"列入安理会颁布的恐怖主义组织和个人名单。2003 年 12 月，中国公安部公布第一批"东突"恐怖分子名单。2008 年 10 月 21 日，中国公安部再次认定并公布第二批"东突"恐怖分子名单。在新的历史条件下，中国与巴基斯坦在双边和多边反恐合作上取得了长足发展。

（一）中国与巴基斯坦开展一系列双边联合反恐演习

2004 年 8 月，中国与巴基斯坦在新疆塔什库尔干县举行"友谊 - 2004"中巴联合反恐演习，这是中巴首次联合反恐演习。2006 年 12 月 11 日至 18 日，"友谊 - 2006"中巴联合反恐演习在巴基斯坦阿伯塔巴德举行，这是中巴第二次联合反恐演习。此次演习主题是山地条件下联合反恐怖作战，包括联合指挥所演习和战斗实施。演习分两个阶段举行：第一阶段为装备展示和技术战术训练交流，第二阶段为实兵联合演习。

2020 年 9 月 7 日，国务委员、公安部长赵克志同巴基斯坦内政部长伊贾兹·沙阿通电话。赵克志表示，中方愿同巴方一道，认真落实两国领导人重要共识，保持战略沟通，深化执法合作，进一步加强在反恐、中巴经济走廊安保、执法能力建设等方面的务实合作，拓展中巴地方对口警务交流合作，切实维护两国共同利益和安全稳定，不断深化中巴全天候战略合作伙伴关系。伊贾兹·沙阿表示，愿共同落实好两国领导人共识，加强反恐等执法安全领域务实合作。

（二）建立"阿中巴塔"四国军队反恐合作协调机制

中国与巴基斯坦在开展双边安全合作的同时，积极推动多边安全合作尤其是多边反恐合作。2016 年 2 月 28 日至 29 日，应塔吉克斯坦国防部长米尔佐邀请，中国中央军委委员、中央军委联合参谋部参谋长房峰辉访问塔吉克斯坦。2 月 29 日上午，塔吉克斯坦总统拉赫蒙会见房峰辉，与塔方进一步加强两军及多边反恐合作，深化中塔两军务实交流。29 日，房峰辉离开塔吉克斯坦访问阿富汗，会见阿富汗总统加尼。加强中阿两军各领域务实合作，推动地区联合反恐，维护地区安全稳定。2016 年 4 月 20 日，阿富汗总统国家安全顾问阿特马尔访华，与中国中央军委委员、中央军委联合参谋部参谋长房峰辉会谈。双方探讨基于"一带一路"建设构想的中阿两军合作新模式，进一步加强防务安全领域沟通协调，深化两军在反恐情报、联演联训、人员培训等领域务实合作，积极推动地区国家军队反恐合作机制化建设。阿方坚定打击"东伊运"、支持"一带一路"建设构想，不断深化防务安全领域务实合作特别是反恐合作，阿中两国成为共同打击恐怖主义、维护地区和平稳定的可靠战略伙伴。①

为落实阿富汗、中国、巴基斯坦和塔吉克斯坦国家领导人就加强地区反恐合作达成的重要共识，2016 年 8 月 3 日，首届"阿中巴塔"四国军队反恐合作协调机制军队高级领导人会议，在中国新疆维吾尔自治区乌鲁木齐举行。阿富汗国民军总参谋长卡达姆·沙阿·沙希姆上将、中国中央军委联合参谋部参谋长房峰辉上将、巴基斯坦陆军参谋长拉希尔·谢里夫上将、塔吉克斯坦国防部第一副部长兼武装力量总参谋长索比尔佐达·埃·阿少将参加会议。四方决定正式成立"阿中巴塔"四国军队反恐合作协调机制（简称"四国机制"）。

建立"四国机制"，旨在就反恐形势研判、线索核查、情报共享、反恐能力建设、反恐联合训练、人员培训方面开展协调并提供相互支持，且

---

① 《房峰辉会见阿富汗总统国家安全顾问》，中华人民共和国国防部网站，2016 年 4 月 20 日，http://www.mod.gov.cn/1dzx/2016－04/20/content_4650175.htm。

相关协调合作仅在四国间展开。"四国机制"遵循《联合国宪章》原则以及其他公认的国际法原则和准则，特别是维护国际和平与安全、维护独立与平等、相互尊重主权和领土完整、互不侵犯、互不干涉内政。"四国机制"基于各方协商一致原则做出所有决定。成立"四国机制"不针对任何其他国家或国际组织。①

2016年11月8日至10日，阿富汗、中国、巴基斯坦、塔吉克斯坦四国军队反恐合作协调机制第二次联合工作组会议在北京举行。各方认为，当前恐怖主义对本地区及"四国机制"成员国构成严重威胁，切实落实四国元首就加强反恐合作达成的重要共识，不断深化"四国机制"务实合作，不断加强反恐能力建设和反恐情报交流，共同维护地区和平与稳定。② 根据"阿富汗、中国、巴基斯坦、塔吉克斯坦四国军队反恐合作协调机制"的工作安排，为深化四国军队反恐务实合作，提高共同应对恐怖主义威胁能力，2016年11月23日至27日，阿、巴、塔军队中级军官及驻华武官应邀出席在中国人民解放军特种作战学院举行的"四国机制"反恐经验交流研讨会。28日，与会代表还赴新疆喀什观摩新疆军区特种作战旅实战化反恐训练科目演练。

2016年10月20日到24日，中国和塔吉克斯坦两国陆军在塔吉克斯坦巴达赫尚州什哈瓦尔地区举行了"协作 - 2016"联合反恐演习，此次演习主要以山地条件下加强营联合反恐作战行动为课题。③ 2017年5月3日，中国外交部长助理李惠来在北京同阿富汗副外长卡尔扎伊共同主持中阿副外长级反恐安全磋商。双方就国际地区反恐形势、中阿反恐安全合作等议题深入交换意见。2017年5月3日，外交部长助理孔铉佑和阿富汗副外长卡尔扎伊在北京举行中阿第二轮外交磋商。以经济合作与安全合作为抓手，不断增进互信，深化合作，中阿战略合作伙伴关系内涵不断丰富。中方视阿富汗为"一带一路"建设的重要合作伙伴，愿同阿方一道，

---

① 《首届"阿中巴塔"四国军队反恐合作协调机制高级领导人会议联合声明》，中华人民共和国国防部网站，2016年8月3日，http：//www. mod. gov. cn/topnews/2016 - 08/03/content_ 4707052. htm。

② "四国机制"第二次联合工作组会议在京举行，中华人民共和国国防部网站，2016年11月10日，http：//www. mod. gov. cn/action/2016 - 11/10/content_ 4762453. htm。

③ 《中塔举行"协作 - 2016"联合反恐演习》，中华人民共和国国防部网站，2016年10月26日，http：//www. mod. gov. cn/action/2016 - 10/26/content_ 4753415. htm。

推进阿国内及地区国家间互联互通建设。中方愿为阿推动和解进程和改善同邻国关系发挥建设性作用，共同维护地区和平与安全。2017 年 8 月 27 日，第二届"阿中巴塔"四国军队反恐合作协调机制高级领导人会议召开。

（三）推动建立中阿巴三边对话机制，促进双边安全合作向多边拓展

2015 年 2 月 9 日，中国、阿富汗和巴基斯坦在阿富汗首都喀布尔举行副外长级对话。2016 年 8 月 5 日，首届中阿两军战略对话在京举行，中央军委联合参谋部参谋长房峰辉与阿富汗国民军总参谋长沙希姆举行会谈。中方希望中阿两军以"四国机制"建立为契机，保持高层往来，深化联演联训、情报共享、人员培训、能力建设等务实合作，推动两军关系不断向前发展。沙希姆表示，中方倡导建立的"四国机制"具有战略意义，为四国军队提供了更多合作机会，阿方对此坚定支持。阿方愿与中方进一步加强战略沟通、深化务实合作，继续坚决打击"东伊运"等恐怖势力，维护地区和平稳定。①

2017 年 5 月 27 日，首次中国—阿富汗—巴基斯坦三方务实合作对话在北京举行。② 中国外交部亚洲司长肖千、阿富汗财政部财政政策司长哈立德、巴基斯坦外交部阿富汗司长曼苏尔共同主持。三方就如何推进中阿巴合作深入交换意见，达成广泛共识。三方认为，中阿巴合作有利于阿富汗及本地区的和平、稳定与发展。三方赞赏中巴经济走廊及其对区域互联互通的促进作用，同意在"一带一路"国际合作的框架下，加强三国各领域务实合作，促进互利共赢和区域经济一体化。三方同意，积极开展研修、交流、研讨、论坛等活动。中巴双方将根据阿方需求，结合各自对阿援助计划，探讨在基础设施、能源、教育、卫生、农业等领域开展中阿巴三方合作，加强人力资源培训，帮助阿富汗提升能力建设。

2017 年 6 月，中国外交部长王毅在访问阿富汗和巴基斯坦过程中，提出了中巴阿三边对话、促进阿巴战略互信的倡议。2017 年 12 月 26 日，首次"中巴阿三方外长对话"在北京举行，以"政治互信与和解""安全

---

① "首届中阿两军战略对话在京举行"，中华人民共和国国防部网站，http://www.mod.gov.cn/diplomacy/2016-08/05/content_ 4707891.htm。

② 《中阿巴举行首次三方务实合作对话》，中华人民共和国外交部网站，2017 年 5 月 28 日，http://www.fmprc.gov.cn/web/wjbxw_ 673019/t1465967.shtml。

合作与反恐""发展合作与联通"为对话主题,中巴阿三方外长对话机制正式建立。2018 年 12 月,第二次"中阿巴三方外长对话"发表的联合声明宣布,不允许任何国家、政治或个人利用本国领土从事针对其他国家的恐怖主义活动。三方统一加强在打击恐怖分子融资招募和培训等后勤能力、反恐能力建设、网络反恐、去极端化、切断毒品贸易和恐怖融资间联系等领域的合作。为此,三方签署《中阿巴三方合作打击恐怖主义谅解备忘录》。

2017 年 11 月 7 日,中国外交部长助理李惠来在北京同巴基斯坦外交部特别秘书阿斯拉姆、阿富汗副外长卡尔扎伊共同主持中巴阿副外长级反恐安全磋商。三方就当前国际和地区反恐形势、三国反恐安全合作等议题深入交换意见,一致认为三方应进一步加强反恐安全合作,携手应对恐怖主义威胁,共同维护三国和地区安全稳定。①

三　关于中巴经济走廊的安保合作

2013 年 5 月,李克强总理访问巴基斯坦期间提出建设"中巴经济走廊"的倡议。2015 年 4 月,习近平主席对巴基斯坦进行国事访问,宣布正式启动"中巴经济走廊"建设。"中巴经济走廊"北起新疆喀什、南至巴基斯坦瓜达尔港。它不仅是一条双边贸易通道,而且是包括公路、铁路、油气和光缆在内"四位一体"的基础设施大动脉。中巴双方在走廊沿线进行基础设施、能源资源、农业水利、信息通信等多领域的重大项目合作,而且建设工业园区和自贸区,最终形成一条经济发展带。在"中巴经济走廊"框架下,中国与巴基斯坦共签署了 51 个项目备忘录,涉及经贸、能源、文化、医疗、教育等多个领域。其中,双方共同协商选择了包括瓜达尔港在内的 19 个项目优先建设实施,作为"中巴经济走廊"早期收获成果。

随着"中巴经济走廊"建设的深入推进,中国在巴基斯坦经济投入和在巴工作人员的大规模增加,"中巴经济走廊"沿线将成为中国主要的海外利益聚集区。目前,中国参与"中巴经济走廊"框架内的合作项目

---

① 《外交部部长助理李惠来主持中巴阿副外长级反恐安全磋商》,中华人民共和国外交部网站,2017 年 11 月 8 日,http://www.fmprc.gov.cn/web/wjbxw_ 673019/t1508521.shtml。

主要集中在能源、电力、公路铁路、港口、工业园区等基础设施领域，承建项目工程前期投入大、建设周期长，需要派遣大量专业技术人员和工人。虽然巴基斯坦政府对"中巴经济走廊"态度积极，但是需要注意的是，巴基斯坦国内的政治分歧、经济矛盾、民族宗教冲突对"中巴经济走廊"的潜在冲击不可忽视。同时，"中巴经济走廊"建设项目具有时间跨度长、施工地域点多线长、用工数量庞大、员工驻地分散等特点，以及近年在巴华人数量剧增，安保难度空前上升。因此，中方工程技术人员的人身安全以及"中巴经济走廊"工程建设本身的安全保障，以及项目建成后的安全运营，成为中国亟待防范和妥善应对的安全挑战。

而且，国际恐怖主义发展的新态势，对巴基斯坦和阿富汗安全局势产生深刻影响，"中巴经济走廊"面临的安全风险明显增加。美俄进一步加大中东地区的反恐力度，中东以"伊斯兰国"为代表的极端恐怖主义势力遭受重创，从中东地区大本营向世界其他地区转移流窜扩散的进程明显加快。"伊斯兰国"分支在阿富汗建立"呼罗珊"行省，阿富汗塔利班呈卷土重来之势，巴基斯坦国内安全局势面临严峻挑战，极端组织实施恐怖袭击和针对中方人员的暴力活动明显增加。"中巴经济走廊"开通后，我国在海外利益保护领域面临的压力进一步上升。"东突""藏青会"等"疆独""藏独"分裂势力和其他反华势力针对"中巴经济走廊"发动恐怖袭击和破坏活动的目标与机会明显增加。这些现实危险和潜在威胁不仅是"中巴经济走廊"建设和发展面临的不安全因素，而且成为我国国家安全领域面临的新挑战。

而且，巴基斯坦国内的恐怖主义威胁出现由联邦部落区（FATA）、信德省（Sindh）和开伯尔省（KP）等传统高危地区，向西南部俾路支斯坦和东部旁遮普省转移的趋势。从 2016 年开始，俾路支斯坦成为巴基斯坦恐怖主义威胁最严重地区。[①] 巴基斯坦俾路支省位于巴基斯坦西南部，面积 34.7 万平方千米，占国土总面积的 43.6%，为巴基斯坦面积最大的省份，但俾路支省人口 716.7 万，仅占全国总人口的 5%。俾路支省是中巴经济走廊的必经之地，作为中巴经济走廊桥头堡的瓜达尔港就在该省境内，中资企业及中国员工在该省的聚集度高。

---

① 张家栋、韩流：《巴基斯坦恐怖主义现状及发展趋势》，《国际观察》2017 年第 4 期。

作为中国"一带一路"合作倡议的旗舰项目和示范样板，"中巴经济走廊"建设能否实现安全平稳的发展，不仅直接关系到我国在巴基斯坦的投资安全，而且深刻影响中巴双边关系。因此，中巴经济走廊建设对中巴安全合作提出了新的要求，中国与巴基斯坦在"中巴经济走廊"建设和发展进程中的安保合作，成为新形势下中巴安全合作的重要内容。从某种意义上讲，中巴经济走廊的安保合作，也为中巴安全合作的深入发展创造了现实抓手和战略契机。

据巴基斯坦《特快论坛报》2015 年 11 月 1 日的报道，巴基斯坦为中巴经济走廊设立新的 4 层安保措施，约 3.2 万名安保人员为巴境内 210 处大小工程的超过 1.4 万名中国人提供安全保障。新安保计划包括在新成立的特别部队中加入 500 多名中国安保人员，同时吸纳当地警察力量，以更好地保障港口附近一些敏感区域的安全。根据该计划，瓜达尔港所在的西南部俾路支省将提供更多安保力量，守卫走廊沿线的包括 5700 名边防军、3000 名警察和 1000 名征募军人。巴海军和边界安保力量将保护瓜达尔港和附近路线。此外，3500 多名警察、900 名边防军士兵、4100 名私家安保人员和 740 名民兵将保护东部旁遮普省涉及经济走廊的各工程。巴军方成立 1.2 万人的特别安全部队，加入由现役将领负责的特别部门。① 2016 年 5 月，中国外交部长王毅在会见巴基斯坦陆军参谋长拉希尔时表示，赞赏巴基斯坦政府和军方为保障中巴经济走廊所作努力。拉希尔表示，巴基斯坦愿采取一切措施为中巴经济走廊建设提供安全保障。2016 年 9 月 12 日，《印度时报》援引巴基斯坦国会的数据报道，巴基斯坦派遣的 14503 名安保人员中，有 6364 人在旁遮普省、3134 人在俾路支省、2654 人在信德省、1912 人在开普尔－普什图省、439 人在伊斯兰堡地区。② 2016 年 12 月 13 日，巴基斯坦海军成立"特别部队－88"，保卫中巴经济走廊海上安全和瓜达尔港。

2017 年 3 月 16 日，巴基斯坦军方发言人阿希夫·加富尔表示，恐怖主义是巴基斯坦北部和东部地区的潜在威胁，并对中巴经济走廊带来安全

① 《巴基斯坦 3.2 万名安保人员将护卫中巴经济走廊》，中国新闻网，2015 年 11 月 2 日，https：//www.chinanews.com/mil/2015/11－02/7600330.shtml。

② https：//m.thepaper.cn/newsDetail_forward_1528172.

隐患。巴基斯坦派出 1.5 万名士兵为中巴经济走廊建设保驾护航，同时派出海军部队保障瓜达尔港的安全，此外还成立一支特种部队确保中巴经济走廊沿线企业和参与建设的中国员工的安全，约有 1.9 万名中国员工在巴基斯坦工作。巴基斯坦驻华大使马苏德·哈立德则强调，巴基斯坦为中巴经济走廊建设提供的安全保卫工作成效显著。[1] 2019 年 5 月 16 日，巴基斯坦军方发言人、三军公共关系处阿希夫·加富尔少将表示，"巴基斯坦国家及其武装力量制定并实施了详细的安保措施，保证中巴经济走廊项目的安全顺利实施"，巴基斯坦约 25000 人的安保部队负责中巴经济走廊项目和人员的安全。[2] 巴基斯坦和中国加强反恐合作，共同维护巴基斯坦和地区安全，保护中巴经济走廊建设顺利推进。巴基斯坦致力于为外国投资者创造良好的安全环境，一方面维护和改善巴基斯坦的安全局势，另一方面向外国投资者以及在巴工作的外国公民提供安保建议和安全管理。

当前，中巴经济走廊建设进入新的发展阶段，建设的重点从大型基础设施建设项目转向社会民生领域。2019 年 5 月 26 日至 28 日，中国国家副主席王岐山访问巴基斯坦，中巴经济走廊建设和发展是主要议题，王岐山专门视察了位于巴基斯坦拉哈尔市的巴基斯坦海尔—鲁巴经济区。同时，双方关注在巴基斯坦的中国工程技术人员安全问题，增加巴基斯坦联邦部队和安保机构的规模，加强俾路支省在建项目的安保工作，推动双边军事技术合作，加强巴基斯坦—阿富汗边境东段的安全巡逻等。

实事求是地说，巴基斯坦对中巴经济走廊的安保工作做出了有目共睹的努力，中国和巴基斯坦在中巴经济走廊的安全保护方面进行了卓有成效的合作。

第三节　推动中巴安全合作的路径选择

阿富汗安全局势的发展走向，直接关系到巴基斯坦在西北方向的安全

---

[1] 巩阳、李夏：《巴基斯坦军方发言人：确保"中巴经济走廊"安全是巴基斯坦首要责任》，新华网，2017 年 3 月 16 日，http://www.xinhuanet.com/world/2017 - 03/16/c_129510945.htm。

[2] 张任重：《巴基斯坦军方将全力确保中巴经济走廊建设安全》，光明网，2019 年 5 月 17 日，https://mil.gmw.cn/2019 - 05/17/content_ 32843331.htm。

风险以及对印巴的战略平衡态势。① 维护阿富汗局势的稳定对巴基斯坦的安全具有至关重要的作用。当前，阿富汗问题正处于历史性的十字路口，阿富汗安全局势的发展走向，不仅直接关系到包括中国和巴基斯坦在内的周边邻国的安全，而且深刻影响地区的稳定和发展。因此，维护阿富汗安全局势的稳定，成为推动中巴安全合作的现实议题和重要抓手。

一　维护阿富汗安全局势的稳定

2016 年，瓦罕走廊地区出现"伊斯兰国"分支。2016 年 8 月，中国驻吉尔吉斯斯坦大使馆遭到暴恐袭击，袭击者就是与叙利亚"圣战"者有关的中国维吾尔族人。2018 年 2 月，"伊斯兰国"公布一份中国维吾尔族人返回中国发动暴力恐怖袭击的宣誓视频，表明"伊斯兰国"直接针对中国的安全威胁上升。"伊斯兰国"比塔利班更极端更激进，"东突厥斯坦伊斯兰运动"（Eastern Turkestan Islamic Movement，ETIM）对中国安全构成更直接的威胁。

中国积极推动多边安全合作，以便及时有效管控阿富汗动荡局势的外溢效应。2016 年 2 月 29 日，时任中央军委参谋长的房峰辉率领中国军方代表团访问阿富汗，中国开始扩大对阿富汗反恐领域的军事行动力度和规模。2016 年 8 月，中国、阿富汗、巴基斯坦和塔吉克斯坦建立以边境管控为主要内容的反恐合作机制。2016 年 9 月，中国同意资助塔吉克斯坦在阿富汗 - 塔吉克斯坦边境上建设边防哨所。2017 年 1 月，中国央视军事节目开始报道中国边防军队在瓦罕走廊中国段的日常巡逻情况。2017 年夏，中国开始参与阿富汗瓦罕走廊的联合巡逻。2017 年 9 月，中国和塔吉克斯坦建立关于暴力恐怖主义、民族分离主义和宗教极端主义以及贩毒的情报共享机制，成为中塔建设全面战略伙伴关系的重要成果。2018 年 4 月，中国、阿富汗、巴基斯坦和塔吉克斯坦四国举行联合反恐军事演习。

2017 年 9 月 19 日，中塔按计划进行例行性联合巡逻，并对边境可能出现的多种突发情况进行有针对性的联合演练。中塔两国边防军逐年加大联合巡边管边的力度，在边境地区布设光纤震动、红外对射、视频围栏、

---

① 曾祥裕：《略论巴基斯坦的地缘安全结构》，《南亚研究季刊》2008 年第 2 期。

倾角报警、重力感应等多重传感器，提升边境管控能力。中塔两国边防部队定期举行会谈会晤，建立情报信息共享、定期联合巡逻等机制。其中，巴达赫尚省的瓦罕走廊接东接中国新疆，北接塔吉克斯坦，南邻巴基斯坦。2016 年，巴达赫尚开始出现"伊斯兰国"的武装分支。2017 年 12 月底，阿富汗国防部长巴赫拉米访华并与中国达成协议，中国将资助阿富汗在巴达赫尚省与中国接壤地带建立军事训练营。对此，阿富汗国防部发言人达沃尔·瓦奇瑞表示，中国将援助阿富汗在东北部巴达赫尚省建立军事基地，全面提供物资、装备和技术支持。

2015 年 12 月 9 日，中巴阿三方会晤。阿富汗总统加尼、巴基斯坦总理谢里夫和中国外交部长王毅举行三方会晤。在加强国际反恐合作、推动阿富汗和解进程、支持阿富汗和平重建、改善阿巴双边关系等方面达成共识。①

中国积极参与并推动阿富汗问题多边合作机制的发展。2017 年 6 月 6 日，阿富汗政府组织召开"喀布尔和平与安全合作进程"国际会议，26 个国家和国际组织代表出席会议。阿富汗总统加尼在开幕式上作主旨演讲，呼吁地区国家密切合作开启阿富汗的和平进程。阿富汗政府推出"喀布尔和平与安全合作进程"，深刻反映了阿富汗政府结束战争实现和平，以及在阿富汗事务中寻求发挥独立自主作用的强烈愿望。

2017 年 6 月 24 日至 25 日，中国外交部长王毅访问阿富汗和巴基斯坦，在喀布尔推动阿富汗和平共识的形成，落实上海合作组织有关"阿富汗人主导"的政治和解进程的协议。6 月 24 日，王毅与阿富汗外交部长拉巴尼举行会晤，商讨推动阿富汗政府倡导的"喀布尔进程"的议题。喀布尔进程得到了约 20 个国家和国际组织的支持，旨在与塔利班通过谈判达成和平协议。王毅表示，为了实现和平，阿富汗有必要加强与地区国家的双边和多边合作。推动阿富汗与巴基斯坦改善双边关系紧张状况，阿富汗和巴基斯坦相互指责对方支持恐怖组织，破坏对方国家安全。王毅还会见阿富汗总统加尼，中国作为阿富汗与巴基斯坦关系的调解人，推动建立改善阿巴关系的务实机制。

---

① 《中巴阿三方会晤联合新闻稿》，中国政府网，2015 年 12 月 10 日，http://www.gov.cn/xinwen/2015 - 12/10/content_ 5022062. htm。

2017 年 6 月 25 日，中阿巴三方达成以下共识：建立阿巴危机管控机制。建立中阿巴外长对话机制。重启阿巴中美四方协调组，为和谈即塔利班加入和平进程创造良好条件。支持"喀布尔进程"倡议，尽早恢复上海合作组织—阿富汗联络组工作，推动阿富汗和解进程。① 2017 年 6 月 25 日，王毅还访问巴基斯坦，希望巴基斯坦也能展现出与阿富汗改善关系的诚意。中方还呼吁巴基斯坦对塔利班和哈卡尼网络武装组织的影响力，制止阿富汗境内针对平民的恐怖活动。

2017 年 12 月 26 日，在北京举行了中阿巴三国外长会议。② 2018 年 5 月 28 日，中国主持召开"上海合作组织—阿富汗联络小组会议"（SCO - Afghanistan Contact Group Meeting）。2018 年 6 月 10 日，在上海合作组织成员国第 18 次元首会议上，中国国家主席习近平宣布，中国在三年内为阿富汗培训 2000 名执法官员。

二 加强巴基斯坦安保能力建设

在复杂的地区安全形势下，中国和巴基斯坦在安全领域的合作，除了实现情报信息共享之外，更重要的在于提升安全部队人员的业务素质和能力，改善安全部队的安全技术装备，调动安保人员的主动性和积极性。

客观地看，巴基斯坦安全部队人员的组成和来源复杂，有正轨的职业军人，也有准军事人员，有武装警察，也有民间保安，素质和能力参差不齐，难以形成有效的配合。因此，加强安保队伍的系统培养和选拔，应该成为中国与巴基斯坦安全合作的重要内容，加强安保领域的人员交流和培训，交流成功经验，开展联合演习和联合行动，引进用于反恐、治安的先进设备和装备，以便有效提高巴基斯坦安全部队的安保能力，适应复杂多变的安全环境。

巴基斯坦的旁遮普省专门出台了鼓励民间专业保安公司的举措，2017 年 7 月 6 日，中城卫保安集团巴基斯坦全资子公司——中城卫安全管理有限公司正式获批成立，这是巴基斯坦历史上首家获批成立的外国安保公

---

① 《中阿巴联合新闻公报》，中国外交部网站，2017 年 6 月 25 日，http：//www.mfa.gov.cn/web/wjbzhd/t1473019.shtml。

② Kemel Toktomushev, "China's Military Base in Afghanistan", *The Diplomat*, January 18, 2018.

司，也是中国安保机构在巴基斯坦成立的第一家独资保安公司。中国安保机构参与巴基斯坦安全保护业务，是推动中国与巴基斯坦安全合作的方式之一，能够有效整合政府层面的公共资源与市场主体层面的私人资源，为预防和打击恐怖主义提供了多元和专业的选择。①

此外，中国向巴基斯坦提供先进的安保设备和装备，输出中国标准的先进安保技术，譬如生物科技、数字技术和 5G 网络等，也是中国与巴基斯坦安全合作发展的重要方向。中国在巴基斯坦建立先进的 DNA 测试实验中心，向巴基斯坦提供仪器以加强其安保设备和检测能力。②

三　提升地区多边安全治理水平

2017 年 6 月 15 日，上海合作组织阿斯塔纳峰会接纳印度和巴基斯坦为成员国。依托上海合作组织安全合作的机制平台，不仅有助于中国和巴基斯坦双边在安全领域的合作，而且有利于推动上合组织多边安全合作的深入发展，实现地区多边安全治理。上海合作组织多边安全合作的开展，也为存在安全利益冲突的国家提供交流对话的场合，在安全领域实现求同存异，在共同利益的基础上凝聚共识。

同时，中国与巴基斯坦在安全领域的多边合作，应该保持一定的开放性和灵活性，超越地区国家层面，吸纳域外大国参与地区多边安全治理。要完全排除美国对欧亚地区安全事务的影响力，这既不可能也不明智。所以，应该利用美国总统政府更替的机会，促使美国新政府在欧亚地区安全事务上发挥应有的建设性作用，为地区安全公共产品做出积极的贡献。

2016 年初，中国参与了美国、中国、巴基斯坦和阿富汗的四方协调小组（Quadrilateral Coordination Group，QCG）。2016 年 5 月，由于阿富汗塔利班领导人曼苏尔（Mullah Akhtar Mansour）被美军无人机炸死，四方协调小组会议中断。2017 年 4 月 14 日，俄罗斯倡议举行地区会议，包括阿富汗、中国、印度、巴基斯坦、伊朗、哈萨克斯坦、吉尔吉斯斯坦、塔吉克斯坦、土库曼斯坦和乌兹别克斯坦。2017 年 10 月 17 日，四方协调

---

① 刘莲莲：《国家海外利益保护机制论析》，《世界经济与政治》2017 年第 10 期。刘波：《"一带一路"安全保障体系建构中的私营安保公司研究》，《国际安全研究》2018 年第 5 期。

② 宋志辉：《全球化形势下的中巴安全合作》，《南亚研究季刊》2006 年第 2 期。

小组在阿曼首都马斯喀特（Muscat）重启会晤。由于美国总统特朗普的阿富汗和南亚新战略，试图通过巴基斯坦对塔利班施压。四方协调小组机制逐渐被边缘化。中国和巴基斯坦在对美国安全合作问题上应该加强协调，通过与美国和俄罗斯的合作突破地区安全合作的僵局，尤其是通过美国改变印度在地区安全问题上的立场。

第七章　中巴文化交流

　　"文化互赏才能民心相通"，打造中巴命运共同体需要经济与文化并行。事实上，文化交流是人类文化发展的动力，不同文明的接触，以往常常成为人类进步的里程碑。"[1] 在中巴经济走廊走向高速建设的同时，深入思考中国与巴基斯坦文化交流的历史与发展，客观分析中国与巴基斯坦文化传播的现状，探索两国文化交流的新合作，对构建中国与巴基斯坦间的共同价值观念，最终实现"三个共同体"（利益共同体、命运共同体、责任共同体）具有重要的意义。

　　文化交流涉及的范围十分广，有必要对概念进行界定。关于文化的定义学术界至今没有形成统一的概念。文化人类学中将文化定义为一切人类文明的总称。泰勒指出，所谓文化与文明，就其更广泛的人类学意义而言，乃是包括知识、信仰、艺术、道德、法律、习俗和任何人作为一名社会成员而获得能力和习惯在内的复杂整体[2]。功能学派认为文化是包括一套工具及一套风俗——人体的或心灵的习惯，他们都是直接或间接满足人类的需要。功能学派认为文化是满足人类需要的手段和工具，并以此为依据将文化分为三类。首先，将满足人类基本需要的划分为物质文化；其次，将满足人类欣赏需要的划分为艺术文化；最后，将满足人类精神需要的划分为精神文化。根据泰勒对文化的理解，结合功能学派对文化的分类，本书中中国与巴基斯坦所涉及的文化交流内容主要包含以下方面。第一是满足人类基本需要的教育文化，第二是满足人类欣赏的艺术文化，第三是满足人类精神需要的文学与旅游文化。本章节将从这几个方面重点梳

---

① ［英］伯兰特·罗素：《中西文明的对比》，学林出版社 1996 年版，第 146 页。
② 庄锡昌：《多维视野中的文化理论》，浙江人民出版社 1987 年版，第 99—100 页。

理中国与巴基斯坦文化交流合作的基础与背景，内容与形式，把握中国与巴基斯坦文化交流的现状与发展，试图为促进两国间高质量的文化交流探索路径。

第一节　中巴文化交流的基础

中巴文化的交流与发展离不开两国关系的发展，历史与政治为中巴两国文化间的深入交流奠定了基础，中巴两国的经济贸易合作为中巴两国文化交流提供更多的机遇和更大的平台，两国民众间的交流与合作更是为中巴文化交流增添了活力。

一　历史基础

中国和巴基斯坦关系的发展少不了历史的积淀。从历史的发展来看，中国与巴基斯坦之间存在着深厚的历史友谊，这为今日的两国外交发展和文化交流奠定了基础。早在 40 年建国的贵霜王朝（今巴基斯坦地区）是古丝绸之路中的重要过境国。丝绸之路不仅是经济与商贸之路，更是文化传播之路。"贵霜帝国在中国的东汉时期与罗马、安息、中国相遇，也曾作为丝路通道中的过境国，在印度佛教文化的传播方面功勋卓越"①。唐朝时期玄奘西行求法途经的犍陀罗国和乌伏那国，也在今天巴基斯坦的区域。在丝绸之路的往返通道中，中国与巴基斯坦之间建立了广泛的友谊基础，历史上的巴基斯坦作为丝绸之路的重要交通枢纽和文化交流通道成为东西方之间的桥梁，推动贸易的发展促进文化的传播，为今日中国与巴基斯坦的文化交流融入了历史基础。

二　政治基础

坚实的政治基础是开展中巴文化交流的保障。中华人民共和国成立后，巴基斯坦是最早承认中国的国家之一。1951 年中巴两国正式建立外交关系。1955 年万隆会议期间，周恩来总理与巴基斯坦总理穆·阿里举

① 王成福、黄承锋：《古新丝路视域下的中巴伊土国际通道文化价值研究》，《太平洋学报》2018 年第 5 期。

行了两次友好会谈，双方一致认为应加强中巴两国在各个领域的交流与合作①。万隆会议后，两国高层交往逐渐增多，1956 年，巴基斯坦总理苏拉瓦底应邀正式访华，同年，周恩来总理访问巴基斯坦，一年内两国总理的成功互访，极大地推动了两国友好关系的发展②。1961 年，巴基斯坦政府在联合国大会上表决同意恢复中国在联合国的合法权益，此后两国高层领导人互访频繁，两国政府和人民间的友好合作不断加深。进入 21 世纪以来，中国巴基斯坦合作伙伴关系进一步深入发展，政治互信不断增强。2013 年中巴双方发表《中华人民共和国和巴基斯坦伊斯兰共和国关于深化两国全面战略合作的联合声明》③ 和《关于新时期深化中巴战略合作伙伴关系的共同展望》④；2015 年，习近平主席访问巴基斯坦，中巴双方发表《中华人民共和国和巴基斯坦伊斯兰共和国建立全天候战略合作伙伴关系的联合声明》⑤。

三　经济基础

据相关研究表明，中国与巴基斯坦从 20 世纪 50 年代初就建立了贸易合作伙伴关系，贸易的合作进一步增强了两国民众之间的文化交流。1963 年两国签订第一个贸易协定，1982 年两国成立中巴经济、贸易和科技合作联合委员会，2006 年两国签订自由贸易协定并于 2007 年开始实施，2009 年两国签署《中巴自贸区服务协定》，中国成为巴基斯坦第二大贸易国，2011 年，中国成为巴基斯坦第一大贸易伙伴，2019 年中巴签署《中

---

① 《背景资料：中巴友好关系回顾》，新华网，2015 年 4 月 20 日，http：//www. xinhuanet. com//world/2015 –04/20/c_ 1115030802. htm。

② 《背景资料：中巴友好关系回顾》，新华网，2015 年 4 月 20 日，http：//www. xinhuanet. com//world/2015 –04/20/c_ 1115030802. htm。

③ 《中华人民共和国和巴基斯坦伊斯兰共和国关于深化两国全面战略合作的联合声明》，新华网，2013 年 5 月 24 日，http：//www. xinhuanet. com/world/2013 –05/24/c_ 124755934. htm。

④ 《关于新时期深化中巴战略合作伙伴关系的共同展望》，中国政府网，2013 年 7 月 5 日，http：//www. gov. cn/jrzg/2013 –07/05/content_ 2441468. htm。

⑤ 《中华人民共和国和巴基斯坦伊斯兰共和国关于建立全天候战略合作伙伴关系的联合声明（全文）》，新华网，2015 年 4 月 21 日，http：//www. xinhuanet. com/world/2015 – 04/21/c_ 127711924. htm。

巴关于修订自贸协定的协议书》①。

在一系列贸易合作框架的助推下，中国成为巴基斯坦第一大贸易伙伴。据国家统计局相关数据显示，中国向巴基斯坦出口呈现逐年递增态势，中国从巴基斯坦进口总额在 2012 年进入高峰期，2012—2017 年逐年递减，2018 年回转增长，中巴进出口总额从 2009 年开始逐渐增加，2017 年到达高值，2018 年略微回落。从总体数据分析来看，中国和巴基斯坦之间的经济发展总体向好，成功与深度的经济合作对文化交流的持续深入开展提供了条件②。

表Ⅲ-7-1　　　　　　　中巴商贸 2009—2018 年　　　　（单位：万美元）

指标	中国同巴基斯坦进出口总额（万美元）	中国向巴基斯坦出口总额（万美元）	中国从巴基斯坦进口总额（万美元）
2018 年	1910540	1693332	217209
2017 年	2008401	1825079	183322
2016 年	1914706	1723446	191259
2015 年	1891665	1644189	247476
2014 年	1599835	1324448	275387
2013 年	1421644	1101960	319684
2012 年	1241365	927539	313825
2011 年	1055833	843971	211862
2010 年	866862	693760	173102
2009 年	678834	552833	126001

① 《中国同巴基斯坦的关系》，中华人民共和国外交部网站，https：//www. fmprc. gov. cn/web/gjhdq_ 676201/gj_ 676203/yz_ 676205/1206_ 676308/sbgx_ 676312/。

② 国家数据：https：//data. stats. gov. cn/adv. htm？m = advquery&cn = C01。

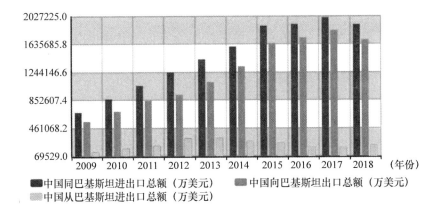

图Ⅲ - 7 - 1　中巴商贸 2009—2018 年

国家数据：https：//data. stats. gov. cn/easyquery. htm? cn = C01。

资料来源：国家统计局，国家数据。

马克思主义社会交往理论认为生产活动是社会交往的基础。马克思曾说：“生产力与交往形式的关系就是交往形式与个人的行动或活动的关系，这种活动的基本形式当然是物质活动，一切其他的活动，如精神活动、政治活动、宗教活动等都取决于他。”[①] 因此，物质资料的生产活动是文化交流的前提与保证。近年来，中国与巴基斯坦经贸合作发展迅速，务工人员的往来为文化交流也创造了条件。

中国对巴基斯坦承包工人派出人数从 2011 年的 3606 人增长到 2018 年的 15540 人，中国对巴基斯坦承包工程完成营业额同样逐年上升，中国实际利用巴基斯坦外商直接投资金额在 2014 年达到 2323 万美元。中国和巴基斯坦两国经贸合作存在巨大潜力，也拥有广泛的合作基础，这就为文化交流提供了保障。

第二节　中巴文化交流的主要内容

中国与巴基斯坦的文化交流多以政府协定的形式给予落实。例如早在

[①] 《社会学概论》编写组：《社会学概论》，人民出版社 2011 年版。

1965 年 3 月，中巴两国政府签订文化协定，并于同年第一次签署了年度文化交流执行计划①。2010 年，中巴两国就互设文化中心签署谅解备忘录，2013 年李克强总理访问巴基斯坦期间，双方决定将 2015 年确定为"中巴友好交流年"，2015 年习近平主席访问巴基斯坦，中方宣布在伊斯兰堡设立中国文化中心，双方宣布成都市和拉合尔市、珠海市和瓜达尔市、克拉玛依市和瓜达尔市分别结为友好城市，中巴两国宣布中国中央电视台英语新闻、纪录频道在巴基斯坦落地，中国国际广播电视台在巴基斯坦设立"FM98 中巴友谊"工作室，2015 年 12 月，巴基斯坦青年百人团访华，李源潮副主席会见代表团②。

中华人民共和国成立后，中国与巴基斯坦其重要的交流形式为两国互派文化团组访问和举办展览。其间重要互访代表团有：1981 年 11 月，以巴基斯坦文体部长尼亚兹·穆罕默德·阿尔巴布为团长的巴基斯坦政府文化代表团访华，1983 年 5 月，以文化部朱穆之部长为团长的中国政府文化代表团访巴，之后两国多次进行文化交流与访问，在艺术、文学、教育、新闻、体育、文物、档案、出版、卫生、妇女等领域还进行了众多富有成果的交流与合作③。

20 世纪 50 年代至 20 世纪末，中国与巴基斯坦之间的合作范围进一步扩大，中国和巴基斯坦的文化交流主要是在体育、艺术、文学、教育方面；1956 年，巴基斯坦足球队访问中国北京、上海等地，1972 年中国乒乓队访问巴基斯坦。进入 21 世纪中巴两国文化交流逐渐丰富，从体育、艺术、文学、教育等领域扩展到卫生、妇女、文物等领域。

为促进中巴两国的文化交流与合作，两国的政府和民间团体与组织做出了不少努力。在文学方面，两国都曾致力于翻译、出版相关的文学著作和历史地理书籍等；在教育领域中国在巴基斯坦建设孔子学院和孔子课堂，巴基斯坦国内也掀起了"汉语热"浪潮；许多巴基斯坦学生来到中国留学，在学习期间他们进一步学习、了解中国优秀传统文化，成为中巴文化交流传播的重要力量。

---

① 《中巴关系》，中华人民共和国驻巴基斯坦伊斯兰共和国大使馆网站，https://www.fmprc.gov.cn/ce/cepk/chn/zbgx/sbgx/t183305.htm。

② 《中国同巴基斯坦的关系》，中华人民共和国外交部网站，https://www.fmprc.gov.cn/web/gjhdq_676201/gj_676203/yz_676205/1206_676308/sbgx_676312/。

③ 《中巴文化交流简况》，中华人民共和国驻巴基斯坦伊斯兰共和国大使馆网站，http://pk.chineseembassy.org/chn/zbgx/wenhuafuwu/t106384.htm。

表Ⅲ－7－2　　　　　　　　　　　中巴文化交流事件概览

时间	中国巴基斯坦文化交流事件
1965 年	1965 年 3 月 26 日，两国政府签订了《中巴文化交流协定》，并于同年签署了第一个年度文化交流执行计划
1979 年	1979 年两国恢复商签每二年度的执行计划。自 1997 年起，将过去每二年度执行计划改为每三年度执行计划
1983 年	1983 年 5 月，以文化部朱穆之部长为团长的中国政府文化代表团访巴
1999 年	1999 年 9 月 26 日，以巴新闻、文化部长穆夏希德·侯赛因为团长的巴政府文化代表团访华
2003 年	2003 年底，双方在北京签署"中巴 2004 年至 2006 年文化交流执行计划"
2006 年	2006 年 11 月，国务院新闻办互联网新闻研究中心副主任梁立华等一行 6 人访巴，考察巴境内互联网发展和管理情况，并赴白沙瓦参观考察
2012 年	2012 年 5 月 22 日第十一届"汉语桥"比赛在巴基斯坦赛区落下帷幕
2016 年	2016 年 5 月，庆祝中巴建交 65 周年博览会在巴首都成功举行
2017 年	2017 年 4 月 25 日，巴基斯坦中国文化中心举办场地启用仪式
2019 年	2019 年 2 月，巴基斯坦各界欢庆中国春节

资料来源：《中巴文化交流简况》，中华人民共和国驻巴基斯坦伊斯兰共和国大使馆网站，http：//pk. chineseembassy. org/chn/zbgx/wenhuafuwu/t106384. htm。

《中巴文化交流简况》，中华人民共和国驻巴基斯坦伊斯兰共和国大使馆网站（http：//pk. chineseembassy. org/chn/zbgx/wenhuafuwu/t106384. htm）。

《第十一届"汉语桥"比赛在巴基斯坦赛区落下帷幕》，中华人民共和国驻巴基斯坦伊斯兰共和国大使馆网站，http：//pk. chineseembassy. org/chn/zbgx/wenhuafuwu/t935280. htm。

《庆祝中巴建交 65 周年博览会在巴首都成功举行》，中华人民共和国驻巴基斯坦伊斯兰共和国大使馆网站，http：//pk. chineseembassy. org/chn/zbgx/wenhuafuwu/t1366083. htm。

《巴基斯坦中国文化中心举办场地启用仪式暨民乐音乐会》，中华人民共和国驻巴基斯坦伊斯兰共和国大使馆网站，http：//pk. chineseembassy. org/chn/zbgx/wenhuafuwu/t1457698. htm。

《巴基斯坦各界欢庆中国春节》，中华人民共和国驻巴基斯坦伊斯兰共和国大使馆网站，http：//pk. chineseembassy. org/chn/zbgx/wenhuafuwu/t1636847. htm。

一　文学交流

文学方面，双方已翻译出版多部优秀文学作品。例如《人贩子》就是中国研究者翻译的一部成功的巴基斯坦经典小说。这本书由北京大学东语系与其他单位合作完成，共翻译了巴基斯坦 21 位乌尔都文学家的短篇小说 41 篇，为我们了解现代史上的巴基斯坦人民提供了丰富素材。季羡林在散文随笔《学林漫步》中曾经提到，除了伊克巴尔和新近去世的费兹两位大诗人之外，我们所熟悉的巴基斯坦作家就不多了，《人贩子》这本小说就像"大旱中的云裳"，一定会受到广大中国读者的欢迎。2007年，巴基斯坦文学院在伊斯兰堡举行乌尔都语版《论语》的首发式，同时发布了乌尔都语版的《中国文学作品选编》和《中国诗词选编》。目前，中国多部优秀传统文化的文学作品被翻译成乌尔都语在巴基斯坦出版，为巴基斯坦人民进一步了解中国文化提供了平台。

此外，中巴两国在推动两国广播、电影和电视方面的交流与合作也付出了很多努力。例如20世纪80年代中期，中巴两国电视台共同拍摄的《路之情》等多部电视剧，受到了两国人民的喜爱。

二　教育交流

两国在教育领域的合作亦得到了较快发展。近些年来，有越来越多的中国人在巴基斯坦工作和生活，促进了中国与巴基斯坦文化的民间交流。

1964年，中国开始接受巴基斯坦留学生，1965年，中巴两国签订了《中巴文化交流协定》，同年签署第一个年度文化交流执行计划①。2013年，李克强总理访问巴基斯坦期间宣布未来5年为巴基斯坦培训1000名汉语教师②。2015年，习近平主席访问巴基斯坦期间，中国宣布未来五年内为巴基斯坦提供2000个培训名额③。2018年，在中国学习的巴基斯坦留学生超过两万名，中国在巴基斯坦的留学生近千名。中国已和巴基斯坦合作建立4所孔子学院，2005年北京语言大学和巴基斯坦国立现代语言大学共同建立的伊斯兰堡孔子学院，2013年四川师范大学和卡拉奇大学共同建立的孔子学院，2014年新疆农业大学与费萨拉巴德农业大学合作建立的孔子学院以及2015年江西理工大学与旁遮普大学建立的孔子学院，

---

① 《中巴文化交流简况》，中华人民共和国驻巴基斯坦伊斯兰共和国大使馆网站，http：//pk. chineseembassy. org/chn/zbgx/wenhuafuwu/t106384. htm。

② 《李克强访问巴基斯坦为中巴友谊续添新的不竭动力》，中国政府网，http：//www. gov. cn/jrzg/2013 –05/24/content_ 2410900. htm。

③ 《习近平在巴基斯坦议会发表重要演讲构建中巴命运共同体开辟合作共赢新征程》，中华人民共和国外交部网站，https：//www. fmprc. gov. cn/web/gjhdq_ 676201/gj_ 676203/yz_ 676205/1206_ 676308/xgxw_ 676314/t1256527. shtml。

此外还有 2 个孔子课堂①。随着"一带一路"倡议的实施，巴基斯坦学习汉语的人数也在不断增加，这为两国教育交流增添了语言上的动力。

据相关资料显示，20 世纪 60 年代开始，巴基斯坦就设立了学习中国语言的学习班；20 世纪 70 年代巴基斯坦成立国立伊斯兰堡现代语言学院，开设了中国语言文学系，2011 年前后巴基斯坦中小学开始设立华文课程②。巴基斯坦向中国输送的留学生将会成为中巴文化交流的重要人力资源，这些人才对巴基斯坦的经济社会发展以及中巴经贸合作、经济往来起到了积极的推动作用。

2008 年 4 月巴基斯坦政府出资在清华大学设立"巴基斯坦文化传播研究中心"从事中巴文化相关的研究和学术交流活动。北京大学和四川大学也相继成立巴基斯坦研究中心，为中巴关系发展提供更加科学的分析和指导。此外，还有更多的学校也开始从事巴基斯坦的研究，例如江苏师范大学也成立了巴基斯坦研究中心。2008 年 6 月，电科国际在巴基斯坦设立中巴文化教育交流专项基金，专门用于促进中巴两国文化、教育领域的交流。"巴基斯坦驻华大使馆公布的数据显示，2017 年巴基斯坦新赴华留学生约为 2500 名，目前在华留学生总人数约为 2.2 万名。"③且随着中巴人文交流的不断发展，合作领域的不断壮大，巴基斯坦在 2017 年已成为赴华留学生的第三大生源国。这些在中国留学的巴基斯坦留学生成为中巴友好的生力军。

三　艺术交流

2006 年，在巴基斯坦的伊斯兰堡和拉合尔举办了"中国新疆文化周"，中国新疆特色的少数民族音乐与舞蹈在巴基斯坦演出④。2016 年，中国华夏文化遗产基金会与中巴经济走廊委员会签署中巴文化走廊合作谅

---

① 葛平平：《"一带一路"倡议和"中巴经济走廊"建设背景下巴基斯坦高校汉语教育发展现状——以四所国立院校为考察对象》，《汉语国际教育学报》2019 年第 1 期。

② 何小陆、梁树升：《巴基斯坦华文教育发展的现状、问题与对策》，《江西理工大学学报》2019 年第 6 期。

③ 《巴基斯坦掀起"留学中国热"》，新华网，http：//www.xinhuanet.com/abroad/2018－05/23/c_ 129878698.htm。

④ 《新疆文化周在伊斯兰堡开幕》，中国政府网，http：//www.gov.cn/jrzg/2006－05/20/content_ 286310.htm。

解备忘录，商定在文化遗产保护，汉语言教学培训以及互联网传媒等方面
进行交流合作。在过去的 50 多年里，中巴两国在绘画、木偶、杂技、手
工艺、民族歌舞等方面进行了多次广泛的交流。

　　巴基斯坦作为文化遗产资源大国，其国内的传统文化和文化遗产的
保护开发工作受到越来越多的关注。在巴基斯坦文化遗产保护的采访
中，巴基斯坦国家历史与文化遗产部长阿米尔·哈桑表示感谢中国为巴
基斯坦的文化遗产保护提供了很多援助与合作。中国不仅协助巴基斯坦
制定文化遗产保护开发计划，在文化遗产的培训、管理以及其他方面传
授经验。哈桑还表示，"遗产部始终致力于增进两国友谊，也愿与中方
相关机构一道，积极促成中巴文化各领域的交流合作"。① "哈桑认为，
中巴文化交流就是一条无形的喀喇昆仑公路，拉近了两国民众心与心的
距离。"②

四　旅游交流

　　巴基斯坦拥有丰富的旅游资源，两国的物质与非物质文化交流以旅游
的形式得以呈现。巴基斯坦首都伊斯兰堡有全世界最大的清真寺——费萨
尔清真寺，拉合尔保留着贾汗吉尔陵和塔塔古堡等，南部的港口城市卡拉
奇保留着英殖民时期建造的费里尔大厅，还有优美的克利夫顿海滩等③。
随着中国经济的发展，人民收入的增加，中国游客出境旅游的需求不断上
升，新兴的境外游资源受到追捧，受优惠政策以及"一带一路"宣传和
影响，"一带一路"沿线国家成为中国游客境外游的热门选择。根据巴基
斯坦旅游发展公司的数据现实，巴基斯坦年入境游客数量，2016 年较之
2013 年以提升了三倍；世界旅游业理事会统计，巴基斯坦目前的旅游业
总量为 194 亿美元，占国内生产总值的 6.9%。但是，巴基斯坦国内基础
设施的建设较差，旅游线路开发滞后，所以还有很大的提升空间。

　　近些年，由于中巴友好合作关系继续向好发展，中国游客前往巴基斯
坦旅游的倾向越来越多，中巴友好关系的发展也使得巴基斯坦成为一部分

---

　　①　马逸珂：《"一带一路"助推中巴文化遗产合作》，《中国文化报》2018 年 1 月 11 日。
　　②　马逸珂：《"一带一路"助推中巴文化遗产合作》，《中国文化报》2018 年 1 月 11 日。
　　③　陆晓玲、暴云英、许传坤：《中国与巴基斯坦现代农业和旅游产业合作前景分析》，《中
国经贸导刊》（中）2020 年第 3 期。

人心中自驾游的好去处。由于前述问题，巴基斯坦的旅游业的发展仍有所不足，其旅游业的发展还存在着巨大潜力，中国现今兴起的一系列"互联网＋"产业模式可以为巴基斯坦旅游业提供一些借鉴经验，这些将为今后中国巴基斯坦两国的文化交流创造更为便利的条件。

第三节　中巴文化交流的现状和不足

中巴文化交流的发展还有很大的潜力。巴基斯坦国内目前存在的一些问题有：基础设施建设较差、能源消耗高和能源危机严重、安全治理缺位、外商直接投资薄弱、政治局势不稳、民族问题、宗教问题以及恐怖主义问题都影响着巴基斯坦国内安全等，上述问题的存在也为中国与巴基斯坦的文化交流带来影响。中国与巴基斯坦文化交流的现状特点主要有以下几个方面。

一　形式逐渐丰富但深度不够

中巴文化交流的方式已经从官方为主的交流方式向多元化、多层次方向发展。现今中巴文化交流包含更多内容，开设孔子学院、民间艺术团体的交流以及两国之间人才的学习和交流。多样的文化交流才能源远流长，而中巴在文化交流与传播中更多的是在建立在政府层面，民间组织的力量相对有限，形成了交流深度不够的发展现状。例如文学交流这一方向，中巴两国还有很大的进步空间。目前来看，中国大陆翻译出版的巴基斯坦本国图书较少，涉及种类多集中在历史、文学、政治、经济以及人物传记这几大类，且人物传记类多涉及政治人物而非主流思想家[1]。普通读者对巴基斯坦信息的了解多是从新闻报道中获得的，而新闻多针对某一事件，因而容易使普通读者对巴基斯坦形成较为片面的认识。面对当前中巴关系的发展，为促进民心相通，图书的翻译与出版应该更向普通大众靠近，通俗的、实用性强的书更应该成为两国翻译、出版和发行新的选择方向。

---

[1]　金强：《中巴建交以来中国大陆对巴基斯坦题材图书出版分析（1951—2018）》，《南亚研究季刊》2018 年第 3 期。

巴基斯坦国内伊斯兰教内部教派众多，由于一些教派之间教义和教法不同，会经常发生冲突，而这些冲突又会与政治斗争相联系，使得巴基斯坦的政治形势更为复杂。此外，巴基斯坦国内恐怖主义势力长期存在，且与极端民族主义相互勾连，国内安全长期受到威胁。虽越来越多的中国人到巴基斯坦学习、工作、旅游、生活，但巴基斯坦总体安全局势掣肘了两国民众的自由往来。事实上，中国新疆的安全与巴基斯坦之间也有着千丝万缕的联系，巴基斯坦总体的社会环境也为文化交流形成诸多不便，特别是民众民间的交往与自由往来受到一定影响。

二　内容逐渐细化但力度不足

中巴文化交流的内容逐步细化，但是和美国、西欧以及日本、韩国相比，中国的文化传播策略还有待形成规模。研究这些国家和地区文化传播，对于中国文化传播具有一定的借鉴作用，对当今中巴文化交流的发展也有所裨益。

进入 21 世纪，随着经济发展，科学技术的进步，以及互联网的飞速发展，中巴两国之间的文化交流更加便利，交流方式也越来越丰富，除政府之间的文化交流，还有民间艺术团体，机构组织之间的文化交流与相互学习。2004 年 5 月巴基斯坦国立现代语言大学中文系举办"汉语桥"世界大学生中文比赛巴基斯坦决赛[1]。2014 年，举办中巴艺术交流展，驻巴基斯坦大使孙卫东、巴基斯坦新闻广播和国家遗产部常秘纳齐尔·赛义德和驻巴使馆文化参赞张英保等出席开幕式并进行了参观[2]。中巴两国之间保持长期的人才交流与互访，中巴文化交流的内容逐渐细化，种类逐步丰富。

虽然中巴文化交流内容逐步细化，但在促进文化交流的力量方面还是有所欠缺，没有发挥更多的力量助力中巴文化交流的发展。参考美国、日本、韩国等国家在文化交流与输出领域的行动，政府在促进文化交流发展方面有巨大的引导和促进作用。例如美国政府扶持形成了政府、公共组

---

① 中华人民共和国驻巴基斯坦伊斯兰共和国大使馆：《驻巴基斯坦使馆文化处近期文化交流》，http：//pk. chineseembassy. org/chn/zbgx/wenhuafuwu/t106382. htm。

② 中华人民共和国驻巴基斯坦伊斯兰共和国大使馆：《孙卫东大使出席中巴艺术交流展》，http：//pk. chineseembassy. org/chn/zbgx/wenhuafuwu/t1156823. htm。

织、基金和私人机构四位一体的体系①。研究上述国家文化事业的发展，能看到这些国家将文化与市场相结合，通过市场和政府政策支持，科技投入和创新等多种手段发展文化产业。此外，这些西方大国重视媒体的作用，利用电影、电视、互联网等大众媒体向世界其他国家输出其价值观念。研究邻国日本、韩国的文化发展，同样以政府为主导，多方式、多方面相结合，从媒体到产品都能成为文化交流与输出的途径与载体。相对于上述所提及国家，中国与巴基斯坦对大众媒体的利用就显得薄弱很多，中国互联网发展较晚，影响力也稍落后于西方大国，通过既有研究我们发现，巴基斯坦的国内社交媒体中西方的价值观影响较大，例如 Facebook 在巴基斯坦青年群体中有一定的影响力。因此，中国也应重视互联网的文化传播作用，利用媒体开展相关宣传工作，谨防西方国家利用互联网污名化中国，影响巴基斯坦国内民众，尤其是青少年对中国的认识。

三　地位不断提升但缺乏系统规划

随着中巴关系发展为全天候战略伙伴关系，中巴文化交流的重要性也日益凸显。近些年，中巴两国对于文化交流与合作的共同努力使中巴文化关系的地位不断提升。

对比走在信息技术前列、国际互联网影响力大的一些西方国家，中国与巴基斯坦的文化交流还有更多发展的可能。目前中巴文化交流多集中在高层领导之间，但对于国家之间的交往关系而言，普通民众的文化交往才能更稳定、更长久地维护国与国之间的关系，这种关系的维持不易受政党政治变革的影响。

中巴两国进行文化交流时缺乏系统的规划，致使中国在和巴基斯坦进行文化交流时多为高层之间的交流，缺少深入普通民众之间的文化交流，尤其是在当今国际大环境中互联网的发展使得不同国家之间的人民能够交流、学习，使得普通民众也能在足不出户的情况下了解另外一个国家的文化、风俗、传统等情况。因此，能够深入普通民众之间的文化交流就显得越发重要。而在这方面做得较好的是法国、美国、英国、日本等几个国家。根据美国南加州大学外交研究中心和英国波特兰公关公司联合组建的

---

① 李百玲：《美国建构国家文化软实力的路径分析》，《当代世界与社会主义》2011 年第 6 期。

"软实力 30"项目发表的全球软实力报告，2015—2019 年中国的全球软实力排名的最好位次是 2017 年的第 25 名，而在经济体排名中，中国则紧排美国之后①。中国作为全球第二大经济体，和强劲的经济实力相比中国的软实力是有巨大的进步空间。

四　推动中巴全方位文化交流的路径

建构主义学者亚历山大·温特曾认为，国际体系结构是观念的分配，是一种文化，这种文化一旦形成就会使文化中的个体被这种文化所建构，而在这文化环境之下的实践活动造就了共有观念，共有观念能构建出社会共同体。② 因此，中国与巴基斯坦之间构建共有价值观念更需文化先行，我们要从多个方面思考，全面系统推动中巴两国的文化交流。

（一）多元合力促进中巴文化交流

促进中巴文化交流的继续友好发展，不但需要政府的支持也需要市场的引导，还需要媒体、互联网、组织机构以及民间团体等多方面力量的共同作用。政府在文化交流中起着主导作用，它决定着对外交流的最主要、最需要、最应该宣传和传播的价值观念，而市场则可以将这些寄托在物品上的文化价值观通过市场的运转传递到世界各地。媒体的作用更为重要，它有着重要的影响力，通过电影、电视剧、音乐等媒体的影响向其他国家宣传本国的风俗习惯，传递价值观念以及科普不同国家的文化传统。现今高速发展的互联网让不同国家普通民众的互相交流成为可能，也为各种文化产业提供了更为便利的传播途径。

中巴文化交流的发展现今仍是由政府为主导，所以更应该多方合作，从各个方面提高中巴文化交流的能力。例如借助非政府组织以及教育的力量来传播中国优秀传统文化，向世界传递中国的价值观念，使"人类命运共同体"能够在中国的传播和影响下被他国正确的认识。因此需要在政府支持下，共同开展文化交流活动，使这些文化交流的活动形成体系，促进中国与巴基斯坦民众对两国文化的进一步认知。

---

① 吴小燕：《一文读懂 2018 年全球软实力影响力排行榜：英国超越美国成为榜首，中国显著提高》，https://www.qianzhan.com/analyst/detail/220/180727－6248251c.html。

② [美]詹姆斯·多尔蒂、小罗伯特·普法尔茨格拉夫：《争论中的国际关系理论》（第五版），阎学通、陈寒溪等译，世界知识出版社 2003 年版，第 177 页。

（二）创新中巴文化交流形式

创新中巴文化交流的形式对于中巴文化互信有着重要的意义。丰富中巴文化交流形式，就是拓宽中巴文化交流的途径。

中巴文化交流的内容不仅局限在当今两国文化交流所包含的内容，更应开拓新形式。两国可以共同创作符合当今时代的新作品——新的音乐作品、影视作品、文学艺术作品等，这些融合了两国价值观念的共同作品在两国内发行、宣传，会让两国人民对彼此有更深刻的认识，而这些优秀的作品也会成为中巴两国友好的见证。

面对当今互联网的便利，利用互联网进行文化交流与传播已不再是稀奇的事情，如今，世界多个国家都掀起了"汉语热"的学习浪潮，观察中国学生在学习英语、练习听力时所下载的 VOA 英语，BBC 英语，中国也可以推出专门学习汉语的网站和 APP，在学习当中领略中华文化的内涵与精髓，在学习当中了解中国当代社会的现状。随着 5G 技术的发展和应用，VR 将会越来越深入到我们的生活、工作和学习当中，利用信息通信技术的快速发展，可以让中巴文化交流搭载 5G 技术，让两国人民足不出户就可以"身临其境"，感受他国的文化与习俗。

（三）提升中巴文化交流合作深度

深化中巴文化交流合作，除两国政府的主导，还需要能够深入普通大众的文化交流。研究日本和韩国的文化产业发展以及文化的传播和交流，学习借鉴其优势。例如，日本在平成年代提出了"文化立国"与"文化外交"的理念，以及 2009 年日本的一项报告《日本品牌战略——让软实力成为经济增长动力》正式将文化产业的海外拓展作为一项国策[1]。此外，日本通过立法，制定相关法律规范其文化产业的海外发展，通过与企业合作实现产品外销，为当地创收，还通过振兴观光业，推动游客赴日消费，以及邀请海外各国青年到日本进行学习交流[2]。查阅关于日本动漫核心价值观念和文化传播的资料，以及美国文化价值观与美国文化产业的发展能够发现，这些国家会将自己本国的价值观念融入这些文化产品当中，随着国际市场传递到世界各国，潜移默化地影响着他国人民的思想和价值认同。

---

① 张雅妮：《平成时代日本文化海外输出战略的特点及其启示》，《日本研究》2020 年第 1 期。
② 张雅妮：《平成时代日本文化海外输出战略的特点及其启示》，《日本研究》2020 年第 1 期。

中国在与巴基斯坦的文化交流中也可学习借鉴这些国家文化传播和发展的方式。立足符合两国普通民众的价值理念，传播新的价值观念，辅之以相关的文化产业多管齐下，共同促进中巴文化的交流、合作与发展。

（四）搭建更多的文化交流平台

为中巴两国文化交流搭建更全面、更系统的交流平台是非常重要的。中巴文化交流中，中巴两国的官方交流起到了主要作用，要想进一步促进中巴文化的发展，不但要继续加强官方的主导作用，还应用非官方交流平台进行细化和补充。

例如，中巴两国政府可以共同建设中巴文化交流论坛，举办中巴文化艺术交流展，还可以政府为主，其他组织机构为辅，进行定期的两国民间风俗、文化交流，将上述这些活动形成一个惯例，长期保持，成为一个由上到下、由官方到民间的稳定、系统的中巴文化交流的平台。

孔子学院和孔子课堂在巴基斯坦的设立为中国文化的传播提供一个非常可靠的途径。在教学过程中，可以通过介绍中国伟大的思想家，中国优秀的传统文化、中国当代的社会发展以及治国理念向巴基斯坦人民传递中国理念和中国智慧。此外，可以通过其他途径补充中巴文化交流的平台的不足，比如，搭建中巴交流的互联网平台，两国人民可以随时随地在互联网上进行交流和学习。建立中巴两国的文学艺术交流平台，定期举办文学、影视、书画、歌舞等的交流活动。通过上述方式及其他新形式组建一个全方位、多元化的中巴文化交流平台。

第八章　中巴旅游合作

　　巴基斯坦是中国唯一的"全天候战略合作伙伴"国家，两国在经济、军事、政治等方面都有着广泛的合作，中国民间也亲切地称呼巴基斯坦为"巴铁"。在中巴两国拥有如此之好的外交关系背景之下，两国间的旅游合作却发展得较为滞后。造成目前情况的主要原因在于巴基斯坦一直笼罩在一层神秘的面纱之下，其国内旅游资源并不被中国民众所熟知，加上不时传出的恐怖袭击使得巴基斯的国际形象极为负面，更是打消了游客去巴基斯坦旅游的兴趣。但是，随着中国提出"一带一路"倡议并落地实施以来，中巴两国的合作变得更为紧密，形式更为多样，也为发展中巴两国旅游合作也打开了新的局面。目前，尚未有系统的有关中巴旅游合作方面的研究成果，因此笔者也尝试填补这一空白，进行初步探索。本章将详细梳理巴基斯坦国内旅游资源，以此作为中巴旅游合作的基础，进而分析两国历史上在旅游合作方面进行过的努力与取得的成果，最后结合当前两国的双边合作与各自国情提出未来在旅游合作方面的机遇与挑战。其中，巴基斯坦国内的情况包括旅游资源、经济安全形势、风俗文化等，以及中巴两国当前的合作进展情况，特别是"一带一路"倡议中"中巴经济走廊"建设是两项重要的考量因素。

第一节　巴基斯坦主要旅游资源

　　中国民间虽然亲切地称呼巴基斯坦为"巴铁"，但是大多数中国人对于巴基斯坦的国内情况并不熟悉，对于其国内的旅游资源更是几乎毫无了解，这也成了影响中巴两国旅游合作的一个重要因素。事实上，巴基斯坦不但有壮丽的山川、绵延的河流等天然旅游景点，由于其特殊且悠久的历史文化，更是拥有许多具有重要人文价值的文化旅游景点。巴基斯坦政府正是借助这些资源，打造了一批以城市为中心的旅游景区，尝试发展旅游业。这些旅游资源也为中巴两国展开旅游合作打下了坚实的基础。

一　巴基斯坦重要城市旅游资源

巴基斯坦的旅游业起步于 20 世纪 50 年代，1970 年 3 月，巴基斯坦旅游发展公司正式成立，标志着巴国旅游业翻开了新的篇章。[①] 巴基斯坦拥有丰富的旅游资源，其中如北部的雪山，南部的海滩，伊斯兰堡、卡拉奇、拉合尔、白沙瓦、费萨拉巴德、罕萨河谷等旅游胜地已享誉全球，这些为巴基斯坦发展旅游产业奠定了良好基础。[②] 巴基斯坦也借此打造了一批重要的旅游城市与景区。

（一）卡拉奇景点

卡拉奇是目前巴基斯坦最大，最受国外旅客欢迎的城市。其位置在巴基斯坦的南部海岸，南邻阿拉伯海，总面积为 3527 平方千米，城区面积高达 1821 平方千米。由于卡拉奇先天的地理优势，目前已经成为巴基斯坦最重要的港口城市，可以停靠万吨级以上的邮轮，也是巴基斯坦的工商业中心及交通枢纽。卡拉奇机场是巴基斯坦重要的国际机场，是跨大洲航班的重要中转站。[③] 优越的地理位置及交通基础设施的建设也为国际旅客到卡拉奇参观旅游提供了便利。

从历史上看，18 世纪时，卡拉奇还只是一个名为"卡拉奇乔格特"的小渔村，[④] 之后随着不断的发展逐渐成为工商、贸易、海运的重要中心城市。从这一点来看，卡拉奇的发展历史与上海有一定的相似性，这两个城市也在 1984 年互相结为友好城市。从 1936 年开始，卡拉奇被定为信德省的首府，并且曾经在 1947—1959 年作为巴基斯坦首都。

如今的卡拉奇已经成为巴基斯坦第一大城市，不但保留着充满历史韵

---

① 官忠明：《巴基斯坦旅游业现状》，《南亚研究季刊》2001 年第 1 期。

② 陆晓玲、暴云英、许传坤：《中国与巴基斯坦现代农业和旅游产业合作前景分析》，《中国经贸导刊》2020 年第 8 期。

③ 《一带一路图志·巴基斯坦》，中国地图出版社 2018 年版，第 175 页。

④ 《卡拉奇》，巴基斯坦伊斯兰共和国驻华大使馆官网，http：//www.pakbj.org/index.php?m = content&c = index&a = show&catid = 30&id = 21。

味的老城，而且新建了许多现代化建筑，可以称作历史与现代的结合体。受到游客们喜爱的景点包括巴基斯坦国家博物馆、瓦齐尔大厦、女皇市场、克里夫顿海滩等。卡拉奇市区分为新区和旧区，港口附近的旧城区至今保持着巴基斯坦这个东方国家的"神秘"氛围，吸引着无数试图探寻穆斯林文化的游客；而新城区则洋溢着浓厚的现代气息，高楼林立，基础设施建设较为发达。市区内的文化、娱乐、餐饮、酒店及医疗设施相当完备，可以满足世界各地不同国家旅客的要求。

卡拉奇最为著名的景点当属真纳陵。真纳陵是巴基斯坦国父穆罕默德·阿里·真纳的陵墓，其位于卡拉奇的东南面，从外形上看是一座高大的圆顶白色建筑。根据现有资料显示，整座陵墓都由纯白色大理石建成，独特的造型充满着厚重的民族特色。

（二）伊斯兰堡景点

伊斯兰堡是巴基斯坦首都，位于旁遮普北部波特瓦尔高原之上。这座城市是巴基斯坦的一座新兴城市，始建于1960年，但其发展迅速，1965年起正式成为首都。城市内布局合理，街道笔直宽阔，建筑新颖，主要有政府大厦、总统府、总理府、议会大厦、最高法院、会议中心、真纳大学、费萨尔大清真寺、体育综合设施以及高级旅馆等。[①] 1992年时，伊斯兰堡与北京结为友好城市。

伊斯兰堡虽然作为一座现代化的城市，但是其市内并没有大型工业和矿产企业，因此基本没有污染，空气清新，气候宜人，是一座广阔且宁静的都城。作为伊斯兰世界最为著名的清真寺之一，费萨尔大清真寺是伊斯兰堡最受欢迎的景点。它坐落在市区北部，可同时容纳上万人进行祷告。该寺是由已故的沙特阿拉伯国王费萨尔出资建造，1986年正式建成，并最终以其姓名命名。

此外，巴基斯坦纪念碑也是不可错过的景点之一。该纪念碑于2007年3月23日在伊斯兰堡落成，作为体现巴基斯坦历史的国家纪念碑，具有重要的文化参考价值。从外形上看，纪念碑为花瓣封闭的花朵形状，由四个较大的"花瓣"与三个较小的"花瓣"交替组成。四个"大花瓣"分别代表着巴基斯坦最重要的四个省——俾路支省、旁遮普省、开伯尔–

---

① 《一带一路图志·巴基斯坦》，中国地图出版社2018年版，第174页。

普什图省和信德省，三个"小花瓣"则代表着巴基斯坦重要的三个地区——克什米尔、吉尔吉特巴尔蒂斯坦和政府控制的部落地区。这种和谐聚合象征着巴基斯坦作为一个民族的统一和团结一心。[①]

特别值得中国人关注的景点还有位于伊斯兰堡南部的小山公园。每当外国元首和政府首脑到访巴基斯坦时，都会在小山公园内栽种一棵象征两国关系友好的友谊树。1964 年时，周恩来总理到访巴基斯坦时就曾种下了第一棵象征中巴友好"乌柏树"。此后，包括刘少奇、江泽民、朱镕基、李克强等中国领导人也都在此公园内种过"友谊树"。可以说，小山公园见证着中巴两国友好关系的建立与整个发展历程。

（三）拉合尔景点

拉合尔是旁遮普省的首府也是巴基斯坦的第二大城市，其位于伊斯兰堡东南方向约 300 千米处，距离印巴边境仅 30 千米。这是一座具有深厚历史的城市，至今已有 2000 年的历史。根据资料显示，早在 7 世纪时，中国唐朝的玄奘就已经到访过拉合尔市并且留下过具体描述。目前，拉合尔已经成为巴基斯坦的文化与学术中心，1992 年时与西安结成友好城市。

纵观拉合尔的发展历史，因其位于面向南亚的主要贸易通道线路上，历史上多次被不同王朝统治及掠夺过，在莫卧儿王朝时期，拉合尔的繁荣程度达到了历史顶峰。从 1525 年起，拉合尔就开始成为莫卧儿王朝的文化中心，在阿克巴大帝统治时期，拉合尔更是成为莫卧儿帝国的首都。市内保留至今的许多莫卧儿建筑正是皇室遗产。

正是由于拉合尔丰富且特殊的历史背景，无数对莫卧儿王朝感兴趣的人被其吸引，蜂拥而至。拉合尔最吸引人的景点包括拉合尔堡、一千零一夜花园、独立纪念塔及巴兹尔汗清真寺等，但是最为著名的还是瓦齐尔·汗清真寺。这是一个值得骄傲的波斯式莫卧儿清真寺，建于 17 世纪，当时建造的原因是为了纪念苏菲智者米朗巴德沙阿。瓦齐尔·汗清真寺被认为是最具华丽装饰的莫卧儿王朝时期的清真寺，因被称为喀什卡里的复杂彩陶瓷砖以及精美的莫卧儿风格壁画闻名于世。瓦齐尔·汗清真寺曾经见证了十几位莫卧儿王朝统治者，并且经历过英国殖民者变革时期与印度次

---

① 《TOP TEN MUST - VISIT PLACES IN ISLAMABAD》，巴基斯坦旅游网，http：//aroundpakistan. com/top - ten - attractive - must - visit - places - in - islamabad/。

大陆的血腥分裂，具有重要的历史人文价值。

拉合尔博物馆是巴基斯坦全国最大的博物馆，也是吸引外国游客的主要景点之一。这座博物馆于 1864 年英国占领拉合尔时期兴建，但主楼却采用莫卧儿王朝的设计模式建造，红砖结构及大圆顶是这栋建筑的特色。[①] 拉合尔博物馆不仅仅收藏古代文物，还有许多部分专门讲述现代巴基斯坦的区域。博物馆内专设一个画廊讲述巴基斯坦各种革命运动的故事，集中体现历史区间在 1757 年至 1947 年的巴基斯坦历史。通过观察这里的许多历史照片，可以获取关于现代巴基斯坦建立及评判近代历届巴基斯坦统治者功过是非的丰富信息。

（四）吉尔吉特—巴尔蒂斯坦景点

吉尔吉特—巴尔蒂斯坦位于巴控克什米尔地区，与新疆接壤，是巴基斯坦景色最为壮观的地区之一。虽然乌尔都语是这一地区的通用语种，但是巴尔蒂斯坦人大部分使用巴尔蒂语，这是一种藏语方言。由于其文化、生活方式和建筑风格与中国西藏非常相似，它也被称为 "Tibet－e－Khurd"（小西藏）。[②]

吉尔吉特—巴尔蒂斯坦的地理位置使得它处于各种文明的交汇之处，正是在这样的环境之下形成了独特的历史文化。喜马拉雅山脉、兴都库什山脉、喀喇昆仑山脉和帕米尔高原都从这一地区发源，因此也成就了无与伦比的自然风光。

除了这些天然的旅游景点之外，这一区域内的代奥赛国家公园也吸引着大量游客前往。这一公园建造于 1993 年，主要是保护喜马拉雅山的棕熊及它们的栖息地。通过巴基斯坦多年建设，公园面积已经超过 3000 平方千米，平均海拔超过 4000 米，拥有青藏高原西部丰富的动植物。

中国与巴基斯坦合作建设的喀喇昆仑公路已经将中国新疆与吉尔吉特—巴尔蒂斯坦连接起来，这条公路不仅是中巴两国友谊的证明，更是为中国游客前往吉尔吉特—巴尔蒂斯坦旅游观光提供了便利。

---

① 《LAHORE MUSEUM：THE LARGEST MUSEUM IN ALL OF PAKISTAN》，巴基斯坦旅游网，http：//aroundpakistan.com/lahore－museum－the－largest－museum－in－all－of－pakistan/。

② 《一带一路图志·巴基斯坦》，中国地图出版社 2018 年版，第 178 页。

除了上述的几大城市与地区之外，例如开普省省会白沙瓦、俾路支省省会奎达、旁遮普省的拉瓦尔品第都是巴基斯坦非常好的旅游城市，极具文化、民族特色。

二　巴基斯坦历史文化旅游资源

1947 年独立的巴基斯坦作为南亚地区年轻的国家，却有着特殊的地理位置和悠久的历史文化。印度河穿越全境，沿岸留下了诸多的古文明遗址遗迹。[1] 巴基斯坦在 1976 年 7 月 23 日成为《保护世界文化与自然公约》的缔约国，经联合国教科文组织审核被批准列入《世界遗产名录》的巴基斯坦世界遗产共有 6 项。[2]

（一）摩亨约达罗考古遗址

摩亨约达罗考古遗址于 1980 年被正式列入《世界遗产名录》。摩亨约达罗古城是印度河流域文明的重要城市，大约在前 2600 年建成，最终在前 1800 年被毁灭。其位置在现今巴基斯坦信德省拉尔卡纳县南部，被冠以"古代印度河流域文明大都会"之称。

通过对于其遗址的考古观察发现，这座在数千年前被建成的城市总体规划非常科学，许多考古学者称其为"青铜时代的曼哈顿"。摩亨约达罗占地约为 8 平方千米，分为卫城和下城两部分。整个城市布局工整，所有建筑都用红砖砌成。城内建设有大量的公共设施，包括会议厅、粮仓以及完整的排水系统。据现场勘测以及相关文献分析，这里拥有世界上第一个城市"卫生系统"。这些都显示了古达罗毗荼人在工程学及数学等领域的先进水平。

对于摩亨约达罗是如何毁灭的，目前学界尚未有一个明确的答案。古印度的长篇史诗《摩诃婆罗多》曾隐约提到过摩亨约达罗被毁一事，文中描述了"天雷""无烟的大火"和"惊天动地的爆炸"及各种悲惨的景象。经过科学家长期的研究探索，认为它是被一场突如其来的大爆炸及随后引起的大火所毁灭。摩亨约达罗考古遗址目前是研究古印度河流域文明的重要路径之一，具有无可估量的历史文化价值。

---

① 程林盛、田雪枫：《巴基斯坦佛教文化遗产与旅游发展刍议》，《法音》2020 年第 2 期。
② 《一带一路图志·巴基斯坦》，中国地图出版社 2018 年版，第 168 页。

（二）塔克拉西遗址

塔克拉西遗址是世界著名的考古遗址，1980 年被正式列入《世界遗产名录》。塔克拉西位于伊斯兰堡西北约 50 千米处，是南亚次大陆上著名的历史古城。历史上，经历波斯、希腊和佛教文明的洗礼，其中佛教遗迹有 2000 多年的历史，涵盖面积 2500 多平方千米，是闻名世界的犍陀罗艺术中心。① 塔克拉西古城也是唐玄奘西天取经的最后一站，也就是小说《西游记》中"西天"的原型。

塔克拉西遗址主要包括大量的佛教建筑遗址以及 3 座古城遗址。佛教遗迹中最有名的当属达摩拉吉卡和莫赫拉莫拉都遗址。达摩拉吉卡分别建有佛塔和寺院，佛塔据现有文献显示是前 3 世纪阿育王为供奉佛陀舍利而建。莫赫拉莫拉都则以僧院为主，主要是一间间供僧侣生活的房屋。遗址中一间房子内还有一座保存完好、高大的室内佛塔，其复制品现存于塔克西拉博物馆中。3 座古城遗址分别为前 6 世纪至前 2 世纪由波斯和孔雀王朝建筑组成的比尔丘古城、前 2 世纪至 1 世纪由希腊人所建成的锡尔凯普古城以及 1 世纪至 3 世纪由贵霜帝国建成的锡尔苏克古城。

直到前 3 世纪，塔克拉西都是一个跨越中亚及南亚的文化中心，希腊与印度文化在此地交融，佛教也从这里传向中国。但是，随着 8 世纪以后，阿拉伯势力入侵，塔克拉西受到伊斯兰教的强烈影响，最终成为穆斯林的居住区，此地的佛教文明也就此衰落，至今未能恢复。

（三）塔克特依巴依佛教遗址和毗邻的萨尔依巴赫洛城遗迹

塔克特依巴依佛教遗址，位于巴基斯坦白沙瓦市东北方向约 67 千米的玛尔丹县境内西北 16 千米处的山巅之上，是一处起源于 1 世纪的古老佛教遗迹。② 由于它在高山的顶端，所以躲避了一次又一次的侵略，至今仍保存完好。附近有萨尔依巴赫洛城遗迹，萨尔依巴赫洛是同一时期的一座防备森严的小城。③ 两处遗迹于 1980 年共同被列入《世界遗产名录》。

塔克特依巴依佛教遗址是典型的犍陀建筑风格，主要由佛塔庭院、僧侣庭院、寺庙建筑群与密宗修行建筑群四部分构成，根据资料表明寺庙一

①　程林盛、田雪枫：《巴基斯坦佛教文化遗产与旅游发展刍议》，《法音》2020 年第 2 期。
②　程林盛、田雪枫：《巴基斯坦佛教文化遗产与旅游发展刍议》，《法音》2020 年第 2 期。
③　《Buddhist Ruins of Takht – i – Bahi and Neighbouring City Remains at Sahr – i – Bahlol》，联合国教科文组织官网，http：//whc. unesco. org/en/list/140/。

直被使用至 7 世纪。遗址中已经出现许多由石头和灰泥雕制而成的雕刻碎片，展示出当时的创造者们所具有的高超的雕刻技艺，而其中最引人注目的一个地方便是其中的一排排小神殿独特的设计风格和排列布局，令人赏心悦目。①

萨尔依巴赫洛城遗址是贵霜帝国时期一座位于古老城市旁用于防御的小镇的残余物。该镇坐落在一个高达 9 米的细长土丘上，周围被防御墙的某些部分所包围，覆盖面积为 9.7 公顷。② 古城的设计极具防御性，建有四座大门。遗址中发掘出的古币成为佛教徒和印度教徒曾经在这里活动的有力见证。根据一位名叫宋云的中国朝圣者的记载，在通往印度的重要商业路线中，这里似乎是赫赫有名的四座城市之一。③

（四）拉合尔城堡和沙拉马尔花园

拉合尔城堡位于巴基斯坦的拉合尔市。始建于 1021 年的伽色尼王朝时期。莫卧儿王朝第三任皇帝阿克巴大帝迁都至拉合尔，于是在 1566 年将由泥土筑成的拉合尔城堡翻新加固成，使之成为一座军事要塞，用作抵抗外敌入侵。沙拉马尔花园位于拉合尔市东北，于 1637 年开始建造，是莫卧儿王朝时期遗留下来的珍贵历史古迹。两处遗迹于 1981 年共同被列入《世界遗产名录》。

拉合尔城堡位于拉合尔旧城区北侧，是巴基斯坦唯一一个完整地表现 7 世纪莫卧儿王朝建筑史的建筑群。它由主城堡的宫殿、大理石建造的清真寺及 20 万平方米的花园所组成。它以其斑斓璀璨的莫卧儿建筑艺术神韵而被誉为"巴基斯坦的心灵"④，也被称赞为莫卧儿建筑的瑰宝。据史料记载，唐玄奘曾经于 630 年到访此地。

沙拉马尔花园被称为莫卧儿帝国最好的天堂花园，由莫卧儿王朝第五位皇帝沙贾·汗下令建造，占地约 16 公顷。莫卧儿王朝辉煌时代所建成的沙拉马尔花园幸运地没有遭受时间的蹂躏，直到今天仍然完好地保存着。沙拉马尔花园外形上看是一个矩形的形状，由三个阳台所组成。从最

---

① 《一带一路图志·巴基斯坦》，中国地图出版社 2018 年版，第 170 页。

② 《Buddhist Ruins of Takht – i – Bahi and Neighbouring City Remains at Sahr – i – Bahlol》，联合国教科文组织官网，http：//whc. unesco. org/en/list/140/。

③ 《一带一路图志·巴基斯坦》，中国地图出版社 2018 年版，第 170 页。

④ 《一带一路图志·巴基斯坦》，中国地图出版社 2018 年版，第 171 页。

低到最高，这三个阳台分别被命名为"赐予生命""赐予善良"和"赐予快乐"。它与相距仅 7 千米的拉合尔堡形成鲜明对比，拉合尔城堡最引人注意的是高耸的建筑，而沙拉马尔花园令游客产生了一种宁静的舒态。①

（五）特达古迹

特达，是一座历史悠久的古城，位于卡拉奇以东 98 千米处的印度河三角洲上。人们把奔腾不息的印度河称为"巴基斯坦的血管"，那么位于印度河口的特达古城便堪称"巴基斯坦的种子"。8 世纪，中东的穆斯林正是从这里踏上了南亚次大陆，并修建了这一地区的第一座清真寺，作为当代巴基斯坦立国精神信仰的伊斯兰教也由此在当地传播开来。② 1981年，特达历史文化区被列入《世界遗产名录》。

位于特达的马克利墓园是世界上最大的穆斯林公墓，面积约为 10 平方千米。据估计，殡葬在墓地中的约有 15 万人是属于穆斯林宗教的信徒。这个公墓是在 14 世纪至 18 世纪由信德文明持续建造的，这段时间长达四百年。这里葬有四代信德统治者以及苏非圣人和学者，因此也成为苏非朝拜者的圣地，被称作伊斯兰神秘主义或"伊斯兰教的内在维度"。③

由于特达位于交通便利的印度河畔，因此历史上长期是当地商品特别是纺织品的运输中心。由于 19 世纪英国殖民者带来了更为廉价的机器纺织品，导致南亚次大陆的传统手工业一蹶不振，特达也逐渐衰败。如今，特达古城除了少数民居，只存留了墓地、灵庙以及清真寺，依稀可以看出昔日的辉煌，故而被人们称为一座"逝去的城市"。

（六）罗赫达斯要塞

罗赫达斯要塞又名为奇拉罗塔斯古堡，位于如今巴基斯坦北部，旁遮普平原与博德瓦尔高原交界处杰赫勒姆地区，是中亚和南亚地区穆斯林早期军事建筑中的一个特例。这个地方从未被袭击过，也从未遭遇过大的天

---

① SHALIMAR GARDENS：THE MUGHAL EMPIRE's FINEST PARADISE GARDEN，巴基斯坦旅游网，http：//aroundpakistan. com/shalimar – gardens – the – mughal – empires – finest – paradise – garden/。

② 引自陈一鸣《古城特达：巴基斯坦的"种子"》，《人民日报》2010 年 11 月 28 日。

③ MAKLI NECROPOLIS IN PAKISTAN，巴基斯坦旅游网，http：//aroundpakistan. com/makli – necropolis – in – pakistan/。

灾，因此完整地保留到今天。罗赫达斯要塞于 1997 年被列入《世界遗产名录》。

1541 年，舍尔沙·苏尔在打败了莫卧儿皇帝胡马雍之后建起了一座军事要塞作为防御，就是现在的罗赫达斯要塞。从战略位置上看，要塞位于一座平均海拔超过 1500 米的陡峭山坡之上，只有经过艰辛而险峻的攀登才能够到达。这座要塞的主要防御工事由超过 4 千米长的厚城墙组成，与棱堡相连，并建有宏伟的城门。①

罗赫达斯要塞融合了土耳其和印度次大陆的建筑风格和艺术传统，从而为莫卧儿建筑及其后来的改良和改建创建了模型。最值得注意的是其装饰元素的复杂性和较高的艺术价值，尤其是高低浮雕、大理石和砂岩的书法铭文、石膏装饰以及琉璃瓦都非常精美。

三 巴基斯坦自然旅游资源

每当提及巴基斯坦，首先会想到的一定是伊斯兰教，清真寺，穿黑袍的穆斯林女性等，很少会将它和壮丽俊美的山川湖泊结合到一起。其实，在巴基斯坦，也有许多非常美丽的天然景点，有些甚至可以跟瑞士等世界级旅游胜地相媲美。

（一）尼勒姆山谷

尼勒姆山谷被称为克什米尔的天堂，山谷内拥有非常壮丽的自然景观，让人不禁联想到意大利或瑞士一些世界闻名的旅游胜地。不同的是，在这里不但能够欣赏巴基斯坦的美景，更能了解丰富的巴基斯坦文化和历史。②

尼勒姆山谷是位于克什米尔地区一条长约 144 千米的弓形山谷，因尼勒姆河流经此地而得名。该山谷位于穆扎法拉巴德市（巴控克什米尔首府）东北部，与加甘山谷平行。纵向而观，山谷穿过小喜马拉雅山，风景秀丽，咆哮的尼勒姆河蜿蜒盘旋高耸入云的崇山峻岭之间，茂密的绿色森林，清澈的溪流和迷人的环境，使尼勒姆山谷成为梦境般的地方。

（二）罕萨山谷

罕萨山谷，被誉为世界上最美的山谷之一，位于罕萨河北端，海拔超

---

① "Rohtas Fort", https://encyclopedia.thefreedictionary.com/Rohtas + Fort.

② ALL YOU NEED TO KNOW ABOUT NEELUM VALLEY, PAKISTAN, 巴基斯坦旅游网，http://aroundpakistan.com/all - you - need - to - know - about - neelum - valley - pakistan/。

过 2500 米。① 绝美的自然风光，纯朴的民俗风情，加上千年以来的宁静，使得罕萨成为真正的世外桃源，并且是世界上人均寿命最长的地方之一。宫崎骏以此地为原型，创作了经典作品《风之谷》。

罕萨山谷周围群山密布，其中不乏超过 6000 米的高峰。最主要的三座山峰分是拉卡波西、乌尔塔、迪伦，海拔均超过 7000 米。其中海拔最高的拉卡波西雪山，高达 7788 米，是名列世界第 27 位的高峰，被认为是当地最美的雪山。

罕萨山谷是一片被山脉环绕的土地，曾因长期与世隔绝而不被世人所了解。直到 1986 年喀喇昆仑公路正式开通后，罕萨山谷才开始走进外界视野，因此这里的生态环境及当地居民的传统生活方式都未受外界影响，得以保留至今。随着学者和专家的考察，罕萨标志性建筑——阿尔提特和巴尔提特两座古堡的面纱也逐渐被揭开。

如今巴基斯坦已经着力开发罕萨山谷的旅游资源，巴尔提特古堡也正式对外开放，成为巴基斯坦重要旅游景点之一。

（三）卡拉什山谷

卡拉什山谷是巴基斯坦较受欢迎的旅游景点之一，它位于巴基斯坦吉德拉尔区以南 40 千米的兴都库什山区，毗邻阿富汗。卡拉什山谷除了自然美景，古朴的木制建筑之外还具有独特的文化，被称为现存的活奇迹。

卡拉什山谷内居住着一个异教部落——卡拉什部落。卡拉什山谷文化是一种非常古老的希腊文化。据说卡拉什人的祖先是前 327 年跟随亚历山大大帝东征的士兵。山谷内还能发现部分希腊遗迹。不过也有研究证据表明早在亚历山大到达中亚之前，已经有居民住在卡拉什山谷内，这也为这个山谷增添了一丝神秘色彩。这里有自己部落的节日，如乌查尔节，福节和乔莫斯节等。每当节日来临，卡拉什人会载歌载舞地庆祝，传达一种美好、和平的氛围。

（四）斯瓦特山谷

斯瓦特是开伯尔 - 普什图省的一个行政区自身就是巴基斯坦最受欢迎的旅游目的地之一。与巴基斯坦大部分地区相比，平均海拔高达 3200 米的斯瓦特气候凉爽，非常宜人。

---

① 《一带一路图志·巴基斯坦》，中国地图出版社 2018 年版，第 180 页。

斯瓦特山谷位于兴都库什山脉上端，由于其壮丽的景色，英国殖民时期，英国女王伊丽莎白二世就曾经将斯瓦特山谷称为"大英帝国的瑞士"。山谷内有着郁郁葱葱茂密的森林、青翠草甸和白雪皑皑的群山。斯瓦特山谷内的马拉姆贾巴是亚洲乃至世界著名的滑雪胜地，每年都吸引着许多旅客。

除了上述这些山谷之外，卡拉奇的克利夫顿海滩，开伯尔－普什图省的加甘谷，巴控克什米尔地区喜马拉雅山脉西段的南迦帕尔巴特峰及巴基斯坦北部喀喇昆仑山脉的比阿佛冰川也都是非常漂亮的自然景点。

第二节　中巴旅游合作的潜力与当前措施

随着中国经济的发展，人民生活水平不断提高，出国旅游的人数也随之上升。中国境外游的旅客所追求的体验也不再仅仅是传统的购物与观光，目的地的人文历史成为新的关注热点，这些变化都凸显出中巴旅游合作具有巨大的市场潜力。此外，中国在基础建设、旅游产品开发等方面的成功经验能够迅速提升巴基斯坦的旅游业水平，带动整体产业的发展，从而吸引更多的游客，最终形成良性循环。目前，中巴两国为了促进旅游合作已经采取了许多措施，在国家层面签订了一系列协定，两国城市间也开展了广泛的对口旅游合作，取得了一定的成果。

一　中巴旅游合作的潜力与意义

巴基斯坦不仅是中国的"全天候战略伙伴"，更是"一带一路"倡议的关键国家，其中"中巴经济走廊"已经成为"一带一路"倡议的示范性工程。在两国全方位的合作中，旅游合作具有巨大的潜力，通过旅游合作能够更进一步促进两国关系的发展，具有重要意义。自20世纪60年代起，两国间就已经签署了国家层面的旅游合作协定，通过多年发展，目前已经发展至国家间、城市间及民间的全方位旅游合作。

（一）中巴旅游合作的潜力

中国目前已经进入大众旅游的时代，单纯的国内旅游已经无法满足国民的旅游期望。因此，出境国际游的需求非常旺盛。除了欧美发达国家以及日本、泰国等传统的热门国际旅游线路外，迫切需要开拓新的国际旅游资源，释放中国自身的旅游潜力。目前，中国已成为全球增长最快的出境游客来源国，2017 年全年，中国公民出境旅游人数达 1.31 亿人次，比上年同比增长 7.0%。根据中国"十三五"旅游业发展规划，到 2020 年出境人次将达到 1.5 亿人次，2017—2022 年旅游消费预计增长 10.9%。[①] 中国游客除了出境游需求的猛增外，其旅游的目的与关注点也发生了巨大变化，传统的海外"观光游""购物游"已经逐渐失去了吸引力，更多地开始注重旅游产品的体验和品质，最受欢迎的是例如"个性游""深度游"等充满当地特色的多元化旅游新内容。如上文所述，巴基斯坦拥有丰富的旅游资源，如伊斯兰世界最大的清真寺费萨尔清真寺，莫卧儿王朝旧都拉合尔许多保留至今的充满历史人文气息的景点，港口城市卡拉奇优美的克里夫顿海滩，北部被英国女王伊丽莎白二世誉为"大英帝国的瑞士"的斯瓦特山谷等。巴基斯坦为了恢复并促进旅游业发展，已通过宪法修正案将旅游部的权力下放至地方，各省各地政府独立负责发展本地区的旅游。[②] 此前由于特殊的历史背景及混乱的安全局势，巴基斯坦一直笼罩在神秘的面纱之下，随着这层面纱被不断揭开，巴基斯坦对于发展旅游业的观念发生了巨大变化，这对于从"走马观花"逐渐向"求新颖""求特别""求品质"转变的中国游客来说具有非常大的吸引力。中国与巴基斯坦旅游合作的市场容量具有相当大的潜力。

此外，中巴旅游合作从技术层面来看也具有巨大的合作潜力。巴基斯坦与周边南亚国家相比，支撑旅游业的基础设施仍然具有较大缺陷，在酒店服务、景区建设、旅游产品开发和旅游路线制定等方面也同样具有很大的提升空间。对其邻国印度而言，印度的旅游配套设施及服务相对完善，据统计其 2016 年境外游客数量达到 880 万人次，接近同期巴基斯坦的 5 倍。[③] 与巴基斯坦同样面临基础设施落后的缅甸通过高明的宣传手段以及聪明的旅游线路制定，国际旅游收入也达到巴基斯坦的两倍。中国提出的

①　陆晓玲、暴云英、许传坤：《中国与巴基斯坦现代农业和旅游产业合作前景分析》，《中国经贸导刊》2020 年第 8 期。

②　阚越：《全域旅游视阈下中国新疆与周边国家旅游协同发展研究》，《新疆社科论坛》2018 年第 4 期。

③　陆晓玲、暴云英、许传坤：《中国与巴基斯坦现代农业和旅游产业合作前景分析》，《中国经贸导刊》2020 年第 8 期。

"一带一路"倡议能够从技术层面帮助巴基斯坦改善基础设施建设，为巴基斯坦旅游业的发展提供有力的支持，帮助巴基斯坦解决限制其旅游业发展的最大困境。而在旅游文化产业方面，中国在非物质文化遗产保护、历史文化名胜古迹保护、旅游景区开发与建设、旅游线路设计与旅游产品开发、互联网旅游营销和服务等方面，已经形成了一整套的技术、方法、规程和解决方案。[①] 中国完全有能力能够通过这些成功的经验帮助巴基斯坦旅游业进一步完善。

（二）中巴旅游合作促进"一带一路"倡议发展

巴基斯坦不但是中国关系"最铁"的邻国之一，更是我国"一带一路"倡议实施的重要支点国家。2013 年李克强总理访问巴基斯坦期间提出中巴共建一条北起中国新疆喀什，南至巴基斯坦瓜达尔港的"中巴经济走廊"。根据设想，"中巴经济走廊"是一条北接"丝绸之路经济带"，南连"21 世纪海上丝绸之路"的包括公路、铁路在内的贸易走廊。是一条能够贯通两大"丝绸之路"的大动脉，并且被定位成"一带一路"倡议建设的旗舰项目。

根据统计，在经济领域，自 2013 年"中巴经济走廊"的概念提出以来，作为"一带一路"项目的重要组成部分，其总投资为 190 亿美元，带动巴基斯坦每年经济增长 1—2 个百分点，已为巴创造了 7 万个就业岗位，极大地改善了巴基斯坦的基础设施和能源电力供应状况。[②]

可正是突出的成果引起了外界的高度重视，甚至带来了恶意诋毁，认为中国的"一带一路"倡议是一种"债务陷阱外交"。以哈佛大学为首的美国科研机构，以《华盛顿邮报》为首的媒体，以美国前副总统彭斯为代表的官员，群起炒作"一带一路"倡议的"债务陷阱"，抹黑中国形象，试图离间中国与相关国家的合作。[③] 所谓的"债务陷阱外交"是指国家间以双边关系中的债务为基础展开的外交。主要是指一个债权国故意向另一个债务国提供过度信贷企图在债务国无法履行债务义务时从债务国获得经济或政治让步。贷款的条件通常不予公开，并且贷款资金通常用于向

---

① 陆晓玲、暴云英、许传坤：《中国与巴基斯坦现代农业和旅游产业合作前景分析》，《中国经贸导刊》2020 年第 8 期。

② 王珊、李悦：《"一带一路"背景下中巴影视合作新突破探析》，《电影评介》2019 年第 1 期。

③ 杨思灵、高会平：《"债务陷阱论"：印度的权力政治逻辑及其影响》，《南亚研究》2019 年第 1 期。

债权人国家的承包商付款。① 一些不良媒体曾经借题发挥，通过巴基斯坦铁道部长谢赫·拉希德宣布将"中巴经济走廊"中一条共建铁路项目成本从 82 亿美元削减至 62 亿美元这一事件抨击中国的"债务陷阱外交"，试图挑拨、分化中巴两国关系，更试图对"中巴经济走廊"乃至整个"一带一路"倡议建设造成不良影响。

根据前文中的描述，中巴旅游合作具有巨大的市场潜力，不但能直接增加中国到巴基斯坦旅游的人数，更是能够通过对于巴基斯坦旅游基础设施的建设以及旅游业整体发展增强对全世界游客的吸引力。因此，中巴旅游合作不仅是一个能够快速展现成果的优质项目，而且能够明显提高巴基斯坦的经济发展，增加工作岗位，对外界展示"一带一路"倡议的正面效果，所谓"债务陷阱外交"的谣言也就不攻自破。

二　中国与巴基斯坦国家层面的旅游合作协定

中国和巴基斯坦是山水相依的友好邻邦，有着非常悠久的传统友谊。中巴两国自从 1951 年 5 月 21 日正式建立外交关系以来，目前已经发展成为"全天候战略合作伙伴关系"。在加强旅游合作方面，两国在国家层面签署过不少文件。

（一）中国与巴基斯坦两国关系文件中涉及旅游合作的内容

最初于 1965 年，中国和巴基斯坦两国政府在睦邻友好精神的鼓舞下，根据万隆会议十项原则的精神，愿意建立两国之间的文化合作关系，签署了第一个涉及人文方面的协定——《中华人民共和国政府和巴基斯坦伊斯兰共和国政府文化协定》。由于当时特殊的历史背景，中巴两国各自都没有形成完善的旅游体系，因此在这份协定中并没有特别指出旅游方面的内容。但是，这个协定的签署为中巴两国国家间旅游合作发展奠定了基础。

在 1965 年开了个好头之后，以此协定为基础，中巴两国不定期就会签署中华人民共和国政府和巴基斯坦伊斯兰共和国政府文化合作协定的执行计划，至今从未间断。最新一份为 2018 年签署的《中华人民共和国政府和巴基斯坦伊斯兰共和国政府文化协定 2018 至 2022 年执行计划》。中国驻巴基斯坦大使馆文化参赞兼巴基斯坦中国文化中心主任张和清 2019 年在与巴

---

① "Debt – trap Diplomacy"，维基百科，https：//en. wikipedia. org/wiki/Debt – trap_ diplomacy。

基斯坦新闻文化部长法瓦德·乔杜里的会谈中表示：双方应高度重视中巴旅游合作，以执行计划为行动指南，加强两国的全方面文旅合作。此外，张和清还强调，文化和旅游融合发展是大势所趋，愿与巴基斯坦新闻文化部就中巴文化旅游合作进行互相探讨与借鉴，为两国人文交流增添新内容，并且就文化旅游援助等具体项目深入交换意见，达成重要共识。①

更值得注意的是，在关乎两国全面关系的《中华人民共和国与巴基斯坦伊斯兰共和国联合声明》及《中华人民共和国和巴基斯坦伊斯兰共和国建立全天候战略合作伙伴关系的联合声明》两份文件中，都包含要加强两国间旅游合作，促进两国经济发展的内容。特别是在第一份声明中明确写到：双方注意到旅游业是两国快速发展的重要行业之一，合作潜力巨大。双方一致同意加强旅游领域合作，共同开发旅游市场。② 因此，可以看出两国高度重视旅游合作，从国家关系层面给予了大力的支持。

（二）中国与巴基斯坦两国具体旅游合作协定

纵观两国关系的发展历史，在旅游合作方面一共签署过两份具体的协定，分别是在 1988 年 4 月 30 日及 2001 年 5 月 11 日签署的《中华人民共和国政府和巴基斯坦伊斯兰共和国政府旅游合作协定》。

在 1988 年签署的第一份协定中，明确指出为加强两国友好关系，促进两国人民的相互了解，在平等互利的基础上扩大旅游领域的双边合作。协定规定：缔约双方将采取必要措施，努力促进两国旅游领域友好合作关系的发展；双方将鼓励各自的旅游组织、旅行代理商和旅行社之间进行接触和交往；中华人民共和国政府指定国家旅游局，巴基斯坦伊斯兰共和国政府指定其少数民族、文化、体育和青年事务部（巴基斯坦旅游开发公司），分别作为本协定的执行机构。③ 协定中还包括两国加大旅游投资以

---

① 《中国巴基斯坦商讨　进一步促进文化和旅游合作》，新浪网，http://finance. sina. com. cn/roll/2019 - 02 - 28/doc - ihrfqzka9867569. shtml。

② 《中华人民共和国与巴基斯坦伊斯兰共和国联合声明》，http://www. gov. cn/gongbao/content/2007/content_ 487049. htm。

③ 《中华人民共和国政府和巴基斯坦伊斯兰共和国政府旅游合作协定（巴基斯坦 1988. 04. 30）》，http://history. mofcom. gov. cn/? datum = % E4% B8% AD% E5% 8D% 8E% E4% BA% BA% E6% B0% 91% E5% 85% B1% E5% 92% 8C% E5% 9B% BD% E6% 94% BF% E5% BA% 9C% E5% 92% 8C% E5% B7% B4% E5% 9F% BA% E6% 96% AF% E5% 9D% A6% E4% BC% 8A% E6% 96% AF% E5% 85% B0% E5% 85% B1% E5% 92% 8C% E5% 9B% BD% E6% 94% BF - 12。

及加强在旅游教育等领域的合作。可以说自从有了这份协定之后，两国间的旅游合作逐渐走上正轨。

在 2001 年签署的第二份协定中，增加了新的内容：为履行协议，缔约双方将在必要时，授权各自的执行机构，不定期轮流在两国首都举行会晤，商谈合作事宜，并签署具体执行计划。① 这一新增条款深化了两国的旅游合作，加强了两国在具体项目上的合作及落实。

2009 年 2 月，中巴两国签署了《中国—巴基斯坦自由贸易区服务贸易协定》，在这份协定中，巴基斯坦将在 11 个主要服务部门的 102 个分部门对中国服务提供者进一步开放，其中包括旅游部门。中国将在 6 个主要服务部门的 28 个分部门对巴基斯坦服务提供者进一步开放，其中也将旅游部门包括在内。② 这一协定的签署，标志着两国旅游服务贸易合作的正式开启。

三　中国与巴基斯坦两国省市间旅游合作发展

中国与巴基斯坦的旅游合作除了建立在国家层面，各省市地方也参与其中。北京与伊斯兰堡、上海与卡拉奇、拉合尔与西安等城市分别结为友好城市，对旅游合作有一定的促进作用。在所有的地方旅游合作中，中国表现最为突出的当属云南与四川两个省份。巴基斯坦由于其国内限制，目前尚且没有任何一座城市在两国旅游合作中主动发挥重要力量。

（一）四川与巴基斯坦签署旅游合作协议

2015 年 7 月 27 日，四川旅游推介会在巴基斯坦的拉合尔热烈举行。这是四川旅游代表团首次登陆巴基斯坦，因此受到了当地旅行行业、媒体甚至政府官员的高度重视。巴基斯坦驻成都总领事专门向本次旅游推介会发来祝贺视频，重点介绍了中国四川的旅游景点及旅游行业发展，受到在

---

① 《中华人民共和国政府和巴基斯坦伊斯兰共和国政府旅游合作协定（巴基斯坦 2001.05.11）》，http://history.mofcom.gov.cn/? datum = % E4% B8% AD% E5% 8D% 8E% E4% BA% BA% E6% B0% 91% E5% 85% B1% E5% 92% 8C% E5% 9B% BD% E6% 94% BF% E5% BA% 9C% E5% 92% 8C% E5% B7% B4% E5% 9F% BA% E6% 96% AF% E5% 9D% A6% E4% BC% 8A% E6% 96% AF% E5% 85% B0% E5% 85% B1% E5% 92% 8C% E5% 9B% BD% E6% 94% BF% E5% BA% 9C - 6。

② 《中国—巴基斯坦自由贸易区服务贸易协定》，http：//www.gov.cn/gzdt/2009 - 02/23/content_ 1239988.htm。

场巴基斯坦民众的高度评价。此外，巴基斯坦旁遮普省旅游协会副会长、拉合尔旅游委员会主任以及当地许多主流媒体代表均出席了本次推介会。

推介会上，四川旅游形象大使、四川作协主席、代表团团长阿来先生作了精彩的主旨演讲，通过讲述两国历史文化发源，增强了认同感；通过描述旅游情况，指明了旅游合作的具体方向；尤其在阐述双方良好的官方及民间关系时，更是坚定了双方合作共赢的信心。

推介会收获颇丰，最重要的成果当属四川打通了到巴基斯坦的空中航线，布局了航线升级。中国国际航空公司驻卡拉奇营业部代表费萨尔先生专程赶赴拉合尔参加四川旅游推介会，对巴基斯坦方面仔细解释了如何乘坐中国国航航空前往四川，就巴基斯坦旅游市场如何展开与四川方面的合作进行具体阐述，并成功与成都华美国际旅行社代表现场签署了合作协议。此举成功打通巴基斯坦与四川的空中航线，缩短了空中交通时间，为航空公司与国内外旅行商的合作做好了准备。

同样在此次推介会上，四川旅游代表团仔细听取了巴基斯坦代表的发言，对于巴基斯坦的旅游资源有了进一步的了解，特别是对于拉合尔市当地的人文旅游资源有了更深刻的了解。会后，两国的旅行商们各自就关心的问题进行了热烈讨论。可以说四川为中巴两国旅游合作中，地方城市如何发挥作用做了示范性的表率，为两国旅游合作做出了巨大贡献与创新。

（二）云南开启"滇巴旅游交流合作"

2017 年 2 月，云南省旅发委组织的"赴南亚国家旅游促销团"首次前往巴基斯坦，正式开启了"滇巴旅游交流合作"。2 月 21 日上午，促销团一行在巴基斯坦首都伊斯兰堡，与巴基斯坦旅游业人士及部分媒体人士就如何加强旅游合作举行了座谈会。

时任云南省旅发委副主任文淑琼女士向巴基斯坦代表们仔细阐述了云南在开展境外旅游方面的经验及未来打算，并表示云南省与南亚国家之间的交流合作日益加强，云南非常欢迎巴基斯坦的游客的到来，也希望进一步了解巴基斯坦，推动更多的中国游客走出国门，去巴基斯坦参观旅游。

巴基斯坦方面，作为旅游公司负责人代表的阿姆贾德·阿育非常欢迎云南首次组织旅游同业人员到巴基斯坦进行推介，他希望通过这次交流与合作，更多的云南游客能够到巴基斯坦旅游，同时加强双方旅游交流合作，为"巴铁"友谊谱写新篇章。①

我们可以看到，虽然四川及云南作为地方城市为中巴旅游合作贡献了巨大的力量，但是两国城市间的旅游合作依然非常缺乏，包括北京、上海等大城市目前并没有发挥其重要作用。2019年3月29日，中巴友好省市合作论坛在北京举行，此次论坛为2019年中巴友好城市年的重要主题活动之一。在此次论坛中，也多次提及关于两国城市间旅游合作的内容。

第三节　中巴旅游合作的机遇与挑战

巴基斯坦国内丰富的旅游资源，中国庞大的出境游人数都给中巴开展旅游合作奠定了良好的基础。随着"一带一路"倡议进入实施阶段以来，中巴两国的关系更为紧密，特别是"中巴经济走廊"建设已经给巴基斯坦人民带来了许多发展红利，更为中巴旅游合作提供了新的机遇。但是，巴基斯坦动荡的安全局势以及欠佳的国际形象始终无法改善，其国内相对落后的经济发展情况与封闭的文化环境也是阻碍巴基斯坦发展旅游业的重要因素。综合来看，中巴发展旅游合作机遇与挑战并存，巴基斯坦国内情况是最重要的影响因素。

一　中国与巴基斯坦传统友谊提供稳定的合作环境

中国与巴基斯坦是山水相连的友好邻邦，中国与巴基斯坦称呼彼此为好兄弟、铁哥们。巴基斯坦不仅是最早和中华人民共和国建交的国家之一，还是中国唯一的"全天候战略合作伙伴"。中巴友谊在20世纪就已然有了良好的开端，即使是在1955年巴基斯坦加入美国扶植起来的《巴格达条约》组织让中巴关系蒙上阴影之际，毛泽东主席仍旧对巴基斯坦采取包容理解的态度，并在万隆亚非会议后接见了巴基斯坦驻华大使苏尔丹乌丁·阿哈默德，提出中巴应该成为好朋友。就印巴之间关于克什米尔问题的纷争，中国选择坚持公正的立场，主张印巴和解。中国与巴基斯坦还妥善处理了两国之间的边界问题，即中国新疆维吾尔自治区和巴控克什米尔地区相接壤，若不早日妥善处理，日后恐会引发边界争端，从而影响中

---

① 《云南赴巴基斯坦开展旅游合作》，https://finance.huanqiu.com/article/9CaKrnK0JdI。

巴关系的良好发展。双方经多次协商后签订了《中华人民共和国政府和巴基斯坦政府实际控制其防务的各地区相接壤的边界协定》，由此解决了边界问题。当时毛泽东作为中国的最高领导人，在中巴关系上不仅展现出了他的眼界和胸怀，而且也表现出了中国的友好态度和公正立场，为中巴关系的改善铺平了道路。

绵延在崇山峻岭间连通了中巴两国的喀喇昆仑公路（又称中巴公路）沉淀了中巴两国之间的深厚情谊。1965 年第二次印巴战争快结束时，巴基斯坦代表来访中国时，提出希望中国帮助巴方修建一条公路，以期改善巴基斯坦北部地区的经济发展，并维护克什米尔地区的安全。1966 年 3月，中巴两国经协商后在北京签订《关于修筑中巴公路的协议》。然而中国和巴基斯坦接壤的地方地势险峻，所以要想修建一条连通中巴两国之间的公路，并非易事。喀喇昆仑公路以中国新疆喀什地区作为开端，需穿越险峻的喀喇昆仑山脉、兴都库什山脉、帕米尔高原以及喜马拉雅山脉的西端，再经中巴边境口岸红其拉甫山口，最终到达巴基斯坦北部城市塔科特。两国协商以红其拉甫作为分界，中国修建由喀什到红其拉甫的东段道路，全长 420 千米；巴基斯坦修建由塔科特至红其拉甫的西段路线，全长616 千米。中方筑路队伍花了两年时间修筑好东段道路以后，又继续援建巴基斯坦无法完成的西段道路。在当时技术还比较落后的情况下，中方的修路队伍不仅要克服长途跋涉带来的身体不适，还要在地势极其复杂险峻的山脉之间开凿道路，不仅耗费了大量的财力物力，而且还有上百名筑路人员在修建过程中牺牲，其中有 88 名中国修路人员长眠于巴基斯坦。喀喇昆仑公路的建成，对中巴两国都具有重要的意义，它不仅是巴基斯坦北部地区的交通枢纽，也是中国通往巴基斯坦地区以及南亚次大陆的交通要道，是两个国家的建设者付出了巨大的努力乃至生命的代价搭建出的友谊之路。

中国与巴基斯坦的帮助是相互的，就恢复中国在联合国的合法席位一事，巴基斯坦曾多次表达支持态度，并要求联合国及其所属的一切机构驱逐台湾蒋介石代表团。在中美关系冷冻时期，巴基斯坦为中美之间实现关系的正常化搭建了沟通的桥梁，并充当中美两国之间的"信使"，将美国尼克松政府欲与中国接触的消息传达给中国，成为中美关系解冻继而走向关系正常化的良好助力。

中巴关系一直在互信互助间稳步发展。1996 年 12 月，中国国家主席江泽民访问巴基斯坦，正式提出了"中巴全面合作伙伴关系"的政策。2001 年 5 月，中巴建交 50 周年之际，朱镕基总理访问巴基斯坦，提出进一步发展"中巴全面合作伙伴关系"，提出要积极发展两国之间的经贸关系。2006 年国家主席胡锦涛访问巴基斯坦，提出今后 5 年邀请 500 名巴基斯坦青年访华，以加深中巴友谊。① 2015 年 4 月，国家主席习近平访问巴基斯坦，提出要把两国发展战略更紧密结合起来、把两国经贸战略更紧密对接起来、把两国安全关切更紧密结合起来、把两国人文交流更紧密联通起来、把两国外交战略更紧密协调起来，开创中巴关系更加美好的未来。

在巴基斯坦，人们常用"比山高、比海深、比蜜甜"来形容中巴之间的深厚友谊，中国也将巴基斯坦称为"巴铁"，足以证明两国之间的友谊经受住了时间的考验。尤其是在巴基斯坦加入"一带一路"倡议以及中巴两国合作构建"中巴经济走廊"以来，两国在经贸往来、交流互鉴上的联系变得更加频繁和紧密。在 2020 年抗击新冠肺炎疫情的战役中，中国和巴基斯坦延续了互帮互助的优良传统。在中国疫情暴发最为严重之时，巴基斯坦依然选择举国之力，调集医疗物资援助中国以抗击疫情，并且巴方政府发出声明表示不撤侨、不断航。当时巴基斯坦境内也出现了新冠肺炎疑似病例，在医疗条件不发达以及物资也不充裕的情况下，巴基斯坦能举国之力倾囊相助实属不易。随着疫情在全球大暴发，巴基斯坦境内感染人数持续上升，中国秉持互帮互助的原则，为"巴铁"兄弟送去了医疗物资，并派出抗疫医疗队伍驰援巴基斯坦。

正如习近平主席所说："长期以来，在两国历代领导人和各界人士的精心培育下，中巴友谊像一棵茁壮成长的大树，根深叶茂"②。中巴两国在交流互鉴、互帮互助中建立了深厚的友谊，致力于打造中巴命运共同体。双方能在面对困难与危机时同舟共济、共克时艰。中巴两国传统而深厚的友谊，势必能为今后两国在文化交流、贸易往来以及旅游发展上营造一个稳定且良好的合作环境。

---

① 转引自吴庆生《中巴友谊的政治基础》，《理论界》2012 年第 5 期。
② 习近平：《中巴友谊万岁》，《人民日报》2015 年 4 月 20 日。

二 "中巴经济走廊"建设带来新的发展红利

"中巴经济走廊"是习近平主席提出的"一带一路"倡议的重要试点项目,已成为中巴全面实质性合作的框架和平台。2013 年 5 月,李克强总理访问巴基斯坦时提出了"中巴经济走廊"倡议,该倡议将为中巴关系提供新的机遇,新的视野和新的动力。① 中巴两国确定了以经济走廊为建设中心,重点涵盖瓜达尔港,能源,交通基础设施和工业合作四个关键领域的"1 + 4"合作布局,从中长期来看,双方将在金融服务,科技,旅游,教育,扶贫和城市规划等领域探索和扩大合作领域。② 这条经济走廊以中国新疆喀什作为起点,穿过巴基斯坦全境,最终到达巴基斯坦的瓜达尔港。经济走廊的建设不仅能将中国的产能、技术、资本优势利用起来,从而加快中国西部地区尤其是新疆地区的经济开发与社会发展,还能带动巴基斯坦沿线城市的产业转型,促进地区经济发展,为当地民众提供新的就业机会,提升当地百姓的生活水平。作为"一带一路"倡议的重大先行先试项目,"中巴经济走廊"建设启动以来,已经取得了显著成绩。

(一) 交通基础设施

"中巴经济走廊"在交通等基础设施建设方面取得了丰硕的成果。中国政府向巴基斯坦提供了优惠性质的贷款以用于重大交通基础设施项目的建设,中巴两国共同见证签署了多项合作协议,确定了 22 个早期收获项目,其中重大交通基础设施项目 4 个。其中全长 392 千米,时速最高可达120 千米的 PKM 高速公路于 2019 年 11 月 5 日竣工,是巴基斯坦设计等级最高,唯一全线绿化、抗洪等级达到国际高标准的高速公路。③ 喀喇昆仑公路是连接中巴两国之间的重要干线,很多路线在长期的使用过后已经严重老化,喀喇昆仑公路的修复工作有利于促进中巴经济走廊的发展,2020年 8 月,由中国进出口银行融资支持的"中巴经济走廊"重大交通项目

---

① China – Pakistan Economic Corridor(中巴经济走廊官网):What is China – Pakistan Economic Corridor?,http://cpecinfo.com/10 – questions – on – cpec/#1569236106203 – 0c16cb03 – 8a36。

② China – Pakistan Economic Corridor(中巴经济走廊官网):What fields does CPEC cover?,http://cpecinfo.com/10 – questions – on – cpec/#1569236415338 – 1bec63b7 – 0cd2。

③ 转引自吕佳《全球新冠疫情下中巴经济走廊建设进入新阶段的研究》,《当代经济》2020年第 9 期。

喀喇昆仑公路二期（赫韦利扬—塔科特段）曼塞赫拉至塔科特二级公路段正式通车，标志着喀喇昆仑公路二期项目全线通车，行程时间大大缩短，其他路段的修复和优化也顺利进行，加强了中巴两国之间的陆地运输能力。从巴基斯坦南部港口城市卡拉奇开始，到北部第二大城市拉合尔的高速公路建成后不仅能够改善巴基斯坦南北连通的交通环境，还成为"中巴经济走廊"的重要组成部分。除了公路的建设升级，还有改善巴基斯坦陈旧低效的铁路系统的 ML－1 项目。ML－1 项目采用分多个阶段实施的工程总承包模式，项目建成后将大大改善巴基斯坦的铁路运输状况，缩短运输耗时，提高运输效率，减少运输成本，乘客往返各城市之间也会更加便捷省时。"中巴经济走廊"首个签约的基础设施项目是巴基斯坦第二大城市拉合尔轨道交通橙线项目，该项目是巴基斯坦国内的首条轻轨，始于阿里镇，以德拉古杰兰枢纽为终点，正线全长 26 千米，共设 26 站，此项目于 2019 年 12 月举行建成和试车仪式，2020 年 8 月顺利完成联调联试，项目运行初期共计 27 组列车投入运营，运力保持在每天 25 万人次，到 2025 年将进一步提升运力至每天 50 万人次。正式投入运营后，将为民众提供更加便捷高效的出行方式，有效改善拉合尔的交通基础设施状况。

（二）能源电力

能源领域是"中巴经济走廊"进展最快、成效最显著的领域。由于能源的缺乏，巴基斯坦存在很严重的电力短缺情况，停电以节省电力在巴基斯坦是常有的事。在"中巴经济走廊"的早期发电项目实施且竣工以后，巴基斯坦电网能增加约 1 万兆瓦的电力，电力供应不足的问题得到了极大的缓解，同时也能加快巴基斯坦的能源结构调整。根据巴基斯坦国家电力管理局公布的数据显示，2019 年 10 月巴基斯坦燃煤电站发电量达 2357 千兆瓦时，相较于上年同期的 1116 千兆瓦时增长了 111%，这得益于"中巴经济走廊"框架下的胡布燃煤电站和塔尔煤电一体项目 2019 年的相继竣工发电。[①] 萨希瓦尔燃煤电站是"中巴经济走廊"项目下重要的能源类项目，该电站于 2015 年 7 月正式动工，安装运行 2 台 66 千瓦超临界燃煤发电机组，分别于 2017 年 5、6 月投产发电，萨希瓦尔燃煤电站是

---

① 林徽东：《中巴经济走廊接下来该如何建设？这个会议有答案!》，中国一带一路网，https：//www.yidaiyilu.gov.cn/xwzx/gnxw/144237.htm。

巴基斯坦装机容量最大的清洁型燃煤电站之一，年发电量预计超过90亿千瓦时，满足当地近千万民众的生产、生活用电所需。

（三）惠及民生

"中巴经济走廊"得到顺利推进，不仅在能源电力、交通基础设施、通信以及贸易出口等方面取得丰硕成果，同时也推进了社会民生等项目的良好发展。中巴合作修建公路、大坝、煤电站等项目，为巴基斯坦民众提供了数万个直接就业岗位，其中交通基础设施项目苏库尔—木尔坦高速公路在建设期间为当地民众创造了约29000个就业岗位①，这当中涉及翻译、后勤、工人、技术人员等岗位。多家中资企业积极在巴基斯坦投资设厂，涵盖纺织品加工、轮胎制造、摩托车生产、农业种植和钢铁等领域，有效助巴提升制造业水平和对外出口能力。②"中巴经济走廊"启动以来，巴基斯坦的GDP增速提高到了5.7%，全球竞争力指数从第108位跃升至第82位。巴基斯坦人民受惠于"中巴经济走廊"带来的成果，中巴两国的友谊也将更加稳定牢固。

三 巴基斯坦国内安全局势带来的挑战

（一）巴基斯坦国内依然严峻的安全局势

巴基斯坦曾是世界上恐怖主义活动最为频繁和剧烈的国家，即使近年来恐怖主义威胁逐渐缓和，但自杀式恐怖主义和输入型恐怖主义仍然威胁着巴基斯坦国内的安全形势。巴基斯坦政权更迭频繁，经济发展态势不足，国民纳税比例低，对外负债累累，教育普及程度不高，宗教矛盾复杂。受这些因素的影响，巴基斯坦极易成为恐怖主义滋生的温床。俾路支解放军和巴基斯坦塔利班是给巴基斯坦国内安全带来极大威胁的两个主要恐怖组织。巴基斯坦国内的恐怖主义威胁主要是在2001年"9·11"事件发生以后开始逐渐上升。外界普遍认为有两个原因：一是巴基斯坦被迫加入美国恐怖阵营，使很多本来只是反美的非政府武装组织，把巴基斯坦政府定义为美国的代理人，视其为合法的袭击目标；二是巴基斯坦的国家

---

① 转引自吕佳《全球新冠疫情下中巴经济走廊建设进入新阶段的研究》，《当代经济》2020年第9期。

② 《中国驻巴基斯坦大使：上半年将启动中巴经济走廊项下17个民生项目》，中国一带一路网，https：//www.yidaiyilu.gov.cn/xwzx/hwxw/114517.htm。

化进程。借美国反恐怖之机，巴基斯坦政府进入长期高度自治的边疆地区，以及长期被地方家族政治势力割据的地区，引起各种地方势力的强烈反弹，巴基斯坦也因此经历了一个恐怖活动高峰期。①

仅是 2013 年，巴基斯坦城市卡拉奇就发生了 2789 件凶杀案件、51 起恐怖爆炸案件、78 起绑架案件和 533 起勒索案件，全国因恐怖事件造成的死亡人数为 5379 人。2016 年巴基斯坦共发生恐怖活动 441 起，因恐怖事件造成的死亡人数为 1803 人。这些恐怖事件有针对巴基斯坦政府的，也有针对宗教活动尤其是在礼拜日对清真寺发起的恐怖袭击，甚至还有针对外国人的恐怖袭击。2017 年 12 月 29 日巴基斯坦首都伊斯兰堡 G10 区一幢中国人集体租住的别墅内，遭遇 3 名歹徒持枪抢劫，其中一名女性中弹受伤，在医院治疗的过程中因巴基斯坦医疗条件落后造成血液感染，最终不幸身亡。2018 年 2 月 5 日，两名中国人在卡拉奇遭不明身份的武装分子尾随，随后遭遇枪击造成 1 死 1 伤。2018 年 11 月 23 日中国驻巴基斯坦卡拉奇领事馆遭多名武装分子袭击，造成两名巴基斯坦警察死亡，一名警察受伤。2019 年 5 月 11 日在巴基斯坦瓜达尔珍珠洲际酒店发生了恐怖袭击，随后俾路支解放军宣布对此次事件负责，这是一场针对外国投资者的恐怖袭击。

（二）巴基斯坦欠佳的国际形象

一提到巴基斯坦这个古老的伊斯兰国度，它给人留下的几乎都是神秘、宗教色彩浓厚、恐怖事件不断、经济水平落后等印象，这些的确与巴基斯坦的现状相符。由于巴基斯坦恐怖事件频发，几乎所有巴基斯坦的学校、商场、富人居住的别墅以及外国人居住区都雇佣了持枪的保安，否则很容易成为抢劫或恐怖袭击的目标。由于巴基斯坦国内治安状况欠佳，不时也有乞讨者对外国人索要钱财，偶尔还会爆发大规模的游行导致交通受阻。正因为巴基斯坦糟糕的国内安全局势，使得许多外来投资者望而却步，也阻碍了巴基斯坦国际旅游业的发展，自然地被披上了"神秘"的面纱，外界对真实的巴基斯坦了解甚少。加之巴基斯坦是一个伊斯兰国家，国内只有小部分民众信仰印度教、基督教或是其他宗教，绝大部分民众信仰伊斯兰教。伊斯兰教义要求女性不得对自己父亲以及丈夫以外的男人露出自己

---

① 张家栋、韩流：《巴基斯坦恐怖主义状况及发展趋势》，《国际观察》2017 年第 4 期。

的毛发以及脚部，所以大多数传统的巴基斯坦女性都遵循了该教义。传统的伊斯兰教义与提倡女性自由解放的思想形成鲜明对比，使巴基斯坦给人留下一种刻板、保守、禁锢女性的印象。实际上，随着全球化进程的不断加深，巴基斯坦接受过新式教育的新时代独立女性已经开始接受传统服饰以外的世俗服装，也敢于展现自己的独立思想。但正是由于巴基斯坦安全状况堪忧，导致对外开放程度较低，媒体的宣传不够到位，所以外界对巴基斯坦真实的社会状况了解甚少，积极正面的信息无法及时向外传播。

毫无疑问，巴基斯坦要想对外开放，开展与周边国家的旅游业，安定的国内局势是第一要素。然而巴基斯坦自与印度分治成为两个国家以来，就一直与印度存在领土的争端，印巴两国在克什米尔地区常发生冲突与争端，小规模的热战也是不时发生，又因为国内恐怖主义袭击事件时常登上国际舆论风口，在国际上留下一种内外交困的形象，旅游者肯定不会将目的地选在连人身安全都无法保障的国家，因此巴基斯坦发展国际旅游路线的重中之重就是要创造一个有利于旅游的稳定环境，改善治安并加强反恐力度，合理规划设置旅游景点，加强对外宣传以改善自己的国际形象，增强对外国游客的吸引力。

四　巴基斯坦相对落后的经济与有待改善的人文环境

巴基斯坦是一个人口基数大，工业底子薄弱的发展中贫穷国家，经济水平相当落后，2019 年 GDP 为 2782.22 亿美元，人均 GDP 仅为 1284.70 美元①，是亚洲最贫穷的国家之一。而其邻国印度 2019 年 GDP 为 28751.42 亿美元，与之相差 10 倍之多。巴基斯坦的经济结构由主要是农业为基础转变为服务业为基础。农业只贡献国内生产总值的 20%；而服务业占 53%，批发和零售贸易占 30%②。根据巴基斯坦发布的 2020 财年经济调查报告显示，新冠肺炎疫情给巴基斯坦的经济发展带来了沉重的打击，国民收入损失超 3 万亿卢比，经济生产总值损失 3—3.5 个百分点，本财年经济增长目标为 3%，但实际表现为 -0.4%；农业表现稍好，增

---

① 数据来源：https://www.kylc.com/stats/global/yearly _ per _ country/g _ gdp/pak - ind.html。

② 《巴基斯坦经济概况》，《世界热带农业信息》2019 年第 12 期。

长目标为 3.5%，实际增长 2.67%；工业增长目标是 2.3%，实际为
－2.64%；服务业增长目标是 4.8%，实际表现为－3.4%；运输和通信业
萎缩了 7.1%，制造业下降 22.9%。财政赤字的目标是占 GDP 比重不超
过 7.2%，实际比重是 9.4%。目前，巴外部债务规模为 765 亿美元，债
务占 GDP 的比重上升至 88%。经常账户赤字大幅下降至 33 亿美元，并一
定程度上实现了收支平衡。[①] 2020 年巴基斯坦遭受了蝗灾与疫情的双重打
击，给政府带来了巨大的财政压力，不得不依靠对外债务来缓解压力，截
至 2019 财年末，巴总体债务规模达到 40.2 万亿卢比的记录高位，占 GDP
的 104.3%，2000 财年以来债务规模首次超过国民生产总值，较上年同期
增长 34.6%。外部债务总计 17.3 万亿卢比，约合 1063.1 亿美元，占总
体债务的 43.1%，同比大幅增长 49.8%。[②] 受疫情影响巴基斯坦的出口贸
易受到重创，巴国在 2020 年 5 月的商品出口额为 13.9 亿美元，比 2019
年同期下降了 34%。

根据亚洲开发银行（ADB）研究报告显示，巴基斯坦经济表现不佳的
重要原因是国际收支不平衡，而国际收支不平衡的重要原因之一是巴基斯
坦出口业表现不佳。[③] 主要由于巴基斯坦出口的商品种类单一，导致贸易
逆差一直存在。另一个重要原因就是巴基斯坦的农业发展受气候制约，自
1990 年以来，巴基斯坦与气候有关的极端灾害的数量增加了一倍以上，
从 1990 年到 2016 年，每年平均发生 213 起，严重影响农业生产力。例
如，2019 年夏季异常的温度和湿度导致旁遮普邦和信德省大部分地区的
棉花，水稻和玉米作物普遍遭受收成损失。[④]

国内糟糕的经济形势迫使巴基斯坦政府首先必须考虑解决民生问题，
而不是进行旅游等行业的投资发展。就目前巴基斯坦国内外形势而言，短
期内没有明显经济复苏的迹象，中巴两国的旅游合作也只能小规模的在一
些特定城市展开。

①　资料来源：中华人民共和国商务部，http：//www. mofcom. gov. cn/article/i/jyjl/j/202006/
20200602973398. shtml。

②　资料来源：中华人民共和国驻巴基斯坦伊斯兰共和国大使馆经济商务处，http：//
pk. mofcom. gov. cn/article/ztdy/201911/20191102912321. shtml。

③　《巴基斯坦近期经济动态》，《世界热带农业信息》2019 年第 12 期。

④　巴基斯坦《黎明报》，https：//www. dawn. com/news/1573496/need－for－innovation－in－
agriculture。

文化方面，由于巴基斯坦对外开放程度不高，相对封闭，受现代外来文化的冲击较小，绝大多数民众都以宗教至上，大部分国民都严格恪守伊斯兰教义教规。此外，巴基斯坦国内还有着多元的民族文化。

综合而言，如今巴基斯坦的文化相当复杂难懂且比较封闭，不利于发展旅游业特别是吸引国际旅客。

巴基斯坦若想吸引国际旅客，解决不同文化之间的差异性，防止出现文化冲突就显得尤为关键。一方面，巴基斯坦政府必须做好宣传解释工作，向外来游客充分介绍自己的传统文化、习俗，以避免由于不了解，造成误会冲突；另一方面必须明确要求外来游客尊重当地的风俗习惯，避免自身的行为冒犯到他人、触犯到伊斯兰教义或者让本土居民感到不适或反感。

第九章　中巴智库合作

近代科学发展和全球化的快速推进，给人类社会生活带来各种便利的同时，也给现代企业管理、企业治理、社会治理、国家治理及全球治理带来巨大挑战。世界范围内各类研究成果等信息量飞速增加，各门学科逐步细化且彼此渗透交叉，对象研究复杂多变，行为体间各类竞争日趋激烈，不仅对信息的快速高效处理提出了新的要求，也给科学决策和快速有效地执行出了难题。由此，由专家组成的跨学科"外脑"——智库研究团队应运而生，为决策者出谋划策，更快速科学地应对和处理政治、经济、文化、外交等方面遇到的困境与问题。

第一节　巴基斯坦主要智库

智库一般指专门从事开发性研究的咨询或顾问机构，组成人员数量两人及以上，对政府决策、企业发展、社会舆论及公共知识传播有很大影响，对国家"软实力"和"话语权"的构建往往起着重要作用。其形式既可有政府背景，也可是独立运作的私营机构；既可是营利性的，也可是非营利性研究机构。不同类型的智库资金来源、研究侧重与在国家社会经济运行及"软实力"和"话语权"的构建中的作用和功能皆不相同，而不同国家的智库类型、作用与功能亦不尽相同。巴基斯坦的智库建设和发展也秉承这一特征。

一　巴基斯坦智库发展

智库建设和发展不仅受不断变化的国内外环境影响，也受智库自身功能特征等因素制约。从智库类型是否多元多样、研究是否具有国际化视野、研究是否具有可实践性、是专业型智库还是综合型智库等几个维度来分析，也能从这一侧面折射出国家发展的水平。追溯历史可以看到，伴随着巴基斯坦经济发展，巴智库产生发展大致经历了以下三个阶段：

第一阶段：建国初期（1947—1958 年）

建国初期（1947—1958 年），巴基斯坦主要成立了两家智库：巴基斯坦国际事务研究所（PIIA）和巴基斯坦发展经济研究所（PIDE）。1947年巴基斯坦国际事务研究所在卡拉奇成立，隶属于伦敦皇家国际事务研究所［Royal Institute of International Affairs（RIIA）］和纽约太平洋国际学会（Institute of Pacific Relations in New York），研究领域涉及防务和平和安全、治理和透明度、国际事务与发展、法律正义和人权，以增进巴基斯坦与欧美国家相互了解，为决策者提供决策咨询建议。而 1957 年成立的巴基斯坦发展经济研究所（PIDE），则致力于巴基斯坦各类发展议题的理论和实证研究，特别是经济议题，为巴基斯坦经济决策提供坚实的学术基础，明晰巴基斯坦经济发展的性质和方向。

从 1947 年 8 月 14 日建国到 1958 年 10 月阿尤布·汗政变，这十年是巴基斯坦国家创建的初期阶段，内忧外患困扰着巴基斯坦。国际上冷战已经开始，两极格局形成，两大阵营竞争开始加剧。新生的巴基斯坦与印度、中国、阿富汗、伊朗相邻，隔阿富汗走廊与苏联相连，处于伊斯兰世界中心，战略位置十分重要，这给巴基斯坦政府带来了严峻的地缘政治挑战，使新生的巴基斯坦成为东西双方的争取对象和争端的"前线国家"。同时印巴两国相互猜疑，在边界、财产及双方宗教少数派未来地位等问题上频频发生争执、相互为敌，而与伊朗、沙特的友好关系却因两国不同的伊斯兰教教义给巴国内带来长期宗教冲突。基于此，为了捍卫国家安全、推进国民经济基础建设，这一时期巴基斯坦一直在国际事务中推行全方位外交，与世界上主要国家都保持密切往来。同时，经济上以发展农业为主，巴基斯坦政府开始了一系列国民经济建设探索。

第二阶段：巴基斯坦国民经济体系快速构建时期（1958—1988 年）

1958—1988 年间，对巴基斯坦来讲，国际上北约与华约两大军事集团在全球范围内对峙并争夺第三世界；印巴因克什米尔问题分别在 1965年 6 月和 1971 年 12 月爆发两次战争；计划经济与市场经济在两极格局世界的理论与实战中不断被探索；同时，巴国内冲突不断，国民经济建设成效甚微，但政权相对逐步稳固。

此情势下，巴政府开始积极探索并加快构建国民经济体系，一些智库也如雨后春笋般纷纷成立，为巴经济社会发展资政建言，这些智库主要有：1973 年成立的伊斯兰堡战略研究所（ISSI）和巴基斯坦卡拉奇大学应用经济研究中心（AERC）、1979 年成立的伊斯兰堡－政策研究所（IPS）、1980 年成立的旁遮普经济研究所（PERI）、1982 年成立的教育促进会（SAHE）和伊斯兰堡－区域研究所（IRS），以及 1984 年成立的巴基斯坦私营有限公司管理与发展中心（MDC）。在军政府和文官政府轮替执政期间，在这些智库直接或间接影响下，巴基斯坦政府围绕土地改革以及如何推动农业发展等方面进行积极探索，逐步形成这一时期巴基斯坦独特的国民经济体系结构。

第三阶段：经济转型与私有化发展时期至今

1988 年底至今，国际政治与世界格局风云突变，两极格局终结、气候变暖、2008 年国际金融危机、欧债危机、暴恐、2020 年新冠肺炎疫情等诸多非传统安全严峻挑战此起彼伏，世界经济发展不确定性有增无减。

同时，随着苏联对阿富汗战争和持续八年的两伊战争结束，特别是20 世纪 90 年代以来，巴基斯坦在美国南亚战略中地位下降，美国逐渐加大了对印度的扶持，削减了对巴军事和经济援助，使巴对美国不满。而"9·11"事件后，美国又以巴基斯坦作为反恐桥头堡，对阿富汗塔利班政权发动战争；并作为支持反恐回报，巴基斯坦 2001—2011 年得到美国200 亿美元援助和 110 亿美元国际货币基金组织优惠贷款，且在购买美国武器装备、人员训练和获得贷款以购买物资方面具有优先权，成为仅次于以色列和埃及的最大美援受惠国。数据显示，美国全球"反恐战争"使巴基斯坦有 3.5 万名平民死亡，3500 名军警死亡，外加数百万西北部居民大迁徙，使巴基斯坦对美国十分不满；而同时，中国崛起和"一带一路"的中巴经济走廊建设，给巴基斯坦经济发展带来了许多新的机遇，这使得中巴全天候战略合作伙伴关系得以快速构建。[①]

这一时期，为应对国内外严峻挑战、顺应巴基斯坦可持续发展和推进私有化的迫切需要，巴基斯坦国内又一批智库得以成立并发展，包括：

---

① 《中国和巴基斯坦关于深化中巴全天候战略合作伙伴关系的联合声明》，央广网，2020 年 3 月 17 日，http://news.cri.cn/20200318/9561a459 - 10c0 - 3454 - cbeb - 30859c61ed1a.html。

1992 年成立的巴基斯坦可持续发展政策研究所（SDPI），1993 年成立的国际法研究学会（RSIL），1995 年成立的巴基斯坦社会政策和发展研究中心（SPDC）、巴基斯坦环境与发展领导智库（LEAD），1998 年成立的社会和政策科学研究所（I‐SAPS），1999 年成立的伊斯兰堡政策研究所（IPRI），2004 年成立的南亚战略稳定研究所大学（SASSI），2007 年成立的研发解决方案（RADS）、国家海事政策研究中心（NCMPR），2008 年成立的巴基斯坦和平研究所（PIPS），2010 年成立的真纳研究所（JI）、巴基斯坦国际战略研究中心（CISS），2016 年成立的中巴研究中心（CP-SC），2019 年成立的阿里亚纳区域研究与倡导研究所（AIRRA）、巴基斯坦航空航天与安全研究中心（CASS），等等，为巴基斯坦这一时期的稳定和发展咨政建言，做出了很大贡献。

二   当前巴基斯坦主要智库及其立场

2019 年 2 月，美国宾夕法尼亚大学智库研究项目组（TTCSP）编写的《全球智库报告 2018》报告显示，巴基斯坦当时共有 25 家智库，在亚洲地区总数量排名第 15 位，其中巴基斯坦可持续发展政策研究所（Sustainable Development Policy Institute）在全球（除美国）智库排行榜百强榜单第 99 位。而在南亚与大洋洲地区智库排行上，有 9 家巴智库排名在前 100 名，分别是：可持续发展政策研究所（Sustainable Development Policy Institute，排名第 15 位）；巴基斯坦国际事务研究所（Pakistan Institute of International Affairs，排名第 20 位）；替代解决方案研究所（Alternate Solutions Institute，排名第 26 位）；战略研究院（Institute of Policy Studies，排名第 38 位）；社会政策与发展中心（Social Policy and Development Centre，排名第 40 位）；经济和社会转型研究中心（Center for Research on Economic and Social Transformation，排名第 43 位）；应用经济研究中心（Applied Economics Research Centre，排名第 61 位）；远东和东南亚区域研究中心（Area Study Centre for Far East and Southeast Asia，排名第 62 位）；市场经济政策研究所（Policy Research Institute of Market Economy，排名第 99 位）[1]。

---

[1] 《9 家巴基斯坦智库进入南亚与大洋洲地区智库百强榜》，《经济日报》2019 年 2 月 2 日，http：//intl. ce. cn/specials/zxgjzh/201902/02/t20190202_ 31420630. shtml。

当前，巴基斯坦主要智库有 28 家，每家智库运作特征都不尽相同：

（一）资金来源与运作模式

巴基斯坦各智库的资金来源与运营方式主要可从营利、非营利，独立与非独立等方面考察。如：

巴基斯坦国际事务研究所（PIIA）于 1947 年在卡拉奇建立，隶属于伦敦皇家国际事务研究所 ［Royal Institute of International Affairs（RIIA）］和纽约太平洋国际学会（Institute of Pacific Relations in New York），是一家非官方、无党派的独立研究机构。目的是鼓励和促进对国际事务、外国及其人民的状况和态度的了解，促进对国际政治、经济和法学的科学研究。PIIA 国际事务研究所研究领域涉及防务和平和安全、治理和透明度、国际事务与发展、法律正义和人权，研究范围主要是巴基斯坦，工作语言为英语。现任领导为马苏马·哈桑博士（主席）［Dr. Masuma Hasan（chair）］社交媒体主要是 FACEBOOK、TWITTER 和 LINKEDIN。

而巴基斯坦社会政策和发展研究中心（SPDC）中心主要研究巴基斯坦国内事务，同时也与国内外同类机构合作，提供其他政策咨询服务。SPDC 中心现在通过研究合同和其他项目获得资金；此前是在加拿大国际开发署（CIDA）的资助下成立的，受到加拿大国际开发署（CIDA）和挪威皇家大使馆（RNE）资助；加拿大国际发展研究中心 ［International Development Research Center，Canada（IDRC）］过去也通过其智库倡议资助 SPDC 中心的研究工作；SPDC 中心的任务是聚焦社会研究、政策分析和向巴基斯坦政府提供政策建议。在财务透明度方面，SPDC 在 2015 年的《透明报告》中被评为高度透明组织的最高 5 星评级。

（二）政治倾向性与对华态度

巴基斯坦智库比较关注巴基斯坦自身发展和周边外交，政治倾向性偏左、偏右或中立都有，对华态度则多为中立或亲中，批评相对较少。

巴基斯坦国际法研究学会（RSIL）是一个无党派、非政治性组织，仅限于为巴基斯坦面临的挑战提供法律分析，而不涉及党派或表达任何政治偏见。RSIL 研究学会组织理念是，更多认知国际法可推动一个国家内外政策发展，进而有助于巴基斯坦继续遵守国际承诺，巩固其作为国际社会负责任成员的声誉。为此，RSIL 致力于学术研究、政策分析和能力建设，以便从法律角度为巴基斯坦国内外重要议题提供论述话语，推动国内法律空间产生积极变量。面对当代广泛挑战，RSIL 的研究对巴基斯坦法律建设和政策发展有深远影响，已被公认是巴基斯坦的主要政策研究机构，当前在伊斯兰堡和拉合尔都有办公地点。RSIL 国际法研究学会目前国内外合作机构 50 家，包括联合国国际法院（ICJ）、世贸组织国际商会（ICC，WTO）、国际投资争端仲裁中心（ICSID，International Center for the Settlement of Investment Disputes）、联合国、欧盟、联合国人权组织、美国战略研究所（CISS）、美国布鲁金斯学会等。

中巴研究中心（China Pakistan Study Centre，CPSC），2016 年设立，主要职能是做中巴关系各个方面的研究，CPSC 将依托 ISSI 研究所，作为研究所的一部分。CPSC 致力于研究中国在全球和地区的地位与作用，以助力于巩固中巴友好关系。CPSC 中心将作为了解、学习和研究中国社会、历史、文化、政治、经济和政府的卓越中枢。CPSC 中心将就中巴关系为巴基斯坦政府提供政策建议，为两国商务、学术界和公众提供服务。中心成果以书籍、报告、半年刊和专题专著等多种形式出版。CPSC 中心也举行一些研讨会和演讲等活动。

谈及中巴经济走廊与"一带一路"的关系，巴基斯坦参议员、国防委员会主席、蓝迪国际智库专家委员会中国—巴基斯坦小组共同主席穆沙希德·侯赛因表示，历史地看，中巴经济走廊是"一带一路"不可缺少的组成部分，中国梦、巴基斯坦梦和亚洲梦的目标本质上是相同的，都是寻求和平与繁荣的明天。[①] 伊斯兰堡政策研究所主席索黑尔·阿明在致辞中表示，中巴经济走廊框架下的基础设施项目，包括走廊沿线的产业园区等建成后，能将俾路支省、开伯尔 - 普什图省、吉尔吉特等巴基斯坦最不发达地区与本国乃至区域经济发展较好地区实现连通。伊斯兰堡政策研究所长哈立德·拉赫曼指出，中巴经济走廊在"一带一路"倡议中扮演关键性角色，并将助力"一带一路"倡议更好地实现提升中东、非洲、中亚及南亚等地区各国间的互联互通。[②]

巴基斯坦"101 中国之友"智库主席扎希德·马利克在巴基斯坦首都

---

① 《中国巴基斯坦两国智库学者对话　献策中巴经济走廊建设》，《中国社会科学报》2015 年 4 月 20 日，http://www.china.com.cn/opinion/think/2015 - 04/20/content_ 35365653. htm。

② 巴基斯坦伊斯兰堡政策研究所主席索黑尔·阿明在中巴经济走廊全国性研讨会上发表致辞，人民网，2016 年 9 月 21 日，http://world.people.com.cn/n1/2016/0921/c1002 - 28730212. html。

伊斯兰堡召开"101 中国之友"资深成员会议，并通过支持中国南海问题主张的决议、表达对南海局势的高度关切、呼吁世界各国尊重中国领土及领海主权。①

三　巴基斯坦主要智库的作用

巴基斯坦主要智库的作用主要体现在三个方面：

（一）资政方面

巴基斯坦主要智库的作用是为巴政府咨政建言，提供决策参考，以影响和促进巴基斯坦社会稳定和经济发展。

巴基斯坦发展经济研究所（PIDE，Pakistan Institute of Development Economics）1957 年在卡拉奇成立，1964 年被巴基斯坦政府授予自主研究组织荣誉，1972 年迁址至巴基斯坦伊斯兰堡真纳大学，1979 年获得美国国际开发署 2000 万卢比和其他组织 1500 万卢比捐赠款，2006 年获得学位授予资格。PIDE 研究领域为巴基斯坦防务和平与安全、环境自然资源和能源、食品与农业、健康、私营企业发展、社会政策和贸易经济与金融等，工作语言为英语。PIDE 有学术研讨会、年度论坛、教育培训、调研等科研活动。现有研究人员 747 人，出版物 941 本，经济学家 190 人。PIDE 发展经济研究所一般致力于发展经济学的理论和实证研究，特别是与巴基斯坦有关的经济议题。PIDE 的研究除了为经济决策提供坚实的学术基础外，还为外界了解巴基斯坦经济动态研究方向提供了一扇窗口。其他社会科学，例如人口统计学和人类学以及跨学科研究，随着研究范围不断扩大，必须不断进行界定，以便采用适当经济政策和实现有良好理论基础的发展。在过去 50 年，PIDE 的研究已经赢得了国际声望和认可。PIDE 师资力量雄厚，顾问委员会由世界著名经济学家如诺贝尔奖获得者罗伯特 A. 蒙代尔等组成，主要通过 Facebook、Twitter、Youtube 等社交媒体发出声音。

巴基斯坦和平研究所（Pak Institute for Peace Studies，PIPS）是一家独立的、非政府、非营利的研究和倡导型智库。PIPS 和平研究所常组织巴

---

① 《巴基斯坦智库支持中国南海主张　呼吁各国尊重中国主权》，中国网，2016 年 7 月 14 日，https：//www. yicai. com/news/5043507. html。

基斯坦学者、研究人员和记者，对直接影响巴基斯坦和国际社会安全的政治、社会和宗教冲突进行广泛的研究和分析，并进行实地调研。这些研究人员来自巴基斯坦不同冲突地区。PIPS 研究所致力于利用专业方法研究解决国内和国际冲突。PIPS 认为，解决冲突首先要从所有可能角度和维度来理解冲突。同时，PIPS 也专注于恐怖主义研究。PIPS 和平研究所也与全球一些主要和平与安全机构和智库保持密切联系，为各种不同的观点和方法创造空间。PIPS 研究所的工作内容可分为两个部分，即研究分析和基于此基础上的倡议。PIPS 研究所研究领域为地区和全球战略议题的政策分析和研究，如冲突和发展、政治暴力、宗教极端主义、种族冲突、恐怖主义、治理和民主、外交关系等。为了增强伙伴关系，解决国家间冲突、政府与公众间冲突，PIPS 研究所还开展对话、培训和其他教育项目。依据自身优势，PIPS 研究所提供一系列咨询服务如冲突分析，以及促进不同社会文化、意识形态、宗教、教派团体、民族政治层面对话等。①

　　伊斯兰堡—区域研究所（IRS, Institute of Regional Studies）在巴基斯坦的伊斯兰堡，是一个独立的、非营利研究中心，着眼于研究巴基斯坦周边以及南亚区域、东南亚区域等地方热点问题，也研究分析世界大国对南亚的政策。IRS 研究所 1982 年 3 月创建，被认为是巴基斯坦主要智库之一。IRS 研究所在国内外事务、经济与产业、科学与技术方面研究领域广泛，研究层次多样，研究范围主要针对巴基斯坦和南亚地区，工作语言为英语。IRS 研究所现有研究人员在伊斯兰堡区域工作的有 10 人，全巴基斯坦有 46 人，全球有 120 人。主要借助 FACEBOOK 等社交媒体发布消息。

　　（二）企业决策咨询

　　这方面的专业智库主要有：

　　巴基斯坦卡拉奇大学应用经济研究中心（Applied Economics Research Center, University of Karachi, AERC）

　　巴基斯坦卡拉奇大学应用经济研究中心设立于 1973 年，创建人是教授伊赫桑·拉希德博士（Prof. Dr. Ehsan Rashid）。现任领导是教授萨米娜·哈利勒博士（Prof. Dr. Samina KHALIL）。中心主要功能是政策导向

---

① PIPS Annual Report 2018, P23, https://www.pakpips.com/pips-annual-report.

的核心领域研究及理论研究、客户合同研究、研究生教育和政府政策咨询。中心承担的应用经济研究主要聚焦城市和区域经济、农业经济、人力资源开发、公共财政、贫困、营养与健康、工业经济、贸易、环境与性别议题。中心研究资料来源主要是公开资料和调研数据。随着中心的不断成长，中心业务领域也逐步扩展到包括巴基斯坦各地经济学者的高级培训。并且该中心也进行会计硕士培养、理学与哲学硕士培养，并于 1977 年获得博士学位授予资格。通过咨询机构、工作组、特别工作小组中 AERC 职工参与，为联邦政府、各省和地方政府提供咨询服务。中心研究成果以出版物的形式呈递决策者或感兴趣的读者。出版物包括系列研究报告、系列讨论稿、国际裁判半年刊和巴基斯坦应用经济杂志，要借助 FACEBOOK 社交媒体发出声音。

巴基斯坦私营有限公司管理与发展中心（Management and Development Center Private Limited，MDC）

巴基斯坦私营有限公司管理与发展中心（MDC）位于伊斯兰堡，是一家营利组织，始建于 1984 年。MDC 向不同部门提供研究、培训和政策分析服务。其中，MDC 在咨询服务方面为国家自身和国际社会经济发展做出了不少贡献。MDC 研究领域涉及环境、自然资源和能源，治理和透明度，法律正义人权，私营企业发展，服务地域范围主要在巴基斯坦，工作语言为英语。主要借助 Facebook、Twitteer 等社交媒体发出声音。

巴基斯坦环境与发展领导智库（Leadership for Environment and Development，Pakistan，LEAD）

巴基斯坦环境与发展领导智库（LEAD）是一家独立、非营利政策智库，初建于 1995 年，主要从事政策研究，公共政策参与和公众、个人及非营利机构的领导力培养等工作。除领导力培养项目（自 1995 年起）、社会资本培育（自 2004 年起）、气候行动计划（自 2007 年起）之外，巴基斯坦环境与发展领导智库（LEAD）在 2015 年启动了三项专项计划：巴基斯坦迈向 2047 年计划、可持续发展目标知识中心（Knowledge Hub on SDGs）和可持续城市（Sustainable Cities）。这些战略方案旨在塑造巴基斯坦的话语权，并确保联邦和省级政府的发展议程是公平的，符合国际承诺和全球最佳实践。

（三）人文交流

巴基斯坦智库国际化程度相对较高，负责人和研究人员多有欧美留学背景，客观上为巴基斯坦智库的对外交流提供了诸多便利和多种可选方式。因此，这方面巴基斯坦的主要智库都比较出色。

PIPS 和平研究所的南亚网，是一个学术杂志资源网络，关注区域和全球战略议题，发布系列有关安全的经济、政治和军事报告。PIPS 和平研究所为巴基斯坦研究和分析人员创建社区，提供讲习班、研讨会和短长期课程等培训和实习机会，以提高他们的分析研究技能。PIPS 和平研究所数据库经过近六年建设，汇集了大量第一手数据，可为各类冲突与安全研究服务。PIPS 的出版物除了以书籍、专著和报告等调查分析成果外，PIPS 和平研究所自 2008 年起就定期出版研究季刊《冲突与和平研究》。该刊从 2013 年开始，改为每半年出版一期，并从经验和政策角度，对巴基斯坦国内外的冲突与和平问题进行高质量的研究和分析。PIPS 和平研究所创办了 CPEC 观察和月度监测，建了专用网站 cpec－watch. com，并通过举办活动，包括新闻监测、对话、论坛、咨询、研讨会、调查和专题研究，以增进决策者、记者、学界和普通大众对 CPEC 这个多目标倡议的全面客观的了解。PIPS 和平研究所还通过举办“区域联通和南亚地缘经济”，汇聚中国、印度、尼泊尔和巴基斯坦等国家的学者、记者、学生、媒体、前官员等齐聚一堂，分享经验并进行政策宣传，以促进民心相通，其社交媒体主要是 Facebook、Twitter。[1]

国际影响研究（IRI）

国际影响研究（IRI）是一家独立的营利组织，当前领导是祖贝尔·费萨尔·阿巴西（Zubair Faisal Abbasi），专门从事发展政策研究、能力评估和各种调查。IRI 核心专家团队对公共政策和方案具有专业性和强烈兴趣，并与各利益攸关方合作，提供大量咨询服务。IRI 研究领域包括教育，环境、自然资源和能源，食物和农业，健康，国际事务与发展，社会政策，技术与创新，贸易、经济和金融。研究区域主要是巴基斯坦。工作语言是英语。IRI 将研究、管理和培训资源结合起来，支持市场情报研究、企业发展和经营战略研究、企业社交媒体营销与企业社会责任和投资组合的开发研究。

---

[1]　PIPS Annual Report 2018，P23，https：//www. pakpips. com/pips－annual－report.

第二节　中巴智库合作概况

中国社会科学院 2016 年发布的年度报告《国外智库看"一带一路"》就指出，2015 年全球专门研究中国问题的智库有 1200 多家，占全球战略性智库总量近 25%，专兼职研究学者 1000 名，单 2015 年发表涉中研究报告成果 6600 多篇（部），多认同"一带一路""共商、共建、共享"理念，一定程度上起着影响民意，影响各国媒体舆论及对华政策走向。而由于"全天候战略伙伴关系"的确立和中巴经济走廊建设，近些年中巴智库研究合作也逐渐增多。

一　当前中巴主要合作智库

（一）中方主要合作智库

考虑到中巴双方合作智库比较多，限于篇幅此处主要列举对中巴关系发展发挥一定影响的智库，不排除疏漏这种情况。当前国内与巴合作的主要智库有：中国社会科学院蓝迪国际智库、中国国际问题研究院和中联部中国当代世界研究中心、中国军控与裁军协会、中国现代国际关系研究院、上海社科院和复旦大学一带一路及全球治理研究院。

中国社会科学院是中国哲学社会科学最高研究机构，是世界知名、中国最大的国家级综合性高端智库，一直致力于同各国政府、智库相互交流。为了提升服务中央决策的能力和稳妥推进"一带一路"建设，中国社会科学院根据中央新型智库建设要求，以亚太与全球战略研究院为依托成立国家全球战略智库，对涉及全球战略的重大问题进行跟踪和研究。国家全球战略智库以项目形式参与到中巴经济走廊建设工作，蓝迪国际智库是这些智库的代表之一。蓝迪国际智库 2015 年成立，得到国家发展改革委、财政部、商务部、工信部等中央有关部委的支持，专家委员会主席是全国人大常委、外事委员会副主任赵白鸽，专家委员会成员由 20 名知名专家组成，研究领域涉及经济贸易、信息通信、能源金融及社会治理等多个领域，意在为中巴经济走廊建设和相关企业提供智力服务。蓝迪国际智库是一种新型智库平台，本着共商、共建、共享理念，为国家、政府、企业等提供研究报告和政策咨询建议。服务"一带一路"沿线国家的建设与发展。蓝迪智库汇集了中国社会科学院、中国（海南）改革发展研究院、巴基斯坦中国研究院、清华大学国际传播研究中心、商务部五矿化工商会、中国宋庆龄基金会和埃森哲公司等机构的研究力量，邀请巴基斯坦中央部门、地方政府、议会、智库和企业代表坦诚对话，深入了解巴方需求，系统评估中巴经济走廊建设风险，传递"一带一路"倡议理念，推进人文交流，增进民心相通，探讨中巴经济走廊高质量建设的新路径和动力机制。[①]

蓝迪国际智库目前已经建立了完善的智库网络、国际网络和企业网络。其中智库网络汇聚国内外企业、智库、行业协会等各领域专家学者的力量，聚焦"一带一路"所涉及的国际热点和关切的议题，充分发挥咨政建言、理论创新、舆论引导、社会服务、公共外交等重要功能。组织开展高层交往、智库研讨和专题研究，围绕"一带一路"相关问题，在深入调研的基础上形成高质量报告，向中央及地方政府建言献策，相关报告及政策均有效转化为有关部委和地方政府政策措施，对中国企业"走出去"起到指导作用。国际网络方面则形成了统筹国内外政党、政府、议会、智库、企业、金融机构、社会组织、媒体和国际多双边机构等各方战略合作伙伴及支持机构的服务体系，以国际战略委员会、重点国家双主席制度和国际分支网络为组织支撑，以多、双边高层交往为重要纽带，在重大国际场合发出"中国声音"，为中国企业开展国际合作搭建重要平台。并且企业网络方面整合了包括能源、制造、农林牧渔、信息、服务、文化、贸易物流、基建、医药、房地产、金融、园区、港口、矿业、商会协会、培训等众多行业骨干企业或机构团队。通过建立法律服务、政策研究、技术标准、信息服务、金融支持、文化与品牌、能力建设七大专业服务组，积极整合政府、企业和行业资源，帮助企业抱团出海，在为企业参与"一带一路"建设提供了大量系统性的服务和支持。

中国社会科学院蓝迪国际智库获得了国内外相关机构的认可。2016年8月欧洲对外关系委员会发布《分析中国：中国兴起百家智库》研究报告，将中国社会科学院蓝迪国际智库作为中国新型智库建设中的范例，

---

① 《蓝迪国际智库平台启动　助推中巴经济走廊建设》，中国新闻网，2015 年 4 月 15 日，http：//www.cankaoxiaoxi.com/china/20150415/742936.shtml。

称"中国社会科学院蓝迪国际智库已拥有系统的对话交流及合作机制";2016 年 12 月底,国内"一带一路百人论坛"通过系统性公开信息显示,将中国社会科学院蓝迪国际智库评选为 2016 年度"一带一路"优秀智库;2017 年 2 月,中国社会科学院蓝迪国际智库加入中联部牵头的"一带一路"智库合作联盟理事会;2019 年该智库又获得巴基斯坦"卓越新月奖"国家荣誉勋章。

复旦大学一带一路及全球治理研究院立足于复旦大学,是高校智库深度服务"一带一路"建设样板之一,一是围绕全球与国家治理、经贸与区域经济合作、公共卫生、环境生态等焦点领域和重大问题建立 10 个研究所。专业研究"上接天线",承担国家及省部级课题近 40 项,公开发布研究报告 50 多份。实践调研"下接地气",与沿线国家多家智库开展合作,与英国、巴基斯坦、哈萨克斯坦等重要节点国家,与浙江、广西、甘肃等国内重要节点省份建立合作机制,组织约 20 次沿线实地调研,为决策服务提供可靠第一手材料。二是立足"内外带动",打造品牌化论坛。每年举办"一带一路"与全球治理国际论坛,发挥"头雁效应"。打造"一带一路"与全球发展高峰论坛、"一带一路"国际金融发展高峰论坛、中巴经济走廊双边国际学术研讨会等,形成"雁阵效应"。三是聚焦"全面联动",打造体系化平台。牵头成立中国教育国际交流协会"一带一路"教育行动推进委员会和"一带一路"教育国际交流分会。构建综合交流机制,推进共建"一带一路"教育行动、服务包括高等教育、职业教育、基础教育以及融合教育在内的各级各类学校和教育机构,受到国内外广泛关注。增进人文沟通,打造学科交流平台,牵头建设"一带一路"国际关系学院联盟、肿瘤防治联盟、公共卫生学院联盟等,增进学科融通。①

中国当代世界研究中心隶属于中联部。2015 年 4 月 8 日,由中联部牵头,联合国务院发展研究中心、中国社会科学院与复旦大学设立的"一带一路"智库合作联盟,秘书处就设在中国当代世界研究中心。目前联盟有

---

① 焦扬:《智库联盟为"一带一路"建设贡献更多智慧》,《光明日报》2020 年 1 月 10 日,http://www.hebdx.com/hbdxww/whsd/330482/index.html。

138 家中国国内智库和 114 家国际智库机构会员。①

（二）巴方主要合作智库

目前与中方合作的智库比较多，此处主要列举以下几个在推动中巴关系发展方面作用比较突出的智库：

伊斯兰堡战略研究所（ISSI，The Institute of Strategic Studies Islamabad）。

伊斯兰堡战略研究所（ISSI）位于巴基斯坦伊斯兰堡，是一家自主经营、独立的、非营利的研究与分析机构，创建于 1973 年，由巴基斯坦外交部资助。ISSI 研究所现任领导为艾扎兹·艾哈迈德·乔杜里（Aizaz Ahmad Chaudhry）②，理事会主席是巴基斯坦前大使哈立德·马哈茂德［Ambassador（Retired）Khalid Mahmood］③。巴基斯坦前外交部长坦维尔·艾哈迈德·汗（Tanvir Ahmad Khan），退休后曾任 ISSI 研究所总干事兼主席。2018 年，巴基斯坦前驻联合国大使马苏德·汗（Masood Khan）担任该研究所总干事。ISSI 最著名的成员是民族主义评论员希琳·马扎里（Shireen

---

① 《国际展望联合会正式加入"一带一路"智库合作联盟》，《经济日报》2019 年 4 月 24 日，http://cen. ce. cn/more/201904/24/t20190424_ 31929216. shtml。

② 艾扎兹·艾哈迈德·乔杜里（Aizaz Ahmad Chaudhry）大使在巴基斯坦外交部任职 37 年，从 2013 年 12 月到 2017 年 3 月三年多晋升为巴基斯坦外交部长。乔杜里先生最后一次外交任务是担任巴基斯坦驻美国大使。他还担任过巴基斯坦驻荷兰大使、巴外交部发言人和巴基斯坦常驻纽约联合国副代表。乔杜里的书《荷兰人眼中的巴基斯坦映像》（Pakistan mirrored to Dutch eyes），由桑格梅尔出版社出版。乔杜里从外交部退休后，自 2018 年 6 月起担任伊斯兰堡战略研究所（ISSI）所长。乔杜里大使拥有马萨诸塞州塔夫茨大学国关专业硕士学位和拉合尔旁遮普大学一级理科学士学位（http://issi. org. pk）。

③ 哈立德·马哈茂德［Ambassador（Retired）Khalid Mahmood］大使（退休）曾任巴基斯坦驻伊朗、伊拉克、中国、沙特阿拉伯和蒙古大使，在成为大使之前，主要处理巴基斯坦外交政策的多边外交方面，曾担任一等秘书，后来又担任巴基斯坦常驻纽约联合国副代表。哈立德·马哈茂德曾在伊斯兰堡外交部担任总干事（联合国）和后来担任部长助理（联合国、亚太和非洲），还曾任巴基斯坦常驻伊斯兰会议组织（OIC）和经济合作组织（ECO）代表。哈立德·马哈茂德曾代表巴基斯坦出席上海合作组织（SCO）论坛、联合国大会会议、联合国安全理事会、联合国海洋法会议、联合国纳米比亚理事会以及不结盟运动、伊斯兰会议组织和经合组织首脑会议和部长级会议。他是伊斯兰堡区域研究所（IRS）前主席、巴基斯坦前大使协会（AFA）前主席、纽约联合国建设和平基金咨询小组前成员、伊斯兰堡政策研究所（IPRI）前理事会成员、伊斯兰堡和巴哈瓦尔布尔伊斯兰大学联合会前成员。目前，哈立德·马哈茂德大使是伊斯兰堡战略研究所（ISSI）理事会主席，还是伊斯兰堡世界事务理事会主席、伊斯兰堡外交学院亚洲区域论坛（ARF）专家和知名人士小组成员等。哈立德·马哈茂德大使有拉合尔旁遮普大学政治学硕士和法学硕士学位和国际关系研究生文凭，1964 年加入巴基斯坦外交部之前，曾是拉合尔政府学院讲师（http://issi. org. pk）。

Mazari)。ISSI 研究所经常邀请专家学者撰写战略或联盟议题的文章或举办演讲，出版季刊《战略研究》和各类报告、专题等，比如新书《疫情后的世界：竞争还是合作？》(The World after COVID – 19：Cooperation or Competition?)；定期举办战略与安全对话或研讨会，保持与其他国家类似机构合作，代表巴基斯坦出席国际战略论坛。ISSI 研究所致力于对影响国际和平与安全的全球或地方性战略议题进行深度、客观分析，提出高质量政策咨询成果，并通过研究和对话提出战略观点。建立之初，ISSI 研究领域定为社会政策、国际事务与发展、治理与透明度、防务和平与安全，研究对象区域主要是巴基斯坦和南亚地区，工作语言为英语；目前，ISSI 研究领域和地区主要为：南亚，中国、日本和亚太，阿富汗和中亚，伊朗，中东，美国，联合国，战略与安全，巴基斯坦外交政策，核议题，恐怖主义和军事，经济与社会议题。社交媒体主要有 Facebook、Twitter、Youtube。ISSI 研究所已经与全球致力于促进相互交流的各类研究机构签署了 30 个谅解备忘录（MoUs）。在条件许可的情况下，ISSI 研究所也协助一些官方或非官方机构开展战略及相关问题的研究和分析。ISSI 研究所全球合作智库共有 37 家，其中中国 4 家，分别为中国国际问题研究院（China Institute of International Studies，CIIS）、中联部中国当代世界研究中心（China Center for Contemporary World Studies，CCCWS）、中国军控与裁军协会（China Arms Control and Disarmament Association，CACDA）、中国现代国际关系研究院［China Institute of Contemporary International Relations（CICIR）］。

中巴经济走廊能力建设中心。2017 年在巴基斯坦首都伊斯兰堡成立，隶属于巴基斯坦计划、发展和改革部，是首家专注研究中巴经济走廊建设的具有官方背景的智库。能力建设中心研究领域包括走廊给巴社会经济带来的积极影响、走廊框架下贸易与产业合作、区域合作、金融及相关行业发展、城市发展、就业与人力资源开发 6 个方面，目前有近 17 名拥有硕士和博士学位的专家学者。①

① 《巴基斯坦首家中巴经济走廊官方智库成立》，新华网，2017 年 3 月 27 日，http：//www.xinhuanet.com//world/2017 – 03/27/c_ 1120705313.htm。

二　中巴智库合作主要内容和形式

中巴智库合作主要内容和形式主要包括联合项目研究、会议论坛和人文交流。

（一）联合项目研究

蓝迪国际智库项目组建了政策、法律、标准、信息、投融资、公共关系、能力建设等服务团队，召开了中巴经济走廊新疆克拉玛依论坛（2015），发布了《新疆克拉玛依宣言》，诠释了中巴经济走廊建设的重大意义及原则；签署20项合作意向，商业项目的总价值达103.5亿元人民币；搭建了一个服务中巴经济走廊建设的可持续发展平台；组织了中巴企业家国际研修班和蓝迪国际（信息）产业考察团，务实推动中巴企业间的合作洽谈和项目对接。

（二）会议与论坛

联合举办会议、论坛或受邀出席会议进行交流互动是目前双方合作比较多的形式，如：

在昆明举行的第三届"中国—南亚智库论坛"，与会者就"一带一路"与沿线地区的发展需求与利益共赢、"一带一路"建设面临的机遇和挑战、"一带一路"建设的制度安排等议题展开深入探讨。巴基斯坦—中国研究所项目主任阿扎姆（Aiza Azam）认为中巴经济走廊建设考虑到巴基斯坦的能源需要，对社会经济方面有积极影响，并对两国文化互通有促进作用，但走廊建设也面临着腐败及安全方面特别是恐怖主义等威胁。巴基斯坦政策研究所长拉赫曼认为，互联互通不仅指基础设施意义上的，思想上的互联互通同样重要，智库应该在其中发挥作用，使不同的利益相关方达成共识，在促进思想上的互联互通、塑造公众舆论方面发挥更大的作用。上海社会科学院副院长黄仁伟认为，"当前中国学者对'一带一路'的研究还可以在微观研究中更为深入"。如中国同中亚、西亚、南亚、东南亚相关国家的统筹机制（coordination system），各个统筹机制的连接点；风险评估，包括恐怖主义、毒品、种族冲突以及地质灾害等；项目可持续性评估及生态与人文可持续性研究；资金的评估，包括金融体系投融资研究；人才培养特别是小语种人才培养；信息数据库、云计算、重大核心企业集团资源的整合等。微观研究及对每个项目的可行性分析，是下一步

"一带一路"研究的重要内容。中国社会科学院南亚研究中心主任、《南亚研究》编辑部主任叶海林指出，"一带一路"建设需要学者做微观研究，也需要达成共识，智库应加强实地考察，深入研究并向政府建言。①

2020 年 7 月 22 日，中联部当代世界研究中心与蓝迪国际智库共同举办云端专题论坛。邀请十余位中巴两国政府官员、智库专家学者通过视频连线的方式，围绕疫情下中巴经济走廊产业发展现状及未来展望等议题进行了深入研讨。蓝迪国际智库专家委员会主席赵白鸽，中国驻巴基斯坦大使姚敬，巴基斯坦参议员、巴基斯坦中国学会（PCI）会长穆沙希德·萨因德等参加会议。"一带一路"智库合作联盟秘书长、中联部当代世界研究中心主任金鑫和巴基斯坦外交部中国司长穆罕默德·蒂普参加会议并作主旨发言。中国海外港口控股有限公司董事长、蓝迪国际智库专家委员会委员张保中，巴基斯坦 JW SEZ 集团董事长沙河·费索，巴基斯坦伊斯兰堡战略研究所执行主任塔拉特·夏比尔，中巴经济走廊能力建设中心主任利亚卡特·阿里·沙等在会上发言。与会专家一致认为，国际多边合作、区域多边合作和区域双边合作将成为后疫情时代国际社会应对公共卫生事件的主要合作方式。中巴应以合作抗疫为契机加强公共卫生设施建设，加快推进公共卫生治理现代化，培养公共卫生领域人才，在继续挖掘中巴经济走廊农业合作潜力的同时共同建设健康丝绸之路、数字丝绸之路，实现中巴经济走廊的高质量发展，广泛惠及两国人民。

（三）人文交流

中巴人文交流有多种形式，包括教育培训等。巴基斯坦伊斯兰堡战略研究所主任拉希德在出席第一届"一带一路"国际合作高峰论坛后表示，他非常看重智库作用，认为智库可为"一带一路"建设贡献知识力量。"一带一路"国际合作高峰论坛很好地推进了各国智库之间的合作，从而使智库能够更好地为"一带一路"建设提供智力支持。拉希德表示，在中国成立各国智库合作中心，并在此基础上举行常态化交流会议，会更有利于世界各国智库可分享研究成果，加强交流协商，共同推进"一带一路"建设。

---

① 《第三届"中国—南亚智库论坛"召开》，《社科院专刊》2015 年第 300 期，http：//cass. cssn. cn/duiwaijiaoliu/201506/t20150619_ 2040952. html。

巴基斯坦智库媒体代表团在访问新疆大学少数民族研究中心、中亚研究院时表示，中巴经济走廊建设给巴基斯坦带来了重大发展机遇，将促进巴基斯坦经济发展，使巴基斯坦经济独立性增强，提升巴基斯坦在周边外交中的地位，推动新的合作。代表团指出，巴恐怖组织与阿富汗不同，他们大多数不是宗教极端主义者，巴境内参加"伊斯兰国"的有四类人：从阿富汗进入巴基斯坦的效忠"伊斯兰国"武装分子、巴塔内讧分裂后一部分人转而效忠"ISIS"，巴政府打击的"东突""东伊运"宣布效忠"ISIS"和巴阿边境部分极端宗教派别。

近期，中国社会科学院国家高端智库举办的中巴及美国学者的对话：超越差异与偏见，共塑和平与繁荣，也是一种比较有效的多边沟通交流方式。

在对话会上，巴基斯坦国立科技大学（伊斯兰堡）中国学研究中心主任赛义德·哈桑·贾维德（Syed Hasan Javed）表示，在抗击新冠肺炎疫情的紧要时刻，中国基于构建人类命运共同体的理念，向很多国家提供了紧急帮助。中国的积极主张是：国际社会比以往任何时候都更加需要团结和合作；人类的共同敌人是病毒。中国与美国不应该彼此为敌，而应该携起手来，共同抗击疫情；国际社会应当摒弃意识形态和政治制度的偏见，携手保卫人类文明。秉承这一精神，中国政府向亚洲、非洲和拉丁美洲国家供应了大量的口罩、呼吸机及其他医疗物资和设备，帮助其抵御疫情。而美国右翼政客却借新冠肺炎疫情在意识形态和地缘政治上攻击中国，与人类命运共同体理念背道而驰。事实上，西方媒体网络中不乏反华论调，疫情的出现更让一些西方媒体变本加厉。西方媒体的宣传，反映了西方一些人对中国崛起的极度戒备。而近年来国际知名民调机构所做的民意调查结果与这些反华论调恰恰相反，调查显示，中国民众对政府的支持率和满意率高居世界首位，中国民众对政府的抗疫表现打分最高。贾维德认为，中国始终坚信，不同文明和制度之间可以和平共处，可以相互借鉴，可以共同进步。新冠肺炎疫情为各国社会、经济、贸易、政治和国际关系打造了一个全新的环境。共建"一带一路"的相关国家应在医疗卫生、网络贸易、电子商务、精准扶贫、债务免除等方面进一步加强合作。在这一进程中，中国完全可以发挥示范和引领作用。无论美国极右翼政客、学者和官员如何污蔑，世界上绝大多数爱好和平的人都不会相信他们关于新冠肺炎疫情所制造的谎言。无论西方媒体如何宣传，历史的进程不可逆转。要重塑理性和平等对话，就需要所有渴望和平发展、共创繁荣的国家的共同努力。

第三节　近期巴基斯坦智库对华经济和社会的态度

随着中巴关系的进一步发展，中巴两国人文交流频次也在急剧增加。目前在中国的巴基斯坦留学生越来越多，而中国在巴基斯坦投资和做生意的人数也逐渐扩大。当前全球化发展面临各类新挑战因素，"逆全球化"声音有所抬头，如何看待中国与巴基斯坦两国关系发展成为科研人员关心的话题。

一　近期巴基斯坦智库对华经济和社会发展态度

哈桑·穆塔巴先生（Hassan Mujtaba）是 CASS 专注经济领域研究的一名研究人员，拥有巴基斯坦发展经济研究所经济金融学硕士学位。他曾在巴基斯坦计划发展改革部工作，作为一名年轻的科研人员，重点对中巴经济走廊、可持续发展、公务员制度改革、治理和旅游业等多个议题开展研究，研究兴趣包括马克思政治经济学、后凯恩斯宏观经济学、经济思想史、劳动经济学和发展经济学。2019 年 11 月，他在《中巴经济走廊——地缘政治的维度》一文中表示，中巴经济走廊（CPEC）建设开启了新时代。首先，CPEC 建设给中国提供了从喀什到印度洋的战略通道，减少了对马六甲海峡的依赖；也给巴基斯坦的基础设施建设、劳动就业和经济发展带来难得机遇。其次，有助于减少巴基斯坦对美国的国家依赖，特别是安全战略和经济领域。近年来或自 2008 年美印签署民用核协议以来，美国在南亚强化与印度的战略伙伴关系以对付中国并寻求在阿富汗日益增加的利益，忽略了巴基斯坦在反恐战争中的地位和作用，并减少了巴基斯坦所需的经济和军事援助，CPEC 建设不仅可作为中巴长期友好关系巩固的机遇，也可减少巴基斯坦对美国的依赖。最后，CPEC 建设也有利于巴基斯坦均衡印度的地区影响力。印度对巴在以下方面存在威慑压力：第一，印度除了不断和美国、俄罗斯与以色列签订防务协议外，还大量投资军事科技项目；第二，印度不断强化与西方大国在军事领域的联系；第三，印度通过快速发展与伊朗及阿富汗关系，削弱了巴基斯坦的地区影响。①

2019 年 12 月 19 日，在由中国人民外交学会主办、重庆市人民政府承办的亚信非政府论坛第三次会议上，巴基斯坦伊斯兰堡国际战略研究中心助理研究员阿菲拉·菲尔杜斯表示，中巴经济走廊在经济互联互通领域存在巨大潜力，中巴可在技术和知识型经济领域加强合作。②

巴基斯坦国立科技大学中国学研究中心副主任、巴前驻华科技与教育参赞泽米尔·阿万认为，中国政府通过香港国安法是为了维护香港宁静与稳定，而西方国家用资金支持年轻学生，培训、勉励他们示威游行，以此破坏香港稳定、损害中国，但香港人民一定会明白的。中国 40 多年让 8 亿人摆脱了贫困，这是前所未有的世界壮举。尤其今年疫情影响下，虽然面临各种考验，但仍出台各种措施，帮助人们复工复产、摆脱贫困。

伊斯兰堡战略研究所主席哈立德·马哈茂德、巴基斯坦前驻华大使马苏德·哈立德表示，香港回归中国后，在"一国两制"制度下越发繁荣与稳定，但近期的暴力和骚乱破坏了香港的社会秩序和国际金融中心职位，香港特区立法问题是中国内政，反对任何外部势力干涉。③

巴基斯坦国际伊斯兰大学副教授、国际问题专家曼苏尔·阿夫里迪表示，中国人大推动涉港国安立法有利于香港恒久繁荣稳定，有利于"一国两制"在香港行稳致远。他认为香港事务纯属中国内政，而包括美国在内一些国家居然支持、煽动反中乱港势力和分散势力放肆实施暴力运动，险恶用心和霸权天性袒露无遗。中国全国人大依据宪法和香港基本法，推动涉港国安立法，无可厚非。④

在近期中国社会科学院举办的全球智库抗疫合作云论坛"全球经济复苏——新目标、新动力"分论坛上，巴—中研究所长穆斯塔法·海德尔·

---

① Maham S. Gillani：China – Pakistan Economic Corridor – The Politico – Strategic Dimension，15 Nov. 2019，*This article was first published in "The Nation"*，https：//staging. nation. com. pk/07 – Nov – 2019/ china – pakistan – economic – corridor – the – politico – strategic – dimension.

② 《共同打造全方位互联互通新格局》，《社科院专刊》2019 年 12 月 27 日，http：// cass. cssn. cn/keyandongtai/xueshuhuiyi/201912/t20191227_ 5065818. shtml。

③ 《巴基斯坦各界发声支持香港国安法》，百观网，2020 年 7 月 10 日，https：// www. baiguanw. cn/a/news/mssd/2255589. html。

④ 《巴基斯坦各界发声支持香港国安法》，百观网，2020 年 7 月 10 日，https：// www. baiguanw. cn/a/news/mssd/2255589. html。

赛义德表示，"一带一路"倡议能够帮助包括巴基斯坦在内的发展中国家更好地应对疫情冲击，促进后疫情时代的经济复苏。①

在由中国外文局当代中国与世界研究院、南非人文科学研究理事会、英国东亚委员会、法国桥智库等联合承办的"公共卫生：全球治理的新议题"云论坛上，巴基斯坦媒体与交流研究所长瓦力·扎西德均表示，中国国新办发布的《抗击新冠肺炎疫情的中国行动》白皮书正当其时，及时向国际社会阐明中国抗疫过程，纠正对华偏见、误解，同时还倡议共同应对新冠肺炎疫情挑战、加强国际合作。②

CASS 研究人员马欣·沙菲克，她在 2020 年 7 月发表的《非理性到现实主义：中印对峙》一文中指出，中印对峙有利于印度携美自重；利用边界冲突的激化，增加印度军费开支，推进部队武器装备现代化；获取印度国内民粹主义和民族主义情绪的尊敬和支持；削弱中国不断提升的国家实力；印度可能认为交火会让中国变成军事侵略者，进而撼动中国的大国国际声望，否定中国和平崛起，进而证明在无政府世界中，一个大国不可能和平崛起。与中国对峙将使印度即使不成为全球性的霸权国，也会成为地区霸权国。③ 对于有学者建议美国采用"惩罚威慑"或"拒止威慑"对付中国，以获取太平洋地区的威慑主动权，2020 年 8 月，马欣·沙菲克在她的另一篇文章《美中紧张局势：太平洋威慑性倡议与联盟》中认为，这些建议忽略了国际战略环境的变化。第一，美国安全战略家过分依赖冷战时期的威慑拒止模型而忽略了 21 世纪国际战略安全环境的重要变化；第二，美国计划通过投资东盟或其他区域国家的"太平洋威慑倡议"（PDI，Pacific Deterrence Initiative）资源，利用联盟作为对中国拒止威慑的工具，但没有国家愿意在中美冲突中选边站；第三，一个类似的长期防御计划，2014 年开始，在欧洲威慑倡议［European Deterrence Initiative（EDI）］下，目的在于克里米亚危机后遏制俄罗斯影响，消除欧盟对俄疑

① 《全球经济复苏：新目标、新动力》，《社科院专刊》2020 年 7 月 17 日，http：//cass. cssn. cn/keyandongtai/xueshuhuiyi/202007/t20200720_ 5157732. shtml。

② 《公共卫生：全球治理的新议题》，《社科院专刊》2020 年 7 月 10 日，http：//cass. cssn. cn/keyandongtai/xueshuhuiyi/202007/t20200710_ 5153575. shtml。

③ Maheen Shafeeq：Ongoing India China Confrontation in the Himalayan Region，08 Jul. 2020，https：//casstt. com/post。

虑，但到目前为止，不仅资金不足，运作成效也不大。

2020 年 9 月 20 日，CASS 研究人员哈桑·塔希尔在《国际先驱论坛报》上发文《伊朗加入"一带一路"：是巴基斯坦的机遇》指出，伊朗最近加入"一带一路"倡议，并与中国签订价值 4000 亿美元的经济/安全协议。协议规定，未来 25 年内，中伊双方将在 5G 电信网络、基础设施建设、银行业、自贸区、大规模军事合作包括情报共享与武器设计等领域进行合作。由于 2018 年美国单方面退出伊核协议，并对伊朗施以严厉制裁，限制伊朗石油出口，使伊朗这两年财政收入、贸易和外国投资锐减。通胀高起、出口暴跌、伴随的大量失业和汇率贬值，给伊朗国内带来巨大挑战。IMF 数据显示，伊朗 2019 年 GDP 萎缩 4.8%，而 2020 年因受到新冠肺炎疫情影响而继续萎缩。在此背景下，中伊合作将给伊朗经济更多喘息机会和缓冲空间。同时，该协议也有利于中国确保进口能源运输管线畅通和能源安全，进而实质性地改变对马六甲海峡的运输依赖。而对巴基斯坦来说，一方面可以享受中伊贸易通道收益，如税收和过境费，这将增加巴基斯坦的财政收入；另一方面，通过中国与伊朗的石油、天然气运输管道过境联结，也有利于保障巴基斯坦长期紧缺的能源供应，满足巴基斯坦的能源需求。[①]

巴基斯坦前驻华大使马哈茂德曾表示，中巴经济走廊建设为巴基斯坦经济发展注入了活力，不仅改善了巴基础设施，还大大缓解了巴能源危机，为当地带来了经济活力，其他参与项目的中亚国家也都从中受益，是中国国际地位提升的体现。中国是一个遵守国际秩序、负责任的行动者，"一带一路"建设已经并将继续创造一种双赢局面。

针对巴基斯坦俾路支省瓜达尔港一家五星级饭店遭袭、债务陷阱和中巴民间通婚与"人口贩卖"等传言，巴基斯坦拉合尔大学可持续发展政策研究与实践中心执行主任穆罕默德·纳西姆指出，中巴经济走廊建设对巴基斯坦发展至关重要，也会惠及伊朗、阿富汗等邻国，但有外部势力资助"巴基斯坦塔利班运动""俾路支解放军"和"俾路支解放阵线"等组织，试图破坏巴中友谊、中巴经济走廊以及巴基斯坦的整体稳定，不希望

---

① Hassan Tahir, Iran joining the BRI: An Opportunity for Pakistan, 20 Sep. 2020. This article was first published in Daily NHT newspaper. https://casstt.com/post.

建设过程顺利，也不希望巴基斯坦将来在南亚扮演更重要的角色。

二　中巴智库进一步深化合作的对策建议

2019 年，党的十九届四中全会明确了国家治理体系和治理能力现代化的发展目标和重要举措，中国智库作为国家治理体系的重要组成部分，应不断提高研究质量，创新体制机制，扩大国内外影响力，做好中巴人文交流、民心相通的纽带和桥梁，与巴合作智库共同构筑符合中巴共同利益的国际话语权。具体来讲，有以下几个方面需要特别跟进：

第一，中巴智库合作瞄准国家当前迫切需要解决的问题，开展前瞻性重大专题研究，为走廊高质量发展建言献策、凝聚共识，并在合作工作中始终坚持问题导向、需求导向、项目导向、结果导向。

第二，创新中巴智库合作的对话协商机制，包括利用论坛、会议、网络等多种方式，整合中巴两国政府、企业、智库等多方资源，推动中巴合作智库研究成果的转化和应用。

第三，中巴合作智库双方联合构建高素质专家团队。中巴合作智库的联合研究人员不仅要有卓越的专业能力、社会担当、科学担当，更应在人才梯队建设方面布局更加合理。

第四，中巴合作智库设法调动中巴企业合作的积极性和推动双方科技创新成果转化，重视中巴两国企业间合作和项目对接，充分利用双方完善的法律、资信、培训、标准等服务体系，引导和助推优秀中巴企业参与中巴经济走廊建设，积极参与高质量共建"一带一路"，推动人类命运共同体的构建。

第五，中巴智库合作在国际层面上运用多种传播手段和途径方式，加强传媒合作，促进中巴人文交流和民心相通，提高智库成果的影响力和话语权，共同抵制一些国际舆论对中巴高质量共建"一带一路"的负面影响，以维护中巴两国互利共赢的共同利益。

参考文献

一　中文文献

（一）著作

陈继东：《印巴关系研究》，巴蜀书社 2010 年版。

陈继东、晏世经、张建全编：《巴基斯坦报告（2014 年）》，云南大学出版社有限责任公司 2015 年版。

陈继东、晏世经等：《巴基斯坦对外关系研究》，巴蜀书社 2017 年版。

陈继东、朱欣、晏世经：《中亚—南亚的恐怖主义与地区安全》，巴蜀书社 2013 年版。

陈军：《巴基斯坦农业发展及中巴农业合作研究》，经济管理出版社 2020 年版。

金强：《巴基斯坦大众传媒研究》，中国传媒大学出版社 2017 年版。

孔菊兰：《巴基斯坦民间文学》，宁夏人民出版社 2000 年版。

孔菊兰、唐孟生：《巴基斯坦民间故事》，安徽文艺出版社 2019 年版。

孔亮：《巴基斯坦概论》，世界图书出版公司 2016 年版。

陆树林主编，王达等译：《我们和你们：中国和巴基斯坦的故事（英）》，五洲传播出版社 2015 年版。

陆树林主编：《我们和你们：中国和巴基斯坦的故事（汉）》，五洲传播出版社 2015 年版。

路娜、汪燕：《巴基斯坦知识产权制度研究》，社会科学文献出版社 2018 年版。

孙红旗主编：《巴基斯坦研究（第一辑）》，中国社会科学出版社 2012 年版。

孙红旗主编：《巴基斯坦研究 2016 年第 1 辑（总第 2 辑）》，中国社会科学出版社 2018 年版。

唐昊、彭沛：《巴基斯坦孟加拉：面对种族和宗教的冲突》，四川人民出版社 2002 年版。

唐孟生、孔菊兰：《巴基斯坦文化与社会》，民族出版社 2006 年版。

王琦、史小今：《驻巴为铁：读懂中巴经济走廊时代的巴基斯坦》，中国国际广播出版社 2019 年版。

王世达：《巴基斯坦国情报告：政党·团体·人物》，社会科学文献出版社 2018 年版。

王世达、杜佳宁：《巴基斯坦史话》，中国书籍出版社 2020 年版。

西藏金融学会编著：《巴基斯坦金融发展概括》，中国金融出版社 2017 年版。

向文华：《巴基斯坦人民党研究》，人民出版社 2015 年版。

闫丽君主编：《巴基斯坦商务环境》，对外经贸大学出版社出版 2015 年版。

杨翠柏、胡柳映、刘成琼：《巴基斯坦》，社会科学文献出版社 2018 年版。

杨翠柏、刘成琼：《巴基斯坦》，社会科学文献出版社 2005 年版。

杨勇：《巴基斯坦对外政策决策研究》，时事出版社 2019 年版。

殷永林：《独立以来的巴基斯坦经济发展研究》，中国社会科学出版社 2019 年版。

由宝贤：《中巴友谊的结晶——援建巴基斯坦综合体育设施工程技术解析》，中国建筑工业出版社 2017 年版。

曾祥裕：《巴基斯坦对外政策研究：1980—1992》，巴蜀书社 2000 年版。

张嘉妹、张亚冰：《〈巴基斯坦诗选〉"一带一路"沿线国家经典诗歌文库》，作家出版社 2019 年版。

张宁：《战地记者十年目击（2002—2013）：从巴基斯坦、阿富汗到伊拉克》，广东南方日报出版社 2019 年版。

张淑兰、朱修强、Abdul Razaque Larik：《巴基斯坦（"一带一路"国别概览）》，大连海事大学出版社 2019 年版。

张元：《巴基斯坦俾路支分离主义研究》，中国社会科学出版社 2019 年版。

中国地图出版社：《一带一路图志·巴基斯坦用"图"来综合反映"一带一路"沿线各国家和地区的特色》，中国地图出版社 2019 年版。

（二）译著

［巴基斯坦］F. S. 艾贾祖丁：《首脑之间：中美建交中的巴基斯坦秘密渠道》，世界知识出版社 2018 年版。

［巴基斯坦］艾哈迈德拉希德著，钟鹰翔译：《塔利班》，重庆出版社 2015 年版。

［巴基斯坦］艾哈默德·哈桑·达尼著，杨柳、黄丽莎译：《巴基斯坦北部地区史》，中国藏学出版社 2000 年版。

［巴基斯坦］穆罕默德·瓦利乌拉·汗：《犍陀罗：来自巴基斯坦的佛教文明》，五洲传播出版社 2020 年版。

新疆维吾尔自治区国家税务局译：《巴基斯坦伊斯兰共和国税法（套装上下卷)》，中国税务出版社 2000 年版。

（三）论文和文章

Riaz Ahmad、米红、任珂瑶：《中巴经济走廊的安全威胁及其对俾路支省的影响——从发展的视角看瓜达尔港口的角色》，《南亚研究季刊》2018 年第 3 期。

阿马德·拉希德·马利克、陈晓鹏：《中巴经济走廊的经济前景》，《太平洋学报》2017 年第 5 期。

陈刚、丁仁智：《巴基斯坦军事政变之根源探析——基于政治制度化的视角》，《长江论坛》2019 年第 1 期。

陈利君：《"一带一路"与中巴经济走廊建设》，《当代世界》2017 年第 1 期。

陈小萍：《乌里恐袭事件与印巴关系走向》，《南亚研究季刊》2016 年第 4 期。

程曼丽：《中巴经济走廊舆论环境分析》，《当代传播》2016 年第 2 期。

邓红英：《巴基斯坦政府对中印边界冲突的反应及其变化》，《当代中国史研究》2017 年第 1 期。

邓红英：《美国与巴基斯坦关系的改善及其制约因素》，《南亚东南亚研究》2020 年第 1 期。

顿时春：《20 世纪五六十年代我国处理在新疆的巴基斯坦、阿富汗侨民问题的经过》，《当代中国史研究》2017 年第 1 期。

范毓婷、刘卫东、王世达：《"中巴经济走廊"背景下中巴跨境合作需求及风险研究》，《工业经济论坛》2016 年第 6 期。

冯威：《论巴基斯坦府院关系的变迁与发展（1988～2015 年)》，《东南亚南亚研究》2017 年第 2 期。

冯威：《谢里夫家族和巴基斯坦军方关系研究（1988—2015）——兼论巴基斯坦文武关系》，《南亚研究季刊》2017 年第 1 期。

谷合强：《命运共同体视域下中国对巴基斯坦外交政策探析》，《新疆社科论坛》2018 年第 6 期。

韩君、杨燕燕：《"丝绸之路经济带"重点国家投资环境评价》，《内蒙古财经大学学报》2018 年第 6 期。

胡邦胜：《巴基斯坦媒体生态及其特征》，《对外传播》2017 年第 3 期。

华惠敏、罗家旺：《均势格局下的国内政治——基于印巴均势对巴国内政治影响的分析》，《北华大学学报（社会科学版)》2016 年第 5 期。

黄河、许雪莹、陈慈钰：《中国企业在巴基斯坦投资的政治风险及管控——以中巴经济走廊为例》，《国际展望》2017 年第 2 期。

黄军甫：《中巴全天候伙伴关系的发展脉络》，《社会科学文摘》2016 年第 5 期。

黄平：《"一带一路"建设中的宗教风险——以巴基斯坦为例》，《上海交通大学学报（哲学社会科学版)》2017 年第 3 期。

金华《巴基斯坦恐怖袭击威胁分析与防范策略探讨》，《中国安防》2018 年第 12 期。

金强：《中巴建交以来中国大陆对巴基斯坦题材图书出版分析（1951—2018)》，《南亚研究季刊》2018 年第 3 期。

金兴礼：《论穆斯林联盟的不干涉土邦政策》，《世界民族》2015 年第 6 期。

兰江、叶嘉伟：《巴基斯坦地方政治势力对中巴能源合作项目的影响与对策——基于旁遮普省和俾路支斯坦省部分项目对比的研究》，《南亚研究季刊》2018 年第 2 期。

雷鸣、李景峰：《中国新疆地区与巴基斯坦吉－巴地区经济合作的现状与建议》，《南亚研究季刊》2018 年第 4 期。

李东坤、尹忠明：《双边政治关系视角下巴基斯坦制度风险与中国在巴直接投资的关系研究》，《宁夏社会科学》2018 年第 1 期。

李国敏、王红续:《建立经巴基斯坦通向世界的"现代丝绸之路"——60多年前中国领导人的战略决策及其实施》,《兵团党校学报》2019年第1期。

李厚蕾:《当前巴基斯坦政党政治的特点及其影响》,《当代世界社会主义问题》2018年第3期。

李家成、姜宏毅:《解析瓜达尔港建设的巴基斯坦国内阻力》,《区域与全球发展》2018年第5期。

李建军、孙慧:《"一带一路"背景下中巴经济走廊建设:现实基础与路径选择》,《新疆大学学报(哲学·人文社会科学版)》2017年第1期。

李捷、赵磊:《2018年巴基斯坦大选正义运动党胜选原因分析——基于政治动员机制的视角》,《印度洋经济体研究》2019年第4期。

李忠:《中方在巴海外利益恐怖主义威胁统计分析》,《警学研究》2018年第6期。

林一鸣:《当前中巴经贸合作的机遇与挑战》,《印度洋经济体研究》2017年第2期。

刘方平:《"一带一路"视域下中国对巴基斯坦援助研究》,《南亚研究》2020年第1期。

刘伟:《哈卡尼网络》,《国际研究参考》2020年第9期。

刘向阳:《巴基斯坦俾路支恐怖主义及其对中巴经济走廊建设的影响》,《贵州师范大学学报(社会科学版)》2019年第1期。

刘向阳:《普什图跨境民族问题对阿巴边境地区安全的影响及原因》,《南亚研究季刊》2019年第1期。

刘小雪:《人民币国际化在巴基斯坦的实践》,《中国金融》2019年第22期。

卢伟、申兵:《从中长期看中巴经济走廊建设的关键问题》,《中国发展观察》2017年第Z2期。

陆洋、史志钦:《巴基斯坦地方民族主义运动和国家治理政策探析》,《国际论坛》2017年第1期。

马广奇、黄思慧:《"一带一路"倡议下中国和巴基斯坦经济合作的现实基础与路径探析》,《时代金融》2018年第35期。

马强、咸月忠:《巴基斯坦普什图人的中介民族角色研究》,《西北民族研究》2019 年第 4 期。

买通：《印度嘎迪亚尼耶教派的主要观点浅析》，《世界宗教文化》2017
年第 2 期。

毛伟：《"一带一路"倡议在海外舆论场的话语建构与报道框架——以巴
基斯坦主流媒体为例》，《中国记者》2018 年第 12 期。

戚凯、李坤泽：《重视中巴经济走廊建设中的宗教风险》，《中国宗教》
2018 年第 12 期。

任炳卿、张启帆：《2016 年巴基斯坦政治安全分析》，《印度洋经济体研
究》2017 年第 2 期。

任炳卿、张启帆：《近期印巴克什米尔冲突状况及影响》，《和田师范专科
学校学报》2017 年第 1 期。

施国庆、张锐连：《中国 - 巴基斯坦经济走廊投资社会风险探究》，《河海
大学学报（哲学社会科学版）》2017 年第 1 期。

苏欣、李福泉：《跨界族群视阈下的俾路支问题研究》，《国际论坛》2020
年第 1 期。

涂波、赵婷、周雨婷：《巴基斯坦民粹主义组织的对华态度及其影响》，
《南亚东南亚研究》2019 年第 6 期。

王超：《巴基斯坦独立以来政治发展道路的特点及启示》，《哈尔滨学院学
报》2018 年第 10 期。

王茜婷：《如何正确引领"一带一路"的国际舆论——以中巴经济走廊项
目为例》，《传媒》2017 年第 2 期。

王珊：《时代变迁下的巴基斯坦电影业》，《当代电影》2018 年第 9 期。

王绍锋、陶自成：《巴基斯坦 BOT 水电投资项目 SWOT 分析及投资策略》，
《国际经济合作》2017 年第 5 期。

王英良：《利益变化、信任逆转和关系重构——特朗普时期美国和巴基斯
坦关系发展趋势》，《南亚研究季刊》2018 年第 4 期。

乌昵尔：《俾路支早期民族主义运动探究》，《国际政治研究》2018 年第
6 期。

向文华：《巴基斯坦北部地区政治改革及其溢出效应》，《南亚研究季刊》
2015 年第 1 期。

肖欣、何时有：《巴基斯坦电力行业发展与投资机会》，《国际经济合作》

2017 年第 3 期。

谢许潭、梁育民：《在"意识形态"与"公正话语"之间：论美国主流媒体对巴基斯坦的报道》，《南亚研究》2018 年第 4 期。

谢勇：《萨瓦卡尔的"两个民族理论"与"印巴分治"》，《东南亚南亚研究》2017 年第 1 期。

闫伟：《论 20 世纪后期阿富汗冲突与部落社会的异变》，《外国问题研究》2018 年第 4 期。

杨美佳、张玉凤：《巴基斯坦高等教育治理改革的现状与展望》，《大学教育科学》2020 年第 6 期。

杨思灵：《2015 年南亚地区政治与安全形势》，《东南亚南亚研究》2016 年第 1 期。

杨勇、汪尚力：《冷战初期巴基斯坦与美国结盟：原因、过程及影响》，《历史教学问题》2019 年第 2 期。

银卓玛、拥巴：《"一带一路"与少数民族音乐研究——巴基斯坦藏族后裔的跨界研究为例》，《中国音乐》2019 年第 1 期。

尤宏兵、周珍珍：《中巴经济走廊：推动区域全面合作的新枢纽》，《国际经济合作》2019 年第 2 期。

袁沙：《"9·11"事件前巴基斯坦的阿富汗塔利班政策及原因分析》，《南亚研究季刊》2015 年第 4 期。

张立伟：《"一带一路"战略背景下中巴经济走廊建设的基础与挑战》，《改革与战略》2016 年第 10 期。

张梦昊、任佳：《国际援助视域下巴基斯坦反恐能力提升研究》，《武警学院学报》2019 年第 12 期。

张亚冰：《巴基斯坦极端主义的根源、特点及政府"去极端化"策略研究》，《南亚研究》2015 年第 4 期。

张亚龙、邢佳韵：《"中巴经济走廊"沿线矿产资源及相关产业合作前景分析》，《中国矿业》2017 年第 3 期。

张燕、高志刚：《中巴经济走廊建设中双边贸易流量的影响因素与对策探析》，《新疆社科论坛》2016 年第 2 期。

张屹：《论南亚地区社会冲突的特点与根源——以巴基斯坦为视角》，《青海民族大学学报（社会科学版）》2016 年第 4 期。

张玉洁、林香红：《中国与巴基斯坦海洋经济合作研究》，《海洋经济》2020 年第 1 期。

张元：《巴基斯坦俾路支部落分离主义探析》，《世界民族》2018 年第 5 期。

张元：《巴基斯坦俾路支分离主义的国际干预探析》，《南亚研究季刊》2019 年第 1 期。

赵滨丽、赵金欣：《"一带一路"背景下中巴文化交流障碍探究》，《边疆经济与文化》2019 年第 2 期。

郑刚：《中巴经济走廊的风险挑战、大战略思考及其对策建议》，《太平洋学报》2016 年第 4 期。

朱永彪、魏丽珺：《周边大国博弈背景下的巴阿局势》，《南亚研究》2018 年第 4 期。

朱正梅：《巴基斯坦议会民主制的曲折发展》，《江苏师范大学学报（哲学社会科学版）》2016 年第 1 期。

二　外文文献

（一）著作

Amna Yousaf Khokhar, *China – India Relations and Implications for Pakistan*, Lap Lambert Academic Publishing, July 16, 2011.

Andrew Small, *The China – Pakistan Axis：Asia's New Geopolitics*, Oxford University, April 15, 2020.

Ayesha Jalal, *The State of Martial Rule：The Origins of Pakistan's Political Economy of Defence*, Cambridge University Press, June 29, 1990.

Ayesha Siddiqa, *Military Inc. Inside Pakistan's Military Economy*, Pluto Press (Second edition), November 20, 2016.

Bertil Lintner, *The Costliest Pearl：China's Struggle for India's Ocean*, Hurst, May 15, 2019.

Chandra, *China – Pakistan Relations：Implications for India*, Alpha Edition November 30, 2016.

C. Christine Fair, *The Madrassah Challenge Miltancy and Religious Education in Pakistan*, Vanguard Books Ltd. , January 1 , 2009.

David J. Spielman, Sohail J. Malik, Paul Dorosh, Nuzhat Ahmad, *Agriculture and the Rural Economy in Pakistan*: *Issues*, *Outlooks*, *and Policy Priorities*, International Food Policy Research Institute, November 1 , 2016.

Dr. Mohammad Uzair, *Economy of Pakistan – Perspective and Problems*, Royal Book Company, January 1 , 2004.

Edward G. Oliver, *Across the Border or Pathan and Baloch*, Sang – e – Meel Publications, August 24 , 2000.

G. W. Choudhury: India, Pakistan, *Bangladesh and the Major Powers*: *Politics of a Divided Subcontinent*, New York: The Free Press, 1975.

Hassan Abbas, *The Taliban Revival*: *Violence and Extremism on the Pakistan – Afghanistan Frontier*, Yale University Press, October 27 , 2015.

Ikhtiar Ali Ghumro, Ahmed Nawaz Hakro, *FDI Flows to Pakistan Economy in Dynamic Econometric Model*: *Fdi Flows*, *Determinants And Policy Analysis in Daynmic Econometric Model For Pakistan Economy*, Lap Lambert Academic Publishing, December 13 , 2011.

Ishrat Husain, *Pakistan*: *The Economy of an Elitist State* (*2e*) *2nd Edition*, Oxford University Press, December 29 , 2020.

Ivan Kushnir, Economy of Pakistan, *Independently published*, January 28 , 2019.

Javeria Niazi, *Cost of Floods on Pakistan's Economy*, Anchor Academic Publishing, February 19 , 2013.

Khalid Rahman, Kiren Khan, Irfan Shahzad, *Pakistan Economy*: *An Assessment with Special Reference to "Quality of Life"*, IPS Press, February 22 , 2016.

Madiha Afzal, *Pakistan Under Siege*: *Extremism*, *Society*, *and the State*, Brookings Institution Press, January 2 , 2018.

Malala Yousafzai, *I Am Malala*: *The Girl Who Stood Up For Education and Was Shot by The Taliban*, Back Bay Books, June 1 , 2015.

Matthew McCartney, S. Akbar Zaidi, *New Perspectives on Pakistan's Political Economy*: *State*, *Class and Social Change*, Cambridge University Press, March 20 , 2019.

Matthew McCartney, *Pakistan – The Political Economy of Growth, Stagnation and the State, 1951 – 2009*, Routledge, June 7, 2011.

Robert E. Looney, *Pakistan's Economy: Achievements, Progress, Constraints, and Prospects*, PN, January 1, 2001.

Sayyed Bilal, *Madeeha Rauf, Annals of Pakistan Economy*, Lap Lambert Academic Publishing, May 14, 2018.

Shahid Javed Burki, *Changing Perceptions, Altered Reality: Pakistan's Economy under Musharraf*, Oxford University Press, February 25, 2008.

Shahrukh Rafi Khan, *Fifty Years of Pakistan's Economy: Traditional Topics and Contemporary Concerns*, Oxford University Press, September 23, 1999.

Sulmaan Wasif Khan, *Haunted by Chaos: China's Grand Strategy from Mao Zedong to Xi Jinping*, Harvard University Press, July 9, 2018.

Sumit Ganguly, *Deadly Impasse: Indo – Pakistani Relations at the Dawn of a New Century*, Cambridge University Press, Mar. 2016.

S. M. Burke, Lawrence Ziring: *Pskistan's Foreign Policy—An Historical Analysis*, Oxford University Press, 1990.

Tom Miller, *China's Asian Dream: Empire Building along the New Silk Road*, Zed Books, July 15, 2019.

Vigar Ahmed, Rashid Rashid, *The Management of Pakistan's Economy 1947 – 82 [UGC (Monographs) Series in Economics]*, Oxford University Press, April 18, 1985.

William Dalrymple, *The Anarchy: The East India Company, Corporate Violence, and the Pillage of an Empire*, Bloomsbury Publishing, September 10, 2019.

Yasmin Khan, *The Great Partition: The Making of India and Pakistan*, Yale University, August 29, 2017.

（二）论文

Akmal Hussain, "Charismatic Leadership and Pakistan's Politics", *Economic and Political Weekly*, Vol. 24, No. 3 (Jan. 21, 1989), pp. 136 – 137.

Anas Malik, "Pakistan in 2013: A Milestone in Democratic Transition", *Asian Survey*, Vol. 54, No. 1, January/February 2014, pp. 177 – 189.

Anjum Aqeel, Mohammed Nishat, Faiz Bilquees, "The Determinants of Foreign Direct Investment in Pakistan", *The Pakistan Development Review*, Vol. 43, No. 4, January 10 – 12, 2005 (Winter 2004), pp. 651 – 664.

Bruce F. Johnston, John W. Mellor, "The Role of Agriculture in Economic Development", *The American Economic Review*, Vol. 51, No. 4 (Sep., 1961), pp. 566 – 593.

Imran Sharif Chaudhry, Shahnawaz Malik, Muhammad Ashraf, "Rural Poverty in Pakistan: Some Related Concepts, Issues and Empirical Analysis", *Pakistan Economic and Social Review*, Vol. 44, No. 2 (Winter 2006), pp. 259 – 276.

James D. Templin, "Religious Education of Pakistan's Deobandi Madaris and Radicalisation", *Counter Terrorist Trends and Analyses*, Vol. 7, No. 5 (June 2015), pp. 15 – 21.

Jandhyala B. G. Tilak, "Higher Education in South Asia: Crisis and Challenges", *Social Scientist*, Vol. 43, No. 1/2 (January – February 2015), pp. 43 – 59.

John Calabrese, "Balancing on the Fulcrum of Asia: China's Pakistan Strategy", *Indian Journal of Asian Affairs*, Vol. 27/28, No. 1/2 (2014 – 2015), pp. 1 – 20.

Mansoor Akber Kundi, "Militarism in Politics: A Case Study of Pakistan", *Pakistan Horizon*, Vol. 56, No. 1 (January 2003), pp. 19 – 34.

Marcus F. Franda, "Communism and Regional Politics in East Pakistan", *Asian Survey*, Vol. 10, No. 7 (Jul., 1970), pp. 588 – 606.

Mario Esteban, "The China – Pakistan Corridor: A Transit, Economic or Development Corridor", *Strategic Studies*, Vol. 36, No. 2 (Summer 2016), pp. 63 – 74.

Marvin G. Weinbaum, "Civic Culture and Democracy in Pakistan", *Asian Survey*, Vol. 36, No. 7 (Jul., 1996), pp. 639 – 654.

Muhammad Arshad Khan, Ayaz Ahmed, "Macroeconomic Effects of Global Food and Oil Price Shocks to the Pakistan Economy: A Structural Vector Autoregressive (SVAR) Analysis", *The Pakistan Development Review*, Vol. 50, No. 4, December 13 – 15, 2011 (Winter 2011), pp. 491 – 511.

Muhammad Zahid Ullah Khan, Minhas Majeed Khan, "China – Pakistan Economic Corridor: Opportunities and Challenges", *Strategic Studies*, Vol. 39, No. 2 (Summer 2019), pp. 67 – 82.

Nasreen Akhtar, "Polarized Politics: The Challenge of Democracy in Pakistan", *International Journal on World Peace*, Vol. 26, No. 2 (June 2009), pp. 31 – 63.

Rashid Amjad, A. R. Kemal, Macroeconomic Policies and their Impact on Poverty Alleviation in Pakistan, *The Pakistan Development Review*, Vol. 36, No. 1 (Spring 1997), pp. 39 – 68.

Rashida Hameed, "Pakistan and China: Partnership, Prospects and the Course Ahead", *Policy Perspectives*, Vol. 14, No. 1, (2017), pp. 3 – 22.

Riaz Hassan, "Religion, Society, and the State in Pakistan: Pirs and Politics", *Asian Survey*, Vol. 27, No. 5 (May, 1987), pp. 552 – 565.

Saleem Mansur Khalid, "The New Blueprint for Pakistan's Education Policy: An Analytical Review", *Policy Perspectives*, Vol. 4, No. 2 (July – December 2007), pp. 139 – 156.

Samina Khalil, Mehmood Khan Kakar, Waliullah, Afia Malik, "Role of Tourism in Economic Growth: Empirical Evidence from Pakistan Economy", *The Pakistan Development Review*, Vol. 46, No. 4, March 12 – 14, 2008 (Winter 2007), pp. 985 – 995.

Shahid Amjad Chaudhry, "Pakistan's Economy: Potential and Challenges", *The Pakistan Development Review*, Vol. 39, No. 4, January 22 – 24, 2001 (Winter 2000), pp. 287 – 292.

Stanley Maron, "A New Phase in Pakistan Politics", *Far Eastern Survey*, Vol. 24, No. 11 (Nov., 1955), pp. 161 – 165.

Sun Weidong, "Pakistan – China Relations: CPEC and Beyond", *Policy Perspectives*, Vol. 14, No. 2 (2017), pp. 3 – 12.

Sushil Khanna, "Growth and Crisis in Pakistan's Economy", *Economic and Political Weekly*, Vol. 45, No. 51 (December 18 – 24, 2010), pp. 39 – 46.

Talukder Maniruzzaman, "Group Interests in Pakistan Politics, 1947 – 1958", *Pacific Affairs*, Vol. 39, No. 1/2 (Spring – Summer, 1966), pp. 83 – 98.

Yunpeng Sun, Abdul Hameed Pitafi, Usman Ghani, Tahir Islam, "Social – cultural impacts of China – Pakistan Economic Corridor on the well – being of local community", *Journal of Transport and Land Use*, Vol. 13, No. 1 (2020), pp. 605 – 624.

Zeshan Atique, Mohsin Hasnain Ahmad, Usman Azhar, Aliya H. Khan, "The Impact of FDI on Economic Growth under Foreign Trade Regimes: A Case Study of Pakistan", *The Pakistan Development Review*, Vol. 43, No. 4, January 10 – 12, 2005 (Winter 2004), pp. 707 – 718.

三 网站和数据库

巴基斯坦工商联合会（https：//www. fpcci. org. pk/）

巴基斯坦国家经济局（https：//www. commerce. gov. pk/）

巴基斯坦国家科技大学（http：//www. nust. edu. pk/Pages/Home. aspx）

巴基斯坦国家统计局（https：//www. pbs. gov. pk/）

巴基斯坦国家投资委（https：//invest. gov. pk/）

巴基斯坦国家银行（https：//www. sbp. org. pk/）

巴基斯坦国家语言大学（http：//www. numl. edu. pk/）

巴基斯坦和平研究所（http：//www. pakpips. com/）

巴基斯坦计划发展部（http：//www. pc. gov. pk/）

巴基斯坦计划发展部中巴经济走廊官方网站（http：//www. cpec. gov. pk/）

巴基斯坦贸易发展局（https：//tdap. gov. pk/）

巴基斯坦外交部（http：//mofa. gov. pk/）

巴基斯坦伊斯兰共和国驻华大使馆（http：//www. pakbj. org/html/cn/）

巴基斯坦政策研究所（http：//www. ips. org. pk/）

巴中理事会（http：//www. pcc. org. pk/）

巴中学会（http：//www. pakistan – china. com/）

巴中学会中巴经济走廊信息网站（http：//www. cpecinfo. com/home）

白沙瓦大学（http：//www. uop. edu. pk/）

城市人口网（http：//www. citypopulation. de/）

经合组织数据库（http：//stats. oecd. org）

联合国教科文组织（http：//www. unesco. org）

联合国贸发会（http：//unctad. org）

联合国人口司（https：//esa. un. org/unpd/wpp/Download/Standard/Popul –
　　ation）

全球竞争力报告（https//cn. weforum. org/reports）

世界银行数据库（https：//data. worldbank. org. cn）

伊斯兰堡战略研究所（https：//www. issi. org. pk/）

真纳大学（www. qau. edu. pk）

中国国家统计局（http：//www. stats. gov. cn）

中国商务部（http：//www. mofcom. gov. cn/）

中国外交部（https：//www. fmprc. gov. cn）

中国驻巴基斯坦大使馆（http：//pk. chineseembassy. org/chn/）

中国驻巴基斯坦大使馆经济商务处（http：//pk. mofcom. gov. cn/）